Martin Greiffenhagen
Sylvia Greiffenhagen (Hrsg.)

Handwörterbuch zur politischen Kultur der Bundesrepublik Deutschland

Martin Greiffenhagen
Sylvia Greiffenhagen (Hrsg.)

Redaktion: Katja Neller M. A.

Handwörterbuch zur politischen Kultur der Bundesrepublik Deutschland

2., völlig überarbeitete und aktualisierte Auflage

Westdeutscher Verlag

Die Deutsche Bibliothek – CIP-Einheitsaufnahme
Ein Titeldatensatz für diese Publikation ist bei
Der Deutschen Bibliothek erhältlich

1. Auflage 1981
2., völlig überarbeitete und aktualisierte Auflage April 2002

Der Westdeutsche Verlag ist ein Unternehmen der
Fachverlagsgruppe BertelsmannSpringer.
www.westdeutschervlg.de

Umschlaggestaltung: Horst Dieter Bürkle, Darmstadt
Druck und buchbinderische Verarbeitung: Rosch-Buch, Scheßlitz
Gedruckt auf säurefreiem und chlorfrei gebleichtem Papier
Printed in Germany

ISBN 3-531-13209-1

Vorwort, Dank, Hinweise

Dies ist die völlig neu bearbeitete zweite Ausgabe des 1981 zum ersten Mal veröffentlichten Handwörterbuchs zur politischen Kultur der Bundesrepublik Deutschland. Zwanzig Jahre sind eine lange Zeit. Das gilt für die politische Kulturforschung allgemein und für die vergangenen zwei Jahrzehnte in Deutschland noch einmal besonders. Die erste Auflage bezog sich vor allem auf die alte Bundesrepublik, die jetzige nimmt neben vielen weiteren Aspekten vor allem das Thema der deutschen Vereinigung auf, häufig im Wege einer doppelten Buchführung immer noch getrennter politischer Kulturen, jedenfalls aber als ein aktuelles und ergiebiges Feld politischer Kulturforschung. Politische Kulturforschung kann die Differenzen analysieren und dazu beitragen, herauszufinden, welche Einstellungen sich relativ rasch ändern, welche Werthaltungen vermutlich nachhaltiger sind und welche Veränderungen einen Generationenwechsel voraussetzen. Die gegenwärtige Situation bedeutet eine große Herausforderung für die politische Kulturforschung, über die Max Kaase einmal schrieb, sie gleiche dem Versuch, einen Pudding an die Wand zu nageln.

Die Kenntnis der politischen Kultur des eigenen Landes, der Koordinaten der geschichtlichen, kulturellen und sozioökonomischen Existenz der Bevölkerung, gehört zu den Lebensbedingungen einer demokratischen Nation. In diesem Sinne wendet sich auch die neue Ausgabe an zwei Benutzergruppen: Praktiker, die zusammen mit zuverlässigen Informationen ein Hintergrundwissen bekommen, das manche politische Erscheinung oder Entwicklung besser verständlich macht; und Theoretiker, die zusammen mit Forschungsresultaten den jeweiligen wissenschaftlichen Diskurs vermittelt bekommen.

Dank: Wir freuen uns, daß wir für die Neuausgabe eine so große Zahl fachkundiger Kolleginnen und Kollegen gewinnen konnten, und bedanken uns für die Zusammenarbeit. Katja Neller danken wir für die nie erlahmende Energie bei der Redaktion des Handwörterbuchs. Über sie lief alle Kommunikation, und ohne die ihr eigene Verbindung von Liebenswürdigkeit und Strenge, Beharrlichkeit und Geduld wäre das Buch nicht zustandegekommen. Kerstin Held und Tuuli-Marja Kleiner danken wir für die Unterstützung bei den redaktionellen Arbeiten.

Zum Gebrauch des Buches: Die Stichworte sind nach alphabetischer Reihenfolge, nicht nach Bedeutung geordnet. Die *Verweise* vor den Stichworten dienen der Vernetzung der Beiträge. Sie führen zu Artikeln, die zum Verständnis des Stichwortes beitragen oder zu anderen Stichworten, die im Rahmen des Artikels angesprochen werden (mit → gekennzeichnet). Findet sich in einem Artikel ein Verweis auf einen anderen, steht dort auch ein „Gegenverweis“. Auf den Artikel Politische Kultur wird nie verwiesen, weil seine Kenntnis als Hintergrund durchgängig vorausgesetzt wird. Das *Literaturverzeichnis* zu den einzelnen Stichworten gibt Hinweise auf grundlegende Werke zum Thema. Für die Verwendung von *Abkürzungen* gilt, daß einige durchgängig für das ganze Handwörterbuch gebraucht werden (siehe Abkürzungsverzeichnis). Innerhalb der einzelnen Artikel wird das jeweilige Stichwort einmal ausgeschrieben, mit der zugehörigen Abkürzung in Klammern (z.B. Soziale Sicherheit (sS)). Im *fortlaufenden* Text wird dann nur noch die definierte Abkürzung verwendet, um eine leichtere Lesbarkeit zu gewährleisten. Dies gilt nicht für die Verweise *vor* den Artikeln und in den Zwischenüberschriften. Im *Register* finden sich Verweise auf andere gebräuchliche Bezeichnungen für die Stichworte (z.B. politische Partizipation: siehe politische Beteiligung) sowie angrenzende Aspekte der Artikel oder auf Begriffe, für die kein eigenes Stichwort vorhanden ist. Begriffe, für die ein eigenes Stichwort vorhanden ist, sind im Register fettgedruckt.

Herbst 2001 *Martin und Sylvia Greiffenhagen*

Verzeichnis der Stichwörter

Verzeichnis der Autoren

Ackermann, Paul, Prof. Dr., geb. 1939. Professor für Politikwissenschaft an der Pädagogischen Hochschule Ludwigsburg.

Alemann, Ulrich von, Prof. Dr., geb. 1944. Lehrstuhl Politikwissenschaft II an der Heinrich-Heine-Universität Düsseldorf.

Arzheimer, Kai, geb. 1969. Wissenschaftlicher Mitarbeiter am Institut für Politikwissenschaft der Universität Mainz.

Becher, Ursula A.J., Prof. Dr., geb. 1934. Professorin em. für Theorie und Didaktik der Geschichte an der Katholischen Universität Eichstätt.

Behrmann, Günther C., Prof. Dr., geb. 1941. Professor für Didaktik der Politischen Bildung an der wirtschafts- und sozialwissenschaftlichen Fakultät der Universität Potsdam.

Bergem, Wolfgang, Dr., geb. 1962. Wissenschaftlicher Assistent für Politikwissenschaft an der Bergischen Universität Wuppertal.

Berg-Schlosser, Dirk, Prof. Dr. PH.D., geb. 1943. Professor für Politikwissenschaft an der Philipps-Universität Marburg.

Bertram, Hans, Prof. Dr., geb. 1946. Professor für Mikrosoziologie an der Humboldt-Universität zu Berlin, gegenwärtig Fellow am Hanse-Wissenschaftskolleg.

Blankenburg, Erhard, Prof. Dr., geb. 1938. Hochschullehrer an der Juistischen Fakultät der Vrije Universität Amsterdam.

Brettschneider, Frank, Prof. Dr., geb. 1965. Professor für Kommunikationswissenschaft an der Universität Augsburg.

Brumlik, Micha, Prof. Dr., geb. 1947. Professor am Institut für allgemeine Erziehungswissenschaft an der Johann-Wolfgang-Goethe-Universität Frankfurt a.M., Leiter des Fritz-Bauer-Institutes (Studien- und Dokumentationszentrum zur Geschichte und Wirkung des Holocaust) in Frankfurt a.M.

Claußen, Bernhard, Dr. habil., geb. 1948. Professor am Institut für Didaktik der Sozialwissenschaften der Universität Hamburg.

Eckert, Roland, Prof. Dr., geb. 1937. Professor für Allgemeine Soziologie und Jugendsoziologie an der Universität Trier.

Falter, Jürgen, W., Prof. Dr., geb. 1944. Professor für Politikwissenschaft an der Johannes-Gutenberg-Universität Mainz.

Fausser, Katja, M.A., geb. 1971. Wissenschaftliche Mitarbeiterin bei der Körber-Stiftung Hamburg.

Forst, Rainer, Dr., geb. 1964. Wissenschaftlicher Assistent am Institut für Philosophie der Johann-Wolfgang-Goethe-Universität in Frankfurt a.M.

Fritzsche, K. Peter, Prof. Dr. UNESCO-Lehrstuhl für Menschenrechtserziehung, Universität Magdeburg.

Fuchs, Dieter, Prof. Dr., geb. 1946. Professor für Politikwissenschaft am Institut für Sozialwissenschaften der Universität Stuttgart, Leiter der Abteilung Politische Theorie und Politikfeldanalyse.

Gabriel, Oscar W., Prof. Dr., geb. 1947. Professor für Politikwissenschaft und Direktor des Instituts für Sozialwissenschaften der Universität Stuttgart, Leiter der Abteilung Politische Systeme und Politische Soziologie.

Ganter, Stephan, M.A., geb. 1967. Wissenschaftlicher Mitarbeiter am Lehrstuhl für Soziologie und Wissenschaftslehre an der Universität Mannheim.

Geißler, Rainer, Prof. Dr., geb. 1939. Professor für Soziologie an der Universität Siegen.

Gensicke, Thomas, Dr., geb. 1962. Studienleiter im Bereich „Politik und Bürgerbeteiligung" bei Infratest Sozialforschung München.

Georg, Werner, Prof. Dr., geb. 1953. Professor für Soziologie an der Universität Konstanz.

Gessenharter, Wolfgang, Prof. Dr., geb. 1942. Professor für Politikwissenschaft an der Universität der Bundeswehr Hamburg.

Glatzer, Wolfgang, Prof. Dr., geb. 1944. Professor für Soziologie an der Johann Wolfgang Goethe-Universität Frankfurt a.M.

Görlitz, Axel, Prof. Dr., geb. 1935. Professor em. am Institut für Sozialwissenschaften der Universität Stuttgart, Abteilung für Politische Theorie und Politikfeldanalyse.

Greiffenhagen, Martin, Prof. Dr., geb. 1928. Professor em. für Politikwissenschaft an der Universität Stuttgart.

Greiffenhagen, Sylvia, Prof. Dr., geb. 1949. Professorin für Politikwissenschaft an der Ev. Fachhochschule Nürnberg.

Grosser, Dieter, Prof. Dr., geb. 1929. Professor em. für Politikwissenschaft an der Universität München.

Hanesch, Walter, Prof. Dr. Professor für Sozialpolitik und Sozialverwaltung am Fachbereich Sozialpädagogik der Fachhochschule Darmstadt.

Herzog, Dietrich, Prof. Dr., geb. 1931. Professor em.

Hettling, Manfred, PD, Dr., geb. 1956. Professor für Neuere und Neueste Geschichte an der Martin-Luther-Universität Halle-Wittenberg.

Heyl, Arnulf von, Prof. Dr., geb. 1938. Leitender Stadtrechtsdirektor im Stadtplanungsamt der Stadt Stuttgart.

Hoffmann-Lange, Ursula, Prof. Dr., geb. 1943. Professorin für Politikwissenschaft an der Universität Bamberg.

Hrbek, Rudolf, Prof. Dr., geb. 1938. Professor für Politikwissenschaft an der Eberhard-Karls-Universität Tübingen.

Janowski, Hans Norbert, geb. 1938. Geschäftsführer des Gemeinschaftswerks der Evangelischen Publizistik (GEP) Frankfurt a.M.

Kaase, Max, Prof. Dr., geb. 1935. Vizepräsident und Dean der School of Humanities and Social Sciences, International University Bremen.

Keupp, Heiner, Prof. Dr., geb. 1943. Professor für Sozial- und Gemeindepsychologie an der Universität München.

Klages, Helmut, Prof. Dr., geb. 1930. Em. Professor an der Deutschen Hochschule für Verwaltungswissenschaften Speyer.

Klingemann, Hans-Dieter, Prof. Dr., geb. 1937. Direktor der Abteilung „Institutionen und sozialer Wandel" am Wissenschaftszentrum Berlin für Sozialforschung, Professor für Politikwissenschaft am Otto-Suhr-Institut der Freien Universität Berlin.

Konzendorf, Götz, Dr., geb. 1959. Wissenschaftliche Dokumentations- und Transferstelle für Verwaltungsmodernisierung beim Forschungsinstitut für öffentliche Verwaltung, Speyer.

Korte, Karl-Rudolf, PD Dr. Dr. habil., geb. 1958. Vertretungsprofessur am Forschungsinstitut für Politische Wissenschaft und Europäische Fragen der Universität zu Köln, Leiter der Forschungsgruppe Regieren.

Kuechler, Manfred, Prof. Dr., geb. 1943. Professor für Soziologie, Hunter College (City University of New York), USA.

Kulke, Christine, Prof. Dr. Professorin für Politikwissenschaft an der Technischen Universität Berlin, Gastprofessur an Universitäten in China, Kurs-Direktorin am Inter-University Centre Dubrovnik.

Kunz, Volker, Prof. Dr., geb. 1961. Professor für Politikwissenschaft an der Johannes-Gutenberg-Universität Mainz. Leiter der Bereiche Analyse und Vergleich politischer Systeme/Wirtschaft und Gesellschaft.

Lange, Hans-Jürgen, Dr., geb. 1961. Privatdozent für Politikwissenschaft an der Philipps-Universität Marburg, z.Zt. Gastprofessur für Politikwissenschaft an der Privaten Universität Witten/Herdecke.

Lepsius, M. Rainer, Prof. Dr. Dr. h.c., geb. 1928. Professor em. für Soziologie an der Universität Heidelberg.

Lösche, Peter, Prof. Dr., geb. 1939. Professor für Politikwissenschaft an der Universität Göttingen.

Markefka, Manfred, Prof. Dr., geb. 1932. Professor em. für Soziologie an der Rheinischen Friedrich-Wilhelms-Universität Bonn.

Massing, Otwin, Prof. Dr., geb. 1934. Professor für Politikwissenschaft an der Universität Hannover, Fachbereich Rechtswissenschaften.

Meyer, Birgit, Prof. Dr., geb. 1949. Professorin für Politikwissenschaft und Sozialpädagogik an der Fachhochschule Esslingen a.N/Hochschule für Sozialwesen.

Müller, Werner, Prof. Dr., geb. 1946. Professor für Zeitgeschichte an der Universität Rostock.

Münch, Joachim, Prof. Dr., Professor em. am Fachbereich Sozial- und Wirtschaftswissenschaften der Universität Kaiserslautern, u.a. Dozent im Rahmen des weiterbildenden Studienganges für Betriebspädagogik an der Universität Koblenz-Landau.

Neller, Katja, M.A., geb. 1972. Wissenschaftliche Mitarbeiterin am Institut für Sozialwissenschaften, Abteilung für Politische Systeme und Politische Soziologie der Universität Stuttgart.

Noelle-Neumann, Elisabeth, Prof. Dr., geb. 1916. Direktorin des Instituts für Demoskopie Allensbach.

Oesterreich, Detlef, Dr., geb. 1943. Wissenschaftlicher Mitarbeiter am Max-Planck-Institut für Bildungsforschung Berlin.

Pappi, Franz Urban, Prof. Dr., geb. 1939. Professor für Politikwissenschaft an der Sozialwissenschaftlichen Fakultät der Universität Mannheim.

Poguntke, Thomas, Prof. Dr., geb. 1959. Professor für Politikwissenschaft an der School of Politics, International Relations and the Environment (SPIRE) der Keele University, Großbritannien.

Prahl, Hans-Werner, Prof. Dr., geb. 1944. Professor für Soziologie an der Universität Kiel.

Prätorius, Rainer, Prof. Dr. Professor für Politikwissenschaft am Institut für Verwaltungswissenschaften der Universität der Bundeswehr in Hamburg,

Rattinger, Hans, Prof. Dr., geb. 1950. Professor für Politikwissenschaft an der Universität Bamberg.

Roller, Edeltraud, Dr., geb. 1957. Wissenschaftliche Mitarbeiterin am Wissenschaftszentrum Berlin für Sozialforschung.

Roßteutscher, Sigrid, Dr., geb. 1966. Wissenschaftliche Mitarbeiterin am Lehrstuhl für Politische Wissenschaft und International Vergleichende Sozialforschung der Universität Mannheim, u.a. Mitarbeit beim internationalen Forschungsprojekt „Citizenship, Involvement, Democracy" (CID).

Roth, Roland, Prof. Dr., geb. 1949. Professor für politische Wissenschaft an der Fachhochschule Magdeburg, Fachbereich Sozial- und Gesundheitswesen.

Rucht, Dieter, Prof. Dr., geb. 1946. Professor für Soziologie am Wissenschaftszentrum Berlin für Sozialforschung.

Rudzio, Wolfgang, Prof. Dr., geb. 1935. Professor em. für Politikwissenschaft an der Universität Oldenburg.

Rupp, Hans Karl, Prof. Dr., geb. 1940. Professor für Politikwissenschaft an der Philipps-Universität Marburg.

Rüsen, Jörn, Prof. Dr., geb. 1938. Präsident des Kulturwissenschaftlichen Instituts Essen, Professor für Allgemeine Geschichte und Geschichtskultur an der Universität Witten/Herdecke.

Sarcinelli, Ulrich, Prof. Dr., geb. 1946. Professor für Politikwissenschaft an der Universität Koblenz-Landau.

Schiller, Theo, Prof. Dr., geb. 1942. Professor für Politikwissenschaft am Institut für Politikwissenschaft der Philipps-Universität Marburg.

Schmid, Josef, Prof. Dr., geb. 1956. Professor für Politikwissenschaft an der Universität Tübingen.

Schmidtchen, Gerhard, Prof. D. Dr., geb. 1925. Professor für Sozialpsychologie und Soziologie an der Universität Zürich.

Schöbel, Carolin, Dr., geb. 1964. Organisationsberaterin und Moderatorin.

Schultze, Rainer-Olaf, Prof. Dr., geb. 1945. Professor für Politikwissenschaft an der Universität Augsburg.

Schüttemeyer, Suzanne S., Prof. Dr., geb. 1953. Professorin für Regierungslehre und Policyforschung an der Martin-Luther-Universität Halle-Wittenberg.

Seifert, Jürgen, Prof. Dr. jur., geb. 1928. Professor em. für Politische Wissenschaft an der Universität Hannover, Mitglied der Kommission nach Art. 10 GG des Deutschen Bundestages.

Steinkamp, Günther, Prof. Dr., geb. 1935. Professor em. für Soziologie an der Universität Bielefeld.

Sünker, Heinz, Prof. Dr., geb. 1948. Professor für Sozialpädagogik an der Bergischen Universität-GH Wuppertal, Fachbereich Erziehungswissenschaften.

Thaysen, Uwe, Prof. Dr., geb. 1940. Lehrstuhl für Politikwissenschaft am Institut für Sozialwissenschaften an der Universität Lüneburg, Chefredakteur der Zeitschrift für Parlamentsfragen.

Thumfart, Alexander, PD Dr., geb. 1959. Vertretungsprofessur für Vergleichende Regierungslehre an der Albert-Ludwigs-Universität Freiburg/Brsg.

van Deth, Jan W., Prof. Dr., geb. 1950. Inhaber des Lehrstuhls für Politische Wissenschaft und International Vergleichende Sozialforschung der Universität Mannheim und Direktor des Mannheimer Zentrums für Europäische Sozialforschung (MZES).

Vetter, Angelika, Dr., geb. 1966. Wissenschaftliche Mitarbeiterin am Institut für Sozialwissenschaften, Abteilung für Politische Systeme und Politische Soziologie der Universität Stuttgart.

Voigt, Rüdiger, Prof. Dr. Professor für Verwaltungswissenschaft und Direktor des Instituts für Staatswissenschaften an der Universität der Bundeswehr München.

Wacker, Alois, Prof. Dr., geb. 1942. Professor für Sozialpsychologie an der Universität Hannover.

Wasmund, Klaus, Prof. Dr., geb. 1938. Professor für Politikwissenschaft am Institut für Gesellschaftswissenschaften und historisch-politische Bildung der Technischen Universität Berlin.

Weber, Jürgen, Dr., geb. 1944. Dozent an der Akademie für Politische Bildung Tutzing.

Wegener, Bernd, Prof. Dr., geb. 1944. Professor für Soziologie am Institut für Sozialwissenschaften der Humboldt-Universität Berlin.

Wehling, Hans-Georg, Prof. Dr., geb. 1938. Abteilungsleiter Publikation bei der Landeszentrale für Politische Bildung Baden-Württemberg, Honorarprofessor für Politikwissenschaft an der Universität Tübingen.

Welzel, Christian, Dr., geb. 1964. Senior Researcher am Wissenschaftszentrum Berlin für Sozialforschung, Privatdozent am Otto-Suhr-Institut der Freien Universität Berlin.

Westle, Bettina, Prof. Dr., geb. 1956. Professorin für Politikwissenschaft an der Universität Erlangen-Nürnberg.

Wiswede, Günter, Prof. Dr., geb. 1938. Lehrstuhl für Wirtschafts- und Sozialpsychologie der Universität zu Köln.

Zinterer, Tanja, M.A., geb. 1970, Doktorandin am Institut für Politikwissenschaft der Universität Augsburg.

Zoll, Ralf, Prof. Dr., geb. 1939. Professor für Angewandte Soziologie am Fachbereich Gesellschaftswissenschaften und Philosophie sowie geschäftsführender Direktor des Zentrums für Konfliktforschung an der Philipps-Universität Marburg.

Verzeichnis der Abkürzungen

APuZ	Aus Politik und Zeitgeschichte. Beilage zur Wochenzeitung Das Parlament
Aufl.	Auflage
Bd.	Band
Bde.	Bände
BRD	Bundesrepublik Deutschland
BVerfG	Bundesverfassungsgericht
DDR	Deutsche Demokratische Republik
EU	Europäische Union
GG	Grundgesetz
Jhdt.	Jahrhundert
KZfSS	Kölner Zeitschrift für Soziologie und Sozialpsychologie
m.w.L.	mit weiterer Literatur
pK	politische Kultur
pKf	Politische Kultur-Forschung
pS	Politische Sozialisation
pSf	Politische Sozialisations-Forschung
PVS	Politische Vierteljahresschrift
ZParl	Zeitschrift für Parlamentsfragen

Anomie/Entfremdung

→ *Arbeitslosigkeit, Autoritarismus, Bildung, Demokratische Persönlichkeit, Eliten, Externe politische Effektivität, Fremdenfeindlichkeit, Gewalt/Politische Gewalt, Identität, Individualisierung, Kindheit/Jugend, Lebenszufriedenheit/Lebensqualität, Milieus/Lebensstile, Politikverdrossenheit, Politische Informiertheit, Politische Sozialisation, Politische Sozialisation: Massenmedien/Modernisierung/Soziale Schicht, Politisches Bewußtsein, Politisches Vertrauen, Rechtsstaat, Sozialstruktur, Wertewandel.*

Bezüge der Begriffe/Definitionen:
Herkunft und Entwicklungsgeschichte beider Begriffe sind unterschiedlich. Sie haben sich jedoch im Zuge ihrer sozialwissenschaftlichen Verwendung einander angenähert und weisen heute zentrale gemeinsame Dimensionen auf, so daß es gerechtfertigt erscheint, sie im Rahmen eines Stichworts gemeinsam zu behandeln. Grob gesagt bezieht sich der Begriff *Anomie (A.)* auf Zustände gesellschaftlicher Normenlosigkeit und mangelnder sozialer Ordnung, wie auch auf die - als problematisch vorausgesetzte - subjektive Befindlichkeit von Individuen unter solchen Bedingungen. Der Begriff *Entfremdung (E.)* zielt demgegenüber auf Diskrepanzen zwischen gesellschaftlichen Rahmenbedingungen und individuellen Wünschen, Werten, Bedürfnissen, oder Erwartungen, sowie auf hiermit zusammenhängende subjektive Befindlichkeitsfolgen. Die Überschneidungszone der beiden Begriffe ist dementsprechend in der Beschreibung negativer subjektiver Erlebnis- und Erfahrungssachverhalte, wie auch pathogener psychischer Problemlagen zu suchen, deren Kausalität in gesellschaftlichen Verursachungsfeldern verortbar ist. Innerhalb dieser Überschneidungszone erscheint eine Trennung der beiden Begriffe wenig sinnvoll, da die Phänomene, um die es geht (Angst, Isolation, Deprivation, Streß, Depression, Gefühle der Ohnmacht und Sinnlosigkeit, Orientierungslosigkeit, Frustration, Aggressivität, abweichendes Verhalten, Kriminalität) in der Literatur der beteiligten Disziplinen (Soziologie, Politische Wissenschaft, Sozialpsychologie) meist ohne deutlich erkennbare Schwerpunktbildung wahlweise den beiden Begriffen zugeordnet werden.

Während sich dementsprechend bei einzelnen Autoren eine synonyme Verwendung der beiden Begriffe feststellen läßt, ist bei zahlreichen anderen Autoren eine Bevorzugung des einen oder des anderen Begriffs festzustellen. Es läßt sich die These aufstellen, daß eine hohe Wahrscheinlichkeit für die Verwendung des Begriffs A. heute überall dort besteht, wo die Befindlichkeits- und Verhaltensfolgen „desintegrativer" gesellschaftlicher Entwicklungen und Veränderungen auf der Ebene des individuellen Personsystems in den Blick gefaßt werden, während der Begriff der E. sehr häufig dort verwendet wird, wo auf die nähere Analyse der Situation von Individuen unter gesellschaftlichen Rahmenbedingungen abgestellt wird, die umgekehrt als restriktiv oder repressiv erlebt werden.

Eine kombinierte Verwendung der beiden Begriffe liegt angesichts dieser Unterschiede der Akzentsetzung durchaus im Bereich des Möglichen. So benutzt Mitchell die Begriffe auf plausible Weise, um unterschiedliche subjektive Erlebnislagen unter den Bedingungen kontrastierender, d.h. entweder mangelnder oder übermäßiger Strukturiertheit der jeweiligen Rahmenbedingungen zu kennzeichnen. Die beiden Begriffe charakterisieren hierbei die entgegengesetzten Extrempole auf einer Skala von Strukturiertheitsgraden. Daß eine solche kombinierte Verwendung dennoch nur sehr selten stattfindet, mag einerseits in den sehr unterschiedlichen begriffs- und ideologiegeschichtlichen Konnotationen beider Begriffe, andererseits aber auch darin zu suchen sein, daß ihre verbindliche fachwissenschaftliche Abgrenzung und Zuordnung bis heute noch aussteht, so daß über ihre Verwendung letztlich die vielfach nach der einen oder nach der anderen Seite hin ausschlagenden persönlichen Problemwahrnehmungen und Forschungsinteressen entscheiden können. Zu erwähnen ist auch, daß es für beide Begriffe, bzw. für Teilbereiche von ihnen, sowohl in den Sozialwissenschaften wie auch in der Psychologie zahlreiche Synonyma gibt (z.B. „abweichendes Verhalten", „soziale Desintegration", „Verhaltensstörung", „Identitätsstörung und -gefährdung" (→ Identität), „Sozialisationsproblematik", „Rollenkonflikt"). Es kann somit nicht davon gesprochen werden, daß es für die beiden Begriffe in der einschlägigen Fachwissenschaften eindeutige Verwendungsregeln gibt, die ihren Gebrauch in Verbindung mit bestimmten Sachverhalten zwingend werden läßt. Aus diesem Grunde wurde insbesondere der Verwendung des Begriffs E. von Vertretern der empirisch orientierten sozialwissenschaftlichen Forschung (Feuer, Lee, Israel) zeitweilig heftiger Widerstand entgegengesetzt. Es wurde u.a. geltend gemacht, daß über den Inhalt des Begriffs kein Konsens bestehe, daß vielmehr mit seiner Hilfe alle nur denkbaren Nichtentsprechungen zwischen beliebig unterstellbaren Norm- und Idealvorstellungen und der gesellschaftlichen Wirklichkeit abgedeckt werden können und daß somit einer sauberen Trennung zwischen wissenschaftlicher Forschung und spekulativer Kulturkritik Hindernisse in den Weg gelegt werden.

Entstehungs-, Verwendungs- und Forschungsgeschichte: Entfremdung

Die Gemeinsamkeiten zwischen den beiden Begriffen relativieren sich im Rückblick auf ihre Entstehungs-, Verwendungs- und Forschungsgeschichte. Unterschiede treten in den Vordergrund, so daß eine getrennte Behandlung naheliegt. E. ist der weitaus ältere Begriff. Von E. wird bereits bei Aristoteles und nachfolgend in der frühchristlichen Theologie gesprochen. Für die Verwendung des Begriffs in der Neuzeit ist ein Entwicklungsstrang entscheidend, der in den Erörterungen des späten 17. Jhdt. über das sog. Naturrecht ansetzt und der von dort über Rousseau zu Hegel und von ihm aus zu Marx verläuft. Letzterer eignet sich den Hegelschen Begriff der E. an, indem er ihn „vom Kopf auf die Füße" stellt, d.h. von der Ebene der Bewußtseinsdialektik auf die Ebene des „realen gesellschaftlichen Lebens" bringt, wo er zum eigentlichen Zentralbegriff der Marxschen Kapitalismuskritik wird. Die Emphase, welche die Verwendung des Begriffs bei Marx charakterisiert, kann man allerdings nur dann verstehen, wenn man erkennt, daß für ihn E. einen Sachverhalt bedeutet, der die gesamte „bisherige Geschichte" durchzieht und der durch die kommunistische Revolution, die für ihn insofern einen radikal neuen Abschnitt der Geschichte verkörpert, endgültig beseitigt werden soll: Die Trennung zwischen menschlicher „Existenz" und menschlichem „Wesen" nämlich, d.h. zwischen der Art und Weise, in der Menschen unter den Zwängen der Gesellschaft faktisch leben, und denjenigen Möglichkeiten, die in der philosophisch-anthropologisch entschlüsselbaren Natur ihrer Anlagen begründet sind. In der Auseinandersetzung mit dem kapitalismuskritischen späteren Marx wird allzu häufig übersehen, daß der junge Marx dieses grundlegende Paradigma schon besaß, bevor er - unter dem Einfluß von Engels - den Kapitalismus und das „Proletariat" entdeckte, welches er anschließend als die weltgeschichtlich entscheidende Triebkraft der Aufhebung der menschlichen E. ansah. Marx hatte dieses grundlegende Paradigma mit der gesamten Philosophie der „Aufklärung" gemeinsam - mit dem einen Unterschied, daß er eine „Wissenschaft" entwarf, welche darauf angelegt sein sollte, die Gesetzlichkeiten der Aufhebung der E. im dialektischen Gang der gesellschaftlichen Entwicklung aufzudecken.

Dieses weit hinter Marx zurück verweisende E.-Paradigma, das seine Grundlage in der Feststellung von Widersprüchen zwischen einer „eigentlichen" menschlichen „Natur" und der realen, gesellschaftlich vermittelten Erscheinungsweise des Menschen besitzt und das konsequenterweise auf die Frage nach der Realisierung eines in der menschlichen Natur begründeten Humanpotentials unter veränderten gesellschaftlichen Lebensbedingungen zuläuft, findet sich im Anschluß an Marx auch jenseits marxistischer Theoriebildungen. Obwohl hier der Begriff der E. nur angelegentlich auftaucht, läßt es sich z.B. in einer sehr reinen Form in der sog. „humanistischen Psychologie" auffinden, die ihren Hauptvertreter in Maslow (1908-1970) besaß, über den es u.a. in die sog. „Organisationsentwicklung" und von dort aus in zahlreiche öffentliche Programme westlicher Industrieländer einfloß, so z.B. auch in das Programm „Humanisierung des Arbeitslebens" (HdA) der Sozialliberalen Koalition der alten Bundesrepublik. Die zeitweilige Koexistenz des westlichen Konzepts der „Organisationsentwicklung" mit Konzepten des „sozialistischen Wettbewerbs" in den Staaten des Ostblocks stellt einen Aspekt der Systemkonkurrenz dar, deren Geschichte bisher noch nicht geschrieben wurde.

Neben diesem einen E.-Paradigma entwickelten sich andere, in denen nicht auf den Widerspruch zwischen einer so oder so beschaffenen menschlichen „Natur" und der Gesellschaft, sondern vielmehr - wesentlich nüchterner - auf Widersprüche zwischen sozialisationsbedingten menschlichen Werten, Erwartungen, Wünschen, Bedürfnissen, Selbstkonzepten oder „basic personality structures" (Kardiner, Linton, Claessens) und den gesellschaftlichen Lebenschancen, oder auch auf Widersprüche zwischen „Gesellschaftsstruktur, Kultur und Charakterstruktur" (Bell) bezug genommen wurde. In dieser von philosophischen Aspekten weitgehend bereinigten Variante konnte das E.-Paradigma zahlreiche empirische Elemente in sich aufnehmen, wenngleich ihm im Einzelfall auch weiterhin ein gesellschaftskritischer Zug anhaften konnte. Seeman entwickelte auf diesem Hintergrund ein Konzept der E. („alienation"), das nurmehr den Charakter eines multidimensional operationalisierten Meßkonzepts hatte. Die von Seeman 1959 eingeführten fünf E.-Dimensionen (Machtlosigkeit, Sinnlosigkeit, Normlosigkeit, Isolation, Selbst-E.) fanden in den nachfolgenden Jahrzehnten in einer wachsenden Zahl empirischer Studien Verwendung, in denen es um die Analyse der subjektiven Befindlichkeit von Bevölkerungsquerschnitten oder von gesellschaftlichen Teil- bzw. Randgruppen unter aktuellen Lebensbedingungen ging. Weitere unterschiedlich gelagerte, teils auch strukturelle Aspekte einbeziehende Klassifikationen wurden nachfolgend z.B. von Feuer, Scott, Barakat und Johnson vorgelegt.

Entstehungs-, Verwendungs- und Forschungsgeschichte: Anomie

Der Begriff A. tauchte in England und Frankreich zuerst Ende des 16. Jhdt. auf und wurde im 17. Jhdt. als Sammelbegriff für die Verletzung kirchlicher Vorschriften verwendet. Der französische Soziologe Durkheim (1858-1917) übernahm den Begriff für die Soziologie. A. bedeutete für ihn das Verschwinden übergreifender sozialer Werte und Normen in den zunehmend von sozialer Differenzierung und beruflicher Spezialisierung gekennzeichneten modernen Gesellschaften. Zur Kennzeichnung der subjektiven Folgen dieses strukturellen Sachverhalts auf der Ebene des Personsystems wies Durkheim auf das zunehmende Auftreten des auf Orientierungslosigkeit zurückführbaren „anomischen Selbstmords" hin. Die moderne Soziologie baute bei ihrer Rezeption des Begriffs der A. überwiegend auf Durkheim auf, dessen Selbstmordstudie von 1893 über mehrere Jahrzehnte hinweg zu einer der meistzitierten soziologischen Abhandlungen wurde. Allerdings ergab sich mit der Zeit eine Ausdifferenzierung der Begriffsverwendung, so daß sich inzwischen vier Begriffsdimensionen verhältnismäßig deutlich voneinander unterscheiden lassen:

Auf einer ersten Ebene bedeutet A. eine Einschrumpfung des gesamtgesellschaftlich verbindlichen Bestandes an Werten und Normen mit der Folge zunehmender sozialer Desintegration. In klassischer Ausprägung findet sich dieses Paradigma z.B. in dem außerordentlich einflußreichen Werk „Gemeinschaft und Gesellschaft" von Tönnies (1855-1936). Aktuell findet es sich beim amerikanischen Kommunitarismus, wie auch etwa - weitgehend überlappend hiermit - in den seit geraumer Zeit andauernden Auseinandersetzungen über einen angeblichen „Werteverfall" in modernen Gesellschaften. Es kontrastiert hiermit erstens die These von Elias, daß im „Prozeß der Zivilisation" eine Substitution von „Fremdzwängen" durch „Selbstzwänge" mit der Folge der Entstehung einer stabilen Selbstzwang- und -kontrollapparatur stattfindet, die in Verbindung mit dem Auftreten neuartiger schwerer Ängste den Bedarf an integrierenden Normen und Werten absenkt. Zweitens kontrastiert hiermit aber auch die Auffassung Luhmanns, daß in strukturell differenzierten modernen Gesellschaften eine zunehmende Vielfalt systemfunktionaler Integrationsmechanismen zur Verfügung steht, die ebenfalls dazu beiträgt, daß sich der Bedarf an gesamtgesellschaftlichen Normen und Werten reduziert.

Auf einer zweiten Ebene der Begriffsverwendung, deren Herausarbeitung besonders dem amerikanische Soziologe Merton zu verdanken ist, meint A. demgegenuber dıe mangelnde Fähigkeit von Bevölkerungsteilen, sozialen Werten und Normen mit einem hohen Anspruchs- und Verbindlichkeitsgehalt gerecht zu werden. Merton demonstriert dieses A.-Verständnis am Beispiel des amerikanischen Erfolgsideals, das zwar von breiten Bevölkerungsteilen verinnerlicht worden sei, das jedoch von einem großen Teile der Menschen - aufgrund entgegenstehender struktureller Hemmnisse (mangelnder Zugang zu Bildungsmöglichkeiten, unausreichende Aufstiegschancen etc.) nicht oder nur unvollkommen verwirklicht werden könne. Merton verknüpft die Darlegung seines A.-Verständnisses mit Hinweisen auf die Wirkungen des Zusammenpralls egalitärer Ideologien und geschichteter Sozialstrukturen, d.h. also auf Widersprüche zwischen dem „sozio-kulturellen" und dem „sozio-ökonomischen" Teilsystem moderner Gesellschaften. Die Beziehungen zu der oben skizzierten zweiten Gruppe von „E."-Paradigmen liegen auf der Hand.

Auf einer dritten Ebene meint A. denjenigen individualmenschlichen Belastungs- und Leidenszustand, der sich einstellt, wenn die auf den ersten beiden Ebenen genannten gesellschaftlichen Probleme eintreten. Der amerikanische Soziologe Srole hat die „kognitiven" Komponenten subjektiv erfahrener A. mit Hilfe einer aus fünf Komponenten zusammengesetzten A.-Skala operationalisiert und meßbar gemacht, die internationale Anerkennung gefunden hat. Es handelt sich dabei 1. um die Wahrnehmung, daß die Mächtigen (die → Eliten, die Führer etc.) den eigenen Nöten und Bedürfnissen indifferent gegenüberstehen, 2. um das Gefühl, daß in der Gesellschaft in der man lebt, vernünftige Maßstäbe keine Geltung haben, 3. um die Empfindung, daß man seine Lebensziele nicht verwirklichen kann, 4. um ein allgemeines Vergeblichkeitsbewußtsein und 5. um die Überzeugung, daß man auf die Unterstützung seiner Mitmenschen weder rechnen noch vertrauen kann. Auch hier legt sich der Vergleich mit den neueren Verwendungen von E., insb. natürlich mit dem Meßkonzept von Seeman (vgl. oben) nahe, dessen fünf Dimensionen von E. sich deutlich mit den fünf A.-Komponenten Sroles überlagern, wenngleich sie mit ihnen nicht völlig identisch sind.

A. meint endlich auf einer vierten Ebene diejenigen Formen „abweichenden" sozialen Verhaltens, die sich auf dem Hintergrund der auf den ersten beiden Ebenen dargestellten gesellschaftlichen Bedingungen und der durch sie hervorgerufenen subjektiven Belastungs- und Leidenszustände einstellen können. Merton hat diese Formen danach unterschieden, ob durch soziales Verhalten gesellschaftliche „Ziele" (Werte) oder soziale „Spielregeln" (Normen), oder auch beide Bereiche gemeinsam verletzt werden. Er gelangt hierbei zu den folgenden, in der soziologischen Forschung bis heute als Untersuchungs- und Beschreibungskonzept verwendeten Unterscheidungen: *Innovation*: Man bleibt den Zielen (z.B. Reichtumserwerb oder Gleichberechtigung) treu, geht im Hinblick auf die Mittel zur Zielerreichung jedoch unkonventionelle Wege (z.B. Diebstahl, Betrug, oder Hochstapelei); *Ritualismus*: Man paßt seine Aspirationen den gegebenen Möglichkeiten an, indem man sie auf ein „realistisches" Niveau absenkt, wobei man sich in seinem Verhalten unter Verzicht auf Eigeninitiative und -verantwortung strikt und letztlich restriktiv an gesellschaftliche Erwartungsvorgaben hält und daraus Befriedigungen ableitet (z.B. Regelfetischismus im Fall der „bürokratischen Persönlichkeit"); *Rückzug*: Man kehrt sich von den Zielen bzw. Werten, wie auch von den sozialen Spielregeln ab, um bei Ersatzbefriedigungen, oder auch - als „drop out" - in „alternativen" → Milieus oder in „Gegenkulturen" sein Heil zu suchen; *Rebellion*: Auch hier geschieht eine Abwendung von etablierten gesellschaftlichen Zielen bzw. Werten und Spielregeln. Allerdings werden nicht resignative, sondern aggressive Lösungswege eingeschlagen, die zu den verschiedensten Formen individueller Gewaltkriminalität, zu disruptivem Gruppenverhalten, oder zu politischem Protestverhalten größerer Bevölkerungsgruppen, im Grenzfall zur politischen Revolution führen können (→ Gewalt/Politische Gewalt).

Bewertungen und Folgerungen:
Insbesondere der Begriff der E. findet in der aktuellen sozialwissenschaftlichen Literatur nach wie vor rege Verwendung. Allerdings führt die nähere Untersuchung zu dem Ergebnis, daß sich nur der engere Bereich empirisch orientierter Sozialwissenschaftler an dem vorstehend geschilderten Entwicklungsgang der Begriffsentfaltung in Richtung eindeutiger, intersubjektiv verbindlicher Meßkonzepte orientiert, während man außerhalb dieses Bereichs immer wieder auch auf ältere philosophische oder gesellschaftskritische Begriffsverwendungen mit samt ihren spekulativen Implikationen zurückgreift. Es läßt sich die These aufstellen, daß auf dieser Verwendungsebene der Begriff der E. u.a. eines der hauptsächlichen Einfallstore für offene oder verdeckte Marx-Renaissancen darstellt.

Etwas anders verhält es sich hiermit beim Terminus A., der - möglicherweise schon wegen seiner viel weniger griffigen sprachlichen Kennzeichnung - seltener und viel eher unter Bezugnahme auf die operationalen Endergebnisse des Entwicklungsgangs der Begriffsentfaltung, d.h. also als empirisch instrumentalisierter Forschungsbegriff, Verwendung findet. Es gilt dies allerdings nicht unbedingt für die ihm zurechenbaren Bedeutungsgehalte, die ebenfalls für spekulative Zwecke instrumentalisierbar sind. Betrachtet man z.B. die meist in dramatisierender Tonlage ablaufende öffentliche Diskussion über kritisch bewertete aktuelle gesellschaftliche Entwicklungstrends, über „abweichende" Jugendverhaltensweisen (→ Kindheit/Jugend), über negative Einstellungen gegenüber den politischen Parteien, über „mangelnde gesellschaftliche Verantwortungsbereitschaft", über eine angebliche gesellschaftliche „Anspruchsinflation", über die „Ego-Gesellschaft", über die „Geburtenverweigerung“, über den Vertrauensverlust gegenüber zahlreichen Institutionen (→ Politisches Vertrauen), über → Politikverdrossenheit und Werteverfall (→ Wertewandel), etc., dann gewinnt man den Eindruck, daß hier von einem Paradigma gesellschaftsimmanenter Dekadenz und Desintegration ausgegangen wird, das geeignet ist, unter Ausschluß der eigentlich erforderlichen analytischen Durchdringung Vorwurfshaltungen und Schuldzurechnungen gegen „die Menschen“ schlechthin zu rechtfertigen, gleichzeitig aber auch ein Verharren in hilfloser Deklamatorik zu legitimieren. Wenn man so will, dann handelt es sich hierbei um ein defizientes A.-Paradigma, das die potentielle Gefährlichkeit der spekulativ eingesetzten A.-Vorstellung demonstriert.

Fragt man demgegenüber - wie dies vorstehend einige Male geschehen ist - mit empirischer Orientierung nach den kategorialen Gehalten, auf welche die beiden Begriffe gemeinsam zielen, dann stößt man auf ein analytisches Instrumentarium von großer Fruchtbarkeit für die Erfassung typischer Problemlagen in modernen komplexen und dynamischen Gesellschaften. Daß die Realitätserschließungskraft dieses Instrumentariums zunimmt, wenn man die beiden Begriffe - etwa im Sinne von Mitchell - als Kontrastkategorien einsetzt, sei ausdrücklich betont. Von hier aus läßt sich auf zwischen den Extremen liegende Optimalitätsbedingungen im Verhältnis zwischen dem Individualsystem und dem Sozialsystem schließen, die dann zum Gegenstand einer unmittelbar praxisrelevanten Forschung erhoben werden können, welche auf die Aufdeckung erfolgversprechender Gestaltungsperspektiven zielt (vgl. etwa die Gruppe um Csikszentmihalyi).

Helmut Klages

Literatur:

Basler, Heinz-Dieter 1977: Untersuchungen zur Validität der Anomie-Skala von Srole, in: KZfSS 29, S. 335-342.

Claessens, Dieter 1980: Das Konkrete und das Abstrakte, Frankfurt a.M.

Feuer, Lewis 1963:What is Alienation?, in: Stein, Maurice/Vidich, Arthur J. (Hrsg.): Sociology on Trial, Englewood Cliffs, S. 127-147.

Johnson, Frank 1973: Alienation, New York.

Klages, Helmut 1969: Geschichte der Soziologie, München.

Klages, Helmut 1975: Die unruhige Gesellschaft, München.

Ludz, Peter C. 1975: „Alienation“ als Konzept der Sozialwissenschaften, in: KZfSS 27, S. 1-32.

Merton, Robert K. 1964: Social Structure and Anomie, in: Merton, Robert K. (Hrsg.): Social Theory and Social Structure, London ,4. Aufl., S. 132-160.

Mitchell jr., Richard G. 1983: Mountain Experience. The Psychology and Sociology of Adventure, Chicago.

Scott, Marvin B. 1965: The Social Sources of Alienation, in: Horowitz, Irving L. (Hrsg.): The New Sociology, New York, S. 239-252.

Seeman, Melvin 1959: On the Meaning of Alienation, in: American Sociological Review 24, S. 783-791.

Arbeit

→ *Arbeitslosigkeit, Familie, Feminismus, Frauen/Männer, Freizeit, Gewerkschaften, Politische Sozialisation: Beruf/Geschlecht/Geschlechterverhältnisse, Politische Traditionen, Soziale Marktwirtschaft, Soziale Sicherheit, Verbände.*

Begriff/Definition:

In der ursprünglichen Bedeutung und in der christlichen Tradition ist Arbeit (A.) Mühsal, und zwar als Dienst an Gott und der Gemeinschaft. Dies hat insbesondere Luther in seiner Theologie herausgearbeitet. Im Zuge gesellschaftlicher Säkularisierung und im Sinne einer eng ökonomischen Betrachtungsweise bezeichnet heute der Begriff A. ein zweckgerichtetes Tätigsein des Menschen zu seiner Existenzsicherung. Dadurch unterscheidet sich die A. vom Spiel, das zwar auch Tätigsein beinhaltet, aber nicht auf äußere Zwecke im Sinne einer Erwerbs-A. gerichtet ist. Die Reduzierung des A.-Begriffes auf entgeltliche Erwerbs-A. stellt jedoch eine unzulässige Verengung des A.-Begriffes dar, weil in dieser Sicht der größte Teil der Gesellschaft nicht arbeiten würde! In der Tat ist z.B. *Frauen-A.* (→ Frauen/Männer) in der Form der Familien-A. (→ Familie) als „nicht eigentliche" A. ökonomisch und gesellschaftlich immer wieder diskriminiert worden. Das Tätigsein für ein Entgelt ist aber kein zwingendes Attribut für einen modernen A.-Begriff. Der Mensch kann auch in der → Freizeit arbeiten und damit sein geistig-seelisches und körperliches Potential nutzen und im Sinne seiner Persönlichkeitsentwicklung fördern. Damit ist neben der ökonomischen die pädagogische Funktion der A. angesprochen. In diesem Sinne heißt arbeiten nicht nur nutzen und freisetzen, sondern auch entwickeln von Kräften.

Gilt dies prinzipiell für jede Art von A., so zeigen sich doch deutliche Unterschiede je nach Art und insbesondere Spezialisierungsgrad der A. Damit ist das Prinzip und Phänomen der *A.-Teilung* und gleichzeitig die soziale Dimension der A. angesprochen. Die Entwicklung des Menschengeschlechtes auf den heutigen sozioökonomischen Stand hatte die A.-Teilung, z.B. die Spezialisierung nach Ständen und Berufen, zur Voraussetzung. Sie entartete aber in der industriellen Massenproduktion insofern, als nun die A. in kleinste Teilarbeiten („A.-Zerlegung") zerlegt wurde, so daß die Menschen am Fließband zu Werkzeugen degradiert wurden und die persönlichkeitsbildende Kraft der A. für diese Menschen verloren ging. Roboter und elektronische Steuerungssysteme drängen diese Form der A., die man in humanistischer Sicht als „Sklaven-A." bezeichnen könnte, zurück. Insgesamt zeigt sich überdies die Tendenz, die A.-Vollzüge komplexer und ganzheitlicher zu gestalten, wie dies z.B. in Form von *Team-A.* und *Gruppen-A.* geschieht, um damit A.-Motivation und A.-Zufriedenheit und letztlich auch die A.-Produktivität zu fördern.

Formen der Arbeit:
Immer modernere Produktionsmittel und Produktionstechniken haben dazu geführt, daß schwere und mühselige *körperliche A.* nur noch von wenigen Menschen geleistet werden muß. In hochentwickelten Ökonomien, wie z.B. in Deutschland, Japan und den USA, sind die meisten Menschen - mit steigender Tendenz - im Dienstleistungssektor beschäftigt und nur sehr wenige Menschen (kaum mehr als 3 %) in der Landwirtschaft. Im Zuge zunehmender A.-Zeitverkürzung für die abhängig Beschäftigten, welche durch die gestiegene und weiter noch steigende A.-Produktivität einerseits ermöglicht, andererseits als ein Mittel zur Bekämpfung der Massenarbeitslosigkeit gewollt wird, lassen sich *A.-Verdichtungen* ausmachen, die wenigstens in Teilbereichen der A.-Welt und Betriebe neue Beanspruchungen in Form von Streß hervorrufen. In anderen A.-Bereichen wiederum verwischen die Grenzen von A.-Verhalten und Freizeitverhalten, aber auch von A. und Lernen. Insgesamt gesehen entfernt sich die A.-Gestaltung nach vertraglicher Regelung, zeitlichem Ablauf und örtlicher Positionierung immer stärker vom klassischen Schema kontinuierlich-täglicher A.-Zeit und abendlicher Freizeit, von lebenslanger A. und Rentnerdasein. Im Sinne einer „Erosion des Normalarbeitsverhältnisses" (Francke/Buttler 1991: 173 ff.) haben wir es heute mit einer Reihe von A.-Verhältnissen zu tun, die zur Zeit noch als „atypisch" gelten, aber eines Tages zum Normalfall werden könnten:

Teilzeit-A.: Sie wird in Deutschland überwiegend von Frauen ausgeübt und spielt schon heute in anderen Ländern (z.B. in den Niederlanden) eine bedeutende Rolle. *Kurz-A.*: Dabei handelt es sich nicht um Teilzeit-A., sondern um reguläre A.-Plätze, auf denen vorübergehend die Regelarbeitszeit im Unternehmen unterschritten wird. Mit Hilfe von Kurz-A. werden z.B. Auftragsrückgänge überbrückt, und gleichzeitig wird dadurch sichergestellt, daß insbesondere das qualifizierte Personal für den erwarteten Fall des vollen A.-Kräftebedarfes verfügbar bleibt. *Befristete A.*: Der Anteil der A.-Nehmer, die sich mit zeitlich befristeten A.-Plätzen begnügen (müssen), nimmt zu. Ein wachsender Anteil dieser Menschen nimmt damit den Wechsel von A.-Losigkeit und ungesichertem A.-Platz auf sich oder überlebt durch Sozialhilfe und Schwarz-A. *Mobilzeit-A.*: In Mobilzeit-A. befindet sich ein A.-Nehmer, wenn seine vertragliche A.-Dauer geringer ist als die betriebliche Regelarbeitszeit für Vollzeitarbeitskräfte. Mobilzeit-A. gibt es mit sehr unterschiedlicher A.-Zeitdauer. Die Beschäftigung kann von ein paar Stunden pro Woche bis zur Fast-Vollarbeitszeit reichen. Mobilarbeitszeit unter 15 Stunden wird auch als „Geringfügige Beschäftigung" bezeichnet. Mobilzeit-A. ist nicht nur durch kürzere, sondern auch durch flexible A.-Zeiten (z.B. Gleitzeit) charakterisiert. Mobilzeit-A. dient den Unternehmen zur Flexibilisierung ihres A.-Kräftebedarfes, den A.-Nehmern zur Flexibilisierung ihrer Lebensgestaltung. Je größer der Betrieb, desto geringer ist der Anteil der Mobilzeit-A. Der weitaus größte Teil der Mobilzeit-A. (über 90 %) wird von den Frauen angeboten. Über 80 % der mobilzeitbeschäftigten Frauen sind verheiratet bzw. leben mit einem Partner zusammen. Im internationalen Vergleich liegt die Bundesrepublik mit 15,5 % Beschäftigten in Mobilzeit-A. im Mittelfeld, weit hinter den Niederlanden und den skandinavischen Ländern. *Leih-A.*: Die häufigste Form ist die (entweder gewerbsmäßige oder nichtgewerbsmäßige) A.-Nehmerüberlassung. Dabei leiht ein selbständiger Unternehmer einen bei ihm beschäftigten A.-Nehmer vorübergehend an ein anderes Unternehmen aus (Francke/Buttler 1991). Obwohl die Leih.-A. im Laufe des letzten Jahrzehntes kontinuierlich zugenommen hat, ist der Anteil der Leiharbeitnehmer noch vergleichsweise gering. *Tele-A.*: Es handelt sich bei ihr um „Fern"-A. in dem Sinne, daß die Beschäftigten ihre A. nicht in den Räumen ihrer Firma verrichten, sondern zuhause oder dezentral an einem PC/Laptop arbeiten. Die häuslichen bzw. ausgelagerten A.-Plätze sind mit dem Unternehmen über Telekommunikationseinrichtungen verbunden. Derzeit gibt es in Deutschland etwa rund 200 000 Telearbeitsplätze, während in Großbritannien schon über eine halbe Million und in den USA bereits rund 9 Millionen zuhause arbeiten. Die Telearbeiter verbringen in der Regel einen Teil der A.-Woche zuhause vor dem Computer, den Rest aber im Büro. Dieses Pendeln zwischen Wohnung und Büro wird auch als *alternierende Tele-A.* bezeichnet (Willke 1998). Die Vorteile und Nachteile der Tele-A. halten sich die Waage. Als Vorteile werden z.B. die bessere Vereinbarkeit von Beruf und Familie und die Erfüllung individueller Mitarbeiterwünsche, als Nachteile die soziale Isolation und, sofern im Unternehmen ein Mißtrauensmanagement vorherrscht, die mangelnde Kontrolle der A.-Nehmer genannt. *Scheinselbständigkeit*: Es handelt sich dabei um A.-Verhältnisse, die einerseits den Tatbestand der Selbständigkeit erfüllen (A. auf eigene Rechnung und Verantwortung, keine Sozialversicherungspflicht) und andererseits den Charakter eines A.-Nehmerverhältnisses haben (Abhängigkeit von den Weisungen und Aufträgen *eines* Unternehmens). Scheinselbständigkeit geht in aller Regel zu Lasten des „Selbständigen" und hat wenigstens zum Teil Ausbeutungscharakter, weil bei ihr die Sozialgesetze nicht greifen! Für A.-Marktpolitik, A.- und Sozialrecht ist eine stringente und wirksame Unterscheidung zwischen Scheinselbständigkeit und echter Selbständigkeit ein nicht leichtes Unterfangen! *Schwarz-A.*: Dabei handelt es sich um gewerbsmäßige A. außerhalb der Legalität, für die keine Sozialversicherungsbeiträge und Steuern entrichtet werden. Kurze A.-Zeiten und unsichere reguläre A.-Plätze, aber auch hohe Löhne fördern die Schwarz-A. Nach Schätzungen arbeiten in Deutschland mindestens 10 Millionen Menschen außerhalb der Legalität. Die Bekämpfung der Schwarz-A. erweist sich als äußerst schwierig.

Arbeitsbeziehungen:
Die Vielfalt der A.-Platztypen und die Dynamik der A.-Märkte bleiben nicht ohne Auswirkungen auf die „industriellen Beziehungen" (Müller-Jentsch 1997), die auch als *A.-Beziehungen* bezeichnet werden. Gemeint ist damit die Gesamtheit der Beziehungen zwischen A.-Nehmern und A.-Gebern in einem konkreten Betrieb, einem Wirtschaftszweig oder einem Lande. Die rechtliche, finanzielle und soziale Aus-

gestaltung der A.-Verhältnisse ist das Ergebnis von Aushandlungsprozessen zwischen A.-Nehmervertretern, dies sind in der Regel die → Gewerkschaften, und A.-Gebervertretern, dies sind in der Regel die A.-Geberverbände (→ Verbände). Dabei ist grundsätzlich davon auszugehen, daß es nur begrenzt Interessenübereinstimmungen gibt und deshalb die Einigung von A.-Nehmern und A.-Gebern das Ergebnis von Kompromissen ist, wobei es auch zu A.-Kämpfen (Streik und Aussperrung) kommen kann. Wichtige Eckpfeiler und Rahmenbedingungen sind für die Ausgestaltung der A.-Beziehungen die Tarifautonomie und das Koalitionsrecht der Sozialpartner sowie das Streikrecht (genaugenommen Streik*freiheit*) der A.-Nehmer. Schlichtungsverfahren sind nicht gesetzlich geregelt, sondern stellen „prozedurale Selbstbindungen" dar, mit deren Hilfe eine Erhöhung der Streikschwelle durch Ausschöpfung aller Verhandlungsmöglichkeiten erreicht werden soll. Bei allen Interessengegensätzen im Einzelnen sind die A.-Beziehungen in Deutschland, anders als z.B. in den USA, durch ein großes Maß an gegenseitigem Verständnis und Kompromißbereitschaft geprägt. Ein Indikator dafür ist der, im Vergleich zu anderen Ländern, vergleichsweise geringe Anteil von Streiktagen. Unter 21 OECD-Ländern weisen die A.-Kampfdaten für die Jahre 1970-1994 nur für die Niederlande, Österreich und die Schweiz geringere Durchschnittswerte aus als für Deutschland.

Die Aussperrung ist gewissermaßen das Gegenstück zum Streik. Es handelt sich dabei um eine von den A.-Gebern herbeigeführte Unterbrechung der A.-Verhältnisse, die sich gegen die A.-Nehmer und ihre Koalitionen richtet. Das Kampfmittel der Aussperrung wird von den Unternehmen sowohl als Reaktion gegen Kampfmaßnahmen (insbesondere Streik) der A.-Nehmer eingesetzt (Abwehraussperrung) als auch (selten) als ein erster Schritt zur offenen Auseinandersetzung (Angriffsaussperrung) angewandt. Die rechtliche Legitimität der Aussperrung als Kampfmaßnahme ist heftig umstritten. Unternehmer und herrschende Rechtsprechung halten die Aussperrung aus Gründen der „Kampfparität" für gerechtfertigt, während die Gewerkschaften und ihnen nahestehende Juristen darin die Wiederherstellung der alten „Machtasymmetrie" sehen (Müller-Jentsch 1997).

Die Rolle der Frau in der Arbeitswelt:
Frauen machen die Mehrheit der Bevölkerung im erwerbsfähigen Alter aus. Davon gehen in Deutschland 44 % einer Erwerbstätigkeit nach. Damit liegt die Erwerbsquote der Frauen zwar höher als in Spanien (35 %), aber deutlich niedriger als in den skandinavischen Ländern (65-70 %). Von einer Chancengleichheit im Erwerbsleben sind die Frauen noch weit entfernt. Das wird z.B. daran deutlich, daß von den in Dienstleistungsberufen beschäftigten Frauen die meisten in weniger qualifizierten Positionen tätig sind. In den großen deutschen Unternehmen sind nur 6-7 % der Führungspositionen von Frauen besetzt. An den Universitäten ist der Anteil weiblicher Professoren vor allem in den Naturwissenschaften und technischen Disziplinen sehr gering. Bei der Bewertung der deutlich geringeren Berufs-

chancen der Frauen muß jedoch bei einer realistischen Betrachtungsweise in den Blick genommen werden, daß es ein Karrierehindernis gibt, welches vielleicht zu minimieren, aber kaum zu beseitigen ist: Schwangerschaft und Kinder!

Ausblick: Das Ende der Arbeitsgesellschaft?
Mit dem von Dahrendorf eingeführten Begriff der *A.-Gesellschaft* werden insbesondere vier Strukturmerkmale moderner Gesellschaften fokussiert: Zum einen handelt es sich um Gesellschaften, deren Mitglieder überwiegend ihren Unterhalt durch freie Lohn-A. auf freien A.-Märkten erwerben. Zum anderen weisen A.-Gesellschaften eine spezifische Form des A.-Ethos insofern auf, als A. und Berufsausübung als eine erstrebenswerte angesehene moralische Verpflichtung angesehen wird. Überdies hängt das Selbstwertgefühl des Einzelnen wesentlich von dem Bewußtsein ab, eine nutzbringende A. zu verrichten. Zum Dritten wird in A.-Gesellschaften der Status einer Person überwiegend direkt oder indirekt über Erwerbs-A. erlangt, und zum Vierten schließlich ist im politischen System moderner Gesellschaften des 20. Jhdts. *Erwerbs-A.* zu einer öffentlichen Angelegenheit geworden, z.B. durch die gesetzliche Regulierung von A.-Verhältnissen.

Mit der quantitativen Bedeutungsminderung der Erwerbs-A. (immer kürzere A.-Zeiten, Massenarbeitslosigkeit, Dauerarbeitslosigkeit usw.), den qualitativen Veränderungen der Erwerbs-A. durch neue A.-Formen und A.-Verhältnisse (z.B. Teilzeit-A., Mobilzeit-A., Tele-A.) und die Lockerung der Trennung von A.-Zeit und Freizeit zeigen sich Tendenzen, die hier und dort als „Ende der A.-Gesellschaft“ auf den Begriff gebracht werden. Von nicht wenigen Beobachtern wird „das Ende der A.“ (Rifken 1997) prognostiziert. Die Erwerbsgesellschaft neige sich ihrem Ende zu, je mehr die Menschen durch den Einsatz intelligenter Technologien ersetzt werden. Das „Recht auf A.“ - A. als abgesicherte und kontinuierliche Vollzeiterwerbs-A. - sei zu einer Utopie geworden, und es wird die Frage gestellt, ob das „Recht auf A.“ nicht in ein „Recht auf sinnvolle Beschäftigung“ - gekoppelt an ein Recht auf Einkommen - umgewandelt werden sollte. Es spricht in der Tat einiges dafür, daß vielleicht schon in zehn Jahren nur noch jeder zweite Beschäftigte einen dauerhaften Vollzeitarbeitsplatz einnehmen wird, während die andere Hälfte, wie es Beck (1999) formuliert, „brasilianisch“ arbeitet. Mit anderen Worten: wie in Brasilien (und in anderen „semi-industrialisierten Ländern“) wird dann nur noch eine Minderheit der lohn- und gehaltsabhängig Beschäftigten in einem formalisierten Vollzeitarbeitsverhältnis tätig sein. Beck (1999) entwickelt die Vision einer „Weltbürgergesellschaft“, in der es gilt, den Mangel an Erwerbs.-A. als Wohlstand an Zeit zu entdecken und diskontinuierliche Erwerbstätigkeit rechtlich abzusichern. Als interessante Antithese zur A.-Gesellschaft formuliert er die aktive Bürgergesellschaft vor Ort, die anstelle oder auch neben der Erwerbs-A. eine alternative Aktivitäts- und Identitätsquelle zu werden verspricht.

Es bleibt abzuwarten, ob es wirklich dazu kommen wird. Sicher aber ist, daß die A.- und Erwerbsgesellschaft in ihrer herkömmlichen Form weitere einschneidende Veränderungen erfahren wird, auf die sich Bildungs-, A.-Markt- und Sozialpolitik einstellen müssen.

Joachim Münch

Literatur:

Beck, Ulrich 1999: Neue schöne Arbeitswelt. Vision: Weltbürgergesellschaft, Frankfurt a.M./New York.

Edding, Friedrich/Lorang, E.J. 1999: Wege aus der Arbeitskrise, Luxemburg.

Francke, Heinrich/Buttler, Friedrich 1991: Arbeitswelt 2000. Strukturwandel in Wirtschaft und Beruf, Frankfurt a.M.

Maier, Gerhard 1996: Arbeitsmarktpolitik, Bonn.

Müller-Jentsch, Walther 1997: Soziologie der industriellen Beziehungen. Eine Einführung, Frankfurt a.M./New York.

Rifkin, Jeremy 1997: Das Ende der Arbeit und ihre Zukunft, Frankfurt a.M.

Vilmar, Fritz/Kißler, Leo 1982: Arbeitswelt: Grundriß einer kritischen Soziologie der Arbeit, Opladen.

Arbeitslosigkeit

→ Anomie, Arbeit, Armut, DDR, Extremismus, Frauen/Männer, Geschichtliche Phasen der BRD, Globalisierung, Kindheit/Jugend, Lebenszufriedenheit/Lebensqualität, Minderheiten/Randgruppen, Politiker/Politische Klasse, Politische Sozialisation: Beruf/Soziale Schicht, Regierung/Regierungsmehrheit/Opposition, Republikaner/DVU, Soziale Marktwirtschaft, Soziale Sicherheit, Soziale Ungleichheit/Lebenslagen, Sozialstruktur, Transition/Transformation, Wahlen/Wähler, Wohlfahrtsstaat.

Begriff/Definition:

Seit mehr als einem Vierteljahrhundert hat die Bundesrepublik - wie eine Reihe anderer Industrieländer auch - mit gravierenden Arbeitsmarktproblemen zu kämpfen. EU-weit waren im April 2001 ca. 13 Millionen Menschen als arbeitslos (al.) registriert. Die Frage allerdings, wer als „al.", „erwerbslos" oder „langzeital." gilt, wird in der Arbeitsmarktstatistik allerdings nicht einheitlich beantwortet. Allgemein kann man jedoch all jene Personen als al. betrachten, die aktuell keiner bezahlten, den Lebensunterhalt sichernden Arbeit nachgehen, aber dies gern möchten. Mit Blick auf die pK eines Landes sind drei Größen der Arbeitslosigkeit (A.) von besonderem Interesse: Umfang und Dauer einer Beschäftigungskrise und der Anteil der Langzeitarbeitslosen (→ Armut, Soziale Ungleichheit). So ist z.B. in Deutschland eine Verfestigung der A. (Langzeit-A.) bei gering qualifizierten, älteren und gesundheitlich beeinträchtigten Arbeitnehmern zu beobachten. Seit der Zeit der Weltwirtschaftskrise in den 30er Jahren sind eine Reihe sozialwissenschaftlicher Untersuchungen zu den individuellen und gesellschaftlichen Auswirkungen von

Massen-A. durchgeführt worden, von denen die Marienthalstudie (Erstveröffentlichung: 1933) international wohl die bekannteste ist. Zwei Hauptfragen der Forschung lassen sich unterscheiden: Verändert die Erfahrung von A. die *Persönlichkeit* der mittelbar und unmittelbar Betroffenen (z.B. Arbeitsmotivation, verringertes Selbstgefühl)? Hat A. Auswirkungen auf das *politische Klima* in einem Lande (z.B. politische → Anomie oder Radikalisierung (→ Extremismus))?

Einstellungen der Bevölkerung zu Arbeitslosigkeit:
Zieht man die Befunde der Umfrageforschung zu Rate, so nimmt A. seit zwei Jahrzehnten einen der ersten Plätze auf der Liste der dringlich zu lösenden Probleme ein. In der Kerngruppe des Arbeitsmarktes, der Altersgruppe der 35-49-Jährigen, ist die Sorge um den Arbeitsplatz naturgemäß besonders ausgeprägt. Auch unter Jugendlichen (→ Kindheit/Jugend) ist die Befürchtung, sich nicht erfolgreich in das Beschäftigungssystem integrieren zu können, weit verbreitet. Knapp zwei Drittel der 22-24-Jährigen nannten in der letzten Shell-Jugendstudie A. als Hauptproblem (Jugendwerk 1997). „Wirtschaftliche Lage" und „Verhalten der → Politiker" gelten in der öffentlichen Meinung - in Ostdeutschland stärker noch als in Westdeutschland - als die relativ wichtigsten Ursachen hoher A. Staat und → Regierung sind damit die Hauptadressaten der Erwartungen in der Bevölkerung, die sich auf eine Milderung der Beschäftigungskrise richten. Die Einschätzung der Ernsthaftigkeit, mit der politische Akteure einen Ausweg aus der Arbeitsmarktkrise suchen, und die unterstellte Lösungskompetenz sind - wie u.a. die Bundestagswahl 1998 gezeigt hat - wichtige Orientierungspunkte für die Wahlentscheidung (→ Wahlen/Wähler). Obwohl A. seit den 80er Jahren in der Bevölkerung als gesellschaftliches Kernproblem wahrgenommen wird, ist diese Wahrnehmung merkwürdig gebrochen und - was die Hoffnung auf wirkliche Problemlösungen angeht - skeptisch bis resignativ. In einer Umfrage vom April 1996 meinten 85 % aller Befragten, daß die Bundesrepublik auch in Zukunft „mit mehreren Millionen Arbeitslosen" werde leben müssen. Renate Köcher vom Institut für Demoskopie in Allensbach faßte 1994 ihre Beobachtungen so zusammen: „Während fast die gesamte Bevölkerung die Verringerung" (der A.) „zu den wichtigsten Aufgaben rechnet, beschäftigt dieses Problem gerade 26 % intensiver. Bei keinem anderen Anliegen klaffen die allgemeine Bedeutung, die ihm beigemessen wird, und wirkliche Anteilnahme derart auseinander" (Köcher 1994: 2).

A. hat sich in den letzten Jahrzehnten nicht nur zu einem „Dauerproblem" (Friedrich/Wiedemeyer 2001) entwickelt; zugleich veränderte sich die *öffentliche Wahrnehmung der A.* selbst. Während sie in den 70er und 80er Jahren als Symptom im Prinzip beherrschbarer, vorübergehender wirtschaftlicher Schwierigkeiten (u.a. „Ölschock") erschien, setzte sich in Wissenschaft und Öffentlichkeit in den 90er Jahren zunehmend der Eindruck durch, daß die gegenwärtige A. Symptom eines langwierigen und tiefgreifenden Strukturwandels von Technologie und Weltwirtschaft ist. „Ende der Arbeitsgesellschaft", → „Globalisierung", „Wissens- oder

Informationsgesellschaft", „postindustrielle A." sind einige der Schlagworte, die perspektivisch andeuten, daß sich die Industriegesellschaft herkömmlichen Typs in einer grundlegenden Umbruchphase befindet, die auch die Qualifikationsprofile und das Beschäftigungssystem erfasst. Der Rückgang sog. Normalarbeitsverhältnisse, die Zunahme von Teilzeitarbeit, befristeter und prekärer Beschäftigungsverhältnisse, aber auch die Zunahme von Selbständigenexistenzen spiegeln das erst in Konturen sichtbare neue System der Beschäftigung, das den Menschen mehr Eigeninitiative und Unsicherheitstoleranz abfordert, wider.

Diesem Wandel in der Problemwahrnehmung entspricht die sich gleichfalls *verändernde Einstellung der Beschäftigten gegenüber den von A. Betroffenen:* Während Ende der 70er und Anfang der 80er Jahre eine Mehrheit der Bevölkerung unter den Al. noch viele vermutete, die nicht arbeiten wollten, ist mittlerweile eine Mehrheit überzeugt, daß es sich dabei nur um Einzelfälle handelt. Zwischen 1978 und 1994 haben sich die entsprechenden Relationen in der westdeutschen Bevölkerung umgekehrt (1978: wollen nicht arbeiten (55 %), Einzelfälle (39 %); 1994: wollen nicht arbeiten (39 %), Einzelfälle (55 %); Ostdeutschland 1994: wollen nicht arbeiten (11 %), Einzelfälle (82 %)). Die langandauernde Arbeitsmarktkrise hat - so darf man vermuten - die Glaubwürdigkeit des klassischen Vorwurfs der Arbeitsscheu allmählich untergraben. Dies erklärt auch, warum in Deutschland die Arbeitslosenproteste im Frühjahr 1998 in der Öffentlichkeit überwiegend von Sympathie begleitet waren. Dennoch bleibt der Arbeitsscheuverdacht in der politischen Diskussion virulent und wird immer dann geschürt, wenn dem Kampf gegen die A. der Erfolg versagt bleibt (Oschmiansky/Kull/Schmid 2001). Die veränderten Einstellungen betreffen auch die Wahrnehmung der mit A. verbundenen *materiellen und psychosozialen Belastungen*: So stieg der Prozentsatz derer, die annehmen, daß A. deutliche finanzielle Einschränkungen nach sich zieht, zwischen 1982 und 1996 von 45 % auf 66 %; daß A. Selbstzweifel bzw. das Gefühl, überflüssig zu sein, hervorrufen kann, meinen 1996 28 % gegenüber 18 % Anfang der 80er Jahre bzw. 39 % gegenüber früher 22 %. Niedergeschlagenheit und eine gedrückte Grundstimmung bei Al. registrierten 49 % der Befragten gegenüber 39 % Anfang der 80er Jahre. Kurz: Verharmlosungstendenzen zur Beschönigung der Situation der A. verlieren an Bedeutung. Gleichzeitig hat sich die Bereitschaft der Beschäftigten, durch Verzicht auf weitere Lohnerhöhungen und andere Konzessionen Neueinstellungen zu ermöglichen, in den 90er Jahren erhöht (1996: 68 %).

Auch wenn Umfragedaten naturgemäß keine tiefergehenden Rückschlüsse auf zugrunde liegende Deutungsmuster zulassen, zeichnet sich in der Bevölkerung damit ein Rückgang wirtschaftsliberalem Denken verhafteter Vorurteile gegenüber Al. ab. Der Preis dieser neuen Gelassenheit liegt in der - trotz aller öffentlichen „Betroffenheitsrituale" (Köcher) - sich ausbreitenden Gewöhnung an eine Situation, die nur noch Gewerkschafts- und Kirchenvertreter zu gelegentlichen Protestbekundungen animiert. Daher ist auch unklar, in welchem Umfang die Solidarität der Beschäftigten mit den Al. tatsächlich beansprucht werden kann. Während in der Bevölkerung keine generelle Lösung der Beschäftigungskrise gesehen wird, besteht ein weitgehender Konsens und eine ausgeprägte Bereitschaft, das Ausmaß der *Jugend-A.* gering zu halten. Wird in einer Reihe anderer europäischer Länder A. z.T. in erheblichem Umfang auf die Gruppe der Arbeitsmarkteinsteiger verlagert, rufen entsprechende Tendenzen in der Bundesrepublik kurzfristige Gegenaktionen auf den Plan (z.B. „Jugend-mit-Perspektiven"-Sofortprogramm der Bundesregierung). Es kann angenommen werden, daß dieser Konsens eine Spätfolge der Kollektiverinnerung an die politische Radikalisierung in der Spätphase der Weimarer Republik (→ Geschichtliche Phasen der BRD) ist. Auch wenn sich die Befürchtung einer demokratiefeindlichen Politisierung bestenfalls für Teile der ostdeutschen Jugend bestätigen läßt und sich die Erwartung eines deutlichen Anstiegs der Jugendkriminalität infolge von A. nicht bestätigt hat, besitzt in der Bundesrepublik die vorbeugende Bekämpfung der Jugend-A. seit den 70er Jahren einen unvermindert hohen Stellenwert.

Politische Einstellungen von Arbeitslosen:
Die in Deutschland angesichts des Schicksals der Weimarer Republik besonders ausgeprägten Befürchtung einer durch Massen-A. beförderten generellen politischen Radikalisierung und Gefährdung der Demokratie kann sich empirisch bisher kaum auf Belege stützen. Langfristige Ausgrenzung aus dem System der Erwerbsarbeit begünstigt, wie übrigens auch schon in den 30er Jahren, bei den Betroffenen eher politische Resignation und Apathie (→ Anomie/Entfremdung) als politisches Engagement. Entsprechend hat die 1982 von Scharpf geprägte Formel vom „politischen Quietismus" nichts von ihrer Gültigkeit verloren. Dennoch gilt immer noch, daß nicht nur für Jugendliche die Integration in Ausbildung und Erwerbsarbeit zentrale soziale Integrationsinstanz ist und Massen-A. in einer Gesellschaft Konkurrenz und soziale Desintegrationserscheinungen fördert.

Alois Wacker

Literatur:

Friedrich, Horst/Wiedemeyer, Michael 2001: Arbeitslosigkeit - ein Dauerproblem. Dimensionen, Ursachen, Strategien. Ein problemorientierter Lehrtext, 4. Aufl., Leverkusen.

Jahoda, Marie: 1983: Wieviel Arbeit braucht der Mensch?, Weinheim/Basel.

Jahoda, Marie/Lazarsfeld, Paul F./Zeisel, Hans 1960 (1933): Die Arbeitslosen von Marienthal, Konstanz.

Jugendwerk der deutschen Shell (Hrsg.) 1997: Jugend 97 - Zukunftsperspektiven, gesellschaftliches Engagement, politische Orientierung, Opladen.

Köcher, Renate 1994: Betroffenheitsrituale. Über den Umgang der Gesellschaft mit Arbeitslosigkeit, in: Institut für Demoskopie Allensbach (Hrsg.): Eine Dokumentation des Beitrags in der Frankfurter Allgemeinen Zeitung Nr. 160 vom 13.7.1994, Allensbach.

Noelle-Neumann, Elisabeth/Köcher, Renate (Hrsg.). 1997: Allensbacher Jahrbuch der Demoskopie 1993 - 1997 (Bd. 10), München/Allensbach.

Oschmiansky, Frank/Kull, Silke/Schmid, Günther 2001: Faule Arbeitslose? Politische Konjunkturen einer Debatte, Berlin.
Scharpf, Fritz W. 1982: Massenarbeitslosigkeit und politischer Quietismus: Das Modell Deutschland, in: Wirtschaftsdienst 62, S. 59-62.

Armut

→ Arbeit, Arbeitslosigkeit, Bildung, Familie, Gewerkschaften, Individualisierung, Kommunen, Minderheiten/Randgruppen, Neue Bundesländer, Politische Beteiligung, Politische Sozialisation: Geschlecht/Geschlechterverhältnisse, Politische Steuerung, Rechtsstaat, Soziale Sicherheit, Soziale Ungleichheit/Lebenslagen, Sozialer Wandel/Modernisierung, Sozialstruktur, Wohlfahrtsstaat.

Wissenschaftliche und politische Thematisierung von Armut:
Die wissenschaftliche und politische Beschäftigung mit dem Problem der Armut (A.) ist durch Konjunkturen gekennzeichnet. Sie spiegelt den jeweiligen historischen Stand der ökonomischen und sozialen Lebensbedingungen der Bevölkerung wieder. So war zwar in den ersten Jahren nach dem 2. Weltkrieg die A. der Bevölkerung ein vielbeachtetes Problem in Westdeutschland, mit der Überwindung der unmittelbaren Nachkriegsnot ebbte das Interesse aber rasch wieder ab. Zwischen Ende der 50er und Mitte der 70er Jahren war in der sozialwissenschaftlichen und sozialpolitischen Debatte A. kein Thema. Vorherrschend war die Überzeugung, daß durch die „immerwährende ökonomische Prosperität" (Lutz) in Verbindung mit einem Ausbau des „Sozialstaatsmodells Deutschland" eine dauerhafte Überwindung materieller Not gelungen sei. Erst *im Verlauf der 70er Jahre* erwachte erneut das Interesse an der A. Ausgehend von der Auseinandersetzung mit der Randgruppenproblematik entstanden erste theoretische und empirische Studien, im Rahmen derer unterschiedliche Dimensionen von Unterversorgung und Benachteiligung thematisiert wurden, ergänzt durch Studien zur A. im Sinne von Sozialhilfebedürftigkeit. Größere wissenschaftliche und politische Resonanz fand erst die politische Kampfschrift von Geißler (1974) zur „*Neuen Sozialen Frage*", in der die Entstehung von A. nichtorganisierter gesellschaftlicher Gruppen aus der Lösung der „alten Sozialen Frage" - insbesondere aus dem Wirken von Sozialstaat und → Gewerkschaften - hergeleitet wurde. Die Thesen Geißlers lösten eine intensive theoretische und politische Auseinandersetzung um Erscheinungsformen und Ursachen der A. aus und gaben insofern Anstoß zu einer breiter angelegten wissenschaftlichen A.-Forschung in der Nachkriegs-Bundesrepublik. Vor allem ökonomische Studien zur Einkommens-A., die im Zusammenhang mit dem Sozialpolitischen Entscheidungs- und Indikatorensystem (SPES-Projekt) und später mit dem Sonderforschungsbereich 3 an den Universitäten Frankfurt und Mann-heim entstanden (insbes. Hau-

ser/Cremer-Schäfer/Nouvertne 1981), waren von wegweisender Bedeutung für die Entwicklung der wissenschaftlichen A.-Forschung in der Bundesrepublik.

In den 80er Jahren gelang es einer Veröffentlichung des Rheinischen Journalistenbüros im Auftrag des DGB mit dem Titel „*Die neue Armut*" (Balsen u. a.), das Thema A. und zugleich den Zusammenhang von Arbeitslosigkeit und A. einer breiteren Öffentlichkeit nahezubringen. In der Folge dominierte der Begriff der „Neuen A." im Sinne von primär arbeitslosigkeitsbedingter A. (→ Arbeitslosigkeit) die A.-Debatte der 80er Jahre. Parallel dazu setzte eine Auseinandersetzung um den *Zusammenhang zwischen der Existenz von A. und der „Politik des Sozialstaats"* ein, im Rahmen derer die a.-politischen Defizite des deutschen Sozialstaatsmodells untersucht und kritisch gewürdigt wurden (z.B. Leibfried/Tennstedt 1985). *Die 90er Jahre* waren schließlich durch eine zunehmend ausdifferenzierte theoretische und empirische Auseinandersetzung mit dem Problem der A. gekennzeichnet. So wurde die Beschränkung der A.-Debatte auf die Einkommens-A. kritisiert und - in Anlehnung an den Weisserschen Lebenslageansatz wie an die angelsächsische Forschungstradition - für die Heranziehung eines *Lebenslagekonzepts der A.* plädiert (Döring/Hanesch/Huster 1990; → Soziale Ungleichheit/Lebenslagen). Weiterhin wurden - ausgehend von der Kritik an der bisherigen Beschränkung auf zeitpunktbezogene Querschnittsanalysen von A. und angestoßen durch die amerikanische A.-Forschung - erste Ansätze zu einer *dynamischen A-Forschung* entwickelt, im Rahmen derer die zeitlichen Verlaufsmuster der A. im Vordergrund standen (z.B. Leibfried u. a. 1996). Im Rahmen einer Handlungstheorie der A. galt das Forschungsinteresse zudem *ökonomischen Anpassungsentscheidungen* ebenso wie *psychosozialen Bewältigungsversuchen* (z.B. Andreß 1999).

Einen weiteren Strang der gegenwärtigen A.-Forschung stellen Ansätze zu einer *international vergleichende Sozialforschung zu A. und A.-Politik* dar (z.B. Leibfried/Voges 1992). Parallel dazu hat die Zahl *regionaler und lokaler A.-Studien* - oft im Zusammenhang mit einer sich entwickelnden kommunalen und Landes-A.-Berichterstattung - zugenommen. Mit dem Vereinigungsprozeß hat sich der Gegenstandsbereich der A.-Forschung auch auf die → neuen Bundesländer erweitert: Nachdem es in der → DDR aufgrund politischer Vorgaben keine A. geben durfte und eine A.-Forschung und A.-Debatte nur in nichtöffentlicher Form existent war, standen vor dem Hintergrund des einigungsbedingten Transformationsprozesses vor allem objektive wie subjektive Dimensionen einer „*A. im Umbruch*" im Vordergrund (z.B. Hanesch u. a. 1994). Als ein Ableger der neueren A.-Forschung kann auch der Ansatz zu einer *Reichtumsforschung* angesehen werden. Parallel zur A.-Diskussion hat sich auch die Auseinandersetzung mit der *A.-Politik* in der Bundesrepublik intensiviert. Schwerpunkte bildeten insbesondere die Suche nach Lösungen für das anhaltende Problem der „arbeitsmarktbedingten A." sowie Überlegungen zur Neugestaltung des letzten Netzes sozialer Sicherung. Dabei wurde und wird die a.-politische Diskussion in zunehmendem Maße durch die Debatte um einen beschäftigungsorientierten „*Umbau des Sozialstaats*" auf nationaler wie auf lokaler Ebene bestimmt und überlagert (Hanesch 1995, 1997; Hanesch u. a. 2000). Mit dem im Jahr 2001 vorgelegten „ersten Armuts- und Reichtumsbericht“, der in jeder Legislaturperiode fortgeschrieben werden soll, hat die aus der Bundestagswahl von 1998 hervorgegangene rot-grüne Bundesregierung die Existenz von A. und einen Handlungsbedarf zur Bekämpfung von A. offiziell anerkannt. Parallel dazu wurde in der EU ein sog. „offenes Koordinierungsverfahren“ zum Kohäsionsziel eingeführt, das die Mitgliedsstaaten dazu verpflichtet, ihre Programme zur Bekämpfung von A. und Ausgrenzung alle zwei Jahre in einem „Nationalen Aktionsplan“ darzustellen.

Insgesamt läßt sich eine zunehmende Ausdifferenzierung der deutschen A.-Forschung beobachten, in deren Rahmen neue Fragen aufgegriffen und mit einer großen Bandbreite an theoretischen und empirischen Instrumenten untersucht werden. Auch wenn somit gegenwärtig von einer breit gefächerten A.-Forschung im vereinten Deutschland gesprochen werden kann, weist dieses vergleichsweise neue Feld der deutschen Sozialforschung nach wie vor erhebliche Lücken auf. So fehlt es etwa an differenzierten Analysen einzelner „Problemgruppen der A.“ und gruppenspezifischer Verlaufsmuster der A. ebenso wie an Untersuchungen zu den Auswirkungen sozialräumlicher Konzentrationen der A. und zu unterschiedlichen Verarbeitungs- und Bewältigungsmustern der A. Auch die Wirkungsforschung im Zusammenhang mit Maßnahmen und Instrumenten der A.-Vermeidung und -bekämpfung steht in der Bundesrepublik erst am Anfang.

Armutsbegriffe und Empirie der Armut:
In der wissenschaftlichen und sozialpolitischen Debatte der Bundesrepublik hat sich bislang keine einheitliche Definition von A. herausgebildet. Dies ist nicht nur auf die komplexe Struktur des A.-Phänomens zurückzuführen, sondern zugleich Ausdruck der Tatsache, daß jede Definition von A. letztlich eine brisante politisch-normative Grundentscheidung beinhaltet. Hat doch die Wahl des A.-Begriffs wie der Verfahren zur Messung von A. große Auswirkungen auf die ermittelte A. und die zu ergreifende A.-Politik. Die neuere wissenschaftliche und politische Debatte um A. in Deutschland ist auf *materielle A.* konzentriert. Indem A. dabei in der Regel als eine extreme Ausprägung sozial-ökonomischer Ungleichheit verstanden wird, bei der der Lebensstandard der Armen im Verhältnis zum durchschnittlichen Lebensstandard einer Gesellschaft betrachtet wird (*relativer A.-Begriff*), wird automatisch eine Verknüpfung der A.-Frage mit der Verteilungsfrage hergestellt - ein Grund für die ökonomische, soziale und politische Brisanz dieser Thematik.

Grundsätzlich läßt sich A. in direkter wie in indirekter Form erfassen und messen. Während einmal die Ressourcen im Mittelpunkt stehen, über die Personen und Haushalte verfügen, wobei die Verwendung dieser Ressourcen und damit der tatsächliche Grad an Bedarfsdeckung bzw. Bedürfnisbefriedigung offenbleibt, betrachtet man im zweiten Fall die tatsächliche Versorgungslage und den dadurch erreichten Lebensstandard. Definiert man A. als eine *Unterausstattung mit ökonomischen Ressourcen*, wird zumeist auf das Einkommen als einzige ökonomische Ressource abgestellt (Hauser/Cremer-Schäfer/Nouvertne 1981; Hanesch u. a. 1994), während die Einbeziehung weiterer Ressourcen von Personen und Haushalten (wie Humankapital, Vermögen, Realtransfers, Eigenarbeit und soziale Netzwerke) dagegen in der Regel unterbleibt. Als eine *quasi-offizielle Einkommensarmutsgrenze* gilt das *Niveau der Hilfe zum Lebensunterhalt* (HLU) im Rahmen des Bundessozialhilfegesetzes (BSHG). Eine andere A.-Grenze bestimmt A. als *relative Einkommens-A.* direkt in Relation zum Durchschnittseinkommen: Arm ist danach, wessen Einkommen einen bestimmten Prozentsatz des durchschnittlich verfügbaren (bedarfsgewichteten) Haushaltseinkommens unterschreitet, wobei heute in Anlehnung an das erste A.-Programm der Europäischen Gemeinschaft in der Regel auf die 50 %-Schwelle abgestellt wird. Während der Ressourcenansatz auf die durch eine gegebene Ressourcenausstattung mögliche Versorgungslage abstellt, versucht eine A.-Definition auf der Grundlage eines Lebenslageansatzes, die tatsächliche Versorgungslage in ausgewählten Lebensbereichen zu erfassen. Als solche Lebensbereiche gelten etwa die Versorgung mit Bedarfsgütern des täglichen Lebens (Nahrungsmittel, Bekleidung etc.), mit → Bildung, → Arbeit, Wohnraum, Leistungen des Gesundheitswesens wie auch die Teilnahme am gesellschaftlichen, kulturellen und politischen Leben (Döring/Hanesch/Huster 1990; → Politische Beteiligung). Auch hierbei müssen - um die jeweilige Unterversorgung zu erfassen - für die einzelnen Bereiche Indikatoren und Unterversorgungsschwellen definiert werden; schließlich kann die kumulierte Unterversorgung im Sinne eines Ausschlusses vom „normalen Lebensstandard" mit Hilfe eines Deprivationsindex gemessen werden (Townsend 1979). Für die A. auf Basis des Ressourcen- wie des Lebenslagenkonzepts kommt der zeitlichen Dimension eine wichtige Rolle zu: Während Daten zur Unterausstattung/-versorgung zu einem Zeitpunkt oder eine Reihe von Zeitpunkten über den jeweiligen Umfang und die Zusammensetzung der Armenbevölkerung informieren, lassen sich den Daten zum zeitlichen Verlaufsmuster der A. Informationen über A.-Biographien oder sog. A.-Karrieren entnehmen. Schließlich lassen sich erst durch Analysen der „Lebenswelt A.", die das subjektive Erleben und Formen der Bewältigung bzw. des Umgangs mit der A. mit einbeziehen, die subjektive Bedeutung und die Folgen der A. auf individueller wie auf gesamtgesellschaftlicher Ebene untersuchen. Trotz konzeptioneller Schwächen bislang vorliegender A.-Untersuchungen und Defiziten des verfügbaren Datenmaterials läßt sich das empirische Erscheinungsbild der A. am Beispiel der Einkommens-A. wie folgt zusammenfassen:

1. Die hohe Aktualität des Einkommensarmutsrisikos in den 90er Jahren kommt - legt man die Sozialhilfeschwelle als A.-Grenze zugrunde - in einer seit Anfang der 80er Jahre rapide gestiegenen Zahl von Empfängern von Hilfe zum Lebensunterhalt zum Ausdruck. Sie wird aber ebenso durch eine anhaltend hohe Zahl und Quote von Personen und Haushalten unterhalb einer „relativen A.-Schwelle" unterstrichen (z.B. Hanesch 1994, Hanesch u. a. 2000). Daß diese beiden Indikatoren der Einkommens-A. keine einheitliche Entwicklung aufweisen, ist bis-

lang nicht hinreichend geklärt - eine Tatsache, die auf Mängel des statistischen Datenmaterials ebenso wie auf Defizite der deutschen A.-Forschung verweist.

2. Unter Zugrundelegung beider Indikatoren/Schwellen ist eine starke Veränderung der personellen Zusammensetzung der Armenbevölkerung zu beobachten. Vor allem Personen jüngeren und mittleren Alters sind seit den 80er Jahren überdurchschnittlich häufig einkommensarm bzw. auf Hilfe zum Lebensunterhalt angewiesen. Wenn man die Haushaltsstruktur der Armen betrachtet, weisen Haushalte mit Kindern - insbes. Alleinerziehende und kinderreiche Familien - die höchsten A.-Quoten und Zuwachsraten auf. Weiterhin leben Personen mit ausländischer Nationalität bzw. erst in den letzten Jahren nach Deutschland Zugewanderte vergleichsweise häufig in A. Hinsichtlich des sozio-ökonomischen Status ist festzustellen, daß insbes. Personen mit geringem (Aus-) Bildungsstatus sowie Erwerbslose häufig mit Einkommens-A. konfrontiert sind. Aber auch bei Haushalten von Erwerbstätigen liegt die A.-Quote höher als gemeinhin angenommen.

3. Längsschnittuntersuchungen der westdeutschen A.-Bevölkerung seit Mitte der 80er Jahre haben gezeigt, daß die *meisten A.-Phasen* eher *kurzfristiger Natur* sind und das Problem der Langzeit-A. sich auf eine eher kleine Gruppe konzentriert. Während also die A.-Bevölkerung durch ein hohes Maß an Fluktuation gekennzeichnet ist, ist umgekehrt das Risiko, einkommensarm zu sein, für die Gruppen besonders hoch, die schon einmal von A. betroffen waren. Zudem verbleiben viele ehemals Arme auch nach Beendigung der A.-Phase in einer prekären Wohlfahrtsposition. Dennoch handelt es sich bei der A. in der deutschen Wohlstandsgesellschaft weniger um eine auf Dauer ab- und ausgegrenzte Lebenssituation. Vielmehr streut das Risiko, zumindest zeitweilig mit A. konfrontiert zu werden, bis weit in mittlere Einkommensschichten hinein (Leibfried u. a. 1995).

Ursachen und Lösungsperspektiven der Einkommensarmut:
Die *Ursachen* der anhaltend hohen bzw. steigenden Einkommens-A. werden zum einen in einem *beschleunigten wirtschaftlichen und → sozialen Wandel* gesehen, wobei - in Ergänzung hierzu - systematische Konstruktionsmängel im Kernbereich des sozialen Sicherungssystems sowie eine Neuorientierung staatlicher Arbeits- und Sozialpolitik als a.-verursachend gelten. Gegenüber diesen strukturellen Erklärungsansätzen werden seit den 90er Jahren aber auch *verhaltensbedingte Ursachen* thematisiert, wobei auch hier ein enger Zusammenhang zu sozialstaatlichen Interventionen unterstellt wird. Vor allem in Erklärungsansätzen auf der Basis der *neoklassischen Mikroökonomie* wird die Existenz arbeitsmarktbedingter A. primär darauf zurückgeführt, daß bei Langzeitarbeitslosen die Motivation zur Aufnahme einer Erwerbsarbeit nicht ausreichend entwickelt sei. Sie seien vielmehr „Opfer“ einer „*Arbeitslosigkeit- bzw. A.-Falle*“ als Ergebnis von „*Fehlanreizen*“ durch eine zu großzügige Gewährung sozialstaatlicher Transfers und von „*Blockierungen*“ durch ein überreguliertes Beschäftigungssystem. Letztlich wird damit die arbeitsmarktbedingte Einkommens-A. als ein Ergebnis „sozialstaatlicher Fehlsteuerung“ (→ Politische Steu-

erung) und als ein selbstverschuldetes Problem desorientierter armer Personen und Haushalte interpretiert. Die These einer mit den Marktgesetzen kaum zu vereinbarenden sozialstaatlichen Absicherung und Regulierung korrespondiert denn auch mit dem Vorwurf, die bestehenden Sicherungsleistungen würden von den Betroffenen „übermäßig" bzw. „mißbräuchlich" in Anspruch genommen, ohne daß hierfür empirische Belege vorliegen würden. Konsequenterweise setzen solche Erklärungsansätze darauf, den Arbeitsmarkt zu deregulieren und die Palette sozialer Transfers so umzugestalten, daß der Anreiz bzw. Zwang zur Annahme jedweder Arbeit verstärkt wird. Vor allem durch den Ausbau eines Niedriglohnsektors und die Umwandlung der bisherigen Sozialhilfe in eine den Niedriglohn aufstockende Transferleistung soll eine Überwindung arbeitsmarktbedingter A. erreicht werden.

Demgegenüber wird von den Vertretern des „strukturellen Ansatzes" der Anstieg arbeitsmarktbedingter Verarmungsrisiken vor allem auf die seit Mitte der 70er Jahre anhaltende Krise des Arbeitsmarktes zurückgeführt, wobei der anhaltenden Massenarbeitslosigkeit und der zunehmenden Langzeit- und Mehrfacharbeitslosigkeit zentrale Bedeutung zugewiesen wird. Aber auch durch die Veränderung traditioneller Lebensformen werden A.-Risiken aktualisiert, da das traditionelle Schutz- und Sicherungssystems von Ehe und Familie (Risikoausgleich im Haushaltskontext) an Bedeutung verliert und der Einzelne gegenüber dem Auftreten allgemeiner Lebensrisiken anfälliger wird. Zugleich werden die bestehenden Sicherungsnetze als immer weniger ausreichend angesehen. Da die Sozialversicherung über das Versicherungsprinzip an den Arbeitnehmerstatus rückgekoppelt ist, verfügen nicht alle Bevölkerungsgruppen über Leistungsansprüche. Da zudem gemäß dem Äquivalenzprinzip die frühere Position in der Erwerbshierarchie das Niveau staatlicher Transferleistungen bestimmt, werden benachteiligte Positionen in der Erwerbsarbeit durch die Lohnersatzleistungen tendenziell reproduziert. Insofern weist die Sozialversicherung traditionell gravierende Lücken im Hinblick auf den Schutz vor A. auf. Hinzu kommt: Durch den zuvor skizzierten sozialökonomischen Strukturwandel wird das Fundament der Sozialversicherung zunehmend schmaler. Es wächst die Zahl derer, die keinen ausreichenden Schutz in der Sozialversicherung erhalten und die beim Eintreten allgemeiner Existenzrisiken auf die Sozialhilfe verwiesen sind. Durch diese Entwicklung sowie durch Defizite in den steuerfinanzierten Transfers (insbes. Familienlastenausgleich und Wohngeldregelung) ist der Sozialhilfe die Funktion einer allgemeinen Grundsicherung für wachsende Bevölkerungsgruppen zugewachsen - eine Aufgabe, die für sie bei Einführung des Bundessozialhilfegesetzes nicht vorgesehen war, die mit ihren Konstruktionsprinzipien auch kaum zu vereinbaren ist. Tatsächlich wird ein Schutz vor A. durch die Sozialhilfe nur sehr unzureichend realisiert, nicht nur als Folge eines seit Jahren unzureichenden Niveaus der HLU sondern auch wegen der restriktiven Bedingungen der Leistungsgewährung, durch die viele Bedürftige von der Inanspruchnahme ihrer Rechtsansprüche abgehalten werden. Die *traditionellen* Strukturmängel werden überlagert durch eine *Veränderung sozialstaatlicher Interventionen*: Vor allem seit den

80er Jahren sind Einschnitte in das soziale Sicherungssystem vorgenommen worden, die zunächst fiskalisch begründet wurden (Konsolidierungspolitik), seit Beginn der 90er Jahre aber immer stärker von einer grundsätzlichen Kritik an diesen Regelungen bestimmt waren. Orientiert am neoklassischen Paradigma setzte der „Umbau des Sozialstaats" darauf, die bestehenden Schutz- und Sicherungsstandards zurückzunehmen, wodurch die wachsenden Einkommensrisiken immer weniger durch staatliche Transfers aufgefangen wurden. Während sich die Einschnitte zunächst auf die vorgelagerten Sicherungssysteme beschränkten, verlagerten sich die „Umbaumaßnahmen" zunehmend auf das letzte Netz sozialer Sicherung. Tatsächlich waren die wiederholten Reformen des letzten Netzes in den 90er Jahren primär daran ausgerichtet, dieses Netz tiefer zu hängen und restriktiver auszugestalten und damit den Druck gegenüber den - insbes. arbeitslosen - Armen zu erhöhen. Ausmaß und Erscheinungsformen der Einkommens-A. lassen sich somit nicht nur als Ergebnis eines beschleunigten wirtschaftlichen und sozialen Wandels sondern auch als Resultat bestehender Strukturmängel und Fehlorientierungen sozialstaatlicher Interventionen identifizieren. Ausgehend von diesem strukturellen Erklärungsansatz lassen sich folgende Ansatzpunkte für eine integrierte, bedarfsgerechte A.-Politik auf nationaler Ebene identifizieren (z.B. Hanesch 1995): 1. Eröffnung des Zugangs zu Erwerbsarbeit für alle Erwerbsfähigen durch einen policy mix aus Instrumenten der Arbeitszeit-, Beschäftigungs- und Ar-beitsmarktpolitik; 2. Sicherstellung existenzsichernder Mindestlöhne zur Verhinderung der Ausdifferenzierung der Lohnstruktur nach unten; 3. Gewährleistung existenzsichernder Transferleistungen im sozialen Sicherungssystem durch Einführung von Elementen einer „bedarfsorientierten Grundsicherung" in Verbindung mit einer bedarfsbezogenen Umgestaltung des bestehenden Familienlastenausgleichs und schließlich 4. die Neuverteilung der Steuer- und Abgabelasten und Er-weiterung der Finanzierungsbasis sozialstaatlicher Sicherungs- und Integrationsleistungen.

Da durch die Konsolidierungspolitik auf Bundesebene eine Verlagerung der politischen und fiskalischen Verantwortung des A.-Problems vom Bund auf die kommunale Ebene stattgefunden hat und die Gemeinden gerade im Hinblick auf die A.-Bekämpfung immer stärker als „Sozialstaat in Reserve" in Anspruch genommen werden, hat sich in den 90er Jahren auch in den → Kommunen die Suche nach neuen Lösungsstrategien für die wachsenden sozialen Probleme intensiviert. Dabei zeigt sich, daß Einzelmaßnahmen im Bereich der Arbeitsmarkt-, Wohnungs- und Dienstleistungspolitik nicht ausreichen, der a.-politischen Herausforderung gerecht zu werden. Angesichts einer drohenden oder sich bereits abzeichnenden Spaltungen der Lebensbedingungen in den Städten ist vielmehr die Entwicklung und Umsetzung eines Gesamtkonzepts einer „Stadtentwicklung des sozialen Ausgleichs" gefordert, die vorrangig darauf setzt, gleichwertige Lebensbedingungen für alle Bevölkerungsgruppen im gesamten Stadtgebiet anzustreben (Hanesch 1997). Die Erfolgschancen einer solchen Politik der „sozialen Stadt" sind allerdings entscheidend dadurch bestimmt, inwieweit die Kommunen durch eine entsprechende

Politik auf Bundesebene unterstützt bzw. entlastet werden. Die sozialstaatliche Verfassung der Bundesrepublik war bisher Garant dafür, daß die durch den wirtschaftlichen und sozialen Wandel auftretenden Risiken und Belastungen für die Bürger in Grenzen gehalten werden. In den letzten Jahren hat sich das Tempo dieses Strukturwandels beschleunigt. Zugleich hat sich die Bereitschaft in Politik und Gesellschaft verringert, die Vorteile und Lasten dieses Wandels „gerecht" zu verteilen. Stattdessen wird - auf der Grundlage des neoliberalen Paradigmas - einer → Individualisierung der Risiken und Risikobewältigung Vorschub geleistet. Die Existenz bzw. Zunahme von A. und die Mängel der bisherigen A.-Politik sind nur ein - freilich besonders brisanter - Indikator für diese Entwicklung. Je mehr sich die Lebensbedingungen der Bevölkerung auseinanderentwickeln, um so schwieriger wird es, solidarische Lösungsformen für die Bewältigung des sozialökonomischen Strukturwandels einzufordern und durchzusetzen. Durch das Zusammenwirken von Heterogenität und Rückzugstendenzen und die nur bedingt vorhandene Bereitschaft zum solidarischen Teilen wird eine bedarfsgerechte Lösung des A.-Problems erschwert. Die zentrale Frage einer Strategie der A.-Vermeidung und -bekämpfung liegt darin, wie die Bereitschaft in Gesellschaft und Politik geweckt werden kann, sich mit der Existenz von A. auseinanderzusetzen und eine solidarische Bewältigung der aktuellen Strukturprobleme mitzutragen. Eine Basis für übergreifende Solidarität läßt sich vermutlich am ehesten finden, wenn es gelingt, Eigennutz und fremden Nutzen kurzzuschließen und den Kosten des Sozialstaats die individuellen wie auch gesamtwirtschaftlichen und gesamtgesellschaftlichen Vorteile gegenüberzustellen. Nur wenn für die Mehrheit der Bevölkerung erkennbar wird, daß die Bereitstellung sozialstaatlicher Schutz- und Integrationsleistungen die eigenen Lebensbedingungen positiv tangiert, haben Strategien zur Überwindung der A. eine Realisierungschance.

Walter Hanesch

Literatur:

Andreß, Hans-Jürgen 1999: Leben in Armut, Opladen.

Döring, Diether/Hanesch, Walter/Huster, Ernst-Ulrich 1990 (Hrsg.): Armut im Wohlstand, Frankfurt a.M.

Geißler, Heiner 1990: Die neue soziale Frage, Freiburg.

Hanesch, Walter/Bordt, Eva-Maria 1994: Armut in Deutschland, Der Armutsbericht des DGB und Paritätischen Wohlfahrtsverbands, Reinbek.

Hanesch, Walter (Hrsg.) 1995: Sozialpolitische Strategien gegen Armut, Opladen.

Hanesch, Walter (Hrsg.) 1997: Überlebt die soziale Stadt?, Opladen.

Hanesch, W. u. a. 2000: Armut und Ungleichheit in Deutschland. Der neue Armutsbericht der Hans-Böckler-Stiftung, des DGB und des Paritätischen Wohlfahrtsverbands, Reinbek.

Hauser, Richard/Cremer-Schäfer, Helga/Nouvertné, Udo 1981: Armut, Niedrigeinkommen und Unterversorgung in der Bundesrepublik Deutschland, Frankfurt a.M./New York.

Leibfried, Stephan/Tennstedt, Florian (Hrsg.) 1985: Politik der Armut und die Spaltung des Sozialstaats, Frankfurt a.M

Leibfried, Stephan/Voges, Wolfgang (Hrsg.) 1992: Armut im modernen Wohlfahrtsstaat, Sonderheft 32 der KZfSS, Opladen.
Leibfried, Stephan (Hrsg.) 1995: Zeit der Armut, Frankfurt a.M.
Townsend, Peter 1979: Poverty in the United Kingdom, Harmondsworth.

Außenbeziehungen: Selbstbild/Fremdbild

→ DDR, Europa, Fremdenfeindlichkeit, Identität, Nation, Nationalsozialismus, Politische Bildung, Regionale/Lokale politische Kultur.

Begriff/Definition Außenbeziehungen:
Die aktiv-gestaltende Anpassung an die Hauptlinien der internationalen Politik charakterisiert die deutsche Außenpolitik seit 1949. Nur die solidarische Einbindung der Deutschen in eine europäische Gemeinschaft konnte nach 1949 das Vertrauen gegenüber den Deutschen zurückgewinnen. Wirtschaftliche Prosperität, Sicherung des Friedens, internationale Achtung und Anerkennung, Einbindung der Deutschen und Verpflichtung der Partner auf das Ziel der Wiedervereinigung waren die zentralen Interessen der Bundesregierungen am europäischen Integrationsprozeß (→ Europa). Der Primat der verflochtenen Interessen definierte deutsche Interessen in engem Bezug auf die Interessen der wichtigsten Partner. Die Reziprozität der Perspektiven gehörte für die deutsche Außenpolitik zum zentralen Bestandteil. Indem sich die deutsche Außenpolitik bei jeder Aktion ihre eingehegte Position klarmachte und stets vorauseilend antizipierte, was als Konsequenzen aus dem eigenen Handeln erwuchs, fiel sie nicht weiter auf. Die Strategie der Selbsteinbindung ermöglichte die Kultur der Zurückhaltung. Die alliierten Vorbehaltsrechte förderten zudem dieses Fremdbild-Regime. Die breite Akzeptanz der eingeschränkten Souveränität innerhalb der Bevölkerung war ein Aktivposten der pK und häufig eine kostengünstige Variante nationaler Interessenpolitik. Auch das wiedervereinigte Deutschland ist trotz veränderter Rahmenbedingungen auf die Kontinuität der Außenbeziehungen (A.) in einem penetrierten System festgelegt. Die Absage an Sonder- und Eigenwege setzt weiterhin die Kenntnis kollektiver Selbst- und Fremdbilder über Deutschland und die Deutschen voraus.

Begriffe/Definitionen Selbstbild/Fremdbild:
Bilder als Vorstellungs- und Wahrnehmungswelten sind komplexer als Zeichnungen, Fotos oder Filme. Es sind geistige Konstrukte, die zu einer inneren Ebene der Perzeption, der Vorstellung, der „Images" von Realität gehören. Wissenschaftstheoretisch haben die Sozialpsychologie, die Wissenssoziologie und die pKf hierfür das Analyseinstrumentarium erarbeitet. Nationale - und damit kollektive - Selbst- und Fremdbilder besitzen in der Gesellschaft wie in der Politik eine herausragende

Orientierungsfunktion. Der Mensch denkt und handelt in Bildern. Sein Verhalten wird offenbar weitgehend geprägt durch diese Wahrnehmung über Bilder, denn unser Bewußtsein ist bestimmt durch ein sprachlich verfaßtes Bild von der Welt und von uns selbst. Die Wirklichkeit wird so - zur Orientierungshilfe - über symbolhaft verdichtete Bildkonturen vermittelt. Diese Bilder sind wiederum durch Ideen geschaffen worden und wirken verhaltens- und entscheidungssteuernd auch in der Politik. Sie sind unabhängig von den objektiven Kenntnissen. Meist handelt es sich dabei um subjektiv gewertete, von Traditionen geprägte und selektiv wahrgenommene Leitbilder oder Stereotype. Dies gilt sowohl auf der individuellen wie auf der kollektiven Ebene, da die Bilder durch Interaktionen entstehen und ihre spezifische Ausprägung erhalten. Das Image vom eigenen Selbst steht nicht unverbunden neben anderen Images, sondern wird von diesen entscheidend mitbestimmt. So beinhaltet das individuelle Selbstbild zum Standort der Deutschen - als Seismograph für Tendenzen der pK in Deutschland - auch immer gleichzeitig die Elemente von kollektiver → Identität.

Selbstbilder (Autostereotype) konstituieren sich durch Abgrenzung von anderen Bildern. Das gilt auch für kollektive Identität. Was auf der Ebene der Ich-Identität die beiden Pole: Gleichheit und Verschiedenheit ausmacht, drückt sich bei der kollektiven Identität in gesellschaftlichen Selbst- und Fremdbildern (Heterostereotype) aus. Danach gehört zur Selbstvergewisserung ein Innen-/Außen-, Mitglied-/Nichtmitglied-Dualismus (→ Fremdenfeindlichkeit). Identität wird zum Reflexbündel in einem Mehrfachspiegel durch Abgrenzung und Differenzierung. Fremdbilder beinhalten in einer Mischung sowohl die Bilder, die wir uns von den anderen machen (Primärbedeutung) als auch die Bilder, die die Anderen von uns haben (Sekundärbedeutung). Analytisch verschwimmen die Konturen dabei häufig. Die inhaltliche Ausgestaltung spezifischer kollektiver Deutschlandbilder entsteht vor allem in der intellektuellen Öffentlichkeit. Diese Selbst- und Fremdbilder sind mittels repräsentativer Umfragen meßbar. Mit texthermeneutischen Verfahren können außerdem die zentralen Bild-Komponenten - im Sinne von Argumentationssträngen - der sog. Deutungskulturen analysiert werden.

Entwicklungslinien und Ergebnisse:

Für die Analyse der A. der BRD sind die Kenntnisse der kollektiven Selbst- und Fremdbilder unverzichtbar. Doch diese waren variantenreich. Denn die Deutschen waren schon immer verzweifelte Identitätssucher. Auf dem Markt der möglichen Offerten, die zumindest den Westdeutschen offenstanden, blieb häufig nur Zuflucht in Trotz-Identitäten: Weil andere Nationen offenbar unbefragt über kollektive Identitäten verfügten, suchten sich die Deutschen Ersatz. D-Mark und Goldmedaillen, Europäische Integration (→ Europa) und Multilateralismus boten willkommene Auswege aus dem Dilemma des fehlenden affektiven Bezugs zur → Nation. Doch weder modern drapiertes postnationales Selbstverständnis noch vorgelebtes Teilstaatsbewußtsein oder der oberflächlich bemühte Kosmopolitismus überzeugten die europäischen Nachbarn. Die wandelbaren, unruhigen Deutschen blieben Thema, weil die deutsche Frage unbeantwortet war. Die Suche nach nationaler Identität und außenpolitischer Orientierung, die in diesen Orientierungsfragen ihren gemeinsamen Nenner hatte, waren Standardfragen, die gleichzeitig eine Standortfrage markierten: Wohin gehören wir? Doch noch vor der Frage nach dem „Wohin" stand die Frage nach dem „Wir". Beides war in der Geschichte der Deutschen nie eindeutig beantwortet: Die geopolitischen Optionen der deutschen Mittellage provozierten in der Geschichte eine Vielzahl von Bündnisvariationen. Historisch-politische Probleme zwangen die Deutschen, ihr „Wir-Bewußtsein" auf Teilstaaten zu reduzieren. Das fehlende „unverkrampfte" nationale Selbstgefühl verleitete oft zu Schwankungen zwischen forcierter, gespielter Selbstzufriedenheit und übertriebenen Minderwertigkeitskomplexen. Das Bild der anderen über uns paßte nicht in das Bild, das wir von uns selbst machten.

Vorbilder für das eigene Bild waren häufig wohlhabende, unabhängige und kleinere Staaten: eine Verschweizerung der Bundesrepublik. Die Elemente dieses kollektiven Selbstbildes schwankten zwischen sicherheitsdominiertem Harmoniegefühl, machtabstinenter Teilhabe und pragmatisch-zuschauender Zurückhaltung bei internationalen Konflikten. Die Topoi „Zivilmacht" und „Handelsstaat" bündelten diese Grunddispositionen. Die Frage nach dem „wohin" hatten die Deutschen eindeutig beantwortet. Ihr Selbstbild wehrte sich gegen Sonderrollen. Doch was sie auch taten, die Ambivalenzen im Bild der anderen über die Deutschen blieben latent zwischen Bewunderung und Angst. Es gab daneben noch ein zweites Strukturmuster, das sich durch die Fülle an landes-, zeit- und situationsbezogenen Fremdbildern zog. Die Stereotype der anderen hatten stets breiten Resonanzraum in Deutschland. Die Wichtigkeit des Blickes der anderen für die Einschätzung des eigenen Selbstverständnisses ist offenbar eine Konstante in der pK der Deutschen.

Komplexe und stabile nationale Identitäten kennen die Konvergenz von Selbst- und Fremdbild (Primärbedeutung). Identitätsbedarf wird nur dort artikuliert, wo Identitätsdefizite vorliegen, wo Selbst- und Fremdbilder zu sehr voneinander abweichen, wo die Dialektik von Selbstdefinition und Fremdabgrenzung nicht mehr greift. Die Hypothek der deutschen Vergangenheiten versperrte bislang eine ansatzweise Übereinstimmung von Selbst- und Fremdbild. Die kollektiven Herkunftsschwächen bzw. Lasten der Vergangenheit, bedingt durch Diskontinuitäten in nationalstaatlicher Tradition (verspätet und geteilt), nationalsozialistische Greueltaten (geächtet und stigmatisiert; → Nationalsozialismus) sowie fehlende Gründungsmythen (konstruiert und abhängig) machen die Geschichte der deutschen Identitätssuche plausibel. Vor diesem Hintergrund forcierten die Deutschen die Beschäftigung mit dem Fremdbild, immer auf der Suche nach übereinstimmenden Facetten mit dem Selbstbild. Das galt auch im wechselseitigen Wahrnehmen zwischen Bürgern der Bundesrepublik und der → DDR: Der andere Staat diente als Vergleichsgesellschaft, stiftete Gegen-Identität, um sich selbst zu legitimieren. Für die Bürger der DDR war das ungleich schwerer, denn sie standen im Vergleich zu anderen Ländern des ehemaligen Ostblocks geradezu unter dem Druck der Selbstdefinition, da ihnen Kollektiv-Identitäten jenseits der sozialistischen Staatsdoktrin fehlten.

Aublick:
Auf dem Weg von der Bonner zur Berliner Republik ist viel von der neuen Normalität die Rede. Damit soll ausgedrückt werden, daß kein Beobachter einen Politikwechsel durch den Ortswechsel ernsthaft erwartet. Darin liegt die Chance, Selbstbild und Fremdbild dauerhafter als bislang in Übereinstimmung zu bringen.

Karl-Rudolf Korte

Literatur:

Bruck, Elke 1999: Deutschland von außen, in: Weidenfeld, Werner/Korte, Karl-Rudolf (Hrsg.): Handbuch zur deutschen Einheit 1949-1989-1999, Frankfurt a.M./New York, S. 202-216.

Diner, Dan (Hrsg.) 1997: Deutschlandbilder, Gerlingen.

Korte, Karl-Rudolf 1990: Der Standort der Deutschen, Köln.

Korte, Karl-Rudolf 1997: Was denken die anderen über uns?, in: Internationale Politik 52, S. 47-54.

Korte, Karl-Rudolf/Weidenfeld, Werner (Hrsg.) 2001: Deutschland-Trendbuch. Fakten und Orientierungen, Bonn/Opladen.

Räthzel, Nora 1997: Gegenbilder. Nationale Identitäten durch Konstruktion des Anderen, Opladen.

Trautmann, Günter (Hrsg.) 1991: Die häßlichen Deutschen. Deutschland im Spiegel der westlichen und östlichen Nachbarn, Darmstadt.

Autoritarismus

→ *Anomie/Entfremdung, Bildung, DDR, Demokratische Persönlichkeit, Extremismus, Fremdenfeindlichkeit, Nationalsozialismus, Politische Sozialisation, Politische Sozialisation: Familie/Modernisierung/Soziale Schicht, Politische Traditionen, Politisches Bewußtsein, Wertewandel.*

Begriff/Definition:
Unter der autoritären Persönlichkeit (aP) wird in den Sozialwissenschaften ein Menschentypus verstanden, der sich freiwillig Autorität unterwirft. Darüber hinaus wird die aP als rigide, dogmatisch, feindselig und kognitiv eingeschränkt beschrieben. Erst sekundär werden ihr Eigenschaften zugewiesen, die der alltagssprachliche Begriff „autoritär" suggeriert, nämlich dominant und aggressiv zu sein. Das Konzept der aP wurde in den 30er Jahren entwickelt. Es versuchte, die Erfolge des Faschismus in der Zeit der Weltwirtschaftskrise in Deutschland in einem sozialpsychologischen Rahmen zu erklären (→ Nationalsozialismus). Die Pioniere der Auto-

ritarismusforschung - Reich (1933), Fromm, Horkheimer und Marcuse (1936) sowie später Adorno, Frenkel-Brunswik, Sanford und Levinson (1950) - waren davon überzeugt, daß dem Faschismus zuneigende Menschen zur Unterwerfung unter Autorität erzogen worden seien. Sie seien von daher prädisponiert, sich an den Versprechungen des Faschismus von Führung, Stärke und Macht zu orientieren. Mit diesem Ansatz wurde eine alte Frage der Philosophie der Aufklärung, die sich von Kant über Marx, Le Bon und Freud bis in dieses Jhdt. verfolgen läßt, wieder aufgenommen: Warum unterwerfen sich Menschen freiwillig autoritärer Herrschaft?

In seinem Aufsatz „Beantwortung der Frage: Was ist Aufklärung?“ aus dem Jahre 1784 führt Kant die Unterwerfung unter die Herrschaft von Adel und Kirche auf einen Mangel an individueller Autonomie zurück. Kant war der Ansicht, daß es bequem sei, abhängig und nicht autonom zu sein, weil es sich so leichter vermeiden ließe, sich des eigenen Verstandes zu bedienen. Individuen gewöhnten sich schließlich so an ihren abhängigen Status, daß ihr dieser fast zu ihrer Natur würde. Eine systematische Erforschung der spezifisch psychologischen Dimensionen freiwilliger Unterwerfung und Abhängigkeit begann erst zu Beginn dieses Jhdts. im Rahmen der Massenpsychologien Le Bons und Freuds. Die Massenpsychologie beschrieb Mechanismen, die Menschen dazu bewegen, die Orientierungen und Verhaltensweisen anderer zu übernehmen und sich schließlich freiwillig Führern zu unterwerfen. Als ein Persönlichkeitskonzept wird Autoritarismus (A.) jedoch erst in den 1930er Jahren formuliert (Reich 1933, Fromm/Horkheimer/ Marcuse 1936) sowie in den 40er Jahren in der bekanntesten Arbeit zum A. von Adorno, Frenkel-Brunswik, Levinson und Sanford aus dem Jahre 1950.

Theorien/Konzepte/Modelle:

Das A.-Konzept gehört mit über 2000 Publikationen zu den am intensivsten beforschten Konzepten der Sozialwissenschaften. Die Forschungen haben jedoch die Probleme des Konzeptes deutlich gemacht, eher als daß sie es auf eine breite empirische Basis gestellt hätten: Zu jedem Befund gibt es Gegenbefunde (z.B. Altemeyer 1981, Oesterreich 1996). Die inkonsistenten Forschungsergebnisse zum A. haben viele Ursachen, die an dieser Stelle nur benannt werden können.

1. Das Konzepts der aP ist begrifflich unscharf. Es wird darunter sowohl die Beschreibung eines Persönlichkeitstypus verstanden als auch eines Syndroms politisch rechtsgerichteter Einstellungen. Empirisch untersucht wird in der Regel ein politisch rechtes Einstellungssyndrom, obwohl in der Interpretation der Ergebnisse am Verständnis von A. als einer Persönlichkeitsvariablen festgehalten wird.

2. Der traditionell psychoanalytische Ansatz des Konzepts enthält viele theoretische Unklarheiten. Als Beispiel sei genannt, wie es sich erklärt, daß ein Persönlichkeitstypus, der durch eine unterwürfige Grundhaltung gekennzeichnet ist, angeblich zugleich in starkem Maße aggressiv und dominant sein kann. Die psychoanalytische Theorie geht hier von einem einfachen Kompensationsmodell aus,

nach dem eine masochistische Grundhaltung aufgrund innerpsychischer Mechanismen durch sadistisches Verhalten kompensiert werden müsse (Fromm 1936). Dies ist zwar gängige Alltagstheorie - nach oben dienen und nach unten treten -, wissenschaftlich jedoch weder theoretisch ableitbar noch empirisch belegt.

3. Es wurde immer wieder der Versuch gemacht, die aP durch die Zuordnung psychopathologischer Eigenschaften als ein psychisch abartiges Individuum darzustellen. Dem widerspricht jedoch schon die Grundidee des Konzepts, einen gesellschaftlich durchschnittlichen Typus erfassen zu wollen und keineswegs einen kranken Außenseiter (Hertz-Levinson).

4. Weil das Konzept zur Erklärung politischer Entwicklungen (eben der Erfolge des Faschismus) konzipiert wurde, ist es immer stark politisch besetzt gewesen. Mit seiner Hilfe wurde versucht, politische Gegner als „autoritär" zu entlarven. Zuerst waren dies die Anhänger des Faschismus, dann die Führer des Faschismus, des weiteren die Kommunisten, die Fundamentalisten usw. Im Rahmen der nach dem Zweiten Weltkrieg entwickelten Totalitarismustheorie wurde die aP als antidemokratischer Persönlichkeitstypus verstanden. In Deutschland hat nach der Vereinigung von 1990 das Konzept der aP eine Renaissance erlebt, als versucht wurde, die Bürger der ehemaligen → DDR als typisch autoritäre Persönlichkeiten zu beschreiben (zur Kritik dieser Ansätze siehe Oesterreich 1993; → Neue Bundesländer).

5. Ein weiteres Problem ist, daß Menschen mit bestimmten Charaktermerkmalen nicht a priori bestimmte politische Orientierungen haben müssen. Auf den A. bezogen heißt dies, daß aPen politisch nicht nur rechts gerichtet sein dürften, sondern daß es auch politisch linke sowie dem politischen mainstream verpflichtete Autoritäre geben müßte. Empirisch ließ sich aber immer nur herausfinden, daß politisch Rechte in ihrer Persönlichkeit autoritär sind. Es ist zwar in vielen Untersuchungen versucht worden, Kommunisten als autoritär zu entlarven, doch zweifelsfrei ist dies nie gelungen. Altemeyer hat das Problem der einseitigen politischen Rechtsorientierung autoritärer Persönlichkeiten dadurch gelöst, daß er nicht mehr von A. sondern von Right-Wing Authoritarianism spricht. Da er sich aber nach wie vor an dem von Adorno u. a. konzipierten Persönlichkeitskonzept orientiert, ist dies nur eine scheinbare Lösung des Problems (Altemeyer 1981).

6. Es hat sich nie ein eindeutiger Zusammenhang zwischen A. und dem von aPen zu erwartenden Verhalten nachweisen lassen. Eine Vielzahl von Untersuchungen hat vielmehr verdeutlicht, daß autoritäres Verhalten häufiger durch äußere Umstände verursacht ist als durch das Vorhandensein von aP-Merkmalen. Beispiele hierfür sind die berühmt gewordenen Milgram-Experimente zum autoritären Gehorsam (1974), in denen auch Nicht-aP sich den Anordnungen des Versuchsleiters zum Austeilen schwerer Elektroschocks in einem fiktiven Lernexperiment beugten, oder auch die Untersuchungen von Pettigrew (1958), der nachwies, das trotz ähnlicher A.-Werte weiße Südafrikaner sich sehr viel vorurteilsvoller gegenüber Farbigen verhalten als weiße Nordamerikaner.

7. Schließlich haben sich die Meßinstrumente zur Erfassung der aP-Merkmale (um die bekanntesten zu nennen: F-Skala von Adorno u. a. 1950, D-Skala von Rokeach 1960 und RWA-Skala von Altemeyer 1981) nicht bewährt. Sie sind einerseits durch starke Bildungsabhängigkeit (die F-Skala zusätzlich durch Ja-Sage-Tendenzen) belastet, vor allem aber durch einen Mangel an differentieller Validität. Da die Items zur Erfassung der aP in den Dutzenden bis heute entwickelter Skalen sich auf Einstellungen zu politisch rechten Inhalten beziehen, lassen sie sich nicht hinreichend von Skalen zur Erfassung eben dieser Einstellungen unterscheiden. Die meisten Fragen aus A.-Fragebögen und Rechtsextremismusfragebögen sind austauschbar. Damit verliert das Konzept aber automatisch seine erklärende Kraft für das, was es eigentlich erklären soll, warum nämlich Menschen zu rechtsextremen politischen Einstellungen neigen.

Trotz seines empirischen Scheiterns ist die Idee des Konzepts einer aP bedeutsam und nützlich, denn die Beantwortung der schon von Kant gestellten Frage nach den psychologischen Grundlagen freiwilliger Unterwerfung unter autoritäre Herrschaft ist eine Grundfrage jeder Form menschlichen Zusammenlebens. Erforderlich sind jedoch die Konzipierung eines neuen Ansatzes sowie eines neuen Meßinstrumentes, das A. unabhängig von politischen Einstellungen mißt. Diese Erkenntnis ist keineswegs neu. Es hat viele Versuche gegeben, das Konzept der autoritären Persönlichkeit zu reformulieren. Rokeach (1960) hat versucht mit Hilfe eines kognitionspsychologischen Gleichgewichtsansatzes A. (in seiner Terminologie Dogmatismus) als Organisationsform zu beschreiben, als Art und Weise des Zusammenhanges der Einstellungen, die ein Individuum hat. Seiner Theorie nach unterscheiden sich Individuen hinsichtlich des Grades der Offenheit oder Geschlossenheit ihrer kognitiven Systeme, die diese für Informationen und fremde Kognitionen unterschiedlich durchlässig machen. Der Typ des Dogmatikers ist durch weitgehend geschlossene Kognitionssysteme gekennzeichnet, die die Aufnahme von Informationen erschweren und die andere als den eigenen Kognitionen ähnliche Umweltstrukturierungen und Deutungsmuster nicht zur Kenntnis nehmen oder abwehren. Auch dieser gegenüber dem psychoanalytischen Modell sehr viel klarere Ansatz ließ sich empirisch nicht bestätigen, weil Rokeachs Dogmatismusskala ebenso wie die klassische A.-Skala eine Skala zur Messung politisch rechter Einstellungen ist.

Altemeyer (1981) hat das A.-Konzept in zweierlei Hinsicht entschlackt. Einerseits will er theoretisch nur einen Right-Wing-Authoritarianism begründen, andererseits hat er das Persönlichkeitskonzept auf drei zentrale Merkmale reduziert: autoritäre Unterwerfung, autoritäre Aggression und Konventionalität. Empirisch hat er durchaus Erfolge vorzuweisen, wenn auch die Frage bleibt, ob er mit seinem in der Tradition der F-Skala stehendem Meßinstrument überhaupt A. und nicht einfach nur Rechtsextremismus (→ Extremismus) erfaßt. Eine neuere Entwicklung diskutiert die Fragestellungen zum A. wieder in stärkerem Maße im Bereich des Verhaltens, sei es in Gruppen oder gegenüber Schutz und Sicherheit gewährenden

Instanzen (Oesterreich 1996). Damit nähert sich die A.-Theorie wieder dem massenpsychologischen Ansatz an. In den Forschungen des Autors (Oesterreich 1996) wird die freiwillige Unterwerfung unter Herrschaft als Konsequenz eines menschlichen Grundbedürfnisses nach Sicherheit in den Vordergrund gestellt (die autoritäre Reaktion). APen sind dann Menschen, denen es lebensgeschichtlich nicht gelungen ist, sich aus einer kindlichen Orientierung an elterlicher Sicherheit zu lösen und einen autonomen Umgang mit auf sie zukommenden Schwierigkeiten zu entwickeln. Oesterreich hat einen Fragebogen entwickelt, der sich auf Fragen zu Verhalten, Motiven, Gefühlen und zum Selbstkonzept konzentriert und politische Einstellungsfragen ausschließt. Mit diesem Meßinstrument ließ sich erstmals ohne das Problem tautologischer Ergebnisse aufgrund identischer Skalen der Zusammenhang zwischen A. und Rechtsextremismus nachweisen.

Ausblick/offene Fragen:
Die wissenschaftliche Zukunft des A.-Konzepts ist ungewiß. Wegen seiner Schwierigkeiten sind die Sozialwissenschaften weitgehend dazu übergegangen, sich mit Teilfragen des A.-Problems zu befassen, so mit Fragen des autoritären Gehorsams, des locus of control oder der social efficacy. Damit gerät die zentrale Frage nach der menschlichen Unmündigkeit aus dem Blickfeld. Eine Kenntnis der Gründe für Unmündigkeit, Abhängigkeit von Autorität und mangelnde individuelle Autonomie ist aber zentral für ein Verständnisses menschlichen Handelns, im politischen wie im Alltagsbereich.

Detlef Oesterreich

Literatur:

Adorno, Theodor W./Frenkel-Brunswik, Else/Levinson, Daniel J./Sanford, R. Nevitt, in Zusammenarbeit mit Aron, Betty/Hertz, Markus/Levinson, Daniel J./Morrow, William 1950: The authoritarian personality, New York.

Altemeyer, Robert A. 1981: Right-Wing Authoritarianism, Manitoba.

Fromm, Erich/Horkheimer, Max/Marcuse, Herbert 1936: Studien über Autorität und Familie, Paris.

Oesterreich, Detlef 1996: Flucht in die Sicherheit. Zur Theorie des Autoritarismus und der autoritären Reaktion, Opladen.

Rokeach, Milton 1960: The Open and the Closed Mind, New York.

Bildung

→ *Anomie/Entfremdung, Armut, Autoritarismus, Bürgertum, Demokratische Persönlichkeit, Eliten, Endogenität/Exogenität, Externe politische Effektivität, Extremismus, Frauen/Männer, Fremdenfeindlichkeit, Intellektuelle, Interpersonale Kommunikation, Milieus/Lebensstile, Minderheiten/Randgruppen, Multikulturelle Gesellschaft, Parteiensystem, Politische Beteiligung,*

Politische Bildung, Politische Informiertheit, Politische Kompetenz, Politische Sozialisation, Politische Sozialisation: Gleichaltrigengruppe/Massenmedien/Schule/Soziale Schicht, Politische Steuerung, Politische Toleranz, Politische Traditionen, Politisches Bewußtsein, Politisches Interesse, Professionen, Republikaner/DVU, Sozialkapital/Soziales Vertrauen, Soziale Gerechtigkeit, Soziale Sicherheit, Soziale Ungleichheit/Lebenslagen, Sozialstruktur, SPD, Wahlen/Wähler, Wertewandel, Wohlfahrtsstaat.

Begriff/Definition/Funktion:
1. *Der Begriff Bildung* (B.) ist in der Tradition europäischer Erziehungsphilosophie seit der Antike mit dem Begriff Pädagogik eng verknüpft. Einerseits erzieht (= bildet) die ältere Generation nachwachsende Generationen zu ihrer Lebensform, ihren Überzeugungen und Sitten. Andererseits ist Paideia ein Programm zur Formung des Menschen „nach der Idee seines Selbst" (Herwig Blankertz). Damit ist jeder Erziehung und B. eine Spannung zwischen Herrschaft und Freiheit, Kollektivgeist und Individualität, Tradition und sozialem Wandel immanent.

In der Antike unterliegen die B.-Inhalte keinem Vollständigkeitsanspruch, und „Wissen" ist kein Wert an sich. Die Auswahl der B.-Inhalte richtet sich nach dem, was einem „gesitteten" und „freien" Menschen als angemessen gilt. Die sogenannten Freien Künste (artes liberales) dienen dem Ziel, den Geist zu sich selbst zu befreien. Der Humanismus übernimmt dieses klassiche B.-Ideal, an dem sich die europäische Pädagogik bis heute orientiert. Spätestens seit dem Mittelalter stehen *materiale* und *formale* Bildungsinhalte in Konkurrenz zueinander. Ein *materialer* B.-Begriff meint die Verfügung über bestimmte, gesellschaftlich für wertvoll erachtete Wissens- und Verhaltensbestände, die gleichzeitig gesellschaftliche Statusunterschiede bedingen und kennzeichnen. Ein *formaler* B.-Begriff rückt dagegen die Entwicklungschancen und die Förderung des Individuums und seiner Identität in den Mittelpunkt. Beide B.-Verständnisse gerieten spätestens in den 70er Jahren des 20. Jhdts. in Ideologieverdacht, wirken aber bis heute vor allem im deutschen Diskurs über B. fort. Sie führen zu dem besonders in Deutschland hervortretenden Gegensatz zwischen Allgemeinbildung und Berufs(aus)bildung. Im heutigen Sprachgebrauch bezeichnet B. sowohl den Prozeß, innerhalb dessen ein Mensch seine geistige Gestalt gewinnt, als auch das Ergebnis dieses Prozesses, d.h. die geistige Gestalt des Individuums sowie das dafür grundlegende Wissen. Im Sprachgebrauch der modernen Sozialwissenschaften bezeichnet der Begriff f*ormale B.* die Art und insbesondere die Dauer der Schul- und Ausbildungsphase, die ein Individuum durchläuft. Ein Mensch mit „hoher formaler B." ist ein Individuum, dessen Ausbildung durch höhere Ausbildungsgänge gekennzeichnet ist und einen vergleichsweise langen Zeitraum umfaßte.

2. Die *deutsche Bildungsgeschichte* ist eng mit der Entwicklung des → Bürgertums verbunden. Die Trennung von „Geist" und „Macht" (→ Intellektuelle) bestimmte durchgängig den deutschen B.-Begriff. Er entstand aus einer doppelten Kritik an „westlichen Ideen": Einem auf Nützlichkeit zielenden Rationalismus setzte er das

Ideal einer zweckfreien „Entfaltung aller Kräfte des einzelnen" mit dem Ziel einer „Selbstvervollkommnung des sittlichen und geistigen Menschen" entgegen (Bollenbeck 1994: 113), und gegen die politischen Ideen der Französischen Revolution stellte er mit Schiller die „Veredelung des Charakters" mit der Erwartung, „daß man, um jenes politische Problem in der Erfahrung zu lösen, durch das Ästhetische den Weg nehmen muß, weil es die Schönheit ist, durch welche man zur Freiheit wandert".

Die deutsche B.-Idee gründete sich somit doppelt auf einen b.-individualistischen Autonomieanspruch (Gimmel 2001). Auf diese Weise wurde die Rolle des aktiven Staatsbürgers ausgeblendet und ein unpolitisches Verständnis bloß individueller Freiheit entwickelt, das ein wesentliches ideologisches Fundament der autoritären Politikgeschichte Deutschlands bereitstellte (→ Politische Traditionen). Die B.-Güter wurden auf geistige Felder und Inhalte reduziert. Nur sie zählten zur „Geisteskultur" (Gimmel). Das galt auch für die Wissenschaftskultur. Die Universitäten sollten einen geistigen Veredelungsprozeß bewirken, im Unterschied zu bloßer Gelehrsamkeit und Nützlichkeit. Diese Tradition unpolitischer B. hat, zusammen mit der Kulturkritik am westeuropäischen Humanitäts- und Verfassungsbegriff, dem Nationalsozialismus große Teile des Bürgertums zugeführt (Gimmel). Erst eine nach 1945 langsam einsetzende Abwendung von dieser Tradition hat das deutsche Bürgertum in die Reihe derjenigen Zivilgesellschaften geführt, denen die Demokratie westlichen Musters ihre Entstehung und ihren Bestand verdankt.

3. B. erfüllt heute ganz verschiedene *Funktionen*. Bewußte Effekte sind u.a. die Einführung junger Bürger in Werte und Normen der Gesellschaft, Qualifikation für einen Beruf, Hilfe bei der Sinn-Findung für das eigene Leben; ein Teilbereich des B.-Prozesses ist die → politische B. Ziele und Inhalte des B.-Prozesses unterliegen in westlichen Demokratien stets dem gesellschaftlichen Diskurs. Ein nicht immer bewußter und gesellschaftlich heute nur bedingt erwünschter Effekt von B. ist soziale Selektion, d.h. eine soziale Status-Zuweisung je nach (Aus-)Bildungsgrad und B.-Inhalten. Bildung zeigt außerdem starke Wirkungen auf die pK: Im Blick auf die Ausbildung und Verbreitung von demokratischen Werthaltungen, Einstellungen und Verhaltensmuster gilt formale B. heute als Schlüssel-Faktor (s.u.).

Das deutsche Bildungssystem::

Soweit B. staatlich reglementiert ist, unterliegt ihre Gestaltung in der BRD den Bundesländern (Kulturhoheit). Im Blick auf Ziele, Inhalte und Organisationsformen von B. in Schule, Hochschule und beruflicher B. ist die BRD deshalb durch parteipolitischen, regionalen und konfessionellen Pluralismus gekennzeichnet. Das B.-System der → DDR war bis 1989 stark zentralisiert: ideologisch unter dem Totalitätsanspruch des Marxismus-Leninismus und organisatorisch eng verknüpft mit der zentralen staatlichen Wirtschaftsplanung und -steuerung. Nach der Vereinigung wurde das B.-System der → neuen Bundesländer analog zu den jeweiligen westdeutschen Partnerländern neu gestaltet (also z.B. das sächsische System ähnlich wie das baden-württembergische etc.; Anweiler 2000).

Bildung und Sozialstruktur in Deutschland:
„Mehr Bildungschancen, aber weniger Bildungsgerechtigkeit - ein Paradox der Bildungsexpansion" - mit diesem Titel eines Aufsatzes von Geißler (1999) ist das Thema umrissen: Weder westdeutsche noch DDR-Programme für Chancengleichheit im B.-Bereich haben ihr Ziel erreicht. Im deutschen B.-System wirkt ein Filtereffekt, der leistungsunabhängig Kinder aus unteren Schichten von höheren Ausbildungsgängen weitgehend ausschließt. Die soziale Selektivität des deutschen B.-Systems hat sich, unbeschadet des B.-Booms seit den 60er Jahren, im Lauf der Jahrzehnte sogar noch verschärft. Zwar besuchen heute wesentlich mehr junge Menschen mittlere und höhere Ausbildungsgänge als zu Beginn der 60er Jahre (2/3 der Jugendlichen gehen auf weiterführende Schulen, 1/3 studiert; der Anteil der Gymnasiasten hat sich verdoppelt, der Prozentsatz der Studienanfänger vervierfacht; Geißler 1999).

Diese Entwicklung verdankt sich allerdings weniger einem Allgemeintrend zu höherer B. als der Tatsache, daß vor allem die mittleren Schich-ten (und in ihnen noch einmal besonders die Mädchen) ihre Quoten beträchtlich erhöhten und in manchen Teilgruppen nahezu vollständig ausschöpften (mittlere Angestellte und Beamte). Auch untere Schichten, vor allem Facharbeiter und untere Dienstleistungsgruppen, besuchen heute zu etwas höheren Anteilen als früher mittlere und höhere Ausbildungsgänge; gleichwohl blieben sie im Wettbewerb um höhere (zumal um die höchsten) B.-Abschlüsse immer weiter zurück. Die Gründe dafür liegen zum einen in unterschiedlich förderlichen Sozialisationsbedingungen, zum anderen an dem genannten Filter-Effekt, der leistungsunabhängig insbesondere an den institutionellen Weichen-Stellen, z.B. beim Übergang von der Grundschule in höhere Schulen, wirkt. Erst an den Hochschulen läßt die Wirkung des Filter-Effekts langsam nach. Am stärksten betroffen von dieser Negativselektion sind Mädchen aus unteren Schichten, deren Chancen auf einen höheren B.-Abschluß gegenüber ihren männlichen Schichtkollegen erheblich geringer sind (→ Frauen/Männer).

Während empirische Studien belegen, daß sich die Unterschiede im Blick auf die B.-Chancen ständig vergrößern, ist in der deutschen Öffentlichkeit die Illusion voller Chancengleichheit weit verbreitet. Im gegenwärtigen gesellschaftlichen Diskurs um einen „deutschen B.-Notstand" geht es nicht mehr (wie in den 60er und 70er Jahren) um bessere B.-Chancen für untere Schichten; gegenwärtige Diskussionen und Entwicklungen im Zusammenhang mit Hochbegabtenförderung, Elite-Schulen und -Hochschulen lassen eher Effekte erwarten, die soziale Selektion durch B. noch weiter verstärken. Noch schärfer als in Westdeutschland wirkte soziale Selektion durch B. in der DDR: Nach einer kurzen Phase drastischer Öffnung der Gymnasien und Universitäten für Arbeiterkinder schlossen sich seit Ende der 50er Jahre höhere und höchste Ausbildungsgänge für Unterschichtsangehörige. Die Quote der Arbeiterkinder an den Hochschulen war Ende der 80er Jahre in der DDR niedriger als in Westdeutschland, der Prozentsatz der Akademikerkinder doppelt so hoch wie im Westen. Noch Ende der 90er Jahre hat sich die Situation in den ostdeutschen Ländern nur wenig verändert. „Bildungskapital" (Bourdieu) ist somit in der deutschen Bevölkerung sehr ungleich verteilt, damit zugleich damit auch die Lebenschancen in einem umfänglichen Sinn: „Eine gute Ausbildung ist eine wichtige Voraussetzung dafür, gesellschaftliche Chancen wahrzunehmen und gesellschaftliche Risiken zu minimieren. Mit einem guten Qualifikationsniveau hängen Chancen auf beruflichen Erfolg und Lebensstandard genauso zusammen wie Chancen auf Selbstbestimmung und Freiheit" (Geißler 1999: 20).

Bildung und politische Kultur:
B. ist nicht nur eine zentrale Ressource für individuelle Lebenschancen, sondern zugleich auch ein Schlüssel-Faktor für die Entwicklung von demokratischen Einstellungen und Verhaltensweisen. Die empirisch belegbare Demokratisierung (→ Demokratie) der BRD in den vergangenen Jahrzehnten verdankt sich vor allem einer „kognitiven Mobilisierung" der deutschen Bevölkerung durch steigende B. Stichworte dafür sind: die rasche Ausbreitung von demokratischen Einstellungen (→ Demokratische Persönlichkeit, Politisches Bewußtsein und viele andere Artikel), der wachsende Anteil von „Postmaterialisten" oder „aktiven Realisten" (→ Wertewandel) sowie die sogenannte „Partizipatorische Revolution" (→ Politische Beteiligung). Bevölkerungsgruppen mit niedriger formaler B. blieben in diesem Demokratisierungsprozeß hinter Gruppen mit hoher formaler B. zurück und sind heute z.T. durch erhebliche „Defizite an Demokratie" gekennzeichnet (schwaches politisches und soziales Engagement, → Sozialkapital/Soziales Vertrauen, geringere → Politische Toleranz, → Anomien vielerlei Art wie z.B. politische Apathie, Protestverhalten, Anfälligkeit für nichtdemokratische Parteien, → Fremdenfeindlichkeit, Extremismus etc.). B.-Ungleichheit und → soziale Ungleichheit wirken demnach als *politische Ungleichheit* fort, und gute B.-Chancen auch für untere Schichten liegen somit im Interesse einer stabilen demokratischen Kultur. Ob in Deutschland hohe formale B. *allein* auch in Zukunft ausreichen wird, um die Akzeptanz demokratischer Werte und Normen westlichen Musters zu gewährleisten, muß angesichts der deutschen B.-Tradition offen bleiben.

Sylvia Greiffenhagen

Literatur:

Anweiler, Oskar 2000: Bildungspolitik/Bildungswesen. In: Andersen, Uwe/Woyke, Wichard (Hrsg): Handwörterbuch des politischen Systems der Bundesrepublik Deutschland, Opladen, S. 35-38.

Anweiler, Oskar u. a. 1992: Bildungspolitik in Deutschland 1945-1990. Ein historisch-vergleichender Quellenband, Opladen.

Arbeitsgruppe Bildungsbericht am Max-Planck-Institut für Bildungsforschung 1994: Das Bildungswesen in der Bundesrepublik Deutschland. Strukturen und Entwicklungen im Überblick, Reinbek.

Blankertz, Herwig 1969: Bildung im Zeitalter der großen Industrie, Hannover (Das Bildungsproblem in der Geschichte des europäischen Erziehungsdenkens, Bd. 15).

Bollenbeck, Georg 1994: Bildung und Kultur. Glanz und Elend eines deutschen Deutungsmusters, Frankfurt a.M.

Führ, Christoph 1997: Deutsches Bildungswesen seit 1945. Grundzüge und Probleme, Neuwied.

Geißler, Rainer 1999: Mehr Bildungschancen, aber weniger Bildungsgerechtigkeit - ein Paradox der Bildungsexpansion, in: Neumann-Schönwetter, Marek u. a. (Hrsg.): Anpassen und Untergehen. Beiträge zur Hochschulpolitik, Marburg, S. 19-31.

Gimmel, Jürgen 2001: Die politische Organisation kulturellen Ressentiments. Der "Kampfbund für deutsche Kultur" und das bildungsbürgerliche Unbehagen an der Moderne, Münster u. a.

Glaser, Hermann 1993: Bildungsbürgertum und Nationalsozialismus. Politik und Kultur im Wilhelminischen Deutschland, München.

Kocka, Jürgen (Hrsg.) 1987: Bürger und Bürgerlichkeit im 19. Jahrhundert, Göttingen.

Bündnis 90/Die Grünen

→ *CDU/CSU, Demokratie, Eliten, Endogenität/Exogenität, Feminismus, Frauen/Männer, Geschichtliche Phasen der BRD, Ideologie, Kindheit/Jugend, Neue Bundesländer, Neue Soziale Bewegungen, Parlamentarismus, Parteiensystem, PDS, Regierung/Regierungsmehrheit/Opposition, SPD, Sozialstruktur, Verbände, Wahlen/Wähler, Wertewandel.*

Vorgeschichte/Gründung:

Der Erfolg der westdeutschen Grünen beendete die Phase des hyperstabilen westdeutschen → Parteiensystems, das seinen Kulminationspunkt 1976 erreicht hatte, als 99,1 % der Wähler den drei im Bundestag vertretenen Parteien ihre Stimme gaben. Zu diesem Zeitpunkt hatte jedoch der außerparlamentarische Protest gegen den Ausbau der Kernenergie bereits einen ersten Höhepunkt erreicht. Die gewaltsamen Auseinandersetzungen in Brokdorf und Grohnde sowie die Entscheidung der niedersächsischen Landesregierung, ein überregionales Entsorgungszentrum zu bauen, verschärften die Proteste im Frühjahr 1977. Spätestens als sich die Regierungsparteien der sozial-liberalen Koalition im Herbst des gleichen Jahres für den Ausbau der Kernenergie aussprachen, war dies für viele Aktivisten der Anti-AKW-Bewegung Anlaß, die Erfolgschancen des außerparlamentarischen Protestes in Frage zu stellen und den Schritt in die Parteipolitik zu wagen. In verschiedenen Bundesländern traten ab 1977 grüne oder bunte Listen zu Kommunal- und Landtagswahlen an und erreichten Ergebnisse, die ein Überspringen der Fünf-Prozent-Hürde möglich erscheinen ließen. Voraussetzung hierfür war allerdings, auch dies zeigten die Ergebnisse deutlich, daß sich die verschiedenen, weltanschaulich teils sehr unterschiedlichen Gruppierungen in einer Partei vereinten. Ein komplizierter Prozeß des Zusammenwachsens verschiedener teils landesweiter, teils regionaler ökologisch und/oder alternativ orientierter Listen und Bürgerinitiativen führte schließlich zur ersten bundesweiten Wahlteilnahme anläßlich der Europawahl von 1979. Typisch für die im grün-alternativen Lager verbreitete Skepsis gegenüber etablierten Formen der Parteipolitik war, daß dieser Schritt in der Rechtsform einer „Sonstigen Politischen Vereinigung" (SPV) unternommen wurde. Erst nach dem Wahlerfolg (3,2 %) und der damit verbundenen Finanzspritze in Form von rund 4,5 Millionen DM Wahlkampfkostenerstattung wurden Schritte zur Gründung einer Partei unternommen. Jetzt beteiligten sich auch die linken Gruppierungen, die der SPV noch fern geblieben waren. Sie begriffen die sich formierende grüne Partei als Chance, erstmals in der Geschichte der Bundesrepublik eine demokratisch legitimierte Partei links von der → SPD zu etablieren (Müller-Rommel/Poguntke 1994).

Der Weg zu einer bundesweiten grünen Partei wurde durch den NATO-Doppelbeschluß von Dezember 1979 erheblich befördert. Der Protest gegen die geplante Stationierung neuer nuklearer Mittelstreckenwaffen in den europäischen NATO-Staaten führte zu einer in der Geschichte der Bundesrepublik beispiellosen Mobilisierung außerparlamentarischen Protestes, der in den frühen 80er Jahren nur von den Grünen vorbehaltlos unterstützt und gefördert wurde. Die Mobilisierungswellen der Umwelt- und Friedensbewegung haben erheblich zur Etablierung der Grünen beigetragen, die sich als deren „natürlicher" parteipolitischer Ansprechpartner betrachten. Pazifistische und nuklear-pazifistische Überzeugungen gehören seitdem zusammen mit der Ökologie zu den zentralen weltanschaulichen Traditionen der Grünen. Die Grünen sind allerdings mehr als der parteipolitisch organisierte Arm dieser beiden Bewegungen (→ Neue Soziale Bewegungen). Wie bereits erwähnt, beteiligten sich auch andere Gruppierungen und Strömungen an ihrer Gründung. Hierzu zählen die Grüne Aktion Zukunft (GAZ) des ehemaligen → CDU-Bundestagsabgeordneten Herbert Gruhl und die Aktionsgemeinschaft Unabhängiger Deutscher (AUD) auf der konservativen Seite des politischen Spektrums sowie die Reste der aus der APO hervorgegangenen K-Gruppen auf der Linken. Während das Gros der konservativen Ökologen der neugegründeten Partei schon bald den Rücken kehrte, prägte die ökosozialistische Linke in den 80er Jahren die innerparteilichen Diskussionen über weite Strecken. Einen nicht zu unterschätzenden Anteil am Erfolg der Grünen hat außerdem die besondere Sensibilität der Grünen für die Anliegen der neuen Frauenbewegung. Von Beginn an war die Geschlechterfrage ein zentrales politisches Thema der Grünen, das nicht nur in der Programmatik seinen Niederschlag fand, sondern auch in den Regeln des innerparteilichen Machterwerbs entsprechend berücksichtigt wurde. Das Frauenstatut der Grünen schreibt die Quotierung aller Ämter und Mandate vor und gibt den Frauen auf dem Parteitag ein suspensives Veto (→ Feminismus, Frauen/Männer).

Die 80er Jahre waren geprägt von dem Konflikt zwischen Fundis und Realos, wobei diese von den Medien eingeführte Etikettierung unterschlägt, daß es sich um vier Strömungen handelte. Die Vereinfachung liegt allerdings nahe, weil der Streit letztlich um die Frage der grundsätzlichen strategischen Orientierung ging. Die zahlenmäßig schwachen Ökolibertären und die Realpolitiker strebten Koalitionen mit der SPD an, während die Ökosozialisten und die Radikalökologen Regierungsbeteiligungen ablehnend gegenüberstanden. Das Vertrauen der beiden fundamentalistischen Strömungen in die Wirksamkeit parlamentarischer Reformstrategien war gering. Statt dessen setzten sie auf die Wirkung außerparlamentarischen Protestes; die Parlamente dienten aus dieser Perspektive in erster Linie als Bühne zur Mobilisierung gesellschaftlicher „Gegenmacht" (Raschke 1993). Parallelen zur Revisionismusdebatte der deutschen Sozialdemokratie um die Jahrhundertwende sind unverkennbar - nicht zuletzt, weil auch die innergrüne Debatte in eine vorbehaltlose Anerkennung der parlamentarischen Demokratie mündete. Eine Haltung übrigens, die von Beginn an von rund 90 % der grünen Wähler unterstützt wurde, wenn man die Befürwortung von Regierungsbeteiligungen als Indikator nimmt. Nach einer Phase heftiger innerparteilicher Konflikte kam in den späten 80er Jahren durch die zentristisch orientierte Initiative „Aufbruch 88" Bewegung in die erstarrten Fronten, die sich im Zusammenhang mit den Debatten über die deutsche Einheit und die zukünftige Strategie der Partei endgültig neu formierten. Nachdem die Grünen, wenn auch verspätet und mit sichtlichem Widerwillen, die deutsche Einigung akzeptiert hatten und deutlich geworden war, daß die Partei nicht zu einem Bündnis mit der → PDS bereit war, verließen die führenden Vertreter der Ökosozialisten im April 1990 die Partei. Ein Jahr später folgten nach ihrer Niederlage auf dem Reformparteitag von Neumünster die Radikalökologen um Jutta Ditfurth. In beiden Fällen folgten nur vergleichsweise wenige Mitglieder dem Beispiel der prominenten Fundamentalisten. Seitdem ist die Wünschbarkeit von Regierungsbeteiligungen in der Partei unumstritten.

Die Anfänge der ostdeutschen Friedens-, Ökologie- und Menschenrechtsbewegung reichen bis in die späten 70er Jahre zurück. Meist unter dem schützenden Dach der Kirche bildeten sich kleine Gruppen, die teils öffentlich auftreten konnten, teils auf konspirative Organisationsformen angewiesen waren (→ DDR). Aus ihnen gingen die im Spätherbst 1989 gegründete Grüne Partei sowie die verschiedenen Gruppen der Bürgerbewegungen hervor, von denen sich ein Teil schließlich im Bündnis 90 als Partei organisierte (Müller-Enbergs u. a. 1991). Die Einigung mit ostdeutschen Partnerorganisationen vollzog sich in zwei Schritten. Zunächst traten die ostdeutschen Grünen am Tag nach der ersten gesamtdeutschen Bundestagswahl den westdeutschen Grünen bei. Die Vereinigung mit dem aus den Bürgerbewegungen hervorgegangenen Bündnis 90 war hingegen ein von komplizierten Verhandlungen geprägter Prozeß. Angestrebt wurde eine gleichberechtigte Partnerschaft und nicht ein „Anschluß", wie der parteipolitische Einigungsprozeß der anderen Bundestagsparteien apostrophiert wurde. Trotz einer Vielzahl von Sonderregelungen hat das zahlenmäßig schwache Bündnis 90 (rund 2.200 Mitglieder), vom neuen Parteinamen „Bündnis 90/Die Grünen" (B90/G) abgesehen, kaum prägende Wirkungen auf die Gesamtpartei entfaltet. Die Bündnisgrünen sind sowohl inhaltlich als auch personell eine westdeutsch geprägte Partei, die sich den politisch-kulturellen Traditionen der Bürgerbewegungen (Konsensorientierung, Runde Tische) nicht wirklich geöffnet hat.

Organisation:
Vieles, was die Grünen während der 80er Jahre charakterisierte, ist in ihrer Gründungsgeschichte bereits angelegt: Die erhebliche ideologische Spannweite (→ Ideologie), die starke Fokussierung auf außerparlamentarische Protestformen und der Versuch, Organisationsformen, wie sie für → Neue Soziale Bewegungen typisch sind, auf die Parteipolitik zu übertragen. Unter dem Schlagwort „Basisdemokratie" versuchten die Grünen, einen neuen, an identitären Demokratievorstellungen (→ Demokratie) orientierten Organisationstyp zu realisieren. Dieser sollte sicherstellen, daß das Handeln der gewählten Vertreter den Präferenzen der Basis entspricht. Die Präambel des Bundesprogrammes von 1980 faßt diese Organisationsphilosophie, die innerparteiliche Strukturdebatten bis heute prägt, folgendermaßen zusammen: „Kerngedanke ist dabei die ständige Kontrolle aller Amts- und Mandatsinhaber und Institutionen durch die Basis (Öffentlichkeit, zeitliche Begrenzung) und die jederzeitige Ablösbarkeit, um Organisation und Politik für alle durchschaubar zu machen und um der Loslösung einzelner von ihrer Basis entgegen zu wirken". Aus diesen Worten scheint ein tiefsitzendes Mißtrauen gegenüber Personen in herausgehobenen Positionen auf. Es fand seinen Niederschlag in einer beachtlichen Zahl organisatorischer Vorkehrungen, die alle darauf abzielten, Elitenbildung zu verhindern. Hierzu zählten die kollektive Führung in Partei und Fraktion, das Rotationsprinzip, die Trennung von Amt und Mandat, das Prinzip öffentlicher Sitzungen sowie die Forderung an Bundestagsabgeordnete, den Großteil ihrer Diäten an den Ökofonds zu spenden und nur den Betrag für sich zu behalten, der einem durchschnittlichen Facharbeitergehalt entsprach (Poguntke 1993). Ein Teil dieser Prinzipien ist mehr oder weniger stillschweigend ad acta gelegt worden, andere wurden gegen heftige Gegenwehr der Parteilinken modifiziert. Auch nach zwei Jahrzehnten und der Fusion mit dem Bündnis 90 wird die Partei allerdings noch von zwei Vorsitzenden geführt, die wie die übrigen Vorstandsmitglieder keine Parlamentsmandate ausüben dürfen. Auch die Bundestagsfraktion wird von einer sog. Doppelspitze geleitet.

Mitglieder und Wähler:
In den 80er Jahren waren die Wähler der Grünen mit wenigen Schlagworten präzise zu beschreiben. Sie waren jung, hoch gebildet oder noch in der Ausbildung, entstammten überwiegend den neuen Mittelschichten und neigten postmaterialistischen Werten zu (→ Wertewandel; Wahlen/Wähler). In den 90er Jahren hat sich

das Bild etwas verändert. Jugend (→ Kindheit/Jugend) ist kein Markenzeichen bündnisgrüner Wähler mehr. Vielmehr sind die Wähler mit „ihrer" Partei gealtert. Bei den Bundestagswahlen 1998 stellten die 35-44jährigen das stärkste Kontingent, während die ganz jungen Alterskohorten schwächer vertreten waren. Wähler über 60 Jahre stimmen nur selten für B90/G. Gleichzeitig hat sich ein anderes Charakteristikum der bündnisgrünen Wählerschaft stärker konturiert. Die Partei wird in signifikantem Maße häufiger von Frauen als von Männern gewählt. Gemessen an ihrer wahlpolitischen Stärke verfügen B90/G über eine kleine Stammwählerschaft. Bündnisgrüne Wähler sind ihren politischen Zielen treu, nicht aber einer bestimmten Partei. Strategische Fehler, wie bei den Bundestagswahlen von 1990 und 1998, bringen die Partei deshalb unweigerlich in gefährliche Nähe der Fünf-Prozent-Hürde (oder gar darunter). Das Gleiche gilt für ungünstige Themenkonjunkturen oder Konstellationen, die taktisches Wählen zuungunsten der Grünen begünstigen. In der Wahrnehmung der Wähler sind B90/G noch immer in erster Linie eine Umweltpartei. Nur auf diesem Gebiet wird ihnen mehr Kompetenz zugeschrieben als ihren Konkurrenten. Auch nach mehreren Strukturreformen ist die Partei überdurchschnittlich offen für die Partizipation von Mitgliedern und Sympathisanten. Die weitgehende Überschneidung mit den Potentialen der neuen sozialen Bewegungen beschränkt jedoch die Rekrutierungsmöglichkeiten der Partei erheblich, da Anhänger der neuen Politik sich eher in Basisinitiativen engagieren als sich den vergleichsweise starren Regeln der Parteipolitik auszusetzen. Gemessen an der Zahl ihrer Wähler haben B90/G die geringste Mitgliederdichte aller Bundestagsparteien. Auch die Partizipationsrate innerhalb der Partei ist nicht sonderlich hoch - bündnisgrüne Parteimitglieder unterscheiden sich in ihrem innerparteilichen Aktivitätsniveau kaum von den Mitgliedern anderer Parteien. Betrachtet man die regionale Verteilung der Mitglieder, so zeigt sich deutlich, warum B90/G eine stark westdeutsch geprägte Partei geblieben sind. Ende 1998 kamen fast 94 % aus dem alten Bundesgebiet (einschließlich Berlin).

Wirkungen:
Der parlamentarische Erfolg der Grünen hat erheblich zur Aussöhnung großer Teile der systemkritischen Linken und der Anhänger der Friedens- und Umweltbewegung mit dem → Parlamentarismus beigetragen. Er hat aber gleichzeitig deutliche Rückwirkungen auf die pK der BRD gehabt. Dies betrifft nicht in erster Linie Fragen des Kleidungs- und Redestils. Hier ist dem früheren SPD-Vorsitzenden Hans-Jochen Vogel zuzustimmen, der bemerkte, daß der Marsch durch die Institutionen bisweilen die Marschierer mehr verändere als die Institutionen. Vielmehr haben die Grünen eine ganze Reihe von Themen dauerhaft auf die politische Agenda gesetzt. Hierzu gehören die auf Länderebene bereits weitgehend verwirklichte Forderung nach mehr direkter Beteiligung der Bürger an staatlichen Entscheidungsprozessen, die Ausweitung der Partizipationsrechte einfacher Parteimitglieder (z.B. durch Mitgliederentscheide), die Umweltproblematik und Minderhei-

tenrechte. Besonders nachhaltig haben die Grünen dazu beigetragen, daß die Beteiligung von Frauen an politischen Ämtern erheblich gestiegen ist und auch Frauen in Führungspositionen mittlerweile zu einer Selbstverständlichkeit geworden sind. Sie waren die erste Partei, deren Bundestagsfraktion ausschließlich von Frauen geführt wurde (das sog. Feminat), sie traten 1986 in Hamburg mit einer reinen Frauenliste zu den Bürgerschaftswahlen an, und Frauen waren von Beginn an sowohl in der Fraktions- als auch in der Parteispitze mindestens zur Hälfte vertreten. Dies sind in erster Linie Errungenschaften der 80er Jahre. Die gesamtdeutsche Bilanz fällt hingegen bescheidener aus. Die skeptische Haltung zur deutschen Einheit (bei Grünen und B90) hat eine Identifikation von B90/G mit der Tradition der gewaltlosen Revolution von 1989 verhindert. Angesichts der Mobilisierungsschwäche von B90/G in den nB sind spezifisch ostdeutsch geprägte Einflüsse auf die pK kaum feststellbar. Auch die Partei als Ganzes hat in 90er Jahren viel von ihrer Vorreiterfunktion eingebüßt. Dies liegt teilweise daran, daß die hohe Arbeitslosigkeit wenig Raum für alternative Gesellschaftsentwürfe ließ. B90/G haben allerdings auch ihre Programmarbeit vernachlässigt und sind zu Beginn ihrer Beteiligung an der Bundesregierung (→ Regierung/Regierungsmehrheit/Opposition) gezwungen, die Revision ihres Grundsatzprogrammes von 1980 in Angriff zu nehmen. International haben die Grünen enorme Aufmerksamkeit auf sich gezogen. Dominierten zu Beginn der 80er Jahre noch Stimmen, die in ihnen den Ausdruck eines weiteren deutschen Sonderweges sahen, so zeigte sich bald, daß die Grünen den Prototyp einer neuen Familie von grün-alternativen Parteien in westlichen Demokratien darstellten

Thomas Poguntke

Literatur:

Hofmann, Jürgen 1998: Die doppelte Vereinigung. Vorgeschichte, Verlauf und Auswirkungen des Zusammenschlusses von Grünen und Bündnis 90, Opladen.

Kitschelt, Herbert 1989: The Logics of Party Formation. Ecological Politics in Belgium and West Germany, Ithaca/London.

Müller-Enbergs, Helmut/Schulz, Marianne/Wielgohs, Jan (Hrsg.) 1991: Von der Illegalität ins Parlament. Werdegang und Konzept der neuen Bürgerbewegungen, Berlin.

Müller-Rommel, Ferdinand/Poguntke, Thomas 1992: „Die Grünen", in: Mintzel, Alf/Oberreuter, Heinrich (Hrsg.): Parteien in der Bundesrepublik Deutschland, 2. Aufl., Opladen, S. 319-61.

Poguntke, Thomas 1993: Alternative Politics. The German Green Party, Edinburgh.

Raschke, Joachim 1993: Die Grünen. Wie sie wurden, was sie sind, Köln.

Raschke, Joachim 2001: Die Zukunft der Grünen. „So kann man nicht regieren", Frankfurt a.M./New York.

Bürgertum

→ *Bildung, CDU/CSU, Demokratie, Familie, Geschichtliche Phasen der BRD, Intellektuelle, Milieus/Lebensstile, Nationalsozialismus, Politische Sozialisation: Modernisierung, Politische Traditionen, Rechtsstaat, Soziale Ungleichheit/Lebenslagen, Transition/Transformation.*

Begriff/Definition und Entwicklungslinien:
Bürgertum (B.) läßt sich definieren als die idealtypische Verbindung unterschiedlicher Eigenschaftsmerkmale. Mit den Begriffspaaren von Besitz und → Bildung, sowie Eigeninteresse und Gemeinwohlorientierung, und (zweckfreier) Kreativität und Nützlichkeit lassen sich die grundsätzlichen Charakteristika eines Bürgers beschreiben. Der Begriff B. ist in seinem Verheißungspotential für den einzelnen wie in seiner Zumutung an individuelle Erfordernisse gleichermaßen der *idealtypischen* Einheit dieser unterschiedlichen und zum Teil gegensätzlichen Strukturmerkmale verpflichtet. Bürger zu sein bedeutete seit dem 18. Jhdt. immer auch, zum Bürger erst zu werden - diesem Ideal nachzustreben. Die vielfältigen Differenzierungen der Bürgersemantik in Bildungsbürger, Wirtschaftsbürger, Kleinbürger etc. beschreiben jeweils unterschiedliche Abweichungen von diesem Idealtypus. Die erstrebte Kombination dieser Eigenschaften prägte im 19. Jhdt. für lange Zeit das bürgerliche Selbstverständnis. Als individuelle Verheißung versprach das Bürgerideal Selbstständigkeit und persönliche Selbstvervollkommnung, als politische Zielutopie die Entwicklung der bürgerlichen Gesellschaft unter liberalen Vorzeichen. Privates Eigentum, rechtsstaatliche Ordnung (→ Rechtsstaat), politische Freiheit, nationalstaatliche Einheit und Unabhängigkeit kennzeichneten die Grundpfeiler dieses Weltbildes.

Im 19. Jhdt. läßt sich B. als Sozialformation mit relativ klar von anderen Gruppen abgrenzbaren Wertorientierungen und Verhaltensmustern bestimmen. Doch seit dem letzten Drittel des Jhdts. beginnt ein Prozeß der Ausdifferenzierung und Fragmentierung der sozialen und kulturellen Definitionsmerkmale. Dadurch erscheint es den zeitgenössischen Bürgern (Männern und Frauen) immer fragwürdiger, diese Bestimmungsmerkmale in ihren individuellen Biographien verbinden und als soziale Figuration stabil bleiben zu können. Seit der Kulturkritik der Jahrhundertwende ist die Krise deshalb ein Leitthema bürgerlicher Selbstwahrnehmung. In der Weimarer Republik (→ Geschichtliche Phasen der BRD) und während des → Nationalsozialismus war das Selbstbild bürgerlicher Schichten geprägt durch die Wahrnehmung von Auflösung und Zerfall der eigenen Lebensmuster. B. schien vor allem ein weltanschaulicher *Kampf*begriff zu sein, der von den Gegnern einer bürgerlichen Gesellschaftsordnung benutzt wurde. Die Attraktivität des Nationalsozialismus gerade auch für bürgerliche Schichten lag nicht zuletzt darin, daß er einerseits die Kontinuität bestimmter Elemente zu versprechen schien (Privateigentum), andrerseits aber den einzelnen in ein übergeordnetes Kollektiv einfügte und dadurch eine verloren gegangene Orientierung neu stiftete, wenn auch um den Preis der Aufgabe individueller Selbständigkeit und *bürgerlicher* Freiheit. Nach 1945 dann mutierte B. zu einem *Wunsch*begriff. Einerseits besaß B. zwar keine Deutungskraft mehr als Gesellschaftsbild (wie auch der Begriff Proletariat), doch andrerseits bezeichnete die große Mehrheit der Erwerbstätigkeiten ihren Beruf als „bürgerlich". Schelskys Begriff der „nivellierten Mittelstandsgesellschaft" lieferte hierfür die prägnante Formel, welche jedoch das gesellschaftliche Selbstverständnis der Bundesdeutschen treffender erfaßte als ihre soziale Stellung. Wie erfolgreich die Etablierung bürgerlicher Deutungsfiguren in der Nachkriegszeit verlief, läßt sich auch daran erkennen, daß die Studentenbewegung der 1960er Jahre ihren Protest wie selbstverständlich gegen die bürgerliche Gesellschaft richtete. Ebenso indiziert der Transformationsprozeß (→ Transition/Transformation) nach dem Zusammenbruch des Sozialismus nach 1989 die ungebrochene Attraktivität des gesellschaftlichen Leitbildes der bürgerlichen Gesellschaft, bzw. der *Zivilgesellschaft* (civil society).

Die gegenwärtige Diskussion über die Zivilgesellschaft ist nicht nur ein Reflex der „nachholenden Revolution" (Habermas) in Osteuropa. Denn historisch betrachtet erscheint die „Ankunft im Westen", welche der Bundesrepublik inzwischen unstrittig attestiert wird, als Rückgewinnung einer verlorenen Verbindung von politischen Werten und gesellschaftlichen Verhaltensmustern. Was im frühen 19. Jhdt. in der Selbstorganisation der Gesellschaft auch als politischer Aufbruch gegen obrigkeitliche Bevormundung intendiert war, scheiterte 1848 oder unterwarf sich der preußisch und konservativ geprägten Reichsgründung von 1871. In Deutschland wurde „Bürgerlichkeit" seither zu einer primär unpolitischen Qualität. Thomas Mann hat diese Einstellung und diesen Habitus auf eine einprägsame Formel gebracht mit seinen „Betrachtungen eines Unpolitischen". Diese Trennung unterschied Deutschland von den meisten Staaten des Westens, vom französischen *citoyen* ebenso wie vom englischen, amerikanischen oder auch schweizerischen Modell der → Demokratie. In Deutschland war die gesellschaftliche Prägekraft von Bürgerlichkeit durchaus breit verankert, das hat die Forschung der letzten Jahre gezeigt. Doch blieb die pK lange durch andere Verhaltensnormen dominiert. Plessners „verspätete Nation" oder Elias „satisfaktionsfähige Gesellschaft" haben diese Besonderheit der Bürgerlichkeit in Deutschland ebenso auf griffige Formeln gebracht wie die These vom deutschen Sonderweg.

Erst nach 1945 verbanden sich demokratisches politisches Handeln und Bürgerlichkeit der Gesellschaft in der Bundesrepublik miteinander. Der gesellschaftliche und kulturelle Umbruch der späten 50er Jahre, die Politisierung der 60er Jahre und die liberale Reformära der 70er Jahre verkörpern Stufen im demokratischen Politisierungsprozeß der Gesellschaft sowie der Entstehung einer stabilen und demokratischen pK. Die Reetablierung von Bürgerlichkeit als weithin akzeptiertem *Leitwert* war in der Bundesrepublik sehr erfolgreich. Parallel und im Gegensatz hierzu läßt sich jedoch seit den 60er und 70er Jahren eine Ausdifferenzierung und zunehmende Heterogenität von Lebenslagen, Lebensweisen und Lebensstilen feststellen. Berufliche Positionen und materielle Stellung sowie kulturelle Wertorientierungen gehen immer vielfältigere und fragilere Verbindungen ein. Weder sozial noch kulturell läßt sich deshalb in der Bundesrepublik eine Sozialformation B. bestimmen. Statt dessen kann man verschiedene → Milieus oder Lebensstile unterscheiden, in denen jeweils *einzelne* Bestandteile jener idealtypischen Einheit von Bürgerlichkeit prägend sind. Im Vergleich zum B. des 19. Jhdt. sind in den verschiedenen Mittelschichtmilieus der Gegenwart Konsumweisen, Karriereausrichtungen und etwa die Gestaltung des Familienlebens (→ Familie) typusbildend - und nicht mehr überwiegend der Beruf. Als einzige Gemeinsamkeit über alle sozialen und kulturellen Unterschiede hinweg hat sich der *Staatsbürger*begriff erhalten. Politische Gleichheit mit an das Individuum gebundenen Rechten und Pflichten ist zur Grundlage der pK der Bundesrepublik geworden - eine ursprünglich demokratisch-liberale, und dann sozialdemokratische Forderung. Der Niedergang des (partei-)politischen Liberalismus dürfte auch damit zu erklären sein, daß die klassischen bürgerlichen Postulate in allen demokratischen Parteien vertreten werden.

Seit den 80er Jahren, seit dem Abebben der auf 1968 zurückgehenden verbreiteten Aversion gegen Bürgerlichkeit und bürgerliche Werte, gewann Bürgerlichkeit erneut an Attraktivität als soziokultureller Leitwert. Jedoch hat der Wert dadurch nicht an begrifflicher Schärfe gewonnen. Während der Begriff des „Mittelstandes“, der im 19. Jhdt. als Synonym für die bürgerlichen Schichten generell dienen konnte, heute fast ausschließlich für die gewerblichen Selbständigen verwandt wird, ist *Mitte* zum populären politischen Schlagwort geworden. Hierin spiegelt sich einerseits die ungebrochene Sehnsucht nach bürgerlichen Lebensweisen und Wertmustern wider und gleichzeitig die Ratlosigkeit, was B. eigentlich ausmacht. Die Einzelelemente der traditionellen Bürgerlichkeit sind nach wie vor präsent, bis hin zu einer wieder anwachsenden Attraktivität von Etiketten und Anstandsregeln, welche früher als überholt kritisiert - und nun als bürgerlich geschätzt werden. Hieraus ist jedoch kein dominantes oder auch nur klar erkennbares einheitliches Kultur- und Verhaltensmuster erwachsen. Auch philosophisch-politische Kontroversen, wie etwa der Streit zwischen Liberalen und Kommunitaristen, spiegeln diesen Trend. Denn in diesem Streit wird nur das als konträr diskutiert und gegenübergestellt, was im Entwurf der bürgerlichen Gesellschaft des 19. Jhdt. als vereint konzipiert worden ist. Wenn in den politischen Debatten über sozialen Ausgleich und ökonomische Leistungsfähigkeit nach der deutschen Vereinigung Werte wie Selbständigkeit und Solidarität als spannungsreiche Gegensätze diskutiert werden, wiederholt sich darin nur der alte Konflikt zwischen der Verfechtung des legitimen Eigeninteresses und der Verpflichtung auf das Gemeinwohl. Die Zielutopie der bürgerlichen Gesellschaft hatte beides stets aufeinander bezogen. Am Umgang mit diesen Problemen dürfte sich in den nächsten Jahren zeigen, ob B. in der Bundesrepublik mehr sein kann als ein imaginierter Rückgriff auf eine verklärte Vergangenheit. Die idealtypische Einheit des Bürgerbegriffs scheint jedenfalls an Attraktivität und Ausstrahlungskraft eher zu- als abzunehmen.

Manfred Hettling

Literatur:

Daheim, Hansjürgen 1960: Die Vorstellungen vom Mittelstand, in: KZfSS 12, S. 237-277.

Elias, Norbert 1989: Über die Deutschen, Machtkämpfe und Habitusentwicklung im 19. und 20. Jahrhundert, Frankfurt a.M.

Hradil, Stefan 1999: Soziale Ungleichheit in Deutschland, 7. Aufl., Opladen.

Lepsius, M. Rainer 1962: Zum Wandel der Gesellschaftsbilder in der Gegenwart, in: KZfSS 14, S. 449-458.

Mann, Thomas 1988 (1918): Betrachtungen eines Unpolitischen, Frankfurt a.M.

Plessner, Hellmuth 1974 (1959): Die verspätete Nation. Über die politische Verfügbarkeit bürgerlichen Geistes, Frankfurt a.M.

Schildt, Axel 1999: Ankunft im Westen. Ein Essay zur Erfolgsgeschichte der Bundesrepublik, Frankfurt a.M.

Siegrist, Hannes 1994: Ende der Bürgerlichkeit? Die Kategorien „Bürgertum“ und „Bürgerlichkeit“ in der westdeutschen Gesellschaft und Geschichtswissenschaft der Nachkriegsperiode, in: Geschichte und Gesellschaft 20, S. 549-83.

Wehler, Hans-Ulrich 1988: Geschichte und Zielutopie der deutschen „bürgerlichen Gesellschaft“, in: Wehler, Hans-Ulrich (Hrsg.): Aus der Geschichte lernen?, München, S. 241-55.

Wehler, Hans-Ulrich 1995 (1987): Deutsche Gesellschaftsgeschichte (3 Bde.), München.

CDU/CSU

→ *Bündnis 90/Die Grünen, Bürgertum, DDR, Eliten, Endogenität/Exogenität, FDP, Geschichtliche Phasen der BRD, Ideologie, Intellektuelle, Kirchen, Neue Bundesländer, Parteiensystem, PDS, Politische Bildung, Regierung/Regierungsmehrheit/Opposition, Religiosität, Soziale Marktwirtschaft, Soziale Sicherheit, Sozialstruktur, SPD, Verbände, Wahlen/Wähler.*

Vorgeschichte:

Seit der Reformation gehört der Gegensatz zwischen Protestanten und Katholiken zu den wichtigsten gesellschaftlichen Spaltungslinien in Deutschland. Mit der Gründung politischer Parteien im 19. Jhdt. nahm dieser Gegensatz eine parteipolitische Dimension an. Während das protestantische Lager sich nicht zu einer einheitlichen politischen Bewegung formierte, sondern den zahlreichen, beständig fluktuierenden liberalen und konservativen Gruppierungen zuneigte, war der katholische Bevölkerungsteil bereits im Paulskirchenparlament durch eine einheitliche Fraktion politisch repräsentiert. Diese fungierte als Keimzelle der 1871 auf der Reichsebene gebildeten Zentrumspartei. Bereits vor der Reichsgründung hatte die Minderheitenposition der Katholiken in Preußen die parteipolitische Formierung des Katholizismus beeinflußt, nach 1871 verstärkte der von Bismarck initiierte Kulturkampf gegen die katholische Kirche den Integrationsdruck. Der Versuch, den konfessionellen Konflikt durch Repression zu lösen, erwies sich als kontraproduktiv. Das Zentrum ging aus dem Kulturkampf konsolidiert hervor und arrangierte sich seit der Jahrhundertwende zunehmend mit dem preußisch-protestantisch geprägten Staat (→ Geschichtliche Phasen der BRD).

Während der Weimarer Republik dauerte die parteipolitische Spaltung des christlichen Lagers an und erhielt durch die Abspaltung der Bayrischen Volkspartei (BVP) von der Zentrumspartei eine neue Facette. Das Zentrum, das im Reichstag durchschnittlich über knapp 15 % der Mandate verfügte, erwies sich in den Jahren 1919 bis 1930 als stabilisierendes Element im → Parteiensystem. Auf Grund seiner programmatisch-ideologischen Positionen war es sowohl mit den Sozialdemokraten und den Linksliberalen als auch mit den rechten Parteien koalitionsfähig und demzufolge an allen demokratisch legitimierten Regierungen der Weimarer Republik beteiligt. Die bayrische Volkspartei wies im Vergleich mit dem Zentrum eine stärkere Affinität zum rechten Lager auf und unterstützte bei der für die spätere Entwicklung entscheidenden Wahl des Reichspräsidenten im Jahre 1925 mit Paul von Hindenburg den Kandidaten der antidemokratischen Rechten. Die im bürgerlichen Protestantismus verankerten Parteien, insbesondere die DNVP und die DVP, befanden sich von Anfang an in Distanz zur Weimarer Demokratie. Dieses ambivalente Verhältnis blieb selbst in Zeiten der Regierungsbeteiligung erhalten. Ohne die aktive Unterstützung der DNVP, die 1933 in eine von Hitler geführte Koalition mit der NSDAP eintrat, wäre die nationalsozialistische Machtergreifung wohl kaum so leicht möglich gewesen. Nach der Zerschlagung des Weimarer Parteiensystems durch die Nationalsozialisten entwickelte sich der christliche Widerstand gegen das NS-Regime zunächst nur zögerlich, intensivierte sich jedoch nach dem Ausbruch des Zweiten Weltkrieges und dem Bekanntwerden der Euthanasieprogramme. Eine Schlüsselrolle im christlichen Widerstand spielte der Kreisauer Kreis, in dem Katholiken und Protestanten aktiv waren und eine maßgebliche Rolle bei der Vorbereitung des Attentats auf Hitler am 20.7.1944 spielten. Die Erfahrung des gemeinsamen Widerstandes war von großer Bedeutung für die Bemühungen, nach dem Zusammenbruch des nationalsozialistischen Regimes die traditionelle parteipolitische Spaltung des christlichen Lagers zu überwinden und eine interkonfessionelle Sammlungspartei zu schaffen.

Nach dem Ende des Zweiten Weltkrieges entstanden in mehreren Städten und Regionen christlich-demokratische Gruppierungen, die zwar überwiegend von ehemaligen Zentrums- bzw. BVP-Politikern getragen wurden, aber von Anfang an auch Zulauf aus anderen politischen Lagern fanden. Eine besondere Rolle spielten in der Gründungsphase die Aktivitäten im Rheinland, in Berlin und in Bayern. In den Jahren zwischen der Lizensierung der Berliner CDU am 15.7.1945 und der Gründung der CDU-Bundespartei im Jahre 1950 blieb die Union eine stark dezentral organisierte politische Gruppierung, die sich an unterschiedliche Wählergruppen richtete und keine einheitlichen politischen Vorstellungen vertrat. Wie in der Weimarer Republik optierten die Christlich-Sozialen Bayerns für eine eigene, mit der CDU kooperierende, organisatorisch aber selbständige Partei. In Folge der deutschen Teilung konnte sich die Union lediglich in der alten Bundesrepublik frei betätigen, in der ehemaligen → DDR dauerte die Phase eines relativ freien Parteienwettbewerbs nur bis zum Jahre 1946. Nach ihrem Mißerfolg bei den Landtagswahlen 1946 betrieb die SED eine Gleichschaltung der übrigen politischen Parteien, unter anderem der CDU. Diese arbeitete seit 1949 in der Nationalen Front mit der SED zusammen und erfüllte bis zum Zusammenbruch der DDR die Aufgabe, die christlich orientierten Bevölkerungsgruppen in den sozialistischen Staat zu integrieren.

Wahlen und Position im Regierungssystem:
In Anknüpfung an die Beschlüsse der Potsdamer Konferenz, das politische Leben Deutschlands zu dezentralisieren und an demokratischen Prinzipien auszurichten, fanden in den westlichen Besatzungszonen bereits 1946 Landtagswahlen statt, aus denen die CDU und die CSU vor der → SPD als die stärkste politische Kraft hervorgingen. Während die christlich-demokratischen Parteien sich in den neu gebildeten Ländern zunächst noch relativ häufig für Koalitionen mit der SPD, teilweise sogar mit der SPD und der KPD, entschieden hatten, entwickelte sich im Frankfurter Wirtschaftsrat die Parteienkoalition, die für die ersten Jahre nach der Gründung der Bundesrepublik prägend werden sollte. Auf der Basis übereinstimmender wirtschaftspolitischer Vorstellungen arbeitete die CDU/CSU mit der → FDP und der DP zusammen. Die Bundestagswahl 1949 brachte der Union einen knappen Vorsprung vor der SPD und führte zur Übernahme der Regierung durch eine von CDU/CSU, FDP und DP gebildeten Parteienkoalition unter Bundeskanzler Adenauer. Mit der ein Jahr später erfolgten Gründung der Bundespartei übernahm Adenauer zugleich die Funktion des Parteivorsitzenden. Bis zum Gewinn der absoluten Mehrheit bei der Bundestagswahl 1957 gelang es der Union, sich als die dominierende Kraft im politischen Leben der Bundesrepublik zu etablieren. Mit Ausnahme der FDP absorbierte sie alle kleineren Parteien im rechten und mittleren Spektrum des Parteiensystems und war in der Lage, mit wechselnden Partnern die Regierung zu stellen. Allerdings waren die Jahre zwischen 1961 und 1969, insbesondere nach dem Rücktritt Adenauers als Kanzler und Parteivorsitzender, durch Führungskrisen und innerparteiliche Konflikte geprägt. Nach dem Zwischenspiel der Großen Koalition (1966-1969) mündete diese Phase schließlich in die Ablösung der Union als führende Regierungspartei ein. Während der bis zum erfolgreichen konstruktiven Mißtrauensvotum gegen Bundeskanzler Schmidt im November 1982 dauernden Phase bewegte sich der Stimmenanteil der Unionsparteien zwischen 44 und 48 %, wies aber keine kontinuierliche Entwicklungstendenz auf. Bei der Bundestagswahl 1983 erzielte die Union mit 48,6 % eines der besten Ergebnisse in ihrer Geschichte, mußte aber in allen folgenden Jahren Stimmeneinbußen

hinnehmen, die ihren bisherigen Kulminationspunkt mit der schweren Wahlniederlage bei der Bundestagswahl 1998 erreichten. In den fünfzehn Jahren zwischen 1983 und 1998 war der Stimmenanteil der CDU/CSU um 13,4 Prozentpunkte gesunken. Nur bei der ersten Bundestagswahl war das Ergebnis noch schlechter ausgefallen als 1998. Die politische Tragweite des Niederganges der Union war zunächst durch die scheinbaren Erfolge bei den gesamtdeutschen Bundestagswahlen 1990 und 1994 überlagert worden, die jedoch in erster Linie dem noch schwächeren Abschneiden der SPD zu verdanken waren. Seit der verlorenen Bundestagswahl hat sich die CDU, trotz einiger Erfolge bei Landtags- und Kommunalwahlen, noch nicht wieder konsolidiert.

Sozialstrukturelle Verankerung:
Seit dem 19. Jhdt. reflektiert das Parteiensystem der Bundesrepublik zwei grundlegende gesellschaftliche Spannungslinien, den konfessionell-religiösen und den sozio-ökonomischen Konflikt (Pappi 1977). Die erste Spaltungslinie trennt christlich-demokratische von laizistischen, die zweite bürgerliche von sozialdemokratischen und sozialistischen Parteien. Die CDU/CSU nimmt auf beiden Konfliktachsen eine klare Position ein: Sie fungiert im Parteiensystem der Bundesrepublik als die parteipolitische Repräsentanz des kirchengebundenen → Bürgertums. Die in den Anfangsjahren stark katholische Prägung hat sich bis heute gehalten, allerdings hat im Laufe der Zeit die Unterscheidung zwischen den kirchlich gebundenen und den laizistischen Wählergruppen eine größere Bedeutung gewonnen als die Unterscheidung zwischen Katholiken und Protestanten (→ Kirchen, Religiosität). Auf der sozio-ökonomischen Konfliktachse ist die Position der Unionsparteien nicht ganz so eindeutig zu bestimmen wie es auf der religiösen Trennungslinie der Fall ist. In Anknüpfung an die Zentrumstradition konnte die CDU/CSU, vor allem in den katholischen Landesteilen, stets einen relativ großen Teil der Arbeiterschaft an sich binden.

Im Laufe der Entwicklung der Bundesrepublik hat sich die soziale Komposition der Parteianhänger verändert. Mit dem ökonomischen Strukturwandel entwickelten sich die Angestellten und Beamten zur zahlenmäßig stärksten Beschäftigtengruppe, der Anteil der Arbeiter, der Selbständigen und der Landwirte dagegen nahm ab. Diese Entwicklungen fanden ihren Niederschlag in der Wählerschaft der CDU/CSU, in der heute die Angestellten und Beamten die weitaus stärkste Gruppe bilden. Die überproportionale Neigung der Selbständigen und Landwirte zur Union blieb zwar erhalten, jedoch machen diese Beschäftigtengruppen nur noch einen kleinen Teil der Unionswählerschaft aus. Nach der Vereinigung Deutschlands ergab sich zunächst eine vorübergehende Abweichung der Zusammensetzung der Unionswählerschaft vom bekannten Muster: Bei den Bundestagswahlen 1990 war die CDU in der Arbeiterschaft der neuen Länder die führende politische Kraft. Diese sozialstrukturelle (→ Sozialstruktur) Anomalie ist zwischenzeitlich verschwunden. Auch die Verortung der Union auf der religiösen Spaltungslinie ist mittlerweile weniger eindeutig als noch vor dreißig Jahren. Ungeachtet der fortbestehenden Überrepräsentanz der CDU/CSU in den kirchlich gebundenen Bevölkerungsgruppen finden sich in der Wählerschaft der Partei zahlreiche religiös nur schwach gebundene oder nichtreligiöse Personen. Dieser Trend hat sich nach dem Beitritt der fünf neuen Länder zur Bundesrepublik nochmals deutlich verstärkt. In der Zusammensetzung ihrer Wählerschaft und ihrer Mitglieder entspricht die CDU/CSU in den 90er Jahren wesentlich stärker dem Idealtyp einer Volkspartei als in ihrer Frühgeschichte. Dennoch sind die traditionell die Partei tragenden Wählerkoalitionen im Kern erhalten geblieben (Gluchowski/von Wilamowitz-Moellendorf 1997).

Ideologie/Programmatik:
Der Wandel in der Struktur der Wählerschaft, der sich in abgeschwächter Form auch bei den Mitgliedern feststellen läßt, blieb nicht folgenlos für die Programmatik der Partei und die von ihr vertretenen grundlegenden politischen Wertvorstellungen. Nach Pappi (1977) fand die sozialstrukturelle Ausdifferenzierung des deutschen Parteiensystems eine Entsprechung in gegensätzlichen politischen Wertvorstellungen. Pappi sah in der Union die Vertreterin religiös-traditionalistischer Werte. Zugleich diagnostizierte er eine Asymmetrie in der Wertbasis des deutschen Parteiensystems, weil zu der von der SPD propagierten gewerkschaftlichen Wirtschaftsideologie in der Bundesrepublik kein Gegenpol - in Form einer neoliberalen Wirtschaftsdoktrin - vorhanden sei (→ Ideologie). Das von den Parteien vertretene Werteprofil läßt sich auf verschiedene Weise ermitteln, z.B. durch eine Analyse der von den Anhängern, Funktionären oder Parlamentariern vertretenen Wertvorstellungen oder durch eine Analyse von Parteiprogrammen. Die mittels dieser Analysestrategien feststellbaren parteispezifischen Inhalte fallen nicht völlig übereinstimmend aus, lassen aber doch hinlänglich deutlich die für CDU/CSU typischen Vorstellungsmuster erkennen. Wie eine Analyse der von Anhängern verschiedener Parteien vertretenen Wertorientierungen zeigt, unterscheiden sich die ökonomischen Überzeugungen der Unionswähler nicht dramatisch von denen der FDP, sie stehen jedoch in einem relativ deutlichen Kontrast zu denen der linken Parteien. Erwartungsgemäß spielen bei diesen egalitär-etatistische Vorstellungen eine wesentlich größere Rolle als bei den Wählern der CDU/CSU oder der FDP. Dagegen setzt sich die Union im Hinblick auf religiöse Streitfragen sowie Themen der Neuen Politik von der FDP teils noch klarer ab als von der SPD. Verwendet man die Selbsteinstufung auf der Links-Rechts-Skala als Maßstab, dann handelt es sich bei der CDU/CSU um eine Partei der rechten Mitte (Jagodzinski/Kühnel 1997). Die in den Einstellungen der Wählerschaft erkennbaren Schwerpunkte zeigen sich noch deutlicher in den Parteiprogrammen, in denen die CDU/CSU auf den Feldern Freiheit, → Soziale Marktwirtschaft, sozialer Konservatismus und militärische Sicherheit mehr rechte als linke Inhalte vertritt. Lediglich die Unterstützung des Wohlfahrtstaates fällt aus diesem Muster heraus. In programmatischer Hinsicht hat

sich im deutschen Parteiensystem seit dem Beginn der 80er Jahre ein deutlicher Wandel vollzogen, da nicht mehr die SPD, sondern die → Grünen bzw. die → PDS sich am stärksten von der Union unterscheiden (Klingemann/Volkens 1997). Die These von einer „Sozialdemokratisierung" der Unionsparteien, insbesondere der CDU, findet in den verfügbaren Daten nur wenig Rückhalt.

Struktur:
Bezeichnenderweise übernahm die CDU/CSU im Jahre 1949 die Funktion einer Regierungspartei, noch bevor sich die CDU als Bundespartei konstituiert hatte. Die anfängliche Vernachlässigung der Parteiarbeit blieb bis in die 70er Jahre hinein bestimmend. Die CDU und die CSU präsentierten sich der Wissenschaft und dem Publikum als schlecht organisierte, mitglieder- und finanzschwache Honoratiorenpartei. Sie bezog ihr Selbstverständnis aus ihrer Funktion als Regierungspartei oder Kanzlerwahlverein. Parteitage liefen nach dem Muster eines Feldgottesdienstes ab. Mit dem Verlust der Regierungsfunktion setzte in der CDU eine intensive Reformdiskussion ein, die sich sowohl auf die Inhalte der Politik als auf Fragen der Parteiorganisation bezog. Die ersten Reformversuche wurden in der Amtszeit von Rainer Barzel als Parteivorsitzendem unternommen, allerdings verbindet sich die Umstrukturierung der CDU zu einer gut organisierten, flächendeckend operierenden und mitgliederstarken Partei mit den Namen Helmut Kohl sowie Kurt Biedenkopf und Heiner Geißler, die während der Reformperiode als Parteivorsitzende bzw. Generalsekretäre amtierten. In dieser Zeit bildeten sich in sämtlichen größeren Gemeinden CDU Orts- oder Kreisverbände, es wurde ein Netz hauptamtlich betriebener Kreisgeschäftsstellen geschaffen, und das Adenauer-Haus in Bonn entwickelte sich zu einer modernen und leistungsfähigen Parteizentrale. Die Verbesserung der Parteiorganisation war mit einem starken Mitgliederzuwachs verbunden. Zwischen 1960 und 1980 stieg die Mitgliederzahl der CDU von etwa 250.000 auf fast 700.000, seither ist ein Rückgang zu verzeichnen, der nur vorübergehend durch die Übernahme des Mitgliederbestandes der DDR-CDU unterbrochen wurde. Die organisatorische Schlagkraft der CSU, die heute als die effizienteste deutsche Partei gilt, war bereits kurz nach der Übernahme des Parteivorsitzes durch Franz-Josef Strauß deutlich verbessert worden. Zwischen 1960 und 1985 konnte die CSU ihre Mitgliederzahl fast verdreifachen und ist bisher als einzige deutsche Partei nicht vom Rückgang der Mitgliederzahlen betroffen (Haungs 1992).

Wie alle demokratischen Parteien in der Bundesrepublik ist die Union unterhalb der Bundesebene in Landes-, Bezirks-, Kreis- und Ortsverbände gegliedert, wobei die Kreisverbände als unterste, politisch selbständige Organisationseinheit mit Antragsrecht auf den Bundesparteitagen fungieren. Mit Ausnahme der Ortsebene, auf der die politische Willensbildung und Entscheidung häufig auf Mitgliederversammlungen stattfindet, bilden die nach dem Delegiertenprinzip bestellten Parteitage die formal wichtigsten Entscheidungsgremien. Faktisch allerdings beherrschen die Vorstände bzw. Präsidien das innerparteiliche Leben. Zwischen den

Vorständen der verschiedenen Organisationsebenen besteht eine enge personelle Verflechtung. Erwähnung verdient schließlich die formal relativ starke Position der Vereinigungen, denen die Aufgabe zugedacht ist, bestimmte Bevölkerungsgruppen (Frauen, Junge Menschen, Senioren, Arbeitnehmer) an die Union zu binden und die Interessen dieser Gruppen parteiintern zu vertreten.

Zukunftsperspektiven:
Bei der Bundestagswahl 1998 mußte die CDU/CSU die schwerste Niederlage in ihrer bisherigen Geschichte hinnehmen, und wie 1969 tat sie sich anfänglich schwer damit, die Rolle der Oppositionspartei sinnvoll auszufüllen. Auch wenn das Wechselspiel zwischen der Regierungs- und der Oppositionsfunktion zum demokratischen Alltag gehört, gibt die Entwicklung einiger christlich-demokratischer Parteien in Nachbarländern Deutschlands Anlaß dazu, die Frage nach der Zukunft der Partei nicht darauf zu verkürzen, wann der Wiedereintritt in die Regierung wahrscheinlich wird. Auf Grund gesellschaftlicher und politischer Veränderungen ist die Zukunft der Unionsparteien mit noch stärkeren Risiken behaftet als die der anderen deutschen Parteien. Der Übergang zu einer Dienstleistungsgesellschaft und der fortschreitende Säkularisierungsprozeß, der durch den Beitritt der fünf neuen Länder zur Bundesrepublik einen gewaltigen Schub erhielt, schwächen die Kernwählerschaft der Union. Erschwerend kommt hinzu, daß die CDU/CSU über wesentlich weniger koalitionspolitische Optionen verfügt als die SPD. Die Übernahme der Rolle der führenden Regierungspartei hängt von den Zukunftsaussichten und Koalitionspräferenzen der FDP oder von der Fähigkeit zum Gewinn absoluter Mehrheiten ab. Während der langen Regierungszeit entwickelte sich die CDU strukturell zum Kanzlerwahlverein zurück, der eklatante programmatische und personelle Schwächen aufweist. Die einstmals starke Stellung in den Bundesländern muß erst wieder aufgebaut werden, was insbesondere in Ostdeutschland wegen des Fehlens eines Koalitionspartners schwierig werden dürfte. Die Chancen, dauerhaft eine ernstzunehmende Alternative zur SPD zu bilden, hängen maßgeblich von der Fähigkeit zur personellen und programmatischen Erneuerung ab.

Oscar W. Gabriel

Literatur:
Buchhaas, Dorothee 1981: Die Volkspartei. Programmatische Entwicklung der CDU 1950-1973, Düsseldorf.

Gluchowski, Peter/von Wilamowitz-Moellendorf, Ulrich 1997: Sozialstrukturelle Grundlagen des Parteienwettbewerbs in der Bundesrepublik Deutschland, in: Gabriel, Oscar W./Niedermayer, Oskar/Stöss, Richard (Hrsg.): Parteiendemokratie in Deutschland, Opladen, S. 179-208.

Haungs, Peter 1992: Die CDU: Prototyp einer Volkspartei, in: Mintzel, Alf/Oberreuter, Heinrich (Hrsg.): Parteien in der Bundesrepublik Deutschland, 2. Aufl., Opladen, S. 172-216.

Jagodzinski, Wolfgang/Kühnel, Steffen 1997: Werte und Ideologien im Parteienwettbewerb, in: Gabriel, Oscar W./Niedermayer, Oskar/Stöss, Richard (Hrsg.): Parteiendemokratie in Deutschland, Opladen, S. 209-232.

Klingemann, Hans-Dieter/Volkens, Andrea 1997: Struktur und Entwicklung von Wahlprogrammen in der Bundesrepublik Deutschland 1949-1994, in: Gabriel, Oscar W./Niedermayer, Oskar/Stöss, Richard (Hrsg.): Parteiendemokratie in Deutschland, Opladen, S. 517-526.

Mintzel, Alf 1992: Die Christlich-Soziale Union in Bayern, in: Mintzel, Alf/Oberreuter, Heinrich (Hrsg.): Parteien in der Bundesrepublik Deutschland, 2. Aufl., Opladen, S. 217-265.

Pappi, Franz-Urban 1977: Sozialstruktur, gesellschaftliche Wertorientierungen und Wahlabsicht, in: Kaase, Max (Hrsg): Wahlsoziologie heute. Analysen aus Anlaß der Bundestagswahl 1976. Sonderheft 18 der Politischen Vierteljahresschrift, Opladen, S. 195-229.

Schmid, Josef 1999: Die CDU/CSU nach dem September 1998: Von der Wende zum Ende?, in: Niedermayer, Oskar (Hrsg): Die Parteien nach der Bundestagswahl 1998, Opladen, S. 63-82.

Schmidt, Ute 1994: Transformation einer Volkspartei. Die CDU im Prozeß der deutschen Vereinigung, in: Niedermayer, Oskar/Stöss, Richard (Hrsg): Parteien im Umbruch. Parteiensystem und Wählerverhalten in der ehemaligen DDR und den neuen Bundesländern, Opladen, S. 37-74.

DDR

→ *Arbeitslosigkeit, Armut, Autoritarismus, Außenbeziehungen: Selbstbild/Fremdbild, CDU/CSU, Eliten, Endogenität/Exogenität, Europa, Geschichtsbewußtsein, Gewerkschaften, Grundgesetz, Intellektuelle, Interpersonale Kommunikation, Konflikt/Konsens, Militär, Minderheiten/Randgruppen, Neue Bundesländer, Parlamentarismus, PDS, Parteiensystem, Politikberatung, Politische Bildung, Politische Sozialisation: Familie/Modernisierung/Ost-/Westdeutschland/Schule, Politische Traditionen, Rechtskultur, Religiosität, Soziale Sicherheit, SPD, Sozialstruktur, Sprache, Transition/Transformation, Vereine, Wahlen/Wähler, Wertewandel.*

Entwicklungslinien:

Der weltpolitische Rahmen seit 1945 von „Kaltem Krieg" und Entspannungspolitik bildete den historischen Hintergrund für die Versuche der DDR, auf die inneren Verhältnisse der Bundesrepublik Einfluß zu nehmen. Dabei oszillierten die DDR-Bemühungen zwischen dem weitgefaßten Ziel der frühen 50er Jahre, die DDR als Modell eines zukünftigen Gesamtdeutschland zu etablieren, und dem schmalen Grat von gleichzeitiger Entspannungs- und Abgrenzungspolitik zur Bundesrepublik in der Honecker-Ära. Nicht erst der offene Ausbruch des „Kalten Krieges" hatte zwei Jahre vor Gründung des ostdeutschen Staates die Chancen minimiert, im Westen Anhänger, Resonanz und Mobilisierungsfähigkeit für die Politik der SED zu gewinnen. Schon die zwangsweise Gründung dieser Partei im

April 1946, die sich schnell zur hegemonialen Staats- und zugleich zu einer von stalinistischen Strukturen geprägten Apparatpartei wandelte, polarisierte letztlich unüberbrückbar das sich wieder formierende politische Spektrum ganz Deutschlands. Eine Verständigung zwischen der SED und den von ihr abhängigen „Bündnispartnern" auf der einen und den nichtkommunistischen Kreisen des Westens auf der anderen Seite war nach 1946 auch in Grundfragen deutscher Politik nicht mehr möglich.

In der politischen Öffentlichkeit Westdeutschlands konnten die Ziele der SED und die Politik der DDR nie besondere orientierende und mobilisierende Kräfte entfalten; die „Partei der DDR in der Bundesrepublik" (Ernst Nolte) blieb selbst vor dem Verbot der KPD (1956), das eine weitgehend isolierte und einflußlose Gruppe traf, eine Randgröße. Die breite Ablehnung der „volksdemokratischen" Systeme im Osten → Europas und die Unbestimmtheit der Politiken eines „dritten Weges" beschleunigten die Akzeptanz von Westorientierung und der Werte parlamentarischer Mehrheitsdemokratie, allerdings auch vor dem Hintergrund des seit den frühen 50er Jahren sichtbaren wirtschaftlichen West-Ost-Gefälles. Angesichts der politischen und publizistischen Schärfe der Auseinandersetzung zwischen den beiden „Lagern" der Weltpolitik bildete sich in der Bundesrepublik ein Klima prinzipieller Intoleranz gegenüber den Kommunisten und ihren Bündnispartnern heraus, das auch in einer Reihe von politischen Prozessen mündete. Politische Beziehungen zur DDR waren weitgehend verfemt, bis in die 60er Jahre wurde ihre Existenz als Staat geleugnet, selbst ihr Name tabuisiert. Erst mit dem Amtsantritt der ersten sozialliberalen Bundesregierung (1969) wandelte sich das mit dem Übergang zur (zunächst von der DDR als „Aggression auf Filzlatschen" bekämpften) Entspannungspolitik. Die DDR-Führung bemühte sich in der Ära Honecker (ab 1971) die vollständige völkerrechtliche Anerkennung ihres Staates durchzusetzen, blieb damit jedoch erfolglos. Allerdings erreichte sie die grundsätzliche und dauerhafte Respektierung der Zweistaatlichkeit in Deutschland; Teile des linken und alternativen Spektrums erwogen in den 80er Jahren sogar einen Verzicht auf das Wiedervereinigungs-Gebot des → GG. Die Stabilität der innerdeutschen Beziehungen (und indirekt auch der DDR) hingegen galt allen großen Parteirichtungen der Bundesrepublik seit Mitte der 70er Jahre als wichtiges Ziel.

Neben beständigen Bemühungen der DDR-Führung, als gleichberechtigter (und letztlich als gleich legitimierter) Partner respektiert zu werden, trachtete sie auf wechselnden Ebenen und in wandelnden Formen auf die politische Willensbildung der Bundesrepublik einzuwirken. Neben Aufbau und Förderung einer legalen Partei (der DKP ab 1968) suchte sie auf dem Wege der „Bündnispolitik" nach wirkungsvollen Partnern, oft ohne selbst hervorzutreten. Der Appell an „nationale" Kräfte in den 50er Jahren war ebenso erfolglos wie die sich (bis 1959) beständig wiederholenden Angebote einer „Aktionseinheit" an die Sozialdemokratie (→ SPD). Danach rückten die → Gewerkschaften, später die Studentenbewegung, seit dem NATO-Doppelbeschluß 1979 die sich formierende Friedensbewegung in das

Zentrum ihrer politischen, organisatorischen und finanziellen Anstrengungen. Gemessen an den Ressourcen, die die DDR auf diesem Feld aufwandte, blieb der Erfolg bescheiden, wenn sie auch einigen Einfluß vor allem in den Gewerkschaften erringen konnte. Charakteristisch für diese Form der „Systemauseinandersetzung" war auch die bislang nur in Teilen erhellte Dimension der Untergrundarbeit. Über die „Westarbeit" des Ministeriums für Staatssicherheit (MfS) suchte die DDR nicht nur Informationen zu gewinnen, sondern Meinungsträger und Organisationen in der Bundesrepublik zu steuern. In den Jahren des wirtschaftlichen Niedergangs der DDR verlagerte sich dieser Schwerpunkt hin zur Wirtschaftsspionage. Die Existenz der DDR als SED-Parteidiktatur trug somit ungewollt zur Stabilisierung der politischen Ordnung des GG bei, freilich um den Preis eines um eine marxistisch-orthodoxe „Linke" verkleinerten Parteienspektrums (→ Parteiensystem).

Nachwirkungen:
Die DDR wirkt aus historischer Perspektive im vereinigten Deutschland auf verschiedenen Ebenen nach. Am sichtbarsten findet das (organisationsgeschichtlich) seinen Niederschlag in der Erweiterung des Parteienspektrums um die „Partei des Demokratischen Sozialismus" (→ PDS), die aus der DDR-Staatspartei SED hervorging. Die PDS, die 1998 bundesweit 5,1 und in den nB 21,6 % der Wählerstimmen auf sich vereinigen konnte, erhebt den Anspruch, das deutsche Parteienspektrum analog zu anderen westeuropäischen Ländern um eine marxistisch-sozialistische Linkspartei erweitert zu haben. Tatsächlich ist die PDS trotz aller Anstrengungen, sich in Westdeutschland zu etablieren, eine ostdeutsche Regionalpartei geblieben, zumal sie auch dort mit ihren Bemühungen, sich als Interessenvertretung der Ostdeutschen zu präsentieren, nicht erfolglos geblieben ist. Daher oszillierten die Bemühungen der Parteiführung mehrfach zwischen Versuchen, schlagkräftige westdeutsche Landesverbände aufzubauen, und der Konzentration auf von ihr definierte „ostdeutsche" Interessen.

Ähnlich heterogen ist die Basis der Partei: Das Gros der inzwischen weniger als 95 000 Mitglieder konzentriert sich in den nB. Frühere Mitarbeiter von Staat, Partei, → Militär und Geheimdienst, der Wirtschaftsführung und der „Massenorganisationen" mit ihren Familienangehörigen stellen den Kern der Mitglieder, während sich die Partei im Westen nur auf ein sehr weitmaschiges Netz von Anhängern früherer linkssektiererischer Gruppen und Parteien stützen kann. In den neuen Bundesländern verfügt die PDS über eine solide Verankerung in politischen Vorfeldorganisationen, wie der „Volkssolidarität", Mieterverbänden, Arbeitslosengruppen, aber zum Teil auch in den Gewerkschaften. Die Mitglieder und Wähler konzentrieren sich in Ost-Berlin und einigen früheren Verwaltungszentren vornehmlich im Norden der ehemaligen DDR. Die ungleich schwächeren westlichen Hochburgen decken sich nur zum Teil mit den Zentren der DKP vor 1990. Die Mitgliedschaft der Partei ist durchgängig überaltert; rund 5 % der heutigen Mitglieder traten der PDS nach 1990 bei. Dessen ungeachtet verfügen die Westdeutschen in den Führungsgremien der Partei sowie in der Bundestagsfraktion über einen überproportional großen Einfluß.

Zwar geriert sich die PDS gern als Interessenvertretung der „Vereinigungs-Verlierer", in besonderem Maße als die der früheren → Eliten der DDR. Gleichwohl zählt die Mitgliedschaft der Partei trotz des großen Rentneranteils zu den überdurchschnittlich Verdienenden. Nicht wenige der Parteiaktivisten haben nach 1990 erfolgreich neue Karrieren einschlagen können. Demgegenüber weicht die Sozial- und Einkommensstruktur der PDS-Wähler (→ Wahlen/Wähler) nur wenig vom ostdeutschen Durchschnitt ab. Die Partei hat sich damit nicht in besonderem Maße als Vertreterin von Sonderinteressen, etwa der Rentner, der Einkommensschwachen oder der Arbeitslosen (→ Arbeitslosigkeit) profilieren können, wie sie es in ihrer Wahlpropaganda beständig versuchte. Angesichts ihrer Verankerung im vorpolitischen Raum gelang es ihr bisher in weit höherem Maße als anderen Parteien, ihre Anhänger zu den Urnengängen zu mobilisieren. Das ungleiche Wählerreservoir in Ost und West birgt für die Zukunft beträchtliche Risiken für die parlamentarische Vertretung der PDS. Sie ist zwingend auf die Gewinnung neuer Anhängerschichten angewiesen. Nicht nur deswegen wechselt ihre Propaganda zwischen linkspopulistischen und linksfundamentalistischen Argumentations-Ebenen, zwischen Umwerben von Protestwählern und der Resonanz für eine marxistisch-sozialistische Grundsatzopposition. In Programmatik und Politik läßt die Partei seit der „Wende" 1990 eine ambivalente Haltung zu den Maximen des GG erkennen. Sie verhehlt nicht, daß ihr Bekenntnis zum → Parlamentarismus vorwiegend taktischer Natur sei, und daß sie der außerparlamentarischen Aktion den Vorzug gibt. Ebenfalls wandelte sich das Geschichtsbild der PDS vom Versprechen des Jahres 1990, mit Politik, Strukturen und Positionen des „Stalinismus" (der jedoch nie näher definiert wurde) radikal zu brechen, zu einer Position, die die DDR als „historische Alternative" gegenüber der Bundesrepublik als legitim darstellte. Das bedeutete zugleich eine partielle Rehabilitation der SED-Diktatur. Nicht zuletzt aus Kreisen der PDS mehren sich Stimmen nach einem „Schlußstrich" unter die Vergangenheit sowie einer Amnestie für politisch motivierte Straftaten in der DDR. Dem soll eine Amnesie zur Seite treten. Die PDS wehrte sich mit unterschiedlichen Argumentationen gegen politisch-historische Ansätze zur Aufarbeitung der DDR-Vergangenheit. Den Enquete-Kommissionen des 12. und 13. Deutschen Bundestages, die sich mit Geschichte und Folgen der DDR-Diktatur befaßten, unterstellte sie, ein verbindliches Geschichtsbild der „Herrschenden" zu entwerfen; der juristischen Aufarbeitung von DDR-Unrecht begegnete sie mit dem Verdikt der „Siegerjustiz". In der PDS zeigen sich Stimmen, die den „vormundschaftlichen" Versorgungs- und Überwachungsstaat DDR als plausible Alternative zur parlamentarischen Demokratie bezeichnen, da diese es nicht schaffe, Arbeitslosigkeit, Kriminalität, Ausländerfeindlichkeit und anderes wirksam zu bekämpfen. Auch damit scheint die PDS ihre Heimat mehr bei DDR-Nostalgikern zu definieren.

Über die parteipolitische Ebene hinaus wirkt die DDR vor allem auf der alltags-, erfahrungs- und mentalitätsgeschichtlichen Ebene fort. Die Menschen in der DDR waren während der Existenz dieses Staates trotz aller gegenlautenden Propaganda und aller „Abgrenzungspolitik" an der BRD orientiert. Diese, und nicht die Sowjetunion oder die „Bruderländer", lieferten die Maßstäbe nicht nur für Konsumorientierung, sondern weitgehend auch für politisches Denken. Daraus resultierte zugleich ein vielfach sichtbares Inferioritäts-Bewußtsein, zu dem sich häufiger Verweise auf das „härtere" Schicksal in der Vergangenheit gesellten. Von Ostdeutschen wurde gern angeführt, die weitaus größeren Lasten des Krieges getragen, weniger und schlechtere Ressourcen für den Wiederaufbau zur Verfügung gehabt zu haben, aber gleichwohl relativ erfolgreich gewesen zu sein. Das habe der überwiegende Teil der Westdeutschen nicht oder kaum honoriert. Aus dieser Wahrnehmung wurde häufig auf eine „Arroganz" der Westdeutschen sowie im wirtschaftlichen Bereich nach 1990 auf eine „Eroberer"-Mentalität geschlossen. Das weist auf zweierlei Befunde: Zum einen wurde (und wird heute noch) der politische, wirtschaftliche, ideologische und auch moralische Kollaps der DDR-Diktatur (selbst von Systemgegnern und politisch Indifferenten) als persönliches Schicksal und persönliche Betroffenheit erlebt und wahrgenommen. Vielfach stößt in diesem Zusammenhang auch die vergleichende Perspektive einer Analyse von zwei deutschen Diktaturen auf Ablehnung, weil sie beide (wie man fälschlicherweise unterstellte) gleichsetze. Zum anderen offenbaren nicht wenige Westdeutsche ein beträchtliches Ausmaß an Unkenntnis über die Lebensbedingungen, den Alltag sowie die politischen und sozialen Verhältnisse in der DDR. Ein großer Teil dessen, was in vielfältigen öffentlichen Diskussionen und in der Publizistik als Defizite der „inneren Einheit" Deutschlands analysiert (und beklagt) wird, dürfte auf diese Ursachen zurückzuführen sein. Die Kenntnisse über die jeweils andere Vergangenheit, die innen- und außenpolitischen Zwänge, die unterschiedlichen Möglichkeiten zur Selbsthilfe sind außerordentlich ungleich verteilt.

Der Nachlaß des DDR-Regimes auf mentalitätsgeschichtlicher Ebene dürfte ebenfalls noch länger sichtbar sein. Im Wertekanon der Ostdeutschen zählen unter anderem Faktoren wie → soziale Sicherheit, Fehlen von → Arbeitslosigkeit, Überschaubarkeit, Sicherheit und Planbarkeit des alltäglichen Lebens wesentlich höher als für die westdeutschen Bürger. So wird etwa das Schicksal von Arbeitslosigkeit ebenfalls nicht selten als persönliches Scheitern oder Versagen gedeutet. Auch die Erwartungshaltung an Institutionen und Behörden ist größer, die Bereitschaft zum (wirtschaftlichen) Risiko und zur Selbsthilfe geringer. Damit einher geht ein geringeres Zutrauen zu den Gremien und Verfahrensweisen des parlamentarischen Verfassungsstaates. Das weist aber auf eine Parallele zu Westdeutschland in den Nachkriegsjahren. Die Menschen in Ostdeutschland konnten zwar „über Nacht" zu Bundesbürgern werden, aber Mentalitäten, kollektive Verhaltensweisen und Denkformen verändern sich nur langsam, wie die historische Erfahrung zeigt. In der „alten" Bundesrepublik war der Wandel zudem von wirtschaftlichem Aufschwung und beginnender Prosperität begleitet. Die Angleichung der Lebensverhältnisse in Ost und West (zu der immerhin auch das GG verpflichtet) und der für einen Mentalitätswandel unverzichtbare Zeitrahmen sind geeignet, dieses Erbe der DDR auszugleichen. Dafür steht als Indiz die Annäherung der Daten für das subjektiven Wohlbefinden der Menschen in Ost- und Westdeutschland, die auf Ansätze einer dauerhaften Verbesserung der Lebens- und Arbeitsverhältnisse schließen läßt. Hingegen bleibt die Binnenwanderung von Ost nach West ein bedeutsames Problem. Insgesamt zeigen die beständigen Überlebenssorgen der PDS, das Scheitern aller Bemühungen, separate Interessenvertretungs-Organisationen der fünf neuen Länder ins Leben zu rufen und nicht zuletzt der nach wie vor außerordentlich hohe Grad der Akzeptanz der westdeutschen Parteien im Osten (trotz ihrer durchgängigen organisationspolitischen Schwächen) eine stabile Distanz zur DDR-Vergangenheit.

Werner Müller

Literatur:

Deutscher Bundestag (Hrsg.) 1999: Materialien der Enquete-Kommission „Überwindung der Folgen der SED-Diktatur im Prozeß der deutschen Einheit“, Baden-Baden.
Engler, Wolfgang 1999: Die Ostdeutschen. Kunde von einem verlorenen Land, Berlin.
Knabe, Hubertus 1999: Die unterwanderte Republik. Stasi im Westen, Berlin.
Nolte, Ernst 1985: Deutschland und der Kalte Krieg, 2. Aufl., Stuttgart.
Potthoff, Heinrich 1999: Im Schatten der Mauer. Deutschlandpolitik 1961-1990, Berlin.

Demokratie

→ Bündnis 90/Die Grünen, Bürgertum, Demokratische Persönlichkeit, Demoskopie, Eliten, Endogenität/Exogenität, Externe politische Effektivität, Frauen/Männer, Geschichtliche Phasen der BRD, Grundgesetz, Nation, Nationalsozialismus, Neue Bundesländer, Parlamentarismus, Parteiensystem, Politiker/Politische Klasse, Politikverdrossenheit, Politikverflechtung, Politische Beteiligung, Politische Bildung, Politische Sozialisation: Geschlecht/Geschlechterverhältnisse/Ost-/Westdeutschland, Politische Traditionen, Politische Unterstützung, Politisches Bewußtsein, Politisches Vertrauen, Regierung/Regierungsmehrheit/Opposition, Republikaner/DVU, Responsivität, Sozialkapital/Soziales Vertrauen, Soziale Gerechtigkeit, Soziale Sicherheit, Soziale Ungleichheit/Lebenslagen, Sozialer Wandel/Modernisierung, Sprache, Transition/Transformation, Verfassungsgerichtsbarkeit, Wahlen/Wähler, Wohlfahrtsstaat, Vereine, Verbände.

Begriff/Definition:

Demokratie (D.) bedeutet wörtlich übersetzt aus dem Griechischen Volksherrschaft. Das ist zwar ein klarer Gegensatz zur Alleinherrschaft eines Monarchen oder Tyrannen und auch zur Herrschaft einer Adelsgruppe (Aristokratie) oder einer

Clique (Oligarchie). Aber die Begriffe „Volk“ und „Herrschaft“ bleiben äußerst vieldeutig. Wer ist das Volk? Nur die männlichen Vollbürger wie bis in das 20. Jhdt.? Oder alle, auch die Kinder? Wie herrscht es? Direkt in der Voll(Volks-)versammlung? Mittels Plebiszit oder Referendum (als Volksabstimmung)? Oder durch gewählte Repräsentanten (Volksvertretung, Parlament (→ Parlamentarismus))? In der berühmten Gettysburg-Rede hat der amerikanische Präsident Abraham Lincoln 1863 die Formel geprägt, D. sei „government of the people, by the people, and for the people“. Man kann daraus die drei Grundprinzipien der D. ableiten: Erstens die Verankerung in der Volkssouveränität (Herrschaft des Volkes), zweitens das Verfahren weitgehender politischer Teilhabe der Bevölkerung (Herrschaft durch das Volk) und drittens das Ziel einer sozialen Verantwortung der Politik (Herrschaft für das Volk).

Fast die gleichen Prinzipien sind in der anderen genialen historischen Formel der Politik zu entdecken: Den „Tricolorewerten“ der französischen Revolution - Freiheit, Gleichheit, Brüderlichkeit. Freiheit ist die Mündigkeit des Einzelnen, die maximale Selbstverwirklichung gegenüber Staat und anderen Mächten; Gleichheit die Respektierung des gleichen Rechts der anderen auf Selbstverwirklichung, die Gleichheit vor dem Gesetz und die Gleichheit durch das Gesetz als universelles Gerechtigkeitsprinzip; Brüderlichkeit (heute korrekter Geschwisterlichkeit) als Prinzip der Solidarität und Mitmenschlichkeit - gegenüber dem unmittelbaren sozialen Umfeld über die Region und → Nation bis zur weltweiten Solidarität (→ Soziale Gerechtigkeit; Soziale Ungleichheit/Lebenslagen). D. kann man also vorläufig definieren als ein politisches System, das auf der Basis der Volkssouveränität weitgehende Partizipation (→ Politische Beteiligung) gewährleistet, Grund- und Menschenrechte respektiert und solidarische Gerechtigkeit anstrebt.

Forschungsgeschichte:
Die griechische Stadtgemeinde Athens im fünften Jhdt. vor Christus brachte uns nicht nur den Politikbegriff (polis), sondern auch das erste Modell einer D. und in der Folge auch die ersten D.-Theorien. Die Athener Polis war - zeitweilig - eine Versammlungs-D. aller männlichen Vollbürger (natürlich ohne Sklaven und Abhängige), die so auf Gleichheit bedacht waren, daß Ämtervergabe nach Losentscheid (Ostrakismus) und Ämterrotation vorgesehen waren. Aber das Idealmodell funktionierte nicht lange und war nicht hoch angesehen. Platon schätzte es wenig, und Aristoteles favorisierte eine gemischte Verfassung aus den „guten“ Herrschaftsformen Monarchie, Aristokratie und D. (die negativen Gegenbilder waren Tyrannis, Oligarchie und Ochlokratie). Der D.-Gedanke blieb nun lange Jhdt. verschüttet, in denen die göttlich abgeleitete Monarchie bis zum Absolutismus gesteigert wurde.

Dagegen hatte sich seit dem Mittelalter die Lehre von der Volkssouveränität aus zarten Anfängen bei Marsilius von Padua (1275-1342/43) gebildet. Herrschaftstechniklehren wie von Macchiavelli (1469-1527) und Verfassungstheorien wie bei Hobbes (1588-1679) lösten Politik und Herrschaft aus dem tradierten Gottesgnadentum. Locke (1632-1704) war einer der Begründer der Gewaltenteilungslehre, diese wurde von Montesquieu fortgeführt. Bei Rousseau (1712-1778) wurde die Volkssouveränitätslehre reanimiert und radikalisiert. Er griff zurück auf das Idealbild direkter, unmittelbarer D., die allein die volonté générale ermögliche. Französische Revolution, amerikanische Unabhängigkeitserklärung und US-Verfassung sowie die weitere Parlamentarisierung Großbritanniens brachten auf der Schwelle vom 18. zum 19. Jhdt. den Durchbruch zur modernen D. in aller ihrer Vielfalt, die sie bis heute auszeichnet.

Grundprobleme:
1. Volkssouveränität: Trotz der längeren Vorgeschichte findet sich erst im amerikanischen Unabhängigkeitskrieg 1776 noch vor der Französischen Revolution das erste Verfassungsdokument mit der Deklaration: „Alle Macht kommt dem Volke zu und wird demgemäß von ihm hergeleitet". Heute, fast 230 Jahre später, ist diese klassische Legitimation der politischen Macht und Herrschaft Gemeingut nahezu aller Verfassungen. So postuliert auch das → GG (GG, Art. 20): „Alle Staatsgewalt geht vom Volke aus". Und es geht weiter: „Sie wird vom Volke in → Wahlen und Abstimmungen und durch besondere Organe der Gesetzgebung, der vollziehenden Gewalt und der Rechtsprechung ausgeübt".

Volkssouveränität heißt, daß alle Macht letztlich auf den Willen des Volkes zurückgeführt wird, daß grundsätzlich das Prinzip der Willensbildung von unten nach oben gilt. Das heißt allerdings nicht, daß das Volk unmittelbar herrscht. Ursprünglich zielte Volkssouveränität zwar auf die möglichst weitgehende Identität von Regierenden und Regierten. Dauerhaft wurde diese direkte oder unmittelbare D. selten verwirklicht, so z.B. früher an der amerikanischen Ostküste (New England town meeting) oder bis heute in kleinen Schweizer Kantonen und Gemeinden. Dies sind aber eher Ausnahmen. Einigkeit herrscht allerdings noch, daß die verfassungsgebende Gewalt möglichst direkt beim Volk liegen soll. Dem hat sich allerdings weder das deutsche GG von 1949, noch die renovierte Verfassung ab 1990 unterworfen. Die praktische Ausfüllung der Volkssouveränität geschieht auf zwei Wegen: Durch Formen direkter Volksgesetzgebung und zweitens durch die Übertragung der Macht an die Volksvertreter (→ Politiker/Politische Klasse).

2. Repräsentation: Praktisch alle Staaten, die sich heute als D. bezeichnen, nutzen als wichtigsten Vermittler der Volkssouveränität die Delegation der Macht an Volksvertreter. Die Repräsentation des Volkes durch frei gewählte Abgeordnete gilt deshalb vielen als Hauptkriterium der D., die Repräsentativverfassung als demokratisch schlechthin. Das ist allerdings eine zu enge Sicht. Direktd. Elemente sind immer eine mehr oder weniger ausgebaute Ergänzung der Repräsentation gewesen. Die Delegation von Volksvertretern kann ganz verschieden erfolgen. Erstens durch klare und begrenzte Beauftragung des Abgeordneten als dem politischen Vertreter des Wählers. Der Auftrag kann auch zurückgezogen oder mit

Weisungen verbunden werden. Dies kennzeichnet das *imperative* (gebundene) *Mandat*, das in vorliberalen Ständestaaten existierte. Zweitens erfolgt seit dem frühen Liberalismus die Delegation von Volksvertretern durch Repräsentation im engeren Sinne, das heißt durch das *freie Mandat* der Abgeordneten, das nur durch die Zeit der Wahlperiode begrenzt wird. So sagt das GG über die Abgeordneten: „Sie sind Vertreter des ganzen Volkes, an Aufträge und Weisungen nicht gebunden und nur ihrem Gewissen unterworfen" (Art. 38 I GG). Damit wird die Souveränität des Volkes an die Volksvertretung insgesamt, an das Parlament übertragen.

3. Gewaltenteilung: Das Schulprinzip der Teilung der Gewalten, das in dem oben zitierten Art. 20 des GG noch durchscheint, nämlich in Exekutive, Legislative und Jurisdiktion, ist in der heutigen parlamentarischen D. transformiert worden. Es herrscht hier eine funktionale Trennung in parlamentarische Regierungsmehrheit auf der einen und Opposition (→ Regierung/Regierungsmehrheit/Opposition) auf der anderen Seite. Exekutive und Legislative stehen sich insofern im Parlament unmittelbar gegenüber. Die Judikative bleibt, unter Kontrolle der Exekutive sowie des Parlamentes, unabhängig. Falls eine → Verfassungsgerichtsbarkeit existiert, wie mit dem BVerfG in Deutschland, können allerdings sogar ordnungsgemäß ergangene Mehrheitsentscheidungen der Volksvertretung kassiert werden. Dies wäre nach der parlamentarischen Souveränitätsverfassung in Großbritannien undenkbar.

4. Partizipation: Das wichtigste Mittel, um der Volkssouveränität durch Volksvertretungen Geltung zu verschaffen, ist die Wahl. Das allgemeine, gleiche, freie, direkte und geheime Wahlrecht ist deshalb eine Grundvoraussetzung jeder D. Das Wahlrecht ist deshalb ein notwendiges, aber sicherlich kein ausreichendes Definitionsmerkmal der D. Die D. wurde häufig einseitig als Herrschaft der Mehrheit bezeichnet. Tatsächlich ist aber das Majoritätsprinzip nur ein Hilfsmittel der Entscheidungsfindung und der Geltung der politischen Gleichheit der Staatsbürger als Trägern der Volkssouveränität. In der aktuellen Politik existieren demgegenüber höchst vielfältige Entscheidungsregeln, einfache Mehrheiten, qualifizierte Mehrheiten, Konsensentscheidungen oder Vetorechte.

Die Frage des geeigneten Wahlrechts führt bis heute zu erbitterten Kontroversen. Das Verhältniswahlrecht erreicht mehr Chancengleichheit pro Wählerstimme, da alle, auch kleine Parteien, an der proportionalen Vertretung der Stimmen auf die Mandate teilnehmen. Die Mehrheitswahl bewirkt dagegen durch die Vergaben des jeweiligen Mandats im Wahlkreis an den Kandidat mit den meisten Stimmen eine Konzentration auf die größeren und auf die regional konzentrierten Parteien. Sie verstärkt damit in der Regel Regierungsmehrheiten, sorgt aber auch für größere Unberechenbarkeiten des Wahlergebnisses. Die deutsche „personalisierte Verhältniswahl" mit 5 %-Sperrklausel gegen kleine Parteien versucht einen Mittelweg, wenn auch eindeutig mehr auf Seiten der Verhältniswahl (von Alemann 1978).

5. Grund- und Menschenrechte: Die Unabänderlichkeit der Grundrechte ist eine wesentliche Errungenschaft des Bonner GG. In der Weimarer Reichsverfassung konnten Grundrechte durch qualifizierte Mehrheiten suspendiert werden, wie die

Nationalsozialisten mit ihre Ermächtigungsgesetzen demonstrierten (→ Geschichtliche Phasen der BRD, Nationalsozialismus). In den letzten Jahrzehnten ist die Bedeutung der Menschenrechte kontinuierlich angestiegen. Sie beschränken auch die Mehrheitsherrschaft. Keine qualifizierte Mehrheit kann Grund- und Menschenrechte suspendieren. Damit ist auch das methodische Prinzip der D. auf eine inhaltliche Grundlage gestellt worden.

Modelle:
Die Wirklichkeit kennt unendlich viele Mischformen der D. Hier sollen vier Modelle eher idealtypisch unterschieden werden: parlamentarische, präsidentielle, direkte und autoritäre D. (Schmidt 1995).

Mutter der *parlamentarischen* D. ist Großbritannien mit seinem Unterhaus, in dem die Volksouveränität so streng gebündelt ist, daß daneben (bisher) keine Föderalparlamente (jetzt Ausnahmen in Schottland und Wales) oder auch ein Verfassungsgericht möglich sind. Es gibt nicht einmal eine schriftlich niedergelegte Verfassung. Denn alles könnte die absolute Suprematie des Parlamentes beeinträchtigen. Allerdings wird diese durch eine beträchtliche Machtfülle des Prime Minister konterkariert, so daß im politischen Alltag von der Allmacht des britischen Parlamentes nicht viel übrig bleibt. Das deutsche parlamentarische Modell der D. ist ähnlich angelegt wie das britische, auch hier gibt es einen relativ starken Bundeskanzler (Kanzler), wenn auch der Begriff „Kanzler-D.“, unter Konrad Adenauer geprägt, die Verfassungswirklichkeit nicht trifft. Denn Zwänge der Koalitionsvereinbarungen, Gegenwichte im Kabinett, im Parlament, im Bundestag und im Bundesrat vermindern die Macht des deutschen Kanzlers im Vergleich zum britischen Prime Minister.

Im Prototyp der *präsidentiellen D.*, in den USA, geht es ähnlich paradox zu wie in Großbritannien. Zwar kommt dem vom Volke (fast) direkt gewählten Präsidenten eine große Machtfülle zu, er bestimmt die Innen- und mehr noch die Außenpolitik, es gibt kein starkes Kabinett mit einem Eigenleben, sondern seine Minister sind eigentlich nur „Staatssekretäre“. Aber trotzdem sind die zwei Häuser des Kongresses - der Senat, in den aus jedem Bundesland zwei Senatoren gewählt werden, und das Repräsentantenhaus, in das proportional zur Bevölkerungszahl die Abgeordneten gewählt werden - dem Präsidenten nicht ausgeliefert. Gesetzgebung, Haushalt und auch die Benennung hoher Beamter, alles muß der Präsident vom Kongress genehmigen lassen. In vielen jungen D. in Osteuropa werden Varianten des präsidentiellen D.-Modells erprobt.

Als *direktdemokratisches Modell* wird oft die Schweiz genannt, weil dort eine überaus ausgebaute Referendumsd. existiert, wo sogar Verfassungsänderungen obligatorisch dem Volk vorgelegt werden müssen. Aber auch hier regiert das Paradox, denn mit Rousseaus volonté générale oder mit rätedemokratischer Romantik hat das Schweizer Modell wenig zu tun. Interessenpolitik der vielen → Verbände und pressure groups regieren die Referenda und die „Vernehmlassung" (Hearings bei Parlament und Regierung) - ein durch und durch konservatives Land.

Schließlich kann man als viertes Modell Formen der *autoritären D.* betrachten. In gewisser Weise ist der gesamte Rest der Welt, der nicht unter die drei ersten Typen fällt, hier einzuordnen. Denn D. ist ein so ubiquitäres Idealbild geworden, daß auch autoritäre Systeme sich nicht offen dagegen aussprechen, mit Ausnahme einiger radikal fundamentalistischer Staatsgebilde. Autoritäre D. haben meist eine schwache Volksvertretung und eine starke Staatsführung, oft einen Präsidenten, der akklamatorisch gewählt wurde und mit populistischen oder chauvinistischen Aktivitäten die Bevölkerung auf seine Seite zu bringen trachtet. Für Freiheit, Gleichheit, Brüderlichkeit, für die Herrschaft des Volkes und durch das Volk, bleibt hier wenig Raum, höchstens noch die Rechtfertigung, es ginge doch um die Herrschaft *für* das Volk, das selbst nicht demokratisch reif sei.

Theorien:
Natürlich existiert eine unüberschaubare Vielfalt von D.-Theorien in Geschichte und Gegenwart von Politik und Politikwissenschaft. Dazu gehört auch die Diskussion über die bereits vorgestellten Modelle. Aus der jüngeren wissenschaftlichen Debatte kann man zwei Stränge bündeln: Die rationale oder ökonomische Theorie der D. und die Konkordanz-D. Schumpeter (1972) und Downs (1968) sind die Begründer einer rationalen, *ökonomischen* Betrachtung der D., die von allen großen Werten und menschheitsbeglückenden Mythen zu entkleiden sei, da sie nur eine rationale Entscheidungsmethode beinhaltet: „Die demokratische Methode ist diejenige Ordnung der Institutionen zur Erreichung politischer Entscheidungen, bei welcher einzelne die Entscheidungsbefugnis vermittels eines Konkurrenzkampfes um die Stimmen des Volkes erwerben" (Schumpeter 1972: 428). Damit wird gleichzeitig die Theorie der *Konkurrenz-D.* begründet, denn der Wettbewerb im idealtypischen Zweiparteiensystem bestimmt die ökonomische D.-Theorie sowie auch die Theorie demokratischer Elitenherrschaft. Denn die Bürger delegieren die Politik an die wechselweise gewählten (Funktions-)→ Eliten.

Downs entwickelt diese Grundgedanken in seiner ökonomischen Theorie der D. weiter zu einem Modell rationalen Handelns des einzelnen unter der Prämisse der Nutzenmaximierung. Diese *rational choice* Theorie bestimmt bis heute weite Teile der Sozialwissenschaften. Zu diesem Strang der rationalen, ökonomischen Elitenkonkurrenz gehört auch die Theorie der Mehrheits-D. als Grundlage der Entscheidungsbildung. Die *kritische* Theorie der D. hat ausgiebig die autoritären, oligopolistischen und minderheitsfeindlichen Verkürzungen dieser Ansätze auseinandergepflückt, ohne aber eine kohärente Alternative aufbauen zu können (Bachrach 1970, interessante neue Versuche z.B. bei Bobbio 1988).

Die klarste Gegenposition zur Konkurrenz- und ökonomischen Theorie der D. wurde mit der *Konkordanz-*, Proporz- oder Konsens-D. gebildet, von Lijphart (1984) auch als politics of accomodation oder „consociational democracy" bezeichnet. Gerade Gesellschaften mit ursprünglich starker Segmentierung (der Religion: Niederlande; der → Sprache: Schweiz) sowie föderale Staaten (Deutschland, Österreich) entwickelten historisch tief verwurzelte Muster des Ausgleichs, des Proporzes, der Konzertierung oder des Korporatismus, um die gesellschaftlichen Blöcke, Lager oder Säulen zumindest an der Spitze kompromiß- und entscheidungsfähig zu machen. Hier spielt die pK und deren Erforschung jeweils eine eminent wichtige Rolle, denn der soziopolitische Zusammenhalt dieser Gesellschaften kann nicht durch Wahlanalysen, Entscheidungstheorien oder Institutionenkunde allein erklärt werden.

Methoden:
Die klassische D.-Analyse von Aristoteles bis in die junge deutsche Politikwissenschaft in den 50er Jahren, z.B. bei Fraenkel, war verfassungstheoretisch, institutionenorientiert und normativ fundiert. Die seit den 20er Jahren von den USA ausgehende empirische Forschung von politischen Einstellungen und Verhalten bildete auch die Basis für frühe vergleichende pKf wie den Klassiker „Civic Culture" von Almond und Verba. Dahl (1971) war einer der Begründer für die vergleichende empirische Messung von demokratischen Staatsverfassungen (später besonders Vanhanen 1990). In den letzten Jahrzehnten ist durch den Zusammenbruch der osteuropäischen Autokratien die Transformationsforschung stark befördert worden. Hierzu gehören natürlich auch zahlreiche Studien zur → Transition der DDR zu einer bundesdeutschen D. (anstatt vieler Greiffenhagen/Greiffenhagen 1993).

Ergebnisse und offene Fragen:
Politik und D. sind nicht auf eine geeignete Verfassung zu begrenzen. Die Verfaßtheit der Gesellschaft ist eine weitere notwendige Bedingung für den Erfolg einer D. Hier hat die pKf ein weites Forschungsfeld. Dabei gibt es keinen Königsweg. Konkurrenz-D. wie in Großbritannien oder Konkordanz-D. wie in den Niederlanden, der Schweiz oder ansatzweise auch in Deutschland können gleichermaßen gut funktionieren. Mit dem Ende des kalten Krieges 1990 ist sicher nicht der Sieg eines D.-Modells verknüpft. D. ist mehr ein Prozeß als eine Verfassung.

Viele Fragen bleiben offen: Wie wird D. im deutschen Alltag von Ost und West sich akkomodieren? Welches D.-Modell wird Europa, wenn es sich weiter nach Osten ausdehnt, annehmen? Wie sieht die Zukunft der D. in den Entwicklungsländern aus, aber auch überall anderswo angesichts ethnischer und religiöser Fundamentalismen? Gibt es einen spezifisch asiatischen Weg zur D.? Ist die herkömmliche D. ein männerzentriertes Modell? D. und Erweiterung der Partizipation für wirklich alle Bürger bleiben deshalb zur Verwirklichung von Freiheit, Gerechtigkeit und Solidarität weiter der Politik und der Wissenschaft aufgegeben.

Ulrich von Alemann

Literatur:

Alemann, Ulrich von (Hrsg.) 1978: Partizipation. Demokratisierung. Mitbestimmung, Opladen.

Bachrach, Peter 1970: Die Theorie demokratischer Elitenherrschaft, Frankfurt a.M.

Bobbio, Noberto 1988: Die Zukunft der Demokratie, Berlin.

Dahl, Robert A. 1971: Polyarchy. Participation and Opposition, New Haven/London.

Downs, Anthony 1968: Ökonomische Theorie der Demokratie, Tübingen.

Greiffenhagen, Martin/Greiffenhagen, Sylvia 1993: Ein schwieriges Vaterland. Zur politischen Kultur im vereinigten Deutschland, München/Leipzig.

Lijphart, Arend 1984: Democracies, New Haven/London.

Schmidt, Manfred G. 1995: Demokratietheorien. Eine Einführung, Opladen.

Schumpeter, Joseph 1972: Kapitalismus, Sozialismus und Demokratie, München.

Vanhanen, Tatu 1990: The Process of Democratization. A Comparative Study of 147 States 1980-1988, New York.

Waschkuhn, Arno 1998: Demokratietheorie. München.

Demokratische Persönlichkeit

→ Anomie/Entfremdung, Autoritarismus, Bildung, Demokratie, Extremismus, Identität, Massenmedien, Milieus/Lebensstile, Neue Bundesländer, Politiker/Politische Klasse, Politische Beteiligung, Politische Kompetenz, Politische Sozialisation, Politische Sozialisation: Familie/Gleichaltrigengruppe/Schule/Soziale Schicht, Politische Bildung, Politische Toleranz, Politisches Bewußtsein, Rechtsstaat, Sozialkapital/Soziales Vertrauen, Sozialstruktur, Wertewandel.

Begriffsgeschichte/Definition:

Die Vorstellung, daß es zwischen der seelischen Verfassung von Staatsbürgern und der politischen Verfassung eines Gemeinwesens bestimmte Entsprechungen gibt, gehört zu den zentralen Annahmen bereits der klassischen politischen Philosophie, insbesondere Platons. In der Neuzeit wurde dieser Gedanke von unterschiedlichen sozialwissenschaftlichen Richtungen wiederaufgenommen, so der „Völkerpsychologie" (u.a. Wundt, Hellpach) und der „Nationalcharakterforschung" (z.B. Benedict, Gorer). Viele dieser Arbeiten waren von nationalistischen und z.T. rassistischen Vorurteilen geprägt und verallgemeinerten einige wenige zentrale Aspekte, z.B. frühkindliche Erfahrungen im psychoanalytischen Sinne, für ganze Gesellschaften. Erst zu einem späteren Zeitpunkt (z.B. bei Inkeles und Levinson) wurde die gesamte Reichweite möglicher Sozialisationserfahrungen (→ pS) für die → politische Bildung in Betracht gezogen und versucht, mehrere im statistischen Sinne „modale", also jeweils mit besonderer Häufigkeit auftretende Persönlichkeitsmuster in ihrer gesamtgesellschaftlichen Verteilung zu erfassen.

Einen anderen Weg hatte die politische Psychologie eingeschlagen, die vor allem nach dem II. Weltkrieg in den USA entwickelt wurde. Als Pionierstudie ragt hier die Untersuchung über die „autoritäre Persönlichkeit" (→ Autoritarismus) von Adorno, Frenkel-Brunswick, Levinson u. Sanford (1950) heraus. Mit Hilfe von breit angelegter Umfrageforschung und unter Verwendung von sorgfältig konstruierten und validierten sozialpsychologischen „Skalen", u.a. der bekannten „F" (für latent faschistoide Einstellungen)-Skala, versuchten sie zum ersten Mal, auch zu quantifizierbaren Aussagen über Entstehung und Verbreitung bestimmter Persönlichkeitsmuster zu kommen. Trotz einiger methodischer und z.T. auch konzeptioneller Mängel wurde diese Studie zum Vorbild aller weiteren Untersuchungen dieser Art. Zumindest als Kontrast zur „autoritären" trat nun auch das Interesse an den Eigenschaften einer demokratischen Persönlichkeit (dP) stärker in den Vordergrund.

Dimensionen.
Die Vielschichtigkeit eines solchen Konzeptes wurde jedoch schnell deutlich. Dies war angesichts eines nicht unumstrittenen Persönlichkeitsbegriffes einerseits und der Vielfalt unterschiedlich begründeter „normativer" und „empirischer" Demokratietheorien andererseits auch nicht verwunderlich. Unter der Fülle der von Psychologen unterschiedlicher Ausrichtung entwickelten Definitionen von Persönlichkeit (P.) zählt diejenige von Allport zu den am meisten akzeptierten: „Persönlichkeit ist die dynamische Organisation derjenigen psycho-physischen Systeme innerhalb eines Individuums, die seine charakteristischen Verhaltensmuster, Gedanken und Gefühle bestimmen" (1961, Übersetzung des Verf.). Die *inhaltlichen Komponenten* einer P. umfassen, insoweit besteht weitgehend Einigkeit in der einschlägigen Literatur, u.a. Strukturen, die kognitive Aspekte der äußeren Realität selektiv erfassen, die emotionale Empfindungen ausdrücken und die Identifikationen des Selbst mit anderen herstellen. Über die Reichweite der Tiefendimension einer solchen P., die von grundlegenden Formen der inneren Konfliktbewältigung des Ego bis zu einer Vielzahl näher an der „Oberfläche" angesiedelter psychischer Dispositionen und sozialer Einstellungen reichen kann, besteht jedoch nicht immer Konsens. Das konkrete Verhalten einer Person wird dann immer durch ein komplexes Zusammenwirken innerer psychologischer und äußerer durch die soziale Umwelt bedingter Faktoren bestimmt (Stone/Schaffner 1988).

Noch problematischer wird es, wenn innerhalb dieses relativ grob umrissenen Bereichs der P. nun noch spezifisch „demokratische" Charakteristika angegeben werden sollen. Auch hierfür ist die Zahl der unternommenen Definitionsversuche, die bis in die Antike zurückreichen, Legion. Der in der Neuzeit bedeutsamste Versuch dieser Art stammt von Lasswell. Er hebt vor allem vier Aspekte hervor, die eine dP kennzeichnen (Lasswell 1951): 1. ein „offenes" im Gegensatz zu einem „geschlossenen" Ego, d.h. auch die Fähigkeit, mit einem potentiell erweiterungsfähigen Personenkreis intensive Bindungen einzugehen; 2. ein eine Pluralität von Werten umfassendes Wertbild, ohne einen einzelnen auf Kosten aller anderen absolut zu setzen; 3. ein grundlegendes Vertrauen den jeweiligen Mitbürgern gegenüber und 4. eine insgesamt relativ ausgewogene psychische Struktur, in der nicht einzelne Elemente wie das Id oder das Superego stark dominieren und zu durch starke Ängste oder Aggressionen gekennzeichnetem Verhalten führen. Auch diese Elemente sind offensichtlich interdependent und bleiben z.T. vage. Ihre nähere Bestimmung in emp. Studien hängt daher entscheidend von der jeweiligen Operationalisierung ab. Sozialwissenschaftliche Untersuchungen setzen dabei vorwiegend auf der „aggregierten" Ebene großer Bevölkerungsteile und Gruppen an, wenn auch typologische Versuche und individuelle Psycho-Biographien, vor allem bedeutender → Politiker, hierzu ebenfalls in einer gewissen Wechselbeziehung stehen (Greenstein 1975).

Methoden:
Wichtigstes Instrument für die Erfassung von dP-Charakteristika auf breiter quantifizierbarer Grundlage ist heute die Umfrageforschung. Die Auswahlmethoden, Befragungstechniken, statistischen Analyseverfahren und die Möglichkeit der Bearbeitung großer Datenmengen durch elektronische Rechenanlagen haben in den letzten Jahrzehnten enorme Fortschritte gemacht. Dabei ist allerdings nicht zu verkennen, daß derartige Befragungen am ehesten Aspekte im kognitiven Bereich, also bei reinen Wissensfragen, und auch noch auf der „mittleren" Ebene sozialer und politischer Einstellungen erfassen können, bei „tiefer" angelegten dP-Charakteristika jedoch auf erhebliche Schwierigkeiten stoßen. Erst eigentlich „klinische" Interviews durch auch psychoanalytisch geschulte Befrager können hier weiterhelfen. Diese wiederum sind jedoch, von ihrer „offenen" und auch sehr zeitraubenden Natur her, relativ schwer standardisierbar und quantifizierbar und damit auf „Massenbasis" kaum durchzuführen.

Einen Ausweg aus diesem Dilemma suchte man durch die Konstruktion sozialpsychologischer „*Skalen*", wie auch der erwähnten „F"-Skala, also standardisierter Befragungsinstrumente, deren Zusammensetzung und innere Struktur über den oberflächlichen Inhalt jeder Einzelfrage hinaus auch tieferliegende P.-Charakteristika erfassen sollen. Neben z.T. behebbaren technischen Mängeln solcher Skalen, wie auch dem „response set" u.a. (zur methodischen Kritik an der F-Skala und anderen Aspekten der autoritären P. vgl. z.B. die Arbeiten von Christie/Jahoda und Kirscht/Dillehay), stellt sich vor allem das Problem ihrer Validität, also der tatsächlichen Erfassung der mit ihrer Hilfe zu erschließenden tiefenpsychologischen Dimensionen. Gerade in dieser Hinsicht bleiben die bisher entwickelten Instrumente unbefriedigend. Darüber hinaus sind solche Skalen in einem erheblichen Maße immer auch raum- und zeitgebunden. Ihre Anwendung in einem anderen sozialen oder historischen Kontext erfordert daher streng genommen immer eine erneute Validierung und, soweit notwendig, Modifizierung. Damit werden aber auch die Möglichkeiten der interkulturellen und historischen Vergleichbarkeit entscheidend eingeschränkt. Für die Überwindung dieses grundsätzlichen Problems gibt es kein Patentrezept. Auf forschungspragmatische Weise sind im konkreten

Fall sicher jeweils gewisse Annäherungen möglich. Dieses grundsätzliche methodische Dilemma beschränkt jedoch auch die Möglichkeit der quantitativen vergleichenden Erfassung von dP in erheblichem Maße.

Ergebnisse:
Die konzeptionellen und methodischen Vorbehalte und Einschränkungen gegenüber dem Konstrukt der dP spiegeln sich in den bisher vorliegenden Untersuchungsergebnissen wider. Wie erwähnt, wurden dabei die empirischen Erhebungen zu dieser Problematik vor allem durch die Studie von Adorno u. a. geprägt. Neben politisch „rechts"-orientierten autoritären P. wurde bald auch versucht, „links"-orientierte autoritäre P., wie sie z.B. auch durch die Dogmatismus-Skala Rokeachs oder die „toughmindedness"-Skala Eysencks erfaßt werden sollen, in die Analyse einzubeziehen. Auch wurde deutlich, daß in der Arbeiterklasse z.T. anzutreffende autoritäre Einstellungen („working class authoritarianism", Lipset) nicht unbedingt mit denselben psychischen Deformationen wie im Konzept der autoritären P. postuliert einhergehen müssen. So kann die Umwelt in bestimmten sozialen Situationen durchaus sehr hierarchisch und autoritär strukturiert sein, und es ist dann im gegebenen Kontext für den einzelnen durchaus „normal", sein Verhalten einer solchen Situation anzupassen. Ähnliches gilt, wenn in bestimmten sozialen → Milieus weit verbreitete Vorurteile als kognitiv gegebene Fakten angesehen werden (z.B. rassische Vorurteile in den Südstaaten der USA oder andere rechtsextreme Ansichten in einem entsprechenden Milieu). In solchen Fällen müssen Individuen nicht unbedingt auch die ego-defensiven Aspekte des Syndroms einer autoritären P. aufweisen.

Darüber hinaus kann nicht ohne weiteres vorausgesetzt werden, daß der Gegentypus einer autoritären P. in jedem Falle eine dP im Lasswellschen oder einem ähnlichen Sinne ist. In der Studie von Adorno u. a. wurde in einem der letzten Kapitel auf mögliche Variationen und Sub-Typen autoritärer und nichtautoritärer P. hingewiesen. Diese Klassifikation umfaßt sechs Untertypen bei dem Personenkreis, der hohe Werte auf der F-Skala erreicht, und fünf bei denjenigen mit niedrigen Werten. Die Mittelgruppe wird nicht noch näher aufgeschlüsselt. Die Typologie reicht vom „klassischen Autoritären", der in der von den Autoren verwendeten Freudschen Terminologie als P. mit „veräußerlichtem Superego und einer sadomasochistischen Lösung des Ödipus-Komplexes" bezeichnet wird, über eher „konventionelle" Autoritäre und einige andere Sub-Typen bis hin zu „ungezwungen Vorurteilsfreien" und schließlich „genuinen Demokraten". Der letztgenannte Typus beruht auf „einem Gleichgewicht zwischen Superego, Ego und Id, das Freud für ideal hielt". Insgesamt stellte sich heraus, daß die an den jeweiligen Extremen der Skala befindlichen Personen sich als am ehesten typisierbar erweisen, während im mittleren Bereich eine starke „Gemengelage" der verschiedenen Syndrome vorherrschte. Für jeden Sub-Typus ergaben sich so nur sehr wenige klar klassifizierbare Fälle.

Dieses anspruchsvollere, aber, wie sich herausstellte, auch sehr restriktive Konzept ließ u.a. Sniderman fallen. Er begnügte sich statt dessen, schon aus forschungspraktischen Gründen, mit der Untersuchung des Zusammenhangs zwischen der Akzeptierung gewisser allgemeiner demokratischer Werte und einer einzigen, aber sehr zentralen P.-Variablen, der *Selbstachtung* („self-esteem"). Er konnte so zeigen, daß hohes Selbstvertrauen bei den untersuchten Respondenten stark positiv korrelierte mit der Akzeptierung demokratischer und rechtsstaatlicher Verfahrensweisen (→ Demokratie, Rechtsstaat), mit → politischer Toleranz, sozialem Vertrauen (→ Sozialkapital/Soziales Vertrauen) und dem Glauben an politische Freiheit und Gleichheit. Umgekehrt erwies sich, daß geringe Selbstachtung mit politischem Zynismus, Mißtrauen, elitärem Denken und totalitären Weltanschauungen in enger Beziehung stand. Gleichzeitig machte Sniderman anhand seiner Daten und komplexeren Formen der Pfad-Analyse aber auch deutlich, daß diese Zusammenhänge über unterschiedliche Formen *sozialen Lernens* vermittelt werden. Dies unterstreicht, daß der jeweils vorherrschende soziale und politische Kontext für die Übernahme demokratischer Wertvorstellungen durch P. mit hoher Selbstachtung eine wesentliche Rolle spielt.

In Deutschland gibt es nur sehr wenige eigenständige Erhebungen zur Thematik politisch relevanter P.-Typen. Die bedeutsamsten wurden von Adorno und Mitarbeitern am Institut für Sozialforschung in Frankfurt durchgeführt. Diese entwickelten eine eigene, auf deutsche Verhältnisse zugeschnittene *Autoritarismus („A"-)-Skala*, die in verschiedenen Untersuchungen verwendet wurde (v. Freyhold 1971). Über mögliche Häufigkeitsverteilungen der untersuchten Typen in der gesamten Bevölkerung läßt das Material keine Rückschlüsse zu. In den USA und anderswo trat die politische P.-Forschung seit den 70er Jahren stärker in den Hintergrund (z.B. Furnham/Heaven 1999). Stattdessen überwogen weniger „tief" und weniger auf dauerhafte Verankerung und ganzheitliche Syndrome angelegte repräsentative Studien auf der Werte- und Einstellungsebene im Rahmen der pKf (z.B. Almond/Verba 1963, Barnes/Kaase 1979, Berg-Schlosser/Rytlewski 1993). Auch die jüngere Demokratisierungswelle in Osteuropa und anderen Regionen und die jeweilige politisch-kulturelle „Demokratieverankerung" wurde vorwiegend auf dieser Ebene untersucht (z.B. Rose/Mishler/Haerpfer 1998). Im Rahmen der deutschen Vereinigung und angesichts erneuter rechtsextremistischer Erscheinungsformen, insbesondere in den → neuen Bundesländern trat auch die Befassung mit „autoritären" P.-Mustern wieder stärker hervor. Auch theoretisch wurde dieser Ansatz, insbesondere unter Betonung „autoritärer Reaktionen" angesichts besonderer Lebensumstände, weiter entwickelt (Oesterreich 1996). Eine autoritäre P. ist auch im Sinne dieses Konzepts eher „unterwürfig, gehorsam, rigide, engstirnig, intolerant, konventionell, aber auch feindselig und unter bestimmten Umständen aggressiv" (ebd.: 181). Eine autoritäre Reaktion kann aber auch angesichts konkreter Krisensituationen erfolgen, die die bisherige soziale und persönliche →

Identität in Frage stellen, wie in den Umbrüchen nach 1989/90, ohne auf entsprechenden dauerhaften psychischen Prädispositionen zu beruhen.

In der Umkehrung solcher Konzepte erscheint aber auch die Anpassung an demokratische Lebensverhältnisse auf der Makro-Ebene politischer Systeme bei längerfristiger Kontinuität eher wahrscheinlich, ohne auf das Postulat weiter verbreiteter d.P. im politisch-psychologischen Sinne zurückgreifen zu müssen. Zu zentralen Aspekten dieser Lebensverhältnisse gehören ohne Zweifel die Vorstellung universaler Menschenrechte, die Toleranz gegenüber politisch Andersdenkenden, die Akzeptanz sozio-kultureller Verschiedenheiten, aber auch die möglichen Spannungen, die zwischen solchen Werten und Einstellungen bestehen. Die „Toleranz von Ambiguität" (so bereits Frenkel-Levinson) auch auf der psychischen Ebene im Sinne der Aufrechterhaltung eines dynamischen Gleichgewichtes stellt hierbei ein wichtiges Element dar.

Fazit:
Ein konzeptioneller Konsens über *die* dP im Sinne eines einzigen komplexen Syndroms erscheint angesichts der bislang vorliegenden Studien kaum möglich, und auch die angewendeten Instrumente zu ihrer Erfassung auf vergleichender, repräsentativer Basis stoßen auf enge Grenzen. Lediglich gewisse stark autoritäre P. scheinen ermittelbar. Darüber hinaus sind dP, in einem eng definierten Sinne, sowohl in der amerikanischen als auch in der neueren deutschen sozialen Wirklichkeit offenbar eher selten anzutreffen. Dies verweist auf die Tatsache, daß die Stabilität eines demokratischen politischen Systems nicht ausschließlich oder vorwiegend von der weiten Verbreitung dP in einem Lande abhängig gemacht werden kann. *Mikro-* und *Makroebene*, also die Analyse von Einzelpersonen und des Gesamtsystems und die jeweils unterschiedlichen Stabilitätsbedingungen, sind jedenfalls in jeder Untersuchung sorgfältig zu trennen, wenn auch die vergleichende empirischen Erforschung der Wechselbeziehungen zwischen diesen Bereichen nach wie vor zu den wesentlichen Desideraten sozialpsychologischer und politisch-kultureller Studien gehört. Es ist für diese Zwecke aber sinnvoller, jeweils nach einigen für demokratisches Verhalten relevanten Komponenten von P. und ihren jeweils abgestuften Erscheinungsformen in der Realität zu suchen als diese in einen von vornherein postulierten Gesamtzusammenhang zu stellen. Der Verzicht auf psychoanalytische „Tiefe" und Komplexität kann dann durch größere Breite und Repräsentativität wettgemacht werden. In diesem Sinne beschränkte sich auch die Untersuchung unterschiedlicher Aspekte der „D-Verankerung" in der pK der Bundesrepublik bislang vorwiegend auf die eher erfaßbaren, in sich aber auch nicht ganz unproblematischen Bereiche der d. Einstellungen und der unterschiedlichen Formen → politischer Beteiligung. In diesen Bereichen und den dahinterstehenden Sozialisationsstrukturen von Familie, Schule, peer groups, Medien usw. (→ pS: Familie, Gleichaltrigengruppe, Schule, Massenmedien), aber auch der sozialstruktu-

rellen Bestimmungsfaktoren (→ Sozialstruktur) werden die in den letzten Jahrzehnten in der Bundesrepublik eingetretenen Wandlungen am ehesten deutlich.

Dirk Berg-Schlosser

Literatur:

Adorno, Theodor W./Frenkel-Brunswik, Else/Levinson, Daniel J./Sanford, R. Nevitt 1969: The Authoritarian Personality, New York.
Allport, Gordon W. 1961: Pattern and Growth in Personality, New York.
Berg-Schlosser, Dirk/Rytlewski , Ralf (Hrsg.) 1993: Political Culture in Germany, London.
von Freyhold, Michaela 1971: Autoritarismus und Politische Apathie, Frankfurt a.M.
Furnham, Adrian/Heaven, Patrick 1999: Personality and Social Behaviour, London.
Greenstein, Fred I. 1975: Personality and Politics. Revised edition, New York.
Inkeles, Alex/Levinson, Daniel J. 1969: National Character: The Study of Modal Personality and Socio-Cultural Systems, in: Lindzey, Gardner/Aronson, Elliot (Hrsg.): The Handbook of Social Psychology (Bd. 4), Reading, S. 418-506.
Lasswell, Harold D. 1951: Democratic Character, in: Lasswell, Harold D.: The Political Writings of Harold D. Lasswell, Glencoe, S. 465-525.
Oesterreich, Detlef 1996: Flucht in die Sicherheit, Opladen.
Rose, Richard/Mishler, William/Haerpfer, Christian 1988: Democracy and its Alternatives, Cambridge.
Sniderman, Paul M. 1975: Personality and Democratic Politics, Berkeley 1975.
Stone, William F./Schaffner, Paul E. 1988: The Psychology of Politics, New York.

Demoskopie

→ Demokratie, Fremdenfeindlichkeit, Extremismus, Lebenszufriedenheit/Lebensqualität, Massenmedien, Öffentliche Meinung, Parteiidentifikation, Politiker/Politische Klasse, Politische Sozialisation, Politisches Bewußtsein, Responsivität, Schweigespirale/Öffentliche Meinung, Wahlen/Wähler.

Begriff/Definition/Forschungsgeschichte:

Demoskopie (D.) ist ein auf griechischen Wurzeln basierendes Kunstwort. Als Fachterminus hat es sich international nicht durchsetzen können, im Deutschen wird es vorwiegend als Synonym für die (kommerzielle) Meinungsforschung (public opinion research) benutzt. Einige Autoren (insbes. Noelle-Neumann) verstehen unter D. auch umfassender den gesamten Bereich der Umfrageforschung (survey research). D. soll hier als Erforschung von politischen Einstellungen und Meinungen mit Hilfe standardisierter Befragungen von repräsentativen Stichproben der Bevölkerung verstanden werden (→ Politisches Bewußtsein). Beispiele für diese Art der Sozialforschung sind Fragen nach der Wahlabsicht, der Popularität von Parteien bzw. → Politikern oder nach der Einstellung zu bestimmten Sachfragen (issues) wie etwa Arbeitslosigkeit, Währungsstabilität oder doppelte Staatsangehörigkeit.

Die D. in der hier getroffenen Abgrenzung ist Mitte der 30er Jahre in den USA entstanden, wo sie anläßlich der Präsidentschaftswahl von 1936 durch die treffenden Wahlprognosen von Meinungsforschern wie Gallup und Roper einen entscheidenden Durchbruch erzielte. Ihr wesentlicher Vorzug gegenüber früheren Formen der Meinungsforschung besteht in der Anwendung von wahrscheinlichkeitstheoretischen Überlegungen bei der Auswahl der zu befragenden Personen. Dadurch wurde es möglich, schon mit im Vergleich zur Grundgesamtheit sehr kleinen Stichproben von etwa 1000 Befragten Ergebnisse zu erzielen, die mit großer Wahrscheinlichkeit nur geringfügig von den „wahren" Werten für die Gesamtheit abweichen. Dieser Gewinn an Genauigkeit bei gleichzeitiger Reduktion von Kosten und Zeitaufwand setzt jedoch eine Standardisierung der Antwortmöglichkeiten voraus. Nach einem krassen Versagen der D. bei der Präsidentschaftswahl von 1948 (Truman vs. Dewey) sind die Techniken der D. ständig verbessert worden. In Deutschland hat sich die D. erst nach Ende des Zweiten Weltkriegs durchsetzen können, wo sie insbesondere von Noelle-Neumann entscheidend vorangetrieben wurde. Neben dem von ihr schon kurz nach Kriegsende gegründeten und noch heute von ihr geprägten Institut für D. (IfD) in Allensbach befassen sich eine Reihe weiterer privat-wirtschaftlicher Institute mit D., wie etwa Emnid, Infratest oder die Forschungsgruppe Wahlen (FGW).

Auftraggeber für demoskopische Studien sind vor allem Staat, Parteien und Medien (→ Massenmedien). Aber auch die mehr grundlagentheoretisch orientierte politische Meinungsforschung im akademischen Bereich kooperiert mit Privatinstituten für die eigentliche Datenerhebung (Feldarbeit), wobei das Mannheimer ZUMA oft eine Vermittlerrolle spielt. Eine Vielzahl von demoskopischen Studien sind im Kölner Zentralarchiv (ZA) archiviert und dort allgemein zugänglich, insbesondere die aus öffentlichen Mitteln finanzierte, aber nach rein wissenschaftlichen Kriterien angelegte und seit 1980 im zweijährigen Turnus durchgeführte allgemeine Bevölkerungsumfrage der Sozialwissenschaften (ALLBUS).

Während die Zahl demoskopischer Untersuchungen kontinuierlich gestiegen ist, nicht zuletzt durch den kostensenkenden und zeitsparenden Einsatz neuer Technologien (Telefonbefragungen, in Zukunft auch Befragungen via Internet), ist die Bereitschaft zur Teilnahme an solchen Befragungen rückläufig und liegt bei reeller Zählweise oft nur noch zwischen 50 und 60 % der ausgewählten Personen, was Probleme für die Repräsentativität solcher Studien mit sich bringt.

Aufgabe und Wirkung:

Obgleich sich die D. in Deutschland sowohl hinsichtlich ihres methodischen Instrumentariums wie im Hinblick auf potentielle Aufträge konsolidiert hat, ist nach wie vor umstritten, was genau die D. erfaßt bzw. erfassen kann und welche Wirkung von ihren Ergebnissen ausgeht.

Öffentliche versus gemeine Meinung: Der Anspruch, durch D. die → „öffentliche Meinung" zu erforschen, wird insbesondere von dem IfD (Noelle-Neumann) nahestehenden Autoren erhoben. Da sich jedoch für den Begriff der öffentlichen Meinung in der wissenschaftlichen Diskussion eine Vielzahl von Definitionen finden lassen, ist dies im wesentlichen eine Frage der Begriffsabgrenzung (Zaller 1992). Vielen Kritikern - insbesondere schon sehr früh Hennis (1957) - erscheint es nicht gerechtfertigt, die Ergebnisse der D. mit „öffentlicher Meinung" gleichzusetzen. Sie sehen hierin eher die Erfassung der „gemeinen Meinung". Hinter diesem Begriffsstreit steht eine demokratietheoretische Kontroverse. Sehen Befürworter der D. in ihr ein Mittel, den Willen der Bevölkerung wirkungsvoll zum Ausdruck zu bringen und in die politischen Entscheidungsprozesse einfließen zu lassen, so befürchten Kritiker wie Hennis von diesem plebiszitären Effekt eher eine Aushöhlung des demokratischen Systems (→ Demokratie).

Auch im günstigsten Fall - von den methodischen Problemen, eine wirklich repräsentative Stichprobe zu realisieren, einmal abgesehen - ermittelt die D. Meinungen bzw. Einstellungen nur mit der generellen Einschränkung, daß individuelle Nuancierungen, ein zureichendes Verständnis des (impliziten) Fragekontexts, die subjektive Relevanz bestimmter Fragen sowie eine Einordnung von Einzelaspekten in ein umfassenderes Meinungssystem (belief system) aus forschungspragmatischen Gründen weitgehend vernachlässigt werden müssen. Für einen signifikanten, aber je nach Thematik schwankenden Teil der Befragten ermittelt die D. oft nur fluktuierende Stimmungslagen oder „non-attitudes" (Converse 1964) ohne spezifische Relevanz für künftiges Handeln. Ob der Durchschnittsbürger trotz mangelndem Detailwissen im politischen Bereich aber nicht dennoch in der Lage ist, eher grundsätzliche und/oder für die eigene Lebenssituation relevante politische Fragen intelligent und von Manipulationsversuchen weitgehend unberührt zu entscheiden, ist eine andauernde Kontroverse (Delli Carpini/Keeter 1996).

Treffsicherheit: Für einen Teilbereich der D. (Fragen nach dem Wahlverhalten, → Wahlen/Wähler) ist eine strenge Prüfung der Treffsicherheit durch Vergleiche mit amtlichen Wahlergebnissen möglich. Hier hat sich die D. als in der Regel sehr treffsicher erwiesen, insbesondere mit den sog. „exit polls" - Befragungen von Wählern nach Verlassen des Wahllokals. Die oft frappierende Genauigkeit der D. führt allerdings in der breiteren Öffentlichkeit auch zu übertriebenen Erwartungen und daraus resultierend zu überzogener Kritik, wenn bei knappem Wahlausgang die Ergebnisse zwar innerhalb der statistisch zu erwartenden Fehlergrenzen liegen, aber der politische Ausgang im Vorfeld einer Wahl nicht korrekt projiziert wird. Bei Fragen nach dem Wahlverhalten ist außerdem in Rechnung zu stellen, daß sich generell die Bindungen von Wählern an bestimmte Parteien (→ Parteiidentifikation) gelockert haben und sich damit eine größere Zahl von Wählern erst kurz vor der Wahl endgültig und oft nach taktischen Erwägungen (Leihstimme, Protestwahl) entscheidet. Eine Umfrage eine Woche vor dem Wahltermin mag deshalb die

Stimmung in der Wählerschaft zu diesem Zeitpunkt korrekt erfassen, aber dennoch merklich vom späteren Wahlergebnis abweichen.

Ein besonderes Problem stellen Fragen nach sozial unerwünschten Meinungen und Verhaltensweisen dar (→ Fremdenfeindlichkeit oder Wahl radikaler Parteien, → Extremismus). Hier gelingt es der D. oft nicht, Befragte mit abweichenden Meinungen zu wahrheitsgemäßen Antworten zu bewegen oder sie überhaupt zureichend in die Befragung einzubeziehen. Jede einzelne demoskopische Studie ist einer Vielzahl von möglichen Fehlerquellen ausgesetzt, deren Einfluß auch bei größter methodischer Sorgfalt nicht völlig eliminiert werden kann. Durch Replikation und Vergleich im Zeitverlauf läßt sich jedoch die Treffsicherheit der D. signifikant erhöhen.

Rückwirkungen: Mit gewissen Einschränkungen liefert die D. ein getreues Abbild der Gesellschaft, aber gleichzeitig wirkt sie mit diesem Bild in zweifacher Weise auf die Gesellschaft zurück. Zum einen ist D. im wesentlichen Auftragsforschung und wird von Staat und Parteien mit der expliziten Absicht finanziert, bessere Grundlagen für Entscheidungsprozesse zu erhalten. Ob die Resultate der D. nun zum dominierenden Entscheidungsfaktor werden, also die D. das Handeln der Politiker bestimmt, oder die Entscheidungsgrundlage dadurch nur verbreitert wird, kann generell nicht schlüssig beantwortet, sondern bestenfalls in Einzelfallstudien überprüft werden (Crespi 1989).

Neben diesem direkten Einfluß auf Entscheidungsprozesse ist aber auch der durch die Veröffentlichung von Umfrageergebnissen bewirkte Rückkoppelungseffekt in Betracht zu ziehen - insbesondere im Kontext von Wahlen. Allerdings gibt es nur wenig gesicherte Erkenntnisse über die Richtung solcher Effekte. So mögen schlechte Umfrageergebnisse für eine Partei deren Anhängerschaft mobilisieren, aber sie mögen auch demotivieren und entmutigen; und gute Ergebnisse können sowohl zu verstärktem Zulauf („bandwagon"-Effekt) als auch zu übertriebener Zuversicht und einem Nachlassen in den Anstrengungen führen. Trotz dieser ambivalenten Situation gibt es eine andauernde öffentliche Kontroverse um vermeintlich gezielte Versuche der Wahlbeeinflussung durch die Veröffentlichung von Umfrageergebnissen.

Demoskopische Daten hängen oft von feinen Nuancen in der Frageformulierung ab und publizierte Ergebnisse beruhen darüber hinaus zumeist auf einer Gewichtung der erhobenen Daten. Über optimale Frageformulierung wie angemessene Formen der Gewichtung bestehen wissenschaftliche Differenzen, so daß es oft schwierig ist, zwischen legitimen methodischen Explorationen und bewußten Manipulationsversuchen zu unterscheiden.

Quasi als Gegenangriff der D. auf den Manipulationsvorwurf hat Noelle-Neumann (1996) ihre Theorie der → Schweigespirale entwickelt, nach der das insbesondere von den Medien erzeugte „Meinungsklima" die Artikulation von Minderheitsmeinungen erschwert bzw., vermittelt über Isolationsfurcht, Meinungsänderungen herbeiführt. Nach dieser Theorie mag also zuweilen die Genauigkeit demoskopischer Ergebnisse beeinträchtigt sein, aber ohne daß die Demoskopen dabei mehr als eine passive, abbildende Rolle spielen. Die Gültigkeit dieser Theorie ist theoretisch wie empirisch stark umstritten, wobei sich Kritiker sowohl auf der rechten wie der linken Seite des politischen Spektrums finden.

Medien und Meinungsforschung: In zunehmenden Maße verbreiten die Medien nicht nur die Ergebnisse der D., sondern sie treten auch selbst als Auftraggeber demoskopischer Studien auf. Verbunden mit der Diversifikation und Ausweitung der Medienlandschaft in den 80er und 90er Jahren (private Fernsehstationen, zunehmend auch Internet) werden damit sowohl rein quantitativ mehr wie auch publikumswirksamer aufbereitete demoskopische Ergebnisse der Öffentlichkeit präsentiert. Leider werden demoskopische Daten nicht immer angemessen, d.h. ohne zureichende Informationen über ihre Erhebung und ohne notwendige Vorbehalte und Relativierungen, präsentiert und teilweise ist auch die methodische Qualität selbst verbesserungswürdig (Kaase 1999). Insbesondere über Internet durchgeführte Umfragen genügen derzeit meist (noch) nicht wissenschaftlichen Standards und dienen mehr der Unterhaltung als ernsthafter gesellschaftlicher Analyse. Aber die reine Vielzahl von Informationsquellen und demoskopischen Befunden bietet einen guten Schutz gegen etwaige Manipulationsversuche.

Einfluß auf die politische Kultur:
Die D. ist aus der pK Deutschlands nicht mehr wegzudenken, da sie trotz aller Einschränkungen im wesentlichen die Meinung in der Bevölkerung zutreffend erfaßt. Politiker und Parteien orientieren sich ganz ohne Zweifel an ihren Ergebnissen, wobei sie jedoch nicht notwendig der Mehrheitsmeinung folgen. Ein prägnantes Beispiel dafür ist die Einführung des Euro, für die es in der Bevölkerung nie eine Mehrheit gegeben hat. Anders als in den USA sind Politiker und Parteien in Deutschland stärker programmatisch gebunden und Entscheidungen in Sachfragen dadurch stärker vorbestimmt. Eine hauptsächlich an demoskopischen Mehrheiten ausgerichtete Politik verspricht daher in Deutschland wenig Erfolg. Die D. erfüllt hier eher die Rolle eines Frühwarnsystems, obgleich ihre Warnungen (etwa beim rot-grünen Versuch der Einführung einer generellen Doppelstaatsangehörigkeit) nicht immer beherzigt werden. Die Medien haben entscheidend dazu beigetragen, daß demoskopische Befunde ohne zeitlichen Verzug allgemein zugänglich sind and sich damit ihr Charakter von Herrschaftswissen für den Auftraggeber hin zu einem öffentlichen Gut gewandelt hat. In einem reflexiven Prozess sind damit die Ergebnisse der D. selbst wieder Gegenstand der D., und sie tragen erheblich zur Transparenz von Prozessen politischer Willensbildung bei.

Manfred Kuechler

Literatur:

Converse, Philip 1964: The Nature of Belief Systems in Mass Publics, in: Apter, David (Hrsg.): Ideology and Discontent, New York, S. 206-261.

Crespi, Irving 1989: Public Opinion, Polls & Democracy, Boulder.
Delli Carpini, Michael X./Keeter, Scott 1996: What Americans Know about Politics and Why it Matters, New Haven.
Hennis, Wilhelm 1957: Meinungsforschung und repräsentative Demokratie, Tübingen.
Kaase, Max 1999 (Hrsg.): Deutsche Forschungsgemeinschaft. Qualitätskriterien der Umfrageforschung, Denkschrift, Berlin.
Noelle-Neumann, Elisabeth 1996: Öffentliche Meinung. Die Entdeckung der Schweigespirale, Berlin.
Zaller, John R. 1992: The Nature & Origins of Mass Opinion, New York.

Eliten

→ *Anomie/Entfremdung, Bildung, Bündnis 90/Die Grünen, CDU/CSU, DDR, Demokratie, Endogenität/Exogenität, FDP, Frauen/Männer, Gewerkschaften, Intellektuelle, Kirchen, Konflikt/Konsens, Konfliktlinien, Nationalsozialismus, Massenmedien, Minderheiten/Randgruppen, Militär, Neue Bundesländer, Öffentlicher Dienst/Sektor, Parteiensystem, PDS, Politiker/Politische Klasse, Politikverflechtung, Politische Bildung, Politische Inszenierung/Symbolische Politik, Politische Sozialisation: Beruf, Politische Toleranz, Politische Traditionen, Politisches Vertrauen, Professionen, Rechtskultur, Responsivität, Schweigespirale/Öffentliche Meinung, Soziale Gerechtigkeit, Sozialstruktur, SPD, Sprache, Transition/Transformation, Verbände, Verfassungsgerichtsbarkeit, Verwaltungskultur, Wertewandel.*

Begriff/Definition und Identifikation:

In den Sozialwissenschaften werden Eliten (E.) als Personen definiert, die sich innerhalb eines Sozialsystems (Organisation, Gemeinde, Gesamtgesellschaft) durch ihren herausgehobenen Einfluß auf strategische Entscheidungen auszeichnen. Dieser Einfluß kann auf formaler Entscheidungskompetenz oder aber auf persönlichem Prestige beruhen. Da in modernen Gesellschaften alle gesamtgesellschaftlich bedeutsamen Entscheidungen politische Implikationen haben, selbst wenn es sich dabei nicht um politische Entscheidungen im engeren Sinne handelt, kann man die Zugehörigkeit zu den E. auch über die Relevanz einer Person für den politischen Willensbildungsprozeß definieren. Die differenzierte Struktur solcher Gesellschaften bedingt darüber hinaus, daß E.-Status sich in aller Regel auf die Einnahme formaler Führungspositionen gründet, auch wenn Positionshöhe und tatsächlicher Einfluß nicht immer völlig deckungsgleich sind.

Forschungsgeschichtlich wurde der E.-Begriff zu Beginn des 20. Jhs. durch die Klassiker der E.-Theorie (Pareto, Mosca, Michels) als sozialwissenschaftliche Kategorie eingeführt, um in bewußter Ablehnung marxistischer Utopien die *Universalität von Herrschaft* zu betonen. Der E.-Begriff eignet sich daher in besonderem Maße zur Analyse von Regimewechseln, da er den Blick auf die Rolle von E. in politischen Transformationsprozessen (→ Transition/Transformation) und auf Fragen des

Zusammenhangs von Regimewechsel und E.-Austausch richtet. Demokratische Gesellschaften zeichnen sich durch eine *pluralistische Gesellschafts- und E.-Struktur* aus. Neben den im engeren Sinne politischen E. verfügen auch die E. anderer Sektoren über strategischen Einfluß auf den politischen Willensbildungsprozeß, und gesamtgesellschaftlich bedeutsame Entscheidungen kommen grundsätzlich nur über das Zusammenwirken unterschiedlicher E. zustande.

Die *empirische E.-Forschung* geht bei der Untersuchung gesamtgesellschaftlicher E. in der Regel von der sog. *Positionsmethode* aus. Als E. werden die Inhaber von Führungspositionen in den politischen Institutionen (Regierungsmitglieder, führende Parlamentarier, Mitglieder der Parteiführungsstäbe) sowie den wichtigsten öffentlichen und privaten Organisationen identifiziert. Außerhalb der Politik wird dabei i.d.R. ein breites Spektrum von Sektoren berücksichtigt, in erster Linie öffentliche Verwaltung (→ Verwaltungskultur), → Militär, Justiz (→ Rechtskultur), Interessenverbände (→ Verbände), Wirtschaftsunternehmen, → Massenmedien und Wissenschaft. Der Einfluß der Repräsentanten dieser Organisationen auf den politischen Willensbildungsprozeß ist teils direkter (Ministerialbürokratie, Interessenverbände), teils indirekter Natur. Indirekter Einfluß auf die Einstellungen und Handlungsoptionen der politischen Entscheidungsträger wird beispielsweise durch wissenschaftliche Expertisen oder Medienberichterstattung ausgeübt, aber auch durch bedeutsame Entscheidungen autonomer Organisationen, die ab einer gewissen Größenordnung immer politische Rückwirkungen haben (z.B. Investionsentscheidungen von Großunternehmen, Tarifverträge, Verfassungsgerichtsurteile (→ Verfassungsgerichtsbarkeit)). Die Positionsmethode kann durch die beiden anderen Methoden der E.-Identifikation, die *Reputationsmethode* und die *Entscheidungsmethode* ergänzt werden. Im ersten Fall werden Experten nach einflußreichen Personen gefragt, im zweiten Fall wird empirisch ermittelt, welche Personen an politischen Entscheidungsprozessen tatsächlich beteiligt waren. *Prominenz* wiederum ist empirisch von E.-Status zu unterscheiden. Sie hängt in erster Linie von der öffentlichen Sichtbarkeit einer Person ab. Insofern zählen zur Prominenz neben bekannten → Politikern hauptsächlich Personen aus Kultur, Unterhaltung und Sport, während viele Angehörige der eigentlichen E. (z.B. in den Ministerien, einflußreichen Interessenverbänden oder Großunternehmen) einer breiteren Öffentlichkeit kaum bekannt sind (Peters 1996).

Zur *Datengewinnung* kann man auf öffentlich zugängliche Informationen (Handbücher, Reden, Publikationen, Sitzungsprotokolle) zurückgreifen oder aber eigene Erhebungen (schriftliche oder mündliche Befragungen) durchführen.

Forschungsfragen/Erkenntnisziele/Ergebnisse:
Grundsätzlich lassen sich drei thematische Schwerpunkte der E.-Forschung ausmachen: E.-Rekrutierung, Wertorientierungen und politische Einstellungen sowie E.-Netzwerke. Die *E.-Rekrutierung* gibt Auskunft über die Bedingungen des Aufstiegs in gesellschaftliche Führungspositionen. Demokratietheoretisch ist dabei

nicht zuletzt das Ausmaß der *Repräsentativität* von E. von Interesse, das zeigen kann, welche gesellschaftlichen Gruppen aufgrund von Aufstiegsbarrieren in den E. unterrepräsentiert sind. Ganz allgemein gilt hier das *Gesetz der zunehmenden Disproportionalität* (Putnam 1976), das besagt, daß die Repräsentation der Angehörigen unterprivilegierter Gruppen (Arbeiterschaft, ethnische, religiöse und kulturelle → Minderheiten) mit zunehmender Positionshöhe abnimmt. Die Ursachen hierfür liegen in modernen Gesellschaften in erster Linie an der Unterrepräsentation dieser Gruppen in den höheren Bildungsinstitutionen, da ein formal hohes Bildungsniveau (→ Bildung) heute eine fast durchgängige Voraussetzung für beruflichen Aufstieg ist. Daneben bestehen aber auch in modernen Gesellschaften traditionelle Rollenerwartungen fort, die die beruflichen Aufstiegschancen beeinflussen (z.B. bezüglich Kleidungscodes, Umgangsformen, Freizeitinteressen), obwohl sie mit den für die Einnahme von Führungspositionen erforderlichen Leistungsqualifikationen nicht unmittelbar zusammenhängen. Hiervon sind nicht zuletzt auch die Frauen betroffen, die trotz gleicher formaler Bildungsvoraussetzungen auch heute noch in den E. stark unterrepräsentiert sind.

Die Öffentlichkeit geht vielfach von einem hohen Grad sozialer Homogenität von E. aus, von dem wiederum angenommen wird, daß er auch ein hohes Maß an Interessenhomogenität bedingt. In diesem Sinne werden soziale Herkunft aus der Oberschicht, gemeinsame Ausbildungs- und Berufserfahrungen (v.a. in E.-Schulen und -Universitäten), Mitgliedschaften in exklusiven Vereinigungen bzw. wissenschaftlich-kulturellen Einrichtungen oder gemeinsame Gremientätigkeit als wichtige Voraussetzung für die Herausbildung einer sozial und kulturell geschlossenen E.-Formation betrachtet. Tatsächlich weisen die E. moderner Gesellschaften jedoch eine relativ breite soziale Rekrutierungsbasis auf. Ihre Angehörigen stammen zu einem großen Teil aus dem breiten Stratum der einfachen und gehobenen Dienstklasse, wobei die soziale Herkunft für ihre Sichtweisen und ihr Verhalten ohnehin weit weniger bedeutsam ist als der institutionelle Kontext, in dem sie tätig sind. Insofern sind die E. moderner Gesellschaften also auch im Hinblick auf ihre → Sozialstruktur pluralistisch.

Für die pKf sind vor allem die *Wertorientierungen* (→ Wertewandel) der E. von Interesse, d.h. ihre Unterstützung für → Demokratie, Chancengleichheit, → Soziale Gerechtigkeit, bürgerliche Freiheitsrechte sowie Toleranz (→ Politische Toleranz) gegenüber sozialen Außenseitern und politisch Andersdenkenden. Die Ergebnisse der E.-Forschung zeigen, daß die E. ein höheres Maß an Unterstützung für solche demokratischen Werte aufweisen als die Wählerschaft. Dies ist primär auf ihr weit überdurchschnittliches Bildungsniveau zurückzuführen. Dieser *E.-Konsens über Spielregeln* schließt allerdings *Interessenkonflikte* und Konflikte über politische Sachfragen keineswegs aus (→ Konflikt/Konsens). Die Einstellungsdifferenzen über Konfliktmaterien sind zwischen den Angehörigen verschiedener E.-Gruppen sogar vielfach höher als innerhalb der Wählerschaft, da diese Konflikte meist auf konkurrierenden Organisationsinteressen (z.B. zwischen Parteien oder zwischen → Gewerkschaften und Arbeitgeberverbänden; → Verbände) beruhen, die die E. als Repräsentanten dieser Organisationen viel unmittelbarer betreffen.

Studien über *E.-Netzwerke* geben schließlich Auskunft über die personellen Verflechtungen zwischen Organisationen und über die vorherrschenden Muster der Konfliktaustragung und Koalitionsbildung in politischen Entscheidungsprozessen. Kennzeichnend für moderne Gesellschaften ist der *organizational state* (Knoke u. a. 1996), d.h. eine enge Verflechtung staatlicher, halbstaatlicher und privater Organisationen (→ Politikverflechtung). Netzwerkstudien haben einerseits das Postulat der frühen E.-Theoretiker über die Existenz einer *politischen Klasse* insofern bestätigt, als der Zugang zu politischen Entscheidungsprozessen auf einen überschaubaren Kreis wichtiger Akteure beschränkt ist. Allerdings basiert deren Macht nicht auf sozialer Gruppenzugehörigkeit oder persönlichen Attributen, sondern auf ihrer Verfügungsmacht über Organisationsressourcen. Sie agieren also in erster Linie als Repräsentanten der Organisationen, in denen sie Führungspositionen einnehmen.

Die Elitenentwicklung in Deutschland seit 1945:
Nach 1945 erfolgte in *Westdeutschland* eine grundlegende politische Umgestaltung, die mit einer tiefgreifenden E.-Transformation in Politik und Massenmedien einherging. Diese wurde nicht zuletzt durch die Lizenzierungspolitik der alliierten Siegermächte herbeigeführt. In den übrigen Sektoren war die organisatorische und personelle Kontinuität dagegen relativ hoch. Dort wurden lediglich diejenigen Führungskräfte ausgewechselt, die aufgrund ihrer engen Zusammenarbeit mit dem nationalsozialistischen Regime diskreditiert waren. Generell genossen in den nicht im engeren Sinne politischen Sektoren Effizienzkriterien Vorrang vor dem Wunsch, politisch belastete Personen aus dem öffentlichen Leben zu entfernen. Neben den → Kirchen zeichnete sich vor allem die öffentliche Verwaltung durch ein hohes Maß an E.-Kontinuität aus (Zapf 1965).

In der *alten Bundesrepublik* hat sich in der Folgezeit eine E.-Struktur entwickelt, die im wesentlichen der vergleichbarer demokratischer Gesellschaften entspricht. Dies gilt zunächst für die soziale Komposition der E. Bereits die nationalsozialistische Herrschaft hatte neuen Gruppen Aufstiegsmöglichkeiten in die E. eröffnet. Bildungsexpansion und die zunehmende soziale und regionale Mobilität verbreiterten dann nach 1945 die soziale Basis der E. noch weiter. Strukturell zeichnen sich die E. durch vielseitige professionelle und politische Kontakte, d.h. ein hohes Maß an *E.-Integration* aus. Zudem genießen die demokratischen Spielregeln breite Unterstützung in den E., bei gleichzeitig ausgeprägten Differenzen über die im → Parteiensystem verankerten politischen Konfliktlinien (Hoffmann-Lange 1992).

In der *Sowjetischen Besatzungszone* erfolgte demgegenüber nach 1945 eine durch die sowjetische Besatzungsmacht und die KPD-Führung gesteuerte umfassende E.-Transformation. Die alten E. wurden fast durchgängig durch Personen ersetzt, die der KPD (bzw. SED) angehörten oder ihr zumindest nahestanden. Dabei genoß die Etablierung einer vollständigen politischen Kontrolle über Wirtschaft und Gesellschaft Vorrang gegenüber Effizienzkriterien. Dementsprechend verzögerte sich der Wiederaufbau von Verwaltungs-, Justiz- und Wirtschaftsstrukturen.

Analysen der → *DDR-E.* zeigen, daß es sich dabei um eine gerontokratische, monolithische und von der Gesellschaft abgehobene E.-Formation handelte. Interne Differenzierungen nach Generation, Sektor oder Parteizugehörigkeit spielten eine nur untergeordnete Rolle. Der einzig relevante Rekrutierungskanal war der Aufstieg über die Parteihierarchie. Zwar schien sich in den 60er Jahren nach dem Mauerbau ein Generations- und Politikwechsel anzubahnen, der sich aber als kurzlebig erwies. Stattdessen erneuerte sich die SED-Führung über die Jahrzehnte des Bestehens der DDR nur wenig, und das Durchschnittsalter der DDR-E. nahm im Verlauf der Jahre beträchtlich zu (Meyer 1991). Die Notwendigkeit einer vollständigen Ablösung der DDR-E. nach der politischen Wende 1989/90 ergab sich sowohl aus deren Überalterung, als auch aus der monistischen Machtstruktur der DDR. Dementsprechend erstreckte sich die E.-Transformation nicht nur auf die politischen E. im engeren Sinne, sondern auch auf alle übrigen E.

Bei der *deutschen Vereinigung* wurde das westdeutsche Institutionensystem auf die neuen Bundesländer übertragen. In den *gesamtdeutschen E.* sind nicht zuletzt aus diesem Grunde Ostdeutsche unterrepräsentiert. Sie sind lediglich im Sektor Politik relativ stark vertreten, was vor allem durch die große Zahl von Landespolitikern in den fünf neuen Bundesländern und die Existenz der → PDS bedingt ist. Angesichts des Mangels an einschlägig qualifizierten ostdeutschen Anwärtern wurde bei der Besetzung von Führungspositionen in den neuen Bundesländern vielfach auf westdeutsches Personal zurückgegriffen. Ein solcher *E.-Transfer* war vor allem in der Verwaltung ausgeprägt, aber auch in den ostdeutschen Universitäten und Medien stammt etwa die Hälfte der Positions-E. aus den alten Bundesländern. In den übrigen Sektoren sind die Organisationszentralen bislang überwiegend in den alten Bundesländern ansässig geblieben, und dementsprechend werden dort gegenwärtig nur sehr wenige Führungspositionen von Ostdeutschen eingenommen (Bürklin/Rebenstorf u. a. 1997).

Rekrutierung und politische Orientierungen der gesamtdeutschen Eliten:
Über drei Viertel der heutigen E. haben ein Hochschulstudium abgeschlossen, während es in einer nach Alter und Erwerbsstatus vergleichbaren Gruppe der Gesamtbevölkerung unter 10 % sind. Aufgrund des schichtspezifisch unterschiedlichen Zugangs zu den sekundären Bildungsinstitutionen, rekrutieren sie sich mit zwei Dritteln weit überproportional aus der Dienstklasse. Lediglich die Gewerkschafts-E. stammen nach wie vor mehrheitlich aus einfachen Verhältnissen. Selbst bei diesen ist jedoch im Vergleich zu den 60er Jahren die soziale Herkunft aus der Arbeiterschaft zurückgegangen. Sie folgen damit dem durch die Akademisierung bedingten Trend zur Angleichung in den Rekrutierungsmustern der verschiedenen

sektoralen E., der sich in den SPD-E. bereits früher vollzog (Hoffmann-Lange 1992, Bürklin/Rebenstorf u. a. 1997).

Der Frauenanteil (→ Frauen/Männer) in den E. hat in den letzten zwanzig Jahren vor allem in den politischen E. zugenommen und erreicht bei → Bündnis 90/Die Grünen, PDS und → SPD hohe Werte. In den übrigen E. liegt er dagegen auch heute noch unter einem Zehntel. Am resistentesten haben sich dabei Wirtschaftsunternehmen, Wirtschaftsverbände, die Wissenschaft und die Verwaltung erwiesen.

Aufgrund der zentralen gesellschaftlichen Bedeutung der politischen Parteien in Deutschland sind die Parteipräferenzen der nicht im engeren Sinne politischen E. ein Indikator für Koalitionen zwischen Partei-E. und gesellschaftlichen Gruppen. Die beiden traditionell wichtigsten → Konfliktlinien im deutschen Parteiensystem betreffen dabei einmal sozioökonomische Verteilungsfragen und zum anderen säkular-individualistische vs. christlich-konservative Wertorientierungen. Auf der ersten Konfliktlinie stehen bürgerliche Parteien (→ CDU, FDP) und Wirtschafts-E. auf der einen Seite der SPD und den Gewerkschafts-E. auf der anderen Seite gegenüber. Im Hinblick auf die zweite Konfliktlinie vertreten SPD, FDP, Bündnis 90/Die Grünen sowie die Medien- und Kultur-E. eher libertäre, die Unionsparteien, Kirchen und Wirtschafts-E. eher traditionalistische Positionen. Generell verfügt die SPD in den E. über einen relativ schwachen Rückhalt, der deutlich hinter ihren Wahlergebnissen zurückbleibt. Die Unionsparteien und die FDP genießen insbesondere in den Wirtschafts-, aber auch in den Verwaltungs- und Wissenschafts-E. starke Unterstützung. Den Grünen schließlich ist es gelungen, parallel zu ihrem Aufstieg in der Wählergunst auch in den E. eine zunehmende Anhängerschaft zu finden. Dies dürfte in erster Linie damit zusammenhängen, daß diese Partei die Themen der jüngeren, postmaterialistisch orientierten Dienstklasse vertritt und sich daher vor allem in den Massenmedien und im Kultursektor auf ein breites Sympathiepotential von über einem Drittel stützen kann.

Aus zahlreichen Bevölkerungsumfragen ist bekannt, daß das DDR-Regime deutliche Spuren in den Wertorientierungen der Bürger in den → neuen Bundesländern hinterlassen hat. Liberale Freiheitsrechte sind hier weniger stark verankert und marktwirtschaftliche Prinzipien stoßen auf größere Skepsis, während egalitäre Werte und direktdemokratische Verfahren breitere Unterstützung finden als in den alten Bundesländern. Entsprechende Ost-West-Differenzen sind auch bei den E. feststellbar (Bürklin/Rebenstorf u. a. 1997, Rohrschneider 1999). Allerdings ist - ähnlich wie im Westen - die Unterstützung für liberal-demokratische Werte, Pluralismus und marktwirtschaftliche Prinzipien in den ostdeutschen E. deutlich höher als in der übrigen Bevölkerung (Rohrschneider 1999).

Ursula Hoffmann-Lange

Literatur:

Bürklin, Wilhelm/Rebenstorf, Hilke 1997: Eliten in Deutschland, Opladen.

Hoffmann-Lange, Ursula 1992: Eliten, Macht und Konflikt in der Bundesrepublik, Opladen.
Knoke, David/Pappi, Franz Urban/Broadbent, Jeffrey/Tsujinaka, Yutaka 1996: Comparing Policy Networks. Labor Politics in the U.S., Germany, and Japan, Cambridge.
Meyer, Gerd 1991: Die DDR-Machtelite in der Ära Honecker, Tübingen.
Peters, Birgit 1996: Prominenz, Opladen.
Putnam, Robert D. 1976: The Comparative Study of Political Elites, Englewood Cliffs.
Rohrschneider, Robert 1999: Learning Democracy. Democratic and Economic Values in Unified Germany, Oxford.
Zapf, Wolfgang 1965: Wandlungen der deutschen Elite, München.

Endogenität/Exogenität

→ Bildung, Bündnis 90/Die Grünen, CDU/CSU, DDR, Demokratie, Eliten, Familie, FDP, Frauen/Männer, Generationen, Geschichtliche Phasen der BRD, Gewerkschaften, Identität, Intellektuelle, Kirchen, Kommunen, Konflikt/Konsens, Neue Bundesländer, Politiker/Politische Klasse, Politische Sozialisation: Ost-/Westdeutschland, PDS, Regierung/Regierungsmehrheit/Opposition, Responsivität, Soziale Gerechtigkeit, Soziale Sicherheit, Sozialer Wandel/Modernisierung, SPD, Transition/Transformation, Verbände, Verwaltungskultur, Wahlen/Wähler.

Begriff/Definition:
Unter modelltheoretischer Perspektive versteht man unter Endogenität/Exogenität die Lokalisierung von Bestimmungsfaktoren und Gestaltungspotentialen einer Gesellschaft im Prozeß gesellschaftlichen Wandels. Während Endogenität (En.) als Erklärungsmodell darauf abstellt, daß Veränderungsprozesse im weitesten Sinne primär aus dem Inneren einer Gesellschaft selbst entstehen, hervorgebracht, gestaltet und orientiert werden, bezeichnet Exogenität (Ex.) diejenigen Faktoren, die Veränderungsprozesse in einer Gesellschaft überwiegend von außen induzieren, bestimmen und steuern. Innerhalb der sozialwissenschaftlichen Forschung hat das Begriffspaar En./Ex. durch den Prozeß der deutschen Vereinigung neue Prominenz erfahren. Die unter den Termini → Transition/Transformation gefaßten Übergänge einer Gesellschaft sowjetischen Typs zu einer demokratischen, marktwirtschaftlich und sozialstaatlich verfaßten Gesellschaft veranlaßten die Transformations- bzw. Transitionsforschung danach zu fragen, wodurch diese Übergänge und Veränderungen seit dem Fall der Berliner Mauer bedingt sind und hauptsächlich beeinflußt und gestaltet werden, und zu welchen Konfigurationen dieser Wandel insgesamt und im einzelnen geführt hat. En./Ex. sind vor diesem Hintergrund Aufmerksamkeitsfoki sozialwissenschaftlicher Forschung und in eine theoretische Struktur eingelassen, die empirische Forschung und Materialauswertung ausrichtet und anleitet. Seit dem Beginn der sozialwissenschaftlichen Transformationsforschung hat sich diese theoretische Struktur im Zuge diverser Eigenreflexionen

sowohl verändert, als auch zu einem reichlich komplexen Modell ausdifferenziert (Kollmorgen 1996). Eine Skizzierung dieses Modells ist deshalb für die Behandlung und Bestimmung von En./Ex. im deutsch-deutschen Transitionsprozeß unabdingbar.

Theorien/Konzepte/Modelle:
Die neueste Transformationsforschung arbeitet mit dem Modell der Koppelung von Struktur und Kultur, die zudem historisch aufgefaßt wird (Eisen 1996). In jeder Gesellschaft existieren folglich nicht nur ganz spezifische Interdependenzverhältnisse zwischen Struktur und Kultur, sondern diese Interpenetrationsrelationen unterliegen über die Zeit hinweg spezifischen Veränderungen, so daß Gesellschaft eine geschichtlich aufgeladene und historisch bedingte je spezielle Struktur-Kultur-Formation mit je eigenen Entwicklungspfaden und Entfaltungsmöglichkeiten darstellt. Vor diesem Hintergrund erscheint die deutsch-deutsche Transformation als das Aufeinandertreffen und Ineinanderschieben zweier je eigener historisch gewachsener Struktur-Kultur-Formationen. Hatte die klassische Modernisierungstheorie noch davon gesprochen, daß sowohl der Weg als auch die Gestalt der Ankunftsgesellschaft innerhalb der Prozesse sozialen Wandels vorgezeichnet seien (→ Sozialer Wandel/Modernisierung), so wird diese Auffassung gegenwärtig stark relativiert. Weder gibt es einen Königsweg noch eine etwa exogen vorgegebene Blaupause, der sich eine Transformationsgesellschaft (hier die → neuen Bundesländer) endogen anzupassen habe. Stattdessen geht es um die genaue Untersuchung derjenigen historisch imprägnierten ost- wie westdeutschen Struktur-Kultur-Konfigurationen, die sich auf den unterschiedlichsten Ebenen des gesellschaftlichen und politischen Systems in den Transformationsprozessen herausbilden. Es wird mithin keine große und umfassende allgemeine Theorie des sozialen Wandels (grand theory) mehr angestrebt, sondern ein fallstudiengestützter Zugang gewählt (Wollmann 1996), aus dem man methodisch und zunehmend hermeneutisch kontrolliert und pluralistisch wie interdisziplinär orientiert vorläufige Theorien mittlerer Reichweite zusammenfügt, die gerade kein homogenes Ganzes mehr bilden müssen (Waschkuhn/Thumfart 1999, Merkel/Puhle 1999).

Mit Blick auf die primär politologische Transformationsforschung hat sich eine Dreiteilung dieser Strukturebenen des politischen Systems insgesamt eingebürgert in Makro-, Meso- und Mikroebene. Die Makroebene umfaßt etwa die Länderparlamente, die Verfassungen und die Ministerien, die Mesoebene konnotiert u.a. die Parteien und andere intermediäre Organisationen (→ Verbände) sowie die → Kirchen und die Medien, während sich die Mikroebene einerseits auf die kommunalen Strukturen richtet, andererseits aber auch die pK der Bürger thematisiert. In all diesen Feldern auf all diesen Strukturebenen untersucht die Transformationsforschung eben jenes Aufeinandertreffen zweier spezifischer Gesellschaftsgestalten. Trotz der Distanzierung von den Leitnormen klassischer Modernisierungstheorien sind diese politologischen Analysen jedoch keineswegs normativ beliebig oder normativ desinteressiert. Vielmehr betont die Transformationsforschung, daß es in der politischen Transition immer auch normativ um demokratische Integration der Gesellschaft geht. Dies vor allem deshalb, weil die einzelnen Elemente des politischen Systems selber normativ auf Integration ausgelegt sind (Thumfart 2002). Das schließt aber nun Abweichungen, Eigenentwicklungen und Innovationen dezidiert mit ein (Eisen/Kaase/Berg 1996).

In diesem theoretischen Forschungsraster kehrt dann auch das Begriffspaar En./Ex. wieder. Denn die Aufmerksamkeit richtet sich jetzt darauf, wie der Eliten-, Personal-, Finanz- und Institutionentransfer von den alten in die neuen Bundesländer dort aufgenommen, inkorporiert und ausgestaltet wurde und wird, und welche endogenen bzw. exogenen strukturell-kulturelle historisch informierte Faktoren in welchem Maße zu der je speziellen Gestalt des in Frage stehenden Elements beigetragen haben (Hauser u. a. 1996, Falter/Gabriel/Rattinger 2000). Bei diesen Untersuchungen rücken verstärkt auch die kulturellen Verfaßtheiten und Rollenvorstellungen der einzelnen Akteure und Akteursgruppen in den Mittelpunkt. Dabei geht es sowohl um die Eruierung von kulturellen Hinterlassenschaften (leggacies) bei den einzelnen Akteuren aus dem Gesellschaftssystem der DDR, als auch um das kulturelle Gepäck (luggage), das Akteure aus Westdeutschland in die neuen Bundesländer und die politischen Systemstellen mitgebracht haben. So hat sich ein komplexes, in mehrere Ebenen differenziertes Theoriemodell und Arbeitsprogramm herausgebildet, das letztlich zentral auf En./Ex. abstellt: „Ohne weitere sozialwissenschaftliche Rekonstruktion der DDR, ohne genaue Analysen der institutionell geprägten Handlungsräume, der Strukturierungsmacht der Institutionen (...) und der lebensweltlichen, situativen Handlungskontexte in der DDR (und der alten BRD, A.T.) werden wir die heutigen Entwicklungsprozesse in Ostdeutschland nicht wirklich verstehen und erklären können" (Reißig 1996: 254).

Ergebnisse:
Im folgenden sollen unter diesem Theoriedesign und mit Blick auf endogene/exogene Formierungsfaktoren einige Forschungsergebnisse präsentiert werden, wobei aus jeder der drei Ebenen des politischen Systems je ein Beispiel ausgewählt wird, um schließlich unter primär gerechtigkeitstheoretischen Fragestellungen die pK in Ostdeutschland zu thematisieren (Thumfart 2002).

Mit den Wahlen am 14. Oktober 1990 konstituierten sich in allen fünf neuen Bundesländern die *Landtage*, die zugleich die Aufgabe einer verfassungsgebenden Versammlung hatten. Mit diesen Wahlen zur ersten Legislaturperiode setzte sich ein Wechsel der Funktionseliten fort, der bereits mit der Implosion der Machtelite (→ Elite) der DDR im Oktober 1989 begonnen hatte. Etwa 84 % aller Repräsentanten auf Landesebene, die zu 95 % aus den neuen Bundesländern selbst stammten, hatten erstmalig ein politisches Mandat inne und waren dergestalt Parlamentsneulinge. Gleichwohl waren etwa 45 % aller Abgeordneten keine Politikneulinge, sondern waren bereits vor 1989 Mitglied der SED oder der Blockparteien, hatten aber kaum politische Funktionen im Herrschaftsapparat der DDR inne. Trotz dieser z.T. parteipolitischen Bindungen traf für alle, zu knapp 45 % naturwissenschaftlich-technisch ausgebildete Parlamentarier zu, daß sie amtsunerfahren waren, von der parlamentarischen Praxis wenig oder keine Kenntnisse hatten und unter der Nötigung eines kollektiven und parteienübergreifenden Lern- wie Professionalisierungsprozesses standen. Unter diesen Bedingungen agierten die Abgeordneten ausgesprochen konsensuell (→ Konflikt/Konsens) orientiert, legten auf Parteibindungen keinen großen Wert, ignorierten weitgehend den parlamentarischen Dualismus von → Regierung und Opposition und betrachteten das Parlament als Ganzes als Kontrollinstanz der Regierung. Im Außenverhältnis legten sie auf Wählerresponsivität (→ Responsivität) keinen großen Wert, sondern präferierten eine eigenartige Mischung aus personalistisch und privatistisch akzentuierter Dienstleistungs- und Helferaktivität einerseits und einer starken Option für direktdemokratische Entscheidungsfindungsverfahren andererseits. Gerade in den letzten beiden Punkten verlängerten sich sowohl die Eingabementalität in der DDR wie auch ein rousseauistisch grundiertes Demokratieverständnis, das von der SED zwar propagiert aber nie verwirklicht wurde, zugleich aber auch eine sehr viel längere spezifisch deutsche Tradition der Parlamentarismuskritik seit dem 19. Jhdt. darstellt.

Ab etwa der zweiten Legislaturperiode, die durch eine hohe Personalkontinuität charakterisiert war, griffen Professionalisierungstendenzen, die vor allem durch die Parteienresponsivität der Abgeordneten induziert wurden. Durch die stärkere Einbindung in Parteistrukturen näherten sich die Repräsentanten dem westdeutschen Modell des parlamentarischen Dualismus an, wodurch die fraktionenübergreifende Zusammenarbeit zurückging und insgesamt die Rollencharakteristika westdeutscher Abgeordneter übernommen wurden. Gleichzeitig verschwanden die privatistisch akzentuierten Handlungsmuster sowie die rousseauistische Ausrichtung nicht, sondern traten lediglich in den Hintergrund. So findet sich bei ostdeutschen Parlamentariern ein Amalgam aus endogenen und exogenen Handlungsoptionen, das zu einer Art internem Quasi-Präsidentialismus neigt und im sog. „Magdeburger Modell" seinen deutlichsten Ausdruck findet. In diesem Modell kann (aber muß nicht) das Parlament als Ganzes der Regierung kontrollierend gegenübertreten, können (aber müssen nicht) fallweise fraktionenübergreifende, sachbezogene Allianzen entstehen, und kann (aber muß nicht) das Parlament als Delegierter des Wahlvolkes auftreten. So wurden insgesamt exogen implementierte Strukturen und institutionelle Handlungslogiken übernommen, aber zugleich auch mit dazu querstehenden endogenen kulturellen Wertvorstellungen kombiniert.

Dieses Amalgam ließ sich auch bei den *Verfassungsberatungen* beobachten, allerdings mit schließlich anderem Ergebnis. Die überwiegende Mehrheit der in Ostdeutschland erstellten Entwürfe für neue Landesverfassungen wollte sehr viel mehr direktdemokratische Verfahren einführen, die Kontrolle der Regierung durch das Gesamtparlament ausgeübt wissen und dem Parlament neben der Regierung eine gleichwertige Politikformulierungskompetenz zusprechen. Mit ganz wenigen Ausnahmen wurden diese stark endogenen Regelungen von den Länderparlamenten am Ende der ersten Legislaturperiode allerdings verworfen, so daß es auf der Ebene der Länderverfassungen zu einem deutlich exogen dominierten, auf gesamtdeutsche Kompatabilität ausgerichten Resultat gekommen ist.

Bei den *Parteien* ergibt sich ein anderes Bild. Mit Ausnahme zunächst der → PDS lassen sich parteiintern bei → CDU, SPD, FDP und Bündnis 90/Die Grünen deutliche Trennungen zwischen ost- und westdeutschen Parteigliederungen beobachten, die vor allem damit zu tun haben, daß von diesen Parteien im Prozeß der gesamtdeutschen Verschmelzung kaum spezifisch ostdeutsche Interessen programmatisch aufgenommen wurden. Zudem ist die Zahl der Parteimitglieder in Ostdeutschland für diese Parteien ausgesprochen niedrig, und die Mitglieder zeichnen sich in der Regel eher durch Partizipationserduldung und eine seit längerem internalisierte Duldungsstarre aus, als daß sie aktiv ihre Vorstellungen einbrächten.

Den ostdeutschen *Wählern* (→ Wahlen/Wähler) eignet eine marginale Parteibindung und demzufolge eine sehr hohe Volatilität, die auf rational egoistischem Kalkül beruht, und sich in Ansätzen auch bei westdeutschen Wählern abzeichnet. Ostdeutsche Wähler haben über alle Wahlentscheidungen hinweg Wertorientierungen, die noch deutlich von Elementen des sozialistischen Gesellschaftsmodells geprägt sind. So haben die Wähler einer Partei in Ostdeutschland mehr mit ostdeutschen Wählern anderer Parteien gemeinsam, als mit Wählern derselben Partei in Westdeutschland. Außerdem äußern ostdeutsche Wähler sehr viel deutlichere Vorbehalte gegenüber Parteien und teilen auch nicht die Vorstellung, über Parteien könnten langfristig Gruppeninteressen durchgesetzt werden. Vielmehr nutzen ostdeutsche Wähler die Parteien als Kanäle für persönliches Interessenmanagement, was sich mit den endogenen Verhaltensweisen der Abgeordneten verklammert und diese stabilisiert. Die aus Westdeutschland institutionell und programmatisch importierten Parteien sind dergestalt sowohl im Binnen- als auch im Außenverhältnis exogene Strukturen und intermediäre Organisationen, die kaum mit endogenen kulturellen Wertvorstellungen verkoppelt sind und nur sehr begrenzt eine Integration von Mitgliedern und Wählern in das politische System leisten.

Etwas Ähnliches läßt sich zunächst auch für die Organisationen der Arbeitswelt konstatieren. Sowohl *Arbeitgeberverbände* als auch → *Gewerkschaften* sind schwach verankert. Im Unterschied zu den Parteien verfolgen sie aber Handlungsstrategien, die zu lokalen und stark situativen Korporatismusnetzwerken führen, und schließen durch eine deutliche Re-Verbetrieblichung ihrer Aktivitäten an alte, in der DDR übliche, stark exogen informierte Handlungsmuster an.

Im Unterschied zu den Institutionen der obersten Landesverwaltung, die mit nur ganz wenigen Veränderungen Kopien westdeutscher (exogener) Strukturen sind, lassen sich auf *kommunaler Ebene* starke endogene Einflüsse und Gestaltungsintentionen beobachten, die insgesamt der lokal- und basisdemokratischen Aufbruchstimmung im Gefolge der Wende geschuldet sind. Das betrifft hauptsächlich die neuen Kommunalverfassungen. Wurde insgesamt das Süddeutsche Modell eines direkt gewählten Bürgermeisters neben einem ebenso direkt gewählten Stadtrat (oftmals als Stadtparlament bezeichnet) übernommen, so wurde in den Verfahren zur Abwahl der Bürgermeister völliges Neuland betreten. Je nach Bundesland unterschiedlich wurden direkt über Bürgerbegehren oder durch das lokale Repräsentationsorgan kontrollierte Abwahlverfahren installiert, die dezidiert einen permanenten Einfluß der Bürger gegen Machtkonzentration sicherstellen sollten. Diese Mechanismen, die eine Renaissance des Lokalen als der eigentlichen Arena des Politischen einläuteten, schlossen nicht nur ganz bewußt an Regelungen der Weimarer Republik an (→ Geschichtliche Phasen der BRD), revozierten (nun politisch aufgeladen) nicht nur eine Gegenüberstellung von Staat und Gemeinde aus dem 19. Jhdt., präsentierten im Gewand rousseauistischer Gedanken nicht nur einen auf Landesebene ebenfalls präsenten, nun allerdings institutionell verwirklichten Hintergrundstraum sozialistischer Gesellschaften, sondern wurden ihrerseits zu Vorbildern für erneuerte westdeutsche Kommunalverfassungen.

Auf der Ebene der *Kommunalverwaltungen* ist diese am politischen Bürger orientierte Vorstellung aber noch nicht ganz angekommen. Nach einer Zeit der Existenz zweier deutlich differenter → Verwaltungskulturen, die auf der Seite des ostdeutschen Alt- wie Neupersonals zu einer Abschottung vom Bürger und den westdeutschen Verwaltungsrationalitäten geführt hatte, beginnt sich mittlerweile jedoch eine Bürgerorientierung durchzusetzen, die fast schon paradoxerweise an die Chaoskompetenz und fallorientierte Situationslogik der Kommunalstrukturen der DDR anknüpft. So hat man im Falle der → Kommunen ein eigenartiges Gemisch aus exogenen und vor allem endogenen Faktoren vor sich, die zudem noch aus gänzlich unterschiedlichen Zeiten stammen und ein spezifisches funktionales Äquivalent zu westdeutschen Überlegungen eines neuen Steuerungsmodelles zumindest andeuten. Die *Gemeindebürger* stehen diesen Instituten und den Partizipationschancen jedoch reserviert gegenüber bzw. nutzen sie in der eigenartigen Form des „Bürgermeisterkegelns“, das oftmals nicht von politischen, sondern von eher persönlichen Motiven angetrieben wird.

Überblickt man diese Beispiele aus allen drei Systemebenen, so zeigt sich, daß elementrelativ in unterschiedlichem Grade multiple exogene und endogene Faktoren bei der Transformation und institutionell-kulturellen Ausgestaltung eine Rolle gespielt haben und weiterhin spielen. Diese Ergebnisse verhindern einseitige Pauschalisierungen, demonstrieren zugleich die Variationsbreite, Vielschichtigkeit und Pluralität deutsch-deutscher Transitionsereignisse und dokumentieren die (auch politisch-praktische) Fruchtbarkeit der theoretischen Fokussierung insgesamt.

Unter einer gerechtigkeitstheoretischen Perspektive gilt abschließend unsere Aufmerksamkeit der pK in Ostdeutschland. Gerade in jüngster Zeit hat sich eine empirische *Gerechtigkeitsforschung* installiert, die interdisziplinär, komparatistisch und methodenpluralistisch Einstellungen und Maßstäbe der Bürger in Fragen der Gerechtigkeit gerade in postkommunistischen Gesellschaften zu erforschen sucht

(Schmitt/Montada 1999). Mit Blick auf die ostdeutschen Bürger zeigen diese, noch zu intensivierenden Forschungen ein verwickeltes Bild. So ist zunächst festzuhalten, daß die überwiegende Mehrheit der Ostdeutschen in solchen Items wie Solidarität, → soziale Sicherheit, Anerkennung von Leistungen, Ausbildung und Chancengleichheit eindeutig Verlusterfahrungen äußert. In all diesen Topoi schneidet bei den Bürgern die DDR zum Teil erheblich besser ab als die neue Bundesrepublik. Interessant ist nun, daß diese Bewertungen nahezu mit den Kriterien von gerecht/ungerecht zur Deckung gebracht werden. Bis auf eine Ausnahme, auf die noch eingegangen wird, werden die Verluste als ungerecht qualifiziert, der lediglich Reisefreiheit und materielle Konsummöglichkeiten als gerechte Gewinne gegenüberstehen. Diese Gerechtigkeitsurteile ruhen zum größten Teil auf Vorstellungen von Gerechtigkeit (→ Soziale Gerechtigkeit), die wesentlich mit Gleichheit zu tun haben und sich aus einer Sozialisation in der DDR (→ pS: Ost-/Westdeutschland) herleiten. Vor diesem Hintergrund wird eine primär westdeutsche Verteilungsregel (Leistungsgerechtigkeit), die ökonomische Ungleichheit zur Folge hat, abgelehnt.

Gleichzeitig läßt sich jedoch feststellen, daß ökonomische Faktoren in Gerechtigkeitsurteilen nur einen Teil der Urteilsfaktoren darstellen. Denn weder die Verlusterfahrungen noch die Ungerechtigkeitsbewertungen variieren signifikant mit Einkommen, Alter (→ Generationen), sozialer Lage, Geschlecht (→ Frauen/Männer) und → Bildung. Entscheidend für Gerechtigkeitsurteile und die Legitimität von Verteilungsregeln scheint vielmehr zu sein, wie die Permeabilität zwischen beiden deutschen Teilgesellschaften eingeschätzt wird. Je höher die Durchlässigkeit bewertet wird, desto größer ist die Akzeptanz von Leistungsgerechtigkeit und der Legitimitätsglaube und umso geringer die Ungerechtigkeitsvermutung. Empirische Untersuchungen haben nun gezeigt, daß die meisten Ostdeutschen die Permeabilität zwischen Ost- und Westdeutschland als sehr gering einschätzen und auch keine Verbesserung für die Zukunft erwarten. Vielmehr geht die Mehrheit der Ostdeutschen von stabilen fortgeltenden und vor allem getrennten, wechselseitig fremden kollektiven → Identitäten aus, was die Verlusterfahrungen stabilisiert, die DDR im Rückblick und aktuellen Vergleich weiterhin die gerechtere Gesellschaft bleiben läßt und den systembedingten Gerechtigkeitsmaßstab der Gleichheit in Geltung hält. Es sind also hauptsächlich endogene (systemrelative und historische) Erfahrungen und Deutungsmuster (Selbst- wie Fremdbilder) aus einer 40-jähriger Geschichte der deutsch-deutschen Teilung, die in aktuelle Gerechtigkeitsurteile prägend einfließen.

Es spricht deshalb einiges dafür, daß der Versuch der materiellen Verbesserung der Lebenssituation in Ostdeutschland nur sehr bedingt einen positiven Einfluß auf eine Änderung der Gerechtigkeitsurteile und Identitätszuschreibungen haben wird. Sehr viel entscheidender scheint zu sein, ob es im deutsch-deutschen Transformationsprozeß gelingt, gemeinsame Mitgliedschaften zu entwickeln und sich diskursiv auf die Anwendung kollektiv teilbarer Gerechtigkeitsregeln zu einigen. Diese Diskussion hängt aber entscheidend davon ab, ob endogene Wertmaßstäbe artikuliert und deren Berücksichtigung und/oder Anwendung eingefordert werden. Hier zeigt sich allerdings, daß (anders als in Westdeutschland) die Erfahrung der Ungerechtigkeit in Ostdeutschland bei den Bürgern - weitgehend unabhängig von Alter, Geschlecht, Einkommen und Bildung - nicht zu Artikulation, Partizipationsforderungen und Protest, sondern zum Rückzug in stumme Verweigerung und Nischen führt. Ansatzpunkte für eine kollektive Identität und gleichgewichtige Mitgliedschaft, die zumindest als Arena für polemische Integration dienen könnte, scheint es allerdings bei der Kohorte der 16-24-Jährigen zu geben. Im Unterschied nämlich zu den älteren Kohorten, die sich zum Teil sehr deutlich (bis zu 85 %) primär und nahezu ausschließlich als Ostdeutsche definieren (nur zu etwa 20 % als Bürger der neuen Bundesrepublik), bezeichnet sich diese jüngste Kohorte zwar auch zu 79 % als Bürger der untergegangenen DDR, sieht sich aber zu 81 % zugleich als Bürger der neuen Bundesrepublik. Hier gibt es zumindest Hoffnung, zumal die alltäglichen Erfahrungen bei dieser Kohorte einen noch großen Einfluß auf Gerechtigkeitsurteile haben. Allerdings müßten gerade hier auch Untersuchungen über westdeutsche Jugendliche unternommen werden.

Überraschenderweise stellt „Solidarität" die Ausnahme von der obigen Regel dar. Der Verlust der Solidarität wird zwar beklagt, aber gerade nicht unter der Dichotomie gerecht/ungerecht rubriziert. Zwar ist eine Interpretation dieses Befundes noch tentativ, aber es könnte sehr wohl sein, daß sich hier ein gewisser Wandel vollzieht. Denn Untersuchungen zeigen, daß ostdeutsche Bürger Solidarität gleichsam aufspalten und die Solidarität mit dem engen Kreis der → Familie und den engsten Freunden verbinden, relativ ferne Bezugsgruppen jedoch nicht mehr (wie ein paar Jahre zuvor) miteinbeziehen. Die Kontaktnötigung, die in der Schattenwirtschaft der DDR ausgebildet wurde und eine Solidarität mit Entfernten empfahl, wird nun im intertemporären wie gegenwartsbezogenen Vergleich eher als unnötige Belastung empfunden, deren Verlust nicht weiter dramatisch und beurteilungsrelevant ist, solange der enge Kreis erhalten bleibt. Dies aber könnte zugleich die Möglichkeit eröffnen, daß sich einzelne Familien auf den Weg machen, in Wettbewerb mit Westdeutschen zu treten, was die Erfahrung der Permeabilität erhöhen und so zu einer gesamtdeutschen Mitgliedschaft führen könnte, von der die meisten Ostdeutschen allerdings glauben, daß sie noch ca. 20 Jahre auf sich warten lassen wird.

Faßt man diese Ergebnisse zur pK zusammen, so wird neben der signifikanten Bedeutung von En. in den Beurteilungsfaktoren und für die zukünftigen Pfadpotentiale eine weitere Bedeutungsschicht von En. sichtbar: die Aufforderung, die eigenen Vorstellungen zu äußern und der Diskussion und dem demokratischen Widerstreit auszusetzen. Konfliktmanagement, Dissensstrategien und Ambiguitätstoleranz müssen erlernt werden, sie bieten dann aber die Möglichkeit, En.-Potentiale, Eigenvorstellungen und Innovationen zu verwirklichen und gesamtdeutsch demokratisch umzusetzen. Demokratische Integration und En. via Streit werden gerade als situationsadäquate Entwicklungsagenturen dann nötig, wenn nur noch 11 % der Ostdeutschen (1999) die → Demokratie in ihrer Performanz und ihren Prinzipien uneingeschränkt bejahen.

Alexander Thumfart

Literatur:

Eisen, Andreas 1996: Institutionenbildung und institutioneller Wandel im Transformationsprozeß. Theoretische Notwendigkeiten und methodologische Konsequenzen einer Verknüpfung struktureller und kultureller Aspekte des institutionellen Wandels, in: Eisen, Andreas/Wollmann, Hellmut (Hrsg.): Institutionenbildung in Ostdeutschland. Zwischen externer Steuerung und Eigendynamik, Opladen, S. 33-61.

Eisen, Andreas/Kaase, Max/Berg, Frank 1996: Transformation und Transition: Zur politikwissenschaftlichen Analyse des Prozesses der deutschen Vereinigung, in: Kaase, Max/Eisen, Andreas/Gabriel, Oscar W./Niedermeyer, Oskar/Wollmann, Helmut: Politisches System, Opladen, S. 5-46.

Falter, Jürgen W./Gabriel, Oscar W./Rattinger, Hans (Hrsg.) 2000: Wirklich *ein* Volk? Die politischen Orientierungen von Ost- und Westdeutschen im Vergleich, Opladen.

Hauser, Richard/Glatzer, Wolfgang/Hradil, Stefan/Kleinhenz, Gerhard/Olk, Thomas/Pankoke, Eckhart 1996: Ungleichheit und Sozialpolitik, Opladen.

Kollmorgen, Raj 1996: Schöne Aussichten? Eine Kritik integrativer Transformationstheorien, in: Kollmorgen, Raj/Reißig, Rolf/Weiß, Johannes (Hrsg.): Sozialer Wandel und Akteure in Ostdeutschland. Empirische Befunde und theoretische Ansätze, Opladen, S. 281-331.

Merkel, Wolfgang/Puhle, Hans-Jürgen 1999: Von der Diktatur zur Demokratie. Transformationen, Erfolgsbedingungen, Entwicklungspfade, Opladen.

Reissig, Rolf 1996: Perspektivenwechsel in der Transformationsforschung, in: Kollmorgen, Raj/Reissig, Rolf/Weiß, Johannes (Hrsg.): Sozialer Wandel und Akteure in Ostdeutschland. Empirische Befunde und theoretische Ansätze, Opladen, S. 245-262.

Schmitt, Manfred/Montada, Leo (Hrsg.) 1999: Gerechtigkeitserleben im wiedervereinigten Deutschland, Opladen.

Thumfart, Alexander 2002: Die politische Integration Ostdeutschlands, Frankfurt a.M.

Waschkuhn, Arno/Thumfart, Alexander (Hrsg.) 1999: Politik in Ostdeutschland. Lehrbuch zur Transformation und Transition, München/Wien.

Wollmann, Hellmut 1996: Institutionenbildung in Ostdeutschland: Neubau, Umbau und „schöpferische Zerstörung", in: Kaase, Max/Eisen, Andreas/Gabriel, Oscar W./ Niedermeyer, Oskar/Wollmann, Helmut: Politisches System, Opladen, S. 47-153.

Europa

→ *Außenbeziehungen: Selbstbild/Fremdbild, DDR, Geschichtliche Phasen der BRD, Globalisierung, Identität, Öffentlicher Dienst/Sektor, Politikberatung, Politiker/Politische Klasse, Politikverdrossenheit, Regionale/Lokale politische Kultur, Republikaner/DVU, Soziale Sicherheit.*

Entwicklungslinien:
Bemühungen zur (west-)europäischen Einigung fanden bereits in den ersten Nachkriegsjahren ein hohes Maß an Unterstützung. Für diese positive Grundeinstellung waren eine Reihe von Faktoren verantwortlich. Es fehlte die ungebrochene Tradition des Nationalstaates; dieser galt vielmehr als diskreditiert. In Widerstand und Untergrund erarbeitete Neuordnungskonzepte, die auf Kooperation und europäische Einigung setzten, hatten dazu beigetragen, eine integrationsbejahende Grundstimmung vorzubereiten. Mit der föderalen Tradition in Deutschland war die Erfahrung verbunden, daß die Eingliederung kleinerer Einheiten in ein größeres Ganzes ihre Identitäten nicht beseitigt. Die Beteiligung an der (west-)europäischen Einigung galt sodann als förderlich für die Erreichung wichtiger Ziele der BRD: Erlangung politischer Gleichberechtigung und Rückkehr in die Staatengemeinschaft; wirtschaftlicher Wiederaufbau; Sicherheit vor der als akut empfundenen Bedrohung durch die UdSSR, womit die westeuropäische Orientierung eine antikommunistische Komponente erhielt; schließlich auch die Wiedervereinigung Deutschlands. Mit *Europa* (E.) wurde *Zukunft* assoziiert.

Einstellungen zur Europäischen Union und zum europäischen Integrationsprozeß:
Diese positive Grundeinstellung wird als diffuse Unterstützung, als „permissive consensus" gegenüber Existenz und Entwicklung der EG interpretiert. Die Zustimmung zur EG/EU-Mitgliedschaft erfuhr 1985/86 (Binnenmarkt-Projekt) mit etwa 65 % und 1990 (Euphorie in Verbindung mit der deutschen und europäischen Wiedervereinigung) mit über 70 % einen Höhepunkt, um 1993 (Vertrag von Maastricht mit Bestimmungen zur Währungsunion) auf 50 % und 1996 (Debatte um die endgültige Realisierung der Währungsunion und die Einführung des die DM ersetzenden „Euro") auf unter 40 % zu sinken; von Frühjahr bis Herbst 2000 stieg der Wert von 41 % auf 48 % (bei 14 % Ablehnung), bei deutlichen Unterschieden zwischen Deutschland-West (50 %) und Deutschland-Ost (40 %). Die generelle Zustimmung seit den 70er Jahren wird ergänzt durch zunehmende Nüchternheit, später auch durch Skepsis, Verunsicherung und Kritik, bezogen auf bestimmte Aspekte des nunmehr als alltägliche und komplizierter (also auch „fremder" und intransparenter) werdende Realität angesehenen Integrationsprozesses.

Einstellungen zu verschiedenen Dimensionen des Integrationsprojekts EG/EU zeigen ein hohes Maß an Ambivalenz. Was die Leistung der EG angeht, so dominierte von Anfang an eine utilitaristische Beurteilung: 1968 wurden als vier Hauptvorteile billigere und stabile Preise (29 %), größere wirtschaftliche Einheit (22 %), bessere Exportchancen (21 %) und Zollsenkung (14 %) genannt. Was die Einschätzung der Vorteile aus der EG/EU-Mitgliedschaft für die BRD betrifft, so lagen die Werte meist unter dem Gemeinschaftsdurchschnitt. Am höchsten waren sie 1985/86 mit über 50 % und 1990 mit knapp über 60 % - analog der generellen Zustimmung zur Mitgliedschaft -, um dann stark zu fallen: von über 40 % 1993 auf ein „historisches" Tief von nur 32 % 1996/97. Dem entsprachen höhere Werte für die Einschätzung, die Mitgliedschaft bringe keine Vorteile: über 40 % 1996 gegenüber nur 15 % 1983 und 20 % 1990. Diese Zahlen spiegeln u.a. die sich seit den 80er Jahren als Folge von Politiker-Aussagen ausbreitende Auffassung, wonach die BRD „Zahlmeister" E. sei, andere Mitgliedstaaten also einseitig profitierten. Die Tiefstwerte der 90er Jahre gehen auf die Debatte um die Einführung des „Euro" zurück, der von der Mehrheit der Deutschen abgelehnt wurde. Selbst CDU-Anhänger votierten nur mit 36 % zugunsten des von Bundeskanzler Kohl nachdrücklich favorisierten Projekts. Hauptgründe für die mehrheitliche Ablehnung der Währungsunion waren der Stolz auf die DM und die mit ihr bisher verbundene Stabilität, und deshalb - vor dem Hintergrund nationaler Erfahrungen mit Währung und Inflation - Sorgen vor den geldpolitischen Konsequenzen der Währungsunion: höhere Inflationsraten und mangelnde Währungsstabilität. Eine deutliche Mehrheit der Deutschen (54 %) räumte gleichzeitig ein, daß die gemeinsame Währung für den Fortgang der europäischen Einigung wichtig sei; und 57 % waren sich bewußt, daß die Wirtschaft die Einführung des Euro unterstützt. Angehörige der politischen und wirtschaftlichen Elite standen mit 80 % hinter dem Projekt. Nachdem 1998 die endgültige Entscheidung zugunsten des Euro gefallen war, kam es zu einem Umschwung in der öffentlichen Einschätzung: Im Frühjahr 1999 stimmten 57 % für und 33 % gegen die gemeinsame Währung. Sicherlich als Folge des Wertverlustes des Euro gegenüber dem Dollar änderte sich die Einschätzung erneut recht stark: Im Herbst 2000 waren 47 % dafür und 44 % dagegen. Auffallend ist wiederum die Diskrepanz zwischen Deutschland-West (51 gegenüber 41 %) und Deutschland-Ost (36 gegenüber 55 %).

Die allgemeinen sich aus der Mitgliedschaft ergebenden Vorteile wurden nach 1997 wieder positiver gesehen. Im Herbst 2000 waren jeweils 39 % der Deutschen der Auffassung, die EU-Mitgliedschaft bringe Vorteile bzw. keine Vorteile. Signifikant sind erneut die Unterschiede zwischen Deutschland-West (42 gegenüber 36 %) und Deutschland-Ost (30 gegenüber 50 %). Aufschlußreich sind in diesem Zusammenhang die Aussagen von Angehörigen ganz unterschiedlicher Gruppen der Bevölkerung, welche individuellen Vorteile sie der EU-Mitgliedschaft der BRD zuschreiben. Während in der EU 29 % mehr Vorteile, 16 % mehr Nachteile und 41 % eine Balance zwischen Vor- und Nachteilen sehen, lauten die Werte für Deutschland insgesamt wie folgt, wobei die Diskrepanz zwischen West und Ost (Zahlen in Klammern) signifikant ist: 25 % (26 bzw. 21 %) und 22 % (22 bzw. 25 %), sowie 42 % (41 bzw. 45 %). Aufgeschlüsselt nach bestimmten Gruppen ergibt sich folgendes Bild: Deutlich mehr Vorteile erwarten Personen mit Fremdsprachenkenntnissen, also mit höherer → Bildung, jüngere Menschen, Politiker (→ Politiker/Politische Klasse), Repräsentanten größerer Unternehmen, leitende Angestellte, Angehörige des → Öffentlichen Dienstes, sowie Rechtsanwälte, Ärzte und Architekten. Deutlich mehr Nachteile erwarten ältere Menschen, Bauern, in landwirtschaftlichen Regionen lebende Menschen, selbständige Handwerker, Arbeiter, Rentner und Arbeitslose, wobei die Werte für Deutschland-Ost bezüglich der Nachteile signifikant höher und bezüglich der Einschätzung der Vorteile - mit der Ausnahme der Menschen mit höherer Bildung - deutlich niedriger liegen.

Was das Regime der EG/EU, also Aufgaben- und Kompetenzbereich und darauf ausgerichtetes Institutionengefüge angeht, so waren die Deutschen 1973 die stärksten Befürworter supranationaler Lösungen (42 %), gegenüber intergouvernementaler Kooperation (29 %) und Beibehaltung der nationalen Souveränität (15 %). Ein sehr viel differenzierteres Bild ergibt sich, wenn man die Angaben zur gewünschten Kompetenzverteilung zwischen der Gemeinschaft und den Mitgliedstaaten berücksichtigt. Bereits damals wurde für Politikbereiche wie Umweltschutz, Verteidigung, wissenschaftliche Forschung, Drogenbekämpfung, Entwicklungshilfe und Verhandlungen mit den Weltmächten von deutlichen Mehrheiten eine EG-Kompetenz befürwortet, während für andere Politikbereiche (wie Auslandsinvestitionen im eigenen Land, wirtschaftliches Wachstum, Arbeitslosigkeit und Inflation) nationale Vorbehalte unverkennbar stark waren. Dieses Bild hat sich bis 2000 nicht wesentlich verändert. Eine deutliche Mehrheit der Deutschen befürwortet europäische Lösungen für die Bereiche Verteidigung, Umwelt, Außenpolitik, Bekämpfung des Drogenproblems und der organisierten Kriminalität sowie Arbeitslosigkeit (hier ist gegenüber 1992 ein deutlicher Wandel erfolgt); während nationale Lösungen mehrheitlich für Bereiche wie Gesundheit und Soziales, Medien, Erziehung, Kultur, Polizei, Justiz, aber auch Einwanderung und Asyl bevorzugt werden. Was das Tempo der Integration betrifft, so ist von den 70er zu den 90er Jahren die Zahl derer, die für ein schnelleres Tempo plädieren, deutlich zurückgegangen (Bruchstelle war Anfang der 90er Jahre von 49 auf 10 %) und die Zahl derer, die für ein langsameres Tempo plädieren, ist deutlich angewachsen (von 4 auf 33 %). Die Befürworter eines gleichbleibenden Tempos haben von 34 auf 42 % zugenommen. Nach der Wiedervereinigung erwarten mehr Deutsche einen größeren politischen Einfluß für die BRD in der EU (48 %); gleichwohl ist die Zahl der Befürworter von Mehrheitsentscheidungen im Rat im Jahr 2000 mit 47 % höher als die der Befürworter des Einstimmigkeitsprinzips mit 37 %. Und 36 % der Deutschen sind für mehr Rechte des Europäischen Parlaments, 15 % für eine geringere und 25 % für eine gleichbleibende Rolle. Die Beachtung des Subsidiaritätsprinzips ist für 66 % sehr wichtig (nicht wichtig für 16 %).

Auffallend und vom EU-Durchschnitt abweichend ist die Einstellung zur EU-Erweiterung: 36 % sind im Jahr 2000 für, 43 % gegen die Erweiterung (EU: 44 bzw. 35 %). Was die Kriterien für die Aufnahme neuer Mitglieder anbetrifft, so sprechen sich 77 bis 94 %, je nach Kriterium, für deren unbedingte Einhaltung als Aufnahmebedingung aus. In diesen Zahlen wird die Dominanz utilitaristischer Erwägungen deutlich. Was einzelne potentielle neue Mitgliedstaaten betrifft, so wird von den Staaten, mit denen die EU gegenwärtig Beitrittsverhandlungen führt, lediglich die Aufnahme Ungarns und Maltas mehrheitlich befürwortet. Im Fall Tschechiens halten sich Befürworter und Gegner in etwa die Waage, während die Mitgliedschaft der anderen Kandidatenstaaten keine Mehrheit findet. Die Ablehnung ist besonders deutlich im Falle Rumäniens und Bulgariens, wobei die Ablehnung Rumäniens noch deutlicher als die der Türkei ausfällt. Die gegenwärtig gar nicht aktuelle Mitgliedschaft Norwegens und der Schweiz wird demgegenüber von drei Vierteln der Deutschen befürwortet. Auch diese Werte gehen zweifellos auf Sorgen vor den insbesondere materiell, aber auch hinsichtlich der inneren Sicherheit möglichen negativen Konsequenzen der Osterweiterung zurück.

Was das Vorhandensein einer europäischen, also gemeinschaftlichen → Identität, eines „Wir"-Gefühls, angeht, so glauben Umfrageforscher Ansätze eines Gemeinschaftsbewußtseins identifizieren zu können, erklären nationale Loyalitäten (einschließlich der lokalen und regionalen) aber für nach wie vor dominierend. Umfragedaten aus dem Jahr 2000 bestätigen die Tendenz zugunsten der Herausbildung einer europäischen Teil-Identität, die die nationale (sowie lokale und regionale) ergänzt. Nach wie vor unbefriedigend sind die Kenntnisse der Deutschen über Angelegenheiten der EU, als Folge der wachsenden Kompliziertheit europäischer Politik sogar mit zunehmender Tendenz. Nur ein Drittel fühlen sich einigermaßen informiert, gegenüber zwei Dritteln, die fast nichts (14 %) bzw. nur ein wenig (49 %) über die EU wissen. Die von manchen Ambivalenzen geprägte Einstellung zu E. und dem Integrationsprozeß läßt sich zu einem Teil sicherlich mit diesen Defiziten im kognitiven Bereich erklären.

Rudolf Hrbek

Literatur:

Herz, Thomas A. 1978: Europa in der öffentlichen Meinung. Zur politischen Mobilisierung in Deutschland und Frankreich zwischen 1962 und 1973, Bonn.

Europäische Kommission (Hrsg.): Eurobarometer. Die öffentliche Meinung in der Europäischen Union. Erscheint seit 1973 zweimal pro Jahr, letzte Ausgabe Nr. 54, April 2001.

Noelle-Neumann, Elisabeth/Petersen, Thomas 1999: Die Bürger in Deutschland, in: Weidenfeld, Werner (Hrsg.): Europa-Handbuch, Bonn, S. 585-602.

Eckstein, Gabriele/Pappi, Franz Urban 1999: Die öffentliche Meinung zur europäischen Währungsunion bis 1998: Befund, geldpolitische Zusammenhänge und politische Führung in Deutschland, in: Zeitschrift für Politik 46, S. 298-334.

Teschner, Julia 2000: No longer Europe's Europhiles? Euroscepticism in Germany in the 1990s, in: Journal of European Integration 22, S. 59-86.

Externe politische Effektivität

→ Anomie/Entfremdung, Bildung, Demokratie, Frauen/Männer, Massenmedien, Neue Bundesländer, PDS, Politiker/Politische Klasse, Politikverdrossenheit, Politische Beteiligung, Politische Informiertheit, Politische Kompetenz, Politische Unterstützung, Politisches Vertrauen, Regierung/Regierungsmehrheit/Opposition, Responsivität, Sozialstruktur, Wahlen/Wähler.

Begriff/Definition:

Der Souverän einer → Demokratie ist das Volk. Dieses nimmt mehr oder weniger direkt an der politischen Entscheidungsfindung teil. In repräsentativen Demokratien erfolgt die Teilnahme in der Regel über die Auswahl von Repräsentanten aus einem breiten Personalangebot. Obwohl die Abgeordneten in modernen Demokratien nicht mehr über imperative Mandate an die Interessen der Wähler (→ Wahlen/Wähler) gebunden sind, wird von ihnen, den Parteien und dem politischen System als solchem aus normativer Perspektive eine Berücksichtigung der Bürgerinteressen im politischen Entscheidungsprozeß erwartet. Diese hat nicht allein die Wiederwahl zu sichern. Vielmehr kann sie als Verkörperung des demokratischen Elements dieser Regierungsform verstanden werden. Gleichzeitig dient sie zur Sicherung der dauerhaften → politischen Unterstützung von Seiten der Bevölkerung. Die Rücksichtnahme der → Politiker auf die Interessen der Bürger bzw. deren Chance, auf politische Entscheidungen Einfluß nehmen zu können, sollte sich als Aspekt der pK einer Demokratie in entsprechenden Einstellungen der Bevölkerung widerspiegeln. In der pKf werden diese Einstellungen u.a. als externe politische Effektivität (epE) oder External Efficacy bezeichnet. Sie stehen für die Wahrnehmung der Offenheit des politischen Systems für eigene Anliegen bzw. das Vertrauen in die Rücksichtnahme der Politiker und Parteien und geben Auskunft über den Grad der Verbundenheit zwischen Bürgern und politischem System. Außerdem wird vermutet, sie förderten die → politische Beteiligung der Bürger, indem sie die Erfolgschancen ihrer Partizipation erhöhen.

Die institutionellen Regelungen innerhalb eines Systems, die die Teilnahme der Bürger an der Politik definieren, dürften auf das Ausmaß des Gefühls der epE in der Bevölkerung einen maßgeblichen Einfluß besitzen. In Systemen, die durch umfassende direktdemokratische Verfahrenselemente gekennzeichnet sind, ist ein höheres Effektivitätsgefühl der Bevölkerung zu vermuten als in strikt repräsentativen Demokratien, in denen die Bürger lediglich über sporadisch stattfindende Wahlen an der politischen Richtungsentscheidung teilnehmen und der Zugang zur Politik ansonsten auf Wenige beschränkt bleibt. Dort dürfte das Gefühl der epE der Bürger in stärkerem Maße vom tatsächlichen Verhalten der Politiker und Parteien beeinflußt werden. Während der Legislaturperioden können diese ihre politischen Entscheidungen mehr oder weniger stark mit den Interessen der Bevölkerung in Übereinstimmung bringen (→ Responsivität). Der Grad an Kongruenz dürfte sich dann wiederum in den Einstellungen der Bürger zeigen, die ihre epE um so höher einschätzen müßten, je größer die Responsivität ist, die ihnen von Seiten der Politik entgegengebracht wird. Empirische Belege für diese Vermutungen liegen bislang zwar noch nicht vor. Vor allem aber in der Diskussion um neue Beteiligungsmodelle auf kommunaler Ebene wird von entsprechenden Zusammenhängen ausgegangen.

Theorien/Konzepte/Modelle:
Anfang der 50er Jahre entwickelten Campbell, Gurin und Miller das Konzept „Political Efficacy“. Ihre Absicht war es, Ursachen für die Bereitschaft aufzudecken, sich an Wahlen zu beteiligen. Neben Faktoren wie der Attraktivität von Kandidaten oder der Wichtigkeit bestimmter Themen, so nahmen sie an, müßte zusätzlich eine psychologische Komponente die Wahlbeteiligung von Individuen beeinflussen. „Sense of political efficacy may be defined as the feeling that individual political action does have, or can have, an impact upon the political proccss, i.e., that it is worth while to perform one‘s civic duties. It is the feeling that political and social change is possible, and that the individual citizen can play a part in bringing about this change“ (Campbell/Gurin/Miller 1954: 187). Lane (1959) vermutete jedoch wenig später, Political Efficacy beinhalte theoretisch zwei Dimensionen. Um Einfluß auszuüben, muß ein Individuum sich selbst bestimmte Fähigkeiten zuschreiben. Außerdem muß gewährleistet sein, daß das politische System für Außeneinflüsse offen ist und auf sie reagiert. Über diese Zweidimensionalität des Konzeptes besteht mittlerweile Einigkeit in der Einstellungsforschung (Vetter 1997, Craig/Niemi/Silver 1990, Balch 1974). „Internal Efficacy“ bezieht sich auf die wahrgenommenen eigenen Fähigkeiten, politischen Einfluß ausüben zu können (→ Politische Kompetenz) und stellt einen Aspekt der → demokratischen Persönlichkeit(sstruktur) eines Individuums dar. „External Efficacy“ dagegen steht für den wahrgenommenen Grad an Responsivität von Seiten des politischen Systems, d.h. seine Offenheit für die Anliegen der Bürger. Damit steht das Konzept in großer inhaltlicher Nähe zum → politischen Vertrauen der Bevölkerung in die Politik, bei dem es sich um eine generalisierte Unterstützungseinstellung handelt. Sie resultiert aus wiederholten positiven Erfahrungen mit einem politischen Objekt und ist verbunden mit zukünftigen Erwartungen an das Vertrauensobjekt, ohne permanente Kontrolle im Sinne des Vertrauensgebers zu handeln. Der Begriff epE wird im folgenden synonym mit dem Begriff „politisches Responsivitätsgefühl“ verwendet.

Ergebnisse:
Über die empirische Messung der epE besteht in der politikwissenschaftlichen Einstellungsforschung noch immer keine Einigkeit, wenngleich in den letzten Jahren Modifikationen des Meßinstrumentes zu annähernd validen und reliablen Ergebnissen geführt haben. In der Regel wird die Zustimmung bzw. Ablehnung von Befragten zu verschiedenen Aussagen zu einem Index der epE zusammengefaßt. Die Standardaussagen, auf die in Umfragen zurückgegriffen wird, lauten: „Die Parteien wollen nur die Stimmen der Wähler, ihre Ansichten interessieren sie nicht“, „Die Abgeordneten bemühen sich um einen engen Kontakt zur Bevölkerung“ und „Politiker kümmern sich darum, was einfache Leute denken“.

Erste Messungen des Responsivitätsgefühls in den USA Ende der 60er Jahre zeigten, daß damals immerhin fast die Hälfte der Bevölkerung glaubte, Politiker und Parteien nähmen auf ihre Anliegen Rücksicht. Während der beiden folgenden

Jahrzehnte ging dieser Glaube jedoch stark zurück und machte einem breiten Mißtrauen der Bürger in die Politik Platz. 1992 wiesen nur noch 34 % der weißen Amerikaner ein hohes Effektivitätsgefühl auf (Abramson u. a. 1994: 118). Dieser Rückgang des Responsivitätsgefühls wird u.a. mit der Watergate-Affäre, den Folgen des Vietnam-Krieges und einer negativen politischen Berichterstattung in den Medien (→ Massenmedien) in Verbindung gebracht. Eindeutige empirische Belege für diese Zusammenhänge existieren jedoch nicht. Außerdem werden ähnliche Veränderungen auch für andere westliche Demokratien beschrieben. Die Entwicklung in der BRD deutet allerdings eher auf starke Fluktuationen der epE hin als auf einen konstanten Rückgang. Umfragen aus dem Jahr 1969 belegen, daß schon damals nur ein Drittel der Bundesbürger die Aussage ablehnte „Politiker kümmern sich nicht viel darum, was Leute wie ich denken" und damit ein hohes Maß an externer Effektivität empfand. Mitte der 70er Jahre nahm das Responsivitätsgefühl allerdings auf deutlich über 40 % der Befragten zu, um bis Ende der 80er Jahre wieder auf etwa 30 % zu sinken. Neuere Studien, denen detailliertere Zeitreihen zur Verfügung stehen, zeigen, daß das Ausmaß der epE in der deutschen Bevölkerung nicht willkürlich schwankt, sondern mit den Wahlperioden in Verbindung steht. So nahmen die Bürger in den Jahren der Bundestagswahlen von 1990, 1994 und 1998 die Offenheit des politischen Systems deutlich stärker wahr als während der Legislaturperioden (Vetter 2000). Dies kann auf zweierlei Ursachen zurückgeführt werden. Zum einen scheinen Politiker und Parteien mit dem Näherrücken des Wahltermins ihre politischen Entscheidungen tatsächlich stärker mit den Interessen der Bürger in Übereinstimmung zu bringen. Entsprechende Befunde finden sich in den USA, aber auch in der BRD (Brettschneider 1995). Zum andern stellen Wahlen in repräsentativen Demokratien die klassische Form der Bürgerbeteiligung dar, die von einer breiten Masse genutzt wird. Wahlen geben den Bürgern die Möglichkeit, über die entsprechende Personalauswahl auf zukünftige politische Entscheidungen in ihrem Interesse Einfluß auszuüben. Folglich dürfte das Näherrücken des Wahltermins die Wahrnehmung der Offenheit des politischen Systems stärken.

Umfragedaten aus dem Jahr 1995 zeigen, daß zwischen den Geschlechtern (→ Frauen/Männer) keinerlei Unterschiede in der Wahrnehmung der politischen Responsivität bestehen und die entsprechenden Werte in den → neuen Bundesländern nur unwesentlich unter dem Westniveau liegen. Deutliche Differenzen bestehen in den alten Bundesländern dagegen in verschiedenen Bildungsgruppen (→ Bildung). Befragte mit hohem Bildungsabschluß (Abitur oder Fachabitur) sehen ein wesentlich größeres Ausmaß an politischer Offenheit, während Befragte mit niedrigerem Bildungsniveau die Rücksichtnahme der Politik auf ihre Interessen weniger stark empfinden. Dies mag einerseits darauf zurückzuführen sein, daß ein hohes Bildungsniveau mit einer umfassenderen Wahrnehmung von politischen Einflußmöglichkeiten verbunden ist. Andererseits hängen Bildungsniveau und sozialer Status eng miteinander zusammen. Letzterer wiederum dürfte den Zugang zu politischen Entscheidungsträgern erleichtern. In Ostdeutschland finden sich entsprechende Bildungsabhängigkeiten nur bei jüngeren Befragten (Hoffmann-Lange 1997). Schließlich treten Unterschiede im Responsivitätsgefühl auch in Abhängigkeit von der Nähe zum jeweiligen Regierungs- bzw. Oppositionslager (→ Regierung/Regierungsmehrheit/Opposition) auf. Die Anhänger des Regierungslagers empfinden die Responsivität der Politiker und Parteien in der Regel stärker als die Anhänger des Oppositionslagers, vermutlich weil ihre Interessen eine höhere Chance haben, im politischen Entscheidungsprozeß berücksichtigt zu werden.

Der europäische Vergleich verdeutlicht, daß die Beurteilung der Politiker und Parteien in Deutschland nicht außergewöhnlich niedrig ist. Vielmehr nimmt Deutschland eine Mittelfeldposition ein. In zwei Eurobarometerumfragen aus den Jahren 1986 und 1988 wurde die Frage gestellt „Haben Sie selbst schon einmal das Gefühl gehabt, daß die Leute, die dieses Land regieren, sich nicht darum kümmern, was aus Leuten wie Ihnen wird?". Die Frage ist nicht identisch mit den standardmäßig verwendeten Efficacy-Indikatoren. Sinngemäß entspricht sie jedoch den Messungen der wahrgenommene Politikerresponsivität. Im europäischen Durchschnitt gaben 1988 fast 60 % der Bevölkerung an, dieses Gefühl schon einmal gehabt zu haben. Der Wert für die BRD entspricht diesem Mittel nahezu. Das schwächste Effektivitätsgefühl herrscht in Italien vor. Dort stimmen fast drei Viertel der Befragten der Aussage zu, gefolgt in weitem Abstand von den Niederlanden (66 % Zustimmung) und Irland (65 % Zustimmung). Die stärkste Rücksichtnahme empfinden dagegen die Luxemburger und die Dänen (41 bzw. 47 % Zustimmung). Die Beurteilung der Politiker und Parteien dürfte allerdings nicht nur in der Bundesrepublik stark mit der jeweiligen Wahlperiode schwanken. Folglich ist ein solcher statischer Vergleich problematisch, da sich die untersuchten Länder in jeweils unterschiedlichen Positionen im Legislaturzyklus befinden und sich die einzelnen Messungen kurzfristig verändern können. Dennoch wird aus den vorliegenden Daten deutlich, daß in allen untersuchten Ländern ein relativ großer Teil der Bevölkerung die Rücksichtnahme der Politiker bezweifelt und eine kritische Haltung gegenüber dem politischen Führungspersonal einnimmt.

Folgerungen/Konsequenzen:

Welche Konsequenzen impliziert dieser - häufig mit → Politikverdrossenheit oder politischer Entfremdung (→ Anomie/Entfremdung) gleichgesetzte - Befund für die BRD? Ursprünglich war das Konzept epE als psychologische Vorstufe der politischen Beteiligung verstanden worden. Die oben zitierten Befunde aus den 50er und 60er Jahren müssen jedoch modifiziert werden, wenn man von einer Zweidimensionalität des Konzeptes ausgeht. Während das politische Kompetenzgefühl tatsächlich stark mit konventioneller und unkonventioneller politischer Partizipation in Verbindung steht, lassen sich entsprechende Effekte beim Responsivitätsgefühl der Befragten kaum nachweisen. Zwar stimuliert ein hohes Effektivitätsgefühl die Beteiligung an Wahlen. Ebenso regt es Besuche politischer Versammlungen, Kontakte mit Politikern und die Unterstützung von Kandidaten oder Parteien an. Die Zusammenhänge sind aber äußerst schwach. Gleichzeitig lassen sich Protestaktivitäten kaum auf ein mangelndes Effektivitätsgefühl zurückführen. Frühere Vermutungen, politisch „Entfremdete" mit hohem politischem Kompetenzbewußtsein stellten ein „Drohpotential" dar, weil sie besonders offen für unkonventionelle Formen der politischen Beteiligung seien, bestätigten sich nicht. Eine mangelnde Wahrnehmung politischer Offenheit führt nicht zu außergewöhnlichen, unverfaßten oder gewalttätigen Beteiligunweisen in Form von Blockaden, Besetzungen oder Protestmärschen.

Dennoch müssen Einstellungen nicht erst politische Beteiligung hervorrufen, um für ein politisches System bedeutsam zu werden. Sie stellen per se eine zentrale Form der politischen Unterstützung dar, die zur Stabilisierung des Systems beiträgt. Nach Eastons Unterstützungsmodell (1965) stellt das Responsivitätsgefühl eine Unterstützung der politischen Autoritäten dar. Ihr Fehlen zieht jedoch keine krisenhaften Konsequenzen nach sich, sofern parallel hierzu positive Einstellungen gegenüber dem politischen Regime vorliegen. Untersuchungen über die Zusammenhänge der epE mit anderen politischen Einstellungen haben für Deutschland gezeigt, daß die wahrgenommene Offenheit des Systems eng verflochten ist mit dem Vertrauen in die politischen Institutionen, allen voran dem Vertrauen in den Bundestag und die Bundesregierung. Das heißt, Bürger mit geringem Effektivitätsgefühl sind eher geneigt, dem Bundestag und der Bundesregierung zu mißtrauen. Gleichzeitig sind sie weniger zufrieden mit dem Funktionieren der Demokratie. Das bedeutet aber nicht, daß sie auch an den der Demokratie zugrundeliegenden Werten und Normen zweifeln. Die kritische Beurteilung der Rücksichtnahme des politischen Führungspersonals stellt damit bislang keine krisenhafte Erscheinung dar. Die Distanz der Bürger gegenüber den politischen Akteuren könnte sogar positiv als Voraussetzung einer effektiven außerinstitutionellen Kontrolle der Politik gewertet werden.

Wenn die Verbundenheit zwischen Regierenden und Regierten allerdings als zentrales Kriterium einer demokratischen Regierungsform angesehen wird, spiegelt sich dieses in der pK der Bundesbürger kaum wider. Der geringe Grad an Offenheit, den die Deutschen auf Seiten der Politik wahrnehmen, muß dann bedenklich stimmen. Ob direktdemokratischere politische Strukturen dazu beitragen könnten, dieses Verbundenheitenheitsgefühl zu stärken, ist bislang nicht klar. Die aktuellen Reformen auf kommunaler Ebene werden vielleicht Hinweise auf entsprechende Zusammenhänge liefern. Allerdings dürfte es noch etliche Jahre dauern, bis sich diese Strukturveränderungen - wenn überhaupt - auf die Einstellungen der Bürger auswirken.

Angelika Vetter

Literatur:

Abramson, Paul R./Aldrich, John H./Rohde, David W. 1994: Change and Continuity in the 1992 Elections, Washington.

Balch, George I. 1974: Multiple Indicators in Survey Research: The Concept „Sense of Political Efficacy", in: Political Methodology 1, S. 1-43.
Brettschneider, Frank 1995: Öffentliche Meinung und Politik. Eine empirische Studie zur Responsivität des deutschen Bundestages, Opladen.
Campbell, Angus/Gurin, Gerald/Miller, Warren E. 1954: The Voter Decides, Evanston, Ill./White Plains, NY.
Craig, Stephen C./Niemi, Richard C./Silver, Glenn E. 1990: Political Efficacy and Trust: A Report on the NES Pilot Study Items, in: Political Behaviour 12, S. 289-314.
Easton, David 1965: A Systems Analysis of Political Life, New York.
Hoffmann-Lange, Ursula 1997: Einstellungen zur Rolle der Bürger im politischen Prozeß, in: Gabriel, Oscar W. (Hrsg.): Politische Orientierungen und Verhaltensweisen im vereinigten Deutschland, Opladen, S. 211-234.
Vetter, Angelika 1997: Political Efficacy - Reliabilität und Validität, Wiesbaden.
Vetter, Angelika 2000: Frischer Wind in einer alten Beziehung? Political Efficacy und die Bundestagswahl 1998, in: Gabriel, Oscar W./Rattinger, Hans/Falter, Jürgen W. (Hrsg.): Wirklich ein Volk? Die politischen Orientierungen von Ost- und Westdeutschen im Vergleich, Opladen, S. 79-110.

Extremismus

→ *Arbeitslosigkeit, Autoritarismus, Bildung, Demokratische Persönlichkeit, Demoskopie, Gewalt/Politsche Gewalt, Identität, Ideologie, Individualisierung, Innere Sicherheit, Intellektuelle, Nation, Neue Bundesländer, Neue Soziale Bewegungen, PDS, Parteiensystem, Parlamentarismus, Politische Beteiligung, Politische Sozialisation: Familie/Geschlecht/Geschlechterverhältnisse/Soziale Schicht, Politische Toleranz, Rechtsstaat, Religiosität, Republikaner/DVU, Sprache, Wertewandel.*

Begriffe/Definitionen und Positionen:
Der Begriff Extremismus (E.) kommt im politischen und (politik-)-wissenschaftlichen Sprachgebrauch meist mit dem Richtungs-Zusatz Links- bzw. Rechts-E. vor, seltener als „E. der Mitte". Als Adjektiva finden sich „links"- bzw. „rechtsextrem" oder „-extremistisch", übrigens nie als Eigen-, immer als Fremdbezeichnung. Die Begriffe beziehen sich dabei auf Einstellungen oder Handlungen von Personen, auf Gruppen, Organisationen, Parteien, Medien und/oder → Ideologien bzw. Symbole. Jemanden/etwas als extrem zu bezeichnen, setzt eine Grenzziehung zu einem „Normal"-Bereich voraus, jenseits dessen der negativ besetzte Rand beginnt. Für die staatsrechtlich orientierte Diskussion gilt dabei als Abgrenzungsmerkmal die „Ablehnung des demokratischen Verfassungsstaates und seiner fundamentalen Werte und Spielregeln" (Backes/Jesse 1996: 45). Schon zu Beginn der Bundesrepublik hatte das BVerfG durch die Verbotsurteile gegen die SRP (1952) und KPD (1956) die juristische Grenzziehung vorgenommen und gleichzeitig die

Mindestbestimmungen dafür definiert, was „freiheitliche demokratische Grundordnung“ i.S. des Art. 21 GG heißen soll, nämlich eine Ordnung, „die unter Ausschluß jeglicher Gewalt- und Willkürherrschaft eine rechtsstaatliche (→ Rechtsstaat) Herrschaftsordnung auf der Grundlage der Selbstbestimmung des Volkes nach dem Willen der jeweiligen Mehrheit und der Freiheit und Gleichheit darstellt. Zu den grundlegenden Prinzipien dieser Ordnung sind mindestens zu rechnen: die Achtung vor den im GG konkretisierten Menschenrechten, vor allem vor dem Recht der Persönlichkeit auf Leben und freie Entfaltung, die Volkssouveränität, die Gewaltenteilung, die Verantwortlichkeit der Regierung, die Gesetzmäßigkeit der Verwaltung, die Unabhängigkeit der Gerichte, das Mehrparteienprinzip und die Chancengleichheit für alle politischen Parteien mit dem Recht auf verfassungsmäßige Bildung und Ausübung einer Opposition“. Parteien, die versuchen, diese Ordnung zu beeinträchtigen oder zu beseitigen, sind nach Art. 21,2 GG „verfassungswidrig“, was festzustellen dem BVerfG vorbehalten ist. Ebenfalls kann nur dieses Gericht die Verwirkung von Grundrechten aussprechen, nämlich dann wenn diese zum Kampf gegen diese Ordnung mißbraucht werden (Art. 18 GG).

Hierin und in weiteren Regelungen, die übrigens im Vergleich mit anderen westlichen Demokratien eine bundesrepublikanische Besonderheit sind, drückt sich das Prinzip der „streitbaren Demokratie“ aus. So klar diese Reglementierungen sind bzw. gerade weil sie so klar sind, zeigten sich im Laufe der Jahre immer stärker die Schwierigkeiten solcher Grenzziehungen im politisch-gesellschaftlichen Alltag: Personen oder Gruppierungen bis hin zu Parteien stellten und stellen sich auf diese Verbotsurteile ein und variieren ihr öffentlich sichtbares Verhalten entsprechend. Versuche, das politisch-gesellschaftliche System bzw. die freiheitliche demokratische Grundordnung anzugreifen oder zu beseitigen, finden heute weitgehend in einer Art und Weise statt, die die aufgestellten juristischen Schranken nicht direkt attackiert. Für den Verfassungsschutz auf Länder- und Bundesebene gelten die verfassungsrechtlichen Vorgaben als bindend: „Extremistisch und damit verfassungsfeindlich sind Bestrebungen im Rechtssinne nur, wenn sie sich gegen den Grundbestand der Werte und Rechte unserer Verfassung richten“ (Bundesministerium des Innern 1999: 3). Dieser Satz vermittelt starken inhaltlichen Konsens und große Einheitlichkeit im Vorgehen; Analysen der praktischen Verfassungsschutzarbeit zeigen jedoch, daß unter den Verfassungsschutzorganen Einheitlichkeit weder darin besteht, welche Handlungsdimensionen beobachtet werden sollen (tatsächliches Verhalten oder schon Handlungsabsichten?), noch darin, was die verschiedenen Extremismen in der Sache ausmacht (Gessenharter/Fröchling 1998).

Dennoch findet man auch hier in der normativ orientierten Grenzziehung viel weniger Dissens als in deren Anwendung auf empirische Fälle. So wird Rechts-E. beispielsweise als „eine antiindividualistische, das demokratische Grundaxiom menschlicher Fundamentalgleichheit negierende Abwehrbewegung gegen die liberalen und demokratischen Kräfte und ihr Entwicklungsprodukt, den demokratischen Verfassungsstaat" gesehen, während Links-E. zwar die „Fundamentalgleichheit" des GG akzeptiere, jedoch daraus „denkbar radikale Konsequenzen" ziehe, indem er „die totale Befreiung des Menschen von allen gesellschaftlichen (politischen, ökonomischen, kulturellen) Zwängen" fordere und die „Errichtung einer herrschaftslosen Ordnung Freier und Gleicher für prinzipiell realisierbar" erachte (Backes/Jesse 1996: 59f). Während also inhaltlich-ideologisch große Unterschiede zwischen Rechts- und Links-E. gesehen werden, die sich vor allem in der grundsätzlich gegensätzlichen Bewertung der Gleichheit der Menschen niederschlägt, wird zugleich auf die Gemeinsamkeiten der Art und Weise extremen Denkens und Handelns aufmerksam gemacht: Antipluralismus und Dogmatismus, Autoritarismus, Intoleranz und mangelnde Kompromißfähigkeit, dazu Gewaltbereitschaft und Ablehnung friedlicher Konfliktaustragung und des → Parlamentarismus. Ob alle diese oder nur einige zentrale Eigenschaften zusammenkommen müssen, um einen Menschen, eine Gruppe oder eine Partei als rechts- bzw. linksextrem bezeichnen zu können, in welcher Intensität sie vorfindbar sein müssen, gegebenenfalls in welchem Mischungsverhältnis, - alle diese Fragen harren einer Antwort, müssen jedoch nachvollziehbar diskutiert und entschieden werden, wenn Verfassungsschutzarbeit sich nicht dem Vorwurf der Willkür aussetzen möchte. So können im Detail beispielsweise deutliche Unterschiede bei der Einschätzung von Beobachtungsobjekten (z.B. → PDS, rechte Wochenzeitung „Junge Freiheit") festgestellt werden, die sich nicht nur darauf zurückführen lassen, daß oftmals das Erscheinungsbild der Objekte nicht problemlos für die Wirklichkeit genommen werden kann, sondern auch der jeweilige Blickwinkel von Verfassungsschutzämtern eine Rolle spielt, die in ihren Innenministerien ja auch parteipolitisch eingebunden sind.

Besonders kontrovers ist in den letzten Jahren über fundamentalistische Strömungen und Sektenbildungen sowie ihren Bezug zum E. diskutiert worden. Dabei zeigt sich einerseits große Übereinstimmung darin, daß religiös oder weltanschaulich orientierte Fundamentalismen üblicherweise in ihren totalitären und gewaltorientierten Strukturen und Verhaltensweisen als im krassen Gegensatz zu einer freiheitlich-demokratischen und pluralistischen Staats- und Gesellschaftsform stehend eingeschätzt werden, insoweit als extremistisch gelten, wenngleich sie sich nicht in ein politisches Links-Rechts-Schema einordnen lassen. Dies gilt sowohl für manche Spielarten des Islamismus als auch für die „Scientology Kirche". Andererseits wird deren jeweiliges Gefahrenpotential sehr unterschiedlich bewertet (vgl. z.B. Jaschke 1998). In die Definition von E. und in die Auseinandersetzung mit „Extremen" müssen mithin mehr Kriterien als nur die verfassungsrechtliche Grenzziehung eingehen: Deutungen von Handlungen, von Symbolen, und nicht zuletzt Abschätzungen des Gefahrenpotentials vor dem Hintergrund gesellschaftlicher (Fehl-) Entwicklungen verweisen auf ein viel komplexeres Analyse- und Bewertungsprogramm, das nötig ist, um 1. den Bestand des Gemeinwesens vor Gefahren zu schützen, dabei aber 2. die Freiheitsrechte der Bürger nicht unverhältnismäßig einzuschränken.

Theorie/Konzepte/Modelle/Methoden:
Ein solches Programm ist in Anlehnung an bewegungstheoretische Grundannahmen in Entwicklung; es könnte zu einer nachprüfbaren und ziemlich umfassenden Analyse extremistischer Phänomene führen (Hellmann/Koopmans 1998). Rucht (1994) schlägt vor, zwischen Bewegungseliten (ideologischen Führern, Avantgarden), Basisaktivisten (in Parteien oder Organisationen), Unterstützern (z.B. Kult- oder Gewaltszenen) und Sympathisanten (z.B. Wählerpotential) zu unterscheiden. Inwiefern des weiteren untereinander wirksame Vernetzungen vorliegen, ist ebenso klärungsbedürftig wie die Frage, welche Strategien und Aktionsrepertoires auf den verschiedenen Ebenen zur Verfügung stehen und welche Ressourcen mobilisiert werden können, um die erstrebten Ziele zu erreichen. Dabei wird zu prüfen sein, ob es tatsächlich gemeinsame Ziele gibt, wie sich der ideologische Rahmen („frame") darstellt, wie einheitlich er ist, wie er sich entwickelt und welche Personen bzw. Gruppen beim „framing", d.h. bei der Konstruktion des ideologischen Rahmens, eine führende Rolle spielen. Weiter gilt es, die jeweiligen Kontext- oder Gelegenheitsstrukturen zu analysieren, zu denen neben anderen einerseits die strukturellen Bedingungen der „streitbaren Demokratie", andererseits aber auch der Gesamtzustand der pK gehören. Dieser Ansatz der Erforschung sozialer Bewegungen könnte die bisherigen eher nebeneinander her arbeitenden Richtungen der Organisationssoziologie, der Parteienforschung, der (Sozial-)Psychologie, der historischen sowie der pK- und der Ideologieforschung im Rahmen einer vergleichenden politischen Systemforschung fruchtbar integrieren (vgl. überzeugend Minkenberg 1998). Dabei wird mittlerweile auf den international und in der empirischen Forschung gebräuchlicheren Begriff „Radikalismus" zurückgegriffen, und zwar nicht zuletzt auch deshalb, um sich von der verengten staatsorientierten Verfassungsschutzsicht abzusetzen.

Zur gegenwärtigen Situation des Extremismus/Radikalismus in Deutschland:
Aufgrund der Angaben des Bundesamtes für Verfassungsschutzes kann man Anfang der 90er eine starke Zunahme der rechtsextremistischen Aktivitäten konstatieren. So verdoppelte sich das rechtsextremistische Personenpotential von 1990 bis 1993 auf ca. 64.500 Personen, die Gewalttaten nahmen von rund 300 auf über 2.600 im Jahr 1992 zu und die Straftaten von rund 1.800 auf über 10.500 im Jahr 1993. In den folgenden Jahren sanken die Zahlen und stabilisierten sich dann ab 1995 auf einem Niveau, das deutlich höher als 1990 liegt. Das rechtsextremistische Personenpotential besteht inzwischen nach diesen Angaben aus rund 50.000 Personen. Bei den Gewalttaten war zunächst eine Stabilisierung auf einem Niveau von 700 bis 800 Gewalttaten eingetreten. Neuerdings ist allerdings wieder ein Anstieg zu beobachten. Die Entwicklung der Straftaten ist von den beiden vorigen seit

Mitte der 90er abgekoppelt. So sank die Anzahl der Straftaten zunächst nur geringfügig, um sich dann auf sehr hohem Niveau von über 10.000 zu stabilisieren und im Jahr 2000 nochmals dramatisch (auf über 15.000) anzusteigen. Wie problematisch diese offiziellen Statistiken sein können, zeigte im Herbst 2001 eine gemeinsame Recherche zweier überregionaler Tageszeitungen, denen zufolge seit der Wiedervereinigung nicht 37 Menschen, sondern knapp unter hundert, wenn nicht sogar weit darüber durch rechtsextremistische → Gewalt zu Tode kamen.

Anhand der Angaben des Verfassungsschutzes kann man hinsichtlich des Links-E. keine eindeutige Entwicklung erkennen. Während das Personenpotential in den 90er Jahren kontinuierlich von 40.000 auf 50.000 Personen anwuchs und sich seit 1997 dort stabilisiert, folgte die Entwicklung der Gewalttaten den Wellenbewegungen der rechtsextremistischen Entwicklung in abgeschwächter Stärke. So verdoppelten sich die Anzahl der Gewalttaten von 1990 bis 1993 auf über 1.100. Danach sank sie wieder und pendelt sich seit 1996 auf einem Niveau zwischen 700 bis 800 ein. Ebenso wuchs die Anzahl der Straftaten Anfang der 90er um das Doppelte auf rund 1.400 an. Nach einem kurzen Rückgang nahmen die Straftaten jedoch 1996 stark zu und liegen seitdem auf einem Niveau von ca. 3000. Zeigen die jeweiligen Angaben über Gewalthandlungen Richtung, Intention und Stärke gewalttätigen extremen Protestes auf, dem sich Politik und Gesellschaft stellen müssen, so sind die Zahlenangaben über das extremistische Personenpotential (z.B. zwischen einem halben und zwei Drittel Promill der deutschen Gesamtbevölkerung im rechten Bereich) eher irreführend, so lange dieses Potential nicht interpretiert wird vor dem Hintergrund der pK, also vor Einstellungs- und Handlungsmustern, vor → Wertewandels- sowie vor politischen und ökonomischen Entwicklungsprozessen.

Dabei ergibt sich für den *rechten Bereich* etwa folgendes Gesamtbild (Minkenberg 1998, Gessenharter/Fröchling 1998; vgl. auch, mit anderen Akzenten Backes/Jesse 1996; hilfreich: Jahrbuch Extremismus & Demokratie): Spätestens seit den 60er Jahren hat sich eine „neue radikale Rechte" als Gegenbewegung zu einer „Neuen Politik" entwickelt, wobei letztere durch Wertewandel, durch neue politische Themen wie Ökologie, Emanzipation, wachsende Partizipationswünsche und damit einhergehend Entstehung von → Neuen Sozialen Bewegungen mit veränderten Formen von Protestaktionen charakterisiert ist. Inhaltlich-ideologisch bedeutet dies die Überlagerung der altrechten Forderung „Gegen 1789!" durch „Gegen 1968!", wobei seit 1989 dem universalistischen Republikprinzip mit seinem (auch) multikulturellen Pluralismus verstärkt der Kampf aus einer ethnopluralistischen Position (d.h. Forderung nach gleichberechtigten, in sich jeweils möglichst homogenen Nationsgebilden) angesagt wird. Dabei sind abgestufte Aggressionsintensitäten zu beobachten, die vom brutalen Niederknüppeln Fremder bis zum eher harmlosen Aufruf reichen, eine eigene deutsche → Identität auszubilden und sich nicht auf die zwölf Jahre NS-Vergangenheit reduzieren zu lassen, sondern sich endlich wieder als „selbstbewußte Nation" zu gerieren.

Die ausländerfeindlichen Gewaltexzesse der frühen 90er Jahre im Gefolge fremdenfeindlicher Diskurse bis weit in die Mitte der Gesellschaft hinein haben manche die nicht nur als Provokation gedachte Vermutung äußern lassen, in der gesellschaftlichen und politischen „Mitte" Deutschlands sei ein antiuniversalistisches, ausländerfeindliches und antidemokratisches Potential vorhanden („E. der Mitte"), das sich durchaus von einer intellektuellen Neuen Rechten ansprechen, sich innenpolitisch zu einer Reduzierung liberaler und pluralistischer pK und zu verschärften gesetzlichen Regelungen (z.B. Asylrecht, → Innere Sicherheit) drängen sowie sich außenpolitisch zu einer nationalistischen „Wir-sind-wieder-wer"-Position instrumentalisieren lasse (z.B. Lohmann 1994). Der Unterschied solcher umfassenden Analyseansätze zu denen etwa des Verfassungsschutzes liegt nicht in normativen Differenzen - sie alle sehen E. als Gegnerschaft zur liberalen und pluralistischen Demokratie -, sondern darin, Gefahrenpotentiale nicht erst - per definitionem - im äußersten Promillebereich der Gesellschaft zu lokalisieren. Vielmehr kann auf das Wirken von ideologischen Meinungsführern aufmerksam gemacht werden, die einen „frame" anbieten, der Mobilisierungserfolge auch bei konservativen Eliten zeitigt (z.B. der Aufruf zum 8. Mai 1995 „Gegen das Vergessen").

Damit greifen diese Führer wenigstens teilweise auf das Strategien- und Aktionsrepertoire der konservativen Parteien zurück und gelangen insoweit auch als Stichwortgeber politisch zu Einfluß. Dieser bewußt gewählte Ansatz, die „kulturelle Hegemonie" zu erlangen, ist durchaus vereinbar mit den tendenziell schwachen Wahlergebnissen rechtsextremer Parteien, zu denen sicher auch die Fünf-Prozent-Hürde beiträgt. Sicherlich liegt es bislang aber auch an der personellen und organisatorischen Unattraktivität dieser Parteien, dazu an ihrer Zerstrittenheit untereinander und an der Absorptionsfähigkeit der Volksparteien, daß sich ein immerhin in der Größenordnung auf gut über 10 % bis 17 % geschätztes Sympathiepotential für rechtsextremes Gedankengut nur ausnahmsweise in Wählerstimmen ummünzen ließ. Dies geschah etwa 1996 mit dem Wiedereinzug der „Republikaner" (→ Republikaner/DVU) mit 9,1 % der Stimmen in den Landtag von Baden-Württemberg oder 1998 mit den 12,9 % für die DVU in Sachsen-Anhalt. Der bewegungstheoretisch orientierte Gesamtblick zeigt darüber hinaus, daß die vom Verfassungsschutz als zentral herausgehobenen Unterstützer (etwa Gewaltszene) und Basisaktivisten (in Parteien und Organisationen) nur einen Teil des rechten Bereichs ausmachen, die, wie in diesen Szenen intern immer wieder geklagt wird, wegen ihrer Uneinigkeit sogar noch viel an möglicher politischer Wirksamkeit verschenken. Internationale Vergleichsstudien zeigen im übrigen, daß sich Deutschland alles in allem nicht auf einem „Sonderweg" befindet (Falter/Klein 1996: 43; Minkenberg 1998).

Auf dem *linken Spektrum* finden wir in den letzten dreißig Jahren eine nahezu gegenläufige Entwicklung zu der im rechtsradikalen Bereich: Schienen in den endsechziger Jahren zumindest in der akademischen Öffentlichkeit Ideologien zu dominieren, die auf eine Revolution der gesellschaftlichen und politischen Verhältnisse setzten und sich gegen evolutionäre demokratisierende Bewegungen wandten, die sie als systemstabilisierend einstuften, so reduzierte sich deren Einfluß auf Dauer kontinuierlich - in dem Maße, wie der real existierende Sozialismus immer weniger als Vorbild für eine human und ökologisch fortschrittliche Entwicklung der Menschheit akzeptiert wurde. Seit 1989 schließlich ist in Deutschland von einer auf den Grundlagen des Marxismus aufbauenden theoretisch und praktisch politischen Diskussion kaum mehr etwas zu sehen.

Eine intellektuelle Neue Linke, noch in den 70er und 80er Jahren als Avantgarde antirassistischer, internationalistischer, emanzipatorischer Bewegungen wegweisend für Basisaktivisten und Unterstützer, ist heute nicht mehr in Sicht. Dabei muß allerdings berücksichtigt werden, daß diese intellektuelle Neue Linke niemals in sich einheitlich war: So standen etwa kapitalismuskritische Anhänger der Frankfurter Schule einer Vielzahl sich revolutionär verstehender sog. K-Gruppen gegenüber. Während erstere nicht die Abschaffung des GG, sondern vielmehr dessen zügigere Umsetzung in die praktisch-politische Arbeit forderten, wurden sie von den anderen als nützliche Idioten des übermächtigen Kapitals apostrophiert, dessen antihumanistischer Zerstörungsfeldzug nur durch eine politökonomische Systemüberwindung zu stoppen sei. Im Gegensatz zu den Evolutionären, die zwar viele Konservative bereits als „linksextrem" einstuften und gegen deren offensichtlichen Einfluß auf die offizielle Bonner Politik (z.B. durch die erfolgreiche Gründung der „grünen" Partei) sie bis weit in die 80er Jahre hinein Sturm liefen, marginalisierten sich die Reste marxistisch-antikapitalistischer Systemopposition immer stärker, verabschiedeten sich schließlich völlig vom Ziel breiter „Bündnisse mit den Werktätigen" und fanden sich als Kleinstgruppen zunehmend im Umfeld klandestiner gewalttätiger, ja terroristischer Aktionen wieder. Manchen Kritikern der linken Szene blieben dabei die Trennungslinien zwischen dem revolutionären, linksextremen und dem evolutionären, systemkritischen Bereich zu undeutlich, so daß sie vor einer zunehmenden „Erosion der Abgrenzung" (Rudzio) warnten. Bei der heutigen anarchistisch-autonomen Szene kann von einer ideologischen oder organisatorischen Einheitlichkeit keine Rede sein. Oftmals scheint im öffentlichen Bewußtsein die Heftigkeit und Gewaltintensität von Aktionen autonomer Gruppen deren quantitativ geringes Potential vergessen zu machen.

Auch bei der Zahl linksextremer Sympathisanten läßt sich kein signifikantes Anwachsen beobachten. Fehlte schon in der alten Bundesrepublik jede nennenswerte Wählerunterstützung für linksextreme Parteien, z.B. die DKP, so gilt dies auch für die Zeit nach 1989, denn von den Wahlergebnissen der PDS läßt sich nicht ohne weiteres auf ein entsprechendes linksextremes Wählerpotential schließen. Einmal unabhängig davon, wie die PDS in Bezug auf ihre Ideologie und ihre praktisch-politischen Zielsetzung einzuschätzen ist, käme sie wohl derzeit überhaupt nur als einzige Partei für die Bindung eines linksextremen Wählerpotentials in Frage. Analysen der PDS-Wähler zeigten für die 90er Jahre jedoch, daß diese in den neuen Bundesländern zwar dem (west)deutschen politischen System und den

Regierungsparteien kritisch gegenüberstanden, sich jedoch von den Wählern der „Republikaner“ dadurch unterschieden, daß sie das demokratische System als solches nicht ablehnten. In den westlichen Bundesländern dagegen schienen sich „die Extreme tatsächlich zu berühren“, denn die dortigen PDS- und REP-Wähler besaßen beide „eine gewisse Distanz zu demokratischen Werten“ (Arzheimer/Klein 1997: 53). Ob die demokratische Wende der PDS-Führung seit Ende der 90er Jahre auch vom gesamten PDS-Wählerspektrum begleitet und gutgeheißen wird, entscheidet auch darüber, ob die PDS auf Dauer zu einem akzeptierten Koalitionspartner der großen Parteien letztlich auch auf Bundesebene werden kann.

Zum Gefahrenpotential des Extremismus in Deutschland:
Ein insoweit informierter Vergleich der Gesamtbilder des Rechts- und Links-E. zeigt jedenfalls für die vereinte Bundesrepublik, daß derzeit eher aus dem rechten als aus dem linken Lager Gefahren für die politische Struktur und Kultur erwachsen. Dabei spielen in beiden Fällen die Basisaktivisten und Unterstützer kaum eine Rolle. Daß von beiden Seiten teilweise eine gewaltorientierte, terroristische Gefahr ausgeht, ist allerdings ebensowenig zu bezweifeln wie die Einschätzung richtig sein dürfte, daß diese Potentiale den Bestand der Bundesrepublik nicht ernsthaft zu bedrohen in der Lage sind. Beide sind jedoch mit allen rechtsstaatlichen Mitteln zu bekämpfen, wobei Parteiverbote keine allzu große Eindämmungswirkung erzielen dürften. Denn zu einer politischen Gefahr werden Extremismen dann, wenn sie über Meinungsführer in die politische Mitte vorstoßen können und zudem noch ein Bevölkerungspotential anzusprechen und zu mobilisieren in der Lage sind, das groß genug ist, daß deren Anliegen von den etablierten Parteien aufgenommen werden. In Teilen der intellektuellen Neuen Rechten existiert für den deutschen Rechtsradikalismus eine derartige Meinungsführerschaft. Eine spiegelbildlich zu verortende intellektuelle Neue Linke besteht dagegen derzeit nicht. Auch dem Fundamentalismus scheinen die wesentlichsten Momente einer mobilisierungsfähigen Bewegung zu fehlen.

Die gegenwärtige Situation in Deutschland gibt im Umgang mit den politischen Extremismen mithin weder zu höchster Alarmbereitschaft noch zu völliger Entwarnung Anlaß. Vielmehr ist es nötig, neben die staatliche Auseinandersetzung, eingeschlossen eine effektive Terrorismusbekämpfung, zwei weitere Formen der Auseinandersetzung mit den Extremismen treten zu lassen, um auf Dauer das Gefahrenpotential nicht anschwellen zu lassen: Zum einen muß es darum gehen, im E. welcher Art auch immer nach jenem Kern zu suchen, der auf unbewältigte Probleme von Gesellschaft und Politik hindeutet, um sodann auch diesen Problemen zu Leibe zu rücken. Zum andern bleibt der Schutz der Verfassung von Staat und Gesellschaft nur Stückwerk, wenn er ausschließlich von staatlichen Institutionen ausgeübt und nicht zu einer Angelegenheit möglichst vieler informierter und sich zivilgesellschaftlich engagierender Bürger wird.

Wolfgang Gessenharter

Literatur:

Arzheimer, Kai/Klein, Markus 1997: Die Wähler der REP und der PDS in West- und Ostdeutschland. Ein empirischer Vergleich, in: Jahrbuch Extremismus & Demokratie 9, S. 39-63.

Backes, Uwe/Jesse, Eckhard 1996: Politischer Extremismus in der Bundesrepublik Deutschland, 4. Aufl., Bonn.

Bundesministerium des Innern 1999: Verfassungsschutzbericht 1998, Bonn.

Falter, Jürgen W./Klein, Markus 1996: The Mass Basis of the Extreme Right in Contemporary Europe in a Comparative Perspective, in: Research on Democracy and Society 3, S. 41-61.

Gessenharter, Wolfgang/Fröchling, Helmut (Hrsg.) 1998: Rechtsextremismus und Neue Rechte in Deutschland. Neuvermessung eines politisch-ideologischen Raumes?, Opladen.

Hellmann, Kai-Uwe/Koopmanns, Ruud (Hrsg.) 1998: Paradigmen der Bewegungsforschung. Entstehung und Entwicklung von Neuen Sozialen Bewegungen und Rechtsextremismus, Opladen.

Jaschke, Hans-Gerd 1998: Fundamentalismus in Deutschland. Gottesstreiter und politische Extremisten bedrohen die Gesellschaft, Hamburg.

Lohmann, Hans-Martin (Hrsg.) 1994: Extremismus der Mitte. Vom rechten Verständnis deutscher Nation, Frankfurt a. M.

Minkenberg, Michael 1998: Die neue radikale Rechte im Vergleich. USA, Frankreich, Deutschland, Opladen/Wiesbaden.

Rucht, Dieter 1994: Modernisierung und Neue Soziale Bewegungen, Frankfurt a. M./New York.

Familie

→ *Arbeit, Armut, Bürgertum, Endogenität/Exogenität, Frauen/Männer, Freizeit, Generationen, Interpersonale Kommunikation, Kindheit/Jugend, Kirchen, Lebenszufriedenheit/Lebensqualität, Minderheiten/Randgruppen, Neue Bundesländer, Politikverdrossenheit, Politische Sozialisation, Politische Sozialisation: Familie/Geschlecht/Geschlechterverhältnisse/Gleichaltrigengruppe/Massenmedien/Schule/Soziale Schicht, Politische Tradition, Politisches Bewußtsein, Religiosität, Soziale Sicherheit, Sozialkapital/Soziales Vertrauen, Sozialstruktur, Wertewandel.*

Entwicklungslinien:

Lange Zeit glaubte man, daß in früheren Jahrhunderten Kinder, Eltern, Großeltern und Verwandte als Großfamilie (Familie = F.) unter einem Dach lebten, während heute nur noch Eltern mit Kindern in der modernen Kleinf. zusammenleben. Demgegenüber hat die historische F.-Forschung gezeigt, daß es auch schon in früheren Jahrhunderten in verschiedenen Regionen Europas Kernfamilienhaushalte gab (Ehmer u. a. 1997). Familiäre Lebensformen folgten niemals einfach den ökonomischen Entwicklungen, wie es die Vorstellung der zusammenlebenden und zusammenwirtschaftenden Bauern- und Handwerkerf. nahelegt, sondern waren immer auch Ausdruck politischer und sozialer Ordnungsvorstellungen von Gesellschaften. Die F. der Industriegesellschaft mit der funktionalen Arbeitsteilung zwischen dem Mann als Hauptemährer und der Frau als Hauswirtschafterin und Erzieherin der Kinder, der räumlichen Trennung von Wohnung am Stadtrand und Arbeitsplätzen in bestimmten Bezirken der Stadt hat sich in dieser Form erst nach dem Zweiten Weltkrieg in Westeuropa und Nordamerika voll entfaltet.

Insbesondere die klare Arbeitsteilung zwischen Mann und Frau wurde überhaupt erst möglich, nachdem auch für breite Schichten der Bevölkerung ein Einkommen für eine F. ausreichte. Zu keinem Zeitpunkt seit 1950 umfaßte dieser F.-Typus in den USA mehr als 50 % der F.-Haushalte; für die Bundesrepublik gilt, daß von allen 15jährigen Kindern auch in den 60er Jahren rund 50 % die Berufstätigkeit der Mutter erlebten, in der DDR sogar 80 %. Der entscheidende Unterschied liegt heute darin, daß Mütter zunehmend kontinuierlich erwerbstätig sind. Diese zunehmend kontinuierliche Erwerbsarbeit ist allerdings auch erforderlich, weil heute ähnlich wie in den 20er Jahren ein F.-Einkommen nicht immer ausreicht, um einen Lebensstandard oberhalb des Sozialhilfeniveaus zu erreichen. Sowohl in den USA wie in Deutschland sind F. mit kleinen Kindern und mit einem Einkommen von allen Bevölkerungsgruppen besonders armutsgefährdet. Das gilt in Deutschland für die alleinerziehenden Mütter ebenso wie für die Mehrkinder-F. (Bertram 1997). Das Modell der F. mit einem Haupternährer hat ökonomisch keine Zukunft.

Die multilokale Mehrgenerationenfamilie:
Seit den Zeiten Maria Theresias (Sieder/Mitterauer 1987) werden F. auch als Hausgemeinschaften in einem Haushalt interpretiert, wie es auch die amtliche Statistik tut. Personen, die in einem eigenen Haushalt leben, werden selbst dann als Single gezählt, wenn sie als alt gewordene Mütter in der Einliegerwohnung im selben Haus wie die Kinder wohnen. So ist die deutliche Zunahme der Zahl der Singlehaushalte auch darauf zurückzuführen, daß eine zunehmend größere Zahl älterer Menschen einen eigenen Haushalt führt, aber sehr wohl in der Nähe der eigenen Kinder und in engem Kontakt mit diesen lebt. Aus der Sicht der Eltern lebt rund die Hälfte der eigenen Kinder in einer Entfernung von 15 Minuten. Diese Lebensformen hat Rosenmayr treffend als „Intimität auf Distanz" bezeichnet. Solche Lebensformen gibt es nicht nur bei alten Menschen. Eine zunehmend größere Zahl junger Menschen zieht mit dem Lebenspartner nicht zusammen, sondern lebt in zwei Haushalten bei dennoch fester, eheähnlicher Beziehung. Dieses „Living-aparttogether" wird für manche Altersgruppen auf bis zu 12 % geschätzt. Andererseits leben aber insbesondere junge Männer lange im Haus der Eltern, ohne unbedingt mit den Eltern noch ein F.-Leben zu pflegen. Der Haushaltsbegriff eignet sich

heute nicht mehr, um F.-Beziehungen und familiäre Lebensformen zu definieren. Familiäre Lebensformen werden zunehmend multilokal. Gleichzeitig bekommen Generationsbeziehungen zunehmend Gewicht. Heute haben Eltern und Kinder eine gemeinsame Lebenszeit von rund 50 bis 60 Jahren gegenüber rund 20 Jahren noch zu Beginn dieses Jhdts. Im höheren Lebensalter dominieren, selbst wenn Eltern und Kinder weit auseinander wohnen, die F.-Beziehungen die sozialen Beziehungen (Bertram 1997). Daher gewinnen multilokale Mehrgenerationen-F. in unserer Gesellschaft zunehmende Bedeutung.

Familie und Sozialkapital:
Steigende Scheidungszahlen (rund 25 bis 30 % aller Ehen enden mit Scheidung) und sinkende Geburtenzahlen (etwa 1,4 Kinder pro Frau und rund 25 bis 30 % auf Dauer kinderlose Frauen) gelten häufig als Hinweis darauf, daß heute weder langfristige Partnerbeziehungen aufrechterhalten werden, wenn diese nicht mehr den eigenen Glücksvorstellungen entsprechen, noch hinreichende Bereitschaft besteht, Fürsorge, Unterstützung und soziale Beziehungen in die nachwachsende Generation zu investieren. Wenn es richtig ist, daß heute stärker die eigene Selbstverwirklichung gesucht wird, dann sinkt das → Sozialkapital. Denn Fürsorge, Bindungen, soziale Unterstützung für andere und wechselseitige Verpflichtungen sind die Basis des Sozialkapitals moderner Gesellschaften (Coleman 1990; Etzioni 1993). Nun leben in Deutschland heute rund 75 bis 80 % aller Kinder bis zum 18. Lebensjahr bei ihren leiblichen Eltern, denn die Hälfte aller Scheidungen betrifft kinderlose Ehepaare, die andere Hälfte überwiegend die Ehen mit einem Kind. Eltern, die sich für Kinder entschieden haben, investieren heute mehr Zeit und mehr Geld in ihre Kinder als die eigene Elterngeneration. Denn die gestiegenen Erwartungen der Gesellschaft an die Ausbildung der Kinder finanzieren die Eltern. Alt gewordene Eltern werden fast ausschließlich von den eigenen Kindern unterstützt (Fünfter Familienbericht 1994). Möglicherweise ist nicht die Bereitschaft für Fürsorge und Unterstützung gesunken, sondern haben sich die Erwartungen gewandelt, wie diese Unterstützungen heute gewährleistet werden. Noch in den 50er Jahren lag ab dem 14. Lebensjahr ein Teil der Verantwortung für die soziale Erziehung beim Lehrmeister, heute jedoch bei der überwiegend intellektuellen Erziehung der Schule fast ausschließlich bei den Eltern.

Die Ansprüche an die Eltern sind ebenso deutlich gestiegen wie die Verantwortung für die ältere Generation, wo auch fast ausschließlich auf die F. gesetzt wird. Vielleicht machen es sich moderne Gesellschaften zu einfach, wenn sie die Entwicklung des Sozialkapitals allein auf die F. verlagern. Vermutlich ist dies Ausdruck jener strukturellen Rücksichtslosigkeit (Kaufmann 1998) moderner Gesellschaften, die unterstellen, daß Sozialkapital quasi natürlich in F. entsteht, ohne aber die gesellschaftspolitischen Rahmenbedingungen hierfür zu schaffen. Das beginnt mit der angemessenen Unterstützung der Erziehung durch die Eltern in Kindergärten und Schulen und endet nicht allein mit der Frage, wie Kinderarmut in modernen Gesellschaften bekämpft werden kann.

Hans Bertram

Literatur:

Bertram, Hans 1997: Familien leben. Neue Wege zur flexiblen Gestaltung von Lebenszeit, Arbeitszeit und Familienzeit, Gütersloh.

Bundesministerium für Familie und Senioren (Hrsg.) 1994: Fünfter Familienbericht. Familien und Familienpolitik im geeinten Deutschland - Zukunft des Humanvermögens, Bonn.

Coleman, James S. 1995: Grundlagen der Sozialtheorie: Körperschaften und die moderne Gesellschaft, München.

Ehmer, Josef/Hareven, Tamara K./Wall, Richard 1997: Historische Familienforschung, Frankfurt.

Etzioni, Amitai 1993: The Spirit of Community. Rights, Responsibilities and the Communitarian Agenda, New York.

Kaufmann, Franz-Xaver 1998: Zukunft der Familie. Stabilität, Stabilitätsrisiken und Wandel der familialen Lebensformen sowie ihre gesellschaftlichen und politischen Bedingungen. Gutachten für das Bundeskanzleramt, 2. Aufl., München.

Mitterauer, Michael/Sieder, Reinhard 1977: Vom Patriarchat zur Partnerschaft. Zum Strukturwandel der Familie, München.

FDP

→ *CDU/CSU, Eliten, Endogenität/Exogenität, Frauen/Männer, Geschichtliche Phasen der BRD, Gewerkschaften, Ideologie, Intellektuelle, Konfliktlinien, Neue Bundesländer, Parteiensystem, Parteiidentifikation, Politische Bildung, Rechtsstaat, Regierung/Regierungsmehrheit/Opposition, Religosität, Sozialstruktur, SPD, Verbände.*

Geschichte:

Die Freie Demokratische Partei (FDP) wurde länderübergreifend im Dezember 1948 gegründet; nach Versuchen organisierter Zusammenarbeit mit der Liberaldemokratischen Partei Deutschlands (LDPD) in der SBZ dokumentierte die Begrenzung der FDP auf die Westzonen zugleich den Prozeß der deutschen Teilung, der 1949 durch die doppelte Staatsgründung seinen Abschluß fand. Den Spaltungen und Differenzierungen in der Geschichte des deutschen Liberalismus war damit eine Ost-West-Spaltung hinzugefügt. Bis dahin waren die (sich tendenziell überlagerten) → Konfliktlinien zwischen dem National- und dem Fortschrittsliberalismus und zwischen dem norddeutschen (preußischen) und dem süddeutschen Liberalismus charakteristisch gewesen (1867 Abspaltung der Nationalliberalen Partei von der Fortschrittspartei (später Freisinnige P.); 1919 blieben Teile der Nationalliberalen in der Deutschen Volkspartei (DVP) Stresemanns rechts von der Deutschen Demokratischen P. (DDP) - und rechts von der Weimarer Verfassung. In der FDP fanden sich erstmals beide vor 1933 auf insgesamt wenige Prozent Wähleranteil geschrumpften Strömungen zusammen, auf Honoratiorenbasis lose organisiert und mit Repräsentanten aus der Weimarer Zeit. Diese an heterogene Traditionen anknüpfende Partei, die sich nicht „liberal" nennen mochte, blieb in dem neuen, durchaus traditionell von Christlich-Konservativen und Sozialdemokraten dominierten → Parteiensystem der BRD die kleinste der stabilen Gruppierungen, getragen von meist weniger als 10 %, oft nur von um die 5 %, der Wählerschaft. Als kleine Partei zwar weitgehend abhängig von der Gesamtentwicklung des Parteiensystems, wurde sie aber als der notwendige Koalitionspartner der großen Parteien ohne absolute Mehrheit überproportional einflußreich und konnte dreimal historische Weichenstellungen vollziehen; 1949 durch die Koalitionsentscheidung für die → CDU/CSU und Bundeskanzler Konrad Adenauer, 1969 durch den Eintritt in die sozial-liberale Koalition mit der → SPD unter Willy Brandt, sowie 1982/83 mit dem Koalitionswechsel zur CDU/CSU unter Helmut Kohl (bis 1998). Langfristig strukturprägend wurden für die Partei die fast durchgängige Regierungsbeteiligung auf Bundesebene (1949-56, 1969-82, 1982-1998), die Einbindung in die jeweiligen Koalitionslager und die relativ kontinuierliche interessenpolitische Funktion.

Programmatisch-ideologische Grundorientierung:
In ihrer programmatisch-ideologischen Grundorientierung teilt die FDP mit dem Trauma der NS-Diktatur und der Konfrontation mit dem Kommunismus im geteilten Deutschland den „anti-totalitären" Basiskonsens des Parteiensystems der Nachkriegszeit (Antikommunismus). Dem hierauf fußenden rechtsstaatlich-demokratischen → GG widmete die FDP besonderes Engagement, auch im Streben nach verfassungs-„pflegenden" Staatsämtern: Theodor Heuß als erster Bundespräsident, Hermann Höpker-Aschoff als erster Präsident des BVerfG, Thomas Dehler als erster Bundesminister der Justiz (der die Mechanismen „streitbarer Demokratie", z.B. Anträge auf Parteiverbot beim BVerfG, aktiv nutzte). Zur Wahrung der persönlichen Freiheit gegenüber diktatorischer Willkür und kollektivem Zwang sah sich die FDP neben ihrer Rolle als „Gralshüter des → Rechtsstaats" auch zu einem besonderen „anti-ideologischen" Wächteramt berufen, indem sie den gemeinsamen Antitotalitarismus für den parteipolitischen Hausgebrauch auch gegen die beiden großen Konkurrenten wendete: gegen marxistisch-sozialistische → Ideologien in der SPD und klerikale Borniertheit bzw. politischen Mißbrauch der Religion (→ Kirchen) in der CDU/CSU. Die theoretische und praktische Asymmetrie dieser „Ideologiekritik" ermöglichte es freilich, daß die FDP für lange Zeit (bis 1966) koalitionspolitisch und ideologisch fester Bestandteil des bis in die 60er Jahre hinein bewußtseins- und entscheidungswirksamen *„bürgerlichen Lagers"* unter Führung der CDU/CSU war, das gegen das „linke" Lager von SPD und → Gewerkschaften unter Schürung von Kommunismusverdacht ideologisch polarisierte; dementspre-

chend wurde die FDP öffentlich als Mitte-Rechts-Partei wahrgenommen (Juli 1953: Rechtspartei über 30 %, Mitte knapp 30 %, Linkspartei 4 %). Selbstverständnis und öffentliche Wahrnehmung waren neben nationalen Wiedervereinigungsforderungen vor allem *wirtschaftspolitisch* begründet: Die Verbindung von Eigentümerinteressen (auch steuerpolitisch), mittelständischem Protektionismus und sozialpolitischer Abstinenz mit Marktwirtschafts- und Leistungsrhetorik (nur ansatzweise, wie beim Kartellgesetz, auch gegen Großunternehmen gewendet) spiegelt die Funktion einer *bürgerlichen Interessenpartei,* deren Wählerschaft bis Anfang der 60er Jahre zu über 50 % aus Selbständigen (Unternehmer, Bauern, Freiberufler), dann stärker aus Angestellten und Beamten, aber kaum aus Arbeitern bestand.

Aus den anfänglich zusammengefaßten Teilströmungen ergaben sich zunehmend *innerparteiliche Spannungen.* Die zunächst leicht überwiegenden nationalliberalen, z.T. deutsch-national versetzten Kräfte, die in Süddeutschland, Berlin und den Hansestädten ein Gegengewicht aus altliberaler Fortschrittstradition hatten, verloren Einfluß durch die nationalistisch-reaktionären Zuspitzungen im „Deutschen Programm" aus Nordrhein-Westfalen (1951/52), das im innerparteilichen Grundsatzkonflikt nicht mehrheitsfähig war und als Fernwirkung die Aufsplitterungstendenzen stärkte, die 1955/56 anläßlich des Streits um die Saarpolitik Adenauers zur Abspaltung des Ministerflügels (FVP) führte. Nach einem langen *Modernisierungsprozeß* von 1956 bis 1969 schied schließlich der zusammengeschrumpfte nationalliberale Traditionsflügel (Mende, Zoglmann u. a.) im Konflikt über die Ostpolitik der sozialliberalen Koalition 1970-72 im wesentlichen aus der FDP aus.

Diese Entwicklung wurde begünstigt durch die „Entideologisierung" von SPD und CDU/CSU (Godesberger Programm 1959 bzw. Entkonfessionalisierung), die in den 60er Jahren als „Volksparteien"-Konkurrenz den FDP-beanspruchten Platz der „ideologischen Mitte" einschnürten und sich gar als Große Koalition darauf breitmachten. Die aus dem darin liegenden Handlungszwang entsprungene Wendung der FDP zur sozial-liberalen Koalition mit der SPD 1969 schuf neuen programmatischen Orientierungsbedarf für die innerparteiliche Integration wie für die koalitionsinterne Positionsbestimmung (und -abgrenzung) gerade im „ideologieträchtigen" Feld der Gesellschaftspolitik („Freiburger Thesen", 1971). Wieder- oder neugewonnene → Intellektuelle (Flach, Maihofer, Dahrendorf, Klug u. a.) brachten den Liberalismus der FDP geistig wieder in Schwung; anknüpfend an Friedrich Naumann zielten sie auf gesellschaftliche Freiheit durch Gleichheit und Demokratisierung (in „funktionell" entschärfter Form). Der programmatischen Erneuerung zu Mitbestimmung, Vermögensbildung, Umweltschutz, Erbrecht folgten Bildungspolitik 1972, Medienpolitik 1973, Kirchenpapier 1974, Gleichberechtigung der Frau 1972 usw. Die Innovationsleistung der FDP (auch durch die Ostpolitik) mit ihrer zunächst deutlichen innerparteilichen Selbstverstärkungswirkung (zwischen 1968 und 1977 über 50 % Mitgliederwechsel) trat allerdings bald zugunsten wirtschaftlicher Interessenvertretung und Funktionsprioritäten und einer entsprechenden wirtschaftsliberalen Programmatik in den Hintergrund. Die Strukturspannung zwischen Parteidiskussion und Entscheidungspraxis von Regierungsmitgliedern und Bundestagsfraktion und der Verschleiß von Ideen und Personen beschleunigten im Übergang zu den 80er Jahren die Degeneration zur „Ministerpartei".

In der konservativ-liberalen Koalition ab 1982 konnte sich der Wirtschaftsliberalismus in der FDP dominant ausprägen und verbliebene linksliberale Positionen („Freiburger Kreis") zunehmend marginalisieren. Im internationalen Gesamtklima des auf Staatsabbau (Deregulierung, Privatisierung, Steuersenkung, restriktive Sozialpolitik usw.) gerichteten (zweiten) „Neoliberalismus" profilierte sich die FDP nicht nur wahlpolitisch durch zugespitzte Forderungen, sondern auch mit einer stärkeren Ideologisierung marktindividualistischer Grundkonzepte, allerdings mit geringer Öffentlichkeits- und Wählerwirkung.

Von dem insgesamt so einschneidenden historischen Ereignis der deutschen Vereinigung 1989/90 gingen keine nachhaltigen Wirkungen auf die ideologisch-programmatischen Orientierungen der FDP aus. Anfänglich als Partei des marktwirtschaftlichen Systems, der Demokratie und einer einheitsfördernden Außenpolitik wahlpolitisch belohnt, fehlten dann doch die wirtschaftspolitischen Steuerungsinstrumente zur Bewältigung der tiefgreifenden Transformationsprobleme und damit ausgerechnet die erhoffte wirtschaftspolitische Kompetenz. Auch der organisatorische Zusammenschluß mit der früheren DDR-Blockpartei LDPD verschob die innerparteilichen Gewichte nicht nennenswert zugunsten der dort stärker vertretenen sozialpolitischen Erwartungen. Nachdem im übrigen bereits seit den 80er Jahren das Bürgerrechtsprofil mangels Durchsetzungschancen erodierte, entfielen nun mit der deutschen Einheit und dem Ende des Kalten Krieges auch die traditionellen Funktionen in der Außen- und Entspannungspolitik, wie sie Hans-Dietrich Genscher über lange Zeit repräsentiert hatte.

Mitglieder:
Die Entwicklung der Mitgliedschaft bildet diese Gesamtentwicklung der FDP deutlich ab. Koalitionspolitische Einschnitte lösten starke Mitgliederumschichtungen aus, so etwa am Anfang der sozial-liberalen Koalition einen markanten Zuwachs jüngerer Mitglieder, beim spannungsreichen Übergang zur CDU-Koalition 1982 ein Verlust von ca. 20.000 Mitgliedern (von 85.000). Die westdeutsche Mitgliederzahl im Jahr 1989 wuchs durch den Zusammenschluß mit der ostdeutschen LDPD (und der NDPD) von ca. 65.000 nur kurzfristig auf ca. 168.200 (!) im Jahr 1990 und fiel seitdem massiv ab: 1998 hatte die FDP im Westen ca. 49.000 Mitglieder, in Ostdeutschland nur noch 15.600, Ende 1999 insgesammt 64.400 Mitglieder. Sozialstrukturell verlief die Entwicklung wesentlich kontinuierlicher, denn das Vordringen der Angestellten und Beamten in den 70er Jahren gegenüber den Selbständigen der 50er und 60er Jahre konnte während der konservativ-liberalen Koalition seit 1982 nicht einfach rückgängig gemacht werden, auch wenn sich der Selbständigen-Anteil wieder etwas erhöht hat (1994: ca. ein Viertel). In den 90er Jahren

waren über die Hälfte der Mitglieder über 45 Jahre alt, der Frauenanteil betrug 30 %, die Hälfte hatte einen hohen Bildungsgrad, die oberen Einkommensgruppen waren bei der FDP am stärksten besetzt (Gabriel/Niedermayer 1997). Ideologisch orientieren sich die Mitglieder, ähnlich wie die Stammwähler, eher an den offiziellen Programmpositionen als die jeweilige Wählerschaft insgesamt.

Wähler:
Die Wählerentwicklung wurde ebenfalls durch die Koalitionswechsel harten Belastungen ausgesetzt, unterlag aber auch einem „Koalitionsverschleiß", der in der Regel bei Landtagswahlen stärker durchschlug und etwa im Lauf der 80er Jahre die Vertretung auf Landes- und auf Kommunalebene erodieren ließ. Zum stärksten Absturz kam es nach dem Strohfeuer der deutschen Einheit vor allem in den neuen Bundesländern, wo das Bundestagswahlergebnis 1994 auf 4 % (bundesweit 6,9 %) absackte und die Präsenz in allen Landtagen mit noch schlechteren Werten verlorenging; Mitte der 90er Jahre war die FDP auch in den meisten westdeutschen Landtagen nicht mehr vertreten (u.a. Bayern, Nordrhein-Westfalen) und konnte sich im Bund 1998 nur mit Mühe (6,2 %) halten. Noch stärker als während der sozial-liberalen Koalition war sie seit 1982 kontinuierlich auf taktische Koalitionsstimmen aus der CDU/CSU-Wählerschaft angewiesen, ablesbar am Stimmensplitting (Erststimmenanteil der FDP nur ca. die Hälfte der Zweitstimmen). In den 90er Jahren reduzierte sich der Stammwähleranteil mit starker → Parteiidentifikation (gegenüber Wechselwählern und taktischen Koalitionswählern) weiter auf ca. 2-3 %, verbunden mit geringer Kompetenzzuschreibung bei Sachfragen (selbst bei Wirtschaftsthemen) und geringen Erwartungen an die Durchsetzungsfähigkeit. Diese Abhängigkeit von Koalitionswählern erklärt auch, warum die bis Anfang der 80er Jahre ausgeprägte Distanz katholischer Wähler zur FDP sich bis 1998 weitgehend nivelliert hat. Andere sozialstrukturelle Verschiebungen bei den FDP-Wählern zeigen ähnliche Tendenzen wie bei den Mitgliedern (Selbständigen-/Freiberufler-Anteil 20-25 %, hoher Bildungsgrad), jedoch sind bei den Wählern jüngere Altersgruppen, Frauen und mittlere Einkommensgruppen in den 90er Jahren stärker als bei den Mitgliedern vertreten. Die langjährige Wahrnehmung der FDP als „Mittelstandspartei" bündelt diese Strukturmerkmale recht treffend. Die kurzfristige Selbstcharakterisierung der FDP als „Partei der Besserverdienenden" führte insofern zu fatalen Folgen, als ein beträchtlicher Anteil potentieller FDP-Wähler keineswegs zu dieser Einkommensschicht gehört, vor allem nicht in Ostdeutschland, wo es zum stärksten Rückschlageffekt kam (Winkler 1998). In der Rechts-Links-Verortung der Parteien verschob sich das FDP-Bild 1982 koalitionsbedingt von leicht „links" nach leicht „rechts" mit allmählicher Tendenz zur Mitte, sowohl bei der Wählerschaft insgesamt als auch bei den Parteianhängern (Niedermayer 1997, Jagodzinski/Kühnel 1997, Winkler 1998), was allerdings weniger angestrebte „Eigenständigkeit" signalisiert, sondern eher Undeutlichkeit oder gar Profillosigkeit. Die Differenzierung nach inhaltlichen Wertvorstellungen sieht die FDP-

Anhänger in der Regel in einer mittleren Position zwischen CDU/CSU und SPD, zum Teil aber mit markanten Unterschieden zu sozialen Staatsfunktionen zwischen Ost- und Westdeutschland (Jagodzinski/Kühnel 1997).

Ausblick/Zukunftsperspektiven:
Nachdem die langjährige Koalitionsbindung an die CDU/CSU und damit die Stützung durch die Koalitionsfunktion mit dem Verlust der Regierungsbeteiligung 1998 endete, wurden diese Probleme einer wahrgenommenen politischen Identität noch gravierender (Debakel bei Landtagswahlen im Herbst 1999). Strategien der Personalisierung wie zwischen den 70er und früher 90er Jahren mit Genscher und Lambsdorff waren seitdem mangels Personal kaum noch möglich. Wählermilieus gut ausgebildeter Aufsteiger im Angestellten- und Beamtenbereich orientierten sich seit den 80er Jahren stärker zu den Grünen als zur FDP. Selbst in der wirtschaftsliberalen Programmatik steht die Partei am Ende der 90er Jahre voll in der Konkurrenz mit der CDU/CSU und der SPD Gerhard Schröders. Die internen ideologischen und regionalen Gegensätze der frühen 50er Jahre sind historisch längst überholt, ebenso die Zerreißproben zweier koalitionspolitischer Richtungsentscheidungen. Doch erweisen sich die strukturellen und politisch-kulturellen Grundlagen für eine Stabilisierung der FDP im deutschen Parteiensystem nach 50 Jahren Bundesrepublik, am Ende des 20. Jhdts., als brüchig. Der von Altkanzler Kohl ausgeslöste moralische Einbruch der CDU im Parteispendenskandal 1999/2000 bot zwar der FDP überraschend eine „moralische Brücke" zu neuen koalitionspolitischen Ufern in Richtung SPD und zu einer Zwischenstabilisierung bei Landtagswahlen 2000/2001. Die längerfristige Tragfähigkeit solcher eher zufälligen Faktoren steht jedoch noch dahin.

Theo Schiller

Literatur:

Albertin, Lothar (Hrsg.) 1980: Politischer Liberalismus in der Bundesrepublik, Göttingen.

Gabriel, Oscar W./Niedermayer, Oskar 1997: Entwicklung und Sozialstruktur der Parteimitgliedschaften, in: Gabriel, Oscar W./Niedermayer, Oskar/Stöss, Richard (Hrsg.): Parteiendemokratie in Deutschland, Bonn/Opladen, S. 277-300.

Jagodzinski, Wolfgang/Kühnel, Steffen 1997: Werte und Ideologien im Parteienwettbewerb, in: Gabriel, Oscar W./Niedermayer, Oskar/Stöss, Richard (Hrsg.): Parteiendemokratie in Deutschland, Bonn/Opladen, S. 209-232.

Lösche, Peter/Walter, Franz 1996: Die FDP - Richtungsstreit und Zukunftszweifel, Darmstadt.

Niedermayer, Oskar 1997: Das gesamtdeutsche Parteiensystem, in: Gabriel, Oscar W./Niedermayer, Oskar/Stöss, Richard (Hrsg.): Parteiendemokratie in Deutschland, Bonn/Opladen, S. 106-130.

Schiller, Theo 1993: Stand, Defizite und Perspektiven der FDP-Forschung, in: Niedermayer, Oskar/Stöss, Richard (Hrsg.): Stand und Perspektiven der Parteienforschung in Deutschland, Opladen, S. 119-146.

Vorländer, Hans 1992: Die Freie Demokratische Partei, in: Mintzel, Alf/Oberreuter, Heinrich (Hrsg.): Parteien in der Bundesrepublik Deutschland, 2. Aufl., Bonn/Opladen, S. 266-318.

Winkler, Jürgen R. 1998: Strukturprobleme und Zukunftschancen der Freien Demokraten, in: Jahrbuch zur Liberalismus-Forschung 10, Baden-Baden, S. 131-154.

Feminismus

→ *Arbeit, Bündnis 90/Die Grünen, Frauen/Männer, Geschichtliche Phasen der BRD, Identität, Nationalsozialismus, Neue Soziale Bewegungen, Politische Sozialisation, Politische Sozialisation: Geschlecht/Geschlechterverhältnisse.*

Begriff/Definition:

Der Begriff Feminismus (F.) von lat. „femina" = Weib/Frau, geht in der politischen Philosophie vermutlich auf den französischen Frühsozialisten Charles Fourier zurück und bezeichnet seit Mitte des 19. Jhdts. alle Bestrebungen, die die Freiheit und Gleichheit von Frauen einfordern. Um die Jahrhundertwende hießen Feministinnen in Deutschland vor allem die Vertreterinnen des radikalen und kämpferischen Flügels der bürgerlichen Frauenbewegung (Schenk 1980, Gerhard 1991). Diese sahen die Gründe für die Unterdrückung des weiblichen Geschlechts nicht nur in den fehlenden staatsbürgerlichen Rechten und Pflichten oder in den Ausbildungs- und Berufsbeschränkungen, sondern sie problematisierten „die Aneignung der weiblichen Sexualität zum Zweck der Ausbeutung ihrer Reproduktionsfähigkeit durch den einzelnen Mann und/oder patriarchalische Institutionen" (Schenk 1980) als Prinzip einer patriarchalisch geprägten pK. Gemäßigtere bürgerliche Frauen distanzierten sich von diesen radikalen Positionen. In den 20er Jahren wurde der Begriff F. zunehmend pejorativ gebraucht und geriet ab dem → Nationalsozialismus gänzlich in Vergessenheit. Bis in die 80er Jahre hinein bezeichnet F. in Wörterbüchern ein „weibisches Wesen" oder „die Verweiblichung bei Männern" (Duden 1973, Meyers Enzyklopädisches Lexikon 1980).

Die neue westdeutsche Frauenbewegung titulierte sich von Anfang an als feministisch und knüpfte an ein umfassenderes Verständnis von Frauenunterdrückung an, das private Abhängigkeits- und Ausbeutungsverhältnisse ins Zentrum rückte. Mit dem Slogan: „Das Private ist politisch!" erweiterten Feministinnen die öffentliche Diskussion um bislang von der Privatsphäre verdeckt gehaltene Probleme von hoher gesellschaftspolitischer Relevanz. Themen wie Gewalt in Partnerschaften, Abtreibungsverbot, Sexualität, Liebesbeziehungen, Hausarbeit galten bislang als naturhaft fixiert oder privat-unberechenbar. Feministinnen attackierten damit das herrschende Gedankengebäude, das - nach dualistischen Prinzipien strukturiert - die Sphäre der Privatheit als unpolitisch aus dem öffentlichen Diskurs ausblendet.

Theorien/Konzepte/Modelle:
F. thematisiert die Unrechtserfahrungen von Frauen in allen Bereichen und zielt auf eine grundlegende Gesellschaftsveränderung zugunsten des weiblichen Geschlechts. Obgleich es weder eine umfassende, einheitliche feministische Theorie noch unumstrittene feministische Politikkonzepte, Ziele und Strategien gegeben hat, bezogen sich die Gemeinsamkeiten aller Feminismen auf eine radikale Kritik an gesellschaftlich hergestellter, in soziale Strukturen, Normen und Praxen eingewobene Ungleichheit und Diskriminierung von Frauen sowie auf die Abwertung von Weiblichkeit als Prinzip. Der zeitgenössische F., der sich vor allem in zahlreichen Frauenprojekten und im Selbstverständnis der Frauenbewegung als → neuer sozialer Bewegung widerspiegelt, zielt auf die „Veränderung der Beziehung zwischen Frauen, die Beendigung ihrer emotionalen, affektiven und intellektuellen Abhängigkeit vom Mann, um die Frauen ... zum neuen politischen Subjekt zu machen" (Rossanda 1980). Schlüsselbegriffe in feministischer Theorie und Praxis sind Solidarität, Autonomie, Partizipation, Gleichheit und Differenz, Gerechtigkeit, Macht und Herrschaft, aber auch (Hetero-)Sexualität, Körperlichkeit, Weiblichkeit, → Arbeit und → Identität, sowie Öffentlichkeit und Privatheit.

Feministische politische Theorie rückt das Geschlecht (Gender) als soziale und kulturelle Strukturkategorie und das Geschlechterverhältnis als gesellschaftliches Ordnungsprinzip in den Mittelpunkt (→ Frauen/Männer). Feministische Politikwissenschaft bestreitet universalistische Ansprüche traditioneller politischer Theorien und deren angebliche Objektivität und Neutralität sowie Konzepte autonomer Individualität und rationaler Akteure (Benhabib 1989, Holland-Cunz 1997, Kreisky/Sauer 1995). Grob kann man drei Hauptströmungen im F. unterscheiden, die theoretische Konzeption und politische Strategien in Bezug auf Geschlechteungleichheiten und -hierarchien reflektieren: den *liberal-egalitären* F. (Gleichheits-F.), den *radikal-dualistischen* F. (Differenz-F.) sowie den *poststrukturalistischen* F. Der *liberal-egalitäre* F. bezieht sich auf die freiheitliche politische Philosophie des 18. und 19. Jhdts., in der individuelle Rechte gegenüber dem Staat und unter den Gesellschaftsmitgliedern Vorrang hatten. Der sog. Gleichheits-F. bzw. die damit verbundenen Emanzipationskonzepte zielen auf die Abschaffung jeglicher Geschlechterdiskriminierung, ob im öffentlichen oder im privaten Bereich, vor allem über die Medien Rechtsgleichheit (Gleichstellungsgesetze, Frauenförderpläne etc.) und Bewußtseinswandel (öffentliche Kampagnen, Infragestellung und Aufhebung geschlechtsspezifischer Arbeitsteilung etc.). Egalitäre Emanzipationskonzepte orientieren sich an den Versprechungen der Aufklärung, an Werten von Freiheit und Gleichheit. Zugrunde liegt ein eher optimistisches Bild vom Menschen und von der gesellschaftlichen Entwicklung sowie die Hoffnung auf die Verwirklichung eines fairen Verhältnisses der Geschlechter. Egalitäre Emanzipationskonzepte halten fest an der Würde und Gleichheit aller Menschen: auf der politischen Ebene zumindest als anzustrebendes Ziel, auf der philosophisch-theoretischen Ebene als regulatives Prinzip (Prengel 1990). Diese Perspektive wertet realpolitische Verbesserungen für Frauen stets als Wegmarke eines übergenerationellen historischen Lernprozesses. Sie bestreitet zwar nicht die Symptomatik geschlechtsspezifischer Ungleichheit bzw. Herrschaft, aber sie schließt nicht von vornherein aus, daß es historisch möglich sei, diese Herrschaft zu brechen bzw. abzubauen. Der Vision einer Begrenzung oder Zivilisierung geschlechtsspezifischer Ungleichheiten liegt eine evolutionäre Gesellschaftstheorie zugrunde, in deren Zentren verantwortliche Subjekte stehen, die nicht nur Opfer, sondern Konstrukteurinnen gesellschaftlicher Verhältnisse sein können.

Der *radikal-dualistische* F. basiert auf einer Theorie der Geschlechterdifferenz, die - historisch bedingt und gesellschaftlich reproduziert - ökonomische, politische, soziale, kulturelle und mentale Unterdrückungsverhältnisse konstituiere. Eine Schlüsseldimension des sog. Differenz-F. ist das Patriarchat, in dem die Herrschaft von Männern über Frauen strukturell und individuell festgeschrieben ist. Das dahinter stehende Emanzipationskonzept ist ausgerichtet an der Verschiedenheit von Frauen, ihrer Besonderheit und an dem Anspruch, diese Besonderheit unter Bezugnahme auf Frauen untereinander und auf weibliche Werte leben zu können. Der radikal-dualistische oder differenztheoretische F. glaubt an die Durchsetzungs- und Widerstandskraft der männlich dominierten und patriarchal-kapitalistischen Strukturen. Im Hinblick auf die pK akzentuiert er den hegemonialen Geschlechterdiskurs und kritisiert die latente oder manifeste Fortdauer der herkömmlichen Strukturen und Politikrituale selbst dort, wo Frauen vermehrt repräsentiert sind. Ihr mögliches Subversionspotential werde zum Schweigen gebracht, benutzt und ausgebeutet. Geschlechtsspezifische Zuweisungen und Polarisierungen hätten nie aufgehört zu existieren. Der Blick auf das Geschlecht wirke weiter: Er determiniere und begrenze Frauen und Männer nach wie vor trotz gegenteiliger Rhetorik. All dies wirke als Wiederholung und Verlängerung der geschlechtsspezifischen Arbeitsteilung. Auch Frauen werden als Akteurinnen gesehen, nicht nur die Strukturen, an die sich Frauen immer wieder anpaßten und die sie adaptierten.

Der Differenz-F. kritisiert Eigenschaften, die in männlichen pK geschätzt werden, wie Objektivität, Distanz, Kontrolle, Durchsetzungsvermögen, Autonomie, Konkurrenz. Demgegenüber werden Werte positiv akzentuiert, die Frauen aus ihrer täglichen Praxis (mit Kindern u.ä.) und ihrem stärkeren Körperbezug herausbilden: Fürsorglichkeit, Nähe, Intimität, Aufeinanderbezogensein, Bindungsfähigkeit, Empathie. Italienische Philosophinnen entwarfen ein anspruchsvolles feministisches Modell individueller und kollektiver Emanzipation, in dem weibliche Autorität und weibliche Freiheit unter Bezugnahme auf „die symbolische Ordnung der Mutter" (Muraro) konzeptionalisiert werden. Eine Variante des Differenz-F. zielt auf eine gleichberechtigte, nicht-hierarchische gesellschaftliche Anerkennung der Differenzen zwischen Männern und Frauen mittels einer „permanenten kritischen Reformulierung" der „inhaltlichen Bestimmung der Differenzen ... ausschließlich durch Frauen selbst" (Maihofer 1995). Eine Position, in der Aspekte sowohl des Gleichheits-F. (gleiche Rechte) als auch des Differenz-F. (das Recht auf Verschiedenheit) einbezogen sind, wird in der theoretischen Debatte zunehmend vertreten und wäre als „Gleichheit-in-der-Differenz-F." zu bezeichnen (Gerhard 1991, Knapp/Wetterer 2001, Prengel 1990).

In jüngster Zeit drehen sich theoretische Debatten des F. um die soziale Konstruiertheit des geschlechtlichen Körpers und um die Idee einer geschlechtslosen Gesellschaft (i.S. von herrschaftsfrei, nicht-hierarchisch) sowie um die permanente Kritik der Konstruktion von (ungleichen) Geschlechterverhältnissen. Prominenteste Vertreterin einer poststrukturalistischen Dekonstruktion des Geschlechts ist Judith Butler (Butler 1991). Der *poststruktualistische* oder postmoderne F. untersucht die Repräsentation von Geschlecht in kulturellen Erzeugnissen wie Film, Video, Fernsehen, Werbung, und zielt darauf, die Grundannahmen über Geschlecht und Sexualität in Frage zu stellen. Diese theoretischen Ausdifferenzierungen von F. können allerdings Fragen der realen gesellschaftlichen Frauendiskriminierung nur bedingt beantworten. Aus diesem Grund wird ein *kosmopolitischer* F. eingefordert, der diskurstheoretische Ansätze mit historischen, politikwissenschaftlichen und kapitalismuskritischen Ansätzen verbindet („cosmopolitan feminism combines the current postmodern emphasis on discourse and cultural meanings with an understanding of history, context and the impact of class and capitalism", Murphy 1999: 35).

Feminismus in Deutschland:
In der alltagsweltlichen pK Deutschlands wird der Begriff F. derzeit wieder überwiegend abgelehnt oder pejorativ gebraucht. Oftmals wird mit ihm Männer- bzw. Eheverachtung assoziiert, oder es wird mit ihm das ebenso unzeitgemäße wie schlichte Beharren auf der vermeintlichen permanenten Ausbeutung von Frauen durch Männer verwechselt. Das gesellschaftliche Zerrbild der Feministin wird keineswegs nur von männlichem Ressentiment genährt, sondern auch von Frauen aller politischer Couleur transportiert. Selbst Parlamentarierinnen oder weibliche Mitglieder aus frauenfördernden Parteien lehnen oftmals eine Selbststilisierung als Feministin ab und bestreiten, Nutznießerin feministischer Bestrebungen geworden zu sein (Meyer 1997). Gleichwohl hat der F. in der pK der Bundesrepublik deutliche Spuren hinterlassen. Ungleichheiten zwischen Frauen und Männern sind in den vergangenen drei Jahrzehnten gesellschaftlich thematisiert und politisch verändert worden. Das Gesamtproblem von Macht und Ohnmacht im Geschlechterverhältnis - von Haben und Nichthaben, Vorteil und Nachteil - ist reformiert, aber noch nicht wirklich radikal verändert worden. Insofern bezieht sich das Selbstverständnis heutiger Feministinnen nach wie vor auf den Widerstand gegen geschlechtshierarchische Dominanz- und Ausbeutungsverhältnisse und zielt auf die Herstellung

gleicher Lebens- und Partizipationschancen von Frauen und Männern in ihren jeweiligen Kontexten.

Birgit Meyer

Literatur:

Benhabib, Seyla 1989: Der verallgemeinerte und der konkrete Andere. Ansätze zu einer feministischen Moraltheorie, in: List, Elisabeth/Studer, Helinde (Hrgs.): Denkverhältnisse. Feminismus und Kritik, Frankfurt a.M., S. 454-487.

Butler, Judith 1991: Das Unbehagen der Geschlechter, Frankfurt a.M.

Gerhard, Ute 1991: Unerhört. Die Geschichte der deutschen Frauenbewegung. Unter Mitarbeit von Ulla Wischermann, Reinbek bei Hamburg.

Knapp, Gudrun-Axeli (Hrsg.) 1998: Kurskorrekturen. Feminismus zwischen kritischer Theorie und Postmoderne, Frankfurt a.M./New York.

Knapp, Gudrun-Axeli/Wetterer, Angelika 2001 (Hrsg.): Soziale Verortung der Geschlechter. Gesellschaftstheorie und feministische Kritik, Münster.

Kreisky, Eva/Sauer, Birgit (Hrsg.) 1995: Feministische Standpunkte in der Politikwissenschaft. Eine Einführung, Frankfurt a.M.

Kreisky, Eva/Sauer, Birgit (Hrsg.) 1998: Geschlechterverhältnisse im Kontext politischer Transformation. PVS-Sonderheft 28, Opladen.

Maihofer, Andrea 1995: Geschlecht als Existenzweise. Macht, Moral, Recht und Geschlechterdifferenz, Frankfurt.

Meyer, Birgit 1997: Frauen im Männerbund. Politikerinnen in Führungspositionen von der Nachkriegszeit bis heute, Frankfurt a.M./New York.

Rossanda, Rossana 1980: Einmischung. Gespräche mit Frauen über ihr Verhältnis zu Politik, Freiheit, Gleichheit, Brüderlichkeit, Demokratie, Faschismus, Widerstand, Staat, Partei, Revolution, Feminismus, Frankfurt.

Prengel, Annedore 1990: Gleichheit versus Differenz - eine falsche Alternative im feministischen Diskurs, in: Gerhard, Ute/Jansen, Mechthild/Maihofer, Andrea/Schmid, Pia/Schulz, Irmgard (Hrsg.): Differenz und Gleichheit. Menschenrechte haben (k)ein Geschlecht, Frankfurt a.M.

Schenk, Herrad 1980: Die feministische Herausforderung. 150 Jahre Frauenbewegung in Deutschland, München.

Föderalismus

→ *Globalisierung, Grundgesetz, Kommunen, Politikverflechtung, Politische Moral, Politisches Vertrauen, Regionale/Lokale politische Kultur, SPD, Verbände, Verfassungsgerichtsbarkeit, Verwaltungskultur.*

Begriff/Definition:

Mit Föderalismus (F.) (lat. foedus = Bund) wird eine bündische Organisation des Staates bezeichnet. Damit soll insbesondere die kulturelle (ethnische, sprachliche, religiöse etc.) Autonomie der Gliedstaaten gesichert werden („Vielfalt in der Einheit"). Heute steht jedoch die „horizontale Gewaltenteilung" im Vordergrund, durch die ein direkter Durchgriff von der Zentrale auf den Einzelnen verhindert werden soll. Neben Deutschland sind auch Australien, Belgien, Indien, Kanada, Schweiz und USA Bundesstaaten. Zumeist schließen sich bislang selbständige Staaten zu einem Bundesstaat zusammen, indem sie einen Teil ihrer Souveränität auf den Bund übertragen. Im Staatenbund steht diese Übertragung unter Widerrufsvorbehalt, die Gliedstaaten können aus dem Bund austreten. Im Bundesstaat wird die Souveränität unwiderruflich übertragen, die Mitglieder können den Gesamtstaat nur im gegenseitigen Einvernehmen verlassen (z. B Tschechoslowakei). Andernfalls kommt es u.U. zum Krieg zwischen dem abtrünnigen Gliedstaat und dem Bund (z. B Jugoslawien). Im Gegensatz dazu enthält der Einheitsstaat keine föderalen Elemente, kann aber dezentralisiert sein. In der Praxis kommen auch Kombinationen von F. und Unitarismus vor.

Der durch das GG auf Dauer garantierte Bundesstaat liegt zwischen den Extremen. Die Länder haben Staatsqualität, ihr Austritt (und seit 1990 auch ein weiterer Beitritt) ist aber nicht vorgesehen. Durch zahlreiche Änderungen sind die Kompetenzen des Bundes im GG erweitert worden. Dabei spielte vor allem der Wunsch der Bevölkerung nach „gleichwertigen Lebensverhältnissen" im Bundesgebiet eine Rolle. Anders als z.B. in den USA ist die Ausführung der Bundesgesetze im Regelfall Sache der Länder. Nur in wenigen Ausnahmefällen (z. B Bundeswasserstraßen) wird dem Bund ein eigener Verwaltungsunterbau zugestanden. Dieser „Verwaltungs-F." (Ellwein) begünstigt die Länderexekutive. Seine Kehrseite ist die geringe Bedeutung der Landesparlamente. Nicht sie, sondern die Landesregierungen nehmen im Bundesrat maßgeblich an der Bundesgesetzgebung teil. In Angelegenheiten von essentieller Bedeutung für die Länder ist für das Zustandekommen eines Gesetzes die Zustimmung des Bundesrates erforderlich, bei Verfassungsänderungen bedarf es der Zweidrittelmehrheit auch im Bundesrat. Seit der Verfassungsänderung (Art. 23 GG nF) im Zuge des Maastrichter Vertrages werden die Landesregierungen auch an EU-Entscheidungen u. U sogar direkt beteiligt.

Theorien/Konzepte/Modelle:
Traditionell ist der F. in Deutschland Gegenstand der Staatsrechtslehre. Vor allem in Kommentaren zu Art. 20 und 28 sowie 23 (seit 1990) GG wird der verfassungsrechtliche Gehalt festgelegt. Dabei spielten von Anfang an die Entscheidungen des BVerfGs, später auch die des Europäischen Gerichtshofs, eine besondere Rolle. In Anlehnung an die US-amerikanische Forschung wurde der F. im Zuge der Diskussion um die → Politikverflechtung Mitte der 70er Jahre zu einem wichtigen Thema der Politik- und Verwaltungswissenschaft. Die Implementationsforschung verstärkte diesen Trend in den 80er Jahren noch. Mit der Wiedervereinigung rückten auch die Finanzierungsprobleme des Bundesstaates in den Vordergrund. Durch die

wachsende Bedeutung der EU verschiebt sich die Diskussion zunehmend auf die europäische Ebene.

Wichtiges Erkenntnisziel der F.-Forschung ist die Frage nach der Funktionsfähigkeit („Regierbarkeit") des Bundesstaates. Dazu gehört auch die im GG angelegte Konkurrenz von Parteienwettbewerb und Konkordanzdemokratie. In multiethnischen Bundesstaaten ist darüber hinaus das Verhältnis von Territorialität und nationaler Identität von besonderer Bedeutung. Der deutsche Verbundförderalismus scheint allerdings eher in die „Verflechtungsfalle" (F.W. Scharpf) politischer Immobilität zu führen. Dabei fällt auf, daß trotz verschiedener Anläufe zur Neugliederung des Bundesgebietes im wesentlichen (Ausnahme: Baden-Württemberg) die Länder in der Gestalt beibehalten worden sind, die sie durch die Besatzungsmächte nach 1945 erhalten hatten.

Rechtswissenschaftliche F.-Theorien arbeiten meist mit einem organizistischen Staatsbegriff, bei dem eine Entwicklungslogik in Richtung Unitarismus zugrundegelegt wird. So wurde die Veränderung der Kompetenzen in den 60er Jahren als „unitarischer Bundesstaat" (Hesse) wahrgenommen. Aus den USA stammt das Konzept der „Intergovernmental Relations", das für die politikwissenschaftliche Analyse besser geeignet ist. Während Interorganisationstheorien auf die Interessen der unterschiedlichen Ebenen und Akteure abstellen, wird im sog. Modernisierungskonzept Veränderung als Reaktion auf Krisen im politischen System interpretiert. Beide Theorien lassen sich sinnvoll miteinander kombinieren.

Staatsrechtliche Ansätze gehen von normativen Vorgaben aus, die mit den Methoden der Verfassungsdogmatik interpretiert werden. Im Vordergrund steht ein bestimmtes F.-Verständnis, das Kriterium für die Beurteilung von „Abweichungen" ist. Politik- und verwaltungswissenschaftliche Ansätze arbeiten hingegen mit empirischen Methoden. Ökonomische Ansätze analysieren die wirtschafts- und sozialstrukturellen Entwicklungsunterschiede zwischen Zentrum und Peripherie. Dazu gehört auch die finanzwissenschaftliche Beschäftigung mit der Wirkung von Geldtransfers vom Bund zu den Ländern (vertikaler Finanzausgleich) bzw. zwischen den Ländern (horizontaler Finanzausgleich) oder von West- nach Ostdeutschland.

Ausblick/offene Fragen:

Die politik- und verwaltungswissenschaftliche F.-Forschung hat Funktionsstörungen im Bund-Länder-Verhältnis offenbart, die danach fragen lassen, ob der deutsche F. noch zeitgemäß ist. Mit dem Verlust nationalstaatlicher Souveränität im Zeichen der → Globalisierung gewinnt die lokale Ebene an Bedeutung. Dies gilt in kultureller Hinsicht auch für die Regionen. Die deutschen Länder sind jedoch keine Regionen, sondern teilautonome Staaten in einem größeren Verbund. Dabei ist ihnen ein „qualitativer Sprung" auf der EU-Ebene gelungen. Sie agieren dort inzwischen als selbständige Akteure und geraten dabei u. U mit den zentralstaatlichen Interessen in Konflikt. Während bis zur Wiedervereinigung eine Entwicklungstendenz in Richtung dezentraler Einheitsstaat zu beobachten war, hat die Ländergesamtheit seither neue Kompetenzen und mehr politisches Gewicht bekommen. Ob diese Machtverschiebung im Interesse des Gesamtstaates liegt, bleibt allerdings fraglich. Von der Reformwilligkeit und -fähigkeit der Länder hängt die Regierbarkeit im Bundesstaat ab. Der fehlgeschlagene Versuch, Berlin und Brandenburg zu einem neuen Bundesland zusammenzufügen, kann allerdings nur als negatives Zeichen gewertet werden.

Rüdiger Voigt

Literatur:

Abromeit, Heidrun 1992: Der verkappte Einheitsstaat, Opladen.

Goetz, Klaus H. 1992: Intergovernmental Relations and State Government Discretion: The Case of Science and Technology Policy in Germany, Baden-Baden.

Grosse-Sender, Heinrich A. (Hrsg.) 1990: Bericht der Kommission „Erhaltung und Fortentwicklung der bundesstaatlichen Ordnung innerhalb der Bundesrepublik Deutschland - auch in einem Vereinten Europa“. Teil 1 und 2, Düsseldorf.

Hrbek, Rudolf/Thaysen, Uwe (Hrsg.) 1986: Die deutschen Länder und die Europäischen Gemeinschaften, Baden-Baden.

Laufer, Heinz/Münch, Ursula 1998: Das föderative System der Bundesrepublik Deutschland, Opladen.

Lehmbruch, Gerhard 1998: Parteienwettbewerb im Bundesstaat. Regelsysteme und Spannungslagen im Institutionengefüge der Bundesrepublik Deutschland, 2. Aufl., Opladen.

Münch, Ursula 1997: Sozialpolitik und Föderalismus. Zur Dynamik der Aufgabenverteilung im sozialen Bundesstaat, Opladen.

Scharpf, Fritz W. 1994: Optionen des Föderalismus in Deutschland und Europa, Frankfurt a.M./New York.

Frauen/Männer

→ *Arbeitslosigkeit, Bildung, Bündnis 90/Die Grünen, CDU/CSU, Demokratie, Eliten, Endogenität/Exogenität, Externe politische Effektivität, Familie, FDP, Feminismus, Identität, Lebenszufriedenheit/Lebensqualität, Milieus/Lebensstile, Neue Bundesländer, PDS, Politische Beteiligung, Politische Sozialisation: Geschlecht/Geschlechterverhältnisse, Politisches Interesse, Politiker/Politische Klasse, Republikaner/DVU, Soziale Sicherheit, Soziale Ungleichheit/Lebenslagen, Sozialer Wandel/Modernisierung, SPD.*

Begriffe/Definitionen - Geschlecht als soziale Strukturkategorie:

Wenn von Frauen (F.) und Männern (M.) die Rede ist, glauben die meisten zu wissen, was gemeint ist. Diese Alltagsnähe und die scheinbare Selbstverständlichkeit der von der Natur vorgegebenen Polarisierung zwischen denjenigen, die Kinder gebären und denjenigen, die sie zeugen können, bergen die größten Mißverständnisse - im wissenschaftlichen, politischen wie privaten Kontext. Persönliche Meinungen, familiäre und kulturelle Wertvorstellungen sowie sozio-ökonomische Rahmenbedingungen und Interessen bringen im Zusammenhang mit den Kategorien „F.", „M." und „Geschlecht" ein ideologielastiges und anachronistisches Orientierungsmuster hervor: Vormoderne und biologisch begründete Annahmen vom Wesen der Differenz zwischen M. und F. und von der Natürlichkeit einer geschlechtsspezifischen gesellschaftlichen Arbeitsteilung bestimmen nach wie vor die pK moderner Industrienationen und zugleich die entsprechenden Richtungen der Politik- und Sozialwissenschaften. Den Diskurs um die Ordnung der Geschlechter aus dem Nebel unreflektierter Deutungen und nicht hinterfragter Machtverhältnisse herauszulösen, und um die Unterscheidung zwischen biologischem (sex) und sozialem Geschlecht (gender), darum geht es seit den 70er Jahren in der feministischen Theoriedebatte (→ Feminismus) und in ihrer Kritik an der herkömmlichen pKf. Die Zugehörigkeit zu einer der beiden Genus-Gruppen birgt in jeder Kultur unterschiedliche soziale Konsequenzen, Chancen und Risiken. Zusammen mit den Kategorien Klasse/Schicht und Ethnizität bildet die Geschlechtszugehörigkeit ein soziales Ordnungsprinzip, das sich - durch geschlechtsspezifische Sozialisation und kulturelle Normierungen unterstützt - vor allem auf drei Ebenen auswirkt:

1. *Symbolische Ebene:* Bedeutsam sind die Bilder von Weiblichkeit und Männlichkeit, die in einer Gesellschaft dominieren, sich aber auch wandeln (Leitbilder, Stereotype und gesellschaftliche Vorurteile, individuelle und kollektive Selbst- und Fremdbilder, ob bewußt/unbewußt, offen/verborgen, manifest/latent, kongruent/inkongruent, konsistent/brüchig). Im Anschluß an Foucault wird „Geschlecht" auch als eine historisch bestimmte und symbolisch-interaktiv vermittelte Denk-, Gefühls- und Körperpraxis verstanden.

2. *Individuelle Ebene:* Politisch bedeutsame Einstellungen, Wünsche, Orientierungsmuster, Haltungen, Wissensbestände und Verhaltensweisen sind gemeint, die bei F. und M. unterschiedlich ausgeprägt sind und zum Ausdruck kommen. Sie können qua Meinungsumfragen, Verhaltens- und Einstellungsmessungen, Wahlanalysen u.ä. ermittelt werden.

3. *Strukturelle Ebene:* Geschlechtsbezogene Ungleichheit ist tief in gesellschaftliche Strukturen eingewoben. Soziale Positionierung und Anerkennung sind entlang der Geschlechtszugehörigkeit hierarchisch organisiert. In keiner Kultur werden M. und F. in gleicher Weise vergesellschaftet, und in keiner modernen Demokratie haben F. und M. trotz formaler und juristisch fixierter Gleichberechtigung die gleichen Rechte und Pflichten. Ihre Lebensbedingungen, ihre Arbeitsverhältnisse und ökonomischen Absicherungen sind ebenso unterschiedlich wie ihre politische Partizipation und Repräsentanz. Institutionelle Organisationsprinzipien können zu Ausschlußmechanismen werden (ob im Wahlrecht oder bei Kandidatenaufstellungen), und die bürokratische Exklusion durch Verfahrensregeln, Rituale und Netzwerke des politisch-parlamentarischen Systems betrifft in allen Staaten vor allem F.

trotz ihrer mehr oder weniger zunehmenden Präsenz auf der politisch-parlamentarischen Bühne. Insofern ist das Geschlecht eine soziale Strukturkategorie, die kulturspezifisch variabel und historisch kontingent wirksam ist. Sie konstituiert nicht schlichte Über- und Unterordnung zueinander, wie es frühe frauenbewegte Herrschaftsanalysen suggerierten, sondern ein bestimmtes kulturell gewordenes Geschlechterverhältnis.

Kritik am herrschenden Politikverständnis und am Politikbegriff:
Jahrzehntelang galt die Geschlechtszugehörigkeit als nachgeordnete soziale Kategorie mit nur sekundärer Bedeutung für die Verteilung und die Wahrnehmung von gesellschaftlichen Lebens- und Partizipationschancen. Die Kategorie Geschlecht wurde selten als eine politisch-kulturell vermittelte Konstruktion dargestellt, die in vielfältigster Art als „symbolischer Platzanweiser" wirkt. Geschlechtsunterschiede galten als eindeutig, naturhaft und unveränderbar, sie galten zudem als unhinterfragbar und letztlich wenig interessant (Hagemann-White/Rerrich 1988, Sauer 1994). Mit der Ableitung verallgemeinerter Kategorien aus der männlichen politischen Normalbiographie wurden soziale und politische Einstellungen, Kompetenzen und Aktivitäten von F. nicht oder kaum berücksichtigt.

Feministische Wissenschaftlerinnen kritisierten seit den 80er Jahren den Mythos von der unpolitischen oder desinteressierten Frau und charakterisierten den klassischen Politikbegriff als androzentrisch, denn politische Aktivitäten, Orientierungsmuster und Verhaltensstile von M. gerieten zur Norm (Meyer 1992). Der politisch interessierte, aktive, männliche Normalbürger wurde zum Maßstab, an dem gemessen politische Einstellungen und Aktivitäten von F. jeweils für defizitär befunden wurden. Dieser sog. Defizitansatz prägte theoretische Konzeptionalisierungen, normative Bezüge und forschungspraktische Umsetzungen der gängigen pKf. Wissenschaftlerinnen charakterisierten demgegenüber den modernen Staat als Konstruktionsmonopol von M. (MacKinnon) bzw. als M.-Bund (Kreisky) und betonten die „Unsichtbarkeit des Geschlechts" in einem strukturell männlich-patriarchalisch geprägten „Herrenhaus Europa" (z.B. Biester u. a. 1994). Feministinnen thematisierten angeblich „private" Unterdrückungs- und Gewaltverhältnisse in der Partnerschaft/→ Familie als „politische" sowie die Grenzziehung zwischen Privatheit und Öffentlichkeit. Der traditionelle Politikbegriff habe, so die Kritik, bislang die Arbeit und das Leben von F. nur unzureichend erfaßt. Herkömmlich werde unter Politik allein institutionenbezogenes, öffentliches Handeln verstanden. Der traditionelle Politikbegriff könne zudem mit seiner klaren Trennung in Ressort-Zuständigkeiten die zunehmende Komplexität moderner Gesellschaften kaum erfassen. Mittlerweile wird überwiegend von verschiedenen Politikverständnissen ausgegangen: von einem weiteren, institutionell-übergreifenden, das potentiell alles (auch das Private) als politisch wahrnimmt, und einem engeren, traditionellen, auch institutionenbezogenen. Diesen engen Politikbegriff benutzten F. teilweise selbst, wenn sie sich als politisch desinteressiert bezeichnen, ohne ihr soziales Engagement miteinzubeziehen, und er liegt auch der pKf zugrunde. Mit einem erweiterten Politikbegriff, der von F. als „definitionsmächtigen Newcomern" im politischen Diskurs gleichberechtigt formuliert werden sollte (Meyer 1997), kann die Unterrepräsentanz des weiblichen Geschlechts sichtbar und kritisierbar gemacht werden. Verborgen bleiben allerdings die sozialen und ökonomischen Ursachen, die die Lebensbedingungen und Arbeitsverhältnisse von M. und F. systematisch ungleich werden lassen und die wiederum unterschiedliche Verhaltensbereitschaften generieren.

Objektive Lebensbedingungen und Arbeitsverhältnisse von Mannern und Frauen in Deutschland am Ende des 20. Jhdts.:
Die Geschlechtszugehörigkeit fungiert als entscheidendes Zuweisungskriterium sozialer Ungleichheit. Wie die F.- und Geschlechterforschung materialreich dokumentiert hat, sind F. in Bezug auf ihre finanziellen Mittel und Wohnverhältnisse, in Bezug auf → Bildung, berufliche Ein- und Aufstiegsmöglichkeiten, familiäre Verpflichtungen und Arbeitsbelastungen, → soziale Sicherheit sowie in Bezug auf politische Rekrutierung die „Unterschicht in jeder Klasse" (Becker-Schmidt/Knapp 1995).

1. Bildung: In der Ausbildung und beruflichen Qualifikation haben sich in den vergangenen vier Jahrzehnten die größten Veränderungen vollzogen. Bis Mitte der 60er Jahre wirkten noch vielfach traditionelle Rollenvorstellungen: Mädchen und junge F. sollten primär auf die Hausfrau- und Mutterrolle vorbereitet werden. Heute hat sich dies grundlegend geändert, und die Bildungswege von M. und F. haben sich weitgehend angeglichen. Mehr als 75 % aller heute erwerbstätigen F. in Deutschland verfügen über eine berufliche Ausbildung (M.: 80 %, Stand: 1996, Statistisches Bundesamt 1998: 38ff.). 12 % der F. und 14 % der M. in der Altersgruppe zwischen 25 und 35 Jahren sind Hochschul- oder Fachhochschulabsolventen, und am Ende des 20. Jhdts. sind es sogar etwas mehr F., die zu 52 % die allgemeine Hochschulreife erwerben. Obgleich der F.-Anteil unter den Studierenden mittlerweile bei ca. 42 % liegt (bei Studienanfängern im Wintersemester 1995/96 ertmals über 50 %), gibt es nach wie vor eine Differenzierung nach Fächern und Berufszielen. Den höchsten F.-Anteil verzeichnen die Veterinärmedizin (Wintersemester 1995/96 72 %), die Sprach-, Kunst- und Kulturwissenschaften (65 %) sowie das Berufsziel Lehramt (65 %). Hoch dagegen ist der M.-Anteil in den Ingenieurwissenschaften (84 %), den Naturwissenschaften und Mathematik (67 %). Mittlerweile werden zwar rund 13 % der Habilitationen von F. erbracht (Ingenieurwissenschaften 7,7 %, Sprach- und Kulturwissenschaften 21 %), dagegen liegt der Anteil an der Professorenschaft immer noch bei nur 8,2 % (1996).

2. Erwerbsarbeit: Die Erwerbsquote von F. im erwerbsfähigen Alter (15 bis 65 Jahre) stieg in Deutschland auf rund 67 % (West: 60 %, Ost: 74 %, M. rund 80 %; Bundesministerium für Familie, Senioren, Frauen und Jugend (BMFSFJ 1998: Frauen in der Bundesrepublik Deutschland). Auffällig ist die hohe Erwerbsbeteiligung verheirateter (jüngerer) F. und (alleinerziehender) Mütter sowie die Konzentration von F. in Teilzeitbeschäftigungen. 1996 waren ca. 30 % der erwerbstätigen F. in Deutschland teilzeitbeschäftigt. Die Gallie-Studie zeigt, daß eine Beziehung besteht zwischen dem Faktor Teilzeitbeschäftigung und dem von vielen F. empfundenen Gefühl der Unsicherheit ihrer Beschäftigungssituation. Die befragten teilzeitbeschäftigten F. haben eine klare Einschätzung davon, daß diese Arbeitsform ihnen kaum Sicherheit, wenig Aufstiegschancen und keine Fort- und Weiterbildungsmöglichkeiten bietet (Eurobarometer 1998). Während sich das Ausbildungs- und Erwerbsverhalten von F. und M. in den vergangenen Jahrzehnten erheblich veränderte, und heute die Erwerbsarbeit für berufstätige F. den gleichen Stellenwert besitzt wie für M. (ebendort), blieben Benachteiligungen von F. bestehen, besonders in ihrer Stellung im Beruf und Betrieb sowie in der Vergütung. F. in Deutschland verdienen durchschnittlich nur 77 % dessen, was männliche Kollegen verdienen. Die Differenz ist im Angestelltenbereich sogar noch höher als bei Arbeitern und Arbeiterinnen. Dies gilt selbst dann, wenn Arbeitszeit, Qualifikation und Beschäftigungskontinuität vergleichbar sind (BMFSFJ 1998).

Beharrlich wirkt das Stereotyp, M. stehe als sog. „Familienernährer" der höhere Verdienst zu, was sich zum Beispiel in der Beförderungspraxis niederschlägt. Dabei steuern fast 60 % der berufstätigen F. in Europa die Hälfte oder sogar mehr zum Familieneinkommen bei (Whirlpool Froundation 1999). Jede vierte berufstätige Frau in Europa stellt mittlerweile das gesamte Haushaltseinkommen. Offensichtlich macht den F. in Europa die Berufstätigkeit auch Spaß. Denn sechs von zehn F. arbeiten zwar, um Geld zu verdienen, aber 48 % würden auch noch arbeiten, wenn sie das Geld nicht brauchen würden (ebendort). Dabei messen europäische F. den Aspekten „Initiative" und „Eigenständigkeit" bei der Arbeit, „Weiterbildung" und „Aufstiegsmöglichkeiten" genau die gleiche Bedeutung zu wie ihre männlichen Kollegen (Eurobarometer 1998). F. halten sich M. gegenüber beim beruflichen Aufstieg für benachteiligt. Sie sind auch der Auffassung, daß sie weniger oft als ihre männlichen Kollegen Führungsaufgaben wahrnehmen. Auch hier decken sich Einschätzungen mit Fakten. 85 % der erwerbstätigen M. in Europa vertreten die Ansicht, daß die Berufstätigkeit für F. genauso wichtig sei wie für M., und 95 % der erwerbstätigen F. sind hiervon überzeugt. Diese Einstellung ist bei nicht-erwerbstätigen Europäerinnen etwas weniger häufig anzutreffen (nur 85 % F., 80 % M.). In den → neuen Bundesländern sind F. überproportional von → Arbeitslosigkeit betroffen (19,9 % gegenüber 13,7 % der M.) und ihr Anteil bei den Langzeitarbeitslosen ist extrem hoch (BMFSFJ 1998). Dies, obgleich bei den ostdeutschen F. die Orientierung an der Erwerbsarbeit und der Wunsch, diese mit familiären Verpflichtungen zu verbinden, stärker ausgeprägt ist als bei den westdeutschen F. (Eurobarometer 1998).

3. Familie: Am Ende des 20. Jhdts. haben in Deutschland nur 58 % aller Lebensgemeinschaften Kinder (Stand 1996). Der Trend zu kleineren Familien (→ Familie) mit ein bis zwei Kindern ist unverkennbar, ebenso wie die Zunahme der (zumeist weiblichen) Alleinerziehenden. In der DDR betrug 1987 die durchschnittliche Kinderzahl pro Frau 1,9 (1,4 in Westdeutschland). Im Vergleich zu anderen europäischen Staaten ist die Geburtenrate in Deutschland sehr gering (Stand 1999: 1,3 Kinder pro Frau). Nach wie vor ist die Familie der Ort traditioneller Geschlechterrollen und Aufgabenteilung trotz rhetorischer und gesetzlicher Anpassung an Gleichheitsforderungen. Unabhängig von der Berufstätigkeit der Partner wird die Haus- und Erziehungsarbeit überwiegend von F. erbracht. In über drei Viertel der Haushalte in Ost- und Westdeutschland sind F. alleine für Kochen und Putzen zuständig. Der Einkauf ist der Arbeitsbereich, in dem sich M. in Ost und West am häufigsten engagieren bzw. für den beide Partner verantwortlich sind (BMFSFJ 1998). Die Aufgabenverteilung hat sich für berufstätige F. nur unwesentlich verändert. Am stärksten ausgeprägt ist die Doppelbelastung der Frau durch Beruf und Familie in Haushalten mit niedrigem sozialem Status. Bei ganz jungen Paaren zeigen sich allerdings Veränderungen: Hier nimmt die Zahl der Paare, die die Familienarbeit gemeinsam erledigen, signifikant zu. Trotz der ungleichen Arbeitsbelastung durch Hausarbeit und Kindererziehung herrscht eine breite Zufriedenheit mit der Verteilung der Arbeitsbereiche. Nur 5 % der weiblichen Befragten im Osten und 7 % im Westen wünschen, daß der Partner sich im Hause mehr engagieren sollte. Aus einer ipos-Umfrage ging hervor, daß 27 % der M. im Westen lieber teilzeitarbeiten würden, auch wenn dann der Verdienst geringer ausfiele (dagegen 64 % der F.), im Osten sind dies auf beiden Seiten deutlich weniger: nur 16 % der M. und 40 % der F. Das Interesse an einem unbezahlten Sonderurlaub für die Kindererziehung bzw. die Betreuung älterer Familienangehöriger variiert beträchtlich zwischen den Geschlechtern. So zeigen über 66 % der deutschen M. gar keine Bereitschaft zur Unterbrechung ihrer beruflichen Laufbahn, um zu Hause die Kinderbetreuung zu übernehmen, während dies rund 55 % der F. ablehnen. Fehlende finanzielle Mittel werden als Begründung genannt, vor allem in der Gruppe der 25- bis 39-jährigen F. und M. (Eurobarometer 1998).

Nach wie vor gelten familiäre Pflichten bei den meisten Befragten als Gründe für die Benachteiligung von F. im Erwerbsleben und für die unterschiedliche Beteiligung am politischen Entscheidungsprozeß. Von der jüngeren Generation wird dies allerdings als weniger wichtig bezeichnet und die „Dominanz von M. in der Arbeitswelt" und „das fehlende Vertrauen in F." genannt (ebd.: 66). Unter allen Personen in Deutschland, die nicht haupterwerbstätig und auch nicht im Erziehungsurlaub sind und die täglich Kinder betreuen, sagen rund 40 %, daß sie sich durch diese Betreuung daran gehindert fühlen, eine Zeitbeschäftigung aufzunehmen, was sie sonst gerne tun würden. Fast ausschließlich handelt es sich hier um F. (Statistisches Bundesamt 1998). Zur Rollenverteilung befragt, äußern sich 46 % in den alten und 49 % in den neuen Bundesländern, daß sie in der Rolle als Mutter, die teilweise berufstätig ist, am zufriedensten wären. In der alleinigen Rolle als Hausfrau und Mutter fühlen sich die wenigsten wohl: In Ostdeutschland sind beispielsweise nur 13 % der F. damit zufrieden, in Westdeutschland 33 %. 32 % der

Ostdeutschen meinen sogar, daß die Doppelrolle als vollberufstätige F. und als Mutter für sie die Ideallösung wäre. Ohne Kinder nur in Beruf und Karriere aufzugehen, kommt als Rollenideal für 9 % der F. in den alten und für 10 % in den neuen Bundesländern in Betracht. 7 % bzw. 4 % F. wollen weder Kinder noch Karriere, ihnen würde ein Teilzeitjob reichen, der ihnen viel Zeit für sich selbst läßt (Allensbach-Umfrage 1996).

4. Soziale Sicherung im Alter: Von den über 81 Mio. Einwohnern der BRD im Jahre 1995 war jeder fünfte 65 Jahre und älter: rund 8,2 Mio. F. und 4,6 Mio. M. (BMFSFJ 1998). Die durchschnittliche Lebenserwartung betrug für M. 73 Jahre, für F. 79 Jahre. F. leben also länger - aber wovon? Rund 75 % der Versichertenrenten an F. liegen hierzulande unter dem Sozialhilfeniveau. Das soziale Rentenversicherungssystem in Deutschland beruht auf dem sog. Male-bread-winner-Modell (Ostner), das kontinuierliche Vollzeiterwerbstätigkeit voraussetzt. Aus diesem Grunde sind Tätigkeiten (z.B. pflegerische, erzieherische, reproduktive, diskontinuierliche) aus der weiblichen Erwerbsbiographie weniger wert. Nur rund ein Viertel der F. hatten Ende 1996 in den alten Bundesländern 35 und mehr rentenrechtlich relevante Jahre vorzuweisen (in den neuen Bundesländern mehr als die Hälfte; BMFSFJ 1998). Die Alterssicherung für nicht erwerbstätige Witwen hängt von der ihres verstorbenen Ehemannes ab. Die mangelnde Berücksichtigung von Kindererziehungs- und Pflegezeiten für die soziale Alterssicherung bzw. der dadurch bedingte Ausfall der Erwerbstätigkeit führt dazu, daß 1996 in den alten Bundesländern rund 75 % der über 65-jährigen, die ihren Lebensunterhalt durch Sozialhilfe bestreiten müssen, F. sind. Das Sozialhilferisiko von F. ist in den vergangenen Jahren stetig gestiegen (Statistisches Bundesamt 1998) und dabei ist es umso höher, je jünger sie sind.

Politische Partizipation von Frauen und Männern:

1. Politisches Interesse und Wahlverhalten: F. haben ein distanzierteres Verhältnis zur Politik als M. Dieses bezieht sich sowohl auf ihr Interesse an, als auch auf ihre kritischere Einstellung gegenüber konventioneller oder institutionalisierter Politik. In Europa geben 77 % der M. und nur 63 % der F. an, „häufig" und/oder „gelegentlich" im Freundeskreis über Politik zu diskutieren. Ein Drittel der F. und ein Fünftel der M. führen niemals politische Diskussionen (Eurobarometer 1998). Doch dieses darf nicht mit Desinteresse gleichgesetzt werden. Das → politische Interesse von F. bezieht sich eher auf unkonventionelle politische Bereiche (z.B. alltagsnähere, soziale, wirtschaftliche und ökologische Probleme) und unverfaßte politische Aktivitäten (z.B. Unterschriftensammlungen, Menschenketten, Bürgerinitiativen, politische Demonstrationen, Streiks u.a.) die auch als „neue" Partizipationsformen bezeichnet werden (→ Politische Beteiligung).

Gleichwohl wird F. von der Wahl- und Umfrageforschung ein „Desinteresse", „politische Apathie" oder gar ein „Demokratiedefizit" attestiert. Dieser „Defizitperspektive", die ein „traditionell weibliches Defizit" unterstellt, widerspricht auch, daß F. in den neuen Formen → politischer Beteiligung weitaus weniger unterrepräsentiert sind als z.B. in Parteien oder Parlamenten. Zudem weisen F. in Umfragen mehrheitlich kritischere Haltungen auf als M. zu gesellschaftlichen Problemen (z.B. Wirtschaftsentwicklung, Arbeitslosigkeit, Atomenergie, Friedenssicherung, Umwelt). Obwohl in Deutschland mehr M. als F. zu den entschiedenen EU-Gegnern gehören, mögen weniger F. die Europäische Integration aktiv unterstützen (Liebert 1998). Feministinnen kritisieren das „Demokratiedefizit" europäischer Institutionen und Entscheidungsprozesse und stimmen hierin mit der weiblichen Öffentlichkeit vor allem in nord-europäischen Ländern überein. Überproportional viele F. verweigern den europäischen Institutionen ihren „permissiven Konsens". De Vaus/McAllister (1989) differenzieren den im US-Kontext entwickelten Gender Gap und fügen den Geschlechtsunterschieden in den Selbsteinschätzungen von F. in elf Ländern situationsbezogene und strukturelle Determinanten hinzu. Entscheidende Variablen bei den Antworten sind demnach stets Alter, Bildungsniveau, Erwerbstätigkeit und Wohnsitz. Vor allem jüngere F. mit höherem Bildungsniveau sind heute in dem Ausmaß ihres politischen Interesses mit M. vergleichbar, ebenso in ihrer Akzeptanz von neuen Politikformen (Hoecker 1998).

Während sich die *Wahlbeteiligung* von F. und M. in den vergangenen zwei Jahrzehnten nahezu angeglichen hat, gibt es eine neue europaweite Tendenz weiblicher Wähler zu den Linksparteien (Eurobarometer 1998). Bis Ende der 60er Jahre setzte sich in der Bundesrepublik das bereits aus der Weimarer Republik bekannte Muster der Stimmabgabe von F. zugunsten konservativ-christlicher Parteien fort sowie die Ablehnung von rechts- bzw. linksextremistischen Gruppierungen. Seit 1972 ist in Westdeutschland die CDU/CSU nicht mehr die von weiblichen Wählern am stärksten favorisierte Partei - ausgenommen bei den über sechzigjährigen F., die zwischen 1983 und 1998 bei Bundestagswahlen zu rund 53 % der CDU/CSU ihre Stimme gaben. Bei der Bundestagswahl 1998 entschieden sich allerdings nur noch 44 % der älteren Wählerinnen für die CDU/CSU und 41 % für die → SPD. Die CDU verlor 1998 insgesamt 7,2 % weibliche Wähler und 5,7 % männliche im Vergleich zur vorangegangenen Bundestagswahl. 1998 stimmten M. und F. aller Altersgruppen in ihrem Votum für die beiden großen Volksparteien nahezu überein (Hoecker 1999). Es gab 53 % wahlberechtigte F. bei der Bundestagswahl. Bündnis 90/Die Grünen konnten bislang vor allem von den gebildeten jüngeren F. in Ballungsräumen profitieren. Bei jüngeren Wahlberechtigten in Deutschland hat zur Zeit das Nichtwählen Konjunktur. Bei den vergangenen Bundestags-, Landtags- und Kommunalwahlen fiel bei den sog. Jungwählerinnen (18 bis 25 Jahre) eine zunehmende Wahlmüdigkeit auf. So ging ab 1990 nur etwa jede zweite Wählerin unter 21 Jahren zur Urne (55 %), der Trend lag bei jungen M. ähnlich: Er pendelte sich bei rund 3 % höher ein. Während F. zwischen 25 und 45 Jahren in Deutschland häufiger zur Wahl gingen als M. derselben Altersgruppen, war bei jüngeren F. die Auffassung, daß die einzelne Stimme nicht zählt und Wählen daher sinnlos sei, sehr verbreitet (18 % der 18- bis 34jährigen F.). (Jüngere) F. begründeten ihre Wahlenthaltung zunehmend mit einer bewußten Abkehr von der traditionellen Politik und mit ihrer Enttäuschung über herkömmliche Politikformen (Meyer 1994, Hoecker 1999).

2. Politisch-parlamentarische Repräsentanz: Zwischen 1971 und 1981 hat sich die Zahl der weiblichen Parteimitglieder nahezu verdoppelt. Sie lag 1997 bei rund 500.000. Damit ist in Deutschland jedes vierte Parteimitglied (27 %) weiblich, wobei es große parteispezifische Unterschiede gibt: CSU 16,4 %, CDU und → FDP 25 %, SPD 29 %, Bündnis 90/Die Grünen 37 %, → PDS 46 % (Stand 1998). Von allen weiblichen Parteimitgliedern gehören rund 45 % der SPD an, die Christdemokratinnen kommen auf 38 %. Wenn F. sich parteipolitisch engagieren, dann entscheiden sie sich zu über vier Fünfteln für die großen Volksparteien (Hoecker 1999). Im Bundesdurchschnitt beträgt der F.-Anteil in den Kommunalparlamenten rund 25,2 % (Stand 1996), wobei ein starkes Nord-Süd-Gefälle zu verzeichnen ist sowie eine Abhängigkeit zur Gemeindegröße: Je kleiner und südlicher die Gemeinde, desto geringer ist die F.-Repräsentanz. Dasselbe gilt für die Landtage: Der F.-Anteil liegt zwischen rund 20 % (Baden-Württemberg) und 40 % (Bremen). Im Westen Deutschlands haben seit den 80er Jahren vor allem die Grünen den F.-Anteil in den Landtagen und im Bundestag erhöht, im Osten seit der Vereinigung auch die → PDS. Beide Parteien unterstützen durch eine in ihrem Gründungsstatut satzungsgemäß vorgeschriebene Quotenregelung die Kandidatur und Mandatierung von F. Die → SPD hat 1988 auf ihrem Münsteraner Parteitag die stufenweise Umsetzung einer Vierzig-Prozent-F.-Quote beschlossen. Insofern kann die SPD erfreuliche numerische Tatsachen verbuchen: Im Parteivorstand, Parteirat, in den Landes- und Bezirksvorständen und bei den Parteitagsdelegierten liegt der F.-Anteil über einem Drittel, oft übersteigt er sogar die Mindestabsicherung von 40 %. Die → CDU verabschiedete 1996 das sog. Quorum, das für Parteiämter und Mandate einen F.-Anteil von mindestens einem Drittel vorsieht. Die Befürchtung der F.-Union, daß die wachsweiche Formulierung bei der Listenaufstellung zur Bundestageswahl („Wahlkreiskandidatinnen sollen vorrangig berücksichtigt werden", Beschluß des 8. Parteitages 1996), das anvisierte Quorum nie und nimmer erfüllen werde, ist eingetreten: Die CDU/CSU-Fraktion im 14. Deutschen Bundestag weist nur einen F.-Anteil von 18,4 % auf. Die anderen Fraktionen liegen bei rund 21 % (→ FDP), 35,2 % (SPD), 57,4 % (→ Bündnis 90/Die Grünen) und 58,3 % (PDS). Insgesamt sind im 14. Deutschen Bundestag rund 31 % der Mitglieder F., das heißt von insgesamt 669 Abgeordneten 208 (Stand 1999). Dieses ist der höchste F.-Anteil seit Bestehen der Bundesrepublik. Seit 1983 ist der F.-Anteil von Wahl zu Wahl um rund fünf Prozentpunkte gestiegen. Vor 1983 überstieg er nie die „Zehn-Prozent-Hürde". Der F.-Anteil hatte sich seit der Weimarer Nationalversammlung, dem ersten deutschen Parlament, in dem F. das aktive und passive Wahlrecht ausüben konnten, also über 60 Jahre lang nicht erhöht.

Von den 626 Abgeordneten im Europäischen Parlament sind 168 F. (26,8 %). Mit Ausnahme von Portugal ist der F.-Anteil unter den Europa-Parlamentariern überall höher als in den nationalen Parlamenten. Deutschland wird von 99 Abgeordneten vertreten, davon sind 35 F. (35 %). Der F.-Anteil im nationalen Parlament beträgt in den Mitgliedstaaten der Europäischen Union durchschnittlich 20,5 % (Stand 1998). 1998 wurde erstmals in Deutschland eine Regierung gebildet, in der ein Drittel der Ministerien von F. geleitet werden. Doch damit gehört Deutschland noch nicht zur frauenpolitischen Avantgarde. Trotz des über die vergangenen fünf Jahrzehnte angestiegenen F.-Anteils in den Parlamenten und Regierungen ist die reale Macht in der BRD immer noch zu Ungunsten von F. verteilt. Die Repräsentanz von F. speziell in den wichtigsten Macht-, Einfluß- und Entscheidungszentren von Politik, Wirtschaft, Medien, Justiz und öffentlicher Verwaltung ist nach wie vor kaum gegeben. Nicht demokratisch legimierte Experten-Runden (Bündnis für Arbeit, Ethik-Rat u.ä.) sowie inter- und supranationale Kooperationen in Zeiten zunehmender → Globalisierung verstärken dieses Demokratiedefizit.

Die Rekrutierungsmechanismen und parlamentarischen Regeln und Strukturen haben sich in Deutschland in den vergangenen Jahrzehnten nicht grundsätzlich geändert. Aber die seit den 80er Jahren veränderte Elitenrekrutierung der Parteien, zum Beispiel durch Quotierungen, numerische Zielvorgaben, F.-Förderpläne, -listen und -statuten haben zumindest einen Bewußtseinswandel bewirkt. Heute findet das politische Engagement von F. mehr gesellschaftliche Anerkennung als das von M. (Institut für Demoskopie Allensbach 2000, Repräsentativbefragung zu den Interessen von Frauen und ihren Erwartungen an die Politik, im Auftrag des BMFSFJ). Die weibliche Mehrheit der Bevölkerung und die Forderungen der neuen F.-Bewegung nach Anerkennung und angemessener Repräsentation können heute nicht mehr ohne weiteres übergangen werden. Dazu beigetragen haben u.a. die politisch aktiven weiblichen Parlamentarier seit Bestehen der Bundesrepublik.

3. Frauen in politischen Führungspositionen - anders als die Männer? Die pKf belegt, daß das Sozialprofil der Abgeordneten kein Spiegelbild der Gesamtbevölkerung wiedergibt. Ein durchweg hoher formaler Bildungsgrad und ein durch Politiknähe gekennzeichneter Beruf werden seit den 70er Jahren bei männlichen und weiblichen Abgeordneten festgestellt (Hoecker 1999). Während noch in der ersten Wahlperiode (1949 bis 1953) der Republik 40 % aller Parlamentarier den Hauptschulabschluß aufwiesen, verfügen heute drei Viertel aller Abgeordneten über ein Hochschulstudium, wobei die weiblichen MdBs eine formal höhere Bildung aufweisen als ihre Kollegen. Im 14. Deutschen Bundestag ist etwas über die Hälfte aller Parlamentarierinnen verheiratet und hat Kinder gegenüber rund drei Viertel der männlichen Kollegen. Diese Tatsache bedeutet eine große Veränderung zu den Nachkriegsjahrzehnten, aber noch keineswegs eine Angleichung der Karriereprofile weiblicher und männlicher Parlamentarier. Im Bundestag ist ein weit überdurchschnittlicher Anteil an alleinstehenden F. (ledigen, geschiedenen oder verwitweten) zu beobachten. Während der Anteil der alleinstehenden männlichen Abgeordneten bislang stets unter 10 % angesiedelt war, bewegte sich der entsprechende Anteil der weiblichen Abgeordneten bis 1976 zwischen 50 und 60 %. Im 14. Deutschen Bundestag sind über 30 % aller F. alleinstehend, während dies auf nur 14 % der männlichen Abgeordneten zutrifft. Obgleich die Kategorie „alleinstehend" wenig über die tatsächlichen Lebensverhältnisse aussagt und nichts über mögliche LebenspartnerInnen, verdeutlicht sie doch die unterschiedliche reproduktive Absicherung von weiblichen und männlichen Parlamentariern. Denn: Eines der größten Handicaps für eine politische Karriere von F. stellt nach wie vor die mangelnde Vereinbarkeit von Familie, Beruf und Politik für Politikerinnen (→ Politiker/Politische Klasse) dar. Sowohl aus der Parteiperspektive als auch in der Außenerwartung und -bewertung ist eine Familie für Politikerinnen kontraproduktiv. Für männliche Abgeordnete scheint das Gegenteil der Fall zu sein (Patzelt 1997). Auch werden verheiratete F. in Deutschland wesentlich seltener Parteimitglied als verheiratete M. Politische Öffentlichkeit und Medien tragen an Politikerinnen nach wie vor stereotype Rollenerwartungen heran. F., die sich politisch engagieren, werden in den Medien und in der Öffentlichkeit generell strenger visiert als M. Dieses gilt nicht nur für ihr Äußeres, sondern bei ihren politischen Erfolgen/Mißerfolgen und besonders im Bereich ihres Privatlebens. Die geschlechtsspezifische Arbeitsteilung und die Einseitigkeit in der Belastung durch familiäre Tätigkeiten bilden immer noch hohe Barrieren für F. in ihren Zugangschancen zu den Bereichen Politik und Öffentlichkeit.

Auffallend sind die Unterschiede in der Motivation, im politischen Selbstverständnis und in den thematischen Schwerpunktsetzungen von befragten männlichen und weiblichen Abgeordneten. Während sich F. vorrangig als Vertreterinnen einer Zielgruppe (F., Jugendliche, Verbraucher, Benachteiligte in der Gesellschaft) verstehen, wird diese Motivation für ein politisches Engagement von M. als weniger ausschlaggebend benannt (Patzelt 1997). Im Selbstbild von befragten älteren und jüngeren Parlamentarierinnen taucht durchgängig das Bewußtsein ihrer spezifischen Exponiertheit als Frau in der Politik auf. Auch Unterschiede zu den männlichen Kollegen in der Bewältigung der politischen Aufgaben sowie in dem, was als politisch relevante Themen eingeschätzt wird, werden wahrgenommen und problematisiert. In Interviews (Meyer 1997) bestätigen alle Parlamentarierinnen die Funktionsmächtigkeit von männlichen Networks oder sog. Seilschaften in der Politik. Obgleich sie diese Beschränkungen bewußt wahrnehmen und artikulieren, definieren sich F. heute als autonomer und unabhängiger von männlicher Wertschätzung als früher. Sie beanspruchen mit größerem Selbstbewußtsein ihren Platz in der Politik (Geißel 1999) und genießen auch bewußt die Vorteile einer interessanten politischen Betätigung. Aber Politikerinnen müssen mit neuen Widerständen, massiven Bedrohtheitsgefühlen und subtilen Abwehrstrategien von Seiten männlicher Kollegen rechnen und mit der Unflexibilität von Strukturen und eingefahrenen Verhaltensstilen. Das Bewußtsein und die Erfahrung dieser Schwierigkeiten prägen durchweg alle Aussagen der jüngeren Politikerinnen. Trotz der Asymmetrie in den Zugangs- und Aufstiegschancen ist Politik für F. heute attraktiver und interessanter geworden. Die Mitgliedschaft in einer Partei, ein politisches Mandat oder ein Amt enthalten verlockende Aspekte für F. Dieses sieht man u.a. an der Zunahme weiblicher Kandidaturen.

Das Politikverständnis von F. in politischen Führungspositionen ist praxis- und personenbezogen sowie an Fragen orientiert, wie Menschen in konkreten Fällen leben und wie speziellen Personengruppen in bestimmten Problemlagen geholfen werden kann. Viele Politikerinnen thematisieren ihren Bezug zu den täglichen Problemen der Lebenspraxis. Das Bedürfnis nach einer Bezogenheit auf andere als die in der Politik vorherrschenden Menschen und Themen wird von Parlamentarierinnen bei männlichen Abgeordneten so nicht beobachtet (Meyer 1997). Auffällig waren in den Selbstdeutungen die Hinweise auf einen anderen, speziell bei weiblichen Abgeordneten wahrgenommenen Kommunikationsstil. Selbstbeschreibungen jüngerer Parlamentarierinnen bezogen sich auf Begriffe wie Mut, Einsatzbereitschaft, Ehrgeiz und Belastbarkeit. Viele stellen sich selbst als klar, dynamisch, arbeitsorientiert, entschlußfreudig und durchsetzungsfähig dar. Dieses sind Begriffe, die traditionellerweise eher dem „männlichen" Arbeitsvermögen zugeschrieben werden. Begriffe, die sich auf die klassisch weiblichen Stereotype wie Fürsorglichkeit, Nachgiebigkeit, Flexibilität beziehen, tauchen in den Selbstbeschreibungen heutiger Politikerinnen kaum auf (Meyer 1997, Hoecker 1998).

Ausblick/offene Fragen:
Eine große Mehrheit der Europäer ist am Ende des 20. Jhdts. von der Notwendigkeit des Fortschritts auf dem Gebiet der Chancengleichheit von F. und M. überzeugt und hält eine Gleichstellung für noch nicht annähernd erreicht (61% der Westdeutschen, 67 % der Ostdeutschen, 78 % der F., 44 % der Männer, Allensbach 2000, s.o.). Nahezu ein Viertel der M. und F. in Europa ist der Ansicht, daß die „Aufteilung der Hausarbeit" der erste Bereich ist, in dem etwas gegen die Ungleichheiten getan werden muß. „Die Achtung vor dem Einzelnen" (22 %), das heißt die Achtung der männlichen und weiblichen → Identität und der damit verbundenen persönlichen Freiheit rangiert an zweiter Stelle. Danach werden der „Zugang zu verantwortungsvollen Positionen" (15 %) und die „Aufteilung der Kindererziehung" (10 %) genannt. „Ein ausreichender Anteil von F. in verantwortungsvollen Positionen" in der Wirtschaft (6 %), auf der politischen Ebene (5 %) und in der Justiz (3 %) sind offensichtlich weniger vorrangige Forderungen (Eurobarometer 1998). Derzeit ist in der BRD eine Verdrängung der Geschlechterfrage aus der pK wahrzunehmen. Dabei gibt es durchaus positive Veränderungen im Geschlechterverhältnis, z.B. durch die Thematisierung angeblich privater Abhängigkeiten und Probleme als hochpolitische (u.a einengende Rollenstereotype, ungewollte Schwangerschaften, häusliche Gewalt). Bewirkt hat die F.-Bewegung unter anderem, daß sich am Anfang des 21. Jhdts. bis zu 53 % aller F. in Deutschland als emanzipiert und selbstbewußt einstufen. Je höher der formale Bildungsgrad (→ Bildung), desto selbstbewußter und emanzipierter empfinden sich die F.,

auch und besonders die jungen (Allensbach 2000, s.o.). Diese sind auch von der Notwendigkeit einer starken F.-Bewegung überzeugt (insgesamt jede zweite befragte Frau in Deutschland).

Dennoch scheint die Phase des Geschlechterkampfes vorbei und von Kooperation und Partnerschaft zwischen M. und F. abgelöst. Gleichwohl sind die Unterschiede zwischen F. und M. in Ost und West nach wie vor groß. Die bundesdeutsche F.-Bewegung, die vor rund einer Generation antrat, die Strukturen des gesellschaftlichen Geschlechterverhältnisses anzuprangern und umzuwälzen, ist leiser geworden, zum Teil erschöpft, zum Teil in Form von zahlreichen F.-Projekten, Gleichstellungsbeauftragten sowie Gender-Mainstreaming-Aktivitäten anderweitig beschäftigt. Die F.-Bewegung hat sich professionalisiert, differenziert und integriert - und hat ab und zu auch resigniert. Insofern ist die pK derzeit durch keine lautstarke oder mächtige außerparlamentarische feministische Opposition geprägt. Die gesellschaftliche und technologische Modernisierung und die durch die Vereinigung hervorgerufene Umwälzung haben Themen der Gleichberechtigung von F. und M. in den Hintergrund geschoben. Sie haben auf die erst mühsam eingeleitete Herstellung gleicher Startchancen und den Versuch, F. für erfahrene Diskriminierungen zu entschädigen, keine Rücksicht genommen. Auch für das Ziel, Strukturen und Inhalte der pK innovativ zu verändern oder gar die gesellschaftliche Geschlechterhierarchie umzuwälzen, macht sich derzeit keine kämpferische Mehrheit stark. So wird die jahrhundertealte „F.-Frage" eben weiterhin auf der politischen Agenda des nächsten Jahrtausend verbleiben.

Birgit Meyer

Literatur:

Becker-Schmidt, Regina/Knapp, Gudrin-Axeli (Hrsg.) 1995: Das Geschlechterverhältnis als Gegenstand der Sozialwissenschaften, Frankfurt a.M.

Biester, Elke/Holland-Cunz, Barbara/Sauer, Birgit (Hrsg.) 1994: Demokratie oder Androkratie? Theorie und Praxis demokratischer Herrschaft in der feministischen Diskussion, Frankfurt a.M./New York.

Geißel, Brigitte 1999: Politikerinnen. Politisierung und Partizipation auf kommunaler Ebene, Opladen.

Hagemann-White, Carol/Rerrich, Maria S. (Hrsg.) 1988: FrauenMännerBilder. Männer und Männerbilder in der feministischen Diskussion, Bielefeld.

Hoecker, Beate (Hrsg.) 1998: Handbuch Politische Partizipation von Frauen in Europa, Opladen.

Hoecker, Beate 1999: Frauen, Männer und die Politik, Bonn.

Liebert, Ulrike 1998: Der gender gap in der europäischen Öffentlichkeit als Problem der international vergleichenden Meinungsforschung, in: König, Thomas u. a. (Hrsg.) Europa der Bürger? Voraussetzungen, Alternativen, Konsequenzen, Frankfurt a.M., S. 177-200.

Meyer, Birgit 1991: Frauenbewegung und politische Kultur in den 80er Jahren, in: Süß, Werner (Hrsg.): Die Bundesrepublik in den 80er Jahren. Innenpolitik, Politische Kultur, Außenpolitik, Opladen, S. 219-235.

Meyer, Birgit 1992: Die „unpolitische" Frau. Politische Partizipation von Frauen oder: haben Frauen ein anderes Verständnis von Politik?, in: APuZ, B 25-26, S. 3-18.
Meyer, Birgit 1997: Frauen im Männerbund. Politikerinnen in Führungspositionen von der Nachkriegszeit bis heute, Frankfurt a.M./New York.
Sauer, Birgit 1994: Was heißt und zu welchem Zwecke partizipieren wir? Kritische Anmerkungen zur Partizipationsforschung, in: Biester, Elke/Holland-Cunz, Barbara/Sauer, Birgit (Hrsg.): Demokratie oder Andokratie? Theorie und Praxis demokratischer Herrschaft in der feministischen Diskussion, Frankfurt a.M./New York, S.99-130.

Freizeit

→ Arbeit, Familie, Neue Bundesländer, Sozialkapital/Soziales Vertrauen, Sozialstruktur, SPD, Vereine, Verbände.

Begriff/Definiton:
Begrifflich ist Freizeit (F.) entweder als Restkategorie nach Abzug aller für die physische, psychische und soziale Reproduktion notwendigen Erfordernisse vom Zeitbudget (negative Definition) oder als Zeit für Muße, Befriedigung persönlicher Bedürfnisse oder Erholung (positive Definition) zu fassen (bzw. F. als subjektive Größe; als Zeit der Selbstverwirklichung, persönlichen Entfaltung, Zeit für sich). Begrifflich kann auch „Halb-F." für Tätigkeiten wie Arbeitsessen oder „freie Zeit" als nicht mit zentralen Rollenpflichten ausgelastete Zeitmenge unterschieden werden. Historisch knüpft der Begriff, der 1881 erstmals in einem deutschen Lexikon erscheint und nicht mit der mittelalterlichen „freyzeyt" (Marktfriedenszeit) identisch ist, an die Muße-Ideale der griechisch-römischen Antike an, die eine positive Entwicklung aller menschlichen Möglichkeiten zum Ziel hatte. Erst seit 50 Jahren wird von einer „F.-Gesellschaft" gesprochen. F. wird als Charakteristik moderner und zukünftiger Gesellschaften betrachtet, weil die zwischen 1850 und 1950 extrem hohe Erwerbsarbeit rückläufig und die arbeitsfreie Zeit ansteigend ist. Arbeitspolare Definitionen werden neuerdings immer mehr durch Konzepte verdrängt, die F. als eigene Sphäre mit speziellen Dynamiken und Codierungen betrachten. Wenn der Arbeitsgesellschaft die → Arbeit auszugehen scheint, rücken andere Lebensbereiche in der Vordergrund. So können Konzepte wie Erlebnis-, Spaß-, Medien- oder eben F.-Gesellschaft einen prominenten Rang einnehmen. Sinnstiftung durch Arbeit wird auf dem Wege zur Individual- oder Multi-Optionen-Gesellschaft immer mehr durch f.-orientierte Lebensstile ersetzt. Sein oder Design stellen sich als Alternative.

Ergebnisse/Entwicklungslinien:
Auch wenn sich in den letzten 50 Jahren die F. objektiv mehr als verdoppelt hat (besonders stark: Urlaub, Wochenende), sind nach Umfragedaten subjektiv nur

leichte Zuwächse eingetreten, weil die Lagerung (z.B. bei Schichtarbeit), Stückelung (z.B. bei Erwerbstätigen mit Kindern) und Verdichtung (z.B. durch Pflege von Familienangehörigen) (→ Familie) der F. den Zuwachs nur begrenzt nutzbar machten. Die Verteilung der F.-Gewinne erfolgt sozialstrukturell ungleich. Gewinner sind u.a. Beamte, Angestellte, Alte und Zeitpioniere, Verlierer u.a. Frauen mit Kindern, Selbständige, Modernisierungsopfer und Arme. In der F. sind Privilegien und Benachteiligungen partiell anders verteilt als in der am Arbeitsleben ausgerichteten → Sozialstruktur: Selbständige mit hohem Einkommen und Prestige haben wenig F., während Zeitpioniere mit relativ niedrigem Einkommen oft umfangreiche und erfüllte F. genießen können.

F. ist ökonomisch zu einem Wachstumsmarkt mit hohen Umsätzen und wachsender Beschäftigung geworden. Etwa ein Fünftel aller Arbeitsplätze dient der F. anderer Menschen. Werden anteilig noch die Arbeitsplätze in Verkehr, Medien, Unterhaltung oder Bekleidung hinzu addiert, liegt der Anteil bereits bei einem Drittel. Die F.-Wirtschaft tendiert zu großbetrieblichen Organisationsformen und zur Verflechtung mit anderen Wirtschaftsbereichen (z.B. wenn Mischkonzerne Reiseunternehmen aufkaufen oder Kapitalgesellschaften in Sport investieren). F. ist integraler Bestandteil der Entwicklung zur Dienstleistungsgesellschaft. Zugleich ist F. ein wachsendes Element der Schattenwirtschaft, weil immer mehr Arbeiten (z.B. Bauen, Verwalten, Organisieren) in die F. verlagert werden. Ökonomisch trägt F. einen stetig wachsenden Teil zum Bruttosozialprodukt bei. Ökologisch sind mit dieser Entwicklung erhebliche Folgeschäden verbunden: steigender Verkehr, Zerstörung von Landschaft, Aufschaukelungseffekte zwischen naturalen und sozialen Problemen.

Ideologisch wird F. immer stärker als Merkmal moderner Gesellschaften, denen die Arbeit auszugehen scheint, hochstilisiert. Sport, Fitneß, Wellness, Mobilität, Mode, Stile, Lebensgefühle, Selbstbestimmung, Erlebnis oder „just for fun" sind die Leitvokabeln einer F.-Gesellschaft, die individuelles Wohlverhalten und gesellschaftliche Massenloyalität garantieren soll. Allgemein rückt Zeit immer stärker in die individuellen, sozialen und politischen Horizonte. „Zeit haben" und „Zeit machen", „Zeitsouveränität" und „Verflüssigung der Zeit" sind Kategorien, die ein neues Verhältnis zur Zeit markieren. Zeitsparen und Tempo sind Konzepte, die neue Formen der Vergesellschaftung ausdrücken. Uhren, Kalender, Computer und Zeitschalter sind Instrumente des veränderten Zeitgefühls, Optimierung der Zeitnutzung wird zur Leitmaxime, zu der sich als Gegenpart die Wiederentdeckung der Langsamkeit gesellt. Politisch haben sich im Laufe der Geschichte alle Systeme unterschiedlicher Zeitregime bedient (vom altchinesischen Kalenderministerium bis zur modernen Arbeitszeitpolitik). Mit der „Verflüssigung der Zeit" wird Zeit zugleich verstärkt in die individuelle Verfügbarkeit gelegt, aber auch ökonomisch instrumentalisiert („zeitsparende Effizienz") und von institutionellen Regelungen abgekoppelt (Öffnungs- und Arbeitszeiten am Sonntag). Zeit wird immer mehr ihrer religiös-rituellen Funktionen entkleidet, ökonomischen Interessen untergeordnet und zugleich als individuelles Leistungs- und Vergnügungselement definiert. So erlangt F. eine eigenständige Bedeutung in modernen Gesellschaften, weil sie nicht mehr zentral als körperliche und psychische Entlastung vom Arbeitsprozeß (Kompensations- oder Suspensionsfunktion) angelegt ist, sondern für Individuum, Gesellschaft und Politik als eigenständiges neues Supersymbol gelten kann.

Hans-Werner Prahl

Literatur:

Garhammer, Manfred 1999: Wie Europäer ihre Zeit nutzen, Berlin.
Hartmann, Hans A./Haubl, Rolf (Hrsg.) 1996: Freizeit in der Erlebnisgesellschaft, Opladen.
Opaschowski, Horst W. 1997: Einführung in die Freizeitwissenschaft, Opladen.
Prahl, Hans-Werner 2002: Soziologie der Freizeit, Paderborn (im Erscheinen).

Fremdenfeindlichkeit

→ *Anomie/Entfremdung, Außenbeziehungen: Selbstbild/Fremdbild, Autoritarismus, Bildung, Demoskopie, Identität, Ideologie, Intellektuelle, Minderheiten/Randgruppen, Multikulturelle Gesellschaft, Nation, Nationalsozialismus, Neue Bundesländer, Politische Sozialisation: Soziale Schicht, Politische Toleranz, Politische Traditionen, Republikaner/DVU, Sprache.*

Begriff/Definition:

F. bezeichnet in einem weit gefaßten Sinn die unterschiedlichsten Formen der Ablehnung und Abwehr nicht vertrauter oder unbekannter Personen und Personengruppen. Sowohl im alltäglichen als auch im wissenschaftlichen Sprachgebrauch wird der Begriff jedoch in der Regel in einem engeren Sinn verwendet und auf Personengruppen bezogen, die von „Einheimischen" aufgrund oft nur vage definierter Merkmale als „fremd" wahrgenommen und beurteilt werden. Im Unterschied zu anderen Merkmalen wie Schicht- oder Klassenzugehörigkeit orientieren sich diese Merkmale hauptsächlich an ethnischen Differenzierungen und damit an Charakteristika, die vermeintlich oder tatsächlich an Umstände der Geburt und Herkunft gebunden sind. Dazu können Besonderheiten der Hautfarbe, der → Sprache, der Kleidungsgewohnheiten oder der Wohn- und Lebensweise zählen, insofern diese als Ergebnis der Abstammung und kulturellen Prägung verstanden werden und sich von den zumeist ebenfalls kaum eindeutig benennbaren Eigenschaften der „Einheimischen" unterscheiden (Banton 1997). Die dabei maßgeblichen Grenzziehungen beruhen somit auf Selbst- und/oder Fremdzuschreibungen kollektiver Eigenschaften und Zugehörigkeiten von Fremdgruppe *und* Eigen- bzw. „Wir"-Gruppe, deren konkrete Form sich ändern kann. In dieser Bedeutung ist der Begriff F. auch in der wissenschaftlichen Diskussion zunehmend an die Stelle des Begriffs der *Ausländerfeindlichkeit* getreten, da sich gezeigt hat, daß sich die Ablehnung und Abwehr von Immigranten und ethnischen Minderheiten (→ Minderheiten/Randgruppen) nicht allein am staatsbürgerlichen Status dieser Personengruppen, sondern hauptsächlich an jenen sozial definierten, auf Herkunft und Abstammung bezogenen Merkmalen orientiert (Jaschke 2001). Ein Spezialfall solcher Grenzziehungen ist der *Rassismus*, der dadurch charakterisiert ist, daß er an (auch humangenetisch längst widerlegten) Vorstellungen und Ideologien von vermeintlich stabilen biologisch-genetischen Unterschieden zwischen Personengruppen, den „Rassen", orientiert ist. Auch der gegen die Juden gerichtete *Antisemitismus* kann als eine besondere Erscheinungsform ethnischer Grenzziehungen und Fremdenfeindlichkeit verstanden werden.

Erscheinungsformen von Fremdenfeindlichkeit:
F. kann in sehr unterschiedlichen Weisen in Erscheinung treten, die begrifflich und analytisch auseinander gehalten werden müssen (Allport 1954, Zick 1997). Dazu zählen zunächst verallgemeinerte Überzeugungen oder Annahmen über (tatsächlich oder vermeintlich) typische Eigenschaften und Merkmale einer Gruppe von Personen, die auch als *Stereotype* bezeichnet werden. Das Charakteristikum solcher Stereotype liegt im Aspekt der Generalisierung, der Verallgemeinerung bestimmter Meinungen über besondere Zusammenhänge zwischen Personen und deren Eigenschaften auf alle oder die meisten Personen, die einer bestimmten Gruppe oder Kategorie zugeordnet werden. Solche Stereotype gibt es nicht nur für Angehörige von Fremdgruppen (*Heterostereotype*), sondern auch für die jeweilige Eigengruppe (*Autostereotype*); die Meinung: „Wir Deutschen sind ein fleißiges Volk" ist dafür - aus der Sicht einer Person, die sich der Gruppe der „Deutschen" zurechnet - ein Beispiel. Eine weitere Äußerungsform von F. sind *Vorurteile*. Ihre charakteristischen Merkmale sind 1. mit Bewertungen verbundene Überzeugungen und Meinungen über die Eigenschaften und Merkmale bestimmter Personengruppen (z.B. „Alle Z. sind faul"), 2. emotionale Reaktionen in der Beziehung zu den Angehörigen dieser Gruppe (z.B. Mißtrauen oder Furcht) und 3. daran orientierte Verhaltensdispositionen (z.B. Kontaktvermeidung). Im Hinblick auf konkrete Handlungen, Verhaltensweisen und institutionalisierte Benachteiligungen gegenüber ethnisch differenzierten Personengruppen wird hingegen meistens von (ethnischen) *Diskriminierungen* gesprochen. Dazu zählen zum Beispiel Benachteiligungen beim Zugang zu Arbeitsplätzen, Wohnungen und Bildungsinstitutionen, die Verweigerung bestimmter Rechte und politischer Beteiligungsmöglichkeiten, aber auch gewalttätige Angriffe oder eher subtile Formen der Kontaktvermeidung gegenüber Personen aufgrund ihrer Zugehörigkeit oder Zuschreibung zu einer bestimmten ethnischen Gruppe. Zwischen diesen verschiedenen Erscheinungsformen der F. bestehen, wie zahlreiche Studien gezeigt haben, keine eindeutigen Zusammenhänge. So ziehen etwa starke Vorurteile nicht zwangsläufig manifeste Diskriminierungen nach sich und umgekehrt kann es an ethnischen Differenzierungen orientierte Benachteiligungen auch ohne starke Vorurteile geben.

Ergebnisse/Erklärungen:
Zur Erklärung der F. gibt es zahlreiche Ansätze, die allerdings oft nicht klar zwischen den verschiedenen Erscheinungsformen unterscheiden. Einige davon beziehen sich hauptsächlich auf genetisch verankerte Dispositionen, persönlichkeitsspezifische Eigenschaften oder allgemeine psychologische und motivationale Wirkungsmechanismen. Andere betonen eher historisch gewachsene Besonderheiten der Nationalstaatsbildung, sozialstrukturell bestimmte Konfliktlagen in multiethnischen Gesellschaften oder die Auswirkungen gesellschaftlicher Wandlungs- und Transformationsprozesse (Ganter 1998, Zick 1997). Theoretischer Gehalt und empirische Haltbarkeit der verschiedenen Erklärungsansätze sind in der sozialwissenschaftlichen Forschung sehr umstritten. Methodisch sorgfältig konzipierte Untersuchungen zur Überprüfung einzelner Theorien sind selten. Ein Grund dafür ist der Mangel an zuverlässigen Daten über die verschiedenen Formen der F. Diese beschränken sich im Hinblick auf fremdenfeindliche Gewalttaten in Deutschland im wesentlichen auf Angaben der Kriminalämter und des Bundesamts für Verfassungsschutz sowie auf Gerichtsakten. Zur Analyse von Vorurteilen und eher latenten sozialen Distanzen gegenüber Immigrantengruppen und anderen ethnischen Minderheiten muß vor allem auf Umfragedaten zurückgegriffen werden, die größtenteils nur für einzelne Zeitpunkte zur Verfügung stehen.

Eine Ausnahme stellt die repräsentative Erhebung im Rahmen der Allgemeinen Bevölkerungsumfrage der Sozialwissenschaften (ALLBUS) dar, in der seit 1980 Einstellungen und Verhaltensweisen gegenüber „Gastarbeitern" bzw. „Ausländern" erfaßt werden. Diesen Daten zufolge haben sich im Zeitraum zwischen 1980 und 1994 ablehnende Haltungen und latente Diskriminierungstendenzen gegenüber Immigranten deutlich abgeschwächt, während sich für das Jahr 1996 wieder eine Verschärfung (gegenüber dem Jahr 1994) erkennen läßt (Alba u. a.. 2000; Ganter 1998). Diese Entwicklung steht im Kontrast zur starken Zunahme fremdenfeindlicher Gewalt- und Straftaten seit 1990, die 1993 einen ersten Kulminationspunkt mit weit über 10000 fremdenfeindlich motivierten Straftaten erreichte. Dies deutet schon darauf hin, daß dabei unterschiedliche Entstehungsbedingungen und Wirkungsmechanismen von Bedeutung sind. Fremdenfeindliche Gewalt- und sonstige Straftaten werden überwiegend von männlichen Jugendlichen in informellen Cliquen und kleineren Gruppen begangen, die nur teilweise eine feste Bindung an organisierte rechtsextreme oder neonazistische Organisationen aufweisen (Willems u. a.. 1993). Demgegenüber ist in Bezug auf die eher diffusen fremdenfeindlichen Haltungen und Diskriminierungstendenzen festzustellen, daß diese mit höherem Alter deutlich zunehmen, während geschlechtsspezifische Unterschiede sehr gering sind. In den neuen Bundesländern ist die Tendenz zu F. im Durchschnitt größer als in Westdeutschland. Sie nimmt im Osten wie im Westen mit zunehmendem Bildungsniveau und höherer sozialer Lage ab. Eine wichtige Bedeutung scheint auch den Gelegenheiten zu persönlichen Kontakten zu den „Fremden" zuzukommen. Personen, die zum Beispiel in der Nachbarschaft oder am Arbeitsplatz solche Kontakte haben, neigen mehrere Studien zufolge insgesamt weniger zu fremdenfeindlichen Einstellungen und Verhaltensweisen.

Stephan Ganter

Literatur:

Allport, Gordon 1954: The Nature of Prejudice, Boston.
Banton, Michael 1997: Ethnic and Racial Consciousness, 2. Aufl., London/New York.
Ganter, Stephan 1998: Ursachen und Formen der Fremdenfeindlichkeit in der Bundesrepublik Deutschland, Bonn.
Jaschke, Hans-Gerd 2001: Rechtsextremismus und Fremdenfeindlichkeit, 2. Aufl., Opladen.
Willems, Helmut/Würtz, Stefanie/Eckert, Roland 1993: Fremdenfeindliche Gewalt, Opladen.
Zick, Andreas 1997: Vorurteile und Rassismus, Münster.

Generationen

→ *Endogenität/Exogenität, Familie, Geschichtliche Phasen der BRD, Geschichtsbewußtsein, Kindheit/Jugend, Militär, Nationalsozialismus, PDS, Politikverflechtung, Politische Bildung, Politische Informiertheit, Politische Kompetenz, Politische Sozialisation, Politische Sozialisation: Gleichaltrigengruppe, Politische Traditionen, Politisches Interesse, Regionale/Lokale politische Kultur, Religiosität, Soziale Ungleichheit/Lebenslagen, Sozialer Wandel/Modernisierung, Sozialstruktur, Verbände, Wahlen/Wähler.*

Begriff/Definition:

Mit dem Ausdruck Generationen (G.) werden sowohl *Trägergruppen* wie *Prägungstypen* einer pK bezeichnet. So spricht man etwa von der G. Adenauers im Sinne von Trägergruppen der pK der Nachkriegszeit, die durch gemeinsame Erfahrungen aus der Weimarer Republik und der Herrschaft des → Nationalsozialismus verbunden waren. Man spricht aber auch von der Adenauer-G. im Sinne eines Prägungstyps der Jugend in der Nachkriegszeit, die durch die Erfahrung des wirtschaftlichen Aufstiegs, der innenpolitischen Konsolidierung der Bundesrepublik und die pK der Adenauerzeit in ihren politischen Wertorientierungen beeinflußt wurde.

Der Begriff der G. ist mehrdeutig. Als demographische Kategorie umfaßt eine G. Personen gleichen Lebensalters: Geburtskohorten. Als historische Kategorie umfaßt eine G. Personen, die einem durch historische Ereignisse abgrenzbaren Aggregat von Geburtskohorten angehören: Jahrgänge, die in einem gleichartigen historischen Kontext sozialisiert wurden. Als soziologische Kategorie umfaßt eine G. Personen, die abgrenzbaren Aggregaten von Alterskohorten angehören und sich in charakteristischen Orientierungen und Verhaltensweisen von anderen Altersgruppen unterscheiden. Für die Bestimmung einer demographischen G. genügt das Geburtsjahr; für diejenige einer historischen G. bedarf es der Definition jener historischen Ereignisse, die einen jeweils gleichartigen Sozialisationskontext abgrenzen; für diejenige einer soziologischen G. ist der Nachweis homogener Orientierungen und Verhaltensweisen erforderlich.

Bildung:
Die Bildung von G. aus Alterskohorten erfolgt über die → pS, soweit durch diese spezifische Lebensbedingungen und charakteristische Leitideen Prägekraft gewonnen haben. Erfolgt die Sozialisation der Jugend strukturell und kulturell unter gleichen oder nur graduell verschiedenen Bedingungen, bildet sich keine oder nur eine schwache Differenzierung von G. aus. Dies gilt für Bevölkerungen oder Bevölkerungsteile, die keinem oder nur geringem sozialen und kulturellen Wandel unterliegen. Je rascher der → soziale Wandel und je größer die mit ihm verbundenen Veränderungen der Lebensbedingungen sind, desto höher ist die Wahrscheinlichkeit der G.-Bildung. Aus einer gemeinsamen Erfahrung spezifischer Lebensumstände, etwa der Weltwirtschaftskrise oder der Kriegszeit, erwächst jedoch noch keine gemeinsame Orientierung an spezifischen sozial-moralischen Leitideen. Neben den → sozialen Wandel treten daher der kulturelle Wandel und die Prägekraft der herrschenden Weltanschauungen und politischen Überzeugungssysteme, die einer heranwachsenden Jugend angeboten und von ihr übernommen werden. Die Bildung einer G. im Prozeß der pS ist daher das Ergebnis von Erfahrungen sich wandelnder Lebensbedingungen, von Umbrüchen in der politischen Ordnung und von komplexen Prozessen der Übertragung sozial-moralischer Leitideen und politischer Überzeugungssysteme. Dementsprechend gibt es kürzere oder längere G.-Zusammenhänge, zwischen denen größere oder geringere Unterschiede bestehen.

Tradierung politischer Kultur:
Die Tradierung einer pK im Prozeß der Sozialisation ist stets selektiv. Sie ist dies schon deswegen, weil politische Konstellationen, auf die sich pK oder auch Teilkulturen in ihrer Entstehung beziehen, im Ablauf der Zeit ihre reale Erfahrungsqualität verlieren, historisch werden. Dies gilt etwa für das Deutsche Reich, das für einen immer kleineren Teil der Bevölkerung in Deutschland einen realen Erfahrungsgehalt besitzt. Dies gilt auch für den Nationalsozialismus, dessen Erfahrung einen unterschiedlichen Einfluß auf die Formierung der politischen Institutionen und die Wertorientierungen der BRD und der DDR hatte. Für die Mehrheit der Wahlberechtigten ist der Nationalsozialismus heute kein selbsterfahrenes Bezugssystem für die politische Urteilsbildung. Mit dem Verlust der Erfahrungsqualität von politischen Konstellationen, die für eine pK grundlegend waren, muß die pK über abstrakte und symbolische Bezugssysteme tradiert werden. Je nachdem, welche Trägergruppen von politischen Teilkulturen Bezugsgruppen der Jugend werden, tradieren sich Wertorientierungen mit unterschiedlicher Prägekraft und gegensätzlichem Inhalt. Was sich als pK einer jugendlichen Alterskohorte darstellt, ist vielfach nur Sozialisationserfolg eines Sektors der Trägergruppen der herrschenden

pK. Konflikte innerhalb einer G. transformieren sich dieserart in Konflikte mit der nachfolgenden G. Es kann daher nicht davon ausgegangen werden, daß eine Kontinuität oder eine gleichgerichtete Wandlung in der pS aufeinanderfolgender Alterskohorten besteht. Die Struktur des Bildungswesens, die Selbstdarstellung der Repräsentanten der politischen Ordnung und deren Kritiker spielen dabei eine entscheidende Rolle. Vorprägung durch Erwachsene und Selbstverarbeitung der politischen Erfahrungen der Jugend stehen in einem bislang kaum analysierten Wechselverhältnis.

Wirkung von Generationen auf die politische Kultur:
Die Wirkung von G. auf die Ausprägung der jeweils bestehenden pK ist in vielfacher Hinsicht begrenzt. Zunächst werden politisches Verhalten und politische Wertorientierungen durch die pS vom 15. bis zum 20. Lebensjahr nicht unveränderlich fixiert. Spätere politische Ereignisse und Erfahrungen können diese wesentlich verändern. Im Lebenszyklus wandeln sich zahlreiche Verhaltensweisen und Wertorientierungen. Ferner ist ein Aggregat von Alterskohorten in sich durch die Regional-, Konfessions- und Schichtungsunterschiede schon von Anfang an heterogen und schließt sich zu keiner homogenen politischen Interessen- oder Überzeugungsgemeinschaft zusammen. G.-Zusammenhänge werden durch Schlüsselereignisse auch über den Sozialisationszeitraum hinaus symbolisch repräsentiert und zur Fremd- und Selbstbeschreibung verwendet. So spricht man etwa von den G. der 45er („Flakhelfer"), der 68er und der 89er und unterstellt, daß durch das Kriegsende, die Studentenbewegung oder den Zusammenbruch kommunistischer Herrschaftssysteme dauerhafte Prägungen der politischen Einstellungen und davon ableitbare Verhaltensmuster bewirkt wurden.

Generationen und Institutionen:
Schließlich ist ein erheblicher Teil der pK in den Institutionen verfestigt, deren Prägekraft auch das Verhalten verschiedener G. formt und über die Zeit homogenisiert. So ist es bisher kaum gelungen, Bevölkerungen nach G.-Einheiten mit dominanten Wertüberzeugungen und Verhaltensmustern zu gliedern; Bildungsgrad, Konfession, Berufsposition, Stellung im Lebenszyklus, Zugehörigkeit zu Parteien und → Verbänden erweisen sich als weit stärkere Determinanten von Einstellungen. Neben den Effekten des Lebenszyklus (die nur durch systematische Kohortenanalysen erfaßt werden können) treten solche der Veränderungen im Bildungswesen, in der wirtschaftlichen und sozialen Lage sowie in der institutionellen Ordnung in Erscheinung. Der gegenwärtige Forschungsstand erlaubt keine gesicherten Erkenntnisse über den Einfluß von Prägungstypen auf den Wandel der pK. In der Zahl und Art von G. liegt jedoch ein mobilisierbares Potential für → Eliten. Bei der Analyse von Trägergruppen der pK ist der Einfluß von G.-Zusammenhängen eher faßbar. Hier spielen spezifische Sozialisationsprozesse in Universitäten, Militärakademien, Parteiorganisationen, Jugendgruppen eine große

Rolle. Soweit die pS in altershomogenen Jugendgruppen und in spezifischen institutionellen Kontexten erfolgt, werden über die Jugendjahre hinaus Interaktionen vermittelt, berufliche Laufbahnen strukturiert und G.-Zusammenhänge auch im späteren Leben aktiviert. Es ergeben sich Verstärkungsprozesse, die Grundorientierungen aus der Sozialisationsphase auf Dauer stellen. Besetzen Angehörige solcher Sozialisationsgemeinschaften über längere Zeit Positionen in politischen Ämtern, in den Medien, in → Militär, Universität, Schulen, Gerichten usw., beeinflussen ihre Wertorientierungen unmittelbar die pK als Träger wie als Kritiker der politischen Ordnung. In der politischen Elite können G. unterschiedlich und dauerhaft repräsentiert sein. Dadurch können g.-interne Konflikte in der Elite für die pK wichtiger werden als Konflikte zwischen G. als Prägungstypen.

M. Rainer Lepsius

Literatur:

Allerbeck, Klaus 1977: Political Generations: Some Reflections on the Concept and its Application to the German Case, in: European Journal of Political Research (Bd. 5), S. 119-134.

Barker, Kendall L./Dalton, Russel J./Hildebrandt, Kai 1981: Germany Transformed, Cambridge/London.

Barnes, Samuel H./Kaase, Max u. a. 1979: Political Action. Beverly Hills/London.

Buchhofer, Bernd/Friedrichs, Jürgen/Lüdtke, Hartmut 1970: Alter, Generationsdynamik und soziale Differenzierung, in: KZfSS 22, S. 300-334.

Fogt, Helmut 1982: Politische Generationen, Opladen.

Inglehart, Ronald 1980: Die stille Revolution, Frankfurt.

Jaeger, Hans 1977: Generationen in der Geschichte, in: Geschichte und Gesellschaft 3, S. 429-452.

Mannheim, Karl 1964: Das Problem der Generationen, in: Mannheim, Karl/Wolff, Kurt Heinrich (Hrsg.): Wissenssoziologie, Berlin/Neuwied, S. 509-565.

Geschichtliche Phasen der Bundesrepublik Deutschland

→ *Außenbeziehungen: Selbstbild/Fremdbild, Bündnis 90/Die Grünen, Bürgertum, CDU/CSU, Demokratie, Europa, FDP, Feminismus, Generationen, Nationalsozialismus, Neue Soziale Bewegungen, Politikberatung, Politische Sozialisation: Schule, Politische Toleranz, Politische Traditionen, Soziale Marktwirtschaf, Soziale Sicherheit, SPD.*

Begriff/Definition:

Der Begriff geschichtliche Phasen (Ph.) der Bundesrepublik Deutschland (gPhB) vermittelt die Vorstellung von einem historischem Prozeß, dessen Abschnitte unterscheidbar und zugleich kohärent sind. Sie mögen sich als Stufenfolge, sie mögen sich dialektisch aufeinander beziehen, etwa nach dem Hegelschen Bild Knospe-

Blüte-Frucht. Die Geschichte der BRD ist durchaus als Folge von konträr sich aufeinander beziehenden Ph. interpretierbar. Auf krisenhafte Situationen folgen demnach Ph., in denen gesellschaftlich-soziale oder gesamtpolitische Veränderungen sowie kulturell-politische Neuorientierungen vorübergehend neue Stabilität erzeugen.

Genese der BRD:
Die BRD verdankt ihre Entstehung dem Scheitern der weiteren Kooperation der vier Siegermächte des 2. Weltkrieges. Ihre politischen Institutionen andererseits sind nicht allein hiervon bestimmt. Sie resultieren in ihrer Ausformung aus Erfahrungen mit der Weimarer Republik und dem → Nationalsozialismus sowie aus jüngsten Erfahrungen mit der Entstehung von Diktaturen (DDR).

1948/49-1966/67:
Die ökonomische *Rekonstruktionsph.* ging in den 50er Jahren bruchlos über in einen Prozeß langanhaltender wirtschaftlicher Expansion. Die Wachstumsraten der Wirtschaft lagen in den 50er Jahren per anno um 6,6 %, in den 60er Jahren um 4,1 %. Erstmals 1967 ging das Bruttosozialprodukt gegenüber dem Vorjahr um 0,1 % zurück. Die gesamte Ph. 1948/49-1966/67 ist soziokulturell geprägt durch die kollektive Anstrengung des *Wieder-* , nicht *Neuaufbaues* sowie des Ausbauens des bisher Erreichten. Konzentration auf das Private, Abwertung von Öffentlichkeit, Suche nach einer „geschlossenen und überschaubaren Welt" (Dahrendorf) waren die hiermit komplementären Orientierungen. Nach wie vor heftige soziale Auseinandersetzungen um Mitbestimmung und Einkommensverhältnisse, um *Wiederbewaffnung* und Atomrüstung konnten nicht darüber hinwegtäuschen, daß in der gesellschaftlichen Praxis Teilhabe am *Wirtschaftswunder* jedes andere Interesse überwog. Eine geradezu säkulare Erweiterung privater Konsum-Möglichkeiten, wie sie sich als Ergebnis eines rasanten industriellen Innovationsschubs auf internationaler Ebene dann ab Mitte der 50er Jahre abzeichnete, aber auch das unvermeidliche Kennenlernen westeuropäischer und nordamerikanischer Konsum- und Lebenswelten, waren die Früchte dieser Veränderungen. Parallel vollzog sich der sich von Wahl zu Wahl steigernde Erfolg der liberal-konservativen → CDU/CSU einerseits sowie die programmatische Wende der → SPD in ihrem Godesberger Programm andererseits, die zu Recht als Anpassung an den politischen Konservatismus der 50er/60er Jahre charakterisiert wird. Die Anfang der 60er Jahre sich vollziehende „Entzauberung" (Bracher) des Koalitionsregimes von CDU/CSU und FDP (*Spiegel*-Affäre 1962, Rücktritt Adenauers 1963) bereitete das Ende dieser gPh vor. Nach einer erneut für die Bundesregierung erfolgreichen Bundestagswahl 1965 änderte sich plötzlich im Herbst 1966 die politische Szenerie. Erhebliche Wählerverschiebungen bei Landtagswahlen in von der Rezession 1966/67 bereits sektoral betroffenen Gebieten sowie eine Krise des Bundeshaushalts führten zur Ablösung der bisherigen durch eine *Große Koalition* aus CDU/CSU und SPD. Eine politische war

mit einer wirtschaftlichen Krise zusammengetroffen, die ihrerseits gemeinsam erhebliche ökonomische, soziokulturelle und politische Veränderungen in Gang setzten.

1966/67-1982:
Die beginnende Rezession und der Regierungswechsel sind keineswegs die alleinige Ursachen der 1967 einsetzenden Studierendenbewegung. Auch die internationale Politik westlicher Staaten (u. a. Vietnam-Krieg), auch der immer deutlicher werdende Widerspruch zwischen dem Demokratiepostulat des GG und der innenpolitischen Realität rechnen hierzu. Die Studierendenbewegung verursachte Umorientierungen in erheblichen Teilen der Gesellschaft. Die Forderung nach Reform und Demokratisierung prägte für ein halbes Jahrzehnt die innenpolitische Debatte. Angesichts des auf die Rezession folgenden bis dato beispiellosen ökonomischen Booms schien es auch politisch möglich, auf diese Reformerwartungen mit der Programmierung einer ehrgeizigen *Reformpolitik* seitens der die *Große Koalition* 1969 ablösenden SPD-FDP-Koalition zu antworten, die „mehr Demokratie" (Willy Brandt) zu wagen versprach. Außenpolitisch sollte eine aktive Rolle der BRD in einer *neuen Ostpolitik* neue Ost-West-Krisen (z.B. Berlin-Krise 1958ff.) verhindern, über ökonomische Ausweitung der West-Ost-Kooperation neue Wachstumskrisen der Wirtschaft der BRD vermeiden und perspektivisch die Transformation der Systeme des Realsozialismus in pluralistisch-demokratische Systeme zu erreichen helfen. Diese neue „Periode formativer politischer Entscheidungen" (Richard Löwenthal) stieß - bei zweifelsfreien Erfolgen in der Außenpolitik - innenpolitisch rasch auf immense Realisierungsschwierigkeiten: Ab 1969 wieder geringer werdende jährliche Wachstumsraten der Wirtschaft bei gleichwohl ungebremstem Preisauftrieb schränkten die Finanzierungsmöglichkeiten für Reformpolitik Schritt für Schritt ein. Reformpolitik mußte mit Beginn einer neuen ökonomischen Krise 1974/75 nunmehr ganz auf das Prinzip des „Machbaren" reduziert werden (Helmut Schmidt). Die kulturell-politische Veränderungen dieser Ph. - neues Krisenbewußtsein, neue Sensibilität für die Postulate des GG, in ihrer Relevanz verstärkt durch einen „Generationswechsel" (Richard Löwenthal) in öffentlichen Funktionen, bedingt durch zahlenmäßige Schwäche der Jahrgänge 1910-1935 - wirkten gleichwohl über diese Ph. hinaus.

1982-1990:
Die nach einer für die SPD/FDP-Koalition wiederum erfolgreichen Bundestagswahl 1980 dennoch immer wieder aufbrechenden politischen Gegensätze - bezeichnenderweise war auch hier der Hintergrund eine die wirtschaftlichen Problemlagen erneut verschärfende Weltwirtschaftskrise - führten im Herbst 1982 zum Sturz Helmut Schmidts und zur Wahl seines Herausforderers Helmut Kohl durch den Bundestag - mit den Stimmen der Mehrheit der Fraktion der FDP. Die damit beginnende neue christlich-liberale Regierungszeit erreichte bis Ende des

Jahrzehnts zwar keine nennenswerte Verringerung der Arbeitslosenzahlen von ab 1982 mehr als 2 Mio.; dennoch kam trotz bleibender Massenarbeitslosigkeit ein neues beachtliches Wirtschaftswachstum zustande. Das jährliche Wirtschaftswachstum pendelte zwischen 1,5 und 3,7 %. Trotz einer teilweise beachtlichen Erfolgsbilanz (z.B. in der Umweltpolitik) und trotz zwei gewonnener Bundestagswahlen wurde nach 1987 von vielen Beobachtern das baldige Ende der Ära Kohl erwartet. Die sich ab Sommer 1989 zuspitzende politische Situation in den Ländern des Realsozialismus, wesentlich bestimmt durch die immer stärkeren Freiheits- und Demokratisierungs-Forderungen ihrer Bürgerinnen und Bürger, führte in wenigen Wochen zu einer völlig neuen politischen Konstellation. Helmut Kohl gelang es, - in geschicktem Agieren zwischen dem zunehmenden Wunsch der DDR-Bürgerinnen und -Bürger nach Vereinigung mit der BRD und der Furcht bzw. dem Mißtrauen der Mehrheit der Regierungen der Vier Mächte - die Zustimmung schließlich sogar der Sowjetunion für einen Beitritt der DDR zur BRD zu erzielen.

Seit 1990:
Die zunächst zu großen Wahlerfolgen führende entschlossene *Wiedervereinigungs-Politik* des Kanzlers und seines Außenministers Hans-Dietrich Genscher (FDP) erbrachte - auf der Basis einer allzu großzügigen und für die ostdeutschen Betriebe fatalen Währungsumstellung der DDR-Mark - allerdings rasch eine epochale Verschärfung der Finanzsituation der nun größeren Bundesrepublik. Zusätzliche Fehler bei der Integration der ostdeutschen Betriebe in die Marktwirtschaft der Bundesrepublik (Angliederung großer Teile der DDR-Unternehmen an westdeutsche und ausländische Firmen) wirkten sich ohne Zweifel sehr ernüchternd auf das politische Bewußtsein der *neuen Bundesbürger* aus. Eine *innere* Vereinigung der Gesellschaften Ost- und Westdeutschlands ist deshalb mit der Jahrtausend-Wende noch lange nicht erreicht. Eine Überwindung der sozialen Unterschiede (mehr als doppelt so hohe Massenarbeitslosigkeit in den → neuen Bundesländern) und der Differenz der pK der beiden Teile Deutschlands (zwei differente Parteiensysteme, große Unterschiede im Vertrauen in die politische Problemlösungskompetenz der Demokratie) ist noch nicht vorherzusehen. Die Verlegung der Bundeshauptstadt von Bonn nach Berlin könnte indessen zu dieser noch ausstehenden *inneren* Vereinigung beitragen.

Die Bundestagswahl 1998 führte - u.a. angesichts starker Verluste der bisherigen Koalitionsparteien - erstmals in der Bundesrepublik zu einem vollständigen Regierungswechsel. Eine Koalition aus SPD und → Bündnis 90/Die Grünen, einer aus den *alternativen Szenen* West- und Ostdeutschlands sich herleitenden Partei, steht allerdings vor den noch immer nicht gelösten Problemen einer andauernden Massenarbeitslosigkeit und einer Krise der Staatsfinanzen, welche durch die Perspektive einer gemeinsamen (west)europäischen Währung kaum gemildert werden wird. Gleichwohl ist in der neuen, rot-grünen *Ära* aufgrund eher kongruenter politisch-kultureller Entwicklungen in den anderen westeuropäischen Ländern kurz- und mittelfristig eine eher konstruktive und behutsame Perspektive für dieses größere Deutschland in Europa zu erwarten.

Hans Karl Rupp

Literatur:

Fülberth, Georg 1999: Berlin Bonn Berlin. Deutsche Geschichte seit 1945, Köln.
Görtemaker, Manfred 1999: Geschichte der Bundesrepublik Deutschland, München.
Greiffenhagen, Martin 1997: Politische Legitimität in Deutschland, Bonn.
Habermas, Jürgen 1995: Die Normalität einer Berliner Republik. Kleine Politische Schriften, Frankfurt a.M.
Habermas, Jürgen 1993: Die postnationale Konstellation. Politische Essays, Frankfurt a.M.
Lepsius, M. Rainer 1993: Demokratie in Deutschland. Soziologisch-historische Konstellationsanalysen, Göttingen.
Markovits, Andrei S./Reich, Simon 1998: Das deutsche Dilemma. Die Berliner Republik zwischen Macht und Machtverzicht, Berlin.
Rupp, Hans-Karl 2000: Politische Geschichte der Bundesrepublik Deutschland, 3. Aufl., München/Wien.
Sontheimer, Kurt/Bleek, Wilhelm 1997: Grundzüge des politischen Systems der Bundesrepublik Deutschland, 9. Aufl., München/Zürich.
Wewer, Göttrik (Hrsg.) 1998: Bilanz der Ära Kohl. Christlich-liberale Politik in Deutschland 1982-1998, Opladen.

Geschichtsbewußtsein

→ *DDR, Generationen, Globalisierung, Identität, Ideologie, Minderheiten/Randgruppen, Nation, Nationalsozialismus, Neue Bundesländer, Politische Sozialisation, Politische Sozialisation: Geschlecht/Geschlechterverhältnisse/Gleichaltrigengruppe/Ost-/Westdeutschland/Schule, Politische Traditionen, Politisches Bewußtsein, Republikaner/DVU, Sprache.*

Begriff/Definition:

Geschichtsbewußtsein (G.) ist das Ensemble derjenigen mentalen Formen, Inhalte, Operationen und Prozeduren, in denen die Vergangenheit deutend vergegenwärtigt wird. Mit dieser Vergegenwärtigung gewinnt sie den Charakter von „Geschichte". Sie macht gegenwärtige Lebensverhältnisse verständlich und ermöglicht die Entwicklung von Zukunftserwartungen als Handlungsperspektiven. Es handelt sich um eine Erinnerungs- und Gedächtnisleistung, die die Menschen um ihrer Verständigung über ihre Weltordnung und über sich selbst und um der Abgrenzung von Anderen willen erbringen müssen. Sie deuten die zeitlichen Veränderungen ihrer Welt im Medium der Erinnerung so, daß Kontingenz bewältigt wird. Eine für das menschliche Leben grundsätzlich bedeutsame Divergenz zwischen Handlungsabsichten und Handlungsergebnissen wird am Material der Erfahrung der Vergangenheit in die Vorstellung eines sinnvollen Zeitverlaufs hinein überwunden, der seinerseits wieder Handeln orientieren kann.

In der akademischen Diskussion überschneiden sich die Bedeutungen der Termini „Erinnerung und Gedächtnis“ und „G.“; die einschlägigen Fachdiskurse sind aber nicht miteinander vermittelt oder gar integrativ angelegt. Die (deutsche) Diskussion über G. ist im Zusammenhang der historischen Subdisziplin Geschichtsdidaktik entstanden und diente dazu, die Schlüsselkategorie des historischen Lernens zu klären. Der Diskurs über Erinnerung und Gedächtnis kennzeichnet ein neues Paradigma kulturwissenschaftlichen Denkens und ist vor allem an den kulturellen Praktiken ausgerichtet, mit denen Gesellschaften und Individuen sich selbst verstehen, ihre → Identität formieren und sich damit zugleich von Anderen abgrenzen. Alltagssprachlich sind Erinnerung und Gedächtnis auf Erfahrungen gerichtet, die Individuen in ihrem eigenen Leben machen, während G. überwiegend eine Vergangenheit thematisiert, die jenseits der Grenzen der eigenen Lebensspanne angesiedelt ist. Beides jedoch, die persönliche Erinnerung, über die sich Individualität und soziale Zugehörigkeit des Einzelnen mental aufbauen, wie auch der Ausgriff über die Grenzen der eigenen Lebenszeit zurück in die Vergangenheit hängen aufs engste zusammen, ja sind zwei Seiten ein und derselben Sache: Die Menschen tendieren dazu, ihre eigene Identität in zeitlich übergreifende geistige Gebilde hinein „aufzuheben“ (z.B. die Gemeinschaft der Gläubigen, eine → Nation oder Volk, eine Kultur). Damit überschreiten sie in ihrem Selbstwertgefühl und in der zeitlichen Orientierung ihrer eigenen Lebenspraxis die Grenzen der eigenen Lebensspanne und überwinden so den Tod im Leben des eigenen Selbst zumindest virtuell. Man fügt sich erinnernd in eine Gemeinschaft ein, in der die für das eigene Leben bedeutsamen Faktoren (Grundüberzeugungen, Werte etc.) auf Dauer gestellt werden, Ewigkeitswert gewinnen oder ihnen zumindest eine durch die Kette der → Generationen hindurch sich erstreckende Zukunft zugesprochen werden. Entsprechend weit wird zumeist in die Vergangenheit zurückgegriffen.

Die Vergangenheit selber ist noch keine Geschichte. Dazu wird sie erst in der deutenden Vergegenwärtigung durch spätere Zeiten. Das G. macht aus den Geschehnissen der Vergangenheit eine Geschichte für die Gegenwart. Dadurch erhält das, was in der Zeit ereignishaft-kontingent geschieht, einen durch den Wandel der Zeit sich hindurch erstreckenden „Sinn“. Dieser Sinn geht in der Form einer Zeitverlaufsvorstellung in die kulturellen Orientierungen aktuellen individuellen und gesellschaftlichen Handelns ein. Die mentale Operation dieser Sinnbildung über Zeiterfahrung läßt sich als Erzählen näher spezifizieren. Nicht jeder Vorgang des Erzählens ist schon eine Leistung des G., wohl aber ist jeder mentale Akt des G. Teil einer narrativen Prozedur. Spezifisch historisch wird der deutende Umgang mit narrativ verbundenen Ereignisfolgen dann, wenn diese Sinnbildung im Medium der Erfahrung vor sich geht. Dann bezieht er sich auf Ereignisse und Vorgänge in der Vergangenheit, die die Erzählenden selber als für wirklich geschehen ansehen. Insofern ist G. mehr als nur eine fiktionale „Konstruktion“ oder „Erfindung“, wenn auch die maßgeblichen Sinnkriterien eine erfahrungsüberhobene normative Seite aufweisen.

Funktionen:
Die kulturelle Funktion des G. stellt eine nur ihm mögliche Orientierung von Handlungssubjekten (Individuen und Kollektiven) dar, die die zeitliche Dimensionierung ihres Handelns nach innen und außen als sinnhafte, also der Intentionalität des menschlichen Handelns zugeordnete, erscheinen lassen. Als Orientierung „nach außen" bestimmt sie die Zeitperspektive, in der das menschliche Handeln durch seine Subjekte deutend (bewußt und unbewußt) vollzogen wird (bestes Beispiel in der „Moderne" ist die Fortschrittskategorie); „nach innen" dient sie der Selbstvergewisserung der Subjekte im Wandel der Zeit, der Formierung ihrer Identität als Synthese faktischen Gewesenseins und normativer Selbstentwürfe im Verhältnis zu anderen (paradigmatisch für die Moderne ist das historische Konzept der → Nation). Beide Orientierungsleistungen werden sinn-rational (also nicht zweckrational) geregelt. Diese Sinnrationalität hat verschiedene Dimensionen: eine ästhetisch-imaginative, eine kognitiv-rationale und eine politisch-moralische. Diese Dimensionen sind nicht aufeinander reduzierbar und stehen in einem engen und komplexen Bedingungs- und Abhängigkeitsverhältnis. Sie folgen je spezifischen Gesichtspunkten der Praktikabilität und Plausibilität: in der ästhetischen Dimension dem Gesichtspunkt poetischer Kohärenz, in der kognitiven dem Gesichtspunkt der logischen Stimmigkeit und der Erfahrungskontrolle und in der politisch-moralischen dem Gesichtspunkt rhetorischer Überzeugungskraft für die Belange der Legitimität menschlicher Lebensordnungen. In den kulturellen Praktiken gesellschaftlichen Lebens realisieren sich die Leistungen des G. in der komplexen Verflechtung dieser Dimensionen zum Gesamtphänomen der *Geschichtskultur*. Sie ist ein Teil der pK, insofern es keine politische Praxis und Institution gibt, die nicht auf historische Gesichtspunkte ihrer Legitimität angewiesen wäre. Die Geltungskraft einer Lebensordnung, auch und gerade der politischen, hängt immer auch davon ab, in welchem Ausmaß sie vom kollektiven Gedächtnis der Betroffenen getragen und durch die narrativen Praktiken des G. im Kommunikations- und Interaktionszusammenhang ihrer Mitglieder in Gang gehalten wird.

G. kann sich in sehr unterschiedlichen Strategien narrativer Sinnbildung ausprägen und entsprechend unterschiedliche Orientierungsleistungen erbringen. Maßgeblich für diese Differenz sind die jeweiligen Orientierungsbedürfnisse und Lebensumstände, die die Leistungen der historischen Orientierung verlangen. Als interne Bestimmungsfaktoren dieser Leistung handelt es sich um Ausprägungen historischer Sinnkriterien, die sich typologisch ausdifferenzieren lassen. So unterscheiden z.B. Nietzsche antiquarisches, kritisches und monumentalisches historisches Denken, Hayden White vier Redefiguren narrativer Sinnbildung (Tropen) und Rüsen vier Typen narrativer Sinnbildung als Modi von Zeitdeutung. Wenn man G. als narrative Sinnbildung über Zeiterfahrung definiert, dann ist es anthropologisch universal. Es prägt sich freilich immer kulturspezifisch aus, so daß man z.B. ein „mythisches“ von einem (im engeren Sinne) „historischen“ Zeitbewußtsein unterscheiden kann. Systematisch angelegte Kulturvergleiche gibt es noch wenige, und auch die Erforschung kulturübergreifender Entwicklungen der historischen Sinnbildung ist noch wenig in Angriff genommen worden. Ein besonderes Forschungsdesiderat stellt die Ontogenese der mentalen Leistungen des G. dar. Eine entsprechende Ausrichtung der Entwicklungspsychologie, aber auch der Psychoanalyse, steckt noch in den Anfängen.

Ergebnisse:
Nach dem Theorieschub der Geschichtsdidaktik in den 70er Jahren wurde seit Mitte der 80er Jahre versucht, die bis dahin entwickelten Theorien zu Verarbeitungsmechanismen und Nutzungsformen von Geschichte durch empirische Forschungen zu ergänzen und zu modifizieren. Die Ansätze dieser Studien spiegeln die Zentren des Interesses am G. als Teil der pK Deutschlands wider. Fragen nach den Befindlichkeiten und Einstellungen der Deutschen, insbesondere der Jugendlichen, und nach langfristigen Folgewirkungen des → Nationalsozialismus auf die deutsche Geschichtskultur hatten oft eine geradezu strukturierende Rolle. Einen Schwerpunkt der Erhebungen bildete der Schulunterricht, dessen Wirkungen auf das G. von besonderem didaktischen und politischen Interesse sind. Daneben suchten international vergleichende Studien nach den Gründen und der inneren Ordnung von nationalen Unterschieden von pK.

Erste empirische Studien zum G. fragten eher nach konkreten historischen Wissensbeständen oder versuchten, kürzere Lernprozesse in der Schule zu gesellschaftlich bedeutenden, weil umstrittenen Themen wie beispielsweise zur deutschen Teilung, zur Bewertung Hitlers und zur Epoche des Nationalsozialismus insgesamt zu messen. Zielgruppe der Untersuchungen waren überwiegend Jugendliche. Empirische Studien jüngeren Datums fragten weniger Geschichtswissen, also die Inhalte von G., ab. Vielmehr wurde versucht, Erkenntnisse über Genese und Entwicklungslogik von G. zu gewinnen, über den Einfluß von Faktoren wie Herkunft, → Familie, Schulunterricht, peer-groups, Biographie, Persönlichkeitsstrukturen, allgemeine Sozialisation usw. sowie über den möglichen psychischen, sozialen und politischen Nutzen von G. Die ersten dieser Studien näherten sich dem Phänomen mit den Methoden der qualitativen Sozialforschung, mit offenen Fragen, dichter Beschreibung, teilnehmender Beobachtung sowie Einzel- und Gruppeninterviews. Untersuchungen mit quantitativen Methoden wurden in Deutschland besonders durch von Borries vorangetrieben. Die bisher mit Abstand größte empirische Studie zum G. ist die 1995 in 27 Ländern Europas durchgeführte Erhebung „Youth and History“. Diese vergleichende, in der Tradition der *cross-cultural studies* stehende quantitative Studie befragte ein repräsentatives Sample von 31.000 Schülern und 1.200 Lehrern zu Geschichtsbildern, Politikeinstellungen und Zukunftserwartungen. Die erhobenen Daten können für eine Vielzahl von Fragen Ansatzpunkte geben, die Auswertung des umfangreichen Datenmaterials wird in verschiedenen Ländern betrieben.

In Deutschland sind die Daten bisher zur Erforschung von Einzelaspekten genutzt worden. Um den Einfluß von nationaler Identität auf die Ausprägung von G. zu untersuchen, verglich von Borries die Antworten von Deutschen und in Deutschland lebenden Türken aus der deutschen Stichprobe der „Youth and History"-Studie. Das gewonnene empirische Wissen über die Geschichtskulturen von ethnischen, sprachlichen und religiösen Minderheiten (→ Minderheiten/Randgruppen), die sich im untersuchten Fall sowohl von der ihrer „Mutterländer" als auch von der ihrer Mitbürger deutscher Herkunft unterschied, kann interessante Hinweise auf Chancen und Grenzen bei der Integration geben. Auch ein Vergleich des Antwortverhaltens ost- und westdeutscher Jugendlicher kurz nach der Wiedervereinigung durch von Borries erweiterte das Wissen um eventuelle langfristige Auswirkungen von sozialistischer → Ideologie und Erziehung auf ostdeutsche Jugendliche. Empirische Studien zum G. der Deutschen bildeten auch Material für Kontroversen um Erinnerung und erwünschtes → politisches Bewußtsein. Noelle-Neumann diagnostizierte Deutschland in der Allensbacher Wertestudie als eine verletzte Nation als Folge von übergroßen Schuldgefühlen aufgrund des Nationalsozialismus (Noelle-Neumann/Köcher 1987). Das Fehlen an Nationalstolz führe zu einer raschen Erosion traditioneller Werte, denen die kranke Nation zu wenig entgegenzusetzen habe und die leicht zu Instabilität führen könne. Von Borries identifizierte anhand von empirischen Daten unterschiedliche „Stolzformen" und kam zu dem Schluß, Loyalität zur Nation sei in Deutschland von der Loyalität zur Demokratie abgelöst worden, weshalb er die These von Deutschland als verletzter Nation zurückwies. Die Daten der qualitativen und quantitativen Studien liefern Anhaltspunkte über die Stellung deutscher Geschichtskultur im europäischen wie im interkulturellen Vergleich. Ein durchgängiges Ergebnis der Studien ist ein empirischer Beleg für die Kultur- und Nationenspezifik von Geschichtskulturen. Abweichende Korrelationen sowohl zwischen den Stichproben verschiedener Nationen wie auch zwischen verschiedenen Gruppen innerhalb einer Nation weisen auf eine starke Kontextabhängigkeit von G. hin.

Erste Auswertungen der „Youth and History"-Daten und ein Vergleich der europäischen mit den (wenigen) außereuropäischen Stichproben der Erhebung weisen auf europäische Gemeinsamkeiten der nationalen Geschichtskulturen hin. Die Auswertungen der empirischen Untersuchungen können zum Verständnis von Problemen im Prozeß der fortschreitenden europäischen Einigung und zu einer Diskussion über Einsichten, Traditionen und Revisionen des bisherigen historischen Denkens beitragen. Daten aus großen Erhebungen aus verwandten Bereichen können hier ergänzendes Material liefern, so beispielsweise das Eurobarometer zu sozialen und politischen Einstellungen repräsentativer Bevölkerungsquerschnitte innerhalb der EU. Allgemein kann gesagt werden, daß sich das Antwortverhalten deutscher Jugendlicher nicht signifikant von dem der Jugendlichen der europäischen Nachbarn unterschied. Die Daten bieten keinen Anhaltspunkt für erheblich abweichende Einstellung der Deutschen im europäischen Vergleich und geben keine Hinweise auf einen deutschen „Sonderweg" innerhalb Europas. Zum interkulturellen Vergleich von G. und Geschichtskulturen gibt es bisher nur wenige und nur qualitative Studien. Sie konnten deutlich unterschiedliche Geschichtskulturen als mentale Selbstverständnisse von Gruppen identifizieren, eine intensive Analyse der Hintergründe dieser Befunde steht bisher noch aus.

Das Phänomen G. ist mit qualitativen und quantitativen Methoden der empirischen Sozialforschung in einzelnen Dimensionen gut zu erfassen. Die hochkomplexen Theorien zum G. sind in Gänze jedoch nicht operationalisierbar. Besonders internationale und interkulturelle Studien stellen weiterhin eine große methodische Herausforderung dar. Der Prozeß, sich den Herausforderungen durch die Theorien und die aktuellen Probleme zu stellen und G. empirisch zu untersuchen, hat sich jedoch bereits aus den Kinderschuhen herausentwickelt.

Politik:
G. ist in der Öffentlichkeit auf vielfältige Weise präsent. Es zeigt sich in der Art des Umgangs mit Monumenten der Vergangenheit, die selbst Ausdruck eines vergangenen G. darstellen: Werden sie, weil mit dem eigenen Selbstverständnis unvereinbar, zum Verschwinden gebracht oder einem fortwährenden Gedenken anheimgegeben? Diese Frage stellt sich bei allen vorfindlichen Traditionen: Ob sie bewahrt und fortgeführt werden in einer Gesellschaft, die ihr Selbstverständnis in ihnen wiederfindet oder aber umdefiniert oder ganz aufgegeben werden, darüber mag wohl auch ein gewisser modischer Zeitgeist entscheiden, darunter aber, in einem tieferen Sinne, ein G., das sich in dieser Gesellschaft herausgebildet hat. G. wird deutlich in öffentlichen Reden, die auf vergangene Ereigniszusammenhänge Bezug nehmen, um gegenwärtige Positionen zu erläutern und Handlungsabsichten zu legitimieren, um Entscheidungen zu begründen oder als historische Argumente in Auseinandersetzungen zu verwenden.

Für die deutsche Gesellschaft ist in den letzten 50 Jahren - in unterschiedlicher Intensität und mit unterschiedlichen Schwerpunktsetzungen, dennoch kontinuierlich - die Auseinandersetzung mit der Geschichte des Nationalsozialismus von zentraler Bedeutung gewesen. Das Interesse an diesem Thema hat mit den jüngeren Generationen, die selber über keine eigenen Erfahrungen dieser Zeit verfügen, nicht nachgelassen. Im Gegenteil: Jede Generation scheint ihre eigenen Fragen einzubringen und die Auseinandersetzung neu zu beleben. Andere wirksame und unheilvolle Ideologien mit ihren verheerenden Machtsystemen in dem katastrophenreichen 20. Jhdt. - der Stalinismus und die verschiedenen Ausprägungen des Kommunismus - fordern ihrerseits zu Fragen und Interpretationen heraus; bisher scheint es freilich, daß dieses Thema das Interesse der deutschen Öffentlichkeit nicht im selben Maße erregt wie das der nationalsozialistischen Herrschaft. Im allgemeinen Sprachgebrauch wird der Begriff „Vergangenheitsbewältigung" allein auf die Aufarbeitung der Geschichte des Nationalsozialismus bezogen. Auschwitz ist im deutschen G. als Ausdruck und Symbol von Inhumanität und Barbarei zentral und dominant, ohne daß die schrecklichen Leiden der Menschen im Gulag darum gering geachtet würden. Es sieht gegenwärtig nicht so aus, als würde sich an dieser Konstellation wesentliches ändern. Der Historikerstreit der 80er Jahre entzündete sich an der Frage einer möglichen Vergleichbarkeit von nationalsozialistischen und kommunistischen Untaten und führte zu keiner Neubewertung. Ähnliches gilt für die Debatte im Anschluß an die Friedenspreisrede von Martin Walser 1998. Ein Plädoyer für eine nachlassende Erinnerung, gar für ein Vergessen, fand keine nachhaltige Resonanz.

Ausblick/offene Fragen:
Es ist nicht zu verkennen, daß G. wohl immer vorhanden ist, freilich oft in rudimentärer, verkümmerter, wenig elaborierter Form. Vielfältige Faktoren sind für den Zustand und Reifegrad des jeweiligen G. verantwortlich. Kinder und Jugendliche nehmen aus ihren familiären und heimatlich-regionalen Milieus wie auch aus den alles beherrschenden Medien Vorstellungen auf, aus denen sie Begriffe formen, die in ihrem Bewußtsein wie ein Raster wirken, das die Aufnahme neuer Informationen filtert. Die Öffnung dieses engen Gehäuses, die Weiterentwicklung und Kultivierung dieses fragmentierten und defizitären G. ist für Individuum und Gesellschaft von großer Wichtigkeit.

Als wissenschaftliche Disziplin hat die Geschichtsdidaktik die Aufgabe, Entstehung und Entwicklung von G. zu untersuchen und eine Theorie historischen Lernens zu entfalten, die angeben kann, welche Kompetenzen auf welche Weise erworben werden können, die zur Ausgestaltung und Kultivierung des G. führen können. In einer Informationsgesellschaft wie der unsrigen kann sich die Aufmerksamkeit freilich nicht allein auf schulisches Lernen richten, sondern die Didaktik muß auch außerschulisches Lernen in ihre Reflexion einbeziehen. Für eine solche Theorie, die ihre geschichtsdidaktischen Elemente bis in ihre unterrichtsmethodischen Schritte stringent miteinander verzahnt, liegen Ansätze vor, die freilich einer weiteren Systematisierung bedürfen. Bedenkt man, daß sich das G. durch Erzählen konstituiert, definiert der Begriff „narrative Kompetenz" die Fähigkeit, die erworben werden muß, wenn von einem kultivierten G. gesprochen werden kann. Mit diesem Begriff wird die Deutungsleistung benannt, die durch die Verknüpfungen der Zeitdimensionen erbracht werden muß. Historisches Lernen folgt diesem Ziel, indem es den jungen Menschen durch eine methodisch geregelte Auseinandersetzung mit Erfahrungen vergangenen Handelns und Leidens schrittweise zu selbständigen historischen Urteilen führt. Die bekanntesten geschichtsdidaktischen Konzeptionen folgen einem Aufklärungsmodell: Aufklärung über die eigene Geschichte ist ein wichtiges Ziel historischen Lernens. Da der Selbsttätigkeit und Eigenständigkeit des Lernenden ein so hoher Wert zugesprochen wird, kommt der Vermittlung und Einübung methodischer Fähigkeiten ein hoher Wert zu. So enthalten neuere Geschichtsbücher in ihren Arbeitsteilen teilweise eigene Kapitel zu methodischen Fragen. Das G. soll durch ein methodisch geregeltes, reflektiertes historisches Lernen entwickelt werden.

Daß sich ein solches Lernen nicht allein im schulischen Geschichtsunterricht vollzieht, ist offensichtlich. Die Schule ist nur ein Lernort unter anderen, wenn auch von der Intention und der Institutionalisierung her ein gewichtiger. Der weite Bereich der Geschichtskultur - von Literatur, Theater, Museen, Rundfunk, Fernsehen und Film bis zu Festen und Feiern - gibt viele Anlässe zum historischen Lernen und dadurch zur Entwicklung des G. Diese verschiedenen Lernorte haben in den letzten 20 Jahren an Bedeutung gewonnen. Das zeigt sich an den vielen neu gegründeten historischen Museen, die - wenn sie wohl auch nicht schon einer systematischen Theorie folgen - doch ihre didaktische Konzeption verfeinert haben. Sie stellen materielle Überreste der Vergangenheit aus und wollen dem Besucher die Möglichkeit geben, durch ihre Präsentation einen eigenen Zugang zu vergangenen Erfahrungen zu finden. Der Komplexität des G. entspricht die Vielfalt der Lernmöglichkeiten. Sie befähigt den Menschen, sich im öffentlichen gesellschaftlichen Diskurs zu beteiligen und ihn zu fördern.

Ursula A. J. Becher, Katja Fausser, Jörn Rüsen

Literatur:

Angvik, Magne/von Borries, Bodo 1997: Youth and History. A Comparative European Survey on Historical Consciousness and Political Attitudes among Adolescents, Vol. A: Description, Vol. B: Documentation, Hamburg.

Assmann, Aleida 1999: Erinnerungsräume. Formen und Wandlungen des kulturellen Gedächtnisses, München.

Assmann, Jan 1992: Das kulturelle Gedächtnis. Schrift, Erinnerung und politische Identität in frühen Hochkulturen, München.

von Borries, Bodo/Rüsen, Jörn (Hrsg.) 1994: Geschichtsbewußtsein im interkulturellen Vergleich, Pfaffenweiler.

von Borries, Bodo 1999: Jugend und Geschichte. Ein europäischer Kulturvergleich aus deutscher Sicht, Opladen.

Müller, Klaus E./Rüsen, Jörn (Hrsg.) 1997: Historische Sinnbildung - Problemstellungen, Zeitkonzepte, Wahrnehmungshorizonte, Darstellungsstrategien, Reinbek.

Noelle-Neumann, Elisabeth/Köcher, Renate 1987: Die verletzte Nation. Über den Versuch der Deutschen, ihren Charakter zu ändern, Stuttgart.

Rüsen, Jörn 1994: Historische Orientierung. Über die Arbeit des Geschichtsbewußtseins, sich in der Zeit zurechtzufinden, Köln.

Rüsen, Jörn (Hrsg.) 2001: Geschichtsbewußtsein. Psychologische Grundlagen, Entwicklungskonzepte, empirische Befunde, Köln.

Straub, Jürgen (Hrsg.) 1998: Erzählung, Identität und historisches Bewußtsein. Die psychologische Konstruktion von Zeit und Geschichte, Frankfurt.

Gewalt/Politische Gewalt

→ *Anomie/Entfremdung, Extremismus, Konflikt/Konsens, Politische Beteiligung, Politische Sozialisation: Familie/Massenmedien/Soziale Schicht, Politische Toleranz, Rechtsstaat, Sprache, Wertewandel.*

Begriff/Definition:

Im Kern des Gewaltbegriffs stehen physischer Zwang und Verletzung, die anderen Menschen zugefügt werden. Darüber hinaus werden gelegentlich psychische Beeinträchtigung oder strukturelle (z.B. ökonomische) Benachteiligungen subsumiert. Ein enger physischer Gewaltbegriff ist wünschenswert, gerade um den Zusammenhang mit psychischen und strukturellen Phänomenen thematisieren zu können. Zwang und Verletzung sind seit jeher als Probleme angesehen worden, die massive Sanktionen zur Folge haben sollten oder aber explizite Legitimationen erforderten. Dies beruht nicht nur darauf, daß Menschen Freiheit, Unversehrtheit und Leben für sich selbst schätzen, sondern auch darauf, daß die Androhung physischer Gewalt als Basis von Macht überaus effizient ist und dadurch eine Fülle anderer Lebensbedingungen bestimmen kann. Damit steht sie in einem engen Zusammenhang mit Politik: Nicht jede Gewalt (G.) ist politisch, aber Politik hat immer auch etwas mit G. und G.-Begrenzung zu tun. Zur Durchsetzung oder Verhinderung politischer (d.h. für einen sozialen Verband verbindlicher) Entscheidungen ist G. ein zwar relativ sicheres, aber gleichzeitig kostspieliges Mittel, weil sie als Drohung auf Dauer gestellt sein muß und dadurch Ressourcen bindet. Eine politische Ordnung, die über friedliche Prozeduren der Entscheidungsfindung Alternativen zum gewalttätigen Machtkampf anbietet, erzeugt darum einen Abrüstungsvorteil (Vanberg 1978 im Anschluß an Buchanan 1975). Die Funktionsfähigkeit rechtlicher Verfahren zwischen den Bürgern und gegenüber dem Staat erleichtert den G.-Verzicht. Dazu gehört auch die Sicherheit, daß Recht vom Staat - notfalls mit rechtlich legitimierter und begrenzter G. - durchgesetzt wird. Machtwechsel über Wahlen bewahrt den Unterlegenen physische Unversehrtheit und erleichtert damit den Abschied von der Macht und das Warten auf eine neue Chance. Recht und Demokratie befördern sich also wechselseitig und reduzieren gemeinsam G.

In dem Maße, wie der Staat das Monopol der G.-Anwendung für sich beansprucht, rechtlich regelt und begrenzt, wird Gegen-G. begründungspflichtig. Sie legitimiert sich typischerweise, indem sie demokratische Verfahren als bloß formal denunziert und - was ja durchaus zutreffen kann - die eigentliche Herrschaft hinter der Fassade ausmacht. Sie kann darauf hinweisen, daß die von demokratischen Entscheidungen Betroffenen nicht diejenigen sind, die an den Verfahren teilnehmen können, sei es, weil sie kein Wahlrecht haben, oder - wie im Fall der Entscheidung für Atomenergie -, überhaupt noch nicht geboren sind. Auch Gerechtigkeits- oder Gleichheitsvorstellungen können Gegen-G. legitimieren, wenn die Staats-G.

vor allem als Mittel gesehen wird, um ungerechte Voraussetzungen und Resultate des Wirtschaftens abzusichern. Dies sind insbesondere linksextreme Legitimationsmuster. Sie können aber auch staatliche G. absichern - z.B. wenn nach der Revolution „konterrevolutionäre" Kräfte bekämpft werden sollen. Rechtsextreme Muster gehen dagegen zumeist davon aus, daß das Volk vor „Überfremdung" oder „Zersetzung" geschützt werden müsse. Obendrein wird hier in der Tradition des Sozialdarwinismus Kampf und G. als „natürliches" und darum legitimes Mittel der Auslese betrachtet. Diese Muster rechtfertigen dann die „Vernichtung der Volksschädling", die Vertreibung von Fremden und Genozid - auch heute. Es sind jedoch nicht nur links- und rechtsextremistische Muster, die zu politisch motivierter G. führen. Ungelöste und unregulierbare politische → Konflikte können generell zu einem Kampf zwischen „Gut" und „Böse" oder „den Kulturen" generalisiert werden und legitimieren dann terroristische und/oder militärische G.

Demokratische und rechtsstaatliche (→ Rechtsstaat) Gesellschaften weisen dagegen - zumindest intern - ein relativ niedriges G.-Niveau auf (Eckert 1998). Damit ist ein → Wertewandel verbunden: Während in kriegerischen Gesellschaften Kampfesmut als spezifisch männliche Tugend geehrt wird, breitet sich nun das Ideal der G.-Losigkeit aus und nähern sich die Geschlechterrollen an. Bestehen bleibt freilich die psychophysische Stimulierung durch Wettkampf, Kampf und G., die (vermutlich hormonell bedingt) bei jungen Männern am stärksten ausgeprägt ist. Ihre Nutzung in der Konkurrenz der Medien führt zu der paradoxen Entwicklung, daß G., obwohl moralisch geächtet, zugleich visuell enttabuisiert wird. Wie andere medialen Modelle wird sie vor allem dann in das Handlungsrepertoire übernommen, wenn sie im Lebenszusammenhang oder über die Weltanschauung *Sinn* macht.

Theorien/Konzepte/Modelle:

In manchen Perioden ist politische G. häufiger zu verzeichnen als in anderen. Hierfür gibt es unterschiedliche und widersprüchliche Erklärungsmuster. Drei sind besonders wichtig: Makrosoziologische Ansätze suchen nach strukturellen Widersprüchen und Spannungen als objektiv feststellbaren Determinanten kollektiver Bewegungen und in deren Zusammenhang auch vor allem politische G. (Smelser 1962). Diese Kausalrelation wird allerdings dadurch in Frage gestellt, daß Menschen häufig auch bei massiven Spannungen nicht zur G. greifen und andererseits bei vergleichsweise geringen Spannungen zu kämpfen beginnen. Dadurch entsteht begrifflich die Gefahr, daß Spannung tautologisch durch die zu erklärende G. definiert wird. Es ist also zu fragen, wie sich Spannungen in Unzufriedenheit umsetzen.

Hier bietet die Theorie relativer Deprivation (Gurr 1970, Runciman 1966) Hilfe an: Menschen rebellieren oder kämpfen, wenn sie über den Vergleich ihrer eigenen Lage (oder der Lage der Gruppe, mit der sie sich solidarisch fühlen) mit der Lage anderer zu dem Ergebnis kommen, daß sie nicht (oder nicht mehr) das bekommen, was ihnen zusteht. Für die Analyse ethnischer Konflikte bedeutet dies, daß nicht so sehr die ungleiche soziale Lage der Ethnien selbst als vielmehr der Wandel ihrer Stellung im gesellschaftlichen Verteilungssystem mit gewalttätigen Kämpfen (Hanf 1990) verbunden ist. Ob es allerdings bei gegebenen Spannungen und bei perzipierter relativer Deprivation zu G. kommt, hängt schließlich auch von Nutzen- und Risikokalkülen ab. Hier setzt der Beitrag der rational-choice-Theorien (Muller 1979, Weede 1986) ein. Sie können individuelle Handlungen und ihre Aggregation erklären, müssen dabei aber viele der makrosoziologischen und deprivationstheoretischen Erklärungselemente in die Randbedingungen verweisen. Sie stehen zudem vor dem Problem, daß sich die Präferenzen und die Perzeption von möglichen Erträgen im Konfliktverlauf rasch und kaum prognostizierbar verändern, wie insbesondere Theoretiker des symbolischen Interaktionismus (Blumer 1978, Turner 1974) deutlich gemacht haben. Dennoch weisen sie zu Recht darauf hin, daß politisch motivierte G. nicht notwendig Spannung oder Deprivation zur Voraussetzung hat, sondern sich über den erwarteten Erfolg begründen kann. Dies ist eine überaus wichtige Erkenntnis: Rechtsstaat und Demokratie können nur dauerhaft bestehen, wenn sie die Ertragserwartungen politischer G. systematisch senken.

Ausblick/offene Fragen:
Keine Gesellschaft wird ohne ein geringeres oder größeres Maß struktureller Spannung und relativer Deprivation sein. Wenn politische G. in der situativen Zuspitzung von Spannung und Deprivation wahrscheinlich wird, dann stellt sich die Frage, ob unser politisches System in der Lage ist, die anstehenden sozialen, ökologischen und weltanschaulichen Konflikte zu regulieren. Selbst wenn die Bundesrepublik ein vergleichsweise friedliches Land ist, sind Zweifel auch angesichts der jüngeren Geschichte angebracht. Der Konflikt um die Ökologie in den 70er Jahren hat beispielsweise lange auf seine Parlamentarisierung warten müssen; von Problemlösung kann auch heute noch kaum die Rede sein. Während in den 70er Jahren politische motivierte G. vor allem eine Domäne der Linksextremisten war, ist in den 90er Jahren die G. von Rechtsextremisten und fremdenfeindlich eingestellten Personen massiv angestiegen (Willems 1993, Bundesministerium des Innern/Bundesministerium der Justiz 2001). In den 90er Jahren haben die Parteien lange Zeit den Einwanderungskonflikt symbolisch dramatisiert, ohne ihn in der Sache zu regulieren. Dies verweist auf die Bedeutung von Gelegenheitsstrukturen für die Genese und Eskalation politisch motivierter G. So gesehen, ist auch das Instrumentarium der Problemlösung und der Konfliktregulierung in unserer Gesellschaft zu verbessern. Neben parlamentarischen und justitiellen Verfahren dürfte Schlichtung hier immer wichtiger werden.

Roland Eckert

Literatur:

Blumer, Herbert 1978: Social Unrest and Collective Protest, in: Denzin, Norman K. (Hrsg.): Studies in Symbolic Interaction (Bd. 1), Greenwhich, S. 1-54.
Buchanan, James M. 1975: The Limits of Liberty: Between Anarchy and Leviathan, Chicago.
Bundesministerium des Innern/Bundesministerium der Justiz 2001: Erster Periodischer Sicherheitsbericht, Kapitel 2.10: Politische motivierte Kriminalität, Berlin, S. 262-303.
Eckert, Roland 1998: Gewalt und die Chancen friedlicher Konfliktregulierung, in: Eckert, Roland (Hrsg.): Wiederkehr des „Volksgeistes"? Ethnizität, Konflikt und politische Bewältigung, Opladen, S. 313-337.
Gurr, Ted 1970: Why Men Rebel?, Princeton.
Hanf, Theodor 1990: Koexistenz im Krieg. Staatszerfall und Entstehen einer Nation im Libanon, Baden-Baden.
Muller, Edward N. 1979: Agressive Political Participation, Princeton.
Runciman, Walter G. 1966: Relative Deprivation and Social Justice: A Study of Attitudes to Social Inequality in Twentieth-Century England, London.
Smelser, Neil J. 1962: Theory of Collective Behavior, New York.
Turner, Ralph H. 1974: Collective Behavior, in: The New Encyclopaedia Britannica (Bd. 4), Chicago.
Vanberg, Viktor 1978: Kollektive Güter und kollektives Handeln, in: KZfSS 30, S. 652-679.
Weede, Erich 1986: Konfliktforschung. Einführung und Übersicht, Opladen.
Willems, Helmut 1993: Fremdenfeindliche Gewalt, Opladen.

Gewerkschaften

→ *Arbeit, Arbeitslosigkeit, Armut, DDR, Eliten, Endogenität/Exogenität, Europa, FDP, Globalisierung, Identität, Konfliktlinien, Nationalsozialismus, Neue Soziale Bewegungen, Politische Bildung, Politische Inszenierung/Symbolische Politik, Politische Sozialisation: Beruf/Geschlecht/Geschlechterverhältnisse, Politische Traditionen, Republikaner/DVU, SPD, Politische Inszenierung/Symbolische Politik, Politische Steuerung, Politische Traditionen, Soziale Sicherheit, Verbände, Wertewandel, Wohlfahrtsstaat.*

Begriff/Definition und gesellschaftliche Bedeutung:
Gewerkschaften (G.) sind formal organisierte Zusammenschlüsse von abhängig Beschäftigten mit dem Ziel, deren ökonomische und soziale Lage zu sichern und zu verbessern. Sie agieren auf der betrieblichen, der branchenspezifischen und der gesamtwirtschaftlichen Ebene sowie in Bezug auf das politische System. Zu den Instrumenten, die zur Durchsetzung der Interessen eingesetzt werden konnen, zählen vor allem der Streik, aber auch öffentlicher Druck, Informationspolitik (durch Stellungnahmen, Anhörungen, Expertisen), personelle Verflechtungen und Spenden (→ Verbände).

G. sind im Gefolge der industriell-kapitalistischen Gesellschaft entstanden und bilden neben der Sozialdemokratie (→ SPD) und den Arbeitersport- und Freizeitvereinen (→ Vereine) eine der Säulen der Arbeiterbewegung. Im Laufe ihrer Geschichte haben sie trotz einiger Anpassungsprobleme eine Reihe unterschiedlicher Herausforderungen und Wandlungsprozesse bewältigt. Zugleich hat dies im internationalen Vergleich angesichts unterschiedlicher Rahmenbedingungen zu einer vielfältigen G.-Landschaft geführt. Mit gegenwärtig über 10 Mio. Mitgliedern gehören sie zu den politischen Großorganisationen und sind elementarer Bestandteil des sog. Modell Deutschland.

Historische Entwicklung, Herausforderungen und Leistungen:
Die über hundertjährige Geschichte der deutschen G. läßt sich in mehrere Phasen einteilen. Grundlegende politische Wasserscheiden bilden dabei die beiden Weltkriege (→ Geschichtliche Phasen der BRD). Im Kaiserreich wurde die Gründung und Betätigung der G. - stärker als in anderen westlichen Ländern - durch staatliche Maßnahmen behindert; sinnfälliger Ausdruck dieser „negativen Integration" waren die Sozialistengesetze unter Bismarck. Vor allem durch die Auswirkungen des 1. Weltkrieges begann eine starke Einbindung der G. in Politik und Ökonomie; Thesen von der ersten „post-liberalen Nation" oder dem „organisierten Kapitalismus" sind Reflex dieser Entwicklung. In der Weimarer Republik wurde dieser spezifisch deutsche Entwicklungspfad fortgesetzt und durch die Beteiligung am Aufbau des Wohlfahrtstaates stabilisiert. Im → Nationalsozialismus wurden diese Kontinuitätslinien teilweise gewaltsam unterbrochen; der NS-Staat duldete keine freien G. Zugleich bildete diese Erfahrung eine wichtige Gemeinsamkeit der Nachkriegsgewerkschafter und trug mit dazu bei, nach dem 2.Weltkrieg die alten → Konfliktlinien zu überwinden.

Neben dem spontanen G.-Aufbau von unten kam es nach 1945 zu Wiederbelebungen alter Strukturen durch ehemalige Funktionäre; zudem beeinflußten die Alliierten durch die Präferierung des Industriegewerkschaftsprinzips die Entwicklung. Im Oktober 1949 wurde der DGB als (bizonale) Einheits-G. mit starken Einzelverbänden gegründet. Programmatisch dominierten anfänglich Vorstellungen einer umfassenden Reform von Gesellschaft und Wirtschaft, die allerdings nach dem stetigen Erfolg der → Sozialen Marktwirtschaft pragmatischeren Vorstellungen wichen. Die G. verließen zusehends die Position einer „Gegenmacht" zum CDU-Staat und wurden zum „Ordnungsfaktor" - wie Kritiker konstatierten. Sie konzentrierten sich auch auf die Tarif- und die Sozialpolitik. Mit der Großen Koalition und der späteren SPD-FDP-Regierung erweiterte sich ihr Aktions- und Forderungsradius wieder etwas; freilich trat die Reformpolitik angesichts der weltwirtschaftlichen Veränderungen in der Folge der Erdölkrise hinter die Krisenbewältigung zurück. Deren anfängliche Erfolge bildeten die Basis für das Modell Deutschland, das jedoch gegen Ende der 70er Jahre an Funktionsfähigkeit verlor. Angesichts der ökonomischen Krise und der sozialen und politischen Veränderungen (z.B. Auftreten der Ökologiebewegung) erfolgte eine stärkere Rückbesinnung auf die eigene Kraft, was durch den Regierungswechsel 1982 verstärkt wurde.

1989/90 wurden die G. wie die anderen politischen Akteure von der deutschen Einheit und ihren sozialen und ökonomischen Folgen überrascht. Nach dem kurzen Erfolg der Übernahme von über 4 Mio. FDGB-Mitgliedern in der ehemaligen DDR stellten sich erhebliche Erosionserscheinungen ein: Das Tarifgefüge wie auch die formale Organisation verfügen bis heute über keine solide Verankerung; trotz einiger Versuche, durch arbeitsmarkt- und industriepolitische Aktivitäten Profil zu entwickeln, leiden die G. in den → neuen Bundesländern unter erheblichen Attraktivitäts- und Funktionsproblemen. Hinzu kommen weitere Umbrüche, die durch Stichworte wie Pluralisierung und Individualisierung bzw. Postmoderne, durch die Integration → Europas, die andauernde, massenhafte → Arbeitslosigkeit und die → Globalisierung angezeigt werden.

Insgesamt betrachtet können die deutschen G. - trotz einiger empfindlicher Niederlagen - auf eine bemerkenswerte „Erfolgsgeschichte" zurückschauen: Einkommensverbesserungen im Rahmen einer produktivitätsorientierten Lohnpolitik, Verringerung der Arbeitszeit bis zur 35-Stunden-Woche, Lohnfortzahlung im Krankheitsfall, Arbeits- und Rationalisierungsschutz etc. Darüber hinaus haben sie zum Wachstum des → Wohlfahrtsstaates und zur Ausweitung der → Sozialen Sicherheit erheblich beigetragen.

Organisationsformen im Vergleich:
G. sind komplexe Organisationen, die über eine Reihe nicht stets widerspruchsfreier Funktions- und Strukturmerkmale verfügen. Als „intermediäre" Organisationen müssen sie zwischen gesellschaftlichen Subsystemen sowie zwischen diesen und dem Individuum vermitteln. Als dauerhafte, auf „Kampf" angelegte Apparate weisen sie Formen einer Bürokratie oder Oligarchie auf; als von der Leistung ihrer Mitglieder strukturell abhängiger Verband benötigen sie zugleich innerorganisatorische → Demokratie. Gelegentlich droht ihnen das Dilemma der halbmodernisierten Organisation: Sie verfügen einerseits über zu wenig Kultur als Mittel der Bindung ihrer Mitglieder in einer postmodernen Gesellschaft, andererseits fehlt es ihnen ebenfalls an ökonomischen Anreizen und effizienten Strukturen (etwa im Vergleich zum ADAC). Die begrenzt erfolgreichen aktuellen Reformbemühungen im DGB und den Einzel-G. sind nicht zuletzt vor diesem Hintergrund zu bewerten.

Bezogen auf ihren Aufbau lassen sich verschiedene organisatorische Strukturprinzipien identifizieren. Die in Deutschland, Österreich und in Skandinavien realisierte Form der Einheits-G. zeichnet sich durch eine parteipolitische Neutralität und eine integrative Orientierung aus; der Typus der Richtungs- G. (besonders in Frankreich, Italien, Spanien, Deutschland vor 1932) weist hingegen eine enge parteipolitische Affinität auf, zum Teil existieren auch G. mit einer starken konfessionellen oder sprachlich-kulturellen Bindung (v.a. Niederlande, Belgien, Schweiz; → Politische Traditionen). Ferner wird nach der Form der Mitgliederrekrutierung zwischen Berufs-G. (bedeutsam in Großbritannien, USA und Dänemark), Industrie-G. (Deutschland, Schweden, Norwegen, Belgien, Niederlande) und allgemeinen G. (z.T. in den angelsächsischen Ländern) unterschieden, wobei es durchaus zu einem Nebeneinander unterschiedlicher Typen kommen kann.

Darüber hinaus wird das Ausmaß an Zentralisierung von Kompetenzen betrachtet: Die Spannweite reicht von stark zentralisierten G. (Österreich, Schweden) über föderalisierte (Deutschland) bis hin zu dezentralen Organisationen (Schweiz, USA, Frankreich, Großbritannien). Ähnlich variiert der Organisationsgrad zwischen den sehr starken skandinavischen Ländern (z.B. Schweden 1995: 87,6 %), den mittleren Fällen (z.B. Österreich 1995: 41,2 %, Deutschland 1995: 28,9 %) und den gewerkschaftlich schwachen Ländern (z.B. USA 1995: 14,2 %). Zudem sind im Vergleich zur vorangegangenen Dekade sehr unterschiedliche Tendenzen erkennbar: Leichtes Wachstum (in Schweden, Finnland, Spanien,) steht weitgehender Konstanz (in Dänemark, Niederlande, Deutschland) sowie teilweise dramatischen Niedergängen (v.a. Portugal, Großbritannien, Griechenland) gegenüber. Dabei bestehen keine systematischen Zusammenhänge mit der Streikhäufigkeit, die in Spanien und Griechenland sehr hoch, bzw. in der Schweiz, Österreich und Deutschland niedrig ausfällt. Hinsichtlich der Sozialstruktur der Mitgliedschaft liegen nur wenig vergleichende Daten vor; zumindest für den deutschen Fall gilt, daß das idealtypische Mitglied männlich, mittleren Alters und Facharbeiter in einem Großbetrieb ist.

Da G. konstitutives Element des Tarifsystems bzw. der industriellen Beziehungen sind, kommt der Fähigkeit, Tarifverträge flächendeckend abzuschließen und durchzusetzen eine wichtige Rolle zu. In Deutschland, Österreich, Schweden und Belgien werden fast 90 % der Beschäftigen erfaßt, während es in den USA nur 40 % sind. Erosionsprozesse des Tarifsystems treten nicht nur infolge innergewerkschaftlicher Schwierigkeiten auf, sondern sind vielfach der Schwäche der Arbeitgeberverbände bzw. der gesteigerten Exit-Option der Unternehmen zuzuschreiben (→ Globalisierung). Prozesse der Verbetrieblichung werden in Deutschland z.T. durch die enge Verbindung zwischen Betriebsräten und G. relativiert.

In ihrem Verhältnis zum politischen System existieren unterschiedliche Beziehungsmuster, die von einer sehr engen Einbindung in ein breites Spektrum von Politiken (v.a. in Skandinavien und Österreich) bis zu distanzierten Verhältnissen und fallweisen Kontakten (in den angelsächsischen Ländern) reichen. Zudem wirken föderative politische Systeme auf die Organisationsstruktur der G. zurück, die sich meist entsprechend territorial ausrichten und in den Landesregierungen wichtige politische Ansprechpartner finden. Eine entsprechende Wirtschaftsstruktur und regionale pK fördert diese Entwicklung. Hieraus ergeben sich besonders in Deutschland eine Reihe intranationaler Ungleichheiten - beispielsweise in den süddeutschen und den → Neuen Bundesländern.

Politische Identität und öffentliche Unterstützung:
Angesichts des rapiden und weitreichenden → sozialen Wandels (s.a. → Globalisierung) stellt sich in Deutschland und anderen westlichen Ländern für die G. derzeit die Frage nach ihrer → Identität bzw. ihrer Organisationskultur: Können sie weiter als kollektive Organisation aller abhängig Beschäftigten fungieren oder müssen sie ihre Rolle neu definieren? Damit verbunden sind entsprechende organisationsstrukturelle und programmatische Reformen sowie Präferenzen für bestimmte Strategien und Instrumente der Interessendurchsetzung. Zwei grundlegende Weichenstellungen zeichnen sich dabei ab: Entweder wollen sich G. vor allem auf Arbeit und Beschäftigung konzentrieren, oder sie sehen ihre Rolle als breiter und v.a. gesellschaftspolitisch an. Und: Entweder sie beziehen sich vorwiegend auf kollektive oder auf individuelle Interessen. G. können sich demnach als effiziente Dienstleister, advokatorische Interessenvertreter oder als (allgemein-) politische Akteure verstehen; entsprechend wird die Mitgliedschaft als Kunde, Klient oder aktiver Interessent wahrgenommen. Auf strategischer Ebene bestehen die Optionen Korporatismus, Kooperation oder Konflikt. Viele der gegenwärtigen Reformen haben Probleme der gewerkschaftlichen Identität als Ursache; zugleich schränken die verfestigten Strukturen und organisationskulturellen Muster den Handlungsspielraum ein oder führen zu latenten Konflikten, was sich etwa im Falle der Fusion der Dienstleistungs-G. VERDI (aus ÖTV, DAG, DPG, HBV und IG Medien) bemerkbar macht.

Gewerkschaftliche Politik steht zugleich im Rampenlicht der → öffentlichen Meinung. Umfragen belegen eine insgesamt positive Beurteilung in Deutschland. Der Anteil an Zustimmung ist (nach Quellen des DGB) von 1996 auf 1998 von 30 % auf 44 % gestiegen. Zugleich stoßen radikale Forderungen und unkonventionelle Formen der → Politischen Beteiligung in der Bevölkerung auf Skepsis, was mit der quietistischen Grundtendenz der pK in Deutschland zusammenhängt. Der Blick nach Großbritannien belegt zudem, daß sich das Ansehen der G. verändert: Galten sie zum Ende der 70er Jahre als zentrales Element der „englischen Krankheit" und als Opfer massiver staatlicher Regulierung unter Thatcher, so sind sie mittlerweile in erheblich modernisierter und demokratisierter Form wieder erstarkt.

Forschungsansätze und wissenschaftliche Diskussionen:
Die Vielfalt von empirischen Phänomenen und die Dynamik der Entwicklung hat dazu geführt, daß die G.-Forschung eine breite und heterogene Disziplin darstellt. Bezogen auf die Rolle im System betonen konservative Ansätze das Störpotential starker G. und die Gefahr der Unregierbarkeit. Liberale Exponenten heben hingegen die stabilisierenden Effekte neokorporatistischer Systeme und eine „Institutionalisierung des Klassenkonflikts" hervor. Schließlich sieht die marxistische Linke, die in der G.-Forschung lange Zeit eine stärkere Rolle als in den anderen Teilen der Sozialwissenschaften gespielt hat, eine Krise der kooperativen G.-Politik und eine Verschärfung der gesellschaftlichen Antagonismen aufkommen.

Unterhalb dieser gesellschaftstheoretischen Ebene werden in der G.-Forschung eine Reihe weiterer, vielfach miteinander verquickter Debatten geführt. Hierbei geht es um die Frage, ob eine G. einen → Verband wie andere oder die Repräsentationsform einer Klasse darstellt; bzw. anders formuliert: handelt es sich bei dem Untersuchungsobjekt um eine Organisation oder um eine → (Neue) Soziale Bewegung. Ferner hat sich der Fokus der Forschung von der Input-Seite des politischen Systems und der gewerkschaftlichen Organisation (d.h. der Frage nach der → Demokratie in und durch G.) hin zur Output Seite verschoben. Vor allem im Rahmen des Neokorporatismus-Ansatzes wird nach dem Beitrag der G. für die staatliche → politische Steuerung bzw. die politisch-ökonomische Performanz eines Landes gefragt. Dabei erweitert sich die Perspektive von den G. auf das gesamte System der Industriellen Beziehungen und bezieht die Arbeitgeberseite mit ein. Dementsprechend nimmt die interdisziplinäre Orientierung zu; ebenso gewinnt der internationale Vergleich einschließlich der Europäische Union an Bedeutung. Schließlich dominiert in der jüngeren G.-Forschung der empirische Zugriff auf das, was G. wirklich tun - und weniger auf das, was sie sollen.

Josef Schmid

Literatur:

Alemann, Ulrich von/Schmid, Josef 1998: Die Gewerkschaft ÖTV. Reformen im Dickicht gewerkschaftlicher Organisationspolitik, Baden-Baden.

Armingeon, Klaus 1988: Die Entwicklung der westdeutschen Gewerkschaften, Frankfurt a.M.

Beyme, Klaus von 1977: Gewerkschaften und Arbeitsbeziehungen in kapitalistischen Ländern, München.

Esser, Josef 1982: Gewerkschaften in der Krise, Frankfurt a.M.

Hemmer, Hans-Otto/Schmitz, Kurt Thomas (Hrsg.) 1990: Geschichte der Gewerkschaften in der Bundesrepublik Deutschland, Köln.

Mückenberger, Ulrich/Schmidt, Eberhardt/Zoll, Rainer (Hrsg.) 1996: Die Modernisierung der Gewerkschaften in Europa, Münster.

Müller-Jentsch, Walther 1996: Theorien Industrieller Beziehungen, in: Industrielle Beziehungen 3, S. 36-64.

Niedenhoff, Horst-Udo/Pege, Wolfgang 1998: Gewerkschaftshandbuch, Köln.

Schmid, Josef 1998: Verbände. Interessenvermittlung und Interessenorganisationen, München.

Globalisierung

→ *Arbeitslosigkeit, Europa, Föderalismus, Geschichtsbewußtsein, Gewerkschaften, Identität, Individualisierung, Lebenszufriedenheit/Lebensqualität, Massenmedien, Milieus/Lebensstile, Nation, Öffentliche Meinung, Politikberatung, Politikverdrossenheit, Politikverflechtung, Politische Moral, Politische Sozialisation: Beruf/Geschlecht/Geschlechterverhältnisse/Modernisierung,*

Politische Toleranz, Rechtsstaat, Soziale Marktwirtschaft, Soziale Sicherheit, Sozialer Wandel/ Modernisierung, Wertewandel, Wohlfahrtsstaat.

Begriff/Definition:
Der Begriff Globalisierung (G). hat mit der zunehmenden Häufigkeit seiner Verwendung in Öffentlichkeit und → Massenmedien inzwischen den Charakter einer umgangssprachlichen Allerweltsfloskel angenommen. Diesem Sog haben sich erkennbar auch die einschlägigen, vor allem sozialwissenschaftlichen Fachdisziplinen nicht entziehen können; es fehlt bisher weitgehend, mit Ausnahme der Wirtschaftswissenschaften, an überzeugenden Versuchen, das Konzept in einen präzisen Theorie- und Analysekontext einzubetten. Ganz allgemein werden mit G. Prozesse der Entgrenzung bezeichnet: die Welt als globales, technologisch vernetztes Dorf, in dem jeder mit jedem kommunizieren kann - jedenfalls im Prinzip. Eine Besonderheit des gesellschaftlichen G.-Diskurses zumindest in der Bundesrepublik ist, daß die Vielfalt der mit dem Begriff verbundenen Konzepte nach Meinung zahlreicher Beobachter bei den Bürgern diffuse Gefühle von Unsicherheit und Angst auslöst. Als Grund hierfür wird aufgeführt, daß G. pauschal als eine unabweisbare und kaum steuerbare, weil definierten Akteuren nicht zurechenbare Entwicklung mit überwiegend negativen Folgen perzipiert werde. Diese Wahrnehmung, so das Argument, entstehe nicht zuletzt aus den politischen Instrumentalisierungen des Begriffs, mit denen z.B. die als notwendig geforderte Rücknahme gewohnter sozialstaatlicher Arrangements begründet wird. Es kann allerdings nicht überraschen, daß insbesondere in ökonomischer Sichtweise demgegenüber die mit der G. verbundenen Chancen hervorgehoben werden (Berg 1999).

Makroperspektive:
Sozialwissenschaftlich gesehen ist G. als eine Makrokategorie der Gesellschaftsanalyse zu verorten; so kann nicht überraschen, daß bisher Makroaspekte in der soziologischen und politikwissenschaftlichen Literatur dominieren (Beck 1998a, 1998b, Zürn 1998), und zwar vor allem in der Soziologie auf einem sehr hohen Abstraktionsniveau. Aufgrund der internationalen Handels- und Finanzverflechtungen als hauptsächlichem Feld, auf dem G.-Prozesse beobachtet werden, kommen bisher einschlägige empirische Analysen vor allem aus den Wirtschaftswissenschaften. In einer sorgfältigen Studie begründen Germann u. a. (1999) zunächst einmal die Notwendigkeit, zwischen Strukturen und Prozessen von Internationalisierung, G. und Regionalisierung zu unterscheiden, wobei sie die beiden letzteren als Untermengen von Internationalisierung konzipieren. Folgt man diesen Autoren, so ist Internationalisierung „die wirtschaftliche Verflechtung und die daraus resultierende Interdependenz der verschiedenen Länder und ihrer Wirtschaftssubjekte in unterschiedlichen Bereichen und Ausmaßen“(Germann u. a. 1999: 2). Demgegenüber stellt G. eine Intensivierung von Internationalisierung nach einer deutlich höheren Zahl von Ländern, Elementen der Wertekette, Produktionsfaktoren sowie

nach einem größeren Volumen dar. Regionalisierung wiederum ist Internationalisierung in kleineren, geographisch begrenzten und benachbarten Räumen.

In der wirtschaftswissenschaftlichen Diskussion wird häufig darauf hingewiesen, daß die heutigen zwischenstaatlichen Handelsbeziehungen von Ländern wie Deutschland, Frankreich und Großbritannien einem Niveau entsprechen, das bereits ausgangs des 19. Jhdts. erreicht worden war. Dabei kommen nun allerdings erhebliche Konzeptualisierungs- und Operationalisierungsprobleme in den Blick. Auf der Grundlage einer deutlichen Kritik an vereinfachenden (wirtschaftlichen) G.-Indikatoren entwickeln daher Germann u. a. (1999) ein fünfdimensionales Konzept zur Messung von wirtschaftlicher G. Dabei ergibt sich für die Bundesrepublik insgesamt im Zeitraum zwischen 1985 und 1995 bemerkenswerterweise keine wesentliche Veränderung des G.-Grades. Erwähnenswert an diesem Befund ist nicht nur, daß er die Allgegenwart und Heftigkeit der laufenden G.-Debatte schwer verständlich erscheinen läßt. Vielmehr ist von besonderem substantiellen wie methodologischen Interesse, daß dieses für die Bundesrepublik insgesamt ausgewiesene Ergebnis nicht mehr Bestand hat, wenn auf die Ebene einzelner Betriebe disaggregiert wird. Hier scheint ein typisches Mikro-Makro-Problem vorzuliegen, das der weiteren Forschung bedarf; für die Sache selbst bedeutet dies, daß Prozesse der Überwindung nationalstaatlicher Grenzen differenziert nach Akteuren und Institutionen betrachtet werden müssen.

Neben der Untersuchung von Handelsströmen ist die Diskussion über globales Regieren besonders weit fortgeschritten. Übereinstimmung besteht dabei über einen fortlaufenden Prozeß der Entstaatlichung im Sinne des Auseinanderfallens der Orte und Institutionen, in denen für die Bürger bindende Entscheidungen getroffen werden, und deren Kontrolle (accountability) sowie Legitimation durch eine räumlich und rechtlich genau bestimmte Bürgerschaft. Am deutlichsten zeigt sich diese Problematik in Europa an dem Umstand, daß die Bürger in den Mitgliedsländern der Europäischen Union rechtsverbindliche Entscheidungen der Europäischen Union zu akzeptieren haben, ohne daß diese Entscheidungen von einem durch Wahlen legitimierten Parlament getroffen worden wären (zu dieser Kongruenzproblematik und ihren Legitimationsimplikationen siehe Held 1991, der von zunehmenden disjunctures spricht; ferner Scharpf 1998, Zürn 1998). Damit stellt sich die grundsätzliche Frage nach der Rolle des Nationalstaats in einer Welt, die immer mehr durch nationenübergreifende quasi-staatliche institutionelle Arrangements sowie durch ein großes Wachstum an international agierenden Nichtregierungsorganisationen gekennzeichnet wird (Germann u. a. 1999). Die Tragweite dieser Entwicklung wird in der Literatur unterschiedlich eingeschätzt. Guéhenno (1994) mißt ihr z.B. eine so große Bedeutung bei, daß er sogar vom Ende der Demokratie spricht.

Mikroperspektive:
Jenseits der bisher behandelten makrowissenschaftlichen Dimension von G. ist für die pKf die Mikroperspektive individueller Orientierungen von besonderem Interesse. Entsprechend der postulierten gesamtstaatlichen Denationalisierungsprozesse geht es dabei um die Frage, inwieweit sich bei den einzelnen Bürgern bereits Spuren der Auflösung nationaler Identitäten entdecken lassen. Dabei soll die insbesondere für die Bundesrepublik ihrer politischen Vergangenheit geschuldete Problematik der Ambivalenz der Identifikation mit der → Nation ausdrücklich nicht behandelt werden (Westle 1999).

Im internationalen Vergleich liegen zur transnationalen → Identität vor allem Ergebnisse für die Länder der Europäischen Union aus den zweimal im Jahr durchgeführten Eurobarometerbefragungen bei repräsentativen Querschnitten der Bevölkerung vor. Diese Daten sind von Duchesne/Frognier (1995) mit den folgenden Hauptergebnissen analysiert worden: Von den für die Befragten laut Befragungsinstrument verfügbaren Identitäten Stadt, Region, Land, Europa und Welt, aus denen die wichtigste und zweitwichtigste ausgewählt werden sollten, entfiel stets die mit Abstand geringste Zahl von Nennungen auf „Welt" und danach auf „Europa". Bei allen länderspezifischen Unterschieden zeigt sich ferner in den 80er Jahren keine durchgängige Erhöhung von Identitäten mit Objekten außerhalb nationalstaatlicher Grenzen. Im Gegenteil: Zumindest die Bürger der Bundesrepublik wenden sich zwischen 1982 und 1992 zunehmend von Europa ab. Bemerkenswert ist auch, daß es in den 80er Jahren in den EU-Ländern keine systematische Beziehung zwischen ausgeprägtem Nationalstolz und der Ablehnung einer europäischen Identität gibt. Zusammenfassend stellen die Autoren fest: „For the present, a European identity is a vanguard phenomenon" (Duchesne/Frognier 1995: 223). Ähnliche, aber wesentlich differenziertere Analysen für die Bundesrepublik belegen, daß das dominierende Bild das der multiplen politischen Identifikationen und nicht das einer Konzentration auf ein bestimmtes Identifikationsobjekt wie etwa die Nation ist. In welchem Maße die geschichtliche Spurensuche in diesem Bereich erfolgreich ist, dokumentiert der Umstand, daß bei einer Typologisierung von Nationalbewußtsein zu fast einem Drittel postnationale Begründungen im Mittelpunkt stehen (Westle 1999). Von einer umfassenden Neuorientierung zu transnationalen Identitäten im Zuge der postulierten G. kann insgesamt jedoch in Deutschland wie auch sonst in Europa nicht die Rede sein.

Max Kaase

Literatur:

Beck, Ulrich (Hrsg.) 1998a: Perspektiven der Weltgesellschaft, Frankfurt a.M.

Beck, Ulrich (Hrsg.) 1998b: Politik der Globalisierung, Frankfurt a.M.

Berg, Hartmut (Hrsg.) 1999: Globalisierung der Wirtschaft. Ursachen-Formen-Konsequenzen, Berlin.

Duchesne, Sophie/Frognier, André-Paul 1995: Is There a European Identity?, in: Niedermayer, Oskar/Sinnott, Richard (Hrsg.): Public Opinion and Internationalized Governance. Beliefs in Government, Bd. 2, Oxford, S. 193-226.
Germann, Harald/Raab, Silke/Setzer, Martin 1999: Messung der Globalisierung: ein Paradoxon, in: Steger, Ulrich (Hrsg.): Facetten der Globalisierung. Ökonomische, soziale und politische Aspekte, Berlin, S. 1-28.
Guéhenno, Jean-Marie 1994: Das Ende der Demokratie, München/Zürich.
Held, David 1991: Democracy, the Nation-State and the Global System, in: Economy and Society 20, S. 138-172.
Scharpf, Fritz W. 1998: Demokratie in der transnationalen Politik, in: Beck, Ulrich (Hrsg.): Politik der Globalisierung, Frankfurt a.M., S. 228-253.
Westle, Bettina 1999: Kollektive Identität im vereinten Deutschland. Nation und Demokratie in der Wahrnehmung der Deutschen, Opladen.
Zürn, Michael 1998: Regieren jenseits des Nationalstaates, Frankfurt a.M.

Grundgesetz

→ DDR, Demokratie, Föderalismus, Minderheiten/Randgruppen, Nation, Nationalsozialismus, Neue Bundesländer, Öffentlicher Dienst/Sektor, Politische Toleranz, Rechtskultur, Rechtsstaat, Republikaner/DVU, SPD, Soziale Sicherheit, Verfassungsgerichtsbarkeit.

Entstehung/Entwicklung:
Die Gründung des westdeutschen Teilstaates wurde oktroiert; aber das GG entstand als zweiter Versuch, in Deutschland einen demokratischen Verfassungsstaat zu errichten. Dabei wurden demokratische, rechtsstaatliche und föderative Elemente mit dem Sozialstaat verknüpft. Das GG ist nicht erkämpft oder ertrotzt worden, aber es manifestiert eine Absage an die Vergangenheit. Es soll eine Wiederholung dessen unmöglich machen, was in Deutschland am Ende der Weimarer Republik und nach 1933 geschehen war. Das GG hat die ihm gestellte Aufgabe erfüllt und wesentlich dazu beigetragen, in Deutschland demokratisches Verhalten und das Bewußtsein der Bedeutung der Menschenrechte zur Entfaltung zu bringen.

Das GG entstand als Kind des Kalten Krieges. Die westlichen Alliierten haben auf die Beratungen Einfluß genommen und sich die Genehmigung vorbehalten. Dem Parlamentarische Rat, der letztlich entschied, gehörten 65 von den Landtagen gewählte stimmberechtigte Vertreter (27 → SPD, 27 CDU/CSU, 5 FDP, 2 DP, 2 Zentrum, 2 KPD) und 5 ohne Stimmrecht aus Berlin an. Das GG trat ohne Volksentscheid in Kraft; es wurde jedoch als Fundament für einen Neuanfang akzeptiert. Viele der verfassungsgestaltenden Grundentscheidungen im GG waren in den Ländern, die sich schon eine Verfassung gegeben hatten, von der Bevölkerung mit großer Mehrheit bejaht worden. Keine der widerstreitenden politischen und sozialen Kräfte verdankte ihre Existenz dem GG oder der Konstituierung der Bundesrepublik. Diese Kräfte bestanden, bevor die neue Verfassung sie hätte legitimieren können. Die Verfassungsberatungen dienten dazu, den Einflußbereich abzusichern. Kompromisse wurden ausgehandelt. Es gab eine gewisse Gemeinsamkeit gegenüber den Besatzungsmächten und gegenüber den Kommunisten. Einigkeit bestand auch darin, zu verhindern, daß die Anhänger des → Nationalsozialismus erneut Einfluß gewinnen können. Das GG war in diesem Sinne gleichzeitig Demarkationslinie widerstreitender politisch-sozialer Kräfte und Konsens derjenigen, die im demokratischen und sozialen Verfassungsstaat die Voraussetzung für eine deutsche Erneuerung sahen. Man knüpfte an die Weimarer Verfassung an, aber zugleich wurde versucht, die „Fehler" von Weimar zu vermeiden. Dazu gehörte: Die Stärkung des Kanzlers und die Entmachtung des Präsidenten (der nicht mehr durch das Volk gewählt werden sollte); das konstruktive Mißtrauensvotum; die Hürden dagegen, den Bundestag vorzeitig aufzulösen; die Rolle, die dem BVerfG zugemessen wurde und das Mißtrauen gegen Sonderbefugnisse der Exekutive im Falle des Notstandes.

Einerseits wurde versucht, durch Art. 79 Abs. 3 GG Menschenrechte, Demokratie, → Föderalismus, Rechtsstaatlichkeit und Sozialstaat unabänderlich zu machen; andererseits sollte das GG eine offene und wirtschaftspolitisch neutrale Verfassung bleiben. Zu diesem Verfassungskompromiß gehörte das Prinzip des Eigentums ebenso wie Bestimmungen zur Sicherung des Gemeinwesens gegenüber dem politischen Mißbrauch wirtschaftlicher Macht (Art. 15, Art. 74 Nr. 17 GG). Das GG wurde konzipiert als eine Rahmenregelung, die bestimmte Grenzmarken (basic principles) setzt, aber das Ausfüllen des *frame work* dem politisch-gesellschaftlichen Kräftefeld überläßt. Die Existenz einklagbarer Grundrechte in der Verfassung war ein wichtiger Faktor für die Durchsetzung demokratischer Strukturen in der Bundesrepublik. Auf ihr beruht die überragende Stellung des BVerfG. Die Orientierung am GG wurde von vielen der in Deutschland traditionellen Abstraktion „der Staat" gegenübergestellt. Bei nahezu allen verfassungsrechtlichen Auseinandersetzungen um die Struktur der Bundesrepublik findet man auf der einen Seite diejenigen, die - wenn es darauf ankommt - dafür eintreten, den Rechten der Bürgerinnen und Bürger den Vorzug zu geben (und sich dabei auf Art. 1 Abs. 1 GG berufen); dagegen stehen jene, die meinen, ohne Handlungsfähigkeit der Staatsgewalt gehe auch die Verfassung verloren und deshalb zum Teil meinen, den „Staat" in Krisensituationen über die Verfassung stellen zu dürfen.

Orientiert an den Freiheitsrechten des GG und gerichtet gegen unterschiedliche Versuche, die alte Priorität des „Staates" wieder herzustellen, kann das Entstehen einer „Protestkultur" (Luhmann) als ein spezifisches Merkmal für fünf Jahrzehnte Bundesrepublik angesehen werden. In den Auseinandersetzungen um die Wiederaufrüstung, um die Gewährleistung der Pressefreiheit (Spiegel-Affäre 1962), um eine Notstandsverfassung und gegen die Gesinnungsüberprüfung der Bewerber für den → öffentlichen Dienst hat ein „Verfassungspatriotismus" (Sternberger, Habermas) die diskreditierte Staatsgesinnung ersetzt. Das hat viel dazu beigetragen, daß in der Bundesrepublik zivilgesellschaftliches Verhalten entstanden ist. Die spezifische Protestkultur der Bundesrepublik hat insbesondere durch die gewaltfreien Aktionsformen der Friedensbewegung auch die Opposition in der DDR beeinflußt. Das hat dort zur „friedlichen Revolution" von 1989 beigetragen. Die Neuvereinigung der beiden deutschen Teilstaaten erfolgte durch den „Beitritt" nach Art. 23 GG. Die politischen Mehrheiten verwarfen den in Art. 146 GG vorgesehenen Weg einer gemeinsamen Verfassung, „die von dem deutschen Volke in freier Entscheidung beschlossen worden ist". Eine gesamtdeutsche Bürgerinitiative, das „Kuratorium für einen demokratisch verfaßten Bund deutscher Länder", versuchte den juristischen Beitritt mit einer neuen gesamtdeutschen Verfassungsdiskussion zu verknüpfen. Dies scheiterte. Auch die Vorschläge der „Gemeinsamen Verfassungskommission" von Bundestag und Bundesrat vermittelten den Bürgerinnen und Bürgern 1994 nicht das Gefühl, daß von ihren Vorstellungen irgendetwas aufgenommen wurde. Zu den Folgen der damaligen Vorgehensweise gehört, daß nach Umfrageergebnissen von 1999 sich etwa 63 % der Befragten von der „Demokratie" nur noch wenig versprechen.

Das GG hat im Laufe von fünf Jahrzehnten insgesamt 46 verfassungsändernde Gesetze hinnehmen müssen. Teilweise ging es (so bei der Wehrverfassung, der Notstandsverfassung, der Neufassung des Asylrechts und der „elektronischen Überwachung" der Wohnung) um gravierende Eingriffe in die ursprüngliche Verfassungsstruktur; teilweise wurde das GG allerdings auch nur - wie allgemeine Geschäftsbedingungen - einer neuen Marktlage angepaßt. Obwohl der Bund gegenüber den Ländern ein 1949 unvorstellbares Übergewicht erlangt hat, läßt sich sagen, daß der verfassungsrechtliche Rahmen letztlich unangetastet blieb, in dem konkurriende und rivalisierende politische und gesellschaftliche Kräfte agieren. Auch die Struktur einer „offenen Verfassung" blieb erhalten.

Ausblick/ offene Fragen:
Ein halbes Jhdt. nach der Verabschiedung des GG steht diese Verfassung vor neuen Herausforderungen. Der Übergang wesentlicher Kompetenzen an die Europäische Union, das Präventionskonzept der Polizei und die Kommerzialisierung öffentlicher Bereiche verändern die Bedeutung des GG und bergen in sich die Gefahr, daß entwickelte freiheitliche Strukturen zurückgedrängt werden. Zugleich stellt die zunehmende Verflechtung des Kapitalmarktes und das Gewicht von Kapitalinteressen und -macht die Frage neu: Was vermögen Demokratie, Menschenrechte und sozialstaatliche Sicherungen gegen geballte Wirtschaftsmacht? So bleibt es Aufgabe, unter veränderten Umständen die Errungenschaften des GG, d.h. Demokratie, Menschenrechte und sozialen Rechtsstaat zu wahren und auch in der Europäischen Union die Balance zwischen Freiheit und Sicherheit zu finden.

Jürgen Seifert

Literatur:

Bauer, Angelika/Jestaedt, Matthias 1997: Das Grundgesetz im Wortlaut. Änderungsgesetze, Synopse, Textstufen und Vokabular zum Grundgesetz, Heidelberg.

Benda, Ernst/Maihofer, Werner/Vogel, Hans-Jochen (Hrsg.) 1983: Handbuch des Verfassungsrechts der Bundesrepublik Deutschland. Berlin Grundgesetz, Berlin/New York.

Bundesverfassungsgericht (Hrsg.): Entscheidungen des Bundesverfassungsgerichts, Tübingen, laufende Sammlung seit 1952.

Hesse, Konrad 1997: Grundzüge zum Verfassungsrecht der Bundesrepublik Deutschland, Karlsruhe.

Maunz, Theodor/Dürig, Günter/Herzog, Roman/Scholz, Rupert (Hrsg.): Grundgesetz. Kommentar, München, fortlaufende Lieferungen.

Identität

→ *Anomie/Entfremdung, Außenbeziehungen: Selbstbild/Fremdbild, Demokratische Persönlichkeit, DDR, Endogenität/Exogenität, Europa, Extremismus, Feminismus, Frauen/Männer, Fremdenfeindlichkeit, Geschichtliche Phasen der BRD, Geschichtsbewußtsein, Gewerkschaften, Globalisierung, Grundgesetz, Individualisierung, Innere Sicherheit, Intellektuelle, Kirchen, Kommunen, Konsens/Konflikt, Milieus/Lebensstile, Militär, Multikulturelle Gesellschaft, Nation, Nationalsozialismus, Neue Bundesländer, Neue Soziale Bewegungen, Öffentliche Meinung, PDS, Politische Inszenierung/Symbolische Politik, Politische Moral, Politische Partizipation, Politische Sozialisation, Politische Sozialisation: Beruf/Gleichaltrigengruppe/Modernisierung/Soziale Schicht, Politische Steuerung, Politische Traditionen, Politische Unterstützung, Politisches Bewußtsein, Regionale/Lokale politische Kultur, Religiosität, Sprache, Transition/Transformation.*

Begriff/Definition/Relevanz:

Das politikwissenschaftliche Verständnis von Identität (I.) erfaßt in demokratietheoretischer Hinsicht die vollkommene Übereinstimmung oder Gleichheit von Herrschern und Beherrschten zur Gewährleistung direkt ausgeübter Volkssouveränität. Diese ideengeschichtlich geprägte Auffassung wird mittlerweile ergänzt und zunehmend ersetzt durch die sozialpsychologisch orientierte Bedeutung des Begriffs, die zwischen den beiden Dimensionen personaler und kollektiver I. unterscheidet sowie auf das Selbstverständnis eines Individuums, einer Gruppe oder einer Gesellschaft zielt, dessen Stabilität und Kontinuität auf Integration, Kohäsion und Konsens basieren, dessen Dynamik und Pluralität hingegen von Konflikten, Widersprüchen und Dissens motiviert werden. Die I. von Großgruppen entwickelt sich in Prozessen sozialer Interaktion und Kommunikation als Selbstverortung im Zeichenraum sowie in der Spannung zwischen Bestätigung und Aktualisierung von Wissen, Normen und Beurteilungen. Als Selbstdefinition verarbeitet diese Identifikation auch Fremdzuschreibungen von Eigenschaften und bezieht sich auf die

Vergangenheit in Form eines kollektiven Gedächtnisses, das die Erinnerungen an gemeinsam erlebte bzw. erlittene Ereignisse speichert, auf die Gegenwart in Form eines Orientierungsrahmens bei der aktuellen Wahrnehmung und Ordnung von Informationen zur Konstruktion von Sinn sowie auf die Zukunft in Form antizipierender Projektion möglicher Entwicklungen.

Kollektive I. wird durch die Reziprozität von Integration nach innen und Distinktion nach außen generiert; ihre Herausbildung beruht sowohl auf innerer Homogenisierung als auch auf Grenzziehung und Unterscheidung. Sie gerät jedoch zur pathologischen und politisch prekären Freund-Feind-Schematisierung, wenn Abgrenzung und Ausgrenzung als schlichte Konstruktionsprinzipien der Negation die schwierigere Orientierung an selbstdefinierten Werten, politischen Zielen oder an Mythen, die das Gemeinwesen aus sich selbst heraus und nicht per Differenz begründen, als positive Identifikation zurückdrängen, wenn die Abwertung des Anderen die (aktive und passive) Anerkennung des Eigenen dominiert. Während der weiter gefaßte Begriff der kulturellen I. die symbolisch codierten, inszenierten und ritualisierten Repräsentationen sozialer Inklusion und Exklusion bezeichnet, ist der engere Terminus der politischen I. auf die Legitimation von Herrschaft gerichtet und damit auf die Unterstützungsbereitschaft der Bevölkerung gegenüber ihrem politischen System; in Demokratien wird diese Akzeptanz über die Chancen zur politischen Beteiligung und Einflußnahme der Bürgerinnen und Bürger vermittelt.

Kollektive I. stellt ein Reservoir an Gemeinschaftlichkeit und Zusammengehörigkeitsempfinden bereit, auf das auch moderne Gesellschaften zur Sicherung eines zu ihrer Existenz notwendigen Mindestmaßes an Integration angewiesen sind. Als Ausdruck gemeinsamer Kultur, affektiver Bindung sowie der relativen Konstanz von Institutionen, Symbolen, Rollen und Normen wird I. besonders dann zum Thema öffentlicher Aufmerksamkeit, wenn ihre Konstitution nicht als selbstverständlich vorausgesetzt werden kann. In den letzten Jahren wurde das Interesse an I. weltweit virulent, nachdem das Ende des Ost-West-Konflikts sowie völlig neue Formen terroristischer Bedrohung gewohnte Sicherheiten in Frage gestellt und der Universalisierungsanspruch des westlichen Zivilisationsmodells, die Folgen der Migration sowie vielfältige Mundialisierungstrends das Bedürfnis nach Sinn und Deutung gesteigert hatten. Der gewachsene Bedarf an Orientierung und Identifikation zeigte sich unter anderem in einer Repolitisierung von Kultur, einer Renaissance der Region und der Nation, einer Revitalisierung der Ethnizität, in fundamentalistischen und integristischen Strömungen bis hin zu kulturell begründetem Rassismus und massenmörderischem Terror.

Im vereinigten Deutschland lebt heute die seit über zwei Jahrhunderten wirksame nationale Tradition fort, kulturelle I. zu einem besonderen Gegenstand intellektueller Erörterung und politischer Diskussion zu erheben, wobei ihre aktuelle Ausprägung meistens als defizitär oder problematisch wahrgenommen wurde und wird. Dabei werden die Identifikationsdiskurse, insoweit sie die I.-Konstruktion an sich thematisieren, selbstreferentiell und machen I. zunehmend reflexiv. Kollektive I. ist dann auch ein Produkt der über ihre Herstellung geführten Diskurse.

Referenzrahmen für Identitätskonstruktionen:
Im Unterschied zu fundamentalistischen Auffassungen, die in kollektiver I. ein aus Authentischem und Originärem tradiertes, statisches und entsprechend distinktionales Gebilde erkennen, erscheint in westlich-liberaler Perspektive die I. von Großgruppen als plurale, prozessuale und folglich offene Konstruktion. Die diskutierten Schlüsselbegriffe wie multiple, hybride, gebrochene, Mehrfach- oder Patchwork-I. weisen auf den Mischungs- bzw. Fragmentierungscharakter von Gemeinschaftserfahrungen in modernen Gesellschaften hin. Kategorien wie Geschlecht, Beruf, Alter, Milieu, soziale Schicht, Religion, ethnische, regionale und nationale Zugehörigkeit oder Staatsbürgerschaft stellen optional verfügbare Bezugsrahmen für jeweils individuell komplexe und variable Identifikationsprozesse bereit. Kommunikations- und situationsabhängig kann ein kategorialer Identifikationsrahmen im Vordergrund stehen oder mit anderen Bezugsebenen spezifische Verbindungen bilden.

Die Referenzrahmen lokale Gemeinde, Region, → Nation, Staatlichkeit, supranationale Integrationsformen wie die Europäische Union oder auch die Fiktion einer Weltgesellschaft verhalten sich bei I.-Konstruktionen weniger exklusiv-alternativ als vielmehr konkurrierend-komplementär zueinander, bedingen und begrenzen sich wechselseitig. Die in Deutschland im 19. Jhdt. dominant gewordene nationale Identifikation wird heute relativiert und überlagert von postnationalen Orientierungen an universalistischen Prinzipien, subnationalen Bindungen an die Region, teilnationalen Selbstverortungen in West- bzw. Ostdeutschland sowie von supranationalem Zugehörigkeitsempfinden zu Europa.

Nationale, binationale, postnationale und verfassungspatriotische Identitäten:
Historische Diskontinuitäten und vielfältige Fragmentierungen der Traditionen pK ließen den Deutschen die Selbstbeschreibung als Nation zu einem schwierigeren Unterfangen werden als etwa den Franzosen oder den Briten. Das Bewußtsein des geschichtlichen Sonderwegs eines „negativ privilegierten Volkes" (Max Weber), das aus der Erfahrung einer relativ späten und nicht auf bürgerlicher Emanzipation beruhenden Nationalstaatsgründung sowie aus der Abgrenzung von westlichen politischen Ideen und Werten gespeist worden war, erhielt im 20. Jhdt. von zwei Blockaden nationaler I.-Bildung neue Nahrung: Zum einen impliziert das spannungsreiche Kollektivum der deutschen I. eine I. sowohl mit Tätern als auch mit Opfern der nationalsozialistischen Diktatur; das lastende Erbe des → Nationalsozialismus, das nach einer Periode kollektiven Beschweigens in Westdeutschland in regelmäßig wiederkehrenden Kontroversen über den Umgang mit der NS-Vergangenheit aktualisiert wurde, hat ein Selbstverständnis als Angehöriger der deutschen Nation problematisch, für manche unmöglich, gemacht. Zum anderen redu-

zierte die Teilung der Erfahrungshorizonte in der vierzigjährigen Phase der deutschen Zweistaatlichkeit die Nation auf die Idee einer vorpolitischen Kulturnation und ließ sie als Referenzdimension für Identifikationsprozesse zunehmend verblassen.

Eine West-Ost-Differenz des vereinigten Deutschlands wird heute im → Geschichtsbewußtsein deutlich: Während in den alten Bundesländern der Nationalsozialismus das wichtigste und vorrangig problematisierte Thema der Auseinandersetzung mit der Vergangenheit darstellt, zeigt sich in der Geschichtskultur in den neuen Ländern die Prägungskraft der Externalisierung der Nazi-Vergangenheit aus dem Selbstbild der DDR als „antifaschistischem Staat" darin, daß die NS-Zeit hier nur eine marginale Rolle spielt und die mit ihr verknüpfte Frage nach Verantwortung und Schuld wenig Reflexion erfährt, hingegen als jüngere Epochen und Ereignisse die Geschichte der DDR, die deutsche Teilung sowie die Vereinigung - vor allem im Blick auf ihre Bedeutung für die eigene Biographie - im Vordergrund stehen (vgl. Lutz 2000: 339-354).

Während sich in der Bundesrepublik seit der Zeit der Ostpolitik Brandts die Trennung eines deutlicher profilierten westdeutschen Staats- und Gesellschaftsbewußtseins von einem diffuser werdenden gesamtdeutschem Nationalbewußtsein abzeichnete, markierte in der DDR der Wechsel von Ulbricht zu Honecker die staatspolitische Preisgabe der Vorstellung von der nationalen Einheit zugunsten der wertgebundenen Gegenüberstellung einer sozialistischen und einer bürgerlichen deutschen Nation. In der ostdeutschen Bevölkerung entwickelte sich jedoch weniger ein sozialistisches National- als vielmehr ein in fragmentierter I. auf die DDR gerichtetes, gesellschaftliches Staatsbewußtsein. In dem von der Zweistaatlichkeit determinierten westdeutschen I.-Diskurs der achtziger Jahre wurde der Begriff des Verfassungspatriotismus, den Sternberger in der Loyalität zur rechtsstaatlichen Ordnung der Bundesrepublik konkretisiert hatte, von Habermas zur Bindung an die in jeweils partikularen Kulturen verankerten universalen Werte der Demokratie und der individuellen Menschenrechte abstrahiert und verknüpft mit dem Ziel einer postnationalen I. jenseits des Nationalstaats, das aufgrund der nationalsozialistischen Diskreditierung der Nation für die bundesdeutsche Gesellschaft als Verantwortungsgemeinschaft geboten sei. Empirisch wurde postnationales Demokratiebewußtsein als verhaltensmotivierende Identifikation in Verbindung mit hohen Ansprüchen an gesellschaftspolitische Selbst- und Mitbestimmung sowie starker Bereitschaft zu politischer Partizipation kennzeichnend für einen Grundzug der bundesdeutschen pK in den zwei Jahrzehnten vor dem Fall der Mauer.

Die unerwartete Rückkehr in die (neu umgrenzte) Nationalstaatlichkeit von 1990 und der Abschied von dem zur Normalität sui generis geronnenen Provisorium der Bonner Republik haben die Argumentationsprämissen des postnationalen Diskurses teilweise in Frage gestellt. Die skeptischen Vorbehalte gegenüber der deutschen Vereinigung basierten in erster Linie auf „Ängsten vor einem Verlust des Primats des Demos vor dem Ethnos" (Westle 1999: 317), auf der Befürchtung der Vorrangstellung der Nation als ethnischer Abstammungsgemeinschaft auf Kosten der Staatsbürgernation. Das Dilemma nationaler Identifikation in Deutschland, die angesichts schrumpfender nationaler Souveränitätsrechte und Entscheidungskompetenzen im Kontext der europäischen Integration zwar an Bedeutung verliert, aber noch nicht obsolet geworden ist, bleibt damit ungelöst: Zur Begründung politischer I. in einer freiheitlichen Demokratie reicht der Rekurs auf die - hierzulande traditionell eher als ethnisch-kulturelle denn als staatsbürgerlich-politische Gemeinschaft entworfene - Nation nicht aus, zudem taugt nationale Symbolik in Deutschland aufgrund ihrer Kontamination durch die NS-Diktatur nur begrenzt zum Vehikel kollektiver Identifikation; andererseits ist ein institutionell auf das Referenzobjekt BVerfG als metalegislative Instanz konzentrierter postnationaler Verfassungspatriotismus symbolpolitisch kaum in der Lage, eine auch affektiv bindende Gemeinschaftlichkeit zu stiften.

Die in den Topoi der Berliner Republik und der Neuen Mitte verdichtete Behauptung der Normalität und Gelassenheit einer „erwachsenen Nation" (Schröder) wird zu zeigen haben, inwieweit sie dieses identifikatorische Vakuum zu füllen und ein ebenso kritisch-loyal reflektiertes wie demokratisch-konstruktives Nationalbewußtsein zu generieren vermag. Die jeden Sonderweg vermeidende deutsche Beteiligung am Kosovo-Krieg von 1999 mit dem ersten Kampfeinsatz der Bundeswehr sowie die deutsche Zusage „uneingeschränkter Solidarität" mit den USA im Sinne auch militärischer Unterstützung nach den Terroranschlägen vom September 2001 sind auch in diesem Licht zu beurteilen. Weiterhin deutet die aktuelle Diskussion über die Selbstanerkennung der Bundesrepublik als Einwanderungsland - künstlerisch thematisiert in Haackes Reichstagsprojekt, kontrovers thematisiert in der „Leitkultur"-Debatte - auf einen Abschied vom tradierten, distinktional und genealogisch definierten Nationsverständnis.

Regionale Teilidentitäten:
Im Kontext von I.-Konstruktionen bezeichnen Regionen subnationale, als relativ homogen abgrenzbare räumliche Einheiten, in denen historische und kulturelle Spezifika sowie ein territorial orientiertes Zusammengehörigkeitsgefühl der Bevölkerung lebensweltlich relevant werden. Die Aufwertung regionaler I. in den meisten europäischen Demokratien stellt nicht nur eine komplementäre Antwort des Partikularismus auf Konzeptionen des Universalismus, auf Tendenzen abstrakter Rationalisierung und Trends globaler Vergesellschaftung dar, sondern auch eine kompensatorische Reaktion auf die wachsende Wahrnehmung einer Unfähigkeit der nationalstaatlichen Formen moderner Massengesellschaften, effektive → politische Steuerung zu gewährleisten, Sinn und Deutung bereitzustellen sowie eine sinnlich erlebbare Heimat als kohäsive und überschaubare Lebenswelt anzubieten. Die inhaltlich neutrale Bezugsebene des Raumes begründet kollektive I. weniger distinktional als die steigerungsanfälligeren Referenzobjekte normativ und ideell

fundierter I.-Konstruktionen; empirisch zeigt regionale I. dadurch eine größere Distanz zu ideologisch überhöhten Feindbildprojektionen als nationale I.

Während in traditionell zentralistischen Staaten wie Frankreich, Spanien, Italien oder Großbritannien Regionalität in politischen Regionalismusbewegungen manifest wird und zum Teil systembezogene Protesthaltungen mobilisiert, drückt sich im föderativen System der Bundesrepublik Regionalität eher im Habitus eines kulturell verankerten Regionalbewußtseins aus. In Ostdeutschland erhält das Spannungsverhältnis zwischen regionaler und nationaler I. dadurch eine spezifische Komponente, daß die in den neunziger Jahren angewachsene Identifikation mit der eigenen Region das Selbstbild als Gesellschaft der ehemaligen DDR, das auf Abgrenzung und auch Abwertung von Westdeutschland basiert, zurückbildet: Regionale I. in den neuen Bundesländern ermöglicht eine Distinktion von anderen Gebieten der Republik, jedoch ist diese Unterscheidung nicht auf den Erfahrungshorizont DDR verwiesen und damit weniger emphatisch als die dichotomisch-teilnationale Abgrenzung. Somit ergibt sich ein Paradox der Integration durch Differenz darin, daß die Aufwertung regionaler, also subnationaler I. die nationale West-Ost-Teilung der pK relativiert, daß die territorial orientierte Pluralisierung und Differenzierung die nationale politisch-kulturelle Integration der vereinigten Republik fördert.

West-Ost-Differenz und kulturelle Integration im vereinigten Deutschland:
Der diffuse Topos der inneren Einheit war ein zentrales Element im Vereinigungsdiskurs der neunziger Jahre. In der von Politikern wie von Wissenschaftlern häufig erhobenen Forderung nach Vollendung der inneren Einheit Deutschlands schimmern Traditionen harmonistischer Gemeinschaftskonzeptionen und organischer Ganzheitsvorstellungen durch, die im Widerspruch zur pluralistischen Auffassung von legitimer gesellschaftlicher Vielfalt, kultureller Offenheit und regionalen Differenzen stehen. Der dringliche Appell an eine Überwindung der ausgemachten mentalen Unterschiede zwischen Ost- und Westdeutschen, der mit der Metapher von der abzubauenden Mauer in den Köpfen die Idee der Kulturnation revitalisiert, muß sich daher der Frage stellen, wie weit in einer hochgradig ausdifferenzierten Gesellschaft, in einem föderalistisch organisierten, sich in eine supranationale Union integrierenden Staat der Bedarf an nationaler Übereinstimmung in Werthaltungen, Einstellungen und Mentalitäten, an Uniformität in Geschichtsbewußtsein, aktuellen Selbstbildern und Zukunftsentwürfen, an Homogenität in kollektiver I. konkret reicht.

Zahlreiche empirische Untersuchungen zu politischen Orientierungen, Wert- und Einstellungsmustern im vereinigten Deutschland teilen in ihrem Wahrnehmungs- und Interpretationsschema das Analysegebiet entlang der früheren deutsch-deutschen Grenze, weisen detailliert Differenzen zwischen neuen und alten Bundesländern aus und prognostizieren je nach theoretischer Fundierung und Erkenntnisinteresse teils eine mittelfristige Angleichung, teils eine langfristig fortbestehende Disparität zwischen den pKen in Ost- und Westdeutschland. Für eine Beurteilung der ermittelten Trends entscheidend und daher zwischen Vertretern der Situations- und der Sozialisationshypothese umstritten bleibt die Frage, ob die festgestellten Differenzen lediglich situativ die Unterschiede in den aktuellen Problemlagen, den sozialen und ökonomischen Bedingungen sowie in politischen Erwartungshorizonten spiegeln oder ob hier eine prinzipielle, in der fundamentalen Verschiedenheit der Sozialisationserfahrungen in Ost und West verankerte kulturelle Kluft vorliegt, die den für das Funktionieren der Demokratie notwendigen Zusammenhalt gefährde.

Die Wahrnehmungen kollektiver I. im gegenwärtigen Deutschland zeigen weitgehend Konsens in der Trennung einer ost- und einer westdeutschen Gesellschaft. Die in vielen Bereichen deutlich gewordenen Kommunikationsstörungen zwischen Bundesbürgern der alten und der neuen Länder sowie das ostdeutsche Empfinden einer - zum Teil realen - ökonomischen und sozialen Benachteiligung, einer politischen und kulturellen Diskriminierung als Bürger zweiter Klasse haben in den neunziger Jahren das Entstehen einer nachträglichen DDR-I. motiviert. Vereinigung und Transformation generierten demnach eine Abgrenzungs-I. von nicht wenigen Ostdeutschen als pseudo-ethnischer Erinnerungs- und Erzählgemeinschaft, deren Konstruktionsprinzipien in der aktuellen Selbstbehauptung und Distanz gegenüber Westdeutschland, der Kompensation von Entwertungserlebnissen sowie im selektiven Rückgriff auf exklusiv ostdeutsche Erfahrungsbestände liegen.

Die Teilung der Erinnerungen an eine getrennte Geschichte in zwei sehr unterschiedlichen politischen Systemen spiegelt sich in den heutigen Identifikationsmustern: Während die empirische Forschung wachsende Übereinstimmungen zwischen Ost- und Westdeutschen in den Wertorientierungen ausweist (mit Ausnahme der → Religiosität), zeigen sich signifikantere Unterschiede in der Frage, als was man sich selbst in erster Linie sieht: In den alten Bundesländern rangieren als Identifikationsebenen Deutschland und Europa vor Westdeutschland, dem Bundesland und Weltbürgerschaft; in den neuen Ländern hingegen steht Ostdeutschland an der Spitze, gefolgt von Deutschland, dem Bundesland, Europa und Weltbürgerschaft (Wertesurvey 1997, vgl. Gensicke 1998: 200). Dennoch wird die West-Ost-Differenz kollektiver I. modifiziert und abgeschwächt von Prozessen der internen Differenzierung und Pluralisierung auf den Ebenen der soziokulturellen → Milieus/Lebensstile, der Generations-, Geschlechts- und Berufszugehörigkeit sowie der Region, so daß jene innere Einheit, die für die gesamte Nation eingeklagt wird, als politisch-kulturelle Homogenität im teilnationalen Osten der Republik ebenso wenig existiert wie im Westen. Aus der Perspektive einer Orientierung am Leitbild der Staatsbürgernation als politischer Willensgemeinschaft zeigen sich die von der pKf festgestellten West-Ost-Differenzen eher als aktuell erklärbare Unterschiede in der pK denn als prekäre kulturelle Differenz. Die Übereinstimmungen zwischen West- und Ostdeutschen auf der Ebene grundlegender Wertmuster entziehen dem Abgrenzungsdiskurs zunehmend die Prämissen und legen die Annahme nahe, daß das für eine pluralistische Demokratie notwendige Maß an kultureller Integration und gemeinsamer politischer I. als normativer Konsens in bezug auf die Akzeptanz des politischen Systems und die Legitimität der Verfassungsordnung im vereinigten Deutschland bereits weitgehend erreicht ist. Mit dem weiteren Verblassen der Demarkationslinie des Kalten Krieges ist künftig mehr Gelassenheit, vielleicht gar Leichtigkeit im I.-Diskurs zwischen Ost- und Westdeutschen zu erwarten.

Ansätze europäischer Identität:
Den fortschreitenden Prozessen der europäischen Integration auf den Gebieten Wirtschaft, Währung und Politik entspricht auf der Bewußtseinsebene bei den Bürgern der EU-Mitgliedstaaten noch kein adäquates Zusammengehörigkeitsempfinden als europäischer Demos. Für eine wirksame mentale Verankerung der in Maastricht festgeschriebenen europäischen Unionsbürgerschaft fehlen heute die politischen Voraussetzungen in Form institutionalisierter Möglichkeiten zur maßgeblichen Einflußnahme der Bürger auf den politischen Entscheidungsprozeß der Europäischen Union. Auch daher kann ein europäisches Staatsbürgerbewußtsein, das zur Steigerung von Legitimität und Akzeptanz des politischen Systems der EU geboten ist, erst ansatzweise festgestellt werden. Am ehesten ist europäische I. in der Anerkennung gemeinsamer fundamentaler Werte erkennbar, die in der europäischen Geistes- und Politikgeschichte über nationale Geltung hinaus Prägungskraft entfaltet haben, wie Humanität, Toleranz, Freiheitlichkeit, Gleichberechtigung, Demokratie und Rechtsstaatlichkeit. Die intensiv geführte Kontroverse um die Berechtigung militärischen Eingreifens im Kosovo-Krieg von 1999 hat nicht nur eine Reflexion über Europa als Wertegemeinschaft, als kulturelle I. motiviert und damit sinnstiftend gewirkt, sondern auch zu einer Osterweiterung des traditionell christlich-abendländisch geprägten Europabewußtseins geführt.

Wie in den anderen EU-Mitgliedstaaten basiert auch in Deutschland die Zustimmung der Bürger zur europäischen Einigung im Rahmen wohlwollender Indifferenz vorrangig auf utilitaristischen Motiven; jedoch zeigen die Eurobarometer-Umfragen auch, daß die nutzenorientierte Unterstützung für die Union seit einigen Jahren bei einer wachsenden Minderheit durch eine allgemeinere, von der jeweiligen ökonomischen Situation unabhängigen Unterstützung ergänzt wird. In der Frage nationalen und europäischen Zugehörigkeitsempfindens liegen die Deutschen leicht über dem EU-Durchschnittswert zugunsten europäischer Identifikation (5 % sehen sich nur als Europäer, 9 % als Europäer und Deutsche, 46 % als Deutsche und Europäer und 38 % nur als Deutsche; vgl. Eurobarometer 54, April 2001). Indem die Befragten in ihrer Mehrheit nationales und europäisches Zugehörigkeitsgefühl verbinden, wird deutlich, daß die identifikatorischen Referenzrahmen Nation und Europa eher komplementär als alternativ aufgefaßt werden. Daß die Symbolisierungen der Europäischen Union - die blaue Fahne mit zwölf goldenen

Sternen als Flagge und Beethovens Vertonung von Schillers „Ode an die Freude" als Hymne - auf deutsche Vorschläge zurückgehen, kommt nicht von ungefähr: Die Idee der europäischen Einigung fand nach dem Zweiten Weltkrieg in der Bundesrepublik vor allem dadurch Zustimmung und Engagement, daß sie als partieller Ersatz für die gehandicapte nationale Identifikation fungieren und vagabundierende Loyalitäten binden konnte. Indem diese Surrogatfunktion europäischer Identität im Zuge der nationalen Vereinigung von 1990 in ihrer Bedeutung zurückgetreten ist, hat sich das Verhältnis zwischen nationaler und europäischer Identität in Deutschland dem Mittelwert der EU-Partner angenähert.

Wolfgang Bergem

Literatur:

Bergem, Wolfgang 1993: Tradition und Transformation. Eine vergleichende Untersuchung zur politischen Kultur in Deutschland, Opladen.

Gensicke, Thomas 1998: Die neuen Bundesbürger. Eine Transformation ohne Integration, Opladen/Wiesbaden.

Giesen, Bernhard 1999: Kollektive Identität. Die Intellektuellen und die Nation 2, Frankfurt a. M.

Greiffenhagen, Martin/Greiffenhagen, Sylvia 1993: Ein schwieriges Vaterland. Zur politischen Kultur im vereinigten Deutschland, München/Leipzig.

Lutz, Felix Philipp 2000: Das Geschichtsbewußtsein der Deutschen. Grundlagen der politischen Kultur in Ost und West, Köln u. a.

Niethammer, Lutz 2000: Kollektive Identität. Heimliche Quellen einer unheimlichen Konjunktur, Reinbek bei Hamburg.

Sontheimer, Kurt 1999: So war Deutschland nie. Anmerkungen zur politischen Kultur der Bundesrepublik, München.

Westle, Bettina 1999: Kollektive Identität im vereinten Deutschland. Nation und Demokratie in der Wahrnehmung der Deutschen, Opladen.

Ideologie

→ *Bündnis 90/Die Grünen, CDU/CSU, Extremismus, FDP, Fremdenfeindlichkeit, Geschichtsbewußtsein, Intellektuelle, Nation, Nationalsozialismus, Konfliktlinien, Neue Soziale Bewegungen, Politische Bildung, Politische Traditionen, Politisches Bewußtsein, Religiosität, Republikaner/DVU, Responsivität, Soziale Gerechtigkeit, Sozialstruktur, SPD, Sprache, Verfassungsgerichtsbarkeit, Wahlen/Wähler, Wertewandel, Wohlfahrtsstaat.*

Begriff/Definition:

Im allgemeinen Sprachgebrauch wird der Begriff der (politischen) Ideologie (I.) (aus frz. *idée*: Idee, Vorstellung) im Sinne von Weltanschauung oder politischem Überzeugungssystem gebraucht. Weitere Einengungen knüpfen sich an den Begriff, wenn der Aspekt des Doktrinären oder Dogmatischen betont wird. In dieser Akzentuierung lassen sich I. auf politische Lehrgebäude eingrenzen, die (1) umfassende Gesellschaftsdeutungen propagieren, (2) mit einem imperativen Gestaltungsanspruch auftreten, (3) demzufolge eine Programmatik für politisches Handeln proklamieren und die sich (4) in Form von Parteien oder anderen Organisationen institutionalisieren (Shils 1968). Auch die wissenschaftliche Begriffsverwendung variiert zwischen dem engen Verständnis im Sinne von Dogma und dem weiten Verständnis im Sinne von Überzeugungssystem. Dem weiteren Verständnis zufolge ist jede Untersuchung von politischen Überzeugungen zugleich eine Untersuchung von I. Damit erfolgt eine Gleichsetzung von I.-Forschung mit pKf. Der Ursprung der heutigen Begriffsverwendung liegt in der Pariser Schule der „Ideologen", die A. Destutt de Tracy (1754-1836) in den Nachwehen der Französischen Revolution begründete. Von aufklärerischen Motiven geleitet, war das Anliegen dieser Schule eine Vorurteilslehre, die nachweisen sollte, wie sehr die damals geltenden Moralvorstellungen auf empirischen Unwahrheiten basierten. Napoleon ging der gesellschaftskritische Impetus zu weit, so daß er die „Ideologen" 1812 desavouierte. Mit der Diskreditierung hat sich eine negative Bedeutung des I.-Begriffs etabliert, die noch heute in vielen Zusammenhängen vorherrschend ist.

Ein negatives Verständnis von I. ist Grundlage der *I.-Kritik*. Die I.-Kritik stellt auf den dogmatisch-doktrinären Charakter von I. ab. Hauptangriffspunkt ist die Verschleierungsfunktion von I. Es gilt als ein Wesensmerkmal von I., daß sie im Dienste bestimmter gesellschaftlicher Gruppen stehen, deren Sonderansprüche durch falsche Gemeinwohlrhetorik kaschiert werden sollen (Habermas 1981). In der Aufklärung derartiger Verschleierungen sieht I.-Kritik ihre Aufgabe. Eine besonders radikale und folgenreiche Form der I.-Kritik manifestierte sich im *wissenschaftlichen Marxismus*. Der wissenschaftliche Marxismus verdeutlicht zugleich die besonderen Probleme im Umgang mit I. und I.-Kritik. I.-Kritik kann sich leicht zur Gegen-I. verfestigen, indem sie selber kultiviert, was sie an I. kritisiert: die Tabuisierung von Kritik durch Dogmatisierung von Aussagen.

Der Kern der I.-Problematik liegt im ambivalenten *Verhältnis zwischen Erkenntnis und Interesse* (Mannheim 1929, Geiger 1968). Dieses Problem rührt ins Mark der Sozialwissenschaften und hat nicht zuletzt den *Werturteils-* und *Positivismusstreit* ausgelöst. Der Verdacht, ideologiegeleitet zu sein, ist der fundamentalste Vorwurf gegen wissenschaftliche Unternehmungen überhaupt, will Wissenschaft doch Erkenntnis und nicht Dogmen produzieren. Gerade weil die Sozialwissenschaften wahre Aussagen über die gesellschaftliche Wirklichkeit zu Tage fördern wollen, besteht die Gefahr diesen Anspruch zu mißbrauchen, um Dogmen zu rechtfertigen. Besonders groß ist diese Gefahr in einer Argumentationskultur, in der Rechtfertigungen sich der Logik und des empirischen Nachweises bedienen müssen, um als solche anerkannt zu werden. Dies macht es besonders verführerisch, Interessen als Erkenntnisse auszugeben. Die Grenze zwischen Erkenntnis und Interesse ist daher nicht immer eindeutig auszumachen. Damit ist das I.-Problem ein Dauerproblem der Sozialwissenschaften wie der Gesellschaft insgesamt.

In der modernen Politikwissenschaft hat I.-Kritik durch die Erfahrungen des Faschismus und Kommunismus einen hohen Stellenwert gewonnen. Das gilt insbesondere für die *Totatilitarismus*- und *Extremismusforschung* (→ Extremismus). Diese Forschungszweige haben in zweierlei Richtung wichtige Resultate zu Tage gefördert. Zum einen hat man die semantische Struktur doktrinärer Lehrgebäude untersucht und dabei den Gebrauch von Weihbegriffen, Freund-Feind-Kategorien und Soziomorphien herausgestellt (Arendt 1955). Zum anderen begann eine umfassende Individualforschung mit dem Ziel, die Denkmuster von Personen mit politisch extremen Einstellungen zu erkunden. Ein Kernanliegen dieser Forschungen war es, die Strukturen autoritärer P. zu ergründen (z.B. Klingemann/Pappi 1972) und davon die Einstellungsmuster einer offenen und demokratiefähigen Persönlichkeit abzugrenzen (z.B. Sniderman 1975). Diese individuenbezogene Forschung leitete unmittelbar zu einer gesellschaftlichen Frage über: Welche sozialen und kulturellen Bedingungen führen dazu, daß man in einer Gesellschaft besonders wenige oder viele demokratiefähige Bürger antrifft? Diese Fragestellung war der Ausgangspunkt der ländervergleichenden Umfrageforschung, deren Grundstein mit der *civic culture*-Studie von Almond/Verba 1963 gelegt wurde, und deren Tradition mit den Weltwertestudien heute fortgesetzt wird.

Diese Studien lassen sich aber auch einem anderen Verständnis des I.-Begriffs zuordnen - einem weiteren Verständnis, das mit der *behavioralistischen Revolution* in den amerikanischen Sozialwissenschaften an Boden gewann. Im Rahmen dieser Tradition wird der Begriff der I. nicht für dogmatisch geschlossene Überzeugungssysteme reserviert, sondern prinzipiell für jedes *evaluative Schema* verwendet, mit dem die Bürger ihre Einstellungen ordnen (Converse 1964). Im Mittelpunkt des Interesses stehen dabei Funktion und Struktur politischer Überzeugungssysteme, ohne primär auf Fragen dogmatischer Geschlossenheit oder extremistischer Inhalte einzugehen. I. gibt es nach diesem Verständnis immer, weil die Menschen evaluative Schemata benötigen, um die Vielfalt möglicher Einstellungen ordnen und ihren Informationsaufwand in Grenzen halten zu können. Besondere Bedeutung hat die Forschung in diesem Zusammenhang dem *Links-Rechts-Schema* zugewiesen (Klingemann 1979, Fuchs/Klingemann 1990). Dieses Schema erfüllt eine weitreichende Ordnungsfunktion. In der Regel sind Bürger spontan imstande, ihre generelle politische Position und die der relevanten Parteien relativ genau auf einer Links-Rechts-Skala von 1-10 anzugeben. Hieraus leiten sich die Parteipräferenzen und die Einstellungen der Bürger zu einzelnen politischen Themen ab. Inhaltlich basiert das Links-Rechts-Schema in erster Linie auf Fragen im Konfliktfeld von Kapital versus Arbeit oder Markt versus Staat.

Die Bindung politischer Überzeugungen an gewachsene → Konfliktlinien und an die Interessen großer gesellschaftlicher Gruppen führt an den historischen Ursprung der politischen I. (im engeren Sinne). Die großen I., wie der Liberalismus und der Sozialismus, sind in einer Zeit entstanden, als die christliche Religion ihr Deutungsmonopol für soziale Realität verloren hat. An die Stelle dieses Monopols trat ein Wettbewerb säkularer Weltanschauungen. Sie beinhalteten Gestaltungsvorstellungen von Gesellschaft, die die typischen Erfahrungen und Interessen unterschiedlicher sozialer Lagen, wie etwa der Arbeiterschaft, widerspiegelten. Eine Politisierung der Gruppendifferenzen erfolgte deshalb, weil die soziale Integration in die feudalen Strukturen nicht mehr funktionierte und ersatzweise nunmehr der Staat zum Adressaten konkurrierender Ansprüche wurde. Der Ursprung der großen I. liegt also in einer Konstellation, in der sich trennscharfe gesellschaftliche Gruppen mit in sich geschlossenen Anspruchsbündeln entgegenstehen.

Ausblick / offene Fragen:
Dies sind Bedingungen, die sich im Zuge des sozial-strukturellen und politisch-kulturellen Wandels auflösen. Der Übergang in die Dienstleistungsgesellschaft führt zu einer vielfältigeren und fluideren Schichtung in der Gesellschaft, in der die Interessenlagen fall- und sachspezifischer werden. Soziale Gruppen und Interessen verlieren an Trennschärfe und Geschlossenheit. Damit nimmt auch die Möglichkeit ab, Konflikte ideologisch zu bündeln. Die in den 1950er Jahren gestellte Frage nach dem „Ende der I." (im engeren Sinne) stellt sich damit neu. Aktuelle Befunde zum Wählerverhalten, zum Wertewandel und zur programmatischen Neuorientierung insbesondere der Sozialdemokratie deuten in der Tat auf einen breiten Übergang von ideologischer zu pragmatischer Politik hin (Welzel 1999). Damit ist allerdings nicht gesagt, daß Überzeugungen und Werte (also I. in einem weiteren Sinne) an Bedeutung einbüßten.

Hans-Dieter Klingemann / Christian Welzel

Literatur:

Arendt, Hannah 1955: Elemente und Ursprünge totalitärer Herrschaft, Frankfurt a.M.
Converse, Philip E. 1964: The Nature of Belief Systems in Mass Publics, in: Apter, David (Hrsg.): Ideology and Discontent, Glencoe, S. 206-261.
Fuchs, Dieter/Klingemann, Hans-Dieter 1990: The Left-Right-Schema, in: Jennings, M. Kent/van Deth, Jan W. u. a.: Continuities in Political Action, Berlin, S. 203-238.
Geiger, Theodor 1968: Ideologie und Wahrheit, 2. Aufl., Neuwied.
Klingemann, Hans-Dieter 1979: Measuring Ideological Conceptualizations, in: Barnes, Samuel H./Kaase, Max u. a.: Political Action, Beverly Hills, S. 215-254.
Klingemann, Hans-Dieter/Pappi, Franz Urban 1972: Politischer Radikalismus, München.
Mannheim, Karl 1929: Ideologie und Utopie, Bonn.
Shils, Edward 1968: The Concept and Function of Ideology, in: Sills, David L. (Hrsg.): International Encyclopedia of the Social Sciences, Macmillan, S. 66-76.
Sniderman, Paul 1979: Personality and Democratic Politics, Berkeley.
Welzel, Christian 1999: Humanentwicklung und der Phasenwechsel der Zivilgesellschaft, in: Lauth, Hans-Joachim/Liebert, Ulrike (Hrsg.): Im Schatten demokratischer Legitimität, Opladen, S. 207-237.

Individualisierung

→ *Anomie/Entfremdung, Armut, Extremismus, Globalisierung, Identität, Kirchen, Konfliktlinien, Militär, Neue Soziale Bewegungen, Parteiensystem, Politische Inszenierung/Symbolische Politik, Politische Sozialisation, Politische Sozialisation: Modernisierung, Religiosität, Soziale Sicherheit, Sozialer Wandel/Modernisierung, Sozialstruktur, Wertewandel.*

Begriff/Definiton:

Fachbegriffe, die nahe an der Alltagssprache sind, haben es schwer und leicht zugleich: Sie müssen nicht erklärt werden, weil ja jeder vermeint, ihn zu kennen, aber genau dadurch schleppen sie einen uneindeutig-vagen Bedeutungshof mit sich herum. Die einfachen Begriffe im alltagssprachlichen Gebrauch erweisen sich bei genauerer Analyse als höchst voraussetzungsvoll und komplex. Die Gefahr der mangelnden begrifflichen Eindeutigkeit resultiert bei der Individualisierung (I.) allein schon aus der Verwandtschaft mit sehr ähnlichen Begriffen. Wer wüßte nicht sofort, was gemeint ist, wenn vom „Individuum" die Rede ist: Eine einzelne Person in ihrer von anderen Personen unterscheidbaren Verknüpfung spezifischer Merkmale. Vom lateinischen Wortstamm her soll mit dem Individuumsbegriff etwas „Unteilbares" erfaßt sein. In der griechischen und mittelalterlichen Philosophie ist er für das Atom verwendet werden, also für eine nicht weiter aufspaltbare Grundeinheit der Welt. Aber so wie inzwischen die Spaltbarkeit des Atoms möglich ist, so ist auch die Vorstellung, das Individuum sei etwas Letztes und nicht mehr hintergehbares, längst dekonstruiert. Bereits Litt sieht im Zusammenhang mit dem Individuumsbegriff die „Gefahr vielfacher Begriffsverwirrung" (1926: 163). Das habe damit zu tun, daß er ungenügend von solchen Begriffen wie „Individualität", „Individualismus", „Individuation" oder „I." abgegrenzt sei, die ihn ja alle im Wortstamm aufbewahren. Alle diese Begriffe thematisieren den einzelnen Menschen unter einer je spezifischen Perspektive:

Individualität bezieht sich auf die individuelle Besonderheit. Der Mensch wird als Einzelwesen in seiner einmaligen Existenz und mit unverwechselbaren Merkmalen wahrgenommen. Für Müller-Freienfels (1923: 9) ist das Individuum der „physisch-psychische ‚Träger' der Individualität", in der sich die naturale Ausstattung des Menschen mit kulturell-historischen Einflüssen so spezifisch verknüpft, daß von einer „individuellen Färbung" gesprochen werde könne.

Individuation formuliert eine normative Vorstellung für die Herausbildung einer individuellen Besonderheit: Gewinnung einer eigen- und selbständigen Persönlichkeit. In der Individualpsychologie von Jung und esoterischen Psychologien wird darunter die allmählich innere Entdeckung, Erarbeitung und Annahme des „wahren Selbst" verstanden. Erst dadurch würde persönliche Autonomie erlangt werden.

Individualismus drückt ebenfalls eine starke Wertung aus. In den Diskursen über die Rechte der Gemeinschaft gegenüber den Individualinteressen wird vom Individualismus den individuellen Rechten und Interessen Priorität eingeräumt. In aller Regel wird er deshalb in einer Verwandtschaft zum Egoismus gesehen und negativ konnotiert.

Theorien/Konzepte/Modelle:
I. ist am präzisesten als soziologische Kategorie im Rahmen von Modernisierungstheorien (→ Sozialer Wandel/Modernisierung) bestimmt worden, und bezeichnet in aller Regel einen Prozeß, „in dem die Abhängigkeit des Individuums von seiner unmittelbaren Umgebung" abnimmt (van der Loo/van Reijen 1992: 161). Traditionelle Lebensformen mit ihren hohen Normierungsleistungen für individuelles Handeln verlieren in diesem Prozeß an Bedeutung für die individuelle Lebensführung, und das einzelne Subjekt muß sich im Rahmen seiner gesellschaftlichen Ressourcen eine eigene Lebensform erarbeiten. In den aktuellen Gesellschaftsanalysen rückt immer deutlicher der Begriff der I. ins Zentrum. Er formuliert einen wichtigen Trend gesellschaftlicher Veränderung. Gleichzeitig wird er oft vollständig mißverstanden. Er trifft auf spezifische Formen von Vorverständnis, die zugleich Mißverständnismöglichkeiten einschließen. Beck, der wichtigste deutschsprachige Repräsentant der „I.-Theorie", hat sein Verständnis des zentralen Konzeptes verdeutlicht, indem er erst einmal sagt, was der Begriff *nicht* meint: „*nicht* Atomisierung, Vereinzelung, *nicht* Beziehungslosigkeit des freischwebenden Individuums, auch *nicht* (was oft unterstellt wird) Individuation, Emanzipation, Autonomie" (1995: 304). Wenn er dies alles *nicht* meint, was meint der Begriff „I." sonst? *Beck* unterscheidet drei Dimensionen eines gesellschaftlichen Prozesses, der die Moderne wie kein anderer prägt: 1. die „Freisetzungsdimension", die die „*Herauslösung* aus historisch vorgegebenen Sozialformen und -bindungen im Sinne traditionaler Herrschafts- und Versorgungszusammenhänge thematisiert; 2. die „Entzauberungsdimension", also den „*Verlust von traditionalen Sicherheiten* im Hinblick auf Handlungswissen, Glauben und leitende Normen" und 3. die „Kontroll- bzw. Reintegrationsdimension", die sich auf eine „neue Art der sozialen Einbindung" bezieht (Beck 1986: 206).

I.-Prozesse bezeichnen also eine veränderte Relation des einzelnen zu seinen sozialen Lebensbedingungen. Solche Prozesse lassen sich auch mit dem von Ralf Dahrendorf (1979) entwickelten Konzept der Lebenschancen thematisieren. Lebenschancen sind danach als Funktion von zwei grundlegenden Elementen zu begreifen, die er Optionen und Ligaturen nennt. Sie können unabhängig voneinander variieren und bestimmen in ihrer je spezifischen Verbindung die Entfaltungschancen, die Subjekte jeweils haben. „Optionen" sind für Dahrendorf die Wahlmöglichkeiten und Handlungsalternativen, über die eine Person innerhalb ihrer gesellschaftlichen Rahmenbedingungen verfügt. Ligaturen bezeichnen gesicherte Bezüge, Verankerungen, Einbindungen und Bindungen. Sie benennen Sinn-, Sozial- und Ortsbezüge einer Person. Sie stellen die fixen Handlungskoordinaten dar, während die Optionen die entscheidungsmöglichen und -notwendigen offenen Situationen thematisieren. Vormoderne Gesellschaften mit ihren statisch-hierarchisch geordneten → Sozialstrukturen, die zugleich die religiöse „Weihe" von Gott gewollter und gestifteter Ordnungen für sich in Anspruch nehmen konnten, hatten keinen Spielraum für selbstbestimmte Optionen des Subjekts. Die Ordnung der Dinge bestand in einem Korsett von Ligaturen. Der Prozeß der Modernisierung, der im Zuge der Durchsetzung der kapitalistisch verfaßten industriellen Gesellschaften in Gang kam, setzte eine dramatische Entwicklung der „Freisetzung" aus orts- und sozialstabilen Bindungen in Bewegung.

Dahrendorf zeigt, daß Modernisierung unweigerlich eine Ausweitung von Wahlmöglichkeiten bedeutet hat. Aber die kapitalistische Modernisierung schuf solche Wahlmöglichkeiten durch das Aufbrechen von Ligaturen. In den industriegesellschaftlichen Völkerwanderungen sind die traditionalen Einbindungen aufgebrochen und unwiederbringlich aufgelöst worden. Aber dieses Abschmelzen traditioneller Orts- und Sinnbezüge kann kein linearer Prozeß sein, an dessen Ende ein Individuum steht, das sich nur noch über den Reichtum seiner Optionen beschreiben läßt. Aus der Destruktion von Ligaturen gewonnene Wahlmöglichkeiten verlieren ab einem spezifischen Punkt ihren Sinn, weil sie „in einem sozialen Vakuum stattfinden, oder vielmehr in einer sozialen Wüste, in der keine bekannten Koordinaten irgendeine Richtung einer anderen vorziehbar machen" (Dahrendorf 1979: 52). In der industriegesellschaftlichen Modernisierungsgeschichte war es die nackte Not, die eine ins Absurde laufende Vermehrung von Optionen verhinderte. Es haben sich neue Ligaturen in Gestalt von Solidargemeinschaften des Proletariats herausgebildet, die zur Überwindung der gemeinsam erfahrenen Lebensnot genutzt werden konnten. Sie gehören zu den zentralen Pfeilern, auf denen der moderne Sozialstaat aufbaut. Im aktuellen gesellschaftlichen Freisetzungsprozeß sind diese Ligaturen in typischer Weise betroffen. Sie lösen sich auf einem relativ hohen wohlfahrtsstaatlichen Niveau zunehmend auf. Damit verbunden ist eine gewachsene individuelle Planungs- und Gestaltungshoheit für das eigene Leben. Es erhöhen sich die Chancen, Vorstellungen des eigenen Lebens zu realisieren. Das sind die veränderten Optionen. Aber dieser Prozeß verändert auch den Typus von Ligaturen, in den sich das Subjekt einbindet. Die aktive Sprachform ist hier mit Bedacht gewählt. Die zeitgemäßen Webmuster der sozialen Beziehungen setzen ein aktives Subjekt voraus. Jeder von uns wird Baumeister seines eigenen Beziehungsnetzwerkes. Aber das ist nicht nur eine Freiheit, sondern eine unabdingbare Notwendigkeit. Wir müssen uns unsere eigenen Ligaturen bauen, und wenn wir das nicht tun oder nicht können, dann erfahren wir die Lebensfeindlichkeit sozialer Wüsten.

Die permanenten, euphemistisch so genannten „Freisetzungsschübe" sind für die Entwicklung der kapitalistischen Gesellschaft von Beginn an typisch und offensichtlich unaufhaltsam. Im „kommunistischen Manifest" sind sie 1848 klassisch beschrieben worden: „Die fortwährende Umwälzung der Produktion, die ununterbrochene Erschütterung aller gesellschaftlichen Zustände, die ewige Unsicherheit und Bewegung zeichnet die Bourgeoisieepoche vor allen anderen aus. Alle festen eingerosteten Verhältnisse mit ihrem Gefolge von altehrwürdigen Vorstellungen und Anschauungen werden aufgelöst, alle neugebildeten veralten, ehe sie verknöchern können. Alles Ständische und Stehende verdampft, alles Heilige wird entweiht, und die Menschen sind endlich gezwungen, ihre Lebensstellung, ihre gegenseitigen Beziehungen mit nüchternen Augen anzusehen" (Marx/Engels 1966: 29). An diesem Text, der vor 150 Jahren entstand, sehen wir, daß die Auflösung von Traditionen und der Prozeß der I. sich als zentrales Merkmal durch die Geschichte der Moderne zieht. Aber manchmal lodern die Flammen weniger auf, und manchmal mehr und gegenwärtig haben wir es eindeutig mit einer „heißen Periode" zu tun. Vor allem die technischen Veränderungen, die die Entwicklung des Computers zur Folge hatte, die → Globalisierung der Märkte und der Zusammenbruch des „realen Sozialismus" haben für eine Veränderungsdynamik gesorgt, die niemanden unberührt läßt.

Castells hat in einer großangelegten Analyse die gesellschaftliche Transformationen der Weltgesellschaft in den Blick genommen (Castells 2000). Er rückt die elektronischen Kommunikationsmöglichkeiten ins Zentrum seiner Globalisierungstheorie. Sie hätten zum Entstehen einer „network society" (so der Titel des ersten Bandes der Castells'schen Trilogie) geführt, die nicht nur weltweit gespannte Kapitalverflechtungen und Produktionsprozesse ermöglichen würde, sondern auch kulturelle codes und Werte globalisiert. Für Castells bedeutet „die Netzwerkgesellschaft einen qualitativen Wandel in der menschlichen Erfahrung" (2000, Band I: 477): Die Konsequenzen der Netzwerkgesellschaft „breiten sich über den gesamten Bereich der menschlichen Aktivität aus und transformieren die Art, wie wir produzieren, konsumieren, managen, organisieren, leben und sterben" (Castells 1991: 138).

Die Entstehung der „individualisierten Gesellschaft" (Bauman 2000) wird höchst widersprüchlich bewertet. Da ist einerseits von einer „Multioptionsgesellschaft" (Gross 1994) die Rede oder von „Kindern der Freiheit" (Beck 1997). Hier werden die gewachsenen Freiheitspotentiale thematisiert, die mit I.-Prozessen verbunden sein können. Wenn von „riskanten Chancen" (Keupp 1988) oder von „riskanten Freiheiten" (Beck/Beck-Gernsheim 1994) die Rede ist, dann werden eher die ambivalenten Entwicklungspotentiale dieser Prozesse betont. Einen deutlich skeptischen Blick richtet Richard Sennett (1998) in seinem vielbeachteten Buch „Der flexible Mensch" auf die gegenwärtigen Veränderungen in der Arbeitswelt. Der „Neue Kapitalismus" überschreite alle Grenzen und demontiere institutionelle Strukturen, in denen sich für die Beschäftigten Berechenbarkeit, Arbeitsplatzsicherheit und Berufserfahrung sedimentieren konnten. An ihre Stelle würde die Erfahrung einer *„Drift"* treten: Von einer „langfristigen Ordnung" zu einem „neuen Regime kurzfristiger Zeit" (Sennett 1998: 26). Und für Sennett stellt sich in diesem Zusammenhang die Frage, wie dann überhaupt noch Identifikationen,

Loyalitäten und Verpflichtungen auf bestimmte Ziele entstehen sollen. Er beobachtet eine fortschreitende *Deregulierung*: Anstelle fester institutioneller Muster würden netzwerkartige Strukturen treten. Der flexible Kapitalismus baue Strukturen ab, die auf Langfristigkeit und Dauer angelegt seien. „Netzwerkartige Strukturen sind weniger schwerfällig". An Bedeutung gewinne die „Stärke schwacher Bindungen", womit zum einen gemeint ist, „daß flüchtige Formen von Gemeinsamkeit den Menschen nützlicher seien als langfristige Verbindungen, zum anderen, daß starke soziale Bindungen wie Loyalität ihre Bedeutung verloren hätten" (Sennett 1998: 28). Die permanent geforderte Flexibilität entziehe „festen Charaktereigenschaften" den Boden und erfordere von den Subjekten die Bereitschaft zum „Vermeiden langfristiger Bindungen" und zur „Hinnahme von Fragmentierung".

Diesem Prozeß geht nach Sennett immer mehr ein begreifbarer Zusammenhang verloren. Die Subjekte erfahren das als *Deutungsverlust*: „Im flexiblen Regime ist das, was zu tun ist, *unlesbar* geworden" (Sennett 1998: 81). So entsteht der Menschentyp des flexiblen Menschen: ein „nachgiebiges Ich, eine Collage von Fragmenten, die sich ständig wandelt, sich immer neuen Erfahrungen öffnet - das sind die psychologischen Bedingungen, die der kurzfristigen, ungesicherten Arbeitserfahrung, flexiblen Institutionen, ständigen Risiken entsprechen" (Sennett 1998: 182). Lebenskohärenz ist auf dieser Basis kaum mehr zu gewinnen. Sennett hat erhebliche Zweifel, ob der flexible Mensch menschenmöglich ist. Die wachsende *Gemeinschaftssehnsucht* interpretiert er als regressive Bewegung, eine „Mauer gegen eine feindliche Wirtschaftsordnung" hochzuziehen (Sennett 1998: 190). „Eine der unbeabsichtigten Folgen des modernen Kapitalismus ist die Stärkung des Ortes, die Sehnsucht der Menschen nach Verwurzelung in einer Gemeinde. All die emotionalen Bedingungen modernen Arbeitens beleben und verstärken diese Sehnsucht: die Ungewißheiten der Flexibilität; das Fehlen von Vertrauen und Verpflichtung; die Oberflächlichkeit des Teamworks; und vor allem die allgegenwärtige Drohung, ins Nichts zu fallen, nichts ‚aus sich machen zu können', das Scheitern daran, durch Arbeit eine Identität zu erlangen. All diese Bedingungen treiben die Menschen dazu, woanders nach Bindung und Tiefe zu suchen" (Sennett 1998: 189 f.).

Sennett ist skeptisch, daß die sich abzeichnenden individualisierten neuen Arbeits- und Lebensformen dem Menschen gut tun. Auch Bauman (1999, 2000) richtet einen skeptischen Blick auf die individualisierte Gesellschaft. Für ihn lassen sich vier Dimensionen der „gegenwärtigen Ungewißheit" umreißen, die ein spezifisches „Angstmilieu", eine „Atmosphäre uns umgebender Furcht" konstituieren: 1. Es entstehe nach dem Zusammenbruch der ordnungsstiftenden Blockbildung eine „neue Weltunordnung" (Bauman 1999: 44) mit unberechenbaren und kontrollierbaren Konfliktlinien. 2. Eine „universelle Deregulierung" zerstöre „gesellschaftlich geknüpfte Sicherheitsnetze" vor allem auf den Arbeitsmärkten (Bauman 1999: 46). Aber 3. auch die lebensweltlichen Netzwerke für den privaten Rückzug sind „erheblich geschwächt" (Bauman 1999: 47). 4. Die Menschen sind mit einer „essentiellen Unbestimmtheit" konfrontiert, die langfristige Bindungen und Identitätsprojekte (→ Identität) verunmöglichen: „In dieser Welt werden Bindungen zu einer Folge von Bewegungen verfälscht, Identitäten zu aufeinander folgenden Masken, Lebensgeschichten zu Episodenreihen" (Bauman 1999: 48).

I. beschreibt also einen Prozeß gesellschaftlicher Veränderung, in dem die gesellschaftlichen Vorgaben für die individuelle Lebensgestaltung an Verbindlichkeit verlieren. Subjekte konnen, aber müssen auch mehr Entscheidungen selbst treffen und verantworten. Dadurch wachsen die Chancen für selbstbestimmte Lebensformen, aber es wächst auch das Risiko des Mißlingens.

Heiner Keupp

Literatur:

Bauman, Zygmunt 1999: Unbehagen in der Postmoderne, Hamburg.
Bauman, Zygmunt 2000: Individualized society, Oxford.
Beck, Ulrich 1998: Vom Verschwinden der Solidarität, in: Keupp, Heiner (Hrsg.): Der Mensch als soziales Wesen, München, S. 303 - 308.
Castells, Manuel 1991: Informatisierte Stadt und soziale Bewegungen, in: Wentz, Martin (Hrsg.): Die Zukunft des Städtischen, Frankfurt a.M., S. 137-147.
Castells, Manuel 2000: The information age: Economy, society and culture (Bde. 1-3), 2. Aufl., Oxford .
Dahrendorf, Ralf 1979: Lebenschancen. Anläufe zur sozialen und politischen Theorie, Frankfurt a.M.
Gross, Peter 1994: Die Multioptionsgesellschaft, Frankfurt a.M.
Keupp, Heiner 1988: Riskante Chancen. Das Subjekt zwischen Psychokultur und Selbstorganisation, Heidelberg.
Litt, Theodor 1926: Erlebnis und Standpunkt, in: Oppenheimer, Franz/Salomon, Gottfried (Hrsg.): Individuum und Gesellschaft, Karlsruhe, S. 162-172.
van der Loo, Hans/van Reijen, Willem 1992: Modernisierung. Projekt und Paradox, München.
Marx, Karl/Engels, Friedrich 1966 (1848): Manifest der Kommunistischen Partei, in: Ausgewählte Schriften (Bd. 1), Berlin, S. 17-57.
Müller-Freienfels, Richard 1923: Philosophie der Individualität, Leipzig.
Sennett, Richard 1998: Der flexible Mensch. Die Kultur des neuen Kapitalismus, Berlin.

Innere Sicherheit

→ Europa, Extremismus, Geschichtliche Phasen der BRD, Identität, Massenmedien, Nationalsozialismus, Neue Bundesländer, Politiker/Politische Klasse, Politische Steuerung, Rechtsstaat, Verbände, Verfassungsgerichtsbarkeit, Verwaltungskultur, Wertewandel.

Begriff/Definition/Relevanz:
In deskriptiver Hinsicht kann innere Sicherheit (iS) definiert werden als ein System von staatlichen Institutionen und Einrichtungen, die durch Verfassung und Organe der demokratischen Willensbildung legitimiert sind, das öffentliche Gewaltmonopol im Rahmen kodifizierter Regeln exekutiv unter Anwendung auch von unmittelbaremZwang auszuüben. IS ist in diesem Sinne weiterführend als ein Politikfeld zu verstehen. IS als Politikfeld weist darauf hin, daß an der zugrunde liegenden Politikproduktion neben den exekutiven Institutionen und Einrichtungen (vor allem Polizei und Staatsanwaltschaften) weitere Akteure beteiligt sind; zu nennen sind die Innenministerien, parlamentarische Institutionen (Ausschüsse), des weiteren Parteien und → Verbände (Polizeigewerkschaften) sowie föderale Verhandlungsgremien (Innenministerkonferenz, Ausschüsse des Bundesrates; Lange 1999). IS in normativer Hinsicht zu definieren, hieße, materiell zu bestimmen, welche Form und welches Maß ein von den beauftragten Behörden exekutiertes Konzept „innerer" Sicherheit gesellschaftlich und politisch wünschbar wäre. Die verschiedenen nationalen und politischen Systeme geben hierauf sehr gegensätzliche Antworten, die auf unterschiedliche, historisch vermittelte Einstellungs- und Wertemuster zurückzuführen sind. Für den Zusammenhang von pK und iS ist von Interesse, welcher systematische Zusammenhang zwischen dieser politisch-kulturellen Konfiguration eines politischen Systems und der Legitimation, Struktur und Funktionsweise des jeweiligen staatlich-institutionellen Sicherheitssystems besteht.

Im internationalem Vergleich treten die unterschiedlichen Verständnisse von Staatlichkeit und iS deutlich hervor (Aden 1998). Zu verweisen ist nur auf das angelsächsische, insbesondere amerikanische Verständnis, wonach iS eine gesellschaftliche Aufgabe, d.h. i.d.R. eine von der Bürgerschaft zu organisierende Einrichtung darstellt. Dem Staat fallen allein überörtliche Aufgaben zu, die aufgrund ihrer Spezialisierung oder Aufgabenweite von kommunalen Gemeinschaften nicht zu leisten sind. In Deutschland dagegen ist Polizei auch in historischer Perspektive fast ausschließlich staatliche Angelegenheit (Lange 2000). Der Staat ist demnach eine prinzipiell neutrale, über den gemeinen Interessen der Gesellschaft stehende Institution. Ihm allein obliegt das öffentliche Gewaltmonopol, welches er vor allem in Form der staatlichen Polizei exekutiert.

Der moderne preußische Staat verstaatlicht im 19. Jhdt. die kommunalen Polizeien weitgehend. Polizei ist allumfassend tätig (so auch als Baupolizei, Gewerbepolizei, Sittenpolizei u.a.). Im Übergang vom Kaiserreich zur Weimarer Republik ändern sich zwar Strukturen und Funktionen der Polizei, doch bleibt die Dominanz des Staates auch im Selbstverständnis der polizeilichen Akteure bestehen. Nach dem Zusammenbruch des → Nationalsozialismus, der die Idee der staatlichen Allzuständigkeit pervertierte, drängen die Alliierten darauf, die staatliche Dominanz in der iS zugunsten einer stärker kommunal organisierten Polizei zurückzunehmen. Doch sobald die deutschen Akteure die Grundsätze der Polizeipolitik selbst bestimmen können, beseitigen sie die kommunalen Elemente aus dem

Polizeisystem. Mitte der 70er Jahre werden die letzten kommunalen Polizeien „verstaatlicht". In den späten 60er und 70er Jahren führen die erheblichen gesellschaftlichen Umwälzungen („Außerparlamentarische Opposition", → Wertewandel) dazu, daß die Sicherheitsbehörden nicht nur neu organisiert und besser ausgerüstet werden, sondern es vollzieht sich auch ein Einstellungswandel der Polizei, der wegführt von der autoritär auftretenden Staatspolizei hin zu einer sich stärker präventiv verstehenden Bürgerpolizei (Winter 1998). Doch zeigt sich auch in dieser Reformära, daß immer dann, wenn die öffentliche Sicherheit als gefährdet erscheint, so wie unter dem Eindruck der Terrorismusbedrohung, die Rückkehr zum Modell der Staatspolizei als alleiniger Garant iS zu beobachten ist. Dies wird deutlich in den sog. Sicherheitsgesetzen der 80er Jahre, die die Eingriffskompetenzen von Polizei, Staatsanwaltschaften und Nachrichtendiensten erheblich ausweiten. Mit der Europäisierung seit Anfang der 90er Jahre gilt vor allem die Organisierte Kriminalität als Anlaß für weitere Gesetzesverschärfungen - bis hin zum grundgesetzlich verankerten „Großen Lauschangriff" im Jahre 1998.

Zu Beginn des 21. Jhdts. löst der (international auftretende) Terrorismus nach den Anschlägen von New York und Washington (11. September 2001) erneut tiefgreifende Veränderungen in der Wahrnehmung von „Sicherheit" aus, deren Folgen noch nicht absehbar sind. Hatten sich in den letzten 10-15 Jahren sowohl in der Sicherheitspolitik als auch in der Arbeit insbesondere der Polizeibehörden zunehmend bürger- und präventionsorientierte Sicherheitskonzepte durchgesetzt, wird jetzt zum Schutz vor Terrorismus unvermittelt wieder der „starke" und repressiv vorgehende Staat eingefordert. Zudem wird die bisherige, auch verfassungsrechtlich garantierte Trennung zwischen „iS" und „äußerer" Sicherheit in Frage gestellt. Klassische internationale Konflikte (Kriege, Bürgerkriege) können angesichts der zunehmend verflochtenen Weltinteressen viel schneller „importiert" werden als dies bislang denkbar war (z.B. Kurdistan, Naher Osten). Die immer komplexere Technikabhängigkeit (Internet, elektronischer Zahlungs- und Börsenverkehr) legt zugleich die Verletzbarkeit der westlichen Gesellschaften und die begrenzten Möglichkeiten, diesen Risiken national zu entgegnen, offen. Verdrängte und ungelöste Migrationsprobleme stellen für das liberale Selbstverständnis schwer erträgliche Fragen: können und müssen und dürfen verbindliche Grundwerte für moderne plurale Gesellschaften zugrunde gelegt werden, ist „Sicherheit" selbst ein Grundwert oder Herrschafts-, Repressions- und Kontrollanspruch des Staates? Kann es umfassende Sicherheit gegen alle Risiken (technische Katastrophen, Terroranschläge) geben, und zu welchem Preis kann diese realisiert werden im Verhältnis zu den Grundwerten von Freiheit und Demokratie selbst? Und wer ist legitimiert, über Einschränkungen von Selbstbestimmung einzelner zu entscheiden (die Mehrheit gegen der Minderheit?), und nach welchen Leitorientierungen exekutieren die Sicherheitsbehörden solche Einschränkungen (als repressive Staatspolizei oder kundenorientierte Bürgerpolizei?).

Theorien/Konzepte/Modelle:
Auf einer Metaebene ließe sich so valide feststellen, daß ein signifikanter Zusammenhang zwischen der pK, dem hegemonialen Staatsverständnis und den Prinzipien der Organisation von iS vorliegt. Auf eine (konkretere) Mesoebene kann die Zielsetzung pKf dann gebracht werden, wenn pK im Zusammenhang mit → Verwaltungskultur (Vk) thematisiert wird. Vk würde danach fragen, inwieweit zwischen den einzelnen Verwaltungsbereichen eines Staates feststellbare Differenzen bzw. Variationen auftauchen, sich also das dominante Staatsverständnis innerhalb der Polizei als Teil der öffentlichen Verwaltung z.B. von dem der Akteure in der Kulturverwaltung unterscheidet. Die Erforschung von Vk fällt in diesem Sinne zusammen mit einer policy-orientierten Verwaltungsanalyse. Die Erforschung von Vk wird gerade angesichts der aktuellen Verwaltungsreformen bedeutsam (von Bandemer u. a. 1998, Butterwegge u. a. 1999). Wenn innerhalb der Verwaltung eines Staates Differenzen zwischen den Verwaltungseinheiten bestehen, so kann in der Konsequenz nicht von einem homogenen Modell einer Verwaltungsreform ausgegangen werden, sondern es müssen spezifische Besonderheiten berücksichtigt werden. So ist im Polizeibereich zu beobachten, daß auch hier eine verstärkte Rezeption des Neuen Steuerungsmodells vorgenommen wird. Die Vorstellungen darüber, was im Sicherheitsbereich nun konkret Kundenorientierung bedeuten kann, inwieweit Hierarchieebenen abzubauen sind und überhaupt eine stärkere Wirtschaftlichkeit des polizeilichen Verwaltungshandelns anzulegen ist, führen zu bedeutsamen Abweichungen im Vergleich mit den in der Leistungsverwaltung favorisierten Reformen.

Ein theoretisches Instrumentarium, Vk zu erforschen, eröffnet der koalitionstheoretische Ansatz (Sabatier 1993). Dieser geht davon aus, daß die bestimmenden Akteursgruppen in einem Policy-Subsystem durch ein differenziertes Set von Handlungsorientierungen geprägt sind. Zu unterscheiden sind fundamentale Überzeugungen, Policy-Kernüberzeugungen und sekundäre Aspekte der Handlungsorientierungen. In die fundamentalen Überzeugungen fließen Makro-Identitäten (→ Identität) ein, wie sie als Merkmale der hegemonialen pK eines nationalstaatlichen Systems feststellbar wären. Im deutschen Kontext bedeutet dies, die nach wie vor virulente Vorstellung einer „natürlichen" Zuständigkeit des Staates für Belange iS vorzufinden. Zu den Policy-Kernüberzeugungen gehören die spezifischen Handlungsorientierungen und damit per se gegensätzlichen Orientierungen der einzelnen Akteursgruppen, die im Politikfeld iS involviert sind. Hier sind z.B. die Orientierungen der Beschäftigten in der Polizei andere als die der privaten Sicherheitswirtschaft, wobei die Orientierungen der Polizisten untereinander sich wiederum aufgrund ausbildungsbedingter Sozialisationsprozesse unterscheiden (z.B. Kriminalversus Schutzpolizisten). → Politiker verfolgen in diesem Subsystem wiederum andere Ziele, wobei diese durch unterschiedliche Parteizugehörigkeiten und Prozesse der pS ebenfalls erheblich voneinander abweichen können.

Inwieweit diese gegensätzlichen Orientierungen sich in den Aushandlungssystemen des Politikfeldes durchsetzen, ist Gegenstand entsprechender Politikfeldstudien. Im Ergebnis werden immer Kompromisse, Arrangements wie überhaupt Koalitionsbündnisse vorzufinden sein, wobei die sekundären Aspekte der Handlungsorientierungen die strategische Verhandlungsmasse für die Akteure bilden. Die spezifische Vk ist dabei nicht als beliebig mißzuverstehen, sie ist aber sehr wohl Ergebnis strategischer Aushandlungen, die i.d.R. eine große strukturelle Kontinuität aufweist, unter sozialem Wandelsdruck aber auch innerhalb kurzer Zeit beachtlichen Veränderungen unterliegen kann. So ist im Zuge der aktuellen Verwaltungsreformen zu beobachten, daß angesichts knapper Finanzen durchweg alle Akteursgruppen bereit sind, sich auf die neuen Verwaltungsreformmodelle einzulassen, nicht zuletzt mit der Überlegung, durch eine Einvernahme und Uminterpretation einen Großteil der tradierten Handlungsorientierungen erhalten und in die „neue" Vk überführen zu können.

Ausblick/offene Fragen:
Die deutsche Vereinigung hat im Aufeinandertreffen zweier Vk (die verhandlungsorientierte westdeutsche und die staatsautoritative ostdeutsche) u.a. im Bereich der iS nachhaltig aufgezeigt, welchen Einfluß diese auf die Entwicklung politischer Gemeinwesen nehmen. Zugleich wird deutlich, welche europäischen Integrationsleistungen angesichts von 15 und mehr ebenfalls sehr heterogenen pK und Vk zu erbringen sein werden - um so mehr, als z.B. in der iS gemeinsame EU-Behörden (Europol, Schengen u. a.) und weitere geplante Einrichtungen (Eurojust - i.S. einer staatsanwaltschaftlichen Kooperation) bereits jetzt tief in die nationalen Souveränitätsrechte eingreifen.

Hans-Jürgen Lange

Literatur:

Aden, Hartmut 1998: Polizeipolitik in Europa, Opladen.

von Bandemer, Stephan/Blanke, Bernhard/Nullmeier, Frank/Wewer, Göttrik (Hrsg.) 1998: Handbuch zur Verwaltungsreform, Opladen.

Butterwegge, Christoph/Kutscha, Martin/Berghahn, Sabine (Hrsg.) 1999: Herrschaft des Marktes - Abschied vom Staat?, Baden-Baden.

Lange, Hans-Jürgen 1999: Innere Sicherheit im Politischen System der Bundesrepublik Deutschland, Opladen.

Lange, Hans-Jürgen (Hrsg.) 2000: Staat, Demokratie und Innere Sicherheit in Deutschland, Opladen.

Sabatier, Paul A. 1993: Advocacy-Koalitionen, Policy-Wandel und Policy-Lernen: Eine Alternative zur Phasenheuristik, in: Windhoff-Héritier, Adrienne (Hrsg.): Policy-Analyse. Kritik und Neuorientierung, Opladen.

Winter, Martin 1998: Politikum Polizei. Macht und Funktion der Polizei in der Bundesrepublik Deutschland, Münster.

Intellektuelle

→ *Bildung, Bürgertum, CDU/CSU, DDR, Eliten, Endogenität/Exogenität, Extremismus, Familie, FDP, Fremdenfeindlichkeit, Identität, Ideologie, Massenmedien, Politische Traditionen, Politisches Vertrauen, Nation, Nationalsozialismus, Öffentliche Meinung, Politische Beteiligung, Politische Traditionen, Politisches Interesse, Schweigespirale/Öffentliche Meinung, Wahlen/Wähler, SPD.*

Entwicklungslinien:
Die Stellung der Intellektuellen (I.) hängt in Deutschland eng mit der Geschichte des → Bürgertums zusammen. Seine demokratiegeschichtliche Verspätung (→ Politische Traditionen) hat auch das Verhältnis von Geist und Macht beeinflußt. Während die ersten parlamentarischen Staaten Europas ihren I. schon früh politische und publizistische Wirksamkeit boten, waren die deutschen I. bis ins 20. Jhdt. weithin zur Rolle des applaudierenden oder heimlich kritisierenden Zuschauers der Politik verurteilt. Ihre ökonomische Lage war meist miserabel (Hauslehrer), und immer neue Wellen von Zensur zwangen viele von ihnen entweder in die Emigration (Heine, Marx), zur Aufgabe ihres Amtes (die „Göttinger Sieben") oder zur Anpassung an die Politik der alten Mächte (Fontane). Feudale Anschauungen (monarchisches Prinzip) verbanden sich mit bürgerlichem Selbsthaß, Vernunftfeindschaft, Kulturkritik und Antiparlamentarismus. Die Ereignisse von 1848 unterbrachen für kurze Zeit die sich in der I.-Kultur des deutschen Bürgertums spiegelnden feudalen Tendenzen. Das Paulskirchenparlament versammelte eine große Zahl liberaler Geister. Durch die nachfolgende Reaktion verloren die deutschen I. den Anschluß an die Entwicklung in den westeuropäischen Staaten. Das antidemokratische Denken entwickelte eine spezifisch deutsche Tradition, die durch Unterscheidungen von Kultur und Politik, Moral und Politik und die Flucht in mancherlei Innerlichkeiten (die „Reiche" der Natur, der → Familie, der Kunst und Musik, der Philosophie) gekennzeichnet war. Die Links-I. gerieten durch ihren Gegensatz zur Bourgeoisie gleichzeitig in Spannung zur → Nation, die nicht in einer Revolution dem Adel abgerungen, sondern dem Bürgertum von der Feudalklasse als Geschenk gemacht wurde. Bis weit in die Geschichte der Bundesrepublik hinein hatte nicht nur die Sozialdemokratie (→ SPD), sondern alle Links-I. den Vorwurf nationaler Unzuverlässigkeit zu fürchten. In Italien und Frankreich dagegen haben linke wie rechte I. im Pantheon der großen Geister einen festen Platz.

In der Weimarer Republik war das politische Engagement der deutschen I. ungewöhnlich stark. Dennoch waren ihre politischen Beiträge meist „Betrachtungen Unpolitischer" (Thomas Mann). Von wenigen Ausnahmen abgesehen (Heinrich Mann, Ossietzky), blieb man rechts wie links in den traditionellen Bahnen der Kritik am westlichen Verfassungsbegriff und der Verteidigung einer spezifischen deutschen pK. Rechts wie links verfolgte man Ideen, die an den Verfassungsinstitutionen vorbei zielten. Die antiparlamentarische Kritik verband Staatsrechtler mit repräsentativen Kirchenmännern, Pädagogen mit Philosophen, Schriftsteller mit Malern und Karikaturisten. Dem → Nationalsozialismus hielten sich die deutschen I. in ihrer Mehrzahl fern. Begrüßt haben ihn am Anfang nicht wenige, unter ihnen Gottfried Benn und Martin Heidegger. „Innere Emigration" nannte man einen Zustand, der Enthaltung von politischer Tätigkeit mit einem unpolitischen Publizieren verband. Wenn gilt, daß in jeder geistigen Haltung das Politische latent ist (Thomas Mann), wird man die innere Emigration der Kollaboration eher zurechnen müssen als der Opposition.

Nach 1945 gab es eine Fülle von Zeitschriften, die „Wandlung", „Sammlung", „Besinnung", „Neubau", „Aufbau" versprachen. Trotzdem lebte die Tradition neuromantischer Dichtkunst fort, damit auch die Zivilisationskritik. Zusammen mit der pK brauchte auch die I.-Kultur Jahrzehnte, um sich von der Tradition deutscher „Innerlichkeit" zu befreien. Es gab keine politische Auseinandersetzung mit dem Nationalsozialismus, der vielmehr als historische Katastrophe angesehen wurde. Den Christen galt das Dritte Reich als Abfall von Gott, von den Philosophen wurde es als Durchbruch irrationaler zeitlos-böser Mächte gedeutet. Die sog. Kahlschlag- und Trümmerliteratur hielt sich an persönliche Erfahrungen des Zusammenbruchs. Einzig die von Alfred Andersch zusammen mit Hans Werner Richter 1946 bis zum Verbot durch die Militärregierung herausgegebene Zeitschrift „Der Ruf" versuchte eine politische Bestandsaufnahme und Neuorientierung. Mit seinem Roman „Tauben im Gras" lieferte Wolfgang Koeppen eine bis heute bedeutsame Schilderung des geistig-politischen Klimas nach der Währungsreform. Gesellschaft erscheint dort insgesamt als ein undurchschaubares Labyrinth von Gewalt und Not, Haß und Angst, Bedrohung und Ohnmacht. Aber auch Koeppen fand über eine kritisch-satirische Darstellung dieser Situation politisch nicht hinaus.

Politisch orientierten sich viele I. zum ersten Mal in Deutschland eher links als rechts. Das entsprach der praktischen Politik, in der man sich zuerst auch linksliberal verstand (Ahlener Programm der CDU). Zur SPD stießen zum ersten Mal in größerem Umfang I., die sich vor 1933 gewiß weiter rechts angesiedelt hätten (z.B. Carlo Schmid). Im akademischen Leben gewannen einige rückkehrende Emigranten Bedeutung. Das alte Frankfurter Institut für Sozialforschung kehrte mit namhaften Wissenschaftlern wie Adorno, Horkheimer, Pollack wieder zurück. Wichtige Philosophen wie Plessner und Löwith folgten einem Ruf an deutsche Universitäten, in der Politikwissenschaft lehrten Fraenkel, Kirchheimer, Löwenthal, Flechtheim. Bald jedoch beherrschten großbürgerlich-industrielle Positionen das politische Feld. Konrad Adenauer repräsentierte diese Tradition in vielfacher Hinsicht. Dirks und Kogon sprachen besorgt von „restaurativen Tendenzen der Epoche". Aber gerade im Blick auf diese neu sich bildenden autoritären Tendenzen fällt im Vergleich mit der Weimarer Situation ein entscheidender Unterschied ins Auge: Die I. der Bundesrepublik standen im Unterschied zur Weimarer Zeit fest auf dem Boden der Verfassung. Die Rede vom Parlament als Schwatzbude hörte man nicht mehr. Es gab keinen Juniclub und keinen Tatkreis, keine konservative Revolution, und auch die sehnsüchtige Rückwendung zur germanischen Frühzeit fand sich nur noch in nationalistischen Splittergruppen.

Eine Phase der Belebung des Verhältnisses von Geist und Macht bedeutete die Zeit der Kanzlerschaft Willy Brandts. Bis weit in die politische Mitte hinein begrüßten ihn die I. Seine innen- und außenpolitischen Perspektiven sprachen sie an; sein Vorsatz, mehr Demokratie zu wagen, fand besonders in der studentischen Jugend bereitwillige Aufnahme. Brandt hatte schon als Regierender Bürgermeister in Berlin I. angezogen und sich im Kreise von Schriftstellern und Publizisten wohlgefühlt. Er liebte weitreichende Perspektiven, ließ moralische Gesichtspunkte in der Politik gelten und schätzte das geistreiche, entspannte Gespräch. Mit seinem politischen Programm verstand es Brandt, bedeutende deutsche Schriftsteller und Künstler (Böll, Grass, Lenz) sich persönlich zu verbinden und für seine Politik einzusetzen. Das geschah zum Teil in der SPD-Wählerinitiative (→ Wahlen/ Wähler), durch Wahlreisen von prominenten Künstlern und Wissenschaftlern. Das gute Verhältnis der I. zur politischen Macht änderte sich spätestens, als Helmut Schmidt an die Regierung kam. Doch schon vorher zeigten sich Spuren nachlassenden → politischen Interesses, auch schwindender Solidarität mit einer Partei, die viele Hoffnungen nicht erfüllte. Gerade in dem Punkte, in dem die I. mit Brandt einig zu sein glaubten, gab es den schlimmen Rückschlag des sog. Extremistenbeschlusses, den Brandt mit verantwortet hatte.

Unter dem Eindruck politischer Radikalisierung der Studentenbewegung (→ Extremismus) verzichteten eine Reihe früher engagierter liberaler I. auf ihre → politische Beteiligung. Die Bücher von Schelsky und Sontheimer zeigen Spuren traditionellen intellektuellen Selbsthasses. Konservative I. entwickelten seit der von ihnen behaupteten Tendenzwende zunehmende Aktivitäten. Der „Bund Freiheit der Wissenschaft" war eine zwar informelle, aber einflußreiche kulturpolitische Gruppe. Ein Kongreß „Mut zur Erziehung" setzte deutlich konservative Akzente. Das spektakulärste Beispiel für diese Trendwende zu einem konservativen Intellektualismus in Deutschland war der 1993 im SPIEGEL erschienene Essay „Anschwellender Bocksgesang" von Botho Strauss. Er wurde in der Publizistik sogleich im Sinne eines zeitgeschichtlichen Alarmzeichens gedeutet. Seit den Schriften der sog. Konservativen Revolution in der Weimarer Republik hatte man in Deutschland keine so kompakte Darstellung ihrer Argumente mehr gelesen (Zivilisationskritik, Xenophobie, → Fremdenfeindlichkeit, „tragische" Geschichtsauffassung, Führersehnsucht, → Elite-Gedanken, Massenideologie (→ Ideologie), Verherrlichung „alten Weistums", Lob von Askese und Dienst).

Ausblick - Intellektuelle und die Wiedervereinigung Deutschlands:
Die nationale Vereinigung ab 1989 traf die I. in beiden deutschen Teilstaaten unvorbereitet. Das galt für die Wissenschaftler (die Soziologentage 1990 und 1992) ebenso wie für die Philosophen (Habermas gestand eine weitgehende Beziehungs-

losigkeit zu dem politischen Geschehen der Vereinigung ein) und die Schriftsteller (Grass wandte sich gegen eine rasche Wiedervereinigung und stellte bei sich überhaupt einen Prozeß der Absonderung von der Politik fest). Die Süddeutsche Zeitung sprach 1990 von „dröhnendem Schweigen", in das die I. verfallen seien. Zur selben Zeit sprach Dahrendorf vom „Versagen der Intellektuellen". Erschwert wurde der Dialog zwischen ost- und westdeutschen I. durch eine neue Runde des Themas Geist und Macht in Folge der Öffnung von Stasi-Akten (z.B. Heiner Müller und Christa Wolf). Die Frage nach der Rolle und Bedeutung der I. in der → DDR gehört seither zum Prozeß der „Inneren Einigung" (→ Endogenität/Exogenität) und ist noch längst nicht abgeschlossen.

In Zusammenhang mit der Diskussion um die Postmoderne beklagt man das Absterben einer I.-Kultur. Wer den großen Geschichten der Politik den Abschied geben wolle, dem gehe beides zugleich verloren: die Kriterien und die Stimmgewalt für politische Kassandra-Rufe. Wenn in verschiedenen Lebensfeldern, Milieus und Wissenschaften unterschiedliche Gesetze gelten, sei es schwer, Kritiken mit einer gewissen Durchgängigkeit zu formulieren. Ideologische Bündnisse seien unmöglich, und selbst kurzfristige Strategien scheiterten am Fehlen eindeutiger Zielvereinbarungen. Wenn nur noch ästhetische Gesichtspunkte gelten, verändere sich die intellektuelle Existenz. Der Umgang mit politischen Gegenständen werde ironisch aus dem Modus ernsthafter Wirklichkeit in denjenigen spielerischer Möglichkeiten überführt. Auf diese Weise gerieten Diskussionen wie der Historikerstreit, die Goldhagen-Debatte und sogar Aufrufe gegen Rechtsextremismus ins Abseits bloßer intellektueller Selbstbestätigung.

Einen weiteren Grund für den sinkenden Einfluß der I. sehen viele in der wachsenden Macht der öffentlich wirksamen → Massenmedien. Anläßlich des Austritts von Grass aus der SPD schrieb Greiner (1993): „Was vermag der sonore Baß eines Schriftstellerstars gegen das Stimmengewirr der Talk-Shows? Bevor der Gesamtintellektuelle der Nation vor dem neuen Rassismus warnt, hat längst der „Spiegel" eine Titelgeschichte dazu, lädt Sat 1 die Brandstifter ins Studio und erscheint in der ZEIT die Moral von der Geschichte". Politische Bücher tun als solche keine Wirkung mehr, sondern bedürfen kräftiger Unterstützung durch Talkshows. Diese aber unterliegen den eigenen Gesetzen des Fernsehens (Konfrontation, Personalisierung, Geschichten, Unterhaltung). Der Altmeister der Publizistik Pross beschrieb 1992 diesen Wandel: „Literarischer Protest kann nicht damit rechnen, die Mehrheit zu gewinnen, die in das Ritual der Laufbilder eingewöhnt ist, erst recht nicht im Stadium des öffentlich anerkannten Voyeurismus. Dagegen kommt kein Buch auf".

Martin Greiffenhagen

Literatur:

Craig, Gordon Alexander 1993: Die Politik der Unpolitischen. Deutsche Schriftsteller und die Macht 1770-1871, München.

Greiffenhagen, Martin 1986: Propheten, Rebellen und Minister. Intellektuelle in der Politik, München.
Greiffenhagen, Martin/Greiffenhagen, Sylvia 1993: Ein schwieriges Vaterland. Zur politischen Kultur im vereinigten Deutschland, München/Leipzig.
Greiner, Ulrich 1997: Die Vorzüge des Elfenbeinturms. Über Literatur und Engagement heute, in: Merkur 51, S. 1093-1104.
Korte, Karl-Rudolf 1991: Über Deutschland schreiben. Schriftsteller sehen ihren Staat, München.
Pross, Harry 1992: Protestgesellschaft. Von der Wirksamkeit des Widerspruchs, München.
Schelsky, Helmut 1975: Die Arbeit tun die anderen. Klassenkampf und Priesterherrschaft der Intellektuellen, Opladen.
Seibt, Gustav 1998: Strukturveränderungen in der kulturellen Öffentlichkeit. Die neue Ohnmacht des Feuilletons, in: Merkur 52, S. 731-736.
Sontheimer, Kurt 1976: Das Elend unserer Intellektuellen. Linke Theorie in der Bundesrepublik Deutschland, Hamburg .
Strauss, Botho 1993: Anschwellender Bocksgesang, in: Der Spiegel 6/1993.

Interpersonale Kommunikation

→ Bildung, DDR, Familie, Massenmedien, Milieus/Lebensstile, Neue Bundesländer, Öffentliche Meinung, Politische Beteiligung, Politische Informiertheit, Politische Kompetenz, Politische Sozialisation, Politisches Interesse, Sprache.

Begriff/Definition/Relevanz:
Neben der Massenkommunikation (→ Massenmedien) stellt die interpersonale Kommunikation (iK), also das Gespräch mit anderen Menschen bzw. die politische Diskussion, eine Verbindung zwischen dem einzelnen und seiner politischen Umwelt her. Sie erfüllt vor allem Sozialisations- und Integrationsfunktionen (→ pS). „Im persönlichen Austausch über politische Themen mit Personen des sozialen Umfeldes findet die Koorientierung mit den Meinungen anderer statt. Dadurch entsteht subjektiv geteilter Sinn und damit die Möglichkeit sozialverankerter Meinungsbildung" (Voltmer u. a. 1995: 231). IK leistet somit einen wichtigen Beitrag für die Verständigung der Mitglieder einer Gesellschaft über allgemeine Werte und Normen sowie über Einstellungen zu politischen Sachfragen (→ Öffentliche Meinung). Nicht zuletzt aus diesem Grund gilt die Teilnahme an politischen Diskussionen in normativen wie in empirischen Demokratietheorien als Merkmal eines Aktivbürgers bzw. einer Bürgergesellschaft. Sie stellt eine Vorstufe zur → politischen Beteiligung dar, indem sie eine Brücke zwischen passiver Information und aktiver Beteiligung schlägt. Mit ihr erfolgt der Übergang von den „Zuschauer-" zu den „Gladiatorenaktivitäten" (Milbrath 1965).

Theorien/Konzepte/Modelle:
Bereits 1944 legten Lazarsfeld u. a. in „The People's Choice", einem Klassiker der empirischen Wahl- und Einstellungsforschung, die Bedeutung der Mediennutzung und der iK für die Meinungsbildung im amerikanischen Präsidentschaftswahlkampf dar. Als Ergebnis ihrer empirischen Analyse schrieben sie der iK eine größere Bedeutung zu als der Massenkommunikation. Medienbotschaften seien weniger überzeugend als persönliche Gespräche. Außerdem würden Medieninhalte häufig überhaupt erst über den „Umweg" der iK einen größeren Adressatenkreis erreichen. Sie nannten dies den Zwei-Stufen-Fluß der Kommunikation: Die politische Medienberichterstattung wird vor allem von einem relativ kleinen Bevölkerungssegment wahrgenommen, von den „Meinungsführern". Diese kommunizieren sie dann gefiltert und mit eigenen Interpretationen versehen an die „Meinungsfolger".

Soziale Veränderungen und der Wandel des Mediensystems haben dazu beigetragen, daß heutzutage nicht mehr die interpersonale, sondern die Massenkommunikation als dominant gilt. Zum einen hat das politische Gespräch an Bedeutung verloren, weil viele → Milieus, die durch eine hohe Kommunikationsdichte sowie durch kulturelle und politische Homogenität gekennzeichnet waren, aufgrund sozialer und regionaler Mobilität deutlich kleiner geworden sind (Klingemann/Voltmer 1989). Zum anderen umgeht das Fernsehen oft den Zwei-Stufen-Fluß: Im Vergleich mit den Printmedien wird es direkter und weniger selektiv wahrgenommen, ferner gilt es aufgrund seiner Bildberichterstattung als glaubwürdiger. Einige Autoren sprechen daher von einer „Entmachtung" der politischen iK durch das Fernsehen. Dies heißt jedoch nicht, daß sie für die politische Realitätswahrnehmung irrelevant geworden ist (Schenk 1995). Allerdings dient sie weniger der Information über Politik als vielmehr der Vertiefung und Strukturierung zuvor aufgenommener Medieninhalte.

Ergebnisse:
Die empirische Kommunikationsforschung interessiert sich u.a. für Umfang, Struktur und Erklärung der individuellen Beteiligung an iK. In repräsentativen Bevölkerungsumfragen (→ Demoskopie) werden - mit geringfügigen Modifikationen - zwei Standardfragen eingesetzt: „Wie häufig beteiligen Sie sich an politischen Diskussionen?" „Wie oft versuchen Sie, andere von Ihrer Meinung zu überzeugen?" Im internationalen Vergleich beteiligen sich die Deutschen seit den 70er Jahren verhältnismäßig oft an verschiedenen Formen von iK (Brettschneider 1997). Dabei traten zu Beginn der 90er Jahre deutliche Unterschiede zwischen den Ost- und Westdeutschen zu Tage. Anders als in der Bundesrepublik der 50er Jahre, als sich die Bürger infolge des ökonomischen und politischen Zusammenbruchs in die Privatsphäre zurückgezogen hatten, kam es nach der Vereinigung zu einem Politisierungsschub: 1990 wurde in den neuen Bundesländern sehr viel häufiger über Politik diskutiert als im Westen - und es ging dabei kontroverser zu. Der Stellenwert der iK ist vor dem Hintergrund der Erfahrungen mit dem SED-gesteuerten

Mediensystem der → DDR verständlich. In der DDR kompensierten Gespräche den vom Einheitssystem verursachten Informationsmangel. Diese Kommunikation hatte ihren Platz in erster Linie im staatlich nicht reglementierten familiären Bereich. So fanden auch noch 1990 Gespräche in Ost und West in unterschiedlichen sozialen Kontexten statt. In den → neuen Bundesländern erfolgte der Großteil der Diskussion im Rahmen der → Familie, während in den alten Bundesländern sehr viel häufiger der Freundeskreis Ort des politischen Gesprächs war. Die Politisierung der Ostdeutschen nach der Vereinigung hielt jedoch nicht lange an. Bis Ende der 90er Jahre nahm in den neuen Bundesländern die Häufigkeit, mit der über Politik diskutiert wird, ebenso ab, wie die Zahl der Versuche, andere von der eigenen Meinung zu überzeugen. Weil die iK in den alten Bundesländern langsamer nachläßt als in den neuen, unterscheidet sie sich kaum noch von deren Umfang. Die Kombination von Gesprächshäufigkeit und Überzeugungsbereitschaft ergibt folgendes Bild:

1. Etwa die Hälfte der Deutschen - in den alten Bundesländern überdurchschnittlich viele Frauen - diskutiert nie oder sehr selten über Politik. Diese Personen sind politisch desinteressiert. Für sie stellen die Massenmedien die einzige Verbindung zur Welt des Politischen dar. Die von ihnen wahrgenommene Medienrealität wird nicht durch Gespräche mit anderen interpretiert.

2. Etwa ein Viertel der Befragten diskutiert manchmal oder oft über Politik, versucht dabei aber nicht, andere zu überzeugen. Anders als in Lazarsfelds Studie von 1944 nutzen diese „Meinungsfolger“ heute allerdings politische Medieninhalte. Für weniger als 3 % aller Deutschen stellt ausschließlich die iK die Verbindung zur politischen Welt dar.

3. Ein weiteres Viertel zählt zu den diskutierenden und werbenden „Meinungsführern“. Sie sind durch ein starkes → politisches Interesse sowie eine überdurchschnittliche formale → Bildung gekennzeichnet. Allerdings gibt es Meinungsführer in allen sozialen Schichten (Weimann 1994). Häufige politische Diskussionen sind mit dem Gefühl → politischer Kompetenz und mit einer häufigen Nutzung verschiedener Partizipationsformen verbunden.

Ausblick/offene Fragen:
Würde sich eine Entpolitisierung - wie sie im Bedeutungsverlust der iK zum Ausdruck kommt - fortsetzen und mit einer aufgrund des Bedeutungsgewinns privatkommerzieller Fernsehanbieter zunehmenden Nutzung ausschließlich unterhaltender Medieninhalte einher gehen, könnte eine neue „Nischengesellschaft“ entstehen, in der Politik für einen Großteil der Bevölkerung keine subjektive Bedeutung hat.

Frank Brettschneider

Literatur:

Brettschneider, Frank 1997: Mediennutzung und interpersonale Kommunikation in Deutschland, in: Gabriel, Oscar W. (Hrsg.): Politische Orientierungen und Verhaltensweisen im vereinigten Deutschland, Opladen, S. 265-289.

Klingemann, Hans-Dieter/Voltmer, Katrin 1989: Massenmedien als Brücke zur Welt der Politik. Nachrichtennutzung und politische Beteiligungsbereitschaft, in: Kaase, Max/ Schulz, Winfried (Hrsg.): Massenkommunikation. Theorien, Methoden, Befunde, Opladen, S. 221-238.

Lazarsfeld, Paul F./Berelson, Bernard/Gaudet, Hazel 1968: The People's Choice. How the Voter Makes up his Mind in a Presidential Campaign, 3. Aufl., New York/London.

Milbrath, Lester W. 1965: Political Participation. How and Why Do People Get Involved in Politics?, Chicago.

Schenk, Michael 1995: Soziale Netzwerke und Massenmedien. Untersuchungen zum Einfluß der persönlichen Kommunikation, Tübingen.

Voltmer, Katrin/Schabedoth, Eva/Schrott, Peter R. 1995: Individuelle Teilnahme an politischer Kommunikation. Zur Bedeutung von interpersonaler und massenmedialer Kommunikation im Prozeß der deutschen Vereinigung, in: Klingemann, Hans-Dieter/ Erbring, Lutz/Diederich, Nils (Hrsg.): Zwischen Wende und Wiedervereinigung. Analysen zur politischen Kultur in West- und Ost-Berlin 1990, Opladen, S. 230-259.

Weimann, Gabriel 1994: The Influentials. People Who Influence People, New York.

Kindheit/Jugend

→ Anomie/Entfremdung, Arbeitslosigkeit, Bündnis 90/Grüne, Familie, Generationen, Neue Bundesländer, Politische Sozialisation, Politische Sozialisation: Familie/Gleichaltrigengruppe/ Schule.

Begriff/Definition - von der Lebenstreppe zum Patchwork:

Kindheit und Jugend waren im Industriezeitalter eindeutig definiert: Solange die Kinder bei den Eltern zu Hause lebten und die Schule besuchten, das heißt bis zum Eintritt in die Lehre, dauerte die Kindheit. Die Jugendphase endete mit dem Auszug aus dem Elternhaus, der ökonomischen Selbständigkeit und der Begründung einer eigenen → Familie. In den 50er und 60er Jahren dieses Jhdts. markierte in der Regel die frühe Heirat zwischen dem 22. und 24. Lebensjahr das Ende der Jugendphase. Die Regulierung von Kindheit und Jugend bezog sich aber nicht nur auf die Verantwortlichkeiten von Eltern, Schule und Lehrherrn, sondern umfaßte weite Bereiche kindlicher und jugendlicher Handlungsmöglichkeiten, von der Erlaubnis, bestimmte Veranstaltungen bis zu einer bestimmten Uhrzeit besuchen zu dürfen, bis zur Regulierung von Jugendsexualität. Hinter diesen vielfältigen Regulierungen stand die Vorstellung der Dreiteilung des Lebenslaufs von Menschen, dem Modell der Lebenstreppe folgend: Kindheit und Jugend wurden als Vorbereitungszeit für das Erwachsenenalter angesehen, um die sozialen, kognitiven und persönlichen Fähigkeiten zu entwickeln als notwendige Voraussetzung für eine aktives und erfolgreiches Erwachsenenalter, das seinerseits wiederum Voraussetzung für den verdienten Ruhestand war.

Dieses Modell verliert zunehmend an Bedeutung. Weder der Übergang von der Kindheit zur Jugend noch vom Jugend- zum Erwachsenenalter läßt sich heute eindeutig bestimmen. Infolge der Bildungsreform der 60er Jahre bleiben heute, je nach Bundesland, zwischen 30 und 40 % eines Altersjahrgangs bis zum 19. Lebensjahr in der Schule und damit im Elternhaus. Der Geselle, der ökonomisch selbständig mit 23 Jahren heiratet, ist nach den klassischen Kriterien erwachsen, während der 33jährige Doktorand, der bei seinen Eltern wohnt, noch ein Jugendlicher ist. Da zudem heute viele junge Erwachsene nach einer ersten Ausbildung und Tätigkeit wiederum anfangen zu lernen und von den Eltern ökonomisch abhängig sind, ist eine eindeutige Abgrenzung der Jugendphase heute nicht mehr möglich. Jugendliche und junge Erwachsene sehen diese Lebensphase zwischen dem 14. und 30. oder gar 35. Lebensjahr auch nicht als eine Vorbereitungsphase für das Erwachsenenalter an, sondern als eine Lebensphase, die aus sich selbst heraus gestaltet wird (Entstrukturierung der Jugendphase; Fischer/Münchmeier 1997). Die Übergänge in die späteren Lebensphasen sind nicht mehr klar vorgezeichnet, sondern entsprechen einem Patchwork.

Eltern und Kinder: Beziehungen auf der Basis von Verhandeln:
Auch wenn die Rechte der Eltern gegenüber den Kindern in modernen Gesellschaften gesetzlich eingeschränkt waren und sie etwa nicht mehr über den Ehepartner mitentscheiden konnten, so wurde von ihnen doch erwartet, daß sie den Kindern gegenüber die gesellschaftlichen Leistung-, Moral- und Rechtsvorstellungen vertraten und vermittelten. Diese Erwartung konnten die Eltern auch erfüllen, solange diese Bereiche auf gesellschaftlich konsensual geteilten Werten basierten. In modernen, hoch differenzierten Gesellschaften gibt es nur noch in wenigen Bereichen solche konsensual geteilten Werte (Berger/Luckmann 1995). Selbst die eigene berufliche Erfahrung der Eltern kann den Kindern heute kaum noch als Orientierungsmuster für die eigene Zukunft dienen, da die Wahrscheinlichkeit, daß sie in Berufen tätig sein werden wie die Eltern, gering ist. So ist der Anteil der Industriearbeiter von 1970 bis heute von 50 auf knapp 30 % gesunken. Die neu entstehenden Berufe haben mit den alten kaum etwas zu tun. Diese Pluralisierung gesellschaftlicher Werte hat entgegen allen Prognosen der 60er Jahre nicht zu einer Kluft zwischen den Lebens- und Wertvorstellungen von Eltern und Kindern geführt. Die Kinder und Jugendlichen haben offenbar wie die Eltern das Eltern-Kind-Verhältnis neu interpretiert. Auch wenn sich Gesellschaften heute durch die Vielfalt unterschiedlicher Werte und konkurrierender Autoritäten und durch eine erstaunliche Offenheit auszeichnen, so zeigen die Kinder und Jugendlichen, die in dieser Freiheit aufgewachsen sind, keinesfalls die befürchtete Beliebigkeit und Selbstbezogenheit (Beck/Beck-Gernsheim 1994). Beim Vergleich der Sexualmoral

von jungen Erwachsenen zwischen 16 und 21 Jahren mit der gleichen Altersgruppe von 1968 wird heute voreheliche Sexualität ebenso akzeptiert wie der Wunsch der Mädchen nach sexuell befriedigenden Beziehungen, aber ohne sich für regellose Sexualität oder Promiskuität zu entscheiden, sondern für sequentielle Treue: Man ist dem jeweiligen Partner oder der Partnerin der sexuellen Beziehung treu, ohne aber, im Gegensatz zur Elterngeneration, dies als lebenslange Treue zu interpretieren. Auch agieren junge Frauen heute viel gleichberechtigter in diesen sexuellen Beziehungen als die Generation der Mütter. Aus dem Wert Treue, in der Elterngeneration durch Staat und Kirche hoch sanktioniert, ist heute ein Element persönlicher gleichberechtigter Beziehung geworden (Schmidt 1993); dies gilt auch für die neuen Bundesländer.

Die Pluralisierung gesellschaftlicher Werte hat also nicht zu einer Auflösung dieser Werte geführt, sondern zu ihrer Personalisierung. Ähnliches gilt heute für das Eltern-Kind-Verhältnis, das nicht mehr auf der einseitigen Achtung der Kinder vor den Eltern beruht, sondern Gegenstand wechselseitigen Aushandelns ist. Nach amerikanischen Mehr-Generationen-Studien stellt dieses wechselseitige Aushandeln von Beziehungen eine wesentliche Voraussetzung für eine lebenslange Beziehung zwischen Eltern und Kindern dar. Das Modell des ausgehenden 19. Jhdts., in dem die Selbständigkeit der Kinder durch die Auflehnung gegen die Autorität der Eltern erreicht wurde, ist durch ein Verhandlungsmodell ersetzt worden (Clausen 1993).

Ausblick - Jugend und Zukunft:
Wenn in der Jugend einer Gesellschaft ihre Zukunft liegt, so hat Deutschland nur dann eine Zukunft, wenn es gelingt, die vielen ausländischen Kinder und Jugendlichen so zu integrieren, daß diese sich als Teil der deutschen Gesellschaft fühlen können. Da Deutschland wie andere westeuropäische Länder eine extrem niedrige Geburtenrate hat, ist die Zuwanderung ausländischer junger Erwachsener und die Integration der hier geborenen Jugendlichen ausländischer Herkunft für die Zukunft Deutschlands von großer Bedeutung. Fatalerweise weisen aber gerade diese Jugendlichen und jungen Erwachsenen die höchsten Drop-out-Quoten im Bildungssystem und eine hohe Arbeitslosigkeit auf. Zudem hat die Migrationspolitik der 60er und 70er Jahre mit dazu beigetragen, daß diese Jugendlichen vor allem in altindustriellen Regionen aufwachsen mit nur geringen wirtschaftlichen Entwicklungschancen.

Auf Grund der demographischen Struktur Deutschlands besteht kein Zweifel daran, daß junge Frauen in Zukunft in fast gleicher Weise wie die Männer berufstätig sein werden. Denn gerade die traditionellen Frauenberufe in den sozialen Dienstleistungen gehören heute in den USA zu den schnellst wachsenden Berufen bei eher steigender Nachfrage. Obwohl diese Jugendlichen heute schon wissen, daß der Altersaufbau der Bevölkerung ihnen immense finanzielle Belastungen aufbürdet, gibt es in Deutschland, anders als in den 60er Jahren, keine wirkliche politische

Auseinandersetzung zwischen den → Generationen. Das ist um so erstaunlicher, als praktisch alle Bundesländer und die Bundesregierung die Mittel für Schule, Berufsausbildung und Hochschulen ebenso wie die BAFöG-Unterstützung reduziert und nicht der gestiegenen Nachfrage nach qualifizierter Ausbildung angepaßt haben. Trotz teilweise schlechter Ausbildungs- und Studienbedingungen und der Notwendigkeit, das Studium weitgehend selbst zu finanzieren, scheinen die meisten Jugendlichen und jungen Erwachsenen ihr Leben pragmatisch selbst gestalten zu wollen. Die geringe Attraktivität der politischen Parteien erklärt sich möglicherweise auch aus dieser Einsicht.

Hans Bertram

Literatur:

Beck, Ulrich/Beck-Gernsheim, Elisabeth 1994: Riskante Freiheiten. Individualisierung in modernen Gesellschaften, Frankfurt a.M.

Berger, Peter A./Luckmann, Thomas 1995: Modernität, Pluralismus und Sinnkrise. Die Orientierung des modernen Menschen, Gütersloh.

Clausen, John 1993: Kontinuität und Wandel in familialen Generationsbeziehungen, in: Lüscher, Kurt/Schultheis, Franz: Generationenbeziehungen in „postmodernen" Gesellschaften: Analysen zum Verhältnis von Individuum, Familie, Staat und Gesellschaft. Konstanzer Beiträge zur sozialwissenschaftlichen Forschung (Bd. 7), Konstanz, S. 111-124.

Fischer, Arthur / Münchmeier, Richard (Hrsg.) 1997: Jugend '97 (Jugendwerk der Deutschen Shell AG), Opladen.

Schmidt, Gunter 1993: Jugendsexualität in den Neunziger Jahren: Eine Synopse in zwölf Thesen, in: Schmidt, Gunter (Hrsg.): Jugendsexualität. Sozialer Wandel, Gruppenunterschiede, Konfliktfelder, Stuttgart, S. 1-11.

Kirchen

→ *CDU/CSU, Eliten, Endogenität/Exogenität, Familie, Geschichtliche Phasen der BRD, Identität, Individualisierung, Konfliktlinien, Neue Soziale Bewegungen, Politische Bildung, Politische Inszenierung/Symbolische Politik, Politische Beteiligung, Politische Sozialisation, Politische Toleranz, Politische Traditionen, Regionale/Lokale politische Kultur, Religiosität, Republikaner/DVU, Soziale Sicherheit, Sozialer Wandel, SPD, Sprache, Wahlen/Wähler, Wertewandel.*

Geglaubte und empirische Kirche:

Wie das Verhältnis der Kirche (K.) als Repräsentation religiösen Glaubens zur verfaßten K., ihrer Sozialgestalt der verheißenen „Gemeinschaft der Heiligen" zu bestimmen ist, diese Frage ist von alters her das zentrale Problem der theologischen Reflexion über die K. Um die Spannung zwischen der geglaubten und der empirischen K. zu bewältigen, versucht man in der Theologie gewöhnlich, biblische Begriffe und Kriterien wie „Volk Gottes“ oder „Leib Christi“ mit der heutigen Realität zu konfrontieren oder zu verbinden. Mit besonderer Stringenz hat dies die „Barmer Theologische Erklärung“ von 1934 getan, wenn es dort in der dritten These heißt: „Die christliche Kirche ist die Gemeinde von Brüdern (und Schwestern), in der Jesus Christus in Wort und Sakrament durch den Heiligen Geist als der Herr gegenwärtig handelt. Sie hat mit ihrem Glauben wie mit ihrem Gehorsam, mit ihrer Botschaft wie mit ihrer Ordnung mitten in der Welt der Sünde zu bezeugen, daß sie allein sein Eigentum ist, allein von seinem Trost und von seiner Weisung in Erwartung seiner Erscheinung lebt und leben möchte.“ Hier wird der Konnex zwischen der geglaubten und der erfahrenen K. so stark hervorgehoben, daß sich das Mißverständnis aufdrängen kann, als sei die gesellschaftliche mit der geglaubten Realität deckungsgleich. Beide Aspekte sollten zwar nicht voneinander getrennt werden, dennoch sind sie zu unterscheiden. Die K. als verfaßte Institution erhebt den Anspruch, zwischen der Lebenssituation der einzelnen Menschen und den Lebensbedingungen der Gesellschaft zu vermitteln und dabei Orientierung zu bieten. Im Verfolg dieser Aufgabe existiert die K. aber nicht im Singular, sondern nur im Plural konfessioneller, national- und landeskirchlicher sowie freikirchlicher Organisationen und Konföderationen. In der gegenwärtigen Lage können die K. sich nicht mehr nur als das institutionelle Gegenüber zum Staat verstehen, sie nehmen ihre öffentliche Aufgabe vielmehr als intermediäre Institutionen in der Zivilgesellschaft wahr, und zwar in Konkurrenz zu anderen Sinn stiftenden Institutionen, die den Menschen helfen, ihr persönliches Leben im Kontext größerer Zusammenhänge zu verstehen. In Bezug auf diese Problemstellung hat die Perspektive der pKf ihr eigenes Recht: Hier wird im Blick auf die → Identität, Legitimität und → Anomie religiöser Systeme, Organisationen und Institutionen in einer Gesellschaft aus organisationssoziologischer und politologischer Perspektive nach dem Verhältnis zwischen den K. und dem Bewußtsein ihrer Mitglieder bzw. der gesellschaftlichen Öffentlichkeiten gefragt.

Kirche als Institution:
Trotz der Pluralisierung der K.-Tümer, die seit der K.-Spaltung im 16. Jhdt. fortschreitet und erst durch die ökumenische Bewegung nach dem zweiten Weltkrieg eine Gegenbewegung ausgelöst hat, haben die K. zum Staat analoge Strukturen ausgebildet. Das gilt nicht nur für die Hierarchie der katholischen und der orthodoxen K., sondern auch für den europäischen Protestantismus. Die strukturelle Analogie zum Staat hat auch das Ende des landesherrlichen K.-Regiments 1917 in Deutschland überlebt. Sie manifestiert sich bis heute in der Verrechtlichung der kirchlichen Organisation und Verwaltung, im Prinzip der Gewaltenteilung, nicht zuletzt in der „hinkenden Trennung“ von Staat und K. (Theologische Fakultäten, Religionsunterricht, Militärseelsorge, K.-Steuer). Die dem Staat entsprechende Vorstellung von der *Volks-K.*, wie sie sich im 20. Jhdt. ausgeprägt hat, steht aber der

Aufgabe, K. des Volkes und für das Volk zu sein oder die Rolle als intermediäre Institution in der Zivilgesellschaft anzunehmen, mehr und mehr im Wege.

Der Typus Volks-K. hat eine Doppelfunktion als Instrument der Domestikation und Stabilisierung einerseits, der Innovation und Emanzipation andererseits. Diese Doppelfunktion spiegelt sich auch in der Entstehungsgeschichte dieses Sondertyps der sozialen Organisation von Religion wider, gegenüber dem der Typ Freik. und Sekte im deutschen Kulturraum wenig Chancen hatte (die katholische Weltk. hatte aufgrund der Internationalität und des hierarchischen Zentralismus ihrer Organisation diese Entwicklung in größerer Distanz zur sozialen Geschichte mitzuvollziehen). Auf dem Boden der evangelischen Landes-K. ist die Volks-K. als Erbe der staatskirchlichen Tradition nach dem ersten Weltkrieg entstanden (→ Politische Traditionen). Diese Entwicklung wurde begleitet von einer Wende im theologischen Selbstverständnis: Der Kulturprotestantismus im evangelischen Staatskirchentum wurde nach dem ersten Weltkrieg von einem tiefen Krisenbewußtsein abgelöst, das sich in zwei Richtungen entwickelte: Aus der Konzentration auf einen Konfessionalismus entstand auf der einen Seite die nationalkonservative Vision einer vom Staat unabhängigen evangelischen Volksk. als Bollwerk gegen den Individualismus der technischen Zivilisation und der aufklärerischen Vernunft. Auf der anderen Seite entstand auf dem Boden der Dialektischen Theologie das Konzept einer K. als kritischem Gegenbild der Gesellschaft, einer bekennenden Gemeinde in Distanz zur säkularisierten Kultur.

Kirche als gesellschaftliche Organisation:
Die Lage der K. in Deutschland ist in den letzten Jahrzehnten des vergangenen Jahrhunderts unterschiedlich interpretiert worden: als „Säkularisierung" und Entkirchlichung, „zwischen zweiter Aufklärung oder zweiter Moderne und neuer → Religiosität", „zwischen Volks-K. und Freiwilligkeits-K.", als „Anpassung an die Sinnbedürfnisse einer nachmodernen Gesellschaft". Dabei blieb umstritten, inwieweit Selbstverständnis und Fremdbild der K. voneinander entfernt sind, inwiefern sie als Bestandteil einer Zivilreligion zu betrachten, ob sie noch als Gegenüber zum Staat zu verstehen sind und ob bzw. in welcher Weise sie als Orientierungsinstanz für das persönliche und öffentliche Leben in Anspruch genommen werden. Verunsichernd hatte besonders die Austrittswelle der 70er Jahre auf die beiden großen K. in ihrem Selbstverständnis als Volks-K. gewirkt. Dennoch gehörte die überwiegende Mehrheit der Wohnbevölkerung nach wie vor der römisch-katholischen K. und den damals 20 ev. Landes-K. in der alten Bundesrepublik an, (Verhältnis ev./kath. 1970: 49/44,6 %). Die Taufbereitschaft und die Bestattungsrate lagen weitgehend konstant bei 95/98 %; 76 % der ev. Ehen wurden 1971 kirchlich getraut. Der Gottesdienstbesuch zeigte zwischen ev. und kath. K., Stadt und Land, an normalen Sonntagen und hohen Feiertagen - wie bereits seit Anfang des Jahrhunderts - starke Schwankungen; das Mittel lag ev. bei 5,6 %, kath. bei 9,4 %. Hielten sich 1966/67 Austritt und Eintritt in etwa die Waage, so hatten sich die Austritte von 1969 bis

1976 von 110.000 (23.000 Eintritte) auf 216.000 gesteigert (10.900 Eintritte), um bis 1989 wieder zurückzugehen.

Seit Mitte der 80er Jahre liegt in der alten Bundesrepublik die Zahl der kath. leicht über der Zahl der ev. K.-Mitglieder. Wenn nach der Wende die Erwartung ausgesprochen wurde, die Bundesrepublik werde durch die deutsche Vereinigung protestantischer, so hat sich solche an Zahlen orientierte Spekulation als Irrtum erwiesen: Im Blick auf die Lage der K. ist um die Jahrhundertwende vielmehr mit zwei völlig unterschiedlichen Religionskulturen zu rechnen. Der Prozeß der Entkirchlichung hat sich in Ost- und Westdeutschland in den letzten 50 Jahren ganz verschiedenartig vollzogen. Die Zahlen zur Mitgliedschaftsentwicklung geben hier Auskunft: In den alten Bundesländern gehören noch immer über 80 % der Bevölkerung zu einer der beiden Groß-K. 1950 machten die K.-Mitglieder etwa 96 % der Gesamtbevölkerung der Bundesrepublik aus; der Anteil der Konfessionslosen ist in 45 Jahren also um das dreifache, von 4 auf über 12 % gestiegen. In den neuen Bundesländern dagegen sind weniger als 30 % der Bevölkerung Mitglied einer der beiden großen K. Knapp 25 % gehören der evangelischen, 3 % der katholischen K. an. Die größte Gruppe sind hier die Konfessionslosen, die etwa 70 % ausmachen; 1950 betrug dieser Anteil noch etwa 7 %. In den letzten 45 Jahren bedeutet das eine Erhöhung um das Zehnfache. Der Prozeß der Entkirchlichung hat in Ost und West freilich widersprüchlichen Charakter. Wenn man die Hauptfaktoren der Säkularisierung und die entsprechenden sozialstrukturellen Differenzen in Anschlag bringt (Lebensstandard, Bildungsniveau, Urbanisierung, gesellschaftlicher Pluralismus, → Individualisierung), so „müßten die alten Bundesländer aufgrund ihres höheren Modernisierungsgrades ... stärker entkirchlicht und säkularisiert sein als die neuen. Das Gegenteil ist der Fall" (Pollack 1997: 6). Pollack erklärt die tatsächliche Entwicklung mit dem Hinweis auf drei Elemente, die in den östlichen Ländern besonders gravierende Folgen hatten:

Die politischen Repressionen gegenüber Christen und dem Bürgertum führten in der zweiten Hälfte der 50er Jahre zu einem Höhepunkt der kirchlichen Austritte; nach Einführung der Jugendweihe ging zudem der Anteil der konfirmierten Jugendlichen von über drei Viertel auf etwa ein Drittel, die Taufzahlen um ein Drittel zurück. Dem bürgerlichen Protestantismus war durch die Vertreibung des Besitz- und Bildungsbürgertums, die Kollektivierung der Landwirtschaft und die Verstaatlichung der Betriebe „das sozialstrukturelle Rückgrat" gebrochen worden. Die große Zahl der Konfessionslosen war zudem in den 60er bis 80er Jahren die Ursache für eine immer geringere Taufbereitschaft und löste einen tiefgreifenden kulturellen Traditionsabbruch aus. Hinzu kam, daß weite Teile Mitteldeutschlands bereits im 19. Jhdt. eine überdurchschnittlich geringe K.-Bindung aufwiesen. Der traditionell geringe Katholikenanteil hatte diese „innere Säkularisierung" eher begünstigt. Die dem gegenüber weitaus geringere, wenn auch beachtliche Austrittswelle der 60er und 70er Jahre in den westlichen Ländern setzt man dagegen heute vielfach mit der kulturellen Aufbruchbewegung und der Jugendrevolte der 68er

Generation in Beziehung und deutet sie als Begleiterscheinung des → Wertewandels von Ordnungs-, Autoritäts- und Sicherheitswerten hin zu den Werten von Partizipation und Selbstverwirklichung (Inglehart 1979). Entkirchlichung und K.-Austritt wären dann als Teil des Prozesses kultureller Modernisierung zu verstehen. Freilich bleiben die Unterschiede zwischen Ost und West gravierend: Lag die Austrittsrate auf ihrem Höhepunkt 1974 im Westen bei 0,8 %, so betrug sie im Osten beim Höchststand 1958 2,5 % (Pollack 1998). Die Vereinigung hat die christlichen K. in Deutschland in eine neue Lage gebracht und vor neuartige Herausforderungen gestellt: Die beiden verschiedenen Religionskulturen stellen sowohl den Typus „Volks-K." als auch die westeuropäisch-amerikanische Alternative „Freiwilligkeits-K." infrage. Im Westen Deutschlands beträgt der Anteil der K.-Mitglieder an der Wohnbevölkerung 80,3 %, an der deutschen Bevölkerung 84,2 %, im Osten sind 28,9 % bzw. 29,3 % Mitglied einer K.

Angesichts dieser Lage, die beide Konfessionen betrifft, wird deutlich, wie sehr im Westen die K. in ihren Kultur- und Sozialisationsfunktionen trotz der Schrumpfung akzeptiert sind. Andererseits läßt sich eine Identitäts-, eine Organisations- und Finanzkrise nicht bestreiten. Die formale K.-Zugehörigkeit kann in dieser relativ stabilen Situation mit großer Distanz wahrgenommen werden; im Westen wird für die Mehrheit K.-Mitgliedschaft durch Unbestimmtheit und Selektivität bestimmt: Man trifft seine persönliche Wahl zwischen religiösen Angeboten, obwohl man zumeist durch Schule, Gemeinde und → Familie religiös, ja konfessionell sozialisiert und informiert ist. In Ostdeutschland sind dagegen sieben Zehntel der Bevölkerung biographisch nie mit der K. und ihrer Botschaft, mit anderen Christen in Berührung gekommen; fast drei Viertel der Bevölkerung sind konfessionslos. In Westdeutschland prägt Pluralismus das Verhältnis zur K.; die K.-Bindung ist eine Bindung unter vielen anderen geworden. In Ostdeutschland steht dem nach der Erfahrung des real existierenden Sozialismus eine verbreitete Scheu vor Bindung und Mitgliedschaft gegenüber.

Verbundenheit und Partizipation:
Angesichts der Austrittswelle Ende der 60iger Jahre untersuchte man die kirchliche Verbundenheit der Mitglieder und versuchte, Gestalt und Struktur ihrer *Teilhabe* zu bestimmen. Dazu sind in der religionssoziologischen Forschung verschiedene Theorieansätze und Schemata entwickelt worden. Das einfachste, aber meist verwendete Schema ist die Einteilung vom Kern zum Rand (K.-Treue, Kerngemeinde und Dominikanten - gelegentliche Gottesdienstbesucher und Klienten von Amtshandlungen - Randsiedler und bloße K.-Steuerzahler, also Distanzierte). Differenzierter setzen funktionale Theorien der kirchlichen Teilhabe an (Matthes u. a.). Hier wird angenommen, daß das Verhältnis zwischen etablierter Kirchlichkeit und individueller Religiosität und Werteorientierung gegenläufig ist: Je selbstverständlicher die K. als gesellschaftliche Funktion akzeptiert wird, desto mehr verlieren ihre Aktivitäten für individuelle Frömmigkeit, Sinndeutung und Praxis an Bedeutung;

ihr bleibt dennoch die Rolle eines „öffentlichen Gewissens" erhalten. Man akzeptiert Rituale und Werte als objektiv richtig, entlastet sich subjektiv aber von ihnen. Ein sozialpsychologisch ansetzendes Konzept (Schmidtchen 1972) mißt Verbundenheit und Partizipation unter der Annahme, daß die Neigung besteht, eine affektiv-kognitive Konsistenz, eine Einheit zwischen Fühlen, Denken und Handeln herzustellen.

1980 hatte Schmidtchen eine Untersuchung unter Katholiken in der alten Bundesrepublik durchgeführt. „Befragte Katholiken" gaben die Auskunft, daß es zwischen gesellschaftlichem und kirchlichem Wertsystem „keine gute Übereinstimmung" gebe. Die K. werde dort akzeptiert, wo sie einen wesentlichen Bestandteil des Funktionsgleichgewichts der Person bildet, „seelische Heimat" bietet. Dysfunktionalität zeigte sich in der Kritik am Traditionalismus und an falschen Machtstrukturen, die geringe Chancen für Teilhabe mit der Aussicht auf Veränderung zulassen. Konflikte der Katholiken mit ihrer K. zeigten sich besonders bei Sexualmoral, Empfängnisverhütung, Unauflöslichkeit der Ehe und im Verlangen nach geistiger Freiheit. Hohe Übereinstimmung zwischen gesellschaftlichem und kirchlichem Wertsystem ging mit einer engen Beziehung zur K. einher. Andrerseits wurde deutlich, daß, je stärker die Teilnahme am Kommunikationsprozeß der Gesellschaft war, sich der Dissonanzdruck gegenüber der K. desto mehr verschärfte. Für Schmidtchens Prognose, daß die Erosion der Beteiligung am kirchlichen Leben sich weiter fortsetzen werde, gaben zwei Faktoren den Ausschlag: 1. Die Menschen verstehen sich von der Gesellschaft her; 2. Glaubensfragen werden zunehmend in Fragen und Forderungen der Daseinsgestaltung übersetzt. Von daher entstehe ein Reformdruck auf die K. bzw. eine Austrittsneigung. Parallelen dazu ergaben sich aus einer protestantischen Repräsentativumfrage, die im Auftrag der Ev. K. in Deutschland (EKD) 1972 durchgeführt wurde: „Wie stabil ist die Kirche?" (Hild 1974). Diese Umfrage wurde 1982 und zehn Jahre später, also nach der Wende 1992 mit erweitertem Untersuchungsansatz wiederholt. Alle drei Mitgliedschaftsuntersuchungen geben ein prägnantes Bild der Entwicklung der Volks-K. in drei Jahrzehnten am Beispiel der evangelischen K. im geteilten und vereinigten Deutschland wieder.

Die erste, nach einem organisationssoziologischen Ansatz verfahrende Erhebung stellte eine erstaunliche Verbundenheit und geringe Austrittsneigung der evangelischen K.-Glieder fest. Was danach „den Bestand der K. gewährleistet, ist das Bedürfnis nach Begleitung, Vertiefung, Entlastung an den Zäsuren der Lebensgeschichte, die Verschränkung von kirchlichem Handeln, natürlicher Religion und bürgerlichen Lebensgewohnheiten" (Schloz, Erneuerung der Kirchen, in: Matthes 1975: 25). Darin artikuliert sich das Bedürfnis nach Orientierung und Interpretation, aber auch nach gesellschaftlichem Engagement. Dieses Bedürfnis kam besonders in der Teilnahme an den Amtshandlungen an Knotenpunkten des Lebenszyklus zum Ausdruck. Demnach übt die K. eine stabilisierende Funktion aus, auch wenn diese eher als Erwartung denn als Erfahrung an der K. haftete. Verbunden war damit die Erwartung, die K. solle als Repräsentant des gesellschaftlichen Ganzen die vielen verselbständigten und unüberschaubar gewordenen Bereiche des Lebens in einen übergreifenden Horizont zusammenschließen. Zentrale Orientierungsfigur war trotz der krisenhaften Entwicklung der Pfarrer; er/sie wird freilich eher als Bürge und Interpret der bürgerlich Religionsanstalt in Anspruch genommen, denn als Verkündiger, Missionar und Erzieher. Dementsprechend sprach die EKD-Studie von 1972 von einem „tendenziellem Misslingen der kirchlichen Sozialisation". Es gelang bei der Mehrheit der Evangelischen nicht, selbstverständliche, durch Tradition und Sozialisation vorgegebene K.-Mitgliedschaft in verstandene, persönlich verantwortete und in Lebenspraxis ausgedrückte Zugehörigkeit, also zugeschriebene in angeeignete Zugehörigkeit zu verwandeln. Wie in der katholischen Untersuchung zeigte sich auch hier ein „Bildungsdilemma": Je höher das Niveau der formalen Bildung, desto wahrscheinlicher seien Distanz und Kritik gegenüber der K., andererseits sei eine gelingende kirchliche Sozialisation, die zu einem bewußten Akzeptieren der Zugehörigkeit zur K. führt, ein Bildungsproblem. Die Pointe: Die Existenz der Volks-K. ist zunehmend „auf just das selbe Instrument angewiesen, durch das sie anscheinend in Bedrängnis gerät: auf Bildung" (Hild 1974: 248).

Die zweite Repräsentativumfrage von 1982 „Was wird aus der Kirche?" (Hanselmann/Hild/Lohse 1984) weitete die Fragestellung der ersten Untersuchung um die Frage nach der Erlangung von K.-Mitgliedschaft aus. Diese Frage lenkte den Blick auf die familiäre und kirchliche Sozialisation, den Generationenzusammenhang und die Familiengeschichte. Die Erweiterung des Theorierahmens machte zugleich eine Ausweitung des methodischen Ansatzes um wissenssoziologische Elemente erforderlich. Auch der Bezug zum gesellschaftlichen Leben wurde weiter vertieft; dabei kam die Wende von der Aufbruchstimmung der 70er Jahre zum Krisenbewußtsein (Ökologiekrise, Rüstungswettlauf, Nord-Südkonflikt) der 80er Jahre verstärkt in den Blick. Es stellte sich heraus, daß die Einstellung der Evangelischen zu ihrer K. weitgehend stabil geblieben war, sich eher positiv verändert hatte. Das galt insbesondere im Blick auf die Erwartungen: die K. solle dem Einzelnen in seinen Lebensproblemen beistehen, für die Armen und Hilflosen sorgen und predigen. Freilich wurde dem gesellschaftspolitischen Engagement der Christen ein höherer Stellenwert als zuvor eingeräumt: Friedensbewegung, Arbeitslosigkeit, die Rolle der Frau in der Gesellschaft traten deutlicher ins Blickfeld. Vor allem aber: Die Dimension der Entscheidung und der Wahl hatte im Bewußtsein der Mitglieder ein höheres Gewicht bekommen. In diesem Zusammenhang fiel deutlich auf, daß die meisten Mitglieder ein uneindeutiges, unbestimmtes Verhältnis zur K., zu Glaube und Religion artikulierten. Es zeigte sich eine auffallende Diskrepanz zwischen der allgemeinen Anerkennung der K. und der schwachen und selektiven Ausprägung des Teilnahmeverhaltens ihr gegenüber (Matthes 1990: 150). Biographische Elemente der Identitätsbildung und Beheimatung, das kulturelle Erbe wie die Familientradition (→ Familie) wurden in ihrer Bedeutung deutlicher sichtbar.

Dabei stellte man einerseits fest: „Einen Traditionsabbruch gibt es ... für die Mehrheit nicht" (Hanselmann/Hild/Lohse 1984: 173). Andrerseits war erkennbar, wie sehr mit nachlassender kirchlicher Bindung der Eltern die religiöse Sozialisation der Kinder zum Problem wurde. Vor diesem Hintergrund stellte sich die Frage nach der Bedeutung der K. als religiöser Sozialisationsinstanz. Gleichwohl blieb ungeklärt, in welcher Weise die Unbestimmtheit der Einstellungen und des Teilhabeverhaltens als Signatur der Religiosität von distanzierten Mitgliedern zu interpretieren ist.

Um diese Fragestellung wurde der Untersuchungsansatz der dritten Befragung ausgeweitet, die Methoden quantitativer empirischer Sozialforschung durch qualitative Erhebungsmethoden ergänzt: „Nicht mehr die mengenmäßige Verteilung vorab definierter Merkmale leitete nun das Forschungsinteresse, sondern der konkrete Einzelfall, der in seiner typologischen Qualität erhoben werden sollte: Es geht dabei um die komplexere Konstruktion von Ansichten, Erfahrungen, Beziehungen - um den individuellen Lebenskontext eines Subjekts" (Engelhardt/Loewenich/Steinacker 1997: 30). Neben dieser lebensgeschichtlichen Komponente wurden zum ersten Mal auch die Protestanten der ostdeutschen Landesk. sowie die Einstellungen der Konfessionslosen in beiden Teilen Deutschlands in die Untersuchung einbezogen. Zu den Ergebnissen gehörte die folgende Beobachtung: Das Krisenszenario der technischen Risiken sowie der sozialen Belastung ist einerseits der Nährboden für eine neue Suche nach Spiritualität und ökologischer Lebensorientierung, andererseits für eine Konjunktur von traditionellen Werten. Dem entsprach die Renaissance einer religiösen Sinnsuche zu Beginn der 90er Jahre, freilich mit einer ambivalenten Tendenz: „Der Bedeutungsverlust institutionell verankerter Religion ging zeitlich einher mit einem wachsenden Interesse an religiösen Erklärungsmustern und Sinnangeboten unterschiedlicher Herkunft sowie individuell vermittelter Reichweite" (Engelhardt/von Loewenich/Steinacker 1997: 32). Der durchgreifende Pluralismus der spätmodernen Industriegesellschaft sowie die ihm entsprechende Individualisierung und Vermassung, zugleich aber auch der Zwang zur Wahl zeigte an, in welchem Maße sich die gesellschaftliche Lage verändert hatte.

Die Untersuchungen ergeben ein Doppelbild von der Entwicklung der Religiosität in der deutschen Gesellschaft, das nur teilweise Rückschlüsse auf Lage und Entwicklung in den übrigen europäischen Gesellschaften oder Nordamerika zuläßt. Auf der einen Seite zeigt sich ein konformes Bild, das von Untersuchung zu Untersuchung klarere Konturen erkennen läßt und in dem sich sogar die konfessionellen Profile einebnen. Im Blick auf Ostdeutschland wird ein Szenario erkennbar, in dem die pluralistische Volks-K. zu einer Minderheiten-K. geschrumpft ist und in einer Gesellschaft agiert, der die → Sprache und das symbolische Deutungssystem für den Ausdruck der religiösen Sehnsüchte der Menschen weitgehend abhanden gekommen ist. Zugleich wird deutlich, daß die im Osten sich zeigenden Realitäten und Probleme nicht die zukünftige Gestalt der Religiosität und Kirchlichkeit in den westlichen Gesellschaften vorwegnehmen. Im ganzen bestätigt sich die Annahme, daß im Übergang von einer immer noch traditional bestimmten Nachkriegsgesellschaft zur pluralistischen Spätmoderne der Zusammenhang von christlichem Glauben und Kirchlichkeit lockerer geworden ist (→ Sozialer Wandel/Modernisierung). Daraus wird einerseits geschlossen, daß die kirchliche Bindung absinkt, während eine Art von Religiosität entsteht, die sowohl eine Integration des Einzelnen ins soziale Ganze als auch Selbstverwirklichung und sinnstiftende Transzendenz ermöglicht, aber auf kirchliche Formen verzichten kann. Andererseits zeigt sich, daß im nichthintergehbaren Pluralismus und angesichts des Zwangs zur individuellen Wahl die kirchliche Institution eine entlastende und beheimatende Funktion hat; sie bildet einen Schutzraum, in dem sich subjektive Frömmigkeit und sozialpolitisches Engagement entfalten können, der aber gleichwohl eine „distanzierte Kirchlichkeit" zuläßt.

Zur Kennzeichnung dieser Situation lassen sich fünf Gesichtspunkte hervorheben: 1. Durch den „Individualisierungsschub" (Beck) sind die Wechselwirkungen von Einzelnem und Gesellschaft sehr viel komplexer geworden. Dazu trägt der Pluralismus von Wertorientierungen bei, dem der Schwund einer verbindlichen Weltdeutung und Wertordnung entspricht, die der Gesellschaft inneren Zusammenhang geben. „Die gemeinsamen Werte, auf die das Funktionieren des demokratischen Gemeinwesens gegründet ist, sind weitgehend formal. Sie sichern Freiheit, Eigentum, regeln Konflikte auf zivilisierte Weise, doch sie rühren das Herz nicht an. Regelungsmechanismen für das gesellschaftliche Zusammenleben ersetzen nicht die Beheimatung in einem übergreifenden, dauerhaften Sinnsystem, welches das Handeln leitet und die Identität stärkt" (Engelhardt/von Loewenich/Steinacker 1997: 347). Auf die Orientierungsstrapazen des Pluralismus reagieren viele Menschen durch den fundamentalistischen Rückzug auf vermeintliche Sicherheiten jenseits jeder Fraglichkeit, andere durch eine vagabundierende Religiosität, die zu einer Patchwork-Biographie führt und Inseln begrenzter Gewißheiten herstellt, die vorübergehend Beheimatung bieten. Demgegenüber bleibt es ein entscheidendes Charakteristikum des christlichen Glaubens wie auch anderer Religionen, ein kohärentes Symbol- und Deutungssystem für die Gesamtheit menschlicher Erfahrung und menschlichen Handelns von der Gabe des Lebens in der Schöpfung, der Geburt bis zu seinem Ende und dem Ende der Welt sowie entsprechende Organisations- und Lebensformen bereitzustellen.

2. In der Konkurrenzlage der pluralistischen Gesellschaft muß freilich Abschied genommen werden von jedem Monopoldenken. Diese Situation nötigt zur Verständigung darüber, was die K. zu verkündigen hat, über Substanz und Inhalte der christlichen Botschaft. Mit deutlichem Rückgriff auf die Untersuchungsergebnisse setzt sich in den K. die Überzeugung durch: „Der Ansatzpunkt für die Erneuerung der K. liegt darin, daß sie ihre eigene Botschaft ernst nimmt. Das geschieht, wenn sie die Wahrheit Gottes feiert, wenn sie hilft, den Menschen als das

Ebenbild Gottes zu entdecken, und wenn sie zu mündigem Glauben ermutigt" (Huber 1999: 13).

3. Dieser Weg kann freilich nur mit Erfolg beschritten werden, wenn die K. auch die Interessen und Dispositionen ihrer Mitglieder ernst nehmen und ihre Organisation darauf ausrichten, aktiv, initiativ und in gewisser Weise unternehmerisch um Akzeptanz, Förderung und Mitgliedertreue zu werben.

4. Diese Linien laufen zusammen in der Vorstellung von einer missionarischen K., die durch ihr Zeugnis, ihren diakonischen Dienst und ihre Gemeinschaft christliche Lebensorientierung und Lebensform an möglichst viele Menschen in der Gesellschaft vermittelt.

5. Eine solche Zielsetzung setzt eine gelingende Kommunikation des Evangeliums voraus. Damit hat die K. freilich erhebliche Probleme, sowohl nach innen wie nach außen. Die Untersuchungen stellen eine kommunikative Kluft zwischen Kerngemeinde und Distanzierten fest. In der kommunikativen Störung zwischen der K. als Institution und ihren Mitgliedern schlägt sich auch die Spannung zwischen der volkskirchlichen Funktion einer Stillung von Sinngebungsbedürfnissen und dem Mandat der K. nieder, in der Verkündigung des Reiches Gottes die zweckrationalen Systeme sozialen Daseins zu transzendieren: die Spannung zwischen Religions- und Heilsanstalt.

Kirche und Gesellschaft:
Konnte noch 1970 eine Zeitdiagnose lauten, die theologische Reflexion auf die K. „schwankt hin und her zwischen eilfertigem Ausverkauf an alle möglichen Modeströme und reaktionärer Zementierung der institutionell gesicherten Positionen" (Marsch 1970: 384), so sind Gegenwartsdiagnosen heute weitgehend einhellig auf einen anderen Ton gestimmt. Rüdiger Schloz, der Leiter der Planungsabteilung des K.-Amtes der EKD, meint im Blick auf die evangelische K. (Schloz 1997: 26): „Sie stellt sich der pluralen, durch Konkurrenz bestimmten Marktgesellschaft. Sie tut das mit einer unentbehrlichen Dienstleistung, bietet Hilfe zur religiösen Selbstdeutung und individuellen Vergewisserung, zur persönlichen Lebensbewältigung und zur Gemeinschaftsfähigkeit. Die Unentbehrlichkeit dieser Dienstleistung muß sich darin erweisen, daß das Angebot der K. wirklich lebensdienlich und ihr Dienst wirklich leistungsfähig ist... die evangelische K. nimmt gesellschaftliche Verantwortung wahr, beteiligt sich an der Gestaltung des demokratischen Gemeinwesens - im Verein mit anderen Trägern - durch Mitwirkung an der Kindererziehung, an der Wohlfahrtspflege, an der politischen Meinungs- und Urteilsbildung, insbesondere an der Pflege und Erneuerung der tragenden gesellschaftlichen Grundüberzeugung".

Soweit die K. neben der familiären Erziehung eine Sozialisationsfunktion haben, zeigen sich nach wie vor konfessionelle Profile. Und nach wie vor spielt auch das evangelische Pfarrhaus eine zentrale Rolle bei der Rekrutierung von politischen, technischen und wissenschaftlichen → Eliten. Andererseits hat die Verbandsstruktur des Laien-Katholizismus eine starke soziale Integrationskraft. Einfluß auf die Gesellschaft nehmen die K. durch eine ausgebaute Erwachsenenbildung (Akademien, Fachhochschulen), durch öffentliche Erklärungen, die kath. K. durch Hirtenbriefe, die ev. K. besonders durch Denkschriften, nicht zuletzt auch durch eine staatlich subventionierte (Subsidiaritätsprinzip) soziale Diakonie (Erziehungsberatung, Lebenshilfe, Krankenhäuser), durch kirchliche Entwicklungsdienste und eine ausgebaute kirchliche Publizistik. Diese Profilierung hat auch Rückwirkungen auf die Mitgliedschaft: Im Blick auf die Tendenz, daß weniger Glaubensfragen als vielmehr sozialethische Wertorientierungen das kirchliche Identitätsbewußtsein belasten, läßt sich beobachten, daß politische und ethische Stellungnahmen der K. die innere Polarisierung der Mitgliedschaft verstärken. Ein Beispiel dafür ist die Wirkung der „Ostdenkschrift" der EKD, später auch das sog. Antirassismusprogramm des Ökumenischen Rates der K. Auf der kath. Seite haben eine ähnliche Wirkung die Erklärungen zum Schutz des Lebens, zu Schwangerschaftsabbruch und -beratung. In einzelnen Fällen, z.B. der Ostdenkschrift der EKD von 1965 oder der Erklärung beider großen K. zur sozialen Lage von 1998 läßt sich eine klimatische Wirkung auf das öffentliche Bewußtsein feststellen. Im ganzen ist der Einfluß der K. auf die Entwicklung des gesellschaftlichen Bewußtseins jedoch in den letzten Jahrzehnten zurückgegangen: Die K. haben ihre faktische Monopolstellung in der pluralistischen Konkurrenz mit anderen sinnstiftenden Weltanschauungen und Institutionen verloren; andererseits hat sich die mediale Öffentlichkeit in viele Gruppen und spezifische Teilöffentlichkeiten aufgespalten. In dieser Lage können die K. heute ihre öffentliche Aufgabe als „intermediäre Institutionen in der Zivilgesellschaft" (Berger/Luckmann 1995) wahrnehmen.

Hans Norbert Janowski

Literatur:

Berger, Peter L./Luckmann, Thomas 1995: Modernität, Pluralismus und Sinnkrise. Die Orientierung des modernen Menschen, Gütersloh.

Engelhardt, Klaus/von Loewenich, Hermann/Steinacker, Peter (Hrsg.) 1977: Fremde Heimat Kirche. Die dritte EKD-Erhebung, Gütersloh.

Hanselmann, Johannes/Hild, Helmut/Lohse, Eduard (Hrsg.) 1984: Was wird aus der Kirche? Ergebnisse der zweiten EKD-Umfrage über Kirchenmitgliedschaft, Gütersloh.

Hild, Helmut (Hrsg.) 1974: Wie stabil ist die Kirche? Bestand und Erneuerung. Ergebnisse einer Umfrage, Gelnhausen/Berlin.

Huber, Wolfgang 1999: Kirche in der Zeitenwende. Gesellschaftlicher Wandel und Erneuerung der Kirche, Gütersloh.

Inglehart, Ronald 1979: The Silent Revolution: Changing Values and Political Styles Among Western Publics, Princetown.

Marsch, Wolf-Dieter 1970: Institution im Übergang. Die evangelische Kirche zwischen Tradition und Reform, Göttingen.

Matthes, Joachim (Hrsg.) 1975: Erneuerung der Kirche. Stabilität als Chance? Konsequenzen aus einer Umfrage, Gelnhausen.

Matthes, Joachim 1990: Unbestimmtheit: Ein konstitutives Merkmal der Volkskirche?, in: Matthes, Joachim (Hrsg.): Kirchenmitgliedschaft im Wandel. Untersuchungen zur Realität der Volkskirche. Beiträge zur zweiten EKD-Umfrage „Was wird aus der Kirche?", Gütersloh.

Pollack, Detlev 1998: Soziologische Analyse der gegenwärtigen Transformationsprozesse in der Kirche, in: Welche Kirche wollen wir?, epd-Dokumentation 26, S. 5-14.

Schloz, Rüdiger 1997: Erwägungen zu einem Leitbild der Kirche in der nächsten Generation, in: Welche Kirche wollen wir?, epd-Dokumentation 26, S. 15-26.

Schmidtchen, Gerhard 1972: Zwischen Kirche und Gesellschaft. Forschungsbericht uber die Umfragen zur Gemeinsamen Synode der Bistümer in der Bundesrepublik Deutschland, Freiburg.

Kommunen

→ *Armut, Bündnis 90/Die Grünen, CDU/CSU, Demokratie, Endogenität/Exogenität, Föderalismus, Generationen, Identität, Konflikt/Konsens, Neue Bundesländer, Politikverflechtung, Regionale/Lokale politische Kultur, Sozialstruktur, SPD, Vereine, Verwaltungskultur, Wahlen/Wähler, Wertewandel.*

Begriff/Definition:
Die Kommunen (K.) (Gemeinden) in Deutschland sind faktisch, wenn auch nicht staatsrechtlich, eine eigenständige politische Ebene, nicht nur von ihren Aufgaben und der politischen Willensbildung her, sondern auch in politisch-kultureller Hinsicht. Wenn unter pK (u.a.) die Einstellungen der Bürger zu den Institutionen verstanden werden, dann gilt das auch für die kommunale Ebene. Für die Ebene der Gemeinde charakteristisch sind die Dominanz konkordanzdemokratischer Politikmuster, die geringere Rolle von Parteipolitik und - auch als erklärender Faktor - die mangelnde Ausdifferenzierung des politischen Systems gegenüber dem sozialen System. Diese Charakteristika schwächen sich mit zunehmender Ortgröße ab, ohne jedoch selbst in den Großstädten ganz zu verschwinden. Zu beachten ist allerdings, daß von den 14.561 Gemeinden in Deutschland nur 40 über 200.000 Einwohner aufweisen, also echte Großstädte sind, davon allein 16 in NRW. In diesen Großstädten leben gerade einmal 24,4 % der Menschen, während 42,4 % in Gemeinden bis zu 20.000 Einwohner wohnen. Nur Berlin, Hamburg und München sind Millionenstädte.

Entwicklungslinien:
Historisch gesehen bilden sich Gemeinden erst im Gefolge von Seßhaftwerdung, mit genau abgrenzbarem Gemeindegebiet und Territorialität als konstituierenden Bestandteilen von Gemeinde: Man weiß, wer dazu gehört und wer nicht. Dabei stellen Gemeinden einen umfassenden Zusammenhalt (König: „gobale Gesellschaft")

zur gemeinsamen Existenzsicherung dar, gegenüber einer als prinzipiell feindlich wahrgenommenen Umwelt, seien es Natur, Nachbarorte oder Feinde - oder auch ein übergeordnetes politisches System („Staat"), das sich allmählich darüber zu stülpen begann, die Oberherrschaft beanspruchend, Steuern und Soldaten einfordernd. Gemeindebildung war „not-wendig", um Arbeitsteilung zu organisieren und mit den inneren Problemen fertig zu werden, die sich aus menschlichem Zusammenleben ergeben. Es bilden sich Organe und Institutionen zur Schaffung von Handlungsfähigkeit heraus, die der Daseinsvorsorge einschließlich der Schaffung von Infrastruktur und der Knüpfung eines Netzes sozialer Sicherheit, der internen Konfliktregulierung und der Kommunikation wie der Gefahrenabwehr nach außen dienen. Die Absetzung gegenüber „außen" verlangt im Konfliktfall Einmütigkeit: Interne Konflikte müssen zwecks Selbstbehauptung zurückgestellt werden. Das begünstigt Harmoniestreben und konkordanzdemokratische Konfliktregelungsmuster - was nicht mit Konflikt*freiheit* verwechselt werden darf. Die Gemeinde wird als Gemeinschaft sakral überhöht als Pfarrgemeinde und erlebt sich in Festen und Feiern, in der Verbundenheit der → Generationen, als Gemeinschaft der Lebenden und Toten. Von daher sind Kirche und Friedhof, Rathaus und Gasthaus als *Identitäts- und Integrationssymbole* (→ Identität) fester Bestandteil der Gemeinde. Einen massiven Eingriff in diesen Zusammenhang schafft erst die *kommunale Gebietsreform* im Namen der Effektivierung von Verwaltung in den 60/70er Jahren in den alten Bundesländern, die die Zahl der Gemeinden im politisch-administrativen Sinne drastisch reduzierte (in den → Neuen Bundesländern ist dieser Prozeß noch in Gang).

Im politisch-*institutionellen* Bereich bildete sich von Anfang an und überall so etwas wie ein „Naturmuster" heraus: ein Repräsentant der Gemeinde, der sie vertritt und an ihrer Stelle zu handeln bevollmächtigt ist (Bürgermeister), ein repräsentatives Organ, das das kommunale Handeln breiter absichert (Rat) und Interventionsmöglichkeiten aller Bürger bei besonders wichtigen Entscheidungen oder wenn das repräsentative Organ den Bevölkerungswillen verkannte bzw. gröblich mißachtete (Referendum). Die ständige Rückkopplung der handelnden Organe an den Bevölkerungswillen ist dann am besten gewährleistet, wenn sie unmittelbar bestellt werden und der direktdemokratische Rekurs auch bei Sachfragen möglich ist. So gesehen ist die seit 1990 überall vollzogene Orientierung aller Kommunalverfassungen (*Gemeindeordnungen*) in Deutschland an der Süddeutschen Ratsverfassung konsequent (Ausnahme bislang: Hessen und Stadtstaaten).

Kennzeichnend für den dominierenden Typus *Süddeutsche Ratsverfassung* ist die Dominanz des Bürgermeisters, der die zentralen Führungsfunktionen in seiner Position bündelt: als Vertreter der Gemeinde nach außen (Repräsentant, Rechtsvertreter, Ansprech- und Verhandlungspartner), Chef der Verwaltung, Vorsitzender des Rats (vielfach auch all seiner Ausschüsse); vor allem aber beruht seine Dominanz auf seiner Wahl unmittelbar durch die Bürger. Damit sind klare Verantwortlichkeiten geschaffen, die vom Bürger eingesehen, eingefordert und positiv wie negativ sanktioniert werden können: Es gilt das *Prinzip der Kongruenz von Kompetenz und Verantwortung*. Das Eingriffsrecht des Bürgers in kommunale Streitthemen via *Referendum* (Bürgerbegehren und -entscheid, inzwischen in allen Ländern gegeben) ist durchaus systemgerecht. Kommunale → Demokratie verschiebt sich dadurch keineswegs vom System repräsentativer Demokratie zur direkten Demokratie: Die Möglichkeit von Bürgerentscheiden ist lediglich Notbremse, setzt Bürgermeister und Rat unter Legitimations- und Leistungsdruck, stellt ein Mittel zur Optimierung des repräsentativen Systems dar.

Auch wenn zumeist → *Parteien und Wählervereinigungen* ein Nominierungsrecht für die Wahl des Bürgermeisters zukommt: Die Wähler orientieren sich nicht unbedingt an der Parteizugehörigkeit, entscheiden in starkem Maß nach der Persönlichkeit bzw. anhand von Persönlichkeits*merkmalen* (Ausbildung, berufliche Vorpositionen, Unabhängigkeit). So kommt es durchaus vor, daß ein Parteiloser oder gar ein Mitglied einer Minderheitspartei am Ort Bürgermeister wird. In jedem Fall jedoch erwarten die Bürger, daß der Gewählte sein Amt unabhängig, als Bürgermeister aller Bürger ausübt. Diesen Bürgererwartungen - man kann auch sagen: der spezifisch → regionalen/lokalen pK - passen sich die Kandidaten bereits im Wahlkampf an. Festgefügte parteipolitische Strukturen würden es einem Bürgermeister ohne gleichgerichtete Mehrheit im Rat schwer machen, sein Programm, für das er gewählt worden ist, in Politik umzusetzen. Zu Hilfe kann ihm da die - im Vergleich zu anderen Systemebenen - geringer ausgeprägte Parteipolitisierung der Kommunalpolitik kommen: der Mangel an parteipolitisch besetzten Streitthemen; ein Wahlsystem zum Rat, das ent(partei)politisierende Wirkungen zeitigt; die geringere Neigung zum offenen Konfliktaustrag im sozialen System Gemeinde. Parteien haben zudem auf kommunalpolitischer Ebene mit der Konkurrenz der → *Vereine* zu rechnen: in Hinblick auf deren Artikulations-, Orientierungs-, Rekrutierungs- und Sozialisationsfunktion.

Kommunalpolitik bewegt sich innerhalb von Vorentscheidungen der „höheren“ politischen Ebenen. Das betrifft einmal die grundlegenden Rahmensetzungen von → GG und Finanzverfassung, Wirtschafts- und Eigentumsordnung, zudem des kommunalen Verfassungssystems durch den jeweiligen Landesgesetzgeber (Gemeindeordnung). Zum andern gibt es eine Vielzahl von gesetzlichen Vorschriften, die die Entscheidungsfreiheit von Gemeinden einengen. Schließlich versuchen Land, Bund und EU mittels Finanzierungsangeboten („Goldene Zügel“) die Gemeinden zu einem Verhalten im Sinne ihrer Präferenzen zu bewegen. Von daher ist es keinesfalls verwunderlich, in welch starkem Umfang Ratsentscheidungen einstimmig fallen. Bei Entscheidungsgegenständen, die um Ressourcen konkurrieren, ist eher die Verschiebung („Streckung“) kennzeichnend als die Ausscheidung qua Mehrheitsentscheidung.

Der Mangel an Streitthemen macht es den Parteien selbst in einer Großstadt schwer, sich innerhalb der Kommunalpolitik programmatisch gegeneinander zu profilieren. Statt dessen wird versucht, bei → *Wahlen* personell miteinander zu konkurrieren. Was verstärkt wird, wenn die Wähler über mehr Einflußmöglichkeiten verfügen, mit Stimmenhäufung (Kumulieren) und Listenwechsel (Panaschieren, beides gegenwärtig in zwölf Bundesländern), wenn also die Menüvorschläge der Parteien nicht hingenommen werden müssen, sondern á la carte gewählt werden kann. Die Wähler bevorzugen zumeist Kandidaten, die in der Gemeinde etwas sind und etwas gelten, aufgrund von Abkunft, Beruf und Ehrenämtern - klassische Honoratioren also. Parteien und Wählervereinigungen antizipieren unter dem Druck der Konkurrenz die Präferenzen der Wähler und bieten entsprechende Listen an - der Effekt des Wahlsystems verstärkt sich. Jüngere und Frauen haben es - bislang wenigstens - schwerer. Doch es ist nicht das Wahlsystem, das die Ergebnisse produziert, sondern seine Offenheit für die Präferenzen der Wähler - letztlich die pK.

Deutlich werden die *Determinanten*, die über die pK und das jeweilige kommunale *Verfassungssystem* (Wahlsystem eingeschlossen) hinaus das Ergebnis bestimmen: Neben der *Ortsgröße* (als der vermutlich wichtigsten Variable überhaupt) ist es die → *Sozialstruktur* einer Gemeinde: Je stärker der Anteil der höher Gebildeten (insb. Hochschulabsolventen), desto stärker auch der Frauenanteil im Rat. Das zeigt sich in Universitätsstädten, Verwaltungszentren und in Gemeinden mit Wirtschaftszweigen, die einen hohen Anteil Hochqualifizierter beschäftigen. Der erklärende Faktor ist vermutlich der Anteil an „Postmaterialisten" (→ Wertewandel), der eine deutliche Korrelation zum Bildungsgrad aufweist. Deren Anteil könnte zudem Unterschiede nach Parteien erklären: Die Ratsmitglieder von → CDU und Freien Wählern weisen eher den genannten Honoratiorencharakter auf, auch einem niedrigeren Anteil von Frauen, als die von → SPD und vor allem von → Bündnis 90/ Die Grünen.

Die konkordanzdemokratischen Politikmuster werden durch die Enge, Dichte und Unausweichlichkeit der menschlichen Kommunikation und Interaktion auf Gemeindeebene begünstigt : Man kann sich nicht erlauben, den anderen allzu sehr zu verletzen: Man begegnet ihm immer wieder, und er kann sich für Niederlagen auf dem politischen Feld rächen durch Schäden, die er auf privaten und wirtschaftlichen Gebiet zufügen kann. Das erklärt auch, warum dieses Politikmuster von der Gemeindegröße abhängt. Die konkordanzdemokratisch ausgerichtete pK auf der Ebene der K. ist also durchaus in der Lage, parteienstaatliche Strukturen, etwa in Form festgemauerter Fraktionsgrenzen im Rat, zu unterspülen, ja zum Einsturz zu bringen - das um so eher, je unbeeinträchtigter der Wählerwillen durch das Wahlsystem zum Zuge kommt, bei der Wahl des Bürgermeisters wie der Räte. Die Änderungen der kommunalen Verfassungssysteme - mit der Einführung der Direktwahl der Bürgermeister, von Bürgerbehren und -entscheid (in Bayern sogar gegen den Willen von Regierung und Landtagsmehrheit!), von Kumulieren und Panaschieren - lassen sich somit als *Anpassung des kommunalen Verfassungsrechts an die dominierende pK* interpretieren.

Hans-Georg Wehling

Literatur:

Andersen, Uwe (Hrsg.) 1998: Kommunalpolitik in Nordrhein-Westfalen im Umbruch, Düsseldorf.

Gabriel, Oscar W./Brettschneider, Frank/Vetter, Angelika (Hrsg.) 1997: Politische Kultur und Wahlverhalten in einer Grossstadt, Opladen.

Pfizer, Theodor/Wehling, Hans-Georg (Hrsg) 2000: Kommunalpolitik in Baden-Württemberg, 3. Aufl., Stuttgart.

Wehling, Hans-Georg/Siewert, H.-Jörg 1987: Der Bürgermeister in Baden-Württemberg, 2. Aufl., Stuttgart.

Wollmann, Hellmut/Roth, Roland (Hrsg.) 1998: Kommunalpolitik, 2. Aufl., Opladen.

Konflikt/Konsens

→ *DDR, Eliten, Endogenität/Exogenität, Gewalt/Politische Gewalt, Identität, Kommunen, Konfliktlinien, Multikulturelle Gesellschaft, Nationalsozialismus, Neue Soziale Bewegungen, Parlamentarismus, Politische Sozialisation, Politische Sozialisation: Massenmedien/Schule, Politiker/Politische Klasse, Politikverflechtung, Politische Bildung, Politische Toleranz, Politische Traditionen, Politisches Vertrauen, Regierung/Regierungsmehrheit/Opposition, Sozialer Wandel/Modernisierung, Sprache, Transition/Transformation, Verbände, Verfassungsgerichtsbarkeit.*

Begriff/Definition:

Konflikte (K.) sind ein konstitutives Element demokratischer Gesellschaften, sie sind ihnen funktional. In diesem Sinne läßt sich die Demokratie auch als ein umfassendes System der K-Regelung bezeichnen. K. sind die treibende Kraft des → sozialen Wandels, ohne sie würde eine Gesellschaft im politischen und sozialen Status quo erstarren. Ein entwickeltes K.-Bewußtsein der Bürger ist ein Indiz für ihre politische Reife. Das Ziel einer konfliktfreien Gesellschaft ist eine Fiktion. Auch die vorgetäuschte K.-Losigkeit totalitärer Regime wird nur durch die Unterdrückung von K. erreicht.

Entwicklungslinien:

In der pK Deutschlands hat die Scheu, K. öffentlich auszutragen, eine lange Tradition. K. wurden und werden als Störfaktor angesehen und dementsprechend abgewertet. Die *Perhorreszierung des K.* hat ihren Ursprung in dem tief sitzenden Respekt der Deutschen vor der Hoheit und Würde des Staates, seinen Institutionen und Rollenträgern. Das obrigkeitsstaatliche Politikverständnis der Deutschen orientierte sich an der Hegelschen Staatsidee, nach der der Staat unter den sittlichen Ideen den höchsten Rang verdient. Dieses Verständnis führte zur absoluten Überhöhung des Staates gegenüber der Gesellschaft. Die monarchischen → Eliten überhöhten den Staat zum neutralen Sachverwalter des „Allgemeinen" und alleinigen Interpreten des Gemeinwohls. In der Vorstellung vom Staat als einer über den eigennützigen Interessen der Gesellschaft stehenden, das Gemeinwohl wahrenden überparteilichen Instanz haben K. und Interessenauseinandersetzungen keinen Raum (→ Parlamentarismus). Diese Fiktion einer konfliktentzogenen *Überparteilichkeit* hat schon Gustav Radbruch als „Lebenslüge des Obrigkeitsstaates" entlarvt (→ Politische Traditionen). Die obrigkeitsstaatlich orientierte K.-Phobie setzte sich ungebrochen in der *Weimarer Republik* fort. Sie äußerte sich u.a. in dem Vorwurf gegenüber den Parteien, diese seien nur dem Einzelinteresse verpflichtet und nicht auf das „Ganze" ausgerichtet. So wurde die „Herrschaft der Parteien" der über den Parteien stehenden Staatskunst gegenübergestellt, der überparteiliche Staatsmann gegen den Parteipolitiker ausgespielt. Die K.-Scheu des deutschen Bürgertums führte zur Distanzierung von der Politik als „schmutzigem Geschäft" und zum Rückzug in die „machtgeschützte Innerlichkeit" (Thomas Mann). Die deutsche „*Sehnsucht nach Synthese*" (Dahrendorf) konzentrierte sich zunächst auf den Reichspräsidenten, als Repräsentanten der konfliktentzogenen Überparteilichkeit, um schließlich in den Ruf nach dem Führer umzuschlagen, der das zerrissene Volk wieder einigen sollte. Der nationalsozialistische *Führerstaat* (→ Nationalsozialismus) wurde konsequenterweise von vielen Deutschen als Erfüllung der seit der Romantik tiefverwurzelten nationalen Sehnsucht nach Harmonie und Einheit gesehen. Die NS-Herrschaft war nicht nur ein perfektes System der K.-Unterdrückung, sondern auch der K.-Verdrängung, in dem Gemeinschaftserlebnisse und Massenrituale als Vehikel fungierten, um die konfliktlose Einheit der „Volksgemeinschaft" zu suggerieren.

Nach dem Krieg waren zunächst weder das autoritär-bürokratische Regiment der Besatzungsmächte noch der autoritäre Grundzug des politischen Lebens in der *Ära Adenauer* geeignet, die alte Tradition der K.-Scheu aufzubrechen. Allerdings sind die Bürger der Bundesrepublik in den letzten dreißig Jahren zunehmend konfliktfreudiger geworden, wenn es um die Durchsetzung ihrer Interessen geht. Obrigkeitliche Orientierungen gegenüber Politik und Verwaltung sind zurückgegangen; gleichzeitig ist die klassische Output-Orientierung gegenüber dem Staat als Dienstleister für die materiellen Bedürfnisse der Bürger geblieben. Vorreitergruppen haben langfristig einen Wandel des K.-Bewußtseins bewirkt. Dieser setzte Ende der 60er Jahre mit der studentischen Protestbewegung und der außerparlamentarischen Opposition ein. Obrigkeitsstaatliche Denkmuster und etablierte Autoritäten wurden durch „Regelverletzung" herausgefordert, um verkrustete Strukturen in Staat und Gesellschaft aufzubrechen. Die im Gefolge der Studentenbewegung in den 70er Jahren entstandenen militanten Gruppen politischer Systemveränderer und der Terrorismus haben in Politik und Politikwissenschaft Debatten über Regierbarkeit, Minimalkonsens und das staatliche Gewaltmonopol ausgelöst. Diese Debatte hielt in den 80er Jahren an, als angesichts zunehmender politischer Widersprüche und Problemlagen der Dissens weiter Bevölkerungskreise in neuen

Formen des Engagements und Protests seinen Ausdruck fand (Anti-Atomkraft-, Friedens- u. Ökologiebewegung, → Neue Soziale Bewegungen).

Während die Gesellschaft insgesamt konfliktfreudiger geworden ist, läßt sich dies für die Parteien und → Verbände nicht feststellen. *Innerparteiliche und -verbandliche Willensbildungsprozesse* sind exemplarische Beispiele für ein zumindest noch partiell unterentwickeltes K.-Bewußtsein in der Bundesrepublik. Kritik aus den eigenen Reihen wird häufig mit dem Hinweis unterdrückt, man arbeite dem politischen Gegner in die Hände, beschmutze das eigene Nest. Damit werden kritische Positionen in die Nähe des partei- oder verbandsschädigenden Verhaltens gerückt. Hinter der Scheu, Sachfragen bzw. personalpolitische Alternativen kontrovers zu diskutieren (z.B. auf Parteitagen), stehen nicht ausschließlich Machtinteressen der Partei- oder Verbandseliten sondern auch Befürchtungen vor der Reaktion der Öffentlichkeit, die partei- bzw. verbandsinterne Auseinandersetzungen nicht als produktives Element der Demokratie, sondern als Zerfallserscheinung und Zeichen von Führungsschwäche wertet.

Das entwickelte K.-Bewußtsein in der Bevölkerung korrespondiert mit einem unangemessenen K.-Verhalten der *politischen Parteien*, deren Auseinandersetzungen nur zu oft (besonders in Wahlkampfzeiten) in emotionsgeladene Diffamierung des politischen Gegners abgleiten. Dies ist umso schwerwiegender, als der *politische Stil* ein wesentliches Element der pK ist und das K.-Verständnis der *politischen → Eliten* (→ Politiker/Politische Klasse) die Einstellung der Bürger zum politischen System beeinflußt. Ein konfliktorientiertes Politikverständnis darf die Bereitschaft zum Ausgleich der Interessen und Kontroversen nicht ausschließen. K. dürfen nicht soweit eskalieren, daß sie desintegrierend und damit destabilisierend wirken. Die Fähigkeit zum politischen K. muß sich untrennbar mit der Bereitschaft zum politischen Kompromiß, also dem Interessenausgleich ohne Zwang, verbinden. Der Kompromiß ist als Instrument rationaler K.-Regelung in pluralistischen Demokratien unverzichtbar. Wer Interessenkonflikte mit der kompromißlosen Durchsetzung der eigenen Ziele gleichsetzt, verwechselt den pK-Begriff mit dem Kampfbegriff des Freund-Feind-Denkens. In Deutschland, wo man unter Politik nicht so sehr die Kunst des Möglichen, sondern den Weg des „Alles oder Nichts" verstand, ist ein vernünftiges Kompromißverhalten Verdächtigungen ausgesetzt. Kompromisse sind mit dem Makel des Unzulänglichen behaftet. Der kompromißfeindliche Dezisionismus ist die politische Überlebensstrategie des Gesinnungsethikers, der sich um keinen Preis ein „Abirren" vom vermeintlich richtigen Weg erlaubt.

Der begrenzte und geregelte K. ist ohne *Konsens* (Ko.), d.h. ein Mindestmaß an Übereinstimmung über die Grundlagen der politischen Ordnung, nicht möglich. Ohne Konsens kann kein demokratisches System auf Dauer überleben. K. und Ko. stehen nicht im Gegensatz zueinander, sondern in einem dialektischen Verhältnis. Sie gehören zusammen wie Kolben und Zylinder eines Motors. Ko. muß z.B. über die Form der K.-Austragung, also die demokratischen Spiel- und Verfahrensregeln, herrschen. Er muß aber mehr umfassen als nur die Übereinkunft über politische

Regeln und Verfahrensweisen. Er bezieht sich auf Grundnormen und -werte der politischen Ordnung. Die Frage, was zu diesem „nichtkontroversen Bereich" (Fraenkel 1964) gehören soll, ist in der Bundesrepublik selbst wieder kontrovers. Die Elemente, die den Ko. ausmachen sollen, lassen sich auch nicht im einzelnen katalogartig auflisten.

In der → DDR galten mit der Aufhebung des Grundwiderspruchs zwischen Kapital und Arbeit die Ursachen von Klassen-K. in der Gesellschaft als beseitigt. Nach marxistisch-leninistischer Auffassung hatte Politik in der DDR - im Gegensatz zu kapitalistischen Systemen - grundsätzlich ihren K.-Charakter verloren. Die sozialistische Gesellschaft erhob den Anspruch, ihre „Entwicklungswidersprüche" so zu lösen, dass keine gesellschaftlichen K. auftreten. Konsequenterweise wurden Ansätze politischer Opposition als systemwidrig unterdrückt. Als Ausdruck „sozialistischer Demokratie" fungierten K.-Kommissionen in Betrieben, staatlichen Organen und gesellschaftlichen Organisationen. Sie nahmen eine Art Ventil- und Pufferfunktion bei Kritik an betrieblichen Abläufen, produktionsorganisatorischen und sozialen Mißständen wahr.

Im Diskurs um den Minimalko. sind drei unverzichtbare Kernelemente identifiziert worden, die einander bedingen und begrenzen (Eisel 1986): die Achtung und Unantastbarkeit der Menschenwürde und die Anerkennung der daraus folgenden unveräußerlichen Menschenrechte; die Anerkennung des Mehrheitsprinzips sowie last, but not least die Anerkennung des staatlichen Gewaltmonopols und die individuelle Bereitschaft zum Gewaltverzicht. Auch wenn man den Kernbereich der *Verfassung* (Art. 1; 20; 79; 3 GG) als Ko. definiert, bleibt noch das Problem der konsensfähigen Auslegung dieser Artikel. Selbst ein absolut konsensfähiger Grundsatz wie die Würde des Menschen (Art. 1 GG) schließt Dissens über ihre Realisierung nicht aus (Dissens besteht z.B. in bezug auf die Frage, ob menschlichen Embryonen die Menschenwürde zuerkannt werden sollte). Ko. muß auch die Überzeugung einschließen, daß die Verfassung abgeändert, weiterentwickelt und unterschiedlich interpretiert werden kann. Da es keine ewig gültige Interpretation des → GG geben kann, sondern diese sich am → *Wert- und Normwandel* der Gesellschaft orientieren muß, kann der Ko. nicht für alle Zeiten gültig und gelöst sein. Ko. kann also nicht meinen, Inhalte und Regeln ad infinitum festzuschreiben. Ko. hat immer auch eine dynamische Funktion, ist „Zustand und Prozeß" (Etzioni) zugleich, andernfalls könnte er den Erfordernissen einer sich wandelnden Gesellschaft nicht gerecht werden.

Auch die → Politikverflechtung im kooperativen Bundesstaat ist auf Ko.- oder wenigstens Kompromißlösungen angewiesen (zumindest im „Normalfall" unterschiedlicher parteipolitischer Mehrheiten im Bundestag bzw. Bundesrat). Angesichts einer zunehmenden kulturellen und ethnischen Ausdifferenzierung der Gesellschaft (→ Multikulturelle Gesellschaft) können *Wert-K.*, die, im Gegensatz zu *Verteilungs-K.*, tendenziell am wenigsten kompromißfähig sind, die Qualität von *Identitäts-K.* (→ Identität) annehmen. Damit stellt sich die Frage, inwieweit der consensus omnium über „*neue Kompromißparadigmen*" (M. Greiffenhagen) hergestellt werden kann.

Klaus Wasmund

Literatur:

Dahrendorf, Ralf 1961: Gesellschaft und Freiheit, München.
Eisel, Stephan 1986: Minimalkonsens und freiheitliche Demokratie, Paderborn.
Etzioni, Amitai 1975: Die aktive Gesellschaft, Opladen.
Fraenkel, Ernst 1964: Deutschland und die westlichen Demokratien, Stuttgart.
Greiffenhagen, Martin/Greiffenhagen, Sylvia 1993: Ein schwieriges Vaterland. Zur politischen Kultur im vereinigten Deutschland, München/Leipzig.
Greiffenhagen, Martin 1999: Kulturen des Kompromisses, Opladen.
Kremendahl, Hans 1977: Pluralismustheorie in Deutschland, Leverkusen.
Simmel, Georg 1972: Der Streit, in: Walter L. Bühl (Hrsg.): Konflikt und Konfliktstrategie, München, S. 65-112.
Wilhelm, Theodor 1973: Traktat über den Kompromiß, Stuttgart.

Konfliktlinien

→ *Eliten, FDP, Gewerkschaften, Ideologie, Individualisierung, Kirchen, Konflikt/Konsens, Lebenszufriedenheit/Lebensqualität, Milieus/Lebensstile, Neue Bundesländer, Neue Soziale Bewegungen, Parteiensystem, PDS, Politikverflechtung, Soziale Sicherheit, SPD, Wahlen/Wähler, Wertewandel, Wohlfahrtsstaat.*

Begriff/Definition:

Eine ausdifferenzierte Gesellschaft ist eine konflikthafte Gesellschaft, in der sich soziale und politische Strukturen entlang dauerhafter Konfliktlinien (K.) organisieren. K. oder englisch „cleavages" trennen bestimmte, meist sozialstrukturell (→ Sozialstruktur) voneinander unterscheidbare Bevölkerungsgruppen anhand politischer Überzeugungen und Werthaltungen. Sie haben prägenden Einfluß auf das Wertesystem einer pK, indem sie seine Basis bilden sowie es zugleich differenzieren und fragmentieren. Alle westlichen Industriegesellschaften werden von K. geprägt, wobei sich nur einige wenige als dauerhaft erwiesen haben. Dazu zählen die K. zwischen dominanter und unterworfener Kultur (Zentrum-Peripherie-Konflikt) und der Konflikt zwischen Kapital und Arbeit.

Theorien/Konzepte/Modelle:

1. K. beeinflussen auf individueller Ebene das politische Verhalten, auf kollektiver Ebene das → Parteiensystem. Sie gelten als wichtige Langzeitfaktoren, die auf das Wahlverhalten einwirken. Dabei wird von der Vorstellung ausgegangen, daß es vermittelt über Policy-Issues dauerhafte Koalitionen von Wählern und Parteien

gibt. Generell kann von einer permanenten K. gesprochen werden, wenn bei Wahlen oder Abstimmungen strukturelle Gruppen von Befürwortern und Gegnern eines Policy-Issues immer wieder auftreten und diese Differenzen auf ideologische Grundkonflikte (→ Konflikt/Konsens) rückführbar sind. K. können sich verstärken, wenn Wählerkoalitionen in der Befürwortung bzw. Ablehnung von mehreren Policy-Issues übereinstimmen (Pappi 1992).

2. Besonders prägend für die pK wirken K. oder Cleavages, die soziale, ethnische bzw. kulturelle Gruppen voneinander trennen. Nach Pappi (1977: 195f) ist ein Cleavage ein „dauerhafter politischer Konflikt, der in der Sozialstruktur verankert ist und im Parteiensystem seinen Ausdruck gefunden hat". Soziopolitische K. erhalten politische Wirksamkeit, wenn zu einem bestimmten Zeitpunkt eine Koalition zwischen einer solchen Gruppierung und einer Partei entsteht, welche deren politische und matierelle Interessen vertritt. Diese Bündnisse finden bei Wahlen ihren Ausdruck in der überdurchschnittlichen Entscheidung der Gruppenzugehörigen für die betreffende Partei. Voraussetzung einer solchen Koalition, die durch die Verbindung mit kulturellen und politischen Organisationen noch verstärkt wird, ist die Existenz eines „sozial-moralischen" bzw. „sozio-politischen" → Milieus oder „Sozialmilieus", das eigene Werte, Normen und Lebensstile ausbildet und durch soziale Einbindung des Einzelnen dessen Identifikation mit der/den dem Milieu verbündeten Partei(en) begünstigt. In Deutschland waren z.B. die Koalitionen zwischen kirchlich Gebundenen bzw. den → Kirchen und den christlichen Parteien und zwischen Arbeitern, → Gewerkschaften und Sozialdemokraten lange Zeit äußerst stabil und hatten großen Einfluß auf die pK des Landes.

3. Auf die Bedeutung von K. für das Parteiensystem haben insbesondere Lipset und Rokkan (1967) in ihrer Cleavage-Theorie hingewiesen. Dabei gehen sie davon aus, daß sich die gesellschaftlichen Grundkonflikte bereits vor längerer Zeit im Parteiensystem kristallisiert haben. Parteien entstehen danach als Koalitionäre einer sozialen Großgruppe, die sich gegen ihren Gegner politisch durchzusetzen beabsichtigt. Diese Koalitionen zwischen Parteieliten und bestimmten sozialen Gruppen sind um so stabiler, je besser sie organisatorisch abgestützt sind und je mehr sie ideologisch begründet werden.

In der europäisch geprägten Welt haben sich solche dauerhaften K. in den Prozessen der Nationalstaatsbildung, Industrialisierung und Modernisierung herausgebildet, reichen teilweise also bis ins 16./17. bzw. 18./19. Jhdt. zurück. Der älteste Cleavage ist der Zentrum-Peripherie-Konflikt, der im Laufe der Religionskonflikte und der Nationenbildung entstand; seit der Säkularisierung besteht der Konflikt zwischen Staat und Kirche. Die Industrialisierung brachte den Stadt-Land-Konflikt hervor, ebenso wie den Klassenkonflikt zwischen Arbeit und Kapital. Nach Lipset und Rokkan sind alle Parteiensysteme in den westlichen Industriestaaten auf solche Cleavages zurückzuführen, wenn auch nicht überall alle K. auftreten und es nicht für jeden Grundkonflikt zwei gegnerische Parteien gibt. Welche K. sich stärker auf das konkrete Parteiensystem ausgewirkt haben, hängt davon ab, mit welchen sozialen Gruppen die herrschenden Eliten Koalitionen eingegangen sind. So schloß sich z.B. in Preußen und in England die politische Elite sowohl mit der protestantischen Kirche als auch mit Großgrundbesitzern zusammen; in Frankreich nahm die Elite eine antikirchliche Position ein. Einmal entstandene Parteiensysteme sind nach der Cleavage-Theorie äußerst stabil, wenn auch die Formierung neuer Parteien, etwa Splitter- oder Protestparteien, durchaus einkalkuliert wird. Entscheidende Veränderungen, etwa das Entstehen sozialistischer Parteien im 19. Jhdt., seien jedoch lediglich auf quantitative Veränderungen in der Wählerschaft - hier die Ausweitung des Wahlrechts auf die Arbeiterschaft - zurückzuführen. Weil in Zeiten des allgemeinen Wahlrechts keine relevanten Veränderungen mehr zu erwarten seien, sei eine grundlegende Umwälzung des Parteiensystems unwahrscheinlich. Lipset und Rokkan sprechen daher von „eingefrorenen Parteiensystemen" (1967: 50). Die langfristige Etablierung einer qualitativ neuen Koalition zwischen einer Wählergruppe und einer neuen Partei ist im Licht dieser Theorie demnach nur dann möglich, wenn grundlegende soziale Veränderungen in der Gesellschaft stattfinden und neue K. entstehen. Doch selbst dann müssen die politischen Eliten, die diese neuen Klassen anführen, mehrere institutionelle Hürden - die Legitimation, die Einbindung, die Repräsentation und schließlich eventuell die Mehrheitsmacht - überwinden, um in das bestehende Parteiensystem Eingang finden zu können.

4. Am Beispiel der BRD lassen sich Aussagekraft und Schwächen der Cleavage-Theorie veranschaulichen: Das hiesige Parteiensystem beruht ebenfalls auf sozial-politischen K., wenn sich auch nicht alle klassischen Cleavages herausgebildet haben. Das bundesrepublikanische Parteiensystem ist somit asymmetrisch, da der Koalition der CDU/CSU mit kirchlich Gebundenen die Koalition der → SPD mit den Arbeitern gegenübersteht. Der konfessionell-religiöse Cleavage vermengt sich also mit dem wohlfahrtsstaatlichen Cleavage zwischen Arbeit und Kapital; die die Interessen des Kapitals vertretende → FDP konnte sich nicht als strukturelle Gegnerpartei der SPD etablieren.

Ein Schwachpunkt der Cleavage-Theorie ist deren statischer Charakter, da sie die Beständigkeit des Parteiensystems und des Wahlverhaltens bestimmter sozialer Schichten betont. Kurzfristige Änderungen der Stimmenanteile für die Parteien können damit nicht erklärt werden. Zudem wäre danach die Entstehung eines neuen Cleavages und dessen Abbildung im Parteiensystem unwahrscheinlich, wogegen die bundesdeutsche Erfahrung mit den Grünen spricht. Abweichungen im Wahlverhalten, die ohne Änderungen des Parteiensystems einhergehen, also beispielsweise die Strukturänderung der Wählerschaft einer Partei, werden durch die Betonung des Cleavage-Gedankens leicht übersehen.

5. Ein weit gewichtigerer Einwand gegen das Konzept der sozial-politischen K. generell ist die Beobachtung, daß die Grenzen zwischen den verschiedenen Parteien und den sozialen Milieus immer mehr verschwimmen und daher Cleavages eine nurmehr untergeordnete Rolle für Wertehaushalt, pK und Parteienland-

schaft spielen. Durch die Entwicklung der Parteien von Milieu- oder Masseninteg-rationsparteien auf Klassen- und Konfessionsbasis zu Volksparteien oder „Catch-all-parties", deren Wählerschaft aus verschiedenen sozialen Schichten stammt, und der programmatischen Angleichung der Volksparteien aneinander sind soziale Milieus nicht mehr dauerhaft bestimmten Parteien zugeordnet. Nach dieser These bestehen zwar die traditionellen Parteien weiter, jedoch haben sich die Koalitionen mit bestimmten Sozialmilieus bereits aufgelöst (Decker 1999). Ein weit wichtigerer Faktor ist jedoch die Erosion dieser Sozialmilieus selbst.

Ergebnisse:
Seit den späten 1960er Jahren haben im Kontext von sozialer Differenzierung und → Individualisierung die strukturellen Bindungen an Einfluß auf den Einzelnen verloren; die Verbindung von Schichtzugehörigkeit, politischen Einstellungen und politischem Verhalten ist schwächer geworden. Insbesondere der → Wertewandel von materialistischen bzw. Pflicht- und Akzeptanz-Werten hin zu postmaterialistischen bzw. Selbstentfaltungs-Werten (Inglehart 1989) wird dafür verantwortlich gemacht. Allerdings verhindern auch ökonomisch-strukturelle Entwicklungen in der post-industriellen Gesellschaft wie die Differenzierung und Dynamisierung des Arbeitsmarkts, die gesteigerte Mobilität und Flexibilität erfordern, eine Bildung von Großmilieus, die durch ihre gemeinsame soziale und ökonomische Situation zusammengehalten werden. Die Entkopplung von sozialer Situation und politischem Verhalten drückt sich insbesondere in der Abnahme stabiler Parteibindungen, der steigenden Anzahl von Wechselwählern und im Mitgliederschwund bei Organisationen wie Kirche oder Gewerkschaften aus. Allerdings ist auch dieser Befund umstritten, weil Parteiensystem und Politik in der BRD auch weiterhin von den beiden traditionell in Deutschland vorherrschenden K., der konfessionellen und der wohlfahrtsstaatlichen K., bestimmt werden, wobei jedoch insbesondere die konfessionelle K. eine Umdeutung erfahren hat: So bedingt nicht mehr nur konfessionelle Bindung die Wahlentscheidung für die C-Parteien, sondern auch eine antireligiöse Einstellung eine Entscheidung dagegen. Auch die wohlfahrtsstaatliche K. hat aufgrund wieder gewachsener sozialer Disparitäten nicht an Wirksamkeit verloren (Vester u. a. 1993). Bei der Bundestagswahl 1998 zeigte sich die Persistenz dieser beiden traditionellen K.: 56 % der Gewerkschaftsmitglieder wählten die SPD, während sich katholische Kirchengebundene zu 70 % für die CDU/CSU entschieden (Forschungsgruppe Wahlen 1998).

Zudem hat die Erfahrung mit den Neuen Sozialen Bewegungen und den Grünen gezeigt, daß sich auch in einer individualisierten Gesellschaft eine neue K. herausbilden kann, die in den 1970er Jahren entstandene ökologische K. Das Beispiel der Grünen zeigt, daß entgegen der Cleavage-Theorie auch ohne radikale soziale Umwälzungen die Etablierung einer neuen Partei, die sich auf eine K. stützen kann, möglich ist. Die ökologische Konfliktlinie ist primär ein Links-Rechts-Konflikt zwischen ökologischer Politik und ökonomisch-technologischem Wachstum, also hauptsächlich ein Konflikt um konträre Werte, integriert jedoch auch Elemente des wohlfahrtstaatlichen Cleavage (Schultze 1991). Das die K. stützende soziale Milieu weist durchaus sozioökonomische Gemeinsamkeiten auf, wie die überwiegende Herkunft aus den Mittelschichten und ein gehobenes Bildungsniveau, und hat einen unterscheidbaren Lebensstil sowie eigene, unkonventionelle Formen der politischen Partizipation entwickelt; zudem tragen Netzwerke und Umweltorganisationen zur institutionellen Abstützung der K. bei (Weßels 1991). Da dieses Milieu jedoch stark auf dem Rückhalt einer bestimmten Generation beruht, ist es seit einiger Zeit wieder in der Auflösung begriffen, was sich auch in der Abnahme der Grünen-Stammwählerschaft bemerkbar macht.

Wenig ausgeprägt sind die traditionellen sozial-politischen K. in den → neuen Bundesländern: Es gelang den Volksparteien nur unzureichend, ihre traditionelle Klientel an sich zu binden, da in Ostdeutschland die klassischen soziokulturellen Prägungen, mit Ausnahme eines kleinen kirchlichen Milieus, nahezu fehlen (Gluchowsky/Wilamowitz-Möllendorf 1997). Daher ist auch der Anteil der Wechselwähler höher als im Westen. Allerdings existieren andere K., was sich insbesondere an der Stabilität der → PDS zeigt. Die PDS entstammt einem bestimmten sozialen Milieu, das in der Schichtzusammensetzung sehr heterogen ist und eher auf Gemeinsamkeiten in der Lebensbiographie gründet. Seit einiger Zeit mehren sich Anzeichen, daß sich bei weiterer Unterschiedlichkeit der Lebensstile und der materiell-ökonomischen Situation in alten und neuen Bundesländern diese „Ost-West"-K., die ein neuer Zentrum-Peripherie-Konflikt ist, verfestigt und daß sie sich durch die Trennung von PDS-Wählern und Wählern der „West"-Parteien, bzw. Anhängern des „westlichen" und „östlichen" Lebensstils, auch durch die Gesellschaft in den neuen Bundesländern selbst zieht.

Ausblick/offene Fragen:
Aus den Erfahrungen der 1990er Jahre heraus zeigt sich, daß auch in Zukunft die pK Deutschlands von K. geprägt sein wird, die jedoch nurmehr eingeschränkt dem ursprünglichen Cleavage-Konzept entsprechen. Vielmehr dürften sie, der gesteigerten sozialen Mobilität und Gesellschaftsdynamik angemessen, eine geringere Stabilität und höhere Flexibilität aufweisen sowie weniger auf ökonomischen Spannungen als auf Wert- und Lebensstildifferenzen gegründet sein. Die Konfliktstrukturen werden auch weiterhin an Komplexität zunehmen, die traditionellen K. dagegen weiter an Bedeutung verlieren, daneben neue K. entstehen. Zudem dürfte die deutsche pK aufgrund der Beständigkeit der neuen Zentrum-Peripherie-K. auf längere Sicht regional fragmentiert sein.

Rainer-Olaf Schultze/Tanja Zinterer

Literatur:

Decker, Frank 1999: Parteien und Parteiensysteme im Wandel, in: Zparl 30, S. 345-361.

Forschungsgruppe Wahlen e.V. 1998: Bundestagswahl 1998. Eine Analyse der Wahl vom 27. September 1998, Nr. 91, Mannheim.
Gabriel, Oscar W. (Hrsg.) 1997: Politische Orientierungen und Verhaltensweisen im vereinigten Deutschland, Opladen.
Gluchowski, Peter/von Wilamowitz-Moellendorff, Ulrich 1997: Sozialstrukturelle Grundlagen des Parteienwettbewerbs in der Bundesrepublik Deutschland, in: Gabriel, Oscar W./Niedermayer, Oskar/Stöss, Richard (Hrsg.) 1997: Parteiendemokratie in Deutschland, Opladen, S. 179-208.
Inglehart, Ronald 1989: Kultureller Umbruch. Wertewandel in der westlichen Welt, Frankfurt a.M./New York.
Lipset, Seymour M./Rokkan, Stein 1967: Party Systems and Voter Alignments: Cross-National Perspectives, New York.
Pappi, Franz U. 1977: Sozialstruktur, gesellschaftliche Wertorientierungen und Wahlabsicht, in: Kaase, Max (Hrsg.): Wahlsoziologie heute. Analysen aus Anlaß der Bundestagswahl 1976, in: PVS 18, S. 195-229.
Pappi, Franz U. 1992: Konfliktlinien, in: Schmidt, Manfred G. (Hrsg.): Lexikon der Politik (Bd. 3): Die westlichen Länder, München, S. 191-199.
Schultze, Rainer-Olaf 1991: Wählerverhalten und Parteiensystem, in: Wehlig, Hans-Georg (Hrsg.): Wahlverhalten, Stuttgart/Berlin/Köln, S. 11-43.
Vester, Michael/von Ortzen, Peter/Geiling, Heiko/Herrmann, Thomas/Müller, Dagmar 1993: Soziale Milieus im gesellschaftlichen Strukturwandel. Zwischen Integration und Ausgrenzung, Köln.
Weßels, Bernhard 1991: Erosion des Wachstumsparadigmas: Neue Konfliktstrukturen im politischen System der Bundesrepublik?, Opladen.

Lebenszufriedenheit/Lebensqualität

→ *Anomie/Entfremdung, Arbeitslosigkeit, Demoskopie, Familie, Frauen/Männer, Globalisierung, Konfliktlinien, Milieus/Lebensstile, Neue Bundesländer, Politische Sozialisation: Soziale Schicht, Rechtsstaat, Soziale Sicherheit, Soziale Ungleichheit/Lebenslagen, Wohlfahrtsstaat.*

Theorien/Konzepte/Modelle - Lebensqualität:
Lebenszufriedenheit (Lz) ist eine individuelle Zielvorstellung, Lebensqualität (Lq) ist eine moderne Leitidee für die gesellschaftliche Gestaltung der Lebensverhältnisse. Beide Konzepte stehen in engem Zusammenhang. Während Lz eine Kategorie des subjektiven Wohlbefindens darstellt, ist Lq breiter und beinhaltet subjektiv wahrgenommene Lq und objektiv vorhandene Lebensbedingungen. Das Konzept Lq ist sinngemäß bereits bei antiken Philosophen vorhanden und taucht in wörtlicher Form („quality of life") erstmals in der Wohlfahrtsökonomie der 20er Jahre bei Pigou auf. Eine herausragende gesellschaftspolitische Bedeutung gewinnt das Konzept der Lq aber erst in den 60er und 70er Jahren: Es entwickelt sich zur zent-

ralen Zielvorstellung, die dem in der Wohlstandsgesellschaft weit verbreiteten wirtschaftlichen Wachstumsdenken entgegengesetzt wird. Seitdem besteht in dem Konzept der Lq ein moderner Maßstab für die Bewertung gesellschaftlichen Fortschritts. Es stellt einen mehrdimensionalen Wohlfahrtsbegriff dar, der im emphatischen Sinn gute „objektive" Lebensbedingungen und hohes „subjektives" Wohlbefinden beinhaltet und neben der individuellen Bedürfnisbefriedigung auch die kollektive Wohlfahrt mit einbezieht. Lq wird quer zu den herkömmlichen politischen → Konfliktlinien befürwortet und auch abgelehnt. Sozialwissenschaftler haben in Deutschland (Glatzer/Zapf 1984, Zapf/Habich 1996) und vielen anderen Ländern begonnen, „Lq" zu messen und ihre Entwicklung in verschiedenen Dimensionen zu beobachten; internationale Organisationen wie die UN, die OECD und insbesondere die EU (Eurobarometer) haben sich ebenfalls dieser Aufgabe angenommen.

Messung:
Für die zentrale Frage, wem die Kompetenz zukommt, Lq zu bewerten, gibt es prinzipiell zwei Antworten: Lq kann entweder aus der Sicht wissenschaftlicher Experten als mehr oder weniger gut definiert werden, oder sie kann aus der Sicht der betroffenen Individuen unterschiedlich gut bzw. schlecht beurteilt werden. Im ersten Fall bestimmen natur- bzw. sozialwissenschaftliche Experten, die über spezielles Wissen und Meßtechniken verfügen, die Qualität des Lebens, aber sie treffen ihre Entscheidungen über die Köpfe der Betroffenen hinweg. Im zweiten Fall stimmen die Betroffenen selbst über ihre Lq ab, aber das Risiko einer unzureichenden Information, verzerrten Wahrnehmung und einseitigen Meinungsbildung ist nicht von der Hand zu weisen, vor allem nicht bei Gefahren, die sich der unmittelbaren Wahrnehmung entziehen.

Es ist offensichtlich, daß Individuen, deren Lebensbedingungen an Expertenmaßstäben gemessen gut sind, die sich aber dennoch unzufrieden fühlen, keine hohe Lq besitzen. Ebenso wird niemand behaupten, daß Individuen, die sich unter schlechten Lebensbedingungen hochzufrieden fühlen, über eine gute Lq verfügen. Es hat sich deshalb weitgehend die Einsicht durchgesetzt, daß für die Beurteilung von Lq weder objektive noch subjektive Komponenten alleine ausreichen. Erst die Kenntnis der Konstellation von objektiven Lebensbedingungen und subjektivem Wohlbefinden ermöglicht eine angemessene Beurteilung von Lq. Bei einer einfachen Unterteilung der objektiven Lebensbedingungen und des subjektiven Wohlbefindens in jeweils gut und schlecht, lassen sich vier grundlegende Wohlfahrtskonstellationen unterscheiden (vgl. Abbildung).

Die Wohlfahrtskonstellation objektiv=gut/subjektiv=gut stellt eine konsistente, positive Wohlfahrtssituation („well-being") dar. Die Kombination schlecht/schlecht ist die konträre konsistente Situation der „Deprivation", in der nachteilige Lebensbedingungen auch als schlecht empfunden werden. Die inkonsistenten Wohlfahrtskonstellationen kommen in der Realität seltener vor als die konsistenten; es handelt sich um das Unzufriedenheitsdilemma („Dissonanz") mit unzufriedenen Bürgern bei guten Lebensbedingungen und um das Zufriedenheitsparadox („Adaption") mit zufriedenen Bürgern bei schlechten Lebensbedingungen. Die Verteilung einer Bevölkerung auf solche Wohlfahrtskonstellationen ist von soziologischer Bedeutung und gesellschaftspolitischer Brisanz.

Abbildung: Lebensqualität bzw. Wohlfahrtskonstellationen

<table>
<tr><td colspan="2" rowspan="2"></td><td colspan="2">Subjektives Wohlbefinden</td></tr>
<tr><td>gut</td><td>schlecht</td></tr>
<tr><td rowspan="2">Objektive Lebensbedingungen</td><td>gut</td><td>Well-Being</td><td>Dissonanz</td></tr>
<tr><td>schlecht</td><td>Adaption</td><td>Deprivation</td></tr>
</table>

Quelle: Glatzer/Zapf 1984: 25.

Theorien/Konzepte/Modelle - Lebenszufriedenheit:
Lz wird als zentraler Begriff im Rahmen des Konzeptes des subjektiven Wohlbefindens verwendet. Es bezieht sich auf die globale Bewertung des eigenen Lebens bzw. der eigenen Lebensumstände durch die Individuen und ist damit anderen Konzepten vergleichbar, die wie z.B. „Glück" globale Gefühlszustände betreffen. Daneben bestehen bereichsspezifische Zufriedenheitsangaben für die Bewertung spezifischer Lebensaspekte: z.B. die Zufriedenheit mit der Wohnung, dem Einkommen, der Gesundheit, dem Ehepartner. Dies sind sehr unterschiedliche Dimensionen des subjektiven Wohlbefindens, und eine herausragende Eigenschaft des Zufriedenheitskonzeptes ist, daß Individuen keine Probleme haben, solche grundverschiedenen Sachverhalte mit dem Prädikat „zufrieden" oder „unzufrieden" zu bewerten. Zufriedenheitsurteile sind, wie keine andere Bewertung, nahezu generell anwendbar. Die individuellen Gründe der Zufriedenheit bzw. Unzufriedenheit sind freilich vielfältig, und ihre Erforschung wirft je nach Thema und Lebensbereich eigenständige Probleme auf.

Messung:
Oft werden Vorbehalte gegen eine Messung des subjektiven Wohlbefindens bzw. der Lz geäußert. Wer diese Begriffe, die sich der Meßbarkeit entziehen, aber rein theoretisch verstehen will, wird mit dem Problem konfrontiert, daß sich dann über das Niveau an Wohlbefinden in einer Gesellschaft jede beliebige Behauptung aufstellen läßt. Erst eine sorgfältige Konkretisierung und Operationalisierung der Konzepte ermöglicht, Verteilungen und Veränderungen von Wohlbefinden festzustellen, um auf dieser Basis die Lebensverhältnisse in der Gesellschaft beurteilen zu können. Inzwischen liegt eine Anzahl von Untersuchungen zur Frage der Gültigkeit und Zuverlässigkeit von Zufriedenheitsdaten vor, und ihr Ergebnis lautet

zusammengefaßt, daß die Befunde standardisierter Umfragen zum subjektiven Wohlbefinden den üblichen wissenschaftlichen Qualitätskriterien durchaus genügen (diverse Beiträge in der Zeitschrift „Social Indicators Research“ und „Journal of Happiness Studies“).

Die Zuverlässigkeit der Umfragedaten sollte allerdings auch nicht überschätzt werden, sie weisen - wie andere Daten auch - Mängel auf. Quantitative Daten können die Unsicherheit der qualitativen Vermutungen über unsere Gesellschaft nur verringern, aber sie nicht völlig überwinden. Grundlage der Messung von Zufriedenheit und anderen subjektiven Sachverhalten sind in der Regel einfache Skalen, in denen die Befragten ihr Wohlbefinden einstufen. Zu Lz lautet eine übliche Frage: „Wie zufrieden sind Sie alles in allem mit ihrem Leben“. Die Antwortskala reicht von ganz gar unzufrieden („0“) bis ganz und gar unzufrieden („10“). Es ist durchaus fraglich, ob es genau dasselbe bedeutet, wenn sich mehrere Individuen beispielsweise auf einer Elf-Punkte-Skala bei „Sechs“ einstufen. Wie bei allen Formen von „Benotungen“ liegt hier eine gewisse Quelle von Unsicherheit. Aber die Prüfung der Frage, ob die Individuen falsche oder leichtfertige Angaben über ihr Wohlbefinden machen (z.B. in Wiederholungsbefragungen, in ergänzenden Tiefeninterviews und in Fremdeinschätzungen des Wohlbefindens durch Freunde), führten zu einer weitgehenden Bestätigung der Validität der Angaben (→ Demoskopie).

Ergebnisse:

Hohe Stabilität der Zufriedenheitsverteilung: Für die erwachsene Bevölkerung in Deutschland ergaben sich in mehreren Untersuchungen von 1978 bis 1998 nahezu identische Antworthäufigkeiten auf die Frage nach der Lz. Das Verteilungsmuster für die Lz ändert sich im Zeitablauf kaum. Der Durchschnittswert für die Lz auf einer Skala von 0-10 bleibt nahezu konstant bei 7,8/7,7. Ähnliches gilt für das globale emotionale Wohlbefinden, d.h. sich glücklich oder unglücklich zu fühlen. Der genannte Befund gilt jeweils für die alten Bundesländer. Ostdeutschland weist ein niedrigeres Zufriedenheitsniveau auf, sowohl bei der Lz als auch beim Glück. Hier ist allerdings eine Anpassungstendenz zu erkennen, da es zwischen 1990 und 1998 in Ostdeutschland deutliche Erhöhungen der Lz gab. Nicht nur die Verteilungen von Glück und Zufriedenheit bleiben zumindest in den alten Bundesländern stabil, auch verschiedene Aspekte negativen Wohlbefindens wie die Häufigkeit von Anomie- und Besorgnissymptomen (→ Anomie/Entfremdung) haben sich seit dem Ende der 70er Jahre eher geringfügig verändert. Aus Paneluntersuchungen weiß man dagegen, daß sich beim Individuum das subjektive Wohlbefinden eher häufig ändert. Aus der gesellschaftlichen Perspektive ist eine verblüffende Stabilität der Strukturen erkennbar. Welche sozialen Kräfte dies bewirken ist bisher wenig erforscht. Eine einfache, naheliegende Hypothese geht davon aus, daß die meisten Ereignisse, die bei einigen Menschen Zufriedenheit hervorrufen, zugleich bei einigen anderen Menschen Unzufriedenheit erzeugen.

Ambivalenz des Wohlbefindens: Auf der positiven Seite subjektiven Wohlbefindens stehen Zufriedenheit mit dem Leben und Glück; sie sind ungleich verteilt und gehören weder zu den extrem knappen Gütern noch sind sie im Überfluß vorhanden. Es läßt sich ein eher hohes Maß an Zufriedenheit mit dem Leben (kognitives Wohlbefinden) und auch ein eher hohes Maß an Glück (affektives Wohlbefinden) feststellen. Auch negative Aspekte subjektiven Wohlbefindens sind ungleich verteilt und nicht gerade selten, wie aus der Verbreitung von Besorgnissymptomen (hohe Beanspruchung, Angst, Nervosität, Niedergeschlagenheit) und Anomiesymptomen (Gefühle der Einsamkeit, Machtlosigkeit und Sinnlosigkeit) hervorgeht. Es entspricht den theoretischen Erwartungen, daß Glück (eher affektives Wohlbefinden) und Lz (eher kognitives Wohlbefinden) signifikant positiv miteinander korreliert sind. Auf der anderen Seite stehen Lz und Besorgnisse in einem negativen Zusammenhang. Je mehr Besorgnisse ein Individuum belasten, desto geringer ist seine Lz. Dabei ist es nicht so, daß eine hohe Lz die Besorgnissymptome völlig ausschließt. Offensichtlich sind viele Individuen in der Lage eine hohe Lz mit starken Besorgnissymptomen zu vereinbaren (Anpassung, Vergleichsprozesse). Alles in allem ist subjektives Wohlbefinden durch ein Nebeneinander von affektiven und kognitiven Komponenten des Wohlbefindens auf der positiven und subjektiv empfundener Beeinträchtigung auf der negativen Seite charakterisiert. In vielen Fällen ist eine Gleichzeitigkeit scheinbar gegensätzlicher Aspekte des Wohlbefindens zu beobachten. Dies deutet auf eine prekäre Widersprüchlichkeit des subjektiven Wohlbefindens hin.

Zufriedenheitshierarchie der Lebensbereiche: Im Hinblick auf die Lebensbereiche besteht eine relativ stabile Zufriedenheitshierachie mit höheren Zufriedenheitsniveaus in privaten Bereichen und geringeren Zufriedenheitsniveaus in Bereichen, für die eher kollektive Organisationen insbesondere der → Wohlfahrtsstaat zuständig sind. Beispielsweise ist die Zufriedenheit mit Ehe und → Familie sehr hoch, diejenige mit Umweltschutz und sozialer Sicherheit relativ niedrig.

Lebensbedingungen beeinflussen Lz: Die Gesellschaftspolitik kann damit rechnen, daß sich eine Verbesserung der Lebensbedingungen in einer höheren Zufriedenheit der Bürger äußert. Nicht im Einzelfall, aber im Durchschnitt aller Bundesbürger gilt, daß diejenigen, die bessere Lebensbedingungen haben, auch zufriedener mit ihnen sind, und daß Schlechtergestellte unzufriedener sind (→ Soziale Ungleichheit/Lebenslagen, Milieus/Lebensstile). Beispiele dafür sind die unterschiedlichen Zufriedenheitsniveaus im Vergleich der untersten mit der höchsten Einkommensschicht und im Vergleich der Arbeitslosen mit den Erwerbstätigen (→ Arbeitslosigkeit). Auch → Frauen und Männer weisen ihre spezifischen Zufriedenheitsprofile auf, wobei in vielen Lebensbereichen gleiche Zufriedenheitsniveaus bestehen, aber in einem wichtigen Teil von Lebensbereichen ist eine relative Unzufriedenheit der Frauen zu beobachten.

Zukunftshoffnungen sind ein eigenständiger Bestandteil des Wohlbefindens: Hoffnungen und Befürchtungen bilden neben den positiven und den negativen Komponenten eine dritte Komponente des subjektiven Wohlbefindens. Ein hohes Maß an Sorgen kann erleichtert werden, wenn es große Hoffnungen gibt, sie zu überwinden. Eine hohe Zufriedenheit kann ihre positive Bedeutung verlieren, wenn für die Zukunft Verschlechterungen erwartet werden. Die Lz, die die Bundesbürger im Jahr 1998 für die Zukunft erwarten, liegt niedriger als die Lz 1998, und diese liegt sogar leicht niedriger als die Lz, die rückblickend für die Vergangenheit berichtet wird. Dies verhielt sich im 1978 völlig anders. Die Zukunftserwartungen lagen über der gegenwärtigen Zufriedenheit und die gegenwärtige Zufriedenheit über der vergangenen Zufriedenheit. Das gesellschaftliche Klima hat sich hier völlig gewandelt. Auch in den → neuen Bundesländern, wo 1990 ein großes Hoffnungspotential gemessen wurde, sind die Hoffnungen stark zurückgegangen. Die Hoffnungen und Befürchtungen der westdeutschen Bevölkerung weisen große Wandlungen auf, die vor allem eng mit internationalen Ereignissen, Kriegen und Konflikten zusammenhängen. Insofern hat individuelles Wohlbefinden im Zeitalter der Globalisierungstendenzen (→ Globalisierung) eine neue Dimension erhalten.

Internationale Vergleiche: Die Zufriedenheit der deutschen Bevölkerung liegt im internationalen Vergleich auf dem Niveau wohlhabender Gesellschaften. Es gibt inzwischen eine Vielzahl international durchgeführter Umfragen, in denen Lz und Glück erhoben wurden. Interessant erscheinen dabei Befunde des Eurobarometer, der für alle Mitglieder der EU durchgeführt wurde. Hier nimmt Deutschland einen mittleren Platz ein, ist allerdings, wenn man nur die größeren Länder mit mehr als 20 Mio. Einwohner betrachtet, auf einem vorderen Platz zu finden. Auf der Grundlage einer weltumfassenden Datensammlung in Rotterdam wurden „Sozialprodukt" und „Happiness" der Nationen miteinander korreliert. Deutschland liegt im Weltmaßstab in einem Bündel von Staaten, das einen relativ hohen Wohlstand und ein eher hohes Glücksniveau miteinander verbindet. Die vorliegenden Befunde stützen die These, daß internationale Unterschiede eher auf unterschiedlichen Lebensverhältnisse als auf nationale Persönlichkeitstrukturen zurückzuführen zu sind.

Historische Vergleiche: Es wäre falsch anzunehmen, daß das stabile Niveau des Wohlbefindens der letzten dreißig Jahre schon langfristig existiert. Sehr langfristig gesehen, also im Vergleich mit den 50er Jahren, spricht vieles dafür, daß sich Lz und Glück erhöht haben. Erst seit dem Beginn der 70er Jahre bleiben sie relativ konstant. Eine naheliegende theoretische Erklärung ist, daß in den 50er und 60er Jahren das Wirtschaftswachstum und der Ausbau der wohlfahrtstaatlichen Leistungen zu Steigerungen des Wohlbefindens beigetragen haben. Entsprechend dem „Gesetz" des nachlassenden Grenznutzens haben sich dann Wohlstandssteigerungen und wahrscheinlich auch Verbesserungen der sozialen Sicherheit als Steigerungsfaktoren für das Wohlbefinden erschöpft. Z.B. ist die Anschaffung eines Zweitautos oder eines Drittfernsehers für das Wohlbefinden der breiten Bevölkerung von viel geringerer Bedeutung als es die ersten Autos und die ersten Fernseher waren. Das Niveau des subjektiven Wohlbefindens hat für die Mehrheit der

Bevölkerung - nicht für die Gruppen in Armut und Arbeitslosigkeit - ein durch Wohlstand und → soziale Sicherheit nur schwer steigerbares Niveau erreicht. Das gegebene Maß an Wohlstand und sozialer Sicherheit sind freilich die Voraussetzung dafür, dieses hohe Niveau an Wohlbefinden zu erhalten. Auf diesem Hintergrund entstand die Wachstumskritik und die Entwicklung neuer Leitbilder wie Lq.

Sozialberichterstattung: Die Messung von Niveau und Veränderung der Lq gehört seit jeher zu den Anliegen der Sozialberichterstattung. Die wissenschaftliche Sozialberichterstattung ist im Rahmen der Sozialindikatorenforschung entstanden und strebte an, mit sozialen Indikatoren (sozialstatistische Maßzahlen) die politische und allgemeine Öffentlichkeit über gesellschaftliche Sachverhalte und Entwicklungen zu informieren (Noll 1997). Es sollten vor allem solche gesellschaftliche Aspekte erfaßt werden, die von der amtlichen Statistik vernachlässigt werden, z.B. subjektive Daten. Es gelang mit einem gewissen Erfolg eine sozialwissenschaftliche Infrastruktur zur Datenerhebung aufzubauen. Dazu gehört das Eurobarometer, das in den Ländern der Europäischen Union repräsentativ jährlich zweimal durchgeführt wird, die World Database of Happiness, die von Ruut Veenhoven in Rotterdam geschaffen wurde, der Wohlfahrtsurvey, der in Deutschland seit 1978 in mehrjährigen Abständen unter Leitung von Wolfgang Zapf zur Messung der Lq geschaffen wurde, usw. Die Einbeziehung solcher Informationen in die Gesellschaftspolitik wirft allerdings ihre eigenen Probleme auf. Sozialwissenschaftliche Informationen können dazu beitragen, den Informationshorizont der Gesellschaftspolitik zu verbessern, sie können aber auch als störend definiert werden. Weitgehender Konsens besteht auf der Grundlage ungünstiger historischer Erfahrungen darüber, daß eine direkte Zufriedenheits- oder Glückspolitik nicht betrieben werden sollte, vielmehr wird das Ziel der Gesellschaftspolitik darin gesehen, bessere Lebensbedingungen zu erreichen, aus denen sich indirekt mehr Wohlbefinden ergibt.

Wolfgang Glatzer

Literatur:

Bellebaum, Alfred (Hrsg.) 1992: Glück und Zufriedenheit, Opladen.

Bellebaum, Alfred/Barheier, Klaus (Hrsg.) 1994: Lebensqualität, Opladen.

Europäische Kommission (Hrsg.) 2001: Eurobarometer. Die öffentliche Meinung in der Europäischen Union. Internet: www.europa.eu.int/comm/dg10/epo.

Glatzer, Wolfgang/Zapf, Wolfgang (Hrsg.) 1984: Lebensqualität in der Bundesrepublik Deutschland, Frankfurt a.M.

Noll, Heinz-Herbert (Hrsg.) 1997: Sozialberichterstattung in Deutschland, Weinheim/ München.

Statistisches Bundesamt (Hrsg.), in Zusammenarbeit mit WZB und ZUMA 2000: Datenreport 1999, Bonn.

Veenhoven, Ruut 1993: Happiness in Nations. Sujective Appreciation of Life in 56 Nations 1946-1992, Rotterdam.

Zapf, Wolfgang/Habich, Roland 1996: Wohlfahrtsentwicklung im vereinten Deutschland, Berlin.

Massenmedien

→ *Demokratische Persönlichkeit, Demoskopie, Eliten, Externe politische Effektivität, Globalisierung, Innere Sicherheit, Intellektuelle, Interpersonale Kommunikation, Neue Soziale Bewegungen, Öffentliche Meinung, Parlamentarismus, Politiker/Politische Klassse, Politikverdrossenheit, Politische Bildung, Politische Beteiligung, Politische Informiertheit, Politische Inszenierung/Symbolische Politik, Politische Kompetenz, Politische Sozialisation, Politische Sozialisation: Familie/Massenmedien/Ost-/Westdeutschland, Politische Unterstützung, Politisches Bewußsein, Politisches Interesse, Regionale/Lokale politische Kultur, Responsivität, Schweigespirale/Öffentliche Meinung, Sozialkapital/Soziales Vertrauen, Sozialstruktur, Sprache, Verbände, Wertewandel.*

Begriff/Definition/Relevanz:
Die Massenmedien (M.) - Presse und Rundfunk (Hörfunk und Fernsehen) - sind für die pK eines demokratischen Landes in vielerlei Hinsicht von Bedeutung. Sie dienen der → pS, indem sie die Bürger mit den Spielregeln für die Austragung politischer Konflikte sowie mit den relevanten politischen Akteuren vertraut machen (→ pS: Massenmedien). Darüber hinaus beziehen die meisten Menschen in westlichen Demokratien ihre politischen Informationen fast ausschließlich aus den M. Sie sind als Informationsquelle über das politische Geschehen sogar wichtiger als Gespräche mit anderen Menschen (→ Interpersonale Kommunikation). Es liegt daher auf der Hand, daß Art und Umfang der Medienberichterstattung und ihre Nutzung eng mit dem → politischen Interesse, der → politischen Informiertheit, der → politischen Kompetenz und der → politischen Beteiligung der Menschen verknüpft sind. Diese Aspekte beziehen sich in erster Linie auf die Bedeutung der M. für die individuelle Anteilnahme an Politik. So gesehen ist eine umfassende und pluralistische Berichterstattung über Politik eine Voraussetzung für eine Bürger- oder partizipatorische Kultur.

Medienwirkungsforschung:
Mit der Frage, in welchem Umfang die Medienberichterstattung politische Einstellungen prägt, beschäftigt sich die Medienwirkungsforschung (u.a. Brettschneider 1997, Schenk 1987, Schulz 1997). Aufgrund ihrer politischen Relevanz waren und sind deren Befunde, vor allem im Umfeld von → Wahlen, stets Gegenstand politischer Kontroversen. Bis zum Ende der 40er Jahre ging man - unter dem Eindruck von Propaganda und dem damals „neuen Medium" Hörfunk - von einer fast allmächtigen Wirkungskraft aus. Dies änderte sich, als in Wahlstudien dieser Zeit fest-

gestellt wurde, daß Menschen politische Medieninhalte sehr selektiv nutzten: Sie setzten sich vor allem jenen Berichten aus, die sich im Einklang mit ihren eigenen Einstellungen befanden. Daraus wurde gefolgert, daß M. bereits vorhandene Einstellungen zwar verstärken, sie aber nicht in ihr Gegenteil verkehren können. Das neue Paradigma der nahezu wirkungslosen Medien dominierte über ein Vierteljahrhundert, bis die zunehmende Verbreitung des Fernsehens eine neue Situation schuf. Das Fernsehen umgeht einige Mechanismen der selektiven Wahrnehmung. Außerdem wird ihm aufgrund der Bildberichterstattung eine größere Glaubwürdigkeit zugeschrieben als den Printmedien. Dementsprechend rückte die Vorstellung von wirkungsmächtigen M. wieder stärker in den Blickpunkt zahlreicher Studien.

Beispielsweise konnte die Agenda-Setting-Forschung vielfach nachweisen, daß Themen, über die in den Medien häufig und auffällig berichtet wird, von der Bevölkerung als besonders wichtig angesehen werden. Die Medienagenda - also die Tagesordnung der Wichtigkeit von Themen in der Medienberichterstattung - entsteht in Wechselwirkungsprozessen zwischen den Journalisten und anderen politischen Akteuren, wie Parteien oder Interessenverbänden (→ Verbände). In den meisten Fällen wird durch die Medienagenda bewußt oder unbewußt festgelegt, welche Probleme in einer Gesellschaft als wichtig und daher als lösungsbedürftig angesehen werden und welche Themen „unter den Tisch fallen". Das Agenda-Setting fällt in der Kommunalpolitik, die der direkten Umweltbeobachtung zugänglicher ist, schwächer aus als in Fragen der nationalen oder der internationalen Politik, die fast ausschließlich über die Medienberichterstattung wahrgenommen werden. Agenda-Setting steht nur am Anfang einer Wirkungskette. Die Themensetzung der M. ist nämlich nicht nur für die von der Bevölkerung wahrgenommene Wichtigkeit eines Problems von Bedeutung. Vielmehr lenkt sie die Aufmerksamkeit auf Themen, die dann zur Bewertung von Parteien oder → Politikern an Relevanz gewinnen. Dominieren in der Medienberichterstattung beispielsweise sozialpolitische Themen, so werden politische Akteure verstärkt unter dem Gesichtspunkt ihrer sozialpolitischen Kompetenz bewertet. Wird hingegen besonders häufig über → innere Sicherheit berichtet, so gewinnt dieses Thema für die Beurteilung von Politikern und Parteien durch die Bürger an Gewicht. Diesem „Priming" genannten Vorgang zufolge besitzen „die Medien auch dann einen Einfluß auf die Meinungsbildung und Wahlentscheidung, wenn sie die vorhandenen Einstellungen nicht ändern. Es genügt, sie mehr oder weniger stark zu aktualisieren" (Kepplinger u. a. 1989: 75).

Von besonderer Bedeutung ist die Medienberichterstattung für die Herausbildung von politischen Einstellungen, wenn ein Thema neu auf der politischen Tagesordnung erscheint. In solchen „Tabula-Rasa-Situationen", in denen noch keine fest im individuellen Orientierungssystem verankerten und daher relativ schwer veränderbaren Einstellungen vorliegen, schafft die anfängliche Berichterstattung den Bezugsrahmen für die weitere Wahrnehmung und Diskussion eines Themas („Framing"). Aufgrund seines Aktualitätsvorsprungs vor den Printmedien gilt das

Fernsehen als wirkungsvoller. Aber selbst bei eingeführten Themen sind unter bestimmten Voraussetzungen Medieneinflüsse zu beobachten - dann nämlich, wenn es zu einem konsonanten „Medientenor" kommt, wenn sich also die Berichterstattung verschiedener Medien ähnelt. An mehreren Themen - in der Bundesrepublik beispielsweise bei der Berichterstattung über Kernenergie, Kriegsdienstverweigerung, Gentechnologie, NATO und Verteidigungspolitik - läßt sich dabei ein mehrstufiger Prozeß beobachten: Zunächst nimmt in den tonangebenden Medien die Berichterstattung über ein Thema zu. Diese Zunahme ist häufig mit einer Umbewertung bisheriger Positionen verbunden. Wenn sich daraus ein übergreifender „Medientenor" entwickelt, ändert sich in der Bevölkerung zunächst die *Wahrnehmung* der → öffentlichen Meinung, d.h. die Wahrnehmung der Mehrheitsmeinung in der Gesamtbevölkerung zu diesem Thema. Schließlich wandelt sich die öffentliche Meinung selbst: Aus einer Bevölkerungsmehrheit, die eine bestimmte Position unterstützte, wird eine Minderheit - oder umgekehrt. Solche Medieneinflüsse lassen sich nur nachweisen, wenn man für einen längeren Zeitraum sowohl über Umfragedaten (→ Demoskopie) als auch über Inhaltsanalysedaten zur Medienberichterstattung verfügt und diese miteinander verknüpft. U.a. aus diesem Grunde ist eine kontinuierliche Analyse der Medienberichterstattung, wie sie in der Bundesrepublik ausschließlich das unabhängige Inhaltsanalyseinstitut Medien Tenor (http://www.medien-tenor.de) durchführt, wichtig.

Die Medienberichterstattung prägt also maßgeblich das Bild, das die Menschen von der Politik haben. Deshalb ist objektive Berichterstattung für eine demokratische Gesellschaft ebenso grundlegend wie Meinungsfreiheit und Meinungsvielfalt. Die Verankerung der Meinungs-, Informations- und Pressefreiheit im Grundrechtskatalog des GG und deren Bekräftigung durch das BVerfG tragen der Bedeutung ungehinderter Kommunikation für eine freie, pluralistische Gesellschaft Rechnung: „Jeder hat das Recht, seine Meinung in Wort, Schrift und Bild frei zu äußern und zu verbreiten und sich aus allgemein zugänglichen Quellen ungehindert zu unterrichten. Die Pressefreiheit und die Freiheit der Berichterstattung durch Rundfunk und Film werden gewährleistet. Eine Zensur findet nicht statt" (Artikel 5 Absatz 1 GG). Diese Rechte finden ihre Grenzen lediglich im Jugendschutz, im Recht der persönlichen Ehre, im allgemeinen Persönlichkeitsschutz und in allgemeinen Gesetzen (z.B. Strafgesetze).

Die rechtlichen und politischen Rahmenbedingungen für die Organisation der M. sowie die tatsächliche Entwicklung der Presse- und Rundfunklandschaft sind für die pK eines Landes von besonderer Bedeutung. Es ist zu fragen, inwiefern die Struktur der M. eine pluralistische Meinungsbildung fördert oder hemmt. Ziel der Medienpolitik muß es sein, die Rahmenbedingungen für diese Meinungsbildung zu schaffen, beispielsweise Pressekonzentration zu verhindern, die zu Meinungsmonopolen führen könnte.

Entwicklung der Medienlandschaft:
Zur Sicherstellung von Meinungsvielfalt in der Medienberichterstattung gibt es zwei Prinzipien, die eng mit der Organisationsform des jeweiligen Mediums zusammenhängen: den Binnen- und den Außenpluralismus. Beim Binnenpluralismus sollen *innerhalb* des Gesamtprogramms eines Senders möglichst alle relevanten Meinungen zu Wort kommen. Dieses Prinzip der Ausgewogenheit gilt in der Bundesrepublik für den u.a. durch Gebühren finanzierten öffentlich-rechtlichen Rundfunk: vor allem für die in der 1950 gegründeten Arbeitsgemeinschaft öffentlich-rechtlicher Rundfunkanstalten der BRD (ARD) zusammengeschlossenen Landesrundfunkanstalten und das 1961 gegründete Zweite Deutsche Fernsehen (ZDF). Das Prinzip des Außenpluralismus beruht hingegen nicht auf ausgewogener Berichterstattung innerhalb einzelner Sender oder Zeitungen, sondern auf deren *Konkurrenz*. Dieses Prinzip gilt für die seit 1984 zugelassenen, werbefinanzierten privat-kommerziellen Rundfunkanbieter (vor allem die Kirch/Springer-Gruppe, zu der SAT.1 zählt, sowie die Bertelsmann/CLT-Gruppe, zu der RTL gehört). Außerdem gilt es für die Printmedien, vor allem für die politischen Magazine Spiegel und Focus sowie für die Zeitungen. Letztere werden nach ihrer Erscheinungsweise in Tages-, Sonntags- und Wochenzeitungen sowie nach ihrem Verbreitungsgebiet in lokale, regionale und überregionale Zeitungen unterschieden. Zu den meinungsführenden überregionalen „Qualitätszeitungen" zählen die Welt, die Frankfurter Allgemeine Zeitung, die Süddeutsche Zeitung, die Frankfurter Rundschau und die taz. Sie lassen sich in dieser Reihenfolge auf dem politischen Rechts-Links-Kontinuum anordnen. Die Pressestruktur in der Bundesrepublik ist gekennzeichnet durch „privates Eigentum, hohe Zahl von Zeitungstiteln, lokale Bindung vieler Tageszeitungen, starke Position der Regionalzeitungen, wenig überregionale Blätter, reiches Zeitschriftenangebot, schwach entwickelte Parteipresse, Anzeigenabhängigkeit, Konzentration" (Meyn 1999: 47f.).

Pressekonzentration erwies sich erstmals Mitte der 70er Jahre als Problem. Die Tageszeitungen gehörten zu immer weniger Verlagen (Verlagskonzentration), sie wiesen immer häufiger den gleichen „Mantel" auf, d.h. der aktuelle politische Teil unterschiedlicher Zeitungen wurde von der gleichen Redaktion gefertigt (publizistische Konzentration), und auf immer weniger Verlage entfielen immer höhere Auflagenanteile (Auflagenkonzentration). Diese Konzentrationsprozesse wurden als Gefahr für Meinungsvielfalt und Ausgewogenheit angesehen. „Der publizistische Wettbewerb kann als eine Voraussetzung für die Vielfalt der Informationen und Meinungen in der Presse betrachtet werden, die ihrerseits eine Voraussetzung für die Selektionsmöglichkeiten der Leser bildet. In einem politischen System mit konkurrierender Willensbildung ist die Verringerung der Vielfalt von Informationen und Meinungen dysfunktional. Im Extremfall stellt sie die Organisation der Willensbildung und damit eine Voraussetzung des politischen Systems in Frage" (Kepplinger 1982: 63).

Während sich die Bürger über nationale und internationale Ereignisse aus einer Vielzahl politisch unterschiedlich ausgerichteter Quellen informieren können, ist die Auswahlmöglichkeit auf der lokalen Ebene oft eingeschränkt. So bestehen in „Ein-Zeitungs-Kreisen" Lokalmonopole. Dies sind Kreise oder kreisfreie Städte, in denen sich die Mehrheit der Bevölkerung nur aus *einer* Tageszeitung über das lokale Geschehen informieren kann. Deren Zahl verdoppelte sich zwischen 1954 und 1976 auf ein Drittel der bundesrepublikanischen Bevölkerung. Nachdem die sozialliberale Koalition 1976 eine Pressefusionskontrolle ins Kartellrecht einführte, nahm die Zahl der Zeitungsausgaben wieder zu. Seit Mitte der 80er Jahre sind allerdings erneut Konzentrationsprozesse zu beobachten. Und in den neuen Bundesländern ist der Konzentrationsgrad sogar noch größer als in den alten. Inhaltsanalysen zeigen, daß der Lokalteil bei Monopolzeitungen etwas kleiner ist als bei vergleichbaren Zeitungen in einer Wettbewerbssituation. Außerdem kommentieren Monopolzeitungen die Kommunalpolitik zurückhaltender als Wettbewerbszeitungen, was ihnen oft den Vorwurf der „Hofberichterstattung" einträgt.

Medieninhalte:
Ein weiteres Augenmerk politik- und kommunikationswissenschaftlicher Beschäftigung mit M. richtet sich auf das Zustandekommen der Medieninhalte. Die M. können nur über einen relativ kleinen Realitätsausschnitt berichten. Der Selektionszwang ist beim Fernsehen noch größer als bei den Printmedien. Es ist daher zu fragen, welcher Ausschnitt der politischen Realität in den Medien dargestellt wird, welche Akteure zu Wort kommen und welche Kriterien der Nachrichtenauswahl zugrunde liegen. Zu den zentralen „Nachrichtenwerten" zählen Prominenz und kulturelle Nähe. Das Fernsehen ist darüber hinaus vor allem in seinem Nachrichtenteil auf Visualisierung, Verkürzung und Aktionshaltigkeit angewiesen. Die privat-kommerziellen Fernsehanbieter orientieren sich stärker an diesen Kriterien als die öffentlich-rechtlichen: Sie berichten seltener, kürzer, einfacher und negativer über Politik als ARD und ZDF. In der Politikberichterstattung dominiert vor allem die Regierung, während das Parlament als zentraler Ort politischer Konfliktaustragung deutlich in den Hintergrund gerückt und über außerparlamentarische Interessengruppen kaum berichtet wird. Darüber hinaus erscheint Politik häufiger in einem unterhaltungsorientierten Umfeld oder wird gar selbst als Unterhaltung dargeboten („Infotainment"). Seit Mitte der 50er Jahre ist die Medienberichterstattung in der Bundesrepublik - aber auch in den USA - außerdem durch zunehmenden Negativismus gekennzeichnet. Die Gründe dafür liegen nicht in erster Linie bei einer wachsenden Zahl negativer Ereignisse, sondern u.a. in einer gewandelten Berufsauffassung von Journalisten. Negativismus wird als eine Ursache für → Politikverdrossenheit und ein schwach ausgeprägtes Gefühl → politischer Effektivität angesehen (u.a. Kepplinger 1998).

Ausblick/offene Fragen:
Welche Konsequenzen haben der Wandel des Mediensystems und die beschriebenen Eigengesetzlichkeiten der M. für das Verhalten politischer Akteure? Welche Anforderungen stellt die „Mediendemokratie" an die politische Elite in einem Land? Die Zahl der um Aufmerksamkeit konkurrierenden politischen Akteure wächst. Beispielsweise traten neben die traditionellen politischen Institutionen im Zuge des → Wertewandels → Neue Soziale Bewegungen, wie die Umwelt-, die Friedens- oder die Eine-Welt-Bewegung. Sie sind noch stärker als die traditionellen Akteure auf die Medienberichterstattung angewiesen, um ihre Anliegen in die Öffentlichkeit zu transportieren. Damit wächst auch die Bedeutung des Ereignismanagements auf Seiten der Politik. So werden bestimmte Ereignisse in Kenntnis der journalistischen Auswahlkriterien eigens zum Zweck der Berichterstattung inszeniert (→ Politische Inszenierung/Symbolische Politik). Das Besetzen von Industrieschornsteinen durch Umweltgruppen zählt ebenso zu diesen „Pseudo-Events" wie Wahlparteitage.

Ein zweiter Trend ergibt sich aus der zunehmenden Unterhaltungsorientierung des Mediensystems und der damit verbundenen „Boulevardisierung" politischer Informationen. Weil vor allem im Fernsehen Unterhaltung gegenüber der Information dominiert, suchen Politiker zur Selbstdarstellung den Zugang zu Unterhaltungssendungen. Die Verknappung von Politik und die Konzentration auf einige wenige Politiker und ihre Lebensverhältnisse in der Medienberichterstattung wird als eine Ursache der Personalisierung der Politik angesehen. Sie ist jedoch nur ein Bestandteil eines umfassenderen Wandels der Politik, bei der sich die Gewichte von der Entscheidungs- auf die Darstellungsebene verlagern. Während auf der Entscheidungsebene erwartet wird, daß das Handeln *sachgerecht* ist, muß es auf der Darstellungsebene *mediengerecht* sein. So geht häufig in die politische Entscheidungsfindung die Überlegung ein, ob sich eine Entscheidung massenmedial „verkaufen" läßt (Sarcinelli 1987). Man spricht von einer „Mediatisierung der Politik". „Die Medien haben der Politik ihre Regeln aufgezwungen" (Kepplinger 1998).

Frank Brettschneider

Literatur:

Brettschneider, Frank 1997: Massenmedien und politische Kommunikation, in: Gabriel, Oscar W./Holtmann, Everhard (Hrsg.): Handbuch Politisches System der Bundesrepublik Deutschland, München/Wien, S. 557-595.

Jarren, Otfried/Sarcinelli, Ulrich/Saxer, Ulrich (Hrsg.) 1998: Politische Kommunikation in der demokratischen Gesellschaft. Ein Handbuch mit Lexikonteil, Opladen.

Kepplinger, Hans Mathias 1982: Massenkommunikation. Rechtsgrundlagen, Medienstrukturen, Kommunikationspolitik, Stuttgart.

Kepplinger, Hans Mathias 1998: Die Demontage der Politik in der Informationsgesellschaft, Freiburg/München.

Kepplinger, Hans Mathias/Gotto, Klaus/Brosius, Hans-Bernd/Haak, Dietmar 1989: Der Einfluß der Fernsehnachrichten auf die politische Meinungsbildung, Freiburg/München.

Meyn, Hermann 1999: Massenmedien in der Bundesrepublik Deutschland, Konstanz.

Noelle-Neumann, Elisabeth/Schulz, Winfried/Wilke, Jürgen (Hrsg.) 2000: Fischer Lexikon Publizistik Massenkommunikation, Frankfurt a.M.

Sarcinelli, Ulrich 1987: Symbolische Politik. Zur Bedeutung symbolischen Handelns in der Wahlkampfkommunikation der Bundesrepublik Deutschland, Opladen.

Schenk, Michael 1987: Medienwirkungsforschung, Tübingen.

Schulz, Winfried 1997: Politische Kommunikation. Theoretische Ansätze und Ergebnisse empirischer Forschung, Opladen.

Milieus/Lebensstile

→ Anomie/Entfremdung, Bildung, Bürgertum, Demokratische Persönlichkeit, Frauen/Männer, Globalisierung, Identität, Interpersonale Kommunikation, Konfliktlinien, Lebenszufriedenheit/Lebensqwualität, Neue Soziale Bewegungen, Parteiensystem, Parteiidentifikation, Politische Sozialisation: Geschlecht/Geschlechterverhältnisse/Gleichaltrigengruppe, Politische Traditionen, Soziale Sicherheit, Soziale Ungleichheit/Lebenslagen, Sozialstruktur, SPD.

Begriffe/Definitionen:

Der Begriff des Milieus (M.) als soziologische Analysekategorie hat eine lange Tradition und diente zunächst dazu, die Gesamtheit der durch die soziale und räumliche Umwelt gegebenen Einflüsse auf das Individuum zu erfassen. Der erste soziologische Klassiker, bei dem der Begriff des M. explizit als zentraler theoretischer Bestandteil auftaucht, ist Durkheim (1980), der zwischen einem äußeren sozialen M. unterschied, das sich auf die Gesellschaft im nationalstaatlichen Rahmen bezog und einem inneren M., das den Einfluß der lokalen und personalen Umwelt konzeptualisierte. In den 20er Jahren des letzten Jhdts. nahm Scheler den M.-Begriff wieder auf und gab ihm, in Abgrenzung zur objektivistischen Begrifflichkeit der Naturwissenschaften, eine Wendung, welche die Symbolisierungsleistungen des Subjekts und die vorbewußte, routinisierte Ordnungsfunktion m.-typischer Wissensbestände in den Vordergrund stellte. Sein Schüler Gurwitsch faßte unter diesem Begriff alle Formen des Zusammensein mit anderen, wobei er sich insbesondere auf die Partnerschaft, die Zugehörigkeit und die Verschmelzung als typische Dimensionen der M.-Bildung bezog. Während des Faschismus und der durch eine Dominanz modernisierungstheoretischer Ansätze charakterisierten Nachkriegsperiode wurde auf den M.-Begriff nur in geringem Umfang bezuggenommen, ein Tatbestand, der sich erst zu Beginn der 70er Jahre änderte. Mit der Konjunktur qualitativ-sinnrekonstruierender Ansätze gewannen kleinräumige M.-Analysen, etwa auf der Ebene der Beschreibung von Jugendkulturen, eine zunehmende Bedeutung. Seit den 80er Jahren kann man von einer regelrechten Renaissance des M.-Begriffs sprechen, wobei auf der einen Seite wissenssoziologisch inspirierte M.-Analysen stehen (Bohnsack 1997, Grathoff 1989, Soeffner 1989), andererseits hat, insbesondere durch Hradil (1987), Schulze (1992) und Vester u. a. (1993) initiiert, das M.-Konzept Einzug in die Sozialstrukturanalyse gehalten, um einer zunehmenden „Subjektivierung und Kulturalisierung" → sozialer Ungleichheit Rechnung zu tragen. Freilich hat sich hierbei unter der Hand eine Bedeutungsverschiebung des Begriffs M. seit den oben beschriebenen Anfängen ergeben (Hradil 1992, Schulze 1992), denn jetzt steht - statt eines passiven Geprägtwerdens *durch* ein spezifisches M. - die aktive Entscheidung *für* ein M. und die mit seiner Konstitution verbundenen Konstruktionsleistungen des Subjekts stärker im Mittelpunkt des Interesses. Zudem wurde, verursacht durch die gegenwärtigen Globalisierungsprozesse (→ Globalisierung), der M.-Begriff zunehmend aus seiner ursprünglichen räumlichen Verankerung gelöst und auf raumübergreifende M.-Bildungsprozesse, etwa in Form von dispers angeordneten Szenen, übertragen. Bei einer Übersicht über die zeitgenössischen M.-Definitionen fällt eine gewisse begriffliche Unschärfe auf, die mit dieser Bedeutungsverschiebung zusammenhängen könnte. Ausgehend von einer Schnittmenge der gegenwärtigen M.-Definitionen lassen sich jedoch einige gemeinsame Bestimmungsgrößen isolieren. So werden M. erstens als Gruppen gefaßt, die über gemeinsame Wissensbestände, Muster der Weltdeutung und soziale Praktiken verfügen. Zweitens dienen diese Gemeinsamkeiten einer Feinabstimmung zwischen sozialer und personaler → Identität, so daß M. als Ort der Gemeinschaftsbildung und Sozialintegration angesehen werden können. Drittens führt dieser Prozeß schließlich zu einer erhöhten Binnenkommunikation und Interaktionsdichte innerhalb sozialer M.

Der Begriff des Lebensstils (L.) stammt aus einer anderen soziologischen Theorietradition, bezieht sich aber zum Teil auf ähnliche soziale Phänomene wie der M.-Begriff. Theoriegeschichtlich sind in diesem Zusammenhang vor allem die Ansätze von Veblen (1989), Simmel (1989) und Weber (1972) bedeutsam. Veblen untersuchte den auf Prestige und soziale Anerkennung abzielenden L. der „Mußeklasse" in der geschichtlichen Entwicklung bis zur Jahrhundertwende. Dabei beschreibt er zwei Entwicklungsstadien dieses L., nämlich die demonstrative Muße und den demonstrativen Konsum. Demonstrative Muße verwirklicht sich in Tätigkeiten, die viel Zeit für zweckfreie Praktiken binden und dadurch anzeigen, daß die entsprechende Person nicht der „niederen" Tätigkeit des Gelderwerbs nachgehen muß. Demonstrativer Konsum beinhaltet hohe finanzielle Aufwendungen für „nutzlose", aber dem Prestige des Konsumenten dienende Objekte. Für Georg Simmel war der L. der Moderne mit seiner zunehmenden Pluralität von Stilen und den damit verbundenen Entscheidungs- und Identitätskosten von Interesse. Die „objektive Kultur", d.h. die Summe der in einer Gesellschaft zu einem spezifischen Zeitpunkt vorhandenen Wissensbestände und Stilausprägungen gerät in der modernen Gesellschaft nach seiner Auffassung zunehmend in Widerspruch zur „subjektiven Kultur", d.h. zur subjektiven Aneignungsweise der vorhandenen Kulturinhalte. Bei einer Vielzahl von Stilen ist die Entscheidung für einen spezifischen nur mit einer vergleichsweise schwachen Identitätsverankerung verbunden, so daß der moderne, individualisierte Mensch zwar eine Vielzahl von Wahloptionen hat, die einzelne Wahl ihn aber nur in geringem Umfang in seiner Individuierung stärkt und bestätigt. Weber schließlich beschreibt mit seinem Ständebegriff soziale Gruppen, die sich nicht durch eine klassenspezifische Erwerbslage unterscheiden, sondern durch eine spezifische Lebensführung, die der Erlangung von „Ehre" dient. Ständische Lebenspraxis, die sich etwa in Kleidung, Speisen oder der Ausübung von Kunst niederschlägt, ist nach Weber darauf ausgerichtet, soziales Ansehen und Prestige für den jeweiligen Stand zu monopolisieren. In die zeitgenössische soziologische Debatte wurde der L.-Begriff vor allem durch Pierre Bourdieu wieder eingeführt. In seinem Werk „Die feinen Unterschiede" (1982) analysiert er den Zusammenhang zwischen spezifischen sozialen Lagen, die nach Maßgabe kultureller, ökonomischer und sozialer Ressourcen (bei Bourdieu: „Kapitalien") differenziert werden und ihnen entsprechenden typischen L.-Ausprägungen. Seine zentrale These ist, daß aufgrund der „Legierung" dieser drei Ressourcenarten typische Konditionierungsklassen hinsichtlich der Erfahrung der sozialen Welt in der Sozialisation festgelegt werden und die hierdurch erlernten Regeln wiederum zur Hervorbringung eigener L.-Praxis und der Klassifizierung der Praxis anderer Gruppen Anwendung finden. Der von Bourdieu unterstellte enge Zusammenhang zwischen den „objektiven" Merkmalen der sozialen Position und ihnen entsprechenden L. ist, insbesondere in der deutschen Sozialstrukturanalyse, nicht unwidersprochen geblieben. Autoren wie Beck (1986), Schulze (1992) und Hradil (1987) vertraten die These einer zunehmenden Pluralisierung von L., die sich nicht mehr primär entlang sozio-ökonomischer Statusgruppen und → Konfliktlinien festmachen ließen.

Die Ergebnisse der empirischen L.-Forschung (Georg 1998, Spellerberg 1996) konvergieren jedoch zu einer Position zwischen diesen Auffassungen: L. sind hiernach zwar nicht deterministisch mit der sozialen Lage eines Individuums verknüpft, sie kovariieren jedoch im über-zufälligen Sinn mit spezifischen „objektiven" sozialstrukturellen Merkmalen. Neben dem Lebensalter, hinter dem sich querschnittlich sowohl Lebenszyklus- als auch Kohortendifferenzierungen verbergen können und das sich durchgängig als die wichtigste Determinante von Lebensstilen erwies (→ Generationen), waren insbesondere die Schulbildung (→ Bildung), das Geschlecht (→ Frauen/Männer, pS: Geschlecht/Geschlechterverhältnisse) und die jeweilige Lebensphase am bedeutsamsten für die Differenzierung von L. Versucht man vor dem Hintergrund der unterschiedlichen L.-Begriffe eine verallgemeinerbare Definition abzuleiten, so wird deutlich, daß L. sich zunächst auf einen spezifischen Ausschnitt beziehen, der als expressiv-ästhetisches Handeln bezeichnet werden kann. Gemeint sind hiermit alle Handlungsbereiche, in denen wahrnehmbare und klassifizierbare Geschmacksäußerungen eines Individuums anzutreffen sind, wie etwa die Wahl der Wohnungseinrichtung, der Kleidung, des präferierten

Musikstils, spezifischer Speisen und Getränke, Freizeitaktivitäten oder Literaturgenres. Der L. kann als ein ganzheitliches Muster der Wahl dieser Geschmacksäußerungen angesehen werden, mit der Absicht, auf alltagsästhetischer Ebene die Zugehörigkeit zu einer L.-Gruppe zu markieren, und, was nur die Außenperspektive dieser Handlung ist, andere L.-Gruppen auszugrenzen und sich von ihnen zu distinguieren. L. sind somit keine „unschuldige" Äußerung von Geschmack, sondern unterliegen einem symbolischen Kampf um soziale Anerkennung und Devaluierung, einem Kampf, in dem die Mittel zur Durchsetzung der eigenen Definition als allgemeinverbindlicher Geschmacksdefinition ungleich verteilt sind (Bourdieu).

Vergleich der Konzepte Milieu und Lebensstil:
Vergleicht man die soziologischen Konzepte M. und L., so ist auffällig, daß eine theoretisch eindeutige Abgrenzung allein deshalb schwierig ist, weil beide unterschiedlichen Theorietraditionen und z.T. auch Forschungsmethodologien entstammen. Der M.-Begriff ist, zumindest im 20. Jhdt., relativ eng mit wissenssoziologischen oder phänomenologischen Theorieansätzen verbunden, in deren Mittelpunkt die m.-typische Konstruktion der sozialen Welt und die Rekonstruktion der entsprechenden sinnhaften Deutungsmuster und Wissensbestände stand. Das L.-Konzept wiederum hatte insofern primär eine sozialstrukturelle Ausrichtung, als die nach sozialer Anerkennung strebende alltagsästhetische Praxis unterschiedlicher Statusgruppen seinen Fokus bildete. Während M.-Analysen die Gesamtheit der Sinnstrukturen, Wissensbestände und Vergemeinschaftungspraxis interaktionsdichter Gruppen untersuchen, zielen L.-Beschreibungen zwar auch auf Gruppenbildungsprozesse, jedoch steht hier die alltagsästhetische, prestigebezogene Praxis im Vordergrund.

Werner Georg

Literatur:

Beck, Ulrich 1986: Risikogesellschaft. Auf dem Weg in eine andere Moderne, Frankfurt a.M.
Bohnsack, Ralf/Wild, Bernd 1997: Cliquen, Banden und Vereine: Die Suche nach Milieuzugehörigkeit, in: Behnken, Imbke/Schulze, Theodor (Hrsg.): Tatort: Biographie. Spuren. Zugänge. Orte. Ereignisse, Opladen.
Durkheim, Emile 1980: Die Regeln der Soziologischen Methode, Neuwied.
Georg, Werner 1998: Soziale Lage und Lebensstil. Eine Typologie, Opladen.
Grathoff, Richard H. 1989: Milieu und Lebenswelt. Einführung in die phänomenologische Soziologie und phänomenologische Forschung, Frankfurt a.M.
Hradil, Stefan 1987: Sozialstrukturanalyse in einer fortgeschrittenen Gesellschaft, Opladen.
Hradil, Stefan 1992: Alte Begriffe und neue Strukturen. Die Milieu-, Subkultur und Lebensstilforschung in den 80er Jahren, in: Hradil, Stefan (Hrsg.): Zwischen Sein und Bewußtsein, Opladen, S. 15-55.
Schulze, Gerhard 1992: Die Erlebnisgesellschaft. Kultursoziologie der Gegenwart, Frankfurt/New York.

Soeffner, Hans-Georg 1989: Prämissen einer sozialwissenschaftlichen Hermeneutik, in: Soeffner, Hans-Georg (Hrsg.): Auslegung des Alltags - Der Alltag der Auslegung. Zur wissenschaftlichen Konzeption einer sozialwissenschaftlichen Hermeneutik, Frankfurt a.M., S. 66-97.

Spellerberg, Anette 1996: Soziale Differenzierung durch Lebensstile. Eine empirische Untersuchung zur Lebensqualität in West- und Ostdeutschland, Berlin.

Veblen, Thorstein 1989: Theorie der feinen Leute. Eine ökonomische Untersuchung der Institutionen, Frankfurt a.M.

Vester, Michael/von Ortzen, Peter/Geiling, Heiko/Herrmann, Thomas/Müller, Dagmar 1993: Soziale Milieus im gesellschaftlichen Strukturwandel. Zwischen Integration und Ausgrenzung, Köln.

Militär

→ *Außenbeziehungen: Selbstbild/Fremdbild, DDR, Eliten, Generationen, Identität, Nationalsozialismus, Neue Bundesländer, Öffentlicher Dienst/Sektor, Politische Bildung, Politische Beteiligung, Politische Inszenierung/Symbolische Politik, Politische Korruption, Politische Sozialisation, Politische Sozialisation: Ost-/Westdeutschland, Politische Traditionen, Politisches Interesse, Politisches Vertrauen, Professionen, Sozialstruktur, SPD.*

Entwicklungslinien:
Das Militär (M.) oder „Militärisches" bildet in der deutschen Geschichte einen beherrschenden Bestandteil der pK. Noch heute gelten im Ausland klassische militärische Tugenden wie Disziplin, Ordnung oder Pflichtbewußtsein als charakteristische Merkmale für die Bevölkerung der BRD (→ Selbstbild/Fremdbild). Entgegen dem nationalen Stereotyp hat sich in der BRD Entscheidendes gegenüber etwa dem Kaiserreich gewandelt, als es einem Unteroffizier noch dienstlich verboten war, die Tochter eines Sozialdemokraten zu heiraten (→ Politische Traditionen, SPD). Unter dem Gesichtspunkt der militärischen Vergangenheit Deutschlands sind einige Entwicklungen, vor allem in den 50er Jahren, besonders erwähnenswert, welche einmal das Verhältnis der Bevölkerung zu Streitkräften und zu militärischen Auseinandersetzungen und zum anderen den Aufbau und die politisch-gesellschaftliche Position der Bundeswehr nachhaltig beeinflußten.

Das Reeducationsprogramm der Siegermächte setzte bewußt bei den preußisch-militärischen Elementen der deutschen Vergangenheit an und bewirkte, mit anderen Faktoren, eine *ablehnende Haltung der Bevölkerung* gegenüber der Vorstellung neuer deutscher Streitkräfte. Die ersten Umfragen zum Problem der Aufstellung einer „westdeutschen Armee" erhalten keine zustimmenden Mehrheiten. Bezeichnend ist in diesem Zusammenhang, daß die Jahrbücher der öffentlichen Meinung erst für 1955 die erste *direkte* Frage dokumentieren, wie man bei einer Volksabstimmung hinsichtlich des Aufbaus neuer Streitkräfte votieren werde (40 % dafür).

Indirekte Zugänge zum Komplex der Wiederbewaffnung bestätigen die eher ablehnende Haltung der Bevölkerung. Die Reeducationsphase verstärkte jene Entwicklung im gesamten Bildungswesen, für welche eine *normative Orientierung an eher „unpolitischen" allgemeinen Bildungszielen* charakteristisch ist. Im Mittelpunkt der Bildungsbemühungen standen Partnerschafts- und Gemeinschaftstugenden (→ Politische Bildung); das Problem sozialer und politischer → Konflikte blieb bis weit in die 60er Jahre hinein ausgeklammert. Konsistent mit dieser Entwicklung ist zudem festzustellen, daß außer bzw. neben dem wohl aufgezwungenen Reeducationsprogramm keine Aufarbeitung der militärischen und politischen Vergangenheit Deutschlands im Bildungssystem erfolgte. → Nationalsozialismus wie die primäre Funktionen von Streitkräften wurden zu einem Tabu in der BRD.

Die Aufstellung der Bundeswehr (Bw) wurde letztlich schon anfangs der 50er Jahre, gegen die deutliche Mehrheitsmeinung in der Bevölkerung, vorbereitet. Die konzeptionellen Überlegungen mündeten in die *„Innere Führung"* als ein Modell für die Streitkräfte, in dem die Orientierung für die innere Struktur wie für das zivilmilitärische Verhältnis sich eindeutig an den Normen einer demokratischen Gesellschaft anlehnten. In einem übergreifenden Verständnis umfaßt „Innere Führung" wenigstens fünf verschiedene Betrachtungsebenen. Zum einen regelt die verfassungs- und gesetzmäßige Einbindung der Streitkräfte den Primat einer demokratischen Politik gegenüber dem M. sowie die Rechte und Pflichten der Soldaten. Zum anderen ist mit der „Inneren Führung" eine angemessene öffentliche Diskussion über Fragen der Sicherheitspolitik und den jeweiligen Stellenwert von Streitkräften in ihrer konkreten Organisations- und Funktionsweise impliziert. Drittens geht es unter individuumbezogener Betrachtung um die Einstellungen und Verhaltensweisen der Soldaten als „Staatsbürger in Uniform" (Problemschwerpunkt u.a. Menschenführung). Ein vierter Aspekt betrifft die soziale Herkunft der Soldaten in einer pluralistischen Gesellschaft. Fünftens beinhaltet das Integrationskonzept „Innere Führung" auch die Vorstellung von einer weitgehend problemlosen sozialen Einbindung des Soldaten und der Soldatenfamilien in das gesellschaftliche Umfeld. Alle Elemente der „Inneren Führung" lassen sich (auch) als deutliche Abkehr von traditionellen Charakteristika des Verhältnisses von M. und Gesellschaft in Deutschland verstehen. Erstmals in der deutschen Geschichte kann man von einer Dominanz des Zivilen (Bürgerlichen) über das M. sprechen.

Bis zum Ende des Ost-West-Konfliktes waren für die Situation der Bw die Einbindung in das westliche Bündnis (NATO) mit den entsprechenden M.-Doktrinen und -strategien, die Beschränkung eines Einsatzes auf den Verteidigungsfall und auf das Territorium der NATO-Partner sowie die allgemeine Wehrpflicht mit der Möglichkeit der Kriegsdienstverweigerung wichtige Einflußgrößen. Die Integration in die NATO beinhaltet die Übertragung traditionell nationaler Souveränitätsrechte auf eine supranationale Organisation. Mit der allgemeinen Wehrpflicht sollte und soll neben den funktionalen Man-Power-Erfordernissen vor allem dokumentiert werden, daß die Legitimation der Bw in einer demokratischen Gesellschaft eben auf dem Selbstbehauptungs- und Verteidigungswillen der Bevölkerung beruht. Unter dieser Perspektive bildet das Recht auf Kriegsdienstverweigerung die komplementäre Konsequenz einer demokratischen Legitimation von Streitkräften.

Die Wiedervereinigung und der Zerfall der Sowjetunion sowie des Warschauer Paktes haben eine Entwicklung mit tiefgreifenden Veränderungen in Gang gesetzt, die Anfang 1999 noch nicht abgeschlossen ist. Für die Bw kam es 1. zu einer Beschränkung der Personalstärke auf höchstens 370.000 Soldaten, 2. zur Eingliederung der nationalen Volksarmee (NVA), die mit der Übernahme von 3.200 Offizieren (Offz) und 7.700 Unteroffizieren (Uffz) vergleichsweise problemlos vonstatten ging, und 3. zu einer strukturellen Dreiteilung in Krisenreaktionskräfte (KRK), die Hauptverteidigungskräfte sowie die militärische Grundorganisation. Die hochpräsente, unmittelbar einsetzbaren KRK bestehen faktisch nur aus Zeit- und Berufssoldaten im Umfang von 50.000 Mann. Damit wurde ein Prozeß eingeleitet, der nicht nur zu einer Zwei-Klassen-Armee führen könnte, sondern mittelfristig auch zu einer Berufsarmee. Dieser Trend wird zudem dadurch verstärkt, daß 1998 wahrscheinlich erstmals mehr Wehrpflichtige (über 170.000) den Kriegsdienst verweigerten als zur Bw eingezogen wurden. Veränderungen dieser Art müssen im Kontext der Organisation sozialer Dienste und der Diskussion um die Einführung eines „allgemeinen Gesellschaftsdienstes" für Männer und Frauen betrachtet werden. Weitere wichtige Einflußgrößen bzw. Rahmenbedingungen sind die Integration in die EU, die NATO-Osterweiterung, die Etablierung von Eurocorps und die bilateralen Brigaden sowie vor allem die politische Neudefinition des Bw-Auftrages. BVerfG und Bundestag machten den Weg frei für sog. „out-of-area-Einsätze", wobei deren Art und Umfang noch erheblich umstritten sind (NATO, UNO-Kontext, peace-keeping, peace-enforcing).

Soziale Zusammensetzung und politische Einstellungen von Soldaten:
Wehrpflichtige: Die Bw ist kein Spiegelbild der (männlichen) Gesellschaft, auch nicht hinsichtlich der eingezogenen Wehrpflichtigen. So leistet z.B. nur ca. ein Drittel eines Jahrganges Wehrdienst. Dieses Drittel ist gesünder als der Jahrgangsdurchschnitt und hat die Bw anderen Möglichkeiten des Dienstes vorgezogen (z.B. Polizei, Technisches Hilfswerk, Bundesgrenzschutz, ziviler Ersatzdienst). Die Annahme, es handele sich dabei weit überwiegend um eine Wertentscheidung, läßt sich empirisch nicht bestätigen. Wehrdienst (WD) aus Überzeugung leistet nur etwa jeder Fünfte. Neben vor allem pragmatischen Überlegungen bestimmen allerdings auch generelle politische Orientierungen die Wahl. Bei den bundeswehraffinen Jugendlichen im Alter von 16-18 Jahren zeigten sich Ende 1992 enge Zusammenhänge mit nationalistischen, ausländerfeindlichen und politisch rechten Überzeugungen. Quantitativ läßt sich der bundeswehraffine Anteil unter den Jugendlichen auf 20 % schätzen. Im Falle der Einführung einer Berufsarmee könnten hieraus gravierende Schwierigkeiten für die Rekrutierung „demokratisch zuverlässiger" Soldaten entstehen. Zur Zeit (1998) verweisen die rechtsextremen Vorfälle in der

Bw eher auf organisatorische Probleme und auf Ausbildungsdefizite im Vorgesetztenbereich. Die Einflüsse des WD auf die Einstellungen der Rekruten werden häufig überschätzt; empirische Belege für eine Wirkung in Richtung undemokratischer Verhaltensweisen fehlen. Selbst wenn der politische Unterricht weniger ausfallen und weniger dilettantisch betrieben würde, wären die Einflüsse bei der Kürze des WD, der meist heimatnahen Einberufungen und anderen zivilen Rahmenbedingungen zu vernachlässigen. Bei vielen Rekruten gilt der WD als etwas, daß man als Mann erlebt haben muß. Diese Art Initiationsritus wird auch von der Gesellschaft generell als wesentlich betrachtet.

Bei den Rekruten sind Personen mit mittlerer Reife oder Abitur deutlich unterrepräsentiert. Tendenziell steigt mit der Höhe der Ausbildung die Bereitschaft zur Kriegsdienstverweigerung. Verweigerer leisten Zivildienst (ZD) und zwar zu etwa drei Vierteln in den Bereichen Pflege, Betreuung, Rettungs- und Hilfsdienste. Ohne den ZD käme es im sozialen Sektor erst einmal zu großen Schwierigkeiten. Zivildienstleistende (ZDL) bewerten ihre Tätigkeit deutlich positiver als Rekruten den WD. Dieses gilt sowohl für die Sinnhaftigkeit als auch für die Rahmenbedingungen. Allerdings sind es gerade die bürokratischen Strukturen, die bei den ZDL nicht selten zu Demotivationen führen. Im Vergleich zum WD existieren offensichtlich noch deutlichere Spannungen zwischen Erwartungen und Realität, die als Widersprüche bei den ZDL individuell zu verarbeiten sind, weil institutionelle Hilfe meist fehlt.

Unteroffiziere (Uffz): Gemessen an ihrer vorgeblich zentralen Funktion („Rückgrat der Armee") erhalten die Uffz politisch wie generell geringe Aufmerksamkeit. Sie sind wegen ihres hohen Anteils an Zeitsoldaten ein wichtiges Bindeglied zwischen Bw und Gesellschaft. Uffz stammen z.B. relativ häufig aus ländlichen Gebieten und Kleinstädten. Bemerkenswert ist ein deutlicher Anstieg im Bildungs- und Ausbildungsniveau der Uffz, speziell in den stark technisierten Bereichen der Bundeswehr. Vor allem bei den Uffz auf Zeit dominiert eine eher zivile Orientierung in der Berufsauffassung. Im Durchschnitt ist nur jeder zweite Uffz mit seinem Beruf zufrieden; die geäußerte Berufszufriedenheit korreliert positiv mit der Dauer der Dienstzeit. Als Gründe für Unzufriedenheiten werden vor allem mangelnde Aufstiegschancen und besondere Dienstbelastungen angegeben. Bemerkenswerterweise gibt es keine Diskrepanzen zwischen Selbstbild und Fremdbild. Uffz sind relativ zur männlichen Bevölkerung überzufällig häufig politisch interessiert und engagiert (→ Politische Beteiligung, Politisches Interesse). So finden sich Uffz auch in Gemeinderäten oder Parlamenten. Anfang der 80er Jahre zählte man ca. 600 Soldaten in diesen Gremien. Auf Sozialprestigeskalen rangiert der Uffz, wie übrigens auch der Offz, im unteren Bereich.

Offiziere (Offz.): Die elitäre Position (→ Elite) des M. im Kaiserreich beruhte u.a. auf einer weitgehenden Anpassung des Offizierskorps an das vorherrschende Welt- und Gesellschaftsbild und an die Staatsauffassung des Kaisers. Die Dominanz der so gearteten normativen Orientierung des M. wurde auf Dauer durch eine ausgesprochen eingegrenzte Rekrutierung der Offiziere gewährleistet. Zwischen 1862 (Preußisches Heer) und 1930 betrug der Anteil der Söhne von Adligen bzw. Offizieren, höheren Beamten und Gutsbesitzern am Offizierskorps wohl nie weniger als 73 %, zeitweise sogar 90 % und darüber. Noch 1966 besaßen 52 % der Bundeswehrgenerale den vom Kaiser so genannten sozialen Hintergrund der „erwünschten Kreise".

Eine wirkliche Auflösung der für eine pluralistische Gesellschaft extremen Einseitigkeiten in der Rekrutierung des Offiziersnachwuchses erfolgte erst nach den *Bundeswehrreformen*, speziell der Bildungsreform Anfang der 70er Jahre. Mit der Einführung eines bundeswehreigenen Studiums für Offz rekrutiert sich der Nachwuchs überwiegend aus der unteren Mittelschicht. Auch subjektiv sehen sich die jungen Offz als soziale Aufsteiger. Allerdings ermöglicht die Bw einem Anteil von etwa 30 % die Offz-Laufbahn ohne Studium. Das anfangs bei den M. stark umstrittene Studium wird auch heute noch bei Berufs-Offz respektive Zeit-Offz unterschiedlich bewertet. Je stärker die zivile Orientierung, um so positiver fällt die Beurteilung des Studiums aus. Eine besondere Brisanz besteht darin, daß die Qualifikationsmerkmale für Truppenverwendung bzw. Studium diametral entgegengesetzt gesehen werden. Die im ursprünglichen curricularen Ansatz der Hochschulausbildung enthaltene Verbindung der verschiedenen Elemente soldatischer Tätigkeitsfelder und politischer Aufgaben war schon früh gescheitert. Zwar hat das Studium auch bei Berufs-Offz Spuren hinterlassen im Sinne etwa einer analytischen Orientierung. Verobjektivierbare Leistungskriterien werden aber wieder durch Beurteilungselemente unterlaufen, die sich auf Haltungen oder Gesinnungen beziehen. Dieses wurde im Bereich der Generalstabsausbildung in den 80er Jahren vor allem für die Luftwaffe und die Marine nachgewiesen. Die von Zeit zu Zeit immer wieder einmal geforderte Verstärkung der Ausbildung hinsichtlich sozialer und politischer Kompetenzen erhält heute mit den internationalen Aufgaben vor allem für peace-keeping-Funktionen besonderes Gewicht. Eine solche Verstärkung hätte auch für die Bewältigung von Identitätskrisen (→ Identität) Relevanz, die sich bei Offz (wie bei Uffz) in bemerkenswerten Umfang mit dem Wegfall eines klar definierten Feindes ergaben. Wurde die Identitätskrise nicht verdrängt, äußerten Offz das Bedürfnis nach Neuorientierung durch die Führungsebenen. Die veränderte, heterogene Aufgabenstruktur verhindert jedoch eine zentrale ideologische Orientierung. Das Individualisierungsphänomen (→ Individualisierung) hat damit in spezifischer Weise auch die Bw erreicht, und zwar als Dilemma.

Die geäußerten parteipolitischen Präferenzen der Offz konzentrieren sich auf die traditionellen Parteien CDU/CSU, FDP, SPD mit einem Übergewicht für das konservative Lager. Andere Parteien erzielen keine Werte über 1 %. Eine vergleichbare rechte Orientierung von Männern mit einer derzeitigen oder ehemaligen Verwendung in der Bw gegenüber Männern ohne Bw-Erfahrung bestätigt auch eine aktuelle (1997) repräsentative Erhebung. Standespolitisch sind die längerdienenden Soldaten zu über drei Vierteln im Deutschen Bundeswehrverband organisiert (derzeit 240.000 Mitglieder). Die ÖTV spielt demgegenüber nur eine untergeordnete Rolle.

Gesellschaft und Militär:
Das Verhältnis der Gesellschaft zur Bw ist nach wie vor gekennzeichnet durch eine geringe Zentralität von Fragen der Wehrstruktur, der militärischen Aufgaben und deren Umsetzung. Daraus resultiert nicht nur das Fehlen einer öffentlichen Debatte, auch einer „strategic community", sondern zudem eine geringe Aussagekraft (Stabilität) von Bevölkerungsumfragen, soweit sie, wie meist, auf der Meinungsebene verbleiben. Mitte der 90er Jahre sieht kaum jemand noch eine militärische Bedrohung. Militärische Sicherheit wird als wenig bedeutsam eingeschätzt; sie rangiert unter acht Sicherheitsbereichen (z.B. Arbeitsplatz, Kriminalität, Umwelt) mit Abstand an letzter Stelle. Die Bw wird, wie in der Vergangenheit, aber überwiegend neutral bis positiv bewertet; der Transport von Hilfsgütern, Friedensstabilisierung und ein Beitrag zur Einhaltung der Menschenrechte gelten als wichtige militärische Aufgaben. Über 41 % der Bevölkerung bejahen Kampfeinsätze der Bw unter UN-Hoheit, 30 % votieren für die Beibehaltung der Wehrpflicht, gut 52 % entscheiden sich für eine Berufsarmee. Der ZD genießt höhere Wertschätzung als der WD. Geringe Beachtung findet das M. auch im *sozialwissenschaftlichen Bereich.* Dieses gilt für Forschung, Lehre und Veröffentlichungen generell. Empirische Untersuchung zur Bw stammen weit überwiegend aus bundeswehreigenen Instituten. In einigen neueren Handbüchern über das politische System oder die Gesellschaft der Bundesrepublik fehlt sogar ein Stichwort „M." oder „Bw". Mit den anhaltenden wirtschaftlichen Schwierigkeiten hat sich auf der Ebene der *Gemeinden* die Haltung gegenüber dem M. deutlich positiv verändert. Das M. spielt in den jeweiligen Standorten eine wichtige Rolle als Arbeit-, als Auftraggeber und, über das Personal, als Konsument. Die Verkleinerung der Bw und der Abzug alliierter Streitkräfte bewog einige Bürgermeister dazu, sich nach Bonn und sogar nach Washington zu begeben, um für den Erhalt ihrer Gemeinde als M.-Standort zu kämpfen.

Ausblick/offene Fragen:
Wir leben in einer Zeit mit in vielfacher Hinsicht offenen Situationen. Je nach Entwicklungsrichtung wird der Einfluß auf Aufgaben und Struktur des M. erheblich sein. Insofern sind derzeitige Bestandsaufnahmen mit großen Unsicherheiten belastet. Wesentliche Einflußfaktoren bestehen u.a. darin, 1. wie sich die Rolle der UNO entwickelt, 2. welche Folgen die NATO-Osterweiterung zeitigt, 3. ob und in welcher Weise es im Rahmen der EU-Integration zu einer gemeinsamen Sicherheitspolitik kommt, 4. ob sich die NATO-M.-Doktrin ändern wird (Erstschlagsoption), 5. welche Explosivität internationale Konfliktpotentiale besitzen (z.B. Migrationsprozesse, Klima-, Energiefragen) oder 6. wie sich (welt-)wirtschaftliche Strukturkrisen auswirken. In diesem Kontext wird vor allem auch die internationale und nationale Rolle der Bw zu verorten sein, keine leichte Aufgabe für die sog. „Zu-

kunftskommission", welche die Bundesregierung 1999 einsetzen will. Dann gilt es auch, die Frage nach der Zukunft der Wehrpflicht bzw. nach der Einführung eines allgemeinen Gesellschaftsdienstes zu beantworten.

Ralf Zoll (Manuskript verfaßt im April 1999)

Literatur:

Armed Forces and Society, Quaterly, Chicago ab 1974/75.

von Bredow, Wilfried 1996: Militär, Gesellschaft und Politik in der Bundesrepublik Deutschland. Dreiteiliger Studienbrief der Fernuniversität Hagen, Hagen.

Manigart, Philippe (Hrsg.) 1992: The Future of Security in Europe: A Comparative Analysis of European Public Opinion, Brüssel.

Reihe „Militär und Sozialwissenschaften", Baden-Baden ab 1988.

Sozialwissenschaftliches Institut der Bundeswehr (SOWI), verschiedene Veröffentlichungsreihen (Berichte, Forum international, Arbeitspapiere), München/Strausberg ab 1975.

Wissenschaft und Frieden, Vierteljahreszeitschrift, Marburg ab 1984.

Zoll, Ralf (Hrsg.) 1979: Wie integriert ist die Bundeswehr? Zum Verhältnis von Militär und Gesellschaft in der Bundesrepublik, München.

Minderheiten/Randgruppen

→ *Armut, Arbeitslosigkeit, Bildung, DDR, Eliten, Familie, Fremdenfeindlichkeit, Geschichtsbewußtsein, Grundgesetz, Multikulturelle Gesellschaft, Nation, Parlamentarismus, PDS, Politische Sozialisation: Familie, Politische Toleranz, Politische Traditionen, Rechtskultur, Republikaner/DVU, Sozialstruktur, Sprache* .

Begriff/Definition:

Als Minderheiten (M.) bezeichnet man ethnische Teilpopulationen (Volksgruppen) in einer nationalen Gesellschaft, die sich aufgrund tatsächlicher oder vermeintlicher Merkmale (wie → Sprache, Rasse, nationale Herkunft, Religion) von einer dominanten Bevölkerungsmehrheit (dem Staatsvolk) unterscheiden. Dieser allgemeine M.-Begriff wird wie folgt spezifiziert:

Alte M. heißen deutsche Staatsbürger, die sich als inländische Sprachgemeinschaften zusammengehörig fühlen und in eigenen Siedlungsgebieten ihre ethnisch-kulturellen Eigenheiten leben und bewahren wollen. Ihre Selbständigkeit wird rechtlich durch staatliche Garantien (Friesen und Sorben) und zwischenstaatliche Regelungen (Dänen bzw. Südschleswiger) gewährleistet. Für die regional-ungebundenen Roma/Sinti (Zigeuner) fehlt eine derartige Existenzgrundlage, obwohl gerade sie Opfer von Vorurteilen und Diskriminierungen sind. Völkerrechtliche Übereinkünfte (Europarat, OSZE und UNO) geben dem Vertragsstaat Bundesrepublik verbindliche Rahmen vor, den Schutz ihrer alten M. gesetzlich zu regeln. So wurde seitens der Bundesrepublik die Umsetzung des Übereinkommens des Europarates zum Schutz nationaler M. von 1998 für alle oben genannten M. zugesagt, das sie zwingt, deren Gleichheits- und Freiheitsrechte zu sichern sowie Schutz vor Assimilierung und Diskriminierung zu gewähren. Am 1. Jan. 1999 trat die Europäische Charta zum Schutz der Regional- und M.-Sprachen in Kraft, in dem sich Bund und Länder verpflichten, der sorbischen, friesischen, dänischen und niederdeutschen → Sprache sowie dem Romanes einen angemessenen Platz einzuräumen und die Sprachen zu fördern. Wie das Bundesinnenministerium angibt, sprechen in Schleswig-Holstein rund 50.000 Bürger Dänisch und rund 22.000 Friesisch, in Brandenburg und Sachsen rund 60.000 Sorbisch. Romanes wird nach Mitteilung des Zentralrates der Sinti und Roma von rund 70.000 Personen gesprochen bzw. verstanden.

Unter *neuen* M. versteht man demgegenüber ausländische Arbeitsmigranten, Flüchtlinge und Asylbewerber, die über die gesamte Bundesrepublik verteilt leben und pauschal *die* Ausländer genannt werden. Ihre heterogene Zusammensetzung wird erst dann deutlich, wenn jede dieser M. nach ihrer staatlichen Herkunft (z.B. als italienisch, spanisch, türkisch) und/oder regionalen Zuordnung innerhalb ihres Heimatlandes (z.B. sizilianisch, katalanisch, kurdisch) kategorisiert werden. Sie gelten als diskriminierte Gruppen insbesondere deshalb, weil ihre Existenz vom deutschen Ausländer- und Asylverfahrenssrecht geregelt wird, ohne daß überstaatliche Standards des M.-Schutzes für sie Gültigkeit haben. Unübersehbar ist, daß darüber hinaus deutsche Staatsbürger, die durch physische, psychische, geistige, sexuelle u.a. Verhaltensauffälligkeiten von den normalen Standards der Bevölkerungsmehrheit abweichen, *soziale* M. oder Randgruppen genannt werden. Hierzu zählen Körperbehinderte, Geisteskranke, psychisch Behinderte, Homosexuelle und andere. Ihr Schutz wird vornehmlich durch die im → GG garantierten individuellen Diskriminierungsverbote und Gleichheitspostulate gewährleistet.

Forschungsschwerpunkte:

Vereinfacht betrachtet, existieren folgende Forschungsschwerpunkte, in denen der M.-Begriff und das Randgruppenkonzept zum Teil synonym verwendet wurden: In der unmittelbaren Nachkriegszeit stand die dokumentarische Aufarbeitung der Verfolgung und Vernichtung von M. (wie Juden, Roma, Sinti, Homosexuellen, Behinderten) infolge nationalsozialistischer Rassenlehre bzw. Gemeinschaftsideologie im Vordergrund. In den 60er und 70er Jahren folgte die Erforschung sozialer M., die wegen ihrer abweichenden Lebenshaltungen und zugesprochenen Integrationsunfähigkeit als Problemgruppen bzw. Unterprivilegierte in der Mehrheitsgesellschaft beschrieben wurden. Daneben gerieten zunehmend ausländische Arbeitskräfte als Gastarbeiter auf Zeit ins Blickfeld, um die wirtschaftlichen Folgen ihres Einsatzes für das deutsche Gastland zu prüfen und zu belegen. Erst danach werden von den neuen M. zunehmend Arbeitsmigranten als Zuwanderungskollektive auf Dauer, die sich weitgehend aus → Familien rekrutieren, thematisiert.

Sie bestimmen bis heute wissenschaftliche Untersuchungen und politische Auseinandersetzungen, weil ihr Zuzug die → Sozialstruktur der Gemeinden und der Gesamtgesellschaft verändert. Die skizzierten Forschungstendenzen gelten in erster Linie für die *alte* Bundesrepublik; sie fehlen in der ehemaligen → DDR weitgehend, weil eine Verantwortung für nationalsozialistische Verbrechen nur ansatzweise akzeptiert und Randgruppen nur spezifisch zur Kenntnis genommen wurden (z.B. alte und behinderte Menschen). Untersuchungen über Ausländer gab es wegen ihrer geringen Zahl offensichtlich nicht. Als ethnische Minderheit war die Volksgruppe der Sorben seitens der DDR verfassungsrechtlich anerkannt. Die Pflege ihrer Sprache und Kultur wurde - auch unter folkloristischen Gesichtspunkten - vom Staat gefördert.

Unübersehbar stehen zum Anfang dieses Jahrtausends einerseits die finanziellen Belastungen durch „Ausländer ohne Aufenthaltsgenehmigung" (1997 ca. 1,8 Mio.), andererseits die Eingliederungsprobleme der hier auf Dauer lebenden Arbeitsmigranten und ihrer Angehörigen („reguläre Ausländer": 1997 über 5 Mio.) im Zentrum öffentlichen Interesses. Mit Blick auf letztere ist festzustellen: Sie sind als Teile einer ethnischen Schichtung anzusehen, in der Einheimische aufgrund ihrer Staatsangehörigkeit, ökonomischen Stellung und/oder sozialen Wertschätzung gegenüber Ausländern eine Vorrangstellung einnehmen, die dadurch gestützt wird, daß diese Mehrheit über demokratisch gewählte Repräsentanten politische Macht hat, die Lebensgrundlagen ihrer M. (wie Aufenthaltsgenehmigung, Familienzuzug, Einbürgerung usw.) rechtlich zu begründen und zu verändern. Für das Vorhandensein ethnischer Ungleichheit sind Handlungsmuster mitentscheidend, deren Verwirklichung im interethnischen Alltag gewollt und ungewollt nicht nur dem Erhalt eben dieser Differenzierung dient, sondern auch für Spannungen und Konflikte mitverantwortlich ist. Im einzelnen sind zu nennen:

1. soziale Distanzierung der Mehrheit von ihren M. durch Aufwertung der eigenen Gruppe bzw. Abwertung ethnischer Andersartigkeit in Wort und Tat. Dazu dienen verbale Ablehnung (durch Vorurteile, Stereotype, falsche Behauptungen, Beschimpfungen u.a.), Beschränkung/Vermeidung interethnischer Kontakte (im Privatleben und in der Öffentlichkeit) sowie soziale Ungleichbehandlung (wie Verweigerung höherer Positionen im Beruf u.a. trotz entsprechender Qualifikation) und immer wieder auch körperliche Gewaltanwendung.

2. Räumliche Segregation von Fremdgruppen im Lebensraum der Mehrheitspopulation. Darunter ist zu verstehen, daß sich ethnische Gruppen in bestimmten Wohnvierteln einer Stadt konzentrieren und damit deren sozialökologische Umstrukturierung einleiten bzw. beschleunigen (wie in Berlin, Frankfurt a.M., Köln, München). Es bilden sich regionale Lebensbasen mit eigenethnischer Infrastruktur, die einen Austausch mit Deutschen erübrigen. Eine damit einhergehende Verstärkung innerethnischer Kontakte fördert die Pflege sprachlicher, nationaler und kultureller Eigenarten, so daß sich ethnische Kolonien bilden.

3. Mangelnde Assimilation (Anpassung) in der deutschen Aufnahmegesellschaft. Diese kann in Wissens-/Sprachdefiziten, fehlender Bildung/Erwerbslosigkeit, im Kontaktmangel zu Deutschen und in unzureichender Identifikation mit der

Bundesrepublik gesehen werden: Die Mehrheit der Arbeitsmigrantenfamilien ist innerlich noch nicht in der Bundesrepublik angekommen; sie sucht entweder Halt in ihrer Gemeinschaft, eben der ethnischen Kolonie, oder in einer unreflektierten Rückkehroption in ihr Herkunftsland.

Diese Ausführungen lassen erkennen, daß alle drei Handlungsmuster für interethnische Spannungen/Konflikte verantwortlich sein können; nämlich beispielsweise dann, wenn Ausländer Mehrheitsdistanzierungen (-diskriminierungen) als zu beseitigende Benachteiligungen einschätzen, wenn Inländer Segregationen als unzumutbare Beeinträchtigungen ihrer Lebensqualität oder festgestellte Assimilationsdefizite als Einbürgerungsbarrieren betrachten. Nicht nur negative Äußerungen über Ausländerverhalten, sondern auch die Feststellung, daß 63 % der Deutschen (Emnid 1997) erklären, in Deutschland lebten zu viele Ausländer, werden oft vorschnell als fremdenfeindlich eingestuft, obwohl politische Meinungsführer nichts anderes meinen, wenn sie parteiübergreifend für Kontrolle, Begrenzung oder Steuerung der Zuwanderung eintreten. Dies geschieht möglicherweise deshalb, weil sich die Bevölkerungsmehrheit sozial und ökonomisch überfordert fühlt, zumal sich Deutschland nach dem Zweiten Weltkrieg als Schmelztiegel erwiesen (rd. 15 Mio. Vertriebene/Flüchtlinge wurden allein aus den ehemaligen deutschen Ostgebieten - Brandenburg östlich der Oder, Ostpreußen, Pommern und Schlesien - sowie aus Ost-/Südosteuropa in der Bundesrepublik und der DDR aufgenommen) und noch immer zu bewähren hat (wie Assimilation von rd. 2 Mio. (Spät)-Aussiedlern seit 1990, Akzeptanz der deutschen Juden und ihrer Zuwanderer, Gleichstellung von Sinti und Roma).

In diesem Zusammenhang wird gefragt, ob nicht soziale M., die wegen ungünstiger Lebensbedingungen (wie → Armut, → Arbeitslosigkeit, Obdachlosigkeit), staatlicher Segregation (z.B. Unterbringung in Heimen, Heilstätten, Gefängnissen) oder mangelnder gesellschaftlicher Akzeptanz (wie aufgrund körperlicher/geistiger Behinderung) von der „Normalbevölkerung" eher als Abweichler (von herrschenden Wert-, Normansprüchen) betrachtet und behandelt werden, sich selbst aber mehr als Opfer gesellschaftlicher Verhältnisse einschätzen, als Spannungs-/Konfliktpotentiale zu sehr aus dem Blick geraten, weil vorrangig Ausländerprobleme diskutiert werden. Dies alles zeigt, daß - auch unter Kosten-Nutzen-Erwägungen - eine differenzierte M.-Politik vonnöten und mehrheitsfähig zu gestalten ist, die interethnische und soziale Spannungen/Konflikte kalkulierbar und sozialen Frieden (Ausgleich) möglich macht.

Manfred Markefka

Literatur:

Brusten, Manfred/Hohmeier, Jürgen (Hrsg.) 1975: Stigmatisierung 1 und 2. Zur Produktion gesellschaftlicher Randgruppen, Neuwied/Darmstadt.

Heckmann, Friedrich 1992: Ethnische Minderheiten, Volk und Nation. Soziologie inter-ethnischer Beziehungen, Stuttgart.

Markefka, Manfred 1995: Vorurteile, Minderheiten, Diskriminierung. Ein Beitrag zum Verständnis sozialer Gegensätze, 7. Aufl., Neuwied/Kriftel/Berlin.
Markefka, Manfred 1999: Ethnische Schimpfnamen - kollektive Symbole alltäglicher Diskriminierung, in: Muttersprache. Vierteljahreszeitschrift für Deutsche Sprache 189, Heft 2: S. 97-123, Heft 3: 193-206, Heft 4: 289-302.
Paech, Norman 1998: Minderheitenpolitik und Völkerrecht, in: APuZ, B 46/47, S. 18-26.
Schmalz-Jacobsen, Cornelia/Hansen, Georg (Hrsg.) 1995: Ethnische Minderheiten in der Bundesrepublik Deutschland. Ein Lexikon, München.
Spiegel-Redaktion (Hrsg.) 1973: Unterprivilegiert. Eine Studie über sozial benachteiligte Gruppen in der Bundesrepublik Deutschland, Neuwied/Berlin.
Stolz, Rolf 1998: Probleme der Zuwanderung, Zuwanderung als Problem, in: APuZ, B 49, S. 15-34.

Multikulturelle Gesellschaft

→ *Familie, Fremdenfeindlichkeit, Identität, Konflikt/Konsens, Minderheiten/Randgruppen, Nation, Öffentlicher Dienst/Sektor, Politische Moral, Politische Toleranz, Rechtsstaat, Sprache, Wertewandel.*

Begriff/Definition:
Multikulturelle Gesellschaft (mG) ist ein Entwurf zur Ordnung des Miteinanders von Angehörigen verschiedener → Nationen/Ethnien in der BRD. MG zielt auf einen → *Wertewandel* und normative bzw. appellative *Verhaltenssteuerung.* Es handelt sich nicht um einen beschreibenden oder analytischen Begriff - nahezu alle, die daraus Handlungsanleitungen pro oder contra ableiten, betonen, daß die mG (noch) nicht erreicht ist. Die empirische *Multikulturalität* bleibt damit im Hintergrund. Daß es demographisch, regional, sozial, religiös usw. und eben ggf. auch ethnisch unterscheidbare Kulturen (z.B. als Jugendkultur) der Gesellschaft der BRD wie in allen Gesellschaften gibt, ist eine Selbstverständlichkeit, die den Stellenwert der mG in der politischen Semantik nicht erklärt. Gleiches gilt für die Tatsache, daß - jedenfalls in Mitteleuropa - alle Kulturen geschichtlich betrachtet Mischkulturen sind.

Der spezifische Stellenwert der Begriffsbildung in der BRD erklärt sich aus der Migrationsgeschichte mit den Stichwörtern Gastarbeiterzuzug, Aussiedlerzuzug, Asylgewährung mit den Folgeaspekten Familiennachzug (→ Familie), Ausländer der zweiten und dritten Generation, Geburtenüberschuß der Ausländer. Die möglichen Optionen mit den Eckpunkten Rotation, Germanisierung, Assimilierung, Integration, Segregation, Wahrung der → Identität, Vielfalt, Toleranz, Interkulturalität haben sich durch den Fortgang der deutschen und die europäischen Einigung erheblich verändert. Die deutsche Einigung hat spezifische → *Fremdenfeindlichkeiten* und Statusängste freigesetzt, während die europäische einerseits zu einer

Renaissance des Gedankens der Subsidiarität geführt hat, andererseits zum Bewußtsein einer europäischen Wertegemeinschaft. Mit den demographischen Verschiebungen wird deutlich, daß die Gesellschaft der BRD nur noch partiell christlich geprägt ist und daß sich der Islam auf Dauer in der BRD etabliert hat. In dieser Situation ist die mG als Option für einen Status zu verstehen, der Zuwanderer als Einwanderer mit eigener Identität akzeptiert bei einer Integration ohne Assimilierungsdruck. Die mG dient auf diese Weise der Toleranz und Vielfaltsicherung und der synergetischen Bereicherung der bestehenden Gesellschaft.

Begriffs- und Forschungsgeschichte:
Das Postulat der mG wurde soweit erkennbar in der BRD zuerst 1977 im Bereich der Evangelischen Kirche aufgestellt (in der spezifischen Diskurskultur der Evangelischen Akademien), wurde dann 1983 durch den „Begriffsbesetzer" Geißler in Beschlag genommen, 1990 durch die programmatische Schrift Zugluft popularisiert und hat seither eine furiose Wirkungsgeschichte erlebt. Die mG war in diesem Prozeß von Anfang an dem Begriff *Einwanderungsland* zugeordnet. Indem die BRD derart etikettiert wurde, wurde in methodisch unklarer Weise vom (angeblichen) Sein auf ein Sollen geschlossen. Der später von Kritikern entgegengesetzte Begriff der Zuwanderung sollte demgegenüber verdeutlichen, daß die Migration als solche zunächst wertfrei ist und die BRD nicht von selbst in die Reihe der Länder stellt, die eine Einwanderung wünschen und organisieren.

Eine Auseinandersetzung mit der Begriffsgeschichte in den USA erfolgte erst zu Beginn der 90er Jahre. Das Selbstverständnis der Gesellschaft der USA als *melting pot* war so lange ungebrochen, wie sie sich als Einwanderungsland mit einer offenen new frontier verstand (vgl. den Wahlspruch im Staatswappen *e pluribus unum*). Multikulturalität im Sinne einer Einschmelzung konnte sich nur eingeschränkt durchsetzen. Vor allem wegen der bleibenden sprachlichen Differenz der Hispanics erfolgte mittlerweile ein Paradigmenwechsel. *Salad bowl* ist der neue Schlüsselbegriff, der ebenfalls als normatives Postulat verdeutlichen soll, daß sich in einem einheitlichen Gefäß ein stimmiges Ganzes bereiten läßt, wenn und weil die Einzelelemente unterscheidbar bleiben und sich ergänzen. *Insertion* ist die gedankliche Fortführung, wobei die Vorgabe eines einheitlichen Gefäßes relativiert wird durch die Vielzahl der möglichen Mosaik - Bilder. Die Rückwirkungen auf die BRD sind ambivalent. Einerseits sind die Assoziationen one world, come together, united colors bzw. die McDonaldisierung im Sinne einer postmodernen und vernetzten Weltmischkultur unvermeidlich. Andererseits wird die Forderung von political correctnes gestellt mit ihren Extremen der getrennten Curricula des Bildungssystems für Angehörige verschiedener Ethnien und der Quotierung.

Die Abwandlung des Begriffs der Multikulturalität zur *Interkulturalität* soll das Ziel eines Austauschs ohne Identitätsverlust in einer mG ohne Assimilierungsdruck verdeutlichen. Die konsequente Begriffsbildung der Interkulturellen Gesellschaft erfolgte jedoch nicht, vielleicht weil dadurch deutlich geworden wäre, daß dann auch von Gesellschaften statt von Gesellschaft zu sprechen wäre. Die Fachdiskussion orientiert sich mittlerweile zunehmend an dem Begriff der *Vielfalt*, der auf die Polaritäten Einheit in der Vielfalt und Vielfalt in der Einheit verweist und damit einerseits auf die erforderlichen Grenzen und andererseits auf Vorkehrungen der Vielfaltsicherung.

Positionen im Diskurs:
Der Umgang mit dem normativen Begriff der mG verdeutlicht die Spannweite des Diskurses in der pK der BRD. Hervorgehoben werden sollen ambivalente Positionen: So leiten Miksch und Geißler ihre Option pro aus der christlichen Toleranz und einer aus christlicher Verantwortung begründeten Kombination von Nächsten- und Fernstenliebe ab. Rommelspacher folgert das contra aus einem Wertefundamentalismus einer christlichen Dominanzkultur.

Die Wertentscheidungen des GG werden einerseits für einen Verfassungspatriotismus mit Universalitätsanspruch ohne ethnischen Bezug in Anspruch genommen (Oberndörfer), andererseits wird daraus eine Absage an einen Vielvölkerstaat abgeleitet, so daß sich die Nation durch ein spezifisch deutsches Staatsvolk definiert, das vorkonstitutionell vorgegeben erscheint (Isensee).

Das contra eines völkischen und biologistischen Fundamentalismus gegen eine „durchrasste" Gesellschaft ist naheliegend (Eibl-Eibesfeld 1990: 36). Einzelne sind „nicht berechtigt, Fortpflanzungschancen anderer Mitglieder ihrer Population zu verschenken, und schon gar nicht haben Politiker das Recht, eine multikulturelle Gesellschaft zu verordnen". Bemerkenswert ist das pro einer im Wertansatz verwandten Position einer Revitalisierung deutscher Identitäten in Auseinandersetzung mit anderen. Ulbrich (1991: 304f.): „Unsere Antwort auf die Herausforderung der modernen Völkerwanderung einerseits und die kulturelle Verpöbelung durch die Amerikaner andererseits, kann nicht die Forderung nach der Festung Europa oder die kulturelle Abschottung gegen die Satellitenmedien sein. Die Antwort liegt vielmehr im Denkgebäude der Multikulturalität verborgen. Deutschland geographisch zu orten, wird in Zukunft schwerfallen. Aber ein deutsches ‚Geisterreich' wird herrschen, größer und spritziger als es jemals gewesen ist".

Sozialistische bzw. basisdemokratische Vertreter des pro wie Cohn-Bendit entsprechen der Erwartung einer positiven Haltung zur mG. Bemerkenswert ist die nationale, in der Kontinuität des Antiamerikanismus stehende Wende zum contra von Rabehl oder Mahler. Positionen der Sozialverantwortung können zum pro führen wie bei Rommel im Interesse einer bereicherten Stadtkultur oder zum contra wie bei Radtke, der in der mG einen postmodernen „pädagogischen" Rückzug aus der Sozialverantwortung sieht mit einem Abfinden mit der Ungleichheit.

Ausblick/offene Fragen:
Bei den Landtagswahlen 1999 rückte die mG mit dem Thema der *Staatsangehörigkeit* für in der BRD geborene Ausländerkinder mit Regelzulassung der (befristeten)

Doppelstaatsangehörigkeit in das Zentrum politischer Auseinandersetzung. Die Frage der Staatsangehörigkeit hat jedoch überwiegend symbolische Bedeutung, da die Rechtsstellung (bis auf das Wahlrecht) und die Pflichtenstellung (bis auf die Wehrpflicht) bei rechtmäßigem Aufenthalt weitgehend angeglichen sind. Dies wird auch durch das kommunale Wahlrecht für Unionsbürger und Konventionen zur Vermeidung doppelten Wehrdienstes bewirkt. Die überkommene Unterscheidung von Deutschen- und Jedermannrechten hat durch internationale Verträge trotz des formal noch bestehenden Deutschenvorrangs bei der Arbeitsvermittlung an Bedeutung verloren. Insbesondere sind im Arbeits- und Sozialrecht auch Staatsangehörige der Türkei als assoziiertes Mitglied der EU weitgehend gleichgestellt. Auf der anderen Seite haben auch die bereits bestehenden Mehrstaatsangehörigkeiten (1998 ca. 3 Mio.) in der BRD bisher zu keinen Problemen geführt. In Wirklichkeit ging es bei der symbolischen Auseinandersetzung um den Stellenwert der Herkunftsidentität.

Daß die Staatsangehörigkeit für die mG nur indirekt bedeutsam ist, wird dadurch belegt, daß die Aufnahme von deutschen Staatsangehörigen türkischer Sprach- und Volkszugehörigkeit in den → öffentlichen Dienst, insbesondere den Polizeivollzugsdienst als Integrationsleistung gewertet wird, obwohl dies bei gleicher Rechtsstellung nach Art. 33 GG selbstverständlich sein müßte. Ein weiterer Beleg ist die Tatsache, daß die Integrationsbemühungen für Aussiedler (bis 1998 ca. 4 Mio.) größere Abwehrreaktionen als die für Türken auslösen, nicht *obwohl* sie keine Ausländer, sondern *weil* sie deutsche Staatsangehörige bzw. Deutsche iSd. Art. 116 GG sind und deshalb sofort mit der Übersiedlung und nicht erst in Etappen Solidarleistungen erhalten (z.B. durch Nachversicherung). Die eigentliche Bewährungsprobe der mG liegt im Bereich der Sozialisation und der vom Staat garantierten Werte unabhängig vom Status als Deutscher oder Ausländer 1. in der → *Familie*, 2. im *Bildungssystem* (vgl. Richter 1996; → Bildung).

1. Nach deutschem Verfassungsrecht und dem demokratischen Mehrheitsverständnis findet das Erziehungsrecht der Eltern (selbst dann, wenn es nach dem kulturellen Selbstverständnis religiös legitimiert sein sollte) seine Grenzen im Kindeswohl. Das Jugendamt und das Vormundschaftsgericht können und müssen auf Antrag eingreifen, um minderjährige Kinder zu schützen. Dazu gehört z.B., daß der Besuch weiterführender Schulen bei entsprechenden Leistungen erzwungen werden kann. Daß das Elternrecht mit der Volljährigkeit endet und die Partnerwahl frei ist, ist ebenfalls durchzusetzen, auch wenn die heimatlichen Werte eine Mitsprache des Familienoberhaupts vorgeben. Dies verändert die Rahmenbedingungen der Sozialisation in der Konkurrenz mit anderen Lebensentwürfen für die jeweils neue Generation nachhaltig. Dieser *Akkulterationsdruck* bewirkt zugleich, daß die → *Identität*, deren Bewahrung ein wesentliches Element einer nicht nur folkloristisch verstandenen mG ist, in der Generationenfolge verändert wird. Der historische Vorgang der Integration der polnischen Einwanderer seit der Gründerzeit im Ruhrgebiet trotz umfangreicher Vorkehrungen zur kulturellen Selbstbe-

hauptung durch eigene Schulen, Vereine usw. verdeutlicht diesen Mechanismus, auch wenn bei der ethnischen und religiösen Differenz der Türken der Integrationsprozeß verlangsamt ist. Eine so auf Grundwerte bezogene mG ist nicht nur in ihrer möglichen Spannweite eingeschränkt, sondern enthält eine Tendenz zu einer Integration, die ihre Vielfalt abbaut. Unberührt bleibt, daß diese Tendenz durch Zuwanderung oder besondere Umstände wie fremdenfeindliche Ausgrenzungen wieder ausgeglichen werden kann.

2. Die allgemeine Schulpflicht, die auch für Ausländer gilt, und der damit dem Staat durch die Verfassung aufgegebene Bildungsauftrag stärken den auf Integration zielenden Anpassungsdruck. Eine zentrale Rolle spielt dabei die deutsche → *Sprache.* Die EU-Richtlinie zum muttersprachlichen Unterricht für Ausländer könnte auch dann, wenn sie stärker beachtet würde, nur wenig zur Erhaltung der Bindung an die Herkunftskulturen beitragen. Kulturen, die auf eine eigene gelebte Sprache angewiesen sind, verlieren sich ohne einen entsprechenden Sprachenstatus (den es in der BRD außer für Dänen und eingeschränkt Sorben nicht gibt). Daraus folgt, daß Migrantenkulturen durch die mG in der BRD im gegebenen Institutionenumfeld allenfalls reduziert im Sinne des o.a. Toleranzappells während des Integrationsvorgangs etabliert werden können.

Modelle der Vielfaltsicherung:
Leggewie hat die durch die mG geforderte Verbindung von Integration und Autonomie als Quadratur des Zirkels bezeichnet. Für eine solche Quadratur gibt es in der pK der BRD zwei relevante Vorbilder: 1. die komplexe Verbindung des Mehrheitsprinzips mit Vetopositionen der Grundrechte im demokratischen → Rechtsstaat und 2. die Vielfaltsicherung im Bereich der Presse und der Medien. Das Modell 2. läuft darauf hinaus, desto mehr *Innenpluralität* zu sichern, je weniger *Außenpluralität* gewährleistet ist, und umgekehrt. Eine solche komplexe Optimierung ist nur möglich, wenn Grenzen akzeptiert werden. Grenzen sind erforderlich, wenn der Unterschied der Kulturen erhalten bleiben soll, sie müssen aber auch überschritten werden, wenn die Kommunikationschance der Vielfalt genutzt werden soll.

Arnulf von Heyl

Literatur:

Ulbrich, Stefan 1991: Verdammt viele Thesen... Warum Multikulturalismus ein Konzept der Neuen Rechten ist, in: Ulbrich, Stefan (Hrsg.): Multikultopia. Gedanken zur multikulturellen Gesellschaft, Vilsbiburg, S. 299-346.

Bizer, Johannes/Denninger, Erhard (Hrsg.) 1998: Sicherheit, Vielfalt, Solidarität. Ein neues Paradigma des Verfassungsrechts? Symposium zum 65. Geburtstag Erhard Denningers am 20. Juni 1997, Baden-Baden.

Eibl-Eibesfeldt, Irenäus 1990: Chancen einer multiethnischen Gesellschaft aus der Sicht eines Ethnologen, in: Klöcker, Michael/Tworuschka, Udo (Hrsg.): Miteinander - was sonst? Multikulturelle Gesellschaft im Brennpunkt, Köln/Wien, S. 32-38.

Geißler, Heiner 1990: Die multikulturelle Gesellschaft, in: Geißler, Heiner (Hrsg.): Zugluft. Politik in stürmischer Zeit, München/Berlin, S. 177-218.
Kessler, Michael/Wertheimer, Jürgen (Hrsg.) 1995: Multikulturalität. Tendenzen, Probleme, Perspektiven im europäischen und internationalen Horizont, Tübingen.
Leggewie, Claus/Baringhorst, Sigrid 1993: Multi Kulti, Berlin.
Micksch, Jürgen 1989: Kulturelle Vielfalt statt nationaler Einfalt. Eine Strategie gegen Nationalismus und Rassismus, Frankfurt a.M.
Richter, Ingo 1993: Verfassungsfragen multikultureller Gesellschaften, in: Däubler-Gmelin, Herta/Mahrenholz, Ernst Gottfried: Gegenrede. Aufklärung, Kritik, Öffentlichkeit. Festschrift für Ernst Gottfried Mahrenholz, Baden-Baden, S. 637-653.
Richter, Ingo 1996 (Hrsg.): Werte und Wertevermittlung, Neuwied.
Robertson-Wensauer, Caroline Y. (Hrsg.) 1993: Multikulturalität - Interkulturalität? Probleme und Perspektiven der multikulturellen Gesellschaft, Baden-Baden.

Nation

→ *Außenbeziehungen: Selbstbild/Fremdbild, Autoritarismus, Demokratie, Demokratische Persönlichkeit, DDR, Extremismus, Fremdenfeindlichkeit, Geschichtliche Phasen der BRD, Geschichtsbewußtsein, Globalisierung, Grundgesetz, Identität, Ideologie, Minderheiten/Randgruppen, Multikulturelle Gesellschaft, Nationalsozialismus, Neue Bundesländer, Parlamentarismus, PDS, Politische Moral, Politische Bildung, Politische Traditionen, Politische Unterstützung, Politisches Vertrauen, Rechtskultur, Republikaner/DVU, Sprache, Transition/Transformation, Verfassungsgerichtsbarkeit.*

Begriff/Definition/Entwicklungslinien:

Die Frage der *Genese* und damit verbunden die der *Definition* von Nation (N.) ist in der Forschung nach wie vor sehr kontrovers. Die Positionen hierzu lassen sich entlang eines Spektrums von Primordialismus vs. Konstruktivismus ordnen. Den primordialistischen Pol dieses Spektrums bildet die Vorstellung, bei der N. handele es sich um eine gott- oder naturgegebene, vom menschlichen Willen unabhängige, objektive und organische Einheit. Über historische Prozesse der Entwicklung von biologischen Abstammungsgemeinschaften zu Kulturgemeinschaften würde sie aus einem latenten in einen ihrer selbst bewußten Zustand übergehen und einen transzendental begründeten Anspruch auf politische Selbstbestimmung stellen. Der konstruktivistische Gegenpol versteht N. als soziale Erfindung des menschlichen Geistes, die keinerlei festschreibbare objektive Determinanten habe, sondern auf völlig unterschiedlichen Grundlagen beruhen könne. Die für die primordiale Sichtweise zentrale Ethnie wird dabei als Ergebnis einer zumeist interesse- und elitengesteuerten Bewußtseinsbildung angesehen. Vorliegende Definitionen der N. lassen sich entlang dieses Spektrums einordnen, insofern sie als konstitutive Bestandteile sog. objektive Merkmale (wie gemeinsame Abstammung, Geschichte, →

Sprache, Kultur, Kommunikationsdichte) in unterschiedlichem Ausmaß als natürlich gegeben oder historisch geformt und nur subjektiv geglaubt verstehen, eine bestimmte Kombination dieser Merkmale als notwendig festschreiben oder aber offen lassen und die subjektiven Merkmale des nationalen Zugehörigkeits- und Zusammengehörigkeitsgefühls entweder als quasi-notwendige Folge des Vorliegens objektiver Merkmale, des Glaubens an diese oder als unabhängig von diesen sehen.

Die historische Entstehung der modernen Nationalstaaten im Gefolge der Französischen Revolution und der amerikanischen Unabhängigkeitserklärung ist zudem mit zwei *unterschiedlichen, normgebenden Ideen* verbunden: 1. der Idee der Volkssouveränität, d.h. alle staatliche Gewalt muß vom Willen der N., nicht etwa eines unabhängigen Herrschers, legitimiert sein; insofern ist der Nationalstaat mit dem Prinzip der → Demokratie verknüpft; N. basiert dabei auf der Vorstellung des Demos, d.h. der im Territorium ansässigen Bevölkerung, unabhängig von ihren anderen Merkmalen; 2. der Vorstellung, daß die N. vor der politischen Vergemeinschaftung bestehe, aber eines Staates bedarf und mit seinen Grenzen deckungsgleich sein müsse; hier basiert die N. auf der Idee eines einheitlichen Ethnos; hinsichtlich des politischen Systems ist diese Vorstellung indifferent, tendiert allerdings aufgrund ihrer Nähe zu organischen N.-Konzepten zu nicht-demokratischen Ordnungsformen. Je nach Schwerpunkt der Nationalstaatsgenese wird entsprechend auch zwischen Staats- (z.B. Frankreich) und Kultur-N. (z.B. Deutschland) unterschieden, jedoch haben sich in der weiteren Entwicklung nahezu überall beide Prinzipien vermischt. Mit dem Wilson'schen Prinzip des Selbstbestimmungsrechts der Völker als kollektives Menschenrecht hat sich das Nationalstaatsprinzip - trotz der Definitionsdefizite von Volk und N. sowie der Unmöglichkeit einer friedlich herstellbaren Deckungsgleichheit von N. und Staat in allen Fällen kontroverser N.-Definitionen der Betroffenen - als politische Zielvorstellung weltweit verbreitet und gegenüber früheren politischen Vergemeinschaftungsformen, wie dem dynastischen Großreich und territorial zersplitterten Fürstentümern, durchgesetzt.

Nach dem von exzessivem ethnischen Nationalismus geprägten 2. Weltkrieg herrschte die Erwartung vor, daß das Nationalstaatsprinzip endgültig diskreditiert sei, ethnische und nationale → Identitäten mit zunehmender Modernisierung und funktionaler Differenzierung, wachsenden internationalen Verflechtungen, dem Aufbau supranationaler Organisationen und Globalisierungsprozessen an Bedeutung verlieren werden. Die gegenwärtige Entwicklung weist jedoch Tendenzen eines Revivals auf: in Osteuropa nach dem Zusammenbruch der UdSSR eine explosive Entladung nationaler Bestrebungen, häufig als nachholende oder nachahmende Nationalstaatsbildung gedeutet; in der westlichen Welt eine Zunahme national-separatistischer Bewegungen, Reethnisierungen in der multikulturellen Gesellschaft, fremdenfeindliche Gewalt und Stagnation bei dem Aufbau einer europäischen Identität. Nach wie vor ist der Nationalstaat die dominante politische Organisationsform für Gesellschaften größeren Umfangs. Unterhalb seiner Ebene gibt es keine völlig souveränen politischen Einheiten. Politische Organisationen oberhalb seiner Ebene umfassen die Gesellschaften dagegen bislang nicht in allen ihren Funktionsbereichen. Allerdings verstehen sich heute demokratisch wie nichtdemokratisch organisierte, ethnisch, kulturell und national homogene wie heterogene Staaten als Nationalstaaten, der Begriff ist zu einem catch-all-term für den souveränen Einzelstaat avanciert.

Angesichts der Erfolgsgeschichte des Nationalstaats einerseits, den zerstörerischen Folgen des Nationalismus andererseits ist für die Forschung neben der historischen Nachzeichnung der N.-Genese sowie der systematisierenden Bildung von N.-Typologien vor allem die Frage nach den Funktionen der nationalen Identifikation von Interesse. In sozialpsychologischer Perspektive spielen hier die Vollinklusion des Individuums, die geringe Angreifbarkeit der Identität und die Stabilisierung des Selbstwertgefühls eine zentrale Rolle für die große Attraktivität und Dauer der N. In politischer Perspektive stellt die Identifikation der Bevölkerung mit ihrem Gemeinwesen eine wichtige Grundlage politischer Unterstützung und gegenseitiger Loyalität dar. Dabei wird der demotischen Gemeinschaftsideologie (→ Ideologie) eine größere innere und äußere Friedensfähigkeit als der ethnischen zugeschrieben, da sie die Deckungsgleichheit von N.- und Staatsgrenzen unabhängig von ethnischen Verteilungen akzeptiert.

In *Deutschland* war in der frühen Nachkriegszeit die Artikulation nationaler Gefühle infolge des → Nationalsozialismus und der deutschen Teilung diskreditiert, jedoch wurden bis Ende der 50er Jahre in den Besatzungszonen noch große Anteile „deutschnationaler" Haltungen beobachtet. Die Eingliederung der Flüchtlinge in der BRD, die Rückführung von Fremdarbeitern und die ethnisch-kulturelle Homogenität auch in der → DDR ließen jedoch ethnische Konflikte nicht aufkommen und trugen zur Abnahme außenpolitischen Ressentiments bei. Der Wirtschaftsaufschwung, der Vergleich mit der DDR und der Antikommunismus des Kalten Kriegs förderten in der BRD die Akzeptanz des demokratischen Systems, der Politik der Westintegration und der Perspektive einer Europäischen Union als Alternative zur N.

Der Bau der Mauer 1961 tangierte jedoch die Vorstellung einer Wiedervereinigung mittels Westintegration, auf dem Weg zur EU wurden Rückschläge deutlich. Mit zunehmender Selbstverständlichkeit von Wohlstand und Demokratie zeichnete sich ein Wandel hin zu postmateriellen Werten ab, und mit der nachlassenden Konjunktur, der Großen Koalition 1966-69 und der Radikalisierung an den Rändern des politischen Spektrums gerieten Fragen nach der nationalen Identität erstmals auf die öffentliche Tagesordnung. Verzeichnet wurde ein gefährliches Identitätsvakuum, einige vermuteten die Aufrechterhaltung nationaler Hybris, bedingt durch ungenügende Aufarbeitung der NS-Schuld, während andere den Bundesdeutschen ein aufgrund des verlorenen Kriegs und der politischen Teilung beschädigtes nationales Selbstwertgefühl bis hin zu Selbsthaß zuschrieben. Mehrere in der BRD folgende Debatten um die nationale Identität waren geprägt durch das *Dilemma zwischen nationaler Selbstanerkennung der BRD und Wiedervereinigungsgebot.* So wurde zunächst von konservativer Seite die Revitalisierung eines traditionellen und gesamtdeutschen Nationalgefühls als notwendige Grundlage zur Aufrechterhaltung des Willens zur Wiedervereinigung im Westen eingefordert, der jedoch angesichts der machtpolitischen Konstellation eine friedensgefährdende Reaktivierung nationalistischer Ansprüche entgegengehalten wurde. Angesichts von Befürchtungen um eine bundesdeutsche Legitimitätskrise etablierte sich seit Ende der 60er Jahre die von der Linken eingebrachte Konstruktion zweier paralleler Identitäten, eines bundesrepublikanischen Staats- und eines gesamtdeutschen Nationalbewußtseins, die allen Kontrahenten gleichzeitig Loyalität zur BRD und zu den Menschen in der DDR zu ermöglichen schien, jedoch in ihren praktisch-politischen Konsequenzen unterdefiniert war. Die neue Ostpolitik der sozialliberalen Regierung führte in den Ostverträgen 1970-72 zu einer von der Bevölkerung in der Bundestagswahl 1972 weitgehend unterstützten faktischen Anerkennung der DDR, jedoch bei durch das BVerfG (→ Verfassungsgerichtsbarkeit) gebotener Aufrechterhaltung des Ziels der Wiedervereinigung. Die Staatsführung der DDR verfolgte ebenfalls eine zweigleisige Identitätspolitik, indem sie sich auf das Ziel der deutschen Einheit verpflichtete und gleichzeitig den Aufbau einer „Klassen-N." sowie eines „DDR-Patriotismus" betrieb. Vor dem Hintergrund des Eindrucks einer in der ostdeutschen Bevölkerung noch weit verbreiteten gesamtdeutschen Identität und verstärkter Bemühungen der SED um Abgrenzung von der BRD wurde 1974 die These einer Bi-Nationalisierung der Deutschen in Ost und West in eine sozialistische und eine bürgerliche N. in der Verfassung der DDR verankert.

Auch in der BRD wurde eine Auseinanderentwicklung vermutet. Dafür sprach das Schwinden der deutschen Einheit von der akuten politischen Wunschliste der Bevölkerung sowie ein Wandel im nationalen Stolz, der sich nicht mehr nur an den Wirtschaftsleistungen verankerte, sondern sich in zunehmendem Maß auf Errungenschaften der Demokratie und des Sozialstaates auf Kosten ethnischer und traditioneller Merkmale richtete. Weitere Beobachtungen in den 80ern richteten sich auf eine Bi-Nationalisierung des Gesellschafts- und Kulturbewußtseins. Während der DDR-Identität preußische, kleinbürgerliche, privatistische und obrigkeitsstaatliche Merkmale zugeschrieben wurden, habe sich in der BRD eine modernisierte, internationalisierte gesellschaftliche Identität entwickelt, N. und Staat seien lediglich zwei marginale Identifikationsobjekte. Die Folgerungen, es handele sich daher inzwischen nicht nur um zwei getrennte Staaten, sondern auch um zwei verschiedene N., der Provisoriumsvorbehalt der BRD und das Wiedervereinigungsgebot sollten daher aufgegeben werden, wurden jedoch durch den Verweis auf die fehlende freiheitliche Legitimation der DDR konterkariert. Vermittelnde Positionen - im Interesse einer Vermeidung aktuellen Einheitsstrebens, aber langfristigen Offenhaltens der deutschen Frage - liefen auf eine gesamtdeutsche Identität als moralische Pflicht der politisch glücklicheren Bundesbürger hinaus oder wurden in der Möglichkeit multipler Identitäten und in dem Verweis auf die Einigung Europas als

Weg zur deutschen Einheit gesucht, waren jedoch aufgrund ihrer unklaren Konsequenzen ebenfalls lediglich Scheinlösungen.

Auch im Kontext der sich in Wissenschaft und Politik in den 80ern weitverbreitenden Deutung einer Orientierungs- und Identitätskrise der Bundesbürger, der mit Geschichtspädagogik begegnet werden sollte, entfalteten sich die alten Konfliktlinien, insofern die Linke die Geschichte der Nachkriegszeit in den Dienst einer Stabilisierung der BRD stellen, die Rechte positive Aspekte der ganzen deutschen Geschichte zur Stärkung des gesamtnationalen Bewußtseins hervorheben wollte. Ihren Höhepunkt erreichte diese Debatte in dem in renommierten Tageszeitungen ausgetragenen „Historikerstreit". Nolte forderte, die Deutschen sollten ihre auf die NS-Zeit bezogenen Schuldgefühle und den daher rührenden, selbstzerstörerischen negativen Nationalismus ablegen. Habermas und mit ihm andere warfen Nolte geschichtsverzerrende Darstellungen mit dem Ziel der moralischen Relativierung der NS-Verbrechen vor. In der westlichen pK dürfe sich kollektive Identität nicht auf partikularen Nationalismus stützen, sondern müsse in universalen Werten gründen. In der BRD habe erst die kritische Reflektion und Distanzierung von der NS-Ideologie zu einer neuen, der Demokratie angemessenen verfassungspatriotischen oder postnationalen Identität geführt. Der Begriff des *Verfassungspatriotismus* erwies sich in der Folgezeit als höchst kontrovers. Während die meisten Kontrahenten im rechten politischen Spektrum ihn allenfalls als zeitweisen Notbehelf und Ergänzung zu einer traditionalen und gesamtdeutschen Identität akzeptierten, in ihm ein affektiv schwaches Konstrukt oder aber eine mentale Zementierung der Teilung sahen, erhoffte man sich im links-liberalen und alternativen Spektrum von einer verfassungspatriotischen Identität eine dem inneren und äußeren Frieden förderliche Wirkung, thematisierte ihre Bedeutung für die Frage der deutschen Einheit aber kaum. Trotz der permanenten Diagnosen und Debatten um eine Identitätskrise verwiesen empirische Umfragebefunde wiederholt auf eine eher ruhige Lage der nationalen Identität der BRD-Bürger und eine langsame, aber anhaltende Entwicklung hin zu einem demotischen N.-Bewußtsein bei gleichzeitiger Aufrechterhaltung wirtschafts- und kulturnationaler Elemente.

Der für den Westen überraschende Sturz des SED-Regimes und die Demokratisierung der DDR katapultierten die Frage der deutschen Einheit wieder auf die politische Tagesordnung. Die Bedenken des oppositionellen Spektrums in der BRD und der Bürgervereinigungen in der DDR gegenüber der Vereinigung, begründet mit Befürchtungen über eine Rückkehr völkischen Nationalismus und Großmachtambitionen sowie dem Wunsch nach einer Phase zur Selbstfindung der DDR und erst anschließender Vereinigung mit neuer Verfassungsgebung, konnten sich nicht durchsetzen. Die Befürworter der schnellen Vereinigung zogen neben dem Rekurs auf eine objektive N.-Qualität und dem moralischen Appell an die historische Verantwortungsgemeinschaft die geringen politischen Ressourcen, anhaltende Übersiedlung von der DDR in die BRD und das Ergebnis der Volkskammerwahlen in der DDR (als Votum für die Einheit gedeutet) als pragmatische

Argumente heran. Im Vergleich zu der harschen Elitendebatte erschien die Mehrheit der Bundesbürger zwar emotional durch die Ereignisse in der DDR berührt, insgesamt aber eher gelassen.

Nach dem staatlichen Vollzug der deutschen Einheit wurde in der normativen Debatte der 90er „Verfassungspatriotismus" zwar seltener als zuvor generell abgelehnt, da er nicht mehr als der Einheit hinderlich verstanden werden konnte. Jedoch erfuhr der Begriff zunehmend unterschiedliche Deutungen. Sie reichten von einer Unterordnung universaler Identitätsmerkmale unter die traditionale Bindung an die historische N. über die Kombination universaler Wertorientierungen mit einer notwendig im einzelstaatlichen Rahmen partikularen Realisation bis hin zu einer ausschließlich postnationalen Identität. Daneben artikulierten sich Bestrebungen zur Rehabilitation eines nationalistischen Patriotismus und der ethnisch-historischen N. offensiver als zuvor. Ähnliches wiederholte sich auf der politischen Bühne. So wurde zur Reduzierung von Problemen der inneren Einheit - d.h. Vorurteilen zwischen West und Ost, gefördert durch anhaltend hohe Folgekosten der Vereinigung und lange Dauer der Anpassung der Lebensverhältnisse in Ostdeutschland an westdeutsches Niveau - der Aufbau eines historisch fundierten, ethnischen und/oder gesamtdeutschen Nationalgefühls gefordert. Andere sahen darin einen gefährlichen Rückschritt und plädierten für Stützung eines universal gebundenen Verfassungspatriotismus, nicht zuletzt auch vor dem Hintergrund befürchteter Legitimitätsprobleme aufgrund der sozialistischen pS der Ostdeutschen.

Ergebnisse:

Erwartungen an massive Veränderungen und Krisen der nationalen Identität als Folge der Vereinigung haben sich bislang als übertrieben erwiesen. Vielmehr ist bei den Westdeutschen eine Kontinuität des im internationalen Vergleich geringen Nationalstolzes zu beobachten sowie ein ähnlich moderates Niveau in den → neuen Bundesländern - primär Ausdruck der durch die Auseinandersetzung mit der NS-Zeit bedingten Skepsis gegenüber intensiven nationalen Gefühlen. Dennoch fühlt sich die Mehrheit der Deutschen mit dem vereinten Deutschland verbunden und wünscht sich trotz mancher Kritik, „Ostalgie" und Distanz zwischen West und Ost die Teilung nicht zurück. Exzessiver und negativer Nationalismus sind Randphänomene geblieben. In beiden Teilpopulationen findet sich eine Mischung verschiedener Elemente nationaler Identität - unter den Westdeutschen größere Anteile verfassungspatriotischer und postnationaler, unter den Ostdeutschen größere Anteile ethnischer und kultureller Elemente. Während der durch die ökonomischen Probleme bedingte Rückgang des Wirtschaftsstolzes in Ostdeutschland durch einen verstärkten Rekurs auf politikferne Objekte kompensiert wird, ist der westdeutsche Stolz auf das → GG als Symbol für Verfassungspatriotismus bislang stabil. Dabei bestätigt sich die Annahme, daß eine demotische Identität mit größerer Toleranz und Offenheit gegenüber Fremden verknüpft ist, während ein ethnisches, nicht aber ein auf kulturelle Errungenschaften bezogenes nationales Selbstbild mit → Fremdenfeindlichkeit einhergeht.

Ausblick/offene Fragen:
Während im Interesse einer plausiblen, demokratieverträglichen nationalen Gemeinschafsideologie Reformen des deutschen Staatsbürgerrechts, der Integrations- und Immigrationspolitik überfällig waren, erwies sich die durch die Opposition gegen die Pläne der rot-grünen Bundesregierung zur Einführung einer doppelten Staatsbürgerschaft initiierte Debatte eher als kontraproduktiv. Als wenig hilfreich für die Entwicklung einer in sich ruhenden und gleichzeitig kritisch-loyalen nationalen Identifikation ist auch die im Jahr 2001 auf der Ebene der politischen Eliten entstandene Debatte um Nationalstolz, Rechtsextremismus (→ Extremismus) und Fremdenfeindlichkeit zu sehen, insofern sie primär unsachlich emotionalisierte statt offen die Konfliktthemen zu behandeln. Fragen der Immigration und Integration sowie die Form ihrer öffentlichen Thematisierung dürften sich in den kommenden Jahren - nicht nur in Deutschland - als zentrale Herausforderung an die politischen Eliten und an die Tragfähigkeit des Typus der demotischen nationalen Identität darstellen.

Bettina Westle

Literatur:

Estel, Bernd/Mayer, Tilman (Hrsg.) 1994: Das Prinzip Nation in modernen Gesellschaften, Opladen.
Francis, Emerich 1965: Ethnos und Demos, Berlin.
Gellner, Ernest 1983: Nations and Nationalism, Oxford.
Meulemann, Heiner (Hrsg.) 1998: Werte und nationale Identität im vereinten Deutschland. Erklärungsansätze der Umfrageforschung, Opladen, S.251-267.
Kößler, Reinhart/Schiele, Tilman (Hrsg.) 1994: Nationalstaat und Ethnizität, Frankfurt.
Meinecke, Friedrich 1908: Weltbürgertum und Nationalstaat, München/Berlin.
Westle, Bettina 1999: Kollektive Identität im vereinten Deutschland, Opladen.

Nationalsozialismus

→ *Außenbeziehungen: Selbstbild/Fremdbild, Autoritarismus, Bürgertum, Demokratie, Eliten, Feminismus, Fremdenfeindlichkeit, Generationen, Geschichtliche Phasen der BRD, Geschichtsbewußtsein, Gewerkschaften, Grundgesetz, Identität, Ideologie, Innere Sicherheit, Intellektuelle, Konflikt/Konsens, Militär, Nation, Politische Sozialisation: Modernisierung, Politische Traditionen, Rechtskultur, Rechtsstaat, Republikaner/DVU, Sprache.*

Begriff/Definition:
Im Rahmen der öffentlichen Debatte der BRD wird mit dem Begriff „Nationalsozialismus" (N.) sowohl ein Herrschaftssystem eigener Art als auch jener Abschnitt der deutschen Geschichte, die wesentlich von diesem Herrschaftssystem geprägt wurde, bezeichnet. Als Herrschaftssystem läßt sich der N. grob unter antiparlamentarische, antigewerkschaftliche, von einer Massenbewegung an die Macht gebrachte und von charismatischen Führern regulierte bürgerliche Diktaturen, kurz unter die Faschismen zählen. Im Unterschied zu allen Faschismen sticht der N. jedoch durch eine konsequent exekutierte, rassistische → Ideologie mit den Versatzstücken Antisemitismus, Rassenanthropologie und -hygiene hervor, die zur historisch beispiellosen, grausamen Ermordung von zehntausenden von Geisteskranken, hunderttausenden von Sinti und Roma, sechs Millionen europäischer Juden sowie Millionen sowjetischer Kriegsgefangener führte. Nach innen ein polykratischer Maßnahmen- und Polizeistaat ohne Gewaltenteilung, geregelte Zuständigkeiten und Rechtssicherheit, mit bescheidenen sozialstaatlichen Vergünstigungen für willkürlich bestimmte Gruppen von „Volksgenossen", trat der nationalsozialistische Staat spätestens seit 1939 als expansionistischer Kriegsstaat auf, der den Zweiten Weltkrieg verursachte, insgesamt zweiundfünfzig Millionen Menschen das Leben kostete, den Verlust der deutschen Ostgebiete, die Vertreibung ihrer Bewohner sowie die mehr als vierzig Jahre währende Teilung des restlichen Deutschland zur Folge hatte.

Fortwirken:
Die BRD bestand nach ihrer Gründung mit Ausnahme einer kleinen Zahl zurückgekehrter Emigranten aus einer erwachsenen Bevölkerung, die in unterschiedlichem Ausmaß in das nationalsozialistische Regime integriert war bzw. - minderheitlich - zu seinen direkten Opfern gehörte. Das ungewöhnlich hohe Ausmaß schwerster Verbrechen, die unter Anleitung des Regimes von großen Teilen der Bevölkerung arbeitsteilig begangen wurden, stellte die neugegründete Republik vor erhebliche Legitimationsprobleme bei der Rekrutierung unbelasteter Führungseliten (→ Eliten) in Politik, Jurisdiktion, Wirtschaft, Wissenschaft, Kirche und → Militär. Ungeklärt war darüber hinaus, ob und in welchem Ausmaß - nach den von den Alliierten veranstalteten Nürnberger Kriegsprozessen und den Spruchkammerverfahren der ersten Jahre - die von ehemaligen nationalsozialistischen Eliten durchsetzte Justiz in der Lage sein würde, die unaufgeklärten und ungesühnten Verbrechen gegen die Menschlichkeit vor Gericht zu bringen. Die juridische Auseinandersetzung sollte freilich nur den Kern einer Jahrzehnte währenden, bis heute nicht abgeschlossenen Debatte bilden, die sich in Politik und Öffentlichkeit, in Wissenschaft und Kunst kontinuierlich mit der Frage nach dem Ausmaß der Verbrechen, ihren Ursachen, Verantwortlichkeiten sowie ihren sozialen und psychischen Auswirkungen befaßte.

So hatte sich die Politik in Gesetzgebung und Exekutive sowohl mit der Regelung der Ansprüche von Opfern nach innen und außen als auch mit der Frage nach der Verjährbarkeit der Verbrechen auseinanderzusetzen. Sie war dabei von der mangelnden Anerkennung der Auswirkungen der Lagerhaft in den 50er bis zur stark eingeschränkten Bereitschaft, Zwangsarbeiter zu kompensieren, in den 90er Jahren durch feindselige Ambivalenz und geringe Generosität geprägt. Umgekehrt war die Bereitschaft, die Verbrechen großzügig verjähren zu lassen, vor allem, aber nicht nur bei konservativen und liberalen Parteien erheblich. Parallel dazu begann die Justiz sehr allmählich - beginnend mit dem Ulmer Einsatzgruppenprozeß im Jahr 1958 bis zum Frankfurter Auschwitzprozeß im Jahr 1965 sich der nationalsozialistischen Verbrechen anzunehmen und somit - zunächst stellvertretend für Wissenschaft und Öffentlichkeit - die Auseinandersetzung mit der nationalsozialistischen Vergangenheit zu wagen. Die Wissenschaft begann - von wenigen frühen Ausnahmen abgesehen - erst in den 60er Jahren, sich mit dem N. und seinen Verbrechen systematisch auseinanderzusetzen. Zu öffentlicher Wirkung gerieten einschlägige Forschungsarbeiten jedoch nicht vor den 80er Jahren, als im sog. „Historikerstreit" die Einzigartigkeit der nationalsozialistischen Verbrechen bestritten und ihr Kausalnexus eher dem Bürgerkrieg im revolutionären Rußland als Eigenheiten der deutschen Nationalgeschichte zugerechnet wurden. Die Kunst - vor allem Literatur und Drama - hat sich seit den 50er Jahren im Werk vieler Schriftsteller mit den durch den Verfolgung und Krieg ausgelösten Schäden vor allem der deutschen Bevölkerung auseinandergesetzt, sich der Beschäftigung mit der Massenvernichtung jedoch weitgehend enthalten. Im Werk von Borchert, Nossack, Grass, Böll, Andersch, Lenz und Walser werden die Erfahrung des Krieges, einer Jugend unter der Diktatur sowie der Heuchelei der Nachkriegszeit zu zentralen Themen. Der Massenmord selbst wird nun in wenigen Werken, etwa bei Koeppen oder Scholz zum Thema.

Verdrängung und Thematisierung:
Diese Themen wurden 1968 von den Psychoanalytikern Alexander und Margarete Mitscherlich in einem berühmt gewordenen Buch auf die Formel der „Unfähigkeit zu trauern" gebracht, die die Unfähigkeit der Deutschen, den Opfern ihrer Untaten Empathie entgegenzubringen, auf ihren Unwillen zurückführte, um den charismatischen Führer Adolf Hitler zu trauern. Damit begann eine Debatte um den systematischen Zusammenhang von Verdrängung und Verantwortung, von öffentlicher Thematisierung und privater Verdrängung, die in den Jahren der Studentenrevolte zu einer heftig ausgetragenen Kontroverse zwischen den → Generationen führte, die hier Krieg und Massenvernichtung als Erwachsene miterlebt und - betrieben haben und dort eine Kindheit in den letzten Kriegsjahren durchmachten. Mit den späten 60er Jahren wird die Frage nach Schuld und Verantwortung und ihrer öffentlichen Repräsentation in Gedenkstätten für die Massenvernichtung zu einem zentralen Topos der pK, der mit wachsendem zeitlichem Abstand zum Geschehen

an Gewicht eher zunimmt. Dabei kommt den Medien eine immer stärker werdende Schrittmacherfunktion zu. Beginnend mit der publikumswirksamen Ausstrahlung der amerikanischen Fernsehserie „Holocaust" im Jahr 1979, setzte sich die Debatte mit dem innenpolitischen Streit über die Ehrbezeugung von Bundeskanzler Kohl und Präsident Reagan auf dem mit SS-Runen geschmückten Soldatenfriedhof in Bitburg im Jahr 1985, dem bundesweit bekannt gewordenen Frankfurter Konflikt über Fassbinders Stück „Die Stadt, der Müll und der Tod" im gleichen Jahr, dem„Historikerstreit" 1987, der mißglückten Rede des damaligen Bundestagspräsidenten Jenninger zum 9.November, die mit seinem Rücktritt endete, den Diskussionen über „Schindlers Liste" 1995, den zwischen Öffentlichkeit und Fachwissenschaft oszillierenden Kontroversen über Goldhagens Buch „Hitlers willige Vollstrecker"; der in vielen Fällen in beinahe gewalttätige Eklats ausufernden Auseinandersetzung zur Hamburger Wehrmachtsausstellung, den fachlich ernsthaft bis populistisch geführten Diskussionen über ein Mahnmal für die Opfer des Holocaust in Berlin, dem persönlich verletzenden Streit zwischen Ignatz Bubis und Walser 1998 und den würdelosen Verhandlungen über eine Entschädigung der vom NS-Staat und seinen Firmen ausgebeuteten Zwangsarbeiter fort.

Die Intensität der Auseinandersetzung nahm im gleichen Maß zu, wie sich die Frequenz der Anlässe verkürzte. Beides kann als Indikator für intensive öffentliche Lernprozesse gelten, deren Ausgang insofern mehrdeutig ist, als sie nicht auf eine eindeutige Abnahme des Antisemitismus und schon gar nicht auf eine Transferwirkung in Bezug auf andere ethnozentrisch-rassistische Vorurteilsstrukturen schließen lassen. Tatsächlich tut sich eine Schere auf: Die viel beklagte Verdrängung der Massenvernichtung ist kein Phänomen von Öffentlichkeit und Bildungswesen, sondern ein intrafamiliales und intrapsychisches Geschehen. Obwohl antisemitische Einstellungen in den letzten vierzig Jahren insgesamt abgenommen zu haben scheinen, werden sie doch entlang der Thematisierung des N. zumal seit der deutschen Vereinigung deutlicher und häufiger geäußert. Ob es sich in den einschlägig disponierten Gruppen dabei „lediglich" um Chiffren für „normale" → Fremdenfeindlichkeit und Intoleranz oder um allen manifesten Debatten über die Massenvernichtung zum Trotz um gefestigte nationalsozialistische Überzeugungen handelt, erweist sich derzeit als eine offene Forschungsfrage.

Micha Brumlik

Literatur:

Augstein, Rudolf 1987: „Historikerstreit". Die Dokumentation um die Einzigartigkeit der nationalsozialistischen Judenvernichtung, München.

Bracher, Karl Dietrich (Hrsg.) 1986: Nationalsozialistische Diktatur 1933-1945, Bonn.

Broszat, Martin 1981: Der Staat Hitlers. Grundlegung und Entwicklung seiner inneren Verfassung, 9. Aufl., München.

Falter, Jürgen W. 1991: Hitlers Wähler, München.

Jäckel, Eberhard 1981: Hitlers Weltanschauung, Stuttgart.

Neue Bundesländer

→ *Armut, Bündnis 90/Die Grünen, CDU/CSU, DDR, Demokratie, Demokratische Persönlichkeit, Eliten, Endogenität/Exogenität, Externe politische Effektivität, Extremismus, Familie, FDP, Frauen/Männer, Freizeit, Fremdenfeindlichkeit, Geschichtsbewußtsein, Grundgesetz, Identität, Innere Sicherheit, Interpersonale Kommunikation, Kindheit/Jugend, Konfliktlinien, Lebenszufriedenheit/Lebensqualität, Militär, Nation, Nationalsozialismus, Öffentlicher Dienst/Sektor, Parteiensystem, PDS, Politikverdrossenheit, Politikverflechtung, Politische Beteiligung, Politische Bildung, Politische Sozialisation, Politische Sozialisation: Schule/Soziale Schicht/Ost-/Westdeutschland, Politisches Interesse, Politisches Vertrauen, Rechtsstaat, Regierung/Regierungsmehrheit/Opposition, Rechtskultur, Regionale/Lokale politische Kultur, Religiosität, Republikaner/DVU, Soziale Marktwirtschaft, Sozialer Wandel/Modernisierung, Sozialstruktur, SPD, Sprache, Transition/Transformation, Verfassungsgerichtsbarkeit, Wahlen/Wähler, Wertewandel, Wohlfahrtsstaat.*

Begriff/Definition/Entwicklungslinien:
Die neuen Bundesländer (nB) sind die 1990 wiedergegründeten deutschen Länder auf dem Gebiet der → DDR, deren späteres Territorium durch die Siegermächte des zweiten Weltkrieges der sowjetischen Besatzungszone zugeschlagen wurde. Die Länder Mecklenburg-Vorpommern, Sachsen-Anhalt, Brandenburg, Thüringen und Sachsen wurden 1945 durch die Besatzungsmacht gegründet, jedoch durch die DDR 1952 wieder abgeschafft. Eine Ausnahme stellt Ostberlin dar. Nachdem es Hauptstadt der DDR war, konstituiert es seit 1990 nach dem Ende der Verantwortlichkeit der vier Besatzungsmächte für Gesamt-Berlin zusammen mit Westberlin das nunmehr „normale“ Bundesland Berlin. Berlin wurde mit knapper Mehrheit des Bundestages wieder zur deutschen Hauptstadt bestimmt, der Regierungsumzug ist vollzogen. Die Fusion von Berlin und Brandenburg zu einem gemeinsamen Bundesland scheiterte 1996 bei einer Volksabstimmung am Widerstand der Brandenburger und auch der Ostberliner, obwohl der populäre brandenburgische Ministerpräsident Manfred Stolpe vehement für die Fusion geworben hatte.

Die nB stellen weniger als ein Fünftel der gesamtdeutschen Bevölkerung aber etwa 30 % der gesamtdeutschen Fläche. Die Besiedlungsdichte schwankt zwischen einem hohen Wert in Sachsen und niedrigen Werten in Mecklenburg-Vorpommern und Brandenburg. Die Produktivität der Gesamtwirtschaft liegt mit weniger als zwei Dritteln noch deutlich unter den alten Ländern, sie hat sich allerdings seit der Wende verdoppelt. Die Nettoeinkommen der Haushalte betrugen 1997 kaufkraftbereinigt bereits 85 % der Einkommen in den alten Länder. Die Nettoeinkommen der Arbeitnehmer stiegen von 47 % (1991) auf 86 % (1998), die durchschnittliche Altersrente von 1990 40 % auf 1999 87 % des Niveaus der alten Länder. Die nB liegen jedoch bei der Ausstattung mit Vermögen noch weit hinter den alten zurück.

Anhand der Erbschaftsstatistik kann man zwischen Ost und West von einer Vermögensrelation von 1 zu 4 ausgehen.

Politische Kultur in den neuen Bundesländern:
Die pK in den nB muß vor dem Hintergrund deutlicher bevölkerungsmäßiger, politischer und wirtschaftlicher *Asymmetrien* im wiedervereinigten Deutschland verstanden werden. Staatsrechtlich traten die nB 1990 der alten Bundesrepublik nach Artikel 23 GG. bei, was eine Übernahme des vorhandenen Institutionensystems implizierte. Neben dem *Institutionentransfer* erfolgte auch ein *Elitentransfer* (→ Eliten), so daß wichtige Positionen oft von Führungskräften besetzt sind, die aus den alten Ländern stammen. Allein von der Bevölkerung her haben die nB relativ wenig Gewicht, um gesamtdeutsche Wahlen oder Entscheidungen im Bundesrat zu beeinflussen. Eine besondere Möglichkeit, die Bundespolitik zu beeinflussen, besteht im Einzug der → PDS in den Bundestag. Wenn sie drei Direktmandate erringen kann, kommt sie bei Verfehlung der Fünfprozentklausel dennoch in das Bundesparlament, was 1998 wegen der Überwindung der Fünfprozentklausel nicht nötig war.

Das ökonomische Zurückbleiben der nB, die hohe Arbeitslosigkeit und die niedrigen Steuereinnahmen (Steuerkraft pro Einwohner 1999 etwa 1/3 des Westens) machen einen nicht geringen *Finanztransfer* in die nB notwendig. Neben privaten und öffentlichen Investitionen besteht dieser vor allem aus überproportionalen Sozial- und Arbeitsmarktausgaben sowie Zuweisungen an die Länder und Kommunen. Zusammenfassend kann man festhalten, daß für die neuen Bundesbürger aufgrund der umfassenden *Dominanz des Westens* durchaus Anlaß gegeben war, die Entwicklung seit der deutschen Einheit als fremdbestimmt zu empfinden (→ Endogenität/Exogenität). Zum anderen konnte die hohe Arbeitslosen- und Unterbeschäftigungsquote und die nach der Wende stark gestiegene Kriminalitätsbelastung (→ Innere Sicherheit) in den nB zu dem Schluß führen, das neue Institutionensystem hätte seine erwartbaren „Leistungen" (noch) nicht erbracht. Die Legitimität der neuen Institutionen kann darunter leiden bzw. unter Umständen erst gar nicht entstehen. Außerdem ist es nicht verwunderlich, daß die stützende und ausgleichende Hand des Staates bzw. die Stärkung staatlicher Autorität in einer solchen *krisenhaften Situation* gefragt ist. Erst nach Berücksichtigung dieser situativen Faktoren, die die nB deutlich von den alten unterscheiden, sollte nach spezifischen Einstellungs- oder gar tiefergehenden Werteprägungen gefragt werden, die auf eine andere pK in den nB verweisen. Befragungen zeigen folgendes: Je mehr der Fokus der Fragestellungen auf das *gesellschaftlich* Wünschenswerte gelegt wird, desto mehr verstärken sich Unterschiede zwischen den neuen und alten Ländern. Ausgenommen sind davon allgemeine Spielregeln der → Demokratie, die ähnlich positiv bewertet werden. Die *Ideale* der Gesellschaft unterscheiden sich jedoch deutlich durch die stärkere Betonung von sozialem Ausgleich und sozialen Schutzrechten in den nB und die stärkere Betonung liberaler Freiheitsrechte in den alten. Je näher der Fokus der Befragungen auf das *für die Person* Wünschenswerte gelegt wird, desto mehr nähern sich die Ziel- und Sinnkategorien der persönlichen Lebensführung in beiden Landesteilen an.

Bezüglich der pK muß gesamtdeutsch festgehalten werden, daß in den nB nur für 20 %, in den alten für 24 % der Bevölkerung (1987/88 BRD: 27 %) *politisches Engagement* „wichtig" ist, aber für 63 % bzw. 56 % „unwichtig" (1987/88 BRD: 50 %). Die wesentliche Werte-Schnittstelle zum „System" besteht in der Verhaltensdimension „Gesetz und Ordnung respektieren", die in legalistischer Weise besonders hoch bewertet wird und über die Zeit recht stabil ist (Neue Länder: 86 % „wichtig", Alte Länder: 85 %, 1987/88 BRD: 86 %). Ein über weite Teile der Bevölkerung geteiltes nationales „Normalwertmuster", das von der Hochschätzung von → Familie, Partnerschaft, Gesetzesrespekt und Sicherheitsstreben bestimmt wird, grenzt das politische Engagement sogar tendenziell aus sich aus. Wer politisches Engagement hoch schätzt, der findet gleichzeitig auch soziale Hilfsbereitschaft, die Entwicklung eigener Phantasie und Kreativität und die Toleranz anderer Meinungen besonders wichtig. Diese Konstellation findet sich in beiden Landesteilen eher in den höheren Bildungs- und Sozialschichten. Allerdings ist das → *politische Interesse* mit Quoten, die zwischen 40 % und 50 % schwanken, wesentlich höher als die Bereitschaft zum politischen Engagement, wobei der Trend in den 90ern in beiden Landesteilen rückläufig war. *Politische Aktivität* (→ Politische Beteiligung) besteht vor allem in der regelmäßigen Beteiligung an Wahlen (in den nB weniger als in den alten), in der regelmäßigen politischen Information und im politischen Gespräch (beides in den nB mehr als in den alten). In beiden Landesteilen sind Männer politisch aktiver als Frauen.

Die Annahme, die neuen Bundesbürger seien *etatistischer* und *sozialstaatlicher* eingestellt, und die Erklärung, daß diese Einstellungen auf Gewöhnungseffekten aus der DDR-Zeit beruhen, wird in der Forschung breit vertreten. Weitergehende Auffassungen behaupten jedoch tiefergehende, vor allem sozialisatorisch bedingte Unterschiede in dieser Hinsicht. Die Werteforschung kann jedoch nicht feststellen, daß *rationale Anpassungen* an die soziale Wirklichkeit der DDR zu tiefgreifenden Auseinanderentwicklungen grundlegender Wertvorstellungen geführt haben. Vielmehr haben situative Bedingungen des Vereinigungsprozesses solche Einstellungsunterschiede oft eher gestützt als abgebaut, da z.B. die Abhängigkeit der Menschen in den nB von den sozialen Transfers höher ist als in den alten Ländern. Sie können sich bezüglich ihrer sozialen Sicherheit weniger auf Grund-, Wohnungs- und Hausbesitz sowie Wertpapiere, Betriebsrenten und Ansprüche aus Lebensversicherungen verlassen, insbesondere, wenn es um die Sicherung des Alterslebensstandards geht.

Eine Besonderheit der pK in den nB besteht in der starken Befürwortung plebiszitärer Elemente der Demokratie, wie etwa von Volksentscheiden. In dieser Präferenz für Elemente der *direkten Demokratie*, die wohl auch auf Vorstellungen einer volksnahen Demokratie zurückgehen, die in der DDR zwar ständig propagiert, aber selten eingelöst wurde, sind die alten Bundesbürger den neuen gefolgt, da die Befürwortung der direkten Demokratie auch im Trend der Entwicklung der pK der alten Länder liegt. *Bürgerschaftliches Engagement*, vor allem im vorpolitischen Raum, ist in den alten Ländern stärker verbreitet als in den neuen, wobei das Engagement auch dort ein recht hohes Ausmaß aufweist. 1999 engagierten sich 35 % der alten und 28 % der neuen Bundesbürger freiwillig bzw. ehrenamtlich, am stärksten in den Bereichen Sport, Schule/Kindergarten, → Freizeit/Geselligkeit, Kirche (vor allem in den alten Ländern), Kultur/Musik und im sozialen Bereich, ergänzt durch die Bereiche Politik, Beruf, Freiwillige Feuerwehr/Rettungsdienste, Umweltbereich/Tierschutz, usw.

Neben Unterschieden in grundsätzlichen Einstellungen zum Gesellschaftssystem unterscheidet sich die deutsche pK durch eine in den nB seit der Wiedervereinigung stets ungünstigere *Bewertung der Arbeit der Institutionen* der Marktwirtschaft und der Demokratie. Zwar hatte sich bis 1997 das Meinungsklima in diesem Punkte auch in den alten Ländern stark verschlechtert, dennoch waren die Bewertungen in den alten Ländern fast immer deutlich besser als in den nB. Hatten z.B. Anfang 1990 noch 77 % der neuen Bundesbürger eine „gute Meinung" vom „Wirtschaftssystem in der Bundesrepublik", so waren das Mitte 1997 nur noch 22 % (bei vielen „Unentschiedenen"). In den alten Ländern hatte sich die positive Bewertung von 1994 57 % auf 40 % 1997 verschlechtert. 1990 waren 49 % der neuen Bundesbürger mit der „Arbeit der Demokratie" in Deutschland zufrieden, 1997 waren das nur noch 31 %. In den alten Ländern verringerte sich die Zufriedenheit von 81 % auf 50 %. Im Zusammenhang mit der wirtschaftlichen Erholung und mit der Bundestagswahl verbesserten sich 1998 diese Zufriedenheitswerte wieder, wobei dennoch deutliche Unterschiede erhalten blieben.

Höhere *diffuse Legitimität* in den alten Ländern wird vor allem an günstigeren *Vertrauenswerten* (→ Politisches Vertrauen) gegenüber den öffentlichen Institutionen erkennbar. Allerdings fallen die Vertrauenswerte auch in den alten Ländern nur bei den Institutionen „Polizei" und „BVerfG" (→ Verfassungsrichtsbarkeit) wirklich „positiv" aus, bei den politiknahen Institutionen wie „Bundesregierung" und „Bundestag" (→ Regierung/Regierungsmehrheit/Opposition) dagegen „neutral" oder gar „negativ". Im exekutiven Bereich der örtlichen Verwaltungen (→ Öffentlicher Dienst/Sektor), der Justiz (→ Rechtsstaat) und der Arbeitsämter werden „neutrale" Vertrauenswerte erreicht (ähnlich auch: „Bundeswehr"; → Militär), in den nB allerdings eher „negative". In den alten Ländern wird das Vertrauen in die Institutionen stärker als in den nB durch Wertorientierungen (→ Wertewandel), Sozialisationsfaktoren (→ pS) und die soziale Schichtung (→ pS: Soziale Schicht, Sozialstruktur) gestützt. Das deutet darauf hin, daß in den nB die Systemzuwendung stärker von der Erbringung bestimmter Leistungen abhängt („spezifische Legitimität").

Eine besondere subjektive Asymmetrie der pK Deutschlands besteht schließlich in den *Zugehörigkeitsgefühlen* und in den Inhalten der nationalen Identifikation

(→ Identität). In den alten Ländern versteht man sich gefühlsmäßig in erster Linie als „Deutscher", dann auch als „Europäer". Identifikationen als „Westdeutscher" (im Sinne der alten Länder) und als „Bundeslandsmann" spielen in den alten Ländern eine eher untergeordnete Rolle. Als „Weltbürger" sieht man sich sowohl in den alten und den nB eher wenig. Die neuen Bundesbürger sehen sich zwar in ähnlicher Intensität wie Menschen in den alten Ländern als „Deutsche", aber in nahezu gleicher Ausprägung auch als „Ostdeutsche" (im Sinne der nB). An dritter Stelle folgt die Identifikation als „Bundeslandsmann", die viel intensiver als die als „Europäer" vorhanden ist. In den nB liegt also sowohl ein subjektiver „Separatismus" entlang der Trennlinie zwischen alten und nB vor als auch ein kleinräumlich-heimatlicheres Zugehörigkeitsgefühl. Die eigene *Gruppe* wird mit sozialmoralischen Stereotypen der „Freundlichkeit", „Bescheidenheit", „Ehrlichkeit" und „Zurückhaltung" von der Referenzgruppe in den alten Ländern abgegrenzt, der ein materialistischer Individualismus zugeschrieben wird, sowie die Neigung zur Bürokratie und → Religiosität. Menschen in den alten Ländern sprechen den neuen Bundesbürgern dagegen oft die individualistischen Kompetenzen einer modernen Leistungsgesellschaft ab und sind allenfalls geneigt, ihnen einige sozial-moralische Qualitäten zuzubilligen.

Pauschaler *Nationalstolz* („Stolz, Deutsche/r zu sein"; → Nation) ist in beiden Landesteilen im internationalen Vergleich eher gedämpft ausgeprägt, wobei offensichtlich in beiden Landesteilen die „Lektion" des → Nationalsozialismus gelernt wurde. Die Inhalte des eher zurückhaltend vorgetragenen Nationalbewußtseins unterscheiden sich jedoch erheblich. In den nB trägt sowohl die *Kulturnation* mit ihren „schönen Landschaften und Städten", ihren großen Komponisten und Dichtern etc. als auch der Stolz auf die eigene *demokratische Revolution* in besonderem Maße die nationale Identifikation. Dazu gesellt sich intensiverer Stolz auf „deutschen Fleiß und deutsche Arbeitsfreude". In den alten Ländern gibt man sich dagegen stolzer auf die persönliche Freiheit, das → GG und das politische System, den Sozialstaat (→ Soziale Marktwirtschaft, Wohlfahrtsstaat) und die Westbindung. Zwar hat es diesbezüglich in den alten Ländern in den 90er Jahren Rückgänge gegeben, dennoch sind die Unterschiede zwischen beiden Landesteilen erhalten geblieben, ähnlich wie bei der Bewertung der Arbeit der Institutionen, bei den Vertrauenswerten und bei der Gewichtung der sozialen Prinzipien der Freiheit und der Gleichheit.

Im → Parteiensystem der nB besitzt die *PDS*, die Nachfolgerin der SED, eine starke Stellung. Die Bandbreite reicht von Hochburgen im Osten Berlins über die Duldung der SPD-Minderheitsregierung in Sachsen-Anhalt, die Mitregierung in Mecklenburg-Vorpommern bis zur relativ schwachen Präsenz in Sachsen und Thüringen. Die PDS ist für diejenigen bevorzugtes Sprachrohr, die beruflich bzw. von der Werthaltung her eng mit dem DDR-System verbunden waren. Außerdem dient sie als Auffangbecken für diffus-linke Protestneigungen, die von den „westdominiert" wahrgenommenen Parteien → Bündnis 90/Grüne und → SPD nicht absorbiert werden können. Da die → FDP in den nB stark an Zuspruch verloren hat und die PDS im ohnehin relativ kleinen „postmaterialistischen“ → Milieu Bündnis 90/Grünen viele Wähler abgenommen hat, gibt es in den Landesparlamenten oftmals eine Drei-Parteien-Konstellation mit → CDU, SPD und PDS. Wegen der Schwäche des religiösen Elements in den nB gibt es dort kaum ein kirchlich gebundenes Milieu, an das die CDU anknüpfen könnte. Die Partei wird oft aus pragmatischen Gründen gewählt, ein Verhaltensmuster, das außer bei PDS-Wählern in der Wählerschaft (→ Wahlen/Wähler) der nB ohnehin dominiert. Auch das traditionell der SPD zuneigende gewerkschaftsnahe Arbeiter- und Angestelltenmilieu ist weniger bedeutsam. Die SPD ist daher eher eine moderat linke Angestelltenpartei.

In Sachsen-Anhalt kam es in der Situation der Duldung der SPD-Regierung durch die PDS zu einem zweistelligen Wahlerfolg der rechtsradikalen DVU (→ Republikaner/DVU). In einem aus München ferngelenkten „Phantomwahlkampf“ konnten in den letzten Tagen vor der Wahl vor allem die Stimmen junger männlicher Wähler mobilisieren werden. In Brandenburg konnte die Partei nach einem ähnlichen Muster zumindest die 5 %-Hürde überspringen. Von seiten der Umfrageforschung läßt sich dazu folgendes feststellen: Viele junge Männer in den nB weisen eine Wertekonstellation auf, die sie zumindest anfällig für ein „sozialdarwinistisches“ Gesellschaftsbild macht. Es dürften dabei Vorstellungen vom kämpferischen Überleben in einer vom Materialismus bestimmten Konkurrenzgesellschaft eine Rolle spielen. Die jungen Männer geben z.B. mehrheitlich an, sich zum Zwecke der Durchsetzung ihrer Interessen auf ihre „Ellenbogen“ verlassen zu wollen. Damit stehen geringer ausgeprägte soziale Bindungen im Zusammenhang. Die jungen Männer berichten in ihren Jugenderinnerungen (→ Kindheit/Jugend) von einem weniger stabilen Familienzusammenhalt als etwa junge Frauen (→ Frauen/Männer), fühlen sich gefühlsmäßig weniger mit ihrer → Familie und der Nachbarschaft verbunden und grenzen sich verstärkt von ihren Eltern ab.

Man erkennt daran, daß die sozialen Erschütterungen der Transformation (→ Transition/Transformation) offensichtlich Sozialisationsprozesse bei jungen Männern ungünstig beeinflußt haben, ein Effekt, der bei den jungen Frauen in den nB weniger ausgeprägt ist. Die beschriebenen Verwerfungen bei den jungen Männern lassen sich in Zusammenhangsanalysen mit der Zustimmung zu rechtsradikalen Losungen korrelieren, so daß sie die überproportionale Verbreitung des *Rechtsradikalismus* (→ Extremismus) bei jungen Männern in den nB (insbesondere aus dem Umfeld des in den nB noch stärker verbreiteten Arbeitermilieus) erklären können. Dabei dominieren eher ökonomistische Ideologieelemente, etwa von sog. „Wirtschaftsflüchtlingen“. Klassische national-konservative Elemente dürften dabei eher die äußere Hülle denn Kernmotive sein. Man muß hinzufügen, daß offensichtlich die Zivilgesellschaft in den nB noch zu wenig entwickelt ist, um dem Treiben radikaler Jugendlicher stärker Paroli zu bieten. Die geringere Bereitschaft in der Bevölkerung der nB, Fremde und Ausländer zu akzeptieren (→ Fremdenfeindlichkeit), geht wohl auch auf die mangelnde Gewöhnung an die Präsenz anderer Kulturen im Lebensumfeld zurück. Diese Erbschaft der DDR-Zeit setzt sich im Moment (auch wegen des ungünstigen Umfeldes) in geringen Ausländeranteilen in der Bevölkerung fort.

Ausblick/offene Fragen:
Wahrscheinlich wird die pK in Deutschland noch längerfristig von einer Differenzierungslinie zwischen Ost und West durchzogen. Eine durchgreifende Verbesserung der Wirtschaftslage in den nB und langsame „Abschleif"- und Gewöhnungseffekte könnten über die Zeit die Annäherung fördern. Gefordert sind inzwischen *in den alten und nB* → politische Bildung und Aufklärung. Inzwischen gibt es auch Veränderungen in den alten Ländern in Richtung der pK der nB. Die pK der alten Länder ist weniger „postmaterialistisch" geworden (→ Konfliktlinien). Hintergründe dafür sind wohl die Erfahrung der wirtschaftlichen Krise, angeschlagener Staatsfinanzen und seit Anfang der 90er Jahre gestiegener Kriminalitätsgefahren. Dazu kommt eine neue „wirtschaftsfreundliche" Gesinnung unter den jungen Leuten und ein gestiegenes Bedürfnis nach Bindung, nicht zuletzt bei den in die mittleren Jahre gekommen „Postmaterialisten" selbst.

Thomas Gensicke

Literatur:

Gabriel, Oscar W. (Hrsg.) 1997: Politische Orientierungen und Verhaltensweisen im vereinigten Deutschland, Opladen.

Gensicke, Thomas 1998: Die neuen Bundesbürger. Eine Transformation ohne Integration, Wiesbaden.

Meulemann, Heiner (Hrsg.) 1998: Werte und nationale Identität im vereinten Deutschland. Erklärungsansätze der Umfrageforschung, Opladen.

Noelle-Neumann, Elisabeth/Köcher, Renate (Hrsg.) 1997: Allensbacher Jahrbuch der Demoskopie 1993-1997, München.

Statistisches Bundesamt (Hrsg.) 2000: Datenreport 1999. Zahlen und Fakten (Bd. 365), Bonn.

Thumfart, Alexander 2002: Die politische Integration Ostdeutschlands, Frankfurt a.M.

Waschkuhn, Arno/Thumfart, Alexander (Hrsg.) 1999: Politik in Ostdeutschland, München.

Neue Soziale Bewegungen

→ *Bündnis 90/Die Grünen, Extremismus, Feminismus, Geschichtliche Phasen der BRD, Gewerkschaften, Identität, Ideologie, Individualisierung, Kirchen, Konflikt/Konsens, Konfliktlinien, Massenmedien, Milieus/Lebensstile, Politische Beteiligung, Politische Sozialisation: Soziale Schicht, Sozialstruktur, Vereine, Verbände, Wahlen/Wähler, Wertewandel.*

Begriff/Definition:
Soziale Bewegungen sind auf eine gewisse Dauer gestellte und durch eine kollektive → Identität abgestützte Versuche von Gruppen, Organisationen und Netzwerken, grundlegende gesellschaftliche Veränderungen überwiegend mit Mitteln des öffentlichen Protests herbeizuführen oder zu verhindern. Von spontanen und einmaligen Protesten unterscheiden sich soziale Bewegungen durch ein höheres Maß an Kontinuität, das durch die Ausbildung eigener Organisationsformen ermöglicht wird. Dabei ist zentral, daß Bewegungen durchaus Organisationen unterschiedlichster Art hervorbringen (→ Vereine, Parteien, → Verbände etc.), aber nicht in ihnen aufgehen, solange sie soziale Bewegung bleiben wollen. Je nach Orientierung und Radikalität kann z.B. zwischen revolutionären und reformerischen, zwischen progressiven und reaktionären, zwischen auf politische Strukturen oder individuelle Verhaltensänderungen gerichteten Bewegungen unterschieden werden.

Der Begriff Neue Soziale Bewegungen (NSB) steht als eine Sammelbezeichung für politische Protestgruppen und soziale Bewegungen, die im Gefolge der außerparlamentarischen Opposition und insbesondere der Studentenbewegung seit den späten 60er Jahren aufkamen, deren Wurzeln jedoch teilweise weiter zurückreichen. Das Adjektiv „neu" markiert eine zeitliche und vor allem qualitative Abgrenzung zur Arbeiterbewegung als der klassischen „alten" sozialen Bewegung. Zwischen dieser und den NSB bildet die Studentenbewegung eine Art Brücke. Einerseits hielt sie an bestimmten Positionen der Arbeiterbewegung fest: dem entschiedenen Antikapitalismus, der zentralen Rolle der Arbeiterklasse als revolutionärem Subjekt und dem Anspruch auf umfassende Demokratisierung. Andererseits distanzierten sich Studentenbewegung ebenso wie NSB von Fortschrittskonzepten und Organisationsmodellen der Arbeiterbewegung. Antikapitalistische und vor allem revolutionäre Positionen sind für die NSB nicht mehr konstitutiv. Dagegen teilen die NSB mit der Studentenbewegung die Kritik an hierarchisch-bürokratischen Organisationsstrukturen. Die NSB verbinden radikaldemokratische Forderungen mit dem Ziel solidarischer, selbstbestimmter Lebensweisen und der Verbesserung der Lebensbedingungen vorwiegend in der Reproduktionssphäre. Thematische Brennpunkte für wichtige Einzelbewegungen sind die Emanzipation von Frauen, Ökologie, Frieden und Abrüstung, selbstverwaltete Lebens- und Arbeitsformen, Hunger und Elend in der Dritten Welt sowie Bürger- und Menschenrechte. Zum Umfeld der NSB zählen aber auch Selbsthilfegruppen im Gesundheits- und Sozialbereich, Schwulen- und Lesbenbewegung, Hausbesetzer und militante „autonome" Gruppen.

Die NSB weisen keine geschlossene ideologische und politische Orientierung auf. So gibt es in fast allen Einzelbewegungen konservative und teilweise sogar reaktionäre Traditionslinien bzw. Gruppierungen, was z.B. mit Blick auf die Geschichte ökologischer Orientierungen in Deutschland wenig verwunderlich ist. Gleichwohl dominiert bei den AnhängerInnen der NSB deutlich ein linkslibertäres Selbstverständnis; d.h. die Selbsteinstufung auf der linken Seite des politischen

Spektrums wird ergänzt durch die Präferenz staatsferner und selbstorganisierter Politikansätze. In der politikwissenschaftlichen Diskussion haben die Ausbreitung dieser Orientierungen und die Erfolge grün-alter-nativer Parteien (→ Bündnis 90/ Die Grünen) die Annahme bestärkt, mit den NSB sei eine neue - quer zur traditionellen Rechts/Links-Achse verlaufende - gesellschaftliche → Konfliktlinie entstanden, deren Gegenpol von einer neuen Rechten gebildet wird. Dies sei die Linie zwischen „alter" und „neuer" Politik bzw., entsprechend Ingleharts These eines → Wertewandels, von materialistischen (an Sicherheit und materiellen Wohlstand orientierten) zu postmaterialistischen (an Partizipation und Selbstverwirklichung orientierten) Werten. Die NSB gelten als postmaterialistische Avantgarde. Dennoch ist zu betonen, daß in den NSB keine einheitliche und geschlossene → Ideologie anzutreffen ist.

Sozialstrukturell sind die Trägergruppen der NSB breit gestreut und umfassen gelegentlich, z.B. bei regionalen Protesten gegen Atomanlagen, nahezu alle Bevölkerungsschichten. Jedoch läßt sich bei den dauerhaft Aktiven der NSB in den westlichen Demokratien deutlich ein Schwerpunkt im Bereich der neuen Mittelklassen, vor allem bei Auszubildenden und Professionellen der Humandienstleistungsberufe, feststellen. Sie verfügen in der Regel über mehr kulturelles und soziales Kapital als über privilegierte ökonomische Einkünfte. Ihre Protestpraxis ist - vor allem in urbanen Räumen - eingebunden in Netzwerke, denen entsprechende Milieubildungen zugrunde liegen. In diesem Personenkreis finden sich besonders viele Menschen, die für die gesamte Themenpalette der NSB mobilisierbar sind und ihre konkreten Aktionsschwerpunkte häufiger wechseln.

Forschungsgeschichte:
Der Begriff NSB setzte sich Anfang der 1980er Jahre in der Bundesrepublik durch, wurde jedoch von Touraine bereits mit Blick auf die französische Studentenbewegung von 1968 verwendet. Während sich beispielsweise in den USA bereits seit Jahrzehnten ein eigenständiger Forschungszweig zu collective behavior und sozialen Bewegungen etabliert hatte, gab es in der Bundesrepublik bis dahin nur wenige, vereinzelte Arbeiten zu sozialen Bewegungen. Dann setzte jedoch eine intensive Befassung speziell mit NSB ein. Dabei überwogen zunächst Studien, die das Entstehen von NSB im Rahmen gesamtgesellschaftlicher Theorien zu erklären suchten oder sich mit relativ theorieabstinenten Beschreibungen von einzelnen Bewegungen und Konflikten begnügten. Bereits im Verlauf der 80er Jahre wurde im Rahmen der Analyse von NSB der Anschluß an den internationalen Diskussionsstand und die allgemeinen Theorien zu sozialen Bewegungen hergestellt. Hierbei entstanden auch theoriegeleitete, aber auf systematischen empirischen Daten beruhende Arbeiten, die sich zunächst vor allem auf die NSB in der Bundesrepublik, später auch in anderen westlichen Demokratien bezogen. In den 90er Jahren wurde die Fixierung auf NSB zugunsten eines breiteren Blickwinkels aufgegeben. Das Augenmerk richtete sich auf historische Vorläufer der NSB,

andere historische Bewegungen sowie die zunehmend an Bedeutung gewinnenden rechtsradikalen und ausländerfeindlichen Aktionen, die teilweise Bewegungscharakter annahmen.

Die Forschung zu NSB hat sich als Zweig einer breiter angelegten Bewegungs- und Protestforschung in der Bundesrepublik professionalisiert; sie nimmt aber, im Vergleich zur Wahl- und Parteienforschung, noch immer eine Randstellung innerhalb der politischen Soziologie ein. Wichtige Diskussionsforen sind der 1982 gegründete Arbeitskreis „Neue Soziale Bewegungen" (1992 umbenannt in Arbeitskreis „Soziale Bewegungen") innerhalb der Deutschen Vereinigung für politische Wissenschaft und das seit 1988 bestehende „Forschungsjournal Neue Soziale Bewegungen", das ausdrücklich auch dem Dialog zwischen WissenschaftlerInnen und AktivistInnen aus Bewegungen dienen soll.

Theorien/Konzepte/Modelle:
Im Verlaufe der 80er und 90er Jahre gewann eine ganze Reihe von teilweise miteinander konkurrierenden Theorien an Konturen. Ein erster breiter Überblick zu verschiedenen Erklärungen und Deutungen von NSB wurde in der Bundesrepublik von Brand (1982) vorgelegt. Raschke (1985) charakterisiert in seinem „historisch-systematischen Grundriß" die NSB als postindustrielle Bewegungen, die sich - im Unterschied etwa zur Arbeiterbewegung - auf Fragen der Lebensweise konzentrierten und demnach überwiegend nicht als „machtorientiert" sondern „kulturorientiert" einzustufen seien. Andere Theorien sehen dagegen in den NSB eine enge Verschränkung von „instrumentellen", „subkulturellen" und „gegenkulturellen" Momenten (Kriesi u. a. 1995). Abhängig von diesen Positionen wird auch die Wirkung von NSB höchst unterschiedlich bilanziert. Während die machtorientierte Perspektive vor allem benachteiligte Interessen und soziale Ungerechtigkeiten als Ursachen für soziale Bewegungen ins Spiel bringt und deren Linderung bzw. Beseitung zum Erfolgsmaßstab erhebt, betont die identitätsorientierte Richtung eher dominante kulturelle Normen, wie z.B. Geschlechtsrollen, Leistungsorientierungen oder soziale Naturverhältnisse, die als repressive Zumutung erfahren werden und die Suche nach Alternativen auslösen. Wenn soziale Bewegungen vor allem als eine andere politische Form betrachtet werden, interessiert, ob und wie es ihnen gelingt, immer erneut und möglichst mit wachsender Resonanz öffentlich sichtbar zu bleiben, d.h. es wird nach der Dynamik von Protestereignissen und deren Rückwirkungen auf die anderen politischen Akteure gefragt. Wird die kulturelle Herausforderung betont, interessieren die darunter liegenden → Milieus, Netzwerke und Subkulturen, in denen soziale Bewegungen ihren Eigensinn behaupten, die Mehrheitskultur verändern oder von ihr assimiliert werden.

Die Mehrzahl der theoretischen Bemühungen verfolgt das Ziel, NSB als historisches Phänomen zu deuten bzw. zu erklären, warum sich Menschen an sozialen Bewegungen im allgemeinen oder NSB im besonderen beteiligen. Auf gesamtgesellschaftlicher Ebene setzen Theorien an, die NSB entweder als eine historisch durchaus bedeutsame Erscheinung einer besonderen Phase der Modernisierung bzw. der kapitalistischen (postfordistischen) Entwicklung behandeln (Brand u. a. 1983, Hirsch/Roth 1986) oder sie als eine weitgehend folgenlose Protestbewegung im Rahmen einer funktionalistischen und weitgehend ahistorischen Systemtheorie analysieren (Luhmann 1996). Mikrosoziologische Theorien, insbesondere Theorien relativer Deprivation und Theorien rationalen Verhaltens, thematisieren NSB im Rahmen ihrer allgemeiner Annahmen über subjektive Motive und Kalküle politischer Partizipation; insofern schenken auch sie der historischen Besonderheit von NSB keine Aufmerksamkeit (Opp 1994). Dagegen deutet die ebenfalls mikroanalytisch ansetzende Theorie des Wertewandels die NSB als Ausdruck einer Zunahme „postmaterialistischer" Werte, welche in dem Maße an Bedeutung gewinnen, wie elementare materielle Bedürfnisse befriedigt sind.

Neuerdings werden überwiegend aus den USA importierte Theorien mittlerer Reichweite auf NSB angewandt. Dazu zählen erstens die Theorie der Ressourcenmobilisierung, der zufolge die Entstehung und Entwicklung von sozialen Bewegungen in erster Linie auf die Bemühungen von strategisch operierenden Bewegungsorganisationen zurückzuführen ist. Eine zweite Erklärungslinie betont politische Gelegenheitsstrukturen und Interaktionsprozesse mit politischen Referenzgruppen (z.B. Staatsmacht, Gegenbewegungen, Bündnispartnern) als entscheidende Einflußfaktoren für soziale Bewegungen. Eine dritte Erklärungslinie konzentriert sich auf die diskursiven Deutungen und Rahmungen („frames") durch Protestgruppen, welche Themen problematisieren, Ursachen und Verantwortliche benennen und Lösungsmöglichkeiten propagieren. Diese Ansätze werden nicht als konkurrierend sondern vielmehr einander ergänzend wahrgenommen.

Methoden:
In enger Verbindung mit bestimmten Fragestellungen und theoretischen Präferenzen steht die Wahl der Methoden zur Analyse von sozialen Bewegungen (besondere Methoden für den Gegenstand NSB sind nicht erkennbar). In der Frühphase der bundesrepublikanischen Bewegungsforschung überwogen zum einen Übersichtsdarstellungen ohne besonderes methodisches Raffinement, zumal wenn nicht die Klärung konkreter empirischer Fragen sondern die generalisierende Deutung von NSB im Mittelpunkt stand. Entsprechend wurden diverse Quellen in unsystematischer Weise genutzt und Einzelbefunde in bloß illustrativer Absicht in breitere Abhandlungen integriert. Zum anderen entstanden bereits in den 80er Jahren Fallstudien zu Einzelbewegungen und Einzelkonflikten, die auf gründlichen Recherchen bzw. Insiderwissen, aber noch nicht auf systematisch angelegten Datenerhebungen beruhten.

Beginnend in der zweiten Hälfte der 80er Jahre kam ein breites methodisches Spektrum zum Einsatz. Zunehmend wurden auch systematische Datenerhebungen vorgenommen, so daß viele der bis dahin dominierenden Spekulationen überprüfbar wurden. Die diversen methodischen Zugänge lassen sich nach ihren Analyseeinheiten klassifizieren. Die Umfrageforschung rückte die Motive der Anhänger und Aktivisten sozialer Bewegungen in den Vordergrund, neigte jedoch dazu, den kollektiven Zusammenhang und die besonderen Randbedingungen des Engagements zu vernachlässigen, ja sich zuweilen auf Aussagen über eine hypothetische Beteiligung zu beschränken. Vereinzelt wurden auch Analysen von ausgewählten Bewegungsorganisationen durchgeführt, wobei hier sowohl teilnehmende Beobachtung als auch Befragungen zur Anwendung kamen. Eine dritte wichtige Datenquelle bilden Protestereignisanalysen, die auf Informationen von → Massenmedien, Bewegungsarchiven oder Ordnungsbehörden beruhen können. Einen vierten Zugang bilden qualitiativ oder quantitativ orientierte „Framing"-Analysen, in denen Äußerungen von Bewegungsakteuren (z.B. Selbstdarstellungen, Flugblätter, Presseerklärungen) ausgewertet werden. Schließlich kommen vereinzelt einerseits spezifische methodische Verfahren (etwa auf Individuen und Gruppen bezogene Netzwerkanalysen), anderseits aber auch Kombinationen verschiedener Methoden im Rahmen von Fallstudien oder bewegungs- und ländervergleichenden Analysen zur Anwendung. Insgesamt ist in diesem Forschungsfeld eine zunehmende Sensibilisierung für Methodenfragen und eine wachsende Professionalität der Methodenanwendung erkennbar.

Ergebnisse und offene Fragen:
Über das thematische Spektrum, Anhängerschaft, Organisations- und Aktionsformen von NSB liegen inzwischen gesicherte Befunde vor, die weitgehend die Annahmen der frühen Literatur bestätigten. Die Einzelthemen der NSB werden als Bestandteil eines größeren, sachlich eng verbundenen Themenspektrums angesehen; die Anhänger der NSB entstammen überwiegend den gebildeten Mittelschichten und insbesondere dem Sektor der Humandienstleistungen; die Bewegungen bestehen als lockere Netzwerke unter Einschluß formeller Organisationen, welche jedoch keine vorherrschende Stellung einnehmen. Verglichen mit anderen Formen der Interessenvertretung weisen NSB deutlich niedrigere Schwellen der Beteiligung auf. Besonders durch ihre projektorientierten Mobilisierungsformen (z.B. in Bürgerinitiativen) sind sie für Jugendliche, Frauen und andere Bevölkerungsgruppen attraktiv, die sich von einer lebenslangen Vereinnahmung durch Organisationen eher abgestoßen fühlen und aktives Bürgerengagement einklagen. Die Aktionsformen der NSB sind breit und hochgradig variabel, wobei ein besonderer Akzent auf demonstrativen und konfrontativen Taktiken liegt. Diese verlieren jedoch zunehmend ihren „unkonventionellen" Anstrich und diffundieren in andere Protestmilieus.

Ganz generell ist festzustellen, daß sich die NSB zu einem dauerhaften und „normalen" Bestandteil in der pK der BRD entwickelt und insofern auch institutionalisiert haben (Roth 1994). Auch die deutsche Vereinigung hat diese Tendenz nicht umgekehrt. Da bereits die Oppositionsgruppen in der DDR für die Themen der NSB offen waren, kann es nicht verwundern, daß sich in den neuen Bundesländern vergleichbare Milieus herausgebildet haben, wenn auch insgesamt schwächer und mit zusätzlichen eigensinnigen politischen Akzenten und Formen (Tradition der „Runden Tische", größere Nähe zu den → Kirchen).

In welchem Maß die NSB ihren Charakter als Herausforderer des politischen und sozialen Systems sowie das Formprinzip der Bewegung aufgegeben haben, ist umstritten. Internationale Vergleiche zeigen, daß es in allen OECD-Nationen, aber auch in vielen Ländern der Peripherie Mobilisierungen zu NSB-Themen gibt und zwischen den Gruppen Austauschprozesse bis hin zur transnationalen Kooperation existieren. Das spezifische Gewicht der NSB in der nationalen pK fällt jedoch sehr unterschiedlich aus. Die Gelegenheitsstrukturen des politischen Systems und das Ausmaß, in dem andere → Konfliktlinien (etwa in den industriellen Beziehungen) bereits institutionalisiert sind, spielen dabei eine wichtige Rolle. So weist die BRD zwar deutlich mehr NSB-Proteste als etwa Frankreich auf, aber verglichen mit der Schweiz oder den Niederlanden kann sie keine Sonderstellung beanspruchen (Kriesi u. a. 1995).

Kontrovers ist die Einschätzung der Wirkungen von NSB, zumal die Kriterien für Erfolg und Mißerfolg höchst unterschiedlich sind. Die Effekte der NSB auf das politische Institutionengefüge sind vorerst nur schwach. Immerhin wurden auch aufgrund der Aktivitäten von NSB politische Partizipationsmöglichkeiten erweitert, neue Fachpolitiken (etwa für Umwelt, Frauen) eingerichtet und einzelne politische Programme und Maßnahmen im Sinne der NSB beeinflußt (Rucht 1994). Die neue Frauenbewegung (→ Frauen/Männer) lieferte sicherlich den wichtigsten Schub für die Etablierung von „gender"-Perspektiven in allen gesellschaftlichen Bereichen (→ pS: Geschlecht/Geschlechterverhältnisse). Als tiefgreifend und nachhaltig sind die Wirkungen der NSB und - davon untrennbar - der außerparlamentarischen Opposition auf die pK einzuschätzen. So wurden Obrigkeitshörigkeit, Konformismus, Rollenklischees und zwanghafte bürgerliche Moralvorstellungen zunehmend in ihrer Geltung zurückgedrängt - freilich auch mit dem Effekt, daß zugleich systemische Interessen nach Flexibilisierung, → Individualisierung und hedonistischem Konsum bedient wurden.

Roland Roth/Dieter Rucht

Literatur:

Brand, Karl-Werner 1982: Neue soziale Bewegungen. Entstehung, Funktion und Perspektive neuer Protestpotentiale, Opladen.

Brand, Karl-Werner/Büsser, Detlef/Rucht, Dieter 1983: Aufbruch in eine andere Gesellschaft. Neue soziale Bewegungen in der Bundesrepublik, Frankfurt a.M.

Hirsch, Joachim/Roth, Roland 1986: Das neue Gesicht des Kapitalismus. Vom Fordismus zum Postfordismus, Hamburg.

Kriesi, Hanspeter/Koopmans, Ruud/Duyvendak, Jan Willem/Giugni, Marco G. 1995: New Social Movements in Western Europe: A Comparative Analysis, Minneapolis.

Opp, Karl-Dieter 1994: Der Rational Choice-Ansatz und die Soziologie sozialer Bewegungen, in: Forschungsjournal Neue Soziale Bewegung 7, S. 11-26.

Raschke, Joachim 1985. Soziale Bewegungen. Ein historisch-systematischer Grundriß, Frankfurt a.M.

Roth, Roland 1994: Demokratie von unten. Neue soziale Bewegungen auf dem Wege zur politischen Institution, Bonn.

Rucht, Dieter 1994: Modernisierung und neue soziale Bewegungen. Deutschland, Frankreich und USA im Vergleich, Frankfurt a.M.

Öffentliche Meinung

→ Demoskopie, Globalisierung, Identität, Intellektuelle, Interpersonale Kommunikation, Massenmedien, Parlamentarismus, Politiker/Politische Klasse, Politische Beteiligung, Politische Inszenierung/Symbolische Politik, Politisches Bewußtsein, Responsivität, Schweigespirale/Öffentliche Meinung, Sozialer Wandel/Modernisierung, Sprache.

Begriff/Definition:

So häufig, wie der Begriff „Öffentliche Meinung" (öM) in Politik, Wissenschaft und Journalismus verwendet wird, so unterschiedlich und vielfältig sind die Vorstellungen, die sich mit ihm verbinden. Das *Integrationskonzept* öM läßt sich bis in die Antike zurück verfolgen. Demzufolge regelt öM das Verhältnis der einzelnen Gesellschaftsmitglieder zur Gesamtgesellschaft. Sie trägt zur Selbstverständigung einer Gesellschaft über allgemein akzeptiertes Verhalten und allgemein akzeptierte Auffassungen bei und sichert so den Zusammenhalt und die Handlungsfähigkeit des Gemeinwesens. ÖM drückt sich beispielsweise in den Sitten und Gebräuchen aus, die in einer Gesellschaft vorherrschen - etwa in der Mode. Eine solche Vorstellung lag auch dem Verständnis des französischen Philosophen Michel de Montaigne zugrunde, der als einer der ersten den Begriff „öM" - „l'opinion publique" - verwendet hat. Auch für ihn bestand öM aus den Regeln, die das einzelne Gesellschaftsmitglied einhalten muß, um seinen „guten Ruf", seine Reputation zu wahren. Über die Einhaltung dieser Regeln wachen nicht staatliche Institutionen, sondern ihre Verbindlichkeit erhalten sie aus dem gesellschaftlichen Konformitätsdruck. Sokrates bezeichnete sie daher als „ungeschriebene Gesetze", John Locke sprach im 17. Jhdt. vom „law of opinion". Im 20. Jhdt. wurden diese Gedanken unter der Überschrift „soziale Kontrolle" wieder aufgegriffen. In Deutschland wirbt die Meinungsforscherin Noelle-Neumann mit dem Konzept der Schweigespirale (→ Schweigespirale/öM) für eine Rückbesinnung auf diese ursprüngliche Bedeutung. Sie versteht unter öM jene wertgeladenen, insbesondere moralisch aufgeladenen Einstellungen und Verhaltensweisen, die der Einzelne an den Tag legen *muß*, um sich nicht zu isolieren.

Im 18. Jhdt. verlor das Integrationskonzept an Beachtung. Seine Grundannahme, wonach Individuen nicht frei und selbstbestimmt handeln, sondern einem starken Gruppendruck unterliegen, schien mit den Idealen der Aufklärung unvereinbar. Als Produkt der Aufklärung und der Entstehung des liberalen Bürgertums bildete sich das *Elitenkonzept* öM heraus. ÖM umfaßte nun nicht mehr das gesamte gesellschaftliche Leben, sondern nur diejenigen kollektiven Einstellungen, die sich auf den politischen Bereich beziehen. Als Träger öM wurden nicht sämtliche Bevölkerungsmitglieder angesehen, sondern lediglich die intelligentesten, urteilsfähigsten und verantwortlich für ihre Meinung einstehenden Bürger. ÖM wurde gleichgesetzt mit den politischen Einstellungen der Elite - den Wissenschaftlern, → Politikern und Gebildeten. Da auch die Journalisten dazu gezählt wurden, setzte man häufig die öM mit der in den Medien „veröffentlichten Meinung" gleich. Eine so verstandene, aus dem gesellschaftlichen Engagement der Elite sowie ihren Diskussionen in den Kaffeehäusern und politischen Salons hervorgehende öM sei mehr als die Summe der Einzelmeinungen. Sie sei nicht Partikularinteressen verpflichtet, sondern dem Gemeinwohl. Ihre Funktion bestehe in der Kontrolle der Regierung. Diese solle sich aber davor hüten, dem „gemeinen Mann auf der Straße" zu folgen. Die „Masse" habe kein Interesse an Politik und könne politische Sachfragen auch nicht kompetent beurteilen. Ihre Einstellungen seien zudem starken Schwankungen unterworfen und leicht zu manipulieren. Entsprechende Auffassungen dominierten bis zum Beginn des 20. Jhdts., sie finden sich aber auch noch in der heutigen Zeit, etwa beim Politikwissenschaftler Hennis.

Im Zuge der Modernisierung und Demokratisierung westlicher Gesellschaften wurde dieses Verständnis von öM vor allem von amerikanischen Sozialwissenschaftlern in Frage gestellt. In einer Massengesellschaft, in der das Prinzip „eine Person, eine Stimme" gelte, dürfte es nicht einer wie auch immer definierten Elite vorbehalten bleiben, für sich die Trägerschaft der öM zu reklamieren. So werden in empirischen Demokratietheorien - wie sie etwa von den Politikwissenschaftlern Dahl, Lijphart oder Dalton vertreten werden - die unter sämtlichen Bürgern aggregierten Einstellungen zu politischen Sachfragen mit öM gleichgesetzt. Für sie wird häufig auch die Bezeichnung „*mass opinion*" gewählt. Damit wird nicht die Existenz von Teilöffentlichkeiten in Frage gestellt, die besonders gut über ein Thema informiert sind. Es wird auch nicht bestritten, daß einige Teilöffentlichkeiten ihre Interessen wirkungsvoller artikulieren als andere. Aber: Bei der Beurteilung der demokratischen Güte eines Landes dürfen auch die Einstellungen der Gesamtbevölkerung nicht außer acht gelassen werden.

Die Mass Opinion kann sich auf unterschiedliche Art und Weise artikulieren. Ihren für die Machtzuweisung in Demokratien relevantesten Ausdruck findet sie in Form von → Wahlen. Da diese meist nur in größeren zeitlichen Abständen erfolgen und nur in den seltensten Fällen als Abstimmung über eine konkrete politische Sachfrage interpretiert werden können, ist ihr Informationsgehalt hinsichtlich aktueller Einstellungsverteilungen in der Gesellschaft allerdings sehr gering. Auch politische Kundgebungen oder andere Formen → politischer Beteiligung sind als Ausdrucksformen der Mass Opinion nicht unproblematisch. Zwar ist ihr Informationsgehalt hinsichtlich einzelner politischer Sachfragen relativ groß, und die Teilnahme steht formal in der Regel auch allen Bürgern offen. Über die Meinungsverteilung in der Gesamtbevölkerung sagen sie jedoch nur wenig aus, da die Zusammensetzung der Teilnehmer an solchen Aktionsformen für die Gesamtbevölkerung nicht repräsentativ ist. Mit der Etablierung der → Demoskopie ist es in den USA seit 1935 (Gründung des American Institute of Public Opinion durch Gallup) sowie in der Bundesrepublik seit 1945 (Gründung von EMNID) bzw. 1947 (Gründung des Instituts für Demoskopie Allensbach) möglich, öM kontinuierlich zu erfassen und der einstmals „unsichtbaren Macht“ Gehör zu verschaffen. Die Gründung der zuletzt genannten Institute wurde von dem Interesse der USA, Großbritanniens und Frankreichs begünstigt, Aufschluß über die Beschaffenheit der pK im Nachkriegsdeutschland zu erlangen. Die Anhänger des Elitekonzept stehen der Demoskopie eher ablehnend gegenüber. Mittels anonymer Umfragen messe man lediglich „das allgemeine Raunen, wirre Meinen“ der Masse, keinesfalls jedoch öM.

Beim Mass Opinion-Konzept stehen drei Fragen im Mittelpunkt des Interesses: Erstens, wie ist die öM zu bestimmten politischen Sachfragen beschaffen? Analysen - etwa von den Politikwissenschaftlern Page und Shapiro - zeigen, daß die Behauptungen der Anhänger des Elitenkonzeptes nicht mehr zutreffen. Verantwortlich dafür ist u.a. die Bildungsexpansion in den letzten Jahrzehnten. ÖM ist nicht völlig uninformiert, sie ist außerdem relativ beständig. Wenn sie sich wandelt, so ist dies in der Regel nicht auf diffuse Stimmungen, sondern auf Ereignisse oder Informationen zurückzuführen, die der Bevölkerung für ihre Urteilsbildung zur Verfügung standen. Es stellt sich also eine zweite Frage: Wie kommt öM zustande? Hierbei ist vor allem die Rolle der → Massenmedien von Interesse. Und drittens: Welche Bedeutung hat die öM für politische Entscheidungsträger? Handeln die Politiker im Einklang mit der öM, verhalten sie sich also responsiv (→ Responsivität), oder steht ihr Handeln im Widerspruch zu den Bevölkerungspräferenzen, was langfristig → Politikverdrossenheit verursachen könnte.

Mit der zunehmenden → Globalisierung von Wirtschaft und Politik sowie mit dem Aufkommen grenzüberschreitender Massenmedien - etwa des weltweit agierenden Nachrichtensenders CNN - gewinnt auch die Weltöffentlichkeit an Bedeutung. Beispielsweise läßt sich der Erfolg von Organisationen wie Amnesty International oder Greenpeace, die weder über wirtschaftliche, noch über militärische Macht verfügen, überwiegend auf deren Medienpräsenz und die davon ausgehende Mobilisierung der Öffentlichkeit zurückführen. So wird zu Beginn des 21. Jhdts. die nationale öM durch eine globale öM ergänzt.

Frank Brettschneider

Literatur:

Dalton, Russell J. 1996: Citizen Politics. Public Opinion and Political Parties in Advanced Industrial Democracies, 2. Aufl., Chatham.

Hennis, Wilhelm 1957: Meinungsforschung und repräsentative Demokratie. Zur Kritik politischer Umfragen, Recht und Staat 200/201, Tübingen.

Noelle-Neumann, Elisabeth 2000: Öffentliche Meinung. In: Noelle-Neumann, Elisabeth/Schulz, Winfried/Wilke, Jürgen (Hrsg.): Fischer Lexikon Publizistik Massenkommunikation, Frankfurt a.M., S. 366-382.

Page, Benjamin I./Shapiro, Robert Y. 1992: The Rational Public. Fifty Years of Trends in Americans' Policy Preferences, Chicago.

Öffentlicher Dienst/Sektor

→ Eliten, Grundgesetz, Militär, Neue Bundesländer, Parteiensystem, Politiker/Politische Klasse, Politische Korruption, Politische Toleranz, Politische Traditionen, Professionen, Rechtskultur, Rechtsstaat, Sozialstruktur, Transition/Transformation, Verbände, Verwaltungskultur, Wertewandel.

Entwicklungslinien:

Der öffentliche Dienst (öD) und der öffentliche Sektor (öS) gelten in der politischen Gegenwartsdiskussion gemeinsam als eine innovations- und wachstumshemmende Altlast des deutschen politischen Systems. Durch die gemeinsame Etikettierung werden aber bedeutsame Differenzierungen unterschlagen. Während ein relativ hoher Staatsanteil am Sozialprodukt und entsprechende Steuer- und Abgabenlasten tatsächlich nachweisbar sind, kann dies nicht auf eine übermäßige Beschäftigung im öD zurückgeführt werden: 1994 arbeiteten von 100 deutschen Erwerbstätigen 16 im öD, deutlich weniger als beispielsweise in Schweden (33) oder auch in Frankreich (24). Der öD steht zudem im Verdacht, eine der ärgsten Beharrungskräfte im Lande zu sein, was sich nicht mit den z.T. dramatischen Wandlungen verträgt, denen er in den letzten Jahrzehnten unterworfen war. Zum einen hat sich langfristig das Gewicht der Beschäftigung von hoheitlichen Verwaltungstätigkeiten weg und hin zu Dienstleistungen im Sozial-, Bildungs- und Gesundheitssektor verschoben, zum anderen wandern erst jüngst bedeutsame ältere Dienstleistungen und Infrastrukturfunktionen durch die Umwandlung von Bahn und Post in Aktiengesellschaften aus dem öD ab. Ähnliches ist auf der lokalen Ebene durch die Privatisierung kommunaler Leistungsanbieter zu verzeichnen. Insofern erlebt der öD eine Orientierungskrise: Einerseits sind schon seit den 70er Jahren Tendenzen zu neuen Leitbildern zu beobachten - mehr Dienstleistungs- und Produzentenorientierung statt obrigkeitlichen „Staatsdienst" - andererseits stehen die Bereiche, in denen diese Orientierungen sich bewähren könnten, häufig unter politischer Aufgabenkritik, d.h. sie werden für öffentliche Erledigung schlechthin als ungeeignet angesehen. Insofern erscheint der öD als Hase gegenüber dem Igel „marktzentrierte Modernisierung". Insbesondere ein stark ideologischer Kritikstrang am öD, der sich selbst „Public Management" nennt, attackiert wesentliche Traditionen desselben als einer effizienten, kundengerechten Leistungserbringung abträglich. Die Organisation nach *Status*kategorien, die sich vor allem im Schutz des Berufsbeamtentums niederschlägt (Art. 33 Abs. 4 GG) reflektiere noch eine Staatspraxis, die am hierarchischen, reglementierenden Eingriff als administrativer Normalform orientiert sei und somit auch die Binnenverhältnisse hierarchisch ordne. Diese Sichtweise stößt sich eigentümlich mit der oft im gleichen Atemzug gestellten Forderung, der Staat möge sich wieder strikt auf seine „Kernfunktionen" beschränken: Gerade in diesen dominiert der hoheitliche Eingriff und damit die Voraussetzung des überkommenen Statusrechts. Dieses allerdings erweist sich in vieler Hinsicht als Hemmnis für eine Angleichung des öD an gesellschaftliche Wandlungen, welche z.T. auch aus seinen eigenen Reihen gewünscht wird. Beamte, obwohl eine Minderheit im öD, prägen dessen Außenbild und auch den Berufsalltag im öS, da sie in den Vorgesetztenpositionen dominieren. Dabei zeigen sich immer noch Aspekte sozialer Schließung: Während beispielsweise Frauen 1994 zu 50 % in den Laufbahngruppen des Mittleren Dienstes arbeiteten (Männer: 32 %), erreichten nur 6 % die Führungsposition des Höheren Dienstes (Männer 15 %). Die Gruppen sind durch starke Fixierung an der Eingangsqualifikation wenig durchlässig, was als unzureichende Würdigung der Leistung im Beruf erfahren wird und zu häufig beobachteten Motivationsbeeinträchtigungen führt. Dieser Effekt wird verstärkt durch die fortdauernde, hohe Repräsentanz von Juristen gerade in Führungspositionen des öD.

Die große Bedeutung der → Eliten des öD als Kommunikationspartner für Wirtschaft und Politik hat bewirkt, daß sich das „Juristenmonopol" in diesen anderen Teileliten korrespondierend befestigt hat (Thieme 1990). Dazu kommt, daß aufgabenorientierte Expertise (→ Professionen) sich häufig einer vollzugs- und rechtsnormorientierten Kaste untergeordnet sieht und den öD oft als rückständig gegenüber den Fachorientierungen z.B. der Privatwirtschaft wahrnimmt. Diese Unterprofessionalität gerade in Bereichen der Leistungserbringung, in denen der Staat kein Monopol mehr hat, läßt sich auch auf eine andere Weise verdeutlichen. Unter den Instanzen des öS genießen Polizei und Bundeswehr (→ Militär) bei Bevölkerungsumfragen ein ausnehmend positives Vertrauen, also Organisationen, die besonders stark durch überkommene Hierarchie geprägt sind und nahe an der „Kernfunktion" des staatlichen Gewaltmonopols siedeln („Der Spiegel" 27/1997), während sich konstant zugleich die Meinung über Verwaltungen als ineffizienter Leistungserbringer und des öD als einen relativ streßfreien Arbeitsplatzes hält.

Ausblick/offene Fragen:

Die Neuorientierung des öD im Verhältnis zwischen Staat und Gesellschaft befindet sich darum gegenwärtig in einer prekären Zwischenlage: Die Abwendung von

Hierarchie, Status und Eingriffsmodell erscheint einerseits riskant, weil sie von einem Staatshandeln wegorientiert, das noch die relativ meiste Akzeptanz genießt, und weil sie durch Abbau von Statusgarantien einer generellen Verkleinerung des öS Vorschub leisten könnte, andererseits erscheint eine Orientierung des öD am Ideal des kompetenten und effektiven Dienstleisters unumgänglich, soll nicht eine Abkoppelung von der übergreifenden Berufswelt riskiert werden.

Rainer Prätorius

Literatur:

Auer, Astrid/Demmke, Christoph/Polet, Robert 1996: Civil Services in the Europe of Fifteen: Current Situation and Prospects, Maastricht.

Brandes, Wolfgang/Buttler, Friedrich/Reinecke, Ulrich/Weinert, Andrea 1990: Der Staat als Arbeitgeber. Daten und Analysen zum öffentlichen Dienst in der Bundesrepublik, Frankfurt a.M./New York.

Derlien, Hans-Ulrich/Peters, B. Guy 1998: Who Works for Government and What Do They Do? Common Trends and Structural Differences of Public Employment in the United States and Germany, Bamberg.

Thieme, Frank 1990: Die Konservierung des Juristenmonopols in bundesdeutschen Teileliten, in: Soziale Welt 41, S. 517-523.

Parlamentarismus

→ *Bündnis 90/Die Grünen, DDR, Demokratie, Extremismus, Generationen, Konflikt/Konsens, Massenmedien, Minderheiten/Randgruppen, Nation, Öffentliche Meinung, Parteiensystem, PDS, Politiker/Politische Klasse, Politische Beteiligung, Politische Sozialisation, Politische Traditionen, Politisches Vertrauen, Rechtskultur, Rechtsstaat, Regierung/Regierungsmehrheit/Opposition, Responsivität, SPD, Verbände, Verfassungsgerichtsbarkeit, Wahlen/Wähler.*

Definition:

Die pK der BRD wurde noch 1969, zwanzig Jahre nach dem zweiten Anlauf eines parlamentarischen Regierungssystems in Deutschland also, als „parlamentarismus-indifferent" (Euchner) charakterisiert. Dieses Urteil wird - bezogen u.a. auf → Regierung, Abgeordnete, das Parlament als Ganzes (→ Politiker/Politische Klasse), die → öffentliche Meinung - von der politischen Wissenschaft auch weitere dreißig Jahre später in unterschiedlichen Versionen noch wiederholt. Die Kriterien der Einschätzung sind jedoch zumeist unklar, manchmal offenkundig unzutreffend, jedenfalls nur selten inhaltlich und methodisch abgesichert. Gerade im Blick auf die historische Entwicklung einer möglichen spezifisch deutschen Parlamentarismus-Kultur (→ Politische Traditionen) ist zudem vorab zu warnen vor idealistischer Überschätzung der Möglichkeiten, Parlamentarismus (P.) von geistesgeschichtlichen bzw. kulturellen Prinzipien her zu begründen oder gar alltäglich zu praktizieren. Am angelsächsischen Beispiel läßt sich vorzüglich die Entwicklung der verschiedensten ideellen und verfassungsrechtlichen Prinzipien des P. (Petition, Repräsentation, Steuerbewilligung, Mehrheitsherrschaft und Minderheitenschutz (→ Minderheiten/Randgruppen), Gesetzgebung und Wahl, institutionalisierte Opposition und Regierungswechsel (→ Regierung/Regierungsmehrheit/Opposition)) aus ökonomischen Interessen- und gesellschaftlichen Stärkepositionen erklären. No taxation without representation!

Nach den verfassungsrechtlichen und politologischen Theorien der westlichen Demokratien (i.S. Fraenkels) existiert P. nur dort, wo eigenständige Vertretungskörperschaften aus freien Wahlen zwischen konkurrierenden Parteien hervorgehen und sich maßgeblich am politischen Willensbildungsprozeß beteiligen können. Diese Definition macht keinen Unterschied zwischen präsidentiellen Systemen (USA), in denen Kongreß und Regierung auf weitgehend voneinander unabhängige Organe verteilt sind, und parlamentarischen Systemen, in denen die Regierung - wie in England und Deutschland - jeden Tag vom Parlament abberufen werden kann.

Stand der Forschung:
Forschungsfragen und -methoden sind auch fünfzig Jahre nach der Gründung der BRD noch nicht so weit gediehen, daß im folgenden eine spezielle pK des parlamentarischen Regierungssystems der BRD zu beschreiben wäre. Generalisierende Aussagen sind schon deshalb problematisch, weil das in Betracht kommende demoskopische Material wegen methodologischer Bedenken nur wenige im Zeitvergleich valide Aussagen zuläßt: Die bislang gestellten Fragen und erfaßten Panels waren zu disparat, nur in wenigen Fällen eröffneten sie auf der Grundlage parlamentarismuszentrierter Längsschnittanalysen hinlänglich evidente Hypothesen. Auch ist die wichtigere Frage noch in keiner Weise beantwortet, inwieweit eine bestimmte allgemein-demokratische Partizipationskultur (→ Politische Beteiligung) abgegrenzt werden kann von einer spezifischen P.-Kultur. Inwieweit etwa muß ein stabiler Grundkonsens über fundamentale Werte eines insofern nicht-kontroversen Sektors verschmolzen sein mit gleichzeitiger politischer Konfliktbereitschaft und Konfliktfähigkeit im weiteren, heilsamerweise streitbefangenden Sektor der Politik? Eine solche irgendwie geartete Verschmelzung ist Voraussetzung sowohl jeder demokratischen als auch und besonders jeder spezifischen P.-Kultur. Gewiß ist P.-Kultur dort nicht anzunehmen, wo keine demokratische pK vorhanden ist.

Geschichte:
P. und parlamentarische Regierungsweise haben sich in Deutschland später als in den anderen westeuropäischen Staaten und den USA realisieren lassen. Es hat den paradoxen Anschein, als habe der P. hierzulande historisch im Maße seiner Realisierung an Ansehen verloren. In der Paulskirche, in Preußen (zur Bismarckschen Konfliktzeit) und im Kaiserreich galten seiner Durchsetzung die größten Hoffnun-

gen. Bebels Etatreden im Reichstag waren Botschaften an die → Nation, die in den Zeitungen seitenweise abgedruckt und begierig gelesen wurden. Nie wurde P. in Deutschland literarisch und politisch vehementer befehdet als zur Zeit seiner allmählichen Realisierung (z.B. Hasbach) und später in der Weimarer Republik, z.B. von C. Schmitt. Die „geistesgeschichtliche" Blamierung des P. war aus zweierlei Gründen leicht und wirksam zu betreiben. Erstens waren die frühliberalen Maßstäbe für P. durch langgehegte, aber durch keine Alltagspraxis kontrollierte Hoffnungen idealistisch verklärt und überhöht; entsprechend groß die Fallhöhe zwischen Anspruch und Realität. Zweitens war die parlamentarische Demokratie der Weimarer Republik zu denunzieren; sie wurde mit internationaler Demütigung (Versailler Vertrag, Ruhrbesetzung, Inflation und Arbeitslosigkeit) gleichgesetzt. Seit 1949 gab es eine neue Erfahrung, welche die pK dieses Landes grundlegend beeinflußte: „Die politisch und ökonomisch erfolgreich operierende Parlamentsdemokratie war etwas gänzlich Neues in der Leidensgeschichte des deutschen Staatsbewußtseins, das nach den Katastrophen von 1848, 1918 und 1933 parlamentarische Politik mit Krisis und Scheitern zu identifizieren sich gewöhnt hatte" (Bracher).

Parlamentarismus in der Bundesrepublik Deutschland:
Die geschichtliche Entwicklung zu einem realen parlamentarischen Regierungssystem hat das Ansehen des Parlaments in Deutschland mit weiteren Hypotheken belastet. In dem Maße, wie die Gesellschaft in den Staat hineinwuchs und die politische Trennung zwischen Parlamentsmehrheit und Regierung politisch weitgehend abgebaut wurde, verlor das Parlament das Ansehen einer Agentur des Volkes, das Renommee eines Anwaltes gegen „die da oben" in der Regierung und Verwaltung. Das Parlament wurde, u.a. als Steuereintreiber und Gesetzgeber, zunehmend Bestandteil der Obrigkeit.

Die antiparlamentarische Argumentation insbesondere der Weimarer Republik wirkt auch in der Bundesrepublik noch fort. Die Kritiker von „rechts" beklagen die „Einmischung" der Gesellschaft, vor allem der Parteien und Gewerkschaften, in die staatlichen Angelegenheiten. Dies war die Hauptrichtung der Kritik (z.B. W. Webers) zu Beginn der BRD; die Veränderungen im realen (nunmehr weithin symbolischen) Verhältnis von Parlamentsmehrheit und Regierung sind diesen Kritikern nur ein Indiz mehr für den von ihnen beklagten „Verlust an Staatlichkeit" durch die tatsächlich Platz greifende Parlamentisierung der Politik. Mit der Stabilisierung eines erfolgreichen marktwirtschaftlichen Systems wurde dann, insbesondere im Zuge der ersten ökonomischen Krise seit Beginn der 60er Jahre, Kritik von „links" literarisch substantieller (z.B. Agnoli, Neue Linke). Aus dieser Sicht hatten sich die falschen, nämlich kapitalistischen, Kräfte des Staates bemächtigt; das Parlament sei nunmehr tatsächlich zum „geschäftsführenden Ausschuß des Kapitals" (Marx) geworden. Beiderlei Kritik ist bis in unsere Tage des mittlerweile vollzogenen Jahrhundertwechsels latent. Sie wird jedoch weder von den Abgeordneten des Bundestages, noch von den sog. Kritischen Freunden des Parlaments geteilt, wohl aber zunehmend - modifiziert zwar, jedoch verschärft seit der zweiten Hälfte der 90er Jahre in populären Bestsellern vorgetragen und in → Massenmedien verbreitet - demoskopisch nachweisbar von der öffentlichen Meinung rezipiert. Zur P.-Kultur der Bundesrepublik lassen sich schließlich folgende zusammenfassende Hypothesen formulieren:

1. Noch immer genießt der Bundestag großen elektoralen Zuspruch. Die von 1953 bis 1990 stets über 86 % liegende Wahlbeteiligung (→ Wahlen/Wähler) ist nur zweimal (1990 und 1994) knapp unter 80 % gesunken. Die seit der 4. Bundestagswahl (1961) auf stets über 95 % hinauslaufende Wahl dreier Parteien (→ CDU/CSU, SPD, FDP) sowie die sogar bis in das Jahr 1998 gegebene Konzentration von etwa 80 % der Wähler auf die Lager der beiden großen Volksparteien (CDU/CSU und SPD) werden historisch, im vertikal auf Deutschland bezogenen Vergleich also, und international, im historischen Vergleich mit anderen Ländern, als positive Verankerung des P. in der BRD gewertet. Fraglich bleibt die bewußtseinsmäßige Fundierung des Wahlaktes: eine bloße Pflichtübung? Und auch die größere Fragmentierung des deutschen → Parteiensystems seit Hinzutreten der Grün-Alternativen (→ Bündnis 90/Die Grünen) in den 80er Jahren sowie der → PDS in den 90er Jahren werden überwiegend als Indizien einer Erosion bewahrenswerter Gewißheitsbestände der ersten dreißig Jahre der Bundesrepublik gewertet, seltener, aber durchaus entschieden, als Innovationsgewinne der letzten beiden Jahrzehnte.

2. Obwohl normativ durchaus als oberste Instanz, gar (fälschlich) als Souverän der politischen Willensbildung wahrgenommen, rangiert der Bundestag im Ansehen der Bevölkerung nicht an erster Stelle der Institutionen der Bundesrepublik. Regelmäßig werden das BVerfG (→ Verfassungsgerichtsbarkeit) und die Gesundheitsdienste, meistens aber auch noch die Regierung höher gewertet. Inzwischen, gegen Ende des zwanzigsten Jhdts., ist der Bundestag im Ansehen der Bevölkerung weiter gesunken: in das Mittelfeld der Wertschätzung von Verfassungsorganen und politischen Institutionen. Eine große Minderheit von etwa einem Viertel der Bevölkerung hegt nur wenig Vertrauen in das zur Jahrhundertwende wieder in Berlin beheimatete Parlament. Zusammen mit den Unentschiedenen distanzieren sich mittlerweile fast 40 % vom Vertrauen in den Bundestag, noch weniger Befragte trauen dem einzelnen (abstrakten) Abgeordneten. Um die Parteien, die Basis der allestragenden Fraktionen im Parlament, ist es noch schlechter bestellt. Ihnen trauen im Jahr 2000 nur noch 17 % der erwachsenen Bevölkerung. Hervorzuheben ist allerdings - und zwar mit Nachdruck -, daß in diesen Zahlen ein Trend zum Ausdruck gelangt, der nicht nur die staatlichen Organe und Institutionen, sondern auch die traditionellen gesellschaftlichen Organisationen insgesamt erfaßt hat, der insoweit also flächendeckend zu sein scheint.

3. Im Vergleich zu den USA und Frankreich genießt das Parlament in Deutschland immerhin höheres Ansehen, während seine Mitglieder, die Bundestagsabgeordneten, geringer eingeschätzt werden als die Mitglieder von Kongreß

bzw. Nationalversammlung. Dies dürfte auf die Einsicht der deutschen Öffentlichkeit in die Fraktionsdisziplin zurückzuführen sein; es wird offenbar registriert, daß der einzelne Abgeordnete eingebunden in die Funktionszwänge des parlamentarischen Systems, individuell wenig Entfaltungsmöglichkeiten hat, geringeren Gestaltungsspielraum tatsächlich als z.B. der französische Abgeordnete (als Appellationsinstanz) oder der US-Abgeordnete (für den es in sachlichen Fragen kaum Fraktionsdisziplin gibt). Die Einschätzung des britischen Member of Parliament (MP) durch die britische öffentliche Meinung fällt günstiger aus als die des deutschen Mitglieds des Bundestages (MdB), die Einschätzung des MP im Vergleich zum Hohen Haus an der Themse günstiger als die des MdB im Vergleich zum Hohen Hause an der Spree. Die geringe Wertung des deutschen im Vergleich zum britischen Volksvertreter dürfte ihre Erklärung im Mehrheitswahlrecht jenseits des Kanals im Unterschied zum hiesigen Verhältniswahlrecht finden.

4. Daß der Bundestag „bürokratisch" organisiert sei und entsprechend verfahre, daß er vor allem deswegen seine Öffentlichkeitsfunktion nicht hinreichend erfülle, wird ihm in der wissenschaftlichen Literatur seit bald vier Jahrzehnten vorgehalten. Dieser Vorwurf spiegelt sich wider in der Skepsis der Wähler gegenüber ihren Abgeordneten, aber auch in den allg. niedrigen Kenntnissen über die faktischen Willensbildungsprozesse parlamentarischer Politik (Schüttemeyer).

5. Von der Forschung (seit Loewenberg) und von den Praktikern (häufig von Helmut Schmidt) wird immer wieder hervorgehoben, daß der Bundestag zwar wegen der bisherigen Schönwetterperioden und des vergleichsweisen Wohlstandes Zustimmung findet, daß aber diese mehr auf seine Leistungen bezogene Zustimmung (specific support) noch keine Garantie für den Bestand des P. in der Bundesrepublik sei. Die von den Leistungen unabhängige Zustimmung zu grundlegenden Prinzipien der Demokratie und des P. sowie zur Institution des Parlaments selbst (diffuse support) sei noch nicht in dem für eine parlamentarische Demokratie wünschenswerten Umfang gefestigt. Angesichts des gegenwärtigen politischen Problemdrucks wächst die Sorge, die allgemeine Unterstützung (diffuse support) könnte den zu erwartenden Belastungen nicht gewachsen sein. Die klassischen deutschen Vorbehalte gegen Praktiken und Prinzipien des demokratischen P. finden Nahrung, sie feiern geradezu fröhlich unbedarfte Urständ in angeblich modernen Theoremen: z.B. in denen von der Entstehung einer Art von „Sub-P." im Zuge der „Globalisierung" einer „Risikogesellschaft" (Beck); z.B. in dem offensichtlich willkommenen Theorem vom „Ende der Geschichte" (Fukuyama); z.B. in dem Theorem vom „Ende der Demokratie" (Guéhenno), demzufolge die Herrschaft der ungeliebten Politiker von derjenigen der allseits geschätzten Experten (von Wissenschaftlern, in Deutschland nach Möglichkeit mit der zertifizierten Befähigung zum Richteramt) abgelöst werden. Schon vor den dramatischen Skandalen der Parteienfinanzierung am Ende des Jahres 1999 offenbarten die Feiern zum fünfzigjährigen Bestehen der Bundesrepublik einen noch immer tiefsitzenden

Antiparteienaffekt, der negative Rückwirkungen auch auf das Ansehen der Parlamente in Bund und Ländern zeitigte.

6. Dabei offenbarte sich ebenfalls einmal mehr, daß wir noch immer auf einige theoretisch unbeantwortete Fragen stoßen: Wieviel genereller Unterstützung bedarf ein System? Wieviel Kritik und Ablehnung ist zum Überleben eines demokratischen Systems verträglich, wünschenswert, ja notwendig? In welchem Verhältnis muß das Ausmaß der diffuse und specific support stehen?

7. Die Stabilität demokratischer Systeme wird in der Literatur um so höher eingeschätzt, je älter die demokratischen Tradition des Systems, je mehr → Generationen also darin sozialisiert (→ pS) wurden. Die Bundesrepublik hat mittlerweile das volle Alter mindestens zweier politischer Generationen erreicht. Dem seit 1949 zweifellos angewachsenen specific support für das Regierungssystem kommt der diffuse support für den Bundestag mit größter Gewißheit zugute.

8. Es gibt jedoch keinen Grund zu der Annahme, daß in den zweiten 25 Jahren der Bundesrepublik eine um das doppelte gereifte pK erreicht wurde. Eher im Gegenteil scheinen die Gefährdungen seiner Kultur und damit die stets latent bleibenden Gefährdungen des P. offenkundiger geworden zu sein.

9. Die Leistungen des bundesdeutschen P. sind weitaus respektabler als seine Reputation.

Uwe Thaysen

Literatur:

Bracher, Karl Dietrich 1971: Das deutsche Dilemma. Leidenswege der politischen Emanzipation, München.

Oberreuter, Heinrich/ Uwe Kranenpohl/ Sebald, Martin (Hrsg.) 2001: Der Deutsche Bundestag im Wandel. Ergebnisse neuerer Parlamentarismusforschung.

Patzelt, Werner 1996: Profil eines Berufsstandes, der weit besser ist als ihr Ruf, in: ZParl 27, S. 462-501.

Schüttemeyer, Suzanne S. 1998: Fraktionen des Deutschen Bundestages 1949-1997, Opladen.

Thaysen, Uwe/Davidson, Roger H./Livingston, George W. 1988: US-Kongress und Deutscher Bundestag. Bestandsaufnahmen im Vergleich, Opladen.

Siehe zu zahlreichen Einzelaspekten der parlamentarismusspezifischen pK der Bundesrepublik diverse Jahrgänge der ZParl.

Parteiensystem

→ Bildung, Bündnis 90/Die Grünen, CDU/CSU, DDR, Demokratie, Eliten, Extremismus, FDP, Individualisierung, Konfliktlinien, Massenmedien, Milieus/Lebensstile, Neue Bundesländer, Öffentlicher Dienst/Sektor, Parteiidentifikation, Parlamentarismus, PDS, Politische

Steuerung, Politische Traditionen, Politikverflechtung, Religiosität, Republikaner/DVU, SPD, Wahlen/Wähler.

Begriff/Definition:

Parteiensysteme (P.) lassen sich anhand folgender Kriterien beschreiben und unterscheiden: 1. Zahl und Größenverhältnisse relevanter Parteien (*Fragmentierung*), 2. Ideologische Distanz und Koalitionsfähigkeit der Parteien zueinander (*Polarisierung*), 3. im P. ausgedrückte *Konfliktdimensionen* (Cleavages) und gesellschaftliche *Verankerung* der Parteien. Politikwissenschaftlich ordnet man P. die Aufgaben der politischen Mobilisierung der Bürger (pS-Funktion), des Personalangebots für politische Ämter (Rekrutierungsfunktion), der Entwicklung politischer Ziele (Programmfunktion) sowie der Artikulation und Bündelung von Interessen bzw. Meinungen (Repräsentations- und Aggregierungsfunktion) zu (von Beyme). Unter Aspekten der pK haben jedoch nicht alle Eigenschaften und Funktionen des P.s gleiche Bedeutung.

Entwicklungslinien:

Für das alte Deutschland vor 1933 läßt sich zusammenfassend von einem *polarisierten Viel-P.* sprechen, das vier sozial-moralische → Milieus (konservativ-agrarisches, liberal-bürgerliches, katholisches, sozialistisch-proletarisches) repräsentierte. Man wuchs in eine Lebensumwelt mit spezifischen Wertvorstellungen hinein und wählte wie selbstverständlich eine Partei seines Milieus (Lepsius). Solche *Milieu- oder Integrationsparteien* besaßen eine starke, aber auch starre sozial-psychologische Verankerung. Sie mobilisierten zwar und artikulierten Interessen, produzierten jedoch eher weltanschauliche Programme und brachten wenig geeignetes Führungspersonal hervor (Weber). Vor allem versagten sie bei der Bündelung von Interessen. Pragmatismus und Kompromißbereitschaft wurden gering geschätzt und den bis 1918 von der Regierungsverantwortung ausgeschlossenen Parteien lange auch nicht abverlangt.

Verhängnisvoll erwies sich dies für die Weimarer Demokratie, indem Koalitionsbildungen „unlösbare Konflikte" implizierten (Neumann) und es so zumeist nur zu Minderheitsregierungen kam. Obrigkeitshörigkeit hingegen war nicht das Problem - hatte doch die Mehrheit der Wähler bereits im Kaiserreich auch bei Konflikten mit dem Staat (Verfassungskonflikt, Kulturkampf, Sozialistengesetz) ihre Partei nicht im Stich gelassen. Das P. der Bundesrepublik hingegen kann von Anfang an als *gemäßigter Pluralismus mit zwei alternativen Großparteien* bezeichnet werden. Es ist nur „gemäßigt" fragmentiert und polarisiert. Im Zuge gesellschaftlicher Modernisierung schrumpften nicht nur die Zahl der Parteien, sondern auch die im P. ausgedrückten Konfliktdimensionen bis 1961 auf eine soziale „Schichtwahl" (→ FDP/CDU/CSU vs. → SPD) und eine wertbezogene „Konfessionswahl" (CDU/CSU vs. FDP/SPD) zusammen (Pappi; → Wahlen/ Wähler); mit den Grünen (→ Bündnis 90/Die Grünen) hat zusätzlich nur die Materialismus/Postmaterialismus-

Dimension Eingang ins P. gefunden. Die Polarisierung blieb - nach den traumatischen Erfahrungen von Weimar und angesichts prosperierender, stabiler Verhältnisse in der Bundesrepublik - begrenzt und läßt weithin Koalitionsoptionen zu. Dem entspricht eine ausgeprägte Mitte-Orientierung in der Wählerschaft, was wiederum größere Parteien von extremeren Positionen Abstand halten läßt. Das P. erscheint somit als Ausdruck wie als Stabilisator einer pK des gemäßigten Konflikts.

Vor diesem Hintergrund ließen sich stets mehrheitsgetragene → Regierungen bilden, ebenso wie der Test konsolidierter Demokratien, der Regierungswechsel, mehrfach (1969, 1982 und 1998) reibungslos bestanden wurde. Deutlich stehen sich (außer 1966-69) *Regierungsmehrheit und alternative Opposition* gegenüber: 1947-61 mit einer Dominanz der Union (samt kleineren Partnern), 1961-82 in einem konzentrierten Zweieinhalb-P. (CDU/CSU, SPD und FDP) mit der FDP als beweglicher Scharnierpartei; seit 1982 in einem Zwei-Parteigruppensystem (Unionsparteien/ FDP vs. SPD/Grüne). Unsicherheiten und Probleme bestehen dennoch. Zunächst: Infolge der Gravitation um die Mitte und der Kompromißzwänge (Koalitionen, wegen divergierendem Bundesrat, Heterogenität der Wähler) drohen Konturen der großen Parteien zuweilen zu verschwimmen. Ein großer Teil der Regierungswähler werden regelmäßig enttäuscht. Ferner treten Repräsentationslücken in dem Sinne auf, daß eine verbreitete und als wichtig empfundene Auffassung von keiner Bundestagspartei vertreten scheint - so einst beim Umwelt-, später beim Zuwanderungsthema. Alles dies führt zu Entfremdungen von Parteien und zu Ausbrüchen in die Protestwahl v.a. bei Landtagswahlen. Bei längerer Unionsregierung erscheint so ein Durchbruch extremer Parteien von rechts (NPD 1966, → REP/DVU ab 1989), bei einer der SPD von Parteien der äußeren Linken (Grüne um 1980) möglich. Indem aber unvertretene Positionen im etablierten P. aufgenommen (Asylrechtsreform 1993) oder von relevanteren Fragen überlagert werden, sind derartige Tendenzen meist flexibel abgefangen worden. Im Falle der Grünen kann von einer späteren Re-Integration gesprochen werden. Das P. befindet sich so in einer stets *prekären Balance zwischen zu schwacher oder zu starker Polarisierung.*

Zum zweiten hat die *gesellschaftliche Verwurzelung der Parteien nachgelassen.* Ihre Mitgliederzahlen bröckeln, Wertschätzung politischer Aktivität und Wahlbeteiligung haben abgenommen, Parteibindungen der Wähler sind abgeschwächt. Solche „Parteienverdrossenheit“ läßt sich jedoch seit längerem in den meisten entwickelten Demokratien beobachten. Hinsichtlich der Ursachen verweist die politische Soziologie auf die Erosion der alten Milieus, die → Individualisierung von Lebenslagen, die (kritische Haltungen fördernde) Bildungsexpansion (→ Bildung) und die „Videomalaise“ des Fernsehens (→ Massenmedien). Begleitend regt sich in Deutschland auch wieder Kritik an der ausgreifenden Rolle der Parteien: ihrer Durchdringung öffentlicher Verwaltung (→ Öffentlicher Dienst/Sektor), ihrer Staatsfinanzierung, ihrer → politischen Steuerung der Staatsorgane. Parteienkritiker wie von Arnim und von Weizsäcker rufen demgegenüber nach Einschränkungen, nach Autonomie der einzelnen Abgeordneten und mehr direkter Demokratie. Obwohl die Parteien durch mediale Ansprache, Plebiszite und Zuständigkeitsverluste des Staates etwas an Gewicht verlieren mögen, kann von einer Krise des P.s nicht die Rede sein. Gestutzte Parteienstaatlichkeit oder Entscheidungen von Wahl zu Wahl statt Nibelungentreue lassen sich auch als Gewinn an demokratischer pK werten.

Schließlich ist das P. seit der deutschen Einheit dadurch gekennzeichnet, daß sich in den → neuen Bundesländern ein *regionales Subsystem* etabliert hat: mit der → PDS als dritter großer Regionalpartei, mit parlamentarischem Fehlen kleinerer Parteien und mit schwacher gesellschaftlicher Verankerung (Mitgliederzahlen, → Parteiidentifikation) der Parteien. Eine Ausnahme bildet nur die PDS - deren Mitgliedschaft jedoch altert, sodaß sich auch für sie eine ähnliche Zukunft abzeichnet. Dahinter steht eine von der Vergangenheit mitgeprägte regionale pK, in der Parteien auf Zurückhaltung stoßen, Gleichheitswerte dominieren und die → Demokratie der Bundesrepublik geringere Zustimmung findet. Gesamtdeutsch betrachtet droht die traditionelle Abgrenzung vom → Extremismus durch eine zunehmend koalitionsfähige PDS in eine Schieflage zu geraten, fortbestehend nur noch nach rechts und damit an Glaubwürdigkeit verlierend.

Wolfgang Rudzio

Literatur:

Gabriel, Oscar W./Niedermayer, Oskar/Stöss, Richard (Hrsg.) 1997: Parteiendemokratie in Deutschland, Bonn.

Gellner, Winand/Veen, Hans-Joachim (Hrsg.) 1995: Umbruch und Wandel in westeuropäischen Parteiensystemen, Frankfurt a.M.

Hirscher, Gerhard 1995: Parteiendemokratie zwischen Kontinuität und Wandel, München.

Kaack, Heino 1971: Geschichte und Struktur des deutschen Parteiensystems, Opladen.

Niclauß, Karlheinz 1995: Das Parteiensystem der Bundesrepublik Deutschland, Paderborn.

Parteiidentifikation

→ Demoskopie, FDP, Generationen, Milieus/Lebensstile, Parteiensystem, Politiker/Politische Klasse, Politische Kompetenz, Politische Sozialisation, Politische Sozialisation: Familie/Gleichaltrigengruppe/Schule, Sozialstruktur, Verbände, Wahlen/Wähler.

Begriff/Definition:

Der Begriff der Parteiidentifikation (P., synonym oft: „Parteibindung") und die damit zusammenhängenden theoretischen Aussagen wurden von der Forschergruppe um Campbell, Converse, Miller und Stokes eingeführt, die an der University of Michigan in Ann Arbor umfangreiche Studien zu den Präsidentschaftswahlen von 1948 bis 1956 betrieben. Diese führten zu wichtigen Publikationen (z.B.

Campbell u. a. 1960) und begründeten die bis heute einflußreichste Forschungsrichtung der empirischen Wahlforschung. P. wird definiert als „...a psychological identification, which can persist without legal recognition or evidence of formal membership and even without a consistent record of party support". Neuartig an dieser Definition ist, daß politische Parteien damit als affektive *Bezugsgruppen* für Individuen betrachtet werden. Neuartig ist ferner, daß der Begriff der (damals noch überraschenden) Erkenntnis Rechnung trägt, daß Wähler nicht etwa grundsätzlich für Wechsel zwischen den politischen Angeboten zur Verfügung stehen, sondern sehr viele bereits (lange) vor Beginn eines Wahlkampfs festgelegt sind. Während dies bei Lazarsfeld („The People's Choice") noch *sozialstrukturell* abgeleitet wurde („Index of Political Predisposition"), liefert der Begriff der P. eine *sozialpsychologische* Begründung für Wählerkonstanz, die kausal zwischen der sozialen Lage von Individuen und ihrem Wahlverhalten angeordnet ist (→ Wahlen/Wähler).

Theorien/Konzepte/Modelle:
Nach Campbell u. a. entsteht P. vor allem durch Prozesse der → pS, wobei unter den drei Hauptagenten der pS, Schule, Peer-Groups und Elternhaus, dem letzteren der wichtigste Einfluß (→ pS: Familie/Gleichaltrigengruppe/Schule) zuzuschreiben ist. Da die pS durch die Eltern stark durch deren soziale Lage geprägt sein wird, bestehen deutliche Zusammenhänge zwischen sozialstruktureller Stellung eines Individuums und dessen P. Die P. erklärt damit nicht nur Wählerkonstanz, sondern auch stabile Beziehungen zwischen → Sozialstruktur und Wählerverhalten, also die Politisierung der Sozialstruktur. Arbeiter wählen, vereinfacht gesprochen, nicht deshalb eine Arbeiterpartei, weil sie Arbeiter sind, sondern weil sie in ihrer pS im Arbeiterhaushalt „gelernt" haben, sich mit einer solchen zu identifizieren. Die P. trägt damit auch zur intergenerationalen Konstanz parteipolitischer Orientierungen bei.

Da die P. von der konkreten Wahlentscheidung begrifflich unterschieden wird, muß sie auf der individuellen Ebene *stabiler* sein als das Wahlverhalten. Aus dem von Campbell u. a. vorgelegten theoretischen Entwurf ergeben sich eine Reihe weiterer Forderungen und Überlegungen: Der Anteil der Parteiidentifizierer sollte mit zunehmendem Lebensalter steigen. Die P. sollte im Lebenszyklus tendenziell stärker und noch stabiler werden. Ferner sollten deutliche Auswirkungen auf die politische Partizipation (z.B. Wahlbeteiligung) und auf andere politische Einstellungen sichtbar sein, bei starken Identifikationen noch deutlicher als bei schwachen. Im „American Voter" ist eine Vielzahl derartiger Evidenzen zusammengestellt.

Die P. bildet zusammen mit den Einstellungskomplexen der Kandidaten- und der Sachfragenorientierungen den Kern des sog. „Ann-Arbor-Modells" der Wahlsoziologie. Dieses klassifiziert die Bestimmungsfaktoren der Wahlentscheidung in *langfristig* und nur *kurzfristig* stabile politische Einstellungen. Die letzteren beiden Komplexe fassen Einflußfaktoren zusammen, die relativ kurzfristig fluktuieren können, die P. steht für die Langfristkomponente, die aber selbst auch Effekte auf die Kurzfristorientierungen hat. Das Gesamtmodell ist das eines Kausalitätstrichters („funnel of causality"): Wähler mit einer P. haben bei Beginn eines Wahlkampfs bereits eine Prädisposition für eine bestimmte Stimmabgabe. Die bis zum Wahlzeitpunkt ausgetragenen Kontroversen personeller und inhaltlicher Art werden sie auch „durch die Brille" ihrer P. betrachten und bewerten, aber nicht ausschließlich. Die Stimmabgabe als Endergebnis wird von Langfrist- und Kurzfristfaktoren *zusammen* bestimmt, wobei die letzteren die Vorentscheidung aufgrund der P. verstärken, aber auch zu einem „Abfall" von der Identifikationspartei führen können, wenn eine konkurrierende Partei hinsichtlich aktueller politischer Sachfragen und/oder hinsichtlich der personellen Angebote als deutlich attraktiver wahrgenommen wird. Das Ann-Arbor-Modell schließt Wechselwahl und von der P. abweichendes Wahlverhalten somit keineswegs aus, betrachtet dies aber nicht als den Regelfall. Vielmehr beansprucht es, durch das Zusammenspiel der genannten Einstellungsbündel sowohl die häufig gemachte Beobachtung individueller *Wählerkonstanz* als auch den *Wechsel* aktueller Parteipräferenzen erklären zu können.

In den folgenden Jahrzehnten hat die amerikanische (und internationale) Wahlsoziologie sich zu einem erheblichen Teil innerhalb dieses Modells bewegt, aber eine Vielzahl von Weiterentwicklungen, Detailuntersuchungen und Differenzierungen geliefert. Diese betreffen diverse Einzelaspekte. So wird etwa für einzelne Wahlen regelmäßig untersucht, in welcher konkreten *Gewichtung* jeweils „parties, candidates, and issues" für das Wahlergebnis ausschlaggebend waren. Zur ursprünglichen Vorstellung von der Entstehung der P. in der frühen pS ist die Konzeption von pS als „life long learning" hinzugetreten. Danach kann P. auch später im Lebenszyklus „erlernt" und erworben werden (etwa durch „Wahlerfahrung", wenn die Abwägung der Kurzfristeffekte über viele Wahlen hinweg ein Individuum stets zur Entscheidung für dieselbe Partei bewegt). Man hat die Entwicklung und Übereinstimmung der P. zwischen Eltern- und Kindgeneration über lange Zeiträume hinweg untersucht, und Converse (1976) hat es in einer Kohortenanalyse der P. in den USA unternommen, Lebenszyklus- und Generationeneffekte voneinander zu trennen.

Auf dem Konzept der P. baut (auf der Aggregatebene) auch die „Theory of Critical Elections" von Key auf, in der einzelne Wahlen danach klassifiziert werden, ob die Verteilung der P. und der Wählerstimmen sich gegenüber der vorherigen Wahl erheblich verändert hat oder nicht. Je nachdem kann eine Wahl bezeichnet werden als „maintaining", „deviating", „converting" oder „realigning", wobei besondere Aufmerksamkeit den „kritischen" Wahlen mit einem „Realignment" sowohl der P. als auch der Stimmverteilung zukommt, bei denen also eine *Verschiebung* der politischen Kräfteverhältnisse erfolgt, die dann mittelfristig erhalten bleibt. Ebenfalls zunächst auf der Aggregatebene bewegt sich das Konzept einer „Normalwahl" oder „Normal Vote" (Converse 1966), das beansprucht, für eine Wahl aus der Verteilung der P. angeben zu können, ob diese Wahl in dem Sinne „normal" war, daß ihr Ergebnis im wesentlichen die Verteilung der P. widerspiegelt. Ist das der Fall, dann gab es bei dieser Wahl entweder keine bedeutenden Kurzfristeffekte oder sie haben sich gegenseitig neutralisiert. Abweichungen eines Wahlergebnisses von der „Normalwahl" dagegen signalisieren deutliche Effekte von Sachfragen oder Kandidaten zugunsten des Gewinners. Die Normalwahlanalyse wurde ebenfalls auf die Individualebene übertragen, um dort diese beiden Typen von Kurzfristeffekten in einer bestimmten Wahl quantifizieren zu können.

Neben der Untersuchung des Vorhandenseins, der Herausbildung und der Veränderung der P. in verschiedenen Untergruppen des amerikanischen Elektorats (Schwarze, Frauen, nach Regionen usw.) sind als wichtigste Strömungen der neueren Forschung noch folgende zu nennen: Erstens ist das Ann-Arbor-Modell in der ursprünglichen Fassung *rekursiv*, d.h. die P. beeinflußt Orientierungen zu Sachthemen und Kandidaten, aber nicht umgekehrt. Dies wurde in Frage gestellt durch Analysen, die aufzeigten, daß die grundsätzliche Neigung zu Parteien auch abhängig sein kann von der Beurteilung ihrer aktuellen Kandidaten, der Übereinstimmung mit ihren Sachpositionen und dem Glauben an ihre Fähigkeit zur Lösung drängender politischer Probleme. Dieser umgekehrte Kausalstrom, der das Modell *nicht-rekursiv* macht, kann die P. noch verstärken, aber eben auch abschwächen. Zweitens wurde die ursprüngliche Eindimensionalität des Konzepts der P. (von starken Republikanern zu starken Demokraten) kritisiert aufgrund von Befunden, wonach es unter den „Independents" sehr unterschiedliche Intensitäten der Unabhängigkeit gibt, also der Distanz zu den Parteien. Daraus wurde gefolgert, daß die grundsätzliche Orientierung gegenüber den Parteien aus *zwei Dimensionen* besteht, einer der Unabhängigkeit und einer der Extremität der Parteilichkeit, wobei die P. nur die letztere abbildet. Drittens erhielt die P. eine erhebliche Bedeutung in kognitivistischen Ansätzen zur Modellierung politischer Problem- und Informationsverarbeitung, in denen auf dieses Konzept zurückgegriffen wird, um die Fähigkeit von (ansonsten hoffnungslos überforderten) Individuen zur *Komplexitätsreduktion* zu erklären; die P. wird hierbei als ein zentrales „Schema" oder „short-cut" zur Vermeidung von Informationsüberlastung gesehen.

Auf der Aggregatebene wird viertens über die langfristige *Entwicklung* der P. nachgedacht, denn der über Jahrzehnte hinweg beobachtete Vorteil der Demokraten besteht seit etwa 1980 nicht mehr: Die sog. „Reagan Democrats" entfernten sich von ihrer früheren Partei erst im Wahlverhalten, dann aber nicht selten auch in der affektiven Parteibindung. Daneben gibt es fünftens auf derselben Ebene seit Jahrzehnten die Diskussion um „Dealignment", die *Lockerung der affektiven Beziehungen* zwischen Bürgern und Parteien, die in der Formel „End of Partisanship" ihre Zuspitzung findet. Die Auflösung stabiler → Milieus mit eindeutiger Parteiorientierung im Zuge des sozialen Wandels, die Bildungsexpansion und die dadurch bedingte Verminderung des Bedarfs nach politischer „Anleitung" durch die Parteien, schließlich die Personalisierung von Politik in der „Fernsehdemokratie" werden als wichtigste Gründe benannt. Dagegen werden Befunde angeführt, wonach die Abnahme der P. nicht von Generation zu Generation kontinuierlich fortschreitet und auch früher eher unabhängige Wählergruppen eine P. (wieder) annehmen konnten, etwa angesichts konkreter politischer Problemlagen (wie in der Umwelt- oder Sozialpolitik).

Messung:
Die grundlegende methodologische Auseinandersetzung über die „richtige“ Messung der P. lebt immer wieder auf. Die ursprüngliche Frageformulierung zur Erhebung der P. lautet: „Generally speaking, do you think of yourself as a Republican, a Democrat, an Independent, or what?“ Wer eine der ersten beiden Antworten gibt, wird mit der Nachfrage konfrontiert: „Would you call yourself a strong (Republican, Democrat) or a not very strong (...)?“ Wer sich als Unabhängiger bezeichnet, erhält die Nachfrage vorgelegt: „Do you think of yourself as closer to the Republican or Democratic Party?“ Damit sind zwei Komponenten zu unterscheiden: Richtung und Stärke. Es entsteht eine siebenstufige P.-Skala aus starken oder nicht so starken Republikanern (Demokraten), Unabhängigen, die der einen oder anderen Partei zuneigen („Leaners“), und „echten“ Unabhängigen.

In den 60er Jahren begann in Deutschland eine Diskussion über die Möglichkeit, das Konzept der P. auf deutsche Verhältnisse zu übertragen. Skeptiker brachten erstens *historische* Gegenargumente vor, nämlich den Bruch in der Parteienlandschaft 1945, die deshalb fehlende Sozialisationsbasis sowie die traditionelle deutsche Aversion gegen Parteien, die durch „die Partei“ von 1933 bis 1945 noch verstärkt worden war und es unplausibel mache, daß ausgerechnet Parteien als Bezugsgruppen mit positivem Affekt betrachtet würden. Zweitens wurde argumentiert, daß die *Systemunterschiede* zu groß seien (Mehrparteiensystem gegenüber nur zwei Parteien, Fehlen eines Äquivalents zur Registrierung für die Teilnahme an der Vorwahl einer Partei in den USA). Drittens schließlich führte man *erhebungstechnische Schwierigkeiten* an: Wie würde man in Deutschland sicherstellen können, daß die Frage weder als eine solche nach Parteimitgliedschaft noch als eine solche nach der aktuellen Wahlentscheidung aufgefaßt würde? Nach diversen Experimenten setzte sich in der Praxis dann eine bis heute gebräuchliche Frageformulierung durch, die aus den genannten Gründen komplizierter ist als die in den USA gestellte: „In Deutschland neigen viele Leute längere Zeit einer bestimmten politischen Partei zu, obwohl sie auch ab und zu eine andere Partei wählen. Wie ist das bei Ihnen: Neigen Sie - ganz allgemein gesprochen - einer bestimmten Partei zu? Wenn ja, welcher?“ Wenn eine Partei angegeben wird, erfolgt die Nachfrage: „Wie stark neigen Sie - alles zusammengenommen - dieser Partei zu? Sehr stark, stark, mäßig, schwach oder sehr schwach?“

Die Einigung auf ein bestimmtes Erhebungsinstrument war es jedoch nicht, die nach eineinhalb Jahrzehnten der Kontroverse zahlreiche Forscher zu dem Ergebnis brachte, daß man im Interesse international vergleichender Forschung durchaus auch in der Bundesrepublik mit dem Konzept operieren kann. Eine zentrale Rolle spielten vielmehr die empirischen Analysen von Gluchowski (1983), der zeigte, daß die unbestreitbaren historischen Brüche sich bei sorgsamer Modellierung der Chancen der einzelnen → Generationen zum Erwerb von P. in der pS durch die Elterngeneration und/oder über Wahlerfahrung in den Verteilungen der P. recht genau abbilden ließen. Darüber hinaus vermochte er sogar nachzuweisen, daß bei einer Trennung der motivationalen Grundlagen der angegebenen P. in habituelle, situative und grundsätzlich-affektive es theoriekonform genau die letzteren waren, in denen die Brüche und Umschwünge der deutschen Geschichte des 20. Jhdts. auf dem Weg zur Demokratie nachgezeichnet werden konnten.

Diese Arbeiten und mehrere weitere Veröffentlichungen, in denen gezeigt wurde, daß auch die geforderte *höhere Stabilität* der P. im Vergleich zu den Wahlabsichten in Deutschland meist vorliegt und daß die meisten theoretisch vorhergesagten Beziehungen zu anderen politischen Einstellungen und Verhaltensdispositionen hierzulande ebenfalls deutlich nachweisbar sind, führten zusammen mit der erfolgreichen Übertragung auch der Normalwahlanalyse auf die Bundesrepublik (Falter/Rattinger 1983) zu einem allmählichen Abklingen der Debatte. Auch heute findet man immer wieder noch Stimmen, die meinen, die Messung der P. führe in Deutschland nur zu einer Doppelerhebung der aktuellen Wahlabsichten, aber die akkumulierte empirische Evidenz spricht dagegen. Die routinemäßige Erhebung der P. mittels des o.g. Instruments ist deshalb zu einem wichtigen Bestandteil vieler Umfragestudien zu politischen Themen geworden, einschließlich der politischen Dauerbeobachtung, so etwa in den monatlichen „Politbarometer"-Erhebungen der Forschungsgruppe Wahlen in Mannheim für das ZDF. Auf einer inzwischen breiten Datenbasis sind vergleichbare Forschungsfragestellungen wie in den USA auch hierzulande anzutreffen, von der Gewichtungsproblematik zwischen den Grundkomponenten des Ann-Arbor-Modells bis hin zur Frage nach Vorhandensein, Dimensionen, Determinanten und Geschwindigkeit von „Dealignment". Fast unvermeidlich mußte es nach der deutschen Vereinigung zu einer Neuauflage dieser Diskussion kommen, nun im Hinblick auf die neuen Bundesländer. „Historischer Bruch", Neuartigkeit des aus dem Westen „importierten" → Parteiensystems und Fehlen der Voraussetzungen in der pS waren wieder unter den Hauptargumenten gegen die Anwendung des Konzepts der P. in Ostdeutschland. Allerdings wurde auch bald dagegengehalten, daß trotz der Teilung das westdeutsche Parteiensystem nicht unvertraut war, daß im Hinblick auf den Fortbestand und den Umgang mit dieser Teilung die westdeutschen Parteien (und ihre führenden → Politiker) durchaus auch vor Ende 1989 wahrgenommen wurden und diese Wahrnehmungen eine Grundlage für relativ stabile Einstellungen ihnen gegenüber schon vor der Vereinigung bilden konnten.

Ergebnisse:

Entsprechend fand die Vorstellung von „Vor-Wende-Identifikationen" in den neuen Ländern mehrfach empirische Bestätigung. Einige Jahre nach der Vereinigung lagen Ergebnisse vor, daß die Anteile der Personen mit P. in Ostdeutschland nicht dramatisch niedriger lagen als im Westen, daß die meisten Zusammenhänge einerseits zwischen Lebensalter, Stabilität und Stärke der P. und andererseits zwischen diesen Eigenschaften der P. und anderen politischen Einstellungen und Verhaltensdispositionen weitestgehend theoriekonform waren (Rattinger 1994). Uneinheitlich waren in den letzten Jahren Trendbefunde. Über zurückgehende Identifizierrerraten im Osten wurde berichtet, aber auch über deutliche Anstiege viele Monate vor den beiden letzten Bundestagswahlen (Rattinger 2000). Ein besonderes Problem ergibt sich aus der Möglichkeit gegenläufiger Entwicklungen in beiden Landesteilen. Nach der sorgsamen Modellierung angesichts historischer Brüche, die Gluchowski für die alten Bundesländer vorgenommen hat, wäre im Osten zunächst ein längerer Anstieg der Anteile der Personen mit P. zu erwarten gewesen. Wenn jedoch im Westen gleichzeitig „De-alignment" charakteristisch wäre, dann könnte das eine solche Entwicklung konterkarieren, oder mindestens das Niveau deutlich verringern, auf das man eine Zunahme der P.-Anteile in den neuen Ländern erwarten würde. Noch sind aber die Jahre nach der Vereinigung zu wenige, um über einen so langfristigen Prozeß wie Etablierung und Erosion von P., der u.a. auf der Umschichtung ganzer Generationen beruht, halbwegs gesicherte Aussagen treffen zu können. Deutschland war natürlich nicht das einzige Land, auf das in den letzten Jahrzehnten das Konzept der P. übertragen wurde. Unterschiedliche Wahl- und Parteiensysteme waren auch anderwärts immer kritische Punkte, wobei die Anwendbarkeit bei starker Fluktuation der Parteienlandschaft als am skeptischsten beurteilt werden muß, weil viele mit dem Konzept zusammenhängende Aussagen und Hypothesen nur bei gegebener Möglichkeit zur langfristigen Beobachtung sinnvoll überprüft werden können. Wenn die zentralen Einstellungsobjekte sich zu schnell ändern, ist das unmöglich.

Ausblick / offene Fragen:
In den Ländern, in denen das Konzept der P. bislang mit großem Ertrag angewendet wurde, darunter die USA und die Bundesrepublik, steht die einschlägige Forschung vor einer Reihe von wichtigen Fragen, deren abschließende Beantwortung unmöglich ist, weil noch andauernde Prozesse in ihrem weiteren Verlauf nicht eindeutig vorhergesagt werden können. Im Zentrum steht die Frage nach dem „Dealignment", der Erosion der P. Ist sie unumkehrbar, oder ist es denkbar, daß sie langfristig in „Realignment" übergeht, in neue, starke und stabile Bündnisse zwischen gesellschaftlichen Gruppen (z.B. einer „neuen Mitte" oder einem „neuen Mittelstand") und politischen Parteien? Dafür ist es entscheidend zu wissen, ob „Dealignment" eher eine Folge der Auflösung von sozialen Milieus mit eindeutiger parteipolitischer „Aufladung" ihrer Angehörigen ist oder eher des Verlusts *aller* gesellschaftlichen Milieus (auch sich eventuell neu formierender) an politischer Prägekraft. Wichtig ist in diesem Zusammenhang auch, ob „Dealignment" sich eher in abnehmenden Identifiziereranteilen oder eher in flächendeckendem Rück-

gang der Stärke der P. manifestiert - mit den offensichtlichen Folgen für die Bereitschaft zur Wechselwahl.

Die Denkbarkeit von „Realignment" wird ferner abhängen von der Entwicklung des Vertrauens, das den Parteien als politischen Akteuren entgegengebracht wird, wofür ihr Auftreten und ihr Verhalten eine Rolle spielen, aber auch ihre Präsentation durch die Medien (denen oft ein „Negativitätsbias" nachgesagt wird). In Deutschland wurde Anfang der 90er Jahre viel von „Parteienverdrossenheit" geredet, gleichzeitige Ergebnisse über die USA waren noch ernüchternder, daß nämlich den Bürgern auf entsprechende offene Fragen nach den Eigenschaften der Parteien früher vorwiegend positive eingefallen seien, später viele negative und dann schließlich gar keine mehr, womit der Bezugsgruppenansatz des ursprünglichen Konzepts der P. weitgehend entleert ist. Wenn die P. längerfristig im Niedergang sein sollte, ohne Aussicht auf „Realignment", dann stellt sich die Frage, was in der politischen Einstellungswelt der Bürger an ihre Stelle treten könnte. Zwei denkbare Szenarien sind: Erstens die Ablösung durch alternative intermediäre Strukturen (Interessengruppen, soziale Bewegungen, beide auch ad-hoc gebildet), die kurzlebiger sind und damit flexibler auf die jeweils aktuellen Problemlagen reagieren können als die Parteien, von denen viele im 19. Jhdt. als „politische Kampftruppen" festgefügter sozialer Gruppen und Klassen entstanden sind und diese Tradition nicht schnell genug loswerden (können). Zweitens die Verschiebung der Gewichte für die konkreten Wahlentscheidungen weiter weg von der P. und hin zu aktuellen Auseinandersetzungen über politische Sachthemen, vor allem aber hin zu Plebisziten über Kandidaten und Spitzenpolitiker, wobei am beliebten Begriff der „Amerikanisierung" nur zutreffend ist, daß die USA solche Entwicklungen ein paar Jahre eher gesehen haben. Die strukturellen Auslöser sind dieselben, keine Erfindung von jenseits des Atlantiks.

Hans Rattinger

Literatur:

Campbell, Angus/Converse, Philip E./Miller, Warren E./Stokes, Donald E. 1960: The American Voter, New York.

Converse, Philip E. 1966: The Concept of a Normal Vote, in: Campbell, Angus/Converse, Philip E./Miller, Warren E./Stokes, Donald E. (Hrsg.): Elections and the Political Order, New York, S. 9-39.

Converse, Philip E. 1976: The Dynamics of Party Support: Cohort Analyzing Party Identification, Beverly Hills.

Falter, Jürgen W./Rattinger, Hans 1983: Parteien, Kandidaten und politische Streitfragen bei der Bundestagswahl 1980: Möglichkeiten und Grenzen der Normal-Vote-Analyse, in: Kaase, Max/Klingemann, Hans-Dieter (Hrsg.): Wahlen und politisches System: Analysen aus Anlaß der Bundestagswahl 1980, Opladen, S. 320-421.

Gluchowski, Peter 1983: Wahlerfahrung und Parteiidentifikation: Zur Einbindung von Wählern in das Parteiensystem der Bundesrepublik, in: Kaase, Max/Klingemann, Hans-

Dieter (Hrsg.): Wahlen und politisches System: Analysen aus Anlaß der Bundestagswahl 1980, Opladen, S. 442-477.

Rattinger, Hans 1994: Parteiidentifikationen in Ost- und Westdeutschland nach der Vereinigung, in: Niedermayer, Oskar/Beyme, Klaus von (Hrsg.): Politische Kultur in Ost- und Westdeutschland, Berlin, S. 77-104.

Rattinger, Hans 2000: Die Bürger und ihre Parteien, in: Falter, Jürgen W./Gabriel, Oscar W./Rattinger, Hans (Hrsg.): Wirklich ein Volk? Die politischen Orientierungen von Ost- und Westdeutschen im Vergleich, Opladen, S. 209-274.

PDS

→ *Bündnis 90/Die Grünen, CDU/CSU, DDR, Eliten, Endogenität/Exogenität, Externe Politische Effektivität, Extremismus, FDP, Frauen/Männer, Generationen, Identität, Konfliktlinien, Minderheiten/Randgruppen, Nation, Neue Bundesländer, Parlamentarismus, Parteiensystem, Politiker/Politische Klasse, Politikverdrossenheit, Soziale Sicherheit, SPD, Wahlen/Wähler, Wohlfahrtsstaat.*

Gründung:

Die PDS ist die Nachfolgerin der 1946 durch die Zwangsvereinigung von → SPD und KPD entstandenen Sozialistischen Einheitspartei Deutschlands (SED). Schon vor der Gründung der → DDR im Oktober 1949 hatte die von Moskau protegierte SED für sich die politische Führungsrolle in der damaligen sowjetischen Besatzungszone beansprucht. Obwohl in der DDR nominell ein Mehrparteiensystem existierte, avancierte die SED nach dem Vorbild der KPdSU rasch zur Staatspartei, deren Führungsanspruch in der Verfassung festgeschrieben war. Parallel zur staatlichen Verwaltung entstand ein umfangreicher Parteiapparat, mit dessen Hilfe es der SED gelang, alle staatlichen und die meisten gesellschaftlichen Institutionen zu kontrollieren. Damit entschied das Wohlwollen der Partei über die Zuteilung von Lebenschancen. Legitimiert wurde diese Praxis durch das von Lenin formulierte Avantgarde-Prinzip, nach dem die kommunistischen Parteien den „am weitesten fortgeschrittenen" Teil der Arbeiterklasse repräsentieren und deshalb an deren Stelle die „Diktatur des Proletariats" ausüben sollen. Innerhalb der SED erfolgte die Willensbildung nach dem ebenfalls von Lenin propagierten Muster des „Demokratischen Zentralismus" von oben nach unten.

Durch die Reformpolitik Gorbatschows in der Sowjetunion, die Öffnung der ungarischen Westgrenze und die immer deutlicher zu Tage tretende Unzufriedenheit der Bürger, die schließlich zu den im September 1989 einsetzenden Massendemonstrationen führte, geriet die Herrschaft der SED ins Wanken. Im Oktober kam es zunächst zu einem parteiinternen Machtkampf, in dessen Folge der langjährige Staats- und Parteichef Honnecker sowie zahlreiche Angehörige seiner Generation aus ihren Ämtern gedrängt und durch jüngere Mitglieder der Parteiführung ersetzt wurden. Unter dem Eindruck unverminderter Massenproteste gab die Partei dann Anfang Dezember ihren Führungsanspruch, den sie de facto nicht mehr durchsetzen konnte, auch formell auf. In den folgenden Tagen verloren fast alle Angehörigen der Parteispitze ihre Posten und wurden durch jüngere, politisch weitaus weniger belastete Mitglieder der Partei abgelöst. Zum neuen Parteivorsitzenden wurde der Rechtsanwalt Gregor Gysi gewählt, der wiederholt Regimegegner verteidigt hatte und als Reformsozialist galt. Vor die Alternative gestellt, die Partei entweder aufzulösen und anschließend neu zu gründen oder aber die bestehende Organisation zu reformieren, entschied sich ein Sonderparteitag vor allem aus wirtschaftlichen Überlegungen heraus für die letztgenannte Option und beschloß die Umbenennung in Sozialistische Einheitspartei Deutschlands - Partei des Demokratischen Sozialismus (SED-PDS). Im Vorfeld der ersten freien Wahlen im März 1990 legte die SED-PDS den mittlerweile als belastend empfundenen ersten Namenbestandteil ab und bezeichnet sich seitdem nur noch als Partei des Demokratischen Sozialismus (PDS).

Mitglieder und Organisation:
Die Nähe zur Partei war in der DDR praktisch eine Voraussetzung für die berufliche Karriere. Deshalb waren noch im Oktober 1989 2,3 Mio. DDR-Bürger und damit fast ein Fünftel der erwachsenen Bevölkerung Mitglied der SED. Innerhalb eines halben Jahres sank diese Zahl auf 450.000 Personen, und bis zur ersten gesamtdeutschen Bundestagswahl verlor die Partei nochmals ein Drittel der Mitglieder. 1992 gehörten der Partei noch knapp 150.000 Personen an, seitdem hat sich der Auszehrungsprozeß verlangsamt. 1998 zählte die Partei nach eigenen Angaben nur noch knapp 95.000 Mitglieder, von denen lediglich 2.900 den westlichen Landesverbänden angehören. Bis zum Ende der Dekade stieg die Zahl der Mitglieder im Westen auf immerhin etwa 3.800. Insgesamt sank die Mitgliederzahl jedoch auf weniger als 90.000. In den neuen Ländern verblieben vor allem ältere Menschen in der Partei, was zu einer in der deutschen Parteienlandschaft einzigartigen Überalterung geführt hat: 1996 waren rund 60 % der Parteimitglieder über 60 Jahre alt, im Jahr 2000 hatte der Anteil der über 60jährigen bereits etwa 80 % erreicht. Neueintritte sind trotz der massiven Bemühungen der Parteiführung bisher kaum zu verzeichnen, etwa 98 % der Mitglieder gehörten bereits der SED an (Moreau 1998) und sind der Partei emotional eng verbunden (Chrapa/Wittich 2001). Nach Parteiangaben waren 1997 rund 46 % der Mitglieder Frauen. Für die Wahlvorschläge auf allen politischen Ebenen sowie für parteiinterne Wahlen sieht die Satzung (Parteistatut in der Fassung vom Januar 1997) eine fünfzigprozentige Frauenquote vor, die weitgehend erfüllt wird.

Ihren umfangreichen Apparat von ursprünglich ca. 40.000 hauptamtlichen Mitarbeitern mußte die Partei in den Jahren nach der Wende rasch abbauen; 1994 verfügte die PDS nur noch über rund 150 Angestellte. Der organisatorische Aufbau der PDS entspricht weitgehend dem Muster der anderen Parteien. Eine Besonderheit besteht jedoch in der starken Betonung basisdemokratischer und pluralistischer Strukturen, durch die sich die PDS bereits 1990 vom „demokratischen Zentralismus“ der SED abzugrenzen versuchte, sowie in den sehr weitgehenden Mitwirkungsrechten, die die PDS den sog. „SympathisantInnen“ zubilligt. Neben dem Bundesverband mit Sitz in Berlin bestehen in allen Ländern der Bundesrepublik Landes- und Kreisverbände sowie Basisorganisationen, die den Gebietsverbänden angeschlossen sind. Die Basisorganisationen müssen nicht unbedingt nach territorialen Gesichtspunkten gebildet werden, auch Zusammenschlüsse unter thematischen Gesichtspunkten sowie die Bildung von Betriebsgruppen - eine Reminiszenz an die SED-Vergangenheit - sind möglich. Oberstes Organ der Partei ist der Bundesparteitag, nach der Satzung ein ständiges Organ, dessen Mitglieder für die Dauer von zwei Jahren gewählt werden und mindestens einmal im Jahr zusammentreten sollen. Der Parteitag wählt unter anderem den Bundesvorsitzenden der Partei, dessen Stellvertreter, den Geschäftsführer und den Bundesschatzmeister sowie die weiteren Mitglieder des Bundesvorstandes, der nach der Satzung das „höchste politische Organ zwischen den Tagungen des Parteitages“ darstellt. Drittes Parteiorgan auf Bundesebene ist der Parteirat, ein Organ mit „Konsultativ-, Kontroll- und Initiativfunktion gegenüber dem Parteivorstand“, dem Vertreter der Landesverbände, Bundestagsfraktion sowie der Interessen- und Arbeitsgemeinschaften angehören. Der Parteirat war als Organ der innerparteilichen Willensbildung und Konfliktregelung konzipiert. „Zahlreiche Appelle, seine Rolle besser auszufüllen, zeigen, daß ... [der Parteirat] diese Erwartung nicht erfüllt hat“ (Neugebauer/Stöss 1996: 130). Daneben existieren eine Schiedskommission, eine Finanzrevisionskommission, eine historische Kommission sowie ein „Rat der Alten“. Interessengemeinschaften, Arbeitskreise und Plattformen - 1999 bestanden bundesweit 28 derartige Vereinigungen - nehmen in der Partei eine Sonderstellung ein. Sie genießen nicht nur weitgehende Autonomierechte, sondern können, wenn sie von „besonderer politischer Bedeutung für den Meinungs- und Willensbildungsprozeß der Gesamtpartei sind“, neben den Gebietsverbänden im Delegiertenschlüssel für den Bundesparteitag berücksichtigt werden. Nach der Satzung ist es möglich, daß bis zu 20 % der stimmberechtigten Delegierten von den Zusammenschlüssen entsandt werden.

Innerhalb und außerhalb der Partei umstritten ist seit ihrer Gründung im Januar 1990 insbesondere die „Kommunistische Plattform“ (KPF), die sich als „ein offen tätiger Zusammenschluß von Kommunistinnen und Kommunisten in der PDS“ versteht und sich der „Bewahrung und Weiterentwicklung marxistischen Gedankenguts“ widmet. Der KPF gehörten 1996 noch ca. 500 aktive Mitglieder an (Moreau 1998: 195). Neben der KPF bestehen weitere, noch kleinere Zusammenschlüsse wie die AG „Junge Genossinnen in und bei der PDS“, das „Marxistische Forum“ sowie die „ARGE Konkrete Demokratie - Soziale Befreiung in und bei der PDS“, die von den Verfassungsschutzbehörden ebenfalls als linksextremistisch eingestuft werden und mit anderen Organisationen der äußersten Linken kooperieren. Ihr Einfluß auf die Gesamtpartei dürfte insgesamt gering sein. Für eine Partei mit demokratischem Anspruch ist es jedoch bedenklich, daß Parteitag und Vorstand bislang nicht bereit waren, sich von Gruppierungen, an deren Verfassungstreue ernste Zweifel bestehen, zu distanzieren.

Programmatik:
Neben zahlreichen Positionspapieren hat die Bundespartei seit ihrer Gründung fünf umfangreichere Programme erarbeitet: Das Parteiprogramm vom Februar 1990 (zugleich Wahlprogramm), das Grundsatzprogramm vom Januar 1993 sowie die Wahlprogramme zu den Bundestags- und Europawahlen 1994, 1998 und 1999. Das Bekenntnis zum Sozialismus als „eine der größten humanistischen Ideen“ war im ersten Programm der PDS ebenso zu finden wie die Ablehnung des „administrativ-zentralistischen“ Sozialismus in der DDR. Als „Ahnen“ der PDS wurden unter anderem Marx, Bernstein, Kautsky und Gramsci in Anspruch genommen. Wie alle späteren Plattformen ist auch das erste Programm als ein Kompromiß zwischen den sozialistischen, reformsozialistischen und sozialdemokratischen Strömungen in der Partei zu verstehen. Dies gilt insbesondere für das Grundsatzprogramm von 1993, in dem sich die PDS als „Zusammenschluß unterschiedlicher linker Kräfte“ präsentiert. Folgerichtig kombiniert die PDS klassische Ziele der alten Linken - Arbeitnehmerrechte, Arbeitszeitverkürzung, Ausbau der sozialen Sicherungssysteme (→ Soziale Sicherheit), verstärkte Staatstätigkeit, Verstaatlichung bzw. Vergesellschaftung von Betrieben - mit Forderungen der neuen Linken - Aufnahme direktdemokratischer Elemente in die Verfassung, Emanzipation der Frau, positive Diskriminierung von Minderheiten (→ Minderheiten/Randgruppen), Ökologisierung der Wirtschaft, Förderung der Dritten Welt, Demilitarisierung, Liberalisierung der Migrationspolitik. Ergänzt wird dieses Konglomerat durch den Verweis auf spezifisch ostdeutsche Themen: Renten- und Eigentumsrechte, Stellung ehemaliger Partei- und Stasi-Angehöriger, Förderprogramme für die neuen Bundesländer. Die Wahlprogramme nehmen diesen Katalog in leicht veränderter Form wieder auf, unterscheiden sich aber vom Grundsatzprogramm dadurch, daß sie sich in geringerem Umfang auf die DDR-Vergangenheit beziehen und in ihrer Diktion gemäßigter sind. Im eigentlichen Sinne marxistische Elemente enthält keines der PDS-Programme. Parallelen zur Programmatik von → B90/Die Grünen und zum Berliner Grundsatzprogramm der SPD von 1989 sind an vielen Stellen unverkennbar. Politisch umstritten waren und sind jedoch die Pläne der PDS für ein „ostdeutsches Gremium“ (Grundsatzprogramm, Wahlprogramm 1994) bzw. eine „parlamentarische Kammer auf Bundesebene als Vertretung sozialer, ökologischer, feministischer und anderer Bewegungen“ (Wahlprogramm 1998, Verfassungsentwurf der Bundestagsfraktion 1994). Kritiker werfen der Partei vor, durch solche und andere Vorstöße unter dem Deckmantel der Demokratisierung das Prinzip des → Parlamentarismus zu untergraben und ihre eigene, vornehmlich außerparlamentarische Machtposition sichern zu wollen.

Wahlbeteiligung, Wahlerfolge und Wähler:
Die PDS hat bei den Bundestagswahlen 1990, 1994 und 1998 sowie bei den Europawahlen 1994 und 1999 in allen Ländern der Bundesrepublik kandidiert. Darüber hinaus ist sie seit der Wiedervereinigung zu allen Landtags- und Kommunalwahlen in den neuen Ländern und Berlin angetreten, außerdem bei den Bürgerschaftswahlen in Hamburg (1997) und Bremen (1995, 1999) sowie bei der Landtagswahl 2000 in Schleswig-Holstein. Dabei zeigte sich bislang ein charakteristisches Muster: In den westlichen Ländern ist die PDS mit Ergebnissen von ca. 1 % der gültigen Stimmen eine Splitterpartei, während sie im Osten mit Stimmenanteilen von mehr als 20 % zur drittstärksten Kraft in der Region avancierte. Während die PDS bis 1998 nur auf Grund von Sonderregelungen im Wahlrecht (getrennte Anwendung der Fünfprozentklausel 1990, Grundmandatsklausel 1994) im Bundestag vertreten war, hat sie in den ostdeutschen Landtagen durch das Ausscheiden von → FDP und B90/Die Grünen Mitte der 90er Jahre erheblich an Bedeutung gewonnen. Nach der Landtagswahl 1998 in Mecklenburg-Vorpommern wurde die PDS durch einen Koalition mit der SPD erstmals an der Regierung eines Bundeslandes beteiligt. Diese krassen Unterschiede sind Ausdruck einer Regionalisierung des → Parteiensystems und deuten auf fortbestehende Unterschiede in den politischen Orientierungen von Ost- und Westdeutschen hin.

Statistisch gesicherte Aussagen über die PDS-Wähler im Westen sind wegen der geringen Fallzahlen kaum möglich. Mit Hilfe sehr großer Stichproben läßt sich aber zumindest zeigen, daß die PDS-Wähler im Westen relativ jung und zu ca. zwei Dritteln männlichen Geschlechtes sind - beides Merkmale, die für die Anhängerschaften von Flügelparteien charakteristisch sind - während die PDS-Wähler im Osten hinsichtlich dieser demographischen Merkmale nicht vom Bevölkerungsdurchschnitt in den neuen Ländern abweichen. Deutliche Unterschiede bestehen jedoch bei der formalen Bildung: 26 % der ostdeutschen PDS-Wähler haben ein Hochschulstudium abgeschlossen, während unter den Wählern der übrigen Parteien nur 11 % über einen solchen Abschluß verfügen. Die Wähler der PDS rekrutieren sich also zu einem erheblichen Teil aus dem Kreis derjenigen Personen, die in Ostdeutschland beruflich Karriere gemacht hatten. Dies zeigt sich noch deutlicher, wenn man die Betrachtungsweise umkehrt: 36 % der befragten ostdeutschen Akademiker gaben an, bei der Bundestagswahl 1998 für die PDS stimmen zu wollen. Charakteristisch für die Anhänger der PDS sind ein starker Bezug zur früheren DDR sowie eine ausgeprägte Unzufriedenheit mit dem Ergebnis der Wiedervereinigung (→ Transformation/Transition). Daraus resultieren Gefühle materieller und immaterieller Deprivation. 23 % der PDS-Wähler fühlten sich der alten DDR „sehr verbunden" (Wähler der übrigen Parteien: 9 %), 60 % empfanden die Gesellschaftsordnung der Bundesrepublik als „eher ungerecht" (übrige Parteien 32 %), 38 % hatten das Gefühl, einer „eher benachteiligten Bevölkerungsgruppe" anzugehören (übrige Parteien 23 %), obwohl sich die befragten PDS-Wähler hinsichtlich ihrer objektiven wirtschaftlichen Lage nicht signifikant von den Wählern anderer

Parteien unterschieden. Im Rückblick gaben 61 % an, die sozialen Sicherungssysteme der DDR seien „viel besser" gewesen als die der Bundesrepublik (übrige Parteien 37 %), 51 % fühlten sich in der DDR „viel besser" vor Verbrechen geschützt (übrige Parteien 37 %) und 57 % glaubten, in der DDR sei der soziale Zusammenhalt „viel besser" gewesen (Wähler der übrige Parteien 43 %). Dem Parlament und der Regierung, den Parteien, → Politikern und Gerichten bringen sie ein ausgeprägtes Mißtrauen entgegen.

Die negative Haltung gegenüber der Bundesrepublik läßt sich u.a. auf die gesellschaftspolitischen Ziele der PDS-Wähler zurückführen, die nur bedingt mit der politischen Ordnung in der Bundesrepublik vereinbar sind und auf eine Intensivierung der Staatstätigkeit und eine Abschwächung des Leistungsprinzips hinauslaufen. So schrieben die befragten PDS-Wähler dem Staat eine größere Verantwortung für die Bereitstellung von Arbeitsplätzen zu als die Anhänger der anderen Parteien und bewerten Verstaatlichungen positiver als ihre ostdeutschen Mitbürger. Darüber hinaus stimmten 50 % der PDS-Wähler der Aussage, der Sozialismus sei prinzipiell eine gute Idee gewesen, die schlecht ausgeführt worden sei, „voll und ganz zu" (übrige Parteien 23 %). Hinsichtlich der Bewertung von Demokratie und Pluralismus hingegen unterscheiden sich die PDS-Wähler nicht signifikant von anderen ostdeutschen Wählern. Generell ist jedoch festzuhalten, daß *zwischen Ost- und Westdeutschen* bezüglich der gesellschaftspolitischen Einstellungen wesentlich größere Unterschiede bestehen als *innerhalb der ostdeutschen Wählerschaft*, die im ganzen immer noch sehr stark egalitäre und staatsinterventionistische Orientierungen aufweist (Arzheimer/Klein 2000). Die PDS-Wähler unterscheiden sich von ihren Mitbürgern vor allem dadurch, daß sie diese Einstellungen noch prononcierter vertreten und sich dabei stärker für Politik interessieren und engagieren (→ Externe politische Effektivität, Politisches Interesse, Politische Informiertheit). Die Rolle der PDS als ostdeutsche Regionalpartei ist somit ein Indikator für divergierende Ordnungsvorstellungen und Identitäten (→ Identität, Nation) in Ost und West und damit letztlich Ausdruck einer gespaltenen pK. Der Fortbestand der Partei wird deshalb wesentlich von der → pS der nachrückenden → Generationen abhängen.

Kai Arzheimer

Literatur:

Arzheimer, Kai/Klein, Markus 1997: Die Wähler der REP und der PDS in West- und Ostdeutschland, in: Backes, Uwe/Jesse, Eckhard: Jahrbuch Extremismus und Demokratie (Bd. 8.), Baden-Baden, S. 39-63.

Arzheimer, Kai/Klein, Markus 2000: Gesellschaftspolitische Wertorientierungen und Staatszielvorstellungen im Ost-West-Vergleich, in: Falter, Jürgen W./Gabriel, Oscar W./ Rattinger, Hans (Hrsg.): Wirklich ein Volk? Die politischen Orientierungen von Ost- und Westdeutschen im Vergleich, Opladen, S. 363-402.

Bortfeldt, Heinrich 1992: Von der SED zur PDS: Wandlung zur Demokratie?, Bonn/Berlin.

Chrapa, Michael/Wittich, Dietmar 2001: Die Mitgliedschaft, der große Lümmel. Studie zur Mitgliederbefragung 2000 der PDS, Berlin.

Moreau, Patrick 1998: Die PDS: Profil einer antidemokratischen Partei, München.
Neugebauer, Gero/Stöss, Richard 1996: Die PDS. Geschichte, Organisation, Wähler, Konkurrenten, Opladen.

Politikberatung

→ DDR, Europa, Geschichtliche Phasen der BRD, Globalisierung, Politiker/Politische Klasse, Politische Steuerung, Regierung/Regierungsmehrheit/Opposition, Verbände.

Begriff/Definition:
Politikberatung (P.) bezeichnet ein Beziehungsverhältnis zwischen dem politisch-administrativen System (PAS) als Adressaten (auch einzelne → Politiker) und dem wissenschaftlichen System (Experten, inkl. fachliche Praxis) als Träger der Beratung, mit dem eine Rationalisierung der Entscheidungsfindung im PAS (Regierung, Parlament, Parteien) verfolgt wird.

Forschungsgeschichte:
Die Geschichte der P. geht weit zurück. Bereits der Staufer-Kaiser Friedrich II. nutzte die Beratung durch Wissenschaft und gebildetes Verwaltungspersonal. Später übernahmen die Hofnarren (Blütezeit 15.-18. Jhdt.) unter anderem die Rolle des kritischen Ratgebers. Konkurrenz erwuchs den Hofnarren von verschiedenen Seiten: So wurden sie allmählich in ihrer Ratgebertätigkeit zunächst von den „hoffähigen" Maitressen, sodann von Vor-Formen des Beamten und der wissenschaftlichen P. verdrängt. Als Klassiker der wissenschaftlichen P. kann Machiavelli (1469-1527) gelten - er reflektierte als erster systematisch das Verhältnis des Beraters zum Fürsten. Mit Beginn des 19 Jhdt. zeichneten sich zwei Entwicklungen ab: Zum einen etablierte sich die organisierte Interessenvertretung in der Politik, und zum anderen entstand mit dem Ausbau der staatlichen Wissenschaftspolitik eine Interdependenz zwischen Wissenschaft und Politik; die institutionelle Grundlegung erfuhr die wissenschaftliche P. mit der Gründung von Reichsanstalten (z.B. Reichsgesundheitsamt) und der Gründung von Forschungsgesellschaften. Vor dem zweiten Weltkrieg war vorwiegend die Regierung Auftraggeber und Adressat der P.; Kooperationsformen waren: Beiräte mit Mischcharakter von interessenpolitischen und fachlichen Ausrichtungen, Einzelberatungen, Beratung durch Auftragsforschungen und Gutachten.

In der Bundesrepublik paßt sich P. in die Phasen der Systemgeschichte der BRD ein (→ Geschichtliche Phasen der BRD): In der ersten Phase (bis Mitte/Ende der 60er Jahre) dominierte die traditionelle Regierungsberatung. Vorherrschend waren geschlossene Beratungsformen (v.a. Planungsstab im Kanzleramt; Kanzlerdemokratie). In der zweiten Phase (bis etwa 1980) fand eine zunehmende

Institutionalisierung der regierungsunabhängigen Parlamentsberatung mit einer verstärkten Nutzung offener Beratungsformen statt (Enquete-Kommissionen; Demokratisierung). Die dritte Phase (bis Mitte/Ende der 90er Jahre) war geprägt von einer zunehmenden Öffentlichkeitsorientierung der Beratung (z.B. Technikfolgenabschätzung) und einer Pluralisierung der Beratungstätigkeit (Consulter, Wissenschaft). In der derzeitigen Übergangsgesellschaft wandelt sich P. erneut. Die wachsende Datenflut weckt den Bedarf an informationsselektierender Beratung. So entstehen wiederum kleinere Beratungszirkel und die personelle Beratung erlebt durch den Politikcoach (Neo-„Narren") eine neue Konjunktur.

Für die → DDR läßt sich zu Beginn eine begrenzte Offenheit des ZK der SED gegenüber „unabhängigen" Beratern (z.B. ZK-Fachplenen) konstatieren. Im Verlauf der DDR-Geschichte wich diese Offenheit einer zunehmend geschlosseneren Beratungstätigkeit durch den ZK-Apparat (inkl. Kommissionen). Die Beratung durch Wissenschaft geriet mehr und mehr zur pseudowissenschaftlichen Rechtfertigung der SED-Politik. Einzelne Versuche von Wissenschaftlern - auf der Grundlage einer Analyse der tatsächlichen Lage -, Reformkonzepte in die Diskussion zu bringen, blieben im Politbüro unbeachtet.

Funktionen:
Die Funktionen der P. variieren mit dem Zeitpunkt ihres Einsatzes im Politikzyklus und reichen vom Frühwarnsystem, dessen Erkenntnisse vielfach erst mit einem erheblichen time-lag vom politisch-administrativen System wahrgenommen werden, über Problemdefinition, Programmgestaltung und Implementation bis hin zur Evaluation. Dabei sind neben Systematisierungen und Analysen in einzelnen policy-Feldern auch auftretende Interdependenzen und Folgen von Handlungen (auch Nicht-Handeln) sowie strategische und taktische Aspekte (politics) zu beachten. Die Interessen der Politik an P. können durch eine Rationalisierung der Entscheidungsfindung (Information, Reflexion), durch eine instrumentelle Nutzung (z.B. nachträgliche Rationalisierung) und durch taktische Überlegungen (Absicherung, Druck nehmen, Zeit schaffen) motiviert sein.

Theorien/Konzepte/Modelle:
Seit den 60er Jahren lassen sich drei Modelle der wissenschaftlichen P. unterscheiden: das technokratische, das dezisionistische und das pragmatistische Modell. Während nach dem technokratischen Modell der Politiker zum „Vollzugsorgan einer wissenschaftlichen Intelligenz" verkümmert, bleibt im dezisionistischen Modell die Entscheidung des Politikers letztlich - trotz aller wissenschaftlichen Beratung - konkurrierenden weltanschaulichen Wertordnungen und Glaubensmächten verhaftet. Demgegenüber soll nach dem pragmatistischen Modell eine wechselseitige Kommunikation beider Seiten stattfinden, wobei Wissenschaftler die Entscheidung fällenden Instanzen „beraten" und umgekehrt die Politiker die Wissenschaftler nach den Bedürfnissen der „Praxis" beauftragen sollen. Alle drei Modelle be-

greifen P. in einer dualen Weise, als eine Beziehung zwischen dem wissenschaftlichen System einerseits und dem politisch-administrativen System als der zentralen Steuerungsinstanz moderner Gesellschaften andererseits. Im verhandelnden Staat (Politiknetzwerke) wird die Steuerungsfunktion des politisch-administrativen Systems eingeschränkt, dadurch hat P. zusätzliche Einflüsse zu beachten. Zudem wandeln sich horizontale Netzwerke durch die Europäisierung und → Globalisierung zu komplexen Mehrebenenstrukturen, in denen Politikberater vielfach als Teil einer nationalen Verhandlungsdelegation agieren. Mit der Herausbildung eines aktivierenden und funktionalen Staates wird die Steuerungsfunktion der Politik jedoch in einigen Politikbereichen reaktiviert, wodurch koevolutiv neue Formen der P. entstehen.

Methoden:
P. geschieht primär durch externe Instanzen in Richtung des politisch-administrativen Systems. In zeitlicher Hinsicht lassen sich dauerhaft institutionalisierte Formen (z.B. Denkfabriken/Think Tanks, (Groß-)Forschungseinrichtungen), befristete Institutionalisierungen (z.B. Enquete-Kommissionen) und ad hoc Beratungen (z.B. Gutachten, Forschungsaufträge, Anhörungen) unterscheiden. In jüngerer Zeit entstehen mehr und mehr kooperative (Innovationsbündnis) und persönliche (Coaching) Formen der P., bei denen die mündliche Beratung im Mittelpunkt steht. So vermittelt die wichtigste amerikanische Denkfabrik, die RAND Corporation, 70 % ihres Wissens mündlich und nur 30 % in schriftlicher Form. Diese neuen Formen der P. erhöhen durch ihre dynamische Interaktion zwischen Träger und Adressat die Relevanz und die Wirksamkeit der Beratung.

Ausblick/offene Fragen:
Bedeutsam erscheinen praxeologische Fragen nach den Folgen der P. im politisch-administrativen System (Verwendungsforschung). Wovon ist das Gelingen des Wissenstransfers abhängig? Wo liegen Schwierigkeiten? Wie können diese überwunden werden? Lohnend erscheint im Hinblick auf die Diffusion externen Wissens in das politisch-administrative System eine Beachtung und Weiterentwicklung kooperativer Beratungsformen. Zunehmende Relevanz dürfte auch das Spannungsverhältnis von → Regierung, Parlament, Interessenverbänden (→ Verbände), Öffentlichkeit und P. durch Wissenschaft gewinnen. Dies vor allem, weil der Beratungsbedarf des politisch-administrativen Systems mit dem grundlegenden gesellschaftlichen Wandel zur transindustriellen Gesellschaft zunimmt, während gleichzeitig Politik und P. in der Öffentlichkeit unter Druck geraten.

Götz Konzendorf

Literatur:
Böhret, Carl 1997: Reformen im Staat mittels Politikberatung?, in: Blöcker, Antje/Lompe, Klaus (Hrsg.): Die Reformfähigkeit von Staat und Gesellschaft, Frankfurt a.M., S. 81-96.
Bruder, Wolfgang 1980: Sozialwissenschaften und Politikberatung, Opladen.
Habermas, Jürgen 1968: Verwissenschaftlichte Politik und öffentliche Meinung, in: Habermas, Jürgen: Technik und Wissenschaft als Ideologie, Frankfurt a.M.
Krevert, Peter 1993: Funktionswandel der wissenschaftlichen Politikberatung in der Bundesrepublik Deutschland, Münster/Hamburg.
Lompe, Wolfgang 1966: Wissenschaftliche Beratung der Politik, Göttingen.
Murswieck, Axel (Hrsg.) 1994: Regieren und Poltikberatung, Opladen.

Politiker/Politische Klasse

→ Arbeitslosigkeit, Demokratie, Demokratische Persönlichkeit, Demoskopie, Eliten, Endogenität/Exogenität, Europa, Externe Politische Effektivität, Frauen/Männer, Innere Sicherheit, Massenmedien, Öffentliche Meinung, Öffentlicher Dienst/Sektor, Parlamentarismus, Parteiidentifikation, PDS, Politikverdrossenheit, Politische Unterstützung, Politisches Vertrauen, Professionen, Republikaner/DVU, Schweigespirale/Öffentliche Meinung, Verbände.

Begriff/Definition Politiker:
Während es natürlich schon immer und überall Menschen gab, die sich - mehr oder weniger kontinuierlich, mehr oder weniger uneigennützig - mit den öffentlichen Fragen ihrer größeren Gemeinschaft (*polis*) befaßten, tritt der Politiker (P.) als gesellschaftliche Figur erst in neuerer Zeit auf die historische Bühne. Mit dem Entstehen der modernen Parlamente, der Demokratisierung des Wahlrechts und der Entwicklung der modernen Massenparteien im 19. Jhdt., bildete sich jene besondere Sozialgruppe der P., die nun das Geschäft des Machtgewinns und der öffentlichen Entscheidungen zu ihrer hauptsächlichen Aufgabe, zunehmend darüber hinaus auch zur Quelle ihres Lebensunterhalts machte. Neben anderen Sozialgruppen, die auf gemeinverbindliche Entscheidungen Einfluß nehmen, z.B. die Führungsgruppen der Verwaltung (→ Öffentlicher Dienst/Sektor), der Wirtschaft (Unternehmer), der → Verbände oder der → Gewerkschaften gehören die P. als eine spezielle *„Funktionselite"* (Stammer) zum Gegenstandsbereich der Elitenforschung (→ Eliten). Untersucht werden die Mitglieder leitender Parteigremien, von Parlamenten und Regierungen (→ Regierung/Regierungsmehrheit/Opposition) auf allen Ebenen des politischen Systems.

Strukturwandel:
Wie in anderen Ländern haben sich auch in Deutschland die sozio-ökono-mischen Wandlungen zur modernen Industriegesellschaft wie auch die politischen Entwick-

lungen zur parteienstaatlichen Massendemokratie auf die soziale Zusammensetzung der politischen Führungsgruppen ausgewirkt, jedoch weder zeitlich parallel, noch proportional. In Deutschland, stärker noch in England, hat sich die *grundbesitzende Aristokratie* in den staatlichen Führungsspitzen auch dann noch behauptet, als ihre ökonomische Bedeutung bereits geschwunden war (→ Politische Traditionen). Umgekehrt zeigte die *Unternehmerschaft,* seit dem Beginn des Kaiserreichs bis heute, ein zahlenmäßig nur geringes Interesse an politisch verantwortlichen Funktionen, wenngleich einzelne Großunternehmen und wirtschaftlichen Spitzenverbände in den Führungen der bürgerlichen Parteien und ihrer Fraktionen personell durchaus repräsentiert waren. Charakteristisch für die deutsche Entwicklung ist die dominierende Repräsentanz der *Beamtenschaft,* die bereits im Reichstag seit 1871 im Durchschnitt ein Viertel der Abgeordneten stellte und die in den westdeutschen Parlamenten zunehmend mehr Sitze, in manchen Landtagen bereits mehr als die Hälfte, einnimmt. Obwohl gerade aus dieser P.-Gruppe oft liberal-reformerische Anstöße in die deutsche Politik kamen (und noch kommen), ist ihre überproportionale Vertretung nicht unbedenklich; denn die Verfahrensweisen des politischen Prozesses und der Stil der parteipolitisch-parlamentarischen Auseinandersetzungen sind in Deutschland nicht unwesentlich durch die berufsbedingt bürokratischen, auf Rechtsnormen hin orientierten Verhaltensweisen der aus der öffentlichen Verwaltung kommenden P. bestimmt - im Unterschied z.B. zum US-Congress, wo Rechtsanwälte bei weitem die größte Berufsgruppe bilden und dort zu einer eher individualistischen Vertretung je bestimmter Wählerinteressen führen. Mit zunehmender Intensität der politischen, insbes. parlamentarischen Aufgaben ist der ältere Typ des „Honoratioren"-P. ausgestorben. An seine Stelle trat der Typ des besoldeten Funktionsträger, also des „*Berufs-P.*", der nicht mehr nur „für die Politik" sondern auch materiell „von der Politik" (Weber) lebt. (Großzügige Diäten, Übergangsgelder, soziale Sicherungen usw.)

Rekrutierung und Karriere:
Mit dem Begriff der Rekrutierung (franz. recruter = anwerben, ergänzen) bezeichnet man den Vorgang der personellen Erneuerung politischer Führungsgremien. Wie dieser Rekrutierungsprozeß vor sich geht, daran zeigt sich der Grad der Offenheit des politischen Systems für neue Aspiranten, das Ausmaß der demokratischen Kontrolle der Führungsauswahl, aber auch die Art der Qualifikation des politischen Personals - was insgesamt mitbestimmend ist für die Legitimität und Funktionsfähigkeit eines politischen Systems. Mehrere Faktoren beeinflussen die politische Führungsrekrutierung:

Rechtliche Voraussetzungen: Dabei ist insbes. das „passive" Wahlrecht für Angehörige des öffentlichen Dienstes relevant. In Deutschland gilt traditionell das Prinzip der Kompatibilität. Öffentlich Bedienstete, vor allem Beamte, können für Parlamente kandidieren und werden für die Dauer eines parlamentarischen Mandats beurlaubt. (AbgG. v. 18. 2. 1977, BGBl. 1, 295) Das eröffnet den deutschen Beamten eine politische Karriere, während man in anderen Ländern, z.B. in England oder den USA, wo die Mandatsübernahme nur bei Lösung des Beschäftigungsverhältnisses möglich ist, (fast) keine Staatsdiener in den Parlamenten findet.

Soziale Herkunft: In allen Demokratien stammen führende P. überwiegend aus der gehobenen Mittelschicht. Höhere Bildung, materielle Ressourcen und gewöhnlich auch ein Beruf, der „Abkömmlichkeit" für politische Tätigkeiten zuläßt, privilegieren Angehörige bestimmter Sozialgruppen auch für eine politische Karriere. Verbessert haben sich in den letzten zwei Jahrzehnten die Karrierechancen für → Frauen. Waren z.B. unter den Abgeordneten des ersten Bundestages (1949-53) lediglich 7 % Frauen, so hat sich ihr Anteil bis 1999 auf 31 % erhöht. Die sich kontinuierlich verstärkende Repräsentanz von Frauen in Führungspositionen aller Politikbereiche beruht sicherlich auch auf den (allerdings unterschiedlichen) Quotenregelungen, die alle größeren politischen Parteien bei Kandidatenauswahl und Gremienbesetzung anwenden. Jedoch sind die Hindernisse für eine breitere politische Partizipation von Frauen noch immer sehr vielfältig und gravierend (als Zwischenbilanz siehe u.a. Hoecker.)

Die *Bedeutung der Persönlichkeitsstruktur* ist umstritten: Während einerseits eine eher rigide, dogmatisch-autoritative, machtorientierte Persönlichkeitsstruktur als typisch für die P. angesehen wird, kommen andere Untersuchungen zu dem Ergebnis, daß Merkmale wie Offenheit, nicht-dogmatische Flexibilität u.ä. den (erfolgreichen) P. kennzeichnen (→ Demokratische Persönlichkeit).

Organisationssoziologische Bedingungen: Da im politischen System der Bundesrepublik Auswahl und Qualifizierung von P. in den Parteien erfolgt, sind innerparteiliche Machtverteilung und Mitgliederpartizipation die wichtigsten Rahmenbedingungen der P.-Rekrutierung. Bei der Aufstellung von Parlamentskandidaten haben die zentralen und Landes-Vorstände gewöhnlich keinen entscheidenden Einfluß. Andererseits ist auch die Teilnahme der „einfachen" Mitglieder häufig weder besonders intensiv noch durchschlagend. Bestimmend sind überwiegend die lokalen Partei-„Oligarchien". Eine zentrale „Fraktionsplanung", d.h. die günstige Plazierung solcher Kandidaten, die für eine erfolgreiche Arbeit der Fraktion gebraucht werden, stößt auf enge Grenzen.

Für die P.-Rekrutierung - nicht nur in Deutschland - ist charakteristisch, daß sie sich typischerweise über kontinuierliche *Karrieren* vollzieht. Rund 1/4 der Spitzen-P. haben sich zunächst auf lokaler Ebene qualifiziert. Ununterbrochene Parteiarbeit, schrittweiser Aufstieg und langfristige Beibehaltung lokaler Parteiämter auch durch Spitzen-P. („vertikale Ämterkumulation") sind Merkmale der Karrierisierung des politischen Rekrutierungsvorganges. Das hemmt ein „cross-over", d.h. das unmittelbare Überwechseln von gesellschaftlichen Spitzenpositionen in politische; andererseits vermindert diese Art der P.-Rekrutierung aber auch die Gefahr des plötzlichen Auftauchens populistischer Agitatoren. Die „vertikale" Ämterverflechtungen - z.B. die Kombination von kommunalen und bundespolitischen Wahlämtern - bringt eine Verkrustung des personellen Auswahlprozesses mit sich; sie helfen aber auch bei der Abstimmung politischer Entscheidungen zwischen den verschiedenen Ebenen des in Deutschland besonders fragmentierten politischen Systems. Auch neue Parteien, die sich, wie die Grünen, ursprünglich als soziale Bewegungen verstehen, praktizieren aus Gründen ihrer politischen Arbeitsfähigkeit mehr oder weniger dieselben personalpolitischen Prozeduren.

Verbunden mit der innerparteilichen „Ochsentour" ist eine zunehmende persönliche Identifizierung des Karriere-P. mit seiner Partei sowie eine schrittweise „Entfremdung" vom privaten Beruf. Diese Entwicklungsschere läßt sich mit dem sozialpsychologischen Begriff der politischen „Professionalisierung" fassen, die nicht unwesentliche Folgen für ein politisches System hat: Sie fördert die Motivation des Spitzen-P., möglichst auf Dauer im politischen Beruf zu verbleiben; sie führt zu einem „esprit de corps" unter den Professionals, was die Kooperationen über die parteipolitisch-ideologischen Grenzen hinweg erleichtert. Was oft als „Abgehobenheit" der politischen Klasse kritisiert wird, kann auch als eine Lösung der P. von speziellen Klientelinteressen gedeutet werden, was dann ihre Handlungsfähigkeit erweitert.

Werthaltungen, Rolle und Selbstverständnis:
Anknüpfend an den Begriff der pK, wie er in der allgemeinen Gesellschaftsanalyse verwendet wird (Almond/Verba, Greiffenhagen/Greiffenhagen), hat auch die neuere Elitenforschung ihr Augenmerk auf die „Eliten-Kultur" gerichtet (Putnam 1976). Dabei werden Einstellungen und Grundwerte von P. untersucht. Gefragt wird nach der Verbreitung demokratischer Normen in der politischen Führungsschicht. Besonders aufschlußreich für die Stabilität und Reformfähigkeit eines demokratischen Systems ist darüber hinaus der Vergleich von Grundwerten zwischen den verschiedenen Funktionseliten der Politik, der Verbände, der Wirtschaft usw., weil sich daraus Konflikt-, aber auch Konsenspotentiale innerhalb der gesamten soziopolitischen Führungsschicht ergeben. Dazu kommt der Vergleich zwischen den Werthaltungen der Parlamentsabgeordneten und denen der Wählerschaft, was für die Legitimität des repräsentativen Systems von Bedeutung ist. Wie in anderen etablierten Demokratien sind auch in der BRD die demokratischen Grundwerte in der politischen Führungsschicht stärker verankert als in der Bevölkerung insgesamt. Andererseits werden Konflikte über konkrete politische Strategien durch die P. häufig verschärft, was dann - durch die → Massenmedien noch zusätzlich akzentuiert - in der Wählerschaft auf Unverständnis stößt und einem Vertrauensverlust Vorschub leistet. Ideologische Konfrontationen, die nicht in ein gemeinsames Bemühen der P. um konkrete Problemlösungen einmünden, sind die wichtigste Ursache für eine Entfremdung der Bevölkerung gegenüber den P. (→ „Politikverdrossenheit").

Veränderungen im wiedervereinigten Deutschland:
Nach einer kurzen Phase heftiger Personalfluktuation (1990-1994) hat sich das soziologische Gefüge der politischen Führungsschicht im vereinigten Deutschland wieder stabilisiert. Bei insgesamt starken personellen Veränderungen in Parlamenten, Regierungen und Parteivorständen sind die bisher für die alte Bundesrepublik geltenden Muster der Personalrekrutierung wieder wirksam geworden, insbesondere die Karrierisierung des Auswahlprozesses und die Professionalisierung. Das liegt zum Teil an der Persistenz des bisherigen westdeutschen politischen Institutionengefüges, aber sicherlich auch an der Anpassungsfähigkeit der politische Führungsschicht selbst. Eine grundlegende Neuformierung der politischen Kräfte fand nicht statt (Herzog 1997). Auch die im Gefolge von Bundestags- und Landtagswahlen veränderten Regierungskoalitionen waren zwar oft von erbitterten öffentlichen Konflikten begleitet, sie haben jedoch die Handlungsfähigkeit der politischen Führungsschicht insgesamt bisher nicht ernsthaft gefährdet. Allerdings deuten sich neue Spannungen an. Sie zeigen sich in einer teils manifesten, teils noch verdeckten Ost-West-Fragmentierung der politischen Führungsschicht. Das zeigt sich einmal an der erstarkten → PDS. Sie hat zwar eine Integration alter Kräfte aus dem SED-Staat mit P. einer jüngeren Generation zustande gebracht. Jedoch sehen sich ihre Führungsspitzen auch in parlamentarisch-gouvernementalen Funktionen dezidiert als Wahrer einer ehemaligen „DDR-Identität", was einer gewissen Segregation der ostdeutschen Wählerschaft Vorschub leistet und einer übergreifenden politischen Kooperationsfähigkeit abträglich ist. Zweitens zeigt sich auch innerhalb des Führungspersonals anderer Parteien eine anscheinend wachsende Ost-West-Spannung. Wie exemplarisch unter den P. des Berliner Abgeordnetenhauses zu beobachten ist, zeigen sich - zunächst vor allem unter den ostberliner Abgeordneten - Tendenzen eines Klientelismus (Schöne 1999). Man stützt sich zunehmend auf die ausschließliche Vertretung der Interessen der jeweiligen regionalen Wähler- oder Anhängerklientele, was die kompromißorientierte Austragung sachlicher Konflikte erschweren könnte.

Begriff, Struktur und Funktion der politischen Klasse:
Ergänzend zum Begriff der P., zu denen man gewöhnlich nur Personen zählt, die sich in staatlichen und parteilichen Wahlpositionen befinden (Parlamente, Regierungen, Parteivorstände), faßt man unter dem Begriff der politischen Klasse einen ausgedehnteren Kreis politischen Akteure. Dazu gehören alle Personen, die an staatlichen Entscheidungen, auf allen Ebenen des politischen Systems, unmittelbar oder mittelbar beteiligt sind, und zwar unabhängig davon, ob sie sich im Einzelfall durchgesetzt haben oder nicht. Auch umfaßt dieser Personenkreis nicht nur diejenigen, die in den verfassungsmäßigen Gremien die rechtsverbindlichen Entscheidungen treffen, sondern auch diejenigen, die in der Vorbereitungs-, Implementierungs- und Durchführungsphase beteiligt sind. Insofern handelt es sich im wesentlichen um Regierungsmitglieder, Parlamentsabgeordnete, Landesregierungen, füh-

rende Parteivertreter, Leiter öffentlicher Körperschaften und Anstalten, Spitzenbeamte der Ministerialbürokratien und Funktionäre der großen Verbände. Es sind dies zum Beispiel auch die Beteiligten in Bund-Länder-Kommissionen, in Beratungsgremien der verschiedensten Art, in „Kanzlerrunden", Runden Tischen, neokorporatistischen Bündnissen usw. Von Bedeutung ist der Begriff der politischen Klasse, weil er alle Personen definiert, die in der modernen „Verhandlungsdemokratie" (Scharpf) Mitverantwortung für gemeinverträgliche Problemlösungen tragen. Aufgabe der kritischen Öffentlichkeit und nicht zuletzt auch der Politikwissenschaft ist es dann, immer erneut zu untersuchen, ob sich die politische Klasse zu einer abgeschlossenen „Machtelite" (Mills) entwickelt, oder ob sie, in öffentlich verantworteter Weise, durch Kooperations- und Kompromißfähigkeit zu einem zukunftsorientierten Ausgleich gesellschaftlicher Interessen in der Lage ist.

Dietrich Herzog

Literatur:

Bürklin, Wilhelm/Rebenstorf, Hilke 1997: Eliten in Deutschland. Rekrutierung und Integration, Opladen.

Herzog, Dietrich 1992: Zur Funktion der Politischen Klasse in der sozialstaatlichen Demokratie der Gegenwart, in: Leif, Thomas/Legrand, Hans-Josef/Klein, Ansgar (Hrsg.): Die politische Klasse in Deutschland. Eliten auf dem Prüfstand, Bonn/Berlin, S. 126-149.

Herzog, Dietrich 1993: Politik als Beruf: Max Webers Einsichten und die Bedingungen der Gegenwart, in: Klingemann, Hans-Dieter/Luthardt, Wolfgang (Hrsg.): Wohlfahrtsstaat, Sozialstruktur und Verfassungsanalyse, Opladen, S.107-126.

Herzog, Dietrich 1997: Politische Elite, in: Andersen, Uwe/Woyke, Wichard (Hrsg.): Handwörterbuch des politischen Systems der Bundesrepublik Deutschland, Opladen, S.458-463.

Hoecker, Beate 1995: Politische Partizipation von Frauen. Ein einführendes Studienbuch, Opladen.

Schöne, Helmar 1999: Probleme und Chancen parlamentarischer Integration. Eine empirische Studie zum Ost-West-Integrationsprozeß unter Abgeordneten, Wiesbaden.

Politikverdrossenheit

→ *Anomie/Entfremdung, Demokratie, Europa, Externe politische Effektivität, Familie, Globalisierung, Massenmedien, Neue Bundesländer, PDS, Politiker/Politische Klasse, Politische Moral, Politische Sozialisation: Beruf/Familie/Massenmedien/Schule/Ost-/Westdeutschland, Politische Unterstützung, Politisches Interesse, Politisches Vertrauen, Republikaner/DVU, Responsivität, Vereine, Wohlfahrtsstaat.*

Begriff/Definition:
Politikverdrossenheit (P.) ist ein Modewort der Massenkommunikation. Unter anderem aus diesem Grunde wird es auch von Wissenschaftlern verwendet, die publikumswirksam agieren wollen. Es konnte sogar zum „Wort des Jahres 1992" avancieren. P. ist ein vieldeutiger und unscharfer Begriff und verdankt vermutlich gerade diesen Eigenschaften seine Prominenz. Mit diesem Begriff kann scheinbar ein breites Spektrum von Unzufriedenheiten, Kritiken, Enttäuschungen der Bürger mit den verschiedensten Akteuren und Institutionen des politischen Systems gebündelt werden und die intuitiv nachvollziehbare Interpretation bekommen, daß sich zwischen den Bürgern und der Politik eine tiefgreifende kognitive und affektive Distanz aufgebaut hat, die eben als „Verdrossenheit" bezeichnet wird. Die Gründe dafür sind in der Verdrossenheitsrhetorik auch schon ausgemacht: Sie bestehen in erster Linie in Leistungsdefiziten der Politiker und der Parteien und in zweiter Linie in institutionellen Funktionsdefiziten, die ein effizientes und responsives Handeln der politischen Akteure im Interesse der Bürger blockieren. Mit dieser Unterstellung einer tiefgreifenden Distanz zwischen Bürgern und Politik können vielfältigste Einzelphänomene (z.B. sinkende Wahlbeteiligung, Protestaktionen, in Umfragen geäußerte Unzufriedenheiten mit den politischen Parteien und dem Funktionieren der → Demokratie etc.) als empirische Belege einer wachsenden Entfremdung genommen werden, die auf die Dauer ein systemgefährdendes Potential darstellt. Sie erfahren auf diese Weise eine Dramatisierung, die offenbar eine notwendige Bedingung der Erzielung von Resonanz im Öffentlichkeitssystem ist. P. ist in der skizzierten Bedeutung und Verwendung ein journalistisches Wort und muß für wissenschaftliche Zwecke allererst in dort eingeführte Begriffe übersetzt werden. Der dafür angemessene Begriff ist der der → „politischen Unterstützung". Darunter wird eine Einstellung verstanden, mit deren Hilfe sich eine Person bewertend (positiv, negativ) gegenüber einem politischen Objekt orientiert. Je nachdem, um welches politische Objekt es sich handelt, und auf welcher Quelle diese Bewertung beruht, können verschiedene Typen politischer Unterstützung unterschieden werden (Easton 1965, Fuchs 1989).

Der Begriff der politischen Unterstützung ist von Easton (1965) im Rahmen seiner Systemtheorie der Politik entwickelt worden. Er hat sich sehr schnell in der internationalen Forschung durchgesetzt und diente als der konzeptuelle Anknüpfungspunkt für die meisten empirischen Analysen über das Verhältnis der Bürger zu Politik und Staat. In der empirischen Demokratieforschung wurde er seit Beginn der 70er Jahre aufgegriffen, als sich die Krisentheorien (Legitimationskrise, Regierbarkeitskrise, Demokratiekrise etc.) über die westlichen Demokratien häuften und seitdem auch nicht mehr verstummt sind. Die Diskussion über die P. schließt sich an diese Tradition unmittelbar an.

Erkenntnisziele:
Die wichtigsten Erkenntnisziele der Forschungen über politische Unterstützung bestehen in der empirischen Klärung des Ausmaßes und der Ursachen der politischen Unterstützung in den existierenden Demokratien. Im Mittelpunkt steht dabei die Frage, ob sich mögliche Unzufriedenheiten der Bürger lediglich auf die Akteure des demokratischen Systems beziehen (→ Politiker und Parteien) oder auf die institutionelle Struktur des demokratischen Systems (politisches Regime). Ersteres könnte durch Verhaltensänderungen der Akteure absorbiert werden und durch den Austausch von Regierung und Opposition durch Wahlen. Letzteres aber würde längerfristig die Stabilität des demokratischen Systems des jeweiligen Landes bedrohen.

Theorien/Konzepte/Modelle:
Die wichtigsten Bestandteile einer Theorie der politischen Unterstützung sind zum einen die genaue Bestimmung des Konzeptes selber und zum anderen die Formulierung von Annahmen über Determinanten politischer Unterstützung. Die grundlegende analytische Differenzierung ist von Easton (1965) vorgegeben worden, der zwischen verschiedenen Unterstützungsobjekten und verschiedenen Weisen, sich gegenüber diesen Objekten zu orientieren, unterschied. Die fundamentalen Orientierungsweisen sind nach Easton die von diffuser und spezifischer Unterstützung und die wichtigsten Orientierungsobjekte die politische Gemeinschaft, das politische Regime und die politischen Entscheidungsträger. Die Unterscheidung von diffus und spezifisch ist aber wenig trennscharf und entspricht auch nicht den Kategorien der Einstellungsforschung. Deshalb wird von anderen Autoren diese Unterscheidung aufgegeben, und es werden statt dessen universelle Orientierungsmodi gegenüber allen Objekten herangezogen: expressive, moralische bzw. wertbezogene und instrumentelle bzw. leistungsbezogene Orientierungen. Durch die Verschränkung dieser Orientierungsmodi mit verschiedenen Objekten des politischen Systems kann dann eine komplexe Typologie politischer Unterstützung gebildet werden (Fuchs 1989, Gabriel 1997). Die expressive Orientierung gegenüber einem Objekt bildet den Unterstützungstyp „Identifikation" mit diesem Objekt, die moralische bzw. wertbezogene den Unterstützungstyp „Legitimität" und die instrumentelle bzw. leistungsbezogene den Unterstützungstyp „Effektivität" (Fuchs 1989).

Eine andere konzeptuelle Weiterentwicklung besteht in der Spezifikation eines Ebenenmodells des politischen Systems, das eine hierarchische Anordnung politischer Objekte und der auf sie bezogenen Unterstützung vornimmt (Fuchs 1997). Im Kontext dieser konzeptuellen Überlegungen werden auch Determinanten politischer Unterstützung identifiziert. Das Kriterium der Hierarchie ist ein unterstelltes Kontinuum von Idealität und Realität. Die oberste Ebene bilden die politischen Werte, d.h. die Vorstellungen über die wünschenswerte (ideale) Form der politischen Herrschaftsordnung (Kulturebene). Die nächste Ebene stellt der konkrete

Typus der Herrschaftsordnung (politisches Regime) dar, der durch die Verfassung eines Landes implementiert ist (Strukturebene). Die niedrigste Ebene und damit die realitätsnächste Ebene wird durch die politischen Akteure und ihre Handlungen konstituiert (Prozeßebene oder Performanzebene). Auf der Grundlage dieses Ebenenmodells können Annahmen über die Einflußbeziehungen zwischen den verschiedenen Unterstützungstypen formuliert werden. Die für die Stabilität und das Funktionieren eines demokratischen Regimes relevanten Typen politischer Unterstützung sind die Effektivität und vor allem die Legitimität dieses Regimes in den Augen der Bürger. Wenn eine Mehrheit der Bürger beides negativ einschätzen würde, dann läge eine „P." mit systemgefährdenden Implikationen vor. Diese Variante der „P." wird häufig mit dem Begriff der „Demokratieverdrossenheit" bezeichnet. Die wichtigste unmittelbare Determinante der Legitimität des demokratischen Regimes sind die Bindungen der Bürger an politische Werte, und die wichtigste unmittelbare Determinante der Effektivität des Regimes ist die Performanzeinschätzung der politischen Akteure durch die Bürger. Die Wertebindungen werden durch die Sozialisationsprozesse hergestellt, und ihr Gelingen hängt von der Leistungsfähigkeit der maßgeblichen Sozialisationsagenten (u.a. → pS: Familie/ Schule) ab. Die Performanz der politischen Entscheidungsträger wird vor allem dann positiv wahrgenommen, wenn die wirtschaftliche Entwicklung günstig verläuft und deshalb ausreichende Ressourcen zur Erzeugung von „Outputs" zur Verfügung stehen.

Methoden:
Die empirischen Studien zur politischen Unterstützung stützen sich i.d.R. auf repräsentative Bevölkerungsumfragen. Die wichtigsten Datenquellen der international vergleichenden Unterstützungsforschung sind zum einen die Erhebungen des *Eurobarometers*, die seit Mitte der 70er Jahre in den Ländern der Europäischen Gemeinschaft jährlich zweimal stattfinden und zum anderen des *World-Values-Survey*. Er wurde Anfang der 80er Jahre zum ersten Mal durchgeführt und seitdem zweimal wiederholt (Anfang der 90er Jahre und 1995-1997). Die gebräuchlichsten Analysemethoden dieser Umfragedaten bestehen in der Anwendung statistischer Verfahren, die in den standardisierten Programmpaketen (z.B. SPSS) bereitgestellt werden.

Ergebnisse:
Eines der wichtigsten Ergebnisse der Forschungen über politische Unterstützung ist der empirische Beleg, daß es zumindest bis Anfang der 90er Jahre eine Krise der westlichen Demokratien nicht gegeben hat. Im Gegenteil: In allen westlichen Ländern wird die Demokratie als Regierungsform von der ganz überwiegenden Mehrheit der Bürger akzeptiert, und in den meisten Ländern wird auch das Funktionieren der Demokratie des eigenen Landes positiv eingeschätzt. Zu dieser Schlußfolgerung kommen nahezu alle international vergleichenden Studien, und das konnte

auch für die westeuropäischen Länder unter Einschluß der BRD bestätigt werden (Fuchs/Guidorossi/Svensson 1997). Dieser empirische Tatbestand ist von der permanenten Krisen- und Verdrossenheitsrhetorik ganz offensichtlich nicht zur Kenntnis genommen worden.

Im Unterschied zur Unterstützung des demokratischen Regimes konnte in vielen Ländern eine im Zeitverlauf sinkende Unterstützung der politischen Parteien festgestellt werden (siehe für Deutschland Falter/Rattinger 1997). Dieses empirische Ergebnis wird von vielen als ein Symptom einer zunehmenden Politikverdrossenheit im Sinne einer fundamentalen Distanz zwischen Bürgern und Politik interpretiert. Dem kann aber die Annahme der Modernisierungsforschung entgegengehalten werden, daß sich durch die Prozesse der weitergehenden Modernisierung der entwickelten Gesellschaften sowohl die kognitiven Kompetenzen der Bürger als auch ihre Informiertheit beträchtlich erhöht haben (u.a. Almond/Powell 1978). Die zunehmende Kritik an den politischen Parteien kann demgemäß auch als Ausdruck einer zunehmenden Kritikfähigkeit und Kritikbereitschaft der Bürger begriffen werden. Für diese Annahme spricht auch, daß diese „Parteienverdrossenheit“ nach allen empirischen Belegen eben nicht mit einer „Demokratieverdrossenheit“ zusammengeht.

In den beiden Teilen des vereinigten Deutschland sind beträchtliche Unterschiede in der politischen Unterstützung festgestellt worden (Fuchs 1997). Während die Zufriedenheit mit dem Funktionieren der Demokratie in Deutschland im Osten etwas niedriger ist als im Westen, ist die Differenz bei der Unterstützung des politischen Regimes des vereinigten Deutschland (seiner Staatsform) eklatant: Eine überwiegende Mehrheit im Westen hält die Staatsform in Deutschland als die bestmögliche, und im Osten ist das nur bei einer Minderheit der Fall. Dafür sind zwei Gründe verantwortlich: erstens die relative Deprivation, die die Ostdeutschen gegenüber den Westdeutschen aufgrund ihrer immer noch schlechteren ökonomischen und sozialen Lage empfinden und zweitens normative Demokratievorstellungen, die die Bürger der → neuen Bundesländer aufgrund ihrer Sozialisation in der DDR (→ pS: Ost-/Westdeutschland) entwickelt haben. Sie wollen zwar eine Demokratie, aber nicht die liberale Demokratie, die im vereinigten Deutschland implementiert ist.

Ausblick/offene Fragen:
Vor allem drei Fragestellungen bedürfen in den Forschungen über politische Unterstützung einer weitergehenden theoretischen und empirischen Klärung. Die erste betrifft die Erzeugung einer stabilen Unterstützung der demokratischen Regimes in den Ländern Mittel- und Osteuropas. Davon hängt die weitere Konsolidierung dieser neuen Demokratien entscheidend ab. Die zweite bezieht sich auf die Zusammenhangsstruktur zwischen den unterschiedlichen Typen politischer Unterstützung in den einzelnen Ländern. Im Vordergrund steht dabei die Analyse des Einflusses von Wertorientierungen auf die anderen politischen Einstellungen.

Welche politischen Wertemuster dominieren in den einzelnen Ländern, und wie wirkt sich das auf die Unterstützung der Demokratie des eigenen Landes aus (Legitimität, Effektivität des politischen Regimes)? Diese Frage ist in den Ländern Mittel- und Osteuropas besonders interessant, da die durch Sozialisationsprozesse verankerten Wertorientierungen der Bürger zumindest teilweise noch auf die früheren staatssozialistischen Gesellschaften zurückgehen. Viele Bürger aus diesen Ländern bevorzugen das normative Modell des demokratischen Sozialismus, und das entspricht nicht der liberalen Demokratie, die in Anlehnung an die westlichen Vorbilder in den meisten Ländern eingeführt wurde. Die dritte Fragestellung richtet sich auf die Möglichkeiten der Erhaltung einer Unterstützung der nationalstaatlichen Demokratien unter den Bedingungen der → Globalisierung. Zu der Globalisierungsproblematik gehört auch die Frage, inwieweit supranationale Regimes wie z.B. die Europäische Union (→ Europa) gegenüber den Bürgern der beteiligten Nationalstaaten legitimiert werden und eine darauf gründende Akzeptanz gewinnen können.

Dieter Fuchs

Literatur:

Almond, Gabriel A./Powell, G. Bingham 1978: Comparative Politics. System, Process, and Policy, Boston/Toronto.

Easton, David 1965: A Systems Analysis of Political Life, New York.

Falter, Jürgen W./Rattinger, Hans 1997: Die deutschen Parteien im Urteil der öffentlichen Meinung 1977-1994, in: Gabriel, Oscar W./Niedermayer, Oskar/Stöss, Richard (Hrsg.): Parteiendemokratie in Deutschland, Bonn, S. 495-513.

Fuchs, Dieter 1989: Die Unterstützung des politischen Systems der Bundesrepublik Deutschland, Opladen.

Fuchs, Dieter 1997: Wohin geht der Wandel der demokratischen Institutionen in Deutschland? Die Entwicklung der Demokratievorstellungen der Deutschen seit ihrer Vereinigung, in: Göhler, Gerhard (Hrsg.): Institutionenwandel, Leviathan, Sonderheft 16, Opladen, S. 253-284.

Fuchs, Dieter/Guidorossi, Giovanna/Svensson, Palle 1995: Support for the Democratic System, in: Klingemann, Hans-Dieter/Fuchs, Dieter (Hrsg.): Citizens and the State, Oxford, S. 323-353.

Gabriel, Oscar W. 1997: Politische Einstellungen und politisches Verhalten, in: Gabriel, Oscar W./Holtmann, Everhard (Hrsg.): Handbuch Politisches System der Bundesrepublik Deutschland, München/Wien, S. 381-497.

Maier, Jürgen 2000: Politikverdrossenheit in der Bundesrepublik Deutschland. Dimensionen - Determinanten - Konsequenzen, Opladen.

Politikverflechtung

→ *Demokratie, Eliten, Föderalismus, Generationen, Globalisierung, Kommunen, Konflikt/ Konsens, Konfliktlinien, Neue Bundesländer, Parteiensystem, Politische Steuerung, Politische Unterstützung, Politisches Vertrauen, Regionale/Lokale politische Kultur.*

Begriff/Definition:
Die Entscheidungsprozesse im politischen System Deutschlands sind in ein komplexes Netzwerk stark differenzierter Entscheidungsstrukturen eingebunden. In diesem Rahmen dominiert vertikal die Kooperation von Bund, Ländern, Gemeinden und EU sowie horizontal die Kooperation der Länder und der Kommunen untereinander. Für diese Verschränkung der politisch-administrativen Entscheidungskompetenzen steht der von Scharpf geprägte Begriff der Politikverflechtung (P., Scharpf u. a. 1976). Er kennzeichnet das Ausmaß integrierter Verflechtungsmuster mit seinen materiellen und formalen Auswirkungen in den Bereichen Finanzen und Verwaltung sowie der Entscheidungsfindung im Prozeß des „policy-making". P. wirkt damit zugleich als Filter, der darüber bestimmt, wie groß die politischen Handlungsspielräume auf den verschiedenen Ebenen des politischen Systems ausfallen.

Entwicklungslinien:
Die Verflechtungsstrukturen sind eine Folge der Differenz von interdependenten gesellschaftlichen Problemstrukturen und vertikal wie horizontal differenzierten Entscheidungsstrukturen, die in den ersten Jahrzehnten der Bundesrepublik zu einer zunehmenden Verlagerung der Gesetzgebungskompetenzen zum Bund über die zunehmende Inanspruchnahme der Materien der konkurrierenden Gesetzgebung nach Art. 74 GG geführt haben: Aufgrund der besonderen Problemlagen der Nachkriegszeit war die Grundrichtung staatlichen Handelns vorgegeben. Im Mittelpunkt stand die Bewältigung der Kriegsfolgen mit dem Ziel möglicht schnell, effektiv und effizient eine leistungsfähige Infrastruktur aufzubauen. Im Interesse einer einheitlichen Problemverarbeitung kam es zu einer erheblichen Mitfinanzierung des Bundes an den Projekten der Länder und der Einrichtung einer großen Zahl von Bund-Länder-Kommissionen, die sich mit der Abstimmung der Verwaltungspraxis und der Angleichung von Gesetzen und Verordnungen befassen. Unterstützung für ein solches Vorgehen findet sich in Art. 72, Abs. 2 GG, nach dem in allen Teilräumen des Bundesgebietes einheitliche bzw. gleichwertige Lebensverhältnisse zu schaffen sind. Diese Maxime ist die Grundlage aller wesentlichen Politikentscheidungen in der Bundesrepublik (Bundesrat 1989, Schultze 1999).

Die zunehmende Koordinierung im Bund-Länder-Verhältnis entwickelte sich in den 70er Jahren zur Praxis einer gemeinsamen Aufgabenerfüllung. Im Rahmen dieses kooperativen → Föderalismus stärkten vor allem die Länder ihre Möglichkeiten zur Ablehnung der Forderungen von Interessengruppen, die u.a. einen Subventionswettlauf zwischen Ländern und Gemeinden zur Ansiedlung von Industrie und Gewerbe begründeten. Besondere Bedeutung kam in diesem Zusammenhang der Einführung der Gemeinschaftsaufgaben in der Verfassungsreform von 1969 zu. Damit wurde die P. zu einem zentralen Bestandteil der im GG angelegten Aufgabenerfüllung durch die staatlichen Instanzen. Es handelt sich hierbei um konjunktur- und strukturpolitische Aufgaben von bundesweiter Bedeutung, die hohe Investitionen erfordern: „Der Bund wirkt auf folgenden Gebieten bei der Erfüllung von Aufgaben der Länder mit, wenn diese Aufgaben für die Gesamtheit bedeutsam sind und die Mitwirkung des Bundes zur Verbesserung der Lebensverhältnisse erforderlich ist (Gemeinschaftsaufgaben): 1. Ausbau und Neubau der Hochschulen einschließlich der Hochschulkliniken, 2. Verbesserung der regionalen Wirtschaftsstruktur, 3. Verbesserung der Agrarstruktur und des Küstenschutzes" (Art. 91a, Abs. 1 GG). Der Bund trägt in den ersten beiden Fällen die Hälfte und im dritten Fall mindestens die Hälfte der Ausgaben. Die Verabschiedung der Rahmenpläne erfolgt in sog. Planungsausschüssen, in denen der Bund 50 % der Stimmen und die Bundesländer je eine Stimme haben.

Vergleichbare Kooperationsvorhaben gibt es nach Art. 91b GG auf Grund von Vereinbarungen bei der Bildungsplanung und bei der Forschungsförderung (realisiert z.B. im Wissenschaftsrat). Darüber hinaus betrifft die vertikale Kooperation zwischen Bund und Ländern die Steuerung der Konjunktur- und Wirtschaftspolitik (Globalsteuerung nach Art. 109 im Rahmen des Finanzplanungsrates und Konjunkturrates; → Politische Steuerung). Außerdem kann der Bund den Ländern Investitionshilfen für bedeutsame Vorhaben gewähren, die zur Abwehr einer Störung des gesamtwirtschaftlichen Gleichgewichts, zum Ausgleich unterschiedlicher Wirtschaftskraft oder zur Förderung des wirtschaftlichen Wachstums erforderlich sind (Art. 104a, Abs. 4 GG). P. tritt hier vor allem als Ressourcenverflechtung auf, was sich auch in anderen Bereichen der Finanzverfassung zeigt. Das früher bestehende Trennsystem bei den Steuern wurde bereits 1955/56 durch ein Verbundsystem mit Einkommen- und Körperschaftssteuer ersetzt und der vertikale Finanzausgleich zwischen Bund und vergleichsweise armen Ländern um einen horizontalen Finanzausgleich zwischen den Ländern ergänzt (Art. 107, Abs. 2 GG). Im Zuge der Finanzreform von 1967/69 wurde auch die Umsatzsteuer dem Steuerverbund zugeschlagen. Die Verteilung des Aufkommens der Einkommen- und Körperschaftssteuer erfolgt nach fixierten Quoten, wobei Bund und Länder nach Art. 106, Abs. 3 GG je zur Hälfte beteiligt sind. Demgegenüber erfolgt die Verteilung des Aufkommens der Umsatzsteuer nach variablen Quoten, die neu festzusetzen sind, „wenn sich das Verhältnis zwischen den Einnahmen und Ausgaben des Bundes wesentlich anders entwickelt" (Art. 106, Abs. 4 GG). Diese Verteilungsregeln führen regelmäßig zu erheblichen Konflikten im Bund-Länder-Verhältnis, zumal auch der horizontale Finanzausgleich durch Bundesgesetz geregelt wird, wobei die Interessenlage von Bund und finanzschwachen Ländern mit dem Interesse der finanzstarken Länder nach einer Rückführung des Ausgleichsvolumens konkurriert. Weitere Interessengegensätze resultieren aus unterschiedlichen Fach- und Ressortinteressen und parteipolitischen Differenzen (Benz u. a. 1992, Lehmbruch 1976/1998, Renzsch 1991, → Konflikt/Konsens, Konfliktlinien, Parteiensystem).

Die P. als vertikale Verzahnung von Bund und Ländern macht deutlich, daß in Deutschland umfangreiche Kompetenzen auf einer Ebene selten sind und Mischkompetenzen überwiegen. Umfassende Kooperationsstrukturen gibt es darüber hinaus mit Blick auf Integrationsprozesse in der EU im europäischen Kontext sowie auf horizontaler Ebene zwischen den deutschen Ländern und auf der kommunalen Ebene. Die Politik der Länder in ihren bundesfreien Aufgabenbereichen unterliegt einer ausgeprägten Selbstkoordination im Rahmen von Ressortministerkonferenzen und gemeinsamen Einrichtungen (z.B. in der Ständigen Konferenz der Kultusminister der Länder). Mit diesen in der alten Bundesrepublik bereits frühzeitig eingeführten Gremien versucht die Ländergesamtheit einer im Zuge der Herstellung gleichwertiger Lebensverhältnisse möglichen Kompetenzverlagerung auf den Bund entgegenzuwirken. Darüber hinaus bestehen zunehmend bi- und trilaterale Formen der Länder-Zusammenarbeit, die sich vor allem in den Partnerschaftsbeziehungen zwischen den → neuen und alten Bundesländern entwickelt haben. Nicht zu vernachlässigen sind auch die gemeinsamen Bemühungen der Länder, ihr Gewicht in den Entscheidungsprozessen der Europäischen Union zu verstärken. Die „Verdopplung“ der P. durch den europäischen Integrationsprozeß hat erhebliche Rückwirkungen auf das föderative Verflechtungssystem in Deutschland, weil sie die Bestandsinteressen der unterschiedlichen Träger politisch-administrativer Entscheidungskompetenzen berührt.

Parallel zu diesen Prozessen auf staatlicher und supranationaler Ebene hat sich auch der Gestaltungsspielraum der Gemeinden (→ Kommunen) und Städte, die in Deutschland traditionell eine wichtige Rolle bei der wirtschaftlichen, sozialen und kulturellen Daseinsvorsorge spielen, von einer eigenverantwortlichen Aufgabenwahrnehmung zur arbeitsteiligen Funktionswahrnehmung im Rahmen eines überörtlichen Beziehungsgeflechts verschoben. Die horizontalen Verflechtungsstrukturen auf Gemeindeebene sind in der Vergangenheit immer dichter und intensiver geworden (Kooperation im Rahmen von Zweckverbänden, Nachbarschaftsverbänden, regionalen Planungsgemeinschaften und Regionalverbänden). Diese Entwicklung relativiert die vorherrschende Einschätzung einer Fremdsteuerung kommunalen Handelns durch staatliche Instanzen, ebenso der in den vergangenen Jahrzehnten weitgehend konstante Kommunalisierungsgrad der Staatsausgaben sowie der insgesamt nur moderate Einfluß der im Rahmen des kommunalen Finanzausgleichs transferierten staatlichen Zuweisungen auf die kommunale Haushaltspolitik (Kunz 2000). Auch die Bedeutung der staatlichen Aufsicht und Steuerung für den Gestaltungsspielraum der Kommunen ist zu relativieren, denn es sind die kommunalen Instanzen vor Ort, die mit den Problemen der Programmimplementation unmittelbar konfrontiert werden und aufgrund der Rückmeldungen eine flexible Anpassung ermöglichen. Staatliche Auftragsverwaltung und Aufgabenvollzug durch die Kommunalverwaltungen folgen daher weniger dem traditionellen hierarchischen Politikmodus, sondern zunehmend einer vertikalen Kooperation zwischen den staatlichen und kommunalen Instanzen. Die Anwendung restriktiver Rechtsaufsichtsmittel wirkt in derartigen Handlungszusammenhängen eher kontraproduktiv. Länder und auch mittelbar der Bund sind daher zur Erfüllung staatlicher Aufgaben auf einen ausreichenden Vollzugskonsens mit den Kommunen angewiesen.

Dieser Vollzugskonsens und die Kooperation von Bund und Ländern auf vertikaler und horizontaler Ebene in einer fast unüberschaubaren Anzahl von Einrichtungen und Gremien beruhen auf der Wirksamkeit bestimmter Aushandlungs- und Entscheidungsmechanismen. Verflechtung und Kooperation bewirken, daß Verhandlungen im Entscheidungsprozeß eine zentrale Rolle zukommt. Um die föderativen, sektoralen oder parteipolitischen Konfliktlagen im Prozeß des „policy making" zu überwinden, bedarf es einer konsensualen Aushandlung, die den unterschiedlichen Konsequenzen der Entscheidungen für die beteiligten Akteure Rechnung trägt. Die Handlungslogik der unterschiedlichen Träger politisch-administrativer Entscheidungskompetenzen wird daher durch ein überwiegend partnerschaftlich orientiertes Zusammenwirken geprägt, das einen Ausgleich der unterschiedlichen Interessen durch Kompromißlösungen ermöglicht. Damit wird das Prinzip der Einstimmigkeit zur dominierenden Entscheidungsregel. Sie ermöglicht den Akteuren trotz unterschiedlicher Interessen gemeinsam zu bestimmten Entscheidungen zu kommen, wobei der Maßstab der Gleichheit (üblicherweise über die Einwohnerzahl operationalisiert) die in diesem Kontext einfachste und auch durchsetzungsfähigste Lösung der Verteilungsprobleme darstellt. Die Folge ist, daß eine inkrementalistische Politik der distributiven Verteilung von Ressourcen dominiert. Damit befinden sich die Akteure nach überwiegender Vorstellung in Wissenschaft und Praxis in einer „P.-Falle" (Scharpf 1985), weil die Lösung der vorherrschenden Strukturprobleme eine redistributive Politik voraussetzt, die aber aufgrund der einseitig zu tragenden Verluste in der Regel nur über Mehrheitsentscheidungen zu erreichen ist, die wiederum nicht mit dem Muster kooperativer Verhandlungen korrespondieren.

Im Anschluß an diese von Scharpf und seinen Mitarbeitern bereits in den 70er Jahren getroffene Krisendiagnose hat sich eine umfangreiche Literatur zu den Defiziten und Problemen der P. entwickelt, die sich grob als input- und outputorientierte Probleme klassifizieren lassen: Auf der Input-Seite wird die Dominanz der Fachbürokratien, der Verlust parlamentarischer Handlungsfähigkeit und Kontrolle insbesondere durch die Landesparlamente sowie die mangelnde legimatorische Qualität der Interaktionsbeziehungen beklagt. Zudem bewirkt die Komplexität der arbeitsteilig ausdifferenzierten Verhandlungssysteme, daß die Strategiewahl der politischen Akteure an Zuordnung und Zurechenbarkeit verliert und so zu einer Verantwortlichkeitsdiffusion führt. P. impliziert auf diese Weise ein Demokratiedefizit (→ Demokratie), dem auf der Output-Seite die mangelnde Leistungsfähigkeit und Allokationseffizienz der verhandlungsbasierten Verflechtungsstrukturen folgt. Die geringen Möglichkeiten der Majorisierung und Hierarchisierung der Entscheidungsstrukturen führen zur Gleichbehandlung, langwierigen Entscheidungsprozessen und Konfliktvertagung, Besitzstandswahrung, Eingriffsverzicht, Minimalkonsensen auf der Basis des kleinsten gemeinsamen Nenners und engen politischen Handlungsspielräumen. Solche „Pathologien" der verhandelnden Politik begründen eine „inhärente Tendenz zur Selbstblockierung" (Scharpf 1985). Sie verringern die Fähigkeiten des Staates, sich schnell an neue Gegebenheiten anzupassen und Innovationen hervorzubringen. Dies erscheint vor allem im Zuge der Intensivierung des Wettbewerbs aufgrund der Europäisierung und → Globalisierung der Wirtschaft von Nachteil und als Gefährdung des Systemvertrauens (→ Politische Unterstützung, Politisches Vertrauen). Ein typisches Beispiel für die Effizienzdefizite der P. bietet die Verabschiedung und Implementierung des Strukturhilfegesetzes in den 80er Jahren (Kunz 1992). Diese Kompromißlösung zum Ausgleich der regional sehr unterschiedlichen Sozialhilfelasten war nur deshalb möglich, weil die notwendige Strukturreform der Finanzverfassung nicht verfolgt wurde. Sie verdeutlicht zugleich, daß das zu Anfang dieses Jahrzehnts beabsichtigte Vorhaben einer Entflechtung der Ressourcen- und Entscheidungssysteme bereits vor der Vereinigung der beiden deutschen Teilstaaten gescheitert war. Dieses Ergebnis ist nachvollziehbar, bieten doch die Verflechtungsstrukturen allen Akteuren nicht nur Anknüpfungspunkte für ihre politischen und bürokratischen Strategien der Zielverfolgung, sondern auch für Selbstdarstellung und Erfolgsnachrichten im Rahmen einer symbolischen Politik.

Diese kritischen Einschätzungen der P. sind nicht unwidersprochen geblieben. Vor allem wird darauf hingewiesen, daß keineswegs alle Formen der bundesstaatlichen Kooperation als restriktives und schwerfälliges Verflechtungssystem funktionieren. Es gibt zwar Informationsaustausch, Entscheidungskompetenzen werden aber nicht gemeinsam ausgeübt (z.B. in der Technologiepolitik). Diese Perspektive wird durch die Ergebnisse empirischer Untersuchungen gestützt, nach denen sich zum Teil deutliche Differenzen in der Politik zwischen CDU/CSU- und SPD-geführten Ländern und Städten nachweisen lassen, die in der „Policy-Kultur" des Systems begründet liegen. Darüber hinaus wird auf die große Integrationskraft der Inklusionsbeziehungen hingewiesen, so daß die Einzelinteressen nicht mehr fragmentiert die politische Agenda bestimmen und Verteilungsprobleme in dauerhaften Formen des generalisierten Tauschs übergreifend bewältigt werden müssen. Damit bestehen in kooperativen Verhandlungssystemen besondere Anreize, Maßnahmen zu ergreifen, die sich auf die gesamtgesellschaftliche Wohlfahrt positiv auswirken. Vor allem die bisherige Lösung der vereinigungsbedingten Integrations- und Verteilungsprobleme spricht nach Ansicht zahlreicher Beobachter für diese Einschätzung. Allerdings ist zu berücksichtigen, daß diese Erfolge nur unter großem Druck und durch erhebliche, zum Teil wahltaktisch motivierte Konzessionen des Bundes sowie eine Verschiebung der finanziellen Lasten auf die nachfolgenden → Generationen erzielt wurden. Ebenso haben die Vorschläge, die sich mit der Vereinigung ergebenden Chancen zu einer Reform der Entscheidungs- und Verhandlungsstrukturen im Hinblick eine Entflechtung und „Reföderalisierung" des politisch-administrativen System zu nutzen, bisher keine ernsthafte Resonanz gefunden. Es handelt sich hierbei insbesondere um Vorschläge zur Abschaffung der Gemeinschaftsaufgaben und Finanzhilfen nach Art. 104a, Abs. 4 GG, um Empfehlungen zum Abbau des Systems der Gemeinschaftssteuern mit dem Ziel der Stärkung der Finanzierungskompetenzen auf Länder- und Gemeindeebene sowie um Überlegungen hinsichtlich einer Ausweitung des legislativen Handlungsspielraums der Länder, zumeist verknüpft mit der Forderung nach einer Länderneugliederung. Dennoch sollte man mit einer sehr negativen Einschätzung der Verhandlungs- und Kooperationsstrukturen im föderalen System Deutschlands zurückhaltend sein. Die Reformen der Kommunalverfassungen in den 90er Jahren haben die direkten Mitwirkungsmöglichkeiten der Bürger deutlich verbessert und damit die Demokratiedefizite der P. zumindest auf dieser Ebene reduziert. Ebenso zeigen die aktuellen Ansätze zur Modernisierung der öffentlichen Verwaltungen, daß Lernprozesse und experimentelle Politik unter den Bedingungen der P. grundsätzlich möglich sind.

Volker Kunz

Literatur:

Benz, Arthur/Scharpf, Fritz W./Zintl, Reinhard 1992: Horizontale Politikverflechtung, Frankfurt/New York.

Bundesrat (Hrsg.) 1989: Vierzig Jahre Bundesrat, Baden-Baden.

Kunz, Volker 1992: Ressourcenverteilung und Ressourcentransfer im deutschen Bundesstaat, in: Raumforschung und Raumordnung 50, S. 112-127.

Kunz, Volker 2000: Parteien und kommunale Haushaltspolitik im Städtevergleich, Opladen.

Lehmbruch, Gerhard 1998 (1976): Parteienwettbewerb im Bundesstaat, 2. Aufl., Opladen.

Renzsch, Wolfgang, 1991: Finanzverfassung und Finanzausgleich, Bonn.

Scharpf, Fritz W. 1985: Die Politikverflechtungsfalle, in: PVS 26, S. 323-356.

Scharpf, Fritz W./Reissert, Bernd/Schnabel, Fritz 1976: Politikverflechtung: Theorie und Empirie im kooperativen Föderalismus in der Bundesrepublik, Kronberg.

Schultze, Rainer-Olaf 1999: Föderalismusreform in Deutschland: Widersprüche-Ansätze-Hoffnungen, in: Zeitschrift für Politik 46, S. 173-194.

Voigt, Rüdiger (Hrsg.) 1995: Der kooperative Staat. Krisenbewältigung durch Verhandlung?, Baden-Baden.

Politische Beteiligung

→ *Armut, Bildung, Demokratie, Demokratische Persönlichkeit, Externe politische Effektivität, Extremismus, Frauen/Männer, Gewalt/Politische Gewalt, Intellektuelle, Interpersonale Kommunikation, Kirchen, Massenmedien, Militär, Neue Bundesländer, Neue Soziale Bewegungen,*

Öffentliche Meinung, Parlamentarismus, Politische Bildung, Politische Informiertheit, Politische Inszenierung/Symbolische Politik, Politische Kompetenz, Politische Sozialisation, Politische Sozialisation: Geschlecht/Geschlechterverhältnisse/Massenmedien/Soziale Schicht, Politische Steuerung, Politisches Bewußtsein, Politisches Interesse, Politisches Vertrauen, Soziale Sicherheit, Sozialer Wandel/Modernisierung, Sozialkapital/Soziales Vertrauen, Vereine, Wahlen/Wähler, Wertewandel.

Begriff/Definition:
Schon in den frühen Arbeiten der pKf hat politische Beteiligung (pB) einen hohen systematischen Stellenwert besessen. Am deutlichsten tritt dies in der Civic-Culture-Studie hervor, in der Partizipation als zentrales Element der Inputstruktur den „participant"-Typ der pK entscheidend mitbestimmt. Normativ gesehen gelangen die Autoren bekanntlich über die von ihnen auf der Makroebene herausgearbeitete Notwendigkeit der Balance von Input- und Outputelementen, von aktiven und von passiven Orientierungen, zum Typus der civic culture. Dabei ist jedoch zu beachten, daß sich nach ihrer Konzeptualisierung pK als Orientierungsmuster gegenüber politischen Objekten der Staatsbürger manifestiert, und das heißt als Einstellungen. Insofern ist es konsequent, daß die Inputebene in den Civic-Culture-Analysen durch Gefühle der Beteiligungspflicht, des wahrgenommenen Einflusses auf Politik der Bürger (→ Externe politische Effektivität) und durch Mikro-Elemente des aktuell gewordenen → Sozialkapital-Konzepts (van Deth u. a. 1999) wie interpersonales und → politisches Vertrauen erfaßt wird. Ein Nachteil der seinerzeit absolut innovativen Überlegungen zur pK war allerdings, daß durch die genannte Konzentration auf die Einstellungsdimension lange Zeit die Verbindung zur Wahl- und Partizipationsforschung (→ Wahlen/Wähler) im engeren Sinne nicht hergestellt worden ist. Unter politischer Beteiligung werden in der Regel jene Verhaltensweisen von Bürgern verstanden, die sie alleine oder mit anderen freiwillig mit dem Ziel unternehmen, Einfluß auf politische Entscheidungen zu nehmen (Barnes u. a. 1979, Parry u. a. 1992, Verba u. a. 1995). Diese Einflußnahmen können sich auf eine oder mehrere Ebenen des politischen Systems (Gemeinde, Land, Bund) richten. Der fortlaufende Prozeß der institutionellen internationalen Vernetzung, in Europa vornehmlich im Kontext der EU, führt darüber hinaus auch zur Einbeziehung transnationaler Regime, konkret z.B. in Form von Wahlen zum Europäischen Parlament.

Die obige Begriffsbestimmung bezieht sich bewußt auf den Typus des politischen Handelns, den man als instrumentell oder zweckrational bezeichnet. Die Forschung hat jedoch schon früh auf den Umstand aufmerksam gemacht, daß man bei kollektiven Erscheinungen politischer Partizipation (wie z.B. Demonstrationen) nicht automatisch für jedes sich beteiligende Individuum eine instrumentelle, auf politische Ziele hin gerichtete Partizipationsmotivation unterstellen kann. Eine offene Frage ist, ob in solchen Fällen hedonistische, Partizipation als Ziel betonende Motive gegeben sind, oder ob sich Personen auch ausschließlich aus einem Mobilisierungszusammenhang ohne auf Partizipation als Ziel der Mittel gerichtete Erwägungen an kollektiven politischen Aktionen beteiligen. Für die Messung vor allem von vergangener politischer Partizipation spielen diese Motivationsunterschiede zunächst keine Rolle. Bedeutsam sind sie jedoch für die Erklärung solchen Verhaltens; aus dieser Problematik ergibt sich ein wichtiger Hinweis auf die Bedeutung von Mobilisierungsprozessen für individuelle pB.

Theorien/Konzepte/Modelle - Stand der Forschung:
Sieht man einmal von der Wahlforschung ab, die traditionell auch mit Aggregatdaten, d.h. auf Gebietseinheiten wie Wahlbezirke oder Wahlkreise bezogenen Informationen arbeitet, basieren die Befunde der Beteiligungsforschung weitgehend auf Repräsentativumfragen der Gesamtbevölkerung oder deren Teilgruppen. Auf dieser Grundlage ist im zeitlichen Verlauf eine Reihe von Taxonomien unterschiedlicher Beteiligungsformen entstanden, die in starkem Maße auch mit den je spezifischen historischen Konstellationen verbunden sind, in welche die Forschungen eingebettet waren. Von diesen Taxonomien hat die Differenzierung in verfaßte und unverfaßte Formen eine besondere Bedeutung erlangt. Als verfaßt gelten solche Handlungen, die in einen institutionell klar definierten Kontext eingebettet sind, so z.B. in ein Wahlgesetz oder in eine Gemeindeordnung. Unverfaßt sind hingegen jene Aktionsformen, die in einem spontanen oder geplanten Mobilisierungsprozeß außerhalb eines institutionalisierten Rahmens entstehen. Die zweite Klassifikation bezieht sich auf den Unterschied zwischen legalen und illegalen Beteiligungsformen. Im illegalen Bereich wird dabei zusätzlich zwischen nicht unmittelbar gewaltsamen, wenn auch gewaltaffinen Akten des zivilen Ungehorsams (z.B. Hausbesetzungen) und der direkten politischen Gewalt gegen Personen und Sachen differenziert (Uehlinger 1988). Erwähnenswert ist, daß Verba u. a. (1995) in einer neueren Partizipationsstudie in den USA keinen Versuch mehr unternehmen, die von ihnen untersuchten Beteiligungsformen in eine dimensionale Struktur zu bringen. Sie bearbeiten vielmehr bevorzugt einzelne Partizipationsakte.

Die Partizipationsforschung hat ihren politikwissenschaftlichen Ursprung in den Studien zum Wählerverhalten. Während einzelne Untersuchungen dieser Art schon kurz nach der Jahrhundertwende zu verzeichnen sind, nahm dieses Gebiet seinen Aufschwung erst in den 40er Jahren mit der systematischen Entwicklung der Umfrageforschung bei repräsentativen Bevölkerungsquerschnitten auf nationaler oder regionaler Grundlage. Mit dem Versuch, die bisherigen Ergebnisse der Wahl- und Partizipationsforschung international vergleichend und systematisierend zusammenzustellen, begründet die Arbeit von Milbrath (frühere Arbeiten zusammenfassend Milbrath/Goel 1977) den Beginn der Partizipationsforschung im eigentlichen Sinne. Das von ihm vorgestellte Konzept eines eindimensionalen, im wesentlichen auf Wahlen, Wahlkampf und Parteien bezogenen und damit institutionalisiert konzipierten Beteiligungsraumes in einer Untergliederung nach Art und Größe des Engagements (von den Gladiatoren bis zu den Zuschauern und Apathischen) wurde schon bald auf der Grundlage der ersten großen, sieben Nationen einbeziehenden vergleichenden Studie zu politischer Beteiligung und politischer Ungleichheit in Frage gestellt (Verba u. a. 1972 für die USA, Verba u. a. 1978 vergleichend). Die in diesen Studien gefundene Untergliederung des Partizipationsraumes in die vier Teildimensionen Wählen, Wahlkampf, Gemeindeaktivitäten und individuelle Kontakte mit partikularistischer Zielsetzung wies allerdings insofern ein Defizit auf, als die den politischen Protest ab Mitte der 60er Jahre charakterisierenden unverfaßten Partizipationsformen (z.B. Demonstrationen, Sit-ins, Boykotte) in diesem Katalog von Aktivitäten nicht enthalten waren.

Erst mit der Political Action-Studie (Barnes u. a. 1979, Jennings u. a. 1990) wurde, erneut auf international vergleichender Grundlage in acht Ländern, der Versuch unternommen, für repräsentative Stichproben der Bevölkerung im Alter ab 16 Jahren Aussagen über die Verbreitung von nichtverfaßter politischer Partizipation bzw. von Partizipationspotentialen zu machen. Dem sozialpsychologisch fundierten theoretischen Ansatz der Studie gemäß spielte dabei der Gesichtspunkt der Akzeptanz oder Legitimität bestimmter Aktionsformen eine besondere Rolle. Als ein Hauptergebnis wurde ein zweidimensionaler Aktionsraum gefunden, der als konventionelle (verfaßte bzw. auf verfaßte Formen bezogene Aktivitäten) und unkonventionelle (unverfaßte Aktivitäten) Partizipation bezeichnet wurde. Aus theoretischen und forschungspraktischen Gründen waren dabei sowohl Wählen als auch politische Gewalt (→ Gewalt/Politische Gewalt) aus der Betrachtung ausgeschlossen.

Die Forschung in den 80er Jahren führte dann zu der bereits erwähnten zusätzlichen Differenzierung der unkonventionellen Dimension in eine legale und in eine illegale (ziviler Ungehorsam) Komponente sowie politische Gewalt als separate Teildimension. Uehlinger (1988) kam damit zu einer fünf-kategorialen Taxonomie politischer Partizipation: 1. Wählen, 2. parteien-orientierte Partizipation (z.B. in einer Partei ein Amt innehaben), 3. problem-orientierte Partizipation (z.B. Mitwirkung in einer Bürgerinitiative, bei einer genehmigten Demonstration), 4. ziviler Ungehorsam (z.B. Hausbesetzung) und 5. politische Gewalt gegen Personen und Sachen. Im übrigen sind die von der Political Action-Gruppe als unkonventionell bezeichneten Beteiligungsformen inzwischen so weit verbreitet, daß man auch von die Eliten herausfordernden (elite challenging) Aktivitäten sprechen kann.

Für die pKf ist von besonderem Interesse, daß neben situativen Faktoren auch die Einstellung gegenüber einer in Frage stehenden Beteiligungsform eine große Rolle für die tatsächliche Beteiligung spielt. Entsprechend untersucht die Umfrageforschung nicht nur vergangenes Verhalten, sondern auch eventuelle Verhaltensneigungen. Zum Zeitpunkt der ersten Erhebungen im Rahmen der Political Action-Studie (1974-1976) erwies sich dieser Zugang für nationale Bevölkerungsquerschnitte nicht zuletzt deshalb als unverzichtbar, weil zu dieser Zeit der überwiegende Teil der Bevölkerung noch nicht über persönliche Erfahrungen mit diesen Partizipationsformen verfügte (so wurden z.B. Bürgerinitiativen erst bei der zweiten

Erhebungswelle 1980 der Political Action-Studie berücksichtigt, weil sie 1974 als Aktivität noch gar keine öffentliche Sichtbarkeit gewonnen hatten). Diesen Überlegungen verdankt sich auch die im Political Action-Kontext entwickelte sog. Protestpotentialskala, in der Verhaltensneigung zu den und Legitimitätseinschätzung der Verhaltensakte gemeinsam berücksichtigt wurden (Barnes u. a. 1979). Für die Forschung stand angesichts der relativen Neuheit dieser Phänomene nach dem 2. Weltkrieg zunächst die Frage im Mittelpunkt, in welchem Verhältnis konventionelle und unkonventionelle Partizipationsformen real zueinander standen. Dabei zeigte sich schnell und stabil (im Sinne einer Bestätigung durch eine Vielzahl anderer Untersuchungen), daß in den acht untersuchten OECD-Ländern beide Dimensionen ein komplementäres und nicht ein sich ausschließendes Verhältnis zueinander besaßen. In diesem Sinne konnte und kann nach wie vor von einer Ausweitung des politischen Verhaltensrepertoires der Bevölkerung gesprochen werden (Barnes u. a. 1979, Kaase 1990, Topf 1995).

Ergebnisse:
Die in Deutschland zwischen 1983 und 1998 beobachteten erheblichen Schwankungen der Beteiligung bei Bundestagswahlen weisen darauf hin, daß politische Partizipation und ihre Veränderung nicht nur von strukturellen, sondern auch von Mobilisierungsfaktoren beeinflußt wird, wobei letztere vermutlich stärker auf unverfaßte als auf verfaßte Formen einwirken dürften. Für erstere zeigen Daten für die Länder der Europäischen Union, daß die legalen Formen inzwischen real und mehr noch vom Repertoire her fast schon zur „Normalität" westlicher Demokratien gehören, mit leicht zunehmender Tendenz (Kaase 1992, Topf 1995). Demgegenüber war ziviler Ungehorsam als reales Verhalten zumindest 1989 europaweit noch ein absolutes Minoritätenverhalten, allerdings mit leicht steigender Tendenz vor allem in seiner Akzeptanz. Lediglich politische → Gewalt ist und bleibt gesamtgesellschaftlich betrachtet ein Tabubereich; die Analyse der Überschreitung dieser Grenzen gehört in erster Linie in den Bereich der Extremismusforschung (→ Extremismus). Erhebliche Unterschiede zwischen den Ländern der Europäischen Gemeinschaft/Union in bezug auf legale und illegale pB deuten im übrigen darauf hin, daß es auch im Rahmen allgemeiner Entwicklungstendenzen sehr wohl noch Platz für länderspezifische politisch-kulturelle Prägungen gibt.

Die Partizipationsforschung hat insofern von der Beschäftigung mit den → Neuen Sozialen Bewegungen profitiert, als Beteiligung an unverfaßten politischen Aktionen offenbar nur als kollektive Erscheinung verstanden werden kann und damit in einem Mehrebenenansatz erklärt werden muß. Dies bedeutet allerdings nicht, daß individuelle Merkmale der sich beteiligenden Bürger für die Chance, sich politisch zu engagieren, belanglos sind. Das von Verba und Nie (1972, Verba u. a. 1978) entwickelte sozioökonomische Standardmodell besagt, daß ceteris paribus die Chance, sich konventionell politisch zu engagieren, positiv von der individuellen sozioökonomischen Ressourcenausstattung beeinflußt wird und daß die so möglicherweise entstehende politische Ungleichheit (so wieder umfassend dokumentiert für die USA zu Beginn der 90er Jahre in Verba u. a. 1995) nur durch angemessene institutionelle Arrangements, welche die Mobilisierung ressourcenschwacher Bevölkerungssegmente gewährleisten, kompensiert werden kann. Wie gezeigt wurde (Kaase 1990, 1992), folgen die unverfaßten Partizipationsformen demselben Muster einer positiven Beziehung zwischen individueller Ressourcenstärke und Beteiligung, jedenfalls für die Periode seit etwa 1970. Dabei wird die Ressourcenausstattung um so wichtiger, je mehr es um wirkliches Verhalten und nicht um Verhaltensdispositionen geht, ein erneuter Beleg für die Gültigkeit des „Standardmodells" der politischen Partizipation. Verba u. a. (1995) haben im übrigen die SES-Standardmodell-Vorstellung 1995 durch Elemente einer Theorie des rationalen Handelns angereichert und gelangen so zu einem umfassenden Civic Voluntarism Model. Ein weiterer, international durchgängiger Forschungsbefund ist, daß Jugendlichkeit besonders bedeutsam für positive Einstellungen gegenüber legalen wie illegalen Formen der direkten Partizipation ist, während das Gewicht dieses Faktors bei tatsächlicher Partizipation wesentlich reduziert ist, wenn auch keinesfalls völlig verschwindet (Kaase 1992).

Insgesamt hat die Partizipationsforschung verläßliche Belege dafür erbracht, daß der Bevölkerung inzwischen ein breites, über Wahlen weit hinausreichendes Beteiligungsreservoire zur Verfügung steht, das sie situations- und zielabhängig selektiv nutzt. Kohortenanalysen geben keinen Anlaß zu der Vermutung, daß es sich bei der Repertoireausweitung um eine temporäre Erscheinung handelt, zumal sie durch Einstellungskorrelate (Kaase 1992) und die Existenz mobilisierungsfähiger Gruppen wie z.B. aus dem Bereich der Neuen Sozialen Bewegungen abgesichert und stabilisiert wird. Gerade im Bereich der unverfaßten Beteiligungsformen ist jedoch deutlich geworden, daß die Untersuchung des Prozesses der Mobilisierung zum Handeln ein wichtiges Forschungsdesiderat bleibt. Für die Partizipationsforschung stellt die deutsche Vereinigung im übrigen insofern eine Herausforderung dar, als die für die westlichen Demokratien konstitutiven Partizipationsformen, darunter vor allem im Zusammenhang mit politischen Wahlen, in den sozialistischen Ländern und damit auch in der DDR bestenfalls erst kurz vor bzw. im Zusammenhang mit den Transformationen zu (Quasi-)Demokratien öffentlich ausgeübt werden konnten. Beginnend mit dem Jahr 1990 liegt jedoch auch für die neuen Bundesländer eine Vielzahl von zur „alten" Bundesrepublik vergleichbaren Umfrageinformationen zur politischen Beteiligung vor.

Ausblick/offene Fragen:

Insgesamt scheint die politische Partizipationsforschung auf dem zu Beginn der 90er Jahre erreichten Niveau zu verharren. Besondere Erwähnung verdient lediglich die durch die Arbeiten von Putnam (2000) angestoßene Entwicklung, den Blick stärker auf Fragen der sozialen Partizipation und ihrer Beziehung zu politischer Partizipation zu richten, und zwar unter dem Blickwinkel des Sozialkapitals -

Vertrauen, Netzwerke sowie geteilte Werte und Normen - als Grundlage gemeinschaftsorientierten Handelns und mit der Frage nach der künftigen Qualität demokratischer Regierungsweise. Hier hat sich offenbar ein neues Forschungsfeld aufgetan, zu dem in absehbarer Zeit zahlreiche weitere Publikationen erwartet werden können (so etwa van Deth u. a. 1999). Damit schließt die Partizipationsforschung den Kreis zur pKf.

Max Kaase

Literatur:

Barnes, Samuel H./Kaase, Max u. a. 1979: Political Action. Mass Participation in Five Western Democracies, Beverly Hills.

van Deth, Jan W./Maraffi, Marco/Newton, Ken/Whiteley, Paul F. (Hrsg.) 1999: Social Capital and European Democracy, London/New York.

Jennings, M. Kent/Deth, Jan W. van u. a. 1990: Continuities in Political Action: A Longitudinal Study of Political Orientations in Three Western Democracies, Berlin/New York.

Kaase, Max 1990: Mass Participation, in: Jennings, M. Kent/van Deth, Jan W. u. a.: Continuities in Political Action. A Longitudinal Study of Political Orientations in Three Western Democracies, Berlin/New York, S. 23-64.

Kaase, Max 1992: Direct Political Participation in the Late Eighties in the EC Countries, in: Gundelbach, Peter/Siune, Karen (Hrsg.): From Voters to Participants, Aarhus, S. 65-90.

Milbrath, Lester W./Goel, M. Lal 1977: Political Participation, Chicago.

Parry, Geraint/Moyser, George/Day, Neil 1992: Political Participation and Democracy in Britain, Cambridge.

Putnam, Robert D. 2000: Bowling Alone. The Collapse and Revival of American Community, New York.

Topf, Richard 1995: Beyond Electoral Participation, in: Klingemann, Hans-Dieter/Fuchs, Dieter (Hrsg.): Citizens and the State. Beliefs in Government, Bd. 1, Oxford, S. 52-92.

Uehlinger, Hans-Martin 1988: Politische Partizipation in der Bundesrepublik, Opladen.

Verba, Sidney/Nie, Norman H. 1972: Participation in America, New York.

Verba, Sidney/Nie, Norman H./Kim, Jae-on 1978: Participation and Political Equality, Cambridge.

Verba, Sidney/Schlozman, Kay Lehman/Brady, Henry E. 1995: Voice and Equality. Civic Voluntarism in American Politics, Cambridge/London.

Politische Bildung

→ *Außenbeziehungen: Selbstbild/Fremdbild, Bildung, CDU/CSU, DDR, Demokratie, Demokratische Persönlichkeit, Eliten, FDP, Generationen, Geschichtliche Phasen der BRD, Gewerkschaften, Ideologie, Kirchen, Konflikt/Konsens, Massenmedien, Militär, Nation, Nationalsozialismus, Neue Bundesländer, Politische Beteiligung, Politische Informiertheit, Politische Sozialisation, Politische Sozialisation: Beruf/Massenmedien/Modernisierung/Schule, Politische Traditionen, Sozialer Wandel/Modernisierung, SPD, Sprache, Verbände, Wertewandel.*

Begriff/Definition:
Im üblichen Sprachgebrauch wird der Begriff politische Bildung (pB) auf die Aufgaben eines Systems pädagogischer Einrichtungen bezogen. Dies zeigt bereits an, daß die pB der „offiziellen", von speziellen Einrichtungen getragenen und verbreiteten pK und nicht einer eingelebten und selbstverständlich tradierten „Bürgerkultur" zuzurechnen ist. Die Gründe hierfür liegen in der für Modernisierungsprozesse typischen Beschleunigung des sozialen Wandels, der damit zunehmenden Ausweitung und Ausdifferenzierung von Staatsfunktionen, der wachsenden Abhängigkeit der Bürger von staatlichen Leistungen und Regelungen, aber auch des Staates von der Loyalität und der → politischen Beteiligung der Bürger.

Institutionen politischer Bildung:
Im Laufe der 50er Jahre ist in der BRD ein Geflecht von Einrichtungen der pB entstanden, das in den folgenden Jahrzehnten weiter ausgefüllt wurde. An den Hochschulen wurde die Politikwissenschaft als „Demokratiewissenschaft" mit einem allgemeinen Bildungsauftrag eingeführt. Den *Schulen* wurde die pB als allgemeines Bildungsziel und „Unterrichtsprinzip" aufgegeben. Die kontroversen Auffassungen zu der Frage, ob der Geschichtsunterricht oder ein gesondertes Fach (Staatsbürgerkunde, Gemeinschaftskunde) zum Hauptträger der pB werden sollte, ist nach und nach in allen Bundesländern zu Gunsten eines gesonderten Fachs und der pB als eines übergreifenden Unterrichtsprinzips entschieden worden. Durch den Bundesjugendplan ist die *außerschulische pB* vor allem in den Jugendverbänden, aber auch in der offenen Jugendarbeit von Bildungsstätten, internationalen Jugendbegegnungen usw. mit beträchtlichen Mitteln gefördert worden. Wichtiger Träger der pB im Bereich der Erwachsenenbildung sind einerseits die Bundeswehr (→ Militär), in der die pB als Teil der „Inneren Führung" im Ausbildungsprogramm verankert ist, andererseits Volkshochschulen und die Bildungseinrichtungen von Parteien, parteinahen Stiftungen, → Gewerkschaften, → Kirchen und anderen → Verbänden. Auch deren zahlreiche, auf bestimmte Zielgruppen oder die Allgemeinheit gerichtete Bildungsangebote werden vielfach mit staatlichen Mitteln unterstützt. Die Bundeszentrale und die Landeszentralen für pB fördern die Tätigkeit verschiedener Träger der pB und ergänzen sie durch eigene Tagungen und Publikationen. Nach der einschlägigen Rechtsprechung und Gesetzgebung haben auch *Rundfunk und Fernsehen* (→ Massenmedien) die Aufgabe, zur pB beizutragen. Mit der Zulassung privater Sender und der weiter fortschreitenden Vermehrung von Programmen, deren Spektrum mittlerweile von reinen Unterhaltungsprogrammen bis zu ganz auf Politik oder Nachrichten spezialisierten Programmen reicht, haben Rundfunk und Fernsehen aber die Sonderstellung verloren, die sie im System von ausschließlich öffentlich-rechtlich verfaßten Sendern besessen haben. Auch unabhängig davon sollten Bildungseinrichtungen, in denen absichtsvoll systematisch gelehrt und gelernt wird, nicht mit jenen alten und neuen Medien gleichgesetzt

werden, über die unter Marktbedingungen politische Informationen, Analysen und Meinungen verbreitet werden.

Allgemeine Zielsetzungen:
Der Kulturhoheit der Länder entsprechend sind Bildungsziele der pB im Unterschied zur Weimarer Reichsverfassung (WRV) nicht im GG, aber in den meisten Länderverfassungen enthalten. Die Formulierungen ähneln häufig Art. 148 WRV. Es fehlt aber dessen stark kulturnational-völkischer Akzent. Dagegen sind die Bildungsziele eindeutiger als in der WRV auf die Demokratie bezogen. Repräsentativ hierfür ist Art. 7 der Verfassung von NRW: „Ehrfurcht vor Gott, Achtung vor der Würde des Menschen und Bereitschaft zum sozialen Handeln zu wecken, ist vornehmstes Ziel der Erziehung. Die Jugend soll erzogen werden im Geiste der Menschlichkeit, der Demokratie und der Freiheit, zur Duldsamkeit und zur Achtung vor der Überzeugung des anderen, in Liebe zu Volk und Heimat, zur Völkergemeinschaft und Friedensgesinnung". Die Bildungsziele für die Schulen und andere staatliche Einrichtungen wie die Bundeswehr (→ Militär) sind zudem in Schulgesetzen, Lehrplänen, Richtlinien, Erlassen und Dienstverordnungen festgelegt.

Konzeptionen:
In der Entwicklung und im Wandel der Konzeptionen von pB können, läßt man die von den Militärverwaltungen nur punktuell umgesetzten Programme einer Reeducation außer acht, grob vier Phasen unterschieden werden. Allerdings gilt es bei allen solchen Phaseneinteilungen zu beachten, daß sie sich an Änderungen der Programmatik orientieren. Weil sich der zumindest in Teilen routinisierte Schulunterricht, die fachwissenschaftliche wie auch die fachdidaktische Forschung und die politisch-pädagogische Programmdiskussion ein gutes Stück weit verselbständigt haben, ist keineswegs ausgemacht, daß sich beispielsweise mit neuen Unterrichtsrichtlinien auch schon Ziele, Inhalte oder Methoden des Unterrichts ändern.

1. Staatsbürgerkunde und Partnerschaftserziehung: Zunächst wurden in der Weimarer Republik entwickelte Konzeptionen staatsbürgerlicher Erziehung wieder aufgenommen und reformuliert. Als Erziehung zum „Mitmenschen und zur Mitverantwortung" sollte die pB sowohl die Gemeinschaftserziehung durch „Schülermitverantwortung" und die Übung mitmenschlicher Tugenden in der „Schulgemeinschaft" als auch die Vermittlung von Rechts- und Institutionenkenntnissen sowie einen zur „Verantwortung des handelnden Menschen vor der Geschichte" (Weniger) führenden Geschichtsunterricht umfassen. Wie andere Bereiche des „Wiederaufbaus" (→ Geschichtliche Phasen der BRD) ist dieses Programm von der in der Nachkriegszeit vorherrschenden Auffassung bestimmt, die „nationale Katastrophe" zwinge nicht zu einem Bruch mit den Traditionen der pB und der pK, es gelte vielmehr, die vom → Nationalsozialismus negierten oder pervertierten Traditionen in einer demokratischen Gesinnung fest zu verankern (→ Politische Traditionen). Dieser Gedanke kam einer verbreiteten Neigung zu einem Rückzug von der Politik und dem Bedürfnis nach einer unpolitischen Reintegration entgegen.

2. Entideologisierung: Das solcher pB zugrundeliegende Vorverständnis von Politik änderte sich in dem Maße, in dem sich mit der Westintegration (→ Außenbeziehungen: Selbstbild/Fremdbild) die Strukturen einer sozialstaatlichen Demokratie in einer dynamischen Industrie- und Konsumgesellschaft herausbildeten und verfestigten. Seit den späten 50er Jahren beeinflußten die Sozialwissenschaften mit ihren Analysen der veränderten Wirklichkeit mehr und mehr auch die pB. Dem Idealismus der Nachkriegspädagogik wurde die „skeptische" Einsicht in die neuen Gegebenheiten, in ihre „Sachzwänge" und in das „Ende der Ideologie" entgegengesetzt. Der Interventions- und Leistungsstaat mit seinen komplexen Regelungswerken und Großorganisationen, Fachbürokratien, Berufspolitikern und Verbandsfunktionären schien nicht den idealistisch engagierten, sondern den kritisch distanzierten Bürger zu fordern. Entschiedener als zuvor wurde zumal nach der Welle von Hakenkreuzschmierereien im Jahre 1959 die „Bewältigung der Vergangenheit" zur Bildungsaufgabe erklärt. An die Stelle der pädagogischen Rückbesinnung auf sozialethische Haltungen traten auch hier die Sozialwissenschaften mit der Totalitarismustheorie. Durch sie ließen sich die Legitimation der gesellschaftlich-politischen Ordnung in der BRD, die geforderte „Bewältigung der Vergangenheit" und die Nicht-Anerkennung der → DDR scheinbar schlüssig miteinander verbinden. Gefördert wurde damit auch die Tendenz zu einer Verengung der pB auf eine System- und Institutionenlehre.

3. Emanzipation und Demokratisierung: Ein weiterer, nun sehr viel deutlicherer Richtungswechsel läßt sich in der zweiten Hälfte der 60er Jahre verfolgen. Zu den ihn auslösenden Faktoren zählten die zuvor von den USA eingeleitete Entspannungspolitik, die Vorbildwirkung der amerikanischen Bildungsreformen, Bürger- und Protestbewegungen einerseits, die sich in der Bundesrepublik mit wachsendem Wohlstand beschleunigenden soziostrukturellen und -kulturellen Wandlungen andererseits. Kritik der gesellschaftlich-politischen Verhältnisse wurde populär. Die kritische sozialwissenschaftlich orientierte Intelligenz aus den → Generationen, zu deren Grunderfahrungen der Nationalsozialismus oder zumindest dessen noch unmittelbar wahrgenommene Folgen sowie eine der erwarteten „Aufarbeitung der Vergangenheit" (Adorno) zuwiderlaufende Nachkriegspolitik gehörten, gewann die Meinungsführung. Ihre Deutungen des Verhältnisses von „Verfassung und Verfassungswirklichkeit" (Abendroth), von „Gesellschaft und Demokratie in Deutschland" (Dahrendorf), ihr „Begriff der politischen Beteiligung" (Habermas), ihre Forderungen nach „soziologischer Aufklärung" und Einlösung des „Bürgerrechts auf Bildung" (Dahrendorf u. a.) wurden von Medien, Teilen der sozialdemokratischen und liberalen Wählerschaft wie von der entstehenden Studentenbewegung aufgenommen. Eine Veränderung der Einstellungen gegenüber den etablierten Beteiligungs-, Verteilungs- und Entscheidungsmechanismen in einer durch den Pluralismus organisierter Interessen und die Konkurrenz von → Eliten definierten

→ Demokratie ließ sich in diesem Zeitraum in zahlreichen westlichen Demokratien beobachten. In der BRD kam - das erklärt den Erfolg dieses Leitbegriffs - das Verlangen nach einer „Emanzipation" von gesellschaftlichen Verhältnissen hinzu, in denen weiterhin latente Bedingungen des Faschismus vermutet wurden (Kapitalismus, autoritäre Strukturen und Erziehungsverhältnisse, technokratische Herrschaft, wissenschaftlicher Positivismus usw.).

Zusammen mit dem anspruchsvollen Vorhaben einer „curriculumtheoretischen" wissenschaftlichen Begründung und rationalen Systematisierung von Bildungsprogrammen haben diese Vorstellungen die Neuorientierung der pB in den späten 60er Jahren eingeleitet. In ihren auf Herrschaft, Interessen, → Konflikte gerichteten Perspektiven waren die neuen Konzeptionen realistischer, in ihren radikaldemokratischen Zielen (Ideologie- und Gesellschaftskritik im Blick auf Demokratisierung, Partizipation, Emanzipation) idealistischer als die älteren Programme. Die „Konflikt- und Emanzipationspädagogik" stand damit in Opposition zur deutschen Bildungstradition und überkommenen pK. Der elitären Bildungsidee trat ein egalitärer Bildungsanspruch gegenüber. Der auf → Nation, Staat und Staatsidee bezogenen historischen → Bildung wurde eine auf die Gesellschaft orientierte soziologische Aufklärung entgegengesetzt. Statt der Identifikation mit Volk, Nation und Staat und der Integration durch ethische Maximen und bürgerliche Tugenden wurden Interessengegensätze, → Konflikte und eine ideologiekritische Distanz zu den traditionellen Normen und Identifikationen betont. Gegenüber der individualistischen Bildung der Persönlichkeit wurde die in eine politische Aktivitätsbereitschaft mündende kollektive Politisierung gefordert (→ Demokratische Persönlichkeit, Politische Traditionen).

4. Curriculumreformen und bildungspolitische Konflikte, Beutelsbacher Konsens: Die Erziehungswissenschaft suchte der zu Beginn der 70er Jahre einsetzenden Arbeit an neuen Unterrichtsprogrammen mit Curriculumtheorien und -forschungen eine wissenschaftliche Grundlage zu verschaffen. Ziele und Inhalte der neuen Richtlinien wurden indes sehr viel stärker durch politische Richtungsvorgaben und den auch öffentlichen Streit bildungspolitischer Lager und Interessengruppen bestimmt. Die hessischen Rahmenrichtlinien Gesellschaftslehre, die Reizthemen linksstudentischer Gesellschaftskritik aufnahmen, spalteten die gesamte bildungspolitische interessierte Öffentlichkeit. Wenngleich das breite Spektrum politischer Ideen und → Ideologien, die auch in pädagogischer Absicht propagiert wurden, von dem an Varianten reichen Marxismus studentischer Gruppen bis zum völkischen Nationalismus der sich in der NPD sammelnden extremen Rechten reichte, ging es im Streit über die pB weniger um solche Extrempositionen als um das politische Selbstverständnis der Bundesrepublik. Die Reformpolitik der sozialliberalen Koalition war von der Überzeugung getragen, daß eine vor allem durch Bildungsreformen voran zu treibende politisch-kulturelle Demokratisierung ebenso überfällig sei wie eine die politischen Gegebenheiten anerkennende neue Ostpolitik. Großen Teilen der → CDU/CSU und einer zur CDU übergewechselten Minderheit der → FDP schien dadurch hingegen sowohl die bereits erreichte institutionelle Sicherung der Demokratie und der Westintegration als auch der Anspruch der Deutschen auf nationale Einheit in Frage gestellt. So verlagerte sich der politisch-pädagogische Streit zusehends auf nationale Themen, auf die Behandlung der deutschen Frage im Schulunterricht (KMK-Empfehlung 1979), auf die Darstellung der deutschen und polnischen Geschichte (deutsch-polnische Schulbuchempfehlungen 1977), die Friedenserziehung und die unterrichtliche Thematisierung des Wehrdienstes wie der Aufgaben der Bundeswehr (nicht verabschiedete KMK-Empfehlungen 1980-83). Angesichts der nicht endenden Kontroversen besann man sich in der Didaktik der pB auf regulative politisch-pädagogische Prinzipien. Im „Beutelsbacher Konsens" (1977) konnten sich Didaktiker aus verschiedenen politischen Lagern darauf verständigen, daß Schüler 1. nicht zu politischer Parteinahme überredet oder gar gezwungen werden dürfen (Überwältigungs-/Indoktrinationsverbot), sondern 2. befähigt werden sollen, die eigenen Interessenlagen und politischen Einflußmöglichkeiten zu erkennen, weshalb 3. im Unterricht kontrovers erscheinen muß, was in Wissenschaft und Politik kontrovers ist (Kontroversitätsgebot).

5. Die Einheit von Ideologie und Wissenschaft, Erziehung und Bildung in der DDR: Geschlossene Ideologien, deren allgemeine Geltung mittels der öffentlichen Erziehungs- und Bildungseinrichtungen, politischer Propaganda in Massenorganisationen und -medien sowie staatlicher Gewalt durchgesetzt wird, kennzeichnen moderne totalitäre Regime. Der Idealtypus des totalitären Parteistaats abstrahiert allerdings von der auch in totalitären Systemen vielgestaltigen und spannungsreichen politisch-sozialen und -kulturellen Wirklichkeit und deren Wandlungen. So ist es in der → DDR, die zweifellos eine Erziehungsdiktatur war, erst in den 60er Jahren gelungen, das System ideologischer Indoktrination, welches dann zwei Jahrzehnte Bestand hatte, auszuformen und institutionell zu festigen. Während es im Inneren und nach außen noch im Sommer 1989 als ein festgefügtes System erschien, zeigte der dann folgende rasche Zusammenbruch, daß es nur noch durch die Macht des Staates und der Gewohnheit aufrecht erhalten worden war. Die viel beschworene Einheit von Ideologie, Wissenschaft und Weltanschauung, Denken, Wissen und Handeln, Erziehung und Bildung sollte kognitiv mittels der Ausrichtung aller Schulbildung auf marxistisch-leninistische „Grundüberzeugungen", institutionell durch die Verbindung von Schule und Pioniergruppen, später dann von Schule, Hochschule und FDJ hergestellt werden. Wenngleich die bildungspolitische „Führungsrolle" der SED und der pädagogische Primat der Ideologie bei der Gründung der DDR bereits durchgesetzt waren, lassen sich in deren Bildungsgeschichte ähnlich wie in der Bildungsgeschichte der Bundesrepublik mehrere Phasen unterscheiden, in denen sich die vorherrschenden Auffassungen von politischer Erziehung, zumal von Inhalten und Methoden des Schulunterrichts, mehrfach und zuweilen sprunghaft verändert haben. Die dann in den 60er Jahren über ein großes Lehrplanwerk in allen Schulfächern und Schulen, insbesondere im neuen Schulfach

Staatsbürgerkunde durchgesetzte systematische ideologische Schulung in zentral vorgeplanten Lehrgängen war bis dahin - und auch wieder in den späten 80er Jahren - pädagogisch umstritten.

Trotz des Vorrangs der Ideologie und der ideologischen Schulung blieb die politische Erziehung in vieler Hinsicht konventionellen Erziehungsvorstellungen verhaftet. Wenngleich als „sozialistisch" etikettiert, waren weder das ganz auf Sekundärtugenden fixierte pädagogische Tugendethos, der schon im Kindergarten zu weckende Staatspatriotismus traditioneller Prägung und die Übungen zur allgemeinen Wehrertüchtigung noch die parteistaatlich überwachte Einheitsorganisation der Jugend mit ihren längst üblichen Formen verbandlich organisierten Jugendlebens noch die Vermittlung eines geschlossenen „wissenschaftlichen" Weltbildes Besonderheiten sozialistischer Erziehung. Vielmehr hat die DDR alle Instrumente und Einrichtungen öffentlich-staatlicher Erziehung, die mit und nach dem Aufbau eines allgemeinbildenden Schulwesens im 19. und frühen 20. Jhdt. geschaffen worden sind, kombiniert und extensiv genutzt.

Inhalte und Methoden:
Die Kontroverse, die sich in den 50er Jahren an der Partnerschaftspädagogik Oetingers (Pseudonym von Theodor Wilhelm) entzündet hat, war - und blieb - in mehrfacher Hinsicht paradigmatisch für unterschiedliche Auffassungen von pB, insbesondere vom Verhältnis zwischen Inhalten und Methoden der pB. Wilhelm, der von der Jugendbewegung und der Reformpädagogik herkam, begriff die Demokratie als Lebensform, die pB als Charakterbildung. Für seinen Kritiker Litt war Demokratie hingegen vor allem Staatsform, Ordnung des Kampfes um die politische Macht und ihres Gebrauchs, pB mithin auf Staat und Politik gerichtete Bewußtseinsbildung. Wilhelm hatte das Ideal eines genossenschaftlichen Zusammenwirkens der Bürger in einer Bürgergesellschaft, Litt Institutionen in ihrer rechtlichen Verfassung vor Augen. Hatten für Litt die Methoden des Lehrens und Lernens eine untergeordnete, eher instrumentelle Funktion, so kam für Wilhelm alles darauf an, daß Demokratie außerhalb wie innerhalb der Schule gelebt wird, also erfahren und im Mithandeln erlernt werden kann. Wenngleich Litt und Wilhelm diesen Begriff nicht systematisch verwandt haben, lassen sich ihre Auffassungen von pB auf differierende Begriffe von pK rückbeziehen. Litts Verständnis der staatsbürgerlich-politischen Bildung verweist auf den „objektiven Geist" des Verfassungsstaats. Wenngleich die Leitvorstellungen, welche Litt und Wilhelm vertreten haben, nicht völlig unvereinbar sind, scheiden sich doch auch in einer Praxis, die sie zu vereinbaren sucht, die Wege. So ist im Rückblick kaum zu übersehen, daß sich die pB in der Bundesrepublik selbst dort, wo sie sich von der Partnerschaftspädagogik, dem mit ihr verbundenen Gesellschaftsbild und Politikverständnis distanziert hat, eher in die von Wilhelm als in die von Litt gewiesene Richtung bewegt hat. Das verbreitete Vorurteil gegenüber der „Institutionenkunde" und die Umstellung der politisch-pädagogischen Begrifflichkeit von Staats- auf Gesell-

schaftslehren zeugen hiervon ebenso wie die Hochschätzung direkter Demokratie und nicht konventioneller Formen politischer Beteiligung sowie der Eigenwert, den alle „handlungsorientierten“, Eigentätigkeit, Mit- und Selbstbestimmung der Lernenden stimulierenden Methoden (Projektunterricht, Plan- und Rollenspiel etc.) gewonnen haben. Dem Wandel der pK entspricht somit ein Wandel der Lernkultur, der sich freilich eher in den methodischen Leitvorstellungen als im Alltag des Schulunterrichts und anderer Bildungsveranstaltungen manifestiert.

Wirkungen:
Die Forschung zu Wirkungen der pB hat bislang nur wenige positive Ergebnisse erbracht. Denn es bereitet große Schwierigkeiten, mit den gängigen Instrumenten empirischer Forschung festzustellen, ob kurzfristig meßbare Effekte auch langfristig Bestand haben. Die immer noch verbreitete Annahme, durch schulische und/oder außerschulische politische Erziehung und Bildung könnten Gesinnungen, Denk- und Verhaltensweisen der Heranwachsenden gezielt und dauerhaft beeinflußt werden, ist indes auch noch aus anderen Gründen fragwürdig.

1. Wirkungsfeld: Innerhalb einer „plurizentrischen Sozialisation“ (Rosenmayr) ist die informationsreiche, aber erlebnisarme pB nur eines unter zahlreichen anderen, Aufmerksamkeit beanspruchenden Lernfeldern. Selbst im Bezugsfeld der Agenturen → pS, des kaum überschaubaren Informations- und Deutungsangebots der Massenmedien und Wissenschaften, der je nach sozialer Herkunft und Stellung unterschiedlichen Primärerfahrung und der verschiedenen sozialen Bezugskreise ist sie nur eine unter zahlreichen anderen Einflußgrößen. Wie sich letztlich auch in der DDR gezeigt hat, können Schulen und Jugendverbände selbst dort, wo sie ein „Sozialisationskartell“ bilden und widerspruchslos die gleiche Ideologie propagieren, nicht die Massenloyalität erzeugen oder gar den Legitimitätsglauben verbreiten, auf die moderne politische Systeme immer dann angewiesen sind, wenn die Politik allein keine hinreichende Folgebereitschaft hervorzurufen vermag.

2. Institutionelle Funktionen und Wirkungsweisen: Die Wirkungen und die Wirksamkeit der pB sollten allerdings nicht allein am Grad der Verbreitung politischer Kenntnisse (→ Politische Informiertheit), demokratieförderlicher Überzeugungen und Verhaltensweisen gemessen werden. Die Funktionen der pB in modernen zivilgesellschaftlichen und verfassungsstaatlichen Demokratien werden nicht nur dort verkannt, wo sie immer noch vor allem als Staatserziehung und staatsbürgerlicher Tugendlehre verstanden wird. Ihre Aufgaben und Möglichkeiten werden auch dort falsch eingeschätzt, wo von den Bürgern erwartet wird, sie müßten jederzeit in der Lage sein, sich normgerecht, kundig und aktiv am politischen Leben zu beteiligen, Politik zu einem *plebiszite des tous les jours* zu machen. Soweit sie in der Allgemeinbildung, d.h. insbesondere der Schulbildung, verankert ist, kann pB als eine der Institutionen betrachtet werden, die im permanenten politisch-soziokulturellen Wandel Teile der pK institutionell abstützt und stabilisiert, indem sie diese als Bildungswissen in einen Bildungskanon aufnimmt. Als eine Bildungsinstitution, die ihre Aufgaben überdies zu reflektieren und revidieren vermag, trägt pB weiterhin dazu bei, daß die pK und deren Wandlungen bewußt kritisierbar und ein Stück weit auch beeinflußbar werden. Als intermediäre Institutionen schaffen die zahlreichen außerschulischen Bildungsinstitutionen schließlich einen Raum politischer Kommunikation, der von Entscheidungszwängen, organisierten Interessen und parteipolitischer Machtkonkurrenz zumindest teilweise entlastete politische Diskurse und damit jene parteiübergreifende sachliche Verständigung ermöglicht, ohne die Demokratie keinen Bestand haben kann.

Günther C. Behrmann

Literatur:

Gagel, Walter 1995: Geschichte der Politischen Bildung in der Bundesrepublik Deutschland 1945-1989, Opladen.

Grammes, Tilman: Staatsbürgerkunde in der DDR, Opladen (erscheint laut Verlag 2002).

Kuhn, Hans-Werner/Massing, Peter/Skuhr, Werner (Hrsg.) 1993: Politische Bildung in Deutschland. Entwicklung-Stand-Perspektiven, Opladen.

Mickel, Wolfgang W. (Hrsg.) 1999: Handbuch zur politischen Bildung, Bad Schwalbach.

Schmitt, Karl 1980: Politische Erziehung in der DDR. Ziele, Methoden und Ergebnisse des politischen Unterrichts an den allgemeinbildenden Schulen der DDR, Paderborn.

Politische Informiertheit

→ *Anomie/Entfremdung, Bildung, Externe politische Effektivität, Frauen/Männer, Generationen, Interpersonale Kommunikation, Massenmedien, PDS, Politische Beteiligung, Politische Bildung, Politische Inszenierung/Symbolische Politik, Politische Kompetenz, Politische Sozialisation: Geschlecht/Geschlechterverhältnisse/Massenmedien, Politisches Bewußtsein, Politisches Interesse, Sozialkapital/Soziales Vertrauen, Wahlen/Wähler.*

Begriff/Definition:

Eine eindeutige Definition politischer Informiertheit (pI) existiert in der pKf nicht. Dies hängt vor allem damit zusammen, daß, wie z.B. Maier (2000) anmerkt, zunächst die normative Frage beantwortet werden muß, *welches* politische Wissen bzw. *welches Maß* an pI überhaupt bei einem Individuum vorhanden sein sollte. Als allgemeinste, grundlegende Stufe der pI wird häufig das Vorhandensein von Kenntnissen über wichtige politische Institutionen, Verfahren und Gesetze betrachtet. Daneben werden das Vorhandensein von Kenntnissen über aktuelle politische Geschehnisse und Entwicklungen, politische Programme der Parteien, Kandidaten bis hin zu deren politischen Positionen im Detail, historische Kenntnisse, Wissen über internationale politische Geschehnisse und Zusammenhänge usw. als Bestandteile der pI benannt (Überblick bei Maier 2000). PI kann auf der Grundlage dieser Überlegungen als „Skala" mit zunehmender Komplexität beschrieben werden, wobei steigende Skalenwerte mit steigenden Anforderungen an das politische Wissen der Bürger einhergehen. PI wird in zahlreichen Publikationen der pKf als wichtige Eigenschaft eines „zuverlässigen Demokraten" definiert (z.B. Greiffenhagen/Greiffenhagen 1993), sie wird benötigt, um „sich in der politischen Wirklichkeit zurechtzufinden" (Gabriel 1986: 180). In einer Civic Culture im Sinne des pK-Konzeptes von Almond/Verba sollte bei den Bürgern ein gewisses (von Almond/Verba nicht näher bestimmtes) Maß an pI vorhanden sein.

Verwandte Begriffe und Konzepte, als deren Bestandteil pI im Rahmen der pKf benannt wird, sind: *Kognitive Orientierungen*, *Politische Involvierung* (d.h. die „Aufmerksamkeit" gegenüber politischen Geschehnissen, Überblick bei Gabriel 1986), *Political Sophistication* (Fähigkeit zur strukturierten Aufnahme und Verarbeitung politischer Informationen, Brettschneider 2000 m.w.L., s. auch → Politisches Interesse), → *Politisches Bewußtsein* bzw. *Political Awareness* (das Ausmaß an bewußter Beschäftigung mit der Politik, s. auch → Politisches Interesse), *Politisches Wissen/Kenntnisse über Politik*. Letztere Kategorie kann nochmals differenziert werden in *objektives* (Faktenwissen) und *subjektives politisches Wissen* („Kenntnisse, die ein Individuum zu haben glaubt", Maier 2000: 143). Das „*Konzept des ideologischen Denkens*" (verschiedene andere Bezeichnungen, z.B. Ideological Sophistication, ideologisches Verständnis der Politik) spricht von einem hohen Niveau an pI erst dann, wenn diese mit der Fähigkeit, Informationen (beispielsweise in ein ideologisches Raster) einzuordnen und zu verstehen, verbunden ist. Für *tatsächliche* pI reicht der Besitz von Informationen also nicht aus, „nicht weniger bedeutsam hierfür ist die Kompetenz, neu erworbene Informationen mit den bereits verfügbaren zusammenzufügen, sie nach bestimmten Standards zu bewerten" (Gabriel 1986: 180).

Theorien/Konzepte/Modelle:
Mit den unterschiedlichen Annahmen darüber, in welchem Ausmaß und in welcher Zusammensetzung kognitive Orientierungen bei den Bürgern vorhanden sind bzw. sein sollten, beschäftigt sich die *Demokratietheorie*. Die elitistische Demokratietheorie (z.B. Schumpeter) geht vom „political fool" aus, einem Bürger, der kein oder kaum politisches Interesse hat, Politik für unwichtig hält, dessen politisches Wissen gering ist, der sich nur selten politische Informationen beschafft und darüber hinaus kaum Kapazitäten zur Verarbeitung dieser Informationen hat. Die partizipative Demokratietheorie setzt einen „super citizen" voraus, dessen → politisches Interesse groß ist, der Politik für sehr bedeutsam hält, ein umfassendes politisches Wissen besitzt, sich in extensiver Form, z.B. über die Medien, Informationen beschafft und diese gut und geordnet verarbeiten kann (Dalton 1996). Die realistische Demokratietheorie liegt in der Mitte, hier ist die Rede vom „cognitive mizer", dem kognitiven „Geizkragen". Er handelt zweckorientiert, seine kognitiven Aktivitäten, sein politisches Interesse, seine Einschätzung der Wichtigkeit von Politik, sein politisches Wissen, seine Aufwendungen zur Beschaffung politischer Informatio-

nen und seine Kapazitäten zur Verarbeitung derselben sind abhängig von Themen und Situationen bzw. schemabezogen (Conover/Feldman 1984).

Politisches Interesse bzw. die Bedeutsamkeit von Politik für die Bürger sind wichtige Voraussetzungen für pI: „Nur in dem Maße, in dem die Politik für eine Person zu einem wichtigen Lebensbereich wird, besteht für sie ein Anlaß, die für die Auseinandersetzung mit der politischen Wirklichkeit benötigten Kenntnisse zu erwerben" (Gabriel 1986: 182). Daneben wird → *Bildung* bzw. der Fähigkeit, Informationen zu verarbeiten und zu strukturieren, eine wichtige Rolle zugeschrieben (s.o.). Als *sozialstrukturelle Determinanten* von pI werden Alter und Geschlecht genannt, dazu kommen die *Variablen der individuellen Ressourcenausstattung* wie Einkommen, Schichtzugehörigkeit/sozialer Status, Zeitbudget und Faktoren wie → *Anomie/Entfremdung,* → *politische Kompetenz und* → *externe politische Effektivität.* Ähnlich wie beim politischen Interesse spielen daneben *situative Effekte*, die individuelle Betroffenheit durch politische Ereignisse oder kurzfristige Mobilisierungseffekte durch Wahlkämpfe, wichtige internationale Geschehnisse (z.B. Konflikte) u.ä. eine Rolle.

Mediennutzung: In einer Welt, in der die Büger politische Informationen in der Regel nicht aus erster Hand, sondern vermittelt über Presse, Fernsehen und seit einiger Zeit auch über die sog. „Neuen" Medien bekommen, hängen pI und Urteilsfähigkeit in hohem Maße von der Medienberichterstattung und der Mediennutzung ab. Für alle Ebenen des politischen Systems gilt, daß die Massenmedien die wichtigste Informationsquelle über das politische Geschehen darstellen, wobei sie über ihre Gate-Keeper- bzw. Agenda-Setting-Funktion eine Vorauswahl darüber treffen, was wir *überhaupt* erfahren können und die Tagesordnung der Wichtigkeit politischer Themen bestimmen. Damit kommt den Inhalten der Medienberichterstattung (sowohl der Auswahl der präsentierten Informationen als auch dem von der Politik vermittelten Bild, (s. → Massenmedien) eine entscheidende Bedeutung für pI zu - sicherlich ein Grund dafür, daß sich Untersuchungen der pI häufig im Kontext der Medienwirkungsforschung finden. Der Zusammenhang zwischen Medieninhalten und -nutzung und pI kann dabei in zwei Richtungen betrachtet werden: Wer politische Informationen in den Medien nutzt, erreicht einen höheren Grad an pI, ein höherer Grad an pI führt wiederum zu einer vermehrten Nutzung sog. Qualitätsmedien (öffentlich-rechtliche Sender, Qualitätspresse) im Gegensatz zu sog. Boulevardmedien (private Fernsehprogramme, BILD-Zeitung). Darüber hinaus fördert pI die Aufnahme von Medieninhalten (Brettschneider 2000). In den 70ern spielte die ursprünglich von Tichenor, Donohue und Olien formulierte *Wissenskluft-Hypothese* („knowledge gap") eine große Rolle. Sie besagt, daß es bei verstärkter Mediennutzung (Informationszufuhr) zu einer unterschiedlichen Wissensaufnahme in sozialen Ober- und Unterschichten (festgemacht am Kriterium „Bildung") kommt. Bildungsoberschichten können Informationen besser verarbeiten, so daß sich eine wachsende Kluft zwischen den Schichten auftut. Wissensunterschiede in der Gesellschaft werden auf diese Weise eher zementiert als abgebaut.

Publikumsmerkmale wurden als Einflußfaktoren dabei nicht berücksichtigt, sondern lediglich als intervenierende Variablen diskutiert.

Ende der 70er Jahre wurde die Wissenskluft-Hypothese von Ettema und Kline reformuliert. Sie rückten von dem medienzentrierten Modell der Wissensaufnahme ab; mit der Berücksichtigung der Variablen Motivation und politisches Interesse trat nun der Einfluß des Publikums („Rezipienten") in den Vordergrund. Sog. „transaktionale" Modelle gehen davon aus, daß nur mit einer Analyse des Zusammenspiels der Medienberichterstattung und der Rezeption der Inhalte durch die Leser/Zuschauer unter Berücksichtigung der Publikumsmerkmale der unterschiedliche Wissenserwerb aus den Medien empirisch fruchtbar erklärt werden kann. Im Kontext der sog. Rezipientenforschung wird z.B. die selektive Akzeptanz von Informationen analysiert („Theorie der kognitiven Dissonanz"; Überblick bei Horstmann 1991, Schmitt-Beck 2000). Auch *Gespräche über Politik mit Freunden, Verwandten, Kollegen* usw. erfüllen verschiedene Funktionen für die pI. Zum einen dienen solche Gespräche dazu, zusätzliche Informationen über Politik zu erhalten, zum anderen können auf diese Weise Informationen aus anderen Quellen diskutiert, eingeordnet, strukturiert und damit insgesamt besser verarbeitet werden (→ Interpersonale Kommunikation).

Messung:
Zur Ermittlung der politischen Kenntnisse der Bürger werden zahlreiche unterschiedliche Erhebungsformate verwendet, z.B. Fragen nach der Bedeutung der Erst- und Zweitstimme bei Bundestagswahlen. Wissensfragen gehören nicht zu den Indikatoren, die standardmäßig in sozialwissenschaftlichen Datenerhebungen zu finden sind. Vor allem Zeitreihen oder ländervergleichende Untersuchungen sind aufgrund häufig nicht vergleichbarer Indikatoren kaum verfügbar (eine der seltenen Ausnahmen bei Dimock/Popkin 1997). Verschiedene Operationalisierungen wurden kritisch diskutiert, z.B. ergeben sich bei der Verwendung offener und geschlossener Fragenformate unterschiedliche Resultate. Schon Studien der 70er Jahre zeigten, daß sich wesentlich höhere Niveaus an pI finden, wenn sich die Befragten nicht ohne Vorgaben z.B. an die Namen ihrer Wahlkreisabgeordneten erinnern sollen, sondern diese auf einer Liste „wiederzuerkennen" sind. Das o.g. Konzept des ideologischen Denkens wurde beispielsweise von Klingemann (neuere Untersuchungen von Fuchs und Klingemann) mit der Fähigkeit von Personen, den Begriffen „rechts" und „links" sinnvolle Bedeutungen zuzuschreiben bzw. bei der Bewertung von Parteien ideologische Kategorien zu verwenden, operationalisiert (→ Ideologie). Problematisch gestaltet sich hier vor allem der Ländervergleich, da ideologischen Kategorien in verschiedenen Ländern unterschiedliche Bedeutungen zukommen, z.B. kann man mit diesem Indikator für Italien - aufgrund der hohen gesellschaftlichen Polarisierung und Präsenz ideologischer Einordnungen - hohe pI-Werte konstatieren, obwohl Indikatoren wie Bildung und politisches Inter-

esse in eine ganz andere Richtung deuten (Überblick über die Problematik der Messung von pI bei Dalton 1996, Maier 2000).

Ergebnisse:
Objektives politisches Wissen: Wie das politische Interesse sind auch die politischen Kenntnisse der Bundesbürger begrenzt, wobei das Niveau der pI noch niedriger ist. Dies gilt nicht nur für die nationale Ebene des politischen Systems, sondern auch für die kommunale. Nur ein Drittel der Westdeutschen hatte Mitte der 80er gute Kennntisse über den Bundestag und seine Aufgaben (Schüttemeyer 1986). Auch die unterschiedliche Bedeutung von Erst- und Zweitstimme ist einem großen Teil der Wähler nicht klar (falsche Antwort in Westdeutschland: 40 %, Ostdeutschland: 46 %), etwas besser sieht es beispielsweise für die Frage nach der Anzahl der Bundesländer aus (falsche Antwort in Westdeutschland: 28 %, Ostdeutschland: 33 %, Maier 2000). Kommunale Aufgaben und Funktionsweisen der Selbstverwaltung sowie das politische Personal der Gemeindeebene kennt nur eine Minderheit der Befragten. Dies belegen eine Reihe von Studien aus verschiedenen Jahren (vgl. z.B. „Wahlen in Stuttgart", Telefonumfrage des Instituts für Politikwissenschaft der Universität Stuttgart 1994). Das *subjektive* politische Wissen der Bürger lag Ende der 90er insgesamt deutlich höher als das objektive Faktenwissen. Die Ost-West-Unterschiede fallen hier sehr viel geringer aus, wobei sich Bürger der alten Bundesländer noch etwas besser einschätzten als Bürger der neuen Bundesländer (Maier 2000). Die Deutschen sind insgesamt zwar politisch nicht sonderlich gut informiert, jedoch immer noch besser als viele andere Nationen. Dieses Bild zeigte sich schon in Studien der 50er Jahre (Greiffenhagen/Greiffenhagen 1993). Neuere international vergleichende Studien mit (offenen) Wissensfragen u.a. nach den Namen des russischen Präsidenten und des UNO-Generalsekretärs (Dimock/Popkin 1997) sehen Deutschland als Spitzenreiter der pI, Italien, Frankreich, Kanada und Großbritannien bilden das Mittelfeld, die USA sind - wie in zahlreichen anderen Untersuchungen - das Schlußlicht, nur Spanien schneidet noch schlechter ab.

Erklärungsfaktoren: Mit höherem *Bildungsniveau* und zunehmendem *Interesse für Politik* steigt der Grad an pI. Brettschneider (2000: 555) faßt die Zusammenhänge der Komponenten des „Political Sophistication"-Konzeptes zusammen: „Bildung schafft die kognitiven Voraussetzungen für die strukturierte Aufnahme und Verarbeitung von Informationen. Personen mit starkem Interesse nehmen mehr politisch relevante Informationen wahr und setzen sich mit ihnen stärker auseinander als Personen mit geringem Interesse an Politik. Und politisches Wissen gilt als der aussagekräftigste Indikator für die tatsächliche Aufnahme politischer Informationen". Das *Alter* übt vor allem im Übergang Kind/Jugendlicher/Erwachsener einen Effekt aus, danach ergeben sich in verschiedenen Studien uneinheitliche Ergebnisse, was vermutlich u.a. auf Bildungsunterschiede der → Generationen zurückzuführen ist. Dazu kommt eine gewisse Tendenz zur Abwendung von der Politik bei älteren Bürgern. Verschiedene Untersuchungen belegen ein allgemein niedrigeres Niveau an pI bei Frauen, wobei im internationalen Vergleich Frauen in Deutschland oder Italien immer noch besser abschneiden als amerikanische Männer (Dimock/Popkin 1997; → Frauen/Männer). Dieser „*gender gap*" kann ähnlich wie beim → politischen Interesse (s. dort) erklärt werden. Für Variablen wie *politische Kompetenz* wurden wechselseitige Effekte nachgewiesen: PI erhöht das Gefühl, politische Vorgänge verstehen zu können, dieses Gefühl wiederum korreliert positiv mit dem Grad an pI. Die Ergebnisse der *Medienwirkungsforschung* in Bezug auf pI sind insgesamt recht uneinheitlich, es ergeben sich unterschiedlich starke, z.T. entgegengesetzte Effekte. Mehr oder weniger einig ist man sich zumindest über folgendes: Es besteht ein sehr enger Zusammenhang zwischen Bildung und Mediennutzung, so daß es schwierig ist, den isolierten Einfluß dieser Variablen auf pI zu beurteilen; zwischen verschiedenen Medien (Fernsehen/Printmedien) und Medieninhalten sollte bei empirischen Analysen differenziert werden (Überblick bei Horstmann 1991). Das Fernsehen wird übereinstimmend als wichtigste Quelle für politische Informationen benannt (Dalton 1996). Allerdings sagt dies noch nichts über die Dauer der Nutzung politischer Informationen in unterschiedlichen Medien: Während z.B. in Deutschland die meiste Zeit auf das Lesen von Zeitungen verwendet wird, rangiert in den USA das Sehen von Fernsehnachrichten an erster Stelle (Dimock/Popkin 1997). *Politische Diskussionen/Interpersonale Kommunikation:* Bereits Almond/Verba verwendeten in ihrer „Civic-Culture"-Studie den Indikator der Beteiligung an Gesprächen über Politik. Verschiedene Untersuchungen weisen auf einen eigenständigen oder in Verbindung mit Mediennutzung vorliegenden Effekt von interpersonaler Kommunikation auf pI hin. Oft kann kein *direkter* Medieneinfluß, aber eine signifikante Verbesserung politischer Kenntnisse durch Unterhaltungen über das Gesehene, Gehörte oder Gelesene mit Freunden und/oder Bekannten (z.B. Horstmann 1991 m.w.L.) nachgewiesen werden. *Situative Effekte:* Verschiedene Studien (z.B. Neuman 1986) belegen, daß nicht einmal politische Ereignisse wie Wahlkämpfe, in denen immer wieder Personen und Programme vorgestellt werden und z.B. über Plakate präsenter als sonst sind, dazu führen, daß eine Mehrheit der Bevölkerung die Namen der jeweiligen Wahlkreiskandidaten kennt.

Wirkungen: PI begünstigt politische Beteiligung bzw. Beteiligungsbereitschaft. Analysen des Wahlverhaltens (→ Wahlen/Wähler) belegen, daß durch zunehmende pI konstantes Wahlverhalten wahrscheinlicher wird, durch geringe oder fehlende pI Abstinenz und Unentschiedenheit der Wähler (DFG-Projekt „Wahlabstinenz, Wählerabwanderung und politische Issues", Längsschnittstudie, 1994-1997).

Ausblick/offene Fragen:
Neueste Studien weisen darauf hin, daß das bisher kaum untersuchte „politische Umfeld" (Political Environment) durch „bessere", d.h. (u.a.) mehr und differenziertere Informationen und zusätzliche Motivation, sich mit politischen Informati-

onen intensiv auseinanderzusetzen, einen wichtigen Beitrag zur Qualität der pI und damit zur → politischen Kompetenz und Urteilsfähigkeit der Bürger leisten kann (Kuklinski u. a. 2001). Daneben bietet z.B. die Medienwirkungsforschung (insbes. die Rezipientenforschung) zahlreiche weitere Ansatzpunkte für die zukünftige Forschung. Auch im Rahmen der Untersuchungen des → Sozialkapitals verschiedener Gesellschaften ergeben sich neue Fragestellungen für die pI. Kommen z.B. die Bürger seltener in Kirche, Vereinen usw. zusammen, gibt es weniger Gelegenheiten für politische Gespräche, und damit sinkt auch das Niveau und die Motivation der pI (vgl. die Arbeiten von Putnam). Um die u.a. durch neue Medien wie das Internet beständig wachsende Menge an verfügbaren politischen Informationen adäquat verarbeiten zu können, müssen auch die entsprechenden Fähigkeiten der Bürger wachsen bzw. in bezug auf die neuen Medien sogar „neu gelernt" werden. Dies stellt u.a. eine Herausforderung für die Agenturen der → politischen Bildung dar. Modellprojekte für unterschiedliche Altersstufen laufen bereits (→ s. auch pS: Massenmedien).

Katja Neller

Literatur:

Brettschneider, Frank 2000: Reality Bytes. Wie die Medienberichterstattung die Wahrnehmung der Wirtschaftslage beeinflußt, in: Falter, Jürgen W./Gabriel, Oscar W./Rattinger, Hans (Hrsg.): Wirklich ein Volk? Die politischen Orientierungen von Ost- und Westdeutschen im Vergleich, Opladen, S. 539-569.

Conover, Pamela Johnston/Feldman, Stanley 1984: How People Organize the Political World: A Schematic Model, in: American Journal of Political Science 28, S. 95-126.

Dalton, Russell J. 1996: Citizen Politics. Public Opinion and Political Parties in Advanced Industrial Democracies, 2. Aufl., Chatham.

Dimock, Michael A./Popkin, Samuel L. 1997: Political Knowledge in Comparative Perspective, in: Iyengar, Shanto/Reeves, Richard (Hrsg.): Do the Media Govern? Politicians, Voters, and Reporters in America, Thousand Oaks, S. 217-224.

Gabriel, Oscar W. 1986: Politische Kultur, Postmaterialismus und Materialismus in der Bundesrepublik Deutschland, Opladen.

Greiffenhagen, Martin/Greiffenhagen, Sylvia 1993: Ein schwieriges Vaterland. Zur politischen Kultur im vereinigten Deutschland, München/Leizig.

Horstmann, Reinhold 1991: Medieneinflüsse auf politisches Wissen. Zur Tragfähigkeit der Wissenskluft-Hypothese, Wiesbaden.

Kuklinski, James H./Quirk, Paul J./Jerit, Jennifer/Rich, Robert F. 2001: The Political Environment and Citizen Competence, in: American Journal of Political Science 45, S. 410-424.

Maier, Jürgen 2000: Politisches Interesse und politisches Wissen in Ost- und Westdeutschland, in: Falter, Jürgen W./Gabriel, Oscar W./Rattinger, Hans (Hrsg.): Wirklich ein Volk? Die politischen Orientierungen von Ost- und Westdeutschen im Vergleich, Opladen, S. 141-171.

Neuman, W. Russell 1986: The Paradox of Mass Politics. Knowledge and Opinion in the American Electorate, Cambrigde/London.

Politische Inszenierung/Symbolische Politik

→ Eliten, Gewerkschaften, Identität, Individualisierung, Kirchen, Massenmedien, Militär, Öffentliche Meinung, Öffentliche Meinung/Schweigespirale, Politische Beteiligung, Politische Informiertheit, Politische Kompetenz, Responsivität, Sprache, Verbände, Verwaltungskultur, Wahlen/Wähler, Wertewandel.

Begriffe/Definitionen:

Politische Inszenierung (pI) und symbolische Politik (sP) sind Begriffe der politischen Kommunikationsforschung. Diese beschäftigt sich mit jeder Art von Kommunikation, die mit der Herstellung, Begründung und Durchsetzung allgemeinverbindlicher Entscheidungen (Easton) in Verbindung steht. Dabei geht es je nach Erkenntnisinteresse um die kommunikative Dimension des Politischen und/oder die politische Dimension des Kommunikativen. Im alltäglichen Sprachgebrauch wird politische Kommunikation fälschlicherweise auf pI und sP verkürzt.

Inszenierung ist ein Leitbegriff moderner Gesellschaften. Im Zuge einer wachsenden Aufgeschlossenheit für kulturtheoretische Zugänge bedienen sich über die Kultur- und Geisteswissenschaften hinaus auch die Sozialwissenschaften des Inszenierungsbegriffs. PI umschreibt dabei generell bestimmte Kulturtechniken, mit denen von politischen oder gesellschaftlichen Akteuren bzw. Institutionen unter Verwendung ästhetischer Mitteln (optisch, akustisch oder szenisch) imaginäre, fiktive und reale politische Wirklichkeit in eine spezifische Beziehung gebracht und entweder direkt oder indirekt über → Massenmedien dargestellt wird. Bezeichnet man als symbolisch etwas, was für etwas anderes steht, so kann sP als eine Handlungsweise verstanden werden, in der mit dem Ziel der Aufmerksamkeitssteuerung und politischen Loyalitätssicherung unter Verwendung dramaturgischer Mittel imaginäre, fiktive oder reale politische Wirklichkeit komprimiert zum Ausdruck gebracht wird. SP kommt in der politischen Kommunikation eine Signalfunktion (1.) zu. Durch Komplexitätsreduktion (2.) stellt sie ein wichtiges Regulativ für die Bewältigung von Informationsmengen dar. Im Zuge enger politischer Handlungsspielräume ist sie vielfach Ausdruck demonstrierter politischer Handlungssouveränität (3.). Schließlich bietet sie expressive Angebote zur Orientierung, Sinnvermittlung und politischen Identitätsstiftung (→ Identität) (4.). SP ist in der modernen Mediengesellschaft zu einem allgemeinen Strukturprinzip politischen Handelns geworden.

PI und sP sind Verfahren der Bedeutungsvermittlung von Politik. Die inflationäre, umgangssprachliche Verwendung beider Formeln stellt Politik unter den generellen Verdacht politischer Schauspielerei. Mehr noch als pI wird sP als polemische Formel gebraucht, mit der politisches Handeln als Ersatz- oder Täuschungshandlung Ausdruck findet. Die diesem Täuschungsparadigma folgende Adaption beider Begriffe im Sinne von „Politik als Ritual" (Edelman), „Inszenierung des Scheins" (Meyer), Politik als „Staatsschauspiel" (Schwartzenberg) oder Placebo-Politik erschwert die differenzierte Auseinandersetzung mit dem Grundsachverhalt, daß sowohl *Politikherstellung*, als auch *Politikdarstellung*, Politikentscheidung und Politikbegründung integrale Bestandteile von Politik und vor allem jeder demokratischen Regierungsweise sind (Vermittlungsparadigma).

Die verbreitete Unterstellung, pI und sP seien kalkulierte Indienstnahmen der Wahrnehmung zum Unterlaufen der Urteilsfähigkeit der Bürger, reiht sich ein in die Tradition kulturkritischer Reflexionen und Spekulationen. Bekanntlich war Benjamins Definition von Faschismus die „Ästhetisierung von Politik". Beide Formeln, pI und sP, bringen zum Ausdruck, daß pK wie alle Kultur stets beides ist, Struktur und Prozeß, Objektivation und Handeln. Gemäß der Differenzierung zwischen politischer Soziokultur und politischer Deutungskultur (Rohe) tragen pI und sP nicht nur zu Aufbau, Pflege und Wandel des öffentlich relevanten Interpretationshaushaltes einer Gesellschaft, ihrer politischen Deutungskultur also, bei. Inszenierung und Symbolisierung in der Politik sind nicht nur Darstellung sondern immer auch Kampf um Deutungsmacht, d.h. um die Durchsetzung bestimmter politischer Sichtweisen. Während pI und sP in autoritären und totalitären Systemen auf widerspruchslose Akklamation abzielen, bleibt in liberalen Demokratien prinzipiell Raum für eine auf Massenloyalität und Konsens ausgerichtete Sinnstiftung. PI und sP erzeugen konkrete bzw. diffuse Erwartungen. Es gibt eine abstrakt nur schwer zu definierende Grenze für pI und sP. Wird diese Grenze überschritten, droht politischer Glaubwürdigkeitsverlust.

Forschungsgeschichte und Praxisrelevanz:
PI und sP, wie politische Kommunikation überhaupt, sind keine Phänomene der Gegenwart und auch keine Erfindung der modernen Mediengesellschaft. Fragen der Sichtbarkeit von Macht, der sprachlichen, optischen und szenischen Darstellung von Politik, der angemessenen Vermittlung von Zielen und Mitteln politischen Handelns, der Organisation von Zustimmung und der Strategien zur Überzeugung, Überredung und auch Täuschung spielen in politischer Theorie und Ideengeschichte - von der antiken Rhetorik, über Machiavellis Auseinandersetzung mit dem effektiven Einsatz der Herrschaftstechniken des neuzeitlichen Fürsten und ersten Ansätzen politischer Massenpropaganda bis hin zu den audiovisuellen Möglichkeiten massenmedialer Politikvermittlung der Gegenwart - eine zentrale Rolle. Gleichwohl ist unverkennbar, daß sich Reichweite und Verbreitungsgeschwindigkeit von pI und sP unter den Bedingungen einer modernen Mediengesellschaft mit räumlich und sozial flächendeckender Verbreitung der elektronischen Medien (Hörfunk, Fernsehen, Internet) verändert haben. Ob und wie die Wirkungsmacht pI und sP in Folge der dynamischen Medienentwicklung zugenommen hat, wird in den Sozialwissenschaften kontrovers diskutiert. Die Einschätzungen reichen dabei von Vorstellungen einer beliebigen politischen Realitätskonstruktion bis hin zu der Behauptung politischer Belanglosigkeit. Folgt man jedoch der ver-

breiteten angelsächsischen Aufschlüsselung des Politikbegriffs (polity, politics und policy), so ergeben sich differenzierende makro- und mikroanalytische Problemstellungen.

Politiy-Ebene: Hier geht es um die Folgen sich abzeichnender politischer Gewichtsverschiebungen. Mediengewinne stünden Institutionenverlusten gegenüber. Entscheidungspolitik verliere, zumindest in der öffentlichen Wahrnehmung, gegenüber Darstellungspolitik an Bedeutung.

Politics-Ebene: In politisch-prozessualer Hinsicht steht die sog. Amerikanisierung der Politikvermittlung im Mittelpunkt des Forschungsinteresses, wobei vor allem Wahlkämpfe (→ Wahlen/Wähler) als wegweisendes Experimentierfeld gelten. Gemeint ist damit eine Tendenz zur Entpolitisierung von Informations- und Kommunikationsangeboten, eine Orientierung politischer Offerten an einem zunehmend stimmungsabhängigen Meinungsmarkt sowie die Anpassung an kommerziell übliche, immer raffiniertere Marketingstrategien und -methoden.

Policy-Ebene: Die verschiedenen Politikfelder und Problemlösungsansätze sind nicht in gleicher Weise vermittelbar. Z.B. lassen sich „Köpfe" leichter darstellen als „Sachen", kurzfristige Problemlösungen einfacher als langfristige, spezielle eher als allgemeine Interessen. Dies hängt vor allem mit den medienspezifischen Aufmerksamkeitsregeln (Nachrichtenwerte) und Präsentationsregeln zusammen. Ob und inwieweit allerdings pI und sP einerseits adäquate Problemlösungen erschweren oder gar verhindern und andererseits die Wahrnehmung von Politik verändern, ist nicht generell, sondern nur im konkreten empirischen Zusammenhang zu beantworten bzw. zu analysieren.

Zwar läßt sich für die BRD trotz der unverkennbaren Einflüsse mediendramaturgischer Elemente eine generelle Plebiszitarisierung der Politik nicht nachweisen. Dennoch ist eine Tendenz zur Orientierung an dem, was jeweils kurzfristig vermittelbar ist, durchaus erkennbar. Zu dieser Entwicklung trägt bei, daß Wahlen - auf welcher Ebene auch immer - als bundespolitische Stimmungstest begriffen werden. Insgesamt ist unverkennbar, daß die Legitimation über die Medien gegenüber der gremienzentrierten „Legitimation durch Verfahren" (Luhmann), die Organisation von Zustimmung über Medienkommunikation und ggf. an den Gremien vorbei an Bedeutung gewonnen hat. Im Gegensatz zu präsidial verfaßten Demokratien erschwert allerdings das parlamentarische Regierungssystem in Deutschland noch die umstandslose Umstellung auf eine „telekratische Fürstenherrschaft" (Danilo Zolo) auf der Basis von Fernsehlegitimität.

Demokratietheoretische, mediale und gesellschaftliche Rahmenbedingungen:
Sind pI und sP spezifische Ausprägungen politischer Kommunikation, so stellt sich die Frage nach pI und sP, die den Maßstäben einer demokratischen pK angemessen sind. *Normativ* ist dabei auf Fundamentalprinzipien demokratischer Herrschaft und *empirisch* auf spezifische Bedingungen kommunikativen Handelns in der Mediengesellschaft zu verweisen. In normativer Hinsicht stehen pI und sP grundsätz-

lich im Rahmen der Einlösung einer kommunikativen Bringschuld seitens politischer Akteure in der Demokratie (s. →Demokratie(prinzip); Volkssouveränität, Repräsentation). Denn demokratische Herrschaft ist zustimmungsabhängig und deshalb auch begründungspflichtig. Beide, Zustimmung und Begründung setzen öffentliche Kommunikation voraus. Die Aufrechterhaltung von Legitimität in der offenen Gesellschaft erfordert demnach die ständige - wie immer auch inszenierte und sym-bolisch zum Ausdruck gebrachte - Erneuerung durch kommunikative Vermittlung ihrer Geltungsgründe im Rahmen einer demokratischen Öffentlichkeit. Stellte das Modell einer „diskursiven Öffentlichkeit" (Habermas) auch in frühliberalen Zeiten ein Idealbild dar, so gilt dies um so mehr für die „gemachte" Medienöffentlichkeit der Gegenwart. Sie kann aus akteurs- und systemtheoretischer Sicht als jenes Teilsystem angesehen werden, durch das sich Gesellschaft und Politik selbst beobachten. Auch politische Akteure und Institutionen sind in der Kommunikation mit ihrer Umwelt inzwischen auf das allgemeine Mediensystem angewiesen, zumal es kaum mehr politikeigene Medien (z.B. Parteizeitungen) mit hoher Reichweite nach innen und außen gibt. Ist dabei eine Tendenz zu verstärkter medialer Selbstdarstellung und Selbstreferenz, ja zu einer Art Refeudalisierung der als repräsentativ und als responsiv gedachten demokratischen Öffentlichkeit zu erkennen, so ist dies jedoch - entgegen dem polemischen Sprachgebrauch - nicht eine pI und sP zwingend immanente Logik.

Empirisch finden pI und sP in einem Handlungsumfeld statt, in dem die Medienlandschaft weithin unübersichtlich und Medienkommunikation inzwischen zu einem gesellschaftlichen Totalphänomen geworden ist. Medien sind nicht nur Indikatoren, sondern auch Faktoren sozialen Wandels. Ihre Expansion, ihre funktionale Spezialisierung und Spartisierung sowie ihre zunehmende Kommerzialisierung stehen im Zusammenhang mit gesellschaftlichen Differenzierungs-, mit Individualisierungs- und Privatisierungstendenzen. Mit den Veränderungen vor allem des elektronischen Mediensystems in Deutschland, mit der strukturellen Verschiebung von allgemeinen Verteilmedien mit überschaubarem Angebot hin zu unterschiedlichsten Nachfragemedien verändert sich aber der Charakter politisch-medialer Öffentlichkeit. Politische Öffentlichkeit konkurriert als eine von vielen Teilöffentlichkeiten auf einem größer werdenden „Marktplatz" um das knapper werdende Gut Aufmerksamkeit. Dies hat zur Folge, daß im Zuge der Medienexpansion einerseits der Zugang zum Medienmarkt für potentielle politische Akteure erleichtert wird. Andererseits wird es tendenziell schwerer, die Aufmerksamkeit eines Massenpublikums zu erhalten. Dies vor allem erklärt, warum Inszenierungsaufwand und sP zunehmen und warum Öffentlichkeitsarbeit und politisches Marketing organisationsintern und -extern zu einer expandierenden Branche auch in der Politik geworden sind, auch wenn der Abstand im Grad kommunikationsspezifischer Professionalisierung etwa zu Großbritannien und insbesondere zu den USA noch deutlich ist.

Für einen generell steigenden Kommunikationsbedarf spricht auch, daß sich im Zuge gesellschaftlicher Modernisierungsprozesse (Säkularisierung, Bildungsexpansion, → Individualisierung, → Wertewandel etc.) die Bindungen an gesellschaftliche Gruppen lockern. In der Folge dieses Dealignments schwächt sich der verhaltensregulierende Einfluß kollektiver Sinnproduzenten (Parteien, → Gewerkschaften, → Kirchen, → Verbände etc.) ab. In dem Maße, in dem aber → politische Beteiligung mehr und mehr zu einer Frage des Kalküls wird, wird es auch kommunikationsabhängiger. Dabei ergibt sich im Ost-West-Vergleich eine geradezu dilemmatische Situation. Die pK im Osten der Republik ist insgesamt fluider, die politischen Bindungen der Ostdeutschen sind schwächer als im Westen. Zugleich ist aber auch die Skepsis gegenüber moderner pI im Osten stärker ausgeprägt als im Westen.

Unbeschadet dieser Besonderheiten in den politischen Teilkulturen Deutschlands muß Medienkompetenz in zweifacher Hinsicht als ein Schlüsselfaktor der pK bezeichnet werden. Für alle politischen Akteure, seien es etablierte Institutionen oder außerparlamentarische Bewegungen, Staatsorgane oder Initiativen von Bürgern, ist die Herstellung von Öffentlichkeit, ist die Kompetenz zu professioneller Öffentlichkeits- und insbesondere Medienarbeit, sind *Kampagnenfähigkeit* und *Medienpräsenz* zentrale Machtprämien geworden. Damit wird auch für Bürgerinnen und Bürger die Kompetenz zur Wahrnehmung, Decodierung und kritischen Verarbeitung medialer pI und sP, ggf. auch deren eigenaktiver Gebrauch, zu einem Kern politischer Bürgerkompetenz (→ Politische Kompetenz).

Inszenierung als politisch-mediales Beziehungsspiel:
Für die Gewährleistung einer demokratischen pK gilt ein unabhängiges Mediensystem als eine conditio sine qua non. Allerdings stellt sich die Frage, wie dieses Postulat mit der konstatierten Zunahme pI und sP vereinbar ist. Die politische Kommunikationsforschung bedient sich zur Analyse des politisch-medialen Beziehungsgeflechts verschiedener Erklärungsmodelle. Es wäre verkürzt, pI und sP ausschließlich einem der nachfolgend skizzierten Ansätze zuzuordnen. Vielmehr lassen sich auf der Basis der Modelle unterschiedliche Forschungshypothesen entwickeln und empirische Zugänge finden.

Das *Autonomiemodell* geht, gestützt auf die verfassungsrechtliche Stellung der Medien, von zwei unabhängigen Teilsystemen aus. Idealiter werden die Medien als kontrollierendes Gegenüber zur Politik, als eine Art Vierte Gewalt, gesehen. Ihnen komme eine dienende Rolle zu, die sie als „Spiegel" oder als „Forum" der → öffentlichen Meinung zu realisieren haben. Das *Instrumentalisierungsmodell* behauptet demgegenüber eine Abhängigkeit der Medien von der Politik. Der Politik gelinge es, sei es durch direkten politischen Einfluß (z.B. Personalpolitik in öffentlich-rechtlichen Anstalten) oder indirekt durch eine auf die Berichterstattung hin ausgerichtete „instrumentelle Aktualisierung" (Kepplinger) im Wege von pI und sP die Medien für politische Zwecke zu instrumentalisieren. Das *Symbiosemodell* schließlich hebt ab auf die dichte Interaktion zwischen politischen und medialen Akteuren. Die Beziehung zwischen Politik und Medien lasse sich weniger als kontrollierendes Gegenüber und auch nicht mit Instrumentalisierung zureichend beschreiben. Kennzeichnend sei vielmehr eine Symbiose, ein wechselseitiges Abhängigkeitsverhältnis und Sich-aufeinander-einstellen nach Art einer Tauschbeziehung: Publizität gegen Information. Als besonders charakteristisch für dieses „Beziehungsspiel" wurden im Verlaufe der Geschichte der Bundesrepublik die spezifischen Bedingungen (Überschaubarkeit, persönliches Kennen etc.) im politischen Biotop des Bonner „Treibhauses" angesehen. Auch auf der kommunalen Ebene sind vielfach symbiotische Verflechtungen zwischen Journalisten und politischen → Eliten nachgewiesen worden. Inwieweit der Wechsel des Regierungssitzes in die Metropole Berlin auch zu einem neuen Verhältnis von Politik und Medien führt und damit auch zu veränderten politischen Inszenierungsbedingungen, wird man erst im Verlaufe einiger Jahre beurteilen können.

Theorien/Konzepte/Modelle:
PI und sP sind spezifische Ausprägungen von *Politikvermittlung.* Analytisch kann dabei unterschieden werden zwischen genuiner, mediatisierter und inszenierter Realität. (Kepplinger) Sieht man von einer Position des radikalen Konstruktivismus ab, so gibt es durchaus politische Ereignisse, die unabhängig von medialer Darstellung vorkommen. Als mediatisierte Ereignisse können demgegenüber solche bezeichnet werden, deren Charakter sich aufgrund der Anwesenheit von Medien verändert. Demgegenüber wären inszenierte Ereignisse gleichsam Pseudoereignisse, die ohne Medienpräsenz nicht existierten und eigens zum Zwecke der Medienresonanz geschaffen werden.

So hilfreich eine solche analytische Differenzierung sein kann, so basiert sie doch auf abbildtheoretischen Annahmen, also auf der Unterscheidung zwischen Ereignis und Pseudoereignis, Realität und Fiktion bzw. Täuschung. Diese Unterscheidung erweist sich jedoch dann als problematisch, wenn politische Macht nicht als eine materialisierte Größe, sondern als ein ständig zu erneuernder Kommunikationszusammenhang begriffen wird (z.B. Hanna Arendt oder die Federalist Papers). Demnach sind auch pI und sP als spezifische Kommunikationsweisen Teil der Politik selbst, sind politisches Handeln und nicht bloße Akte der Zeichenübertragung. Gleichwohl erschöpft sich - im Gegensatz etwa zur Theaterwelt - Realität im Politischen nicht in der Inszenierung des Politischen. Denn wenn alles als inszeniert und symbolisch gilt, entzieht sich dieses Phänomen wissenschaftlicher Analyse. Insofern ist die Frage danach, auf was pI und sP *verweisen*, bzw. welche politischen Botschaften *verdichtet* werden sollen, gerade auch für die kritische Auseinandersetzung mit pI sinnvoll.

Typisch für eine vor allem in den Geschichtswissenschaften verbreitete Sicht von Inszenierung und Symbolik ist ihre Beschränkung auf die Verwendung von Machtinsignien (z.B. Zepter, Reichsapfel, Krone etc.) im Rahmen von Staatsakten.

Diese reduktionistische Perspektive verkennt jedoch die zentrale Bedeutung inszenierten Handelns und Verhaltens in der politischen Alltagskommunikation der Mediengesellschaft. Drei funktionale Ebenen symbolischen Handelns lassen sich unterscheiden:

1. *Hoheitliche Akte staatlicher Selbstdarstellung*: Hierzu gehören etwa Staatsakte mit Hymne und Flagge oder auch militärische Zeremonielle (→ Militär), die hochgradig ritualisiert und nach strengem Protokoll ablaufen. Sind diese inzwischen vielfach sichtbarer Ausdruck des selbstverständlichen protokollarischen Umganges, so finden sie allenfalls dann öffentliche Beachtung, wenn von den üblichen Regeln abgewichen wird. Mehr noch als solche Rituale sind jedoch Gebäude repräsentativer Staatsarchitektur oder auch offizielle Veranstaltungen im Rahmen politischer Gedenk- und Erinnerungskultur Ausdruck dessen, wie politische Gemeinwesen sich selbst sehen bzw. gesehen werden wollen. Dafür, daß solche Aktivitäten durchaus politisch-diskursive Wirkungen entfalten können, gibt es in der deutschen Nachkriegsgeschichte zahlreiche Beispiele (aus der jüngeren Vergangenheit die Debatte um die Reichstagsverhüllung, um das Holocaust-Denkmal in Berlin).

2. *Demonstrative politische Akte* und schulbuchträchtige Staatsmannsgesten (z. B. Umarmung zwischen de Gaulle und Adenauer in Reims, Kniefall Brandts in Warschau) wie auch politisch strittig beurteilte Inszenierungen (z.B. der Besuch des Bundeskanzlers Kohl mit US-Präsident Reagan auf dem Soldatenfriedhof in Bitburg), mit denen in der Regel ein historischer Wendepunkt signalisiert oder zum Ausdruck gebracht wird.

3. Schließlich sind pI und sP Bestandteil *politischer Alltagskommunikation* in der Mediengesellschaft: Die Unterscheidung zwischen Inszenierung und „Realität" ist hier besonders schwierig, weil Politikherstellung und Politikdarstellung zugunsten einer übergreifenden strategischen Orientierung verschmelzen. Dies gilt für die verschiedenen Stadien des politischen Prozesses allerdings in unterschiedlicher Weise: für den medial kaum beachteten Bereich der Routinepolitik - z.B. in parlamentarischen Verfahren - weniger als für innovative Politikvorstöße, für die Phase der Politikdefinition, die Entwicklung von Handlungsprogrammen und die Politikimplementation weniger als für die Phasen, in denen es darum geht, ein Thema oder eine spezifische Sicht auf die politische Agenda zu bringen.

Forschungsansätze und politische Handlungsfelder:
Kennzeichnend für die forschungspraktische Auseinandersetzung mit pI und sP in der BRD sind folgende analytisch unterscheidbare Ansätze:

Kultur- und politiktheoretische bzw. kulturkritische Arbeiten: Kulturwissenschaftlich ausgerichtete und hermeneutisch angelegte Arbeiten, die sich mit der Bedeutung von Mytheninszenierungen in der pK-Geschichte der deutschen Nation (Dörner) beschäftigen, sind auch für das Verständnis politischer Sinnstiftungsversuche in der pK der Gegenwart von Interesse. Gegenwartsdiagnostische Arbeiten zur „Dialektik der Kommunikationsgesellschaft" (Münch) sowie empirisch eher exemplifizierende und von einem anspruchsvollen normativen Öffentlichkeitsverständnis ausgehende Studien stehen zumeist in Verbindung mit wirkungsmächtigen Hypothesen hinsichtlich der Folgen von pI und sP für die demokratische pK. Dabei stehen Methoden und Strategien vor allem bildlicher Ästhetisierung unter Entpolitisierungsverdacht. (Flaig/Meyer/Ueltzhöffer) Mit der These von der „Inszenierung des Scheins" (Meyer) bewegt sich dieser Ansatz im wesentlichen auf der Basis des Täuschungsparadigmas.

Eine Reihe von *politikwissenschaftlichen* Studien thematisiert, je nach theoretischer oder empirischer Ausrichtung, insbesondere Merkmale und Folgen der Veränderungen politischer Öffentlichkeit, Konsequenzen der pI und sP für demokratische Institutionen (z.B. Parteien, Parlamente), mögliche Auswirkungen auf den politischen Prozeß und auf das politische Verhalten wie auf das politische System insgesamt. Typisch ist auch hier eine eher makroanalytische Perspektive, die beispielsweise in der These von der „Transformation des Politischen" (Meyer) oder in der Diagnose eines allmählichen „Systemwandels von der parlamentarisch-repräsentativen hin zur medial-präsentativen Demokratie" (Sarcinelli) ihren Niederschlag gefunden hat.

Für eine Reihe von *politisch-soziologisch* und *publizistikwissenschaftlich* angelegten Arbeiten zur Inszenierungsproblematik gilt einerseits, daß Einzelaspekte (z.B. Wahlkampfslogans oder Spots, Visualisierungsstrategien, Öffentlichkeitsarbeit etc.) von pI und sP inzwischen recht gut untersucht sind. Dies gilt vor allem dank der traditionellen Wahlkampfforschung für Studien zu organisations- und prozeßanalytischen sowie politik- und kommunikationsstrategischen Aspekten. Andererseits zeigt sich auch hier ein Grundsatzproblem sozialwissenschaftlicher Forschung: die Diskrepanz zwischen dem methodisch aufwendigen Kausalnachweis bei, vielfach aus dem Kommunikations- und Politikkontext isolierten, Variablenverbindungen und der Möglichkeit, politisch relevante Wirkungsaussagen zu machen. Die defizitäre Situation, wenn es um Bedeutungseinschätzungen oder gar kausale Wirkungsnachweise von pI und sP geht, hängt jedoch nicht nur mit forschungspraktischen Problemen zusammen, sondern auch damit, daß Inszenierungen und Symbolisierungen, wie Kommunikationsprozesse überhaupt, in einer modernen Mediengesellschaft zu einer sozialen Selbstverständlichkeit und zu einem allgegenwärtigen Phänomen geworden sind.

Einen eher mikroanalytischen und handlungstheoretischen Zugang zu Fragen pI und sP bieten - vor allem in Anlehnung an Goffmans Interaktionstheorie - *soziologische und sozialanthropologische* Ansätze: Inszenierung als integraler Bestandteil jeder sozialen Interaktion. Demnach manifestiert sich der Gehalt sozialen Handelns in den Erscheinungsformen. Im Wege dramatologischer Analyse geht es darum, wie sich Akteure in sozialen Situationen darstellen, wie sie ihre Darstellung wahrnehmen und wechselseitig aufeinander abstimmen. Dieser Ansatz kann das Wechselspiel von Rolle und Person, von „Darstellung und Verstellung" (Soeffner), die grundsätzlich im politischen Handeln eng aufeinander bezogen sind, erhellen.

Sprachwissenschaft bzw. Politolinguistik (Klein) eröffnen mit linguistisch-pragmatischen, strukturalen und philosophisch-normativen Verfahren spezifische Zugänge zur Analyse sprachlicher Elemente pI und sP. Dabei stehen vor allem Strategien, Methoden und Wirkungen persuasiven politischen Sprachgebrauchs im Mittelpunkt des Interesses.

Die *politische Ikonographie* schließlich konzentriert sich auf sämtliche visuellen Erscheinungen politischen Wirkungswillens und setzt sich mit der Produktion, Aneignung und Wahrnehmung von Bedeutungen, Wirkungsabsichten und Funktionsweisen visueller Strategien im politischen Raum auseinander.

Insgesamt zeigt sich bei den wissenschaftlichen Zugängen zu pI und sP, wie in der pKf generell, eine Theorien- und Methodenvielfalt bei gleichzeitiger Relativierung von Disziplingrenzen. Das wichtigste Untersuchungsfeld der pI und sP sind Wahlkämpfe. Deshalb ist auch die Wahlkampfforschung das politische Handlungsfeld, zu dem es die meisten politikwissenschaftlichen, soziologischen und kommunikations- und sprachwissenschaftlichen Arbeiten gibt, in denen Strategien und Methoden politischer Inszenierung (Personalisierung, Negative Campaigning, Gebrauch von Schlagworten und Slogans, Visualisierung etc.) untersucht werden. Ein relativ neues, sich etablierendes Forschungsgebiet für die Untersuchung von pI und sP ist die politische Öffentlichkeitsarbeit. Im Rahmen der Bewegungsforschung finden inzwischen pI und sP eine besondere Beachtung. Bürgerinitiativen, -bewegungen, wie überhaupt alle sog. Nichtregierungsorganisationen sind mehr noch als etwa die im politischen Institutionensystem verankerten Parteien und Verbände auf öffentliche Resonanz, auf den Erfolg von „Politik als Kampagne“ (Baringhorst) angewiesen. Als besonders hoch entwickelt gilt die Professionalität für spektakuläre Inszenierungen bei der Umweltschutzorganisation Greenpeace.

Ulrich Sarcinelli

Literatur:

Baringhorst, Sigrid 1998: Politik als Kampagne. Zur medialen Erzeugung von Solidarität, Opladen/Wiesbaden.

Dörner, Andreas 1995: Politischer Mythos und symbolische Politik. Sinnstiftung durch symbolische Formen am Beispiel des Hermannsmythos, Opladen.

Edelman, Murray 1990: Politik als Ritual. Die symbolische Funktion staatlicher Institutionen und politischen Handelns, Frankfurt a.M./New York.

Flaig, Berthold Bode/Meyer, Thomas/Ueltzhöffer, Jörg 1994: Alltagsästhetik und politische Kultur, 2. Aufl., Bonn.

Jarren, Otfried/Sarcinelli, Ulrich/Saxer, Ulrich (Hrsg.) 1998: Politische Kommunikation in der demokratischen Gesellschaft. Ein Handbuch mit Lexikonteil, Opladen/Wiesbaden.

Meyer, Thomas 1992: Die Inszenierung des Scheins, Frankfurt a.M./New York.

Sarcinelli, Ulrich 1987: Symbolische Politik, Opladen.

Sarcinelli, Ulrich (Hrsg.) 1998: Politikvermittlung und Demokratie in der Mediengesellschaft, Opladen/Wiesbaden/Bonn.

Voigt, Rüdiger (Hrsg.) 1989: Politik der Symbole. Symbole der Politik, Opladen.

Willems, Herbert/Jurga, Martin (Hrsg.) 1998: Inszenierungsgesellschaft. Ein einführendes Handbuch, Opladen/Wiesbaden.

Politische Kompetenz

→ Bildung, Demokratische Persönlichkeit, Externe politische Effektivität, Generationen, Interpersonale Kommunikation, Massenmedien, Parteiidentifikation, Politische Beteiligung, Politische Informiertheit, Politische Inszenierung/Symbolische Politik, Politische Sozialisation, Politisches Interesse, Politisches Vertrauen, Responsivität, Sprache, Wahlen/Wähler.

Begriff/Definition:
Durch die gleichberechtigte Zuweisung von Beteiligungsrechten und die Ermöglichung ihrer Ausübung unterscheiden sich Demokratien von nicht-demokratischen politischen Organisationsformen. Damit diese Beteiligungsrechte genutzt werden, müssen auf Seiten der Bürger jedoch entsprechende Fähigkeiten vorliegen, die ihre Teilnahme am politischen Prozeß ermöglichen. Eine dieser Fähigkeiten stellt die politische Kompetenz (pKomp) der Bevölkerung dar. Mit dem Aufkommen des Behavioralismus in der Politikwissenschaft entwickelte sich ein verstärktes Interesse an der empirischen Erforschung des pKomp-Bewußtseins, wenngleich ihm von der Demokratietheorie schon lange eine zentrale Rolle zugeschrieben wird. Zwei Konzepte zur Erhebung des pKomp-Bewußtsein dominieren seit den 50er und 60er Jahren die empirische pKf: Das von Almond und Verba entwickelte Konzept der subjektiven pKomp, verstanden als das Gefühl, auf politische Entscheidungen Einfluß ausüben zu können (Almond/Verba 1965), sowie das von Campbell u. a. (1954, 1960) eingeführte Konzept „Political Efficacy". Mittlerweile besteht Einigkeit darüber, daß „Political Efficacy" aus zwei inhaltlich voneinander zu unterscheidenden Teilkomponenten besteht: External Efficacy (→ Externe politische Effektivität) und Internal Efficacy (Balch 1974). Letzteres ist hier von Bedeutung und umfaßt die Beurteilung der eigenen Fähigkeiten, Politik verstehen und beeinflussen zu können.

Theorien/Konzepte/Modelle:
Nach Almond und Verba zeichnen sich stabile Demokratien durch das Vorliegen einer Staatsbürgerkultur bzw. Civic Culture aus. Diese ist gekennzeichnet durch positive Einstellungen der Bürger gegenüber dem politischen Inputbereich bzw. ihrer eigenen Rolle im politischen Prozeß. Hierzu gehören neben dem pKomp-Bewußtsein die → politische Informiertheit einer Person, ihr → politisches Interesse, ihr Mediennutzungsverhalten (→ Medien), ihre → interpersonale Kommunikation ebenso wie ihre Nähe zu einer politischen Partei (→ Parteiidentifikation). Drei Gründe verdeutlichen die Bedeutung des pKomp-Bewußtseins für den Be-

stand einer Demokratie. Erstens stellt es neben sozialstrukturellen Faktoren die psychologische Grundlage der → politischen Beteiligung eines Individuums dar. Zweitens dürfte allein das Vorliegen eines hohen Maßes an pKomp innerhalb der Bevölkerung die Rücksichtnahme der Regierenden auf die Wünsche der Bürger verstärken (→ Responsivität), ohne daß tatsächlicher Druck auf die Vertreter des Volkes ausgeübt werden muß (u.a. Almond/Verba 1965, Gamson 1968). Drittens schließlich kommt dem Gefühl der pKomp eine zentrale, systemlegitimierende Funktion zu. Hat ein Systemmitglied das Gefühl, selbst auf politische Vorgänge Einfluß ausüben zu können, ist seine Akzeptanz in der Regel auch gegenüber solchen Entscheidungen gewährleistet, die ohne seine explizite Beteiligung erfolgen. Ein hohes Kompetenzgefühl ist in der Regel mit einer hohen Output-Zufriedenheit und einer hohen Unterstützung demokratischer Werte verbunden. „...the belief in one's competence is a key political attitude. The self-confident citizen appears to be the democratic citizen. Not only does he think he can participate, ... he is likely to *be* more active. And, perhaps most significant of all, the self-confident citizen is also likely to be the more satisfied and loyal citizen" (Almond/ Verba 1965: 207, → Demokratische Persönlichkeit).

Ergebnisse:
Empirische Erhebungen des Bewußtseins von pKomp liegen seit Mitte der 50er Jahre vor. Mittlerweile sind die Konzepte in der politikwissenschaftlichen Einstellungsforschung etabliert, so daß Zeitreihen im internationalen Vergleich zur Untersuchung herangezogen werden können. Die ersten Ergebnisse für Deutschland entstammen der Civic-Culture-Studie von 1959. Die Deutschen verfügten damals zwar über ein erstaunlich hohes politisches Interesse, das mit der im internationalen Vergleich hohen Wahlbeteiligung korrespondierte. Auf die Frage „Angenommen, ein Gesetz würde im Bundestag in Erwägung gezogen, das Sie als sehr ungerecht und nachteilig ansähen. Was meinen Sie, könnten Sie dagegen unternehmen?" antworteten jedoch nur 38 % der Befragten, dagegen etwas unternehmen zu können. In den Vereinigten Staaten betrug der entsprechende Anteil 75 %, in Großbritannien 62 %. In Folge der nationalsozialistischen Herrschaft und der „entpolitisierten" Nachkriegszeit erstaunt dieser Befund nicht. Außerdem setzte in den folgenden Jahren eine positive Entwicklung des pKomp-Bewußtsein ein. 1974 gaben auf dieselbe Frage knapp über 50 % an, im Fall eines ungerechten Gesetzes ihre Interessen zur Geltung bringen zu können, ein Befund, den Umfragen Anfang der 80er Jahre bestätigten. Damit hatten die Deutschen begonnen, sich von „Untertanen" zu „Staatsbürgern" zu entwickeln. Entsprechende Werte für Ostdeutschland deuteten zwischen 1990 und 1994 sogar auf ein höheres pKomp-Gefühl als in Westdeutschland hin. Dies kann mit der von den Bürgern auf den Weg gebrachten friedlichen Revolution in Verbindung gebracht werden. Seit 1994 allerdings liegen die Werte etwas niedriger als im Westen (Hoffmann-Lange 1997). Ergebnisse einer europaweiten Erhebung von 1990 (European Values Survey) weisen Deutschland

einen Platz im europäischen Mittelfeld zu. Fast 30 % lehnten die Aussage ab „Wenn ein ungerechtes Gesetz von der Regierung und dem Parlament verabschiedet wurde, kann ich nichts mehr dagegen tun". Ein deutlich niedrigeres pKomp-Bewußtsein zeigte sich in Belgien, Frankreich und Spanien. Die Dänen, Briten, Iren und Niederländer führten die „Kompetenzrangreihe" dagegen mit Ablehnungsquoten zwischen 37 und 48 % an (Brettschneider u. a. 1994). In dem Ausmaß, in dem Frauen über äquivalente Bildungsressourcen wie Männer verfügen und derselben Altersgruppe angehören, zeigen sich zwischen den Geschlechtern kaum mehr Differenzen im Gefühl der pKomp. Dies gilt besonders für die nordeuropäischen Staaten Dänemark, Norwegen, Schweden, Großbritannien und Belgien. Geringe Einflüsse tauchen dagegen noch in Deutschland, Italien, Frankreich, Spanien, Portugal und Irland auf.

Innerhalb der letzten Dekaden hat das pKomp-Bewußtsein in fast allen untersuchten Ländern der Europäischen Union zugenommen, wenngleich es verglichen mit den Output- und Systemorientierungen immer noch schwach entwickelt ist. Schichtunabhängig weisen die Kindergenerationen (→ Generationen) ein durchschnittlich höheres Gefühl pKomp auf als ihre Eltern. Gründe hierfür dürften einerseits im höheren Bildungsniveau (→ Bildung) der Kindergeneration liegen. Andererseits aber scheinen auch die Sozialisation (→ pS) in einem demokratisch geprägten Umfeld, konkrete politische Erfahrungen und eigene politische Aktivitäten das Pkomp-Bewußtsein der Bürger zu prägen (u.a. Baker/Dalton/Hildebrandt 1981). Allerdings haben neuere Untersuchungen gezeigt, daß Wählen (→ Wahlen/Wähler) allein hierfür nicht ausreicht. Vielmehr führen nur intensivere Formen der politischen Beteiligung zur Entwicklung des pKomp-Gefühls (Finkel 1987).

Ausblick/offene Fragen:
Parallel zur fortschreitenden Industrialisierung, Urbanisierung und Mediatisierung westlicher Gesellschaften findet folglich ein kognitiver Mobilisierungsprozeß statt (Inglehart 1995), der im Aggregat u.a. an Hand des sich verbreiternden Bildungsniveaus sichtbar wird und das Verhältnis der Bürger zur Politik verändert. Er erleichtert es dem Einzelnen, sich in der komplexer werdenden politischen Umwelt zurechtzufinden, Ereignisse zu verstehen und sie in umfassendere Zusammenhänge einzuordnen. Damit verbunden ist eine zunehmende Bereitschaft, sich mit Politik auseinanderzusetzen, die wiederum eine wesentliche Voraussetzung für neue und intensive Formen der politischen Beteiligung darstellt (Hoffmann-Lange 1997). Damit nähern sich die westlichen Demokratien zwar einerseits dem Ideal der Staatsbürgerkultur weiter an. Andererseits dürften damit aber auch neue Forderungen der Bürger an die Politik in Form von mehr Mitspracherechten verbunden sein. Wie die jeweiligen politischen Systeme auf diese Forderungen reagieren, ist bislang nicht absehbar. Steigen die Anforderungen der Bürger in einem überschaubaren Ausmaß und werden die strukturellen Gegebenheiten der Politik mit der

Entwicklung der jeweiligen pKomp in Einklang gebracht, dürften sich hieraus jedoch keine gravierenden Stabilitäts- bzw. Legitimationsprobleme ergeben.

Angelika Vetter

Literatur:

Almond, Gabriel A./Verba, Sidney 1965: The Civic Culture. Political Attitudes and Democracy in Five Nations, Boston.

Balch, George I. 1974: Multiple Indicators in Survey Research: The Concept ‚Sense of Political Efficacy', in: Political Methodology 1, S. 1-43.

Baker, Kendall L./Dalton, Russell J./Hildebrandt, Kai 1981: Germany Transformed. Political Culture and New Politics, Cambridge/London.

Brettschneider, Frank/Ahlstich, Katja/Klett, Bettina/Vetter, Angelika 1994: Materialien zu Gesellschaft, Wirtschaft und Politik in den Mitgliedsstaaten der Europäischen Gemeinschaft, in: Gabriel, Oscar W./Brettschneider, Frank (Hrsg.): Die EU-Staaten im Vergleich. Strukturen, Prozesse, Politikinhalte, Opladen, S. 440-626.

Campbell, Angus/Converse, Philip E./Miller, Warren/Stokes, Donald 1960: The American Voter, New York/London.

Campbell, Angus/Gurin, Gerald/Miller, Warren E. 1954: The Voter Decides, Evanston/White Plains.

Finkel, Steven E. 1987: The Effects of Participation on Political Efficacy and Political Support: Evidence from a Western Panel, in: Journal of Politics 49, S. 441-464.

Gamson, William A. 1968: Power and Discontent, Homewood.

Hoffmann-Lange, Ursula 1997: Einstellungen zur Rolle der Bürger im politischen Prozeß, in: Gabriel, Oscar W. (Hrsg.): Politische Orientierungen und Verhaltensweisen im vereinigten Deutschland, Opladen, S. 211-234.

Inglehart, Ronald 1995: Kultureller Umbruch. Wertwandel in der westlichen Welt, Frankfurt a.M./New York.

Politische Korruption

→ *Kommunen, Öffentlicher Dienst/Sektor, Politische Moral, Politische Sozialisation: Schule, Politiker/Politische Klasse, Politische Unterstützung, Politisches Vertrauen, Militär, Responsivität, Verwaltungskultur.*

Begriff/Definitionen:

Politik sei ein „schmutziges Geschäft", so will es der Volksmund. In dieses generalisierende Vorurteil ist die Erfahrung eingeschrieben, daß politische Herrschaft noch stets eine illegitime Schattenseite hatte. Öffentliche Ämter wurden und werden zum privaten Vorteil genutzt, hohe moralische Ansprüche, etwa dem Gemeinwohl zu dienen oder nur dem eigenen Gewissen verpflichtet zu sein, von Mandatsträgern nicht selten verfehlt. Stimmte der Satz zur Gänze, wären Politik und Korruption identisch. Erst wenn wir zwischen legitimen und illegitimen Formen der Politik unterscheiden können und wollen, macht die Beschäftigung mit politischer Korruption (pKor) Sinn. Gerade weil es keine korruptionsfreie pK geben kann, d.h. mit Machtmißbrauch stets gerechnet werden muß, ist es äußerst aufschlußreich, was in konkreten Gesellschaften als pKor gilt, welches Gewicht dieser Praxis im politischen Prozeß zukommt, welche Kontrollformen und Sanktionen eingesetzt werden und welche Folgen Korruptionsfälle und deren Skandalierung zeitigen. Unter den Bedingungen moderner Staatlichkeit und einer funktionalen Trennung von Politik und Ökonomie umfaßt pKor zwei unterschiedliche Sphären. Zum einen geht es um Amtsmißbrauch in der öffentlichen Verwaltung (→ öffentlicher Dienst/Sektor) und der Justiz, wobei gegen die gesetzlich flankierte bürokratische Rationalität (Rechtssicherheit, Gleichbehandlung, Gleichheit vor dem Gesetz etc.) verstoßen wird, wenn „sachfremde" Kriterien (z.B. Bestechungsgelder oder andere Varianten der Vorteilsnahme) Entscheidungen beeinflussen. Zum anderen thematisiert pKor illegitime Einflußnahmen auf die Auswahl, die politische Willensbildung und das Entscheidungsverhalten politischer Repräsentanten (vom Stimmenkauf über die illegale Parteienfinanzierung bis zur Abgeordnetenbestechung). In der Regel gehört nur ein Teil dessen, was als pKor gilt, zu den strafrechtlich erfaßten Tatbeständen. Als heimliche und illegitime Form der Machtausübung verstößt pKor gegen Grundnormen westlicher Demokratien (Transparenz von Entscheidungsprozessen, politische Gleichheit etc.). Viele Verhaltensweisen, die die Dynamik von politischen Skandalen prägen, unterliegen jedoch „weicheren" Normierungen, die z.B. im Kontext von → politischer Moral, von Politikstilen, → Verwaltungskulturen und pK verhandelt werden.

Theorien/Konzepte/Modelle:
Die theoretische Auseinandersetzung mit pKor ist von konträren Denktraditionen geprägt. In historisch-normativer Perspektive, besonders der klassischen politischen Theorie, erscheint eine verstärkte Korruptionsintensität als Symptom des Niedergangs und der Selbstzerstörung einer vormals legitimen politischen Ordnung. Die Bindekraft der Institutionen, die Qualität des politischen Personals, seine Tugend und die der Bürger sind gleichermaßen im Schwinden (in dieser Tradition steht z.B. Noack 1985). PKor erfordert als „politische Pathologie" daher strikte Gegenmaßnahmen.

Gegen solche Zerfallsperspektiven haben modernisierungstheoretische Ansätze die funktionalen Aspekte pKor betont. Indem z.B. Bestechungsgelder traditionale, klientelistische oder bürokratische Barrieren überwinden, utilitaristische Rationalität ausbreiten und ökonomisches Wachstum beschleunigen helfen, können sie als ein willkommener Beitrag zur Modernisierung von Gesellschaften gesehen werden. Eine mittlere Position nehmen Denktraditionen ein, die in der Skandalierung pKor eine Chance für politische Reformen sehen, die von der Beseitigung von Ursachen bis zur Verstärkung von Kontrollinstanzen reichen können: „Die Korruption kann zwar funktional sein, aber sie bleibt es nur dadurch, daß man gegen sie vorgeht" (Friedrich 1973: 139). Weder die Niedergangs- noch die Modernisierungsperspektive können angesichts aktueller Entwicklungen überzeugen, die auf eine weltweit steigende Bedeutung von pKor verweisen. Drei Trends lassen sich ausmachen: Erstens ist auch in den modernen westlichen Demokratien pKor nicht versiegt. Es mehren sich die Anzeichen dafür, daß mit der weiteren Kommerzialisierung von Lebensbereichen Politik insgesamt, politische Karrieren und Politikvermittlung vermehrt zu einem Geschäft werden, das normativ unbeschwerte „Geschäfts-Politiker" (Pizzorno/Della Porta 1993) anzieht bzw. hervorbringt. Zweitens lassen sich nach den „verlorenen Jahrzehnten" in der Entwicklungspolitik und den anhaltend schwierigen Transformationsprozessen in den postkommunistischen Gesellschaften (Trang 1994) evolutionäre Annahmen über den funktionalen und transitorischen Charakter von pKor nicht halten. Gelungene Übergänge in Richtung korruptionsarmer stabiler Demokratien sind jedenfalls deutlich seltener als die Etablierung bestenfalls „illiberaler" Demokratien mit hoher Korruptionsintensität. Drittens haben beschleunigte ökonomische → Globalisierungsprozesse und ihre „verborgenen" und „schmutzigen" Begleiterscheinungen (Geldwäsche, organisierte Kriminalität, illegaler Drogen- und Waffenhandel) besonders nach dem Ende des Kalten Krieges erheblich zur transnationalen Ausbreitung von pKor beigetragen, die inzwischen international als politisches und ökonomisches Problem anerkannt, aber offensichtlich nur schwer einzuhegen ist. „Wir sind Zeitzeugen einer anhaltenden weltweiten Korruptionskonjunktur, die bis vor kurzem noch für undenkbar gehalten wurde" (Schaupensteiner 1999: 131).

Ergebnisse für die Bundesrepublik:
Für empirische Aussagen über pKor gelten die gleichen Einschränkungen wie für andere Bereiche kriminellen Verhaltens. Angezeigte Fälle und rechtskräftige Verurteilungen stellen lediglich die Spitze eines Eisbergs dar. Öffentliche Aufmerksamkeit, politische Maßstäbe und Tabus, Kontrollinstanzen und ihre Strategien, aber nicht das faktische Vorkommen entscheiden darüber, was sichtbar wird. So gibt es in den letzten Jahrzehnten eine kaum entscheidbare Kontroverse, ob die Korruptionsdichte in der Bundesrepublik insgesamt zugenommen hat oder lediglich die Sensibilität der Öffentlichkeit oder die Kriminalisierung und Strafverfolgung bestimmter politischer Praktiken. In dem von der Nichtregierungsorganisation „Transparency International" vorgelegten Korruptionsindex nimmt die Bundesrepublik eine mittlere Position ein. Einige skandinavische Länder werden z.B. als deutlich weniger korruptionsanfällig eingestuft. Kein politischer Bereich und keine politische Ebene der Bundesrepublik kann als völlig korruptionsfrei gelten. Bagatelldelikte bei der Vergabe von Führerscheinen oder Visa finden sich ebenso wie äußerst brisante Fälle wie der „Hanauer Atomskandal". Auch zeitgeschichtlich gibt es keine Phase ohne pKor. Schon bei der Hauptstadtentscheidung für Bonn wurde durch Abgeordnetenbestechung nachgeholfen, und der erste parlamentarische Untersuchungsausschuß bemühte sich um Aufklärung. Auffällig ist, daß in der

Adenauer-Ära selbst „peanuts“ skandaliert wurden, wenn dem Bild des unbestechlichen Beamten Schaden drohte (z.B. die Affären „Kilb“ und „Löffelholz“). Gleichzeitig bildeten sich bereits in den ersten Nachkriegsjahrzehnten einige Korruptionsarenen heraus, die bis heute das Gros der spektakulären Fälle mit systemischem Charakter hervorbringen:

1. Parteienfinanzierung: Bereits vor der Gründung der Bundesrepublik wurden Zusammenschlusse von Unternehmen aktiv, um durch die Unterstützung politisch nahe stehender Parteien deren Gewicht in der Parteienkonkurrenz zu verstärken. In den 1950er Jahren entwickelte sich daraus ein System „staatsbürgerlicher Vereinigungen“, die sich der kontinuierlichen „politischen Landschaftspflege“ verschrieben. Das Ende der 1990er Jahre skandalisierte „System Kohl“ steht in dieser Tradition der zumeist illegalen Parteienfinanzierung und hat sie vom Umfang her und in ihrem organisierten Charakter auf die Spitze getrieben. Trotz einiger Bemühungen (vor allem Urteile des BVerfG und Parteiengesetze), die Parteienfinanzierung korruptionsresistenter auszugestalten, sind verdeckte Parteispenden das wichtigste „Schmiermittel“ der pKor in der Bundesrepublik geblieben. Dies verweist auf die dominierende Stellung der Parteien im politischen Prozeß.

2. Kommunalpolitik: „Filz“, „Seilschaft“ oder „Klüngel“ sind nur einige der Begriffe, mit denen dauerhafte lokale und regionale Netzwerke zwischen Politik und Wirtschaft gekennzeichnet werden, die u.a. durch Vorteilsnahme, Bestechung und Ämterpatronage erheblichen Einfluß auf das kommunalpolitische Geschehen erlangen. Allein in Frankfurt am Main wurden z.B. seit Mitte der 1980er Jahre mehr als 2.000 Korruptionsverfahren gegen Amtsträger und Firmenangehörige eröffnet. Solche Korruptionsintensität ist einerseits eine Folge des besonderen Gewichts der → Kommunen bei den öffentlichen Investitionen. Andererseits legt sie demokratische Defizite der kommunalen Selbstverwaltung offen, der es vielfach an Transparenz, Bürgernähe und bürgerschaftlicher Kontrolle mangelt.

3. Rüstung: Besondere Geheimhaltung, große Auftragsvolumen, die Abhängigkeit von staatlichen Kunden und Exportgenehmigungen haben die meist weltweit operierenden Rüstungskonzerne zu prominenten Akteuren in Korruptionsskandalen werden lassen. War schon der Aufbau der Bundeswehr (→ Militär) von zahlreichen Beschaffungsskandalen begleitet (HS 30, Starfighter etc.), so wurde auch die jüngste CDU-Parteispendenaffäre durch Enthüllungen über ominöse Geldtransfers von Rüstungslobbyisten ausgelöst.

Korruption und Kontrolle:

In der Regel gute Noten erhalten in der Bundesrepublik Presse und Medienöffentlichkeit für die Wahrnehmung ihrer Kontrollfunktion bei der Aufdeckung von Korruptionsfällen. Die „Spiegel“-Affäre - u. a. ein gescheiterter Versuch, investigativen Journalismus mundtot zu machen - hat erheblich zu diesem Image beigetragen. Schlechte Noten in Sachen Korruptionskontrolle hat sich dagegen der Gesetzgeber selbst eingehandelt. Die Bilanz der zahlreichen parlamentarischen Untersuchungsausschüsse fällt sehr bescheiden aus, und die Bereitschaft der Parlamente, in eigener Sache einen institutionellen Rigorismus zu pflegen, der die Gelegenheitsstrukturen für politische Korruption einschränkt, ist eher schwach ausgeprägt. Als Symptom hierfür kann neben den notorischen Unzulänglichkeiten in der Parteienfinanzierung und den keineswegs „gläsernen Taschen" von Mandatsträgern der Umgang mit dem Delikt der Abgeordnetenbestechung angesehen werden. Es entfiel bei der Strafrechtsreform von 1953 und wurde dann bis 1994 „vergessen", d.h. vergeblich angemahnt. Diese Strafrechtslücke führte zu der paradoxen Situation, daß zwar der Kauf von Wählerstimmen mit Strafe belegt war, aber der folgenreichere „Kauf" von Abgeordneten gänzlich straffrei blieb. Die schließlich 1994 eingeführte Regelung wirkt weltfremd und zahnlos, weil sie lediglich den nachweisbaren Kauf eines konkreten Abstimmungsverhaltens unter Strafe stellt. Wegen der auffälligen Zurückhaltung bei strafrechtlichen Normierungen kann pKor häufig nur als Steuerhinterziehung belangt werden.

Bedeutung für die politische Kultur:
Die populäre Rede von einer „korrupten Republik" überzeichnet die Verhältnisse. Aber zweifellos hat pKor auch in der Bundesrepublik immer wieder das Niveau individuell abweichenden Verhaltens hinter sich gelassen und systemische Züge angenommen. Mit der politischen Landschaftspflege durch den Flick-Konzern, den bayerischen „Amigo-Skandalen" oder dem System der schwarzen Kassen in der Ära Kohl sind auch die Grenzen zur „grand corruption" überschritten worden. → „Politikverdrossenheit", das geringe Prestige von BerufspolitikerInnen (→ Politiker/Politische Klasse) und ein nachlassendes Institutionenvertrauen gehören zu den politischen Kosten solcher Praktiken. Sie werden dadurch gesteigert, daß die „politische Klasse" zumeist nur eine schwache normative Selbstbindung demonstriert. In der Regel fehlt es an Unrechtsbewußtsein. Statt dessen werden die Skandalierer mit Kritik überzogen („Hinrichtungsjournalismus"). Die politischen Akteure können sich dabei allerdings auf relevante Teile der Öffentlichkeit stützen. So brachte es z.B. Franz-Josef Strauss, dessen Namen mit einer Vielzahl von Affären verbunden war, (dennoch) zum Kanzlerkandidaten der Unionsparteien. Auch ertappte „Sünder" der diversen Parteispendenskandale verblieben im Parlament. Für die Entfaltung einer demokratischen pK ist entscheidend, ob die durch Korruptionsfälle offen gelegten institutionellen Mängel Anstöße zu entsprechenden Reformen geben oder zur „realistischen" Absenkung und damit schließlich zur Erosion normativer Standards führen. Die Skandale der EU-Kommission wie die globalisierungsbedingte Karriere von pKor insgesamt machen deutlich, daß dieser Reformbedarf nicht allein für den nationalen Kontext, sondern gerade auch für das transnationale politische Gefüge gilt.

Roland Roth

Literatur:

Bellers, Jürgen/Schöler, Klausjürgen (Hrsg.) 1989: Politische Korruption. Vergleichende Untersuchungen, Münster.

Della Porta, Donatella/Mény, Yves (Hrsg.) 1997: Democracy and Corruption in Europe, London.

Ebbighausen, Rolf/Neckel, Sighard (Hrsg.) 1989: Anatomie des politischen Skandals, Frankfurt a.M.

Fleck, Christian/Kuzmics, Helmut (Hrsg.) 1985: Korruption. Zur Soziologie nicht immer abweichenden Verhaltens, Königstein.

Friedrich, Carl J. 1973: Pathologie der Politik. Die Funktion der Mißstände: Gewalt, Verrat, Korruption, Geheimhaltung, Propaganda, Frankfurt a.M./New York.

Noack, Paul 1985: Korruption - die andere Seite der Macht, München.

Pizzorno, Alessandro/Della Porta, Donatella 1993: Geschäftspolitiker in Italien: Überlegungen im Anschluß an eine Studie über politische Korruption, in: KZfSS 45, S. 439-464.

Rose-Ackerman, Susan 1999: Corruption and Government. Causes, Consequences, and Reform, Cambridge.

Schaupensteiner, Wolfgang J. 1999: Korruption in Deutschland - Das Ende der Tabuisierung, in: Pieth, Mark/Eigen, Peter (Hrsg.): Korruption im internationalen Geschäftsverkehr. Bestandsaufnahme, Bekämpfung, Prävention, Neuwied, S. 131-147.

Trang, Duc V. (Hrsg.) 1994: Corruption & Democracy, Budapest.

Politische Kultur

→ *Anomie/Entfremdung, Arbeitslosigkeit, DDR, Demokratische Persönlichkeit, Endogenität/Exogenität, Identität, Neue Bundesländer, Politisches Bewußtsein, Politische Kompetenz, Politische Unterstützung, Politische Sozialisation, Politische Traditionen, Sozialer Wandel/Modernisierung, Wertewandel.*

Begriff/Definition:

Politische Kultur (pK) bezeichnet die subjektive Dimension der Politik im Sinne des Verteilungsmusters aller Orientierungen einer Bevölkerung gegenüber dem politischen System (→ Politisches Bewußtsein). Zur politischen Orientierung zählen Meinungen, Einstellungen und Werthaltungen. Während sich Meinungen rasch ändern können, sind Einstellungen (z.B. Parteipräferenzen) schon stabiler, und Werthaltungen (z.B. sittliche Grundüberzeugungen) werden noch weniger gewechselt (→ Wertewandel). Zum Bereich der pK zählen auch Felder, die zunächst als unpolitisch erscheinen (z.B. Einstellungen zu Arbeit und Freizeit, religiöse Vorstellungen, Erziehungsstile). Die Verbindung zwischen politischer Orientierung und politischem Handeln (→ Politische Beteiligung) ist unsicher und Gegenstand theoretischen und methodischen Disputs zwischen verschiedenen wissenschaftlichen Disziplinen. Einige Forscher meinen, das politische Handeln gehöre zur pK nicht hinzu, und beschränken sich in ihren Studien ausdrücklich nur auf die Untersuchung einer Bereitschaft zum Handeln.

Ein altes Thema politikgeschichtlicher Forschung: Gedanken über den Zusammenhang zwischen politischen Institutionen und dem Bewußtsein der Bevölkerung finden sich schon früh in allen Hochkulturen. Wird das politische System von der Bevölkerung bejaht, und wenn ja, aus welchen Gründen? Finden die Herrschaftsträger als politische Klasse Unterstützung und als Personen Vertrauen? Dienen auch gesellschaftliche Strukturen, die auf den ersten Blick unpolitisch erscheinen, der politischen Legitimität des Staates (→ Politische Unterstützung)? So stellte schon Perikles der autoritären pK Spartas den freiheitlichen Erziehungsstil der Athener, die Ungebundenheit von Wissenschaft und Kunst und allgemein ihre ungezwungene Lebensweise gegenüber. Hohe Lebenszufriedenheit sorge für die Unterstützung eines Regimes, das auf freiwilliger Partizipation der Bürger beruhe, im Unterschied zur autoritären Kultur Spartas, die überall der Soziologie von Befehl und Gehorsam folge. Tocquevilles Werk „Über die Demokratie in Amerika" ist ein Buch über eine neue pK, die er heraufziehen sah und mit der eigenen, aus der er kam, verglich. Der demokratischen Revolution sei eine „silent revolution" vorausgegangen: eine neue Einschätzung des Verhältnisses von Individuum und Gesellschaft, eine neue Bewertung der Rangfolge von Glücksgütern. Weber hat mit seiner Herrschaftstypologie zugleich einen Beitrag zur pK-Theorie geliefert. Ohne den Begriff zu verwenden, zeigt er die soziologischen Voraussetzungen unterschiedlicher Herrschaftsformen und die gegenseitige Abhängigkeit von politischem Bewußtsein und der Legitimität von Institutionen.

Politische-Kultur-Forschung als Krisendisziplin: PKf entsteht in Zeiten gesellschaftlicher Umbrüche. Politische Krisen führen zum Streit über die Verbindlichkeit religiöser Inhalte, über die Fortgeltung ethischer Normen, überkommener Traditionen, bisher unbefragter Erziehungsstile. PKf war und ist in diesem Sinne stets auch Krisenforschung. Einer der wichtigsten Impulse für den Neueinsatz der pKf nach dem Zweiten Weltkrieg war die Emanzipation junger Staaten von der Kolonialherrschaft. Die vielerlei Modernisierungsprozesse bedeuteten für die pKf eine theoretische und methodische Herausforderung hohen Ranges. Die Geschichte selbst sorgte für Experimentierfelder. Wie in einem Zeitraffer liefen Prozesse ab, die früher Jahrhunderte dauerten.

Der zweite Impuls für die Etablierung der pKf lag in der politischen Erfahrung mit dem NS-Regime. Wie war es möglich, daß ein hochzivilisiertes Land des alten Europa in eine derartige Barbarei verfiel? Wie weit sollte man zurückgehen, um Quellen für diese Fehlentwicklung zu finden? Bis zu Hitler, zum Versailler Vertrag und der Weimarer Republik? Bis zum Ersten Weltkrieg und zur Wilhelminischen Ära? Bis zu Bismarck, Friedrich dem Großen? Spielen Luther und Nietzsche eine Rolle? Stimmt die These von der „verspäteten Nation" und vom „deutschen Sonderweg"? Von der Beantwortung dieser Fragen hängen Einschätzungen von Prognosen ab: Wie lange würde es dauern, bis die deutsche Bevölkerung ähnlich stabile demokratische Einstellungen aufweisen würde wie die alten Demokratien Europas? Welche Lebensgebiete, welche Sozialisationsmechanismen muß man dafür besonders ins Auge fassen? Gibt es Verbindungen zwischen ökonomischer Prosperität und Demokratisierung? Welchen Einfluß haben die sog. „sekundären Tugenden" wie Gehorsam, Pflichterfüllung, Fleiß und Disziplin, für die der deutsche „Nationalcharakter" und das deutsche Schulsystem in aller Welt bekannt waren?

Seit 1989 gibt es ein neues Experimentierfeld für die pKf. Wieder sind es Bedingungen raschen → sozialen Wandels, die zu Fragen zwingen: Von welchen Erfahrungen wurden welche Altersgruppen und Schichten in der → DDR nachhaltig geprägt? Wie wirkt sich → Arbeitslosigkeit auf das → politische Bewußtsein der Ostdeutschen aus? Gibt es eine nachgeholte → Identität, verbunden mit einer gewissen Nostalgie unter Ostdeutschen, die zu einer Mauer in den Köpfen zwischen Ost- und Westdeutschen führen könnte? Wird es für längere Zeit zwei pKen in Deutschland geben? (→ Neue Bundesländer, Endogenität/Exogenität).

Politische-Kultur-Forschung lebt vom Vergleich: Der wichtigste Impuls für die pKf, nämlich der Vergleich von früher und heute, hier und dort, liefert gleichzeitig eine ihrer wichtigsten Methoden. Dabei wird in verschiedener Richtung verglichen. Man vergleicht verschiedene politikgeschichtliche Phasen eines Volkes, gleichzeitig vergleicht man verschiedene nationale Kulturen. Es kommt auf diese Weise zu einer doppelten Verschränkung, und erst diese ermöglicht die Beschreibung der eigenen pK: im Blick auf die eigene Geschichte und die Entwicklung anderer nationaler Kulturen. Solche Vergleiche begegnen großen theoretischen Schwierigkeiten und methodischen Hindernissen. Welche Theorien haben frühere Untersuchungen, die zu Vergleichen herangezogen werden, geleitet? Sind frühere Datensätze in ganz anderen methodischen Kontexten für gegenwärtige Forschungen brauchbar? Sind die vorhandenen Zeitreihen lang genug, um aussagekräftig zu sein? Auf die besonderen Schwierigkeiten des wissenschaftlichen Vergleichs und der politischen Angleichung Ost- und Westdeutschlands nach 1989 gehen wir am Schluß ein.

Politische-Kultur-Forschung - normativ oder wertfrei?: Der moderne Begriff pK ist amerikanischer Herkunft und wird in der Forschung wertfrei benutzt. Im allgemeinen Sprachgebrauch gibt es dagegen in Deutschland auch einen normativen Gebrauch des Begriffs. Danach beinhaltet pK einen besonders stilvollen oder moralischen Umgang mit politischer Macht, den man einander zubilligen oder absprechen kann. In diesem Handwörterbuch wird einzig der wissenschaftlich-wertfreie Wortgebrauch verwandt. Er erlaubt die Bezeichnung pK somit auch im Zusammenhang mit politischen Regimen, die man verabscheut. Wie bei den Begriffen regionale Kultur, Unternehmenskultur, Verwaltungskultur, Schulkultur ist jeder wertende Sinn ausgeschlossen.

Obwohl die pKf wertfrei arbeitet, gehört sie zur pK eines Landes selbst hinzu und arbeitet nicht im politisch luftleeren Raum. Ein Beispiel: Es gibt deutsche Sozialwissenschaftler, die Kriegsdienstverweigerung den sog. Anomie-Faktoren (→

Anomie/Entfremdung) zurechnen, zusammen mit Streikneigung, Kriminalität, Drogensucht, Selbstmordrate und anderen Entfremdungsfaktoren. Nun weiß man aber, daß Kriegsdienstverweigerer in Untersuchungen oft hohe Werte für das liefern, was man eine → „demokratische Persönlichkeit" nennt. Kriegsdienstverweigerer müssen demnach als Demokratiepotential gelten. Eine paradoxe Situation: die Gefährdung des demokratischen Staates durch Demokraten. Nimmt man noch die wechselnde Zustimmung der Bevölkerung zu Wehrdienst und Zivildienst hinzu, dann sieht man, wie pKf unmittelbar im politisch heißen Feld operiert.

Wie stark zuweilen die Einschätzung derselben Daten unter pK-Forschern differiert, dafür gibt es ein sprechendes Beispiel aus der Wahlforschung, nämlich unterschiedliche Antworten auf die Frage, ob die sinkende Wahlbeteiligung in Deutschland als Krisensymptom oder als Weg zur Normalität zu werten sei (Greiffenhagen/Greiffenhagen 1997: 171f.). Solche Beispiele zwingen zu der Frage, woher die pK-Forscher ihre Maßstäbe beziehen. Als sich die pKf nach dem Zweiten Weltkrieg als neue politikwissenschaftliche und empirisch orientierte Disziplin etablierte, zeigten sich deutliche Spuren nordamerikanischer Maßstäbe. Die Frage ist allerdings, ob Staaten mit ganz anderer Geschichte sich nach der pK der USA messen und beurteilen lassen. Die Demokratietheorie kennt eine Fülle unterschiedlicher Modelle von Demokratie und trägt damit auch unterschiedlichen → politischen Traditionen Rechnung.

Die Politische-Kultur-Forschung nach dem Zweiten Weltkrieg:
Unter dem Einfluß des Behaviorismus und einer sich in den Sozialwissenschaften durchsetzenden empirischen Forschungsorientierung gewann der Begriff pK die Bedeutung und den Rang eines Forschungsfeldes mit dem Anspruch theoriegeleiteter und empirisch abgesicherter Erkenntnis. Den Beginn bezeichnete das bis heute als Standardwerk geltende Buch von Gabriel A. Almond und Sidney Verba „The Civic Culture. Political Attitudes and Democracy in Five Nations" (1963). Dieses Forschungskonzept sieht pK als „Muster der Verteilung individueller Orientierungen auf politische Objekte unter den Mitgliedern eines Kollektivs". Das Interesse dieses auf Umfrageforschung basierenden Verständnisses empirisch orientierter pKf bleibt dasselbe wie dasjenige früherer Überlegungen zum Verhältnis der subjektiven und objektiven Aspekte von Politik: Es ist die Persistenz des Systems, die Legitimität amtierender Regierungen, die Folgebereitschaft der Bevölkerung gegenüber der politischen Klasse, das Ansehen und die Kompetenz einzelner Institutionen und die Kompetenzzuweisungen der Bevölkerung gegenüber Parteien und Politikern, die man mit Hilfe von Einstellungsuntersuchungen herausfinden will.

Einstellungen oder Vorstellungen? Ein vornehmlich oder ausschließlich auf Umfrageergebnissen basierendes Forschungskonzept wird ergänzt durch ein breiter angelegtes Verständnis von pK, für das sich besonders Rohe einsetzt: „Etwas verkürzt formuliert, geht es um die für ein gesellschaftliches Kollektiv maßgebenden grundlegenden Vorstellungen darüber, was Politik eigentlich ist, sein kann und sein soll. Diese Grundannahmen stellen so etwas wie Maßstäbe dar, an Hand derer Politik wahrgenommen, interpretiert und beurteilt wird. Sie sind in der Regel auf einer grundsätzlicheren Ebene anzusiedeln als die politischen Orientierungen und Einstellungen, wie sie in der Almond/Verba-Tradition erforscht werden. In jedem Fall gilt - zunächst jedenfalls -, daß pKf im hier verstandenen Sinn nicht nach Einstellungen gegenüber konkreten politischen Regimen zu fragen hat, sondern nach den Wahrnehmungsmustern und Beurteilungsmaßstäben, die solchen Einstellungen zugrundeliegen" (Rohe 1994: 1).

Rohe meint, die kollektive Aufsummierung individueller Meinungen, Einstellungen und Werthaltungen führe gerade nicht zu sinnvollen Vorstellungen, sondern bedürften umgekehrt einer Vorverständigung, innerhalb derer kurzfristige Einstellungen überhaupt erst verstehbar werden. Er spricht von einer Art politischer Partitur, einem Weltbild von Gruppen, die denselben politischen Code und in der Folge vielleicht auch dasselbe Verhaltensmuster teilen. Er hat unter solchen Gesichtspunkten Deutschland und Britannien verglichen und meint, es spreche einiges dafür, „daß deutsche und britische politische Kultur sich nicht unwesentlich in ihrem Grundverständnis von historischer und politischer Kausalität differenzieren. Dominiert in der einen ein Systemglaube, so in der anderen die tiefsitzende Überzeugung, daß letztlich und endlich alles auf das Handeln individueller und kollektiver Akteure ankommt" (Rohe 1990: 335) .

Ein so weitgespanntes Konzept von pK, wie es Rohe einfordert, bietet Raum für viele Disziplinen, Theorien und Forschungsmethoden. Geschichtswissenschaft, Politikwissenschaft, Soziologie, Psychologie, Volkskunde mit je eigenen Interessen und Fragestellungen liefern Beiträge. Es verbindet die Geschichte des politischen Systems mit der Lebensgeschichte seiner Mitglieder und überschreitet somit den Bereich des politischen Systems in Richtung auf alle denkbaren Lebensgebiete: unter der Voraussetzung, daß Vorstellungen, die sich im individuellen Bereich herausgebildet haben, für politisches Handeln von Bedeutung sind. Die pKf verbindet auf diese Weise Sozialisationsresultate individueller Natur mit dem Verhalten von Gruppen und Großgruppen. Die methodische Frage, auf welche Weise Mikro- und Makroebene verknüpft sind, ist noch weitgehend ungeklärt (→ pS).

Wie immer der Streit um den Vorrang von Vorstellungen oder Einstellungen zu bewerten ist, eine Verbindung beider Ansätze scheint wünschenswert und notwendig. Das gilt auch für die jeweils verwandten Forschungsmethoden, im einen Fall eine eher historisch-phänomenologische, im anderen Fall die Umfrageforschung.

Typen politischer Kultur:

Versuche zur Typenbildung von pK sind so alt wie der Aspekt der subjektiven Seite der Politik selbst. Neben einer vergleichenden Staatslehre, die unterschiedliche politische Systeme und Regime nach ihren Institutionen und Funktionsweisen unterscheidet, will man auch für die politischen Orientierungen der Bevölkerung Typen entwickeln. Beide Typologien, die verfassungsrechtliche und die kulturelle, ließen sich dann aufeinander beziehen, so daß man abschätzen könne, mit wieviel Unterstützung eine Verfassung und mit ihr herrschende Regime bei der Bevölkerung rechnen können. Hier öffnet sich das weite Feld des Themas politische Legitimität (→ Politische Unterstützung). (Greiffenhagen 1997, Westle 1989) In allen Hochkulturen wurde es traktiert, und die europäische Geschichte der politischen Theorie kennt seit der griechischen Antike eine Fülle von Typologien für die legitimatorische Verbindung von pK und politischem System. Eine überzeugende schlägt Rohe vor, mit seiner Unterscheidung von „Gesellschaftskulturen" und „Staatskulturen": „Was beide Kulturtypen trennt, ist ... der unterschiedliche Ansatz zur Lösung politischer Grundprobleme. Zivilkulturen bzw. Gesellschaftskulturen funktionieren im Prinzip wie parochiale Milieus. Sie sind in gewisser Weise nichts anderes als auf die nationale Ebene verlängerte Milieus, die wie alle Milieus durch Ausbildung von Konventionen des Handelns und Denkens und entsprechende soziale Sanktionsmechanismen die Beziehungen zwischen den Milieuangehörigen soweit wie möglich ohne Rückgriff auf eine dritte Größe unmittelbar zu programmieren suchen ... Auch Staatskulturen regulieren Verhalten ... aber das geschieht mehr indirekt über die Programmierung und daran gebundene Legitimierung von Staatsorganisationen..." (Rohe 1990: 343f.). Das beste Beispiel für eine Gesellschaftskultur liefern die USA: Auf dem großen Treck nach Westen mußten die Siedler alle politischen und administrativen Funktionen selber ausüben. Staatskulturen in Europa haben dagegen die politikgeschichtliche Erfahrung des absoluten Staates hinter sich, und Deutschland liefert dafür ein bedeutendes Beispiel.

Die für die Entwicklung der pKf nach dem Zweiten Weltkrieg folgenreichste Typologie stammt von Almond/Verba (1963). Sie unterscheidet drei reine Typen:

Parochiale Kultur: Ihre politische Orientierung ist schwach ausgebildet, da das politische System wenig ins Bewußtsein tritt. Die Familie, das Dorf, die Stammesgruppe und die religiöse Gemeinschaft sind näher als der Staat, der allenfalls durch Steuerbeamte oder bei Soldatenaushebungen in Erscheinung tritt.

Untertanenkultur: Die politischen Orientierungen richten sich auf ein politisch-administratives System, das voll ausdifferenziert ist und in seinen Funktionen wahrgenommen wird, sofern sie sich auf Leistungen und Ansprüche beziehen. Der Bürger versteht sich als Objekt staatlichen Handelns.

Partizipative Kultur: Die politische Orientierung ist voll ausdifferenziert und umfaßt auch eigene Partizipationsmöglichkeiten.

Diese Typologie dient vor allem zwei Forschungsinteressen: Einmal kann man mit ihnen kulturellen Wandel und in der Folge politische Entwicklungen sichtbar machen und vergleichen. Zum anderen ist die idealtypische Unterscheidung der reinen Typen weniger wichtig als ihre Verbindung zu Mischtypen, mit denen man in der Wirklichkeit vorkommende pK beschreiben kann. Ein Mischtyp verdient besonderes Interesse, weil er gegenwärtige demokratische Gesellschaften des europäisch-nordamerikanischen Typs am ehesten zu beschreiben vermag: die sog. *„civic culture"*, eine Bürgerkultur, die unterschiedliche Elemente aus allen drei reinen Typen enthält. Obgleich Almond/Verba und ihre Nachfolger diese Kultur inhaltlich nie genau beschrieben haben, gilt die civic culture als eine erfolgreiche Kombination von Modernität und Traditionalismus, Unterstützung administrativer Autorität und kritischer Partizipation. Dabei entspricht keine der europäischen pK präzis dem Ideal der civic culture. Fehlt in der einen die notwendige Parteiidentifikation, so in der anderen das Vertrauen in die Mitbürger; liefert die eine schlechte Werte im Blick auf die Beurteilung der eigenen → politischen Kompetenz, so läßt es die andere an Kritikbereitschaft gegenüber der politischen Führung fehlen. Mit der Auflösung des Sowjetblocks hat sich das politische Spektrum noch erweitert. Aber die Kriterien für den Beitritt zur EU legen u.a. Mindeststandards für eine civic culture fest.

Die politische Kultur Deutschlands:
Die Beschreibung deutscher pK nach dem Zweiten Weltkrieg bedarf einer „doppelten Buchführung": getrennt nach BRD und DDR bzw. seit der Vereinigung nach alten und neuen Bundesländern. Mit den Methoden moderner empirischer pKf wurde nur die alte Bundesrepublik Deutschland untersucht. Die pK der → DDR wurde, wie andere autoritäre Systeme, von der westlichen pKf nicht erfaßt.

Die *westdeutsche Nachkriegsentwicklung* ist seit der ersten Vielländerstudie von Almond/Verba vergleichsweise sehr gut erforscht. Was die Prognose einer demokratischen Entwicklung Westdeutschlands betraf, so zeigten sich amerikanische pK-Forscher zunächst skeptisch: Es werde wohl hundert Jahre dauern, bevor die Deutschen zuverlässige Demokraten würden. Die Westdeutschen lieferten im Vergleich zu den angelsächsichern Ländern vor allem auf folgenden Feldern schlechtere Werte: affektive Unterstützung des politischen Systems, politische Kommunikation, politische Partizipation, Unterstützung des Parteiensystems, Sinn für Pluralität, Opposition, politische Toleranz, Kompromiß. Analysen von scheinbar unpolitischen Feldern (z.B. von Erziehungsstilen und -zielen) entsprachen diesen im Blick auf eine rasche Akzeptanz demokratischer Werte insgesamt eher skeptisch stimmenden Resultaten (→ Politische Kompetenz, Politische Unterstützung, Sozialkapital/Soziales Vertrauen, Interpersonale Kommunikation, Politische Beteiligung, Parteiensystem, Politische Toleranz, Konflikt/Konsens). Ende der 80er Jahre lieferte die Bevölkerung Westdeutschlands auf allen Feldern das Bild zuverlässiger Bürger einer civic culture: Das politische Interesse war gestiegen, politische Partizipation war signifikant angewachsen, das politische System wurde akzeptiert, die affektive Bindung an das System hatte sich gefestigt. Der Wandel von obrigkeitlich-autoritärer Orientierung zur Bejahung liberaldemokratischer Strukturen verdankte sich dabei weniger Einstellungsänderungen älterer Generationen als dem Nachwachsen jüngerer Jahrgänge mit neuen Orientierungen.

Faktoren des Wandels zur demokratischen politischen Kultur:
Politische Kulturen ändern sich normalerweise nur über lange Zeiträume. Wie konnte man also erwarten, daß sich in Westdeutschland relativ kurzfristig eine demokratische Kultur ausbilden würde: gegen so starke Traditionen wie preußische Staatsraison oder völkische Gemeinschaftsideologie? Es gibt mehrere Antworten auf diese Frage. Es sei der Schock des verlorenen Krieges und des totalen Zusammenbruchs 1945 gewesen, der dafür sorgte, daß die neue Staatsform der Demokratie den Deutschen als einzige Alternative erschien. Das vermuten einige Forscher. Im Unterschied zur Weimarer Situation habe 1945 niemand gewagt, das vergangene Regime offen zu verteidigen oder gar wiederherstellen zu wollen. Für rasche politische Umorientierung sind die → Eliten von ausschlaggebender Bedeutung. Sie formulieren und repräsentieren den neuen Weg, liefern und sind selber die wichtigsten Argumente. Das gilt für alte Eliten, die sich umorientieren, ebenso wie für neue, die aus revolutionären Situationen emporsteigen. Am wenigsten überzeugend sind Eliten, die von Siegern eingesetzt werden. Die westdeutschen Eliten stellten sich 1945 geschlossen auf den Boden der neuen Staatsform. Es handelte sich somit um den günstigsten Fall rascher politischer Neuorientierung: Die alten Eliten selbst führten den Kurs an. Die günstige historische Stunde wurde 1949 durch eine geschickte Verfassungsgebung genutzt, welche der kurzen Demokratietradition der Deutschen Rechnung trug. Das GG traf die politische Mentalität der Deutschen gut: Der starke Kanzler, die 5 %-Klausel, die Entscheidung für ein Arbeitsparlament mit der Rolle einer kooperativen Opposition, die Etablierung von Volksparteien: Der Wandel zur Demokratie wurde einem Volk leicht gemacht, das in der Politik herkömmlicherweise starke Führung, Kontinuität, Harmonie und Stabilität suchte. Die neuen institutionellen Verläßlichkeiten bedurften jedoch einer entscheidenden Stütze: des wirtschaftlichen Aufschwungs und Wohlstandes. Im Unterschied zur ersten Demokratie auf deutschem Boden konnte sich die Bonner Demokratie auf der Grundlage stabilen Wirtschaftswachstums entfalten. Umfragen zeigten in früheren Jahren, daß die Westdeutschen, gefragt nach den Dingen, auf die sie in ihrem Land am meisten stolz sind, das Wirtschaftssystem an erster Stelle nannten. Bürger der alten Demokratien Britannien und USA zeigten dagegen am meisten Stolz auf ihre politischen Institutionen (Almond/Verba 1963).

Natürlich geht es bei wirtschaftlicher Prosperität nicht eigentlich um diese selbst, sondern um von ihr abgeleitete Folgen, z.B. um sozialen Frieden, hohes Bildungsniveau (→ Bildung), viel → Freizeit, humane Arbeitswelt (→ Arbeit) und allgemeine Weltoffenheit durch Handel mit fremden Ländern und Kulturen. Daran hängt wieder die Ausbildung von psychischen Strukturen wie Gelassenheit, Angstfreiheit, Selbstvertrauen und Vertrauen in andere Menschen, die als Prädisposition für eine demokratische Mentalität gelten. Die allgemeine Wohlfahrtssteigerung führte in der alten Bundesrepublik zum Abklingen von Klassenspannungen. Obgleich die Ungleichheit von Vermögen und Einkommen bis heute zunahm, verschwand durch die Angleichung von Konsumgewohnheiten das Klassenbewußtsein (→ Sozialstruktur, Soziale Ungleichheit/Lebenslagen, Milieus/Lebensstile). Die kapitalistischen Rahmenbedingungen einer bürgerlichen Demokratie fanden breite Zustimmung. Der Wohlstand, vor allem → soziale Sicherheit für alle Bevölkerungsschichten, sorgten dafür, daß eine neue Mittelklasse entstand. So konnten sich demokratische Werte nicht nur in der anfänglich schmalen bürgerlichen Schicht ausbilden, sondern alle Bevölkerungsschichten durchliefen im Laufe der Zeit dieselben Wandlungsprozesse. Hinzu kam noch eine Bedingung, die gleichfalls Ergebnis des Wirtschaftsaufschwungs war und in Richtung Demokratisierung wirkte: Mehr Freizeit.

Der wichtigste Faktor für die Herausbildung demokratischen Bewußtseins bleibt aber von Anbeginn bis heute das Bildungssystem: Die Korrelation zwischen dem Bildungsgrad von Menschen und ihren politischen Meinungen, Einstellungen und Werthaltungen beweist sich in allen Umfragen und Studien: Je formal gebildeter jemand ist, desto größer ist sein → politisches Interesse, desto besser sein Wissen über politische Vorgänge (→ Politische Informiertheit), desto größer sein Selbstvertrauen und sein Vertrauen zu anderen Menschen, desto größer auch seine Überzeugung, durch eigenes Handeln die Politik seines Landes mitgestalten zu können (→ Politische Kompetenz). Sozialwissenschaftler sprechen in diesem Zusammenhang von einem Syndrom der „kognitiven Mobilisierung“ mit der Folge starker Mitbestimmungs- und Teilnahmewünsche.

Deutschland Ost und West - zwei politische Kulturen?

Der raschen Homogenisierung politischer Institutionen in beiden Teilen Deutschlands entsprach keine ähnlich problemlose Angleichung des → politischen Bewußtseins. So hatten sich nicht nur Politiker, sondern auch Politikwissenschaftler geirrt, als sie bald nach dem Beitritt der nB meinten, die beiden deutschen Bevölkerungen seien dicht beieinander: nicht nur durch ihren Willen zu einer gemeinsamen Zukunft, sondern auch durch bereits erkennbar gleiche Einstellungen und Werthaltungen. Im Unterschied zu den beiden genannten historischen Anstößen für die pKf, dem Ende des Kolonialzeitalters und dem Nationalsozialismus, spielt sich die Erforschung der deutschen Vereinigungsbedingungen und -perspektiven nicht nur im politisch heißen Feld ab, sondern trifft gleichzeitig auf wissenschaftliche Kontroversen darüber, welche Theorien und Methoden der pKf angemessen und erfolgversprechend sind. Das gilt für Ursachenforschung mit unterschiedlichsten Zuschreibungen, für Einschätzungen gegenwärtiger Trends und für Prognosen künftiger Entwicklung im Blick auf Zeitdimensionen und inhaltliche Konstellationen. Beispiele dafür liefern eklatante Differenzen in den Ergebnissen verschiedener Forscher. So hält z.B. der damalige Leiter der Konrad-Adenauer-Stiftung Veen politische Einstellungs- und Werthaltungskriterien, die zum Kernbestand der pKf gehören, im Blick auf Ost- und Westdeutsche für unerheblich, wirft den mit solchen Faktoren arbeitenden Wissenschaftlern antipluralistischen Gemeinschaftsmythos vor und verweist auf kulturelle Unterschiede zwischen Nord- und Süddeutschen, die immer bestanden hätten, ohne daß deshalb eine gesellschaftliche und politische Einheit der Bundesrepublik je in Frage gestellt sei (Veen 1997). Kaase und Bauer-Kaase kritisieren diese Sicht, welche ernsthafte politische Einstellungsunterschiede zu regionalen Folklorismen herunterspiele: angesichts einer in allen Studien zu konstatierenden „geringeren Demokratieakzeptanz in Ostdeutschland" (Kaase/Bauer-Kaase 1998: 252). Solche durch Hoffnung oder Skepsis eingefärbten Prognosen werden dadurch nicht einfacher einzuschätzen, daß es sich bei ihnen teilweise um politischen Zweckoptimismus bzw. Zweckpessismismus handelt: in einer durchaus achtbaren Einschätzung der politischen Wirkungen solcher Prognosen (Greiffenhagen 1997).

Politische Inklinationen anderer Art führen zu Differenzen in der politischmoralischen Beurteilung von Unterschieden, auf welche die Forscher treffen. So zeigt der sog. „Gießen-Test" deutlich zivilisationskritische Aspekte: Die „Wessis" seien selbstzufrieden, zynisch, hart, arrogant und prahlerisch. Die „Ossis" seien empathischer, geselliger, liebesfähiger (Auffermann 1995). Nicht weniger problematisch ist die psychische Gewinn- und Verlustrechnung zwischen Ost- und Westdeutschen, wie sie Maaz (1991) aufmacht. Ein anderes Beispiel dafür, wie stark ein „politischer bias" auf wissenschaftliche Diagnosen durchschlägt, liefert die Auseinandersetzung von Gensicke mit Noelle-Neumann. Gensicke (1995) kritisiert Noelle-Neumann mit ihrer Meinung, in der DDR habe jener Wertewandel nicht stattgefunden, der die Bundesrepublik in den 60er Jahren erschüttert, die alten Tugenden und Werte außer Kraft gesetzt und die Westdeutschen „verweichlicht" hätte. Noelle-Neumann meint, die Ostdeutschen könnten deshalb, „ausgestattet mit einer Art ‚Kernigkeit', die die Westdeutschen in den 50ern noch besaßen, den Umbruch gut bewältigen" (Noelle-Neumann, zit. nach Gensicke 1995: 134). Im Unterschied zu den Ostdeutschen, die durch eine eigene Revolution das diktatorische Regime überwunden hätten, sei das politische Selbstbewußtsein der Westdeutschen durch die ständige Beschäftigung mit den deutschen Verbrechen in der Nazi-Zeit „gebrochen". Gensicke (1995) ist dagegen der Meinung, daß ein auch in der DDR zu beobachtender Wertewandel den Aufstand in der DDR motiviert habe.

Der Vergleich zwischen den alten und den neuen Bundesländern bietet über die theoretischen und methodischen Probleme solcher Vergleichung hinaus besonders intrikate Schwierigkeiten: Der politische Zweck dieser wissenschaftlichen Vergleichung ist Angleichung. Diese Angleichung steht unter dem Vorzeichen einer essentiellen Einheit, die historisch und ethnisch verbürgt ist. Worum es also geht und worum der Streit geht, ist das Maß an zeit- und regimebedingter Entfremdung und um die Zeitspanne, die zwei Teile eines Volkes benötigen, damit zusammenwächst, was zusammengehört. Oder sollte man überhaupt nicht von Zusammenwachsen, sondern lediglich einer wachsenden Erkenntnis sprechen: daß man nie getrennt war? Andere aus dem sowjetischen Block entlassene Bevölkerungen kennen dieses Problem nicht. Ihre politische Identitätsarbeit ist frei von der zusätzlichen Aufgabe einer Vergleichung und Angleichung mit einem anderen

Volksteil. In Deutschland hat dagegen der politikwissenschaftliche Terminus „Vergleich" immer auch einen politischen Akzent. Das zeigt sich schon in der Wortwahl für diesen Prozeß: Am meisten verbreitet ist der Ausdruck „Innere Einheit". Kaase/Bauer-Kaase wandten gegen ihn ein, diesem Begriff habe es von Anbeginn an an einer klaren theoretischen Einbettung gemangelt. Sie führten deshalb den Begriff „Identität" ein (Kaase/Bauer-Kaase 1998). Neben Innerer Einheit und Identität spricht man heute zunehmend von „Integration" (Thumfart 2002). Während die Mehrheit der Forscher solche Integration zunächst umstandslos im Sinne einer Angleichung von Ost und West verstand und solche Veränderungen somit als „Fortschritte" einer Anpassung an die pK Westdeutschlands wertete, drängen heute einige Forscher auf eine sensible Analyse und Bewertung. Solche in Bezug auf Subjekt und Objekt der Angleichung vorsichtigere Einschätzung findet sich in der Bevorzugung des Terminus → „Transition" vor dem der „Transformation": „Die Ersetzung von Transformation durch Transition ... formuliert nicht nur, daß die Dinge so stabil und unumkehrbar zielgerichtet nicht sind. Sondern sie plädiert dafür, die Umstellungsprozesse auch weiterhin bei zwar durchaus angebbarer ungefährer Richtung dennoch als ein ergebnisoffenes, relativ unbestimmtes und fortdauerndes Geschehen anzusehen, in dem es zu unerwarteten Eigenentwicklungen und institutionell-kulturellen Ausformungen kommen wird, die (zunächst im ostdeutschen Bereich) keinem vorgegebenem Bild gehorchen und entsprechen" (Thumfart 2002: 40).

Wie immer der Vereinigungsprozeß genannt wird, die große Mehrheit der wissenschaftlichen Diagnostiker sind sich heute darin einig, daß von einem Abschluß dieses Prozesses noch nicht die Rede sein kann, oder schlimmer: daß die Kluft zwischen Ostdeutschen und Westdeutschen sich seit Jahren vertieft. Dabei handelt es sich um eine auf den ersten Blick paradoxe Entwicklung. Da der Vergleichsmaßstab, nach dem die Ostdeutschen ihre Situation beurteilten, innerhalb weniger Jahre wechselte und nun die Verhältnisse der alten Bundesrepublik statt der alten DDR die neuen Kriterien zur Beurteilung der gegenwärtigen Lage lieferten (Gabriel 1997a, 1997b), empfinden sich viele Ostdeutsche als Bürger zweiter Klasse (Brunner/Walz 1998). Das Paradoxe dieser „Trennung durch Vereinigung" liegt darin, daß es wirklich der Vereinigungsprozeß selbst zu sein scheint, der Trennungserlebnisse bei den Ostdeutschen hervorruft. Trotz im einzelnen unterschiedlicher Einschätzungen rechnet die Mehrheit der Forscher ebenso wie der Politiker mit einer längeren Zeitspanne, bis die Distanzen sich verloren oder eingeebnet haben, die gegenwärtig zu konstatieren sind, zudem mit auf einigen Feldern noch steigender Tendenz.

Die Beforschung des deutschen Vereinigungsprozesses hat inzwischen eine eigene Forschungsgeschichte (Thumfart 2002). Den Anfang machte die Theorie der „nachholenden Modernisierung". Sie implizierte die Übertragung derjenigen Institutionen und Verhaltensweisen, die sich über vierzig Jahre in der alten Bundesrepublik herausgebildet hatten, in die neuen Bundesländer. Diese als Königsweg zur

Integration Ostdeutschlands geltende Modernisierung hat in Theorie und Praxis aber offenbar selber zu Desintegrationsprozessen geführt und Tendenzen zu einer „dualistischen Gesellschaft" gefördert. Ihre Kritik führte „zu einer massiven Umorientierung im forschungsleitenden Zugang. Den entscheidenden (ersten) Schritt stellte dabei die Ergänzung eines rein auf institutionell-organisatorische Strukturen gerichteten Blicks durch die Aufblendung einer politisch-kulturellen Dimension dar" (ebd.: 30). Dabei erfuhren die Forscher auf Schritt und Tritt, daß westliche Ableitungs- und Zuschreibungsmuster auf ostdeutsche Mentalitäten nicht anzuwenden sind. So versagte z.B. im Einstellungsfeld sozialer Gleichheit und Gerechtigkeit das westlich geprägte Analyse- und Interpretationsinstrumentarium weitgehend. Ostdeutsche Einstellungen erschienen dem westdeutschen Forscher auf den ersten Blick als diffus, auch mit früheren westdeutschen Phasen nicht vergleichbar. Die Politikgeschichte der DDR hat im Blick auf das Feld des Sozialen offenbar eigene Profile hinterlassen, die man hinsichtlich der unterschiedlichen Generationen, Bildungsgruppen, Berufe und Schichten erforschen muß. Ähnliches gilt für das Maß an sozialem Vertrauen, das innerhalb liberaldemokratischer Bevölkerungen zusammen mit Ich-Stärke und Teamgeist eine gut faßbare Kategorie abgibt, in Ostdeutschland jedoch nicht ohne weiteres zu ermitteln ist.

Schon früher hatten sich westdeutsche Forscher geirrt, als sie meinten, man könne die politisch-kulturelle Situation der zu Ende gegangenen DDR beschreiben, indem man vom Ist-Zustand der westdeutschen pK etwa ein Viertel Jahrhundert abzöge, auf diese Weise in die 60er und sogar 50er Jahre gelangte und auf diese Weise die Einstellungsprofile der alten westdeutschen Bundesbürger bei den neuen ostdeutschen fände: Schließlich handelte es sich in beiden Fällen um die Abkehr von einem totalitären System. Diese Rechnung ging nur zum Teil auf, z.B. im Hinblick auf die gemeinsamen Quellen im autoritären Obrigkeitsstaat. So zeigten die Ostdeutschen im Hinblick auf die sog. sekundären Tugenden zu Beginn der 90er Jahre ein ähnliches Einstellungsmuster wie die Westdeutschen in den 50er Jahren. Aber auf anderen Feldern versagte die Parallelisierung. Im Unterschied zu den westdeutschen Eliten hatte die SBZ/DDR-Führung die sozioökonomischen Grundlagen der Gesellschaft tiefgreifend verändert, mit Folgen, die sich in Einstellungsprofilen und Werthaltungen zeigten.

Worauf es ankam, war somit die Aufgabe, die → Endogenität von Einflußfaktoren zu akzeptieren. Das bedeutete auch Veränderungen des methodischen Zugriffs. Nicht nur aus Mangel an zuverlässigen Zeitreihen und überhaupt Ergebnissen der Umfrageforschung (→ Demoskopie), sondern aus grundsätzlichen theoretischen Überlegungen gerieten neue Disziplinen in den Blickkreis dieser politischen Vergleichsforschung. Teilweise ergab sich diese Hinwendung zu historisch-hermeneutischen Ansätzen aus den Erfahrungen der Unbrauchbarkeit westeuropäischer Methoden, z.B. der ahistorischen rational-choice-Methode. Sie ist ungeeignet, regionale Eigenheiten in die Analyse mit einzubeziehen. Aber auch ohne solche negativen Erfahrungen öffnete sich das Spektrum wissenschaftlicher Zugangsweisen erheblich. Auf diese Weise kamen Ansätze der pKf zum Tragen, die es bis dahin schwer hatten, sich gegen die Umfrageforschung zu behaupten. Neben eine historisch-hermeneutische Bearbeitung der Transitionsprobleme trat im Laufe der Zeit ein „ethnologischer“ Umgang mit Erscheinungen, denen anders nicht beizukommen war. Man nutzte die gegenwärtig zu beobachtende Ausweitung der Ethnologie von der Beschäftigung mit fremden Kulturen in ein Interesse an unterschiedlichen Facetten der eigenen Kultur mit großen Gewinnen für ein neues Verständnis von regionalen und religiösen, schicht- und sozialisationsbezogenen Effekten. Heute stellt sich die Transitionsforschung als ein Kosmos vieler sozialwissenschaftlicher Disziplinen und Forschungsansätze dar.

Forschungsstrategisch relevant ist die Unterscheidung zwischen den Aspekten „Sozialisation“ und „Situation“. Dabei handelt es sich nicht nur um theoretisch und methodisch unterschiedliche Forschungsansätze, sondern zugleich um forschungsgeschichtlich neue Schwerpunkte im Umgang mit dem Vereinigungsproblem. DDR-eigene Sozialisationsprägungen erklären Mentalitätsunterschiede nicht nur im Hinblick auf im engeren Sinne politische Einstellungen, sondern auch auf Feldern, die tief in unterschiedlichen biographischen Erfahrungen gesellschaftlichen Zusammenlebens gründen. Solche Forschungen betreffen Unterschiede zwischen Ostdeutschen und Westdeutschen im Blick auf Sprachgebrauch, biographischen Erzählmodus, Zeitbewußtsein, den Sinn von Arbeit (Greiffenhagen 1997). Unter dem Erklärungsdruck einer seit Mitte der 90er Jahre sich öffnenden Schere ost- und westdeutscher Mentalitäten und einer damit einhergehenden gegenseitigen Schuldzuweisung dafür verstärkte sich der Einfluß der Situationstheorie. An Stelle der mit der Sozialisationstheorie einhergehenden Persistenzvermutung erklärt sie die wachsende Selbstidentifikation der Ostdeutschen, verbunden mit einer gewissen nostalgischen Verklärung der DDR-Verhältnisse, aus situativen Erfahrungen während des Vereinigungsprozesses selbst.

Bei dem Forschungsobjekt Deutsche Vereinigung spricht man inzwischen von einem multidimensionalen Gebilde: „Ob man hierbei eher sozialisatorische oder situative Faktoren ausfindig macht, ist wiederum eine andere Frage als die, ob man nun bei den situativen Faktoren stärker auf ökonomische Differenzen, strukturelle Ungleichgewichte, Abwertungsaspekte, bewußte Diskriminierung oder einfach auf Momente der Fremdheit und Unvertrautheit abstellt. In jedem Fall aber wird man die ostdeutsche Identität und die sich an sie anlagernde ostdeutsche Erinnerungskultur nicht als ein einheitliches Phänomen ansprechen dürfen ...“ (Pollack 1998: 314f.) Die Folgerungen, welche die pKf ebenso wie die praktische Politik aus dieser so unsicheren diagnostischen Lage ziehen sollten, ist dieselbe: Offenheit gegenüber neuen Erkenntnissen bzw. neuen Strategien. Generell empfiehlt sich eine Verstärkung des sich in den letzten Jahren ankündigenden „ethnologischen Umgangs“. Die Ethnologie wußte immer schon zwischen endogenen und exogenen Effekten zu unterscheiden und Integrationsprozessen als solchen eigene ursächliche Wirkungen zuzuschreiben. Die Prävalenz Westdeutschlands hatte zu Dominanzen geführt, die im Theoretischen die Gefahr verengter Blickweisen und im Politischen dysfunktionale Resultate mit sich brachten. Die pKf kann theoretisch wie politisch dazu beitragen, Mißverständnisse aufzuklären.

Martin und Sylvia Greiffenhagen

Literatur:

Almond, Gabriel/Verba, Sidney 1963: The Civic Culture. Political Attitudes and Democracy in Five Nations, Princeton.

Almond, Gabriel/Verba, Sidney 1980: The Civic Culture Revisited, Boston/Toronto.

Altenhof, Ralf/Jesse, Eckhard (Hrsg.) 1995: Das wiedervereinigte Deutschland. Zwischenbilanz und Perspektiven, München.

Auffermann, V. 1995: Das kalte und das warme Herz. Eine Studie über „Deutsche Befindlichkeiten im Ost-West-Vergleich", in: Süddt. Ztg 20.2.1995.

Barnes, Samuel H./Kaase, Max u. a. 1979: Political Action. Mass Participation in Five Western Democracies, Beverly Hills/London.

Berg-Schlosser, Dirk/Schissler, Jakob (Hrsg.): 1987: Politische Kultur in Deutschland. Bilanz und Perspektiven der Forschung, Sonderheft 18 der PVS, Opladen.

Bertram, Hans (Hrsg.) 1995: Ostdeutschland im Wandel. Lebensverhältnisse - politische Einstellungen, Opladen.

Brunner, Wolfram/Walz, Dieter 1998: Selbstidentifikation der Ostdeutschen 1990-1997. Warum sich die Ostdeutschen zwar als Bürger zweiter Klasse fühlen, wir aber nicht auf eine „innere Mauer" treffen, in: Meulemann, Heiner (Hrsg.): Werte und nationale Identität im vereinten Deutschland. Erklärungsansätze der Umfrageforschung, Opladen, S. 229-250.

Gabriel, Oscar W. 1986: Politische Kultur, Postmaterialismus und Materialismus in der Bundesrepublik Deutschland, Opladen.

Gabriel, Oscar W. 1994: Politische Kultur aus der Sicht der empirischen Sozialforschung, in: Niedermayer, Oskar/Beyme, Klaus von (Hrsg.): Politische Kultur in Ost- und Westdeutschland, Berlin, S. 22-42.

Gabriel, Oscar W. 1997a: Politische Einstellungen und politisches Verhalten, in: Gabriel, Oscar W./Holtmann, Everhard (Hrsg.): Handbuch Politisches System der Bundesrepublik Deutschland, München/Wien, S. 381-498.

Gabriel, Oscar W. (Hrsg.) 1997b: Politische Orientierungen und Verhaltensweisen im vereinigten Deutschland, Opladen.

Gensicke, Thomas 1995: Pragmatisch und optimistisch: Über die Bewältigung des Umbruchs in den neuen Bundesländern, in: Bertram, Hans (Hrsg.): Ostdeutschland im Wandel. Lebensverhältnisse - politische Einstellungen, Opladen, S. 127-154.

Gensicke, Thomas 1998: Die neuen Bundesbürger. Eine Transformation ohne Integration, Opladen.

Greiffenhagen, Martin 1997: Politische Legitimität in Deutschland, Gütersloh.

Greiffenhagen, Martin/Greiffenhagen, Sylvia 1993: Ein schwieriges Vaterland. Zur politischen Kultur im vereinigten Deutschland, München.

Greiffenhagen, Martin/Greiffenhagen, Sylvia 1997: Politische Kultur, in: Bundeszentrale für politische Bildung (Hrsg.): Grundwissen Politik, Bonn, S. 167-238.

Kaase, Max/Bauer-Kaase, Petra 1998: Deutsche Vereinigung und innere Einheit 1990-1997, in: Meulemann, Heiner (Hrsg.): Werte und nationale Identität im vereinten Deutschland, Opladen, S. 251-268.

Maaz, Hans-Joachim 1991: Zwischen Depression und Narzismus. Die sozialpsychologischen Schwierigkeiten der deutschen Vereinigung, in: Neue Gesellschaft/Frankfurter Hefte 38, S. 1095-1115.

Niedermayer, Oskar/Beyme, Klaus von (Hrsg.) 1994: Politische Kultur in Ost- und Westdeutschland, Berlin.

Pollack, Detlef 1998: Ostdeutsche Identität - ein multidimensionales Phänomen, in: Meulemann, Heiner (Hrsg.): Werte und nationale Identität im vereinten Deutschland. Erklärungsansätze der Umfrageforschung, Opladen, S. 301-318.

Rohe, Karl 1990: Politische Kultur und ihre Analyse. Probleme und Perspektiven der politischen Kulturforschung, in: Historische Zeitschrift 250, S. 321-346.

Rohe, Karl 1994: Politische Kultur. Zum Verständnis eines theoretischen Konzepts, in: Niedermayer, Oskar/Beyme, Klaus von (Hrsg.): Politische Kultur in Ost- und Westdeutschland, Berlin, S. 1-21.

Schmitt, Manfred/Montada, Leo (Hrsg.) 1999: Gerechtigkeitserleben im wiedervereinigten Deutschland, Opladen.

Thumfart, Alexander 2002: Die politische Integration Ostdeutschlands, Frankfurt a.M.

Veen, Hans-Joachim 1997: Innere Einheit- aber wo liegt sie? Eine Bestands aufnahme im siebten Jahr nach der Wiedervereinigung Deutschlands, in: APuZ, B 40-41, 19-28.

Waschkuhn, Arno/Thumfart, Alexander (Hrsg.) 1999: Politik in Ostdeutschland. München/Wien.

Weidenfeld, Werner/Korte, Karl-Rudolf 1991: Die Deutschen. Profil einer Nation, Stuttgart.

Westle, Bettina 1989: Politische Legitimität. Theorien, Konzepte, empirische Befunde, Baden-Baden.

Westle, Bettina 1999: Kollektive Identität im vereinten Deutschland. Nation und Demokratie in der Wahrnehmung der Deutschen, Opladen.

Politische Moral

→ Föderalismus, Globalisierung, Identität, Multikulturelle Gesellschaft, Nation, Nationalsozialismus, Politiker/Politische Klasse, Politikverdrossenheit, Politische Korruption, Politische Unterstützung, Rechtsstaat, Soziale Gerechtigkeit, Soziale Sicherheit, Wohlfahrtsstaat.

Begriff/Definition:

Im Rahmen der pKf hat der Begriff „politische Moral" (pM) zwei wesentliche Bedeutungen: 1. In einem allgemeinen Sinne ist damit die Gesamtheit der normativen Überzeugungen - d.h. der Prinzipien, Normen und Werte - bezeichnet, die in den Augen der Bürger als Bewertungs- und Legitimitätsgrundlage des politischen Systems dienen. Der Grad der Legitimität ist demzufolge um so höher, je mehr Konsens innerhalb einer Gesellschaft über die relevanten Grundsätze und Werte besteht und je mehr die politischen Institutionen diesen im Urteil der Bürger entsprechen. Bei der Analyse dieser Bedeutung von pM sind eine *normative*, eine *historische* und eine *kulturelle* Dimension zu unterscheiden. 2. In einem engeren Sinne bezieht sich der Begriff pM auf die moralischen Erwartungen an politisch Handelnde, und zwar insbesondere an → *Politiker*, aber auch an *Bürger* ganz allgemein.

Dimensionen politischer Moral:
1. Die *normative Dimension* pM im erstgenannten Sinne gibt an, welche Grundsätze, Normen oder Werte es sind, die im Zentrum der Beurteilung der Legitimität der politischen Institutionen stehen. Drei wesentliche Prinzipien - und entsprechende Normen und Werte - treten dabei im Kontext der Bundesrepublik hervor: das *Rechtsstaatsprinzip* (→ Rechtsstaat), das *Demokratieprinzip* und das *Sozialstaatsprinzip*. Ersteres impliziert die im Grundrechtsteil des GG festgeschriebenen persönlichen Grundrechte und Normen wie Herrschaft des Rechts, Gleichheit vor dem Gesetz, faire Verfahren usw. Sie korrespondieren insbesondere dem Wert persönlicher Freiheit. Das Demokratieprinzip schließt politische Grundrechte (aktives und passives Wahlrecht etc.) ebenso ein wie institutionelle Normen (z.B. Mehrheitsprinzip, → Föderalismus); sie entsprechen Werten politischer Selbstbestimmung und staatsbürgerlicher Gleichheit. Das Sozialstaatsprinzip schließlich verpflichtet den Staat dazu, für eine gewisse Versorgung mit Grundgütern wie Einkommen, Gesundheit, Bildung, Wohnung und - stärker umstritten - Arbeit zu sorgen. Diesem Grundsatz entsprechen soziale Rechte auf die Gewährung dieser Güter; und in ihm drücken sich sehr unterschiedliche Werte wie Chancengleichheit, individuelle Leistung und gesellschaftliche Solidarität aus. Fragt man nach der Gewichtung dieser drei zentralen Prinzipien, so treten zwei Seiten einer besonderen Wertschätzung → *sozialer Sicherheit* hervor: Erstens wird innerhalb des Rechtsstaatsprinzips weniger der Vorrang liberaler Grundrechte als die Bedeutung von Recht und Ordnung, des Schutzes vor Kriminalität und auch vor politischen Extremen betont. Hier bestehen Kontinuitäten zu einem obrigkeitsstaatlichen Rechtsdenken. Zweitens ist der Aspekt der materiellen Lebenssicherheit äußerst bedeutsam: Die Sicherung eines adäquaten Lebensstandards ist ein zentrales - vielleicht das wichtigste - Kriterium der Legitimität des politischen Systems; die Akzeptanz des Systems erhöht sich mit dem Grad der Lebenszufriedenheit (Greiffenhagen 1997).

Dieses im Vergleich zu anderen europäischen Ländern nicht untypische Ergebnis (Gabriel 1992) verweist freilich nicht nur auf die Gefahr, daß die beiden anderen pM-Prinzipien in Krisensituationen dem sozialen Sicherheitsbedürfnis untergeordnet werden können, sondern auch auf das Problem, daß bei aller Einigkeit über die sozialstaatlichen Grundaufgaben des Staates kein Konsens über die grundsätzliche normative Begründung und das Ausmaß staatlicher Leistungen besteht. Ganz unterschiedliche Vorstellungen sozialer Gerechtigkeit sind dabei festzustellen; sie reichen von der Betonung minimaler Chancengleichheit in Kombination mit einem individuellen, marktkonformen Leistungs- und Verdienstprinzip (abgefedert von einem sozialen Versicherungssystem) über (z.B. in der Tradition der katholischen Soziallehre stehende) gemeinschaftliche Solidaritätsvorstellungen in Verbindung mit dem Bedürfnisprinzip bis zu stark egalitären Gerechtigkeitskonzeptionen (→ Soziale Gerechtigkeit). Besonders nach der Vereinigung sind diese Divergenzen verstärkt sichtbar, da die Bevölkerung in den östlichen Bundesländern höhere Ansprüche an die staatliche Güterverteilung stellt und das Gleichheitsprinzip besonders betont (Roller 1997).

In Begriffen der philosophischen Diskussion über soziale Gerechtigkeit (Forst 1994) formuliert, zeigt sich somit auf der politisch-moralischen Ebene eine Mischung aus individualistisch-libertären, egalitaristischen und kommunitaristischen Elementen, die einerseits in der Bejahung des Sozialstaatsprinzips überlappen, die andererseits aber auseinandertreten, sobald es um fundamentale Fragen der Reform bzw. der Finanzierung sozialer Leistungen geht. Während libertäre Theorien die Eigenverantwortung des Individuums für seine Lebenschancen und Lebensgestaltung betonen und für die Einführung privater Versorgungssysteme - neben oder gar anstelle von staatlichen Systemen - plädieren, gehen egalitäre Theorien von substantiellen Ansprüchen der Bürger auf eine Verteilung von Grundgütern aus, die - einer Version zufolge - ihre Grundbedürfnisse deckt oder - nach einer anderen Version - im Ergebnis zu einer gleicheren Verteilung dieser Güter zwischen den unterschiedlichen Bevölkerungsschichten führt. Kommunitaristische Ansätze fordern einerseits die solidarische Verantwortung der Mitglieder einer historisch gewachsenen politischen Gemeinschaft füreinander, betonen andererseits aber auch die Verantwortung der Einzelnen gegenüber der Gemeinschaft und kritisieren den zentralistischen → Wohlfahrtsstaat. Es ist eine offene Frage, ob die vorhandenen moralisch-politischen Grundüberzeugungen angesichts dieser Differenzen ausreichende Ressourcen für normative Antworten auf die zentrale Frage nach der angemessenen Form des Sozialstaates bereithalten.

2. Der Blick auf die normative Dimension der pM reicht freilich nicht aus, um die Besonderheiten dieser Moralvorstellungen im Kontext einer bestimmten pK zu erkennen; erst die Berücksichtigung der *historischen* und *ethisch-kulturellen Dimensionen* zeigt, inwiefern das Verständnis der allgemeinen Prinzipien in einen Hintergrundhorizont von spezifischen Erfahrungen und Interpretationen eingebettet ist. In der historischen Dimension ist das hervorstechendste Merkmal der Bundesrepublik ohne Zweifel die Negativerfahrung des → Nationalsozialismus und des Zweiten Weltkrieges, in deren Licht das politisch-moralische Selbstverständnis der Republik zu betrachten ist. Die Auseinandersetzung mit dem Nationalsozialismus bildet den zentralen Identifikations- und zugleich Konfliktpunkt der deutschen pK: von den Debatten über die politische - und stets auch: persönliche - Verantwortung für das Geschehene über die Wiedergutmachungsfrage bis zu den Diskussionen um den 8. Mai 1985, zum Historikerstreit und zur Diskussion um das Holocaust-Mahnmal, um nur einige wichtige zu nennen. Dabei ist kaum umstritten, daß die Republik sich an dem angemessenen Umgang mit der nationalsozialistischen Vergangenheit zu bewähren hat; Streit besteht vielmehr darüber, worin dieser Umgang besteht.

Als eine Art „Gründungsmoral" der Bundesrepublik kann der „antitotalitäre" Grundkonsens gelten, der in Abhebung gegen das nationalsozialistische, aber auch

- und zunehmend - die kommunistischen Regime im GG nicht nur ein formales Dokument zur Etablierung einer demokratischen Regierungsform sah, sondern es als Ausdruck und Festschreibung einer „objektiven Wertordnung“ verstand, deren Kern sich politischer Verfügung entzog. Dieses Verständnis der „freiheitlich-demokratischen Grundordnung“ war eine zentrale Weichenstellung, die sich für die Gründer der Republik nicht nur aus der nationalsozialistischen Willkürherrschaft erklärte, sondern auch aus dem Schicksal der „wehrlosen“, ihrer Wertebasis unsicheren Weimarer Republik. Diese naturrechtliche, antitotalitäre Grundentscheidung verband sich seitens der Bevölkerung freilich mit einer relativ autoritären Demokratie- und einer harmonistischen Gesellschaftsauffassung: die Grundordnung des Staates wurde nicht als politisch formbares Projekt verstanden, sondern als kaum antastbare Wertordnung - was nicht heißt, daß ihre Werte bereits vollständig verinnerlicht waren. So konnten Almond und Verba (1963) in ihrer vergleichenden Untersuchung von pK in den 50er Jahren den Deutschen eine „Untertanen“- im Unterschied zu einer „Bürgerkultur“ bescheinigen: Skepsis gegenüber der Politik insgesamt und auch der neuen Staatsform verband sich mit einer zweideutigen Bewertung der Vor- und Nachteile des Nationalsozialismus und dem Streben nach wirtschaftlichem Wiederaufbau. Dieser war denn auch eine entscheidende Quelle nationalen Stolzes (Greiffenhagen/Greiffenhagen 1993). Die Entwicklung seit dieser Zeit ist allerdings eine der zunehmenden normativen Akzeptanz der Demokratie, die die Bundesrepublik an die Situation in anderen westlichen Staaten heranrückt (Gabriel 1992), wobei zu beachten ist, daß in den östlichen Bundesländern eine größere Skepsis gegenüber der bundesrepublikanischen Form der Demokratie herrscht (Fuchs 1997).

Will man die politisch-moralische Entwicklung der Bundesrepublik in historische Phasen einteilen, so bieten sich Abschnitte von jeweils ca. 20 Jahren an. Markante Punkte sind die Jahre 1949, 1968 und 1989. Auf die Staatsgründung folgte eine Phase der politischen, wirtschaftlichen und sozialen Konsolidierung, die in politisch-moralischer Hinsicht 1968 von einer jüngeren Generation in Frage gestellt wurde. Darauf folgten intensive gesellschaftliche Auseinandersetzungen, deren Ergebnis einerseits wichtige politische Reformen waren, andererseits bei aller Beharrungskraft des Systems eine Erhöhung des politisch-moralischen Reflexions- und Konfliktniveaus. Ein kritisch-politischer Diskurs der Konfrontation der Institutionen mit ihren eigenen Idealen etablierte sich in der Folge, der nach den Krisensituationen in den 70er Jahren - insbesondere in der Phase des Terrorismus - in den 80ern zu neuen Formen politischen Protests und der politischen Beteiligung führte; als Beispiele sind hier die Friedens- und Ökologiebewegungen zu nennen und die Herausforderung hergebrachter Institutionen durch die Forderung nach materialer Gleichberechtigung zwischen Männern und Frauen. Mit den politischen Veränderungen, die die Jahre nach 1989 insbesondere mit der Vereinigung nach sich zogen, veränderte sich auch der politisch-moralische Diskurs stärker hin zu

Fragen sozialer Gerechtigkeit, demokratischer Partizipation und auch zum Selbstverständnis als → „Nation".

Sowohl diese historische Entwicklung als auch die gegenwärtige politisch-moralische Konfliktlage zeigt, daß die drei zentralen normativen Prinzipien einerseits eine nach wie vor relativ eindeutige, geteilte Grundlage für normative Debatten liefern, daß sie aber auch der Gegenstand dieser Auseinandersetzungen sind: Wie etwa ist das Rechtsstaatsprinzip in bezug auf die Gleichheit zwischen den Geschlechtern zu interpretieren; fordert das Demokratieprinzip nicht eine Implementierung von Formen direkter Demokratie; und wie ist das Sozialstaatsprinzip angesichts veränderter ökonomischer Bedingungen, z.B. im Verhältnis zwischen westlichen und östlichen Bundesländern, umzusetzen? Besonders im Kontext der zunehmenden Internationalisierung politischer Probleme drängen sich weitere Fragen auf, etwa nach dem Verhältnis von nationalen und übernationalen Rechtsbestimmungen, nach demokratischer Partizipation innerhalb der Europäischen Union oder nach sozialen Mindeststandards angesichts ökonomischer → Globalisierung.

3. Neben der historischen Einbettung der pM ist ihre *kulturelle Dimension* von Bedeutung: Welche allgemeinen kulturellen, etwa religiös-ethischen, „Tiefenschichten" geben den normativen Prinzipien eine spezifische Färbung? Ein in dieser Hinsicht - auch nach der Vereinigung - wesentliches Merkmal der Bundesrepublik ist die überkommene Identifikation der „Staatsbürgernation" mit einer gewachsenen, ethisch integrierten und homogenen „Volksnation". Und eine weitere Besonderheit liegt in der im Westen der Republik stark verbreiteten Überzeugung, daß die (bereits angesprochene) notwendige vorrechtliche normative Grundlage des demokratisch-freiheitlichen Staates eine Art von Unverfügbarkeit und Dignität haben muß, die ihr allein von transzendenten Quellen verliehen werden kann. So unmöglich eine Rückkehr zu einem „christlichen Staat" ist, so wichtig sind dieser Auffassung zufolge die tieferen Bindungskräfte und die „moralische Substanz", die nur die Religion stiften kann. In der berühmten Formel von Böckenförde (1967: 112) ausgedrückt: „Der freiheitliche, säkularisierte Staat lebt von Voraussetzungen, die er selbst nicht garantieren kann".

Das politisch-ethische Selbstverständnis einer weitgehend ethnisch und kulturell homogenen politischen Gemeinschaft ist im Zuge der Diskussionen um das Asylrecht, das Staatsbürgerschaftsrecht und die Anerkennung der „multikulturellen" gesellschaftlichen Realität hervorgetreten und herausgefordert worden (→ Multikulturelle Gesellschaft). Dies führte zu intensiven politisch-moralischen Debatten um die Interpretation von Grundrechten, die Bedeutung von „Staatsbürgerschaft" und die Definition der Nation - teilweise begleitet von erheblichen Ausbrüchen rechtsradikaler Gewalt. Denkt man insbesondere an die Auseinandersetzungen über die Asylfrage, so wird offensichtlich, wie stark die ethisch-kulturelle Einbettung der leitenden normativen Prinzipien diese an die Vorstellung einer homogenen Bevölkerung knüpft, welche einem liberalen Grundrechtsverständnis enge

Grenzen zieht. Die Reaktionen auf das Kruzifix-Urteil des BVfergG im Jahre 1995 bestätigen dies hinsichtlich der Problematik des religiösen Pluralismus und des Prinzips der ethischen Neutralität öffentlicher Institutionen. Hier tut sich ein Konflikt zwischen dem universalistischen Gehalt der moralisch-politischen Grundsätze und ihrer kulturell-partikularistischen Interpretation auf, der darüber entscheiden wird, inwiefern sich die Bundesrepublik als „Staatsbürgernation" definieren kann, die bereit ist, ihre Institutionen - und damit ihre → Identität - nach moralischen Gesichtspunkten zu überprüfen.

Erwartungen im Rahmen einer politischen Moral:
1. Welche Erwartungen im Rahmen einer pM an das Verhalten von Amtsträgern, besonders *Politikern*, gestellt werden, zeigt sich am besten ex negativo: an den Reaktionen auf die Enttäuschung dieser Erwartungen. Es bedürfte einer Genealogie von Skandalen, d.h. der einschlägigen Fälle von Amtsmißbrauch, Korruption und Betrug (→ Politische Korruption), um dies im einzelnen durchzuführen und die direkte Konfrontation von politischer Macht und pM zu kennzeichnen. Die normativen Standards, die dabei angelegt werden, sind nicht überraschend; sie fordern Ehrlichkeit, Unbestechlichkeit und die Förderung des Gemeinwohls, wobei ein gewisses Maß an politischer, strategischer Klugheit durchaus akzeptiert wird, wenn die Ergebnisse dies rechtfertigen. Im Unterschied zu anderen pK ist es weniger die Lebensführung eines Politikers, die der Bewertung unterliegt, als seine politischen Handlungen. Hinsichtlich bedeutsamer Skandale ist es wichtig, zwischen solchen zu unterscheiden, bei denen ein Fehlverhalten von Individuen vorliegt, und solchen, die auf ein Versagen des Systems insgesamt hindeuten. Diese Grenze ist nicht leicht zu ziehen, und sie wird mit zunehmender → „Politikverdrossenheit" der Bürger immer undeutlicher. Parteispendenaffären etwa tragen mehr zur Diskreditierung des Systems bei als Affären einzelner Politiker, in der Gesamtschau allerdings fügen sich beide zu einem Bild zusammen, das zu einem erheblichen Mißtrauen gegenüber der etablierten „politischen Klasse" führt. Dieses ist in der Bundesrepublik sehr hoch (Greiffenhagen 1997) und geht insbesondere auf eine Kritik an der dominanten Stellung und internen Organisation der etablierten Parteien im politischen System zurück. Hier zeigt sich, daß in den Augen vieler Bürger keine Übereinstimmung mehr zwischen dem Demokratieprinzip und seiner Institutionalisierung besteht.

2. Die neueren Diskussionen um direkte Bürgerbeteiligung - ob unter den Begriffen „Zivilgesellschaft" oder „Kommunitarismus" - haben ein klassisch-republikanisches Thema in die politische Diskussion zurückgeholt: das der Tugenden von *Staatsbürgern*. Sofern das Gemeinwesen eine „res publica" ist, sind es die Bürger selbst - ob als Träger besonderer Ämter oder nicht -, die für diese „öffentliche Sache" verantwortlich sind. Besonders die vielen politischen Initiativen und Bewegungen in den 80er Jahren und vor allem die Bürgerrechtsbewegung in der DDR haben diese politische Wahrheit in Erinnerung gerufen - so daß „Parteienverdrossenheit“ nicht mit „Politikverdrossenheit“ insgesamt identifiziert werden darf. Grob gesagt korrespondieren den drei leitenden normativen Prinzipien drei verschiedene Arten von politischen Tugenden: dem Rechtsstaatsprinzip „liberale“ Tugenden wie Toleranz und Fairneß, dem Demokratieprinzip „demokratische“ Tugenden wie Argumentations- und Kooperationsbereitschaft und politisches Engagement, dem Sozialstaatsprinzip „gemeinschaftliche“ Tugenden wie Solidarität und die Übernahme von Verantwortung. In der Wahrnehmung dieser Tugenden zeigt sich, inwiefern die pM nicht nur als Bewertungskriterium für die politische Ordnung, sondern auch als Richtschnur eigenen politischen Handelns akzeptiert wird - klassisch ausgedrückt die „republikanische Gesinnung“ von Staatsbürgern. Doch nicht nur die Intensität der Ausübung dieser Tugenden, sondern auch ihre Extensität ist von Bedeutung für ein normativ anspruchsvolles Gemeinwesen: nicht nur die Beziehungen zu anderen Staatsbürgern, sondern auch zu solchen Personen, die anderer Herkunft oder Staatsangehörigkeit sind. Um dies zu leisten, bedarf es allerdings eines bewußten Ausschöpfens der moralischen Gehalte, die in den grundlegenden Prinzipien der Republik selbst angelegt sind.

Rainer Forst

Literatur:

Almond, Gabriel/Verba, Sidney 1963: The Civic Culture, Princeton.

Böckenförde, Ernst-Wolfgang 1991 (1967): Die Entstehung des Staates als Vorgang der Säkularisation, in: Böckenförde, Ernst-Wolfgang: Recht, Staat, Freiheit, Frankfurt a.M., S. 92-114.

Forst, Rainer 1994: Kontexte der Gerechtigkeit. Politische Philosophie jenseits von Liberalismus und Kommunitarismus, Frankfurt a.M.

Fuchs, Dieter 1997: Welche Demokratie wollen die Deutschen? Einstellungen zur Demokratie im vereinigten Deutschland, in: Gabriel, Oscar W. (Hrsg.): Politische Orientierungen und Verhaltensweisen im vereinigten Deutschland, Opladen, S. 81-113.

Gabriel, Oscar W. (Hrsg.) 1992: Die EG-Staaten im Vergleich. Strukturen, Prozesse, Politikinhalte, Opladen.

Greiffenhagen, Martin/Greiffenhagen, Sylvia 1993: Ein schwieriges Vaterland. Zur politischen Kultur im vereinigten Deutschland, München/Leipzig.

Greiffenhagen, Martin 1997: Politische Legitimität in Deutschland, Gütersloh.

Roller, Edeltraud 1997: Sozialpolitische Orientierungen nach der deutschen Vereinigung, in: Gabriel, Oscar W. (Hrsg.): Politische Orientierungen und Verhaltensweisen im vereinigten Deutschland, Opladen, S. 115-146.

Politische Sozialisation

→ *Anomie/Entfremdung, Autoritarismus, Bildung, Demokratische Persönlichkeit, Demoskopie, Familie, Feminismus, Generationen, Geschichtsbewußtsein, Identität, Individualisierung, Interpersonale Kommunikation, Kindheit/Jugend, Kirchen, Konflikt/Konsens, Massenmedien,*

Militär, Neue Bundesländer, Parlamentarismus, Parteiidentifikation, Politische Bildung, Politische Beteiligung, Politische Kompetenz, Politische Sozialisation: Beruf/Familie/Geschlecht/Geschlechterverhältnisse/Gleichaltrigengruppe/Massenmedien/Modernisierung/Schule/Soziale Schicht, Politische Steuerung, Politische Traditionen, Politische Unterstützung, Politisches Bewußtsein, Regionale/Lokale politische Kultur, Religiosität, Soziale Gerechtigkeit, Soziale Sicherheit, Soziale Ungleichheit/Lebenslagen, Sozialer Wandel/Modernisierung, Sozialkapital/Soziales Vertrauen, Transition/Transformation, Wählerverhalten, Wertewandel.

Begriff/Definition:

Den Begriff politische Sozialisation (pS) verwendeten zuerst Easton (1957) und Hyman (1959), in der Folge setzte er sich in den USA innerhalb weniger Jahre durch, im Laufe der 60er und 70er Jahre auch in Deutschland. Die zahlreichen Definitionen von pS unterscheiden sich sowohl im Verständnis von „politisch" wie von „Sozialisation". Bringt man die verschiedenen politischen und theoretisch-methodischen Positionen und Prämissen auf die beiden kürzesten, von allen Disziplinen und Richtungen akzeptierten Definitionen, so bezeichnet pS entweder den *Lernprozeß*, innerhalb dessen ein Individuum sich jene Persönlichkeitsmerkmale, Kenntnisse, Fähigkeiten und Werte *aneignet*, welche politisches Bewußtsein und politisches Verhalten strukturieren und lenken, also politisch relevant sind; oder den *Lernprozeß*, innerhalb dessen einem Individuum jene Persönlichkeitsmerkmale *vermittelt* werden (→ Demokratische Persönlichkeit, Politisches Bewußtsein). Ein in jüngerer Zeit erschienenes Handbuch spricht von pS als den „bewußten und unbewußten Prozesse(n) der Wechselwirkung zwischen Personen und ihrer direkt politischen oder zumindest politisch relevant sozialen, kulturellen, ökonomischen und zivilisatorischen Umgebung" (Claußen/Geißler 1996: 9). Anstelle des eingeführten Begriffs pS wird dort auch der neue Begriff „Politisierung" vorgeschlagen. Kriterien für „politisch relevant" liefern so unterschiedliche Merkmale wie → Autoritarismus, Dogmatismus, Radikalismus, Fatalismus, Apathie, Loyalität zum politischen System (→ Politische Unterstützung), Bereitschaft zu → politischer Beteiligung, → Anomie/Entfremdung, Parteipräferenzen und → Parteiidentifikation, Wählerverhalten (→ Wahlen/Wähler) etc.

Die Fragen der pS-Forschung (pSf) betreffen das „Was", „Wie", „Wann" und „Wodurch" dieses Lernprozesses. Außerdem werden politische und gesellschaftliche Bedingungen und Wirkungen dieses Prozesses untersucht. Zahlreiche Wissenschaften und Disziplinen haben an der Erforschung von pS teil (allerdings immer noch eher fachspezifisch als interdisziplinär orientiert): Psychologie, Psychoanalyse, Politikwissenschaft, Soziologie, Pädagogik, Anthropologie, Geschichtswissenschaft, neuerdings auch die disziplinenübergreifende gender-Forschung. Je nach psychologisch/sozialwissenschaftlichem oder gesellschaftstheoretischem Ansatz verschiebt sich das Forschungsinteresse. Als einheitliche, von allen Disziplinen verwendete Begriffe können streng genommen nur gelten: *Sozialisationssubjekt* oder *Sozialisand*: ein Individuum, das den Sozialisationsprozeß durchläuft, *Sozialisationsinstanzen* oder *Sozialisationsagenturen*: Institutionen bzw. Organisationen, in denen Sozialisationsinhalte vermittelt werden (z.B. Familie, Schule, Bundeswehr) und *Sozialisationsagenten* oder *Sozialisatoren*: Personen, die Sozialisationsinhalte vermitteln (z.B. Eltern und Lehrer).

Die Bedeutung der pSf für die Erforschung der pK liegt in der Annahme, politisches Bewußtsein und politisches Verhalten von Individuen ließen sich auf individuale oder gruppenspezifische Lernprozesse zurückführen, vor allem aber in der Vermutung, Bewußtseins- und Verhaltensstrukturen von Individuen *bestimmten einerseits die pK eines Landes*, seien aber *andererseits selbst durch das gegenwärtige Profil einer pK bestimmt*. Der Prozeß der pS vermittle zwischen Individuum und pK, die reproduziert, tradiert und verändert werde (Verknüpfung von Mikro- und Makro-Ebene der pKf). Über pS würden danach sowohl → politische Traditionen vermittelt wie auch → sozialer Wandel ermöglicht.

Geschichte und Entwicklung der politischen Sozialisationsforschung:
Die Vermutung, die Verfassung eines Staatswesens habe mit der Verfassung seiner Bürger zu tun, ist ein klassisches Thema der Philosophie und Sozialwissenschaften seit Plato bis zu den Theoretikern des „Nationalcharakters". Die Untersuchung der Autoritären Persönlichkeit in den 30er Jahren markiert den Beginn einer neuen Hinwendung zum Thema. Gegen Ende der 50er Jahre wurde durch die Neuentdeckung der Variablen Alter und Sozialagenturen in den USA moderne pSf auf behavioralistischer Grundlage eingeleitet. Hyman's Erklärungskette des pS-Prozesses „pK - Sozialisationsagenturen - Alter - Lernen - Einstellungen (Dispositionen) - Verhalten - pK" bildete die Grundlage der pSf der frühen 60er Jahre. Anstöße für die neue Disziplin hatten junge, traditionslose Staaten der Dritten Welt geliefert. Einen weiteren Impuls gab die Hoffnung, eine → demokratische Persönlichkeit erziehen zu können („how to make citizen") und Staatsbürger auf Konflikte und durch neue Wertorientierungen auf sozialen Wandel vorzubereiten. Eine nicht unbeträchtliche Rolle spielte dabei die Auseinandersetzung mit dem ideologischen Gegner UdSSR.

Frühe Studien zur pS beschäftigten sich in erster Linie mit der Sozialisationsagentur Familie. Man nahm an, sie sei die entscheidende Institution für die Ausbildung aller politisch relevanten Persönlichkeitsmerkmale. Den größten Raum nahmen aus diesem Grund Studien zu politischen Einstellungen von Kindern und Jugendlichen ein. Untersucht wurden hauptsächlich Parteipräferenzen und die Entwicklung von Vertrauen in politische Autorität. Forschungsgegenstände waren etwa die Rolle des US-Präsidenten und politischer Symbole bei der Entstehung von Legitimität. In der BRD fanden Themen und erste Ergebnisse der amerikanischen pSf erst im Laufe der 60er Jahre Beachtung, und zwar zuerst fast ausschließlich unter dem Gesichtspunkt der → politischen Bildung. Amerikanische Forschungsansätze galten zunächst als verbindlich: Relativ unkritisch wurden Untersuchungsergebnisse aus den USA übernommen und so über Jahre Fehler und Fehlerquellen weitergetragen. Erst mit den 70er Jahren meldete sich zunehmend Kritik an den theoretischen Prämissen amerikanischer Forschungen zur pS, vornehmlich von marxistischer Seite: Sie sei grundsätzlich systemkonform; amerikanische Bedingungen (z.B. die Erfahrung stabiler politischer Institutionen amerikanischer Geschichte) seien für deutsche Verhältnisse nicht gültig. Anlaß für die kritische Auseinandersetzung mit der amerikanischen pSf waren die poltisch-sozialen Verhältnisse der BRD zu Beginn der 70er Jahre: Immer stärker rückte abweichendes Verhalten in den Blick; ein möglicher Wandel des Grundkonsenses (→ Wertewandel), die Bedeutung von → Konflikten und politischer Entfremdung ergaben neue Forschungsperspektiven. Zu der Überlegung „how to make citizen" traten jetzt die Fragen: Wie kommt es zu Wertänderungen bei soziopolitischer Stabilität, wie zu soziopolitischem Wandel bei stabilem Wertesystem? Wie entsteht abweichendes Verhalten?

Im Laufe der 80er und 90er Jahre erfuhr die deutsche Forschungslandschaft im Umkreis der pS einen beachtlichen Aufschwung im Blick auf die „Zahl... und Detailfreudigkeit" (Claußen 1996: 17) solcher Studien. Nur wenige Arbeiten stellen sich allerdings explizit unter das Thema pS. Meist handelt es sich bei den entsprechenden Studien um Einzelbetrachtungen aus eher fachspezifischer Sicht; ein Mangel an integrativer Theorie läßt sich, bis auf wenige Ausnahmen, nicht übersehen. Eine wachsende Randständigkeit des Forschungsfeldes ist die Folge. Einige Autoren versuchen in jüngerer Zeit, dieses Defizit zumindest durch die Vorlage von Sammelwerken zu beheben (Claußen/Geißler 1996; als Überblick über ein Teilthema Kuhn u. a. 2000). Nicht nur in den je nach Land unterschiedlichen Prämissen, sondern vor allem durch ihre Neuorientierung in den 70er Jahren und heutige Randständigkeit zeigt so die pSf ihre Abhängigkeit von politischen Traditionen, aktuellen soziopolitischen Ereignissen und sozialwissenschaftlichem Zeitgeist (vgl. auch u.). PSf ist wie pKf selber Abbild und Ausdruck einer bestimmten pK.

Von der pKf wird die pSf derzeit kaum mehr beachtet. Das gilt sowohl für das Ursprungsland der pK- und pSf USA wie auch für Deutschland. In zahlreichen Studien zur → Transition/Transformation Osteuropas und der → Neuen Bundesländer seit 1990 wird zwar die Frage nach Situations- oder Sozialisationsthese gestellt, aber im allgemeinen recht undifferenziert und jedenfalls nicht im Sinne einer theoretischen oder methodischen Weiterentwicklung des Forschungsfeldes pS. In mehreren Standardwerken zur deutschen pK taucht das Thema pS kaum der Sache nach auf, erst recht nicht als durchgearbeiteter Teilaspekt der pK. Ein Beispiel für fehlende theoretische Schärfe: Wer im Kontext der Transitionsforschung von der sog. Sozialisationsthese spricht, meint damit in der Regel sozialisierende Effekte durch das sozialistische System allgemein und erklärt damit z.B. die, im Vergleich zu den Westdeutschen, höheren Ansprüche der Ostdeutschen an den Sozialstaat (→ Soziale Gerechtigkeit, Soziale Sicherheit, Wohlfahrtsstaat). Durch welche Sozialisationsagenturen und auf welche Weise diese Effekte entstanden sein sollen, wird häufig nicht thematisiert. Über familiale Sozialisation oder über die Sozialisation durch westliche Medien wurden aber unter Umständen ganz andere Inhalte vermittelt als in den staatlich kontrollierten Sozialisationsagenturen Kindergarten und Schule. Da Familie und Medien nach derzeitigem pS-Forschungsstand vermutlich eine stärkere Sozialisationswirkung haben als

Schule, sind nachhaltige Effekte der im engeren Sinn sozialistischen Erziehung eher nicht zu erwarten. Wahrscheinlicher ist eine Vermittlung von Werten und Einstellungen aus der Vor-DDR-Zeit durch die Familie (zumindest für die ersten Jahrzehnte der DDR-Zeit) und/oder von westlichen Werten durch die West-Medien. Die von der pKf in den Raum gestellte Sozialisationsthese bedarf deshalb dringend der Prüfung durch pSf. Entsprechende Forschungsdesigns sind derzeit kaum in Sicht.

Erkenntnisziele/Theorien/Modelle:
Theorien und Modelle zum Prozeß der pS unterscheiden sich - ausgesprochen oder unausgesprochen - nach dem zugrunde liegenden Demokratieverständnis, nach ihrer Anknüpfung an wissenschaftliche Schulen, nach ihren psychologischen oder gesellschaftstheoretischen Grundannahmen. Die folgende Gruppierung vorliegender Theorien und Modelle will diese Prämissen darstellen und ihren Einfluß auf Ergebnisse und Argumentationsmuster der pSf aufzeigen. Die Einteilung folgt zwei Kriterien: den zugrunde liegenden Gesellschaftstheorien, die - zumindest im Blick auf die Studien der 70er Jahre - hier dargestellt werden müssen, obgleich sie derzeit nicht mehr offen thematisiert werden (1.), und psychologischen oder soziologischen Prämissen (2.). Die Theorien stammen fast sämtlich noch aus den 70er Jahren; der folgende Zeitraum ist, wie schon gesagt, eher durch Einzelstudien geprägt als durch die Weiterentwicklung einer geschlossenen Theorie von pS.

1. Gesellschaftstheorien: Die grundsätzliche Unterscheidung zwischen marxistischer und bürgerlicher pSf, die in den Sozialwissenschaften der 70er Jahre nahelag, hat für moderne Studien an Bedeutung verloren; Arbeiten auf dezidiert marxistischer Grundlage haben inzwischen Seltenheitswert. Wo entsprechende Ansätze noch weiterverfolgt werden, z.B. in der Entfremdungs- und Autoritarismusforschung, z. T. auch in der Modernisierungsforschung, bringen sie oft viel Erkenntnisgewinn (vgl. z.B. die Studien von Heitmeyer oder Oesterreich).

Marxistisch orientierte Sozialisationstheoretiker der 60er und 70er Jahre hielten den Begriff *politische* Sozialisation im Grunde für untauglich und irreführend: Eine Abkoppelung der *politischen* Sozialisation vom Prozeß der *allgemeinen* Sozialisation entspreche einer künstlichen Trennung von Staat und Gesellschaft; grundsätzlich sei *jede* Sozialisation politisch relevant. Nach marxistischem Verständnis ist die Entwicklung menschlicher Identität durch soziohistorische Einflüsse bestimmt; untersucht werden deshalb die Voraussetzungen und Prozesse dieser Identitätsbildung innerhalb der kapitalistischen Gesellschaft. PSf erscheint damit häufig als Entfremdungsforschung: Bestimmte Arbeits-, Gesellschafts- und Herrschaftsstrukturen hindern den Menschen an der freien Entfaltung seiner Persönlichkeit und zerstören menschliche Identität. Marxistisch orientierte pSf ist häufig gekoppelt mit Erkenntnissen der Psychoanalyse; nach beiden Theorien können Gesellschaftsstrukturen eine normale Entwicklung kindlicher Identität verhindern.

Bürgerliche pSf: Während die gesellschaftstheoretischen Prämissen des Marxismus durchweg bekannt sind und in den entsprechenden Forschungskontexten meist selber zur Sprache gebracht werden, ist es innerhalb der bürgerlichen pSf durchaus nicht immer üblich, die jeweiligen gesellschaftstheoretischen Grundannahmen offenzulegen. Hier nur ein Beispiel, das die Bedeutung der *strukturell-funktionalistischen Systemtheorie* für die pSf aufzeigen soll (ohne daß diese Grundannahme in der Regel thematisiert wird): Das bisher komplizierteste Modell zur pS haben Easton und Dennis (1969) vorgelegt (von „Theorie" sprechen sie absichtlich nicht). In der Tradition strukturell-funktionalistischer Systemtheorie untersuchen sie Steuerungsprozesse in politischen Systemen. Ausgangspunkt ihrer Überlegungen ist das politische System, welches für seine Stabilität Unterstützung (support) durch seine Bürger benötige. Ohne diese Unterstützung gerate das System in eine Krise (stress). In Easton/Dennis' Modell ist pS eine Systemfunktion, die Legitimität erzeugen und damit das System vor Gefährdung bewahren soll. Das System müsse durch pS kontinuierlich Konsens herstellen. Durch laufende Beobachtung der Bevölkerung, etwa durch → Demoskopie, setze es sich in die Lage, auf abweichendes Verhalten im Sinne einer Systemstabilisierung zu reagieren. Systemtheoretische pSf interessiert sich also weniger für das Individuum des pS-Prozesses und seine Bedürfnisse als für die Bedingungen und Möglichkeiten, pS-Prozesse zu beeinflussen und zu steuern, um Legitimität und Stabilität des Systems zu erhalten oder zu erzeugen.

2. *Psychologische und soziologische Prämissen*: *Die Trait-Psychologie* geht davon aus, daß jeder Mensch bestimmte relativ stabile, angeborene oder erworbene Persönlichkeitsmerkmale (traits) aufweise. Dem trait-Ansatz folgende pS-Forscher unterstellen 1. die Unveränderbarkeit solcher Persönlichkeitszüge, 2. den direkten Einfluß von traits auf politisches Bewußtsein und politisches Verhalten (so korrelieren z.B. Autoritarismusforscher gewöhnlich Ängstlichkeit oder Abhängigkeit mit politischen Denkmustern wie Dogmatismus etc.).

Die *psychoanalytische Sozialisationstheorie* nimmt an, daß entscheidende traits in der frühen Kindheit erworben werden. Auf psychoanalytischer Theorie basierende pSf interessiert sich deshalb für die Sozialisationsagentur → Familie und ihren Einfluß auf den Sozialisationsprozeß. Die Mehrheit der frühen amerikanischen Studien folgte psychoanalytischen Prämissen (ein klassisches Beispiel ist Greensteins Children and Politics, 1965). Erkenntnisse der Psychoanalyse lassen sich gleichermaßen mit marxistischer pSf verknüpfen wie mit systemtheoretischen Modellen. Sie haben die pSf entscheidend geprägt. Ein Resultat ist die wenig ergiebige Unterscheidung zwischen manifester/direkter/bewußter und latenter/indirekter/unbewußter pS. Aus der Annahme besonders prägbarer und prägender Jahre der frühen Kindheit stammt die bis heute wohl einflußreichste Hypothese der pSf: die sog *Kristallisationsthese:* Zum einen seien früh erworbene traits weniger veränderbar als später erworbene (Primat der frühkindlichen Sozialisation), und zum anderen bestimmten zuvor erworbene traits den Erwerb neuer traits (Strukturierungsprinzip). Der Kristallisationsthese und ihrer jahrzehntelang unangezweifelten Gültigkeit ist zuzuschreiben, daß heute eine Fülle von Einzelstudien zur pS in der Kindheit und frühen Jugend vorliegen, andere Lebensphasen und andere Sozialisationseinflüsse als Familie und Schule aber in der Forschung, bis auf wenige Ausnahmen (z.B. Boehnke 2000, Meulemann/Birkelbach 2001), vernachlässigt blieben. Änderungen dieser langjährigen Praxis zeichnen sich gegenwärtig vor allem auf dem Forschungsfeld → pS durch Massenmedien ab. Auch die pKf arbeitete lange Zeit auf der Grundlage der Kristallisationsthese, meist unausgesprochen und sicherlich oft ohne Kenntnis der wissenschaftlichen Zweifel an dieser These.

Lerntheoretische Ansätze folgen der Grundannahme, fertige Verhaltensschemata gebe es nicht: Ein Individuum *lerne* bestimmte Verhaltensstrukturen, d.h. es baue durch *Erfahrungen* (Verstärkung oder Imitation) Verhaltensstrukturen auf, die durch länger anhaltende neue Erfahrungen *veränderbar* seien. In die pSf haben Lerntheorien bis heute nur selten Eingang gefunden. Dabei könnten sie wichtige Denkanstöße geben: Lerntheoretische Ansätze liefern Erklärungen für *lebenslanges Lernen* und damit für die Veränderbarkeit von Verhalten *in jeder Lebensphase*; gleichzeitig betonen sie die Bedeutung von Prozessen der *aktiven Auseinandersetzung* zwischen Individuum und Umwelt. Die pSf hätte sich auf der Grundlage lerntheoretischer Denkansätze stärker als bisher mit Sozialisationsinstanzen und -einflüssen zu beschäftigen, die später als Familie und Schule bestimmend werden; gleichzeitig müßten sämtliche aktuelle politische und soziokulturelle Bedingungen der menschlichen Umwelt in den Blick genommen werden (den Vorschlag so weitgespannter Untersuchungsaspekte in der pSf machen u. a. Claußen/Geißler 1996, Greiffenhagen/Greiffenhagen 1993).

Entwicklungspsychologische/kognitivistische Ansätze in der pSf folgen der Prämisse, es gebe bestimmte universale und irreversible Gesetzmäßigkeiten menschlicher Entwicklung. Jeder Mensch durchlaufe mehrere Stufen kognitiver und moralischer Entwicklung (Piaget); die je spätere zeichne sich durch zunehmende Rationalität der Bewußtseinsstrukturen und durch wachsende Autonomie (Unabhängigkeit von Normen und Erwartungen) des moralisch-sozialen Bewußtseins aus (Kohlberg). Dieser Entwicklungsprozeß würde lebenslanges Lernen erfordern. Eine besonders wichtige Stufe vermutet man in der Adoleszenz. Für die pSf und für die Erforschung der pK ist der entwicklungspsychologische/kognitivistische Ansatz deswegen reizvoll, weil sich verschiedene Moralstufen, die Individuen, Gruppen und ganze Gesellschaften erreichen, mit bestimmten politischen Denk- und Verhaltensstrukturen korrelieren ließen: Durch soziokulturelle Bedingungen könnte der „normale“ Entwicklungsprozeß unterbrochen werden oder ganz zum Stillstand kommen, und ganze Gesellschaften könnten unter bestimmten Umständen auf einer unteren Moralebene steckenbleiben.

Rollentheoretische/interaktionistische Ansätze innerhalb der pSf gehen von der Grundannahme aus, individuelles Verhalten richte sich an der Reaktion (also dem Verhalten) von Partnern aus. Wenn immer diese Reaktion für das eigene Verhalten mit- und vorausbedacht sei, übernehme das Individuum eine *Rolle*. Da stets verschiedene Partner auftreten, übernehme und erlerne das Individuum zahlreiche

Rollen und entwickle so verschiedene Instanzen innerhalb seiner Persönlichkeit, die zu einem einheitlichen „self" integriert werden müßten (Mead). Dies sei nur möglich, wenn Verhalten und Verhaltenserwartungen des Partners insofern berechenbar seien, als sie denselben Spielregeln, Normen und Werten entsprächen, dem „generalized other". Mit der Übernahme immer neuer Rollen orientiere sich das Individuum an immer universalistischeren „generalized others". Rollentheoretischen/interaktionistischen Ansätzen folgend, bedeutet pS den Erwerb der Fähigkeit zum flexiblen Rollenlernen und zur Ausbildung eines einheitlichen „political self" (Dawson/Prewitt). Der Prozeß der pS wird als Reifungsprozeß verstanden, in dem sich in einem stufenförmigen System das Individuum in immer universalere Systeme integriere. Das Individuum erreiche dabei eine relative Autonomie im Umgang mit Normen und Erwartungen und könne sich von gesellschaftlichen Zwängen in Grenzen auch befreien (Habermas). Daß sich Rollen- und Interaktionstheorien ohne weiteres mit entwicklungspsychologischen und psychoanalytischen Theorien sowie Gesellschaftstheorien verschiedenster Art verbinden lassen, liegt auf der Hand.

pS als Übertragung: Die meisten der hier vorgestellten Theorieansätze verstehen pS als *Übertragung* von Werten und Normen auf das Sozialisationssubjekt. Sie sind anpassungsmechanistisch insofern, als sie vermuten, politisches Denken und Verhalten näherten sich im Laufe des pS-Prozesses asymptotisch einem „Normalmaß" an; abweichende pS-Verläufe gelten als deviant. Den Erfolg des pS-Prozesses mißt man meist am Grad der Verinnerlichung herrschender Werte und Normen (z.B. am Grad der Übereinstimmung zwischen Eltern und Kindern). Mögliche Rückkoppelungseffekte (also die gegenseitige Beeinflussung) zwischen Sozialisationssubjekt und Sozialisationsagent werden heute zwar, anders als früher, theoretisch für selbstverständlich gehalten, in der Untersuchungspraxis aber noch immer häufig vernachlässigt.

Generationentheoretische pSf: Zuletzt sollen theoretische Überlegungen zur pS vorgestellt werden, die viele der o.g. Ansätze integrieren und zugleich → politische Traditionen und aktuelle soziale Bedingungen in den Blick rücken können: generationentheoretische Ansätze in der pSf. → Generationen sind Alterskohorten, deren Bewußtseins- und Verhaltensstrukturen in einer bestimmten Lebensphase durch bestimmte soziale bzw. historische Ereignisse geprägt wurden. Man nimmt an, daß Generationen über relativ gleichgerichtete und stabile Einstellungen und Gundüberzeugungen verfügen. Auch hier werden (wie bei der Kristallisationsthese) also besonders prägbare und prägende Lebensphasen angenommen, nur daß solche Zeitspannen nicht in der frühen Kindheit, sondern in der Adoleszenz liegen. Besonders markante politische/historische Ereignisse würden bei den etwa 17-25jährigen eine neue Generation bilden, mit eigenem kollektivem Gedächtnis (→ Geschichtsbewußtsein) und eigenen generationsspezifischen Werten und Überzeugungen. Von Generationen spricht man also auch dann, wenn in Zeiten raschen sozialen Wandels alle vier bis fünf Jahre Alterskohorten mit deutlich unterschiedenen Einstellungen und Werthaltungen auftauchen. PS meint hier nicht (wie in den meisten anderen Theorien) Übertragung politischer Werte und Normen im Sinne einer asymptotischen Annäherung an ein normales Niveau, sondern pS führe je nach generationstypischem Erleben zu durchaus unterschiedlichen Ergebnissen. Für die Erforschung der pK ist dieser Zugang ergiebig, weil politische Tradition und aktuelle politische Umweltbedingungen als Forschungsgegenstände aufgenommen werden müssen (z.B. Greiffenhagen 1997: 58).

Zusammenfassung Erkenntnisziele/Theorien/Modelle:
Die vielfältigen Kombinationsmöglichkeiten aus den beispielhaft genannten Theorieansätzen sowie anderen, eher unorthodoxen und synkretistischen Grundüberlegungen können nicht darüber hinwegtäuschen, daß es bis heute zwar eine Fülle von theoretischen Zugängen, nicht aber eine überzeugende Theorie von pS gibt. Das liegt zum einen daran, daß verschiedene Wissenschaften mit je eigenen Begriffen und Grundprämissen an der Erforschung der pS beteiligt sind (pSf wird deshalb sehr viel stärker interdisziplinär-integrativen Charakter annehmen müssen). Das liegt zum anderen aber auch an einer gewissen Theoriemüdigkeit in der jüngeren Forschung, verbunden mit einer dramatischen Expansion der methodischen Ansprüche: Mit immer subtileren Forschungsmethoden werden immer partikularere Themen ohne Anspruch auf Weiterentwicklung einer Gesamttheorie von pS untersucht. Ein dritter Grund für die wachsende Randständigkeit der pSf liegt in der großen Enttäuschung über die „mageren Resultate“ (Steinkamp); ein vierter resultiert aus der Tatsache, daß dem Thema nachhaltiger Sozialisation in Zeiten von → Individualisierungs- und „Wertmoden“-Thesen ohnehin zunehmend weniger Bedeutung zugemessen wird. Der heutige Stand der pSf ist deshalb, gemessen an ihrer potentiellen Bedeutung, enttäuschend. PSf bringt die pKf derzeit nicht entscheidend voran; sie hält nicht einmal mit der letzteren Schritt. Dabei hielte die deutsche Vereinigung ein riesiges Analysepotential nicht nur für die pKf in Deutschland bereit, sondern auch für die Überprüfung und Weiterentwicklung der vor 30 Jahren entstandenen pS-Theorien.

Methoden:
Voraussetzung für methodische Überlegungen ist eine schlüssige Theorie. Das Theorie-Defizit innerhalb der pSf hat (das kritisierte Görlitz schon in den 70er Jahren) zum methodischen „muddling through“ geführt: Methodisch saubere Vorstudien ersetzen keine Hypothesen (auf grundsätzliche Einwände und Bedenken gegenüber den in der pSf verwendeten Methoden des Behavioralismus, Fragebogenerstellung, Interviewtechniken etc. muß hier verzichtet werden). Die pSf hat bis heute v.a. mit *Querschnittsdaten* gearbeitet: Mit dem Ziel, Erkenntnisse über den pS-Prozeß zu gewinnen, werden verschiedene Altersgruppen verglichen (*Quasi-Longitudinalstudien)*. Solche Vergleiche lassen schlüssige Aussagen aber nicht zu, sondern sind stets in dreifacher Weise interpretierbar: Bei Querschnittsdaten ist völlig offen,

ob es sich hinsichtlich Stabilität oder Veränderung politischer Einstellungen von Alterskohorte zu Alterskohorte 1. um einen *Lebenszykluseffekt* handelt (mit zunehmendem Alter verändern sich bei *allen* Menschen politische Einstellungen in ähnlicher Richtung) oder 2. um einen *Generationeneffekt* (verschiedene Altersgruppen haben je gleichgerichtete stabile Werte und Überzeugungen) oder 3. um einen *Zeitgeisteffekt*, eine gewisse Gleichgerichtetheit allgemeiner gesellschaftlicher Tendenzen.

Auf solchen Altersgruppenvergleichen, die unzulässigerweise als Längsschnittdaten interpretiert wurden, basieren die meisten Resultate herkömmlicher pSf, u.a. auch die Kristallisationsthese. Aussagen über den pS-Prozeß, also über die Entwicklung politischer Bewußtseins- und Verhaltensstrukturen im Laufe einer oder mehrerer Lebensphasen, lassen sich nur durch langfristige Beobachtung ein und derselben Gruppe machen, also durch echte *Longitudinalstudien*. Longitudinalstudien haben aber auch Schwächen: Ihre Ergebnisse gelten nur für die eine beobachtete Gruppe. Erst der Vergleich von Längsschnittdaten mehrerer Kohorten liefert verallgemeinerungsfähige Daten; Longitudinalstudien sind deshalb höchst aufwendig. Außerdem sind Interaktionsprozesse und Rückkoppelungseffekte zwischen Sozialisationssubjekt und -agent ebenso wie in Quasi-Longitudinalstudien praktisch nicht meßbar. Zu einzelnen Aspekten verfügt die pSf mittlerweile gleichwohl über Ergebnisse aus langjährigen Longitudinalstudien, deren Erkenntnisgewinn hoch ist (z.B. Boehnke u. a. 2000, Meulemann/Birkelbach 2001). Als Ergänzung quantitativer Analysemethoden empfehlen sich in der pSf fast immer auch qualitative Verfahren wie Fallstudien, Gespräche, narrative Interviews, teilnehmende Beobachtung. Solche Methoden scheinen vor allem zur Erfassung von affektiven Prozessen und Vorgängen geeignet, z.B. des sozialen Klimas in Klassenzimmer oder Dorfkneipe.

Ergebnisse/offene Fragen:
Heute liegen zwar eine Reihe von Einzelergebnissen zur pSf vor, doch von Hymans Erklärungs-Kette des pS-Prozesses (pK - Sozialisationsagenturen - Alter - Lernen - Einstellungen - Verhalten - pK, s.o.), die einmal Ausgangspunkt empirisch fundierter pSf war, sind die meisten Glieder auch nach 40jähriger pSf-Geschichte ungeklärt. Mehrere dieser Glieder betreffen dabei nicht lediglich die pSf, sondern auch die pKf. Bei einigen der im folgenden aufgelisteten Fragen läßt sich zumindest eine Annäherung an künftige Antworten verzeichnen. Zu prüfen bleibt u.a. weiterhin,

- ob Persönlichkeitszüge überhaupt mit der Ausbildung von politischen Einstellungen und Werthaltungen zusammenhängen (schließlich gibt es in funktionierenden Demokratien durchaus autoritäre Familien-, Schul- oder Unternehmensstrukturen, und bekanntlich war der Weimarer Sozial-Demokrat ein eher autoritärer Persönlichkeitstyp),

- wie (und ob überhaupt) in der Kindheit entstandene Persönlichkeitszüge den Erwerb von späteren politischen Grundüberzeugungen beeinflussen,
- wie (und ob überhaupt) politische Einstellungen und Werthaltungen politisches Verhalten bestimmen,
- wie sich politische Einstellungen und politisches Verhalten auf das politische System auswirken,
- wie Entfremdungs- und Anomiephänomene, systemkritische Impulse und Innovationen entstehen,
- welchen Einfluß in Zeiten hoher gesellschaftlicher Differenzierung *konkurrierende* Sozialisationsagenturen nehmen können (ein Forschungsfeld, das im Zeichen der Pluralisierung und Modernisierung immer größere Bedeutung erhält), und welche Wechselwirkungen zwischen ihnen bestehen (so ist es z.B. kaum möglich, Familie, Schule, peer group und Medien in ihren Wirkungen getrennt voneinander zu untersuchen. Im übrigen sind natürlich überhaupt keine verallgemeinerbare Aussagen über pS-Einflüsse in *der* Familie oder Schule möglich, da pS-Agenturen immer nur in die pK einer Teilgruppe einführen),
- welche weiteren Sozialisationsinstanzen und -einflüsse in ihrer Wirkung auf pS-Prozesse untersucht werden müssen.

Auffällig ist, daß mit dem gesellschaftlichen Wandlungsprozeß der vergangenen zehn/zwanzig Jahre einerseits wichtige neue Themen aufgetaucht sind (wie die geschlechtsspezifische pS oder das Thema pS in der Risikogesellschaft), andererseits andere - sicher nicht minder zentrale - Aspekte der pSf verschwanden. Zu den in jüngerer Zeit kaum mehr aufgegriffenen Themen gehört z.B. die Bedeutung der religiösen Sozialisation für die pS (obgleich es zahlreiche Hinweise auf Nachhaltigkeit gibt; → Religiosität)), vor allem aber der Zusammenhang zwischen pS und → sozialer Schicht/sozialer Ungleichheit. Alle einschlägigen Studien zum Thema pS und soziale Schicht stammen noch aus den 60er und 70er Jahren; jüngere Studien liegen kaum vor. Dabei gibt es offensichtliche Korrelationen zwischen sozialer Situation und pS, und es zeigt sich, daß ungeachtet aller Individualisierungstendenzen der Kategorie soziale Schicht nach wie große Einflußkraft auf die pS zukommt (v.a. Claußen/Geißler 1996: mehrere Beiträge; Steinkamp in diesem Handwörterbuch). Die pSf zeigt hier ihre deutliche Abhängigkeit von einem sozialwissenschaftlichen Zeitgeist, der in den 80er und frühen 90er Jahren → soziale Ungleichheit weitgehend negierte. Die Forschung wird sich dem Thema wieder zuwenden müssen: Die Frage nach dem Zusammenhang zwischen der sozialen Situation von Individuen oder Gruppen und ihrem demokratischen Potential (→ Bildung, Demokratische Persönlichkeit, Sozialkapital/Soziales Vertrauen) in der „Zivilen Gesellschaft" trifft nämlich ins Zentrum demokratischer Identität.

Gegenwärtig mehren sich Anzeichen dafür, daß eine zunehmende soziale und räumliche Segregation der deutschen Gesellschaft (vgl. u.a. die Forschungsarbeiten von Dangschat und Hanesch) noch verstärkt wird durch eine politische Segregation (d.h. mangelnde Partizipationsfähigkeit und/oder -bereitschaft bei den entsprechenden Bevölkerungsgruppen; z.B. Mielke 2001, Greiffenhagen/Neller 2001). PSf könnte, wenn sie dieses Thema aufgreift, noch einmal neue Bedeutung erlangen.

Praktische Anwendbarkeit der pSf: Resultate der pSf sind gegenwärtig nur unter Vorbehalt für die Praxis zu brauchen. Zumal die von der politischen Bildung gestellten Fragen, die in der BRD ursprünglich pSf initiiert hatten, sind nicht beantwortet worden: Weder ist geklärt, wie man demokratische Bürger erzieht, noch, welcher Zusammenhang zwischen Stabilität und politischem Wandel besteht. Brücken zwischen pSf und der politischen Bildung in Forschung und Praxis sind selten.

Sylvia Greiffenhagen

Literatur:

Boehnke, Klaus u. a. 2000: Die Kinder der Friedensbewegung: Lebenswege in die Politikverdrossenheit?, in: Kuhn, Hans-Peter u. a. (Hrsg.): Sozialisation zur Mitbürgerlichkeit, Opladen, S. 113-131.

Claußen, Berhard/Geißler, Rainer (Hrsg.) 1996: Die Politisierung des Menschen. Instanzen der politischen Sozialisation. Ein Handbuch, Opladen.

Dawson, Richard E./Prewitt, Kenneth 1969: Political Socialization. An Analytic Study, Boston.

Easton, David/Dennis, Jack 1969: Children in the Political System. Origins of Political Legitimacy, New York.

Görlitz, Axel 1977: Politische Sozialisationsforschung, Stuttgart.

Greiffenhagen, Martin/Greiffenhagen, Sylvia 1993: Ein schwieriges Vaterland. Zur poltischen Kultur im vereinigten Deutschland, München.

Greiffenhagen, Sylvia/Neller, Katja 2001: Esslingen 2030. Bürger sein heute- Bürger sein 2030. (Prämierter) Beitrag zum Ideenwettbewerb „Stadt 2030" des Bundesministeriums für Bildung und Forschung (in Kooperation mit Wolfgang Schwinge und Rotraut Weeber; unveröffentlicht).

Hyman, Herbert H. 1959: Political Socialization. A Study in the Psychology of Political Behavior, New York.

Hurrelmann, Klaus/Ulich Dieter (Hrsg.) 1980/1991/1998: (Neues) Handbuch der Sozialisationsforschung, Weinheim/Basel.

Kuhn, Hans-Peter u. a. (Hrsg.) 2000: Sozialisation zur Mitbürgerlichkeit, Opladen.

Kulke, Christine 1998: Politische Sozialisation und Geschlechterdifferenz, in: Handbuch der Sozialisationsforschung, Weinheim/Basel, 5. neu ausgestatt. Aufl., S. 595-614.

Meulemann, Heiner/Birkelbach, Klaus 2001: Biographische Erfahrungen und politische Einstellungen zwischen Jugend und Lebensmitte. Die Entwicklung von Wertansprüchen an die Politik bei ehemaligen Gymnasiasten im 16., 30. und 43. Lebensjahr zwischen 1969-1997, in: PVS 42, S. 30-50.

Zängle, Michael 1978: Einführung in die politische Sozialisationsforschung, Paderborn.

Politische Sozialisation: Beruf

→ Arbeit, Arbeitslosigkeit, Eliten, Gewerkschaften, Globalisierung, Identität, Politikverdrossenheit, Politische Bildung, Politische Sozialisation, Politische Sozialisation: Familie/Modernisierung/Soziale Schicht, Politische Unterstützung, Soziale Gerechtigkeit, Soziale Marktwirtschaft, Soziale Sicherheit.

Problemstellung:
→ Identität bildet sich auch im Prozeß und durch die Qualität der → Arbeit. In Industriegesellschaften ist sie als Kern der staatsbürgerlichen Persönlichkeit mitgeprägt durch die Spezifika der Erwerbstätigkeit im Rahmen herrschender Ökonomie. Orte der Vorbereitung, Ausübung und Modifikation des Berufslebens (Beruf = B.) sind zentrale Instanzen der pS und liefern als objektive Tatbestände der pK wichtige subjektive Elemente. Für die Beschaffenheit der pS durch b.-bezogene Lernerfahrungen sind für Industriegesellschaften zumal bei → Globalisierung schlechthin geltende Existenzmerkmale sowie historischem Wandel unterliegende nationale Besonderheiten der Wirtschaftsweise und deren Verknüpfung mit den Ausprägungen der Politik maßgeblich. So gibt es Austauschprozesse zwischen der b.-bedingten und der sonstigen pS durch andere Instanzen.

Forschungstraditionen:
Die Ergründung der Bedeutung des B.-Lebens für die Politisierung der Menschen wurde spät in die pSf aufgenommen. Denn zunächst standen generelle Fragen der Entstehung von Systemloyalität ohne Beachtung verschiedener Lebensbereiche und ihrer Folgen für politikbezogenes Lernen im Vordergrund. Seit der Blicklenkung auf Akkumulationsvorgänge und Widersprüche im Prozeß der pS mit der darin u.a. sichtbar werdenden Interdependenz verschiedener Prägekräfte des Alltagslebens sowie auf die ursächlichen Variablen, Mechanismen und Strukturen im Lernprozeß mehr als auf die bloßen Ergebnisse der pS wurden Studien zum Gesellschaftsbild, zum Autoritarismus- oder Demokratieprofil der Industriearbeiterschaft im besonderen sowie zur inhaltlichen Palette der politischen Einstellungen, Gefühlsmuster und Verhaltensweisen der B.-Bevölkerung im allgemeinen nötig.

Betriebswirtschaftlich orientierte Betrachtungen konzentrieren sich auf die Auslotung der pS im B. unter Gesichtspunkten der Vermeidung von Störgrößen (wie arbeitsplatzbedingte Systemunzufriedenheit, Motivationsunlust und Ablenkung durch außerbetriebliche Aktivitäten) für die Arbeitsabläufe, der Möglichkeiten zur Produktivitätssteigerung (etwa vermittels des Ausbaus innerbetrieblicher Partizipation als Teil der B.-Ausübung) sowie der Stärkung einzelunternehmerisch und gesamtwirtschaftlich relevanter Identitätsbildung und Interessenvertretung (z.B. durch Bindung an Unternehmensphilosophien und an leitende Prinzipien der Wirtschaftsordnung mit ihrer Repräsentanz im politischen System; → Soziale Marktwirtschaft).

Gewerkschaftsinteressen (→ Gewerkschaften) determinieren Forschungsarbeiten, die nach Klassenbewußtsein und schichtspezifischen Varianzen in den politischen Orientierungen der Arbeiterschaft und bei Angestellten verschiedener B.-Richtungen, latenten und manifesten Bereitschaften zur Interessenorganisation, zur Mitgliedschaft in B.-Vereinigungen oder Mitbestimmungsorganen der Wirtschaft und zur politischen Aktion bei Lohnabhängigen sowie den Potenzen des → politischen Bewußtseins verschiedener B.-Gruppen für die Teilhabe an sozio-ökonomischer und politisch-kultureller Herrschaft (besonders im Hinblick auf Solidarität, Gerechtigkeit oder Unterstützung einer der arbeitenden Bevölkerung und dem Allgemeinwohl dienenden Handhabung von Willensbildung und Entscheidungsfindung sowie auf Unterstützung von Kampfmaßnahmen für Reformen zwecks politischer Bewältigung gesellschaftlicher Probleme) fragen.

Politikwissenschaftlich oder an Bedarfen der praktischen Alltagspolitik selbst orientiert sind Untersuchungen, die das Vertrauen in politische Institutionen, die Akzeptanz von Mandatsträgern, Programmen und Wirkungen der parlamentarischen Arbeit sowie Verfestigungen oder Erosionen der Systemloyalität (→ Politische Unterstützung) ergründen. Verwendet werden vorwiegend klassische empirische Sozialforschung zur Messung von Einstellungs- und Verhaltensmustern, seltener qualitative Verfahren, die den Betroffenen aufklärerische Einsichten in ihre eigene Lernbiographie der pS ermöglichen.

Ergebnisse:
Besondere Beachtung finden die Generation der Heranwachsenden und neuerdings Geschlechterdifferenzen sowie die innerdeutschen Entwicklungen im Ost-West-Vergleich. Insgesamt zeigt sich ungeachtet abweichender und vertiefender Detailerkenntnisse, daß von einem gemeinschaftlichen und inhaltlich konsistenten Bewußtsein in der Klasse der Industriearbeiter wohl nie oder nur in Umrissen für einen kurzen Zeitabschnitt gesprochen werden konnte. Differenzierung der Arbeitsvollzüge, Integration der Massen und ihrer Organisationen in die bürgerlich-kapitalistische Ordnung von Politik, Wirtschaft und Gesellschaft sowie systemfreundliche Ideologien der Kulturindustrie auch im Sozialismus ließen eine Fragmentierung des individuellen und des kollektiven politischen Bewußtseins in der B.-Bevölkerung entstehen. So finden sich bei Wirtschaftsführern wie bei der Mehrzahl der Arbeitskräfte eher Tendenzen der Anpassung und des Mitläufertums als Protest- und Innovationspotentiale. Sie waren nicht nur im Vorfeld und während der faschistischen Ära oder während des autoritären Staatssozialismus gefährlich, sondern sind bedenklich auch zu Zeiten einer funktionstüchtigen parlamentarischen Demokratie. Denn sie überlassen öffentliche Angelegenheiten abseits äußerlich bleibender Zustimmung → Eliten, deren Entscheidungen aber ohne Mitwirkung der Betroffenen an Rationalität einbüßen.

Bei Wirtschaftskrisen und → Arbeitslosigkeit (→ Soziale Sicherheit) besteht die Gefahr einer Ausbreitung von un- oder antidemokratischen Haltungen sowie von Staats- und → Politikverdrossenheit. Wiewohl daran mehrere Instanzen der pS beteiligt sind, kann doch durch Vorbereitung, Ausübung und Veränderung der B.-Rolle dem wirksam begegnet werden. Das gilt vor allem bei dem Vorhandensein einer effizienten innerbetrieblichen Mitbestimmung, der Ermöglichung einer Aufarbeitung von b.-bezogenen Lernerfahrungen durch unabhängige → politische Bildung, der frühzeitigen Verknüpfung von beruflicher Qualifikation mit der Einübung in soziale, politische und ökologische Verantwortung sowie einer angemessenen Repräsentanz aller B.-Gruppen in den Entscheidungsorganen auf allen Ebenen des Staates.

Ausblick/ offene Fragen:
Nicht nur die Bewahrung und Ausdehnung entsprechender Infrastrukturen wird künftig die pS im B. tangieren. Wesentlich ist es, ob eine Zurückdrängung rein ökonomistischer Zwecksetzungen der Betriebs- und Volkswirtschaften zugunsten der Verantwortung für öffentliche Belange der Sicherung eines würdevollen (Über-)Lebens gelingt. Demokratisches Bewußtsein und Handeln werden ohne Teilhabe am Erwerbsleben, → soziale Gerechtigkeit am Arbeitsplatz, Integration der Geschlechter und Angehöriger verschiedener Ethnien in das B.-Leben sowie eine materiell gesicherte Freistellung der Arbeitnehmenden für die Mitwirkung in konventionellen und unkonventionellen politischen Einrichtungen nicht zu erwarten sein. Ohne solche Faktoren werden die Prosperität der Wirtschaft und die dringende Reform ihrer Ordnung zugunsten einer befriedigenden Bewältigung von ökologischen Herausforderungen, Selbstentfaltungsansprüchen und Bevölkerungszunahme nicht zu gewährleisten sein.

Unbeschadet des Erfordernisses der Wirtschaftlichkeit von Produktionsprozessen und Dienstleistungen und einer darum nötigen Erneuerung des Generationenvertrages für sozialstaatliche Belange ist es unerläßlich, daß auch im B.-Leben Kompetenzen für eine aktive Staatsbürgerlichkeit gefördert werden, die dem Allgemeinwohl nützen. Dafür ist es bedeutsam, ob und wie es gelingt, unterschiedliche Systemerfahrungen ost- und westdeutscher sowie im Ausland tätiger Arbeitnehmender zu integrieren, Entfremdungen vorzubeugen, vielfältige B.-Gruppen und das Verhältnis zwischen Führungskadern und Routineausführenden zu koordinieren, verbliebene Mengen der Erwerbsarbeit umzuverteilen sowie professionelle und ehrenamtliche Bürgerarbeit als Dienst am Gemeinwesen aufzuwerten. Die Forschung muß entscheiden, ob sie Moment- und Befindlichkeitsaufnahmen zur pS im B. machen oder an der Entdeckung innovationsförderlicher Voraussetzungen, Bedingungen und Erfolge veränderter Umstände der pS im B. sich beteiligen will.

Bernhard Claußen

Literatur:

Claußen, Bernhard 1996: Politisches Lernen am beruflichen Arbeitsplatz zwischen Broterwerb und kollegialer Solidargemeinschaft, in: Claußen, Bernhard/Geißler, Rainer (Hrsg.): Die Politisierung des Menschen. Instanzen der politischen Sozialisation, Opladen, S. 113-147.

Dörre, Klaus/Baethge, Martin/Grimm, Andrea/Pellul, Wolfgang 1994: Jugendliche Angestellte. Selbstbehauptung gegen Solidarität?, Opladen.

Faulstich-Wieland, Hannelore 1976: Politische Sozialisation in der Berufsschule. Ein Beitrag zur Rolle des Berufsschullehrers bei der Vermittlung gesellschaftlichen Bewußtseins, Weinheim/Basel.

Feist, Ursula 1989: Wandel der Industriegesellschaft und Arbeitnehmerbewußtsein. Untersuchungen in ausgewählten Wirtschaftszweigen Nordrhein-Westfalens, Frankfurt a.M./New York.

Jung, Eberhard 1993: Politische Bildung in Arbeit und Beruf. Die Gestaltung von Arbeits- und Lebenssituationen, Frankfurt a.M.

Politische Sozialisation: Familie

→ Autoritarismus, DDR, Demokratische Persönlichkeit, Extremismus, Familie, Gewalt/Politische Gewalt, Kindheit/Jugend, Massenmedien, Minderheiten/Randgruppen, Parteiidentifikation, Politische Sozialisation, Politische Sozialisation: Beruf/Gleichaltrigengruppe/Massenmedien/Modernisierung/Schule/Soziale Schicht, Politische Unterstützung.

Problemstellung:

Das weitgespannte Thema dieses Beitrags soll auf „latente" pS-Prozesse in der → Familie (F.), vor allem in der Lebensphase der → Kindheit, eingegrenzt werden. Diese Fokussierung auf die Genese eher „nicht-politischer" (Greenstein 1965) oder „vor-politischer" (Hopf/Hopf 1997) Orientierungen und Dispositionen erfolgt zum einen deswegen, weil ihnen erhebliche Erklärungskraft für politisches Handeln in späteren Phasen des Lebenslaufs zugesprochen wird; zum anderen deshalb, weil f.-bezogene „manifeste" pSf häufig auf solche Aspekte wie die Entwicklung von Loyalität gegenüber dem politischen System (→ Politische Unterstützung) und seinen Repräsentanten, Parteipräferenzen, Identifikation mit nationalen Symbolen etc. ausgerichtet ist, die im Vergleich zu der hier zur Diskussion stehenden Grundlegung politischer Handlungsfähigkeit und -bereitschaft von eher randständiger Bedeutung sind.

Forschungsgeschichte/Ergebnisse:

Das Thema „latente pS in der F." erfährt seine erste, auch heute noch grundlegende theoretische Fundierung und empirische Durchdringung durch Mitglieder des Frankfurter Instituts für Sozialforschung. Den theoretischen Vorarbeiten von

Fromm, Horkheimer, Marcuse u. a. aus den 30er Jahren folgten quantitative und - zu wenig beachtet - qualitative empirische Analysen zur Genese der autoritären Persönlichkeit (z.B. Adorno 1995), die als „sozialisationstheoretische Pionierarbeit" (Hopf/Hopf 1997: 23) eingestuft werden können. In ihnen wird der Nachweis der eminent politischen Bedeutung spezifischer „unpolitischer" Kindheitserfahrungen im Kontext der → F. zu erbringen versucht. Im Mittelpunkt des Interesses dieser Forschungen steht die Genese des „potentiell faschistische(n) Individuum(s)...., dessen Struktur es besonders empfänglich für anti-demokratische Propaganda macht" (Adorno 1995: 3). Es kennzeichnet eine „strukturelle Einheit", die durch Merkmale wie „Konventionalismus, autoritäre Unterwürfigkeit und Aggressivität, Neigung zu Projektion, zu Manipulation und dergleichen" (ebd. 312) bestimmt und als „Produkt der frühen Lebensbedingungen" (ebd. 8) interpretiert wird. Dabei wird die Annahme vertreten, daß diese Struktur, wenn auch modifizierbar, „gegen tiefgreifende Veränderungen häufig sehr resistent" sei (ebd. 8).

Die Autoren der „Studies in prejudice" sehen die Herausbildung verschiedener Einstellungstypen gegenüber der Autorität „in engstem Zusammenhang mit den angewandten Erziehungsmethoden", d.h. „wie die Eltern als erste Autorität für das heranwachsende Kind die Frage der Disziplin und des Gehorsams meistern" (Adorno, Bettelheim, Frenkel-Brunswik u. a. 1968: 279). Sie unterscheiden zwischen einer „drohenden, traumatischen und überwältigenden Disziplin" und einer „assimilierbaren, die das Ich nicht brechen will" (ebd. 280). Die erste Disziplinierungstechnik zwingt das Kind durch Furcht zur Unterwerfung seines Ichs und verhindert so dessen Ausbildung und Entwicklung. Die zweite Disziplinierungsstrategie fördert die Entwicklung des Ichs und eines verinnerlichten Über-Ichs, eine Voraussetzung dafür, daß nicht externer Druck und Kontrolle, sondern verinnerlichte, aber der Reflexion zugängliche Normen das Handeln steuern.

In den Untersuchungen der Frankfurter Schule werden bereits die meisten Fragestellungen behandelt, die die Diskussion um die latente pS in der F. bis heute bestimmen. Eine Weiterführung der Überlegungen von Adorno u. a. über die Folgen unterschiedlicher elterlicher Disziplinierungstechniken für „vorpolitische" Dispositionen (hier: moralisches Bewußtsein) der Kinder findet sich in den differenziert angelegten Arbeiten von Hoffman und Saltzstein (z.B. Hoffman/Saltzstein 1967). In Abhängigkeit von der Qualität der emotionalen Beziehungsstruktur und des jeweilig angewandten Erziehungsstils entwickeln sich drei unterschiedliche Typen moralischer Orientierung: ein externalisierter, ein konventionalistisch-rigider und ein humanistisch-flexibler Gewissenstyp.

Der externalisierte Typus moralischer Entwicklung weist massive Über-Ich- und Ich-Defekte auf, die sich darin zeigen, daß das Kind sein Handeln an selbstentworfenen Prinzipien orientiert, die die Erwartungen anderer wenig oder kaum berücksichtigen. Das Motiv für Konformität beruht auf den von äußeren Kontrollinstanzen (z.B. Eltern, Lehrern) erwarteten Sanktionen. Er entwickelt sich als Folge einer eher ablehnenden oder indifferenten affektiven Beziehung der Eltern zum Kinde bei gleichzeitigem Überwiegen machtorientierter, autoritärer Formen der Kontrolle, deren extremste Ausdrucksform körperliche Züchtigung oder deren Androhung ist. Der konventionalistisch-rigide Typus, dessen zwanghaftes Über-Ich zu einer pedantischen und unflexiblen Anwendung einmal internalisierter Normen neigt, entsteht durch Einsatz von Liebesentzug als zentralem elterlichen Kontrollmittel. Vorpolitisch „positiv" strukturiert erscheint erst der humanistisch-flexible Persönlichkeitstypus, der sich bei der Anwendung moralischer Regeln die Bedürfnisse und Interessen Anderer mit ins Kalkül zieht und als Ergebnis einer unterstützend-liebevollen Eltern-Kind-Beziehung bei gleichzeitig rationaler Begründung der Verhaltenserwartungen gegenüber dem Kind herausbildet. So plausibel der theoretische Ansatz von Hoffman und Saltzstein auch ist, seine empirische Bestätigung fällt eher bescheiden aus.

Zu vergleichbaren Ergebnissen kommt auch die traditionsreiche, durch Levin, Lippit und White (1939) begründete psychologische Erziehungsstilforschung, deren Daten sich in der Regel auf selbstperzipierte, durch Interviews gewonnene Informationen über elterliches Erziehungshandeln beziehen. In ihren zahlreichen Untersuchungen wird die besondere Bedeutung der Variablen-Konstellation liebevolle Unterstützung, induktive Kontrolltechniken und hohe Bedeutungseinschätzung sozialkompetenten Verhaltens durch die Eltern als ausschlaggebend für eine positive kognitive und moralische Entwicklung der Kinder nachgewiesen (zusammenfassend: Rollins/Thomas 1979, Peterson/Hann 1999). Diese kindlichen Merkmale lassen sich ohne große Schwierigkeiten als „vorpolitische" Dispositionen ansehen, die Grundlage späteren politischen Handelns werden können.

Neuere qualitative Untersuchungen über den Zusammenhang von innerfamilialen Erziehungserfahrungen und der Entwicklung rechtsextremer Orientierungen (z.B. Hopf u. a. 1995) basieren auf dem von Bowlby und Ainsworth entwickelten Attachment- oder Bindungskonzept, auf dessen Basis Main und Goldwyn eine Typologie von Mustern der Repräsentation von Bindungserfahrungen (leugnend-bagatellisierend, sicher-autonom, präokkupiert) entwickelten, die im Vergleich zur „authoritarian personality" einen differenzierteren theoretischen Zugang zur Genese rechtsextremer Orientierungen ermöglichen (→ Extremismus). Die Ergebnisse dieser Studien machen deutlich, daß Jugendliche mit freiem und sachlichem Zugang (sicher-autonom) zu ihren Bindungserfahrungen keine rechtsextremen Orientierungen aufzuweisen. Dagegen sind bei den in frühere und/oder noch bestehende Bindungserfahrungen passiv oder wütend/konflikthaft verstrickten („präokkupierten") Jugendlichen rechtsextreme Orientierungen stark ausgeprägt, während die ihre Bindungserfahrungen entwertende, ausblendende oder bagatellisierende Gruppe eine deutliche *Tendenz* zu rechtsextremen Orientierungen aufweist (Hopf u. a. 1995).

Theorien/Konzepte/Modelle:
Die Konzentration der pSf auf die Phase kindlicher Entwicklung in der F. wird mit der Annahme begründet, die lebensgeschichtlich frühen und zunächst exklusiven Einflüsse des F.-Systems träfen den Heranwachsenden in einer Plastizität und Offenheit, die eine optimale Chance für ihre totale Aufnahme böte. Ergebnisse dieses frühen Formungsprozesses - so die weitere Annahme - sei die Herausbildung einer je spezifischen Konstellation von grundlegenden Einstellungen, Präferenzen, Orientierungen und Handlungsdispositionen („basic personality"), deren grundlegende Struktur gegenüber späteren Wandlungseinflüssen relativ resistent und somit auch für politisches Handeln in späteren Abschnitten des Lebenslaufs relevant sei (Kristallisationsmodell).

Ausblick/offene Fragen/Probleme:
Welche eher „unpolitischen" Merkmale oder Merkmalskombinationen der Basispersönlichkeit es eigentlich sind, die nach dieser Modellvorstellung für späteres politisches Handeln eine so wichtige Voraussetzung bilden, darüber gehen die Meinungen auseinander. Je nach favorisierter Sozialisationstheorie werden sehr unterschiedliche Persönlichkeitsmerkmale wie Ich-Stärke (vor allem Selbstvertrauen, Rollendistanz, Frustrationstoleranz, Ambiguitätstoleranz) oder Über-Ich-Formation (moralisches Bewußtsein), Autoritarismus, Dogmatismus, kognitive und sprachliche Fähigkeiten, soziale Kompetenz etc. für bedeutsam gehalten. Selbst wenn man einmal unterstellt, daß mit den genannten Merkmalen wichtige „Antezedenz"-Bedingungen für politische Aktivitätsbereitschaft im Jugend- oder Erwachsenenalter identifiziert wären, lassen aus ihnen sich noch keine Prognosen für tatsächliche politische Aktivitäten ableiten. Entscheidende Bedingung für eine Umsetzung von politischer Aktivitätsbereitschaft in politisches Handeln bilden die jeweiligen situativen und gesellschaftlichen Rahmenbedingungen. Ein Auseinanderfallen von Verhaltensdispositionen und Verhalten wird um so wahrscheinlicher, je stärker die situativen und gesellschaftlichen Restriktionen sind, denen die Akteure ausgesetzt sind. Auf die Bedeutung solcher „structural inducements to activism" ist schon relativ früh hingewiesen worden (Merelman/King 1986: 477).

Bei der Analyse familialer Interaktionen mit latent politischen Folgen werden vor allem Annahmen der Psychoanalyse, der Autoritarismusforschung, der Psychologischen Erziehungsstilforschung und neuerdings auch der Attachment-Forschung übernommen mit der Folge, daß einzelne oder nur wenige isolierte Variablen des F.-Systems (vor allem Qualität der emotionalen Beziehungen, Disziplinierungstechniken, Bindungsqualität) für die Genese basaler „vorpolitischer" Disposition des Kindes als ursächlich angesehen werden. Ein aktuelles Beispiel für diese vereinfachende Sichtweise ist die Erklärung der höheren Gewaltbereitschaft ostdeutscher Jugendlicher gegenüber Minderheiten (→ Gewalt/Politische Gewalt, Minderheiten/Randgruppen) mit einer stark verkürzten psychoanalytischen Annahme: Die in den Kinderkrippen der ehemaligen → DDR erfolgte, schon 1-

Jährige erfassende rigide Reinlichkeitsdressur in der analen Phase der psychosexuellen Entwicklung. Eine häufig theorielose, eklektische Auswahl von F.- und Persönlichkeitsvariablen des Kindes wird der komplexen interdependenten Struktur beider Analyseebenen nicht gerecht. Korrelative Beziehungen zwischen einzelnen Variablen beider Analyseebenen werden häufig vorschnell als kausaler Zusammenhang interpretiert. Solche behavioristischen Kausalmodelle verkennen den transaktionalen Wirkungszusammenhang familialer Sozialisation, in dem dem Kind eine aktive Rolle in seinem eigenen Bildungsprozeß zuzuschreiben ist, wobei es die an ihn herangetragenen Erwartungen und Informationen auswählt, interpretiert und aus ihnen aktiv Kompetenzen erarbeitet (also eben nicht nur „geprägt" wird) (Steinkamp 1991, Peterson/Hann 1999).

Bei der Konzentration auf familiale Einflüsse wird der pS-Effekt neben- (z.B. Kindergarten, Peergroup, → pS: Schule/Massenmedien) und nachfamilialer (z.B. → pS: Beruf) Sozialisationskontexte vernachlässigt, von denen der Heranwachsende zunehmend beeinflußt wird. Auf dem Hintergrund eindeutig nachgewiesener Effekte z.B. der Berufserfahrung auf bestimmte Dimensionen der Persönlichkeit (Steinkamp 1991) ist es daher auch plausibler, die im Kristallisationsmodell angenommene herausragende Bedeutung des F.-Einflusses mit unterstellter langfristiger Wirkung für politisches Verhalten zu relativieren. Angemessener erscheint ein „Filtermodell" (z.B. Steinkamp 1980) zur Erklärung der Bedeutung primärer familialer Sozialisation. Dieses Modell basiert auf der theoretisch plausiblen und empirisch abgesicherten Erkenntnis, daß die in der F. erworbenen basalen Orientierungen und psychischen Dispositionen den weiteren Lebenslauf beeinflussen. Denn als Folge der hier erworbenen Psychostruktur erfolgt sowohl eine Selektion der potentiellen neben- und nachfamilialen Sozialisationskontexte als auch eine differentielle Wahrnehmung, Bewertung und aktive Verarbeitung der von ihnen ausgehenden sozialisatorischen „Stimuli".

Um eine solche Modellvorstellung einer empirischen Überprüfung zu unterziehen, bedarf es aber entgegen der üblichen Praxis quantitativer Querschnittanalysen eines zeit- und kostenaufwendigen longitudinalen Forschungsdesigns, in dem quantitative und qualitative Untersuchungsmethoden kombiniert werden. Ein solches Vorgehen ermöglicht die Beantwortung der Frage, welche im familialen Sozialisationskontext erzeugten Merkmalsausprägungen relativ (d.h. innerhalb bestimmter Variabilitätsspielräume) stabil bleiben, also überhaupt für politisches Handeln des Jugendlichen bzw. Erwachsenen einen Erklärungswert haben, welche sich ändern oder gänzlich verschwinden und welche sich erst in späteren Lebensabschnitten herausbilden. Dabei sind auch mögliche Präformationen bestimmter, im familialen Sozialisationskontext erworbener, aber latent bleibender Verhaltensdispositionen zu berücksichtigen, die erst dann verhaltensrelevant werden, wenn in einer späteren Lebensphase neue Situationen eintreten, die diese Dispositionen handlungswirksam werden lassen (Sleeper-Effekt).

Günther Steinkamp

Literatur:

Adorno, Theodor W. 1995: Studien zum autoritären Charakter, Frankfurt.

Adorno, Theodor W./Bettelheim, Bruno/Frenkel-Brunswik, Else/Gutermann, Norbert/Janovitz, M./Levinson, Daniel J./Sanford, R. Nevitt 1968: Der autoritäre Charakter, Studien über Autorität und Vorurteil (Bd. 1), Amsterdam.

Hoffman, Martin L./Saltzstein, Herbert D. 1967: Parent Discipline and the Child's Moral Development, Journal of Personality and Social Psychology 5, S. 45-57.

Greenstein, Fred I. 1965: Children and Politics, New Haven.

Hopf, Christel/Hopf, Wulf 1997: Familie, Persönlichkeit, Politik. Eine Einführung in die politische Sozialisation, Weinheim/München.

Hopf, Christel/Rieker, Peter/Sanden-Marcus, Martina/Schmidt, Christiane 1995: Familie und Rechtsextremismus. Familiale Sozialisation und rechtsextreme Orientierungen junger Männer, Weinheim/München.

Merelman, Richard M./King, Gary 1986: The development of political activists: Towards a model of early learning, Social Science Quarterly 67, S. 473-490.

Peterson, Gary W./Hann, Della 1999: Socializing Children and Parents in Families, in: Sussman, Marvin B./Steinmetz, Suzanne K./Peterson, Gary W. (Hrsg.): Handbook of Marriage and the Familiy, 2. Aufl., New York/London, S. 327-370.

Rollins, Bryant C./Thomas, D.L. 1979: Parentel's Support, Power, and Control Techniques in the Socialization of Children, in: Burr, Wesley R./Hill, Reuben/Nye, Francis Ivan/Reiss, Ira L. (Hrsg.): Contemporary Theories about the Family (Bd. 1), New York, S. 317-364.

Steinkamp, Günther 1980: Klassen- und schichtenanalytische Ansätze in der Sozialisationsforschung, in: Hurrelmann, Klaus/Ulich, Dieter (Hrsg.): Handbuch der Sozialisationsforschung, Weinheim, S. 253-284.

Steinkamp, Günther 1991: Sozialstruktur und Sozialisation, in: Hurrelmann, Klaus/Ulich, Dieter (Hrsg.): Neues Handbuch der Sozialisationsforschung, Weinheim/Basel, S. 251-277.

Politische Sozialisation: Geschlecht/Geschlechterverhältnisse

→ *Demokratie, Feminismus, Frauen/Männer, Gewerkschaften, Globalisierung, Milieus/Lebensstile, Politische Beteiligung, Politische Informiertheit, Politische Sozialisation, Politische Sozialisation: Massenmedien, Politisches Interesse, Soziale Ungleichheit/Lebenslagen, Sozialstruktur.*

Problemstellung:

Geschlecht (Geschlecht/Geschlechter: G.) und Geschlechterunterschiede (Gu) verweisen augenscheinlich auf sattsam bekannte Grundtatsachen, wobei alltägliche Erfahrungen bereits deutliche Irritationen auslösen. Diese beziehen sich vor allem auf G.-Rollen und Gu. Das wird besonders spürbar in Zeiten vehementen Wandels von sozialen Werten und Identifikationen sowie von Lebenspraxen und Handlungsformen. Die herkömmliche polare Klassifikation einer G.-Dualität männlich - weiblich ist brüchig geworden; dies gilt auch für die pS. Die Problematisierung festgeschriebener, wesensmäßig fixierter Gu läßt sich auf drei Wurzeln zurückführen:

Einmal entwickelte sie sich unter dem Einfluß der Frauenbewegung der 60er Jahre und ihrer Kritik am Zwang zur Heterosexualität. Sodann geriet die Gewißheit über differente G.-Merkmale ins Wanken mit der Rezeption der angelsächsischen Unterscheidung von *sex* für das biologische G. und *gender* für die kulturellen und sozialen Bedeutungen und Dimensionen, wobei letztere im Sinne einer sozialen Kategorie verstanden wurde. Mittlerweile wird diese Trennung kritisiert in Bezug auf ihre Annahme einer puren, eindeutig der Biologie zuzuschlagenden Seite, die der sozial-kulturellen Bedeutung vorausgeht und somit von ihr abgetrennt ist (Butler 1991). Sex und gender repräsentieren mithin eine fragwürdige Dichotomie von Natur und Kultur. Als dritte Wurzel und gleichsam als Begründung für das Ende der Gewißheit über manifeste Unterschiede der G. ist die gender-sensible Sozialisationsforschung zu nennen (s.u.). Ihre Untersuchungen haben darauf hingewiesen, daß G.-Differenzen keineswegs unveränderbare Größen, sondern in einem ständigen Um- und Abbauprozeß begriffen sind und eher sozial konstruierte Bedeutungen und Aussagen darstellen. Sie sind also keine Belege für empirische Tatsachen (vgl. die Diskussion bei Bilden 1991).

Die Skepsis bezieht sich insbesondere auf die Zuschreibung von gender-Merkmalen entlang einer G.-Dualität, nicht aber auf die sozio-ökonomischen und kulturellen Bedeutungen und Konsequenzen von G., die empirisch und theoretisch außer Frage stehen. Der letzte Teil meiner Behauptung ist jedoch sogleich zu relativieren: Während die G.-Forschung und zunehmend auch feministische politikwissenschaftliche Forschungen differenzierte Konzepte zur Konstituierung von Gu und G.-Gleichheit erarbeitet haben, sind die G.-Kategorien - auch in ihrer schlichtesten Fassung - in politikwissenschaftlichen (mainstream-) Forschungen und theoretischen Diskursen bislang nur sehr vereinzelt zur Kenntnis genommen und Analysen zugrunde gelegt worden. Das gilt auch für die pSf. Die Blindheit von Politikwissenschaft und ihren verschiedenen Disziplinen gegenüber der Bedeutung von Geschlechterverhältnissen (Gv) in der Politik ist zweifellos jener G.-Paradoxie geschuldet, die in die Machtformen wissenschaftlicher Diskurse eingelassen ist und den Blick auf Gv verstellt. Damit prägt sie zweifellos auch die politischen Sozialisationsprozesse der Individuen.

Auffassungen zu Geschlechterverhältnissen - Geschlechterdiskurse in ihrer Bedeutung für politische Sozialisation:

Begriff und Definitionen von G. und Gu, Gv, G.-Regimen, G.-Arrangements und G.-Politik - um die gebräuchlichsten Kategorien und Beziehungen im Umfeld von pK und pS aufzuführen - entstammen unterschiedlichen Forschungsrichtungen und wissenschaftlichen Diskursen mit einer unterschiedlichen Entstehungsgeschichte. Bei aller Verschiedenartigkeit sind ihnen die Erklärungsbemühungen zur Konstitution von Gv und zu den Funktionsweisen der G.-Hierarchie in politischen Lernprozessen und Machtverhältnissen gemeinsam (zu psychologischen und erziehungswissenschaftlichen Definitionen und Konzeptionen zu Gv, die hier nur ansatzweise behandelt werden soweit sie für das Thema politischer Dimensionen erforderlich sind, Bilden 1991).

1. Konzeptionen zum geschlechtsspezifischen Rollenverhalten in der Politik: Etwa zu Beginn der 60er Jahre lassen sich im deutschsprachigen Raum einzelne Ansätze identifizieren, die auf Gu im politischen Verhalten und in politischen Aktivitäten gerichtet sind und diese mittels g.-spezifischer Rollen erklären. Diese Ansätze entsprechen den amerikanischen Studien über sex roles, die die Anfänge der Gender Studies markieren. Untersuchungsperspektiven und Untersuchungsziele einschlägiger Forschungsarbeiten sind auf den vor allem quantitativen Anteil von Frauen in politischen Gremien bzw. Ämtern und auf ihre politische Partizipation gerichtet. Bei der Untersuchung des weiblichen Rollenverhaltens gelten politische Beteiligungsformen (→ Politische Beteiligung), die üblicherweise von Männern (z.B. in Parteien und → Gewerkschaften) praktiziert werden, unhinterfragt als Norm für politische Aktivitäten schlechthin. Das Abweichen hiervon wird als g.-typisches sozialisatorisches Defizit (eines angenommenen weiblichen G.-Charakters) codiert oder den spezifischen Wirkungsmechanismen traditioneller Leitbilder für Mädchen und Frauen zugeschrieben. Gu werden in diesen theoretischen und forschungspraktischen Konzeptionen mit einer politischen Unterrepräsentanz von Frauen identifiziert. Sie werden bezogen auf eine als paritätisch unterstellte politische Mitwirkung auf der Grundlage einer als egalitär vorausgesetzten Chancenverteilung, verstanden als Prinzip einer quasi natürlichen sozialen Ordnung.

Die problematischen Folgen von g.-spezifischen rollentheoretischen Ansätzen als Erklärungsmuster für G.-Identität liegen - gegen ihre ursprünglich kritischen Intentionen - einmal in einer Verselbständigung von Rollenvorstellungen gegenüber dem jeweiligen Individuum und dem besonderen sozialen Kontext. D.h., die G.-Rolle wird zu einem Muster von Zuschreibungen von Persönlichkeitsmerkmalen, deren Beziehungen zur pK nicht hergestellt werden. Die Zuschreibungen und gelernten G.-Rollen werden in dieser Auffassung der pK bestenfalls zuaddiert, sitzen ihr somit auf und bleiben ihr letztlich äußerlich. Damit wird zum anderen an ein traditionell-konventionelles und formales Politikverständnis angeknüpft. An ihm werden die politischen Interessen und Aktivitäten von Frauen gemessen und gegenüber dem männlichen politischen „Normalfall" als „Sonderproblem", nämlich als „Frauenproblem" eingeordnet. Gegen dieses Dilemma setzten Forscherinnen in ihren empirischen Untersuchungen über weibliche Präsenz in der Öffentlichkeit einen gender-sensiblen Politikbegriff, der auch Sozialarbeit und soziales Engagement als politisches Handeln begreift.

Die Annahme sozialisationsbedingter, eindeutiger g.-spezifischer Unterschiede ist auch aus einem weiteren Grund nicht unproblematisch: Untersuchungen der

Sozialisationsforschung zeigten bereits in den 80er Jahren, daß G.-Differenzen starken Wandlungen unterlegen sind und daß Unterschiede in den verbalen und kognitiven Fähigkeiten von Frauen und Männern, die noch vor einigen Jahrzehnten als gesichert galten, im Verschwinden begriffen sind. Sofern Gu in Sozialisationsforschungen noch nachzuweisen sind, werden die Differenzen in den Untersuchungen nur mit sehr geringem Varianzanteil durch die G.-Zugehörigkeit erklärt (Untersuchungen bei Bilden 1991). Auch sind vielfach die Variationen innerhalb eines G. größer als zwischen den G.. Weiterhin sind die methodischen Verfahren zur Untersuchung von Gu auf ihre Aussagefähigkeit hin überprüft worden; dabei kommt die Sekundäranalyse von Hagemann-White (1984) zu dem Schluß, daß die Methoden der Sozialisationsforschung, die den Nachweis der G.-Differenz erbringen, in ihren Verfahren die G.-Dualität bereits implizit voraussetzen.

Lediglich für Aggressions- und Dominanzverhalten lassen sich in den 80er Jahren g.-unterschiedliche Ergebnisse feststellen, die Hagemann-White jedoch als mögliche strukturelle Wirkungsfaktoren des Gv versteht. Diese Einsichten und Ergebnisse einer primär auf G. bezogenen Sozialisationsforschung beeinflußten auch die pKf (Kulke 1991). Sie bereiteten den Weg zur Entwicklung neuer Paradigmata mit vor, die G. als gesellschaftliche Kategorie verstehen.

2. Geschlecht als Strukturkategorie der politischen Kultur - Chancen für die politische Sozialisation? Die Annahme einer bruchlosen Abfolge von G.-Theorien, die an Differenziertheit und Komplexität zunehmen würden, erweist sich als abstrakt. Die Entwicklung vollzieht sich eher in unübersichtlicher Vielfältigkeit. Hier interessieren jene theoretischen Konzeptionen, die Strukturen und Prozesse von Gv erfassen, die durch die pK und pS reproduziert und transformiert werden und die damit zur „Herstellung" und Veränderung der pK beitragen. Die entsprechend hier vorgenommene Auswahl einiger Hauptstränge feministisch-politikwissenschaftlicher G.-Theorien nimmt freilich eine beträchtliche Beschränkung in Kauf, die der Vielfalt theoretischer Diskurse in keiner Weise gerecht wird, wie sie sich seit einigen Jahren auch in Deutschland entwickelt hat (→ Feminismus).

Bezogen auf explizit politische Dimensionen, mit denen Gu erklärt werden, nimmt die kritische Diskussion der Trennung von Privatheit und Öffentlichkeit, die den modernen Vertrags- und Staatstheorien zugrunde liegt, einen besonderen Stellenwert ein. Die Abspaltung der Sphäre des Privaten vom öffentlichen Bereich und dessen vorausgesetzte Überlegenheit gegenüber reproduktiver Arbeit stellt eine theoretische Legitimation dar für die Ausgrenzung von Frauen aus der Politik (und aus der Politikwissenschaft); Gegenstand von Politikprozessen ist die *polis* und nicht das Haus und die → Familie, der Bereich also, den der *oikos* ausmacht. Daher haben feministische Politikwissenschaftlerinnen ihre Kritik gegen diese folgenreiche Trennung von öffentlich und privat gerichtet und damit aufzeigen können, daß die Kategorie G. nicht in die Politikwissenschaft eingeführt werden muß, sondern bereits in ihr enthalten und sichtbar zu machen ist (z.B. in Staats-, → Demokratie- und Partizipationstheorien; Kreisky/Sauer 1998). An den sozialen und ökonomi-

schen Folgen dieser Trennung macht die Genderforschung ein zentrales Paradigma fest, nämlich die g.-spezifische Arbeitsteilung. Es ermöglicht, das Gv sozioökonomisch zu verankern und in seinem Bezug zur Klasse zu positionieren. Damit ist eine zentrale politische Dimension sichtbar, die auch für die pS von Bedeutung ist. Die Verbindung zu den gender-class-race-Diskursen der amerikanischen Gender-Forschung und der (multiethnischen) Frauenbewegung ist noch eher lose.
Die Forschungsperspektive der g.-spezifischen Arbeitsteilung verweist nun auf das Konzept des weiblichen Arbeitsvermögens und auf die Widersprüche von Lohnarbeit und unbezahlter, g.-hierarchisch organisierter privater Arbeit. Die besondere ökonomische und soziale Lage von Frauen wird zudem konzeptualisiert im weiblichen Lebenszusammenhang. Diese Ansätze sind von der Frauenforschung der 70er Jahre in politisch-kritischer Absicht entwickelt worden und verweisen schließlich mit der Debatte um die gesellschaftliche Bedeutung der Hausarbeit über eine reine Frauenforschungsperspektive hinaus in die Richtung einer politisch akzentuierten G.-Forschung mit dem Focus auf gesellschaftlicher Ungleichheit.

Hier setzt ein gesellschaftstheoretisch fundiertes Verständnis von G. als sozialer Strukturkategorie an, das je nach theoretischer Orientierung unterschiedlich geprägt ist. So wird im Anschluß an die kritische Theorie die G.-Ungleichheit nach Klassenbezügen hinterfragt und einer doppelten Vergesellschaftung zugeordnet, die sich auf die widersprüchliche Struktur von Lohnarbeit sowie Tauschrationalität und Familien- bzw. Beziehungsarbeit begründet. Anders werden in Verbindung mit einem erweiterten marxistischen Strukturkonzept die patriarchale Herrschaftsstruktur und die Konstituierung der G.-Hierarchie in den Vergesellschaftsprozessen der Arbeit und der Warenproduktion verortet. Dabei erfährt der Strukturbegriff eine Öffnung in Richtung der handelnden Akteure, die die Strukturen hervorbringen und in Bezug auf soziale Veränderungsprozesse, strukturelle Wandlungen mitbewirken. An den kategorialen Rahmen dieser gesellschaftstheoretischen Konzepte hat die Ungleichheitsforschung angeknüpft (→ Soziale Gerechtigkeit, Soziale Ungleichheit, Sozialstruktur), eine Rezeption, die in der Politikwissenschaft eher selten ist. Für die pKf bzw. die pSf könnte eine Anknüpfung hier gesellschaftstheoretisch von Erklärungswert sein.

Da sich politisches Lernen im Kontext g.-spezifischer gesellschaftlicher Arbeitsteilung vollzieht, agieren die weiblichen und männlichen Individuen immer auch innerhalb der Grammatik der herrschenden G.-Arrangements und der symbolischen Ordnung der Zweigeschlechtlichkeit. Diese werden sie freilich entsprechend ihrer Lern- und Aneignungsprozesse bzw. ihrer individuellen Rezeption (widersprüchlicher) kulturell-traditioneller Bestände für ihre tatsächlichen G.-Praxen bestätigen oder modifizieren, in Frage stellen, unterlaufen oder möglicherweise verändern. Daß Frauen und Männer dieses stets im Kontext von sozialen Strukturen und institutionellen Bedingungen tun, ist eine Grundannahme eines dynamischen Verständnisses von pS (Kulke 1991). Dennoch bleibt die Frage offen, durch welche politischen Sozialisationsverläufe Bestätigung, Verhärtungen oder transformative Prozesse provoziert und in Gang gebracht werden können bzw. verhindert werden. Zudem ist zu prüfen, inwieweit derartige Prozesse sichtbar gemacht werden können durch ein Konzept von G. als Strukturkategorie. Damit wird auf eine weitere Frage verwiesen, nämlich was ein Dekonstruktions-Konzept für die pSf zu leisten vermag.

3. Soziale Konstruktion und Dekonstruktion von Geschlechterunterschieden unter politischer Perspektive: Neben die Erklärungsansätze, die auf sozioökonomischen Strukturen des Gv als einem gesellschaftlichen Organisationsprinzip basieren, sind feministische Diskurse getreten, die von einer sozialen Konstruktion der bestehenden G.-Ordnung ausgehen. Sie greifen auf unterschiedliche Theorietraditionen zurück, wie z.B. auf die Ethnomethodologie und die kultur- und handlungstheoretisch orientierte Soziologie (Bourdieus). Die interaktive Version beobachtet und hält fest, wie die G.-Ordnung realisiert und verändert wird und die Gv ausgehandelt werden. G.-Zugehörigkeit wird demnach immer wieder erneut hergestellt. Dabei ist für pS nicht vorauszusetzen, daß die kulturelle Reproduktion von sozialen Strukturen sowie die Bedeutung der symbolischen Ordnung für die Wirkungsweise des Gv sich bruchlos und kontinuierlich vollzieht bzw. realisiert.

Angesichts postmoderner Szenarien und Auffassungen, die sich von festgefügten politischen, kulturellen sowie weltanschaulich-religiösen Ordnungen und Gewißheiten verabschiedet haben, geraten Abbau- und Auflösungsprozesse ins Visier theoretischer Anstrengungen; gleichsam auch die Erosion von individuellen, sozialen, ökologischen und internationalen Sicherheiten. Prozeßhaftigkeit und soziale Konstruktionen von Strukturen und Verhältnissen sind daher in poststrukturalistischen Diskursen als Erklärungsansätze verankert. Von Feministinnen sind sie als Chance begriffen worden für das Aushandeln von G.-Arrangements. So stellt die soziale Konstruktion des Systems der Zweigeschlechtlichkeit dessen „Natürlichkeit" wie auch seine soziale Zwangsläufigkeit infrage; G. ist also nicht, was jemand besitzt, sondern es wird „gemacht" und wird im „doing gender" praktiziert und variiert. Diesem ist ein „doing differences" zur Seite gestellt. Gu werden kulturell reproduziert und in Anlehnung an Bourdieu durch die kulturell-symbolischen Ordnungen im Sinne von Klassifikationen, Wahrnehmungs- und Ordnungsschemata bestätigt, bestärkt und verändert.

Hieran knüpft nun ein Denkverfahren an, daß sich diskurstheoretischen Richtungen verdankt und besonders seit Butlers „Gender Trouble" (in deutsch 1991) zur Auseinandersetzung herausgefordert hat, nämlich die Dekonstruktion. Ihre zentrale Aussage bezieht sich auf den Herrschaftscharakter des Systems der Zweigeschlechtlichkeit, der wissenschaftlich-politisch zu dekonstruieren sei, indem die Konstitutionsvoraussetzungen und der Herstellungsmodus dieses Systems und seiner Klassifikationsschemata entschlüsselt werden. Das erkenntnispolitische Ziel der Dekonstruktion liegt in einer De-Naturalisierung der Zweigeschlechtlichkeit und ihrer Universalität sowie ihres Zwangscharakters (z.B. wird in der rechtsstaatlichen Ordnung die Abweichung von der Heterosexualität diskriminiert durch die Vorenthaltung von sozialen Rechten).

Damit beanspruchen die dekonstruktivistischen Vorgehensweisen, unmittelbar beizutragen zur Durchschaubarkeit und Brüchigkeit herrschender Diskurse. Vorausgesetzt wird, daß die soziale Realität diskursiv hergestellt wird, so daß über die Fragwürdigkeit von diskursiven Praxen sich auch auf der Ebene des Herstellungsmodus Veränderungen in Gang setzen lassen und sich somit andere Handlungszusammenhänge und Strukturmuster entwickeln. Diese Annahme muß sich allerdings Fragen gefallen lassen: Eine diskurstheoretische Dekonstruktion von G.-Differenzen ist zwar als theoretisches Verfahren zur ideologie- und kulturkritischen Analyse anerkannt (Fraser 1994), aber als politisches Projekt bleibt sie umstritten: So werde nicht berücksichtigt, „daß die zweigeschlechtliche Konstruktion sozialer Handlungszusammenhänge in unserer wie in den meisten bekannten Gesellschaften ein Maß an sozialer Verbindlichkeit besitzt, gegen das mit dem bloßen Mißbehagen und einer gehörigen Portion guten Willens kaum anzukommen ist" (Wetterer 1995: 226). Hier werden die Grenzen von Dekonstruktionsprozessen mit sozial-kulturellen Vorbehalten benannt und begründet. In einer zugespitzten Lesart heißt das, die G.-Ungleichheit kann nicht allein diskursanalytisch begriffen und aufgelöst werden, ohne in die Gefahr zu geraten, nun eine Determinierung durch Kultur an die Stelle von Natur zu setzen und politische Zusammenhänge von Macht und Herrschaft außer acht zu lassen. Wenn pSf dies im Auge behält, könnte sie mittels dekonstruktiver Analyse ihrer Diskurse ihr kritisches Konzept von Gv gesellschaftstheoretisch evaluieren.

Theoretische und politische Folgen von Geschlechterdiskursen für politische Sozialisation und politische Kultur - ausgewählte Aspekte:
Die behandelten Diskussionsbeispiele veranschaulichen bereits, wie grundlegend sich die Sichtweisen, Interpretationen und Deutungen in Bezug auf die pK und auf politische Lernprozesse durch die Einführung von G.-Kategorien wandeln. Dabei ist nicht nur ein Zuwachs an theoretischen Erkenntnissen festzustellen, sondern auch eine veränderte Akzentuierung und Neuformulierung politischer Bedürfnisse, Rechte, Forderungen und Aufgaben von Individuen wie auch von Institutionen. Wenn die politischen Folgen von G.-Diskursen ernst genommen werden, steht eine Re-Vision von zentralen Themenbereichen an. Diese bezieht sich auf Fragen nach handlungstheoretischen Ansätzen in der pSf und nach Auseinandersetzungen mit subjekttheoretischen Konzepten in Verbindung mit einer Machtanalyse von Staat und Gesellschaft, bezogen auf die Repräsentation der G.

1. Zur vermeintlichen Geschlechtsneutralität der politischen Kultur: Am Beispiel der bislang als g.-neutral begriffenen pK läßt sich zeigen, daß sich ein universalisiertes aber androzentrisch orientiertes Verständnis von pK nicht halten läßt, wenn nach den Formen der Partizipation von Frauen gefragt wird und ihrem Stellenwert für die Demokratisierung oder auch die Restrukturierung von Zivilgesellschaft (das gilt z.B. für Serbien und für den Kosovo, wo Gruppen der Women in Black innovativ und grenzüberschreitend arbeiten. Hier wäre auch die Frage nach der Ausprägung weiblicher pK zu stellen).

Eine beanspruchte bzw. unterstellte G.-Neutralität von politischen Deutungs- und Strukturprozessen dient, wie die politische G.-Forschung nachweist, häufig der Legitimation von Ausgrenzungen und Ausschließungen (→ Frauen/Männer). Die vorangegangene Diskussion hat gezeigt, daß G.-Neutralität eine soziale Konstruktion ist und damit eine kulturell begründete Unterstellung, die freilich ihre sozialisatorische Wirkungsmacht hat. Es kann jedoch nicht um eine g.-*spezifische* „bessere" oder „gerechtere" pK gehen, sondern um die Partizipation von Frauen und ihre Repräsentation in einem gerechten G.-Arrangement im demokratischen Aushandlungsprozeß. Ein Abbau von noch immer bestehenden G.-Rollenideologien und die Reduzierung sowie Eliminierung der g.-spezifischen Arbeitsteilung sind jedoch unabdingbar für strukturelle Veränderungen. Diese sind in Richtung einer Demokratie gedacht, die als Lebensform und als Partizipationsprozeß von beiden G. zu lernen und zu praktizieren ist (Holland-Cunz 1998).

2. Zur Gleichheits- und Differenzdebatte im Zusammenhang mit sozialen und ethnischen Unterschieden - herausfordernde Paradigmata für die politische Sozialisation: Konzepte von Gleichheit und Differenz der G. haben die gesellschaftlich verankerte Gu verschiedenartig präzisiert. Mit ihnen sind z.B. im Kontext von Transformationsprozessen realsozialistischer Gesellschaften die Unterschiedlichkeit der Sozialisation und der Lebensverhältnisse von Frauen aus Ost und West sichtbar und nachvollziehbar gemacht worden (Kulke 1996). Es geht um die vielfältigen und verschiedenen Normen und Werte, um unterschiedliche Erfahrungen in Biographien, die zu je anderen Optionen und Partizipationen von Frauen in Ost und West geführt haben. Die Gleichberechtigung von Differenzen zwischen den G. und innerhalb eines G. hat sich nicht nur als Theorem, sondern als eine unhintergehbare politische Forderung erwiesen. Sie verweist auf zentrale demokratietheoretische Ansprüche, die Unterschiede nicht nur tolerieren und letztlich einebnen (wollen), sondern sie gerade als Anknüpfungen für spezifische Bedürfnisse, Rechte und Verpflichtungen - verschiedener sexueller wie auch ethnischer Gruppen - verstehen und entsprechend mit ihnen umgehen.

In diesem Zusammenhang sind die Analogien von Gu und ethnischen Unterschieden freilich begrenzt, da sich ethnische Zugehörigkeit und G.-Zugehörigkeit in der Regel gegenseitig verstärken und Diskriminierungen somit eskalieren. Wenn Gu und ethnische Differenzen als herausfordernde Perspektive von demokratischer Kultur in deren theoretische und soziale Praxen integriert werden, geraten die aktuellen Spannungsfelder von Migration, Staatsbürgerschaft und Rassismus nicht in den Sog androzentrischer Hegemonie, als deren Resultat sich häufig Rassismus und Extremismus entwickeln (→ Extremismus).

3. Zu internationalen Perspektiven: Erklärung von Veränderungen des Geschlechterarrangements im Zeitalter von → Globalisierung: Die G.-Kategorie konturiert die Erkenntnisse über globale Prozesse; die Veränderungstendenzen werden mit Konvergenz und Polarisierung umschrieben (Walby 1997) und beziehen sich auf den globalen Arbeitsmarkt mit neuen Chancen für Frauen besonders aus der sog. Dritten Welt, prekäre Arbeitsverhältnisse im Dienstleistungsbereich einzugehen. Die Feminisierung von Arbeitstätigkeiten (→ Arbeit), aber auch von → Armut, ist das eine Szenarium, während eine Zunahme von Optionen angesichts wachsender Qualifikations- und Mobilitätschancen die Gelegenheitsstrukturen eines anderen Szenariums markieren.

Als zentraler traditioneller Ort der G.-Politik, verstanden als institutionalisierte Praxen sozialer, ökonomischer und kultureller Gu, wird häufig der Staat gesehen. Mit der Veränderung des Nationalstaates zugunsten globaler multinationaler politischer Institutionen und Akteure wird auch mit einer Zunahme von Partizipationsmöglichkeiten gerade für Frauen argumentiert. Walby verweist nachdrücklich auf die Veränderung der patriarchalen gender regime durch rechtliche und ökonomische Deregulierung. Dabei scheint sich das *public gender regime* zugunsten des *domestic gender regime* zu stabilisieren, was aber durch die Bezüge auf class und race/ethnicity noch einmal differenziert wird. Durch ihre Positionierung innerhalb beider Regime erhalten Frauen entsprechende Gelegenheiten bzw. Impulse zum politischen Lernen und Handeln. Inwieweit dies auch für Männer gilt, jedoch unter anderen Voraussetzungen, bleibt zu untersuchen. Hier böte sich bereits mit der Entwicklung zu Europa eine gewisse Chance zur ersten Klärung.

Mithin eröffnet die Einbeziehung der G.-Forschung der Analyse von Globalisierungszusammenhängen veränderte und neue Perspektiven. Insgesamt sollte beispielhaft aufgezeigt werden, daß die G.-Perspektive in ihrer Vielfalt von Konzeptionen keine völlig neue Folie abgibt; mit ihr ist vielmehr auf eine nichtwahrgehabte ohnehin implizierte G.-Relevanz von pK und pS zu verwiesen. Diese Perspektive ermöglicht eine Reformulierung politischer Kategorien, die Chancen zur Innovation von Theorie und alltäglicher Praxis der pS enthält.

Christine Kulke

Literatur:

Bilden, Helga 1991: Geschlechtsspezifische Sozialisation, in: Hurrelmann, Klaus/Ulrich, Dieter (Hrsg.): Neues Handbuch der Sozialisationsforschung, Weinheim, S. 279-301.

Butler, Judith 1991: Das Unbehagen der Geschlechter, Frankfurt a.M.

Fraser, Nancy 1994: Widerspenstige Praktiken. Macht, Diskurs, Geschlecht, Frankfurt a.M.

Hagemann-White, Carol 1984: Sozialisation: weiblich-männlich, Opladen.

Holland-Cunz, Barbara 1998: Feministische Demokratie. Thesen zu einem Projekt, Opladen.

Kreisky, Eva/Sauer, Birgit (Hrsg.) 1998: Geschlechterverhältnisse im Kontext politischer Transformation, PVS-Sonderheft 28, Opladen.

Kulke, Christine 1996: Geschlechterverhältnis und politischer Aufbruch von Frauen: Wandlungsprozesse zwischen Herausforderungen und Verhinderungen, in: Claußen, Bern-

hard/Geißler, Rainer: Die Politisierung des Menschen. Instanzen der politischen Sozialisation. Ein Handbuch, Opladen, S. 485-494.
Kulke, Christine 1991: Politische Sozialisation und Geschlechterdifferenz, in: Hurrelmann, Klaus/Ulrich, Dieter (Hrsg.): Neues Handbuch der Sozialisationsforschung, Weinheim, S. 595-613.
Walby, Sylvia 1997: Gender transformations, London.
Wetterer, Angelika (Hrsg.) 1995: Die soziale Konstruktion von Geschlecht in Professionalisierungsprozessen, Frankfurt a.M./New York.

Politische Sozialisation: Gleichaltrigengruppe

→ Bildung, Demokratische Persönlichkeit, Familie, Generationen, Geschichtsbewußtsein, Identität, Kindheit/Jugend, Milieus/Lebensstile, Parteiidentifikation, Politische Sozialisation, Politische Sozialisation: Familie/Massenmedien/Schule, Sozialstruktur, Wertewandel.

Problemstellung:

Die Frage nach den Prozessen von pS, damit nach wesentlichen Konstitutionsbedingungen von pK, gehört im Kontext der Kindheits- und Jugendforschung (→ Kindheit/Jugend) zu jenen Bereichen, denen seit den Anfängen der pSf Bedeutung vor allem im Rahmen einer Verhältnisbestimmung des Einflusses von → Familie und peer goup zugeschrieben und zugestanden wurde. Um diese Verhältnisbestimmung drehen sich Auseinandersetzungen bis heute; einen wesentlichen Ausgangspunkt nahmen sie in dem Versuch einer Entmythologisierung vorliegender Forschungsergebnisse durch Connell (1972), der die These, daß die → Familie die Primärquelle der pS sei, grundsätzlich in Frage stellte. Indirekt antworten 20 Jahre später Niemi und Jennings (1991) auf diese These in ihrem Aufsatz „Issues and Inheritance in the Formation of Party Identification", wenn sie mit Bezug auf politische Orientierungen von Kindern und Jugendlichen betonen, daß Eltern in diesem Kontext eine hohe Bedeutung ob ihrer Wirkungen zukomme.

Gefragt wird aber mit der Themenstellung noch nach anderen, weitgreifenderen Faktoren als „nur" der Übernahme von Parteipräferenzen als einem Element in der pS. Grundsätzlich werden mit dem Thema „Gleichaltrigengruppe" Probleme der Analyse von Sozialisationsprozessen und Sozialisationsagenturen überhaupt thematisch. Exemplarisch deutet dies Krappmann an, wenn er nach dem unverzichtbaren Beitrag fragt, den die Gruppe der Gleichaltrigen zur Bildung von Handlungskompetenz und → Identität der Person leiste. Damit ist für ihn nicht nur die bekannte Verhältnisbestimmung von → Familie und peer group verknüpft, er verbindet dies auch mit der Aufgabe, Formen und Inhalte der Integration von nachwachsenden → Generationen in die jeweils existente Gesellschaftsformation zu untersuchen (Krappmann 1980).

Diese Problemstellung bewegte auch den Begründer der Forschung zu Gleichaltrigengruppen, Eisenstadt. Für ihn haben altersheterogene und altershomogene Gruppen dieselbe Funktion: funktionsgerechte „Sozialisierungsinstanzen des Individuums und Kontinuitätsmechanismen des sozialen Systems zu sein" (Eisenstadt 1965: 60 f). Die Sicherstellung der Kontinuität ist kein Problem, solange allgemeines und familiales Normensystem übereinstimmen. Zu Friktionen kommt es dann, wenn der Übergang von Familienprinzipien zu denen der → Sozialstruktur nicht reibungslos verläuft, wenn partikulare Positionen die Ausbildung von Universalismus verhindern - und dies macht den Grund des Interesses am Thema für eine lange Zeit aus -, wenn gesellschaftliche Brüche zu erwarten sind. Altershomogene Gruppen - und das bildet zugleich die Grundlage für alle Überlegungen zur Begründung von Reichweite und Inhalten der pS - bilden die vermittelnden Glieder zwischen den Prinzipien des Familienlebens und denen des sozialen Systems, indem sie von der → Familie nicht mehr zu leistende Prozesse der Persönlichkeitsintegration ermöglichen und zugleich über die Sozialisationsmechanismen des Gruppenlebens die für die Tradierung des sozialen Systems notwendige Sozialität der Individuen, damit auch den Beitrag für eine pK, herstellen.

Diese von Eisenstadt vorgenommene Aufgabenzuschreibung an die Gleichaltrigengruppe hat allerdings nicht verhindert, daß die Vielzahl der vorliegenden Forschungsbeiträge in ihren Ergebnissen als wenig einheitlich charakterisiert werden kann (Sünker 1996). Vielmehr gibt es spekulative Ansätze und widersprüchliche Ergebnisse wie Erkenntnisse. Leitmotivisch bleibt die Begründung für die Beschäftigung mit dem Thema identisch: Bei Betonung der relevanten sozialen Funktion - vor allem für die Prozesse von Eingrenzung und Ausschluß, darin eingelassenen politischen Orientierungen (Schmidtchen 1997) - werden Feststellungen über spekulative (Silbiger 1977) oder sich widersprechende Aussagen (Naudascher 1987) mit Vorstellungen über den offensichtlichen Forschungsbedarf verknüpft. Offensichtlich ist, daß auch die expandierende Jugendforschung sich über allgemein gültige Aussagen in Bezug auf Werte, Normen, politische Orientierungen bzw. politische Orientierungslosigkeit nicht einig ist (Sünker 1996). Einigkeit herrscht wesentlich nur in Bezug auf die Feststellung, daß offensichtlich familiale Einflüsse - quasi in der Reproduktion gesellschaftlicher Positionierungen - sich auf der Ebene gesellschaftlicher Werte, Normen und politischer Präferenzen, damit auf einer Ebene der Prozesse pS, festhalten lassen (→ Wertewandel), während auf einer anderen Ebene der pS Wirkungen der Gleichaltrigengruppe eher mit Bezug auf Lebensstil und damit einhergehenden Normen und Werten (Musik, Kleidung etc.) festzumachen sind (→ Milieus/Lebensstile).

Notwendige Vermittlungsleistungen zwischen Jugendkulturen, Lebensweisen und politischem Bewußtsein sind nur in äußerst geringem Umfange bislang erhoben worden. Herausragend ist dabei ein Beitrag, der auch schon wieder zwei Jahrzehnte alt ist, dadurch aber nichts an seiner Aktualität verloren hat: Schulze hat in einer empirischen Untersuchung „Politisches Lernen in der Alltagserfahrung" sich den „latenten" Bedingungen der pS anzunähern gesucht, um Beziehungen zwischen politischer Aktivitätsbereitschaft und Alltagswirklichkeit im Jugendalter aufzuschlüsseln (1977). Ihn leitet die Frage, wie die Sozialisationsinstanzen → Familie, Bildungssystem (→ Bildung) und Gleichaltrige „beim manifesten politischen Aktivierungsvorgang zusammen wirken, in welcher Weise also verschiedene manifeste Bedingungskonstellationen in den drei Interaktionsbereichen verschiedene Ausprägungen politischer Aktivitätsbereitschaft verursachen" (1977: 109). Für die Frage nach den Bedingungen von pS ist seine Einschätzung entscheidend, jene Orientierungen, die Jugendliche in ihren unmittelbaren Alltagsbeziehungen erwürben, beeinflußten die Orientierungen gegenüber dem politischen Bereich: „Politische Konformität oder Nicht-Konformität wird teilweise in ‚unpolitischer' Kommunikation gelernt" (1977: 143). Bedeutsam für die politische Qualität von Sozialisationsprozessen ist damit - und dies gilt zugleich für die Entwicklung einer demokratischen pK - die „Politisierung" von alltäglichen Erfahrungen; denn je weniger Jugendliche in ihrer Alltagsinteraktion mit dem politischen Bereich konfrontiert werden - eben als Aktivierungsvorgänge -, in desto geringerem Ausmaß wird ihr Gespür für den demokratischen Problemgehalt solcher Situationen sich bilden: „Politische Erfahrungen wirken nicht nur (kognitiv) als Stimulus für die Heranbildung eines ‚strukturellen Wahrnehmungsvermögens', sondern auch (normativ) als Bedingungen einer pro-demokratischen Wertbildung: erst beide Komponenten zusammen konstituieren demokratische Problemsensitivität" (1977: 146). Verwiesen wird mit dieser Einschätzung auf die Verknüpfung pSf mit den Debatten um „child development", „moral development" und „group socialization" (Harris 1995).

Heinz Sünker

Literatur:

Connell, Robert W. 1972: Political Socialization in the American Familiy: The Evidence Re-Examined, in: Public Opinion Quarterly 36, S. 323-333.

Eisenstadt, Shmuel N. 1965: Altergruppen und Sozialstruktur, in: von Friedeburg, Ludwig (Hrsg.): Jugend in der modernen Gesellschaft, Köln, S. 49-81.

Harris, Judith R. 1995: Where Is the Child's Environment? A Group Socialization Theory of Development, in: Psychological Review 102, S. 458-483.

Krappmann, Lothar 1980: Sozialisation in der Gruppe der Gleichaltrigen, in: Hurrelmann, Klaus/Ulich, Dieter (Hrsg.): Handbuch der Sozialisationsforschung, Weinheim/Basel, S. 443-468.

Naudascher, Brigitte 1978: Jugend und Peer Group. Die pädagogische Bedeutung der Gleichaltrigen im Alter von zwölf bis sechzehn Jahren, Bad Heilbrunn.

Niemi, Richard G./Jennings, M. Kent 1991: Issues and Inheritance in the Formation of Party Identification, in: American Journal of Political Science 35, S. 970-988.

Schmidtchen, Gerhard 1997: Wie weit ist der Weg nach Deutschland? Sozialpsychologie der Jugend in der postsozialistischen Welt, 2. Aufl., Opladen.

Schulze, Gerhard 1977: Politisches Lernen in der Alltagserfahrung, München.

Silbiger, Sara L. 1977: Peers and Political Socialization, in: Stanley A. Renshon (Hrsg.): Handbook of Political Socialization. Theory and Research, New York, S. 172-189.
Sünker, Heinz 1996: Informelle Gleichaltrigen-Gruppen im Jugendalter und die Konstitution politischen Alltagsbewußtseins, in: Claußen, Berhard/Geißler, Rainer (Hrsg.): Die Politisierung des Menschen. Instanzen der politischen Sozialisation. Ein Handbuch, Opladen, S. 101-112.

Politische Sozialisation: Massenmedien

→ Anomie/Entfremdung, Bildung, Familie, Gewalt/Politische Gewalt, Konflikt/Konsens, Massenmedien, Öffentliche Meinung, Politikverdrossenheit, Politische Beteiligung, Politische Bildung, Politische Informiertheit, Politische Sozialisation, Politische Sozialisation: Familie/Geschlecht/Geschlechterverhältnisse/Gleichaltrigengruppe/Ost-/Westdeutschland/Schule, Politisches Interesse, Politisches Vertrauen, Schweigespirale/Öffentliche Meinung, Sozialkapital/Soziales Vertrauen.

Problemstellung:
Den → (Massen)Medien (M.) werden nicht nur Funktionen der Informationsverbreitung, Herrschaftskontrolle und der Interessenartikulation zugeschrieben, sondern sie werden auch als Instanz der pS benannt. Die pK eines Landes bestimmt die Rahmenbedingungen des M.-Systems und damit auch der Sozialisationsfunktion der M. Im Falle einer demokratischen pK bilden Meinungs- und Pressefreiheit diese Basis, gänzlich andere Grundlagen und Möglichkeiten für pS durch M. finden sich in totalitären Systemen. M. vermitteln uns von Kindheit an ein Bild der Politik, sie tragen zur Ausbildung individueller politischer Überzeugungssysteme bei und spielen z.B. durch die Lieferung von Informationen über das politische System und seine Akteure sowie das Aufgreifen politischer Themen eine Rolle bei der Mobilisierung der Bürger zur Mitwirkung am politischen Prozess. M. vermitteln darüber hinaus Beispiele für demokratische Verhaltensweisen, die auf diese Weise gelernt werden können (→ Konflikt/Konsens). Der Prozeß der medialen pS ist dabei als wechselseitig zu sehen: nicht nur die M. üben eine Wirkung auf das Individuum aus, sondern dieses bestimmt durch seine persönliche Auswahl und Verarbeitung der M.-Inhalte deren Effekt mit und wirkt darüber hinaus als Teil der Gesellschaft auf die M. ein (Schorb/Mohn/Theunert 1998). Wie und mit welchem relativen Gewicht zu anderen Sozialisationsagenturen M. diese Funktion der pS tatsächlich erfüllen, ist in der M.-Wirkungsforschung bis heute umstritten. Sowohl in der Wissenschaft als auch in Politik und Öffentlichkeit werden Debatten über den Einfluß der M. auf Einstellungen, Werte und Verhaltensweisen geführt. Nachdem sich die pSf lange auf Sozialisationsinstanzen wie → Familie und Schule konzentrierte, werden die M. inzwischen zu den zentralen pS-Instanzen gezählt (Schulz

1997). Angesichts des Einflusses und der Manipulationsmöglichkeiten, die den M. immer wieder zugeschrieben wurden, ist diese etwas verspätete Entwicklung überraschend.

Theorien/Konzepte/Modelle:
Horkheimer und Adorno sprachen in den 40er Jahren von der Verhinderung kritischen Denkens und des Gedankens an Auflehnung aufgrund der pS durch die Produkte der M. bzw. der „Kulturindustrie" (Holtz-Bacha 1988). Mit der Debatte der 70er Jahre um eine angebliche Legitimitätskrise des politischen Systems rückten auch die M. wieder verstärkt in den Blick. Viele Politiker und Politikwissenschaftler schreiben den M. eine Mitschuld an der → Politikverdrossenheit zu und vermuten, daß diese Vertrauenskrise durch eine vorwiegend negativistische Berichterstattung über politische Skandale und Affären nach dem Motto „only bad news are good news" von den Medien künstlich erzeugt wurde (sog. Videomalaisehypothese). Holtz-Bacha (1990) übertrug die ursprünglich von Robinson entwickelte Videomalaisehypothese auf Deutschland. Sie erweiterte Robinsons ursprüngliche Fragestellung, indem sie zusätzlich einen Vergleich zwischen Fernseh- und Printmediennutzung, eine Differenzierung nach Medieninhalten (Holtz-Bacha trennt zwischen der informations- und unterhaltungsorientierten Nutzung von Medien) und eine Verknüpfung mit der politischen Partizipationsbereitschaft vornahm. Eine *grundsätzliche* Entfremdung (→ Anomie/Entfremdung) der Bürger durch das Fernsehen konnte nicht ermittelt werden, obwohl gerade diesem Medium immer wieder dysfunktionale Wirkungen im Prozeß der pS zugesprochen wurden (Überblick bei Kuhn 2000). Es besteht allerdings ein Zusammenhang zwischen *unterhaltungsorientierter* Mediennutzung und Entfremdung. Infolgedessen spricht vieles eher für eine „Unterhaltungsmalaise", d.h. informationsorientierte Mediennutzung steht eher im Zusammenhang mit *geringerer* politischer Entfremdung. Die Unterscheidung zwischen informations- und unterhaltungsorientierten M.-Inhalten wird angesichts der zunehmend unterhaltenden Aufmachung politischer Berichterstattung jedoch erschwert. Dazu kommt: Auch unterhaltende M.-Inhalte können politische Orientierungen vermitteln, z.B. Geschlechterrollenstereotype. Möglicherweise haben solche nicht offensichtlich politischen M.-Angebote sogar größere Effekte auf die pS bzw. politische Orientierungen (Holtz-Bacha 1988).

Hauptkritikpunkt an der Studie von Holtz-Bacha ist, daß in der Tradition Robinsons der Inhalt der M.-Berichterstattung über Politik als negativ gesetzt wurde, ohne diese Prämisse zu prüfen. Da den M. jedoch nicht nur Negativismus, sondern auch übersteigerter Positivismus in Form der sog. „Hofberichterstattung" (vor allem lokaler Tageszeitungen) vorgeworfen wird, kann - je nach M.-Inhalt - von ganz unterschiedlichen Wirkungen auf die pS, politischen Einstellungen und Verhaltensweisen ausgegangen werden (Neller 1999). Weitere *negative* Vermutungen über die Sozialisationswirkungen der M. finden sich zahlreich, z.B. die Förderung von Gewaltbereitschaft bei Jugendlichen (→ Gewalt/Politische Gewalt) durch den

Konsum entsprechender M.-Inhalte. Als *positive* Funktionen der M. für die pS werden die Bereitstellung von Informationsmaterial über politische Zusammenhänge und Ereignisse, damit die Möglichkeit zur Aneignung politischen Wissens und zum politischen Lernen sowie die Möglichkeit zur Auseinandersetzung mit demokratischen Spielregeln anhand realer Beispiele benannt (Überblick bei Kuhn 2000).

Die *Agenda-Setting-Forschung* geht davon aus, daß M. nicht nur über ihre Inhalte selbst, sondern auch über die Gestaltung und Häufigkeit bestimmter Teile des Angebots Lerneffekte beim Publikum nach sich ziehen können: je häufiger etwas in den M. thematisiert wird, desto mehr wird darüber „gelernt", wobei als intervenierende Variablen für den Lerneffekt z.B. die persönliche Themenrelevanz und sozialstrukturelle Merkmale der Rezipienten berücksichtigt werden müssen (s. z.B. die Arbeiten von McCombs/Shaw, Schenk; Überblick bei Ingrisch 1997). M. vermitteln im Gegensatz zu Sozialisationsagenturen wie Familie und Schule kein an erzieherischen Gesichtspunkten orientiertes, „konsistentes Werte- und Normensystem, sondern folgen Prinzipien wie Aktualität und Publizität, sie sind innovatorisch ausgerichtet und die von ihnen propagierten Meinungen und Normen unterliegen einem raschen Wandel" (Kuhn 2000: 67).

Ergebnisse:

Mediale und personale Informationsquellen/Sozialisationsinstanzen: Kinder und Jugendliche nutzen vor allem das Fernsehen, im Schnitt ca. 2,5 Stunden täglich, am Wochenende ca. 3-4 Stunden, in Ostdeutschland noch häufiger als in Westdeutschland. Mädchen nutzen die M. vor allem unterhaltungs-, Jungen in höherem Maße informationsorientiert. Die 1990 noch feststellbare stärkere Zuwendung der ostdeutschen Jugendlichen zu informationsorientierten M.-Angeboten war in späteren Untersuchungen nicht mehr nachweisbar. Mädchen nutzen zudem personale Informationsquellen (Gespräche über Politik mit Eltern, Freunden, Lehrern usw.) stärker als Jungen, mediale Informationsquellen werden von den Jugendlichen insgesamt jedoch höher gewichtet als personale. Ältere Kinder und Jugendliche nutzen M. häufiger als politische Informationsquelle als jüngere. Die Schule als Instanz der pS (→ pS: Schule) spielt im Vergleich die geringste Rolle, für ostdeutsche Jugendliche ist der Einfluß der Familie (→ pS: Familie) auf die pS größer als für westdeutsche. Insgesamt betrachtet überlagerten schon Anfang der 90er Jahre Alters- und Geschlechtsunterschiede (→ pS: Geschlecht/Geschlechterverhältnisse) die Effekte des Ost-West-Unterschiedes (→ pS: Ost-/Westdeutschland; Studie Massenkommunikation V, Ingrisch 1997, Kuhn 2000).

Politische Einstellungen und politische Beteiligung: Ingrisch (1997) untersuchte die Auswirkungen verschiedener politischer Sozialisationsbedingungen in Ost und West mit Quer- und Längsschnittdaten bei Schülern der 8.-10. Klassen verschiedener Schultypen. Kuhn (2000) analysierte die Befragungsergebnisse von westdeutschen Schülern im Alter zwischen 13 und 20. Sowohl in den neuen als auch den alten Bundesländern zeigte sich, daß die bevorzugte Nutzung der M. als *Informati-*

onsquelle mit höherem politischem Wissen korrelierte als die Präferenz für personale Informationsquellen. Für den kognitiven Aspekt der pS kann also von einer zentralen Bedeutung der M. gesprochen werden. Zu Beginn der 90er Jahre zeigte sich dieser Zusammenhang noch stärker in West- als in Ostdeutschland, allerdings mit eindeutigen Tendenzen zur Angleichung. Für das politische Interesse sind die personalen Sozialisationsbedingungen zwar bedeutender als für das politische Wissen, jedoch spielen wiederum die M. insgesamt die wichtigste Rolle. Für die politische Handlungsbereitschaft Jugendlicher scheinen personale und mediale Sozialisationsinstanzen etwa gleichbedeutend, aber auch Gespräche mit Gleichaltrigen sind wichtig (→ pS: Gleichaltrigengruppe).

Insgesamt deuten die bisher vorliegenden empirischen Befunde auf eine *positive* Wirkung der *informierenden* M.-Inhalte im Prozeß der pS Jugendlicher, sowohl im Hinblick auf politisches Interesse und Kompetenz als auch auf die politische Beteiligungsbereitschaft (Kuhn 2000). In zahlreichen nationalen und internationalen Studien (für Deutschland z.B. Holtz-Bacha, s.o.) wird meist auf den negativen Effekt der Fernsehnutzung auf politische und soziale Orientierungen und Verhaltensweisen *erwachsener* Befragter hingewiesen: z.B. niedrigeres Niveau an → politischem und sozialem Vertrauen (→ Sozialkapital/Soziales Vertrauen), geringere Bereitschaft zu freiwilligem, bürgerschaftlichen Engagement und → politischer Beteiligung. Allerdings sind bisher keine definitiven Aussagen über die Richtung der Kausalität möglich. Dabei spielt eine entscheidende Rolle, welche M.-Inhalte und in welchem Umfang sie genutzt werden. Negative Effekte zeigen sich meist bei vorwiegender Nutzung *unterhaltender* M.-Inhalte (Norris 2000). *Direkte* dysfunktionale Wirkungen einer stärkeren Zuwendung zum Unterhaltungsangebot konnte Kuhn für Jugendliche nicht eindeutig nachweisen, diese scheinen vor allem *vermittelt* über sozio-demographische Vari-ablen (Alter, Geschlecht, → Bildung, Hintergrund des Elternhauses) aufzutreten. Mit einer Ausnahme, die wiederum die Rolle des Faktors Geschlecht (s.o.) betont: Bei Mädchen führte der häufigere Konsum von Fernsehunterhaltung zu einem stärkeren Gefühl von Inkompetenz und Machtlosigkeit (Kuhn 2000).

Ost-/Westdeutschland: Bei der Analyse der Einstellungen der Ostdeutschen kurz nach der Wiedervereinigung wurde häufig angeführt, daß die Bürger der neuen Bundesländer schon *vor* dem Mauerfall über Westkontakte mit Verwandten und vor allem den Konsum des Westfernsehens politische Orientierungen gegenüber dem westdeutschen politischen System und seinen Elementen entwickeln konnten und westliche Wertorientierungen vermittelt bekamen. Über die Stärke dieses Effektes auf die pS, vor allem in Konkurrenz zu den Sozialisationsbemühungen des sozialistischen Regimes der DDR, z.B. über die staatlich kontrollierten M., liegen keine gesicherten Erkenntnisse vor (→ pS: Ost-/Westdeutschland). Die historische Chance, die Dresdner Bürger, die zu DDR-Zeiten im sog. „Tal der Ahnungslosen“ lebten, d.h. ohne Möglichkeit zur Nutzung des Westfernsehens, unter dieser Fragestellung zu untersuchen, wurde leider von der Forschung nicht genutzt.

Ausblick/offene Fragen:
Die Fragen der adäquaten Operationalisierungen bzw. Trennung der Wirkung unterhaltender und politisch informierender M.-Inhalte wurde bisher noch nicht abschließend gelöst. Dem Trend des „Infotainment“ und seinen Effekten auf die pS forschungspraktisch gerecht zu werden, ist eine der Aufgaben der zukünftigen pSf. Auch liegen bisher vor allem Umfragedaten für Erwachsene, aber nur wenige Untersuchungen zum Zusammenhang von M.-Nutzung und politischen Orientierungen von Jugendlichen vor. Vor allem fehlen Längsschnittanalysen auf einer breiteren Datenbasis, die der pSf die Untersuchung von Kausalitätsstrukturen ermöglichen würden. Die neuen Informations- und Kommunikationstechnologien bringen neue Probleme für die pSf mit sich, z.B. die Frage der öffentlichen Kontrolle der M.-Inhalte (Schorb/Mohn/Theunert 1998). Hier sind pSf, Politik und Akteure aus dem Bereich der → politischen Bildung zur Entwicklung tragfähiger Konzeptionen für die Zukunft aufgerufen. Um der Bedeutung der M. für unser heutiges Leben gerecht zu werden und den verantwortlichen und reflektierten Umgang mit neuen und alten M. zu lernen („M.-Kompetenz“), wird seit längerem diskutiert, „M.-Kunde“ als neues Pflichtfach an den Schulen einzuführen. Inzwischen gibt es z.B. in Sachsen staatlich geförderte Modellversuche, die es schon Kleinkindern ermöglichen sollen, Erfahrungen mit dem Internet zu sammeln. Möglicherweise tragen solche Projekte auch zur Beantwortung der bisher offenen Frage bei, ob und wie Jugendliche die Pluralität der von den M. vermittelten Normen, Werte und Informationen verarbeiten können.

Katja Neller

Literatur:

Holtz-Bacha, Christina 1988: Unterhaltung ist nicht nur lustig. Zur politischen Sozialisation durch unterhaltende Medieninhalte: eine Forschungsnotiz, in: Saxer, Ulrich (Hrsg.): Sozialisation durch Massenmedien, Themenheft, Publizistik 33, S. 493-504.

Holtz-Bacha, Christina 1990: Ablenkung oder Abkehr von der Politik?, Opladen.

Ingrisch, Michaela 1997: Politisches Wissen, politisches Interesse und politische Handlungsbereitschaft bei Jugendlichen aus den alten und neuen Bundesländern. Eine Studie zum Einfluß von Medien und anderen Sozialisationsbedingungen, Regensburg.

Kuhn, Hans-Peter 2000: Mediennutzung und politische Sozialisation. Eine empirische Studie zum Zusammenhang zwischen Mediennutzung und politischer Identitätsbildung im Jugendalter, Opladen.

Neller, Katja 1999: Lokale Kommunikation. Politikberichterstattung in Tageszeitungen, Wiesbaden.

Norris, Pippa 2000: The Impact of Television on Civic Malaise, in: Pharr, Susan J./Putnam, Robert D. (Hrsg.): Disaffected Democracies. What's troubling the Trilateral Countries?, Princeton, S. 231-251.

Schorb, Bernd/Mohn, Erich/Theunert, Helga 1998: Sozialisation durch (Massen-)Medien, in: Hurrelmann, Klaus/Ulich, Dieter (Hrsg.): Handbuch der Sozialisationsforschung, 5., neu ausgestattete Aufl., Weinheim/Basel, S. 493-508.

Schulz, Winfried 1997: Politische Kommunikation. Theoretische Ansätze und Ergebnisse empirischer Forschung zur Rolle der Massenmedien in der Politik, Opladen/Wiesbaden.

Politische Sozialisation: Modernisierung

→ *Anomie/Entfremdung, Autoritarismus, Bürgertum, DDR, Globalisierung, Identität, Individualisierung, Nationalsozialismus, Politische Bildung, Politische Sozialisation, Politische Sozialisation: Beruf/Familie/Soziale Schicht, Politische Traditionen, Sozialer Wandel/Modernisierung, Transition/Transformation.*

Problemstellung:
Tatsächlich gab es pS zu allen Zeiten als Zusammenhang kognitiver, emotionaler und operativer Lernprozesse zur Tradierung, Erschließung und Konstitution des Sinns veränderungsfähiger Herrschaftsordnungen und ihrer materiellen Basis. Besondere Bedeutung hat sie in komplexen arbeitsteiligen Gesellschaften und modernen Staaten. In deren Differenzierung und Wandel ist sie abhängige und bedingende Variable, weil ihre Ergebnisse teils als merklicher Reflex auf sozio-ökonomische und politisch-kulturelle Modernisierungen gedeutet und teils selbst zu einer Triebkraft dafür werden können. Jede Modernisierung (M.) von Staat, Wirtschaft, Gesellschaft und Kultur ist auf geistige, affektive und handlungsbezogene Persönlichkeitsdispositionen in der Bevölkerung und somit auf kollektiv sich verdichtende subjektive Voraussetzungen zur Wahrnehmung gesellschaftlicher Verantwortung und öffentlicher Aufgaben angewiesen.

Die mit Hilfe oder gegen die Befindlichkeiten, Strebungen und Belastbarkeiten der Staatsbürger/innen aufgrund der objektiven Wirksamkeit mächtiger Herrschaftsstrukturen, disziplinierender Zwänge und zeitgeistprägender Weltanschauungen historisch sich anbahnenden und durchgesetzten M. der Zivilisation wirken als einschneidende Komponenten der Entstehung, Fächerung und Korrektur der pS in allen Lebensaltern. Dabei sind Richtung, Reichweite, Beschaffenheit und Rationalität sowie Tempo, Legitimationsfähigkeit und individual- oder soziopsychische Verarbeitbarkeit von M. betroffen und ausschlaggebend. M. ist keine eigenständige Instanz der pS und kein spezifisches Funktionsfeld ihrer Ergebnisse. Vielmehr ist sie, auch kraft ihrer Nebenfolgen oder kurz- bis langfristigen Nachwirkungen, übergreifend in fast allen Instanzen der pS präsent und wird in allen Dimensionen ihrer Ausprägung von pS maßgeblich mitgeprägt.

Forschungsgeschichte:
Die ältere pSf ging davon aus, daß demokratische Systeme Akzeptanz mit korrespondierenden Haltungen, Kenntnissen und Verhaltenskompetenzen in der Bevöl-

kerung finden, solange sie effizient oder wohlfahrtsstaatlich orientiert und überschaubar sind sowie den Aktivitätsbereiten Partizipationsmöglichkeiten bieten. M. als Reform der Herrschaftsapparaturen, politisch gestalteter Lebensverhältnisse und der Profile der politischen Persönlichkeit der Bevölkerungsmitglieder schienen danach als Verstetigung geltender Prinzipien der bürgerlichen Gesellschaft erklärlich und machbar. Die Aufarbeitung des Faschismus mit seinen auch individual- und sozio-psychischen Voraussetzungen und Sedimentierungen schärfte den Blick für umfassendere Lebensbedingungen als Variablen der pS. Deutlich wurden als grundlegende Aporie der bürgerlich verfaßten Moderne (→ Bürgertum, Politische Traditionen) im Alltag sich niederschlagende Folgen vor- und antidemokratischer Existenzmuster in den familialen Strukturen und im Beruf, der Entfremdung am Arbeitsplatz und gegenüber der Natur sowie mangelnder Transparenz und Beeinflußbarkeit der politischen Entscheidungen. Entsprechend wurde untersucht, inwiefern die faschistischen Regime in Europa durch einen autoritären Sozialcharakter begünstigt wurden (→ Autoritarismus, Nationalsozialismus) und zu seiner Verfestigung beitrugen, indem sie den sozio-ökonomischen und politisch-kulturellen Umbrüchen nach dem Ersten Weltkrieg nicht mit einer humanen M. der Lebensverhältnisse, sondern antimodernistischen Identifikationsangeboten zur Verdrängung von Veränderungen zwecks Aufrechterhaltung, Zuspitzung und Perversion überkommener Herrschaftsmuster begegneten.

Die Anamnese der in schrittweise modernisierten und äußerlich differenten Varianten auch nach dem Ende des Zweiten Weltkriegs in der BRD und in der → DDR vorfindlichen Fortexistenz des autoritären Sozialcharakters führte zu einer Analyse seither geltender Rahmenbedingungen. Dabei konzentrierte man sich auf die im Westen unterbliebene Radikal-M. (zugunsten reduzierter Demokratisierung und Beibehaltung kapitalistischer Strukturen) und im Osten unterdrückte Basal-M. (zugunsten von Demokratiedefiziten und vordergründigem Antikapitalismus). Für die relative Stabilität beider Systeme während des Ost-West-Konflikts wurden neben materiellen und ideologischen Zwängen der Machtträger in den Blöcken Apathisierungstendenzen aufgrund allein systemfunktionaler pS veranschlagt. Neuerdings wird nach dem Anteil der pS an den Ursachen des Epochenumbruchs um die Jahrtausendwende und danach gesucht, wie sich dessen objektiv im Zuge der → Globalisierung als Transformation (→ Transition/Transformation) sowohl durch das Ende der DDR als auch der zunächst als Zuspitzung des Kapitalismus in Erscheinung tretenden Umwälzungen im Westen auswirkender M.-Schub auf die pS auswirkt. Beobachtbar ist eine allmähliche Ergänzung traditioneller Befragungsverfahren als Momentaufnahmen mentaler Befindlichkeiten durch komplexe Forschungsdesigns für die Berücksichtigung des Charakters und der Konstituentien von Lernprozessen zur Wirklichkeitsverarbeitung.

Ergebnisse:
Für alle Zeiten gilt offenbar, daß in großer Häufigkeit das trotz vieler Gemeinsamkeiten subjektiv bleibende Bewußtsein der Menschen mit den objektiv sich ausbreitenden Umständen und Veränderungen der Moderne nicht schritt hält. Fragmentierte Kenntnisse oder Unwissen, allgemeine Ängstlichkeit und Fremdheitsfurcht sowie unzureichendes Vermögen zur Teilhabe an der Organisation der öffentlichen Angelegenheiten sind als Ergebnis vielschichtiger pS geprägt von der Undurchsichtigkeit, realen oder vermeintlichen Bedrohlichkeit und Unzulänglichkeit modernen Lebens. Dessen rasante Entwicklung und wiederkehrende Einmündung in Krisen und Katastrophen findet weniger aus begründeter Einsicht als aus Gewöhnung, surrogathafter Bedürfnisbefriedigung, Rechtfertigungsideologien und Problemverdrängung Zustimmung. War die moderne bürgerliche Demokratie anfänglich gefährdet durch die Folgen traditionaler Lebensmuster, so findet ihre inzwischen mehr äußerlich als wesensmäßig modernisierte Variante darin Grenzen, daß sie objektiv auf die Bewältigung der großen Herausforderungen der Menschheit noch keine geeigneten Antworten weiß oder vielleicht grundsätzlich nicht ausreicht und subjektiv wegen der Verharrung des kollektiven wie mehrheitlichen individuellen Bewußtseins auf allenfalls früheren Entwicklungsstufen der Demokratie keine hinreichend kritischen Impulse findet.

In der globalen ökologischen Krise, den internationalen Kriegspotentialen und dem Entwicklungsgefälle in vielen Teilen der Welt offenbart sich, daß die in mächtigen Schüben vorangetriebene kapitalistisch-industrialistische Moderne enorme Risiken für ein würdevolles (Über-)Leben in sich birgt. Sie verweisen auf die Notwendigkeit einer tiefgreifenden Erneuerung der sozio-ökonomischen und politisch-kulturellen Zivilisationsprinzipien, Institutionen und Problemlösungs-Modalitäten. Aufgrund von systemimmanent sozialisierter informationeller Desorientierung, Verlusten sozialer Bindungen, Ablenkungen durch die Unterhaltungsindustrie und Einbußen an autonomer → Identität vermögen die meisten der als Opfer betroffenen Menschen darauf nur stagnativ oder regressiv zu reagieren.

Ausblick / offene Fragen:
Durch den Zustand der pS gehen der dringenden objektiven Erneuerung auch der Politik wichtige subjektive Komponenten verloren, die ihre eigene Autonomie als Gestaltungskraft zugunsten einer sozial und ökologisch verträglichen, nachhaltigen Eindämmung des Ökonomismus einschränkt. Wichtig wäre die Durchsetzung von Entwicklungspfaden, die aus einer nur auf die Verstetigung und Expansion der herrschenden Zivilisationsordnung hinauslaufenden M. herausführen und unter Gesichtspunkten inner- und intergesellschaftlicher Gerechtigkeit auf die Einrichtung von Technik, Produktion, Verkehr und Wachstum nach menschlichem Maß im Einklang mit der Natur drängen. Um dafür nötige Bewußtseins-, Gefühls- und Handlungskompetenzen bei den Betroffenen zu erwirken, ist es unerläßlich, daß der kritische Umgang mit bislang vielfach wildwüchsigen M. systematisch geübt

wird. → Politische Bildung als Voraussetzung einer produktiven Verarbeitung widersprüchlicher Realität ist nicht überflüssig oder dem Privatinteresse zu überlassen, sondern vordringliche öffentliche Aufgabe im M.-Geschehen selbst.

Bernhard Claußen

Literatur:

Claußen, Bernhard 1996: Politisches Lernen in der Risikogesellschaft: Krisen, Gefährdungen und Katastrophen als Sozialisationsfaktoren, in: Claußen, Bernhard/Geißler, Rainer (Hrsg.): Die Politisierung des Menschen. Instanzen der politischen Sozialisation, Opladen, S. 375-398.

Claußen, Bernhard/Wellie, Birgit (Hrsg.) 1995: Bewältigungen. Politik und Politische Bildung im vereinigten Deutschland, Sonderausgabe, Hamburg.

Girmes, Renate (Hrsg.) 1997: Modernisierungsdruck als Bildungschance?, Münster.

Konopka, Melitta 1992: Vom Faschisten zum Ökopax. Zur Genese politisch relevanter Subjektivitätsstrukturen in der fortgeschrittenen deutschen Industriegesellschaft, Frankfurt a.M.

Moser, Helmut (Hrsg.) 1999: Sozialisation und Identitäten - Politische Kultur im Umbruch?, Noderstedt.

Politische Sozialisation: Ost-/Westdeutschland

→ DDR, Demokratie, Endogenität/Exogenität, Geschichtsbewußtsein, Militär, Neue Bundesländer, Politikverdrossenheit, Politische Sozialisation, Politische Sozialisation: Massenmedien, Politische Unterstützung, Soziale Sicherheit, Soziale Ungleichheit/Lebenslagen, Sozialer Wandel/Modernisierung, Sozialstruktur, Transition/Transformation, Wertewandel, Wohlfahrtsstaat.

Problemstellung:

PS bezeichnet die Vorbereitung der Gesellschaftsmitglieder auf die Wahrnehmung bestimmter sozialer Rollen, die für das Funktionieren einer Gesellschaft notwendig sind. Die Bedeutung der pS für die pK liegt in der Annahme, daß Einstellungen und Verhaltensweisen, die im Sozialisationsprozeß gelernt werden, die pK eines Landes weitgehend determinieren. Diese wiederum kann mit der politischen Struktur kongruent sein. Das politische System eines Landes ist in dem Maße stabil, in dem eine Kongruenz zwischen pK und politischer Struktur vorliegt. Nach der deutschen Vereinigung stellen sich vor allem zwei Fragen: 1. Wie wirkt sich die pS in unterschiedlichen politischen Systemen auf die demokratische pK im vereinigten Deutschland aus: Gibt es nennenswerte Unterschiede bei der Einstellung zur Demokratie? Und 2. Wenn ja, wie schnell wird eine Integration der Ostdeutschen in die pK der Bundesrepublik vollzogen? Die Bedeutung von Sozialisationsfaktoren konkurriert bei diesen Fragen in erster Linie mit modernisierungstheoretischen Überlegungen und Situationsfaktoren.

Modernisierungstheoretische Überlegungen gehen von einer schnellen Angleichung zwischen Ost- und Westdeutschland aus. Der → DDR werden trotz einer forcierten Modernisierung im wirtschaftlichen Bereich, die ökonomisches Wachstum und steigenden Lebensstandard brachte, deutliche Modernisierungsdefizite im politischen Bereich attestiert. Der Transformationsprozeß und die Vereinigung mit der Bundesrepublik werden aber als eine nachholende Modernisierung gesehen, die eine weitgehende Anpassung der ostdeutschen → Sozialstruktur an das westdeutsche Muster und eine schnelle Annäherung der pK erwarten lassen.

Diese Herangehensweise birgt aber zum einen die Gefahr, das Fremde zu stark in das eigene Bild einzupassen und damit zu nivellieren (Thumfart 1999), zum anderen kann diese deterministische Auffassung bestritten werden. Nach neuerer Auffassung ist deshalb die Erklärungskraft modernisierungstheoretischer Ansätze begrenzt. Um so mehr als eine Reihe von empirischen Studien indessen deutliche Unterschiede in den demokratischen Orientierungen der Ost- und Westdeutschen und in Ostdeutschland eine eher schwindende Akzeptanz des neuen Systems festgestellt haben (→ Politische Unterstützung). Zwar wird sowohl in den alten als auch in den → neuen Bundesländern die → Demokratie als Staatsform von der überwiegenden Mehrheit der Bevölkerung befürwortet, aber bei der Frage nach der Zufriedenheit mit der demokratischen Regierungsform des vereinigten Deutschlands gibt es gravierende Unterschiede zwischen Ost und West: Nur eine Minderheit der Ostdeutschen halten die Demokratie in der Bundesrepublik für die beste Staatsform und dieser Wert bleibt auch im Zeitverlauf konstant (Fuchs/Roller/Weßels 1997). Ähnliche Unterschiede lassen sich auch bei der Einschätzung des Funktionierens und der Leistungsfähigkeit der Demokratie in Deutschland nachweisen.

Als eine Erklärung für diese Unterschiede werden von manchen Autoren Situationsfaktoren herangezogen. Dazu zählen beispielsweise die ungleichen Lebenschancen in den alten und den neuen Bundesländern (→ Soziale Ungleichheit/Lebenslagen, Sozialstruktur) oder das noch unerfüllte Bedürfnis nach sozialer Anerkennung vieler Ostdeutscher (Pollack 1997). Diese Situationsfaktoren bieten aber keine ausreichende Erklärung, zumal erhebliche Einstellungsunterschiede zwischen Ost und West bereits zum Zeitpunkt der Vereinigung festgestellt werden konnten. Das spricht dafür, die Sozialisationshypothese stärker in den Mittelpunkt zu stellen. Diese geht davon aus, daß die Sozialisation in zwei unterschiedlichen politischen Systemen unterschiedliche Werte, Normen und Einstellungen geschaffen hat, so daß man im vereinigten Deutschland auch längerfristig von *zwei* pK ausgehen kann.

Politische Sozialisation in Ostdeutschland:
Die pS in Ostdeutschland und die politisch-ideologische Erziehung zu vollständiger Systemakzeptanz war zwar nicht in allen Teilen erfolgreich, verankerte aber

doch gewisse Werte- und Politikprioritäten (Dalton 1994). Die DDR-Sozialisation zeichnete sich dadurch aus, daß Berufs- und Lebensentwürfe fremdbestimmt und gesellschaftliches Engagement nur in vorgeschriebenen Bahnen möglich waren. Die organisierte pS in Schule, Berufsbildung, Studium, Jugendverband und vormilitärischer (→ Militär) Wehrerziehung förderte Anpassung, Unterordnung und die Konformität der Bevölkerung. Die Erfolge dieser Sozialisationsbestrebungen nahmen in den 80er Jahren immer mehr ab - z.B. durch den Einfluß anderer Sozialisationsagenturen, wie der → Familie und der Möglichkeit des Konsums westdeutscher Massenmedien. Aber Anpassung und Unterordnung wurden nicht nur durch Strafe und Kontrolle erreicht, sondern auch durch eine umfassende soziale Sicherung und Versorgung der Bürger (→ Soziale Sicherheit, Wohlfahrtsstaat). Während ersteres zu einer immer stärkeren Ablehnung des Systems führte, wurden und werden die sozialpolitischen Leistungen des alten Systems sehr positiv beurteilt (Roller 1996). Ergebnis dieser Sozialisation ist, daß das Gesellschaftssystem der DDR zwar abgelehnt wird, die Idee des Sozialismus und die mit ihr verbundenen Werte wie Gleichheit und umfassende soziale Absicherung durch den Staat aber weiterhin starken Zuspruch finden. Die Bürger der neuen Bundesländer bevorzugen demnach mehrheitlich ein Modell des demokratischen Sozialismus (Fuchs 1997). In den alten Bundesländern dagegen besteht eine größere Akzeptanz von Freiheit und Eigenverantwortung, die sich aus der inzwischen mehr als 50jährigen Erfahrung mit einem liberalen Demokratiemodell entwickelt hat.

Ausblick/ offene Fragen:
Die unterschiedliche Sozialisation in Ost- und Westdeutschland wird also als ein wichtiger Erklärungsfaktor für das Verständnis des Transformationsprozesses gesehen. Offen bleibt, wie sich die unterschiedliche pS in den neuen und den alten Bundesländern in Zukunft auf die pK und die Demokratie in Deutschland auswirkt. Sicher scheint, daß es die von der Modernisierungshypothese favorisierte schnelle Integration so nicht geben wird, da die im Sozialisationsprozeß erworbenen Werte- und Politikpräferenzen der Ostdeutschen sehr stabil sind (→ Wertewandel).

Carolin Schöbel

Literatur:

Dalton, Russel 1994: Communists and Democrats: Democratic Attitudes in the Two Germanies, in: British Journal of Political Science 24., S. 469-493.

Fuchs, Dieter 1997: Wohin geht der Wandel der demokratischen Institutionen in Deutschland?, in: Göhler, Gerhard (Hrsg.): Institutionenwandel, Opladen, S. 253-284.

Fuchs, Dieter/Roller, Edeltraud/Weßels, Bernhard 1997: Die Akzeptanz der Demokratie des vereinigten Deutschland, oder: Wann ist ein Unterschied ein Unterschied?, in: APuZ, B51, S. 3-12.

Pollack, Detlef 1997: Das Bedürfnis nach sozialer Anerkennung. Der Wandel der Akzeptanz von Demokratie und Marktwirtschaft in Ostdeutschland, in: APuZ, B13, S. 3-14.

Roller, Edeltraud 1996: Sozialpolitische Orientierungen nach der deutschen Vereinigung, in: Gabriel, Oscar W. (Hrsg.), Politische Einstellungen und politisches Verhalten im Transformationsprozeß, Opladen, S. 115-146.

Schöbel, Carolin 1995: Sozialisation in unterschiedlichen Systemen. Zum Profil der Persönlichkeitstypen in West- und Ost-Berlin, in: Klingemann, Hans-Dieter/Erbring, Lutz/ Diederich, Nils (Hrsg.) Zwischen Wende und Wiedervereinigung. Vergleichende Analysen zur politischen Kultur in West- und Ost-Berlin 1990, Opladen, S. 15-39.

Schöbel, Carolin 1997: Macht Persönlichkeit einen Unterschied? Eine empirische Analyse über das Wechselverhältnis von politischer Kultur und Persönlichkeitsstruktur, Berlin.

Thumfart, Alexander 1999: Westliche Perzeptionsmuster, das Fremde und der Wandel in den neuen Bundesländern - Von der Modernisierung „to something else", in: Waschkuhn, Arno/Thumfart, Alexander (Hrsg.): Politik in Ostdeutschland, München, S. 185-251.

Politische Sozialisation: Schule

→ *Bildung, Demokratische Persönlichkeit, Familie, Geschichtliche Phasen der BRD, Geschichtsbewußtsein, Konflikt/Konsens, Massenmedien, Parteiidentifikation, Politiker/Politische Klasse, Politische Bildung, Politische Korruption, Politische Sozialisation, Politische Sozialisation: Familie/Gleichaltrigengruppe/Massenmedien/Soziale Schicht, Politische Toleranz, Politikverdrossenheit, Politisches Bewußtsein, Politische Informiertheit, Politisches Interesse.*

Problemstellung:
Der Beitrag der Schule (S.) zur pS ist relativ schwer festzustellen, da die schulischen politischen Lernprozesse auf mehreren Ebenen stattfinden. PS ist nicht nur Gegenstand des politischen Unterricht als institutionalisierter pS, sondern darüber hinaus benachbarter Fächer wie Geschichte, Geographie aber auch Deutsch. Neben den curricularen Angeboten sind für die pS das Verhalten und die Ausbildungsqualität der Lehrerinnen und Lehrern das soziale und politische Klima und die institutionellen Strukturen der S. mitentscheidend. Methodisch besteht einmal die Schwierigkeit, diese vielfältigen unterrichts- und schulimmanenten Faktoren zu isolieren und deren Wirkungszusammenhang aufzuzeigen. Zum anderen kann man die S. und den Politikunterricht nur im Kontext anderer Sozialisationsinstanzen wie → Familie, → Massenmedien und Peer Groups (→ pS: Familie/Gleichaltrigengruppe/Massenmedien) sehen.

Institutionalisierung der politischen Sozialisation:
„Ein Bedarf an → politischer Bildung besteht oder entsteht dort, wo sich das politische System grundlegend verändert oder wo eine solche Veränderung von politischen Instanzen und/oder gesellschaftlichen Gruppen angestrebt wird oder wo solche Instanzen oder Gruppen ein Interesse daran haben, die Veränderungen auf-

zuhalten" (Behrmann 1975: 159). So versuchte Kaiser Wilhelm II. 1889 die S. in ihren Abstufungen nutzbar zu machen, „um der Ausbreitung sozialistischer und kommunistischer Ideen entgegenzutreten". Das politische System der Weimarer Republik wiederum glaubte, die politische Desorientierung der meisten Bürger u. a. durch die Einführung des Schulfaches „Staatsbürgerkunde" für alle S. (Art. 158 der Weimarer Verfassung) auffangen zu können. Nach der nationalsozialistischen Gewaltherrschaft drängten die Alliierten in Westdeutschland auf die Wiedereinführung einer demokratischen politischen Bildung in den S. (→ Geschichtliche Phasen der Bundesrepublik). Das entsprechende Schulfach wurde dann nach der Gründung der BRD allmählich in den einzelnen Bundesländern eingeführt, wenn auch unter verschiedenen Bezeichnungen, wie z.B. Gemeinschafts-, Sozialkunde oder Politische Weltkunde und Gesellschaftslehre, was auf verschiedene Konzeptionen hindeutet. In der → DDR wurde das Fach „Gegenwartskunde" und nach 1957 das Fach „Staatsbürgerkunde" eingeführt, das zusammen mit den anderen Schulfächern „die Ausprägung und wissenschaftliche Fundierung des Klassenstandpunktes der Arbeiterklasse bei den Schülern" als oberstes Ziel hatte. Nach der Vereinigung kam es in den → neuen Bundesländern zur Institutionalisierung demokratischer politischer Bildung, ähnlich wie in Westdeutschland.

Stellenwert des Faches in Schule und Öffentlichkeit:
Das Fach Sozialkunde hat zwar in einigen Bundesländern Verfassungsrang, aber in den Stundentafeln der S. nimmt es nur eine Randstellung ein. Obwohl die pSf gezeigt hat, daß soziales und politisches Lernen schon in der Grund-S. möglich und notwendig ist, werden die Kinder im Sachunterricht mehr mit naturwissenschaftlichen als mit gesellschaftlich-politischen Problemen konfrontiert. Auch in der Sekundarstufe I und II wird das Fach nicht kontinuierlich und z. T. nur einstündig unterrichtet. Der Versuch, wie in den „social studies" der USA die Fächer Sozialkunde, Geschichte und Geographie zu integrieren, wurde nur in Hessen unter der Bezeichnung „Gesellschaftslehre" und in einzelnen Kursen der reformierten Oberstufe des Gymnasiums unternommen.

Der geringe Stellenwert in den Stundentafeln wirkt sich natürlich auch auf die Einschätzung des Faches bei den Schülern, Lehrern und Eltern aus. Urban kommt 1976 noch zu dem Ergebnis: „Weder erwarten Lehrer oder Eltern für die schulische Erziehung ein → politisches Interesse, noch wird praktisch ein politisches Interesse herangebildet, noch stößt die politische Bildung auf ein eigenständiges Interesse der Schüler. Im Kontext anderer Lernziele und Interessengebiete verblaßt die politische Bildung bei den Schülern zu einer staatsbürgerlichen Pflichtübung, deren Einhaltung von keiner anderen Seite kontrolliert und sanktioniert wird" (Urban 1976: 74). Allerdings hat sich die Wertschätzung des Politikunterrichts bei den ausgebildeten Fachlehrern in den letzten Jahren deutlich verbessert, wenn auch diese positive Bewertung von den fachfremden Kollegen und Eltern nicht geteilt wird. „Lehrer/innen machen für diese Diskrepanzen unter anderem externe Faktoren verantwortlich: Skandale in der Politik, Unglaubwürdigkeit der → Politiker, Mißbrauch des Faches durch die Politik" (Harms/Breit 1990: 60; → Politische Korruption).

Effektivitätsuntersuchungen und Unterrichtsforschung:
In der BRD wurde die Frage nach der Wirksamkeit der schulischen politischen Bildung in den 60er Jahren diskutiert, und zwar im Anschluß an die Untersuchung des Frankfurter Instituts für Sozialforschung über das → politische Bewußtsein von Schülern, Lehrern, Lehrbüchern und Unterrichtsstil in Volks-, Mittel- und Berufs-S. (Becker u. a. 1967) sowie Gymnasien (Teschner 1968). Nach ihnen ist die → politische Bildung in der S. am ehesten in der Lage, Kenntnisse (→ Politische Informiertheit) und Grundbegriffe über politische Institutionen zu vermitteln, weniger politische Einstellungen zu verändern oder gar politische Handlungsbereitschaft oder -fähigkeit zu wecken. Methodisch problematisch an diesen Untersuchungen ist die fehlende Isolierung der schulischen Faktoren von den außerschulischen. Dieser Einwand trifft z.T. auch für andere Studien zur politischen Bildung in den verschiedenen Schularten zu (Ackermann 1996). Auch aus der differenzierten Analyse von Urban (1976) geht hervor, daß es dem traditionellen politischen Unterricht nur bei einem Viertel der Schüler gelungen ist, ein über den harmonisierenden Partnerschaftsgedanken oder eine Institutionenkunde hinausgehendes Politikverständnis zu vermitteln. Allerdings zeigen zahlreiche Unterrichtsexperimente in den USA und die bundesrepublikanischen Versuche z.B. von Harnischfeger (1972) die Möglichkeit von Einstellungsänderungen.

Die dem sog. Aktionslernen zuzuordnenden Methoden wie Rollen- und Simulationsspiele kommen ihren Zielen, Einstellungsänderungen und Handlungsfähigkeit zu fördern, näher als herkömmliche Verfahren, bleiben dafür aber im kognitiven und analytischen Lernen zurück. Die „qualitative" Unterrichtsforschung versucht neuerdings die politischen Lernprozesse im Unterricht stärker von den lernenden Jugendlichen her zu sehen. Auf dem Hintergrund individueller Alltagstheorien stellt Weißeno (1989) u.a. verschiedene Lernertypen fest, wobei er zwischen einer soziologischen, ökonomischen und politischen Orientierung unterscheidet. Schelle kommt 1995 in qualitativen Interviews zu dem zentralen Ergebnis: „Jugendliche haben mehr zu sagen, als sie sagen" und wendet sich gegen die weitverbreitete Ansicht, die Lernenden werden immer politikverdrossener (→ Politikverdrossenheit); allerdings gelingt es den Lehrenden nur schwer, Zugänge zu deren diskursiven Kompetenzen über gesellschaftspolitische Themen zu finden.

Die neueste internationale Vergleichsstudie zur politischen e in 28 Ländern (Torney u. a. 2001) macht deutlich, daß - anders als in der mathematischen und naturwissenschaftlichen Bildung - die Ergebnisse der pS nicht nur auf den Schulunterricht zurückgeführt werden können. Ähnlich wie in verschiedenen Jugendstudien aus der BRD wird auch in dieser Studie festgestellt, daß bei den Schülerinnen und Schülern eine Diskrepanz zwischen der Geringschätzung formeller Politik und der Wertschätzung der Organisationen für Menschenrechte, Umweltschutz und friedlichen Protest besteht.

Einfluß der Politiklehrkräfte:
Für die pS der Schüler dürfte der Lehrer als Informant, Organisator des Unterrichts, Prüfer und nicht zuletzt als Erzieher und Berater eine wichtige Rolle spielen. Während in den 50er Jahren noch eine starke Personalisierung, Psychologisierung und Harmonisierung der gesellschaftspolitischen Verhältnisse festgestellt wurde, unterstützen die Lehrenden seit den 70er Jahren eher Ziele wie Kritikfähigkeit und kontroverses Denken bei den Schülern (→ Konflikt/Konsens), während sie sich selbst eher als neutrale Vermittlungsinstanz verstehen (z.B. Harms/Breit 1990, Ackermann 1999). Wenn auch die Professionalisierung der Politiklehrkräfte insgesamt zugenommen hat, gibt es immer noch Ausbildungsdefizite, vor allem in den neuen Bundesländern.

Schulleben - Schulklima:
Über die Auswirkungen des Schulklimas oder der Organisationsstrukturen liegen in der Bundesrepublik nur wenige Untersuchungen vor. Does hat festgestellt, daß ein offenes Schulklima, das z.B. durch Gespräche, das Vorhandensein von verschiedenen Meinungen in der Klasse, politsches Engagement des Lehrers gekennzeichnet ist, positiv korrespondiert mit politischem Interesse, Toleranz und Kritikbereitschaft bei den Schülern (→ Demokratische Persönlichkeit, Politische Toleranz). Die Frage nach den Auswirkungen des dreigliedrigen Schulsystems kann nicht abschließend beantwortet werden.

Verschiedene Untersuchungsbefunde (z.B. Urban 1976; Schulze 1977) unterstützen die Annahme einer schichtspezifischen Sozialisation durch das dreigliedrige Schulsystem, d.h. je höher der Bildungsgrad (→ Bildung), desto größer die Handlungsbereitschaft der Jugendlichen. In den letzten Jahren rückte die Frage der Auswirkungen einer inneren Schulreform in Richtung Schulgemeinde bzw. Mikro-Polis in den Mittelpunkt des Interesses. Eine demokratische Schulstruktur und eine „Kultur der Anerkennung"(Peter Henkenborg) scheint politisches Lernen durch Verantwortungsübernahme zu begünstigen (Hepp/Schneider 1998).

Paul Ackermann

Literatur:

Ackermann, Paul 1996: Das Schulfach „Politische Bildung" als insitutionalisierte politische Sozialisation, in: Claußen, Bernhard/Geißler, Rainer (Hrsg.): Politisierung des Menschen, Opladen, S. 91-101.

Ackermann, Paul 1999: Die Rolle der Lehrenden, in: Mickel, Wolfgang W. (Hrsg.): Handbuch zur politischen Bildung, Schwalbach, S. 506-510.

Becker, Egon/Herkommer, Sebastian/Bergmann, Joachim 1967: Erziehung zur Anpassung, Schwalbach.

Behrmann, Günther C. 1975: Soziales System und politische Sozialisation, Stuttgart.

Harms, Hermann/Breit, Gotthart 1990: Zur Situation des Unterrichtsfachs Sozialkunde/ Politik und der Didaktik des politischen Unterrichts aus der Sicht von Sozialkundelehrerinnen und -lehrern, in: Cremer, Will (Hrsg.): Theorie und Praxis der politischen Bildung (Bd. 290), Bonn.

Harnischfeger, Annegret 1972: Die Veränderung politischer Einstellungen durch Unterricht, Berlin.

Hepp, Gerd/Schneider, Herbert (Hrsg.) 1998: Schule in der Bürgergesellschaft, Schwalbach.

Schelle, Carla 1995: Schülerdiskurse über Gesellschaft, Schwalbach.

Schulze, Gerhard 1977: Politisches Lernen und Alltagserfahrung, München.

Teschner, Manfred 1968: Politik und Gesellschaft im Unterricht, Frankfurt.

Torney-Purta, Judith/Lehmann, Rainer/Osswald, Hans/Schulz, Wolfram 2001: Citizenship and Education in Twentyeight Countries, Delft.

Urban, Klaus 1976: Bedingungen politischen Lernens bei Schülern, München.

Weißeno, Georg 1989: Lernertypen und Lernerdidaktiken im Politikunterricht, Frankfurt a.M.

Politische Sozialisation: Soziale Schicht

→ *Anomie/Entrfremdung, Arbeitslosigkeit, Autoritarismus, Bildung, Demokratische Persönlichkeit, Extremismus, Familie, Fremdenfeindlichkeit, Gewalt/Politische Gewalt, Identität, Lebenszufriedenheit/Lebensqualität, Neue Bundesländer, Neue Soziale Bewegungen, Politische Beteiligung, Politische Sozialisation, Politische Sozialisation: Beruf/Familie/Modernisierung, Soziale Ungleichheit/Lebenslagen, Sozialkapital/Soziales Vertrauen, Sozialstruktur, Wertewandel.*

Problemstellung:
Die Neufassung dieses Artikels nach fast 20 Jahren bringt einen paradoxen Tatbestand ans Licht: einerseits hat sich die Diskussion um Gegenstand und empirische Erfassung sozialer Ungleichheit erheblich weiterentwickelt, so daß zumindest Zweifel an der analytischen Fruchtbarkeit traditioneller Schichtkonzepte (Schicht: Sch.) zur Erfassung der Lage im System sozialer Ungleichheit aufkommen. Andererseits hat sich der von mir 1981 konstatierte relativ defizitäre Status einer Durchdringung des Zusammenhangs von → sozialer Ungleichheit und pS bis heute wenig verändert.

Gemeinsames Merkmal aller Sch.-Modelle ist das Bemühen, Ordnung und Übersicht in die Struktur sozialer Ungleichheit zu bringen und diese damit der wissenschaftlichen Analyse zugänglich zu machen. Unter sozialer Ungleichheit wird im allgemeinen die gesellschaftlich hervorgebrachte, relativ dauerhaft vorgegebene Struktur ungleicher Verteilung knapper und begehrter materieller und immaterieller Ressourcen (Macht, Geld, Ansehen, Wissen, ungleiche Zugangschancen zu ihnen) auf die Mitglieder einer Gesellschaft verstanden, die die Befriedigung allgemein akzeptierter Lebensziele beeinflußt und damit die → Lebenszufriedenheit/Lebensqualität von Individuen entscheidend prägt (→ Sozialstruktur). Ungleicher Zugang zu und ungleiche Verteilung von Ressourcen bilden Rahmenbedingungen, deren Wirksamkeit zwar mit familien- oder milieuspezifischen Bewertungen variiert, die aber gleichwohl objektive Barrieren und Möglichkeiten individueller Entfaltung markieren (Steinkamp 1991). Soziale Sch. werden als Kollektive von Menschen aufgefaßt, die durch horizontale Einschnitte in die vertikale Ungleichheitsstruktur gebildet werden und Individuen, → Familien oder Haushalte mit vergleichbarer Ressourcenausstattung (zu ihrer empirischen Erfassung werden üblicherweise die einzeln oder in bestimmten Kombinationen berücksichtigten Indikatoren → Bildung, Einkommen und Beruf herangezogen) zu relativ homogenen Gruppen zusammenzufassen versuchen.

Der Einfluß gesellschaftlicher Ungleichheit auf die pS soll aus der Lebenslaufperspektive erfaßt werden, in dem drei zentrale, zeitlich aufeinander folgende und in Abhängigkeit zueinander stehende Ungleichheitslagen (soziale Herkunftssch., Schul- und Berufsausbildung, berufliche Erfahrungswelt) in ihrer Bedeutung für die pS analysiert werden.

Herkunftsschicht der Familie und politische Sozialisation des Kindes:
Die Bedeutung der sozialen Herkunftssch. des Kindes für seine pS kann nur mit solchen Untersuchungsdesigns demonstriert werden, die gleichzeitig die soziale Sch.-Position der Eltern, den von ihr beeinflußten familialen Sozialisationsprozeß und die in Abhängigkeit zu ihm stehende Persönlichkeitsentwicklung des Kindes erfassen, also mit sog. Drei-Ebenen-Analysen. Nur wenige bislang vorliegende Arbeiten erfüllen diese methodischen Voraussetzungen (u.a. Bertram 1978; Steinkamp/Stief 1978; Kohn u. a. 1986). Dabei ist anzumerken, daß auch diese Untersuchungen nur bestimmte Variablenausschnitte der jeweils sehr komplexen Ebenen des Modells erfassen. Die auf der Kind-Ebene in allen drei Untersuchungen erfaßten unterschiedlichen Variablen lassen sich als „vorpolitische" Dispositionen verstehen: moralisches Bewußtsein (Bertram), Selbstbestimmung vs. autoritärer Konventionalismus (Steinkamp/Stief 1978; → Autoritarismus), Bewertung von Selbstbestimmung vs. Konformität (Kohn u. a. 1986).

Diese drei Untersuchungen zeigen übereinstimmend, daß die jeweilige Lage der → Familie im Sch.-System Einfluß nimmt auf die in der Familie stattfindenden Sozialisationsprozesse und diese wiederum die Entwicklung der kindlichen Persönlichkeit teilweise erklären. Tendenziell gilt daher: Je privilegierter die familiale Lage im System sozialer Ungleichheit, desto eher entwickeln Kinder vorpolitische Wertorientierungen, Einstellungen und Dispositionen, die für eine demokratisch-freiheitliche Gesellschaft funktional sind (→ Demokratische Persönlichkeit).

Bildung und politische Sozialisation:
Die auch heute noch in starker Abhängigkeit von der sozialen Herkunftssch. stehenden Schulbildungslaufbahnen und -abschlüsse haben einen gewichtigen Einfluß auf die Ausbildung politischer Orientierungen und Aktivitäten von Jugendlichen und jungen Erwachsenen. Präferenzen für unterschiedliche Ziele von Jugendlichen mit verschiedenen Bildungsabschlüssen können auf der Basis der von Inglehart entwickelten bipolaren Wertedimension (→ Wertewandel) materialistisch (z.B. „Aufrechterhaltung von Ruhe und Ordnung") vs. postmaterialistisch (z.B. „Mehr Einfluß der Bürger auf Entscheidungen der Regierung", „Schutz des Rechtes auf freie Meinungsäußerung") ermittelt werden. Nach Inglehart unterscheiden sich Materialisten und Postmaterialisten in konsistenter Weise in ihren Einstellungen gegenüber so unterschiedlichen Themen wie Rechte der Frau, Einstellungen zu gesellschaftlichen Minoritäten, Verantwortungsbewußtsein für die Dritte Welt. Der Anteil von Postmaterialisten steigt deutlich mit zunehmendem Bildungsabschluß (für 1988: Hauptschulabsolventen 25 %, Realschulabsolventen 40 %, Oberschulabsolventen 68 %) und mit der Kohortenzugehörigkeit: in allen drei Bildungsgruppen nimmt der Anteil der Postmaterialisten von der ältesten zur jüngsten Kohorte zu (Baumert 1991).

Noch überzeugender gelingt der Nachweis der Bedeutung von Bildung für die pS durch die Konstruktion einer komplexen, über 12 Items gewonnenen Zielvariablen „Politische Mobilisierung", in die unter anderem politisches Interesse, konventionelle politische Partizipation, Bereitschaft zu unkonventionellem politischem Verhalten und politische Kontrollüberzeugungen eingehen. Die Varianz dieser Zielvariablen wird durch den Bildungsabschluß - von der ältesten zur jüngsten Kohorte ansteigend - zwischen 19 % und 25 % erklärt (Baumert 1991). Die Bereitschaft von Jugendlichen, Mitglied einer Partei zu werden oder außerhalb von Parteien politisch aktiv zu werden (z.B. in → Neuen Sozialen Bewegungen), steigt bei Befragten mit Abitur im Vergleich zu denen mit einem Hauptschulabschluß ebenfalls deutlich an. Abgesehen von einzelnen Unterschieden ist das allgemeine Beziehungsmuster zwischen Bildungsabschluß und Teilnahme bzw. Teilnahmeintensität für ost- und westdeutsche Jugendliche gleich (Hopf/Hopf 1997). Vergleichbare Ergebnisse für die USA fanden Jennings und Niemi (1981). Auch für die Teilnahme an einer politischen Demonstration erweist sich das Bildungsniveau als bester Prädiktor: Während zwischen den Bildungsgruppen „kein Hauptschulabschluß", „Hauptschul-" und „Realschulabschluß" nur schwache Unterschiede festzustellen sind, finden sich bei den Personen mit Abitur die meisten Partizipanten. Einen mittleren Einfluß auf die Demonstrationsteilnahme haben das Alter und das Geschlecht: Personen unter 25 Jahren demonstrieren eher als Personen über 25 Jahren und Männer eher als Frauen (Mohr 1984).

Neben diesen hier nachgewiesenen direkten Effekten unterschiedlicher Bildungslaufbahnen von Kindern und Jugendlichen auf Dimensionen → politischer Beteiligung sind auch indirekte, d.h. über das jeweilige Bildungsniveau der Eltern vermittelte Einflüsse zu berücksichtigen. Neben dem Berufsstatus ist es vor allem der Bildungsstatus der Eltern, dem für die spezifische Qualität innerfamilialer Sozialisation und damit auch für latente politische Formungsprozesse der kindlichen Persönlichkeit eine zentrale Bedeutung zuzumessen ist (Steinkamp/Stief 1978, Kohn 1981).

Berufliche Arbeit und politische Sozialisation:
Die Bedeutung beruflicher Arbeit für die Persönlichkeitsentwicklung wird schon von Smith und Marx betont. Überzeugende empirische Beweise für diesen Zusammenhang haben aber vor allem Kohn und Mitarbeiter in zahlreichen Untersuchungen geliefert. Kohn bindet die jeweiligen Arbeitserfahrungen an die soziale Sch.-Position von Menschen, wenn er die These vertritt und empirisch solide bestätigt, daß die Berufsbedingungen in höheren im Gegensatz zu denen in niedrigeren gesellschaftlichen Sch. sich eher durch inhaltlich komplexe, nicht-routinisierte und wenig kontrollierte Arbeitsabläufe charakterisieren lassen, die berufliche Selbstbestimmung, d.h. den Einsatz von Initiative, Verstand und unabhängigem Urteil ermöglichen. Die langfristige Erfahrung beruflicher Selbstbestimmung kristallisiert sich nach Kohn in dem komplexen Persönlichkeitsmerkmal Selbstbestimmung („self-direction"), „d.h. zu handeln auf der Grundlage des eigenen Urteils, zu achten auf die innere Dynamik sowie auf die äußeren Konsequenzen, aufgeschlossen zu sein, anderen zu vertrauen, persönlich verantwortete moralische Standards zu haben" (Kohn 1981: 203; → Politische Toleranz/Sozialkapital/Soziales Vertrauen)). Die langfristige Erfahrung eher fremdbestimmter Arbeit hat die Strukturierung einer ebenfalls komplexen psychischen Disposition zur Folge, die Kohn als Anpassung („conformity") bezeichnet: „d.h. den Gesetzen der Autorität zu folgen, sich auf äußere Konsequenzen zu konzentrieren unter Ausschluß innerer Prozesse, intolerant zu sein gegenüber Unangepaßtheit und abweichender Meinung, anderen zu mißtrauen, moralische Standards zu haben, die Gehorsam gegenüber dem Buchstaben des Gesetzes betonen" (Kohn 1981: 205). Die Bedeutung dieser „vorpolitischen" Dispositionen für politisches Handeln erscheint offensichtlich: So ist z.B. die Nähe des Conformity-Syndroms zur autoritären Persönlichkeit (→ Autoritarismus, Demokratische Persönlichkeit, pS: Familie) nicht zu übersehen.

Geißler (1996) hat auf der Datenbasis des Allbus 1992 die konventionelle (Parteimitgliedschaft) und die unkonventionelle politische Beteiligung (Beteiligung an Unterschriftensammlung, genehmigten politischen Demonstrationen, Bürgerinitiativen, Boykottaufrufen) bei verschiedenen Berufsstatusgruppen (ab 18 Jahre) für Ost- und Westdeutschland analysiert. Während für die Parteimitgliedschaft kein ausgeprägter Gradient auf der Basis des zentralen Sch.-Indikators Berufsstatus sich nachweisen läßt, ergibt sich für die unkonventionelle politische Teilnahmeform ein ausgeprägteres Gefälle von oberen zu unteren Berufsstatusgruppen. Ob dieser Sch.-Gradient als Folge eines subjektiven Verarbeitungsprozesses der mit den jeweiligen Berufsstatusgruppen grob variierenden Lebens- und Arbeitsbedingungen interpretiert werden kann (wie es z.B. die Kohn'schen Untersuchungen nahelegen), ist nicht zu entscheiden. Ursächlich für den vorliegenden Gradienten können auch die mit dem Berufsstatus hoch korrelierenden, als Zugangsbedingungen für unterschiedliche Berufe zentralen Bildungskarrieren sein, weil sie - wie Baumert (1991) auf der Basis von Allbus-Daten aus dem Jahre 1988 in einem Pfadmodell nachweist - mit politischer Mobilisierung in engem Zusammenhang stehen, während ein solcher mit dem aktuellen Beruf der Befragten von ihm nicht nachgewiesen werden konnte.

Angesichts der betonten Bedeutung beruflicher Arbeit für Lebensführung und → Identität ist es nicht erstaunlich, daß dem unfreiwilligen (vor allem längerfristigen) Verlust der Erwerbsarbeit ebenfalls gravierende direkte Folgen für die Persönlichkeit der Betroffenen respektive indirekte Folgen für die familiale Sozialisation zugesprochen werden (z.B. Steinkamp/Meyer 1996). Wenn auch die Auswirkungen der Erwerbslosigkeit von personalen, sozialen und gesamtgesellschaftlichen Bedingungen beeinflußt werden, so zeigen sich doch latente und manifeste pS-Effekte, die insgesamt die mit → Arbeitslosigkeit verbundenen Belastungen und Enttäuschungserfahrungen als „Risikofaktoren" für fremdenfeindliche, gewaltorientierte und radikale Einstellungen und Verhaltensweisen herausstellen (Steinkamp/Meyer 1996; → Fremdenfeindlichkeit, Gewalt/Politische Gewalt). Dabei ist aber zu betonen, daß Arbeitslosigkeit nicht als *das* dominierende Kriterium und *das* zentrale Erklärungsmuster für fremdenfeindliche Gewalttaten anzusehen ist, wie es häufig in der Presse für die pogromartigen Ausschreitungen gegenüber Ausländern vor allem in der ehemaligen DDR geschieht. Vielmehr sind die durch Erwerbslosigkeit erzeugten Frustrationen und/oder Orientierungslosigkeiten nur als potentielle Ursachen für fremdenfeindliche Straf- und Gewalttaten anzusehen. Zweifellos können aktuelle situative Bedingungen wie die ökonomische Lage und Krisenerfahrungen durch Erwerbslosigkeit Auslöser für rechtsextreme Orientierung und Gewalt sein (→ Extremismus). Ob sie es jedoch tatsächlich werden, hängt von den sozialen (z.B. Umfang und Qualität sozialer Unterstützung) und vor allem auch personalen Ressourcen (z.B. Kontrollüberzeugungen) ab, die den Umgang mit und die Verarbeitung von belastenden Krisenerfahrungen moderieren. Dabei ergibt sich der fatale Tatbestand, daß mit fallender Lage im Sch.-Gefüge Belastungsumfang und -intensität zunehmen, aber gleichzeitig Quantität und Qualität personaler wie sozialer Ressourcen abnehmen (Steinkamp 1999).

Günther Steinkamp

Literatur:

Baumert, Jürgen 1991: Langfristige Auswirkungen der Bildungsexpansion, in: Unterrichtswissenschaft 19, S. 333-348.

Bertram, Hans 1978: Gesellschaft, Familie und moralisches Urteil, Weinheim.

Geißler, Rainer 1996: Politische Sozialisation in der Familie, in: Claußen, Bernhard/Geißler, Rainer (Hrsg.): Die Politisierung des Menschen. Instanzen der politischen Sozialisation, Opladen, S. 51-70.

Hopf, Christel/Hopf, Wulf 1997: Familie, Persönlichkeit, Politik. Eine Einführung in die politische Sozialisation, Weinheim/München.

Jennings, M. Kent/Niemi, Richard G. 1981: Generations and Politics: A Panel Study of Young Adults and Their Parents, Princeton.

Kohn, Melvin L. 1981: Persönlichkeit, Beruf und soziale Schichtung, Stuttgart.

Kohn, Melvin L./Slomczynski, Kazimierz M./Schoenbach, Carrie 1986: Social Stratification and the Transmission of Values in the Family: A Cross-National Assessment, Sociological Forum 1, S. 73-102.

Mohr, Hans-Michael 1984: Politische und soziale Beteiligung, in: Glatzer, Wolfgang/Zapf, Wolfgang (Hrsg.): Lebensqualität in der Bundesrepublik Deutschland, Frankfurt/New York, S. 157-173.

Steinkamp, Günther 1991: Sozialstruktur und Sozialisation, in: Hurrelmann, Klaus/Ulich, Dieter: Neues Handbuch der Sozialisationsforschung, Weinheim/Basel, S. 251-277.

Steinkamp, Günther 1999: Soziale Ungleichheit in Mortalität und Morbidität, in: Schlicht, Wolfgang/Badura, Bernhard: Gesundheit für alle. Fiktion oder Realität?, Schorndorf, S. 101-154.

Steinkamp, Günther/Meyer, Thomas 1996: Politische Sozialisation durch Arbeitslosigkeit., in: Claußen, Bernhard/Geißler, Rainer (Hrsg.): Die Politisierung des Menschen, Instanzen der politischen Sozialisation, Opladen, S. 321-337.

Steinkamp, Günther/Stief, Wolfgang H. 1978: Lebensbedingungen und Sozialisation, Opladen.

Politische Steuerung

→ *Armut, Bildung, Gewerkschaften, Identität, Innere Sicherheit, Politikberatung, Politikverflechtung, Politische Beteiligung, Politische Sozialisation, Rechtskultur, Soziale Marktwirtschaft, Soziale Sicherheit, Sprache, Verbände, Wertewandel.*

Begriff/Definition:

Das Begriffspaar „Politische Steuerung“ (pSt) wird alltagssprachlich nicht verwendet, auch wenn das Bild vom Staatenlenker als Steuermann, der das Staatsschiff sicher über alle Klippen steuern soll, immer wieder ausgemalt wird. Dagegen findet dieses Begriffspaar in den unterschiedlichsten Forschungsbereichen der Politikwissenschaft Verwendung, beispielsweise in der Planungs-, Korporatismus-, Kultur- oder Wertewandelforschung (→ Wertewandel). Als Minimalkonsens der Politikwissenschaft über die Begriffsverwendung läßt sich festhalten, daß damit der sachlogisch-technizistische Aspekt politischen Problemlösungsverhaltens gemeint ist, bei dem es um die Erfolgsbedingungen politischen Handelns geht. Synonyme sind deshalb „Regulative Politik“ oder „Governance“. Werden die Begriffe zudem normativ dimensioniert, dann postuliert man als Problemlösungsintention eine Gemeinwohlorientierung.

Theorien/Konzepte/Modelle:
Dieses Begriffsverständnis verweist auf die zentrale Forschungsfrage von Steuerungsanalyse: Im Mittelpunkt steht die Gestaltungskapazität von Politik. Gesucht ist also eine Antwort auf die Frage, inwieweit Politik soziale Abläufe einleiten, umlenken oder abbrechen kann. Ins Blickfeld geraten auf diese Weise die pSt-Instanz, das politisch verfügbare Steuerungsinstrumentarium, der politisch anvisierte Steuerungsadressat und nicht zuletzt das soziale Umfeld, das den Steuerungsprozeß beeinflußt. Die politikwissenschaftlichen Bemühungen, den Politikverfertigungs- und Umsetzungsprozeß zu rationalisieren, gehen auf den Bedarf der Nachkriegszeit an wissenschaftlicher → Politikberatung zur Einleitung innenpolitischer Reformen zurück. So wurde Präsident Johnsons Aufbruch in die „New Society" von der RAND (Research- and Development) Corporation, einem wissenschaftlichen Gremium, begleitet, die das 1965 auf allen Ebenen der amerikanischen Bundesverwaltung eingeführte PPBS (Planning-Programming-Budgeting-System) entwickelt hatte. Wissenschaftliche Grundlage war die Systemanalyse, ein Verfahren zur Erarbeitung effektiver Entscheidungen, die Programmvorhaben als integrierten Prozeß von Planung, Programmbildung und Budgetierung analysierte. Allerdings trog die Hoffnung, daß beispielsweise die beim Apollo-Programm erfolgreiche Koordination von Tausenden von Einzelentscheidungen auch Erfolg bei der Slumsanierung oder der Luftreinhaltung garantiert.

Solche rationalen Verfahren, die durch die Verwissenschaftlichung von Politik deren Optimierung und infolgedessen eine Verbesserung gesellschaftlicher Verhältnisse zu verbürgen scheinen, treten hierzulande zur Zeit der Großen Koalition Ende der 60er Jahre ihren Siegeszug an. Der politische wie politikwissenschaftliche Terminus, der nunmehr die Verzahnung von praktischer Politik und wissenschaftlicher Beratung anschaulich macht, ist Planung. „Politische" Planung demonstrieren Globalsteuerungsarrangements wie „gesamtwirtschaftliche Rahmenplanung" oder „mittel- und langfristige Aufgabenplanung" ebenso wie Fachplanungen, so etwa der „Grüne Plan" zur Förderung der Landwirtschaft. „Politikwissenschaftliche" Planung meint die wissenschaftlich angeleitete Suche nach konsensfähigen Politikzielen, effektiven Zielerreichungsstrategien und antizipierbaren Zielkonsequenzen. Diese Trias von wissenschaftlich begleiteter Zielfindung, -verwirklichung und -vorwegnahme gründet sich auf die Vorstellung eines Politikverfertigungsprozesses mit den Stadien Planentstehung, -durchführung und -wirkung. Das letzte Stadium liegt vorrangig im Forschungsinteresse der Evaluations-, das mittlere Stadium der Implementations- und das erste Stadium der Planungsforschung, auch wenn bei der Erstellung eines Plans dessen Durchführung und Auswirkung mitbedacht werden müssen. Planungsforschung war mit der Unterstellung verbunden, daß sich gesellschaftliche Zustände politisch gestalten lassen, sofern nur die als notwendig erkannten Instrumente und Ressourcen bereitgestellt würden. Entdeckungshilfe leisteten in erster Linie entscheidungstheoretische und kybernetische Planungskonzepte, die allerdings nicht auf bestimmte Forschungsgegenstände wie das Makrophänomen „Gesellschaftsteuerung" oder das Organisationsphänomen „Enthierarchisierung" zugeschnitten waren. Politische und politikwissenschaftliche Planungsanstrengungen dieser reform-euphorischen Zeit erscheinen technokratisch in dem Sinn, daß politische und wissenschaftliche Experten glaubten, die „Sachzwänge" der bundesrepublikanischen Industriegesellschaft ermitteln und abarbeiten zu können. Daneben läßt sich auch eine kritisch-emanzipatorische Intention ausmachen, die Partizipationssteigerung, Umverteilung oder die Ausschöpfung von Bildungspotentialen erreichen wollte (→ Politische Beteiligung, Bildung).

Die Grenzen der Planbarkeit sozialer Prozesse thematisierten die Planungstheoretiker dreifach. Zum einen müßte das politisch-administrative System der Umweltvarietät, also der gesellschaftlichen Erwartungs- und Problemvielfalt entsprechend organisiert sein, um die erforderliche Umweltsensibilität aufbringen zu können; anderenfalls laufen Planungsvorhaben ins Leere. Zum zweiten müßte die Binnenorganisation dieses Systems komplexe Problemzusammenhänge in der Umwelt ebenso komplex als interne Problemverarbeitungsmuster abbilden, um umweltangemessene Lösungen bewerkstelligen zu können. Zum dritten müßte das System die Fülle der Umweltinformationen bewältigen, bewerten und verarbeiten, um eine tragfähige Umweltgestaltungsstrategie entwickeln zu können. Diese Varietäts-, Komplexitäts- und Informationsproblematik wurde grundsätzlich für unlösbar gehalten. Als zudem die politikwissenschaftlich angeleitete politische Planung nicht hielt, was man sich davon versprochen hatte, und die Politik zudem bei der Bewältigung sektoraler Krisen wie der „Energiekrise" 1974/75 versagte, wurden seit den 80er Jahren die weit gesteckten Anforderungen an die wissenschaftliche Politikberatung zurückgenommen, und man erwartete nur noch die Rationalisierung von Politiksegmenten.

Derart heruntergeschraubte Erwartungen markieren zugleich einen Wandel des Politikverständnisses. Den Fortbestand der technisierten Lebens- und Produktionswelt schienen bis dahin ausschließlich immer weiter verbesserte Wirtschafts-, Sozial- und Humantechnologien zur Bewältigung technischer Sachzwänge zu gewährleisten. Politik war vermeintlich nur die Umsetzung wissenschaftlich-technischer Notwendigkeiten in allgemein verbindliche Handlungsanweisungen an die Gesellschaftsmitglieder, eben Pläne. Neue Herausforderungen wie wiederkehrende Wirtschafts- oder Energiekrisen machten jedoch zum einen klar, daß begrenzte Mittel zur Krisenbewältigung dazu herausforderten, politisch Prioritäten zu setzen. Zum anderen wuchs die Einsicht, daß technische Entwicklungen wie die Atomenergie keinen eigendynamischen, unabänderlichen Sachzwang, sondern nur eine Einschränkung politischer Entscheidungsalternativen begründeten. Ein bisher eher technisch-rationales wandelt sich von da ab in ein mehr funktional-reflexives Politikverständnis. Politik wird seit dieser Zeit als begrenzter Entscheidungskorridor gesehen, wobei grenzziehend getroffene Vorentscheidungen, verfügbare Mittel oder auch sozio-ökonomisch so definierte „Sachzwänge" sind.

Die Wissenschaft ist seitdem aufgefordert, wirtschafts-, umwelt- oder technologiepolitische Vorhaben als sektorale Problemverarbeitungs- und Problemlösungsmuster aus institutioneller, prozessualer und inhaltlicher Perspektive zu erforschen, um die Erfolgsaussichten solcher Politiken zu erhöhen. Diese Perspektive auf Politikrahmen, -abläufe und -resultate rückte im Mehrebenensystem der Bundesrepublik beispielsweise vertikale und horizontale Entscheidungs- und Handlungsnetzwerke ins Blickfeld, die von unterschiedlich angesiedelten Verwaltungsbehörden und regionalen oder örtlichen Interessengruppen außerhalb institutionalisierter Zuständigkeiten etabliert werden. Der Vorteil, den sich das politisch-administrative System von solcher → Politikverflechtung für den Entscheidungsprozeß verspricht, liegt darin, daß der Parteienstreit daraus ausgeklammert und örtliche Interessenkonstellationen darin eingebunden werden sollen. „Politische" Planung versucht seither, diese und andere - die Komplexität des Planungsprozesses steigernden - Befunde zu verarbeiten. So nutzt zum Beispiel die Verkehrsplanung solche Netze, um per „informalem", d.h. außerhalb formeller Vollzugsregeln stattfindendem Verwaltungshandeln aktuelle und potentielle Gegenmacht gegen ein Straßenbauvorhaben zu neutralisieren. Planung ist also nach wie vor politische Praxis, etwa als Finanz-, Raum- oder Bildungsplanung. „Politikwissenschaftliche" Planung dagegen findet nicht mehr statt. Planung wird hier nur noch als Teilabschnitt der Politikformulierungsphase gesehen und damit in den Kontext eines umfassenden Politikgestaltungsprozesses gestellt. Der neue Terminus dafür ist pSt.

Allerdings wird dieser Terminus wissenschaftssprachlich unterschiedlich ausgefüllt. Einerseits bezeichnet man damit häufig einen Gegenstand der politikwissenschaftlichen Analyse, so wenn es um Erfolg oder Mißerfolg politischer Programme geht. PS wird gleichsam als vorfindlicher Ereigniszusammenhang angesehen. In diesem Fall handelt es sich um einen empirischen Begriff, der eine politische Problemlage kennzeichnet. Andererseits meint man damit oftmals ein Konzept für die politikwissenschaftliche Analyse, etwa ein Modell zur Erklärung von Wirkungsvoraussetzungen politischer Programme. PS umschreibt dann ein Konstrukt zur Lokalisierung, Beschreibung und Erklärung von Ereignissen. Hier liegt ein theoretischer Begriff vor, der ein politikwissenschaftliches Argumentationsmuster markiert. Ein empirisches Begriffsverständnis leitet in erster Linie die Erforschung der Steuerungspraxis an, also der politischen Anläufe zur Umgestaltung gesellschaftlicher Zustände. Zur Systematisierung des Forschungsertrags dient eine sozialwissenschaftliche Typologie, die sich auf das erwähnte Bild eines phasenhaft ablaufenden Steuerungsprozesses gründet. Demnach transformiert am Anfang die politische Führung gesellschaftliche Anforderungen in politische Entscheidungen. Diese Programmierungsphase untersucht, wie gesagt, die Planungsforschung, die etwa durch eine Verbesserung der Zielfindungsprozedur oder der Instrumentenwahl zur Optimierung des Programmsetzungsstadiums beitragen will. In der nächsten Phase findet die Umsetzung der Programme statt. Im Forschungsfokus der hier ansetzenden Implementationsforschung liegen vorzugsweise Verwaltungsaktivitäten wie Programmauslegung oder Ressourcenmobilisierung, die für den Programmvollzug als Bedingungs-, aber auch Störfaktoren angesehen werden, so wenn die Verwaltung weniger ein konfliktträchtiges Programmziel als vielmehr einen Konsens mit den Programmadressaten anstrebt. Die letzte Phase, und zwar Programmimpact und -outcome, also die Auswirkung eines Programms auf angezielte Adressaten und weiter ein ganzes Umfeld, ist Gegenstand der Evaluationsforschung. Forschungsfrage ist, ob und gegebenenfalls wie sich Programmintentionen kostengünstig bzw. erfolgreich realisieren lassen.

In allen Phasen geht es auch und nicht zuletzt um die Handlungsformen, deren sich der Staat zur Erreichung politischer Ziele bedient. Der Sammelbegriff dafür ist „Steuerungsinstrumente", die in der ersten Phase ausgewählt, in der zweiten Phase eingesetzt und in der dritten Phase zur Entfaltung gebracht werden. Ein gängiges Schema klassifiziert die Instrumente nach Steuerungsstrategien. Der Strategietyp „Regulierung" meint die rechtsförmige Normierung von Adressatenverhalten, so daß abweichendes Verhalten sanktioniert werden kann. Man vertraut demgemäß darauf, daß beispielsweise ein Verbot zur Vermeidung einer Sanktion befolgt wird. Der Strategietyp „Finanzierung" umfaßt den Einsatz geldwerter Mittel und zielt auf das ökonomische Nutzenkalkül der Adressaten, die etwa Subventionen dem Programmzweck entsprechend verwenden sollen. Der Strategietyp „Strukturierung" will politisch gewolltes Verhalten durch eine Veränderung sozialer Verhaltensarrangements herbeiführen und erhofft sich z.B. von einer bereitgestellten Datenautobahn eine neue Kommunikationsstruktur. Der Strategietyp „Informierung" schließlich soll Adressatenverhalten mit Hilfe symbolischer, in der Regel sprachlicher Interaktion (→ Sprache) steuern, so wenn eine Aufklärungskampagne die Ansteckungsrate mit dem HIV-Virus senken soll. Für alle Typen trifft die Vorhaltung zu, daß theoretisch und empirisch abgesicherte Hypothesen über den Zusammenhang zwischen Instrumenteneinsatz und -wirkung zwar immer wieder angemahnt, bisher aber bestenfalls ansatzweise erbracht wurden.

Ein theoretisches Begriffsverständnis von pSt reklamieren Ansätze für sich, die wie Planungstheorien einzelne Phasen oder wie Korporatismustheorien ganze Steuerungsarrangements modellieren. Allerdings fehlt eine gängige Typologie, die zur summarischen Präsentation der Ansätze dienen könnte. Deshalb wird hier auf den jeweiligen Kontext abgehoben, dem die Ansätze zugeordnet sind. Dabei kann man drei Kontexte unterscheiden, nämlich einen policyanalytischen, einen staats- und gesellschaftstheoretischen sowie einen kybernetisch-systemtheoretischen Kontext.

„Steuerungstheorie als Policyanalyse" bezieht sich auf Analysekonzepte, die zur Beantwortung der Fragen entwickelt wurden, inwieweit, auf welche Weise, mit welchen Effekten und mit wieviel Erfolgsaussicht via Politik gesteuert werden kann. Zu derartigen Konzepten gehören Prozeßmodelle wie Policy-Zyklusmodelle, die den Policy-Making-Prozeß als dynamischen, sequenzhaft ablaufenden und rückgekoppelten Verlauf abbilden, weiter Netzwerkmodelle wie das Policy-Window- oder

das Advocacy-Coalition-Modell, die diesen Prozeß als komplexes Interaktionsmuster in einem interdependenten Akteursgeflecht konstruieren, und schließlich akteurszentrierte Modelle wie das General-Political-Exchange-Modell, das rationales, nutzenorientiertes Tauschverhalten von Netzwerkakteuren zur Untersuchungsbasis macht. Dieser summarische Überblick verdeutlicht, daß der Steuerungsakteur im Lauf der Zeit immer mehr als sozio-politisches Netzwerk oder der Steuerungsprozeß als hierarchisch abgeflachte Interaktion zwischen politischen und gesellschaftlichen Akteuren modelliert werden. Letztlich wird auf diese Weise den empirischen Befunden der Implementations- und Evaluationsforschung Rechnung getragen.

„Steuerungstheorie als Staats- und Gesellschaftstheorie" stellt auf eine Trennung von Staat und Gesellschaft ab und firmiert, je nach Trennungsvorstellung, als hierarchisch-kausale „etatistische Gesellschaftssteuerung" im Sinne der Durchsetzung eines staatlichen Ordnungsanspruchs, als staatliche „Konditionierung gesellschaftlicher Selbststeuerung" im Sinne einer gezielten Veränderung der Umwelt des grundsätzlich autonom agierenden Steuerungsadressaten oder als kooperative „korporatistische Selbststeuerung von Staat und Gesellschaft" im Sinne einer Verlagerung der Abarbeitung etablierter Interessen auf → Verbände. In allen Varianten geht es um den Gestaltungsspielraum des Staates gegenüber einer pluralen, durch Interessenvielfalt gekennzeichneten Gesellschaft. Die summarische Aufzählung spiegelt zugleich den Wandel vom interventionistischen zum kooperativen Staat und nicht zuletzt den gegenwärtigen wissenschaftlichen Diskussionsstand über die Interpretation von pSt einmal als gesellschaftlichem Integrationsmechanismus zum Erhalt der - durch immer autonomere Teilsysteme gefährdeten - sozio-politischen Stabilität, weiter als Transformation teilsystemischer Medien wie Geld (Wirtschaft) oder Macht (Politik) in jeweils anderen Teilsystemen und schließlich als ordnungsstiftende Staatsfunktion in einer Welt verselbständigter gesellschaftlicher Teilsysteme.

„Steuerungstheorie als kybernetische Systemtheorie" stellt auf die Wechselwirkungen zwischen politischem System, Adressatensystem und sozialer Umwelt ab, die Modellbegriffe wie Rückkopplung oder strukturelle Kopplung markieren sollen. Der Forschungsschwerpunkt liegt bei der heuristischen Rezeption autopoietischer, also ursprünglich biologischer Systemkonzepte, von deren sozialwissenschaftlicher Transformation man sich neue Impulse für den steuerungstheoretischen Diskurs erhofft. Soziale Systeme sind demnach rekursive, d.h. sich selbst erzeugende bzw. -erhaltende, und dynamische Systeme im Sinne prozessualer und kognitiver Autonomie. Damit ist zunächst nur gesagt, daß solche Sozialsysteme das Produkt wie auch die Produzenten ihrer Bestandteile sind und zur Aufrechterhaltung dieses Selbstproduktionsprozesses ausschließlich nach ihren eigenen Strukturgegebenheiten agieren sowie reflektieren. Der Diskurs kreist nicht zuletzt um die Frage, welche Konsequenzen dieses Systemverständnis für die weitere Ausmodellierung autopoietischer Sozialsysteme und politischer Steuerungsarrangements zeitigt.

Die *Theorie „selbstreferentieller Sozialsysteme"* begreift soziale als Sinn stiftende Kommunikationssysteme, wobei durch Kommunikation sinnhaft aus vielfältigen Alternativen ausgewählt, auf andere Alternativen verwiesen und an weitere Alternativen angeschlossen wird. Ein Sozialsystem ist demnach Produkt und Produzent von Kommunikation. Die spezifische Sinnstruktur sozialer Teilsysteme wie Politik oder Wirtschaft wird durch symbolisch generalisierte Kommunikationsmedien wie Macht oder Geld charakterisiert, die sowohl den systeminternen Kommunikationsmodus als auch das systemtypische Funktionsprofil gewährleisten. Die Gesellschaft besteht demnach aus verschiedenartigen Teilsystemen mit unterschiedlichen Kommunikationsmodi und Funktionsprofilen, die allein ihrer jeweiligen Sinnstruktur entsprechend operieren und füreinander gleichsam mit Taubheit geschlagen sind. Die erforderliche gesellschaftliche Integration kommt durch „strukturelle Kopplung" zustande, d.h. einen Kommunikationszusammenhang zwischen Teilsystemen, der nur zur Verarbeitung von „Störsignalen" der jeweils anderen Teilsysteme und damit zum Erhalt des betroffenen Teilsystems dient.

Aus dieser „selbstreferentiellen Geschlossenheit" werden abweichende steuerungstheoretische Konsequenzen gezogen. Die konsequenteste Folgerung besteht in der Behauptung, das politische System könne eben wegen dieser Geschlossenheit nur sich selbst, nicht aber ein anderes Teilsystem steuern. Andere Folgerungen, etwa die Konzepte „Reflexives Recht", „Dezentrale Gesellschaftssteuerung" oder „Politische Supervision", schließen nur direkte und hierarchische Interventionen aus, halten aber trotz Geschlossenheit „Kontextsteuerung" im Sinne einer Beeinflussung der strukturellen Kopplungsmuster zwischen sich selbst beobachtenden und reflektierenden Teilsystemen für möglich. Beispielsweise wird gefolgert, daß politisch veränderte Rahmenbedingungen wie ein novelliertes Hochschulrecht zu reflexiv ausgelösten Veränderungen in autonomen Teilsystemen wie Bildung oder Wirtschaft führen können.

Die *Theorie „Strukturelle Kopplung"* begreift Sozialsysteme als sprachliche und handlungsmäßige Verhaltenskoordinationen, die ebenso von ihren jeweiligen Mitgliedern erzeugt werden wie sie solche Mitglieder erzeugen; so „macht" ein Kind aus einer Ehe die Schicksalsgemeinschaft „Familie", und die Familie „macht" aus einem Kind das Aufzuchtsubjekt „Sohn". Solche Sozialsysteme sind zum einen strukturdeterminiert, d.h. agieren durch ihre Mitglieder ausschließlich gemäß ihren eigenen Verhaltskoordinationen, und realisieren sich zum anderen in einer natürlichen und sozialen Umwelt, dem sog. Medium, an das sie strukturell gekoppelt sind. Beispielsweise agiert das Wirtschaftssystem per Arbeitgeber- oder Gewerkschaftsrepräsentanten nach tarifpartnerschaftlichen Verhaltensmustern und ist dabei in ein politisches oder ökologisches Umfeld eingebettet, dessen Mitglieder wiederum gemäß den jeweils dort geltenden Verhaltensmustern agieren. Strukturelle Kopplung zwischen Sozialsystemen beschreibt also einen Bereich, der aus der Beobachterperspektive als Interaktions- und aus der jeweiligen Systemperspektive als Aktionsbereich erscheint, eben weil ein System Strukturveränderungen seines Mediums nur in den Grenzen seiner Verhaltenskoordinationen wahrnehmen, verstehen und bearbeiten kann.

Daran knüpft das Steuerungsmodell „Strukturelle Kopplung“ und weiter das Konzept „Mediale Steuerungsanalyse“ an. Modellgemäß ist pSt hier gleichbedeutend mit der (unilateralen) Perspektive des politischen Systems auf einen wechselseitig rückwirkenden (wenigstens bilateralen) Interaktionsprozeß zwischen ihm und mindestens einem anderen Sozialsystem. Voraussetzung ist, daß die motivationalen und kognitiven Filter der adressatenspezifischen Verhaltenskoordinationen analysiert wurden, weil nur dann angemessene Handlungsimpulse gesetzt werden können. Für das politische System geht es also darum, Steuerungsimpulse setzen zu können, die für anvisierte Sozialsysteme wahrnehmbar, handlungsauffordernd und zurückverweisend sind. Das steuerungsanalytische Konzept weist Analyseebenen (Mikro-, Meso- und Makrobene) und Analysegegenstände (Formulierung, Implementation und Evaluation) auf, die insbesondere auf der Mesoebene mit modellangemessenen und nicht zuletzt vorliegenden politikfeldanalytischen Forschungsdesigns abgearbeitet werden können. So eignen sich gängige Modelle wie das Advocacy-Coalition- oder das Policy-Window-Modell zur theoriegeleiteten Formulierung empirischer Steuerungsarrangements unter der Bedingung struktureller Kopplung. Damit wird zum einen eine Integration vorliegender steuerungstheoretischer Teilmodelle ermöglicht. Zum anderen tragen solche Konzepte zur Konstruktion eines Erklärungsmodells vom Typ Akteursmodell bei.

Der gestiegene und wohl weiter ansteigende Abstraktionsgrad der steuerungstheoretischen Diskussion signalisiert, daß mit der zunehmenden Komplexität sozialer Steuerungsprobleme eine wachsende Kompliziertheit sozialwissenschaftlicher Lösungsangebote einhergeht. So spiegelt beispielsweise die skizzierte „Mediale Steuerungsanalyse“ die Notwendigkeit, zunächst metatheoretische Kriterien zur Integration vorliegender theoretischer Ansätze zu entwickeln, die dann weiter an diesen Kriterien gemessen, ferner dem Steuerungsmodell „Strukturelle Kopplung“ gemäß selektiert und schließlich modell-adäquat interpretiert werden müssen - hier verschränken sich generelle wissenschaftstheoretische, basale sozialwissenschaftliche und spezifische steuerungstheoretische Argumentationsstränge zu einem abgehobenen Argumentationsmuster. Anders gesagt, die anfangs erwähnten politischen Abstriche an Steuerungsforschung sind auch und nicht zuletzt eine von den politikwissenschaftlichen Anforderungen an Steuerungstheorie erzwungene Reaktion. Hinzu kommt, daß es eine steuerungstheoretisch angeleitete empirische Steuerungsforschung nur ansatzweise gibt. Die meisten steuerungstheoretischen Konstrukte gründen sich zum Beweis ihrer Richtigkeit auf Realitätsanalogien und verweisen etwa beispielhaft auf die Reaktorsicherheitskommission oder die Bundesbank als empirische Entsprechungen für Modellbegrifflichkeiten wie „Mediation“ oder „Rahmung“. Nur in wenigen Ausnahmefällen wird versucht, steuerungstheoretische Konstrukte mit gängigen Sozialforschungsmethoden empirisch zu überprüfen. Dabei kommen ex ante Untersuchungen deshalb nicht in Frage, weil es faktisch keine steuerungstheoretisch beratene pSt gibt. Die wenigen ex post Untersuchungen sind aus dem gleich Grund darauf verwiesen, vorfindliche Steuerungsarrangements im Sinne des jeweiligen Konstrukts zu interpretieren und zu dessen Erhärtung zu testen. Diese Zurückhaltung ist um so bedauerlicher, als genügend konkurrierende steuerungstheoretische Konstrukte zur Testung ihres empirischen Gehalts, ihrer Reichweite oder ihrer Praxistauglichkeit anstehen.

Damit ist zugleich gesagt, daß sich politikwissenschaftliche Steuerung an ihrer Relevanz für pSt messen lassen muß. Die Zukunft des politikwissenschaftlichen Diskurses liegt deshalb zum einen nicht in der Schöpfung immer neuer steuerungstheoretischer Konstrukte, sondern in der kritischen Aufarbeitung und - soweit möglich - Integration vorliegender Konstrukte. Zum anderen geht es darum, die politische Praktikabilität von politikwissenschaftlicher Steuerungstheorie zu belegen. Politisch praktikabel sind politikwissenschaftlich getestete Steuerungsanleitungen, die mit angebbarer Wahrscheinlichkeit zur Einleitung oder Umlenkung sozialer Zustände taugen.

Axel Görlitz

Literatur:

Braun, Dietmar 1995: Steuerungstheorien, in: Nohlen, Dieter/Schultze, Rainer-Olaf (Hrsg.): Lexikon der Politik (Bd. 1), München, S. 611-618.

Burth, Hans-Peter/Görlitz, Axel 2001: Politische Steuerung in Theorie und Praxis, Baden-Baden.

Bußhoff, Heinrich (Hrsg.) 1992: Politische Steuerung, Baden-Baden.

Görlitz, Axel/Burth, Hans-Peter 1998: Politische Steuerung. Ein Studienbuch, 2. Aufl., Opladen.

Lange, Stefan/Braun, Dietmar 2000: Politische Steuerung zwischen System und Akteur. Eine Einführung, Opladen.

Mayntz, Renate 1995: Politische Steuerung: Aufstieg, Niedergang und Transformation einer Theorie, in: Beyme, Klaus von/Offe, Claus (Hrsg.): Politische Theorien in der Ära der Transformation, Opladen, S. 148-175.

Ulrich, Günter 1994: Politische Steuerung. Staatliche Intervention aus systemtheoretischer Sicht, Opladen.

Willke, Helmut 1995: Systemtheorie III: Steuerungstheorie. Grundzüge der Steuerung komplexer Sozialsysteme, Stuttgart/Jena.

Politische Toleranz

→ *Autoritarismus, Bildung, Demokratie, Demokratische Persönlichkeit, Eliten, Extremismus, Fremdenfeindlichkeit, Geschichtliche Phasen der BRD, Gewalt/politische Gewalt, Globalisierung, Grundgesetz, Kirchen, Konflikt/Konsens, Minderheiten/Randgruppen, Multikulturelle Gesellschaft, Nationalsozialismus, Öffentlicher Dienst/Sektor, Politische Sozialisation, Politi-*

sche Sozialisation: Schule, Politische Traditionen, Sozialer Wandel/Modernisierung, Wertewandel.

Begriff/Definition:
Der Begriff Toleranz (T.) ist ursprünglich definiert als Duldung von Überzeugungen, Lebensweisen etc. und deren Träger, die nicht mit den eigenen Auffassungen übereinstimmen. Der wesentliche Wertebezug der T. ist somit die Freiheit anderer. *Historisch* hat sich die Idee der T. in Europa zunächst als Konzession der Herrschenden an die Beherrschten, zumeist gegenüber religiösen Minderheiten (→ Minderheiten/Randgruppen), dargestellt. In den antiken griechischen Stadtstaaten herrschte infolge der religiösen Definition des politischen Gemeinwesens innere Unduldsamkeit. Trotz der Identität von Staat und Religion auch im römischen Imperium wurden regional begrenzte Religionen unterworfener Völker zugelassen, um deren Integration zu erleichtern. Dies änderte sich mit dem aufkommenden Christentum, das durch seinen Anspruch auf Alleingültigkeit die Stabilität des Staates bedrohte. Mit dem Aufstieg des Christentums zur Staatsreligion wurde anderen Religionen zunehmend die Existenzberechtigung versagt.

Ansätze zu T. durch humanistische Ideen des 15. und 16. Jhdt. wurden durch die mit der Reformation einhergehende Glaubensspaltung überlagert. Infolge der konfessionellen Konflikte schwand jedoch die Effektivität der religiösen Legitimation politischer Herrschaft, was - gemeinsam mit ersten Vorstellungen über Menschenrechte und die Verbindung von religiöser und politischer Freiheit (z.B. Bodin, Hobbes, Milton, Locke) - einen Ansatz für ethisch begründete T. bildete. Rückschritte der Gegenreformation wurden erst mit der Aufklärung überwunden. Ihre Vorstellung des Individuums als Wesen eigener Würde führte zur Bewertung der Freiheit und T. als Gebot der Ethik und der Vernunft (z.B. Montesquieu, Descartes, Lessing). Damit einher ging eine grundsätzliche Infragestellung der Wahrheitsfähigkeit des Menschen, somit auch des Anspruchs der → Kirche auf den Besitz der Wahrheit, was die Konstruktion religiös-weltanschaulicher Neutralität des Staates als Ziel nach sich zog. Ihren ersten staatspolitischen Niederschlag fand diese Auffassung in den Bills of Rights von Virginia 1776. In Deutschland zeigten sich Ansätze zur religiöser T. als Rechtsanspruch in der Paulskirchenverfassung 1849, konnten jedoch durch die Verfassungen der Einzelstaaten unterlaufen werden; ihren Durchbruch fanden sie erst mit der Ersetzung des monarchischen durch das republikanisch-demokratische Prinzip der Weimarer Verfassung 1918/19 (→ Geschichtliche Phasen der BRD, Politische Traditionen). Der → Nationalsozialismus stellte dagegen die Negation jeglicher T., den Exzeß der Int. dar. Das → GG der BRD konstituiert in Fortführung der Weimarer Reichsverfassung in den Art.4 und 140 die Glaubens- und Gewissensfreiheit als Grundrecht und findet sich damit im Einklang mit der „Universal Declarations of Human Rights" der Vereinten Nationen (1948) und der europäischen „Konvention zum Schutz der Menschenrechte und der Grundrechte" (1950).

Analytisch läßt sich in der historischen Entwicklung eine *Ausdehnung des T.-Begriffes* beobachten, von der „pragmatischen", aus stabilitätspolitischem, ökonomischem oder sozialintegrativem Kalkül gewährten und jederzeit entziehbaren zur „liberalen", ethisch-rational begründeten und in einen Rechtsanspruch mündenden T., bis hin zu aktuellen, umstrittenen Vorstellungen einer „positiven" oder „aktiven T.", die Anerkennung und Unterstützung in der Schaffung von T. ermöglichenden Bedingungen und/oder Solidarität der Konfliktparteien einschließt. Diese variierenden Bedeutungen von T. werden häufig nicht nur als historisch, sondern auch als hierarchische Stufen in Bezug auf die Anforderungen an das tolerierende Subjekt sowie die Folgen für das tolerierte Objekt gesehen. Damit verknüpft ist auch der Status von T. zwischen „Indifferenz" und „Anerkennung" kontrovers. So birgt T. im zuerst angeführten Sinn notwendig die Elemente des Konflikts sowie des mit dem Dulden verbundenen Leidens auf Seiten des Tolerierenden und der vermehrten Freiheit auf Seiten des Tolerierten. Dagegen entbehre die Laissez-Faire-T. des weltanschaulichen Liberalismus aufgrund dahinterstehender Gleichgültigkeit und Werterelativismus oder aber einer a-priori Akzeptanz des „Sowohl als Auch" statt des „Entweder Oder" des Konflikts und sei damit weniger als T. Jedoch kann hinter dieser Form der T. auch eine bewußte Entscheidung für die Enthaltsamkeit auf „missionarische" Ansprüche stehen, und hinsichtlich der Folgen für das tolerierte Objekt ist sie durchaus gleichrangig mit „konfliktorischer" T. Umgekehrt wird dem Begriff der aktiven, anerkennenden T. vorgeworfen, mehr als T. zu sein, da sie die Beseitigung des Konflikts voraussetze. Dies trifft zu, insofern Anerkennung und Unterstützung der Gegenpartei im Konflikt gemeint ist, nicht jedoch wenn von Unterstützung der für T. förderlichen Bedingungen die Rede ist.

Die für die *pluralistische → Demokratie* kennzeichnende Legitimität des Widerstreits der Meinungen erfordert das T.-Prinzip *auf Seiten des Staates* zum einen im Sinn seiner Neutralität in weltanschaulichen Fragen und damit seiner Duldung bzw. aktiven Akzeptanz unterschiedlicher religiöser, irreligiöser, kultureller und politischer Ansichten sowie des Minderheitenschutzes als Selbstverpflichtung (womit das Element des Konflikts zwischen tolerierendem Subjekt und toleriertem Objekt sowie das des Leidens des tolerierenden Subjekts hinfällig ist). Im GG werden alle Grundrechte als Ausdruck des T.-Prinzips gesehen. Da diese jedoch per se ihre Schranken an der gleichen Freiheit des anderen finden, legt das T.-Prinzip zum zweiten dem Staat bei zwischen Bürgern kollidierenden Rechtsansprüchen auf T. die Rolle eines Vermittlers und Wahrers der T. nahe, was im konkreten Fall zu höchst kontroversen Urteilen und Fraglichkeit der Neutralität des Staates führen kann (z.B. die Fälle von Kruzifix und Kopftuch in der Schule, Feiertagsgesetzgebung, Stellung hetero- gegenüber homosexuellen Lebensgemeinschaften).

Die *Frage nach den Grenzen der staatlichen politischen T.* gibt immer wieder Anlaß zu heftigen Kontroversen. Vor dem Hintergrund der den Nationalsozialismus mit ermöglichenden rechtspositivistischen „formalen" T. der Weimarer Republik hat sich die BRD als „wehrhafte" Demokratie konstituiert, d.h. die politische T. findet ihre Grenzen bei den Gegnern der pluralistischen Demokratie (GG Art.79 Abs.3, Art.9 Abs.2, Art.21 Abs.2). Auch die Konstruktion der „Int. gegenüber der Int." läßt in konkreten Fällen Spielräume, in denen wiederum Aspekte der pragmatischen und der ethisch-rationalen T. zum Tragen kommen können (z.B. Frage des Berufsverbots im → öffentlichen Dienst für Angehörige von als extrem eingestuften politischen Parteien (→ Extremismus), Konfundierung von Religion und demokratie-inkompatiblen politischen Vorstellungen im islamischen Fundamentalismus, Frage des Eurozentrismus der Menschenrechte).

Zentrale Funktionsbedingung der pluralistischen Demokratie ist des weiteren *auf Seiten des Bürgers* die Entwicklung und Pflege einer T.-Kultur. Minimalbedingung für T. ist der Verzicht auf → Gewalt, Zwang und Diskriminierung; jedoch erfordert der pluralistische Widerstreit von Meinungen und die teils unvermeidliche gemeinschaftliche politische Zielfindung weitergehend die Akzeptanz des → Konfliktes selbst sowie die Bereitschaft zu Kompromissen. Vor dem Hintergrund der auf Ursachen des Nationalsozialismus gerichteten Autoritarismusforschung ist den Deutschen wiederholt eine geringe Ambiguitäts-T. nachgesagt worden. Diese psychologische Tendenz zur Schwarz-Weiß-Sicht und einfachen Lösungen bei komplexen Problemlagen gehe u.a. einher mit einem schwachen Selbstkonzept, rigidem Konventionalismus und Konservativismus, Dogmatismus sowie → Autoritarismus, Scheu gegenüber sozialen und politischen Konflikten, Angst vor und geringer Offenheit für neue Erfahrungen und Ablehnung von Fremden (→ Fremdenfeindlichkeit, Minderheiten/Randgruppen).

Ergebnisse:
Empirische Längsschnittbefunde lassen für die Bundesrepublikaner kontinuierlich eine nur sehr geringe Bereitschaft zu politischer Gewalt, jedoch nach wie vor eine dominante Konsensorientierung und kein wesentliches Anwachsen in der T. für politische Konflikte erkennen. Allerdings fehlen international vergleichende Studien zur Konflikt-T. Im Hinblick auf soziale und ethnische T. zeigen sich deutliche Unterschiede zwischen dem west- und dem osteuropäischen Raum, was verdeutlicht, daß T.-Grenzen auch kulturell, sozial und politisch geprägt sind. Nicht zuletzt können einige Probleme der sog. inneren Einheit des vereinten Deutschland als Ausdruck unterschiedlicher kultureller Normen und erhöhten T.-Bedarfs gewertet werden. Insoweit Int. auch als Kehrseite kultureller Standards verstanden werden kann, wird T. grundsätzlich durch → sozialen Wandel herausgefordert. Gerade in Zeiten verstärkter interkultureller Kontakte durch → Globalisierung, Migration und multiethnische bzw. multikulturelle Heterogenität von Gesellschaften besteht die Gefahr einer T.-Schere: verstärkte Notwendigkeit von T. durch erhöhtes Konfliktpotential bei erschwerten Bedingungen der T. Nicht zuletzt vor diesem Hintergrund hatten die Vereinten Nationen 1995 zum „Jahr der T." erklärt - eine Herausforderung, die dauerhaft bestehen bleibt.

Bettina Westle

Literatur:
Debus, Anne 1999: Das Verfassungsprinzip der Toleranz unter besonderer Berücksichtigung der Rechtssprechung des Bundesverfassungsgerichtes, Frankfurt.
Fetscher, Iring 1990: Toleranz, Stuttgart.
Fritzsche, K. Peter 1995: Toleranz im Umbruch, in: APuZ, B 43, S. 8-17.
Reis, Jack 1997: Ambiguitätstoleranz, Heidelberg.
Schultz, Uwe (Hrsg.) 1974: Toleranz, Reinbek.
UNESCO (Hrsg.) 1995: Backgrounder Year for Tolerance, Paris.

Politische Traditionen

→ Arbeit, Autoritarismus, Bildung, Bürgertum, Demokratie, DDR, Familie, Fremdenfeindlichkeit, Generationen, Geschichtliche Phasen der BRD, Geschichtsbewußtsein, Gewerkschaften, Identität, Ideologie, Intellektuelle, Kirchen, Konflikt/Konsens, Milieus/Lebensstile, Militär, Minderheiten/Randgruppen, Nation, Nationalsozialismus, Öffentlicher Dienst/Sektor, Parlamentarismus, Parteiensystem, Politische Bildung, Politische Sozialisation, Politische Sozialisation: Modernisierung, Politische Toleranz, Professionen, Rechtsstaat, Rechtskultur, Regionale/Lokale politische Kultur, Religiosität, Soziale Sicherheit, Sozialer Wandel/Modernisierung, SPD, Vereine, Verfassungsgerichtsbarkeit, Verwaltungskultur, Wahlen/Wähler, Wertewandel, Wohlfahrtsstaat.

Begriff/Definition/Entwicklungslinien:
Kein Volk der Erde hat seine Vergangenheit als politische Tradition (pT) präsent. Phasen und Ereignisse, die nicht geschichtsmächtig waren, werden leicht vergessen. Ein Raster für das, was als pT im kollektiven Gedächtnis einer → Nation bewahrt wird, liefern auch gegenwärtige Identitätsbedürfnisse (→ Geschichtsbewußtsein). Auf der Suche nach Identitätsangeboten (→ Identität) aus der Politikgeschichte begegnet die BRD großen Schwierigkeiten. Worauf Ausdrücke wie „Geschichtslosigkeit", „brüchige Tradition", „Herkunftsschwäche", „verspätete Nation" verweisen, sind im wesentlichen zwei Schwierigkeiten: die Kurzatmigkeit deutscher Geschichte und ihr einseitig autoritärer Charakter. Keines der drei Regime, die einander seit 1871 ablösten, liefert dem heutigen Bundesbürger Identifikation, auch die Weimarer Republik nicht, die in Umfragen am schlechtesten abschneidet. Jedes politische System war der Feind des anderen und zog wesentliche Kräfte aus dem Kampf gegen das vorhergehende, an dem es sich abarbeitete (→ Geschichtliche Phasen der BRD). Auch andere Nationen sind durch politikgeschichtliche Wechselbäder gegangen, z.B. Frankreich. Der rasche Regimewechsel hat dort aber die Ausbildung und Fortführung zweier großer Traditionen nicht verhindert: Die pT von Autorität und Majorität erlauben den Franzosen rechts wie links gegenwärtige politische Orientierung. Die Umbrüche und Verwerfungen der deutschen pT weisen zwar in der pK der BRD immer weniger Spuren auf. Das liegt jedoch nicht so

sehr an einer neuen Bewertung deutscher Politikgeschichte als an den gegenwärtigen und zukünftigen Aufgaben einer modernen Gesellschaft. Die BRD teilt darin das Schicksal vieler neuer Staaten ohne tragende pT.

Der Versuch, versäumte Lektionen in republikanischer Geschichte nachzuholen, bleibt wichtig und mag zu einem gewissen Erfolg führen, wenn die deutsche Geschichtswissenschaft ihr Interesse stärker demokratischen Ansätzen und Versuchen zuwendet: Bauernkriegen, Jakobinern im Vormärz, der Paulskirche, der Novemberrevolution 1918/19. Gegenüber einer Geschichtsschreibung, die nur große Männer kannte, nimmt die Sozialgeschichte auch das namenlose Volk in den Blick. Dennoch ist Skepsis geboten. Die Befreiungsversuche der Bauern, des → Bürgertums und des Proletariats scheiterten. Diese Fehlschläge liefern nicht ohne weiteres eine pT für demokratische Zielsetzungen in der Gegenwart. Historiker machen zwar auch Geschichte, müssen aber gleichzeitig akzeptieren, was wirklich gewesen ist. Warnendes Beispiel ist die Geschichtswissenschaft der → DDR, die aus gerade nicht geschichtsmächtigen Ereignissen, Gesellschaftsgruppen und Figuren eine deutsche Geschichte konstruierte, die eindeutig auf den sozialistischen Staat und seine Bedürfnisse abzielte. Von besonderer Bedeutung für die pK Deutschlands ist die pT *Preußens bzw. Preußen-Deutschlands.* Preußen hat die deutsche pK über zweihundert Jahre lang nachhaltig beeinflußt. Spuren lassen sich bis heute bemerken, obwohl der preußische Staat durch den Alliierten Kontrollratsbeschluß vom 25.2. 1947 aufgelöst und die den preußischen Staat tragende politische Klasse adliger Gutsbesitzer und Offiziere längst abgetreten ist. Preußen war im 18. Jhdt. der modernste Staat Europas. Seine Modernität gründete in seiner Aufgeklärtheit und diese im Verlust religiöser Bindung: Protestantismus verwandelte sich in Aufklärung. Preußen und später Preußen-Deutschland zeigten den religiösen Substanzverlust der europäischen Kultur zuerst an, lange vor den traditionsreichen Staaten des katholischen Südens oder den naturrechtlich verankerten Staaten West- und Nordeuropas. Preußen war ein Einwandererland. Die Eingliederung der Emigranten vollzog sich deshalb problemlos, weil der preußische Staat selbst keine tiefen kulturellen oder dynastischen Wurzeln hatte. Er zog seine integrativen Kräfte deshalb nicht aus der Herkunft, sondern aus Gegenwart und Zukunft. Hier lagen Quellen für preußische Tüchtigkeit, Dynamik, Arbeitswut, Fleiß und Effektivitätsdenken.

Geschichtslos, arm, dann neureich, ohne gewachsene Kultur war Preußen ein Vernunftsstaat, institutionell angewiesen auf selbstgeschaffene Strukturen. Als „Staat ohne Eigenschaften" (Haffner) zeigte Preußen eine Toleranz, die Friedrich II. selber utilitaristisch begründete: Wer Preußen wirtschaftlich oder militärisch zu dienen bereit war, durfte im übrigen „nach seiner Façon selig" werden. Preußen ist durch Kriege groß geworden, und auch Preußen-Deutschland verdankte seinen Aufstieg siegreichen Kriegen. Preußische Könige erweiterten und festigten die Macht des jungen Staates durch den Aufbau einer Armee, die in Europa gefürchtet war. Die Zuverlässigkeit dieses Machtinstrumentes wurde dadurch verbürgt, daß die Soldaten in zunehmendem Maße preußische Untertanen waren und die Offiziersstellen ausschließlich dem Adel vorbehalten blieben (→ Militär). Der Entschluß, den Offiziersberuf zum ersten Stand zu machen, brachte der preußischen Krone zweierlei: Ausschluß des Bürgertums vom Staat und Bindung des Adels an die Krone. Dies geschah zu einer Zeit, in der sich das Band zwischen Adel und Monarchie überall in Europa lockerte mit der Folge, daß beide, Krone und Adel, an politischer Macht verloren. Um 1780 bestand fast die Hälfte der Berliner Bevölkerung aus Soldaten und deren Angehörigen. Auf diese Weise glichen sich Kaserne und Fabrik in ihrer Sozialisationsfunktion an (→ pS). Der Militarismus fand auch Eingang in die → Familie, indem der Mann den Druck, dem er sich selber ausgesetzt sah, an seine „Untergebenen", Frau und Kinder, weitergab (→ Autoritarismus).

Der preußische Militarismus betraf auch das Schulsystem. Zu Beginn rekrutierten sich die Lehrer zum großen Teil aus dem Unteroffiziersstand der Armee. Die Schulaufsicht lag in den Händen der Pfarrer, die durch ihre Nähe zur Gutsherrschaft und als Feldprediger im Dienst der politischen Klasse wirkten (→ Kirchen). Die lutherische Theologie des landesherrlichen Kirchenregiments lieferte den Rückhalt für eine Disziplinierung, die auch von der Pädagogik des preußischen Pietismus (Francke) begünstigt wurde. Später sorgte das preußische Lehrerseminar dafür, daß die militärischen Tugenden der Disziplin und des Gehorsams in den Schulen eingeübt wurden. Die Armee wurde zur „Schule der Nation", der Offizier zum gesellschaftlichen Leitbild mit der Folge, daß der Reserveleutnant in der sozialen Prestigeskala selbst hohe Verwaltungsränge dominierte (und es auf diese Weise zu kuriosen Tischordnungen kam). Die Militarisierung betraf auch das Parlament. Preußische Ministerpräsidenten hielten ihre Parlamentsreden in Uniform und zeigten damit, daß sie sich primär als Offiziere ihres obersten Kriegsherrn verstanden. Im Zuge der Militarisierung von Staat und Gesellschaft gewannen die sog. *„sekundären Tugenden"* (→ Wertewandel) hohes Gewicht, d.h. solche, die sich für jeden beliebigen primären Zweck beanspruchen lassen (Gehorsam, Pflichterfüllung, Disziplin, Fleiß, Pünktlichkeit, Ordnung etc.). Die Armee ist die einzige Institution, bei der solche Tugenden „an sich" einen gewissen Sinn geben: im Interesse von Schlagkraft, Schnelligkeit, Geheimhaltung und im Blick auf die (damals jedenfalls) notwendige Funktionsweise nach dem Prinzip von Befehl und Gehorsam. Außerhalb der Armee werden diese Eigenschaften zu Tugenden erst dann, wenn ihre Verbindung zu primären Zielen einleuchtet.

Die pK Preußens und Preußen-Deutschlands haben die deutsche pK bis heute nachhaltig geprägt. Für die deutsche pT sind folgende Aspekte von Bedeutung: die *konfessionelle Spaltung (→ Religiosität)*, der *Obrigkeitsstaat*, die *bürgerliche Ohnmacht*, das *Verhältnis der Linken zur Nation* (→ SPD), das Deutsche Reich als *Großmacht ohne Staatsidee*.

1. Die *konfessionelle Spaltung* führte im Wege eines 30jährigen Bürgerkrieges zum Verlust der Selbstverständlichkeit des religiösen → Milieus: Wegen der mangelnden

Eindeutigkeit ihrer Lehre und sittlichen Normen vermochten die Kirchen nicht mehr alle Lebensbezüge transzendental zu überformen. Diese Entkernung des Religiösen wirkte in zwei Richtungen: Erstens als gesteigerter Sinn für die Relativität aller Dinge (als sittlicher Wertnihilismus, als Historismus, als Positivismus und Dezisionismus), zweitens als „Weltfrömmigkeit" (Plessner), die säkulare Aktivitäten und Institutionen religiös auflud. Von solcher Übertragung religiöser Kräfte in weltliche Bereiche profitierten das Familienleben (→ Familie), das Naturgefühl, die Musik, die Dichtkunst, aber auch Staat und Gesellschaft. Besonders der Nationalismus führte in Deutschland zu einer besonderen Theologie, die sich später auf verhängnisvolle Weise mit altgermanischen Herkunfts- und Zukunftsträumen verband. Deutschland war für solche → Ideologien auch dann besonders anfällig, wenn sie nicht in Deutschland selber entwickelt wurden: Darwinismus und Rassenlehre entwickelten sich wie andere -ismen zu „Weltanschauungen".

2. Der *preußische Obrigkeitsstaat.* Die anachronistische Herrschaft einer feudal-militärischen Oberschicht (→ Elite) führte in Deutschland zu einer Untertanenkultur, die durch lutherische Staatstheologie und preußische Staatsphilosophie gestützt wurde. Die Merkmale des deutschen Obrigkeitsstaates sind:

- Die prinzipielle *Unterscheidung von Staat und Gesellschaft.* Nur Regierung und Verwaltung sollten führend und ausführend mit Politik zu tun haben. Die Gesellschaft (Wirtschaft, Kultur, Wissenschaft, → Vereine, Familie) hatte sich politischer Tätigkeit weitgehend zu enthalten. Auch die Parteien gehörten im konstitutionellen Obrigkeitsstaat zum gesellschaftlichen Bereich, als Vertreter von Interessen und Weltanschauungen. Parteipolitik stand im Gegensatz zu Staatspolitik (→ Parteiensystem).
- Die Ideologie von der *Neutralität des Staates*, der nur dem Gemeinwohl verpflichtet galt. Man hat diesen Glauben an die Unparteilichkeit der politischen Klasse die Lebenslüge des deutschen Obrigkeitsstaates genannt.
- Das *Beamtentum* repräsentierte staatliche Einheit, Ordnung und Stabilität als eine Korporation besonders staatsnaher Bürger. Der Beamte verdient nicht, sondern wird alimentiert vom Staat, seinem Dienstherrn (→ Öffentlicher Dienst/Sektor).
- Der *Staat* galt nicht als Schöpfung bürgerlicher Vernunft (Vertragstheorie), sondern als *selbständige Substanz* mit eigenem Recht und eigener Würde (Hegel), dem Individuum nicht nur an Macht, sondern vor allem an Autorität überlegen.
- Die politischen *Tugenden des „Untertanen"* waren absolute Folgebereitschaft gegenüber staatlicher Autorität und politische Apathie als Nichteinmischung in Dinge, die nicht seines Amtes waren. Grundlagen der Staatsräson waren das dem Bürger zugemutete Eingeständnis seiner Inkompetenz in politischen Fragen und sein Vertrauen in die Fürsorge des Staates (Schutz und Gehorsam, → Soziale Sicherheit, Wohlfahrtsstaat).

3. Das *deutsche Bürgertum* reagierte auf diese ihm vom Obrigkeitsstaat auferlegte Apathie durch Rückzug in mancherlei Bereiche von Innerlichkeit und ein ambivalentes Verhältnis zur politischer Macht: In dem Maß, in dem der Bürger sich von der Politik fernhielt, erschien sie ihm einerseits als „schmutziges Geschäft", gerade deshalb aber als eine Welt eigener Maßstäbe: denen der großen historischen Persönlichkeit, der Geschichte, vaterländischer Pflichten, nationaler Ehre. Die politische Ohnmacht des Bürgertums hat Gründe, die weit zurückreichen. Im Unterschied zu Frankreich und Britannien, wo seit dem frühen Mittelalter eine zunehmende Stärkung der politischen Zentralgewalt statt hatte, verlor in Deutschland die Krone zugunsten von Partikulargewalten immer mehr an Macht. Dieses Machtvakuum in der Mitte Europas bedeutete eine ständige Verlockung für außerdeutsche Mächte, auf verschiedene Weise Einfluß zu nehmen. Die deutsche Entwicklung zum Nationalstaat wurde einmal durch Deutschlands Anspruch auf Nachfolgerschaft des Römischen Reiches und fürstlichen Partikularismus verhindert, zum anderen durch den Umstand, daß Deutschland in alle europäischen Auseinandersetzungen hineingezogen wurde. Allein der Dreißigjährige Krieg hat Deutschland ökonomisch um ein Jhdt. zurückgeworfen. Von dieser „Verspätung" wurde besonders das Bürgertum betroffen. In den westeuropäischen → Demokratien entsprach der wirtschaftlichen Macht des Bürgertums die politische. Das Bürgertum verband dagegen seine spät einsetzende wirtschaftliche Dynamik nicht mit politischem Selbstbewußtsein. Seine Leistungen auf den Feldern Kultur und Wissenschaft blieben dafür noch bis vor wenigen Jahrzehnten in der Welt sprichwörtlich. Bezeichnend für die mangelnde politische Identität der deutschen Bourgeoisie ist ein bürgerlicher Selbsthaß, der sich lange Zeit sowohl links wie rechts beobachten ließ. Er war ein besonderes Kennzeichen der deutschen → Intellektuellen.

4. *Die Linke und die Nation.* Dem deutschen Proletariat war durch die enge Verbindung des Bürgertums mit dem Nationalstaat obrigkeitlicher Prägung der Weg zu einem eigenen Nationalbewußtsein erschwert. Der deutsche Arbeiter war einerseits durch die Volksschule, Armee und Arbeitswelt (→ Arbeit) in obrigkeitlichem Geiste erzogen. Andererseits sorgten seine soziale Lage und die sozialistische Parteischulung dafür, daß seine Kritik am Obrigkeitstaat wachblieb. Sein revolutionäres Bewußtsein wurde aber durch die politische Loyalität zu Krone und Reich stets gebrochen: Die Forderung internationaler Solidarität der Arbeiterklasse brachte ihn als kaisertreuen Sozialisten notwendig in den Verdacht, ein „vaterlandsloser Geselle" zu sein.

5. *Großmacht ohne Staatsidee.* Sowohl Preußen wie das zweite Deutsche Reich waren Staaten ohne Staatsidee. Im Unterschied zu den westlichen Demokratien, die sich als Vorkämpfer individueller Menschenrechte verstanden (und gerade ihre imperialistischen und kolonialen Ziele solchermaßen ideologisch verbrämen konnten), blieb Deutschland zur Ausbildung seiner Identität nur der ideologische Rückzug auf die „Kulturnation". Das kaiserliche Deutschland hat auf drei Wegen versucht, die fehlende Staatsidee zu ersetzen: durch wirtschaftliche Weltgeltung, völki-

sche Ideologien und negative Integration durch sog. „Reichsfeinde". Binnen weniger Jahrzehnte hatte sich Deutschland auf vielen Feldern der industriellen Entwicklung an die Spitze der europäischen Mächte gesetzt. Das rasch reich gewordene Bürgertum betrachtete seine *Wirtschaftskraft* zunehmend als politischen Beitrag zu Deutschlands „Platz an der Sonne". Ausdruck dieses aggressiven Nationalismus war der Flottenbau, ein Geschenk des Wirtschaftsbürgertums an den feudalen Militärstaat. Die Kombination von politischer Rückständigkeit auf der einen Seite, wirtschaftlicher und sozialpolitischer Fortschrittlichkeit auf der anderen Seite lieferte einen Anwendungsfall für die Möglichkeit von Modernisierung (→ Sozialer Wandel/Modernisierung) ohne Demokratisierung (ähnlich in Japan). Das wirtschaftlich motivierte politische Sendungsbewußtsein wurde ergänzt durch völkische *Ideologien*, von denen einige bereits im 19. Jhdt. vorgebildet waren. Erst jetzt offenbarten sie ihre aggressiven Potenzen. Die Idee der deutschen Kulturnation verband sich mit sozialdarwinistischen und antisemitischen Vorstellungen zu einem Ideologiegemenge, das dem Begriff des „deutschen Wesens" politische Brisanz gab, ohne deshalb doch den Mangel einer deutschen Staatsidee ausgleichen zu können.

Schließlich entwickelte sich im kaiserlichen Deutschland als Ersatz der fehlenden Staatsidee eine Strategie, die man *„negative Integration"* genannt hat: Im Wege des gemeinsamen Kampfes gegen äußere und innere Feinde sollte politische Identität geschaffen werden. „Reichsfeinde" waren Sozialdemokraten, Freimaurer, Juden, Jesuiten und die Bewohner der nicht deutschsprachigen Grenzlande. Der Antisemitismus nahm nationale Züge an, auch der Protestantismus wurde zur nationalen Ideologie (→ Fremdenfeindlichkeit, Minderheiten/Randgruppen, Religiosität). Außenpolitisch sah man sich einer Welt von Feinden gegenüber. Wer als nationaler Mann gelten wollte, hatte einen festen Bestand an politischen und weltanschaulichen Ideen zu vertreten, deren gemeinsames Kennzeichen eine kämpferische Gesinnung, ein Denken in Fronten war. Im Wege dieser negativen Integration entstand das Ideal einer konfliktlosen Gesellschaft (→ Konflikt/Konsens), ohne daß dafür eine positive Grundlage bereitstand. C. Schmitts „Begriff des Politischen" lieferte dafür die Formel: Wer den gleichen Feind hatte, war „gleichartig" (ab 1933 „artgleich"). In der Weimarer Republik konnte die T. eines autoritären Politikverständnisses nicht überwunden werden. Der → Nationalsozialismus verstärkte und veränderte es in Richtung auf den totalen Führerstaat.

Martin Greiffenhagen

Literatur:

Bracher, Karl Dietrich 1971: Das deutsche Dilemma. Leidenswege der politischen Emanzipation, München.

Dahrendorf, Ralf 1965: Gesellschaft und Demokratie in Deutschland, München.

Elias, Norbert 1992: Studien über die Deutschen, Frankfurt a.M.

Greiffenhagen, Martin 1981: Die Aktualität Preußens. Fragen an die Bundesrepublik, Frankfurt a.M.

Greiffenhagen, Martin 1986: Das Dilemma des Konservatismus in Deutschland, 3. Aufl., München.
Greiffenhagen, Martin/Greiffenhagen, Sylvia 1993: Ein schwieriges Vaterland. Zur politischen Kultur im vereinigten Deutschland, München.
von Krockow, Christian Graf 1970: Nationalismus als deutsches Problem, München.
Plessner, Helmuth 1959: Die verspätete Nation. Über die politische Verführbarkeit bürgerlichen Geistes, Stuttgart.
Stürmer, Michael (Hrsg.) 1977: Das kaiserliche Deutschland. Politik und Gesellschaft 1870-1918, Kronberg.

Politische Unterstützung

→ Demokratie, Externe politische Effektivität, Identität, Massenmedien, Nation, Politikverdrossenheit, Politische Korruption, Politische Moral, Politische Sozialisation, Politische Sozialisation: Beruf/Fa-milie/Massenmedien/Ost-/Westdeutschland, Politisches Bewußtsein, Politisches Vertrauen, Politiker/Politische Klasse, Sozialkapital/Soziales Vertrauen, Soziale Sicherheit, Transition/ Transformation, Vereine, Wohlfahrtsstaat.

Theorien/Konzepte/Modelle:

„The perspectives of a systems analysis of political life impel us to address ourselves to the following kind of question. How can any political system ever persist whether the world be one of stability or of change? ... Or ... what processes must be maintained if any life is to persist, especially under conditions where the environment may at times be extremely hostile" (Easton 1979: 14f.). Seit dem Beginn der 50er Jahre gehört die Beschäftigung mit den Stabilitätsbedingungen politischer Systeme zu den wichtigsten Forschungsproblemen der Politikwissenschaft. Hierfür sind zwei Sachverhalte maßgeblich: Erstens löste der Zusammenbruch der → Demokratie in mehreren europäischen Staaten in der Zeit zwischen dem Ersten und dem Zweiten Weltkrieg in der Politikwissenschaft das Interesse an der Frage aus, wie man derartige Entwicklungen künftig vermeiden könne. Die Beantwortung dieser Frage setzt die Kenntnis der Bedingungen politischer Stabilität voraus. Zweitens fand in den frühen 50er Jahren eine theoretische und methodische Neuorientierung der Politikwissenschaft statt. Mit der Kritik des Behavioralismus an der unbestreitbaren Verengung des Faches auf politische Ideengeschichte und Institutionenlehre ging der Anspruch einer Neubestimmung des Gegenstandes, der Ziele und der Methoden der Politikwissenschaft einher. Die Konzepte des politischen Verhaltens (auf der Mikroebene) und des politischen Systems (auf der Makroebene) wurden als Grundeinheiten der politikwissenschaftlichen Analyse propagiert. Zugleich sprachen sich die Behavioralisten für das Bemühen um eine Erklärung des Individual- bzw. Systemverhaltens mittels allgemeiner, empirisch prüfbarer Theorien aus. Eastons Konzept (1979) der politischen Unterstützung (pU) gehört zu den wichtigsten Produkten der behavioral revolution. Obgleich es zunächst im Rahmen der Eastonschen Systemtheorie als ein makropolitisches Konzept, nämlich als ein Bestimmungsfaktor der Systemstabilität eingeführt worden war, fand es später in der Erforschung individueller politischer Orientierungen sein wichtigeres Anwendungsfeld. Easton bezeichnet das politische System als dasjenige Subsystem der Gesellschaft, dessen Aufgabe in der autoritativen Zuteilung von Werten auf die Gesellschaft oder - einfacher formuliert - in der Herstellung und Durchsetzung für die Gesellschaft verbindlicher Entscheidungen besteht. Durch Entscheidungen in Form materieller und symbolischer Leistungen (Outputs) nimmt das politische System Einfluß auf die gesellschaftliche Umwelt, in die es eingebettet ist. Zugleich unterliegt es aber dem Einfluß dieser Umwelt, die Forderungen an das System stellt und ihm Unterstützung gewährt, entzieht oder vorenthält. Als pU im weitesten Sinne kann man alle Arten positiver Beziehungen zum politischen System und seinen Elementen bezeichnen. Easton betrachtet die pU als eine Ressource, ohne die das System nicht dazu in der Lage wäre, seine Aufgaben innerhalb der gesellschaftlichen Arbeitsteilung effizient zu erfüllen und bei deren langfristigem Fehlen es zusammenbräche.

Formen politischer Unterstützung und ihre Bedeutung in der Demokratie:
Ungeachtet der Tatsache, daß jedes politische System nur dann leistungsfähig und stabil ist, wenn es Unterstützung durch seine Umwelt erhält, unterscheidet Easton (1979) im Hinblick auf ihre systemische Bedeutung zwischen mehreren Formen pU. Als *manifeste* Unterstützung („overt support") bezeichnet er unterstützende Handlungen wie das Zahlen von Steuern, die Wahlbeteiligung oder das Ableisten des Wehr- oder Zivildienstes, *latente* Unterstützung („covert support) umfaßt positive Einstellungen zu politischen Objekten. Die empirische Forschung benutzte Eastons Konzept insbesondere zur Kategorisierung politischer Einstellungen und stellte die Abgrenzung zwischen verschiedenen Arten unterstützender Orientierungen in den Vordergrund. Als Basis der betreffenden Klassifikationen dienten die Objekte und die Motive pU. In „A Systems Analysis of Political Life" differenzierte Easton (1979) zwischen drei Objekten pU: Die *politische Gemeinschaft* umfaßt die zu einem politischen Verband gehörigen Menschen (meist → Nation) und die Symbole dieses Verbandes. Das *politische Regime* könnte man alltagssprachlich als Verfassungsordnung umschreiben. Ihr rechnet Easton drei Elemente zu: Die für ein politisches System konstitutiven Grundwerte, die bei der Lösung politischer Probleme anzuwendenden Verfahrensregeln sowie die Autoritätsstrukturen, d.h. die Verteilung von Aufgaben und Machtbefugnissen auf einzelne politische Organisationen und Akteure. Als dritte Klasse von Unterstützungsobjekte fungieren die - im Zeitverlauf wechselnden - *Inhaber politischer Führungspositionen* (→ Politiker/ Politische Klasse). Diese Differenzierung spielte in der empirischen Forschung eine große Rolle, wobei Kontroversen hinsichtlich der Fähigkeit der Bevölkerung auftraten, zwischen diesen Objekten überhaupt zu differenzieren. Als etwas kompli-

zierter erwies sich die Unterscheidung zwischen den Unterstützungmotiven. Als *spezifisch* bezeichnet Easton alle leistungsbezogenen Formen pU. Sie basieren auf der Erfüllung konkreter Forderungen durch die Inhaber politischer Führungspositionen. Wenn die Leistungen der Führung den Forderungen entsprechen, entsteht spezifische Unterstützung. Im Falle einer Diskrepanz bleibt sie aus. Dementsprechend kann die spezifische Unterstützung kurzfristig starken Schwankungen unterworfen sein. Spezifische Unterstützung des politischen Regimes und der politischen Gemeinschaft war bei Easton ursprünglich nicht vorgesehen. Die *diffuse* Unterstützung ist von konkreten Leistungen unabhängig und richtet sich somit nicht auf die Performanz, sondern auf allgemeine Eigenschaften politischer Objekte, wie ihre Vertrauenswürdigkeit, Kompetenz oder Gemeinwohlorientierung. Diese Form pU ist stabiler als die spezifische Unterstützung, da sie stärker als diese in allgemeinen politischen Überzeugungen von Individuen oder Gruppen verankert ist. Nach Easton kann sich diffuse Unterstützung auf alle Objekte richten und zerfällt in die Teilklassen des Vertrauens und der Legitimitätsüberzeugungen.

Da die asymmetrische Zuordnung von Objekten und Motiven nicht plausibel erscheint, wurde Eastons Typologie in mehreren Folgestudien modifiziert und verfeinert. Fuchs (1989) behält die Differenzierung zwischen drei Arten von Unterstützungsobjekten bei, ergänzt sie in Anlehnung an Parsons aber um eine Trichotomie von Unterstützungsmotiven, nämlich instrumentelle, expressive und moralische Motive. Im Falle instrumenteller Unterstützungsmotive wird das Objekt nach dem Nutzen, den es der unterstützenden Person stiftet oder im Hinblick auf die Effektivität, mit der es seine Aufgaben erfüllt, beurteilt. Expressive Unterstützungsmotive zielen auf die affektive Bindung von Akteuren an Objekte, also die Befriedigung emotionaler Bedürfnisse durch das Objekt (Stolz, Zuneigung, Vertrauen, Identifikation). Im Falle moralischer Unterstützungsmotive finden moralische Standards bei der Bewertung von Objekten Anwendung, es geht also um die Übereinstimmung zwischen den Eigenschaften oder dem Handeln eines politischen Objektes und den Vorstellungen des bewertenden Akteurs von dem, was in der Politik moralisch angemessen ist (→ Politische Moral). Aus der Kombination von Unterstützungsobjekten und -motiven entwickelte Fuchs die folgende ...

Typologie politischer Unterstützung:

	Instrumentell	Expressiv	Moralisch
Autoritäten	Effektivität der Führung	Identifikation mit der Führung	Legitimität der Führung
Regime	Effektivität des Regimes	Identifikation mit dem Regime	Legitimität des Regimes
Gemeinschaft	Effektivität der Gemeinschaft	Identifikation mit der Gemeinschaft	Legitimität der Gemeinschaft

Das von Fuchs entwickelte Klassifikationsschema ist erheblich schlüssiger als das Eastons und leistete einen wichtigen Beitrag zur Systematisierung der empirischen Forschung über das Problem pU in der Demokratie. Einige Probleme sind aber bis heute noch nicht überzeugend gelöst, etwa die Beantwortung der Frage, ob die analytisch mögliche Differenzierung der Einstellungen zur politischen Gemeinschaft empirisch relevant ist und was man sich unter einer instrumentell motivierten Unterstützung der politischen Gemeinschaft konkret vorstellen soll. Weitere Überlegungen sind auch hinsichtlich notwendiger Ergänzungen der Motiv- und Objektklassen notwendig. Über die Bedeutung dieser Formen der pU für die Stabilität und Funktionsfähigkeit einer Demokratie finden sich in der Literatur unterschiedliche Vorstellungen. Zwar besteht Übereinstimmung in der Auffassung, daß kein politisches System ganz ohne die Unterstützung seiner Umwelt auskommt, jedoch ist diese Annahme viel zu unpräzise, um eine empirische Überprüfung zuzulassen. Nach Easton variiert die systemische Relevanz pU mit den Unterstützungsmotiven und -objekten. Wie sich an zahlreichen Beispielen zeigen läßt, führt fehlende Unterstützung der politischen Gemeinschaft auf Dauer zum Zerfall der betreffenden Nation. Für die verbleibenden Klassen von Unterstützungsobjekten und -motiven lassen sich die folgenden Annahmen formulieren: Fehlende spezifische Unterstützung ist für die Stabilität und Performanz eines politischen Systems unproblematisch, solange ein hinreichendes Maß an diffuser Unterstützung besteht. Allerdings können sich notorische Leistungsdefizite auf lange Sicht zu Vertrauens- oder Legitimitätskrisen ausweiten. Ähnliche Überlegungen gelten für die Unterstützung der amtierenden Führung und des politischen Regimes: Solange eine negative Einstellung zur amtierenden Führung mit einer positiven Einstellung zum politischen Regime einher geht, liegt keine kritische Situation vor. Ein Rückgang pU führt in diesem Falle mit großer Wahrscheinlichkeit zum Regierungswechsel, läßt aber das Verhältnis der Bevölkerung zur politischen Ordnung unberührt. Erst eine Generalisierung negativer Einstellungen auf das Regime gefährdet die Stabilität und Leistungsfähigkeit des politischen Systems und kann zum Systemkollaps führen.

Bestimmungsfaktoren politischer Unterstützung:
Schon aus den Eigenschaften der spezifischen und diffusen Unterstützung ergeben sich gewisse Annahmen über das Zustandekommen dieser Orientierungen. Als leistungsabhängige Beziehung zu politischen Objekten hängt die spezifische Unterstützung schon definitionsgemäß von der wahrgenommenen Performanz des politischen Systems und seiner Elemente ab. Wird die Politik als zufriedenstellend empfunden, dann entsteht spezifische Unterstützung, bzw. sie bleibt erhalten. Dagegen führen von der Bevölkerung wahrgenommene Leistungsdefizite zu einem Rückgang spezifischer Unterstützung (Easton 1975). Da es sich bei der diffusen Unterstützung hingegen um eine grundlegende, in den Wertvorstellungen der Bevölkerung verankerte politische Überzeugung handelt, ist sie vom konkreten Leis-

tungsoutput des politischen Systems zunächst einmal relativ unabhängig, jedoch können lange anhaltende Phasen hoher Systemperformanz ebenso zum Aufbau diffuser Unterstützung beitragen, wie lange Perioden als unzulänglich perzipierter Leistungen zu einem Rückgang diffuser Unterstützung beitragen können. Anders als bei der System- oder Regierungsperformanz schreibt Easton (1975, 1979) der pS von Individuen die Schlüsselrolle beim Entstehen diffuser Unterstützung zu. Generalisierte Bindungen an das politische Regime und die politischen Entscheidungsträger entstehen durch explizite und implizite → pS im Elternhaus und in der Schule. Allerdings ist die Vermittlungsleistung der Sozialisationsagenturen nicht unabhängig von Rahmenbedingungen wie Regimewechseln oder Veränderungen der in einer Gesellschaft vorherrschenden Wertvorstellungen (Fuchs 1989; Gabriel 1999). Neuere Arbeiten nennen eine Reihe weiterer Bestimmungsfaktoren von pU, etwa die Integrationsleistung von Freiwilligenorganisationen (Putnam; → Vereine) oder die Berichterstattung in den → Massenmedien (Robinson).

Ergebnisse:
Die empirische Forschung beschäftigt sich seit über 25 Jahren intensiv mit verschiedenen Arten pU. Die Relevanz der hierzu vorliegenden Erkenntnisse hängt jedoch von der empirischen Tragfähigkeit der analytisch plausiblen Unterscheidung zwischen mehreren Unterstützungsarten ab. Nachdem die Fähigkeit der Bevölkerung zur Unterscheidung zwischen mehreren politischen Objekten zunächst bezweifelt wurde, belegen neuere Studien die empirische Relevanz von Eastons Überlegungen. Allerdings beziehen sie sich primär auf die Unterscheidung zwischen dem politischen Regime und den politischen Autoritäten (z.B. Fuchs 1989). Zufriedenstellende empirische Befunde über die Beziehung zwischen spezifischer und diffuser Unterstützung liegen dagegen bisher noch nicht vor, was nicht zuletzt durch die unzulänglichen Meßinstrumente bedingt ist.

Über die Struktur und Entwicklung pU in den Demokratien liegt mittlerweile eine umfangreiche Literatur vor, deren Aussagen sich wegen der sehr unterschiedlichen Situation in den einzelnen Ländern, aber auch wegen der Vielfalt der eingesetzten Erhebungsinstrumente, nur sehr schwer generalisieren lassen. In Europa, den Vereinigten Staaten und Kanada liefern die Daten keine Hinweise darauf, daß die Demokratie als Herrschaftsordnung in der Bevölkerung umstritten wäre (für Europa: Fuchs/Guidorossi/Svensson 1995). Dies schließt kritische Einstellungen zu einzelnen Aspekten der bestehenden demokratischen Regime ebenso wenig aus wie den Wunsch nach politischen Reformen. Anders als die Einstellungen zur Demokratie als Wertesystem oder Ordnungsmodell wird die Realität der Demokratie in den westlichen Nationen sehr unterschiedlich bewertet. Die skandinavischen Staaten wie Norwegen und Dänemark zeichnen sich durch eine außerordentlich hohe Demokratiezufriedenheit aus, dagegen bezeichnet Merkl Italien als „low legitimacy wonder". Zu den großen Unterschieden zwischen den Nationen kommen starke intertemporale Schwankungen hinzu. Das auffälligste Beispiel hierfür stellt Belgien dar, wo die Demokratiezufriedenheit unter dem Eindruck politischer Krisen und Skandale zwischen 1994 und 1997 von 56 auf 18 % sank (Eurobarometer 42, 43 und 47). Noch uneinheitlicher stellt sich die Sachlage hinsichtlich der Unterstützung der amtierenden politischen Führung dar (→ Politisches Vertrauen).

Die BRD gehörte bis zur Vereinigung zu denjenigen Staaten, in denen die Unterstützung der Idee und der Praxis der Demokratie im internationalen Vergleich besonders hoch ausfiel. Diese Sachlage hat sich nicht geändert, soweit es um die Einstellung der Bevölkerung zur Demokratie als Form politischer Ordnung geht. Diese ist im Westen nach der Wiedervereinigung so positiv wie zuvor, im Osten war die Einstellung zu demokratischen Grundwerten und Verfahrensprinzipien bereits 1990 überraschend positiv, seither trat in dieser Hinsicht keine grundlegende Änderung ein. In der Unterstützung der demokratischen Ideale stimmen die Ost- und die Westdeutschen stark miteinander überein, allerdings weisen die westdeutschen Befragten konsistentere Orientierungen auf als die ostdeutschen. Dagegen war die Demokratiezufriedenheit seit der Vereinigung im Osten wie im Westen starken Schwankungen unterworfen und befand sich 1997 im Westen auf dem niedrigsten Niveau seit 1973. Diese negative Entwicklung setzte sich seither nicht fort. In den Einstellungen zur Praxis der Demokratie in der Bundesrepublik besteht nach wie vor ein beträchtliches Ost-West-Gefälle (Gabriel 1999).

Das hohe Niveau und die große Stabilität der Unterstützung der Idee der Demokratie in der westlichen Welt deutet darauf hin, daß das Prinzip Demokratie zu den festen Bestandteilen der pK des Westens gehört. Zugleich besteht überall eine mehr oder minder große Diskrepanz zwischen der demokratischen Praxis und den Idealen der Demokratie. Diese Spannung zwischen der Idee und der Praxis der Demokratie und die national sehr unterschiedliche Ausprägung und Entwicklung der Demokratiezufriedenheit verdienen eine genauere empirische Untersuchung. Bisher läßt sich feststellen, daß die (perzipierten) wirtschaftlichen Bedingungen in den meisten westlichen Demokratien die Demokratiezufriedenheit beeinflussen, daß deren Schwankungen aber kaum auf veränderte Wertorientierungen zurückgeführt werden können. Auch spezifische politische Ereignisse wie innen- oder außenpolitische Krisen oder Veränderungen der parteipolitischen Zusammensetzung der Regierung bleiben nicht folgenlos für die Einstellungen zur Praxis der Demokratie (Fuchs/Guidorossi/Svensson 1995; Gabriel 1999).

Oscar W. Gabriel

Literatur:

Easton, David 1975: A Re-Assessment of the Concept of Political Support, in: British Journal of Political Science 5, S. 435-457.

Easton, David 1979: A Systems Analysis of Political Life, 2. Aufl., Chicago/London.

Fuchs, Dieter 1989: Die Unterstützung des politischen Systems der Bundesrepublik Deutschland, Opladen.

Fuchs, Dieter/Guidorossi, Giovanna/Svensson, Palle 1995: Support for the Democratic System, in: Klingemann, Hans-Dieter/Fuchs, Dieter (Hrsg.): Citizen and the State. Beliefs in Government, Bd. 1, Oxford, S. 323-353.

Gabriel, Oscar W. 2000: Demokratische Einstellungen in einem Land ohne demokratische Traditionen. Die Unterstützung der Demokratie in den neuen Bundesländern im Ost-West-Vergleich, in: Gabriel, Oscar W./Falter, Jürgen W./Rattinger, Hans (Hrsg.): Wirklich ein Volk? Die politischen Orientierungen von Ost- und Westdeutschen im Vergleich, Opladen, S. 41-77.

Klingemann, Hans-Dieter/Neidhardt, Friedhelm (Hrsg.) 2000: Zur Zukunft der Demokratie. Herausforderungen im Zeitalter der Globalisierung, WZB-Jahrbuch, Berlin.

Norris, Pippa 1999: Critical Citizens. Global Support for Democratic Governance, Oxford.

Westle, Bettina 1989: Politische Legitimität - Theorien, Konzepte, empirische Befunde, Baden-Baden.

Politisches Bewußtsein

→ Anomie/Entfremdung, Autoritarismus, Bildung, Demokratie, Demokratische Persönlichkeit, Demoskopie, Familie, Geschichtsbewußtsein, Identität, Ideologie, Massenmedien, Öffentliche Meinung, Politische Beteiligung, Politische Informiertheit, Politische Sozialisation, Politische Sozialisation: Schule, Politische Unterstützung, Politisches Interesse, Regionale/Lokale politische Kultur, Schweigespirale/Öffentliche Meinung, Soziale Sicherheit, Verbände, Wertewandel, Wohlfahrtsstaat.

Begriff/Definition:

Durchforstet man die einschlägigen deutschen politikwissenschaftlichen Lexika, Handwörterbücher usw. nach dem Begriff des politischen Bewußtseins (pB), so wird man in der Regel nicht fündig. Das deutet bereits darauf hin, daß es sich dabei nicht um ein wohldefiniertes, in spezifische Theoriezusammenhänge eingebettetes Konzept handelt. Man ist folgerichtig gezwungen, auf Ähnlichkeiten und funktionale Äquivalente zurückzugreifen, um den Begriff mit einem analytisch fruchtbaren Sinn zu erfüllen. Prinzipiell ist insbesondere auf dem Hintergrund von Fragestellungen der pKf zunächst einmal festzuhalten, daß es sich um ein mikroanalytisches, d.h. bei Individuen zu verortendes und zu messendes Konzept handelt. Davon unbeschadet ist die Frage, inwieweit die so, üblicherweise durch Befragungen, gewonnenen Informationen aggregiert über Gruppen und/oder nationale Bevölkerungen einen neuen Sinn erhalten, etwa als → öffentliche Meinung. Auch die These, daß aggregierte Bevölkerungsäußerungen eine andere Bedeutung als die individuellen Angaben eines einzelnen Bürgers besitzen und über solche Zusammenfassungen bestimmte methodische Probleme der Umfrageforschung vermieden werden können (Page/Shapiro 1992), ist zunächst ohne Belang; darauf wird aber später zurückgekommen werden.

Unproblematisch erscheint die Feststellung, daß es sich bei pB um die Summe aller Orientierungen handelt, die Bürger in bezug auf das gesellschaftliche Teilsystem der Politik besitzen. Natürlich liegt bei diesem Verständigungsversuch eine Schwierigkeit darin, daß die Grenzen von Politik zu anderen Teilsystemen wie etwa zur Wirtschaft fließend sind; zu erinnern ist in diesem Zusammenhang auch an den Umstand, daß in der zeitgenössischen gesellschaftspolitischen Diskussion immer wieder darauf hingewiesen wird, daß die Trennung zwischen Öffentlichem und Privatem zunehmend aufgehoben wird. Mit einem solchen Vorbehalt läßt sich, bei grundsätzlicher Akzeptanz einer gegebenen Unschärferelation, jedoch umgehen, wenn man auf Abgrenzungskriterien zurückgreifen kann, die zumindest im sozialwissenschaftlichen Diskurs nicht prinzipiell umstritten sind.

Theorien/Konzepte/Modelle:
Schon die frühe pKf hat in der Civic Culture-Studie einen Orientierungsrahmen zur Verfügung gestellt, der für den Zweck einer Verständigung über pB hilfreich ist. Gedacht ist dabei an die dort vorgenommene Unterscheidung in vier prinzipielle Orientierungsobjekte: 1. das politische System insgesamt, 2. Elemente des Politikformulierungsprozesses (Inputs), 3. Elemente des Politikumsetzungs- und -implementationsprozesses (Outputs) und 4. Ego als Träger von Orientierungen in bezug auf seine eigene Rolle im demokratischen Prozeß. Entsprechend sind hier konkret zu nennen z.B. zu 1. die Arbeiten zur politischen Legitimität (→ Politische Unterstützung), zu 2. die Arbeiten im Bereich von Wahl- und Partizipationsforschung sowie zu den Einstellungen bezüglich des Engagements der Bürger bei intermediären Akteuren wie Interessengruppen, Parteien und → Massenmedien, zu 3. der ganze Bereich der Policy- und Implementationsforschung in der Wahrnehmung und Bewertung durch die Bürger (etwa als Einschätzung wirtschaftlicher Sachverhalte und der Beurteilung der Performanz verantwortlicher politischer Akteure) und zu 4. Einstellungen zu → Demokratie, Nationalismus, politischer → Identität, → Autoritarismus, Faschismus, Dogmatismus, → Anomie/Entfremdung, Selbstkonzept usw. sowie Wertüberzeugungen. Das Beliefs in Government-Projekt hat auf der Grundlage der verfügbaren Materialien den Versuch unternommen, in fünf Bänden eine Analyse der Nachkriegsentwicklung in Westeuropa zu diesen Objektbereichen vorzulegen (siehe hierzu Kaase/Newton 1995). Die Befunde dieser Studie bestätigen und differenzieren Ergebnisse früherer Untersuchungen, so etwa zum → Wertewandel, zur → politischen Beteiligung, zur politischen Legitimität und zu Einstellungen zum → Wohlfahrtsstaat. Eine der Lektionen aus diesem Projekt ist jedoch, daß in der dreidimensionalen Matrix Längsschnittlichkeit x Staaten x Sachthemen eine Vielzahl von weißen Flecken existiert, die mit den vorhandenen Daten aus Umfragen nicht zu füllen sind.

Ergebnisse:
Nationale wie internationale Umfragen belegen immer wieder, daß Politik im Verhältnis zu Lebensbereichen wie Beruf, → Familie und Gesundheit weit unten in der Prioritätenliste rangiert. Politische Angelegenheiten entziehen sich, bei allem diesbezüglichen Wandel zu mehr Engagement („partizipatorische Revolution"), für die überwiegende Zahl der Bürger in Demokratien nach wie vor regelmäßiger persönlicher Erfahrung. Da andererseits vom Bürger reflektierte politische Anteilnahme demokratietheoretisch-normativ erwartet wird, stellt sich seit den frühen Tagen der empirischen Politikforschung die Frage, wie es mit dem Interesse der Bürger an Politik bestellt ist und nach welchen Kriterien sie ihre politischen Wahrnehmungen individuell organisieren. Dabei empfiehlt es sich, nach dem Interesse an Politik, dem Wissen über Politik und der Struktur politischer Überzeugungssysteme zu unterscheiden (→ Ideologie). Vor der Darstellung von empirischen Befunden zu den drei genannten Bereichen ist jedoch eine Vorbemerkung erforderlich.

Analysen der Forschungen zum Politikverständnis der „normalen" Bürger, etwa im Vergleich zu Inhabern von Elitepositionen, haben einerseits immer wieder die bekannten Befunde bestätigt, daß das politische Repertoire der Bürger, anders als normativ erwartet und erwünscht, hohen Anforderungen nicht genügt. Damit erfuhr die Elitetheorie der Demokratie, wie sie etwa von Schumpeter vertreten worden ist, eine nachhaltige empirische Unterstützung. Vor allem die von Converse (1964; 1970) berichteten Ergebnisse von Panelerhebungen im Rahmen der am Center for Political Studies des Institute for Social Research an der University of Michigan bearbeiteten nationalen Wahlstudien führten zu einer erheblichen Ernüchterung in bezug auf die intellektuelle politische Leistungsfähigkeit des democratic citizen. Es stellte sich nämlich heraus, daß bei hoher Aggregatstabilität bezüglich einer Vielzahl von politischen Einstellungen die individuellen Fluktuationen sehr hoch waren und daß sie, schlimmer noch, geradezu einem Zufallsmodell folgten (das bekannte „Schwarz-und-Weiß"-Modell von Converse).

Gegen diese Charakterisierung der Mehrzahl der Bürger als offenbar strukturell politikunfähig sind in erster Linie in den USA seit Mitte der 80er Jahre zunehmend Vorbehalte geltend gemacht worden (Popkin 1991; Page/Shapiro 1992; Zaller 1992; zusammenfassend Sniderman 1993). Dabei lassen sich die wesentlichen Argumente in eine theoretisch-inhaltliche und in eine methodische Variante untergliedern. Theoretisch-inhaltlich wird vorgebracht, daß angesichts der von allen Beobachtern geteilten Einschätzung der unvermeidlichen Erfahrungsdistanz der Bürger in bezug auf die Details des politischen Prozesses von diesen keine überragenden Konzeptualisierungs- und Reflexionsleistungen erwartet werden können: „Tatsächlich beschreibt der Begriff ‚Rationalität auf niedrigem Informationsniveau' ... am besten die Art des praktischen Denkens über Regierung und Politik, wie sie für die Bürger typisch ist. Es handelt sich dabei um eine Methode, in einer höchst ökonomischen Weise Lernen und Information aus der Vergangenheit mit den täglichen Lebenserfahrungen, den Massenmedien und politischen Kampagnen zu verbinden" (Popkin 1961: 7; Übersetzung MK). Von dieser Perspektive ist es nur noch ein Schritt zu Überlegungen, die Bildung der Bevölkerungsmeinung zu politischen Angelegenheiten vor allem mit der Qualität des Elitendiskurses in einer Gesellschaft in Verbindung zu setzen (Zaller 1992; Sniderman 1993) und so zumindest heuristisch zu einer dynamischen Mehrebenenbetrachtung der Bildung von öffentlicher Meinung zu gelangen.

Die methodische Variante dieser Betrachtungsweise bewegt sich von der Analyse individueller politischer Meinungsbildung, wie sie u. a. von Converse (1964; 1970) umgesetzt worden war, weg zu einer aggregierten Betrachtung der Verteilungen politischer Orientierungen für die Gesamtheit der Bürger. Die hohe Stabilität von Orientierungen dieser Art über Zeit in Form von statistischen Randverteilungen wird als ein Ausweis kollektiver Bürgerrationalität gedeutet (Page/Shapiro 1992; Sniderman 1993); die vermutlich idiosynkratischen Schwankungen auf individueller Ebene werden im wesentlichen als Meßfehler interpretiert, ohne den Versuch zu unternehmen, die individuellen Orientierungsvolatilitäten theoretisch-inhaltlich zu begründen und zu modellieren (anders hierzu Kaase 1986). Im folgenden werden nun kurz Befunde der internationalen Forschung zu den drei weiter vorne genannten Teilaspekten des pB - → politisches Interesse, politisches Wissen (→ Politische Informiertheit) und politische Überzeugungssysteme - dargestellt.

Subjektives politisches Interesse ist seit jeher eine der zentralen Variablen in der Analyse von Einstellungen der Bevölkerung zur Politik (Gabriel/van Deth 1995). Für die Bundesrepublik belegen Daten des Allensbacher Instituts für Demoskopie, daß in der alten Bundesrepublik das Interesse an Politik mit periodischen Schwankungen zwischen 1960 und 1990 von 30 % auf rund 50 % gestiegen ist und die Zahl der politisch Uninteressierten im selben Zeitraum von rund 30 % auf knapp 10 % geschrumpft ist. Nicht ganz so dramatisch, aber in der Tendenz gleichlautende Entwicklungen lassen sich auch für einige andere OECD-Länder beobachten (Dalton 1996). Andererseits weisen Gabriel und van Deth (1995) darauf hin, daß keinesfalls von einem durchgängigen Politisierungstrend in den europäischen Demokratien gesprochen werden kann, und für die Bundesrepublik ist nach dem vereinigungsbedingten Politisierungshoch 1990 seither sogar ein Absinken unter das Niveau der späten 80er Jahre zu verzeichnen. Diese Befunde belegen in ihrer Unterschiedlichkeit nicht zuletzt, daß Interesse an Politik als Teil des pB nicht zuletzt auch von Mobilisierungskontexten wie z.B. nationalen Wahlen und von Ereigniskonstellationen abhängt. Es spricht allerdings vieles für die Auffassung (Dalton 1996), daß zumindest in der Bundesrepublik die zwischen 1960 und 1990 beobachtete Politisierung der Bürger vor allem auf zwei strukturelle Faktoren zurückzuführen ist: auf die flächendeckende Ausdehnung des Fernsehens und auf Prozesse der kognitiven Mobilisierung insbesondere über den deutlichen Anstieg der Zahl der Bürger mit Gymnasialabschluß (→ Bildung). Subjektives politisches Interesse ist nun insofern ein „weicher" Indikator, als ihm keine objektivierten Sachverhalte, sondern persönliche Einschätzungen der Bürger zugrunde liegen. Daher ist es eine interessante Frage, ob der gerade genannten kognitiven Mobilisierung auch eine Erhöhung des objektivierbaren Wissens über Politik entspricht. Für die Bundesrepublik hat Noelle-Neumann (1988) für die Periode 1952-1979 eine Stagnation, trotz der sich in dieser Zeit abspielenden kognitiven Mobilisierung, konstatiert; neuere Ergebnisse für Deutschland liegen nicht vor. Bemerkenswerterweise kommen Carpini und Keeter (1991) auf der Grundlage einer Entwicklungsanalyse für die Periode 1947-1989 in den USA ebenfalls zu dem Befund, daß das Niveau *politischen Faktenwissens* sich kaum verändert, ja, wenn man die gestiegene Bildungsbeteiligung berücksichtigt, sich sogar verringert hat. Ohne weiterführende Daten und Analysen läßt sich dieser Befund nicht überzeugend interpretieren; soviel kann jedoch gesagt werden, daß sich der Wissensaspekt des pB nicht in die Richtung - nämlich nach oben - entwickelt hat, die man aufgrund der genannten Strukturveränderungen hätte erwarten können.

Die Analyse *politischer Überzeugungssysteme* hat ihren zentralen Anstoß durch die Analysen von Converse (1994) erhalten. Für die Bundesrepublik hat vor allem Klingemann (1979; Fuchs/Klingemann 1990) diesen Anstoß aufgenommen und international vergleichend unter dem Aspekt der politischen → Ideologie weiterentwickelt. Dabei geht es im wesentlichen um die Frage der Organisationskraft eines Überzeugungssystems (belief system; wie eng hängen seine Elemente zusammen?) und um seine Reichweite (wie viele Elemente werden durch es gesteuert?); unter diesen Aspekt fällt auch die Frage, ob es mehrere strukturierende Prinzipien gibt, die ihrerseits wiederum issuespezifische Wahrnehmungen integrieren (Dalton 1996). Die Forschung über politische Überzeugungssysteme hat sich von Anfang an auf die ideologische Links-Rechts-Dimension (in den USA: liberal-konservativ) konzentriert, weil andere, vergleichbar übergreifende Organisationsprinzipien in der Bürgerschaft nicht verfügbar sind. Hinsichtlich der Dominanz dieser Dimension ist zwar immer wieder von einem Nachlassen gesprochen worden, doch führt eine weltweite Überprüfung durch Huber und Inglehart (1995) zu folgendem Ergebnis: „Finden die Begriffe ‚Links' und ‚Rechts' noch immer Verwendung? Die Antwort auf diese Frage ist ein eindeutiges ‚ja'" (Übersetzung MK). Bezüglich der Frage nach einer zunehmenden oder abnehmenden Ideologisierung politischer Überzeugungssysteme erlaubt die Analyse von Fuchs und Klingemann (1990) keine eindeutige Antwort, mit Ausnahme der Feststellung, daß das Links-Rechts-Schema offenbar auch in der Lage ist, zumindest auf kurze Sicht neue Politikinhalte zu adaptieren (s. dazu auch Bauer-Kaase 2001). Zur Frage der Veränderung des Ideologisierungsgrades von Überzeugungssystemen gibt die amerikanische Diskussion ebenfalls keine klaren Aufschlüsse (Sniderman 1993, Dalton 1996); danach haben sich innerhalb der letzten 20 Jahre Veränderungen weder in Richtung einer Ideologisierung noch einer Deideologisierung ergeben.

Ausblick/offene Fragen:
Zwar hat die pKf in Deutschland nach der Vereinigung ohne größere konzeptionelle und methodische Probleme auch die neuen Bundesländer mit einbezogen. Insgesamt ist jedoch festzuhalten, daß, wie am Beispiel von Analysen zum pB erkennbar wurde, hierzulande das Interesse der Forschung an den in diesem Beitrag erörterten Fragen, anders als noch in den 70er und 80er Jahren, erkennbar nachgelassen hat. Ob dabei ein Zusammenhang mit dem Abdanken des Kommunismus als Gegenideologie zur liberalen Demokratie besteht, ist eine offene Frage.

Max Kaase

Literatur:

Bauer-Kaase, Petra 2001: Politische Ideologie im Wandel? Eine Längsschnittanalyse der Inhalte der politischen Richtungsbegriffe „links" und „rechts", in: Klingemann, Hans-Dieter/Kaase, Max (Hrsg.): Wahlen und Wähler. Analysen aus Anlass der Bundestagswahl 1998, Wiesbaden, S. 207-244.

Converse, Philip E. 1964. The Nature of Belief Systems in Mass Publics, in: Apter, David E. (Hrsg.): Ideology and Discontent, Glencoe, S. 206-261.

Converse, Philip E. 1970: Attitudes and Non-Attitudes: Continuation of a Dialogue, in: Tufte, Edward R. (Hrsg.): The Quantitative Analysis of Social Problems, Reading, S. 168-189.

Dalton, Russel J. 1996: Citizen Politics. Public Opinion and Political Parties in Advanced Western Democracies, 2. Aufl., Chatham.

Delli Carpini, Michael X./Keeter, Scott 1991: Stability and Change in the U.S. Public's Knowledge of Politics, in: Public Opinion Quarterly 55, S. 583-612.

Fuchs, Dieter/Klingemann, Hans-Dieter 1990: The Left-Right-Schema, in: Jennings, M. Kent/van Deth, Jan W. u. a.: Continuities in Political Action. A Longitudinal Study of Political Orientations in Three Western Democracies, Berlin, S. 203-234.

Gabriel, Oscar W./van Deth, Jan W. 1995: Political Interest, in: van Deth, Jan W./Scarbrough, Elinor (Hrsg.): The Impact of Values. Beliefs in Government, Bd. 4, Oxford, S. 390-411.

Huber, John/Inglehart, Ronald 1995: Expert Interpretations of Party Space and Party Locations in 42 Societies, in: Party Politics 1, S. 73-111.

Kaase, Max 1986: Das Mikro-Makro-Puzzle der Empirischen Sozialforschung: Anmerkungen zum Problem der Aggregatstabilität bei individueller Instabilität in Panelbefragungen, in: KZfSS 38, S. 209-222.

Kaase, Max/Newton, Kenneth 1995: Beliefs in Government, Bd. 5, Oxford.

Klingemann, Hans-Dieter 1979: Measuring Ideological Conceptualizations, in: Barnes, Samuel H./Kaase, Max u. a.: Political Action. Mass Participation in Five Western Democracies, Beverly Hills/London, S. 215-254.

Noelle-Neumann, Elisabeth 1988: Das Fernsehen und die Zukunft der Lesekultur, in: Fröhlich, Werner D./Zitzlsperger, Rolf/Franzmann, Bodo (Hrsg.): Die verstellte Welt. Beiträge zur Medienökologie, Frankfurt a.M., S. 222-254.

Page, Benjamin I./Shapiro, Robert J. 1992: The Rational Public. Fifty Years of Trends in Americans' Policy Preferences, Chicago/London.

Popkin, Samuel L. 1991: The Reasoning Voter. Communication and Persuasion in Presidential Campaigns, Chicago.
Sniderman, Paul M. 1993: The New Look in Public Opinion Research, in: Finifter, Ada W.: Political Science. The State of the Discipline II, Washington D.C., S. 219-245.
Zaller, John R. 1992: The Nature and Origins of Mass Opinion, Cambridge.

Politisches Interesse

→ *Bildung, Frauen/Männer, Generationen, Intellektuelle, Interpersonale Kommunikation, Massenmedien, Neue Bundesländer, PDS, Politikverdrossenheit, Politische Beteiligung, Politische Informiertheit, Politische Kompetenz, Politische Sozialisation: Geschlecht/Geschlechterverhältnisse/Massenmedien, Politisches Bewußtsein, Soziale Sicherheit, Soziale Ungleichheit/Lebenslagen, Sozialstruktur, Wahlen/Wähler, Wertewandel.*

Begriff/Definition:
Politisches Interesse (pI) taucht in der Politikwissenschaft unter verschiedenen Begriffen und in verschiedenen Kontexten auf, z.B. als Bestandteil der *„cognitive map"* der Bürger, also des Systems der kognitiven Orientierungen, dessen Funktion das Erkennen und Verstehen politischer Wirklichkeit und die Vorbereitung zielgerichteten politischen Handelns ist; als *„Politische Involvierung"*, d.h. als „Aufmerksamkeit" gegenüber politischen Geschehnissen; ähnlich: *„Political Awareness"*, d.h. als Ausmaß an bewußter Beschäftigung mit Politik (s. auch → politische Informiertheit, politisches Bewußtsein); als *„Political Saliency"*, d.h. als individuelle Einschätzung der Bedeutung von Politik (in Relation zu anderen Lebensbereichen; Priorität von Politik); als *„degree to which politics arouses a citizen's curiosity"* (van Deth 1990: 278), d.h. als „Neugier" (siehe zu diesen Verortungen den umfassenden Überblick bei van Deth 2000); als *„Political Sophistication"*, d.h. als Fähigkeit zur strukturierten Aufnahme und Verarbeitung politischer Informationen (z.B. Luskin 1987). Die in Studien zur pK und der politikwissenschaftlichen Einstellungs- und Verhaltensforschung insgesamt am häufigsten verwendete Form von pI ist das *subjektive pI*, bei dem die Befragten die Stärke ihres pI einschätzen sollen.

Theorien/Konzepte/Modelle:
PI gilt als „eine notwendige Voraussetzung funktionsfähiger Demokratien: Ohne Interesse an Politik gibt es kein politisches Engagement und ohne Beteiligung per definitionem keine Mitbestimmung der Bürger" (van Deth 2000: 115). Es kann als Komponente des Selbstverständnisses der Bürger als politische Akteure gesehen werden. Das Ideal der „Civic Culture" nach Almond/Verba und die Konzepte vieler Demokratietheoretiker beinhalten den politisch interessierten, informierten und aktiv am politischen Prozess teilnehmenden Staatsbürger (Dalton 1996). PI

wirkt stabilisierend auf andere politische Einstellungen (z.B. van Deth 1990). PI beinhaltet die Verfolgung politischer Vorgänge (Intensitätsabstufungen sind dabei möglich und u.a. vom aktuellen Zeitbudget abhängig) und fördert die Bereitschaft, an politischen Diskussionen teilzunehmen. Insofern ergibt sich eine enge Verbindung zur → politischen Informiertheit und → interpersonalen Kommunikation der Bürger. Von der Partizipationsforschung wird pI als eine der Vorstufen für → politische Beteiligung gewertet. Politisch interessierten Personen wird außerdem ein überdurchschnittlich gut strukturiertes, in sich relativ „stimmiges" System politischer Einstellungen zugeschrieben. Zusammen mit Komponenten wie politische Informiertheit, Mediennutzung oder interpersonale Kommunikation kann pI zu den Bestandteilen politischer Involvierung gezählt werden. Als zentrale Faktoren für die seit den 50er Jahren zu konstatierende Zunahme des Niveaus politischer Involvierung werden das gestiegene Bildungs- und Wohlstandsniveau, die zunehmende Verstädterung und die Ausbreitung des Fernsehens angeführt. Weniger häufig wird daneben das Argument genannt, daß die Niveausteigerung des pI auf die insgesamt gestärkte Position der Politik zurückgeführt werden kann. Van Deth (2000) spricht hier von der immer stärker werdenden Verflechtung von Politik und Gesellschaft, die es für die Bürger lohnend mache, sich für Politik zu interessieren. Im Rahmen der Debatte um die → „Politikverdrossenheit" wurde dagegen die Abwendung der Bürger von der Politik und ein damit verbundenes schwindendes pI thematisiert. Als *Erklärungsfaktoren* für das individuelle Niveau des pI kommen ähnliche Determinanten wie bei der politischen Beteiligung in Betracht, also pS und sozio-ökonomische Ressourcenausstattung (Bildungsniveau, Einkommen, Schichtzugehörigkeit/sozialer Status; → Bildung, Sozialstruktur). Auch „Zeit" kann im Bereich der Ressourcenausstattung verortet werden. Als weitere Determinanten für das Niveau des pI werden Alter und Geschlecht (→ Frauen/Männer), die zunehmende Verbreitung von postmaterialistischen Wertorientierungen, Mediennutzung (→ Massenmedien), situative Effekte wie die persönliche Betroffenheit durch bestimmte politische Ereignisse oder kurzfristige Mobilisierungseffekte durch Wahlkämpfe o.ä. diskutiert. Langfristig mobilisierende Effekte werden einem pI stimulierenden Umfeld oder persönlichen Netzwerk des Individuums zugeschrieben.

Messung:
Ein Standardindikator *des subjektiven pI*, der in den meisten sozialwissenschaftlichen Datenerhebungen enthalten ist, lautet: „Wie stark interessieren Sie sich für Politik?". Als Antwortvorgaben werden z.B. fünfstufige Skalen von „sehr stark" bis „überhaupt nicht" verwendet. Zur Messung der *Bedeutung* von Politik im Vergleich mit anderen Lebensbereichen (*Political Saliency*) stehen verschiedene Varianten des folgenden Instrumentes zur Verfügung: „Ich nenne Ihnen nun verschiedene Lebensbereiche. Bitte sagen Sie mir, wie wichtig diese einzelnen Lebensbereiche für Sie sind: Familie und Kinder, Beruf und Arbeit, Freizeit und Erholung, Freunde

und Bekannte, Verwandschaft, Religion und Kirche, Politik und öffentliches Leben, Nachbarschaft". Die Antwort kann mit verschiedenen Skalen zwischen „sehr wichtig" und „unwichtig" abgestuft werden. Dieser Indikator wird weniger oft verwendet, so daß die Möglichkeiten für eine differenzierte, vergleichende Betrachtung von subjektivem pI und Political Saliency begrenzt sind. Van Deth (2000) weist darauf hin, daß diese Dimensionen des pI zwar positiv miteinander zusammenhängen, trotzdem aber analytisch voneinander zu trennen sind. Von manchen Autoren wird auch die Häufigkeit der Teilnahme an politischen Diskussionen zur Operationalisierung von pI verwendet. Oft wird die Messung von pI mit der Variablen der Mediennutzung verbunden (Häufigkeit der Nutzung politischer Fernsehsendungen, Lektüre politischer Nachrichtenmagazine u.ä.) oder sogar gleichgesetzt. Die Verwendung unterschiedlicher Fragenformate und/oder Antwortvorgaben erschwert die Vergleichbarkeit des pI für verschiedene Studien. Ein generelles Problem der Messung von pI ist die Unschärfe des Begriffes „Politik", dem von den Befragten sehr unterschiedliche Inhalte zugeordnet werden können (z.B. Westle/Schoen 2001, m.w.L.).

Ergebnisse:
Entwicklung: Daten über das *subjektive pI* der Deutschen werden schon sehr lange erhoben. Nach 1945 herrschte zunächst für einen längeren Zeitraum eine Distanz der Bevölkerung zur Politik vor. 1952 interessierten sich nur 27 % der Bundesbürger für Politik, schon in den 60er Jahren war ein deutlich höheres Niveau an pI zu verzeichnen. 1969 gaben 40 % der Befragten an, sich für Politik zu interessieren, ein Anstieg, der sich bis Mitte der 70er Jahre fortsetzte: Jeder zweite Bundesbürger zeigte sich nun politikinteressiert. Ende der 70er/Anfang der 80er Jahre kam es zu einem Absinken, danach nochmals zu einer Zunahme auf über 50 %. Seit 1990 stehen auch Daten für Ostdeutschland zur Verfügung. Nachdem sich die Bürger der → neuen Bundesländer im Rahmen der vielzitierten „Wiedervereinigungseuphorie", die auch einen Politisierungsschub mit sich brachte, anfangs stärker als die Bürger der alten Bundesländer für Politik interessierten, haben sich die Niveaus zwischenzeitlich angeglichen. Insgesamt kann nur von einem mäßigen pI der Bevölkerung gesprochen werden, wobei sich Ende der 90er Jahre sowohl in West- als auch in Ostdeutschland (1998: 30 bzw. 28 % sehr stark oder stark und 45 bzw. 42 % mittelmäßig an Politik Interessierte) ein Abwärtstrend des pI zeigt (Gabriel 1997, Maier 2000, van Deth 2000). Relativ niedrige Niveaus an pI finden sich auch in anderen westlichen Demokratien, wobei die Spannbreite zwischen den Ländern groß und die Entwicklungen im Zeitverlauf z.T. recht unterschiedlich sind (Gabriel/van Deth 1995). Die Entwicklung des Indikators *Political Saliency* verlief in Deutschland bis auf eine Ausnahme parallel zum subjektiven pI: Nach einem kurzfristigen „Hoch" 1990 zeigt sich schon seit Anfang der 90er Jahre in Ostdeutschland eine Betonung nicht-politischer Lebensbereiche. Ende der 90er Jahre gleicht sich die Bewertung der Wichtigkeit von Politik in Ost- und Westdeutschland auf

insgesamt niedrigem Niveau wieder an (van Deth 2000). Mitte/Ende der 90er Jahre rangiert Deutschland im internationalen Vergleich hinter den USA im breiten Mittelfeld, in der Spitzengruppe finden sich Kanada und Australien, Schlußlicht ist Spanien (International Social Survey Programme/ISSP).

Bildung und *Geschlecht* erweisen sich in Analysen für verschiedene Zeitpunkte seit den 80er Jahren bis Ende der 90er immer wieder als wichtigste Determinanten für pI: Frauen haben ein geringeres pI als Männer. Dieser Unterschied kann mit verschiedenen Ansätzen erklärt werden (vgl. Westle/Schoen 2001): Sozialisationstheoretisch (Vermittlung eines unpolitischen Rollenbildes für Frauen; → Frauen/Männer, pS: Geschlecht/Geschlechterverhältnisse), situativ (über aktuelle Lebensumstände, z.B. kleineres Zeitbudget von Frauen durch familiäre Einbindung), strukturell (männlich geprägte Gesellschaftsstrukturen wie z.B. Karrierewege usw.) und politisch (generelle Unzufriedenheit der Frauen mit der Politik, weil diese ihre Interessen weniger bedient als die von Männern; → Soziale Sicherheit, Soziale Ungleichheit/Lebenslagen, Sozialstruktur). Über die Jahre kam es nicht zu einer Angleichung des pI von Männern und Frauen, der gender gap ist auch am Ende der 90er nicht verschwunden. Auch in Ostdeutschland sind Geschlechterunterschiede feststellbar. Diese sind sowohl in West- als auch in Ostdeutschland umso größer, je älter die Befragten sind und je geringer ihre formale Bildung ist. Darüber hinaus gibt es Hinweise auf Soziale-Erwünschtheits-Effekte: Frauen neigen - vor dem Hintergrund einer Gesellschaft, die die Politik als Männerdomäne charakterisiert, - eher dazu, ihr pI zu „untertreiben", Männer eher dazu, es zu „übertreiben" (Westle/Schoen 2001). Jüngere Menschen haben ein niedrigeres Niveau an pI als andere *Altersgruppen* und schreiben der Politik im Vergleich mit anderen Lebensbereichen nur eine sehr geringe Bedeutung zu; dieses Bild ergibt sich generell, nicht nur für Deutschland (z.B. Jugendsurvey des Deutschen Jugendinstituts, 13. Shell-Jugendstudie 2000). Ursache ist vor allem, daß Verständnis und Interesse für Politik das Ergebnis eines längeren Prozesses der → pS sind. Im Hinblick auf den allgemein konstatierten Anstieg des pI und die deutlichen Unterschiede im Bildungsniveau der → Generationen zeigt sich bei der Betrachtung längerer Untersuchungszeiträume jedoch, daß das pI von Jugendlichen nur unterproportional gewachsen ist (vgl. z.B. die Untersuchungen von Hoffmann-Lange). Einige Studien bezeichnen den Abwärtstrend des pI vor allem ostdeutscher Jugendlicher als „dramatisch" (z.B. 13. Shell-Jugenstudie 2000).

Wirkungen: PI motiviert zur Nutzung politischer Medieninhalte, fördert damit wiederum politische Informiertheit und führt zu einer stärkeren „Immunität" gegenüber negativistischen Tendenzen der Politikberichterstattung bzw. insgesamt zu einem positiveren Bild von Politik (vgl. die Arbeiten von Holtz-Bacha zur sog. „Videomalaisehypothese", → s. auch pS: Massenmedien). Auch für die Bereitschaft zu politischer Beteiligung lassen sich positive Effekte nachweisen. Im Falle des Wahlverhaltens (→ Wahlen/Wähler) zeigt sich beispielsweise, daß pI konstantes Wahlverhalten begünstigt, Desinteresse vor allem Abstinenz und Unentschiedenheit (DFG-Projekt „Wahlabstinenz, Wählerabwanderung und politische Issues“, Längsschnittstudie 1994-1997; zum Zusammenhang zwischen politischen Informationen bzw. pI und Wählerverhalten in westlichen Demokratien umfassend Schmitt-Beck 2000).

Ausblick/offene Fragen:
Ist geringes pI eine Gefahr für ein demokratisches System, da es auf vom Ideal der Civic Culture weit entfernte mangelnde politische Anteilnahme oder Entfremdung der Bürger vom politischen Prozeß (→ Politikverdrossenheit) hindeutet, oder Ausdruck des Erfolges der Politik, der es ermöglicht, sich anderen Lebensbereichen zuzuwenden, und pI überflüssig erscheinen läßt? Die noch ausstehende Beantwortung dieser Frage wird die Einordnung und Bewertung der Ergebnisse zukünftiger nationaler und international vergleichender Studien des pI maßgeblich prägen. Die zukünftige Forschung sollte dabei die von van Deth (2000) diskutierte Trennung verschiedener Dimensionen des pI berücksichtigen, deren gesonderte Analyse zu wesentlich differenzierteren Erkenntnissen über die Struktur des pI und seine Wirkungen auf politische Orientierungen und Verhaltensweisen führt.

Katja Neller

Literatur:

Dalton, Russell J. 1996: Citizen Politics. Public Opinion and Political Parties in Advanced Industrial Democracies, 2. Aufl., Chatham.

Gabriel, Oscar W. 1997: Bürger und Politik in Deutschland. Politische Einstellungen und politisches Verhalten, in: Gabriel, Oscar W./Holtmann, Everhard (Hrsg.): Handbuch politisches System der Bundesrepublik Deutschland, München/Wien, S. 379-497.

Luskin, Robert C. 1987: Measuring Political Sophistication, in: American Journal of Political Science 31, S. 856-899.

Maier, Jürgen 2000: Politisches Interesse und politisches Wissen in Ost- und Westdeutschland, in: Falter, Jürgen W./Gabriel, Oscar W./Rattinger, Hans (Hrsg.): Wirklich ein Volk? Die politischen Orientierungen von Ost- und Westdeutschen im Vergleich, Opladen, S. 141-171.

Schmitt-Beck, Rüdiger 2000: Politische Kommunikation und Wählerverhalten. Ein internationaler Vergleich, Wiesbaden.

van Deth, Jan W. 1990: Interest in Politics, in: Jennings, M. Kent/van Deth, Jan W. u. a.: Continuities in Political Action. A Longitudinal Study of Political Orientations in Three Western Democracies, Berlin/New York, S. 275-312.

van Deth, Jan W. 2000: Das Leben, nicht die Politik ist wichtig, in: Niedermayer, Oskar/Westle, Bettina (Hrsg.): Demokratie und Partizipation. Festschrift für Max Kaase, Wiesbaden, S. 115-135.

van Deth, Jan W./Gabriel, Oscar W. 1995: Political Interest, in: van Deth, Jan W./Scarbrough, Elinor (Hrsg.): The Impact of Values. Beliefs in Government, Bd. 4, Oxford, S. 390-411.

Westle, Bettina/Schoen, Harald 2001: „Politikverdrossenheit" als Ursache des gender gap im politischen Interesse?, in: Brettschneider, Frank/van Deth, Jan W./Roller, Edeltraud (Hrsg.): Ende der politisierten Sozialstruktur?, Opladen, im Erscheinen.

Politisches Vertrauen

→ *Anomie/Entfremdung, Demokratie, Eliten, Externe politische Effektivität, Militär, Nation, Neue Bundesländer, Politiker/Politische Klasse, Politikverdrossenheit, Politikverflechtung, Politische Beteiligung, Politische Kompetenz, Politische Korruption, Politische Sozialisation: Massenmedien, Politische Unterstützung, Professionen, Rechtskultur, Rechtsstaat, Responsivität, Sozialkapital/Soziales Vertrauen, Verwaltungskultur.*

Theorien/Konzepte/Modelle:
Seit das politische Vertrauen (pV) in der amerikanischen Wahlstudie 1958 erstmals empirisch gemessen wurde, entwickelte sich die Untersuchung der Vertrauensbeziehungen zwischen Regierenden und Regiertem zu einem wichtigen Gegenstand der pKf. Das pV gilt als Spezialfall sozialen Vertrauens (→ Sozialkapital/Soziales Vertrauen) und bezeichnet wie dieses die Disposition von Akteuren, anderen Akteuren auf Dauer bestimmte Handlungsressourcen wie Macht, Geld, Zeit, Information zur Verfügung zu stellen. Dies geschieht in der Annahme, daß der Adressat den ihm eingeräumten Kredit nicht ausschließlich zu seinem Vorteil nutzen, sondern bei seinem Handeln die Belange seines Interaktionspartners berücksichtigen wird. Da politische Interaktionen in einem beträchtlichen Maße mit der Entstehung, Verteilung und Ausübung politischer Macht zu tun haben, impliziert pV vor allem die Bereitschaft eines Akteurs A, einem politischen Akteur B Macht zu übertragen. In repräsentativen → Demokratien, in denen eine klare funktionale Differenzierung zwischen Regierenden und Regierten vorliegt, wird pV zu einer außerordentlich bedeutsamen Größe.

Miller und Listhaug (1990: 358) beschreiben das pV wie folgt: „Trust reflects evaluations of whether or not political authorities and institutions are performing in accordance with the normative expectations held by the public. Citizens' expectations of how government should operate, include, among other criteria, that it be fair, equitable, honest, efficient and responsive to society's beed. In brief, an expression of trust in government is a summary judgement that the system is responsive and will do what is right even in the absence of constant scrutiny".

Adressaten des politischen Vertrauens:
Der Status des pV als Forschungskonzept war von Anfang an Gegenstand wissenschaftlicher Kontroversen. Diese ergaben sich mindestens zum Teil aus Unklarheiten über das Referenzobjekt von pV und über die zur Messung von pV einge-

setzten Instrumente. Easton (1975) behandelte das pV als Form diffuser pU, die sich auf die politische Gemeinschaft (Mitbürger, → Nation), das politische Regime und die amtierende politische Führung (→ Politiker/Politische Klasse) richte. Die zunächst in den amerikanischen Wahlstudien eingesetzten Meßinstrumente schienen das Vertrauen zur amtierenden → Regierung zu erfassen. Da der Begriff „government" in der englischen Sprache eine umfassendere Bedeutung aufweist als der Begriff „Regierung" in der deutschen, entwickelten sich jedoch unterschiedliche Auffassungen darüber, welche Aspekte des pV gemessen wurden. In ihrer klassischen Kontroverse über die Bedeutung des rückläufigen pV in den Vereinigten Staaten diskutierten Miller (1974) und Citrin (1974) die Frage, ob die negativen Einstellungen der amerikanischen Bevölkerung zur Politik sich ausschließlich auf die amtierende politische Führung oder auch auf das politische Regime richtete. Citrin vertrat die Position, die Bevölkerung unterscheide zwischen dem Vertrauen zur amtierenden Regierung und zum politischen Regime, und der empirisch zu konstatierende Vertrauensverlust betreffe lediglich das Verhältnis der Bevölkerung zur politischen Führung. Demgegenüber bezweifelte Miller die Fähigkeit des Publikums, zwischen verschiedenen Vertrauensobjekten zu differenzieren und schrieb der Erosion des pV weitreichende Folgen für das politische Regime zu.

Die seither andauernde Kontroverse über das Referenzobjekt der Vertrauensitems veranlaßte Craig, Niemi und Silver (1990) zu einer Prüfung und Modifikation der bisher eingesetzten Meßinstrumente. In Anlehnung an Eastons Konzept politischer Unterstützung unternahmen sie den Versuch, zwischen dem pV zu den jeweiligen Amtsinhabern (Incumbent Trust) und zum politischen Regime (Regime Trust/Diffuse Support) sowie der Überzeugung von der → Responsivität der Politiker (→ Externe politische Effektivität) zu unterscheiden. Eine Reihe von Tests bestätigte die empirische Relevanz dieser Unterscheidung. Zu ähnlichen Resultaten kamen neuere Untersuchungen auf der Basis in Deutschland erhobener Daten, in denen statt der traditionellen Trust-Items Fragen zum Institutionenvertrauen eingesetzt wurden. Neben einer generellen Disposition der Bevölkerung, der politischen Umwelt zu vertrauen oder zu mißtrauen, konnte eine Differenzierung zwischen dem Vertrauen zu Abgeordneten und Politikern, dem Vertrauen zu den parteienstaatlich-parlamentarischen Institutionen und dem Vertrauen zu den Institutionen des → Rechtsstaates und der Exekutive nachgewiesen werden (Gabriel 1999). Eine enge Beziehung zwischen dem Vertrauen zur Regierung und zum Parlament fand auch Feldman (1983) in den Vereinigten Staaten heraus; in seiner Studie war es allerdings nicht möglich, die personelle und die institutionelle Komponente pV voneinander zu trennen. In einer Studie über mehrere westeuropäische Staaten wiesen Listhaug und Wiberg (1995) mit dem Vertrauen zu öffentlichen und privaten Institutionen zwei verschiedene Dimensionen im Verhältnis der Menschen zu ihrer Umwelt nach.

Politisches Vertrauen und Civic Culture:
Die Frage nach dem Referenzobjekt pV ist nicht allein von akademischer Relevanz, sondern ihr kommt auch eine große Bedeutung für die Stabilität der Demokratie zu. Situations- oder performanzbedingte Schwankungen des Regierungsvertrauens sowie dessen Variation entlang parteipolitischer Trennlinien gehören zu den normalen Erscheinungsformen einer Demokratie mit pluralistischen intermediären Strukturen und einem stark ausgeprägten Parteienwettbewerb um die Besetzung der Regierungspositionen. Gänzlich anders verhielte es sich, wenn sich in jeder Vertrauenskrise die Frage der Systemloyalität stellte. In diesem Falle wäre die Integrationskapazität des politischen Systems ebenso gefährdet wie dessen Leistungs- und Innovationsfähigkeit.

Ungeachtet der vorliegenden Erkenntnisse über die Vielfältigkeit der Vertrauensbeziehungen der Bevölkerung zur politischen Führung wird die Diskussion über die Bedeutung des pV in der Demokratie relativ undifferenziert geführt. Da eine empirisch bewährte Theorie, die das Zustandekommen und den Verfall des pV erklärte, bisher nicht vorliegt, dominieren in der einschlägigen Debatte normative Überlegungen. Einigkeit besteht in der Einschätzung, daß die Imperative der Systemintegration und des effektiven Regierens ein Mindestmaß an Vertrauen zwischen den Mitgliedern der politischen Gemeinschaft sowie zwischen Regierten und Regierenden erfordern. Erheblicher Dissens besteht allerdings über das erforderliche Niveau pV und über dessen Begründung. Die vorliegenden Ansätze lassen sich zu drei Gruppen zusammenfassen, einer elitistischen Sicht, einer kommunitarischen Sicht und einer konstitutionellen Sicht (auch Parry 1976).

Die elitistische Perspektive, innerhalb derer sich unterschiedliche intellektuelle Strömungen ausmachen lassen, diskutiert das Problem pV vor dem Hintergrund der Annahme divergierender politischer Kompetenzen der Regierenden und der Regierten. Nach Schumpeter fällt der Normalbürger auf eine niedrigere Stufe der gedanklichen Leistung zurück, sobald er das Gebiet der Politik betritt. Er ist an Politik desinteressiert und engagiert sich lediglich für seine privaten Angelegenheiten. Seine politische Aktivität erschöpft sich darin, bei periodisch stattfindenden Wahlen seine Stimme abzugeben und den Regierenden auf diese Weise implizites Vertrauen zu gewähren. Andere Vertreter eines elitistischen Staatsverständnisses wie Werner Weber begründen die Notwendigkeit pV mit der überlegenen fachlich-politischen Kompetenz bzw. Gemeinwohlorientierung der politischen Eliten, während die Nicht-Eliten und die Interessengruppen (einschließlich der politischen Parteien) als Verfechter partikularer, selbstbezogener und kurzfristiger Interessen gelten. PV ist in dieser Sicht nicht allein ein Produkt der organisatorischen Erfordernisse des Regierens in modernen Staaten, sondern es findet seine Rechtfertigung auch in den moralischen und fachlichen Qualitäten der Inhaber politischer, insbesondere administrativer, Führungspositionen.

Das Gegenstück zur elitistischen Position bildet die liberale Staatsdoktrin, in der das Verhältnis zwischen Regierenden und Regierten durch eine gehörige Position Mißtrauen bestimmt ist. Da der moderne Staat das Monopol legitimer physischer Gewaltanwendung an sich gezogen hat, stellt die Staatsmacht eine ständige latente Bedrohung individueller Freiheitsrechte dar. Die politischen → Eliten werden, anders als in der konservativ-etatistischen Staatsdoktrin, keineswegs als uneigennützige Sachwalter des Gemeinwohls angesehen, sondern als Menschen mit Eigeninteressen. In der Politik gehört das Streben nach Macht zu den vorherrschenden Handlungsmotiven. Wenn bestimmten Institutionen und Akteuren aus organisatorischen Gründen die Befugnis übertragen werden muß, für die politische Gemeinschaft und in ihrem Auftrage zu handeln, bedarf es institutioneller und kultureller Sicherungen gegen die Möglichkeit eines Machtbrauchs. Zu den wichtigsten institutionellen Sicherungen gehören die verfassungsmäßige Garantie von Grundrechten, die Gewaltenteilung, insbesondere die Unabhängigkeit der Justiz, das Rechtsstaatsprinzip, die zeitliche Befristung des Regierungsauftrages und der politische und soziale Pluralismus. Diese werden durch eine pK der Wachsamkeit und des Mißtrauens gegen die Regierenden ergänzt. Die Menschen vertrauen zwar der verhaltensregulierenden Kraft politischer Institutionen und Spielregeln, sie mißtrauen aber den Inhabern politischer Macht, selbst wenn sie diesen - auf Zeit und unter genau definierten Voraussetzungen - Macht anvertrauen.

Mit dem Aufschwung kommunitarischer Ideen in der neueren politikwissenschaftlichen Diskussion ergab sich ein dritter Ansatz zur Begründung des pV, den Parry (1976) als „political-culture-Ansatz“ bezeichnet hatte. In dieser Perspektive findet pV seine Rechtfertigung in den gemeinsamen Interessen und Wertvorstellungen der Mitglieder einer politischen Gemeinschaft. Diese Übereinstimmung prägt auch das Verhältnis zwischen Regierenden und Regierten. Sie gehören derselben politischen Gemeinschaft an und sind insofern prinzipiell den gleichen politischen Wertvorstellungen verpflichtet. Somit scheint die Annahme gerechtfertigt zu sein, daß sie sich als gleichberechtigte Mitglieder einer politischen Gemeinschaft respektieren und einander Solidarität und Vertrauen entgegen bringen.

Auch wenn die beschriebenen normativen Konzepte die Qualität der Beziehungen zwischen Regierenden und Regierten unterschiedlich bewerten, schließen die vertretenen Positionen einander nicht völlig aus. Bereits in „The Civic Culture“ progagierten Almond und Verba (1965) ein Verhältnis zwischen der Bevölkerung und der politischen Führung, das Vertrauen und Mißtrauen gleichermaßen einschließt und später von Sniderman (1981) mit dem Begriff des „balanced judgement“ belegt wurde. Für eine funktionsfähige Demokratie ist weder blinde Loyalität zur Führung noch permanentes Mißtrauen ihr gegenüber als „Normalzustand“ zu bezeichnen. Zu jeder Zeit gibt es zugleich Vertrauen und Mißtrauen. Einzelne gesellschaftliche Gruppen bringen den politischen Akteuren und Institutionen sowie dem politischen System insgesamt mehr Vertrauen entgegen als andere; ebenso finden bestimmte Institutionen und Akteure in der Öffentlichkeit mehr Vertrauen als andere. Diese Konstellation ist in der Demokratie normal und funktional: PV gewährt der politischen Führung den zum effektiven Regieren erforderlichen Handlungsspielraum. Zugleich verhindert politisches Mißtrauen den Mißbrauch der übertragenen Macht und trägt zur Machtbegrenzung und -kontrolle bei.

Ergebnisse - Entwicklung und Struktur des politischen Vertrauens:
Seit der Miller-Citrin-Kontroverse erschienen zahlreiche empirische Studien über die Struktur und Entwicklung des pV in westlichen Demokratien. Angesichts der großen Zahl der Länder, der Unterschiede in den Meßverfahren und der Vielfalt der Objekte, die Gegenstand der betreffenden Untersuchungen waren, ist es kaum als Überraschung zu werten, daß die vorgelegten Ergebnisse stark divergieren. Dennoch ergibt sich schon aus dieser Feststellung eine erste wichtige Folgerung: Ein genereller Rückgang des Vertrauens zu den politischen Institutionen und Akteuren sowie zum politischen System läßt sich empirisch nicht belegen. Vielmehr vertraut die Bevölkerung verschiedener Länder zu verschiedenen Zeitpunkten den verschiedenen Institutionen des politischen Lebens in sehr unterschiedlichem Maße. Allerdings ist das Vertrauen zu sämtlichen politischen Institutionen und Akteuren in einigen Staaten stets höher als in anderen. Unabhängig von den objekt- und situationsbedingten Schwankungen befinden sich die meisten skandinavischen Länder in der ersten, die meisten südeuropäischen Länder in der zweiten Gruppe. Nahezu alle westlichen Staaten, für die längere Zeitreihen vorliegen, waren im Laufe der letzten vier Jahrzehnte starken Fluktuationen des pV ausgesetzt, doch nirgendwo erwiesen sich die periodisch auftretenden Vertrauenskrisen als dauerhafte Erscheinungen des politischen Lebens. In den meisten Ländern bringt die Bevölkerung den regulativen Institutionen (Polizei, → Militär, Gerichte, → Verfassungsgerichtsbarkeit) mehr Vertrauen entgegen als den Kerninstitutionen der Demokratie (Regierung und Parlament; → Regierung/Regierungsmehrheit/Opposition, Parlamentarimus).

Bis zur Vereinigung gehörte Deutschland zu den Ländern, in denen das pV im internationalen Vergleich hoch entwickelt und stabil war. Da nach der Wiedervereinigung das politische Führungspersonal in den neuen Bundesländern komplett ausgewechselt wurde und die politischen Institutionen der alten Bundesrepublik in den östlichen Landesteil transferiert wurden, bildet die politische Entwicklung Deutschlands seit 1990 ein ideales Versuchsgelände für die Analyse des pV. Wie die Befunde der empirischen Forschung zeigen, ist das Institutionen-, System- und Politikervertrauen im Osten der Bundesrepublik bis heute schwächer und instabiler als im westlichen Teil des Landes. Dennoch fanden seit der Vereinigung einige bemerkenswerte Veränderungen statt. Die anfangs bestehenden Reserven gegen die Vertrauenswürdigkeit rechtsstaatlicher und regulativer Institutionen wurden seit 1991 abgebaut. Heute stehen diese Institutionen im Osten wie im Westen an der Spitze der Vertrauenshierarchie. Nicht allein in den → neuen Bundesländern erwies sich die Zeit seit der Vereinigung als eine Phase der Belastung, auch in den alten Bundesländern war zwischen 1994 und 1998 ein beträchtlicher Rückgang des Vertrauens zu sämtlichen politischen Institutionen zu konstatieren, der zwischenzeitlich jedoch zum Stillstand kam. Ungeachtet des nach wie vor bestehenden West-Ost-Gefälles im politischen Vertrauen haben sich die Einstellungsmuster der Ostdeutschen denen ihrer Landsleute im Westen angeglichen (Gabriel 1999).

Bedingungen und Konsequenzen des politischen Vertrauens:
Das Vertrauen zu politischen Akteuren und Institutionen sowie zum politischen Regime basiert auf einer Reihe gesellschaftlicher, ökonomischer und politischer Voraussetzungen, die in den westlichen Demokratien zu unterschiedlichen Zeiten in unterschiedlichem Maße vorhanden sind (Listhaug/Wiberg 1995; Norris 1999; Nye/Zelikow/King 1997). Zunächst stehen verschiedene Aspekte des pV, insbesondere das Vertrauen zu verschiedenen politischen Institutionen und zu Politikern, in einer Wechselbeziehung. Überzeugungen von der Vertrauenswürdigkeit politischer Institutionen und Akteure reflektieren aber auch die Bewertung der Performanz der betreffenden Akteurseinheiten sowie parteipolitische Loyalitäten (Incumbency-Effekte). Die Annahme, der Wandel gesellschaftlich-politischer Wertorientierungen (Säkularisierung, Ausbreitung von Selbstverwirklichungswerten) habe zu einem Rückgang des pV geführt, konnte bisher nicht überzeugend belegt werden und auch über den Einfluß der Medienberichterstattung auf das pV liegen noch keine eindeutigen Erkenntnisse vor. Ebenso wenig wie die Bedingungen des Entstehens und des Zerfalls des pV konnten bisher die systemischen Konsequenzen sich verändernder Vertrauensbeziehungen zwischen Regierten und Regierenden aufgeklärt werden. Die empirischen Belege für die Annahme, soziales und pV förderten die Performanz einer Gesellschaft, beziehen sich auf Einzelfälle, so daß die entsprechenden Erkenntnisse nicht generalisierbar sind. Auch die plausible Annahme, das Absinken des pV unter gewisse Mindestniveaus gefährde die Kohärenz und Stabilität politischer Systeme kann sich bisher nicht auf überzeugende empirische Befunde stützen. Diese relativ unbefriedigende Forschungslage ist nicht zuletzt durch die beschriebenen Unklarheiten über das Referenzobjekt der Messung von pV bedingt.

Oscar W. Gabriel

Literatur:

Citrin, Jack 1974: Comment: The Political Relevance of Trust in Government, in: American Political Science Review 68, S. 973-988.

Craig, Stephen C./Niemi, Richard G./Silver, Glenn E. 1990: Political Efficacy and Trust: A Report on the NES-Pilot-Study-Items, in: Political Behavior 12, S. 289-314.

Easton, David 1975: A Re-Assessment of the Concept of Political Support, in: British Journal of Political Science 5, S. 435-457.

Feldman, Stanley 1983: The Meaning and Measurement of Trust in Government, in: Political Methodology 9, S. 341-354.

Gabriel, Oscar W. 1999: Integration durch Institutionenvertrauen, in: Friedrichs, Jürgen/Jagodzinski, Wolfgang (Hrsg.): Integration. Sonderheft der KZfSS, Opladen, S. 199-235.

Listhaug, Ola/Wiberg, Matti 1995: Confidence in Political and Private Institutions, in: Klingemann, Hans Dieter/Fuchs, Dieter (Hrsg.): Citizen and the State. Beliefs in Government, Bd. 1, Oxford, S. 299-321.

Miller, Arthur H. 1974: Political Issues and Trust in Government, in: American Political Science Review 68, S. 951-972.

Miller, Arthur H./Listhaug Ole, 1990: Political Parties and Confidence in Government: A Comparison of Norway, Sweden and the United States, in: British Journal of Political Science 20, S. 357-386.

Norris, Pippa (Hrsg.) 1999: Critical Citizens. Global Support for Democratic Governance, Oxford.

Nye, Joseph S./Zelikow, Philip D./King, David C. (Hrsg.) 1997: Why People Don't Trust Government, Cambridge/London.

Parry, Geraint 1976: Trust, Distrust and Consensus, in: British Journal of Political Science 6, S. 129-142.

Warren, Mark (Hrsg.) 1999: Democracy and Trust, Cambridge.

Professionen

→ *Bildung, Eliten, Militär, Öffentlicher Dienst/Sektor, Politiker/Politische Klasse, Politische Traditionen, Politisches Vertrauen, Rechtskultur, Rechtsstaat, Verwaltungskultur.*

Begriff/Definition/Entwicklungslinien:

In der älteren, durch den Funktionalismus und angelsächsische Erfahrungen geprägten, soziologischen Literatur sind Professionen (P.) Berufe, die ein auf Expertise gegründeter Macht- und Vertrauensvorsprung gegenüber den Klienten auszeichnet. Daraus folgt eine Selbstorganisation am Markt, die einerseits durch Kartellierung und Zugangsbeschränkung Privilegien sichert, andererseits durch Lizenzierung und Selbstkontrolle (z.B. Ethik) die Basis der Vertrauensbeziehung pflegt. Gemessen an diesem Idealbild galten die kontinaleuropäische, besonders die deutsche, Entwicklung als Abweichung, da hier Professionalisierungsprozesse nicht durch organisierte Marktmacht, sondern staatszentriert erfolgten. Darin wird aber das späte Phänomen der binnengerichteten Selbstpflege durch Ethik, Ranking, Qualitätssicherung usw. überschätzt, außerdem die deutsche Vorreiterrolle bei der wichtigsten Machtbasis unterschätzt: der Durchsetzung von *rechtlich* gesicherten Lizenzen und Zertifikaten (Abbott 1988). In dieser Leistung waren die deutschen Universitäten zentral, die früher als andere auf die staatliche Sanktionierung (→ Politische Traditionen) berufsspezifischer Abschlüsse hin ausbildeten und dabei schon im 19. Jhdt. das meiste Prestige jenen P. verliehen, deren Zulassung am meisten staatlich reglementiert war: Ärzten und Juristen.

Seitdem haben sich in Deutschland Bestrebungen einer nachholenden Professionalisierung stets als Kampf um die *Akademisierung* des Berufsfelds zugetragen: so z.B. ab 1900 seitens der Ingenieure als Forderung einer Gleichstellung der Technischen Hochschulen neben den Universitäten, seitens der Grund- und Realschullehrer als Forderung nach dem Aufstieg der Ausbildungseinrichtungen zu Pädagogischen Hochschulen. Die Folgerung, daß wegen staatlicher Bildungseinrichtungen und Zertifikate der Staatsdienst zur „Leitprofession" der deutschen Entwicklung wurde (Stichweh 1994), trifft die Initialphase korrekt, muß für das 20. Jhdt. jedoch auch relativiert werden: Gerade Experten, die häufig in staatlichen Organisationshierarchien arbeiten, ohne dabei Spitzenpositionen zu monopolisieren (z.B. Lehrer, Sozialpädagogen, einige Ingenieurfächer) gelten als Musterbeispiele einer gehemmten Professionalisierung, da sie selbst in ihrem engsten Fachgebiet Weisungen entgegennehmen müssen. Bei den „Edel-P." Ärzten und Juristen sind größere Autonomien gesichert, einerseits durch die Ausweichmöglichkeit in das weit größere freiberufliche Feld, andererseits durch legitimierende Traditionsbestände (richterliche Unabhängigkeit, ärztliches Gewissen). Berufe, die besonders strikter staatlicher Einbindung unterworfen sind, konnten ihre Aufwertung durch Akademisierung erst als sehr späte Nachzügler betreiben: so durch Einführung von Universitäten der Bundeswehr 1973 für Offiziere und jetzt durch den erstrebten Hochschulcharakter für die Polizei-Führungsakademie (bezeichnenderweise stehen das Sozialprestige, das Offiziere und Polizisten als Berufsausübende erlangen, immer noch erkennbar hinter dem Vertrauen zurück, das die Institutionen Polizei und Bundeswehr (→ Militär) in der Öffentlichkeit genießen; → Politisches Vertrauen).

Besondere Stellung und Bedeutung von Professionen:
Die besondere Stellung der medizinischen und juristischen P. manifestiert sich einerseits im Prestige (hier sind Ärzte immer noch führend) und in der weitgehenden Selbstregelungsfähigkeit im eigenen Sektor: Diese schlägt sich u.a. in einer für Europa exzeptionellen Ärztedichte von 3,4 auf 1000 Einwohner, die bei gleichfalls überdurchschnittlichen Gesundheitsausgaben (2363 Euro pro Kopf) nur eine unterdurchschnittliche Lebenserwartung bewirkt (79,9 Jahre: OECD-Gesundheitsdaten 1998). Obwohl das deutsche Gesundheitssystem schon lange als krisengeplagt gilt, hat dies der immer noch hohen Wertschätzung der Ärzte keinen Abbruch getan: Diese reflektiert einen Glauben in überparteiliche Expertise, welcher wiederum indirekten Einfluß auf die pK hat (Fixierung auf „Problemlösung").

Wegen ihrer wesentlich größeren Politiknähe, ausgedrückt z.B. durch ihren überproportionalen Anteil an politischen → Eliten, können Juristen nicht gleich stark vom Expertenkult profitieren. Dafür haben sie erheblichen Einfluß durch die Überformung der Politik mit ihren Kategorien, Denk- und Sprechweisen: als Gesetzesvorbereiter in der Ministerialbürokratie, im vorauseilenden Gehorsam auf gerichtliche Normenkontrolle, als Kommunikationsspezialisten im europäischen und föderalen Mehrebenengeflecht. Der durch Juristen behütete Etatismus des deutschen Politikstils und die durch P. gepflegte Expertengläubigkeit bestärken sich bisweilen auch wechselseitig. Dazu nur ein (überzeichnetes) Beispiel. Die typische Form, in der in den USA Umweltschutzmaterien gerichtsnotorisch werden, ist der Zivilstreit um Entschädigung bei eingetretener Belastung; in Deutschland ist es die Anfechtung von öffentlich-rechtlichen Genehmigungs- und Planfeststellungsverfahren mit starker Mobilisierung von Expertise und Gegenexpertise aus dem natur- und ingenieurwissenschaftlichen Bereich. Dafür aber dient als Rohmaterial wieder das Resultat einer verrechtlichten → Verwaltungskultur: Normen, Anleitungen, Richtlinien und Grenzwerte.

Rainer Prätorius

Literatur:

Abbott, Andrew 1988: The System of Professions. An Essay on the Division of Expert Labor, Chicago.

Brint, Steven 1994: In an Age of Experts. The Changing Role of Professionals in Politics and Public Life, Princeton, N.J.

Mai, Manfred 1990: Die Rolle professioneller Leitbilder von Juristen und Ingenieuren in der Technikgestaltung und Politik, in: Soziale Welt 41, S. 498-516.

Stichweh, Rudolf 1994: Berufsbeamtentum und öffentlicher Dienst als Leitprofession, in: Dammann, Klaus/Grunow, Dieter/Japp, Klaus P. (Hrsg.): Die Verwaltung des politischen Systems. Neue systemtheoretische Zugriffe auf ein altes Thema, Opladen, S. 207-214.

Rechtskultur

→ Eliten, Grundgesetz, Konflikt/Konsens, Nation, Nationalsozialismus, Neue Bundesländer, Öffentlicher Dienst/Sektor, Parlamentarismus, Politische Steuerung, Politische Traditionen, Politisches Vertrauen, Professionen, Rechtsstaat, Soziale Gerechtigkeit, Verfassungsgerichtsbarkeit, Verwaltungskultur.

Begriff/Definition:

Der Begriff „Rechtskultur" (R.) wird auf mehreren Ebenen komplementär zur juristischen Begrifflichkeit gebraucht (Nelken 1997). Entsprechend den Erkenntnisinteressen bedienen sich Autoren dabei normativer, beschreibender oder auch erklärender Definitionskriterien und Konnotationen.

1. Normativer Begriff: „Kultur" ist für viele Autoren das Erbe von Ideen und Werten, die eine kollektive Identität begründen. Sie benutzen das Konzept, um die besseren Elemente ihres normativen Universums heraus zu filtern. Ähnlich wie sie Recht und Unrecht polarisieren, sprechen sie von allem Wertvollen als „Kultur" und allem Abzulehnendem als „Unkultur". R. ist für sie das gemeinsame Erbe von Gerechtigkeitsideen, die zwar nie erreicht, denen aber stets nachzustreben sei (Häberle 1996). Sie identifizieren solch normative Bedeutungsmuster als Selbstverständnis, das von prinzipiellen Ideen über Gerechtigkeit bis zu Überlieferungen geschichtlicher, nationaler oder auch lokaler Rechtstraditionen reichen kann.

2. Rechtskultur als Einstellungen zu, Meinungen über und Erwartungen an Recht: Amerikanische Soziologen haben den normativen Ansatz empirisch gewendet. Aufgewachsen in der Tradition einer demokratischen, oft selbst populistischen Justiz haben sie ihr Konzept der R. definiert als „Werte, Erwartungen an und Einstellungen zum Recht und rechtlichen Institutionen" (Sarat 1977). Ihre Messungen mit Hilfe von Umfragen, Skalen und Stimmungsbarometern entsprechen der Idee, daß auch die Legitimität der Justiz und des Rechts eine Frage von allgemeiner Zustimmung ist (→ Politisches Vertrauen). Erwartungen und Meinungsbilder werden desto fruchtbarer für die Analyse von R., je mehr sie Wechselwirkungen zwischen allgemeinen Erwartungen und professionellen Selbstbildern (→ Professionen) wiedergeben. Angesichts von Rechtsprofessionen, die ihre relative Autonomie und Abstand vom öffentlichen Meinungsdruck betonen, unterscheiden sie zwischen externer (sprich: allgemeiner) und interner (sprich professioneller) R. (Friedman 1975). Gibson/Caldeira (1996) verwenden Fragen zum Vertrauen in Gerichte zusammen mit Skalen zu Legalitätsvorstellungen um „die Rechtskulturen Europas" zu charakterisieren. Vereinfachend wird dabei angenommen, daß Einstellungen zum Recht für die jeweilige Rechtsordnung einheitlich seien. In der BRD jedoch muß man zwischen Ost und West unterscheiden. Erwartungen und Akzeptanz gegenüber rechtlichen Institutionen haben sich mit den Zusammenbrüchen von Regime und Staat verändert. Deutsche in den → neuen Bundesländern haben strengere Erwartungen an die Justiz, sie zeigen sich stärker regelorientiert und sie fordern punitiver als Westdeutsche harte Bestrafung. Das Vertrauen in die Justiz dagegen weist ein Gefälle in umgekehrter Richtung auf: Westdeutsche beweisen ein allgemein hohes Vertrauen, während Ostdeutsche in den 90er Jahren zunehmende Skepsis und Enttäuschung entwickelten (Noelle-Neumann 1995).

3. Rechtsvergleichender Kulturbegriff: Die Regelungen eines Rechtssystems setzen sich aus dem Ineinandergreifen von materiellem Recht, Verfahrensrecht und institutionellen Traditionen zusammen, die unabhängig voneinander variieren können. Der im Rechtsvergleich übliche Versuch, diese Systeme *Rechtskreisen* oder *Familien* zuzuordnen und zwischen ihnen Verwandtschaften und gar Abstammungen zu konstatieren, steht vor dem unlösbaren Dilemma, mit einigen wenigen Individuen (nämlich der begrenzten Anzahl von nationalen Rechtssystemen) eine schier unbegrenzte Anzahl von Merkmalsvariablen zu (zumindest typologischen) Regelmäßigkeiten zu bündeln. Deutlich ist die Verwandtschaftssprache der Rechtsvergleichung zu Beginn dieses Jahrhunderts geprägt von der Identitätssuche, etwa in Deutschland, wo Rechtslehrer wie Gierke (1889) sich um die Begründung einer *germanischen* Rechtstradition bemühten, die nicht nur von der angelsächsischen, sondern auch von den romanischen Rechtstraditionen zu unterscheiden sei. Angesichts der gemeinsamen Berufung auf römisch-rechtliche Traditionen und den vielfältigen Transferenzen zwischen französischem und deutschem Recht geben Rechtsvergleicher typologische Charakterisierungen von Rechtssystemen an (Kötz/Zweigert 1969). Dabei fällt auf, daß Zivilrechtler, Strafrechtler und Staatsrechtslehrer jeweils andere Kriterien angeben für die Unterscheidung von Rechtsfamilien; Prozeßrechtler wiederum andere als die Vergleicher materiellen Rechts.

Einführungen in die Rechtsvergleichung führen als bedeutendste Systemunterschiede mehrere Merkmale des *Common Law* im Gegensatz zum kontinentalen *Civil Law* auf (Merryman 1975). Dabei ist die Rechtsquellenlehre, nach der das *Common Law* traditionell mehr induktiv auf Fallrecht, das *Civil Law* auf deduktiv konstruierten kodifizierten Rechtsbüchern beruht, nur ein Ausgangspunkt. Moderne Rechtsentwicklungen sind durch Konvergenz auf beiden Seiten gekennzeichnet: In Common Law Ländern reguliert zunehmend die Legislative mit Gesetzen („*statutes*"), und in Ländern mit kodifiziertem Recht aktivieren zunehmend gerichtliche Entscheidungen (vor allem die der Verfassungsgerichte) die Rechtsentwicklung. Die Rechtsquellenlehre kann in Anspruch nehmen, daß zu historischen Zeiten und bestimmten Plätzen entweder Richter (beim englischen *Common Law* des 13. bis 15. Jhdt.) oder Professoren (beim ‚ius commune' des Kontinents) ein Privileg der Definition von Recht hatten (van Caenegem 1987).

3. Rechtsstaat als zentraler Begriff der deutschen Rechskultur: Im 19. Jhdt. brachte die politische Vielfalt der deutschen Länder es mit sich, daß Universitäten und Professoren eine relativ große Definitionsmacht ausübten; bildete doch die universitäre Gelehrtenwelt eine größere Einheit als die zersplitterten Herrschaften und Staaten. In der BRD dagegen sind es ebenso oberste Richter und die bei der Gesetzgebung maßgeblichen Beamten, die durch ihre Kommentare die herrschende Auslegung von Gesetzen mitbestimmen. Auch die durch die Obrigkeiten festgelegten Examina, die Karrieremuster von Richtern und Staatsbeamten oder die Zulassungsbedingungen der Rechtsanwaltschaft - alle diese Institutionen kanalisieren das Verhalten der Professionellen. Daher sind die Institutionen dadurch geprägt, welche Präferenzen die professionellen Berufsgruppen durchsetzen können (→ Professionen). Dies wird deutlich an der Juristenausbildung, die vornehmlich auf den Staats- und Justizdienst vorbereitet (Rüschemeyer 1973). Staatsexamina befähigen formell zum Richteramt, wobei die Prüfungsämter der Ministerien die erste Staatsprüfung weitgehend, die zweite Prüfung zum Volljuristen völlig bestimmen.

Daß die für alle Rechtsgebiete ausgebildeten Volljuristen (immer noch) den → öffentlichen Dienst beherrschen, geht auf die starke Stellung der Beamtenschaft im Prozeß der Demokratisierung vor allem im Preußen des 19. Jhdt. zurück. Verwaltungsreform und frühliberaler → Parlamentarismus richteten sich in erster Linie gegen die Willkür feudaler und absolutistischer Patrimonialherren, so daß Rechtsstaatlichkeit (im Sinne gerichtlicher Überprüfbarkeit aller Verwaltungsakte) als wichtiger angesehen wurde als die Beteiligung an politischen Entscheidungen. Die Perfektion des rechtsstaatlichen Schutzes macht damit zugleich die Schwäche demokratischer Willensbildung in der deutschen R. aus (Scharpf 1970). Eines der Elemente dieses kulturellen Musters ist, daß unter der deutschen juristischen →

Elite traditionell die Wortführer der Justiz- und Verwaltungsjuristen, und nicht die der Rechtsanwaltschaft dominiert haben (Siegrist 1988). In den 90er Jahren haben sich die Gewichte allerdings unter dem Druck steigender Zahlen (vor allem weiblicher) Jurastudent(inn)en und Absolvent(inn)en gründlich geändert. Entschieden sich in den 60er Jahren noch etwa die Hälfte aller Juristen für die öffentliche Verwaltung oder Justiz, so kommt dort seit Ende der 90er Jahre weniger als ein Drittel der Absolventen unter, zwei Drittel beantragen daher (zumindest zu Anfang) die Zulassung zur Anwaltschaft. Unter dem Druck hoher Studenten- und Absolventenzahlen bahnt sich damit eine Flexibilisierung der Karrieren an, die mit der Tradition bricht, daß sich Juristen unmittelbar nach dem Studium entscheiden, ob sie in beamtenähnlicher, lebenslänglicher Karriere Richter, Verwaltungsbeamte oder Rechtsanwälte werden.

Ausdifferenzierung der Gerichtsbarkeiten und des Rechts:
In der BRD gibt es mit durchschnittlich 2,5 Richtern pro 1000 der Bevölkerung mehr als doppelt so viele Richter wie in Italien, Frankreich oder Schweden, mehr als viermal so viele wie in den Niederlanden oder den Ländern des Common Law (Blankenburg 1988). Angesichts hoher Richterzahlen und legalistischer Bindung der öffentlichen Verwaltung verwundert es nicht, daß die Gerichte in der BRD häufiger in Anspruch genommen werden als in anderen europäischen Ländern (Wollschläger 1988). Auch in den → neuen Bundesländern haben sich die Prozeßhäufigkeiten (und die Inanspruchnahme von Rechtsmitteln) schnell an die des Westens angeglichen. Die Zunahme gilt vor allem für die Mobilisierung von Verwaltungs- und Verfassungsgerichten, während sich die Zivilgerichtsbarkeit durch Vereinfachungsgesetze, und die Strafgerichte durch erweitere Befugnisse der Staatsanwaltschaft, Vergehen im Vorverfahren abzuhandeln, von der Überlastung durch Verfahren und Rechtsmitteln zu entlasten wissen. Die weitgehende Ausdifferenzierung von Spezialgebieten des Rechts mit ihren je eigenen Gerichtsbarkeiten paßt in das Bild eines ausgeprägten Legalismus: Besonders im öffentlichen Recht ist strikte gesetzliche Bindung aller Verwaltungen ein Erbe des an der gerichtlichen Überprüfbarkeit orientierten deutschen → Rechtsstaatsbegriffs. Politische Fragen in rechtliche umzusetzen ist das Kennzeichen der deutschen Politik geworden; der Motor dieser Entwicklung ist die Mobilisierung des 1951 errichteten BVerfG (→ Verfassungsgerichtsbarkeit). Dabei können die verschiedensten Konstellationen und Streitgegenstände die Verfassungsrechtsprechung auslösen: Bundestagsfraktionen, Gruppen von Abgeordneten oder Landesregierungen können das BVerfG über eine Organklage, Abgeordnete (vor allem der Opposition) im Parlament durch Antrag auf Verfassungsüberprüfung neuer Gesetze, Richter durch Vorlage unter Aufschiebung ihrer Entscheidung und einzelne Bürger durch Verfassungsbeschwerde anrufen. Als Folge des politischen Umbruchs nach dem Unrechtsregime der Nationalsozialisten entstanden, dient das BVerfG heute als Vorbild für viele vormals faschistische, kommunistische oder Apartheids-Regimes. Verfassungskon-

trolle ist in der BRD zu einem Instrument verschiedener Oppositionen geworden, die von Parteien in Bund und Ländern, vielfältigen Interessengruppen, aber auch einzelnen Bürgern genutzt wird. Allerdings hat dies regelmäßig auch zur Folge, daß der politische Spielraum von Parlamenten und Regierungen durch Anrufen des BVerfG und die Vorgaben seiner Entscheidungen eingeengt wird.

Erhard Blankenburg

Literatur:

Blankenburg, Erhard (Hrsg.) 1988: Prozeßflut? Indikatorenvergleich von Rechtskulturen auf dem europäischen Kontinent, Köln.

Caenegem, R.C. van 1987: Judges, Legislators and Professors, Cambridge.

Friedman, Lawrence 1975: The Legal System, New York.

Gibson, James L./Caldeira, Gregory A. 1996: The Legal Cultures of Europe, in: Law & Society Review 30, S. 55-87.

Häberle, Peter 1994: Europäische Rechtskultur, Baden-Baden.

Merryman, John 1975: The Civil Law Tradition, Stanford.

Nelken, David (ed.) 1997: Comparing Legal Cultures, Aldershot.

Noelle-Neumann, Elisabeth 1995: Rechtsbewußtsein im wiedervereinigten Deutschland, Zeitschrift für Rechtssoziologie 2/95, S. 121-152.

Rüschemeyer, Dietrich 1973: Lawyers and their Society, Cambridge, Mass.

Sarat, Austin 1977: Studying American Legal Culture, in: Law and Society Review 11, S. 427-488.

Siegrist, Hannes 1988: Die Rechtsanwälte und das Bürgertum, in: Kocka, Jürgen (Hrsg): Bürgertum im 19. Jahrhundert, München.

Scharpf, Fritz 1970: Die politischen Kosten des Rechtsstaats, Tübingen.

Wollschläger, Christian 1988: Arbeit der europäischen Zivilgerichte, in: Blankenburg, Erhard (Hrsg.) Prozeßflut, Köln.

Rechtsstaat

→ Anomie/Entfremdung, Bürgertum, Demokratie, Demokratische Persönlichkeit, Europa, Extremismus, FDP, Gewalt/Politische Gewalt, Globalisierung, Grundgesetz, Innere Sicherheit, Lebenszufriedenheit/Lebensqualität, Multikulturelle Gesellschaft, Nationalsozialismus, Neue Bundesländer, Öffentlicher Dienst/Sektor, Parlamentarismus, Politische Beteiligung, Politische Moral, Politische Traditionen, Politisches Vertrauen, Professionen, Rechtskultur, Republikaner/DVU, Soziale Gerechtigkeit, Soziale Ungleichheit/Lebenslagen, Sozialstruktur, Transition/Transformation, Verfassungsgerichtsbarkeit.

Begriff/Definition:

Wenn neuerdings über den bundesrepublikanischen Rechtsstaat (R.), seine Wirklichkeit und seine Legenden, verbissener denn je gestritten wird, dann kann man die polarisierende Entzweiung, die den öffentlichen Diskurs über dieses Thema prägt, am ehesten daran festmachen, daß gegen die Behauptung der einen, der R. sei am Ende - was immer das im einzelnen heißen mag -, sofort eine Gegenpartei die ebenso polemisch verkürzte Forderung glaubt erheben zu müssen, dann sei wohl erst recht eine Rundumerneuerung seiner Strukturen oder zumindest eine Reanimation seiner Leistungsfähigkeit angesagt, weil überfällig.

Tatsächlich scheint der R.-Begriff, vielfach zur Leerformel verkommen, zunehmend funktionslos geworden zu sein. Allzu oft schien der Eindruck nur zu berechtigt - nicht zuletzt im Zuge der deutschen Wiedervereinigung, aber auch im Gefolge jener rücksichtslos sich durchsetzenden ökonomischen Globalisierungspolitik (→ Globalisierung), der die nationalstaatlich dominierten Politiken kaum noch gewachsen zu sein scheinen -, der R.-Begriff tauge gerade noch zur gebetsmühlenartigen Beschwörung jener allgemeinen politischen Werte und Normen, in denen das politische Gemeinwesen Bundesrepublik dank seiner vorherrschenden Verfassungstheorie sich regelmäßig wiederzuerkennen glaubt. Allerdings haben die noch so kunstvoll gelifteten normativen Verbrämungen der Verfassungs*theorie* den Eindruck kaum je ernsthaft widerlegen können, daß sie von der rauhen Wirklichkeit der bundesrepublikanischen Verfassungs*praxis* jederzeit eines Schlechteren belehrt würden. Als symptomatisch für diese Einschätzung - nach dem ersten euphorischen Freiheitstaumel, den die deutsche Wiedervereinigung ausgelöst hatte - kann wohl das ressentimentgeladene Wort gelten: „Wir wollten Recht, haben aber einen Rechtsstaat bekommen". Tatsächlich produziert der demokratische, formalisierte R. als Rechtswegestaat im Verhältnis der Rechtsadressaten zu ihrem jeweiligen Rechtsverband notwendigerweise auch → Anomie/Entfremdung, insoweit und solange dieser als bürokratisierter, „arbeitender" Staat in Erscheinung tritt. Aus sich selbst heraus erzeugt er die Tendenzen, die ihn als ein „Gehäuse der Hörigkeit" (M. Weber) erscheinen lassen. Freilich verdankt sich dies keineswegs seiner unabänderlichen „Natur" als Staat oder einem blind über ihm waltenden „Schicksal"; in aller Regel sind sie hausgemacht, so daß sie auch wieder durch menschliche Arbeit in ihrer Richtung gestoppt oder umgedreht werden können.

Zur Zügelung bzw. Abwehr staatlicher Willkürherrschaft ist bekanntlich in der westlichen → politischen Tradition die Gewaltenteilungslehre als Funktionenlehre theoretisch entfaltet und im Laufe von Jahrhunderten auch praktisch ausgebaut worden. Über deren Errungenschaften sowie über die in der spezifisch deutschen Entwicklung verankerten besonderen R.-Vorstellungen sind die „Gründerväter und -mütter" der BRD allerdings bewußt hinausgegangen. In der Tat stellt das R.- und Demokratieverständnis, das für den westdeutschen Verfassungsgesetzgeber ausschlaggebend wurde, die politisch-strukturellen Voraussetzungen und Bedingungen des autoritär-faschistischen Unrechtsregimes in Deutschland, insbesondere die Folgen einer im Zeichen der Führerideologie von der nationalsozialistischen Einheitspartei (→ Nationalsozialismus) beherrschten parlamentarischen Unrechtsgesetzgebung sozusagen unablässig in Rechnung, um daraus seine politischen und verfassungsrechtlichen Schlußfolgerungen zu ziehen.

Im Hinblick auf diese teils positiven, teils negativen Traditionen, die 1949 zu verarbeiten waren, besteht die verfassungspolitische Leistung der westdeutschen Demokratiegründung darin, zum ersten Mal in der deutschen Geschichte den R.-Begriff auch verfassungsrechtlich inkorporiert zu haben (= *formaler* R.-Begriff). Diesem neuen Verständnis zufolge muß selbst die verfassungsmäßige Ordnung in den Ländern (→ Föderalismus) „den Grundsätzen des republikanischen, demokratischen und sozialen Rechtsstaates im Sinne dieses Grundgesetzes entsprechen" (Art. 28 Abs. 1 GG). „R." stellt jetzt neben anderen eine der zentralen Staatszielbestimmungen dar. Parallel dazu wird die im 19. Jhdt. und noch zur Weimarer Zeit geringe Gesetzesfestigkeit der Grundrechte überwunden; gleichzeitig erfahren diese eine bisher nicht gekannte Funktionsausweitung.

Im Gegensatz zum Demokratie-Programm des → GG, das sich zur Aufgabe gesetzt hat, mittels verfahrensmäßiger Vorkehrungen und funktionell-rechtlicher Kompetenzzuweisungen die politischen und sozialen Interessen der Machtadressaten mit den Apparaten, Programmen, Absichten und Leistungen der jeweils Herrschenden legitimatorisch zu vernetzen, so daß das im Machtgefälle zwischen Herrschenden und Beherrschten angelegte Verfügungsmißverhältnis ohne allzu gefährliche und bestandsbedrohende Konflikte überbrückt werden kann, bringt das Programm des R. den Widerspruch zwischen Fremdbestimmung infolge Unterwerfung unter die (Gesetzes-)Befehle des staatlichen Zwangsapparates und Selbstbestimmung in autonomer Entscheidungskompetenz zum Ausdruck und zum Ausgleich, indem er diesen Widerspruch als Dissonanzerlebnis in die Rechtsform transformiert und in ihr konkretes staatliches Handeln mit individuellen Interessen - zumindest theoretisch-abstrakt - versöhnt.

R. als Programm macht staatliche Herrschaft, und ähnele sie noch so sehr dem „Leviathan Staat", sowie die demokratische Befugnis zu ihrer effizienten Durchsetzung „erträglich", indem er Toleranzkriterien benennt und Leidensschwellen markiert, hinter die staatliches Handeln nicht zurückfallen darf, wenn es nicht als unzivilisiert, barbarisch und atavistisch qualifiziert werden will. Als Praxis des politischen Gemeinwesens beschert der R. seinen Bürgern die Gewißheit, daß ihre Angst sich mindern darf, jeder einzelne laufe irgendwann Gefahr, erbarmungslos unter die Räder einer alles niederwalzenden omnipotenten Staatsmaschinerie zu geraten, ohne gegen seine existentielle Bedrohung, gar mögliche Vernichtung, wenigstens aufbegehren und mit Aussicht auf Erfolg Einspruch erheben zu können. Erst jetzt erscheint staatliche Herrschaft auf der Autorität des Rechts gegründet, ebenso mehrheitlich verbürgt wie durch Konsens zum Handeln befugt, einzelnen Gewaltenträgern in funktioneller Kompetenzabgrenzung regulärerweise zugeordnet und gleichzeitig rechtl. gebunden, d.h. kontrollierbar begrenzt. Dennoch ist im R. das Herrschaftsproblem weder als Mythos untergegangen noch per Dekret oder auf magische Weise hinwegzuzaubern; allenfalls läßt es sich in einer Art Risikoüberwälzung zur Sicherstellung materieller Gewährleistungen auf förmliche Verfahren erträglich moderieren bzw. domestizieren. Auch Demokratie bedarf -

freilich auf ihre Weise - der staatlichen Zwangsmittel „Recht und Gesetz“. Nicht zuletzt in der kontrollierten Effektivierung dieser Schutzgarantie besteht u.a. die „historische“ Leistung des politischen Gemeinwesens BRD als R. (→ Demokratie; GG).

Dabei gelingt es am ehesten dem formalen Recht, dem im Gesetzesbefehl materialisierten politischen Willen und den im Verwaltungsbefehl sich konkretisierenden Vollstreckungswillen Geltungsglauben und Gehorsam zugleich zu verschaffen. Die in der Rechts*form* auf leisen Sohlen einherkommende Politik erhebt die in die sozialen Konflikte involvierten politischen Akteure der unmittelbaren, d.h. direkten, disruptiven Auseinandersetzungen um möglicherweise divergierende „Politiken“ - entlastet demnach die Handlungs- und Entscheidungsprogramme gegenüber den betroffenen Machtadressaten, die, in die Aura von Rechtsadressaten gehüllt, auf Distanz sich halten können und auf Distanz gehalten werden (→ Konflikt/Konsens). Politik in der Form des Rechts wächst eine um so höhere Durchsetzungschance zu, je weniger sie mittels dieses Quid-pro-quo delegitimatorischen Anfechtungen ausgesetzt wird. Insoweit schützt beispielsweise das Gleichbehandlungsgebot der Verfassung (Art. 3 GG) selbst diejenige Politik, die de facto bestehende Ungleichverhältnisse nicht beseitigt, ja möglicherweise erst begründet, sichert oder unangetastet sein läßt. Die Praxis des R. selbst erzeugt die R.-Illusion. Nicht zuletzt besteht diese darin, den Menschen „in der Phrase“ zuzusichern, sie verfügten über formal gleiche Rechte, diese ihnen jedoch, infolge fehlender materieller Mittel zu ihrer Realisierung, de facto vorzuenthalten. Infolge der ökonomischen Verhältnisse sorgt allein schon die reale, asymmetrische Einkommens- und Vermögensentwicklung hierzulande dafür, daß die Chancen der Menschen, der Verwirklichung ihrer materiellen Interessen bzw. Wahrnehmung ihrer rechtlichen Belange mit annähernd gleicher Aussicht auf erfolgreiche Durchsetzung sich widmen zu können, in Wirklichkeit äußerst verzerrt werden (→ Armut, Soziale Gerechtigkeit, Soziale Ungleichheit/Lebenslagen, Sozialstruktur).

Die Ambivalenz des bundesrepublikanischen R. wird daher nur verständlich, wenn er in dieser seiner Doppelfunktion als Regelungs- *und* Durchsetzungsform staatlich verfaßter Herrschaft (staatlicher Gesetzesbefehl und staatlicher Verwaltungsprogramm) begriffen wird. In dieser Doppelfunktion schafft er die Bedingungen dafür, daß durch die Begrenzung staatlicher Macht im Wege ihrer verfassungsmäßigen Domestizierung, durch die programmatische Anerkennung und Entfaltung der Personenwürde des Menschen, aber auch durch die Sicherung eines menschenwürdigen Daseins für die Vielen, insbesondere die gesellschaftlich Zukurzgekommenen, seine „politischen Kosten“ - jenseits klassenantagonistisch bedingter Ausgrenzungs- und Verteilungsfronten - minimiert werden können. Zu Recht ist daher immer wieder darauf hingewiesen worden, daß erst die Entfaltung der grundgesetzlich verbürgten Sozialstaatsklausel (Art. 20 Abs. 1 und Art. 28 Abs. 1 GG) in Verbindung mit dem Freiheits- und Gleichheitsgrundsatz (Art. 2 u. 3) als unmittelbar geltendem Recht, d.h. daß erst die Staatszielbestimmung „sozialer R.“

als materieller R. den formellen R.-Begriff abgelöst hat: daß staatliches Handeln, d.h. Legislativ- und Verwaltungsprogramme, aber auch richterliche Rechtsanwendung, Rechtsauslegung und -fortbildung, ausschließlich rechtl. gebunden und durchnormiert werden. Demgegenüber ist es gerade dem kapitalistischen Industriesystem bundesrepublikanischer Prägung durch den sozialen Ausbau des rechtsstaatlichen Schutz-, Sicherstellungs- und Gewährleistungssystems ohne Zweifel gelungen, sich über die Flanken Geltungsautorität zu sichern und Legitimitätsanfechtungen, die vorwiegend im Bereich der gesellschaftlichen Verkehrsformen hätten entstehen können, abzuwehren, zumindest hintanzuhalten. Gleichzeitig erlaubte die rechtsstaatliche Entwicklung, auf einem relativ hohen Niveau Erwartungshaltungen zuzulassen und zu befriedigen, die parallel zum Wohlstand materieller Art immaterielle Werte symbolisch - und mehr als nur symbolisch - zu repräsentieren gestatten.

Entwicklungslinien:
Obwohl politisch kontrovers vermittelt, werden die Werte dieser R.-Kultur, die zu den wichtigsten Komponenten einer gesteigerten Lebensqualität (→ Lebenszufriedenheit/Lebensqualität) in den entwickelten Verkehrsgesellschaften zählen, positiv erlebt und mit hoher Identifikationsbereitschaft libidinös besetzt. Dem R. als System wird seinerseits durch die Praxis rechtsstaatlicher Befriedigungen ein Zuwachs an individueller wie kollektiver Wertschätzung zuteil. Die Folge ist, daß das Vertrauen ins Funktionieren der staatlich-administrativen Institutionen, insbesondere jedoch ins Funktionieren des Rechtssystems, seiner Verfahren und argumentativen Legitimationsfiguren, in der BRD erstaunlich hoch ist (→ Politisches Vertrauen, Politische Unterstützung). Meinungsumfragen haben immer wieder zutage gefördert, daß das Vertrauen der Bevölkerung in das System der Justiz, vor allem aber zum BVerfG, besonders hoch ist, höher jedenfalls als ins parlamentarische System als solches oder in die politischen Parteien; im Laufe der Zeit hat es sogar noch zulegen können (→ Verfassungsgerichtsbarkeit). Daran haben nicht einmal die im Zuge der deutschen Wiedervereinigung aufbrechenden Legitimationskonflikte, die der politische Systemwechsel mit sich brachte, prinzipiell etwas ändern können.

Tatsächlich läßt das hochgradig formalisierte und verrechtlichte System, d.h. die Wirklichkeit des verfassungsmäßig garantierten „Rechtswege-Staates" BRD (Art. 19 Abs. 4 GG) dreierlei als unwahrscheinlich erscheinen - zumindest längerfristig -: 1. daß die Wertverwirklichungschancen einer bestimmten sozialen Gruppe langsamer wachsen als die vergleichbarer Gruppen; 2. daß die tatsächlichen Realisierungsmöglichkeiten konkurrierender Wertansprüche ungleichgewichtig sich entwickeln; 3. daß die Zuwächse an Befriedigungsmöglichkeiten im gegenwärtigen Zeitpunkt und d.h. im Vergleich zu vorangegangenen Perioden plötzlich abnehmen. Um so unwahrscheinlicher dürfte es infolge dieses wechselseitigen Selbstbestätigungsmechanismus sein, daß es zu einem eklatanten Mißverhältnis zwischen kollektiven Werterwartungen, die auf die Wirklichkeit „R." sich beziehen, und den tatsächlichen Wertrealisierungschancen kommt, wodurch gefährliche Unmutsreaktionen, gar politische Protestaktionen ausgelöst werden könnten. Indem das Ausmaß der Versagung von Individual- und Kollektivrechten infolge rechtsstaatlicher Verbürgungen annähernd erträglich gehalten werden kann, sorgen die entsprechenden Vorkehrungen in Verbindung mit den an sie geknüpften Erwartungen dafür, daß allzu große Frustrations- und Diskrepanzerlebnisse zwischen den kollektiven Wertansprüchen und Bedürfniserwartungen und der von der politischen Gemeinschaft zugestandenen Befriedigung dieser Ansprüche nicht entstehen.

Der R. als solcher läßt, wenn auch nicht unbedingt das Ergebnis des jeweiligen Wert-Verteilungsprozesses, so doch zumindest die Art und Weise, wie diese Verteilung bzw. Ungleichverteilung zustande kommt, von vornherein als billigenswert erscheinen. Vom vielbeschworenen Grundkonsens aller billig und gerecht denkenden Demokraten gestützt, profitiert er vom herrschenden Wertkonservatismus und leistet ihm gleichzeitig Vorschub. Da das deutsche R.-Modell - folgt man der herrschenden Lehre, wie sie vor allem von der ständigen Rechtsprechung des BVerfG entwickelt und ausgebaut worden ist -, im wesentlichen darin besteht, „jedermann" gegen Verletzungen seiner ihm verfassungsmäßig zugesicherten Rechte durch hoheitliches Handeln, insbes. gegenüber Verletzungen der ihm zustehenden Grundrechte durch die öffentliche Gewalt ein umfassendes Rechtsschutzsystem zu garantieren, notfalls immer der ordentliche Rechtsweg gegeben ist (Art. 19 Abs. 4; vgl. die Verfassungsbeschwerde des Art. 93 Abs. 1 Ziff. 4a GG), wird durch diese Form der Bindung staatlichen Handelns an die Verfassung, woraus wiederum der Vorrang von Gesetz und Recht sich herleitet (Art. 20 Abs. 3 GG), ein Rückkoppelungssystem staatlicher Willensbildung und Herrschaftsausübung zustande gebracht, das zirkulär in rechtliche Selbstbindungen zurückführt, die ihrerseits nur der Kontrolle unabhängiger Richter in einem eigens zu diesem Leistungs-Output spezialisierten System der Rechtsprechung und Rechtspflege unterstellt sind.

Da lt. Art. 1 Abs. 3 GG die verfassungsmäßigen Grundrechte „als unmittelbar geltendes Recht" Gesetzgebung, vollziehende Gewalt und Rechtsprechung „binden", d.h. nicht mehr, wie noch zu Weimarer Zeiten, nach Maßgabe der Parlamentsgesetze, sondern diese selbst nur nach Maßgabe und gemessen am Maßstab der Grundrechte sollen gelten dürfen, wirkt sowohl der Grundsatz der Gesetzmäßigkeit der Verwaltung wie die allg. Gültigkeit des Legalitätsprinzips: daß Grundlage aller staatlichen Akte ein förmliches Gesetz zu sein habe - und zwar nach Maßgabe der Verfassung -, als Strukturkonservatismus sich aus. Demokratische Politik wird R.-akzessorisch, erst recht, wenn ihr gegenüber eine verfassungsgerichtliche Normenkontrolle zugelassen wird. Gleichwohl ist diese Rückbindung staatlicher Gewalt an einen nicht beliebig demokratisch funktionalisierbaren, d.h. zur Disposition wechselnder parlamentarischer Mehrheiten zu stellenden, insoweit material verpflichtenden Begriff von *Recht* als unübersteigbare Schranke staatlichen Tuns und Unterlassens das unverwechselbare Charakteristikum der nicht nur gegenüber äußeren Feinden, sondern auch gegenüber einer möglicherweise von innen her drohenden Erosion bzw. Involution ihrer demokratischen Substanz wehrhaft auftrumpfenden Demokratie des Bonner GG (→ Parlamentarismus; GG).

Daß freilich die Prinzipien des R. zunehmend auf die Erhaltung und Sicherung dieser sich einigelnden Demokratie und eines ebenso effizienten wie omnipotenten Staatsapparates hin instrumentalisiert werden, bringt in doppelter Hinsicht negative Folgen mit sich: durch den Vorschuß an Vertrauen einer entpolitisierten Bevölkerung in die hypostasierte Verfassungsmäßigkeit staatlichen Handelns, in die Verfassungskonformität staatlicher Hoheitstätigkeit überhaupt - ein R.-Bewußtsein, das auf den Hund deutscher Staatsgläubigkeit gekommen ist -, verkehren sich die Schutzfunktionen des R. in ihr Gegenteil: Sie werden von den staatlichen Machtapparaten gegen den „Bürger als Sicherheitsrisiko" mobilisiert und nun zu dessen Domestikation zweckentfremdet. So werden Videoüberwachungsanlagen als heimliche Bewegungsmelder zur tendenziellen Totalobservierung aller Bürger nicht nur von privaten Betreibern eingesetzt, sondern zunehmend von Staats wegen toleriert, gar betrieben (u.a. Zeugenvernehmung per Videokonferenz), von dessen unkontrollierten Geheimdienstaktivitäten ganz zu schweigen. Die jüngste Entwicklung geht gar in Richtung „strategische Kriminalitätsanalyse" (SKA): Zur Vermeidung von Verbrechen plant der R. seinerseits Verbrechen, indem er sich mit sogen. Experten aus der kriminellen Szene zusammentut, damit - in präventiver Vorausschau - mögliche Verbrechen gar nicht erst ausgeführt werden oder geschehen können. Dabei verwischen sich im symbiotischen Herrschaftsverbund zwischen „echten" Kriminellen und staatlicherseits intendierter Verbrechensplanung notwendigerweise die Grenzen zwischen den beteiligten Halbwelten, ganz zu schweigen von der praktizierten Doppelmoral, die beide gleichwohl zu diskriminieren vorgibt (→ Politisches Vertrauen; Innere Sicherheit).

Ohnehin ist ein Verfassungsverständnis, das seine Vorstellungen von konkreter Utopie vorwiegend aus R.-Vorstellungen bezieht, die noch dazu der verfassungsgerichtlichen Interpretation, zumindest der verfassungsgerichtlichen Billigung bedürfen, weit weniger dynamisch als ein auf die Ausdeutung und Umsetzung jener Staatszielbestimmung erpichtes, das aus der Sozialstaatsklausel folgt. Wird die Grundrechtsgeltung gegenüber dem Gesetzgeber, die Art. 1 Abs. 3 GG verfügt, im Sinne einer wertbestimmten Auslegung des Rechts (d.i. objektive Wertordnung der Verfassung) verfochten, gleichzeitig jedoch auf den materialen Gehalt der Grundrechte abgehoben, der sie nicht nur im Sinne negatorischer Wirkung einzusetzen erlaubt, sondern sie in Richtung einer sozialgestaltenden Ausdeutung zu erschließen zwingt, dann kann zwar die bestehende → Sozialstruktur nicht vollends mehr gegen gesetzgeberische Umgestaltungsabsichten immunisiert werden, wohl aber wird diese erst einmal das Plazet einer allein durch Tradition und Kompetenz gerechtfertigten Funktionselite erheischen. Die Demokratie muß sozusagen durchs Nadelöhr der Justiz. Daher könnte man, in Anlehnung an Kirchheimers Begriff von der „doppelten Legalität", für die BRD ironischerweise von einer Art dreistufiger Legalität sprechen: Nicht nur muß die Verwaltung dem Gesetz entsprechen und das Gesetz der Verfassung, sondern die Verfassung selbst muß mit der in schöpferischer Verfassungsrechtsweiterbildung zu entwickelnden Interpretationsmatrix höchstrichterlicher Judikatur zur Deckungsgleichheit gebracht werden.

Um so vordringlicher wird die Frage danach, wie demokratisch die Justiz des bundesrepublikanischen R. ist und ob nicht R.- und Justizstaat in wesentlichen Belangen auseinanderklaffen. Das Thema dürfte in Zukunft noch brisanter werden, weil und insofern im Gefolge des politischen Ausbaus der europäischen Institutionen (→ Europa) zwischen der nationalen R.-Kultur der BRD, insoweit diese infolge des juristischen Interpretationsmonopols des BVerfG als Rechtsprechungskultur unverwechselbar geprägt wurde, und der nicht minder selbstbewußten Rechtsprechungspraxis des Europäischen Gerichtshofs (EuGH), eine Art von Idealkonkurrenz entstehen dürfte, wenn es nicht gar zu einer klaren Überherrschung der deutschen Verfassungsrechtsprechung durch die des EuGH kommen sollte, mit allen daraus resultierenden bzw. sie bedingenden rechtspolitisch-nationalen, aber auch gemeinschaftsrechtlichen, insoweit ausschließlich integrationspolitisch bedingten Konflikten. Zwischen der (relativen) politischen Autonomie bzw. Vorherrschaft jener supranationalen Rechtsordnung, wie sie der EU als Grundlage dient, und der mit eindeutigerer demokratischer Legitimation ausgestatteten nationalen „Justizherrschaft" klaffen derzeit (noch) Welten (→ Europa).

Tatsache jedenfalls ist, daß infolge der Ambivalenz der ihn konstituierenden Grundelemente, insbes. über die Interpretation des ihm supponierten Grundrechtsverständnisses, der Begriff des materiellen R. dazu benutzt werden kann, sozial-konservative, wenn nicht reaktionäre Inhalte zu verteidigen und sozial verbindlich zu machen, wenn auch nicht beliebig oder willkürlich (d.i. Grundrechtsjudikatur als Reformparallelismus bzw. Reformkorrektur). Er kann aber auch, insbes. im Hinblick auf die in den Grundrechten enthaltenen Handlungsanweisungen, die zumindest negativ gefaßt werden können als Verbot der Einschränkung bzw. Ungleichverteilung von Freiheit, dahingehend entfaltet werden, daß es möglich wird, den zögernden politischen Kräften den Marsch zu blasen, indem die Herstellung der Sozialadäquanz des geltenden Rechts als Verpflichtung angemahnt wird, somit allen Verhältnissen zum Tanz aufzuspielen, indem er ihnen den Spiegel ihrer eigenen Veränderungsmöglichkeiten vorhält, zumal Grundrechte in ihrem Wesensgehalt nicht angetastet werden dürfen (Art. 19 Abs. 2 GG) und eine Verfassungsänderung auf Kosten dieser rechtsstaatlichen Kernbereiche schlichtweg ausgeschlossen ist (Art. 79 Abs. 3 GG).

Insofern erweitert der R. als „work in progress" seine sozialen Bestands- und Gelingensvoraussetzungen sozusagen in eigener Regie, insbes. aber setzt er zahllose Verrechtlichungstendenzen frei. In dem Maße beispielsweise, wie u.a. mittels rechtl. Verfahren sicherzustellen ist, daß dem Rechts- und Sozialstaatsgebot der Verfassung Genüge getan wird; in dem Maße, wie parlamentarische Gestaltungsabsichten an vorgegebene, „materiale" Zielvorstellungen rückgekoppelt werden müssen bzw. wie sie verfassungsgerichtliche Gesetzeskontrolle, ob antizipatorisch oder ex post, zu berücksichtigen gehalten sind; in dem Maße auch, wie das strukturelle Gewaltverhältnis des abstrakten Staates seinen konkreten Bürgern und ihren besonderen Lebensverhältnissen gegenüber als Gesetzes- und Vollstreckungsstaat organisiert werden muß, in dem Maße wird das Netz verrechtlichter Sozialbeziehungen immer enger und dichter geflochten. Jede weitertreibende Reform des R. erzeugt ihrerseits rechtsstaatlich notwendig werdende Reformen. Sie wirken sich aus im Sinne einer sich selbst erfüllenden Vorhersage.

Sensibilisiert durch die vorherrschenden, grosso modo leidlich rechtsstaatlichen Verhältnisse gilt heute z.B. selbst in den unteren sozialen Schichten der Gang zum Kadi längst nicht mehr in dem Maße als so anrüchig, wie dies früher der Fall war. Dennoch hängt die Chance, Recht als dauerhaft verfügbare Ressource, die der Bedürftige jederzeit zur Durchsetzung eigener Interessen sollte nutzen können, nicht nur subjektiv von individueller „Prozeßfreudigkeit" ab, sondern immer auch von den realen Asymmetrien, die hinsichtlich der Verfügung bzw. Nichtverfügung über Geld bzw. geldwerte Äquivalente in der Gesellschaft unverändert weiterbestehen. Daß derjenige, der sich kompetente Rechtsstäbe mit ihrer Rechtsexpertise jederzeit kaufen kann, weil er über die Mittel dazu verfügt, sich sozial privilegiert wähnen darf, läßt die Substanz dessen, was sich zu Recht R. nennt, selbstverständlich nicht unberührt, denn diese „rechtsstaatliche Ungleichheit" entscheidet sowohl über die Exklusion der gesellschaftlich Zukurzgekommenen wie über die Inklusion derer, die ihr irdisch-soziales Glück ungleich genießen dürfen, ohne daß sie anzugeben wüßten, wodurch oder von wem sie dazu legitimiert sind.

Zur Praxis des R. gehört auch, daß sich die verbesserten Informationen, die der Bürger über seine Rechte und deren konkrete Durchsetzungsmöglichkeiten hat, in der Weise umsetzen, daß bei ihm die Bereitschaft wächst, sein Recht vor Gericht zu erstreiten. Dennoch kreuzen sich in der empirisch feststellbaren wachsenden „Prozeßfreudigkeit" der westdeutschen Bevölkerung mehrere Entwicklungslinien. Zusätzlich zu den bereits genannten ist offenbar ein Nachholbedürfnis breiter Kreise festzustellen, unter Berufung auf die Garantie eines lückenlosen gerichtlichen Rechtsschutzes gegen Verletzungen der Rechtssphäre des einzelnen durch Eingriffe der öffentlichen Gewalt (Art. 19 Abs. 4 GG) ihrerseits an uralten Oberschichtprivilegien zu partizipieren. Darüber hinaus haben Reformbestrebungen, die die bürokratieinternen Strukturen des Justizapparates nicht unangetastet gelassen haben - nicht zuletzt im Banne des Leitbildes vom „neuen Juristen" -, ihrerseits dazu beigetragen, daß die Akzeptanz eines sich demokratisierenden Justizapparates in der Bevölkerung gewachsen zu sein scheint. Dies gilt in besonderem Maße für die gesellschaftliche Anerkennung des BVerfG.

Doch nicht nur verändertes Bewußtsein, auch die Reflexe der besonderen gesellschaftlichen Lebensbedingungen, insbes. die einer hochtechnisierten Umwelt, haben zu diesem Einstellungswechsel beigetragen (z.B. wachsende Verkehrsdichte; Ausbau des Interventions- und Steuerstaates; europäische Integrationsprozesse; elektronische Datenverarbeitung; Kartellierung von Rechtsschutzinteressen durch neue Rechtsschutzversicherungen etc.). Tatsächlich ist der Zugang zu den Gerichten in den letzten Jahren leichter und durchlässiger geworden, wenngleich er nicht von allen gleichermaßen genutzt werden kann. Dennoch wird zunehmend darüber geklagt, der R. habe zu gewärtigen, wegen drohender Überlastung der Gerichte im Gefolge der auf diese zukommenden Prozeßfluten allmählich zu ersticken, zumal die infrastrukturellen Modernisierungsmaßnahmen des Justizapparates, wie Rationalisierung der Arbeitsabläufe, Computerisierung etc., mit dem allg. gewachsenen Bedürfnis nach Rechtssuche nicht Schritt gehalten haben, trotz der unübersehbaren Tendenz, einen schwerfälligen Justizapparat auf kundenfreundlichen Servicebetrieb umzustellen.

So sicher es ist, daß eine rasche Entscheidung für die klagenden Parteien, den Angeklagten, den Untersuchungshäftling oder für den Kläger in einem Arbeitsgerichtsverfahren beispielsweise mindestens soviel wert ist wie das (abstrakte) Recht selbst, so fatal wäre es, die Rationalisierung des Rechtssuche- und Rechtsfindeprozesses im Interesse einer erforderlichen Verfahrensbeschleunigung so weit zu treiben, daß diese zu Lasten bisher einsetzbarer Rechtsmittel geht. Tatsächlich scheint es so, als hätten die bisherigen Reformen zugunsten einer Entlastung des Justizapparates das Dilemma nicht lösen können: das zur Rationalisierung und Erhaltung der Funktionstüchtigkeit des R. Notwendige mit dem rechtsstaatlich vertretbaren Möglichen in Übereinstimmung, d.h. in eine akzeptable Balance zu bringen. Noch immer scheint die fatale Tendenz nicht umkehrbar zu sein, daß Justizreformen die gesellschaftliche Schichten-Distanz mit all ihren Folgen zu verringern kaum in der Lage sind. Zwar ist der Grundsatz gleichen Rechts für alle im GG verankert; das Recht, das dem einzelnen zusteht, nützt ihm jedoch wenig, wenn er es nicht auch durchzusetzen vermag. Tatsächlich scheinen - wieder einmal - die Allerbedürftigsten auf der Strecke zu bleiben (→ Politische Beteiligung). In großem Maßstab gilt dies freilich für das Verhältnis aller Bürger zum modernen, computergestützten Überwachungs- und Rasterfahndungsstaat, erst recht, wenn in Rechnung gestellt werden muß, daß das bislang als Palladium der bürgerlichen Privatsphäre geltende Grundrecht der Unverletzlichkeit der Wohnung (Art. 13 GG) durch den sog. Großen Lauschangriff ausgehebelt werden konnte. Mit seiner Kapazitätssteigerung hat die R.-Kultur der bundesrepublikanischen Gesellschaft in keiner Weise Schritt halten können. Auf dieser Ebene des Bürger-Staat-Verhältnisses wird nicht nur die nachgesuchte Rechtsgewährung, sondern schon das *Recht* auf Information über die Auswertung und Verwertung der eigenen Sozialdaten zum möglicherweise knappsten Gut. Die Entwicklung zum „sanften Polizeistaat" mit seiner Mixtur aus schwerfälliger Bürokratie, neuester Technologie und amtlicher Geheimhaltung stellt infolgedessen den R. Bonner bzw. Berliner Prägung vor die schwierigste Bewährungsprobe in seiner noch jungen Geschichte, an deren Bewältigung seine bislang als brauchbar nachgewiesenen Instrumente durchaus scheitern könnten (→ Öffentlicher Dienst/Sektor; Innere Sicherheit).

Otwin Massing

Literatur:

Habermas, Jürgen 1992: Faktizität und Geltung. Beiträge zur Diskurstheorie des Rechts und des demokratischen Rechtsstaats, 2. Aufl., Frankfurt a.M.

von Kielmansegg, Peter 1988: Das Experiment der Freiheit. Zur gegenwärtigen Lage des demokratischen Verfassungsstaates, Stuttgart.

Kunig, Philip 1986: Das Rechtsstaatsprinzip. Überlegungen zu seiner Bedeutung für das Verfassungsrecht der Bundesrepublik Deutschland, Tübingen.

Neumann, Franz L.: Die Herrschaft des Gesetzes. Eine Untersuchung zum Verhältnis von politischer Theorie und Rechtssystem in der Konkurrenzgesellschaft, Frankfurt a.M.

Sobota, Katharina 1997: Das Prinzip Rechtsstaat. Verfassungsrechtliche und verwaltungsrechtliche Aspekte, Tübingen.

Tohidipur, Mehdi (Hrsg.) 1978: Der bürgerliche Rechtsstaat (Bd. 2), Frankfurt a.M.

Regierung/Regierungsmehrheit/Opposition

→ *Arbeitslosigkeit, Bündnis 90/Grüne, CDU/CSU, Demokratie, Endogenität/Exogenität, Externe politische Effektivität, FDP, Konflikt/Konsens, Neue Bundesländer, Parlamentarismus, Parteiensystem, PDS, Politiker/Politische Klasse, Politisches Vertrauen, Responsivität, Schweigespirale/Öffentliche Meinung, SPD, Soziale Sicherheit, Wohlfahrtsstaat.*

Begriffe/Definitionen:

Mit Regierung (R.) im weiteren Sinne werden die Verfassungsorgane eines Staates, die an seiner Leitung beteiligt sind, insbesondere die Institutionen der Legislative und Exekutive, bezeichnet. Dieses umfassende Verständnis kommt besonders im englischen Begriff *government* zum Ausdruck. Im engeren Sinne versteht man unter R. das mit politischen und administrativen Funktionen ausgestattete Lenkungsorgan, in demokratischen Verfassungsstaaten also den R.-Chef, das Kabinett und die Ministerien. Abhängig von der Ausprägung des R.-Systems als parlamentarisches oder präsidentielles geht die R. aus dem Parlament hervor und ist von diesem abberufbar oder ist direkt vom Volk gewählt und bedarf nicht des Vertrauens der Legislative. Die R. im engeren Sinne kann aus einer Person bestehen (wie in den USA, wo nach der Verfassung nur der Präsident die Exekutive bildet), ein Kollegialorgan sein (wie in der Schweiz, wo der Bundespräsident lediglich primus inter pares in der siebenköpfigen R., dem sog. Bundesrat, ist) oder von Premierminister- (Beispiel Großbritannien) bzw. Kanzlerdominanz (Beispiel Deutschland, mit der Einschrankung des grundgesetzlich festgelegten Ressort- und Kabinettsprinzips) geprägt werden. Neben den verfassungsrechtlichen Festlegungen bestimmen politisch-strukturelle, politisch-kulturelle und ökonomische Kontextfaktoren Macht und Einfluß einer R. So ist beispielsweise in einem Bundesstaat die Reichweite der nationalen R. begrenzter als in einem Zentralstaat; eine Koalitions- oder gar eine Minderheits-R. unterliegt anderen Restriktionen als eine Einparteien-R.; und die in der pK eines Landes verwurzelte Auffassung von einem wohlfahrtlich handelnden Staat schafft andere Erwartungshaltungen, damit auch andere Pflichten und Spielräume für eine R., als am Laissez-faire orientierte Staatsvorstellungen (→ Soziale Sicherheit, Wohlfahrtsstaat). Unter organisatorisch-technischer Perspektive beinhaltet R. auch den inneren Aufbau des R.-Apparates, also die Struktur der R.-Zentrale (z.B. Bundeskanzleramt, Prime Minister's Office, White House Office), Gliederung, Zuständigkeiten und Rolle der Ministerialbürokratie sowie Kabinettsstruktur und -organisation.

Opposition (O.) bedeutet im weiteren Sinne den gegen Autoritäten gerichteten Widerstand, im strikten, seine Entstehungsgeschichte einbeziehenden Begriffsverständnis den innerhalb eines Grundkonsenses einer Gesellschaft sich entfaltenden, organisierten und institutionalisierten Widerspruch gegen die R. und ihre Parlamentsmehrheit (→ Konflikt/Konsens). Dieses Verständnis von O. als legitimer, systemnotwendiger Erscheinung konnte sich erst herausbilden, als das monarchische durch das demokratische Prinzip abgelöst worden, der Dualismus Krone versus Parlament aufgegeben war und vor allem anerkannt wurde, daß Gemeinwohl nicht a priori gesetzt ist und von der Obrigkeit vertreten wird, sondern das Ergebnis offener Konkurrenz von Interessen ist. Erst vor diesem demokratischen und pluralistischen Hintergrund konnte O. ihren Zweck als Kernelement freiheitlicher Staatsordnung gewinnen und ihren Charakter als Widerstand und Systemfeindlichkeit verlieren. In Großbritannien konzipierte Bolingbroke bereits 1749 O. als wahre „patriotische" Kraft, als „in sich gerechtfertigte parlamentarische Form" (Kluxen 1956), deren Funktionen seither als Kritik, Kontrolle und Alternative innerhalb des bestehenden Herrschaftssystems definiert wurden. Im 19. Jhdt. als „his Majesty's opposition" auf den Begriff gebracht, findet die zentrale, geradezu systemtragende Rolle von O. im → Parlamentarismus auch rechtsförmige Anerkennung mit dem 1937 erlassenen „Ministers of the Crown Act", demgemäß der Führer der O. als Chef von „his Majesty's alternative government" seither besoldet wird. Neuere politikwissenschaftliche O.-Typologien gehen wieder hinter die Spezifik demokratisch-parlamentarischer, also auf einem Grundkonsens stattfindender O. zurück und beziehen auch die „Systemintention" (Steffani 1978) von O. ein, die loyal und systemimmanent oder fundamental und systemkonträr ausfallen kann. Außerdem wird die Wirkungsebene von O. (parlamentarisch, vor- oder außerparlamentarisch) sowie die Aktionskonsistenz (systematisch oder situationsorientiert) unterschieden. Besonders die Alternativfunktion von O. wurde in den 1960er Jahren angesichts gesellschaftlicher Nivellierungstendenzen im → Wohlfahrtsstaat und des ausbleibenden R.-Wechsels in der Bundesrepublik stark gefährdet gesehen, ja sogar generell der Verfall von O. (Kirchheimer), das Ende von Parteienwettbewerb und Parteienstaat (Agnoli, Krippendorff) diagnostiziert. Das österreichische Beispiel der „R.-Ausübung durch ein Parteienkartell" hatte Kirchheimer schon früher veranlaßt, die „Ausschaltung der hauptsächlichen politischen Opposition" (1969:

416) festzustellen und der O. aus Prinzip und der loyalen O. die politisch-ideologisch konturlose O. zwischen Allerweltsparteien typologisch hinzuzufügen.

Wegen der Vielzahl der Variablen, die oppositionelles Verhalten (mit-)bestimmen, empfiehlt Oberreuter, an einem engen O.-Begriff festzuhalten. Er geht von der Prämisse der Systemloyalität aus sowie von entwickelten demokratischen Systemen, die „kontinuierliche kontroverse Beteiligung am nicht-institutionalisierten und am institutionalisierten Prozeß politischer Willensbildung zulassen" (Oberreuter 1996: 486). Seine (an Dahl angelehnte) Typologie stellt vor allem auf O. im Parlament ab und unterscheidet: Issue-orientierte Ad-hoc-O., worunter besonders die fallweise zustande kommende Gegnerschaft im Parlament des präsidentiellen R.-Systems subsumiert wird sowie die „gelegentlichen Ausbruchserscheinungen aus dem Kartell von Proporzsystemen" (Oberreuter 1975: 20); kompetitive O., die vor allem in den Mehrheitsdemokratien des Westminster-Modells betrieben wird, die auf Zweiparteiensysteme und alternierende R. ausgelegt sind; kooperative O., die im parlamentarischen R.-System zwar die Alternativfunktion reduziert, der O. aber Möglichkeiten der Einflußnahme und Mitgestaltung eröffnet und legitimitätssteigernd wirkt, da eine größere Bandbreite von Interessen in den Entscheidungen repräsentiert wird.

Neben den Kontextvariablen R.-System und → Parteiensystem wird die konkrete Erscheinungsform von O. durch die jeweils vorhandenen parlamentarischen Konstellationen, gesellschaftlichen Konfliktpotentiale und Konfliktregelungsmuster sowie durch die pK eines Landes beeinflußt. Offenkundig entfaltet in der Bevölkerung verbreitete Konfliktscheu und Ablehnung von „Streit", wie sie lange Zeit den Westdeutschen attestiert wurde und nun bei den Ostdeutschen vermutet wird, Wirkungen auf das Verhalten der O. im Parlament. Wettbewerb und Mehrheitsentscheidungen taugen nicht für stark segmentierte Gesellschaften; sie verlangen nach inklusions- und konsensorientierten Strategien. Gesellschaftliche Versäulung läßt es bei Strafe der Desintegration nicht zu, bestimmte Grundfragen zum Gegenstand des Konflikts werden zu lassen, sondern erfordert deren Ausklammerung.

Verhältnis von Regierung und Opposition:
Sofern Oppositionstypologien die Entstehungsgeschichte von O. in England berücksichtigen, wird deutlich, daß man R. und O. zwar aus Praktikabilitätsgründen zunächst getrennt definieren kann, diese aber in einem engen Zusammenhang zueinander stehen. Das parlamentarische R.-System wird durch das Gegenüber von der die R. tragenden Parlamentsmehrheit und der mit dieser sachpolitisch und personell konkurrierenden Minderheit erst konstituiert. Nach Steffani wird die Einheit aus allen R.-Mitgliedern und den sie im Amt haltenden Parlamentsmitgliedern R.-Mehrheit genannt (1991). Im präsidentiellen R.-System bedarf es funktionslogisch dieser Einheit nicht, denn die R. ist in ihrer Amtsdauer nicht vom Parlament abhängig. Allerdings wird die Handlungsfähigkeit der R. auch dort durch

eine kohärent agierende Mehrheit erleichtert, die aber eben nicht den Regelfall im Präsidentialismus darstellt, weil der systemische Zwang, die parlamentarische Verantwortung für die R., entfällt. Vielmehr wechseln parlamentarische Mehrheit und Minderheit je nach anstehenden Sachfragen. Weil es also *die* O. im Präsidentialismus nicht gibt, erscheint es sinnvoll, das Begriffspaar R. und O. für das parlamentarische R.-System - und dann präzisiert als R.-Mehrheit und Opposition - zu reservieren: Der für Erhalt und Funktionsfähigkeit der R. geschlossen zusammenstehenden R.-Mehrheit tritt das planvoll koordinierte Gegenprogramm einer ähnlich geschlossenen O. zur Ablösung der R. gegenüber. Die bundesrepublikanische Praxis entspricht im Grundsatz diesem Modell von R. und O., allerdings nicht im Sinne des Westminster-Modells. In Westdeutschland prägten von Anfang an dauerhafte Koalitions-R. das Bild der parlamentarischen Demokratie: Nur einmal, 1957, gelang es einer Partei bei einer Bundestagswahl, die absolute Mehrheit der Stimmen zu erringen; und sogar in dieser Situation zogen die → CDU/CSU-Fraktion und ihr Kanzler Adenauer es vor, aus strategischen Gründen eine Koalition zu bilden. Vor 1998 kam es lediglich zweimal, 1969 und 1982, zum R.-Wechsel, der den Austausch der jeweiligen großen R.-Partei beinhaltete. Fast dreißig Jahre lang regierten die Unionsparteien zusammen mit der → FDP, dreizehn Jahre hielt das Bündnis von → SPD und FDP - Ausweis der ausgeprägten Fähigkeit und Bereitschaft der beteiligten Fraktionen, systemgemäß „ihre" R. im Amte und dort handlungsfähig zu halten. Nach der Konsolidierung des Parteiensystems Ende der 50er Jahre waren im Bundestag bis 1983 lediglich die CDU/CSU, SPD und FDP vertreten, so daß den Koalitions-R. jeweils nur eine Partei gegenüberstand, was die idealtypische Konsistenz und Kohärenz der O. förderte. Mit dem Einzug der Grünen 1983 in den Bundestag und der parlamentarischen Vertretung der → PDS seit 1990 entstand die Konstellation eines Parlaments mit fünf Parteien, in dem die O. nicht nur in Wettbewerb zur amtierenden R. trat und tritt, sondern auch die oppositionellen Parteien untereinander in Konkurrenz gegenüber der Öffentlichkeit stehen. Dies führte zur Verstärkung der kompetitiven Elemente parlamentarischer O.; zuvor hatte, besonders in den 60er, aber auch noch in den 70er Jahren, kooperatives O.-Verhalten überwogen. Daß dies aber nach wie vor das insgesamt vorherrschende Muster parlamentarischer O. in der Bundesrepublik ist, wird durch politisch-strukturelle wie politisch-kulturelle Faktoren bedingt.

In der pK der Bundesrepublik steht die Prämie des politischen Erfolgs eher auf dem Nachweis der konstruktiven Kritik der O., also ihrer Fähigkeit, durch kompromißbereite Zusammenarbeit mit der R.-Mehrheit im Parlament die „besseren" Lösungen zu finden. Die spezifische pS der ostdeutschen Bevölkerung und ihre Erfahrungen aus der Phase des politischen Umbruchs 1989/90 dürften diesen Befund verstärken, während die Entwicklungstendenzen in Westdeutschland mit der Zunahme außer- und vorparlamentarischer O.-Bewegungen in den 70er und 80er Jahren eher in die Gegenrichtung wiesen, wachsende politische Konflikthaftigkeit und damit auch ein sich wandelndes O.-Verständnis anzeigten. Die Strukturen und Verfahren des parlamentarischen Bundesstaates stellten aber wieder ihre Qualität als Lernprozeß unter Beweis. Zum einen eröffnet der Bundestag als Arbeitsparlament mit seiner professionellen, auf Effizienz der legislatorischen Aufgabenerledigung gerichteten Binnenorganisation in Fraktionen und Ausschüssen zahlreiche Möglichkeiten auch für die O., gestaltend Einfluß zu nehmen. Die Geschäftsordnung des Bundestages sichert diese Möglichkeiten auch förmlich, indem sie Abgeordneten in Fraktionsmindeststärke (5 % der Mitglieder des Bundestages) eine Vielzahl von Kontroll-, Informations- und Initiativrechten garantiert.

Die parlamentarische Entwicklung der Grünen legt Zeugnis ab von der Einübung zunehmend kooperativer Formen der O. Zweitens erzwingt die Notwendigkeit, für den größten Teil der Gesetzgebung die Zustimmung des Bundesrates zu bekommen, eine kooperativere und kompromißbereitere Haltung der R.(-smehrheit); dies gilt insbesondere zu Zeiten, in denen die R. nicht über die Mehrheit im Bundesrat verfügt, was in über zwanzig der letzten dreißig Jahre der Fall war. Drittens stellt die abstrakte Normenkontrolle der bundesrepublikanischen O. ein weiteres Instrument zur Verfügung, das zwar im Anwendungsfall höchst kompetitiv ist, im Vorfeld aber der R. und ihrer Parlamentsmehrheit Kompromißbereitschaft abverlangt, insofern die Chancen oppositioneller Einflußnahme auf die Gesetzgebung und damit letztlich kooperative O. verstärkt. Ein Drittel der Bundestagsmitglieder - und darüber hat die O. mit Ausnahme der drei Jahre währenden Großen Koalition immer verfügt - kann nämlich das BVerfG anrufen, um die Verfassungsmäßigkeit eines Gesetzes überprüfen zu lassen. Insgesamt läßt sich damit für die Bundesrepublik die Tendenz zur „parlamentarischen Mit-R." (Kewenig) der O. bestätigen, wobei diese aber nicht zu allen Zeiten, auf allen Politikfeldern und für alle Oppositionsfraktionen gleichermaßen ausgeprägt war.

Suzanne S. Schüttemeyer

Literatur:

Dahl, Robert A. (Hrsg.) 1966: Political Oppositions in Western Democracies, New Haven/London.

Euchner, Walter (Hrsg.) 1993: Politische Opposition in Deutschland und im internationalen Vergleich, Göttingen.

Hartwich, Hans-Hermann/Wewer, Göttrik (Hrsg.) 1990-1993: Regieren in der Bundesrepublik Deutschland (Bde. 1-5), Opladen.

Kirchheimer, Otto 1969: Wandlungen der politischen Opposition, in: Kluxen, Kurt (Hrsg.): Parlamentarismus, 2. Aufl., Köln/Berlin, S. 410-424.

Kluxen, Kurt 1956: Das Problem der Opposition, Freiburg/München.

Niclauß, Karlheinz 1988: Kanzlerdemokratie. Bonner Regierungspraxis von Konrad Adenauer bis Helmut Kohl, Stuttgart.

Oberreuter, Heinrich (Hrsg.) 1975: Parlamentarische Opposition. Ein internationaler Vergleich, Hamburg.

Oberreuter, Heinrich 1996: Opposition, in: Nohlen, Dieter (Hrsg.): Wörterbuch Staat und Politik, Bonn, S. 482-487.

Steffani, Winfried 1978: Opposition, in: Sontheimer, Kurt/Röhring, Hans H. (Hrsg.): Handbuch des politischen Systems der Bundesrepublik Deutschland, 2. Aufl., München, S. 427-433.
Steffani, Winfried (Hrsg.) 1991: Regierungsmehrheit und Opposition in den Staaten der EG, Opladen.

Regionale/Lokale politische Kultur

→ *Außenbeziehungen: Selbstbild/Fremdbild, Europa, Föderalismus, Generationen, Identität, Kirchen, Kommunen, Massenmedien, Neue Bundesländer, Politikverflechtung, Politische Sozialisation, Politische Traditionen, Politisches Bewußtsein, Religiosität, Sozialkapital/Soziales Vertrauen, Sozialstruktur, Sprache, Wahlen/Wähler.*

Begriffe/Definitionen:
PK ist ein Gruppenphänomen. *Gruppen* müssen identifizierbar sein, von daher grenzen sie ein und grenzen aus. Gruppe, → Identität und Grenze sind somit zentrale Kategorien der pK. *Grenzen* stellen den Bezugspunkt für Zugehörigkeitsbewußtsein, Wir-Gefühl, *Identität* dar, „definieren" eine konkrete pK. Nur innerhalb gegebener Grenzen wirkt die prägende Macht der jeweiligen Sozialisationsagenturen und Sozialisationsprozesse (→ pS), können Institutionen den Bezugspunkt von pK abgeben und staatliche Vorgaben Anspruch auf Befolgung erheben. Die für pK so wichtigen *Symbole*, die sie sinnenfällig werden läßt, bauen sich innerhalb vorgegebener Grenzen auf, von Fahne und Wappen angefangen, über repräsentative Gebäude und eigene Baustile, Kleidungs- und Eßgewohnheiten bis hin zu → Sprache und Informationsaufnahme. Auch in Zeiten, in denen Grenzen immer leichter passierbar werden und scheinbar ihre Bedeutung verlieren, der Einfluß von → Massenmedien scheinbar ein „globales Dorf" schafft, begrenzen sie nach wie vor den Interaktions- und Kommunikationszusammenhang. Heiraten hinüber und herüber sind auch im Zeitalter des europäischen Einigungsprozesses (→ Europa) selten, von Köln ist es leichter, nach Hamburg zu kommen als nach Amsterdam, und auch wenn Kehl ein Vorort von Straßburg zu sein scheint, ist die Grenze unübersehbar, in nahezu jeder Beziehung. An Grenzen entscheidet sich nach wie vor insbesondere auch, was an Ideen und Informationen durchgelassen wird. Denn die jeweilige pK filtert und formt die über die Grenzen einströmenden Gedanken und Informationen, stellt also ein Wahrnehmungsfilter dar. Man vergleiche nur Art, Umfang und Inhalte von Zeitungen diesseits und jenseits einer Grenze.

Grenzen sind jedoch nichts Konstantes, sondern der *Veränderung* unterworfen, Folge von Kriegen, aber auch von friedlichen Grenzveränderungen. Das Elsaß als ehemaliger Teil des Heiligen Römischen Reiches Deutscher Nation ist längst ein Teil Frankreichs geworden, ohne politisch-kulturell französisch geworden (die

Elsässer sprechen, sich absetzend, von „Innerfrankreich“) oder deutsch geblieben zu sein. Was wir heute Deutschland nennen, ist einerseits Ergebnis der *Bismarckschen Reichsgründung* im 19. Jhdt., andererseits Folge der *deutschen Einigung* nach 1989, die eben auch politisch-kulturell keine Wiedervereinigung war. Die pK der Zeit vor der Reichsgründung Bismarcks wie die aus der Zeit der deutschen Teilung leben fort, festzumachen an den alten Grenzen, die die politische Landkarte nicht mehr zeigt, mental aber nachweisbar sind. Grenzen also können sichtbar sein und unsichtbar, quer durch heutige politisch-verwaltungsmäßige Einheiten verlaufend, durch Länder, Provinzen, ja selbst durch Gemeinden. Grenzen im Sinne von pK sind *Bewußtseinsgrenzen*, die aktuelle wie historische Markierungen repräsentieren können. Denn Geschichte bedeutet immer auch historische Hinterlassenschaften, die sich in sichtbaren Objektivationen wie Siedlungsformen, Baustilen oder Fluraufteilungen, in unsichtbaren wie Religionsgemeinschaften/Konfessionen (→ Religiosität) oder Erbsitten zeigen und mentale Folgen aufweisen, die sich ihrerseits in festen Verhaltensmustern niederschlagen. Deren bekanntestes ist das Wahlverhalten (→ Wahlen/Wähler), für das sich empirische Politikforschung stets besonders interessiert hat.

Selbstverständlich gibt es innerhalb von regionaler pK auch solche Grenzen, die sich nicht territorial festmachen lassen: Grenzen zwischen → *Generationen*, die jeweils sehr unterschiedliche Lebenserfahrungen gemacht haben, wie in Deutschland etwa zwischen den Generationen, die noch Krieg und Hunger erlebt haben, und denen, die in Frieden und Wohlstand hineingeboren worden sind; Grenzen *sozialer* Art (→ Sozialstruktur) oder *konfessionelle* Grenzen, wobei die beiden letztgenannten sich durchaus territorial niederschlagen können, die ersten in der Siedlungsstruktur von Städten, die zweiten großräumiger, regional. Auch in all diesen Fällen sind Grenzen bewußt, dienen der Ein- wie Ausgrenzung, selbst wenn sie dem von außen Kommenden nicht auf Anhieb sichtbar sind. Hier liegen die Probleme für die pKf, die Besonderheiten der jeweiligen konkreten pK zu erkennen und sichtbar zu machen.

Forschungsstrategien:

Das Problem der Forschung liegt in der Selbstverständlichkeit einer pK für die jeweilige Gruppe: Die Besonderheiten sind nicht unbedingt bewußt, ihre Herkunft ist vielfach unbekannt. Von daher ist das Instrument des Fragebogens weitgehend ungeeignet, weil damit nur Momentaufnahmen möglich sind, historische Dimension ausgeblendet und Genese unerklärt bleiben. Warum - beispielsweise - wird in einem Land wie Deutschland der Staat so hoch geachtet, in einem anderen wie in Italien jedoch gering? Rohe kritisiert zurecht, „daß die Surveyforschung den harten Kern einer jeden pK, der aus kaum reflektierten Selbstverständlichkeiten besteht, geradezu systematisch verfehlen muß, weil den Befragten kulturelle Selbstverständlichkeiten gar nicht bewußt oder bestenfalls halbbewußt sind“ (1990: 331). Wer auf die intersubjektive Nachprüfbarkeit der Ergebnisse pocht, übersieht, daß den Kern des Konzepts gerade das Subjektive ausmacht. Von daher hat ein *von außen* kommender, problembewußter Forscher gute Erkenntnischancen, die besten womöglich ein in Unfrieden Weggezogener, der die Besonderheiten aus der Distanz aufarbeiten kann.

Gelernt werden kann methodisch von der *Ethnologie/Anthropologie* (Cole/Wolf 1995) und von der *Geschichtswissenschaft*, wobei im Unterschied zum Historiker der pKForscher *von der Gegenwart her* fragt (François 1991, Glück 1991, Greiffenhagen 1987, Koziol 1987, Wehling 1985, 1995, 1997). Aufgrund von Gegenwartsbefunden werden Hypothesen formuliert, die dann mittels *historischer Tiefenbohrungen* überprüft werden. Dabei geht es insbesondere um historische *Schlüsselerlebnisse*, die nachhaltig die Menschen geprägt haben wie z.B. Katastrophen, Besatzungszeiten (Rheinlande, Pfalz), Grenzerfahrungen (Saar), religiöse Auseinandersetzungen (Pfalz, Augsburg). Hinzu kommen sozioökonomische Bedingungen, die Alltag und Mentalität der Menschen geprägt haben (karge landwirtschaftliche Produktionsbedingungen wie in Altwürttemberg, Weinbau in der Vorderpfalz, Kohle und Stahl im Ruhrgebiet). Das *Quellenarsenal* wird über die üblichen historischen Quellen erweitert durch die Analyse z.B. literarischer Zeugnisse wie Autobiographien und Romane (z.B. für die politisch-kulturell und historisch determinierte Konfliktlage in Bosnien-Herzegowina der Roman von Andric: „Die Brücke über die Drina").

Ergebnisse:
Im einzelnen ließe sich aufzeigen, in welchem Ausmaß die Kenntnis politisch-kultureller Zusammenhänge politische Konstellationen und Entscheidungsabläufe von heute erklären können. Mustergültig hat den Ansatz historischer Tiefenbohrungen für die Erforschung einer lokalen pK Sylvia Greiffenhagen benutzt, um gegenwärtige Konfliktstrukturen und Blockaden bei der Konfliktlösung in der Kommunalpolitik zu erklären: Die protestantische Reichsstadt und die katholische Klosterherrschaft Isny (ko)existierten jahrhundertelang in einer konfliktträchtigen Umklammerungslage, die keine Seite aufzulösen vermochte. Man konnte sich wechselseitig blockieren, den anderen aber nie unterwerfen. Dieser Politikstil hat sich bis heute erhalten und wird - quasi automatisch - auf alle politischen issues angewandt. Das Fortwirken - trotz Zuzug aus dem Umland, durch Heimatvertriebene und im Gefolge von Mobilität - läßt sich lerntheoretisch erklären.

Fleiß, Sparsamkeit und Innovationsfreude bei gleichzeitiger Risikoscheu in Altwürttemberg (d.i. das protestantische ehemalige Herzogtum) lassen sich aus den kümmerlichen natürlichen Existenzbedingungen und den gezielten Disziplinierungsmaßnahmen der Obrigkeit, im Verbund mit der → Kirche, als Antwort darauf über die Jahrhunderte hinweg erklären (Koziol, Wehling). Kirchenkonvente als lokale Sittengerichte (seit 1644) wie auch eine Fülle von obrigkeitlichen Erlassen erwiesen sich als wirksame Disziplinierungsinstrumente. So z.B. der „Übelhäusererlaß" von 1781, wonach jeder, der seine (Land-)Wirtschaft schlecht betrieb, enteignet werden konnte. Wer ihn anzeigte, erhielt ein Drittel des eingezogenen Gutes (bis heute nachwirkende engmaschige soziale Kontrolle und Entsolidarisierungseffekte).

Die Struktur einer politischen Kultur:
Im Sinne eines Fazits läßt sich festhalten: Unterhalb der Ebene einer *nationalen* pK kann es - wie in Deutschland im Gefolge von Kleinstaaterei und sich im Laufe der Geschichte ändernden Grenzen - unterschiedliche *regionale*, ja sogar *lokale* pK geben, die im Detail sehr deutlich von der nationalen pK abweichen können. Der Geltungskreis einer regionalen pK ist somit durch historische Grenzen abgesteckt, die einstmals den Interaktionsrahmen für die Bürger untereinander, den Rahmen der → politischen Beteiligung, vor allem aber für obrigkeitlich-staatliche Einwirkungen abgaben. Frühere Grenzen leben im Bewußtsein fort. Der äußeren, politisch definierten und historisch tradierten Grenze entspricht als Folge davon eine *mentale* Grenze: Die pK eines Landes, einer Region, einer Gemeinde werden begrenzt durch ein entsprechendes Wir-Bewußtsein, das Eigenbilder produziert und Fremdbilder provoziert (→ Außenbeziehungen: Selbstbild/Fremdbild). Weitergegeben werden die Inhalte einer pK durch den *Sozialisationsprozeß* und seine Agenturen. Von den ursprünglichen Anlässen kann durchaus abstrahiert worden sein (von daher Bewußtseinsproblem, → politisches Bewußtsein).

Eine nationale pK kann die jeweiligen regionalen pK entweder *überlagern* oder ein *Amalgat* verschiedener regionaler pK sein. Auf jeden Fall können regionale und lokale pK wesentliche *Modifizierungen* einer nationalen pK im regionalen und lokalen Bereich zur Folge haben. Den Verwerfungen verschiedener pK in Deutschland entsprechen *konzentrische Loyalitäten*, die situativ hervorgekehrt werden: Man kann gleichzeitig Landauer, Pfälzer, Rheinland-Pfälzer, Süddeutscher, „Wessi", Deutscher, zudem auch (West-)Europäer sein. Gegenüber Zuzüglern von außen übt eine gegebene pK, ganz gleich ob lokal, regional oder national, einen erheblichen *Anpassungsdruck* aus, ob explizit gewollt oder nicht. Zu spüren bekamen das die Heimatvertriebenen in Deutschland nach dem Krieg, dann Umzügler im Zuge wachsender Mobilität und heute zudem Aussiedler und Gastarbeiter. Das schließt keinesfalls aus, daß der Zuzug von außen auch die vorfindliche pK modifiziert, wenn nicht gar tiefgreifender verändert. Wenn pK Ergebnis historischer Entwicklungen ist, ist sie auch der Dynamik von Geschichte, der *Veränderbarkeit* unterworfen. Neue pKn können entstehen, bestehende überlagern. Wie Geschichte insgesamt, ist auch das eine Frage der Zeit und der in ihr wirkenden prägenden Faktoren.

Neben der Fülle regionaler und lokaler politisch-kultureller Grenzziehungen in Deutschland lassen sich gegenwärtig zwei *Hauptscheidelinien* ausmachen, eine ältere und eine jüngere: *Nord-Süd* und *Ost-West*. Im ersten Fall treffen wir auf eine im Wesentlichen konfessionelle Scheidelinie. Im zweiten handelt es sich um die Folgen der deutschen Teilung zwischen 1945 und 1989 (→ Neue Bundesländer). Unterschiede in der pK können auch innerhalb eines Landes *politisch virulent* werden. Besonders deutlich ist das in Frankreich, Großbritannien, Italien und Spanien. Solche *regionalistisch* ausgerichteten Bewegungen lassen sich als „Aufstand der Provinz" gegen die Kapitale (im doppelten Wortsinn) interpretieren. Im harmlosen Fall lassen sich solche politsch-kulturellen Gegensätze für prestigebedingte oder sozioökonomische Defensiv- und Umverteilungsmaßnahmen *instrumentalisieren* („Baden-Frage", Status des Ruhrgebiets). Im schlimmsten Falle führen sie zu *Separationsbestrebungen* (Beispiel Korsika), gar zu Desintegration oder zur Auflösung bestehender Staaten, verbunden mit *Bürgerkrieg* (Beispiel Jugoslawien, das letztlich in Religions- bzw. Konfessionsnationen zerfiel: katholisch, orthodox, islamisch). Von daher ist ein kenntnisreicher und sensibler Umgang mit lokalen und regionalen pKn erforderlich.

Hans-Georg Wehling

Literatur:

Cole, John W./Wolf, Eric R. 1995: Die unsichtbare Grenze. Ethnizität und Ökologie in einem Alpental, Wien/Bozen.

François, Etienne 1991: Die unsichtbare Grenze. Protestanten und Katholiken in Augsburg 1648-1806, Sigmaringen.

Gerdes, Dirk (Hrsg.) 1980: Aufstand der Provinz, Frankfurt a.M.

Glück, Horst 1991: Parteien, Wahlen und politische Kultur in einer württembergischen Industrieregion, Esslingen.

Greiffenhagen, Sylvia 1987: Die politische Kultur Isnys im Allgäu, Kehl.

Koziol, Klaus 1987: Badener und Württemberger, Stuttgart.

Rohe, Karl 1990: Politische Kultur und ihre Analyse, in: Historische Zeitschrift 250, S. 321-346.

Sarcinelli, Ulrich/Falter, Jürgen W./Mielke, Gerd/Benzner, Bodo 2000 (Hrsg.): Politische Kultur in Rheinland-Pfalz, Mainz.

Wehling, Hans-Georg (Hrsg.) 1985: Regionale politische Kultur, Stuttgart.

Wehling, Hans-Georg 1995: Oberschwaben. Umrisse einer regionalen politischen Kultur, in: Wehling, Hans-Georg (Hrsg.): Oberschwaben, Stuttgart, S. 11-44.

Wehling, Rosemarie 1997: Pfälzer „hiwwe und driwwe". Zur politischen Kultur der Kurpfalz, in: Schweickert, Alexander (Hrsg.): Kurpfalz, Stuttgart, S. 141-164.

Religiosität

→ *CDU/CSU, DDR, Extremismus, Familie, FDP, Generationen, Identität, Ideologie, Individualisierung, Kirchen, Nation, Neue Bundesländer, Parteiensystem, Politische Sozialisation, Politische Traditionen, Regionale/Lokale politische Kultur, Soziale Gerechtigkeit, Soziale Ungleichheit, Sozialer Wandel/Modernisierung, SPD, Soziale Marktwirtschaft, Soziale Sicherheit, Wahlen/Wähler.*

Entwicklungslinien:
Die religiöse Situation in Deutschland hat sich mit der Wiedervereinigung 1990 und durch die Migration wesentlich verändert. Das Statistische Jahrbuch 1999 weist für das Jahr 1997 rund 27,4 Mio. Mitglieder der evangelischen Kirche aus und ebenfalls rund 27,4 Mio. Katholiken. Die Zahl der Mitglieder jüdischer Gemeinden betrug im Jahre 1998 74.300. Deren Zahl ist den 90er Jahren ständig gewachsen. Über die große Zahl von Moslems in Deutschland (etwa 1,7 Mio., Stand 1987, die Zahl dürfte durch Flüchtlinge aus Bosnien und weitere türkische Zuwanderung erheblich gestiegen sein), deren Moscheen und Koranschulen gibt es keine verläßlichen Informationen. Das, und die Tatsache, daß die amtliche Statistik ihre Daten von den Glaubensgemeinschaften selbst bezieht, deckt auf, in welche Misere die einst berühmte deutsche Konfessionsstatistik durch den Datenschutz geraten ist. Ein großer Teil der modernen Soziologie hat sich an der deutschen Konfessionsstatistik entwickeln können, s. M. Weber, Durkheim, Halbwachs. Repräsentativumfragen weisen ersatzweise die Zahl der Kirchlichen und Unkirchlichen in West- und Ostdeutschland aus. Daraus ergibt sich, daß 87 % der jungen Leute, also zwischen 15 und 30, konfessionell gebunden sind, wenn sie im Westen aufwuchsen. Die ostdeutschen Jugendlichen sind es nur, oder immerhin, zu 21 %. Solche Mitgliedschaft heißt nicht, daß ein aktives Verhältnis zur Kirche, ein motiviertes Verhältnis zur christlichen Überlieferung besteht. Im Jahr 1995 sagten 32 % der Jugendlichen im Westen, die Kirche sei ihnen gleichgültig, sie bedeute ihnen nichts. Dieser Aussage schlossen sich zur gleichen Zeit 67 % der jungen Menschen in Ostdeutschland an. Die Zahl der bekennenden Atheisten liegt in Westdeutschland bei 20 %, im Osten Deutschlands bei 64 %. Da die Atheisten ebenfalls christlicher Herkunft sind, kann man von vier Konfessionen in Deutschland sprechen, Protestanten, Katholiken, kirchlich Unbehauste und bekennende Atheisten.

Die Unkirchlichkeit bzw. der Atheismus Ostdeutschlands ist organisatorisch zwar während des → DDR-Regimes in Erscheinung getreten, hat aber einen längeren historischen Hintergrund. Die Länder östlich von Elbe und Saale wurden spät, vom 10. bis zum 12. Jhdt., christianisiert, während die Christianisierung im Westen und insbesondere südlich des Limes sehr viel früher erfolgte. Die historischen Wurzeln des Christentums reichen im Osten weniger tief als im Süden Deutschlands. Die Zahl der Kirchenbesucher ist klein geworden. Im Westen gehen 8 % jeden oder fast jeden Sonntag zur Kirche, im Osten 2 %. Betrachtet man aber nur die Kirchenmitglieder, so ändert sich das Bild. Die Minderheit der Gemeindemitglieder im Osten wirkt aktiver, das gilt für Protestanten wie für Katholiken. Mit der radikal wirkenden Säkularisierung im Osten sind religiöse Bedürfnisse indessen nicht verschwunden. Der Passageritus der Jugendweihe erfreut sich großer Beliebtheit. 87 % der jüngeren Generation hat die Jugendweihe erlebt, Protestanten und Katholiken kombinieren sie zum Teil mit Konfirmation und Erstkommunion. Ein beträchtlicher Teil der Bevölkerung lebt in einem kirchlichen Kommunikationsfeld. Die Kirche ist in den Druck- und elektronischen Medien präsent, sie hat ihre Präsenz in Kirchentagen und den großen Feiern des Jahres. Kirchenräume und ihre geheimnisvolle Atmosphäre wirken anziehend auf viele Besucher, auch wenn sie nicht am Gottesdienst teilnehmen. Auch sorgen eine religiöse Minimalerziehung und der in den konfessionellen Kulturen begründete Erziehungsstil für eine Präsenz historisch gewachsener religiöser Motive auch dort, wo sie manifest geleugnet werden. Die BRD gehört zu den konfessionell geteilten Ländern, in denen sich, noch einmal überlagert durch Kirchennähe und Kirchenferne, vielfältige Bewußtseinsstrukturen ergeben, die sich auf Lebensstil und Politik auswirken (→ Kirchen).

Protestanten:
Eine Sekundäranalyse von Hunderten von Umfragedaten ergab, daß Unterschiede in den konfessionellen Kulturen der BRD immer noch ausgeprägt vorhanden sind, und zwar in der Hauptsache als unbeabsichtigte Spätwirkungen kirchlicher Theologie. Die Protestanten sind gegen Ende des 19. Jhdts. nicht mehr, wie man im Anschluß an Weber noch hätte erwarten können, die Leute mit der überlegenen, dynamischen Wirtschaftsgesinnung. Das waren sie einmal im 19. Jhdt., und einige Familien zehren davon noch heute. Vielmehr gilt für die Protestanten eine allgemeinere Regel: Protestanten sind die Trendmacher. Haben sie vor einigen → Generationen noch den Erfolg der Wirtschaftskapitäne und technischen Erfinder bewundert, so finden sie jetzt den Hippie viel interessanter. Sie realisieren mit einer etwas widersprüchlichen Kombination von Geschwindigkeit und Überzeugungsstärke die dem Zeitalter angemessenen, besonders modern wirkenden Gedanken- und Lebensformen. Sonst glaubensloser als die Katholiken, sind sie doch mystischer, vermuten z.B., Pflanzen hätten eine Seele. So bedeutet ihnen Naturerlebnis mehr als den Katholiken, eine späte Folge protestantischer Naturmystik. Weltleidenschaft ist das Signum der sonst im religiösen Ritual anscheinend zu nüchtern erzogenen Protestanten.

Das individualistische Konzept der Autonomie, ursprünglich basierend auf der Theorie der unvermittelten Gnade, im Innersten erfahrbar, macht das protestantische Persönlichkeitssystem (→ Demokratische Persönlichkeit, Individualisierung, pS) in prekärer Weise labil. Nach der Zerschlagung der religiösen Institution sind die Protestanten immer auf der Suche nach Evidenz, nach Struktur, nach Überzeugt-sein-können. Die sozialpsychologische Kehrseite des protestantischen Autonomietrainings und der Bedeutung des Wortes ergeben eine formale Überzeugungsfähigkeit, eine Leidenschaft, sich von etwas überzeugen zu lassen, die sich für die geschichtlich jeweils ausgeprägtesten und modern gebenden Inhalte anbietet. Am Wege der unterinstitutionalisierten protestantischen Religiosität (R.) stehen dauernd die Verführungen durch ideologische Ersatzkirchen. Die protestantische Autonomie ist nicht sozial gedacht. Die Meisten werden den protestantischen Autonomieanspruch nicht einlösen können. So werden dann die Autonomieprobleme durch Anlehnung gelöst, möglichst an eine Gruppe, die sich durch eine → Ideologie auszeichnet, die das protestantische Selbstbild, unabhängig und modern zu sein, unauffällig bestätigt. Das Persönlichkeitssystem des Protestanten selbst ist schutzbedürftig. Es hat im Grunde genommen keine Gewißheiten, sondern muß immerzu Gewißheiten suchen. Der Protestant ist, wie Kurt Leese gesagt hat, der ewige Wanderer. Darin liegt ebenso Entwicklungspotential wie Persönlichkeitsgefährdung. Die Protestanten weisen immer noch, auch unter sonst gleichen Verhältnissen, eine höhere Selbstmordrate auf. Unter Belastung kommt es bei Protestanten eher als bei Katholiken zu einer Persönlichkeitsdesorganisation. Während mystische Unstabilität eine gewisse Unberechenbarkeit des Verhaltens mit sich bringt - Weber sprach von dem „anomistischen" Zug der mystischen R. -, entläßt der Verlust der Transzendenz, eine Folge der Rationalisierung des Glaubens, die meisten Protestanten in eine Diesseitsreligion. Der Protestant ist der Typ des modernen vergesellschafteten Menschen. Je stärker die Vergesellschaftung, desto konsequenter werden sich die Protestanten den politischen Richtungen anschließen, die die gesellschaftlichen Verhältnisse mit dem Ziel größerer Gerechtigkeit (→ Soziale Gerechtigkeit) und größerer Selbstverwirklichung für alle gestalten wollen.

Welche Konsequenzen ergeben sich aus diesem Syndrom politisch? Es sind die Protestanten, die in größerem Umfang den politischen Richtungswechsel in der BRD und überhaupt in der neueren deutschen Geschichte ermöglicht haben, im guten wie im katastrophalen Sinn (→ Politische Traditionen, Sozialer Wandel/ Modernisierung). Unter normalen, nicht allzu konfliktreichen Verhältnissen erleichtern Protestanten den politischen Wechsel. Unter extremen Bedingungen aber, die das Persönlichkeitssystem der Protestanten bedrohen, werden sie unter dem Eindruck politischer Offerten, die dem protestantischen Selbstbild Genüge tun, auch gefährliche, freiheitsfeindliche Lösungen ansteuern. Es ist vielleicht charakteristisch, daß die deutschen Terroristen (analysiert wurden 250 Personen, die wegen terroristischen Tätigkeiten verurteilt, unter Anklage gestellt oder gesucht wurden, 1979) überwiegend, zu fast 70 % aus evangelischen Häusern kamen. Auch der nach 1990 wieder auflebende militante Rechtsradikalismus (→ Extremismus) hat seinen kulturellen Boden im säkularisierten, kirchenfernen Protestantismus.

Protestanten sehen sich selber, in größerem Maße als die Katholiken, als nicht festgelegte Wähler (→ Wahlen/Wähler). Darüber hinaus richten sich ihre Struktursehnsüchte und Vollendungsphantasien auf Lebens- und Staatsformen, die für manche in einem liberal-demokratisch verfaßten Staat nicht mehr realisiert werden können. Auch nationale Vollendungsphantasien, wie die Reichsidee, lange insbesondere von den Protestanten geträumt, sind in Ihrer psychologischen Bedeutung noch nicht erloschen. Die wesentlichen Spätfolgen des Protestantismus heute sind weniger in der Wirtschaft zu suchen als in der Politik. Die Hauptdimensionen dieser ungewollten Auswirkungen religiöser Orientierungssysteme liegen in der Wandelbarkeit der politischen Orientierung und in einer Tendenz, jenen Parteien Vertrauen zu schenken, in deren Programm gesellschaftliche Vollendungs- und Erlösungsphantasien hineinprojiziert werden können. In der gegenwärtigen geschichtlichen Epoche der BRD profitiert im Durchschnitt die Sozialdemokratie von der Kultur des Protestantismus (→ SPD). Die Hinwendung der Protestanten zur Sozialdemokratie ist nicht nur eine Folge der schwächeren kirchlichen Bindung, denn auf jedem Niveau des Kirchenbesuchs wählen Protestanten mehr Sozialdemokratie als die Katholiken (Schmidtchen 1979).

Katholiken:
Den Katholiken verdankt die „alte" BRD wesentliche politische Strukturmomente und die Stabilität der Ära Adenauer. Die Katholiken waren die eigentlichen Entdecker der BRD. Sie identifizierten sich früher als die Protestanten mit den Farben Schwarz-Rot-Gold, während die Protestanten immer noch einem verlorenen Reich nachtrauerten. Während im bismarckschen Reich und in der Hitlerzeit die Katholiken den Status einer unterdrückten Minderheit hatten, fühlten sie sich nun frei. Die BRD war in gewisser Weise ihr Staat. Adenauer erwies sich im Duktus seiner Politik als spürbar katholisch. Vorherrschend war die Tendenz, Strukturen zu schaffen, denen Menschen zustimmen konnten. Es war keine Ära der großen Appelle und der großen Worte. Die Sozialpolitik als wesentliche Komponente einer freien Wirtschaftsordnung geht auf die katholischen Soziallehren zurück und auf eine anfängliche Skepsis gegenüber wirtschaftlichem Liberalismus (→ Soziale Marktwirtschaft, Soziale Sicherheit).

Der in der Gesetzgebung zum Ausdruck kommenden Werteordnung konnten die Katholiken zustimmen. Sie fühlten sich durch die Regierungen der Adenauer-Ära in besonderem Maße repräsentiert, betrachteten die BRD als ein Land mit einer guten politischen Ordnung. Dies schlug freilich um, als die sozial-liberale Koalition die Regierungsgeschäfte übernahm. Mit der sozial-liberalen Koalition war der katholische Teil der Bevölkerung der alten BRD vor neue politische Orientierungsprobleme gestellt, nachdem sich das Verhältnis zur Kirche im Zuge der gesellschaftlichen Entwicklung bereits geraume Zeit konfliktreich gestaltet und dann gelockert hatte. In der Folge geriet das politische Verhalten der Katholiken in Bewegung.

Die religiöse Dimension der Parteienkonkurrenz:
Wählerbewegungen sind nicht unabhängig vom Verhalten der Parteien. Die Parteien stehen im Wettbewerb miteinander (→ Parteiensystem). Dieser Wettbewerb vollzieht sich vor den Augen der Wähler sehr wahrscheinlich in nur drei Dimensionen der Parteienkonkurrenz. Die erste und wichtigste ist die innenpolitische. Sie ist die Dimension der Machtverteilung in der Gesellschaft. Es geht hier um die Frage, wie viel Ungleichheit akzeptiert werden kann (→ Soziale Ungleichheit/Lebenslagen), also um die Frage der Legitimitätstheorien für Machtkonzentration. Die zweite Dimension ist die der internationalen Beziehung, und die dritte, gleichsam senkrecht zu dieser Ebene stehende, ist die religiöse (Schmidtchen 1980). Wir definieren die religiöse Dimension als die anthropologische. Wollte man die Endpunkte dieser Dimension bezeichnen, so müßte man sie auf der einen Seite ratio-

nalistisch weltimmanent benennen und am anderen Extrem als transzendent. Es handelt sich um eine anthropologische Dimension, um das Menschenbild, das der Politik zugrunde gelegt werden soll. Die religiöse Dimension der Parteienkonkurrenz beantwortet die Frage, nach welchem Humanitätsmodell eine Gesellschaft gestaltet werden soll. Ob die Gesellschaft ganz aus sich selbst heraus definiert werden soll, also insofern auch absolut ist, oder ob die Gesellschaft durch ein anderes Absolutum zu relativieren ist. Die religiöse Dimension der Parteienkonkurrenz ist, was die Quellen der Gewißheit angeht, die spekulative. Hier geht es um die Frage, an welchen grundsätzlichen Axiomen, an welchen Wahrheiten Politik orientiert werden soll. Diese Wahrheiten werden gesellschaftlich repräsentiert von Anschauungssystemen, die sich auf Texte mit einem absoluten Geltungsanspruch stützen.

Für den Transfer religiöser Motive in die Politik gibt es durch die religiöse Dimension der Parteienkonkurrenz gleichsam eine organisatorische Option, die der Wähler ergreifen kann. Dafür einige Beispiele: Die Tendenz, → SPD oder → FDP zu wählen, geht mit Transzendenzverlust einher. Diejenigen, die unabhängig von ihrem Verhältnis zur Kirche an die Unsterblichkeit glauben, auch wenn dies durch Aberglaube wie Astrologie mitbegründet sein sollte, tendieren zur → CDU/CSU. Diejenigen, die nicht an eine Jenseitstranszendenz zu glauben vermögen, tendieren zur SPD. Auf eine rüde Formel gebracht: Die CDU ist die Partei der Unsterblichen, die SPD die Partei der Sterblichen (Schmidtchen 1973, 1979). Das Bewußtsein totaler Weltimmanenz, das der Gesellschaft naturgemäß einen besonderen Rang zuordnen muß, ist strukturnotwendig einer Partei verbunden, die einem rationalistischen, sozialen Humanismus verpflichtet ist. Im Zusammenhang damit kommt es zu einer politisch-psychologisch bedeutsamen Attributionsverschiebung: Sobald der Gedanke der totalen Determination durch die Gesellschaft gedacht wird, ist sie natürlich verantwortlich für alles Glück und für alles Übel. So gerät gesellschaftliche Gestaltung zu einem heiligen, quasi-religiösen Auftrag. Um handeln zu können, muß man sich legitimiert fühlen. Das Legitimationskonzept, seit M. Weber soziologisch klingend, ist eigentlich ein theologisches; es geht um Rechtfertigung. Der Akteur will vor den eigenen Entscheidungen, gestützt auf eine autoritative Quelle oder einen autoritativen Konsens, bestehen können. Autoritativ und damit legitimierend ist ein Konsens dann, wenn zur Gewißheit wird, daß der gesellschaftliche Verband, die Gemeinschaft der Menschen mit der legitimierenden Regel oder Theorie besser fährt als auf jede andere Weise. So ist es verständlich, daß Gedankengut christlicher Herkunft, sei es in oder außerhalb der Obhut der Kirchen, politische Legitimation zu geben vermag.

Vieles, was Menschen heute gesellschaftlich erstrebenswert erscheint, kann mit christlichen Denktraditionen in Verbindung gebracht werden. Klassisch ist das Beispiel → soziale Gerechtigkeit. Diejenigen, die soziale Gerechtigkeit als einen wichtigen Wert betrachten und als zeitgemäß, die außerdem soziale Gerechtigkeit als christlich legitimieren können, wählen, wenn sie das Gefühl haben, die SPD trete gerade für diese Werte ein, in großem Umfang Sozialdemokratie. Auch bei einer sehr engen Bindung an die Kirche, und sogar wenn es sich um katholische Wähler handelt, finden wir diese Übertragung religiöser Motive. Religiöse Legitimation wird faktisch in einem erheblichen Umfang von der Sozialdemokratie in Anspruch genommen. Der Zulauf zur Sozialdemokratie, gerade aus dem katholischen Wählerbereich, hängt mit solchen Legitimationsvorgängen zusammen, und zwar dann, wenn die Kirche selbst etwas von ihrer Autorität zu legitimieren, verloren hat. In dieser Situation wird im Rückgriff auf christliche Denktraditionen eine Partei interessant, die sich primär nicht als christlich versteht. Die Kirchen lösen solche politischen Bewegungen zum Teil durch einen Delegitimierungsprozeß aus. Es ist bekannt, daß die katholische Kirche Anliegen wie Schwangerschaftsunterbrechung oder hormonale Empfängnisverhütung und den verbreiteten Wunsch nach freierer Gestaltung der sexuellen Beziehungen delegitimiert. Dies wird zum Angelpunkt einer Vertrauenskrise, die religiöse Potentiale in der Politik freisetzt und zu Veränderungen führt. Je stärker die Kritik an der Kirche, desto zahlreicher wenden sich die Wähler der SPD zu. Die vielerorts als rätselhaft betrachteten Schwankungen, die Mitte der 70er Jahre innerhalb der katholischen Wählerschaft einsetzten, finden hier eine Erklärung. Der Transfer religiöser Denkstrukturen und Erlebnisformen in die Politik ist empirisch nachgewiesen. Die Intensität dieses Prozesses ist das Zeichen einer religiösen Entwicklung. Religiöse Entwicklungen entstehen in Institutionalisierungs- und Orientierungskrisen. Zeiten solcher Entwicklung sind immer gefährliche Zeiten. „Religion, das unheimlichste Unternehmen des Menschen" (Heiler 1961). Wenn wir Religion in ihren politischen Auswirkungen nicht analysieren, werden wir ihr möglicherweise eines Tages erliegen.

Ausblick/offene Fragen:
Im religiösen Wandel, der sich um die Wende zum dritten Jahrtausend vollzieht, zeigen sich die Konturen einer allgemeinen Orientierungskrise. Sie wird ausgelöst durch den Fortfall alter Sicherheiten, Gelerntes wird entwertet, Institutionen, denen man vertraut, wandeln sich, Unternehmungen, die Karriere angeboten haben, verschwinden, ideologische Positionen, die bisher in der Biographie eine Rolle gespielt haben, sind nicht mehr akzeptabel oder im hohen Grade disfunktional. Dies alles setzt Skepsis frei gegenüber den Institutionen und ihren Erklärungsmustern. Damit verlieren diese Institutionen auch einen Teil ihrer Macht, ihres symbolischen Einflusses. Die erste Reaktion ist, man glaubt ihnen nicht mehr. An die Stelle der Identifikation tritt etwas anderes, die Suche nach einem authentischen Leben, nach wirklicher Autonomie. Im Übergang von Identifikation zur Autonomie besteht der kulturgeschichtliche Wandel in der Selbstauffassung der Person (→ Identität). Wenn sich das Personsein aber nicht mehr in den beargwöhnten Institutionen vergegenständlichen kann, dann wird das Selbst reflexiv, die Person macht sich selbst zum Thema. Da auch alle Information der Skepsis verfällt, ist das Denken nicht mehr der Ausweis des Personseins. So zieht sich → Identität auf die

letzte Basis zurück, auf die Körperlichkeit. Ernährung und Fitneß, Erotik in Phantasie und Praxis, Sorge um Gesundheit und Krankheit sind Symptome dieser Körperlichkeit. Märkte leben davon und die Diskussionen um das Gesundheitswesen. Aber diese Selbstvergewisserung im Körperlichen gibt keine gute Basis für die Selbstakzeptanz her, also bleibt die Sinnsuche.

In empirischen Untersuchungen zeigte sich, daß hier ein grundlegender Wandel eingetreten ist. Die Jahrgänge vor 1910 sagten, im Alter befragt, der Sinn des Lebens sei einfach: Pflichterfüllung in Beruf und → Familie. Die junge Generation dagegen erklärt zu über 75 %, Lebensgenuß sei der Sinn des Daseins. Eine neue Leidenschaft für die Welt kommt zum Ausdruck, verbreitete Reiselust zeigt, daß man Welt- und Personerfahrung in einem sucht. Die Persönlichkeitsentwicklung wird zum Lebensthema. Die alte protestantisch geprägte Weltleidenschaft verinnerlicht sich zur Leidenschaft des Personseins in der Welt. So lauten die Antworten: ehrlich zu sich selbst sein, das sei wichtig, um sinnvoll leben zu können; eine unabhängige Persönlichkeit werden, ohne Angst und Überheblichkeit; die Persönlichkeit entwickeln, Fähigkeit erwerben und einsetzen. Vor diesen neuen Persönlichkeits- und Autonomieidealen wird der Aufstand der Person gegen die Institutionen, gegen die Verhältnisse verständlich. Dieses Aufbegehren gab es schon einmal, in der Renaissance. Auch hier führte die Orientierungskrise zu einer Stärkung der Person, zur eigentlichen Entdeckung des Individuums. Mit der kopernikanischen Wende zersprangen die aristotelischen Himmelsglocken. Die Glaubwürdigkeit der Kirchenlehre war an ein Ende gekommen. Die Renaissance hat eine völlige Neuorientierung ausgelöst. In der Porträtmalerei jener Zeit sieht man das moderne, europäische Individuum aufsteigen. Heute erleben wir die Situation einer Neorenaissance: Die Person wird auf sich selbst zurückgeworfen, sie muß sich neu entwerfen in eine Welt hinein, die aus sich heraus die Sicherheiten nicht mehr bietet.

Jenseits der beargwöhnten Institutionen öffnet sich das Bewußtsein aber auch den Alternativwelten, wenn es darum geht, das Selbstbewußtsein zu stärken und die Person in eine einzigartige Fassung zu bringen. Der Psychomarkt wird danach abgesucht, wo man ein Krafttraining für die Seele bekommen kann. Diejenigen, die mit alten Aufklärungsargumenten die Kirche ablehnen, befürworten nicht nur die Alternativmedizin, sondern glauben an Seelenwanderung, an Wiedergeburt, an magische Praktiken. Die der Kirche und der mittelalterlichen Justiz Hexenverfolgung vorwerfen, glauben ohne Umschweife daran, daß Geist Materie beeinflussen kann. Sie glauben an Fernheilung, daran daß man anderen Menschen in Gedanken Gutes und Schlechtes zufügen kann - ein verwirrendes Bild. Die religiöse Krise ist zugleich eine ontologische. Die Einheit des Seinsverständnisses zerbricht. Informatik bietet keinen Schutz vor ontologischem Unsinn. Ohne ein aufgeklärtes Verhältnis zum Geheimnis des Religiösen kann die rationale Gesellschaft ihre Rationalität nicht behalten.

Gerhard Schmidtchen

Literatur:

Schmidtchen, Gerhard 1972/73: Zwischen Kirche und Gesellschaft. Forschungsbericht über die Umfragen zur Gemeinsamen Synode der Bistümer in der Bundesrepublik Deutschland, Freiburg.

Schmidtchen, Gerhard 1973: Gottesdienst in einer rationalen Welt. Religionssoziologische Untersuchungen im Bereich der VELKD (Vereinigte Evangelisch-Lutherische Kirche Deutschlands), Stuttgart/Freiburg.

Schmidtchen, Gerhard 1979 (1973): Protestanten und Katholiken. Soziologische Analyse konfessioneller Kultur, Bern.

Schmidtchen, Gerhard 1979: Was den Deutschen heilig ist. Religiöse und politische Strömungen in der Bundesrepublik Deutschland, München.

Schmidtchen, Gerhard 1980: Repräsentiert der Nationalrat die gesellschaftlichen Probleme der Schweiz? in: ZParl 11, S. 366-386.

Schmidtchen, Gerhard 2001: Ist Glaube altmodisch? Zur Orientierungskrise der Informationsgesellschaft, in: Katholische Sozialwissenschaftliche Zentralstelle Mönchengladbach (Hrsg.): Kirche und Gesellschaft Nr. 276, Köln.

Klaus Engelhardt/von Loewenich, Hermann/Steinacker, Peter 1997: Fremde Heimat Kirche. Die 3. EKD-Erhebung über Kirchenmitgliedschaft, Gütersloh.

Pollack, Detlef 1998: Gegen den Strom. Kircheneintritte in Ostdeutschland nach der Wende.

Rauscher, Anton (Hrsg.) 1999: Christliche Soziallehre heute. Probleme, Aufgaben und Perspektiven, Köln.

von Vietinghoff, Eckehard/May, Hans (Hrsg.) 1999: 10 Jahre deutsche Einheit. Beiträge zum innerdeutschen Verhältnis. Hanns Lilje-Forum, Protestantische Beiträge zu Fragen der Zeit, Hannover.

Republikaner/DVU

→ *Arbeitslosigkeit, Bildung, Demokratie, Europa, Extremismus, Frauen/Männer, Fremdenfeindlichkeit, Geschichtsbewußtsein, Gewerkschaften, Grundgesetz, Ideologie, Kirchen, Minderheiten/Randgruppen, Nation, Nationalsozialismus, Neue Bundesländer, Parteiensystem, Politiker/Politische Klasse, Politikverdrossenheit, Rechtsstaat, Sozialstruktur, Soziale Ungleichheit/Lebenslagen, Sprache, Wahlen/Wähler.*

Republikaner:

Die Republikaner (R.) wurden 1983 als nationalkonservative Abspaltung der CSU gegründet, gerieten aber schnell unter den Einfluß des rechtspopulistischen ehemaligen Journalisten Franz Schönhuber. In ihrem Parteiprogramm eng an Formulierungen des → GG ausgerichtet, waren sie in der bis Ende 1994 andauernden Schönhuber-Ära zwar „von ihrer innerparteilichen Struktur her formal demokratisch, aber nicht hinsichtlich der realen Entscheidungsprozesse“ (Pfahl-Traughber 1993: 45). Kennzeichnend war vielmehr der autoritäre Führungsstil Schönhubers.

Dieser steuerte die Partei gegen den Widerstand seiner beiden Mitbegründer, der CSU-Abgeordneten Franz Handlos und Eckhard Voigt, mit Hilfe nationalistischer und, wenn es opportun erschien, auch explizit ausländerfeindlicher Rhetorik auf einen ultrakonservativen Kurs. Begünstigt wurde dieser Kurswechsel, dem noch die eine oder andere programmatische Wendung folgen sollte, durch die Aufnahme pronociert rechtsextremer ehemaliger NPD-Mitglieder, von denen sich Schönhuber später, nach den ersten Wahlerfolgen der Partei, teilweise wieder zu trennen versuchte. Mittlerweile wird die Partei von dem Stuttgarter Arzt und Juristen Rolf Schlierer geführt, der „darauf bedacht (ist), die REP als seriöse rechtskonservative Partei darzustellen" (Verfassungsschutzbericht 1997: 97).

Dies schlägt sich unübersehbar in den Formulierungen des derzeit geltenden Parteiprograms nieder. In durchweg gemäßigter Sprache finden sich dort zwar klar nationalkonservative, aber in Stil und Inhalt größtenteils verfassungskonforme Positionen. Am besten läßt sich das durch die in der Präambel niedergelegten Forderungen belegen, in denen die Rolle der → Nation betont, die europäische Einigung jedoch, wenn auch in Form eines „Europas der Nationen" unter gleichzeitiger Ablehnung des Vertrages von Maastricht bejaht wird (→ Europa). Daneben wird vor Einwanderung gewarnt, wird die Stigmatisierung der deutschen Geschichte beklagt (→ Geschichtsbewußtsein) und betont, daß eine echte Wiedervereinigung die Gebiete östlich von Oder und Neiße mit einbeziehen müsse, wenn auch aufgrund friedlicher und einvernehmlicher Regelungen mit den östlichen Nachbarn. Dies alles erfolgt unter dem Rubrum eines ausdrücklichen „Bekenntnisses zur demokratischen Grundordnung".

Die Frage der Verfassungskonformität einer Partei und ihrer Charakterisierung als demokratisch oder extremistisch ist jedoch nicht allein anhand ihres Programms entscheidbar; vielmehr muß hierzu die tägliche politische Praxis, müssen halb- und inoffizielle Äußerungen von Funktionsträgern und Parteigliederungen mit berücksichtigt werden. Aufgrund der Analyse des Schrifttums der Partei und ihrer Unterorganisationen sowie der Reden von Parteifunktionären sind sich die meisten wissenschaftlichen und außerwissenschaftlichen Beobachter darin einig, daß bedeutende „Teile der Partei teilweise offen ihre Ablehnung wesentlicher Prinzipien der freiheitlichen demokratischen Grundordnung (zeigen)" (Verfassungsschutzbericht 1997: 97). Dies läßt sich durch eine Vielzahl von fremdenfeindlichen, teilweise bis ins Rassistische gehende Äußerungen von Parteisprechern und parteiamtlichen Flugblättern belegen, aber auch durch den von der Partei geförderten Geschichtsrevisionismus, die Ablehnung der „Massenvergangenheitsbewältigung" und der immer wieder beschworenen „Umerziehung" des deutschen Volkes durch die Alliierten sowie die Beschwörung völkisch-kollektivistischer Vorstellungen. Diese gewissermaßen alltägliche, halb- und inoffizielle Agitationspraxis der Partei und ihrer Repräsentanten rechtfertigen die Charakterisierung der R. als zumindest partiell rechtsextrem.

Ihren Schwerpunkt hatte und hat die Partei vor allem in Süddeutschland. Rund 40 % ihrer rund 15.000 Mitglieder (1998) wohnen südlich des Mains. Trotz eines von der Parteispitze propagierten, wenn auch in den Untergliederungen keineswegs immer praktizierten strikten Abgrenzungskurses gegenüber DVU, NPD und anderen rechtsextremen Organisationen gibt es seit 1998 vereinzelte Wahlabsprachen zwischen R. und DVU, nicht gegeneinander zu konkurrieren, um „nationalen Interessen in der deutschen Politik zu einem größeren Einfluß zu verhelfen" (Schlierer, zitiert nach Verfassungsschutzbericht 1998).

Bei Wahlen (→ Wahlen/Wähler) hatten die R. bisher eher geringe Erfolge. Nur dreimal seit ihrer Gründung gelang es ihnen, die Fünfprozentgrenze auf Länderebene zu überwinden, nämlich in Berlin 1989 sowie in Baden-Württemberg 1992 und 1996. Den Einzug in die Landesparlamente von Bayern und Hamburg verfehlten sie 1990 bzw. 1993 nur sehr knapp. Auf Bundesebene scheiterten sie bisher regelmäßig an der Fünfprozenthürde; lediglich bei den Europawahlen von 1989 gelang ihnen mit 7,1 % ein überraschender, bisher einmaliger bundesweiter Wahlerfolg . Die Wählerhochburgen der R. liegen in Bayern, Baden-Württemberg und Teilen Hessens und Niedersachsens. Die → neuen Bundesländer hingegen stellen bisher für sie ausgesprochene Diasporagebiete dar. Hier erwiesen sich andere, weiter rechts als die R. anzusiedelnde Parteien wie die DVU und örtlich auch die NPD als erfolgreicher.

DVU:
Die DVU wurde bereits 1971 als Sammelorganisation der nach der Wahlniederlage der NPD bei den Bundestagswahlen 1969 versprengten und enttäuschten extremen Rechten von dem wohlhabenden Münchener Verleger Gerhard Frey gegründet. Erst ab 1987 trat sie als DVU - Liste D mit dem Anspruch einer politischen Partei bei Wahlen an. Stärker noch als die R. fast zehn Jahre auf Schönhuber ist die DVU bis heute auf ihren Gründer und Hauptmäzen, Gerhard Frey, hin ausgerichtet, ohne dessen Zustimmung nichts in der Partei geht. Und noch stärker als bei den R. ist im Falle der DVU die Diskrepanz zwischen programmatischem Schein und politischer Praxis. Während das sehr knapp gehaltene Parteiprogramm sich streckenweise wie ein Auszug aus dem GG oder die Wahlplattform einer eher gemäßigten national-konservativen Partei liest, ist die in der Wahlkampf- und Parteitagsrhetorik und den Publikationsorganen Gerhard Freys zutage tretende „wahre" → Ideologie der DVU eindeutig rechtsextremistischer Natur.

Die kurze Präambel des DVU-Parteiprogramms bekennt sich „vollinhaltlich und ohne jeden Vorbehalt zur freiheitlich-demokratischen Grundordnung, wie sie im GG für die BRD verfaßt ist". Oberstes Gebot für die DVU sei „die Verwirklichung der vom GG vorgeschriebenen Verfassungsziele". In den inhaltlichen Teilen geht es dann um zunächst so harmlos klingende Ziele wie die „Bewahrung der deutschen Identität", um „Gleichberechtigung für Deutschland", eine „Familien- und kinderfreundliche Politik", die „Schaffung von Arbeitsplätzen", den „Schutz vor Kriminellen", um „Hilfe für den Mittelstand und die deutschen Bauern", um „Umwelt- und Tierschutz" und um mehr „Direkte Demokratie für deutsche Bürger". Dies alles ist in einer eher zurückhaltenden, um Verfassungskonformität bemühten Sprache formuliert. Im einzelnen wird unter den entsprechenden Gliederungspunkten dann allerdings stärker Klartext geredet und etwa eine „Begrenzung des Ausländeranteils" und ein „Stopp des zunehmenden Ausländerstroms" gefordert, wird analog zu den R. die „Abtrennung der deutschen Gebiete östlich von Oder und Neiße" als völkerrechtswidrig gebrandmarkt, wobei durch „friedliches Einvernehmen unter den Völkern eine ... Korrektur dieser Lage" herbeigeführt werden solle. Weiter wendet sich das Parteiprogramm „gegen jede Diskriminierung und Entrechtung der Frontsoldaten und gegen jede Schmähung ihrer Gefallenen". Ungeborenes Leben müsse geschützt werden, da „Hunderttausende von Geburten in der Bundesrepublik zur Erhaltung des deutschen Volkes" fehlten. Das Streben der Partei gelte „der Durchsetzung ... eines gleichen Rechtes für alle Deutschen", so der abschließende Appell des Parteiprogramms. Nur „auf dieser Grundlage und nur als freiheitlicher demokratischer → Rechtsstaat" könne die Bundesrepublik am Frieden und Wohlergehen in der Welt mitwirken.

So gerichtsfest und verfassungskonform sich diese Formulierungen, trotz des unverkennbaren nationalkonservativen Zungenschlags, auch lesen mögen, so wenig spiegeln sie den tatsächlichen Wertehaushalt der DVU wider. Dieser ist vielmehr nach Ansicht des Bundesverfassungsschutzes durch manifeste → Fremdenfeindlichkeit, unterschwelligen Antisemitismus, eine Relativierung des Holocaust und eine gezielte Diskreditierung demokratischer Institutionen und → Politiker gekennzeichnet (Verfassungsschutzbericht 1997; 1998). Während der Bundesverfassungsschutz die DVU ohne weitere Qualifikation dem rechtsextremen Lager zurechnet (Verfassungsschutzbericht 1997), charakterisiert Pfahl-Traughber (1993) den Führer der DVU, Gerhard Frey, als traditionellen Deutsch-Nationalen und die Partei als „zwischen deutsch-nationalen und national-konservativen Orientierungen" schwankend (ebd.: 60).

Mitgliedermäßig ist die DVU seit 1998 die wichtigste parteipolitische Kraft des sog. nationalen Lagers. Der Bundesverfassungsschutz schätzte sie 1998 auf rund 18.000 - allerdings passive - Mitglieder, wobei die mitgliederstärksten Landesverbände in Baden-Württemberg, Hessen, Niedersachsen, Nordrhein-Westfalen und Sachsen-Anhalt zu finden sind (Verfassungsschutzbericht 1998). Im Gegensatz zu den R. der Nach-Schönhuber-Ära jedoch ist die DVU eine straff zentralistisch geführte, von ihrem Vorsitzenden vollkommen dominierte Partei, in der mangels durchgängiger Organisationsstrukturen weder ein innerparteiliches Leben stattfinden noch innerparteiliche Demokratie praktiziert werden kann. Seit 1987 tritt die DVU - zunächst sporadisch und mit wechselndem Erfolg, seit 1990 dann regelmäßiger - bei Wahlen an, wobei ihr schon 1987 auf Anhieb, begünstigt durch eine Eigenart des Bremer Wahlgesetzes, mit 3,4 % der Einzug in das Bremer Landesparlament gelang. Einen ähnlichen Erfolg - Einzug ins Parlament, ohne die Fünfprozenthürde zu überwinden - erreichte sie erneut bei der Bremer Bürgerschaftswahl 1999. Nur viermal gelang es ihr bisher, bei Landtagswahlen die Fünfprozenthürde zu überwinden: 1991 in Bremen, 1993 in Schleswig-Holstein und, besonders spektakulär und überdies erstmals in den neuen Bundesländern, 1998 in Sachsen-Anhalt, wo sie gewissermaßen aus dem Stand auf 12,9 % der Stimmen kam, sowie 1999 in Brandenburg. Bei den Bundestags- und Europawahlen, bei denen sie sich beteiligte, scheiterte sie bisher sehr deutlich an der Fünfprozentmarke.

Erfolgsbedingungen rechter Randparteien in der Bundesrepublik:
Sowohl die R. als auch die DVU unterlagen bis dato bestimmten Wahlkonjunkturen. Nach Anfangserfolgen zwischen 1987 und 1989 erfolgte ein Rückgang, dem ein wiederum von einem Rückgang begleiteter Aufschwung folgte. Vielleicht nicht der einzige, aber doch ein sehr bedeutender Grund für den vorübergehenden Rückgang beider Parteien nach 1989 und dann noch einmal nach 1992 dürfte darin bestehen, daß ihnen damals eines ihrer wichtigsten Themen abhanden gekommen war. Zuerst konnte dies im Zusammenhang mit der deutschen Einheit beobachtet werden, als die anderen in den Augen der Bevölkerung wichtigen politischen Probleme Ende 1989 vom Thema „Einheit" fast völlig verdrängt wurden. Damals sank der Anteil derer, die „Ausländer und Asylanten" als wichtigstes politisches Problem empfanden, zwischen Frühjahr 1989 und Frühjahr 1990 von rund 55 auf unter 10 %. Gleichzeitig stieg die Häufigkeit der Nennung von Themen, die mit der deutschen Einheit zusammenhingen, von gut 20 auf über 80 %. Praktisch im gleichen Rhythmus verloren die beiden Rechtsaußenparteien in der Bevölkerung fast vollständig die Unterstützung. Die Wahlabsicht für sie sank von knapp 8 % im Frühjahr 1989 auf weniger als 0,5 % Mitte 1990. Ab Mitte 1991 stieg die Bedeutung des Themas „Ausländer und Asyl" wieder an, um dann mit einigen Auf- und Abbewegungen nach einem absoluten Höhepunkt in der zweiten Jahreshälfte 1992 etwa ab Mitte 1993, nach der Änderung des Asylparagraphen des GG, ebenso abrupt wieder von der Tagesordnung zu verschwinden. Die Wahlabsichten zugunsten von DVU und R. folgten in geradezu verblüffender Gleichförmigkeit, wenn auch um einige Monate zeitversetzt, dem Verlauf, den das Ausländerthema nahm. Mit der abnehmenden Konjunktur dieses Themas ging auch die Wahlbereitschaft zugunsten der R. und der DVU drastisch auf den heutigen Stand von bundesweit 3-4 % zurück. Verdrängt wurde das Problemfeld „Ausländer und Asyl" durch das in den neuen Bundesländern schon seit längerem alle anderen politischen Probleme dominierende Thema „→ Arbeitslosigkeit", das praktisch ununterbrochen seit Frühjahr 1994 von bis zu 90 % aller Befragten als wichtigstes politisches Problem überhaupt genannt wird (Klein/Falter 1996).

Daß es sich bei der Parallelität des Rückgangs der R.- und DVU-Wahlabsichten und des Ausländerthemas um mehr als einen zufälligen statistischen Zusammenhang handelt, wird deutlich, wenn man sich vergegenwärtigt, daß das Thema „Ausländer und Asyl" das einzige politische Problemfeld überhaupt ist, bei dem der DVU und den R. auch außerhalb ihrer Anhängerschaft in nennenswertem Maße Lösungskompetenz zugeschrieben wird: Immerhin 11 % der Wahlberechtigten glaubten noch im Februar 1994, daß auf diesem Gebiet die R. eine größere Kompetenz besäßen als die anderen Parteien. Unter den Wählern der R. waren sogar knapp 80 % dieser Ansicht. Dagegen besitzen R. wie DVU beim augenblicklich von den Nennungen her wichtigsten Problem, der Arbeitslosigkeit, so gut wie überhaupt keine Lösungskompetenz. Nur 2 % der Bevölkerung halten diese beiden Parteien für kompetenter als die übrigen Parteien, die Arbeitslosigkeit zu bekämpfen, und selbst unter ihren eigenen Wählern weisen ihnen auf diesem Gebiet weniger als die Hälfte eine größere Lösungskompetenz als anderen zu. Felder, auf denen R. und DVU auch außerhalb ihrer Anhängerschaft Kompetenzen zugebilligt werden, sind die Themenbereiche „Ruhe und Ordnung", „die Bürger vor Verbrechen schützen" und „die Jugend vor Drogen schützen" mit jeweils 5-7 % Nennungen in der Gesamtbevölkerung.

Soziale Zusammensetzung und Motive der Wähler rechter Randparteien:
Die Wählerschaft von R. und DVU ist sowohl von der → Sozialstruktur als auch von ihren Motiven her nahezu deckungsgleich, so daß die nachstehenden, den gegenwärtigen Forschungsstand zusammenfassenden Aussagen mit wenigen Ausnahmen für beide zutreffen:

1. Es bestehen deutliche Unterschiede in der Affinität der beiden Geschlechter gegenüber den Rechtsparteien. Frauen wählen weitaus seltener R. und DVU als Männer (→ Frauen/Männer). Von ihren Anhängern her gesehen stellen beide Parteien deshalb in der Tat so etwas wie „Männerparteien" dar (Veen/Lepszy/Mnich 1993).

2. DVU und R. waren vor allem anfangs, zwischen 1989 und 1993, bei Jungwählern überdurchschnittlich erfolgreich; ältere Wahlberechtigte waren innerhalb ihrer Anhängerschaft im Vergleich zu ihrem Anteil an der Gesamtbevölkerung unterrepräsentiert. Dennoch stellten innerhalb der Anhängerschaft beider Parteien Personen über 45, bedingt durch ihr Gewicht in der Bevölkerung, bisher regelmäßig die Mehrheit. In den alten Bundesländern hat sich das Wahlverhalten der Generationen gegenüber R. und DVU inzwischen weitgehend angeglichen. In den neuen Bundesländern blieben dagegen die Erfolge der rechten Gruppierungen bisher weitestgehend auf die jüngere Generation und hier wiederum besonders stark auf die jüngsten (vor allem männlichen) Wahlberechtigtengruppen begrenzt. In Sachsen-Anhalt stimmte im Frühjahr 1998 beispielsweise jeder dritte männliche Wähler unter 30 Jahren für die DVU.

3. Befragte, die dem viel zitierten unteren Drittel der Gesellschaft angehören, denen es finanziell schlechter geht als dem Durchschnitt, die weniger gebildet sind und sich selbst am Fuß der sozialen Schichtungspyramide einordnen, neigen verstärkt zur Wahl rechter Randparteien. Wer seinen Arbeitsplatz als bedroht ansieht, tendiert ebenfalls überdurchschnittlich häufig zu den R. oder der DVU. Je höher

die → Bildung, die berufliche Stellung oder der Sozialstatus, je sicherer der Arbeitsplatz, desto geringer dagegen die Wahrscheinlichkeit einer Rechtswahl.

4. Wo sich beim einzelnen Wähler Kirchen- und Gewerkschaftsbindung überlagern, sind die Rechtsparteien auch im wiedervereinigten Deutschland so gut wie chancenlos. Dabei scheint die Kirchenbindung im Vergleich zur Verbundenheit mit den → Gewerkschaften inzwischen etwas stärker gegenüber den Rechtsparteien zu immunisieren. Dagegen übt die bloße nominelle Mitgliedschaft in der katholischen → Kirche kaum noch einen hemmenden Einfluß aus.

5. Rechtsaußenwähler bezeichnen häufiger als andere das Thema „Ausländer und Asyl" als das in ihren Augen wichtigste Problemfeld der Politik. Personen mit einer kritischen Haltung gegenüber Ausländern und Asylbewerbern tendieren stärker als der Durchschnitt und um ein Vielfaches häufiger als Befragte, die hierzu eine Gegenposition einnehmen, zur Wahl rechter Parteien. Dies gilt insbesondere dann, wenn eine rechtsextreme Partei als in dieser Frage lösungskompetent angesehen wird.

6. Ähnliche Beziehungen gelten für Aussagen nationalistischen, antisemitischen und antidemokratischen Inhalts: Personen, die solchen Aussagen völlig zustimmen, die Hitler ohne Judenvernichtung für einen großen Staatsmann halten und dem → Nationalsozialismus vorbehaltlos auch gute Seiten zubilligen, tendierten sowohl 1994 als auch 1998 weitaus stärker als der Durchschnitt der deutschen Bevölkerung zur Wahl der R. und der DVU.

7. Daneben wird die Wahl beider Parteien durch Politiker- und Parteienverdrossenheit sowie durch das Gefühl, sozial benachteiligt zu sein, beeinflußt (Veen/Lepszy/Mnich 1993; → Politikverdrossenheit, Soziale Ungleichheit).

8. Dennoch sind reine, d.h. nicht zugleich auch rechtsextrem denkende Protestwähler innerhalb der Wählerschaft der R. und der DVU nur eine kleine Minderheit. So sehr es den allgemeinen Erwartungen widerspricht: Es scheint kaum R.- oder DVU-Wähler zu geben, die politisch nicht extrem weit rechts stehen! Umgekehrt reichen rechtsextreme Einstellungen allein im allgemeinen nicht aus, die Wahl dieser Parteien zu erklären. Sie werden regelmäßig nur dann für die R. oder die DVU wahlwirksam, wenn Protestmotive wie Politikverdrossenheit oder das Gefühl sozialer und wirtschaftlicher Benachteiligung hinzutreten. Dies gilt für alle untersuchten Wahlen zwischen 1989 und 1998 (Klein/Falter 1996; Falter 1994, 1999).

9. Daraus folgt, daß keine andere Partei außer vielleicht der NPD, die jedoch mangels Masse und Bekennermut ihrer Anhänger in den Umfragen kaum eine Rolle spielt, einen auch nur annähernd gleich großen Anteil rechtsorientierter Wähler aufweist wie die R. und die DVU. Selbst wenn man einen strengen Maßstab anlegt und konsistentes Antwortverhalten voraussetzt (Falter 1994), wies 1998 jeder siebte Rechtswähler, aber nur jeder hundertste Wähler anderer Parteien ein geschlossenes rechtsextremistisches Weltbild auf. Unter den längerfristigen Anhängern der Rechtsaußenparteien, sozusagen ihrer Kernklientel, war der Prozentsatz von Personen mit einer festgefügten rechtsradikalen Haltung sogar noch höher.

10. Wieviel Prozent der Deutschen bzw. der R.- und DVU-Wähler als rechtsextrem einzustufen sind, hängt auch davon ab, von welchem Punkt an man von einem geschlossenen rechtsextremistischen Weltbild sprechen will. Legt man einen weniger strengen Maßstab, d.h. ein nur teilkonsistentes Antwortmuster (Falter 1994) zugrunde, beträgt der Anteil von Personen mit relativ festgefügter rechtsextremistischer Weltanschauung in Deutschland derzeit rund 7 %. Etwa 40 % der Rechtsaußenwähler gegenüber „nur" knapp 6 % der übrigen Wahlberechtigten wären nach diesem weicheren Maßstab als „rechtsextrem" einzustufen.

11. Daraus ergibt sich: Die Wähler der R. und der DVU sind zwar unzweifelhaft ganz überwiegend *auch* Protestwähler; zugleich aber sind sie in ihrer großen Mehrheit Menschen mit einem relativ geschlossenen rechtsextremistischen Weltbild. Es handelt sich mit anderen Worten bei den Wählern von R. und DVU mit hoher Wahrscheinlichkeit um rechtsextreme Protestwähler.

Ausblick/offene Fragen:
Solange das Problemfeld „Ausländer und Asyl" von der Bevölkerung als zweitrangig angesehen wird und auch keines der mit den Problemen von Kriminalität, Drogen und Ruhe und Ordnung verbundenen Themen an subjektiver Bedeutung für die Wahlberechtigten gewinnt, dürften die rechtsextremen Parteien es auch in Zukunft schwer haben, bei Landtags- und Bundestagswahlen die Fünfprozentmarke zu überspringen. Doch niemand kann garantieren, daß nicht diese oder andere, funktional äquivalente Themen an Bedeutung gewinnen, bei denen die R. und andere rechte Flügelparteien Punkte sammeln können. Im Falle des Ausländer- und Asylthemas haben wir binnen fünf Jahren einen zweimaligen Auf- und Abstieg des Problemfelds erlebt. Daß angesichts der weltweiten Armutswanderung dieses Themenfeld auf Dauer vom Tisch sein sollte, erscheint mehr als unwahrscheinlich. Gefährdungspotentiale wie der latent weiter schwelende Kurdenprotest oder Anschläge islamistischer Grupen könnten zu einer unerwartet schnellen Bedeutungssteigerung des Problemfeldes „Ruhe und Ordnung" und vor allem zu einer Renaissance des Themas „Ausländer und Asyl" führen, beides Themengebiete, auf denen den Rechtsaußenparteien Lösungskompetenzen zugebilligt werden; ihre Wahlchancen würden dadurch auf einen Schlag wieder beträchtlich steigen.

Das Potential für einen Wahlerfolg rechter Randparteien ist in der Bundesrepublik folglich nach wie vor vorhanden. Jeder hundertste Wahlberechtigte verfügt auch Anfang des 21. Jhdt.s über eine festgefügte rechtsextremistische Ideologie, jeder vierzehnte weist ein zwar nicht vollständig geschlossenes, aber doch überwiegend durch rechtsradikale Inhalte geprägtes politisches Weltbild auf. Wenn Politikverdrossenheit und soziale Benachteiligungsgefühle kulminieren wie in Sachsen-Anhalt im Frühjahr 1998, ist die Wahrscheinlichkeit der Stimmabgabe für die R. oder eine andere Rechtspartei relativ hoch. Sollten sich mehr Menschen als bisher gesellschaftlich an den Rand gedrängt fühlen, könnte der während der vergangenen Jahre gesunkene Stimmenanteil rechter Parteien durchaus wieder anwachsen.

Durch eine Verlängerung und eventuelle Verschärfung der gegenwärtigen Wirtschaftskrise, aber auch durch eine andauernde Abkoppelung Ostdeutschlands von der allgemeinen Entwicklung würde dieses Gefühl sozialer Benachteiligung und wirtschaftlichen Zurückbleibens sicherlich entscheidend gefördert werden.

Jürgen W. Falter

Literatur:

Bundesminister des Inneren (Hrsg.) 1998: Verfassungsschutzbericht 1997, Bonn.

Bundesminister des Inneren (Hrsg.) 1999: Verfassungsschutzbericht 1998, Bonn.

Falter, Jürgen W. 1994: Wer wählt rechts? Die Wähler und Anhänger rechtsextremistischer Parteien im vereinigten Deutschland, München.

Jaschke, Hans-Gerd 1993: Die „Republikaner" - Profile einer Rechtsaußen-Partei, 2. Aufl., Bonn.

Klein, Markus/Falter, Jürgen W. 1996: Die dritte Welle rechtsextremer Wahlerfolge in der Bundesrepublik Deutschland, in: Falter, Jürgen W./Jaschke, Hans-Gerd/Winkler, Jürgen R. (Hrsg.): Rechtsextremismus - Ergebnisse und Perspektiven der Forschung, in: PVS, Sonderheft 27, S. 288-312.

Pfahl-Traughber, Armin 1993: Rechtsextremismus - Eine kritische Bestandsaufnahme nach der Wiedervereinigung, Bonn.

Veen, Hans-Joachim/Lepszy, Norbert/Mnich, Peter 1993: The Republikaner-Party in Germany. Right-Wing Menace or Protest Catchall?, Westport.

Responsivität

→ Demokratie, Demoskopie, Eliten, Endogenität/Exogenität, Externe poltitische Effektivität, Ideologie, Massenmedien, Öffentliche Meinung, Parlamentarismus, Politiker/Politische Klasse, Politikverdrossenheit, Politische Inszenierung/Symbolische Politik, Politische Kompetenz, Politische Korruption, Politische Unterstützung, Politisches Vertrauen, Regierung/Regierungsmehrheit/Opposition, Schweigespirale/Öffentliche Meinuung, Verbände, Wahlen/Wähler, Wohlfahrtsstaat.

Begriff/Definition:

Von Responsivität (R.) der politischen → Elite kann gesprochen werden, wenn sich deren Handeln im Einklang mit den Wünschen der Bevölkerung befindet. In modernen Theorien der repräsentativen → Demokratie hat sich R. als Standard zur Beurteilung des Demokratiegehaltes eines politischen Systems etabliert. In den direkt-demokratischen antiken Stadt-Staaten regierte sich der Demos durch unmittelbare Teilhabe an der Politik selbst, die Ekklesia stellte die zentrale politische Institution dar, die Freiheit der Rede in den Versammlungen das zentrale politische Recht. Als demokratischer Standard läßt sich die größtmögliche Übereinstimmung zwischen Regierenden und Regierten ansehen. In demokratischen National-Staaten der Neuzeit hingegen regiert sich der Demos durch von ihm gewählte Repräsentanten. Das Parlament (→ Parlamentarismus) ist die zentrale politische Institution, die Freiheit des Wählens in periodischen Wahlen das zentrale politische Recht. Dementsprechend kann die größtmögliche Steuerung der Regierenden durch die Regierten als demokratischer Standard angesehen werden (Fuchs 1998). An die Stelle des „government *by* the people" tritt „government *for* the people", d.h. Regierung in Übereinstimmung mit den Präferenzen der Regierten (Lijphart 1984).

Theorien/Konzepte/Modelle:
Das Ausmaß an R. bleibt nicht ohne Konsequenzen für die Einstellungen der Bürger zu verschiedenen Aspekten des politischen Lebens und schließlich für die Stabilität des politischen Systems. So führt mangelnde R. zum Entzug → politischer Unterstützung. Zunächst wird den verantwortlichen → Politikern das → politische Vertrauen entzogen. Dies kann sich in → Wahlen unter anderem in der Stimmabgabe für eine Oppositionspartei (→ Regierung/Regierungsmehrheit/Opposition) niederschlagen. Wahlen stellen somit nicht nur ein Instrument zur Auswahl politischen Führungspersonals dar, sie sollen auch ein responsives Verhalten der gewählten Repräsentanten sicherstellen. Ist die Unzufriedenheit mit dem Ausmaß an R. dauerhaft, kann sich dies negativ auf die Einstellungen zur Demokratie und zur politischen Gemeinschaft auswirken. Die Stabilität des politischen Systems gerät dann in Gefahr. Ein großes Maß an R. wirkt hingegen systemstabilisierend. Es fördert das Vertrauen in Politiker, die Zufriedenheit mit der Demokratie sowie das Gefühl, politisch etwas bewirken zu können (→ Externe politische Effektivität, Politische Kompetenz). Dies wiederum versetzt die politische Elite in die Lage, gesamtgesellschaftlich verbindliche Entscheidungen herbeizuführen und durchzusetzen.

Die Forderung, daß sich Politiker gegenüber den Präferenzen der Gesamtbevölkerung responsiv verhalten sollen, ist jedoch nicht unumstritten. Sie ist seit jeher Gegenstand normativer demokratietheoretischer Auseinandersetzungen und eng mit der Diskussion über das Rollenverständnis von Abgeordneten verbunden (→ Politiker/Politische Klasse). Die Kontroverse, die bereits im 18. Jhdt. zwischen Tories und Whigs im britischen Parlament ausgetragen wurde, dreht sich um die Frage, ob Abgeordnete in erster Linie Vertreter der Präferenzen ihrer Wähler sind (*delegates*), oder aber - lediglich ihrem Gewissen verantwortlich - dem „Wohl der Nation" dienen sollen (*trustees*). Während für die ersten R. im Mittelpunkt steht, dominiert politische Führung das Selbstverständnis der letzteren. Sie orientieren sich nicht primär an den Präferenzen der Gesamtbevölkerung, sondern sehen es als ihre Aufgabe an, diese Präferenzen zu prägen. Für Pitkin (1967) sind es diese beiden Komponenten - R. *und* politische Führung -, die *zusammen* politische Repräsentation konstituieren. Auch die amerikanischen Verfassungsgeber versuchten, durch institutionelle Regelungen sicherzustellen, daß beiden Aspekten Rechnung getragen wird: So legten sie für die Mitglieder des Repräsentantenhauses, von denen eine besondere Anbindung an ihre lokale Wählerschaft verlangt wird, eine sehr kurze Wahlperiode fest. Sie dauert nur zwei Jahre und soll gewährleisten, daß sich die Abgeordneten nicht zu weit von ihren Wählern entfernen. Für den Senat, der eher als kontinuitätsstiftendes Organ konzipiert ist, in dem nationale Interessen im Mittelpunkt stehen, wurde hingegen eine Wahlperiode von sechs Jahren festgelegt. Dies soll den Wiederwahldruck von den Senatoren nehmen und ihnen ermöglichen, als *trustee* zu handeln.

Während sich normative Demokratietheorien mit der Frage beschäftigen, ob und in welchem Maße Politiker Forderungen aus der Bevölkerung aufnehmen und umsetzen *sollten*, geht die empirische R.-Forschung den Fragen nach, in welchem Maße und unter welchen Bedingungen sich die Präferenzen der Regierten tatsächlich im Handeln und in den Entscheidungen der gewählten Repräsentanten widerspiegeln. Zur Beantwortung dieser Fragen werden unterschiedliche Forschungsdesigns verwendet. Sie haben ein gemeinsames Merkmal: Sie vergleichen die → öffentliche Meinung zu einer politischen Sachfrage mit dem entsprechenden Handeln einzelner Abgeordneter (Mikro-Ebene) oder den Entscheidungen des Parlaments bzw. der Regierung (Makro-Ebene). Unterschiede bestehen hinsichtlich der Messung der öffentlichen Meinung und des Policy-Outputs.

Messung:
Als Indikatoren für öffentliche Meinung werden sozio-demographische Merkmale des Wahlkreises, Wahlergebnisse, ideologische Präferenzen (→ Ideologie) der Bevölkerung sowie Abstimmungsergebnisse bei Referenden herangezogen. Weil diese Indikatoren mit Problemen behaftet sind, hat sich inzwischen in den - überwiegend US-amerikanischen - R.-Studien die Messung der öffentlichen Meinung mittels der → Demoskopie durchgesetzt. In diesem Kontext wird unter öffentlicher Meinung die Verteilung der in Umfragen ermittelten individuellen Einstellungen zu politischen Sachfragen in einem repräsentativen Querschnitt der Bevölkerung verstanden. Dabei wird den Einstellungen eines jeden einzelnen Bürgers das gleiche Gewicht beigemessen - entsprechend dem auch bei Wahlen geltenden Prinzip „Eine Person, eine Stimme". Dies bedeutet jedoch nicht, daß die unterschiedliche Artikulations- und Durchsetzungsfähigkeit verschiedener Bevölkerungsgruppen oder die Existenz verschiedener Teilöffentlichkeiten verkannt würde. Im Gegenteil: Es ist eine empirisch und theoretisch interessante Frage, wessen Präferenzen letztendlich in den Entscheidungen des Parlaments oder der Regierung Rechnung getragen wird.

Ergebnisse:
Die erste empirische R.-Studie wurde 1963 von Miller und Stokes vorgelegt. Sie untersuchten die Übereinstimmung von Wählereinstellungen in einzelnen Wahlkreisen mit dem Abstimmungsverhalten von amerikanischen Repräsentantenhausmitgliedern aus den entsprechenden Wahlkreisen. Als „zwischengeschaltete", inter-

venierende Variablen betrachteten sie die vom Abgeordneten wahrgenommene Distriktmeinung sowie seine eigenen Einstellungen. Im Themenbereich Bürgerrechte nahmen die Abgeordneten die Distriktmeinung am zutreffendsten wahr und verhielten sich dann auch meist entsprechend dieser wahrgenommenen Wählerpräferenzen. Geringer fiel die Übereinstimmung zwischen öffentlicher Meinung und Policy-Output in der Sozialpolitik aus. Hier spielten die eigenen Einstellungen der Abgeordneten, die unter anderem parteipolitisch geprägt waren, eine größere Rolle. Und in außenpolitischen Fragen orientierten sich die Abgeordneten kaum am eigenen Wahlkreis, sondern sie folgten der Regierung.

Diese Pionierstudie regte zahlreiche Folgestudien an (für einen Überblick vgl. Brettschneider 1995). In ihnen wurden methodische Mängel des ursprünglichen Designs korrigiert. Auch wurden weitere Themenbereiche in die Untersuchungen einbezogen. Das Hauptaugenmerk galt allerdings den Bedingungen, die eine Übereinstimmung zwischen öffentlicher Meinung und Abgeordnetenhandeln begünstigen. Dabei erwiesen sich die Wichtigkeit eines Themas für die Bevölkerung, die Homogenität des Wahlkreises sowie die Nähe des Wahlermins als wichtige Faktoren. Wenn ein Thema von der Bevölkerung als bedeutend angesehen wird, tendieren die Repräsentantenhausmitglieder dazu, deren Präferenzen Rechnung zu tragen. Erlangt ein Thema hingegen kaum öffentliche Aufmerksamkeit, so weichen die Repräsentanten eher von der Distriktmeinung ab. Abgeordnete stimmen auch dann eher mit der Distriktmeinung überein, wenn diese eindeutig ist, d.h. wenn es im eigenen Wahlkreis einen Konsens über die zu bevorzugende politische Position gibt. Und schließlich ist die Übereinstimmung zwischen öffentlicher Meinung und Policy-Output dann am größten, wenn eine Wahl unmittelbar bevorsteht. Das Rollenverständnis der Abgeordneten hatte hingegen kaum einen Einfluß auf den Grad der Übereinstimmung. Dies liegt u.a. daran, daß die meisten Abgeordneten für sich eine Mittelposition zwischen *trustee* und *delegate* beschreiben: den *politico*, der mal als Treuhänder und mal als Delegierter handelt.

Zwei Gesichtspunkte führten zu einem alternativen Untersuchungsdesign, bei dem nicht mehr das Verhalten einzelner Abgeordneter, sondern die Entscheidungen des gesamten Parlaments bzw. der Regierung in den Blick genommen wurden: Erstens wurde argumentiert, daß die Übereinstimmung zwischen einer Distriktmeinung und dem Abstimmungsverhalten des entsprechenden Abgeordneten noch nichts darüber aussagt, ob sich die von der Mehrheit der Wähler in dem Wahlkreis bevorzugte Problemlösung im Gesamtparlament durchsetzen konnte. Für das R.-Gefühl der Wähler sei aber die kollektive Parlamentsentscheidung mindestens so wichtig wie das individuelle Verhalten des Repräsentanten aus dem eigenen Wahlkreis. Zweitens läßt sich das Miller-Stokes-Design nicht sinnvoll vom präsidentiellen auf den parlamentarischen Kontext übertragen. In den USA setzt die erfolgreiche Kandidatur für das Repräsentantenhaus in erster Linie die Unterstützung durch den eigenen Wahlkreis voraus, in parlamentarischen Systemen wird der Zugang zum Abgeordnetenamt fast ausschließlich über Parteien geregelt. In den USA mangelt es den Fraktionen an gravierenden Sanktionsmöglichkeiten gegenüber Abgeordneten, die sich nicht an die Fraktionslinie halten. An die Stelle von Fraktionsdisziplin treten „floating coalitions", die sich je nach Thema neu bilden. Der Stabilität der Regierung ist dies nicht abträglich, weil diese über eine eigenständige Legitimation verfügt und zum Verbleib im Amt nicht auf die Unterstützung des Parlaments angewiesen ist. In parlamentarischen Systemen führt die formale Abhängigkeit der Regierung vom Parlament in der Regel zu einem geschlossenen Auftreten der einzelnen Fraktionen, zu Fraktionsdisziplin. Es macht daher keinen Sinn, unter diesen Voraussetzungen das Verhalten einzelner Abgeordneter zu untersuchen. Ferner wird die Zuordnung eines einzelnen Abgeordneten zu einem Wahlkreis fast unmöglich, wenn es sich um ein politisches System mit Verhältniswahlrecht und Mehrfachwahlkreisen handelt.

Bis zum Beginn der 80er Jahre verglichen die meisten R.-Studien die Mehrheitsmeinung der Bevölkerung zu einem bestimmten Zeitpunkt mit dem Handeln einzelner Abgeordneter bzw. mit den Entscheidungen des Parlaments oder der Regierung zu einem bestimmten Zeitpunkt. Studien dieser Art sind unter einem Gesichtspunkt problematisch: Sie geben zwar Auskunft über das Ausmaß an Übereinstimmung, nicht jedoch darüber, wie sie zustande kommt. Folgen die Politiker der öffentlichen Meinung, oder beeinflussen sie ihrerseits die Bevölkerungspräferenzen? Mit anderen Worten: Ist die Kongruenz zwischen öffentlicher Meinung und Policy-Output das Ergebnis von R. oder von politischer Führung? Um diese Frage beantworten zu können, ersetzten Page und Shapiro (1983) das bis dahin übliche statische durch ein dynamisches Design. Sie verglichen für den Zeitraum von 1935 bis 1979 den *Wandel* der öffentlichen Meinung mit den entsprechenden parlamentarischen Entscheidungen sowie materiellen Politikergebnissen (z.B. Haushaltsausgaben für einzelne Politikfelder) in den USA. In 57 % der Fälle änderte sich der Policy-Output in Übereinstimmung mit dem Meinungswandel. Häufig änderte sich erst die öffentliche Meinung und dann die Politik. Dies war vor allem bei großem und schnellem Meinungswandel der Fall. Aber Politiker und deren Handlungen formten auch die Bevölkerungspräferenzen. Zwischen öffentlicher Meinung und politischen Aktivitäten besteht daher ein Verhältnis wechselseitiger Beeinflussung.

Ein ähnliches Ergebnis konnte für die BRD ermittelt werden (Brettschneider 1995). Zwischen 1949 und 1990 stimmten die parlamentarischen Handlungen in 60 % der Fälle, in denen sich die öffentliche Meinung zu politischen Sachfragen wandelte, mit diesem Meinungswandel überein. Die Mehrheitsmeinung im unmittelbaren zeitlichen Umfeld der parlamentarischen Handlungen erwies sich als noch wichtiger: 70 % der parlamentarischen Handlungen stimmten mit der Mehrheitsmeinung überein. Offenbar orientieren sich Regierungen, Fraktionen und Abgeordnete im Deutschen Bundestag stärker an augenblicklichen Mehrheitsmeinungen als an der Entwicklung der öffentlichen Meinung. Wie in den USA ist auch in der Bundesrepublik die Nähe des Wahltermins responsivitätsfördernd. Unmittelbar nach Wahlen entsprechen sich parlamentarische Handlungen und öffentliche Meinung am wenigsten, in den beiden Jahren vor einer Wahl liegt die R. über dem Durchschnitt. Dies gilt es bei Diskussionen über eine Verlängerung der Legislaturperiode zu bedenken. Ferner konnte nachgewiesen werden, daß Regierungen umso weniger Rücksicht auf die Bevölkerungspräferenzen nehmen, je länger sie im Amt sind.

Trotz des Forschungsdefizits eignen sich die bereits vorliegenden Befunde zur Überprüfung zahlreicher allgemeiner Annahmen über die R. der Politiker. In der Bundesrepublik genießen gleich zwei sich widersprechende Behauptungen Popularität: Die einen behaupten, Politiker würden sich immer mehr von den Präferenzen der Bevölkerung entfernen, sie würden „abheben". Dies führe zu politischer Frustration der Bürger und sei eine Ursache von → Politikverdrossenheit. Die anderen behaupten, Politiker würden immer seltener ihre Führungsaufgabe wahrnehmen. Statt dessen würden sie der öffentlichen Meinung populistisch hinterherlaufen. Die Bundesrepublik, so meint unter anderem Richard von Weizsäcker, habe sich zu einer „Demoskopiedemokratie" entwickelt. Beide Behauptungen sind - gemessen an den empirischen Befunden - falsch. Die R. hat in der Bundesrepublik zwischen 1949 und 1990 weder kontinuierlich zu-, noch kontinuierlich abgenommen. Phasen stärkerer und Phasen schwächerer R. wechselten einander ab, je nach politischer Ausgangslage, verfügbaren Ressourcen und Art des Meinungsklimas.

Ausblick/offene Fragen:
Trotz vermehrter Forschungsanstrengungen in den letzten Jahren sind zahlreiche Fragen noch offen: Beispielsweise mangelt es an international vergleichenden Studien über die R. politischer Systeme, mit denen die Konsequenzen unterschiedlicher institutioneller Arrangements für den Grad der R. ebenso ermittelt werden könnten wie die Konsequenzen von R. für das Vertrauen der Bevölkerung in die politischen Institutionen. Welche institutionellen Regelungen eignen sich dazu, R. zu fördern? Auch wissen wir noch zu wenig über das Wechselspiel von öffentlicher Meinung und dem Handeln von Politikern im Zeitverlauf. Hierbei wäre vor allem die Rolle der → Massenmedien zu untersuchen. Wie versuchen Politiker, mittels Polit-PR und → politischer Inszenierung/symbolischer Politik eine Medienberichterstattung zu generieren, die sich aus ihrer Sicht günstig auf die öffentliche Meinung auswirkt? Welchen Druck übt die Medienberichterstattung auf Politiker aus: Werden zahlreiche Entscheidungen tatsächlich überwiegend unter dem Gesichtspunkt gefällt, wie sie sich öffentlich „verkaufen" lassen? Was passiert, wenn sich öffentliche Meinung und veröffentlichte (Medien-)Meinung widersprechen: An wem orientieren sich Politiker dann? Nicht alle diese Fragen lassen sich mit Hilfe ausschließlich quantitativer Methoden beantworten. Sie sollten daher um qualitative Einzelfallstudien ergänzt werden, die die konkreten Umstände im Vorfeld, während und nach politischen Entscheidungen im Detail berücksichtigen und dabei auf

die Wechselwirkungen zwischen öffentlicher Meinung, Medienberichterstattung, Interessenverbänden (→ Verbände) und dem Handeln von Politikern eingehen.

Frank Brettschneider

Literatur:

Brettschneider, Frank 1995: Öffentliche Meinung und Politik. Eine empirische Studie zur Responsivität des Deutschen Bundestages zwischen 1949 und 1990, Opladen.

Fuchs, Dieter 1998: Kriterien demokratischer Performanz in Liberalen Demokratien, in: Greven, Michael Th. (Hrsg.): Demokratie - eine Kultur des Westens?, Opladen, S. 151-179.

Lijphart, Arend 1984: Democracies. Patterns of Majoritarian and Consensus Government in Twenty-One Countries, New Haven/London.

Miller, Warren E./Stokes, Donald E. 1963: Constituency Influence in Congress, in: American Political Science Review 61, S. 45-56.

Page, Benjamin I./Shapiro, Robert Y. 1983: Effects of Public Opinion on Policy, in: American Political Science Review 77, S. 175-190.

Pitkin, Hanna Fenichel 1967: The Concept of Representation, Berkeley/Los Angeles.

Schweigespirale/Öffentliche Meinung

→ Demoskopie, Eliten, Intellektuelle, Massenmedien, Öffentliche Meinung, Politiker/Politische Klasse, Politische Inszenierung/Symbolische Politik, Politische Sozialisation: Massenmedien, Politisches Bewußtsein, Regierung/Regierungsmehrheit/Opposition, Responsivität, Sprache.

Begriff/Definition öffentliche Meinung:

1965 veröffentlichte der prominente amerikanische Politikwissenschaftler Harwood Childs sein Buch „Public Opinion", dessen zweites Kapitel „The Nature and History of Public Opinion" fast 50 verschiedene Definitionen des Begriffs öffentliche Meinung (öM) aufzählt. Wie war es zu einer so verwirrenden Fülle von Bedeutungen des Begriffs öM gekommen? Seit der Antike wurden öM und die Synonyme dafür im Sinn von *sozialer Kontrolle* gebraucht. Diese soziale Kontrolle bezieht sich auf die Sphäre des alltäglichen Lebens genauso wie auf die politische. ÖM ist ein breiter Konsensus in der Bevölkerung, dem sowohl die Regierung wie auch die einzelnen Glieder einer Gesellschaft folgen müssen. Aristoteles erklärt: Der König, der die Zustimmung des Volkes verliert, ist kein König mehr. So drücken es in wechselnder Formulierung Machiavelli und Erasmus von Rotterdam aus und besonders bündig der englische Sozialphilosoph Hume 1739: „Regierung ist allein auf Meinung gegründet; und dies trifft zu für die despotischsten und militärischsten Regierungen ebenso wie für die freiesten und populärsten". Aber mit dem 18. Jhdt., mit dem Beginn der Aufklärung setzte eine höchst eigentümliche Sinnverschiebung, ein Bedeutungswandel des Begriffs öM, ein. Der jetzt so hoch bewertete Verstand bildete nun auch den Inhalt der öM. Die öM wurde zur Meinung der urteilsfähigen, kritisch raisonnierenden, verantwortungsbewußt der Regierung gegenübertretenden Bürger. Diese Bedeutung von öM setzte sich zunehmend durch, wir finden sie auch heute noch in zahlreichen Definitionen, die von Wilhelm Hennis über Pierre Bourdieu, Michel Foucault und Jürgen Habermas bis hin zu Serge Moscovici gegeben wurden. Indessen war die uralte Bedeutung von öM nicht erloschen, sondern lebte weiter, und so durchdrangen sich zwei ganz verschiedene Bedeutungen, und entsprechend verwirrt waren die Texte, die von öM handelten.

Überprüft man die Karriere des Begriffs öM, seinen Bedeutungswandel seit der Aufklärung, so erkennt man, daß es sich bei diesem neuen Verständnis tatsächlich nicht um „öffentliche Meinung" handelte, sondern um „veröffentlichte Meinung", eine Sache der → Elite, der → Intellektuellen, ihrer Artikulationsfunktion. Man brauchte sich mit einer solchen Diskussion über Bedeutungsverschiebung und Definitionen von öM nicht aufzuhalten, wenn mit der Vorstellung, öM sei gleich veröffentlichte Meinung, und zwar als Ergebnis nüchterner Argumentation und sachgerechten Raisonnements, nicht in mehrfacher Hinsicht ein Verlust von Realitätssinn und eine grobe Verkennung der sozialpsychologischen Kräfte in der Demokratie verbunden wäre. Man kann sich, um sich eine konkrete Vorstellung von der Beschaffenheit der öM zu machen, an einige Erfahrungen der letzten Jahre und Jahrzehnte erinnern, etwa an die Greenpeace-Kampagne zum Plan der Firma Shell, die Bohrinsel Brent Spar im Meer zu versenken, oder, etwas weiter zurückliegend, an die deutsche öM zum Thema Kernenergie oder Gentechnologie oder zur Raketennachrüstung.

Das wichtigste Kennzeichen öM in ihrem uralten, aus der Antike überlieferten und in allen menschlichen Gesellschaften angetroffenen Wesen ist die überwältigende Macht, sowohl gegenüber der → Regierung (→ Politiker/Politische Klasse) als auch gegenüber dem einzelnen Mitglied der Gesellschaft. Diese Macht erhält die öM durch die soziale Natur des Menschen. Sie macht ihn empfindlich für die Unbeliebtheit, Lächerlichkeit, Verachtung, Isolation, die bei einer Handlung oder einer Äußerung gegen die öM drohen. So sichert die öM im Zusammenwirken mit der Isolationsfurcht des Individuums letztendlich die Integration, den Zusammenhalt menschlicher Gesellschaft. Das „öffentlich" im Begriff „öM" wird dabei ausgefüllt durch die alte lateinische Formel „coram publico", in aller Öffentlichkeit, jeder kann es sehen; Öffentlichkeit als Tribunal, von dem jeder beurteilt, auch verurteilt wird. Burke nannte es am Ende des 18. Jhdts. „public eye". Vor diesem Tribunal sucht sich der Mensch laufend zu schützen, das ist der Grund, ein wachsames Bewußtsein für Öffentlichkcit zu entwickeln. Zugleich bildet die Öffentlichkeit einen Raum, in dem der Einzelne zu beobachten versucht, mit welchen Einstellungen und welchem Verhalten er sich „richtig" verhält, akzeptiert, gebilligt wird, mit welcher Art von Benehmen, von Anstand.

Öffentliche Meinung und Schweigespirale:
Wie bildet, wie verändert sich die öM? Um das zu erklären, ist die Figur der „Schweigespirale" (S.) entwickelt worden. Gestützt auf Umfrageforschung läßt sich zeigen, wie sich fast alle Menschen in einer Gesellschaft Meinungen darüber bilden, welche Konventionen man einhalten muß, oder in aktuellen Streitfragen, welche die moralisch gebilligte Position ist, die man öffentlich vertreten kann, ohne sich zu isolieren, ohne sich unbeliebt zu machen, und welche Position die schwächere ist, verurteilt wird. Wenn eine Position von der Mehrheit der tonangebenden Medien (→ Massenmedien, pS: Massenmedien) eingenommen wird und die Bevölkerung von dieser Position zunehmend überzeugt ist, werden die Anhänger dieser Ansicht zunehmend mutiger und äußern sich laut und selbstbewußt in der Öffentlichkeit und stecken damit andere an, sich auch in der Öffentlichkeit zu äußern. Zugleich werden die Anhänger der Gegenmeinung unsicher und furchtsam und verfallen in Schweigen und stecken andere an, ebenfalls vorsichtig in der Öffentlichkeit zu schweigen. Damit erscheint das erste Lager stärker, als es wirklich ist, und das Gegenlager schwächer, als es wirklich ist. Und damit kommt die S. - man kann auch sagen die Redespirale - in Gang und entscheidet, welche Meinung sich im Kampf um öM durchsetzt. Von einer voll ausgebildeten öM kann man im engeren Sinne erst dann sprechen, wenn sich ein Lager so durchgesetzt hat, daß man in der Öffentlichkeit nicht mehr dagegen sprechen kann ohne Gefahr, sich zu isolieren.

Man findet in allen Kulturen starke Mechanismen, Menschen zum Schweigen zu bringen, ein Thema, eine Ansicht zum Tabu zu erklären, oder, positiv gewendet, als politically correct; Mechanismen, die dazu führen, daß man sich nur so und nicht anders äußern kann. Im Raum der politischen Kommunikation gewinnt man mit der Beobachtung von Tabus, Themen oder Vorschriften der political correctness einen wichtigen Anhaltspunkt, wo die ungelösten Probleme einer Gesellschaft liegen; man kann sicher sein, daß unter jedem Tabu und jeder Vorschrift von political correctness vulkanischer Boden liegt, d.h. ein Problem, mit dem die Gesellschaft noch nicht ganz fertig geworden ist, zum Beispiel in Deutschland die Frage der Zuwanderer. An diesem Punkt setzt eine operationelle Definition von öM an: Wertgeladene, insbesondere moralisch aufgeladene Meinungen und Verhaltensweisen (gut gegenüber schlecht, geschmackvoll gegenüber geschmacklos, im Französischen auch klug gegenüber dumm), die man - wo es sich um fest gewordene Übereinstimmung handelt, zum Beispiel Sitte, Dogma - öffentlich zeigen *muß*, wenn man sich nicht isolieren will; oder bei im Wandel begriffenem „flüssigen" Zustand (Tönnies) öffentlich zeigen *kann,* ohne sich zu isolieren.

Elisabeth Noelle-Neumann

Literatur:

Noelle-Neumann, Elisabeth 2001: Die Schweigespirale. Öffentliche Meinung - unsere soziale Haut, 6. Aufl., München.

Soziale Gerechtigkeit

→ *Bildung, Demokratie, Eliten, Endogenität/Exogenität, Familie, Ideologie, Politische Moral, Politische Sozialisation, Politische Sozialisation: Beruf, Rechtskultur, Rechtsstaat, Religiosität, Soziale Sicherheit, Soziale Ungleichheit/Lebenslagen, Sozialstruktur, Wohlfahrtsstaat.*

Begriff/Definition:
Gerechtigkeit (G.) gilt als zentraler moralischer Maßstab des sozialen Lebens (Cohen 1986), weswegen insbesondere die Sozialwissenschaften sich des Themas annehmen. Selbstverständlich erheben auch andere Disziplinen - Philosophie, Theologie und Jurisprudenz - in jeweils langen, Jahrhunderte zurückreichenden Traditionen Anspruch auf die Klärung des Begriffs, aber erst in jüngerer Zeit - ausgelöst durch Rawls' A Theory of Justice (1972) - kommt es zwischen den verschiedenen „G.-Wissenschaften" zu einem interdisziplinären Diskurs (Müller/Wegener 1995). Man unterscheidet üblicherweise zwischen *formaler* G. (vornehmlich bezogen auf das Recht) und *materialer* G. (in Moral und Politik), aber in neueren G.-Theorien wird argumentiert, daß beide Konzepte ineinander übergehen, da rechtliche Zuweisungen von Bestrafungen nicht weniger Fragen der Verteilungs-G. aufwerfen als die auf moralischer oder politischer Stufe. In beiden Fällen geht es 1. um die Zuweisung von knappen Gütern (oder Bürden), 2. um Unparteilichkeit und 3. die Angemessenheit von Verteilungsprinzipien. Der aristotelischen Begrifflichkeit folgend wird auch von *retributiver* im Gegensatz zur sozialen (oder distributiven) G. gesprochen, womit gemeint ist, daß derjenige, der sich vergeht, bestraft werden muß allein wegen der Verwerflichkeit der Tat, nicht weil Bestrafung abschreckend wirkt oder andere vorteilhafte soziale Konsequenzen hat.

Theorien/Konzepte/Modelle:
Die G.-Psychologie kennt noch zusätzliche Modalitäten der G. (Eckhoff 1974): *Equity* oder gerechter Tausch ist die Äquivalenz von Eingabe- und Ausgabe-Verhältnissen der beteiligten Tauschpartner; unter *Verteilungs-G.* versteht man die (einseitige) gerechte Zuteilung von Gütern, Rechten, Pflichten u. ä. an Empfänger unter Berücksichtigung der Zuteilungen, die andere erhalten; bei *Verfahrens-G.* geht es um die gerechte Prozedur bei der Verteilung - was nicht unbedingt Ergebnis-G. implizieren muß; G. als *Gleichheit* (→ Soziale Ungleichheit) kommt in vielen Varianten vor: als Chancengleichheit, als Gleichheit entweder der objektiven oder der subjektiven Ergebnisse (wenn man z.B. Bedürfnisse in Rechnung stellt), als Gleichheit bezogen auf die an einen Rang gebundenen normativen Erwartungen und wiederum als *Equity* in dem allgemeinen Sinn allerdings, daß Gleichheit auf individuelle Leistungen relativiert wird. Leistung tritt in diesem Fall als *Verteilungsprinzip* auf. Es können unterschiedliche Prinzipien, an denen sich Verteilungen als Kriterien orientieren, Anwendung finden oder propagiert werden: Neben Leistung vor

allem Bedürfnis und objektive Gleichheit, aber auch speziellere Kriterien wie Seniorität, sozialer Status, Geschlecht, Abstammung und v.a.m.

Philosophische oder politiktheoretische G.-Theorien stellen in der Regel komplexere Prinzipien auf. Zentral für die Theorie Rawls' z.B. ist das sog. *Differenzprinzip*. Es besagt, daß Ungleichheiten in der Verteilung knapper Güter (Geld, Macht, Bildungschancen usw.) nur gerechtfertigt sind, sofern sie dazu dienen, die Stellung der in der Gesellschaft am meisten Benachteiligten zu verbessern. Diese solidarische Regel ergibt sich aus dem Gedankenexperiment einer kontraktualistischen Urzustandsfiktion (*original position*): Wenn wir uns vorstellen, daß sich rationale und selbstinteressierte Menschen untereinander auf die Gültigkeit einer Verteilungsregel einigen sollen, und zwar ohne Kenntnis ihrer jeweiligen Begabungen und ihres sozialen Rangs (was mit anderen Worten heißt, daß sie unparteiisch sind, weil sie sich hinter einem „Schleier des Nichtwissens" befinden), dann werden sie sich aus rationalem Kalkül für eine Regel einsetzen, die vorschreibt, daß für die Schwächsten der Gesellschaft gesorgt werden soll; es besteht ja die Möglichkeit, daß sie am Ende selbst dieser Gruppe angehören. Rawls stellt in seiner Konzeption der „G. als Fairneß" dem Differenzprinzip zwei weitere Prinzipien an die Seite: Das Prinzip gleicher maximaler Freiheiten und das Prinzip der Chancengleichheit. Das Freiheitsprinzip soll in Konfliktfällen Vorrang vor Chancengleichheit und diese vor dem Differenzprinzip haben. Rawls' G.-Theorie ist also im Kern eine *liberale* politische Theorie, aber eine mit wohlfahrtsstaatlichem Einschlag.

Theorien, in denen gerechte Verteilungen in irgendeiner Weise an Merkmale von Menschen gekoppelt werden, sind soziologisch plausibel, weil sie das Faktum sozialer Ungleichheit nicht per se als ungerecht brandmarken. Aber welche Attribute sollen ausschlaggebend sein? Rawls vertritt den Standpunkt, daß alle menschlichen Attribute das Produkt von Zufall sind und deswegen nicht als Grundlagen für gerechte Belohnungen taugen. Eine bestimmte Begabung, die ich habe, ist nicht mein persönlicher Verdienst, der als solcher Belohnung verdient. Aber wie ließe sich umgekehrt rechtfertigen, daß mir die natürlichen Vorteile und Früchte meiner Begabung vorenthalten werden sollen? Wer natürlichen Anlagen gegenüber keine Einschränkungen tolerieren möchte, muß mit Nozick (1974) zu der Einsicht gelangen, daß angeborene Eigenschaften ebenso wie Besitz in einer freien Gesellschaft Belohnungsberechtigungen (*entitlement*) verleihen, die von staatlichen Instanzen nicht angetastet werden dürfen. Dieser *libertäre* G.-Standpunkt wird von Autoren wie Hayek (1976) noch überboten. Für Hayek ist die Idee sozialer G. inhaltsleer, weil die Gesellschaft kein verantwortlich handelnder Akteur ist, der gerechte oder ungerechte Verteilungen vornehmen kann. In modernen Gesellschaften erfolgt die Zuteilung von Gütern allein nach Marktgesetzmäßigkeiten, deren Effizienz am Ende auch den Armen nützt.

Radikalpositionen wie die von Hayek haben in den letzten Jahren dazu geführt, das Projekt einer einheitlichen Theorie der G. in Frage zu stellen und sich statt dessen auf die Realität lokaler und kommunaler Maßstäbe zu besinnen. *Kommunita-*

risten wie Walzer (1983) halten G.-Prinzipien, die universell gelten sollen, nicht nur für illusionär, sondern auch für politisch gefährlich. Man müsse sphärenspezifischen, „gemeinschaftlichen" G. zur Geltung verhelfen, damit es nicht zur totalitären Dominanz eines einzigen Prinzips kommen könne.

Die meisten G.-Theorien - wie die von Rawls, Nozick, Hayek oder Walzer - sind unverhohlen normativ. Nach den empirischen Möglichkeitsbedingungen der Forderungen, die diese Theorien aufstellen, und dem Verständnis von G., das Menschen tatsächlich haben, fragt die *empirische G.-Forschung*. Vom Gegenstand der Untersuchung her muß man unterscheiden zwischen *Belohnungs-G.* und *Prinzipien-G.* (Wegener 1992). Aufbauend auf der austauschtheoretischen Begründung der Equity-Theorie durch Homans und der Status-Value-Theorie von Berger und Kollegen in den 70er Jahren, wird das Forschungsfeld der Belohnungs-G. heute nach *vier zentralen Fragen* schematisiert (Jasso/Wegener 1997): 1. Was ist in den Augen von Individuen oder Gruppen eine gerechte Belohnung? 2. Wie beeinflussen G.-Vorstellungen tatsächliche Belohnungen? 3. Wie groß ist das Ausmaß empfundener Ungerechtigkeit bei Abweichungen vom gerechten Zustand? Und 4. Welche Folgen für das Verhalten und die Gesellschaft hat erlebte Ungerechtigkeit? Nicht nur wird in der *Theorie der Belohnungs-G.* der Anspruch vertreten, daß die Summe dieser Fragen umfassend ist, es wird auch behauptet, daß die Antworten in Form mathematischer Funktionsgleichungen gegeben werden können. So weiß man inzwischen in der Tat, daß sich die Intensität unseres Ungerechtigkeitsempfindens J ausdrücken läßt als der natürliche Logarithmus des Verhältnisses der tatsächlich erhaltenen Belohnung A zu der als gerecht angesehenen Belohnung C, also $J \} = ln\,(A/C)$.

Während Belohnungs-G. *ergebnisbezogen* ist, hat es Prinzipien-G. mit Präferenzen für Verteilungsregeln und -regime, die der Gesellschaft eine gerechte Ordnung geben sollen, zu tun. Es handelt sich um (*ordnungsbezogene*) G.-*Ideologien* (→ Ideologie), die sich auf den → Wohlfahrtsstaat, Steuern, → Bildung, Einkommen, → Familien und vieles andere mehr richten und deren Erfassung Sache der Einstellungs- und Umfrageforschung ist. Die Ergebnisse dieser Forschungen sind äußerst heterogen und kontextabhängig. Gut bestätigt ist, daß wir in unterschiedlichen Situationen unterschiedliche G.-Ideologien bevorzugen. Hochschild (1981) hat mit Interviews in den Vereinigten Staaten nachgewiesen, daß wir in der Sozialisationssphäre (→ pS) und im politischen Bereich eher Prinzipien gelten lassen, die auf Gleichheit aufbauen, während in der ökonomischen Sphäre Prinzipien mit differenzierenden Resultaten bevorzugt werden. Dabei ist die kognitive Konsistenz der Prinzipien eher die Ausnahme; egalitäre und nicht-egalitäre Überzeugungen können in ein und derselben Person existieren und bei Bedarf zum Tragen kommen (*split-consciousness*). Außerdem haben G.-Ideologien unterschiedliche Dauer und Stabilität, je nachdem wie tief ihre Verankerung in einer Kultur oder religiösen Doktrin ist (Wegener 1992). Man unterscheidet *primäre* G.-Ideologien, die ein gemeinsames Sozialisationsprodukt sind und als Bestandteil der normativen Kultur von allen Mitgliedern einer Gesellschaft anerkannt werden, von *sekundären* Ideologien, die sich aus den rationalen Eigeninteressen einzelner sozialer Gruppierungen ergeben - seien es Klassen, Berufs- und Statusgruppen oder ständische Formationen. Während sekundäre G.-Ideologien sich mit den Partialinteressen von Gruppen ändern können, haben primäre den Charakter langfristiger Legitimationsnormen.

Bernd Wegener

Literatur:

Cohen, Ronald L. (Hrsg.) 1986: Justice. Views from the Social Sciences, New York.
Hayek, Friedrich A. 1976: Law, Legislation and Liberty. The Mirage of Social Justice (Bd. 2), London.
Hochschild, Jennifer L. 1981: What's Fair? American Beliefs About Distributive Justice, Cambridge, MA.
Jasso, Guillermina/Wegener, Bernd 1997: Methods for Empirical Justice Analysis: Part I. Framework, Models, and Quantities, in: Social Justice Research 10, S. 393-430.
Krause, Gerhard 1984: Gerechtigkeit, in: Theologische Realenzyklopädie (Bd. 12), Berlin/New York, S. 404-48.
Müller, Hans-Peter/Wegener, Bernd (Hrsg.) 1995: Soziale Ungleichheit und soziale Gerechtigkeit, Opladen.
Nozick, Robert 1974: Anarchy, State, and Utopia, Oxford.
Rawls, John 1971: A Theory of Justice, Cambridge.
Walzer, Michael 1983: Spheres of Justice. A Defense of Pluralism and Equality, New York.
Wegener, Bernd 1992: Gerechtigkeitsforschung und Legitimationsnormen, in: Zeitschrift für Soziologie 21, S. 269-83.

Soziale Marktwirtschaft

→ *Arbeit, Arbeitslosigkeit, CDU/CSU, FDP, Geschichtliche Phasen der BRD, Globalisierung, Neue Bundesländer, Politische Sozialisation: Beruf, Politische Steuerung, Religosität, SPD, Soziale Sicherheit, Soziale Ungleichheit/Lebenslagen, Transformation/Transition, Wohlfahrtsstaat.*

Begriff/Definition:

Soziale Marktwirtschaft (SM) ist ein gesellschafts- und wirtschaftspolitisches Leitbild mit dem Ziel, „auf der Basis der Wettbewerbswirtschaft die freie Initiative mit einem gerade durch die wirtschaftliche Leistung gesicherten sozialen Fortschritt zu verbinden"(Müller-Armack 1976: 245). Vom Leitbild ist die reale Wirtschafts- und Sozialordnung zu unterscheiden, die auch in den Jahren, in denen das Leitbild zur Richtschnur der Regierungspolitik erhoben wurde - so 1949-1966 und wieder 1982 bis 1998 - den Prinzipien des Leitbildes nur annähernd entsprach (→ Geschichtliche Phasen der BRD). Auch für die reale Wirtschafts- und Sozialordnung wurde allerdings der Begriff SM üblich, anfangs vor allem bei Anhängern der Unionsparteien und der → FDP, später nahezu allgemein.

Entstehung und Prinzipien des Leitbildes:
Seit dem Ausbruch der Weltwirtschaftskrise 1929 forderten einige deutsche Ökonomen und Juristen Korrekturen am bisherigen kapitalistischen Wirtschaftssystem. Sie verstanden sich als „neoliberal", weil sie sich vom alten „Laissez-faire-Liberalismus" abgrenzen wollten. Am Prinzip der Selbstregelung der Wirtschaft durch den Marktpreismechanismus und am Privateigentum an Produktionsmitteln hielten sie fest; eine zentral geplante Wirtschaft nach sozialistischem Vorbild oder auch die nationalsozialistische Befehlswirtschaft lehnten sie als ineffizient und freiheitsbedrohend ab. Im Gegensatz zum „alten" Liberalismus hielten sie eine sich selbst überlassene Marktwirtschaft für instabil, weil Anbieter und Nachfrager nach monopolistischen Stellungen strebten und dadurch den Wettbewerb gefährdeten. Bedeutendster Ökonom unter den Neoliberalen war Eucken, auf den die Freiburger „ordoliberale" Schule zurückgeht. Das werbewirksame Adjektiv „sozial" im Begriff SM wurde 1946 von Müller-Armack vorgeschlagen. Zu den „Gründervätern" der SM zählen außerdem Rüstow, Röpke, Böhm, Erhard u. a.

Die Neoliberalen verlangten, der Staat müsse stark genug sein, um eine die Funktionsfähigkeit der Marktwirtschaft sichernde Rechtsordnung auch gegen Sonderinteressen durchsetzen zu können. Die → (politische) Steuerung des Wirtschaftsprozesses hingegen überfordere auch einen starken Staat; die Koordinierung der Milliarden von wirtschaftlichen Einzelentscheidungen gelinge am besten durch marktwirtschaftliche Selbstregelung, immer vorausgesetzt, daß der Ordnungsrahmen der Marktwirtschaft stimme. Zu den Prinzipien dieses durch „Ordnungspolitik" geschaffenen Rahmens gehörten u.a. das Verbot von Kartellen und marktbeherrschenden Unternehmen, die Öffnung der Märkte für die Konkurrenz, die Vertragsfreiheit, die Sicherung der Währungsstabilität durch eine unabhängige Zentralbank, die Konstanz der Wirtschaftspolitik. Eucken forderte außerdem das Verursacherprinzip zum Schutz der Umwelt.

Alle „Gründerväter" stimmten darin überein, daß Marktwirtschaft an sich sozial sei, weil sie die Produktion nach den Wünschen der Verbraucher steuere, das Sozialprodukt gemäß der wirtschaftlichen Leistung des Einzelnen verteile, die Produktivität steigere und dadurch höhere Reallöhne sowie verbesserte Sozialleistungen ermögliche (→ Soziale Sicherheit, Wohlfahrtsstaat). Dem Wachstum gaben sie Vorrang vor der Umverteilung, weil ohne Wachstum keine dauerhafte Verbesserung der Lebenshaltung der breiten Schichten möglich sei. Eucken und auch Erhard wünschten eine soziale Mindestsicherung. Über diese hinaus sollte der Bürger Eigenvorsorge treffen. Müller-Armack ging weiter und forderte einen „Einkommensausgleich zur Beseitigung ungesunder Einkommens- und Besitzverhältnisse" (→ Soziale Ungleichheit/Lebenslagen). Er betonte aber wie alle anderen auch, daß sozialpolitische Eingriffe „marktkonform" sein müßten; sie dürften den

Preismechanismus nicht stören und den Wettbewerb nicht lähmen. Auch müsse beachtet werden, daß zu viel Umverteilung leistungs- und wachstumshemmend wirke, weil die Abgaben für die Belasteten zu hoch, die Hilfen für die Begünstigten zu großzügig würden. Zu wenig Umverteilung allerdings gefährde die Zustimmung zur Marktwirtschaft.

Alle „Gründerväter" befürworteten Mitwirkungsrechte der Arbeitnehmer, wie sie das Betriebsverfassungsgesetz von 1952 vorsah. Die paritätische Mitbestimmung, wie sie 1951 in der Montanindustrie eingeführt wurde, lehnten sie jedoch ab, weil sie die Führungsfähigkeit und Verantwortung der Unternehmer nicht beeinträchtigt sehen wollten. Die „Gründerväter" verstanden das Leitbild der SM nicht als starres Dogma. Die Prinzipien sollten pragmatisch angewendet und neuen Problemlagen angepaßt werden. So verlangte Müller-Armack 1960 eine „zweite Phase" der SM: Mehr Ausgaben für Bildung, Gesundheit, für Umweltschutz und Vermögensbildung in Arbeitnehmerhand.

Realität und Erfolg der Sozialen Marktwirtschaft in der Zeit des „Wirtschaftswunders":
Die Durchsetzung der wichtigsten Prinzipien des Leitbildes war vor allem Ludwig Erhard zu verdanken, der als Direktor für Wirtschaft im Zweizonen-Wirtschaftsrat im Juni 1948 gegen Bedenken der Militärregierung einen großen Teil der Bewirtschaftungsvorschriften und Preisbindungen zeitgleich mit der Währungsreform aufhob. Die Produktion stieg kräftig. Für die anfangs sehr bescheidenen Löhne gab es zum ersten Male seit der Vorkiegszeit wieder etwas zu kaufen, und die neue Währung erwies sich nach einer kurzen Phase des Einpendelns von Marktpreisen als stabil. → CDU und CSU sowie die Liberalen (→ FDP) bekannten sich zu Erhards SM und gewannen die Bundestagswahlen 1949. Die → SPD wollte an Wirtschaftsplanung festhalten, strebte einen demokratischen Sozialismus an, konnte aber die Mehrheit der Wähler nicht überzeugen.

Auch als Bundeswirtschaftsminister 1949-63 suchte Erhard seine Politik an den Prinzipien der SM zu orientieren. Eingriffe in den Wirtschaftsprozeß blieben die Ausnahme. Der Wettbewerb war intensiv, vor allem, weil der Inlandsmarkt der Konkurrenz des Auslandes geöffnet wurde. Der Bundeshaushalt war ausgeglichen, zeitweise wurden sogar Überschüsse erzielt. Wichtige Wirtschaftszweige, so Landwirtschaft, Wohnungswesen, Verkehr blieben allerdings staatlich reguliert, vor Wettbewerb weitgehend geschützt und hoch subventioniert. Zeitlich begrenzte Subventionen, etwa zur Förderung des Wohnungsbaus angesichts der Kriegsschäden oder Anpassungshilfen für die Landwirtschaft schienen vereinbar mit der SM. Dauersubventionen zur Erhaltung nicht wettbewerbsfähiger Unternehmen lehnte Erhard ab, ohne sie immer verhindern zu können. In der Sozialpolitik erwies sich die Idee, dem Bürger lediglich eine staatliche Mindestsicherung zu gewähren und darüber hinaus auf seine Eigenverantwortung zu setzen, als nicht mehrheitsfähig. Mit der Einführung der dynamischen Rente (1957) begann der Weg in den Daseinsvorsorgestaat, den die Wähler wünschten, den Erhard aber nicht für finanzierbar hielt und der seinem Freiheitsverständnis widersprach.

Die 50er Jahre standen im Zeichen wirtschaftlicher Erfolge. Das Bruttosozialprodukt wuchs um fast 8 % im Jahresdurchschnitt. Die → Arbeitslosigkeit, anfangs mit über 10 % hoch, sank trotz starker Zuwanderung von Flüchtlingen stetig; 1958 war Vollbeschäftigung erreicht. Die Preise blieben stabil, abgesehen von einem Inflationsstoß während des Korea-Krieges. Ab 1951 gab es hohe Außenhandelsüberschüsse. In dem Jahrzehnt nach Gründung der Bundesrepublik stiegen die realen Bruttoeinkommen der Arbeitnehmer um fast 80 %. Im „Godesberger Programm" 1959 stellte sich die SPD grundsätzlich auf den Boden der nun entstandenen, überwiegend marktwirtschaftlichen Ordnung, wenn sie auch das Leitbild der SM nicht übernahm. Der rasche wirtschaftliche Aufstieg der Bundesrepublik wurde allerdings nicht nur durch zweckmäßige Politik gefördert. Zu günstigen „Nachfragebedingungen" trug bei, daß die Verbraucher extrem hohen Nachholbedarf an Konsumgütern aller Art hatten. Zu günstigen „Angebotsbedingungen" trugen die Zuwanderung qualifizierter, leistungswilliger Arbeitskräfte und die Schwäche der → Gewerkschaften bei. Die Löhne stiegen zwar kräftig, aber die Lohnzuwachsraten blieben unter der Zunahme der Arbeitsproduktivität, sodaß die Lohnstückkosten sanken. Die Kombination von günstigen Nachfrage- und Angebotsbedingungen war somit teilweise nicht politikabhängig. Die Bürger schrieben das „Wirtschaftswunder" der SM zu. „Wohlstand für alle", Erhards berühmte Zielsetzung, schien in absehbarer Zeit erreichbar.

Von der „Globalsteuerung" zur „angebotsorientierten Politik":
1961 war die Zeit des „Wirtschaftswunders" vorbei. Die Wachstumsraten waren in den 60er Jahren mit durchschnittlich 4 % p.a. nur noch halb so hoch wie in den 50er Jahren. Zudem drohten Preissteigerungen: Löhne und Sozialleistungen begannen schneller zu steigen als die Wirtschaftsleistung; hinzu kam die „importierte" Inflation, die bei festen Wechselkursen kaum abgewehrt werden konnte. In Politik und Wissenschaft setzte sich die von Keynes begründete Theorie der systematischen Konjunktursteuerung („Globalsteuerung") durch. Erhard, Bundeskanzler seit 1963, stürzte 1966, als eine Rezession zu Haushaltsdefiziten führte. Karl Schiller (SPD), Wirtschaftsminister in der 1966 gebildeten Großen Koalition, verstand die „Globalsteuerung" als „Synthese zwischen dem Freiburger Imperativ des Wettbewerbs und der Keynesianischen Botschaft der Steuerung der effektiven Gesamtnachfrage". Das neoliberale Prinzip, der Staat solle sich auf Ordnungspolitik beschränken, galt nun als veraltet.

Die „Globalsteuerung" scheiterte in der Wachstumskrise, die 1973 einsetzte. Trotz aller Konjunkturprogramme und hoher staatlicher Defizite gab es anhaltende Arbeitslosigkeit, und dies noch dazu bei hoher Inflation. Die herrschende Meinung der Volkswirtschaftslehre wandte sich nun der „angebotsorientierten Politik" zu. Die Wachstumskrise beruhe nicht auf einer Nachfrageschwäche, sondern habe strukturelle Gründe: Zu hohe Belastung der Unternehmen mit Steuern und Sozialbeiträgen, zu hohe Löhne und Lohnnebenkosten, zu hohe Staatsausgaben und daher zu hohe Zinsen, zu geringer Wettbewerb vor allem in den staatlich regulierten, meist hochsubventionierten Bereichen. Vorrangig sei es, die Unternehmen einerseits zu entlasten, andererseits einem intensiven Wettbewerb auszusetzen, um ihre Fähigkeit und Bereitschaft zur Innovation zu fördern. Wenn die Unternehmen investierten und neue, attraktive Produkte anböten, entstünden neue Arbeitsplätze und zusätzliche Nachfrage. Die sozialliberale Koalition zerbrach 1982 auch daran, daß die FDP eine „angebotsorientierte" Politik verlangte, während große Teile der SPD eine vorrangige Entlastung der Unternehmen nicht mittragen wollten.

Rückkehr zur Sozialen Marktwirtschaft?
Die CDU/CSU/FDP-Koalition bekannte sich wieder zum Leitbild der SM, dessen Prinzipien zur „angebotsorientierten Politik" paßten. Staatsausgaben und Sozialleistungen wurden gekürzt. Der Bundeshaushalt konnte saniert werden, obwohl die Unternehmen steuerlich entlastet wurden und später auch die Lohn- und Einkommensteuer gesenkt wurde. Die Inflation ging deutlich zurück, 1986/87 gab es sogar zum ersten Mal seit den 50er Jahren Preisstabilität. Die Leistungsbilanzüberschüsse erreichten Rekordhöhen. Die meisten Ökonomen waren dennoch nicht zufrieden: Subventionskürzungen und Deregulierungen hatte es aber nur in Ansätzen gegeben; Maßnahmen zur dauerhaften Senkung der Lohnnebenkosten waren unterblieben. Die Zahl der Erwerbstätigen stieg 1982-1990 um 1,8 Mio. Die Bundesregierung schrieb diesen Erfolg der von ihr bewirkten Verbesserung der Angebotsbedingungen zu. Hinzu kam aber auch, daß die internationale Konjunktur 1988 bis 1990 ihren Höhepunkt erreichte. Die kräftige Zunahme der Zahl der Arbeitsplätze reichte aber nur aus, um die Arbeitslosigkeit wieder auf den Stand von 1982 (7,6 %) zu senken; Zuwanderung und zunehmende Erwerbsbeteiligung der Frauen hatten den Zuwachs an Arbeitsplätzen wieder ausgeglichen. Die Bundesrepublik ging somit 1990 in die deutsche Einheit mit einer Wirtschaft, die international wettbewerbsfähig schien und seit 1988 sogar kräftig gewachsen war. Der Erfolg ließ viele vergessen, daß die alten Schwächen - zu hohe Lohnnebenkosten, zu hohe Subventionen, beschäftigungshemmende Regulierungen - nicht beseitigt waren.

Soziale Marktwirtschaft und Aufbau Ost:
Die Währungs-, Wirtschafts- und Sozialunion, die am 1.7.1990 in Kraft trat, setzte die ostdeutschen Betriebe dem Wettbewerb des Weltmarktes aus, vor dem sie sich nicht durch eine eigene schwache Währung schützen konnten. Nur durch hohe Finanzhilfen konnte der Zusammenbruch der meisten ostdeutschen Betriebe verhindert werden. Diese Hilfen leistete zunächst vor allem die Treuhandanstalt, der die ehemals „volkseigenen" Betriebe übertragen worden waren. Sie hatte die Aufgabe, die Betriebe zu privatisieren. Wenn das nicht schnell gelang, sollte sie die

Betriebe sanieren oder, falls dies aussichtslos erschien, stillegen. Ihre Aufgaben hatte sie Ende 1994 im Wesentlichen erfüllt.

Der Vorrang der Privatisierung entsprach den Prinzipien der SM. Auch die Notwendigkeit hoher staatlicher Übergangshilfen an Betriebe, die überlebensfähig schienen, war unbestritten. Umstritten war hingegen die „Erneuerung industrieller Kerne": Durch Bereitstellung von hohen öffentlichen Mitteln wurde versucht, Unternehmen zu erhalten, die für die Wirtschaftsstruktur einer ganzen Region wichtig schienen, so die „Kerne" von Zeiss Jena, von EKO-Stahl, der Werften an der Ostseeküste. Hier stand das Ziel, die Deindustrialisierung zu vermeiden, gegen die Sorge, es würden Dauersubventionsempfänger entstehen. Unlösbare Probleme entstanden durch das Streben der Ostdeutschen nach schneller Angleichung ihrer Einkommen an das Westniveau (→ Neue Bundesländer). Politisch und auch sozial war die „Aufholjagd" bei den Löhnen unabweisbar. Ökonomisch verstärkte sie die Arbeitslosigkeit, weil die Arbeitsproduktivität, 1990 etwa ein Viertel des Westniveaus, zwar zunahm, aber längst nicht so schnell wie die Löhne stieg. 1995 hatte Arbeitsproduktivität die Hälfte, die Löhne hingegen hatten bereits drei Viertel des Westniveaus erreicht. Einer generellen Subventionierung der Löhne standen die extrem hohen Kosten entgegen. Die Regierung blieb daher bei ihrem Konzept, die Ausstattung der Betriebe mit Sachkapital durch Finanzhilfen und Steuervergünstigungen zu fördern. 1998 hatten Sachkapitalausstattung und Arbeitsproduktivität je etwa 60 % erreicht, während die Bruttolöhne über 80 % des Westniveaus betrugen.

In den neuen Bundesländern klaffte auch acht Jahre nach der Wiedervereinigung noch eine beträchtliche Lücke zwischen der Wertschöpfung und den Ausgaben für Güter und Dienste. Sie wurde durch öffentliche Transferzahlungen überbrückt. Sie betrugen im Jahresdurchschnitt netto weit über 100 Mrd. DM, im ganzen 1990-1998 über 1.000 Mrd DM. Hinzu kamen 250 Mrd. DM Schulden der Treuhandanstalt. Über die Hälfte der gesamten Hilfen wurde für soziale Aufgaben, der Rest für den Ausbau der Infrastruktur und für Unternehmensförderung ausgegeben. Ihrer sozialen Verpflichtung ist die SM beim Aufbau Ostdeutschlands somit nachgekommen. Zu fragen ist allerdings, ob der Aufbau einer wettbewerbsfähigen Wirtschaft nicht noch schneller vorangekommen wäre, wenn weniger für soziale Zwecke, also für den Konsum, für Investitionen hingegen mehr verwendet worden wäre. Konsensfähig wäre der Vorrang von Wachstum vor Umverteilung allerdings kaum gewesen.

Auch in den 90er Jahren gelangen nur Ansätze zur Überwindung des Reformstaus, der umso gefährlicher wurde, je leichter es den Unternehmen fiel, in einer „globalisierten" Wirtschaft Teile der Produktion in kostengünstigere Standorte zu verlagern (→ Globalisierung). Die von der CDU/CSU/FDP-Koalition geplante Steuersenkung wurde von der SPD-Mehrheit im Bundesrat als unsozial verworfen. Allein schon die Diskussion über die aus demografischen Gründen unausweichliche Reform der Rentenversicherung sowie Kürzungen von Sozialleistungen trugen zur Wahlniederlage der Regierung Kohl 1998 bei. Die Regierung Schröder stieß bei ihren eigenen Reformversuchen auf erhebliche Widerstände. 1999 fehlte es den Deutschen nach wie vor an Verständnis dafür, daß sich das deutsche Wirtschafts- und Sozialsystem in einem Teufelskreis befand: Das bisherige Ausmaß an Sozialleistungen und sozialer Sicherheit war nur bei hohem Wachstum und entsprechend hoher Beschäftigung finanzierbar, behinderte aber inzwischen Wachstum und Beschäftigung selbst.

Dieter Grosser

Literatur:

Eucken, Walter 1975: Grundsätze der Wirtschaftspolitik, Tübingen.
Grosser, Dieter 1998: Das Wagnis der Währungs-, Wirtschafts- und Sozialunion, Stuttgart.
Lampert, Heinz 1992: Die Wirtschafts- und Sozialordnung der Bundesrepublik Deutschland, München.
Müller-Armack, Alfred 1976: Wirtschaftsordnung und Wirtschaftspolitik, Bern.
Nicholls, Anthony James 1994: Freedom with Responsibility. The Social Market Economy in Germany 1918-1963, Oxford.
Schlecht, Otto 1990: Grundlagen und Perspektiven der Sozialen Marktwirtschaft, Tübingen.

Soziale Sicherheit

→ *Arbeit, Arbeitslosigkeit, Armut, Bildung, CDU/CSU, DDR, Demokratie, Endogenität/Exogenität, Europa, Familie, Frauen/Männer, Geschichtliche Phasen der BRD, Gewerkschaften, Globalisierung, Grundgesetz, Individualisierung, Kirchen, Konfliktlinien, Lebenszufriedenheit/Lebensqualität, Milieus/Lebensstile, PDS, Politische Beteiligung, Politische Moral, Politische Sozialisation, Politische Sozialisation: Beruf/Ost-/Westdeutschland, Soziale Schicht, Politische Steuerung, Politische Traditionen, Politische Unterstützung, Politisches Bewußtsein, Politisches Interesse, Rechtsstaat, Regierung/Regierungsmehrheit/Opposition, Religiosität, SPD, Soziale Gerechtigkeit, Soziale Marktwirtschaft, Soziale Ungleichheit/Lebenslagen, Sozialkapital/Soziales Vertrauen, Sozialstruktur, Transition/Transformation, Verbände, Vereine, Verfassungsgerichtsbarkeit, Wertewandel, Wohlfahrtsstaat.*

Begriff/Definition:

Soziale Sicherheit (sS) bezeichnet den Schutz von Individuen und Gruppen durch Sozialpolitik vor wirtschaftlichem und sozialem Statusverlust in der Folge von Krankheit, Behinderung, Alter, → Arbeitslosigkeit und anderen persönlichen oder kollektiven Risiken. Der Begriff ist stark normativ, weil jede konkrete Definition von Sicherheit oder Statusverlust von den jeweils zugrundeliegenden politischen Ordnungsvorstellungen, Ideologien und der pK der Verwender geprägt ist. Nur wenige andere Politikfelder werden gegenwärtig in den westlichen Demokratien so kontrovers diskutiert wie die Sozialpolitik. Vor allem die Frage, ob sS und Sozialpolitik notwendig kompensatorisch und emanzipatorisch angelegt seien (also neben dem Schutz vor Risiken immer auch die Verbesserung der Lebenssituationen von schwachen Gesellschaftsmitgliedern und/oder eine Demokratisierung der ganzen Gesellschaft anstreben müßten), ist umstritten. Ein Grund für die hohe Interpretierbarkeit des Begriffs besonders in Deutschland liegt in der sog. Offenen Sozialstaatsbestimmung des → GG, d.h. in der Tatsache, daß das GG auf eine konkrete Auslegung des Sozialstaatsgebotes in Art. 20 und 28 verzichtet.

Geschichte:
SS wie auch Sozialpolitik gelten zu recht als spezifisch deutsche Politikfelder, die durch die deutsche Politiktradition des Sozialstaats (→ Politische Traditionen) geprägt wurden. Funktionen, Institutionen, Formen und Inhalte von sS und Sozialpolitik in Deutschland sind bis heute eng mit den politisch-sozialen Bedingungen zur Entstehungszeit des deutschen Sozialstaats unter Bismarck verknüpft. Zum einen spiegeln sie die spezifischen Aufgabenstellungen von sS und Sozialpolitik im Kaiserreich wider (Lösung der sozialen Frage des 19. Jhdts., Orientierung an Forderungen der damaligen Fabrikarbeiterschaft), zum anderen die damals geltenden obrigkeitsstaatlichen Vorstellungen von Politik in Form staatlich-hoheitlicher Intervention bei gleichzeitiger Fürsorge (Arbeitsschutzbestimmungen, Pflichtversicherungen), ergänzt durch subsidiäre, auch verbandliche Akteure und Hilfen (→ Arbeit, Gewerkschaften, Verbände). Der weitere Ausbau des deutschen Sozialstaats während der Weimarer Demokratie unter sozialdemokratischem und sozialliberalem Vorzeichen setzte die Tradition (sozial-)staatlicher Fürsorge- und Interventionspolitik fort. Dabei blieben die aus dem Kaiserreich stammenden autoritären Züge des deutschen Sozialstaats zum Großteil erhalten. Hinzu kam in Weimar eine noch stärkere Gewichtung von verbandlichen Akteuren und Aufgabenfeldern als zuvor (Betriebsrätegesetz, Tarifrecht). Korporatistische Elemente der Sozialpolitik verschwanden im Nationalsozialismus, andere wesentliche Grundzüge deutscher Sozialstaatlichkeit überdauerten auch diese Phase der deutschen Geschichte.

Nach dem Zweiten Weltkrieg standen einander in Westdeutschland ein konservatives („notmindernd/sozial ausgleichend") und ein sozialdemokratisches („kompensatorisch") sS-Modell in etwa gleicher politischer Stärke gegenüber. Ein drittes Modell, das die Sozialpolitik als Motor zur Demokratisierung der Gesellschaft ansieht („demokratie-identisch", keine Demokratie ohne vollausgebauten Sozialstaat und Demokratisierung auch des Wirtschaftssystems), war nie mehrheitsfähig. Die Verfassungsgeber entschieden sich in dieser Lage für die verfassungsrechtliche Festschreibung eines Sozialstaatsgebots (Sozialstaat als Staatsziel), angesichts der kontroversen Vorstellungen über die konkrete Ausformung des Sozialstaats aber bewußt für eine möglichst offene Formulierung. Die inhaltliche Ausfüllung der sS und der Sozialpolitik sollte der jeweiligen politischen Mehrheit überlassen bleiben. Konservativ-liberale Regierungsmehrheiten sorgten in der Folge für eine weitgehend unveränderte Übernahme älterer deutscher Sozialstaatstraditionen auch in die neue Bundesrepublik Deutschland. Zu den Marksteinen des unter konservativ-liberalem Vorzeichen neu geschaffenen sozialen Sicherungssystems in der Bundesrepublik zählen v.a. die bedeutende Rolle des Subsidiaritätsprinzips und der Verbände (deren Gewicht gegenwärtig besonders in der Gesundheitspolitik sichtbar wird). Die sozialliberale Koalition baute in den 70er Jahren das bestehende System der sS im Blick auf bis dahin noch eher benachteiligte Bevölkerungsgruppen (Bafög) und traditionelle sozialdemokratische Politikziele (Mitbestimmung) weiter aus. Zu einem grundlegenden Wandel des Systems kam es aber nicht. Ein solcher Systemwechsel war auch von der → SPD nicht angestrebt worden (→ Geschichtliche Phasen der BRD).

Seit der Neubegründung des deutschen Systems der sS 1949 war stets auch von seiner Reformbedürftigkeit die Rede; das Thema „Krise" und „Reform" ist dem System seither immanent (Alber 1986). Dabei ging es zunächst eher um inhaltliche Aspekte einer Reform (neue Zielgruppen, neue Leistungen), im Lauf der Jahrzehnte dann zunehmend um die Frage der Bezahlbarkeit des bestehenden Systems. Eine grundsätzliche theoretische Diskussion, die für die Praxis weitgehend folgenlos blieb, löste in den 80er Jahren der → CDU-Politiker Heiner Geißler mit dem Argument aus, eine Neue Armut verlange die Verabschiedung von sozialstaatlichen Prinzipien, die noch immer auf der „Lösung der sozialen Frage" des 19. Jhdts., d.h. dem Konflikt zwischen Kapital und Arbeit beruhten: zugunsten einer Sozialpolitik, die neue, nicht organisierte Zielgruppen wie alte oder behinderte Menschen in den Mittelpunkt rücke, die im (sozial-)politischen Verteilungskampf stets den kürzeren zögen. Große und grundlegende Reformwerke, insbesondere in der Rentenpolitik, wurden in der Regel im Konsens der großen Parteien CDU/CSU und SPD umgesetzt: eine Tatsache, die zur Legitimation und Stabilität des Systems der sS viel beitrug. Zu einer Abweichung von dieser Regel kam es erst Ende der 90er Jahre, als zuerst die konservativliberale, dann die rotgrüne Regierungsmehrheit eigene Vorstellungen gegen die Opposition durchsetzen wollte und teilweise auch durchgesetzt hat. Allen bisherigen Reformen ist gemeinsam, daß es sich um jeweils additiv angelegte Einzelvorhaben handelt, nicht um ein in sich geschlossenes Gesamtwerk.

Grundsätze:
Das west- (und heute gesamt-)deutsche System der sS beruht auf drei Säulen: dem Versicherungsprinzip, dem Versorgungsprinzip und dem Fürsorgeprinzip. Der größte Teil sozialstaatlicher Leistungen unterliegt dem *Versicherungsprinzip* (v.a. Rente, Krankheit, Arbeitslosigkeit). Die Höhe der ausgezahlten Leistungen orientiert sich weitgehend an den Beiträgen, die im Rahmen einer Erwerbsarbeit eingezahlt wurden; ausschlaggebend hierfür sind die Dauer der Einzahlungszeit sowie die Höhe des Einkommens. Entscheidend für die Versicherungsleistung ist also die eigene, individuelle (Ver-)Sicherungskraft (Äquivalenzprinzip); daneben greifen über andere Grundsätze aber auch Umverteilungseffekte (Solidarprinzip: Starke bezahlen für Schwache, Gesunde für Kranke, Nichtbehinderte für Behinderte etc.).

Arbeitnehmer sind in der Regel versicherungspflichtig, ihre Beiträge werden zur Hälfte vom Arbeitgeber übernommen (ein Grund für vergleichsweise hohe Lohnnebenkosten in Deutschland, wie Kritiker des deutschen Systems anmerken). Leistungen nach dem *Versorgungsprinzip* stehen Angehörigen bestimmter Berufs- (Beamte) oder sonstiger sozialstaatlicher Zielgruppen (z.B. → Familien) zu und sind unabhängig von Eigenleistungen. Ein kleiner aber stetig wachsender Teil sozialstaatlicher Leistungen (z.B. die Sozialhilfe) verdankt sich dem *Fürsorgeprinzip*, aufgrund dessen Menschen in besonderen Notlagen unterstützt werden sollen, die durch andere, regelhafte Sicherungsmaßnahmen ungenügend erfaßt und geschützt sind. Das Fürsorgeprinzip soll nur in Einzel- und Ausnahmefällen als letzte Hilfemaßnahme zur Anwendung kommen; als regelhafte Unterstützungsform (wie es zunehmend der heutigen Praxis entspricht) war es nicht konzipiert. In der → DDR wurde seit den 50er Jahren ein sozialistischer → Wohlfahrtsstaat aufgebaut, der hohe sS ohne demokratische Bürgerrechte garantierte. Dieses System setzte in noch weit stärkerem Ausmaß als das westdeutsche die autoritäre Sozialstaatstradition Deutschlands fort.

Akteure des deutschen Systems der sS sind v.a. staatliche Behörden auf Bundes-, Landes- und kommunaler Ebene, daneben große, z.T. behördenähnliche Institutionen und Organisationen, die im staatlichen Auftrag agieren (wie z.B. → Kirchen und Wohlfahrtsverbände) sowie zahlreiche kleinere freie Träger, deren Arbeit zum überwiegenden Teil durch staatliche Finanzierung gestützt wird. Professionelle und ehrenamtliche Akteure kooperieren unter weitgehender staatlicher Aufsicht und Förderung (statt des Begriffs „ehrenamtliche Akteure" erscheint in Deutschland eher die Bezeichnung „semiprofessionelle Akteure" geeignet: Internationale Vergleichsstudien zum Thema Ehrenamt zeigen, daß in der deutschen Staatskultur weniger Menschen ein Ehrenamt ausüben als in Gesellschaftskulturen, daß diese wenigen aber ungleich mehr Stunden in ihr Amt investieren, als andernorts üblich; wirkliche Laien sind deshalb im klassischen deutschen Ehrenamt kaum zu finden; vgl. Studie der Bosch-Stiftung 1996). Auch die Soziale Arbeit mit ihren Aufgabenfeldern Jugendhilfe, Altenhilfe, Behindertenhilfe etc. ist in Deutschland, im Unterschied zu angelsächsischen Gesellschaftskulturen, ein fester Bestandteil des Systems der sS, fest verankert in der Sozialstaatstradition und finanziert in erster Linie durch staatliche Träger. Die deutsche *Staatskultur* ist somit auch und vor allem eine *Sozialstaatskultur*. Die deutsche Sozialverwaltung ist, entsprechend der wohlfahrtsstaatlichen Tradition, im Vergleich zu den anderen europäischen Nationen, v.a. aber zu den USA, außerordentlich groß.

Neben den professionellen und semiprofessionellen Akteuren spielen im Zeichen von Demokratisierung (→ Demokratie), → Individualisierung und → Wertewandel auch bürgerschaftliche Initiativen (Selbsthilfeinitiativen, Nachbarschaftsnetzwerke) gleichwohl eine bedeutende Rolle. Dem beschriebenen „alten" Ehrenamt tritt zunehmend ein „neues" ehrenamtliches Engagement gegenüber, das sich am angelsächsischen Volunteering orientiert und durch kürzerfristige, flexiblere und individuellere Engagementformen gekennzeichnet ist (→ Sozialkapital, Vereine). Wie diese neuen Formen „sozialstaatlicher" Aktivitäten sich auf das Gesamtsystem der sS in Deutschland auswirken werden, ist gegenwärtig noch nicht zu erkennen. Sicher scheint nur, daß Hoffnungen auf eine drastische Senkung sozialstaatlicher Kosten sich wohl nicht erfüllen werden: Solche Engagements erfordern ihrerseits staatliche Mittel: in Form von → politischer Steuerung, Koordinierung und Evaluation solcher Aktionsformen sowie von fachlicher Qualifikation und professioneller Anleitung der verschiedenen Akteure.

Probleme:
Seit das System der sS 1949 neu geschaffen wurde, gibt es, wie gesagt, die Rede von seiner Krise. Heute steht der Sozialstaat allerdings ungleich mehr unter Druck als jemals zuvor. Kritik kommt aus allen politischen Lagern, und sie kommt, mehr als zuvor, aus der Gesellschaft heraus. Ihre Inhalte weisen in vielerlei Richtung; nur die wichtigsten Kritikpunkte seien genannt:

- das System der sS und der Sozialpolitik habe weder → soziale Ungleichheit noch sogar wirkliche → Armut verhindert, auch das Bildungssystem (→ Bildung) habe im Aufgabenfeld Chancengleichheit versagt;
- das System sei mit schweren Konstruktionsfehlern behaftet. Als Fehler werden v.a. genannt: 1. die weitgehende *Ausrichtung des Sicherungssystems auf die Erwerbsarbeit*: eine Struktur, die in der modernen Gesellschaft mit ihren flexiblen Berufsbiographien immer kleinere Bevölkerungsteile angemessen und bestimmte Bevölkerungsgruppen gar nicht erfasse, außerdem aufgrund des demographischen Faktors über kurz oder lang ohnehin scheitern müsse; das bestehende System bewirke eine Spaltung der Gesellschaft in Menschen mit und ohne Arbeit und in der Folge in Bürger mit und ohne ausreichende soziale Absicherung; 2. ein *unzureichender Familienlastenausgleich*, der mit daran schuld sei, daß Familien mit Kindern ein hohes Armutsrisiko tragen. Beide Konstruktionsfehler sorgten dafür, daß die Sicherungsnetze immer durchlässiger würden und immer größere Bevölkerungskreise regelhaft von der Sozialhilfe leben, mit den bekannten Folgen für die Belastung der Sozialhilfekassen. Jüngste Reformwerke setzten die existierenden Fehler fort, statt sie zu beheben (z.B. Pflegeversicherung);
- das System sei für Betroffene, zunehmend aber auch für Experten, undurchschaubar, weil einzelne Aufgabenfelder und Leistungen unzureichend aufeinander abgestimmt würden (z.B. Nachrangigkeit der Sozialhilfe);
- das System sei aufgrund seines Behörden-Charakters teuer und dabei ineffizient;
- das System werde aufgrund der hohen Lohnnebenkosten zunehmend zum Standortrisiko für die Wirtschaft;
- das System bevormunde seine Bürger und weise damit zurück in die autoritäre Geschichte des deutschen Sozialstaats. Einer demokratischen Bundesrepublik

Deutschland entspreche es nicht mehr; es schränke individuelle Freiheiten ein, belohne Bequemlichkeit und zerstöre demokratisches → Sozialkapital;
- das System lasse in seiner Fokussierung auf klassische Arbeitsfelder neue Themen und Aufgaben außer acht (z.B. das Thema einer „Stadtentwicklung des sozialen Ausgleichs“).

So zahlreich und vielgestaltig wie die Probleme, so unterschiedlich sind die Reformüberlegungen und Umbaumodelle. Die Offene Sozialstaatsbestimmung der deutschen Verfassung macht es möglich, daß im Grunde das gesamte System der sS umgestellt werden kann. Keines seiner Prinzipien kann Verfassungsrang beanspruchen, im Unterschied zu anderen Grundentscheidungen des GG. Allerdings hat das BVerfG in mehreren Urteilen Kernbestimmungen deutscher Sozialstaatlichkeit definiert, die nicht berührt werden dürfen (→ Verfassungsgerichtsbarkeit). Gleichwohl stellt die gegenwärtige Diskussion um die Zukunft des deutschen Systems der sS einige dieser Kernbestimmungen inzwischen offen zur Disposition.

Von kleinen Veränderungen einzelner Teilelemente bis hin zum Totalumbau des Systems der sS reichen die Vorschläge für eine Reform. Wenige, allerdings definitionsmächtige Kritiker fordern einen weitgehenden Abbau bzw. Rückbau sozialstaatlicher Aktivitäten auf Mindestleistungen nach amerikanischem Vorbild, dabei vor allem einen Rückzug des Staates zugunsten weitgehender Eigenverantwortlichkeit der Bürger (neoliberale Kräfte in konservativen und liberalen Parteien, Unternehmerverbände, Banken); größer ist der Kreis derjenigen Kritiker, die einen behutsamen Umbau in Richtung einer (steuerfinanzierten) Grundsicherung vorschlagen (Konservative, Grüne, Teile der Sozialdemokratie); am ehesten mehrheitsfähig erscheinen auf längere Sicht solche Modelle, die Doppelstrategien in Form eines Einbaus von Grundsicherungselementen in alle Teilelemente bei gleichzeitiger Beibehaltung des traditionellen Systems favorisieren und Kürzungen nur bei der Intensität, nicht auch bei der Extensität (→ Wohlfahrtstaat) sozialstaatlicher Leistungen vornehmen wollen (Befürworter in nahezu allen politischen Lagern sowie insbesondere in wissenschaflichen Expertenkreisen; Überblick in Riedmüller/Olk 1994). Die meisten Modelle befürworten eine Sozialpolitik, die mehr noch als bisher als Querschnittsaufgabe, d.h. eine in zahlreiche andere Politikfelder eingreifende Politik definiert ist; von besonderer Bedeutung erscheinen hierbei die Arbeitsmarkt- und Bildungspolitik. In welchem Rahmen sich die deutsche Sozialstaatlichkeit durch → Europa-Recht oder → Globalisierung weiterentwickeln kann (oder muß), ist eine Frage, die gegenwärtig stark diskutiert, aber noch kaum beantwortet wird.

Allen Modellen gemeinsam ist das Ziel, auf längere Sicht die Kosten des Sicherungssystems drastisch zu senken (ein Modell, das statt eines Rückbaus sogar eine Ausweitung sozialstaatlicher Aktivitäten vorsieht und insbesondere in den neuen Bundesländern propagiert wird, scheint in absehbarer Zukunft nicht konsensfähig zu sein). Eine zunehmend wichtige Rolle spielen dabei, neben dem Kostenfaktor, Überlegungen zur Demokratisierung des deutschen Sozialstaats. Es geht um die

Frage, wie der staatlich- autoritäre Charakter dieses Systems durch liberale und partizipative Elemente demokratisch getauft werden kann, ohne damit zugleich das gesamte System umzustoßen. Eine „Zivilgesellschaft" mit viel bürgerschaftlichem Engagement erscheint vielen als neues Idealbild: zunächst orientiert an kommunitaristischen Theorien aus dem amerikanischem Raum, aber sowohl mit konservativ-subsidiären wie mit sozialdemokratischen Leitbildern durchaus zu vereinen. Schon jetzt erheben sich aber auch mahnende Stimmen: Die Ablösung einer staatlichen (und das hieß bisher stets einer → sozialer Gerechtigkeit verpflichteten) Sozialpolitik und -verwaltung durch neue, stark eigenverantwortlich und partizipativ angesetzte Sicherungsformen könnte die Durchsetzung von Interessen ohnehin schon benachteiligter Bevölkerungsgruppen nämlich noch zusätzlich schmälern (→ pS, Soziale Ungleichheit, Sozialstruktur). In diesem Zusammenhang stellt sich v.a. die Frage nach einem sozial ausgeglichenen Bildungssystem. Eine zentrales Problem bleibt deshalb auch in Zukunft die Rolle des Staats im System der sS. Es spricht vieles dafür, daß nicht ein *Rückzug* des Staates aus der Sozialpolitik ansteht, sondern allenfalls ein *Funktionswandel.*

Akzeptanz:
Soziale Sicherungssystems haben in allen liberaldemokratisch verfaßten Staaten hohe legitimatorische Bedeutung. In den Staaten der EU belegt der Wohlfahrtsstaat unter verschiedenen Legitimitätsquellen sogar den ersten Rang. Die hohe Relevanz des Sozialstaats für die → politische Unterstützung erklärt sich zum großen Teil aus der Bedeutung, die dem Faktor sS für die allgemeine → Lebenszufriedenheit zukommt (Greiffenhagen 1997). Dies gilt für die Bundesrepublik Deutschland mit ihrer sozialstaatlichen Tradition umso mehr, und hier noch einmal besonders für die → neuen Bundesländer mit ihrer doppelten, zunächst Bismarckisch-, dann sozialistisch-autoritären sozialstaatlichen Prägung. Empirische Untersuchungen belegen, daß das bestehende System der sS bei den Bürgern in Deutschland hohe Akzeptanz genießt und daß nur eine kleine Minderheit der deutschen Bevölkerung einen Abbau des Sozialstaats als System unterstützt. Der Kürzung einzelner Leistungen (Intensität) würden die Bürger zustimmen, nicht aber einem Rückzug des Sozialstaats aus ganzen Feldern des herkömmlichen Wirkens (Extensität; Roller 1996). Auch die Akzeptanz der professionellen Sozialen Arbeit als Teilelement des sS-Systems ist sehr hoch.

Im Einklang mit der sozialstaatlichen Tradition weisen die deutschen Bürger dem Staat auch heute noch umfangreiche und vielfältige soziale Aufgaben zu; Deutschland erscheint im internationalen Vergleich als außerordentlich staatsorientiert, d.h. noch immer als Staatskultur (vgl. z.B. die Arbeiten von Greiffenhagen und Rohe). Noch weitaus höhere Erwartungen an sozialstaatliche Aktivitäten und Leistungen als die Westdeutschen zeigen die Bürger der neuen Bundesländer, in deren „normativem Konzept der Demokratie ... wohlfahrtsstaatliche Prinzipien, vor allem soziale Sicherheit, eine größere Rolle spielen" (Roller 1999: 325). Nach

Auffassung vieler empirischer Politikforscher und Sozialstaatsexperten besteht demnach die Gefahr, daß ein (weiterer) Abbau sozialstaatlicher Leistungen erhebliche Legitimationsdefizite einbringen könnte. Dies gilt wiederum insbesondere für die neuen Bundesländer, wo bereits heute ein „Verfall der Akzeptanz von Demokratie und Marktwirtschaft" zu beobachten ist (Bulmahn 1999: 4), aber durchaus auch für Westdeutschland, wo Umfrageforscher v.a. bei sozial schwächeren Bevölkerungsgruppen zunehmend Verunsicherung und wachsendes Mißtrauen wahrnehmen. SS wird immer häufiger als nicht zureichend sichernd und nicht mehr verläßlich erlebt. Einig sind sich fast alle Forscher darin, daß das Thema → soziale Gerechtigkeit perspektivisch wieder weit größere Bedeutung erlangt als in den vergangenen zwei bis drei Jahrzehnten.

Ob tatsächlich Legitimitätsprobleme entstehen, hängt u.a. davon ab, ob Bürger soziale Ungleichheit bzw. soziale Benachteiligung eher als individuell oder strukturell verursacht wahrnehmen (so zeigt sich z.B., daß Frauen ihre objektiv schlechtere Situation bisher nach individuellen Deutungsmustern interpretieren und aus diesem Grund als gesellschaftliches Konfliktpotential ausfallen, Geißler/Oechsle 2000), und ob andere, objektiv immer wieder benachteiligte Gruppen wie z.B. Arme weiterhin ohne Artikulations- und Durchsetzungskraft, d.h. auch ohne entsprechende Lobbies verbleiben (→ Konfliktlinien, Sozialstruktur, Bildung). Sicher scheint allerdings, daß die soziale Situation von Individuen und Gruppen künftig wieder in stärkerem Maße auf → politisches Bewußtsein und Strukturen → politischer Beteiligung durchschlagen dürfte als bisher. Vieles spricht dafür, daß die sS in der Folge des Transformationsprozesses (→ Transition/Transformation) in Deutschland eine noch höhere Bedeutung erlangt als bisher: „Die Sozialpolitik fungiert somit als ein ‚Puffer'... zwischen den negativen Auswirkungen der Transformationsprozesse und den Lebenslagen und Einstellungen der Bürger. Die Sozialpolitik ist dieser Perspektive zufolge ein wichtiges politisches Instrument, in Anbetracht der unvermeidbaren Folgeprobleme des Transformationsprozesses ein ausreichendes Ausmaß an politischer Unterstützung zu erzeugen, um den demokratischen Konsolidierungsprozeß zu fördern" (Roller 1999: 313).

Sylvia Greiffenhagen

Literatur:

Andreß, Hans-Jürgen/Heien, Thorsten/Hofäcker, Dirk 2001: Wozu brauchen wir den Sozialstaat? Der deutsche Sozialstaat im Urteil seiner Bürger, Wiesbaden.

Bulmahn, Thomas 1999: Attribute einer lebenswerten Gesellschaft. Freiheit, Wohlstand, Sicherheit und Gerechtigkeit. Schriftenreihe des Wissenschaftszentrums Berlin für Sozialforschung, FS III 99-411.

Geißler, Birgit/Oechsle, Mechtild 2000: Die Modernisierung weiblicher Lebenslagen, in: APuZ, B 31-32, S. 11-17.

Greiffenhagen, Martin 1997: Politische Legitimität in Deutschland, Gütersloh/Bonn.

Hanesch, Walter (Hrsg.) 1995: Sozialpolitische Strategien gegen Armut,. Opladen.

Hartwich, Hans-Hermann 1979: Sozialstaatspostulat und gesellschaftlicher Status quo, Köln/Opladen.
Hentschel, Volker 1983: Geschichte der deutschen Sozialpolitik, Frankfurt a.M.
Hundt, Dieter 2001: Der überalterte Sozialstaat: Besitzstandswahrung oder Aufbruch?, Stuttgart.
Kaufmann, Franz Xaver 1973: Sicherheit als soziologisches und sozialpolitisches Problem. Untersuchungen zu einer Wertidee hochdifferenzierter Gesellschaften, Stuttgart.
Riedmüller, Barbara/Olk, Thomas (Hrsg.) 1994: Grenzen des Sozialversicherungsstaates. Sonderheft 14 des Leviathan, Opladen.
Roller, Edeltraud 1996: Abbau des Sozialstaats. Einstellungen der Bundesbürger zu Kürzungen von Sozialleistungen in den neunziger Jahren. Schriftenreihe des Wissenschaftszentrum Berlin für Sozialforschung FS III 96-205.
Roller, Edeltraud 1999: Sozialpolitik und demokratische Konsolidierung. Eine empirische Analyse für die neuen Bundesländer, in: Plasser, Fritz/Gabriel, Oscar W./Falter, JürgenW. (Hrsg.) 1999: Wahlen und politische Einstellungen in Deutschland und Österreich, Frankfurt a.M. u.a., S. 313-346.
Zapf, Wolfgang u. a. 1987: Individualisierung und Sicherheit. Untersuchungen zur Lebensqualität in der Bundesrepublik Deutschland,. München.
Zinn, Karl Georg/von Sternburg, Wilhelm 1999: Sozialstaat in der Krise. Zur Rettung eines Jahrhundertprojekts, Berlin.

Soziale Ungleichheit/Lebenslagen

→ *Arbeitslosigkeit, Armut, Bildung, Bürgertum, Demokratie, Frauen/Männer, Generationen, Lebenszufriedenheit/Lebensqualität, Milieus/Lebensstile, Politische Sozialisation, Politische Sozialisation: Bildung/Geschlecht/Geschlechterverhältnisse/Ost-/Westdeutschland/Soziale Schicht, Politisches Interesse, Rechtsstaat, Religiosität, Republikaner/DVU, Soziale Gerechtigkeit, Soziale Marktwirtschaft, Soziale Sicherheit, Sozialstruktur, Wohlfahrtsstaat.*

Begriff/Definition:

Soziale Ungleichheit (sU) existiert in allen bekannten Gesellschaften und erscheint deshalb als quasi naturgegebene Tatsache. Obwohl sie in verschiedenen Gesellschaften unterschiedliche Formen annehmen kann - beispielsweise im fast unentrinnbaren Schicksal der Kastenmitgliedschaft in der indischen Gesellschaft, der durch feste Kleidungs- und Verhaltensvorschriften gekennzeichneten Ständegesellschaft des Mittelalters oder der durch Mobilitätsvorgänge charakterisierten postindustriellen Dienstleistungsgesellschaft der Gegenwart - ist sie jedoch immer eine sozial erzeugte Tatsache. Mit sU wird die für spezifische Gruppen unterschiedliche Zugangschance zu erstrebenswerten Gütern und sozialen Positionen innerhalb einer Gesellschaft beschrieben, wobei man zwischen mehreren Dimensionen sU unterscheiden kann. In der traditionellen Sozialstrukturanalyse (→ Sozialstruktur) werden neben materiellem Wohlstand und Berufsstatus vor allem Macht, Prestige und neuerdings auch → Bildung als zentrale Dimensionen sU angesehen (Hradil 1999, Kreckel 1992). Nehmen Individuen auf jeder dieser Statusdimensionen eine ähnliche Position ein, wie etwa der leitende Angestellte mit Hochschulabschluß und einem entsprechend hohen Einkommen, so spricht man von Statuskonsistenz. Immer häufiger jedoch lassen sich verschiedene Status-Kombinationen auf den unterschiedlichen Ungleichheitsdimensionen antreffen, wie beispielsweise der bekannte Taxifahrer Dr. phil. oder der Neureiche mit niedriger Bildung; in diesem Fall ist eine Statusinkonsistenz vorhanden.

Theorien/Konzepte/Modelle:
Bis Beginn der 80er Jahre dominierten sozio-ökonomische Modelle zur Beschreibung von sU, wobei insbesondere Klassen- und Schichtmodelle in Konkurrenz um die „angemessene" Erfassung sU standen. Klassenmodelle gehen vor allem auf Marx zurück, nach dem die Klassenzugehörigkeit durch die Stellung zu den Produktionsmitteln definiert wurde. Den Besitzern der Produktionsmittel, der Bourgeoisie, stand die wachsende Masse der besitzlosen Industriearbeiter, das Proletariat, gegenüber. Während zu Beginn des Kapitalismus das Proletariat sich seiner Gegnerschaft zum → Bürgertum nicht bewußt war (die Klasse an sich), sollten die zunehmenden Krisen des Kapitalismus notwendigerweise zu einer Klasse führen, die sich politisch organisierte und ihrer „objektiven" Interessen zunehmend bewußt wurde (die Klasse an und für sich). Weber nahm den Marxschen Klassenbegriff auf, differenzierte jedoch dessen dichotomes Schema, indem er zusätzlich die Qualifikation der Arbeitskräfte berücksichtigte und zwischen Besitzklassen und Erwerbsklassen unterschied. Zudem leugnete Weber die deterministische Konzeption der Entwicklung von Klassenbewußtsein, wie sie noch bei Marx anzutreffen war. Schichtenmodelle, die vor allem auf Geiger (1932) zurückzuführen sind, sollen weniger eine konflikttheoretische Analyse der gesellschaftlichen Interessensgruppen leisten, sondern aufgrund unterschiedlicher Ungleichheitsdimensionen (Einkommen, Berufsprestige, Bildung) eine möglichst genaue Beschreibung des Ungleichheitsgefüges einer modernen Industriegesellschaft vornehmen. Während Geiger (1932) eine Schichtungspyramide als Metapher für die Gesellschaft der Weimarer Republik verwendete, wählte Bolte (1963) eine Zwiebel mit ausgeprägtem „Mittelstandsbauch" als Schichtungsmodell für die bundesdeutsche Nachkriegsgesellschaft. Trotz der unterschiedlichen Schwerpunktsetzungen war Klassen- und Schichtmodellen jedoch eines gemeinsam, nämlich die Zentrierung sU auf ein vertikales oben-unten-Modell, das sich vor allem nach der beruflichen Stellung differenzierte, oder anders ausgedrückt, die Betonung eines vertikalen Modells sozio-ökonomischer Ungleichheit.

Zu Beginn der 80er Jahre wurde dieses dominante Modell aus verschiedenen Perspektiven kritisiert. Zum einen wurde deutlich, daß durch die in diesem Modell verwendete „meritokratische Triade" (Kreckel 1992) aus einem spezifischen Schulabschluß, der ihm entsprechenden Berufsposition und schließlich dem dieser Position adäquaten Einkommen, andere Formen sU systematisch aus der Analyse ausgeschlossen wurden, für die die öffentliche Sensibilität jedoch in erheblichem Maße gewachsen war. Das Geschlecht, die ethnische Zugehörigkeit, regionale Disparitäten sowie lebensphasen- und kohortentypische Nachteile wurden als Zuweisungskriterien sU entdeckt, die der klassischen, leistungsbezogenen Legitimation ungleicher Lebenschancen nicht entsprachen (Kreckel 1992; Hradil 1987). Zudem wurde den Klassen- und Schichtmodellen vorgeworfen, daß sie zwar unterschiedliche Ressourcenausstattung wiedergaben, jedoch in dem Sinne objektivistisch waren, daß der nach Wertorientierungen und Lebensstilen variierende Umgang mit diesen Ressourcen in keiner Weise Berücksichtigung fand. Lebensweltliche Praxis der Individuen und soziologische Analysemodelle sU entwickelten sich nach dieser Auffassung zunehmend auseinander. Als Reaktion auf diese Entwicklung wurde einerseits vorgeschlagen, die klassischen sozio-ökonomischen Dimensionen sU (Bildung, Berufsstatus, Einkommen) um die oben aufgezählten Merkmale zu ergänzen und somit das Schichtkonzept in ein Konzept von „sozialen Lagen“ zu überführen (Hradil 1987), zum anderen wurde angeregt, das sozio-ökonomische Schicht- und Klassenmodell um sozio-kulturelle Ungleichheitskonzepte wie → Milieus und Lebensstile zu erweitern (Georg 1998; Hradil 1987; Schulze 1992; Spellerberg 1996; Vester u. a. 1993).

Wie bereits im Zusammenhang mit der Diskussion um unterschiedliche Konzepte sU deutlich wurde, vertreten einige Autoren die Auffassung, daß angesichts der Differenzierung sU in postindustriellen Dienstleistungsgesellschaften die traditionellen und berufszentrierten Klassen- und Schichtmodelle nicht mehr ausreichen, um der Komplexität ungleicher Lebensbedingungen gerecht zu werden. Neben den klassischen, vertikalen Ungleichheitsdimensionen Bildung, Einkommen und Berufsprestige wurden, wie bereits weiter oben beschrieben, „horizontale“ Dimensionen wie Geschlecht (→ Frauen/Männer), ethnische Zugehörigkeit, regionale Disparitäten sowie Lebenszyklus und Kohortenmitgliedschaft (→ Generationen) identifiziert, die nicht der leistungsbezogenen Legitimation sU entsprechen, aber trotzdem mit ungleichen Handlungskontexten verbunden sind (Hradil 1987, 1999). Das Konzept der Lebenslagen stellt einen Versuch dar, diesem Umstand Rechnung zu tragen, indem typische, ungleichheitsrelevante Kombinationen äußerer Handlungskontexte zum Begriff der Lebenslage zusammenfaßt werden. Dieses Konzept hat den Vorteil, daß einerseits sU erfaßt werden kann, die nicht mit Erwerbstätigkeit verknüpft ist, wie etwa die Lebenslage der alleinerziehenden Mutter, des Langzeitarbeitslosen oder des Rentners mit niedrigem Einkommen.

Andererseits entsteht das Problem, daß die Gesamtheit der in einer spezifischen Gesellschaft wirksamen Ungleichheitsdimensionen identifiziert und eine Bündelung dieser Dimensionen zu typischen Kombinationen im Rahmen einer spezifischen Lebenslage vorgenommen werden muß. Zudem wird die größere Flexibilität und Komplexität des Lagekonzepts mit einer fehlenden theoretischen Erklärungskraft erkauft, denn im Gegensatz zu Klassen- und Schichtmodellen existiert keine durchgängige und theoretisch kohärente Erklärung für die Wirkungsweise und den Zusammenhang der einzelnen Ungleichheitsdimensionen. Diese Nachteile des Lagekonzeptes lassen es zwar für spezifische Fragestellungen, wie etwa die Untersuchung geschlechts- oder lebenszyklusspezifischer Ungleichheit sinnvoll erscheinen, eine generelle Ersetzung der Schicht- und Klassenmodelle durch das Konzept der Lebenslagen läßt sich jedoch aufgrund dieser Einschränkungen nicht legitimieren.

Werner Georg

Literatur:

Bolte, Karl Martin 1963: Typen sozialer Schichtung in der Bundesrepublik, in: Hamburger Jahrbuch für Wirtschafts- und Gesellschaftspolitik 8, S. 150-165.

Georg, Werner 1998: Soziale Lage und Lebensstil. Eine Typologie, Opladen.

Geiger, Theodor 1932: Die soziale Schichtung des deutschen Volkes, Darmstadt.

Hradil, Stefan 1987: Sozialstrukturanalyse in einer fortgeschrittenen Gesellschaft, Opladen.

Hradil, Stefan 1999: Soziale Ungleichheit in Deutschland, Opladen.

Kreckel, Reinhard 1992: Politische Soziologie der sozialen Ungleichheit, Frankfurt a.M./New York.

Spellerberg, Anette 1996: Soziale Differenzierung durch Lebensstile. Eine empirische Untersuchung zur Lebensqualität in West- und Ostdeutschland, Berlin.

Schulze, Gerhard 1992: Die Erlebnisgesellschaft. Kultursoziologie der Gegenwart, Frankfurt a.M./New York.

Vester, Michael/von Ortzen, Peter/Geiling, Heiko/Herrmann, Thomas/Müller, Dagmar 1993: Soziale Milieus im gesellschaftlichen Kulturwandel. Zwischen Integration und Ausgrenzung, Köln.

Sozialer Wandel/Modernisierung

→ Demokratie, Endogenität/Exogenität, Frauen/Männer, Generationen, Globalisierung, Individualisierung, Kirchen, Konflikt/Konsens, Neue Bundesländer, Öffentliche Meinung, Politische Beteiligung, Politsche Bildung, Politische Sozialisation, Politische Sozialisation: Modernisierung/Ost-/Westdeutschland, Politische Toleranz, Politische Traditionen, Religiosität, Soziale Sicherheit, Sozialkapital/Soziales Vertrauen, Sozialstruktur, Wertewandel, Wohlfahrtsstaat.

Begriff/Definition sozialer Wandel:

Der Begriff des sozialen Wandels (sW) wurde von Ogburn (1922) in die Soziologie eingeführt, um Begriffe wie Fortschritt, Entwicklung oder Evolution abzulösen, die nicht immer als neutral anzusehen sind. SW bezieht sich dabei auf die Veränderung sozialer Strukturen und/oder sozialen Verhaltens. Die genauere Bestimmung, auf welchen Inhalt sich sW beziehen soll, legt bereits in je spezifischer Weise Ansatz, Perspektive und das mögliche Ergebnis der Analyse fest. Für jede einzelne Festlegung ist es dann notwendig, geeignete Indikatoren zu finden, die zweifelsfrei messen, ob und in welchem Ausmaß sich die Teile einer → Sozialstruktur (z.B. Schichtungsstruktur, Bevölkerungsstruktur) oder eines bestimmten Sozialverhaltens (z.B. soziale Mentalität, Wertorientierungen) gewandelt haben (→ Wertewandel). Da sich in komplexen Gesellschaften verschiedene Lebensbereiche in unterschiedlichem Rhythmus verändern, bestehen zwischen den einzelnen Teilsystemen Spannungen (Diskontinuitäten), die eine wichtige Erklärungsgrundlage für den Ablauf sozialer Wandlungsprozesse darstellen.

Theorien/Konzepte/Modelle:
Nach Parsons kann grundsätzlich zwischen Wandel des Systems und Wandel im System unterschieden werden. Im Ausmaß seiner Beeinflußbarkeit wird häufig auch von geplantem sW gesprochen. Bedeutsam ist auch jene Unterscheidung, die an der Plötzlichkeit des Auftretens anknüpft: evolutionäre Wandlungsvorgänge im Gegensatz zu abrupten, revolutionären Veränderungen, wobei zu prüfen ist, ob wir zu ihrer Erklärung verschiedene Theorien benötigen, oder ob es möglich ist, einen dieser Prozesse als Sonderfall des anderen zu sehen. Daneben werden gewöhnlich verschiedene Verlaufsformen unterschieden, die - je nach wissenschaftlichem Ansatz - als mehr oder weniger typisch für gesellschaftliche Entwicklungen allgemein oder für bestimmte Strukturbereiche angesehen werden: unilineare, multilineare, kurvenlineare oder zyklische Verlaufsformen. Eng verbunden mit der formalen Festlegung solcher Entwicklungen sind inhaltliche Bestimmungen von Entwicklungstendenzen (Trendaussagen), die als mehr oder weniger universell angesehen werden (z.B. Differenzierung, Säkularisierung, Rationalisierung, → Globalisierung usw.). In ähnlicher Form versucht man, Entwicklungstypen zu konstruieren, wobei das Spektrum von einfachen, polaren Typen (traditional vs. modern) bis zu komplexeren dichotomischen Kategoriensystemen (z.B. den pattern variables von Parsons) reicht. Manchmal dienen solche Kriterien auch dem Kulturvergleich (etwa bei Hofstede), wobei einzelne Dimensionen (z.B. → Individualisierung) mit wirtschaftlichem Wachstum positiv korrelieren. Insgesamt hat sich gezeigt, daß Entwicklungstendenzen der genannten Art selten ungebrochen unilinear verlaufen, so daß Trend-Extrapolationen meist riskante Prognosen darstellen.

Theorien des sW können grob danach unterschieden werden, ob sie sich auf soziale Strukturen oder auf soziales Verhalten beziehen; ob sie evolutionäre oder revolutionäre Veränderungen in den Blickpunkt rücken; ob sie exogene oder endogene Ursachen analysieren; ob sie als allgemeine und abstrakt als Allaussagen konzipiert sind oder ob sie sich auf raum-zeitlich relativierte Bereiche beschränken (wie z.B. die verschiedenen Modelle zur Modernisierung). Theorien, die universelle Erklärungsansprüche stellen, sind die folgenden: 1. der Funktionalismus und Neo-Evolutionismus, 2. der historische Materialismus und die Konflikttheorie, 3. individualistisch-handlungsorientierte Konzepte.

Die neueren *evolutionstheoretischen Ansätze* entstanden zunächst im Gefolge der strukturell-funktionalen Theorie (Parsons, Smelser u. a.) und blieben dem biologischen Evolutionskonzept verpflichtet. Entscheidende Säulen dieses Ansatzes sind das Gleichgewichtskonzept, das Prinzip der Differenzierung sowie der Selektion. Luhmann modifiziert diese Systemperspektive und begreift die Analyse des sW im Rahmen der Konzeption autopoietischer Systeme. Mit dem Begriff der Autopoiesis ist jedoch die gesamte Bandbreite der Wandlungsmechanismen einer Gesellschaft niemals abzudecken.

Konfliktorientierte Theorien des sW gehen auf den historischen Materialismus zurück. Dieser betont den bestimmenden Einfluß der gesellschaftlich vermittelten materiellen Verhältnisse auf das soziale Geschehen und erklärt die Ursachen sozialer Entwicklung einseitig aus dem jeweiligen Stand der Produktivkräfte. Weitere Konflikttheorien stammen von Dahrendorf und Lenski. Diese Ansätze betonen Zusammenhänge zwischen sU, Macht und Konflikt. Vielfach werden auch soziale Spannungslinien (z.B. verursacht durch technologische Neuerungen) als Auslöser für sW betrachtet. Auch die auf revolutionären Wandel bezogenen Theorien (z.B. Gurr, Runciman, Davies) sind dieser konflikttheoretischen Perspektive unterzuordnen (→ Konflikt/Konsens).

Handlungsorientierte Perspektiven (McClelland, Kunkel, Coleman, Boudon u. a.) setzen ein Gegengewicht zur vorherrschenden strukturalistischen, systemorientierten Forschung, die das Individuum als Träger und Betroffenen des sW vernachlässigt hat. Die Mikrofundierung von Theorien des sW betonen auch Wiswede/Kutsch, Boudon und Coleman. Die Erklärungsgrundlage bilden handlungstheoretische, lerntheoretische Konzepte sowie der Rational-Choice-Ansatz.

Modernisierungsforschung:
Die Modernisierungsforschung befaßt sich mit einem Teilaspekt sW und nimmt Bezug auf Industrialisierung, Urbanisierung, Alphabetisierung, Bildungsexpansion, Wohlstand, Mobilität, Rollendifferenzierung (→ Frauen/Männer), Demokratisierung (→ Demokratie) etc. Vielfach wird Modernisierung auch mit einer „Verwestlichung" gleichgesetzt. Modernisierung (M.) ist insbesondere Ergebnis der naturwissenschaftlich-technischen Entwicklung, die es dem Menschen gestattet, seine Umwelt in erheblichem Maße zu gestalten und zu kontrollieren. Nach Lerner bezieht sich Modernität vor allem auf folgende Aspekte: im wirtschaftlichen Bereich als sich selbst tragendes Wachstum, im politischen Bereich als öffentliche Beteiligung bei der Definition und Wahl politischer Alternativen, im kulturellen Bereich als Diffusion säkularer, rationaler Normen, im sozialen Bereich als Steigerung der horizontalen und vertikalen Mobilität, im Persönlichkeitsbereich als Veränderung der Modal-Persönlichkeit mit gesteigertem Leistungsbedürfnis, wachsender Außenorientierung und Empathie. Urbanisierung und Alphabetisierung werden im Lerner-Modell als Voraussetzungen der M. angesehen. Die z.T. naiven und vorwiegend deskriptiv-linearen M.-Ansätze der 70er Jahre sind mittlerweile vielfa-

cher Kritik ausgesetzt gewesen. Fallgruben bestehen vor allem im Ethnozentrismus der Perspektive, die von einer (nicht wertfreien) Unterscheidung von modernen Pionier- und traditionsbestimmten Nachzüglergesellschaften ausgehen sowie in einer unterstellten Unilinearität von Entwicklungen, um sich dem - implizit normativ ausgezeichneten - Zustand der demokratisch-kapitalistischen Industriegesellschaft anzunähern.

Facetten politischer Modernisierung:
Ältere Ansätze zur politischen M. thematisierten Probleme der Nationbildung, meist anhand von Stadienmodellen. Im Stadium der Konsolidierung, Integration und in der Identitätsbildung (Almond/Powell) müssen die Ansprüche der Bürger auf → politische Beteiligung und Umverteilung der Ressourcen befriedigt werden. Politische Modernität wird dabei allgemein als Demokratisierung begriffen. Marshall, Eisenstadt, Dahrendorf und Zapf haben Bedingungen untersucht, unter denen die Entfaltung funktionstüchtiger demokratischer Systeme möglich ist (z.B. → öffentliche Meinung, politische Parteien, universalistisches Rechtssystem, Grundrechte auf Chancengleichheit und politische Beteiligung). Dabei spielt der (evolutionistische) Gedanke eine Rolle, daß Gesellschaften, die diese Institutionen herausgebildet haben, erfolgreicher sind. Besondere Problemlagen entstehen in Gesellschaften, die Kapitalismus und Industrialisierung entwickelt haben, sich jedoch einer Demokratisierung verweigern. Es ist zweifelhaft, ob solche Inkompatibilitäten lediglich ein Übergangsstadium darstellen.

Vielfach wird M. mit Verwestlichung gleichgesetzt (so etwa Parsons). Dies beruht auf der Annahme, daß moderne Gesellschaften sich dem westlichen Typus annähern müssen. Diese Gleichsetzung dürfte, wie jüngst Huntington wieder herausgearbeitet hat, überholt sein, da zahlreiche Entwicklungslinien zeigen, daß Verwestlichung und M. auseinanderfallen können. Eine besondere Verlaufsform scheint auch diejenige zu sein, wonach Verwestlichung und M. sich zunächst im Gleichklang entwickeln, später jedoch zu einer Renaissance der eigenen Kultur führen, also den Pfad zur Verwestlichung verlassen. Auf der Basis solcher alternativer Entwicklungsstränge lassen sich Erscheinungen wie Re-Islamisierung sowie kulturspezifische Assimilation moderner Kulturelemente ebenso verstehen wie Prozesse der Ent-Differenzierung im Zuge des sW.

Die vielfach in der Soziologie und in der Politologie vorgetragenen Konvergenztheorien behaupten die Tendenz zu einer weltweiten universalen Kultur, insbesondere aufgrund der Prägekraft des industriellen Systems. Solche Muster der Konvergenz sind zweifellos auszumachen: Zerfall des Sowjetkommunismus, zunehmende Interaktion zwischen Kulturen durch Handel, Tourismus, die nivellierende Kraft der Medien, das Zusammenrücken der Märkte (insbesondere auch der Finanzmärkte), internationale Geschäftsmöglichkeiten, Fusionen usw. Auch seitens der Globalisierungsthese scheint die Vorstellung von Konvergenz Unterstützung zu erfahren. Für die Entwicklungsländerproblematik ist jedoch eine undifferenzierte Konvergenzthese längst obsolet geworden, zumal sie sich eher auf Äußerlichkeiten (z.B. Übernahme neuer Techniken oder Produkte) zu beschränken und den Kern kultureller Verschiedenheiten nicht zu berühren scheint. Weder die afrikanischen, noch die asiatischen noch die lateinamerikanischen Länder haben die soziale und politische Geschichte Westeuropas wiederholt. Selbst dort, wo an der Peripherie westliche Muster eine Vereinheitlichung sichtbar werden lassen, kommt es meist zu Gegenbewegungen (im Sinne der Theorie sozialer Identität). Selbst die Globalisierung scheint zwei entgegengesetzte Strömungen zu beinhalten, deren Ambivalenz Robertson jüngst in einer Wortverbindung von Globalisierung und Lokalisierung als „Glokalisierung" kennzeichnete.

Modernisierung in Ostdeutschland:
Für die ehemalige DDR wird ein M.-Rückstand reklamiert. Ein radikaler Ansatz geht davon aus, die im Osten Deutschlands (→ Neue Bundesländer) entwickelten Institutionen für den Modernisierungsprozeß als untauglich zu erklären. Dies würde einen ausschließlich extern gesteuerten und dominierten Transformationsprozeß rechtfertigen. Geißler sieht eine Gemengelage aus M.-Vorsprüngen (z.B. Gleichstellung von Mann und Frau) und M.-Defiziten (z.B. zentralisierte Strukturen, defizitärer Lebensstandard). Auch hier wird jedoch der Gedanke der Synthese eher durch die Vorstellung einer weitgehenden Anpassung der ostdeutschen Sozialstruktur an das westdeutsche Muster überschattet. Und schließlich werden von einer weiteren Denkrichtung die M.-Defizite marginalisiert und der Gedanke einer M.-Blockade durch den Osten generell bezweifelt. Thumfart (s. Waschkuhn/Thumfart 1999) betont, daß sich beim Transformationsprozeß die jeweiligen Grundmuster innovativ verändern, um spezifischen lokalen, historischen sowie politisch-sozialen Umständen angepaßt zu werden (→ Endogenität/Exogenität, Transition/Transformation). Die Institutionen erfahren durch diesen Transfer eine neue Eigenart. Allerdings bleiben - nach diesem Autor - beträchtliche Divergenzen hinsichtlich der Wertvorstellungen bestehen. Auch das demokratische System folgt einem veränderten Modell; das östliche Demokratieverständnis impliziert auch soziale Absicherung und Gleichheit, was wachsende Unzufriedenheit mit dem demokratisch-liberalen System der alten Bundesländer nach sich zieht (→ Soziale Sicherheit, Wohlfahrtsstaat).

Günter Wiswede

Literatur:

Boudon, Raymond 1986: Theories of Social Change - a Critical Appraisal, Cambridge/Oxford.
Müller, Hans-Peter/Schmid, Michael (Hrsg.) 1995: Sozialer Wandel - Modellbildung und theoretische Ansätze, Frankfurt.
Waschkuhn, Arno/Thumfart, Alexander (Hrsg.) 1999: Politik in Ostdeutschland. Lehrbuch zur Transformation und Transition, München/Wien.
Wiswede, Günter/Kutsch, Thomas 1978: Sozialer Wandel, Darmstadt.

Zapf, Wolfgang (Hrsg.) 1979: Theorien des sozialen Wandels, 4. Aufl., Königstein/Ts.
Zapf, Wolfgang 1994: Modernisierung, Wohlfahrtsentwicklung und Transformation. Soziologische Aufsätze 1987 bis 1994, Berlin.

Sozialkapital/Soziales Vertrauen

› *Bildung, Demokratie, Demokratische Persönlichkeit, Familie, Freizeit, Massenmedien, Politische Beteiligung, Politische Informiertheit, Politische Sozialisation, Politische Sozialisation: Massenmedien/Soziale Schicht, Politische Unterstützung, Politisches Vertrauen, Regionale/Lokale politische Kultur, Soziale Sicherheit, Sozialer Wandel/Modernisierung, Vereine, Verbände.*

Begriff/Definition:
Drohung oder Gewalt können Mittel sein, um bestimmte Ziele zu erreichen. Doch sind derartige Mittel meistens nicht sehr effizient, weil die gleichen Ergebnisse auch mit weniger Aufwand erreichbar wären, wenn sich die Beteiligten freiwillig einigen würden. Wenn Akteure einander vertrauen und vielseitige Kontakte miteinander unterhalten, sind Ziele mit weniger Aufwand - und zumeist auch mit weniger Ärger und Ängsten - zu erreichen als in Situationen, in denen solche Voraussetzungen fehlen. Betrachtungen dieser Art haben im Laufe der 90er Jahre starke Verbreitung gefunden, wobei die sozialen Beziehungen und das soziale Vertrauen mit dem Terminus „Sozialkapital" (social capital, S.) bezeichnet werden. Dadurch, daß die Erfüllung von Vereinbarungen nicht erzwungen werden muß, verringern sich die Informations- und Transaktionskosten. In einer Gesellschaft, in der S. vorhanden ist, werden sich die Bürger deshalb eher sozial und politisch engagieren. S. ist auf diese Weise sowohl als eine individuelle Ressource als auch als ein Kollektivgut zu betrachten. Es fördert die soziale Integration und Kohäsion der Gesellschaft und bietet auf diese Weise eine Lösung für manche Probleme: „... social capital makes us smarter, helthier, safer, richer and better able to govern a just and stable democracy" (Putnam 2000: 290).

Theorien/Konzepte/Modelle:
Der Begriff S. ist von Autoren wie Coleman, Bourdieu, Burt, Putnam und Flap in unterschiedlichen theoretischen Zusammenhängen und für verschiedene Zwecke genutzt worden (siehe für einen kritischen Überblick: Haug 1997). Große Aufmerksamkeit haben insbesondere die Arbeiten von Coleman (1990) und Putnam (1993 und 1995) gefunden. Colemans soziale Theorie basiert auf einer Makro-Mikro-Makro-Modellierung (oder „Badewannen-Modellierung"). Aus dieser Sicht werden Handlungen von Individuen beeinflußt durch soziale Strukturen der Makro-Ebene, wobei die Handlungen selbst als konstitutive Elemente neuer sozialer Strukturen zu betrachten sind. Die Erklärung sozialer Phänomene erfolgt also in

drei Schritten: 1. die individuellen Akteure sehen sich bestimmten Randbedingungen ausgesetzt, 2. sie wählen bestimmte Handlungsalternativen und 3. diese individuellen Handlungen aggregieren sich zu kollektiven Phänomenen. Aus diesem Blickwinkel gesehen, sind soziale Beziehungen auf der Makro-Ebene als Komponenten sozialer Strukturen zu verstehen, während soziale Beziehungen auf der Miko-Ebene individuelle Ressourcen darstellen. Genau an dieser Stelle führt Coleman den Begriff S. ein, um den Doppelcharakter dieser Beziehungen zu verdeutlichen: „Social capital is defined by its function. It is not a single entity, but a variety of different entities having two characteristics in common: They all consist of some aspect of social structure, and they facilitate certain actions of individuals who are within the structure“ (Coleman 1990: 302). Dieser klare Hinweis auf Funktionen wird weiter spezifiziert als „...the value of those aspects of social structure to actors, as resources that can be used by the actors to realize their interests“ (Coleman 1990: 305).

In seinen Erläuterungen und Beispielen betont Coleman den Doppelcharakter des S.: Für einen radikalen Studenten bildet die Mitgliedschaft in bestimmten Kreisen eine Ressource bei der Umwandlung individuellen Protests in organisierten Aufstand, und ein Parlamentarier hat „Anspruch“ auf Unterstützung seiner Vorschläge, wenn er früher den Forderungen seiner Kollegen entgegengekommen ist. Derartige Ressourcen stellen so etwas dar wie „Kreditnotas“ („credit slips“), welche ein Akteur in seinen sozialen Beziehungen angesammelt hat (Coleman 1990). Im Vertrauen auf die Reziprozität hat Akteur A etwas für B getan und deswegen ist bei B die moralische Verpflichtung entstanden, in Zukunft etwas für B zu tun (Coleman 1990; Ripperger 1998). Vertrauen spielt dabei eine entscheidende Rolle, weil Kreditnotas nur aufgrund des Vertrauens von A in B‘s Zuverlässigkeit existieren können. In vertrauensvollen Beziehungen akkumulieren Akteure auf diese Weise S., somit ist Vertrauen ein zentrales Merkmal des Begriffes S. Wie alle Formen von Kapital verschafft S. seinen Eigentümern Einkommen oder Einflüsse („Verzinsung“) - aber anders als z.B. Humankapital kann S. nur innerhalb von sozialen Beziehungen realisiert werden. In Gesellschaften, in denen viele Kreditnotas in Umlauf sind und das Vertrauen in die Reziprozität der Handlungen berechtigt ist, bekommt S. den Charakter eines kollektiven Gutes. Die Vertrauenswürdigkeit steht jedem Akteur zur Verfügung und die Anwendung des Gutes führt nicht zur Abnahme des Kapitals. Im Gegenteil: Je häufiger gezeigt wird, daß die Vertrauenserwartungen berechtigt sind, desto vertrauenswürdiger erscheinen die Beziehungen. Damit wird eine weitere Funktion des S. erkennbar. Gemäß der klassischen Darstellung des Dilemmas des kollektiven Handelns werden rational handelnde Akteure sich nicht an der Produktion kollektiver Güter beteiligen. Trotzdem werden viele kollektive Güter bereitgestellt. Dieses Paradox wird durch die Existenz von S. erklärbar, denn unter dieser Bedingung können die Akteure davon ausgehen, daß andere Akteure sich nicht wie „Trittbrettfahrer“ verhalten werden.

Hinsichtlich der Benutzung des Begriffes S. auf der Makro-Ebene sind insbesondere die Analysen von Putnam bedeutsam. Er definiert S. als „...features of social organization, such as trust, norms, and networks, that can improve the efficiency of society by facilitating coordinated actions" (Putnam 1993: 167). Zunächst versucht Putnam auf der Basis dieser Konzeptualisierung zu erklären, warum die Produktion kollektiver Güter in bestimmten Regionen Italiens wesentlich erfolgreicher ist als in anderen. Das betrachtete Kollektivgut ist die Effektivität und das Funktionieren von Verwaltungsinstitutionen seit der Reform dieser Institutionen Anfang der 70er Jahre. Die unterschiedlichen Entwicklungen der Verwaltungsleistungen lassen sich nicht mit Varianten modernisierungstheoretischer Ansätze erklären (→ Sozialer Wandel/Modernisierung). Obwohl die unterschiedlichen Leistungen einer Nord-Süd-Trennung entsprechen, stehen nicht Unterschiede des Modernitätsgrades, sondern Unterschiede der „zivilen Tugenden" (civil virtues) im Vordergrund (Putnam 1993). Die Frage, wo die Gründe für diese Unterschiede der zivilen Tugenden liegen, beantwortet Putnam letztlich mit Hinweisen auf die spätmittelalterlichen Differenzen zwischen den kommunalen Republiken in Norditalien und den Königreichen im Süden. S. wird also als abhängiger Faktor betrachtet, welcher beeinflußt worden ist von jahrhundertelangen gesellschaftlichen Entwicklungen (s. auch → Regionale/Lokale pK). Als unabhängiger Faktor dient S. zur Er-klärung der heutigen Unterschiede der Verwaltungsleistungen.

Wie viele andere Autoren beantwortet auch Putnam die Frage nach der Herkunft des S. in einer Gesellschaft durch eine Argumentation, die sich eindeutig auf die Arbeiten von Tocqueville (1835/1990) zurückführen läßt. Für Tocqueville bildet die Vielzahl freiwilliger → Vereine und → Verbände das Herzstück einer florierenden → Demokratie, weil dort die zivile Tugend der Bürger gefördert und weiterentwickelt wird. Die kürzeste Zusammenfassung von Putnams Untersuchung lautet also: „Good government in Italy is a by-product of singing groups and soccer clubs, not prayer" (Putnam 1993: 176). In seinen anschließenden Studien in den Vereinigten Staaten dreht Putnam diese tocquevilleanische Interpretation einfach um: Wenn soziale Beteiligung verschwindet, nimmt die zivile Tugend ab und die Demokratie ist ernsthaft gefährdet. Anhand der Entwicklungen in den USA belegt Putnam einen Rückgang der Beteiligung an traditionellen sozialen Organisationen und Netzwerken seit 1960. Diese Abnahme des S. wird insbesondere dem hohen Anteil des Fernsehens am Freizeitverhalten (→ Freizeit, Massenmedien) zugeschrieben. Fernsehen verhindert soziale Aktivitäten und führt zum Verlust von sozialem Vertrauen durch die Verbreitung von Pessimismus bezüglich des menschlichen Verhaltens und die Förderung von Aggressivität bei Kindern (Putnam 1995, 2000). Außerdem weist er darauf hin, daß insbesondere die zwischen 1910 und 1940 geborenen Generationen ein außergewöhnlich hohes Niveau sozialer Beteiligung zeigen und daß mit dem allmählichen Verschwinden dieser Generationen auch das vorhandene S. zurückgeht (Putnam 2000). Nur eine gezielte Erhöhung des S. - d.h. eine Erhöhung sozialer Beteiligung zur Erzeugung sozialen Vertrauens - kann die Bedrohung der Demokratie vermindern.

In den Arbeiten von Coleman, Putnam und vielen anderen Autoren werden soziales Vertrauen und Vertrauenswürdigkeit als die weitaus wichtigsten Aspekte des S. in den Vordergrund gerückt. Es sind diese Begriffe, welche das Dilemma des kollektiven Handelns lösen. Soziale Beteiligung ist notwendig, weil es soziales Vertrauen produziert, und erst nachdem Vertrauen entstanden ist, können mögliche positive Effekte für die Demokratie erwartet werden. Undeutlich ist jedoch die genaue Verknüpfung der Begriffe „S." und „soziales Vertrauen". Während manche Autoren mit Putnam Vertrauen einfach als Teil oder Aspekt von S. definieren, bezeichnen andere Vertrauen als „Produktionsfaktor" für die Bildung von S. (Ripperger 1998). Manchmal wird auch die Reziprozität der Verbindungen zwischen sozialer Beteiligung und Vertrauen betont (van Deth u. a. 1999). Es kann sogar sinnvoll sein, auf den Begriff S. zu verzichten und die Analyse gesellschaftlicher Entwicklungen auf der Basis des Begriffes „Vertrauen" selbst durchzuführen, wie insbesondere Fukuyama (1995) zeigt. In seinem interkulturellen Vergleich kommt er zu der Schlußfolgerung, daß auf familiäre Verhältnisse orientierte Gesellschaften (wie z.B. Frankreich oder Südkorea) viel weniger das Entstehen großer Konzerne und wirtschaftliche Erfolge fördern als gruppenorientierte Gesellschaften (wie z.B. Deutschland oder früher die Vereinigten Staaten). Der Kern von Fukuyamas Erklärung dieser Unterschiede basiert auf dem geringeren Ausmaß an sozialem Vertrauen in Gesellschaften, in denen Beziehungen sich innerhalb der → Familie entwickeln (Fukuyama 1995). Mittlerweile sind auch in Deutschland empirische Studien veröffentlicht, welche sich mit der Relevanz von S. für die demokratischen Entwicklungen beschäftigen (Gabriel/Kunz 1998). Außerdem ist Deutschland in mehrere international vergleichende Studien aufgenommen worden (Fukuyama 1995, van Deth u. a. 1999). In diesen empirischen Studien stellt sich die Bundesrepublik als Mitglied der Gruppe nordwest-europäischer Demokratien dar, welche durch relativ hohe Niveaus sozialer Beteiligung, sozialen Vertrauens sowie politischer Involvierung gekennzeichnet werden.

Kritikpunkte am Begriff und Konzept Sozialkapital:
Die breite Anwendung des Begriffes S. hat eine große Zahl kritischer Betrachtungen stimuliert. Zunächst wird darauf hingewiesen, daß sich hinter diesem Begriff zu viele unterschiedliche Phänomene verstecken. Auf die uneinheitlichen Konzeptualisierungen der Verknüpfungen der Begriffe S. und Vertrauen wurde oben bereits hingewiesen. Auch die auf zweifache Weise doppelte Bedeutung von S. - als Bezeichnung individueller Ressourcen und als kollektives Gut; sowie als abhängiger und unabhängiger Faktor - scheint die Analysen nicht zu erleichtern. Sicherlich könnte man Essers Empfehlungen folgen und anstelle des Begriffs S. für die individuelle bzw. die kollektive Dimension die Begriffe „Beziehungskapital" und „Systemkapital" benutzen (Esser 2000). Zweitens ist unklar, welches der Status des

Konzepts in Kausalketten ist. Ist Vertrauen eine Folge sozialer Beteiligung oder eher ihre Voraussetzung - oder vielleicht sogar sowohl Ursache als auch Folge, je nach Zeitpunkt? Und ist das Dilemma kollektiven Handelns wirklich gelöst, solange nicht erklärt ist, wo das benötigte S. herkommt? Drittens betonen fast alle Autoren, daß die derzeit zur Verfügung stehenden Datensätze und Operationalisierungen sehr mangelhaft sind und sich kaum für zuverlässige Überprüfungen komplexer kausaler Modelle mit komplizierten Konzeptualisierungen eignen. Schlußfolgerungen sind deswegen eher zurückhaltend zu bewerten. Ein letzter kritischer Punkt betrifft die Hinweise auf den oft ideologischen (konservativen oder kommunitaristischen) Charakter mancher Aufsätze in diesem Bereich, welche Außenseiter diskriminieren und die Folgen sozialer Beteiligung romantisieren. Daß auch die Beteiligung an kriminellen Organisationen (wie z.B. der RAF oder der Mafia) die Bildung von S. fördert und umfangreiche soziale Netzwerke auch fruchtbare soziale Kontrollmechanismen darstellen, bleibt meistens außer Betracht.

Jan W. van Deth

Literatur:

Coleman, James S. 1990: Foundations of Social Theory, Cambridge/London.

Esser, Hartmut 2000: Soziologie: spezielle Grundlagen (Bd. 4: Opportunitäten und Restriktionen), Frankfurt a.M./New York.

Fukuyama, Francis 1995: Trust, The Social Virtues and the Creation of Prosperity, New York.

Gabriel, Oscar W./Kunz, Volker 1998: Engagement in Freiwilligenorganisationen: Produktivkapital einer modernen Gesellschaft? Interne Studie der Konrad-Adenauer-Stiftung, Sankt Augustin.

Haug, Sonja 1997: Soziales Kapital, Ein kritischer Überblick über den aktuellen Forschungsstand, Mannheim.

Putnam, Robert D. 1993: Making Democracy Work, Civic Traditions in Modern Italy, Princeton.

Putnam, Robert D. 1995: Tuning in, Tuning out: The Strange Disappearance of Social Capital in America, in: Political Science and Politics 28, S. 664-683.

Putnam, Robert D. 2000: Bowling Alone. The Collapse and Revival of American Community, New York.

Ripperger, Tanja 1998: Ökonomik des Vertrauens, Analyse eines Organisationsprinzips, Tübingen.

Tocqueville, Alexis de 1990 (1835): Democracy in America, New York.

van Deth, Jan W./Maraffi, Marco/Newton, Ken/Whiteley, Paul 1999: Social Capital and European Democracy, London.

Sozialstruktur

→ *Arbeitslosigkeit, Anomie/Entfremdung, Armut, Bildung, Bündnis 90/Die Grünen, CDU/CSU, DDR, Demokratische Persönlichkeit, Eliten, Externe politische Effektivität, Familie, FDP, Freizeit, Generationen, Ideologie, Individualisierung, Kommunen, Konfliktlinien, Massenmedien, Milieus/Lebensstile, Militär, Minderheiten/Randgruppen, Neue Bundesländer, Neue Soziale Bewegungen, Öffentlicher Dienst/Sektor, Parteiidentifikation, Politiker/Politische Klasse, Politische Beteiligung, Politische Sozialisation: Geschlecht/Geschlechterverhältnisse/Gleichaltrigengruppe/Ost-/Westdeutschland/Soziale Schicht, Politisches Interesse, Rechtsstaat, Regionale/Lokale Politische Kultur, Republikaner/DVU, Soziale Gerechtigkeit, Soziale Sicherheit, Soziale Ungleichheit/Lebenslagen, Sozialer Wandel/Modernisierung, SPD, Transformation/Transition, Wahlen/Wähler.*

Begriff/Ansätze der Sozialstrukturanalyse:
Der Begriff der Sozialstruktur (S.) gehört zu den Schlüsselbegriffen der Gesellschaftsanalyse, allerdings wird darunter sehr Unterschiedliches verstanden. Unterschiedliche Erkenntnisinteressen und Theorietraditionen haben verschiedene Konzepte der S. und verschiedene Ansätze der S.-Analyse hervorgebracht, die unterschiedliche Kernbereiche der Gesellschaft in den Mittelpunkt ihrer Aufmerksamkeit rücken. Bei der Analyse moderner Gesellschaften lassen sich mindestens die fünf folgenden Konzepte und Ansätze auseinanderhalten: Vertreter der strukturfunktionalistischen Theorie sehen das Gefüge sozialer Rollen und Institutionen als den Kern der S. an. Sozialstatistisch orientierte Analysen verstehen darunter die Grundgliederung der Bevölkerung nach sozialstatistischen Merkmalen wie z.B. Einkommen, Beruf, Bildung, Geschlecht oder Alter. Schichtungs- und Klassentheoretiker sowie Ungleichheitsforscher setzen S.-Analyse mit der Untersuchung von Schichten und Klassen bzw. der weitergefaßten Struktur der → sozialen Ungleichheit gleich; ungleiche Lebensbedingungen und damit zusammenhängende ungleiche Lebenschancen stehen im Zentrum ihrer Aufmerksamkeit (Hradil 1987; Kreckel 1992; Geißler 1994). Die neuere kulturalistische Vielfaltsforschung (Milieu- und Lebensstilanalysen; → Milieus/Lebensstile) richtet ihr Hauptaugenmerk auf die Pluralität im kulturellen Bereich, auf die Vielfalt der Lebensziele, Werte, Geschmacksrichtungen, Lebensäußerungen und Verhaltensweisen. Vieldimensionale und sehr weit definierte Konzepte erfassen schließlich gleichzeitig mehrere der erwähnten Kernbereiche (z.B. Geißler 1996) und manchmal auch noch zusätzliche wie z.B. die Siedlungsstruktur (z.B. Schäfers 1998). Ich werde mich bei der folgenden Auswahl aus den Fragestellungen und Ergebnissen der S.-Forschung im Wesentlichen an der Perspektive der Ungleichheitsforschung bzw. der Schicht- und Klassenanalyse orientieren.

Entwicklungen in wichtigen Teilbereichen der Sozialstruktur:
Erwerbsstruktur: Tertiärisierung und Schrumpfen des Mittelstandes: Die Entwicklung der Erwerbsstruktur ist in beiden deutschen Gesellschaften von zwei grundlegenden langfristigen Umschichtungstendenzen gekennzeichnet: der Tertiärisierung und dem Schrumpfen des Mittelstandes der Selbständigen. Der Begriff der Tertiärisierung charakterisiert die letzte Phase eines langfristigen allgemeinen sozioökonomischen Wandels von Agrargesellschaften über Industriegesellschaften hin zu Dienstleistungsgesellschaften. Nach der Drei-Sektoren-Hypothese von Fourastié verlagert sich das Schwergewicht der wirtschaftlichen Tätigkeit immer mehr vom agrarischen (primären Sektor) und industriell-handwerklichen Bereich (sekundären Sektor) zum Dienstleitungsbereich (tertiären Sektor). Hinter diesem Strukturwandel steckt ein kompliziertes Geflecht ökonomischer und sozialstruktureller Ursachen (u. a. starkes Wachstum der Produktivität und unterschiedliche Produktivitätsfortschritte in den verschiedenen Sektoren, zunehmende Komplexität der S., Anstieg von Wohlstand und → Freizeit). Die konkreten Verläufe dieses Prozesses in Ost und West zeigen charakteristische Abweichungen. Die Bundesrepublik überschreitet bereits in den 70er Jahren die Schwelle zur Dienstleistungsgesellschaft; Angestellte und Beamte steigen zu den quantitativ dominierenden Berufsgruppen auf, sie machen 1998 55 % der Erwerbstätigen aus. Arbeiter sind kontinuierlich von 51 % im Jahre 1950 auf 33 % im Jahre 1998 zurückgegangen. Und die ehemals strukturprägende Schicht der Bauern, die zwar im Zuge der Industrialisierung bereits im 19. Jhdt. ihre dominante Position einbüßte, aber 1950 immer noch ein Viertel der Erwerbstätigen stellte, ist auf einen kleinen Rest von gut 2 % zusammengeschmolzen.

Die → DDR wies zum Zeitpunkt ihres Zusammenbruchs einen Tertiärisierungsrückstand von etwa 25 Jahren gegenüber der Bundesrepublik auf. Die Verteilung der Erwerbstätigen im Jahr 1989 - 50 % arbeiteten im sekundären, 40 % im tertiären und 11 % im primären Sektor - entsprach der westdeutschen Situation in der Mitte der 60er Jahre. Arbeiter- und Bauernschichten waren also erheblich überproportioniert, die Dienstleistungsschichten dagegen unterentwickelt, obwohl wiederum die Staats- und Wirtschaftsbürokratien personell stark überbesetzt waren. In der Agrar-, Industrie- und Beschäftigungskrise nach der Wiedervereinigung verwandelte sich Ostdeutschland (→ Neue Bundesländer) quasi über Nacht von einer industriell geprägten Arbeitergesellschaft in eine Dienstleistungsgesellschaft. Die Tertiärisierungslücke hat sich ruckartig geschlossen, bereits 1992 war die Verteilung der Beschäftigten auf die drei Sektoren fast mit der westdeutschen Situation identisch. Im Jahr 2000 arbeiteten 65 % im Dienstleistungsbereich (West 64 %), 31 % im produzierenden Gewerbe (West 34 %) und 4 % im primären Sektor (West 3 %).

Das schubweise Schrumpfen des Mittelstandes der Selbständigen ist die zweite langfristige Entwicklungstendenz der Erwerbsstruktur. Marx hatte den Mittelständen den baldigen Untergang prophezeit: Sie würden im Konkurrenzkampf der

Mono- und Oligopole zerrieben. Diese Prognose hat sich in der Bundesrepublik nur teilweise erfüllt. Der Anteil der Selbständigen an den Erwerbstätigen wurde zwar von 32 % (einschl. mithelfende Familienangehörige) im Jahr 1950 auf 11 % im Jahr 1989 erheblich dezimiert, seitdem hält er sich jedoch auf diesem Niveau (2000: 11,3 %). Die Selbständigen stellen eine ausgesprochen leistungsorientierte, flexibel agierende, experimentier- und risikofreudige Gruppe dar, mit wichtigen sozioökonomischen Funktionen; schichtungssoziologisch sind sie - im Hinblick auf Qualifikation, Einkommen und Vermögen sowie Sozialmentalität - sehr heterogen zusammengesetzt. Die sozialistische Machtelite hat bei der Erfüllung der Marx'schen Prophezeiung kräftig nachgeholfen und die Selbständigen in der DDR durch ihre Sozialisierungs- und Kollektivierungspolitik fast vernichtet. Der kleine Rest von ca. 180.000 Selbständigen (gut 2 % der Erwerbstätigen), die in den 80er Jahren, insbes. im Handwerk, noch überlebt hatten, war zu einem sozioökonomischen Kümmerdasein verurteilt, da seiner wirtschaftlichen Aktivität durch Planvorgaben und hohe Steuern enge leistungshemmende Fesseln angelegt waren. Der Neuaufbau eines handwerklich-tertiären Mittelstandes in den neuen Ländern bereitet erhebliche Schwierigkeiten. Die ca. 544.000 ostdeutschen Selbständigen des Jahres 2000 machen mit 8,7 % der Erwerbstätigen erst ca. Dreiviertel des westdeutschen Umfangs dieser Gruppe aus und weisen auch qualitativ zahlreiche Besonderheiten auf: eine buntere Zusammensetzung nach Herkunft und Soziallage; mehr Klein- und Kleinstbetriebe; mehr „Notgründungen" aus der tatsächlichen oder drohenden Arbeitslosigkeit heraus; eine starke Polarisierung der Einkommen, wobei die Mehrheit lediglich unterdurchschnittliche Verdienste erzielt.

Im Agrarbereich, wo sich der Strukturumbruch mit besonderer Radikalität und Dramatik vollzog, zeichnet sich ein ostdeutscher Sonderweg ab: Mehr als die Hälfte der ostdeutschen Nutzfläche werden weiterhin kollektiv von den LPG-Nachfolgegesellschaften bewirtschaftet, und die relativ wenigen neu entstandenen Einzelbetriebe nehmen sich im Vergleich zu den westdeutschen Familienbetrieben wie postsozialistische Großagrarierer aus; ihre Höfe sind 1999 mit durchschnittlich 130 Hektar um etwa das Dreifache größer (West 43 ha).

Qualifikationsstruktur: Bildungsexpansion bei Fortdauer der Chancenungleichheit: Seit den 50er Jahren steigt das Qualifikationsniveau der westdeutschen Bevölkerung kontinuierlich an (→ Bildung). So hat sich z.B. der Akademikeranteil unter den Erwerbstätigen von 3 % in den 50er Jahren auf 11 % im Jahr 1998 fast vervierfacht, während die Ungelernten, die in den 60er Jahren noch ca. zwei Drittel der Erwerbsbevölkerung stellten, auf 22% zusammengeschrumpft sind. Der strukturelle Motor von Bildungsexpansion und Höherqualifizierung liegt zum einen in der Entfaltung der „wissenschaftlich-technischen Zivilisation" (Schelsky) und zum anderen in der „nachindustriellen Wissensgesellschaft" (Bell) mit einem ständig steigenden Bedarf an guten Qualifikationen und theoretischen Kenntnissen. Die Bildungsexpansion unterliegt jedoch auch einer Eigendynamik: In der individuellen

Konkurrenz um Statussicherung und sozialen Aufstieg nehmen immer mehr Menschen hohe Bildungsanstrengungen auf sich.

Die Bildungsexpansion ist mit zwei paradoxen Effekten verknüpft. Ihr erstes Paradoxon besteht in der gleichzeitigen Auf- und Abwertung der Bildungszertifikate für die Plazierung der Individuen in der sozialen Hierarchie und die damit verbundenen Lebenschancen. Der Aufwertungseffekt zeigt sich darin, daß mittlere und höhere Bildungszertifikate immer wichtiger für den Einstieg in bestimmte Berufslaufbahnen werden. Andererseits unterliegen die Zertifikate einer Entwertung, weil mit einem Abschluß desselben Niveaus nur noch Berufspositionen mit durchschnittlich weniger Statuschancen (Einkommen, Prestige, Arbeitsqualität, Einfluß) erworben werden können („Bildungsinflation"). Das zweite Paradoxon der Bildungsexpansion besteht darin, daß sie mehr Bildungschancen, aber nicht mehr Chancengleichheit zwischen den Schichten gebracht hat. Die schichtspezifischen Chancenunterschiede weisen ein starkes Beharrungsvermögen auf: Auch heute noch gelingt es nur jedem fünfzigsten Kind aus → Familien von ungelernten Arbeitern, eine Universität zu besuchen, während 82 % der Kinder von Freiberuflern ein Universitätsstudium aufnehmen. In der DDR war die Bildungsexpansion aus ökonomischen Gründen in den 70er Jahren gedrosselt worden, so daß 1989 die Abiturienten- und Studienanfängerquoten mit jeweils 14 % deutlich unter dem Westniveau (Abiturienten 24 % - Studienanfänger an Universitäten 20 %) lagen. Die Entwicklung der Chancenungleichheit weicht markant vom Verlauf in Westdeutschland ab. Einer revolutionären sozialen Öffnung der weiterführenden Bildungswege für Arbeiter- und Bauernkinder in der Startphase der DDR folgt eine zunehmende soziale Schließung seit den 60er Jahren. In den 80er Jahren waren die Studienchancen von Arbeiterkindern in der DDR deutlich niedriger als in Westdeutschland. Das „bürgerliche Bildungsprivileg" war durch ein Bildungsprivileg der neuen sozialistischen Führungsschicht ersetzt worden, die sich zunehmend gegen den Zugang von unten abschottete. Mit dem Untergang der DDR verschwand auch die politische Blockade der Bildungsexpansion. Die Besuchsquoten der verschiedenen Schultypen ähneln inzwischen dem westdeutschen Muster, und die Studienanfängerquoten steigen an. Die hohe soziale Selektivität des ostdeutschen Bildungssystems wurde im Zuge der „nachholenden Bildungsexpansion" zwar gemildert, aber neuere Studien zeigen, daß die schichttypische Ungleichheit der Bildungschancen in den neuen Ländern weiterhin stärker ausgeprägt ist als in den alten.

Materielle Lebensbedingungen: Wohlstandsanstieg bei Fortdauer der Ungleichheit: In Westdeutschland lösten die ökonomischen Triebkräfte der kapitalistischen Marktwirtschaft in Kombination mit einer pluralistischen Demokratie einen historisch einzigartigen, sich in den 80er Jahren stark abschwächenden und auch vorübergehend auf sehr hohem Niveau stagnierenden Anstieg von Lebensstandard und Massenkonsum aus, der mit hoher → sozialer Sicherheit für eine große Bevölkerungsmehrheit verbunden ist. An der Ungleichverteilung der Einkommens- und Konsumchancen hat sich jedoch nichts Wesentliches verändert. Eine ausgeprägte soziale Ungleichheit der materiellen Lebensbedingungen gehört weiterhin zu den Charakteristika der westdeutschen S.

Auch in der DDR hatte sich der Lebensstandard langsam, aber kontinuierlich erhöht. Dennoch konnte nicht verhindert werden, daß sich die Ost-West-Wohlstandsschere immer weiter öffnete. 1960 lag das reale, um die Kaufkraftunterschiede bereinigte Durchschnittshaushaltseinkommen in der DDR um 30 % hinter dem westdeutschen zurück, 1970 um mehr als 40 % und in den 80er Jahren um mehr als 50 %. Die sozialistische Eigentums-, Einkommens- und Sozialpolitik trug egalitäre Züge und war u. a. am dogmatischen Prinzip der „Annäherung aller Klassen und Schichten" orientiert. Sieht man einmal von den sozialen Sicherheitsgarantien für alle DDR-BürgerInnen ab, so kann die sozialstrukturelle Entwicklung der DDR als Nivellierung nach unten bezeichnet werden, die sich zu Lasten von wichtigen sozioökonomischen Leistungsträgern wie Hochqualifizierten und Selbständigen auswirkte. Nutznießer waren die im Vergleich zu anderen Schichten relativ gut gestellten Arbeiter und Bauern. Funktionalistisch denkende Sozialstrukturforscher der DDR (insbes. Lötsch) kritisierten die egalitäre Politik als übermäßige Nivellierung, als übertriebene „Gleichmacherei"; sie wurde als Hemmschuh für den wirtschaftlichen und gesellschaftlichen Fortschritt angesehen. Nach der Vereinigung konnte die Ost-West-Wohlstandslücke erheblich verkleinert, aber bei weitem nicht geschlossen werden. So lag z.B. das verfügbare Haushaltseinkommen in den neuen Ländern 1998 bei 75 % des Westniveaus. Der Wohlstandsanstieg ging in Ostdeutschland einher mit einem Anstieg der sozialen Ungleichheit. Die Abstände (z.B. im Einkommen) zwischen Oben und Unten wurden auf einem insgesamt höheren Niveau größer, ohne daß das Ausmaß der westdeutschen Ungleichheit bisher erreicht wurde.

Sozialstruktureller Wandel aus der Makroperspektive:
Klassen und Schichten im Wandel: Die Klassen- und Schichtanalysen beschränken sich nicht auf Teilbereiche der S., sondern erfassen diese in ihrer Gesamtheit. In ihrer klassischen Tradition - z.B. Marx, Weber, Geiger oder neuerdings der französische Soziologe Bourdieu - versuchen sie, die Gesamtbevölkerung auf zwei miteinander verknüpften Dimensionen nach „Klassen" oder „Schichten" zu untergliedern: zum einen nach den Unterschieden in ihren „äußeren" Lagen/Lebensbedingungen - nach „Klassenlagen" (Marx, Weber), oder „Soziallagen" (Geiger) -, zum anderen nach ihren „inneren" oder „psychischen" Dispositionen/Merkmalen - nach „Klassenbewußtsein" und „Klassenhandeln" (Marx, Weber) nach „Schichtmentalitäten" und „schichttypischen Lebensduktus" (Geiger), nach ihrem „Klassenhabitus" (Bourdieu). Dabei wird in der Regel nicht deterministisch unterstellt, daß das Sein das Bewußtsein, die Klassen- und Soziallage die psychischen Dispositionen bestimmen. Aber es wird davon ausgegangen, daß ähnliche äußere Lebensumstände mehr oder weniger stark Einfluß auf die Persönlichkeitsentwicklung

ausüben (Sozialisationsannahme; → pS) und daß sich im Zusammenspiel von Klassenlage und Klassenhabitus ähnliche schichttypische Lebenschancen herausbilden.

Die Versuche der 50er und 60er Jahre, die komplexen realen Strukturen auf wesentliche Grundmuster zu reduzieren, haben zu sehr unterschiedlichen Klassen- und Schichtmodellen und kontroversen Vorstellungen über die S. geführt. Ein relativ treffendes, farbiges Bild vermittelt das „Hausmodell" von Dahrendorf, das sieben Klassen und Schichten unterscheidet: → Eliten (unter 1 %), Dienstklasse (12 %), Mittelstand (20 %), Arbeiterelite (5 %), Arbeiterschicht (45 %), falscher Mittelstand (12 %) und Unterschicht (5 %). Einige neuere Klassifikationsversuche orientieren sich weiterhin an dem von Dahrendorf diagnostizierten Grundmuster, ziehen jedoch einige weitere Differenzierungslinien ein. Wohlstandsanstieg und Höherqualifizierung haben eine Umschichtung von unten zur Mitte und nach oben verursacht und dabei sowohl die äußeren Lebensumstände als auch die Muster der Lebensführung vielfältiger werden lassen (Pluralisierung). Insbesondere die mittleren Ebenen der gesellschaftlichen Hierarchie zeichnen sich durch eine zunehmende Vielfalt der Orientierungen und Lebensstile aus. Hinzugekommen ist des weiteren ein immer größer werdendes multi-ethnisches Segment von Arbeitsmigranten und Flüchtlingen aus anderen europäischen und außereuropäischen Gesellschaften, das bisher weitgehend am Rand der deutschen Kerngesellschaft lebt. Ein Versuch, die westdeutsche Bevölkerung am Ende der 80er Jahre grob mit einem Schichtmodell zu gliedern, unterscheidet neun Schichten: Machteliten (unter 1 %), Dienstleistungsmittelschichten (28 %), bürgerlicher Mittelstand (7 %), Bauern (6 %), Arbeiterelite (12 %), deutsche Facharbeiter (18 %), deutsche un- und angelernte Arbeiter (15 %), ausführende Dienstleistungsschicht (9 %), ausländische Randschicht (5 %) (Geißler 1996).

Die Gesellschaft der DDR wurde offiziell in die beiden „Hauptklassen" Arbeiterklasse und Genossenschaftsbauern und in die „soziale Schicht" der Intelligenz gegliedert; zur Intelligenz wurden alle Personen mit Fach- oder Hochschulabschluß gezählt. Dieses starre „Zwei-Klassen-eine-Schicht-Schema", das im Staatswappen der DDR durch Hammer, Ährenkranz und Zirkel symbolisch präsent war, erfaßt jedoch die Differenzierung der sozialistischen S. nur sehr unzureichend. Nicht erwähnt sind die aus ideologischen Gründen tabuisierte Machtelite und die Reste des alten Mittelstandes. Zudem gab es innerhalb der „Arbeiterklasse" Unterschiede zwischen Arbeitern und Angestellten und insbesondere eine Schicht von Un- und Angelernten, bei denen sich - ähnlich wie im Westen - soziale Benachteiligungen häuften. Charakteristisch für das sozialistische Schichtgefüge ist die relativ gute materielle und soziale (z.B. Ansehen) Position der Arbeiter und Bauern. Diese beiden Schichten waren wegen des Tertiärisierungsrückstands auch quantitativ gewichtiger als in der Bundesrepublik. Das ideologische Etikett „Arbeiter- und Bauerngesellschaft" findet also eine gewisse Entsprechung in der sozialistischen Realität. Diese nach unten nivellierte Arbeiter- und Bauerngesellschaft, eine „Gesellschaft der kleinen Leute", verwandelt sich nach der Vereinigung allmählich in eine wohlhabendere tertiäre Mittelschichtengesellschaft mit größeren sozialen Abstufungen und höheren sozialen Risiken. Im oberen Bereich ist sie partiell westdeutsch überschichtet: Viele Spitzenpositionen - im → Militär, in der Justiz und in der Wirtschaft, aber auch in den → Massenmedien, in der Verwaltung (→ Öffentlicher Dienst/Sektor) und in der Politik (→ Politiker/Politische Klasse) - sind mit Westdeutschen besetzt - ein Phänomen, das viele Ostdeutsche als „Kolonialisierung durch den Westen" empfinden.

Angesichts des skizzierten enormen Wandels im sozioökonomischen Bereich (Schließung der Tertiärisierungslücke, Wohlstandsschub, nachholende Bildungsexpansion) ist es überraschend, daß sich an der subjektiven Schichteinstufung in den 90er Jahren so gut wie nichts verändert hat. Nach ihrer Selbsteinstufung ist die ostdeutsche Gesellschaft eine „Arbeiter- und Unterschichtgesellschaft" geblieben, während sich die Westdeutschen schon seit langem mehrheitlich als Mittelschichtgesellschaft sehen. 57 % der Ostdeutschen ordneten sich 1999 der Unter- und Arbeiterschicht zu (West 28 %), 41 % der Mittelschicht (West 60 %) und nur 2 % der oberen Mittel- und Oberschicht (West 12 %) (Wohlfahrtssurvey 1999). Offensichtlich hat die → Ideologie der „Arbeiter- und Bauerngesellschaft" deutliche Spuren im Bewußtsein der Ostdeutschen hinterlassen; z. T. dürfte die abweichende Selbsteinstufung auch das zwar erheblich reduzierte, aber weiterhin deutliche West-Ost-Gefälle im Einkommen, Besitz und Lebensstandard widerspiegeln.

Die neue Ideologie der Klassenlosigkeit: Lösen sich Klassen und Schichten auf? In den 70er Jahren hat sich die Perspektive der deutschen S.-Forschung zunächst erweitert, in den 80er Jahren dann verlagert. Die Erweiterung besteht darin, daß neben der traditionellen „vertikalen" Dimension der Klassen- und Schichtanalyse auch die sog. „horizontale" Dimension der sozialen Ungleichheit, insbes. die Ungleichheiten zwischen den Geschlechtern, Altersgruppen, → Generationen oder Regionen (auch im interkulturellen Kontext) untersucht werden. Seit etwa Mitte der 80er Jahre verlagert sich dann die Aufmerksamkeit von der sozialen Ungleichheit im klassischen Sinne auf die „innere", „kulturelle" Dimension der S. Mit den Konzepten „soziale Milieus" - dieses wurde aus der Markt- und Wahlforschung des SINUS-Instituts übernommen - und „Lebensstile" wird die zunehmende Vielfalt der Orientierungs-, Einstellungs- und Handlungsmuster erforscht. Bei der Wende der sozialstrukturellen Ungleichheits- und Lebenschancenforschung zur kulturalistischen Vielfaltsforschung breitet sich auch die Vorstellung aus, Klassen und Schichten lösten sich im Zuge der weiteren Differenzierung, Pluralisierung, → Individualisierung und Dynamisierung (z.B. Berger 1996) der S. auf oder hätten sich bereits aufgelöst. Unter dem Einfluß griffiger Formulierungen wie „Jenseits von Klasse und Schicht" (Beck 1986) oder von „Klassen und Schichten zu Lagen und Milieus" (Hradil 1987) wurde die neue Theorie der Klassenlosigkeit innerhalb und außerhalb der Sozialwissenschaften populär.

Diese Theorie ist ein Spezifikum der deutschen S.-Analyse und wird in anderen europäischen oder nordamerikanischen Gesellschaften kaum vertreten. Das ist nicht verwunderlich, denn das Konzept der individualisierten oder auch differenziert-pluralen „Nachklassengesellschaft" verallgemeinert - ähnlich wie die Anti-Klassentheorie Schelskys aus den 50er Jahren - einige (durchaus wichtige) Tendenzen sozialstrukturellen Wandels in unzulässiger Weise. Es nimmt dabei ideologischen Charakter an, weil es den Blick für weiterhin fortbestehende vertikale schichttypische Ungleichheiten trübt. Diese lassen sich vielfach empirisch belegen. Bildungschancen und damit verknüpfte Berufs-, Aufstiegs- und Statuschancen, die Chancen auf politische Teilnahme, aber auch die Risiken, arm, arbeitslos, krank oder kriminalisiert zu werden, variieren weiterhin schichttypisch (→ Armut, Arbeitslosigkeit; zusammenfassend Geißler 1994, 1996a). An der subjektiven Schichteinstufung hat sich in den letzten Jahrzehnten nichts wesentliches geändert (Glatzer u. a. 1999). Schichttypische Unterschiede in den Erziehungszielen sind heute z.T. größer als in den 50er Jahren, und auch die Heiratskreise haben sich über die Generationen hinweg eher sozial geschlossen als geöffnet. Selbst die Individualisierungs- und Pluralisierungsprozesse vollziehen sich nicht gleichmäßig auf allen Ebenen der gesellschaftlichen Hierarchie, sondern werden z. T. schichttypisch gebrochen. Individualisierung ist vor allem ein Merkmal der höheren Bildungsschichten, Pluralisierungstendenzen treten insbesondere in der gesellschaftlichen Mitte auf (zusammenfassend Geißler 1998).

Die komplizierte S. der modernen Gesellschaft hat viele Facetten: neben horizontalen Ungleichheiten und der zunehmenden Vielfalt der kulturellen Muster leben traditionelle vertikale Strukturen fort. Die Folge der sozialstrukturellen Veränderungen ist daher nicht die Auflösung, sondern die Pluralisierung der Schicht- und Klassenstruktur (Geißler 1998). Bourdieu (1979) und Vester u. a. (2001) tragen dieser Vieldimensionalität Rechnung, in dem sie Lebensstil- bzw. Milieuanalyse mit Klassenanalyse verknüpfen.

Sozialstruktur und politische Kultur:
Die Zusammenhänge der pK mit der vertikalen Dimension der S. sind nur teilweise empirisch aufgehellt. Vergleichsweise gut rekonstruieren lassen sich die schichttypischen Partizipationsmuster in ihren unterschiedlichen Varianten (Geißler 1994 und 1996a). Minimalformen der → politischen Beteiligung - wie Teilnahme an Bundestagswahlen oder Mitgliedschaft in einer Interessenorganisation - erfordern wenig psychischen und geistigen Aufwand und sind daher nahezu schichtneutral verbreitet. Schwach schichtspezifisch variieren die Wahlteilnahme auf kommunaler Ebene und die Beteiligung an politischen Gesprächen unter Verwandten und Bekannten. Mittlere Stärke erreichen die schichttypischen Unterschiede bei anderen Formen der konventionellen und unkonventionellen Teilnahme (→ s. auch Neue Soziale Bewegungen, Parteiidentifikation). So hatten sich z.B. 1992 nur 6 % der Un- und Angelernten in den alten Ländern bereits einmal an einer Bürgerinitiative beteiligt, je 13 % der Facharbeiter und der einfachen Beamten/Angestellten, 14 % der mittleren Selbständigen, aber zwischen 24 und 33 % der gehobenen oder lei-

tenden Angestellten und Beamten bzw. der Freiberufler und größeren Selbständigen. Beim Engagement in politischen Parteien schlägt der Einfluß der Schichtzugehörigkeit noch stärker durch: Nur 1 % der Un- und Angelernten, 3 % der Facharbeiter, aber 11 % der Freiberufler und größeren Selbständigen und 14 % der leitenden Angestellten und höheren Beamten waren 1992 in den alten Ländern Mitglieder in einer Partei. In den neuen Ländern sind die schichttypischen Unterschiede noch stärker ausgeprägt: Die entsprechende Werte betragen dort 0 %, 2 %, 8 % und 22 %. In den politischen Institutionen selbst sind die Partizipationschancen wiederum ausgesprochen schichttypisch verteilt. Zur sozialen Selektivität des politischen Institutionengefüges läßt sich das folgende „Gesetz" formulieren: Je näher eine Position dem Entscheidungszentrum steht, je mehr Einfluß mit einer Position verknüpft ist, um so besser kommen die oberen Schichten zum Zuge und um so mehr werden die unteren Schichten an den Rand gedrängt. Bundestag und Landtage z.B. haben sich immer mehr zu Akademiker- und Beamtenparlamenten (oder genauer: Parlamenten der öffentlich Bediensteten) entwickelt. Arbeiter, Angehörige der unteren Schichten sind darin zu ausgesprochenen Raritäten geworden. Fast die Hälfte der Abgeordneten stammt aus dem → öffentlichen Dienst, aber nur 1-2 % aus der Arbeiterschaft.

Die unterschiedlichen Partizipationsmuster spiegeln sich auch in den schichttypischen Einstellungen zur Politik wider. Einstellungsskalen, die politische Ohnmachtsgefühle und → politische Anomie/Entfremdung messen, hängen in mittlerem bis starkem Maß mit dem Bildungs- und Berufsstatus zusammen. Angehörige der oberen Schichten fühlen sich politisch einflußreich (→ Externe politische Effektivität); sie glauben - mit Recht - daran, durch Teilnahme eine gewisse Wirkung auf Regierung, Parlamentarier oder Politik im allgemeinen ausüben zu können. Gleichzeitig sehen und spüren sie, daß politische Entscheidungen ihre eigene Lebenssituation verändern, verbessern oder beeinträchtigen können. Die Verflechtungen von Politik und Alltag werden durchschaut. In den unteren Schichten dagegen sind starke Tendenzen vorhanden, den politischen Bereich als eine fremde, störende, ja feindliche Welt zu empfinden, der man relativ ohnmächtig ausgeliefert ist. Ressentiments gegenüber auf eigenen Vorteil bedachten Politikern, die sich ja doch nicht um die Interessen des kleinen Mannes kümmern, Mißtrauen gegen politische Propaganda und gegen Wählerbetrug sind vergleichsweise weit verbreitet. Das sog. „Syndrom der kognitiven Mobilisierung" (Greiffenhagen) ist schichtspezifisch verteilt.

Eine empirische Studie zu typischen politischen Einstellungssyndromen - die Autoren (Vester u. a. 2001) nennen sie „Politikstile" - verdeutlicht die Zusammenhänge zwischen S. und verschiedenen Richtungen der politischen Orientierung. Die sieben ermittelten Typen verteilen sich, idealtypisch vereinfacht, folgendermaßen auf die soziale Hierarchie: Das obere Viertel setzt sich aus „kritisch-engagierten Radikaldemokraten", die eher zu → SPD oder → Bündnis 90/Die Grünen tendieren, und aus „zufriedenen Traditionell-Konservativen" mit Tendenzen zu →

CDU/CSU zusammen. Die → FDP genießt ebenfalls in beiden Gruppen überdurchschnittliche Sympathien. In der mittleren Hälfte der Gesellschaft lassen sich drei Typen abgrenzen: die „kritisch-engagierten Sozialintegrativen" mit überdurchschnittlichen Präferenzen für die SPD, die „Skeptisch-Desillusionierten", wo neben der SPD auch die → Republikaner überdurchschnittliche Sympathien genießen, und die „Gemäßigt-Konservativen" mit überdurchschnittlichen CDU/CSU-Orientierungen. Das untere Viertel machen die „Deklassierten" aus, wo sich „Enttäuscht-Apathische" (Tendenzen zu SPD oder Republikanern) und „Enttäuscht-Aggressive" (überdurchschnittliche Sympathien für Republikaner) unterscheiden lassen. Die Unterschiede in den politischen Einstellungssyndromen auf den verschiedenen Ebenen der sozialen Hierarchie machen die Pluralisierung der Schichtstruktur im Hinblick auf pK deutlich.

Rainer Geißler

Literatur:

Beck, Ulrich 1986: Risikogesellschaft, Frankfurt a.M.

Berger, Peter 1996: Individualisierung. Statusunsicherheit und Erfahrungsvielfalt, Opladen.

Bourdieu, Pierre 1979: La Distinction, Paris.

Geißler, Rainer (Hrsg.) 1994: Soziale Schichtung und Lebenschancen in Deutschland, 2. Aufl., Stuttgart.

Geißler, Rainer 1996: Die Sozialstruktur Deutschlands, 2. Aufl., Opladen.

Geißler, Rainer 1996a: Kein Abschied von Klasse und Schicht, in: KZfSS 48, S. 319-338.

Geißler, Rainer 1998: Das mehrfache Ende der Klassengesellschaft. Diagnosen sozialstrukturellen Wandels, in: Friedrichs, Jürgen/Lepsius, Rainer M./Mayer, Karl Ulrich (Hrsg.): Die Diagnosefähigkeit der Soziologie, Opladen.

Glatzer, Wolfgang/Ostner, Ilona (Hrsg.) 1999: Deutschland im Wandel. Sozialstrukturelle Analysen, Opladen.

Hradil, Stefan 1987: Sozialstrukturanalyse in einer fortgeschrittenen Gesellschaft, Opladen.

Kreckel, Reinhard 1992: Politische Soziologie der sozialen Ungleichheit, Frankfurt a.M./New York.

Schäfers, Bernhard 1998: Gesellschaftlicher Wandel in Deutschland, 6. Aufl., Stuttgart.

Vester, Michael/von Ortzen, Peter/Geiling, Heiko/Hermann, Thomas/Müller, Dagmar 2001: Soziale Milieus im gesellschaftlichen Strukturwandel, Frankfurt a. Main.

SPD

→ Bildung, Bündnis 90/Die Grünen, CDU/CSU, DDR, Eliten, Endogenität/Exogenität, FDP, Föderalismus, Frauen/Männer, Freizeit, Geschichtliche Phasen der BRD, Gewerkschaften, Grundgesetz, Intellektuelle, Kirchen, Kommunen, Konfliktlinien, Milieus/Lebensstile, Militär, Nationalsozialismus, Neue Bundesländer, Parlamentarismus, Parteiensystem, PDS, Politikverdrossenheit, Politische Bildung, Politische Traditionen, Regierung/Regierungsmehrheit/Opposition, Religiosität, Soziale Marktwirtschaft, Soziale Sicherheit, Sozialstruktur.

Vorgeschichte/Gründung:
Die SPD leitet ihren Ursprung vom Allgemeinen Deutschen Arbeiterverein, 1863 von Ferdinand Lassalle gegründet, und der Sozialdemokratischen Arbeiterpartei, von Bebel und Liebknecht 1869 errichtet, her, die sich 1875 zur Sozialistischen Arbeiterpartei Deutschlands zusammenschlossen. Prägend für die Partei war die traumatische Erfahrung staatlicher Verfolgung und gesellschaftlicher Ausgrenzung sowie Diffamierung unter dem *Sozialistengesetz* (1878-1890). Diese Jahre hinterließen tiefe Spuren in der Sozialdemokratie, sie prägten ihr Selbstverständnis und ihre Praxis:

1. Der Staat wurde als „Klassenfeind", als feindliche Macht gegenüber der Arbeiterschaft erfahren. Die positive Einschätzung des Staates und seiner Rolle bei der Emanzipation des Proletariats, wie sie von den Lassalleanern vertreten worden war, wich der Theorie einer negativen Interpretation, ein vereinfachter Marxismus hielt als Integrationsideologie Einzug. Durch den Klassenkampf von oben und von Staats wegen wurde das, was in der marxistischen Theorie an Erklärung angeboten wurde, als Realität erfahren. Unter dem Sozialistengesetz wurde die Sozialdemokratie in ihrem Selbstverständnis erst richtig (vulgär)marxistisch, revolutionär, internationalistisch, antiklerikal, antimonarchistisch und antipreußisch.

2. Parteiorganisationen und freie → Gewerkschaften, offiziell verboten, wichen in private Vereine aus, verbargen sich hinter dem unpolitischen Etikett von Gesang-, Rauch- oder Sportvereinen. Hier wurde das Fundament für das Organisationsnetzwerk gelegt, das die spätere Solidargemeinschaft ausmachte.

3. Da man weiter an Wahlen teilnehmen und im Parlament mitarbeiten konnte, richtete in der politischen Praxis die Sozialdemokratie ihren Fokus auf Wahlkampf und parlamentarische Tätigkeit, was genau der Lassalleanischen Tradition entsprach und theoretisch im Gegensatz zum Vulgärmarxismus gesehen werden muß. Trotz oder vielleicht auch wegen der Verfolgung gewannen die Sozialdemokraten Anhänger, die Stimmen bei den Reichstagswahlen stiegen kontinuierlich: 1881 312.000, 1887 763.000 und 1890 fast 1,5 Millionen.

4. Unter dem Sozialistengesetz wurde die Sozialdemokratie überhaupt erst zu einer Partei, die reichsweit Industriearbeiter organisierte und repräsentierte.

Politische Verfolgung, gesellschaftliche Ausgrenzung und homogene gesellschaftliche Basis konstituierten das, was Lepsius als sozialmoralisches Milieu bezeichnet hat, was im Bismarckreich entstand und seine stärkste Ausprägung in der Weimarer Republik fand, aber bis in die Bundesrepublik der 60er Jahre nachwirkte. Diese *sozialdemokratische Solidargemeinschaft* ist durch folgende Merkmale gekennzeichnet gewesen:

1. Sie hat sich am Arbeitsplatz konstituiert und ist eine Solidargemeinschaft von Facharbeitern gewesen. Diese Aussage trifft auf die Funktionäre und Mitglieder ebenso zu wie auf die Wähler. Die Solidargemeinschaft ging zwar vom (Fach)-Arbeitsplatz aus, sie umfaßte aber alle Lebensbereiche, das Wohnen ebenso wie die → Freizeit und die → Bildung.

2. Die verschiedenen Lebensbereiche waren durch ein vielfältiges, ausdifferenziertes Organisationsnetzwerk miteinander verbunden. Trotz der dominierenden politischen Orientierung der SPD auf Wahlen und Parlamentsarbeit war die Organisationsstruktur zugleich auf außerparlamentarische Arbeit und die Durchdringung aller Lebensbereiche mit sozialdemokratischen Organisationen und mit sozialdemokratischem Bewußtsein angelegt. Diese Organisationsstruktur gab den institutionellen Rahmen ab für jene Solidarität, die im politischen Kampf, am Arbeitsplatz und in der Freizeit erlebt und praktiziert wurde. Organisation hatte im sozialdemokratischen Selbstverständnis eine Schutz- und Trutzfunktion gegenüber und innerhalb einer als bedrohlich empfundenen kapitalistischen Umwelt. Aber sie war mehr, nämlich Sozialismus im Kleinen und im Vorgriff auf die Zukunft.

3. Diese praktizierte, organisatorisch abgesicherte Solidarität ist in die sozialismustheoretischen Vorstellungen der Sozialdemokratie eingegangen, gab diesen einen Realitätsbezug. Umgekehrt konnten reformistische Sozialismustheorien von sozialdemokratischen Arbeitern u. a. deswegen rezipiert werden, weil sie in ihnen ihre eigene Organisationspraxis zu erkennen vermochten. Programmatische Vorstellungen von einem künftigen Sozialismus, Symbole und Rituale gaben der Solidargemeinschaft ihr Zusammengehörigkeitsgefühl.

4. Die so charakterisierte Solidargemeinschaft ist kein Konstrukt, sondern hat sich historisch entwickelt. Sie wuchs nicht naturnotwendig aus einem proletarisch-facharbeiterlichen → Milieu heraus, sondern wurde jeweils politisch, organisatorisch und kulturell - durchaus nicht harmonisch, vielmehr konfliktreich und widersprüchlich - hergestellt.

Vom Milieu zur Volkspartei:
Die Sozialdemokratie stellte also zur gleichen Zeit eine soziale Bewegung, eine politische Partei und einen bestimmten Lebensstil dar. Sie bildete - neben dem katholischen und dem weniger ausgeprägten konservativen bzw. liberalen - ein sozialmoralisches Milieu in der politisch-kulturell extrem fragmentierten Weimarer Republik. Trotz der damit verbundenen gesellschaftlichen Ausgrenzung und Selbstisolierung bot die SPD eine der tragenden Säulen der ersten deutschen Republik und sie wurde als Repräsentant deutscher Demokratie im → Nationalsozialismus verfolgt. Erst durch die Organisationsreform des Stuttgarter Parteitages von 1958, aufgrund der die innerparteiliche Macht vom bürokratischen Parteivorstand auf die Bundestagsfraktion überging und womit die SPD sich an das parlamentarische System anpaßte, und durch das Godesberger Programm von 1959 verließ die Sozialdemokratie das gesellschaftliche und kulturelle Ghetto und öffnete sich der rapide modernisierenden bundesrepublikanischen Gesellschaft. „Godesberg“ stand und steht als Symbol für den Wandel der SPD von der proletarischen Klassenpartei zur *Volkspartei*, für den Abschied von einer geschlossenen marxistischen Weltanschauungspartei und einem starr fixierten sozialistischen Endziel zugunsten eines grundwerteorientierten und pluralistischen Sozialismusverständnisses (→ Ideolo-

gie), für die Abwendung von Sozialisierung und Planung und die Hinwendung zur Marktwirtschaft, für die Abkehr von freidenkerischem Antiklerikalismus und dem Willen zur Verständigung mit den → Kirchen. Tatsächlich entwickelte die SPD sich zur Volkspartei, ebnete damit den Weg für die Teilnahme an der Großen Koalition mit der CDU/CSU 1966 bis 1969, für die sozialliberale Koalition 1969 bis 1982 und für die rotgrüne Koalition seit 1998.

Organisation:
Im Unterschied zur vergleichsweise kohärent strukturierten Solidargemeinschaft kann die SPD heute als „lose verkoppelte Fragmente" oder - zugespitzt - als „*lose verkoppelte Anarchie*" charakterisiert werden. Die Partei ist stark dezentralisiert und fragmentiert. Die lokalen und regionalen Parteiorganisationen erfreuen sich eines hohen Grades an Autonomie. Die Bezirks- bzw. Landesorganisationen haben großes politisches Gewicht, insbesondere dann, wenn die Partei auf Bundesebene nicht an der Regierung ist. Parteivorstand und -präsidium stehen nicht an der Spitze einer zentralistischen, oligarchischen, pyramidenförmigen Organisation, sondern handeln weitgehend unabhängig vom Rest der Partei. Die drei Parteiebenen - die lokale, die Länder- bzw. Bezirksebene und die Bundesebene - stehen fast unverbunden nebeneinander. Analytisch kann die Partei gesehen werden als eine große Koalition von lokalen und regionalen Gebietsverbänden, von verschiedenen innerparteilichen Interessengruppen, von traditionellen Parteiflügeln, von Patronagemaschinen sowie von ad hoc gebildeten innerparteilichen Bürgerinitiativen. Hinzu kommen die verschiedenen sozialdemokratischen Fraktionen, von den Gemeinden und Kreisen über die Landtage bis zur Bundestagsfraktion, sowie die verschiedenen sozialdemokratischen „Regierungsmannschaften" in den → Kommunen, Ländern (→ Föderalismus) und im Bund. Etwa 20.000 bis 30.000 Akteure kooperieren und konkurrieren unter dem Dach der SPD mit- und gegeneinander. Im Mittelpunkt innerparteilicher Entscheidungsprozesse stehen Koalitionsbildungen.

Mitglieder:
Im Vergleich zur Solidargemeinschaft ist die soziale Zusammensetzung der Mitglieder und der Funktionäre der zeitgenössischen SPD äußerst heterogen. Facharbeiter bestimmen nicht mehr die → Sozialstruktur, vielmehr findet sich eine bunte Mischung von Arbeitern mit blauem, weißem und grauem Kragen, von Akademikern, von Kleinunternehmern, von einigen Managern transnationaler Konzerne, von Studenten, von Hausfrauen und Rentnern. Betrachtet man die Zeit nach 1949, dann erreichte die Mitgliederzahl 1976 mit über 1 Million den Höhepunkt. Seitdem sinkt diese kontinuierlich und lag 2000 bei bei knapp über 700.000. Unter Mitgliedern, Funktionären und in der Parteielite dominiert die 68er Generation. Allmählich „*vergreist*" die Partei: nur 5,2 % ihrer Mitglieder sind unter 30 Jahre alt, 82,3 % älter als 40 Jahre, 35,2 % älter als 60 Jahre. Der *Frauenanteil* unter SPD-Mitgliedern ist seit 1946 kontinuierlich gestiegen und erreichte 2000 29,3 %. Auch der Anteil

von Frauen in Parteigremien und Parlamentsfraktionen ist nicht zuletzt durch den Quotenbeschluß des Parteitages von Münster 1988 gestiegen. Danach müssen seit 1998 mindestens 40 % der Funktionen bzw. Mandate von Angehörigen eines Geschlechts wahrgenommen werden.

Sozialdemokratie in Ostdeutschland:
Die *ostdeutsche Sozialdemokratie* (→ Neue Bundesländer) ist spontan im Spätsommer und Herbst 1989 - ohne Unterstützung der westdeutschen Partei - gegründet worden. Um ihre Unabhängigkeit von der westdeutschen SPD zu unterstreichen, hat die Organisation sich SDP, Sozialdemokratische Partei, genannt. Auch wurden die Statuten der westdeutschen SPD nicht übernommen, vielmehr Elemente der direkten Demokratie - Rotation, Rückruf, Begrenzung der Jahre, die man in Parteifunktionen gewählt werden konnte - bewußt in das ostdeutsche Statut aufgenommen. Auf Druck der Mitgliederbasis hat die SDP sich im Januar 1990 in SPD umbenannt und sich im September des gleichen Jahres der westdeutschen Partei angeschlossen. Im Mittelpunkt der wenigen programmatischen Äußerungen der ostdeutschen Sozialdemokratie standen die Bürgerrechte, die Gleichheit zwischen Mann und Frau (→ Frauen/Männer), politischer Pluralismus, Gewaltenteilung und → Föderalismus - alle verstanden als Vorkehrungen, um die Freiheit des Individuums zu bewahren und Macht und Einfluß des Staates zu begrenzen. In Bezug auf Mitgliederdichte und Organisation stellt die ostdeutsche Partei eine unterentwickelte Region dar. Seit 1990 stagniert die Mitgliederzahl bei 27.500. Die ostdeutsche Partei stellt eine so kleine Organisation dar, daß 70 bis 90 % der Mitglieder - verschieden nach Region - in kommunale Ämter oder in den Landtag gewählt worden sind. Bezogen auf die Sozialstruktur der Mitglieder und Funktionäre ist die ostdeutsche SPD allerdings erfolgreich darin gewesen, die technische Intelligenz zu gewinnen, sie ist keine Partei der Pfarrer, eine Stereotype, die sich auf die Gründungstage bezieht.

Zukunftsperspektiven:
Immer deutlicher entwickelt die SPD sich - und damit ähnlich der → CDU - weg von einer Mitglieder- und Funktionärspartei hin zu einer *Volkspartei neuen Typs.* So nehmen überhaupt nur etwa 12 % der Mitglieder regelmäßig am Parteileben teil, 10 % der Mitglieder sind ehrenamtliche Funktionäre. Ein ausgeprägter linker oder rechter Flügel, der sich politikinhaltlich bestimmen ließe und sich um bestimmte Führungspersönlichkeiten scharte, existiert nicht mehr. Die innerparteilichen Arbeitsgemeinschaften, die - wie die Jungsozialisten und die Arbeitsgemeinschaft sozialdemokratischer Frauen - in den 70er und 80er Jahren die innerparteilichen Diskussionen vorantrieben, führen zunehmend ein Schattendasein. Die SPD ist auf dem Weg zu 1. einer Medienpartei, in der auch innerparteiliche Kommunikation immer stärker über Fernsehen, Rundfunk und Tages- und Wochenzeitungen verläuft und in der dadurch die traditionelle innerparteiliche Willensbildung durch das

Delegiertensystem umgangen wird; 2. einer professionellen Dienstleistungsorganisation, die Wahlkämpfe führt und in den Verfassungsorganen von Parlament und Regierung bzw. Verwaltungen im Sinne von „to govern" mitwirkt; 3. einer Fraktionspartei, in der das Machtzentrum, aber auch das organisatorische Rückgrat bei den Fraktionen (vom Ortsrat bis zum Bundestag) liegt, nicht mehr bei der überkommenen Parteiorganisation. Je stärker sich dieser neue Parteityp durchsetzt, um so weniger werden von der SPD - und der konkurrierenden CDU/CSU - jene Funktionen wahrgenommen, die ihr traditionell zugeschrieben werden, nämlich divergierende Interessen aus der Gesellschaft aufzunehmen und zu aggregieren sowie zwischen Gesellschaft und politischem System zu vermitteln, also als intermediäre Institution zu fungieren und damit einen Beitrag zur politischen Legitimation der bundesrepublikanischen Demokratie zu erbringen. Parteiverdrossenheit ist Ausdruck dieses Funktionsverlustes (→ Politikverdrossenheit). Die SPD beschränkt sich zunehmend auf Elitenrekrutierung und auf „regieren" im Sinn von „to govern", nämlich in Parlamenten Fraktionen und in Kabinetten Minister zu stellen. In diesem Sinn wird sie - wie die andere Volkspartei - zur Patronagepartei.

Peter Lösche

Literatur:

Braunthal, Gerald 1994: The German Social Democrats Since 1969: A Party in Power and Opposition, Boulder.

Dowe, Dieter (Hrsg) 1993: Von der Bürgerbewegung zur Partei. Die Gründung der Sozialdemokratie in der DDR, Bonn.

Dowe, Dieter (Hrsg.) 1993: Partei und soziale Bewegung. Kritische Beiträge zur Entwicklung der SPD seit 1945, Bonn.

Lösche, Peter/Walter, Franz 1992: Die SPD. Klassenpartei - Volkspartei - Quotenpartei, Darmstadt.

Lösche, Peter 1996: Die SPD nach Mannheim: Strukturprobleme und aktuelle Entwicklungen, in: APuZ, B 6, S. 20-28.

Walter, Franz 1995: Die SPD nach der deutschen Vereinigung - Partei in der Krise oder bereit zur Regierungsübernahme?, in: Zparl 26, S. 85-112.

Sprache

→ *DDR, Demokratie, Eliten, Extremismus, Fremdenfeindlichkeit, Geschichtsbewußtsein, Gewalt/Politische Gewalt, Identität, Ideologie, Interpersonale Kommunikation, Kirchen, Konflikt/Konsens, Massenmedien, Minderheiten/Randgruppen, Multikulturelle Gesellschaft, Nation, Nationalsozialismus, Neue Bundesländer, Öffentliche Meinung, Politische Bildung, Politische Inszenierung/Symbolische Politik, Politische Kompetenz, Politische Steuerung, Rechtskultur, Regionale/Lokale politische Kultur, Republikaner/DVU, Schweigespirale/Öffentliche Meinung.*

Begriff/Definition:
Es gehört zur Eigenart von Politik, daß politisches Handeln zumeist sprachliches Handeln ist: informieren, kommunizieren, konstruieren, instruieren, deliberieren, protestieren, legitimieren. Selbst gewaltsame Politik legitimiert sich oft noch mit großen Worten. Es gehört zur Eigenart von Sprache (S.), daß das Gesagte auch ganz anders gesagt werden kann, denn S. läßt strukturell die Freiheit, Zeichen und Bezeichnetes, Worte und Bedeutungen unterschiedlich zuzuordnen. Beides zusammen führt zu der verbreiteten Vermutung, daß wer die S. beherrscht, auch die Menschen beherrscht (Schelsky), aber auch zu dem Generalverdacht, daß S. nur als schöner Schein zur manipulativen Beeinflussung der Bürger diene. Dagegen ist die prinzipielle Ambivalenz von S. zu unterstreichen: die mögliche Wirkung von S. ist nicht nur beherrschend, täuschend und verletzend, sondern auch das Gegenteil: befreiend, aufklärend und versöhnend.

Theorien/Konzepte/Modelle:
Dem Verhältnis von S. und Politik kann man sich in unterschiedlicher Akzentsetzung eher von sprach- oder von politikwissenschaftlicher Perspektive nähern. Ein politikwissenschaftlicher Zugriff muß sich gleichwohl auch Fragestellungen und Befunde der Sprachwissenschaften vergegenwärtigen, wobei im sprachwissenschaftlichen Bereich der Rhetorik immer schon die politikwissenschaftlich interessierende Frage der Überredung und der Macht präsent ist. Grundlegend ist das Verständnis von S. als Zeichensystem, das die Relationen zwischen Zeichen und Bezeichnetem, Sprecher und Zeichen(verwendung) und zwischen Sprecher und Adressaten umfaßt. Da die Zuordnung von Zeichen und Bezeichnetem nie eindeutig ist, enthält S. neben der Chance der Verständigung immer das Risiko des Mißverständnisses.

Es ist üblich, S. nach unterschiedlichen Funktionen zu unterscheiden: die darstellend-informative, die ausdrückend-expressive und die appelierend-kommunikative Sprachfunktion; S. als Instrument „intellektueller Wirklichkeitserfahrung", als entlastende Institution vorgeprägter wie allgemeinverständlicher Ausdrucksweise, als Träger gesellschaftlicher Wertewelt und als Instrument gesellschaftlicher Kontrolle (Greiffenhagen 1980); S. als Mittel der Wirklichkeitskonstruktion, als kollektiver „Idenitätsgenerator", als Speicher des kollektiven Gedächtnisses, S. als Institution geronnener kultureller Bedeutungen und als Instrument der Kommunikation (Dörner 1991).

Das spezifische politikwissenschaftliche (Erkenntnis)Interesse an S. zielt über Fragen der Rolle der S. im menschlichen Leben überhaupt auf die besonderen Funktionen von S. in der Politik, auf Politik als S. (auch normativ), auf S. als Mittel (auch als symbolischer Ersatz) von Politik. Grundlegend ist die Frage nach der Macht: Macht der S., Macht durch S., Macht der Sprecher. Analytisch geht beim Perspektivenwechsel von der Sprach- zur Politikwissenschaft eine Verlagerung (keine Substituierung) der Schwerpunkte vom Text zum Kontext, vom Inhalt zur

Wirkung, von der S. zum Sprechen. Wer spricht wie zu wem, aber eben mit welchen Interessen, aus welcher Machtposition und mit welchen politischen Folgen.

Sprachanalyse führt zumeist zu Sprachkritik, Kritik an einer unkorrekten, unglaubwürdigen, unverständlichen, verschleiernden Verwendung von S. Politische Sprachkritik ist Macht-, Ideologie- und Vorurteilskritik. Die Kriterien der Kritik unterscheiden sich nach dem Typ politischer S.: S. des Gesetzes., der Verwaltung, der Verhandlung, der Überredung (Dieckmann 1975). Die Kritik variiert aber auch nach den unterschiedlichen normativen Prämissen des jeweiligen Politikverständnisses. Eine an den Werten und Normen der Demokratie statt am machiavellistischen Modell orientierte Kritik will S. ihr Artikulations- und Verständigungspotential sichern. Sie richtet ihre Aufmerksamkeit nicht nur auf definitionsmächtige → Eliten, sondern auch auf widerspruchsfähige, aber gleichwohl dialogbereite Bürger.

Klassische Themen und Forschungsfelder der politikwissenschaftlichen Sprachforschung:
1. Propagandasprache und Sprachlenkung: S. in Diktaturen ist nicht selbst Quelle von Macht, sondern Folge der Macht über S. Gleichwohl zielt die Sprachlenkung auf Machtsicherung und -erweiterung durch S. Gleichgeschaltete S. soll gleichgeschaltetes Denken und Verhalten der Untertanen befördern. Es sind allerdings unterschiedliche Stufen und Varianten der Propaganda-S., verstanden als „political symbols manipulated for the control of public opinion" (Laswell) zu unterscheiden. Während totalitäre Systeme sich durch die politisch ermöglichte Monopolisierung der Propaganda auszeichnen, treffen wir in Demokratien auf Propaganda-S. im Plural und in Konkurrenz zueinander.

2. Herrschaft durch Sprache, statt Sprache der Herrschaft: S. ist nicht nur als Ausdruck von Herrschaft zu verstehen, sondern auch als deren Bedingung. Sprachkampf ist ein integraler Teil der politischen Konkurrenz um die politische Macht. Regelmäßig wird in Demokratien gerade auch der Wahlkampf als Sprachkampf durchgeführt, als Streit um Schlüsselbegriffe, Schlagwörter und Metaphern, als Kampf um Deutungsprivilege und Definitionsmacht. Als Reaktion auf eine vermeintliche Besetzung politischer Begriffe in Folge der 68er-Bewegung ist der „Kampf um die Besetzung von Begriffen" bekannt geworden. Von Seiten der konservativen Politik wurde zu einer sprachlichen Gegenoffensive gerufen, zur: „Revolution der Gesellschaft durch Sprache" (Biedenkopf). Die Gegenposition gegen diese Hochschätzung der politischen Potenz der S. besagt „Worte (allein) machen noch keine Politik" (Fetscher). Durch S. kann nicht willkürlich die Gesellschaft verändert werden und Versuche der Sprachherrschaft mißlingen, wenn sie am Einspruch der Wirklichkeitserfahrung scheitern (Kopperschmidt 1995). Allerdings vermag Sprachwandel durchaus politisch-kulturellen Wandel auszudrücken und zu bewirken. S. kommt eine Indikator- und eine Faktorrolle zu. Dort, wo sich Sprachkampf als Kampf um kulturelle Hegemonie vollzieht, muß die Besetzung der Plätze nicht der Besetzung der Begriffe vorausgehen. Dort, wo S. im kulturellen Vor-Griff neue, aber noch unterschwellige Bedürfnisse und Erwartungen auf den Begriff bringt, wird sie durchaus politikmächtig. Dies gelingt allerdings auch dann, wenn im psychologischen Rückgriff auf diffuse Ängste Bedrohungsszenarien konstruiert werden. Allemal gilt, daß die Wirkungskraft der S. abhängig bleibt von der Anschlußfähigkeit an verbreitete (Un)-Bewußtseinslagen der Bürger. Der Spielraum der vielbeschworenen Manipulation durch S. erweist sich darum auch als geringer, als vielfach befürchtet oder erhofft.

3. Sprache und Konflikte: Da Konflikte für Politik konstitutiv sind (→ Konflikt/Konsens), kommt der sprachlichen Darstellung und „Bearbeitung" von Konflikten eine wichtige Rolle zu. Die Art, wie die Konfliktgegner sich, ihre Interessen und Werte, wechselseitig darstellen und deuten, wird den Konfliktverlauf beeinflussen: S. kann eskalierend und deeskalierend wirken. Der kriegerischen Phase der Auseindersetzung geht meist ein „Krieg der Worte" voraus, Feindbildkonstruktionen bereiten oftmals die „S. der Waffen" vor. Allerdings vermag S. auch dazu beizutragen, daß Konflikte nicht eskalieren oder zumindest geschlichtet werden, dadurch daß Signale der Vertrauensbildung oder Botschaften der Versöhnungsbereitschaft kommuniziert werden. S. in der Politik wird hier auch zur friedensstiftenden Norm: Es kommt nicht nur darauf an, wie, sondern daß überhaupt gesprochen wird.

Aktuelle Themen und Forschungsfelder der politikwissenschaftlichen Sprachforschung:
1. Kontinuität und Wandel der Sprache in Zeiten politischer Umbrüche: Die deutsche Vereinigung hat paradigmatisch mehrere Themen auf die Agenda politikwissenschaftlicher Sprachanalysen gesetzt: Die beabsichtigte Sprachlenkung des Marxismus-Leninismus erweist sich als nur begrenzt erfolgreich: So wie es unterschiedliche pK in der → DDR gab, gab es auch eine politische Mehrsprachigkeit. Das „code switching" zwischen den S. war eine verbreitete Kompetenz der Bürger. Die Protestdemonstrationen mit dem Slogan „Wir sind das Volk" leiten 1989 das „Ende des Orwellschen Diskurses" (Hopfer) ein und manifestieren, welch revolutionäre Wirkung befreite Rede und Öffentlichkeit haben können. Der Slogan „Wir sind ein Volk" signalisiert eine Wende der Wende. Nach der Vereinigung dominiert dann die Frage, welche Erbschaft staatssozialistischer Begriffsbesetzung den institutionellen Wandel überdauern wird. Hinter rapide sich vollziehenden sprachlichen Angleichungen wird auch eine Variante politischer Korrektheit vermutet, die die tradierten, differenten Semantiken zwischen West- und Ostdeutschland (→ Neue Bundesländer) verdeckt. Unübersehbar sind Unterschiede in der pK, besonders der Kommunikations- und Streitkultur (→ Interpersonale Kommunikation). Diese Differenzen machen die Ost-West-Kommunikation zu einem Sonderfall multikultureller Verständigung mit spezifischen Herausforderungen des Fremdverstehens.

2. Die multikulturellen Profile vieler Gesellschaften halten aber auch die „normalen" Herausforderungen *interkultureller Kommunikation* im Sinne des Fremdverstehens bereit: Während in der eigenen S. strukturell immer die Fallen des Mißverständnisses angelegt sind, vergrößert sich dieses Risiko beim Kommunizieren in einer fremden S. oder mit einer fremden Kultur. In besonderem Maße sind hier

kulturelle Übersetzungsleistungen zwischen dem Eigenen und dem Fremden gefordert; ein Befund, der auch für die internationale Kommunikation zutrifft. Politisch relevant sind für die → multikulturelle Gesellschaft die Fragen, wer wessen S. lernen soll/muß, wie S. als Integrationsmedium eingesetzt wird und/oder inwieweit S. als identitätsbildende Kraft anerkannt wird. Es geht darum, in welchem Maße Zwei- oder Mehrsprachigkeit gefördert wird und ob die Mutter-S. von Migranten schulisch verankert wird. Konflikte über S.-Politik in multikulturellen Gesellschaften sind nicht selten und unter bestimmten Bedingungen können S.-Konflikte zu militanten Ausgrenzungen führen.

3. Sprache der Ausgrenzung und des Rassismus: Einerseits drücken sich Stereotype, Vorurteile und Feindbilder xenophober oder rassistischer Bürger und Eliten in der S. aus (→ Fremdenfeindlichkeit), andererseits wird S. bewußt eingesetzt, um im Sinne der Besetzung von Begriffen, Diskursen und Bildern erst diejenigen Emotionen zu provozieren, die zur - auch gewalttätigen - Ausgrenzung führen können. Sprachanalysen in diesem Bereich beziehen sich v.a. auf angstfördernde Metaphern (Flut, Welle, Schwemme), auf Neologismen (Schein- oder Luxusasylant) oder auf semantische Strategien (Asylant statt Asylbewerber, Zigeuner statt Roma). Im Extremfall können solche Strategien zur semantischen Enteignung führen wie beim Begriff des Ethnopluralismus, der von einem Anerkennungsbegriff zu einem Ausgrenzungsbegriff der Neuen Rechten umkonnotiert wurde. Neben eher konventionellen sprachwissenschaftlichen Zugriffen gewinnt zunehmend der Ansatz der Diskursanalyse an Gewicht. Diskurs meint die „tendenziell gesellschaftsweite kommunikative Behandlung eines einigermaßen abgrenzbaren Themenkomplexes in sprachlich-textueller Form“ (Klein 1995). Die politikwissenschaftliche Perspektive richtet sich sowohl auf die Macht der Diskurssubjekte wie die der Diskursstrukturen. Diskursanalysen sind zumeist Textanalysen in ideolgiekritischer Absicht, die die Texte mit den gesellschaftlichen Kontexten der Sprecher (vom Salon bis zum Stammtisch) verbindet und die nach den Mitteln und Erfolgen konkurrierender Diskurse fragt. Bei der Analyse von Alltagsdiskursen wird die Aufmerksamkeit auf besondere rhetorische Figuren gelegt wie: „Ich bin nicht fremdenfeindlich, aber...“. Analysiert werden auch Belegstories mit fehlerhaften Verallgemeinerungen von berichteten oder erfahrenen Problemfällen: „Ich kenne einen Ausländer, der...“. Zur Diskursananalyse gehören weiterhin die Verknüpfungen scheinbar separater, aber doch zusammengehörender Diskurse. Bei Analysen rechtsextremer Texte (→ Extremismus, Republikaner/DVU) kommen Mehrfachadressierungen an unterschiedliche Anhängergruppen und Anspielungen auf die Diskurse der Nationalsozialisten in den Blick (→ Nationalsozialismus). Ebenfalls bedeutsam sind sprachliche Auslassungen: der taktische Verzicht antisemitischer Äußerungen in Parlamentsreden wird verglichen mit antisemitischen Stereotypen in bestimmten → Massenmedien. Gegenstand von Diskursanalysen ist auch das jeweils öffentlich Sagbare in einer Gesellschaft bzw. das zu Verschweigende; Sprachforschung überschneidet sich hier mit der Tabuforschung (→ Öffentliche Meinung, Schweigespirale/Öffentliche Meinung).

4. Sprache der Bilder: S. besteht nicht nur aus verbalen, sondern auch aus visuellen Zeichen. Im Zuge der massenmedial verbreiteten Bilder spricht man von einer visuellen Wende und vom Übergang vom Logozentrismus zum Piktozentrismus. Faszinierender als Schlüsselbegriffe werden die „Schlüsselreize von Schlüsselbildern". Im Zuge einer visuellen Standardisierung entstehen den Stereotypen vergleichbare „Viseotype" (Pörksen 1997). Wenngleich die veränderten technischen Möglichkeiten der Produktion und Reproduktion es berechtigt erscheinen lassen, hier von einer Wende zu sprechen, darf nicht übersehen werden, daß Politik prinzipiell bestrebt ist, sich in einer S. der Bilder und der Körper darzustellen. Beispielsweise lag ein Grund für den nationalsozialistischen Konsens gerade in der Fähigkeit des Regimes, Stärke und Gemeinschaft im schönen Schein inszenierter Massenveranstaltungen auch visuell und körperlich erfahrbar werden zu lassen. Die Visualisierung von Politik ist aber keinesfalls an Diktaturen gebunden, sondern zunehmend Praxis moderner Demokratien. In der Zuschauerdemokratie geht es darum, gerade den visuellen Raum zu erobern. Der Kampf um Worte wird um den Kampf um Bilder ergänzt. Auch hier bleibt eine Gefahr der naturalistischen Suggestion, der kaum mehr durchschaubaren Konstruktionen der Bilder: Sie wirken nicht wie Symbole, sondern wie die Wirklichkeit selbst. Während es in totalitären Systemen eine monopolisierte Bilderregie gibt, ist die Demokratie - sofern es sich nicht um Kriegsberichterstattung handelt - durch eine Konkurrenz der politischen Bilderwelten geprägt. Die alltägliche massenmediale Inszenierung von Politik (→ Politische Inszenierung/Symbolische Politik), ihre Erscheinungsform als Theater ist ambivalent: Sie kann etwas vortäuschen oder von etwas ablenken, sie kann aber auch zum Hinhören- und -schauen hinführen und somit der Demokratie dienlich sein, sie kann u.U. auch Diskurse anregen statt nur ersetzen. Schließlich ist die Visualisierung von Politik auch Praxis in Protestbewegungen (z.B. Lichter- und Menschenketten) und Subkulturen (→ Neue Soziale Bewegungen). In besonders auffälliger Weise nutzen Graffitimaler diese Strategie. Das Graffitidesign verschafft nicht nur Sichtbarkeit, sondern vermittelt auch kulturelle Identität.

5. Sprachwandel durchs Internet: Eine neue Bilderflut folgt den technischen Innovationen der Digitalisierung und Computerisierung. Auch in diesem Bereich ist die Einschätzung der Wirkung kontrovers: Enteignung der Erfahrung vs. Erschließung neuer Wirklichkeitsdimensionen, Verkümmerung der (verbalen)Sprachfähigkeit vs. Entwicklung neuer visueller Kompetenzen. Neben der visuellen Bereicherung erhoffen sich die Verteidiger der neuen Medien vor allem einen Zuwachs an Demokratiepotentialen durch eine revolutionierte, grenzenlose Kommunikationskultur. Allerdings bleibt das Medium ambivalent: Nicht nur neue Beteiligungsformen und Netzöffentlichkeiten werden eröffnet, sondern auch neue Chancen der politischen Werbung und Propaganda tun sich auf.

6. Politische Sprachkompetenz in der Demokratie: Die Demokratie ist diejenige politische Ordnung, in der sich Politik vorherrschend als S. realisiert. Demokratisch kompetente Bürger müssen sprachlich ermächtigte Bürger sein, die sich im Diskutieren, Argumentieren und Deliberieren ebenso auskennen wie im Interpretieren politischer Diskurse und Bilderwelten. Der kritische Umgang mit S. verfolgt auf der mikro- wie makropolitischen Ebene ein mehrfaches Anliegen: andere richtig verstehen, selber gut reden, sich miteinander verständigen. Im Rahmen → politischer Bildung müßten folgende Kompetenzen gelernt werden: 1. Einsicht in die Ambivalenz von S., 2. Kritikfähigkeit gegenüber Propaganda und politischer Werbung, 3. Sensibilität für semantische Konkurrenz und Hegemoniebestrebungen, 4. Befähigung zur diskursiven und streitbaren Teilnahme an pluralen Öffentlichkeiten, 5. Befähigung zum Perspektivenwechsel und zur Verständigung (→ Politische Kompetenz). Insoweit sich Politik medial inszeniert, ist Sprachkompetenz auch ein Teil von Medienkompetenz. Insofern Politik sich multikuturell differenziert artikuliert, wird politische S. zur interkulturellen Kompetenz.

K. Peter Fritzsche

Literatur:

Dieckmann, Walther 1975: Sprache in der Politik, Heidelberg.

Dörner, Andreas 1991: Politische Sprache - Instrument und Institution der Politik, in: APuZ, B 17, S. 3-11.

Fritzsche, K. Peter 1992: Die Krux mit der Kontinuität. Der deutsche Umbruchs- und Einigungsprozeß als Herausforderung für die politische Kultur- und Sprachforschung, in: Emig, Dieter/Hüttig, Christoph/Raphael, Lutz (Hrsg.): Sprache und Politische Kultur in der Demokratie, Frankfurt a.M.

Greiffenhagen, Martin (Hrsg.) 1980: Kampf um Wörter?, München/Wien.

Klein, Josef 1995: Asyl-Diskurs. Konflikte und Blockaden in Politik, Medien und Alltagswelt, in: Reiher, Ruth (Hrsg.): Sprache im Konflikt. Zur Rolle von Sprache in sozialen, militärischen und politischen Auseinandersetzungen, Berlin/New York, S. 15-71.

Kopperschmidt, Joseph (Hrsg.) 1995: Politik und Rhethorik, Opladen.

Liedtke, Frank/Wengeler, Martin/Böke, Karin (Hrsg.) 1991: Begriffe besetzen. Strategien des Sprachgebrauchs in der Politik, Opladen.

Meyer, Thomas 1998: Politik als Theater. Die neue Macht der Darstellungskunst, Berlin.

Pörksen, Uwe 1997: Weltmarkt der Bilder. Eine Philosophie der Viseotypie, Stuttgart.

Wesel, Reinhard 1991: Entwicklungspolitische Rhetorik, in: Opp de Hipt, Manfred/Latniak, Erich (Hrsg.): Sprache statt Politik? Politikwissenschaftliche Semantik- und Rhetorikforschung, Opladen.

Transition/Transformation

→ Arbeitslosigkeit, Bürgertum, DDR, Demokratie, Eliten, Endogenität/Exogenität, Identität, Konflikt/Konsens, Nation, Nationalsozialismus, Neue Bundesländer, Öffentlicher Dienst/ Sek-

tor, Politische Sozialisation, Politische Sozialisation: Modernisierung/Ost-/Westdeutschland, Politische Unterstützung, Rechtsstaat, Soziale Marktwirtschaft, Soziale Sicherheit, Sozialer Wandel/Modernisierung, Wahlen/Wähler, Wertewandel.

Theorien/Konzepte/Modelle:
Politischer Systemwandel im Sinne des Übergangs von einer demokratischen zu einer nichtdemokratischen bzw. von einer nichtdemokratischen zu einer demokratischen politischen Institutionenoption hat seit jeher das Interesse der Politikwissenschaft geweckt. Allerdings haben solche Übergänge nicht gerade häufig stattgefunden. Dies mag mit ein Grund dafür sein, daß sich die politikwissenschaftliche Forschung mit dem Versuch, in solchen Transitionen (T.) gemeinsame Gesetzmäßigkeiten zu identifizieren, bislang nicht gerade leicht getan hat.

Folgt man der Analyse der Demokratisierungswellen bei Huntington (1991), so erfolgte der erste Entdemokratisierungsbackslash in der Zeit zwischen den beiden Weltkriegen; er erfaßte vor allem europäische Länder, unter ihnen nicht zuletzt Deutschland und Italien. Der zweiten Demokratisierungswelle nach Ende des zweiten Weltkriegs folgte zu Beginn der 60er Jahre eine erneute Umkehr, überwiegend zu autoritären Systemen und mit Schwerpunkt in Südamerika. Die dritte Demokratisierungswelle setzte Mitte der 70er Jahre, wiederum vor allem in Südamerika und auch in Südeuropa, ein und fand ihren bisherigen Höhepunkt in der Transformation (Tf) bislang totalitär-kommunistischer Politiken in Mittel- und Osteuropa zu demokratischen Regierungsformen unterschiedlicher Gestalt und zum Ausgang dieses Jahrtausends mit durchaus noch ungesicherten Konsolidierungsperspektiven.

Zwei politikwissenschaftliche Arbeitsschwerpunkte verdienen in diesem Forschungsfeld besondere Erwähnung: die Studien der Gruppe um O'Donnell, Schmitter und Whitehead (1986) zum Übergang autoritärer Regime zu → Demokratien in den 70er und 80er Jahren und die in vier Bänden veröffentlichten Untersuchungen zum Zusammenbruch demokratischer Systeme (zusammenfassend hierzu Linz 1978). Für die T.-Forschung lag es nahe, zur Erklärung der fast alle Beobachter überraschenden Systemwechsel von totalitären kommunistischen Staaten zu Varianten demokratischer Regierungsweise in Mittel- und Osteuropa Ende der 80er Jahre vor allem die von O'Donnell, Schmitter und Whitehead entwickelten Theoriekonzepte zurückzugreifen. Den gesamten Zeitraum, der zwischen dem Beginn des „alten" und der Konsolidierung des „neuen" politischen Regimes liegt, nennen O'Donnell, Schmitter und Whitehead T. Die erste der von diesen Autoren ausdifferenzierten Teilphasen wird als Liberalisierung bezeichnet. Sie beinhaltet den Versuch der herrschenden → Eliten, durch kontrollierte Veränderungen des „alten", nicht-demokratischen Systems, darunter insbesondere die Erweiterung persönlicher Freiheitsrechte, zu einer gewissen Öffnung zu gelangen, ohne dabei allerdings die prinzipiellen Strukturen und Machtverhältnisse verändern zu wollen. Die Liberalisierung führt dennoch mit einer gewissen Wahrscheinlichkeit zu der sich anschließenden Phase der Demokratisierung. Sie umfaßt im wesentlichen die Gewährleistung von Bürgerrechten und Partizipationsmöglichkeiten, die Herstellung politischen Wettbewerbs und die Einrichtung demokratischer politischer Institutionen. Dies beinhaltet zumindest Parteienwettbewerb und freie und geheime Parlamentswahlen. Der Verlauf solcher → Wahlen ist entscheidend für den Erfolg der Phase der Demokratisierung, da sie zeigen, inwieweit die neu institutionalisierten Regeln und Verfahren funktionieren und auf mittlere Sicht zu bleibenden Veränderungen von Regierung und Regierungssystem führen.

Mit der Konstitution demokratischer Verfahrensregeln und der Einsetzung einer demokratisch gewählten Regierung gilt die Phase der Demokratisierung als abgeschlossen. Dies bedeutet allerdings nicht, daß der Weg zu einer stabilen Demokratie bereits beendet ist. Von einer erfolgreichen T. zu einem demokratischen politischen Regime kann erst nach einer längeren oder kürzeren Periode der Konsolidierung gesprochen werden. Diese letzte Phase der T. ist hinsichtlich der für sie zentralen Merkmale und ihrer zeitlichen Dimension nicht eindeutig definiert; es gibt daher auch keine klaren und allgemein gültigen Kriterien dafür, wann die Konsolidierung, also die Herausbildung eines stabilen demokratischen Systems, als abgeschlossen gelten kann. Huntington (1991) argumentiert hier für friedliche Regimewechsel nach der Einführung einer pluralistischen Demokratie als den angemessenen Indikator. Linz/Stepan (1996) formulieren differenzierter, indem sie fünf sich gegenseitig verstärkende Arenen als Voraussetzungen für eine erreichte demokratische Konsolidierung anführen, nachdem sich ein Territorium als Staat konstituiert hat: eine freie und lebendige Zivilgesellschaft; ein ausdifferenziertes System politischer Institutionen und Assoziationen; die Etablierung rechtsstaatlicher(→ Rechtsstaat) Verhältnisse; eine funktionsfähige Bürokratie (→ Öffentlicher Dienst/Sektor), die nicht gegen die demokratisch legitimierte Regierung arbeitet; eine sozialstaatlich abgefederte Marktwirtschaft (→ Soziale Marktwirtschaft). Wie stabil die neuen Demokratien im übrigen tatsächlich sind, ist nur in der historischen Zeit zu beantworten, denn konsolidierte Systeme können durch überraschende Ereignisse plötzlich zu einem erneuten Systemwechsel tendieren, wobei sich in der Vergangenheit insbesondere die Erosion bislang stabiler ökonomischer und sozialer Grundlagen von demokratischen Systemen als prekär erwiesen hat. Die Stabilität politischer Systeme und politischer Institutionen hängt zwar nicht ausschließlich, aber auch von der wertgebundenen Akzeptanz der Bevölkerung und der strategischen Eliten ab. Mindestens genauso bedeutsam erscheinen die Wirkung und Bindekraft der über Institutionen verbindlich gemachten Rationalitätskriterien für den beginnenden demokratischen Prozeß.

Im Mittelpunkt des Forschungsinteresses von O'Donnell, Schmitter und Whitehead standen der Zerfall der autoritären Regime, die politischen und gesellschaftlichen Voraussetzungen der Demokratisierung sowie die Rolle der kollektiven Akteure und der sie repräsentierenden alten und neuen Eliten. Das in diesem Zusammenhang entwickelte Phasenmodell der T. bietet fruchtbare Ansatzpunkte, um die politischen Systemwechsel in den vormals real-sozialistischen Staaten systematisch zu erfassen. Auf den ersten Blick mag es so aussehen, als sei mit den transitions from authoritarian rule nur die Einbahnstraße in Richtung Demokratie konzeptionell erfaßt. Bedenkt man jedoch, daß angesichts der Erschöpfung wesentlicher politisch-institutioneller Alternativen auf totalitär oder autoritär verfaßte Systeme einerseits und liberal-demokratisch verfaßte Systeme andererseits die Zahl der Übergangsoptionen im Prinzip auf zwei beschränkt werden kann, so lassen sich beide funktional äquivalent fassen und gestatten damit die Generalisierung des Modells (Abbildung 1, Eisen/Kaase 1996: 18).

Abbildung 1: Konzeptualisierung von Regimetransition

	Transition	
Phasen	Nicht-Demokratie → Demokratie	Demokratie → Nicht-Demokratie
Phase 1	Liberalisierung	Ent-Liberalisierung
Phase 2	Demokratisierung	Ent-Demokratisierung
Phase 3	Konsolidierung	Konsolidierung

Unabhängig von der Beantwortung der Frage, ob die Demokratisierungswelle in Mittel- und Osteuropa in einen modernisierungstheoretischen Zusammenhang (→ Sozialer Wandel/Modernisierung) gestellt wird oder nicht, können die zur Diskussion stehenden Nationen im Weltmaßstab in der Regel durchaus als moderne Gesellschaften gelten. Solche Gesellschaften verfügen bereits über ausdifferenzierte Subsysteme wie Recht, Wissenschaft und Kultur, selbst wenn an der ideologisch bestimmten und in politische Strukturen überführten hegemonialen Dominanz des kommunistischen politischen Systems kein Zweifel bestehen kann. Eine Tf der politisch-institutionellen Ordnung dieser Gesellschaften kann entsprechend in Vorbedingungen, Prozeß und Konsolidierung stets nur in Interaktion mit Strukturen, Organisationen und individuellen Orientierungen aus anderen Subsystemen in Angriff genommen werden. Dieser Kontext macht die Bedeutung der Gleichzeitigkeit bzw. Ungleichzeitigkeit des politischen, wirtschaftlichen und auch kulturellen Wandels aus; in der pKf ist dieser Sachverhalt, bezogen auf das politische System, als die Frage nach der Kongruenz oder Inkongruenz von politischer Struktur und pK thematisiert worden.

Konzentriert man sich nun auf die politische Institutionenordnung, die ihr zugewandten intermediären Organisationen der Interessenvermittlung und die Bürger in ihrer politischen Rolle und akzeptiert man die grobe Heuristik der Binnendifferenzierung des politischen Systems in die Makro-, die Meso- und die Mikro-Ebene, können die drei unterschiedenen Phasen der T. von einer totalitären zu einer demokratischen Ordnung nach diesen Systemebenen aufgegliedert werden (Abbildung 2, Eisen/Kaase 1996: 19). Nach diesem Schema erfaßt T. den gesamten Prozeß des Übergangs von einer in eine andere politische Ordnung und läuft damit als *Prozeß* in der historischen Zeit ab. Wie lange die einzelnen Phasen dauern und ob hier Systematiken sowie Abhängigkeiten existieren, bleibt offen und ist eine Forschungsfrage. Hingegen bezeichnet in dieser Konzeptualisierung der Begriff der Tf den Umbau der Institutionenordnung, als der politischen Makroebene, als zentralen Bestandteil der Demokratisierungsphase. Es ist allerdings hervorzuheben, daß diese theoretisch angeleitete begriffliche Unterscheidung in T. und Tf in Deutschland keinen Fuß gefaßt hat. In der englischsprachigen Literatur dominiert der T.-Begriff, wenn Prozesse des Systemwechsels insgesamt untersucht werden (z.B. Linz/Stepan 1996; Barnes/Simon 1998).

Abbildung 2: Transition als Mehrebenenmodell

	Transition		
Systemebenen	Liberalisierung	Demokratisierung	Konsolidierung
Regierungssystem/ Politische Institutionen (Makro)	Beharrung	Transformation	Institutionalisierung
Intermediäres System/Kollektive Akteure (Meso)	Etablierte Akteure/Auftreten neuer Akteure	Neukonstellation des intermediären Systems	Stabilisierung des intermediären Systems
Bürgerschaft/ Individuelle Akteure (Mikro)	Beginnende Neuorientierung gegenüber dem politischen System	Orientierungsdiffusität gegenüber dem politischen System	Entwicklung einer Neuorientierung gegenüber dem politischen System

historische Zeit →

Die für den Übergang zu Demokratien besonders kritische Phase der Konsolidierung lenkt den Blick auf Einflußgrößen wie die Bewältigung wirtschaftlicher Krisen, den Umgang mit den Belastungen des vorangegangenen totalitären Regimes, den Verbleib der Eliten des alten Regimes und die Rekrutierung neuer Eliten sowie die noch nicht ausgereifte demokratische pK. Weitere strukturelle Spannungen, die in einer funktionierenden Demokratie in einem langfristig stabilen, jedoch gleichzeitig kurzfristig beweglichen Gleichgewicht gehalten werden, in den T.-Gesellschaften jedoch erst in ein solches gebracht werden müssen, ergeben sich zum einen aus dem institutionalisierten Gegensatz von → Konflikt und Konsens. Zum anderen befinden sich Demokratien in dem Dilemma, einerseits Interessenpluralismus zu gewährleisten, andererseits aber Regierungen mit einer ausreichenden Autonomie gegenüber dem Einfluß unterschiedlicher Interessen auszustatten. Eng damit zusammen hängt die Notwendigkeit, Regierungen bei politischen Entscheidungen effektives und effizientes Handeln zu ermöglichen und gleichzeitig die Gemeinschaft der Staatsbürger zu integrieren, also die Legitimation der politischen Entscheidungen zu gewährleisten (Przeworski u. a. 1995; → Politische Unterstützung).

Ergebnisse:
Allein für den Zeitraum 1990 und 1995 zählt Reißig (1998) rund 3000 Publikationen nur der deutschen T.-Forschung. Deren Häufigkeit hat zwar seither im Zug der „Normalisierung" dieser Forschung abgenommen; sie besitzt aber nach wie vor national und international einen hohen Stellenwert. Hinzu kommt, daß sich inzwischen zunehmend die Erkenntnis durchsetzt, daß die T. zeitlich ausgedehnter verlaufen als vielfach angenommen, so daß ein langer Atem bei den entsprechenden Untersuchungen erforderlich ist. Bedenkt man, mit welchen Erwartungen theoretischer Befruchtung und Innovation die Sozialwissenschaften die T. in Mittel- und Osteuropa zunächst begrüßt und beobachtet haben, so scheint inzwischen eine gewisse Ernüchterung eingetreten zu sein, selbst wenn zusammenfassende Bilanzen zumindest für Deutschland (Kaase/Lepsius 1997; Reißig 1998) ein positives Fazit ziehen. Allerdings werden auch deutliche Defizite angesprochen, darunter insbesondere die starke Konzentration der deutschen Forschung auf den „Sonderfall" der → DDR-T. (Kaase/Lepsius 1997; Reißig 1998; positiv hervorzuheben sind die fünf bisher erschienenen und von Merkel u. a. im Verlag Leske + Budrich herausgegebenen Analysen zum „Systemwechsel").

Die der T.-Perspektive innewohnende Betonung von Dynamik, Prozeßhaftigkeit und Mehrebenencharakter unterscheidet sich stark von der vielen Demokratieanalysen eigenen Kopflastigkeit der Strukturdimension, wie sie ihren Niederschlag besonders in der Frage nach den sozialen und institutionellen Bedingungen demokratischer Regierungsweise gefunden hat. Inzwischen besteht in der T.-Forschung Konsens darüber, daß Institutionenbildung und die Untersuchung der Wirkungsweise von Institutionen als interdependentes Verhältnis von Akteurshandeln und institutionellen Rahmenbedingungen zu modellieren sind. Dem entspricht auch die Notwendigkeit, die Makro-Ebene der politischen und administrativen Institutionen, die Meso-Ebene der intermediären Organisationen und die Mikro-Ebene politischer Orientierungen und politischen Verhaltens der Bevölkerung in ihren gegenseitigen Bezügen zu erforschen (Mehrebenenproblematik).

Bei der für die T.-Forschung - wie übrigens auch für die Demokratieforschung allgemein - besonders wichtigen Problematik der Einstellungen der Bürgerschaft zur politischen Ordnung geht es um die Antwort auf die Frage, inwieweit die Akzeptanz eine unabdingbare Voraussetzung - zumindest auf längere Sicht - für die Stabilität des politischen Systems darstellt. Frühe Studien aus dem Umfeld der pKf geben hierzu ein vorsichtig positives Urteil ab. Allerdings, so die einschränkende Feststellung, gewinnen demokratische Wertorientierungen ohne entsprechende unterfütternde Institutionen keine dauerhafte Geltung. Letztlich geht es also um die Konvergenz bzw. Divergenz politischer Struktur und pK (Kaase 1994) sowie um die institutionelle Flexibilität und Lernfähigkeit von Demokratien und ihren Ausdruck in konkreten Politikentscheidungen. Für die politischen Systeme der vormals real-sozialistischen Staaten ist das Verhältnis von Struktur und Kultur für ihre Konsolidierung von besonderer Bedeutung. In Anlehnung an politikwissenschaftlich-systemtheoretische Konzepte werden dabei Struktur als Muster der konstitutionell vorgegebenen und institutionalisierten Rollen und Regeln und pK als die Orientierungen der Bürger gegenüber diesen Rollen und Regeln bezeichnet. Da sich die auf totalitäre Systeme hin sozialisierten (→ pS, pS: Ost-/Westdeutschland) Einstellungsmuster und Wertorientierungen in der Bevölkerung, wie inzwischen auch Untersuchungen in den neuen Ländern überzeugend belegen, nur langsam verändern, kann nicht automatisch davon ausgegangen werden, daß sich politische Struktur und pK parallel entwickeln.

Für die Herausbildung einer demokratischen pK sind nun die sozio-ökonomischen Rahmenbedingungen eines Gesellschaftssystems von herausragender Bedeutung. Der Bewältigung ökonomischer Krisen in der Konsolidierungsphase der Demokratie kommt demnach eine entscheidende Funktion zu. Insofern wird die wirtschaftliche Prosperität ein entscheidender Faktor für die Herausbildung positiver Einstellungen gegenüber dem politischen System sein, wie das Beispiel der Entwicklung der „alten" BRD dies verdeutlicht. Anders als in etablierten westlichen Demokratien war dort der positive Zusammenhang zwischen wirtschaftlicher Prosperität und politischer Stabilität lange Zeit sehr eng. Noch 14 Jahre nach dem Zusammenbruch des → Nationalsozialismus konnte die Civic-Culture Studie nur eine schwache demokratische pK in der Bundesrepublik feststellen; sie galt als „Schönwetterdemokratie". Erst das „Wirtschaftswunder" der 50er und frühen 60er Jahre trug dann entscheidend zur Entwicklung eines breiten demokratischen Grundkonsenses bei. Angesichts der anhaltenden Probleme insbesondere bezüglich einer hohen Arbeitslosigkeit und der Etablierung einer auch international konkurrenzfähigen Wirtschaftsstruktur in den neuen Ländern liegt daher die Frage nahe, wie sich dort diese ungünstigen Rahmenbedingungen auf das Wachsen einer demokratischen pK auswirken. Darauf wird noch zurückzukommen sein.

Wegen der unbestimmten Dauer der Konsolidierungsphase der neuen politischen Ordnungen in den ehemals kommunistischen Ländern Osteuropas und der Komplexität der hierbei ablaufenden Prozesse ist es schwierig, möglicherweise auch noch zu früh (1999), um zu transitionstheoretisch fundierten systematischen Ländervergleichen zu kommen. Die Arbeit von Linz und Stepan (1996) ragt hier vorerst heraus, weil sie die Vielzahl der Länderanalysen aus drei Regionen und Zeiträumen (Südeuropa, Südamerika, Mittel- und Osteuropa) aus einer gemeinsamen, vorab entwickelten analytischen Perspektive betreibt; so können sowohl Gemeinsamkeiten als auch Unterschiedlichkeiten des T.-Prozesses deutlich werden. Für die pKf in Mittel- und Osteuropa wie auch in Deutschland stellt sich die Lage insofern günstiger dar, als bald nach Abschluß der grundlegenden institutionellen Tf in der Mehrzahl der Länder mit einschlägigen Umfragen begonnen wurde, die zum Teil sogar die ganze Periode der 90er Jahre abdecken. Zu nennen sind hier insbesondere die im Auftrag der Europäischen Kommission durchgeführten Eurobarometer Ost (siehe dazu z.B. Kaase 1994), die mit Unterstützung der österreichischen Paul-Lazarsfeld-Gesellschaft seit dem Herbst 1991 laufenden Repräsentativbefragungen des Neue-Demokratien-Barometer (z.B. Rose u. a. 1998) sowie mehrere Wellen des von Ronald Inglehart betreuten World Values Survey. Die genannten Erhebungen sind deswegen von besonderer Bedeutung, weil ihre Längsschnittlichkeit die komparative Analyse der Entwicklung der Bürgerorientierungen unter unterschiedlichen institutionellen und zivilgesellschaftlichen Rahmenbedingungen gestattet. Zu erwähnen sind jedoch auch komparative Querschnittsuntersuchungen wie die zum postcommunist citizen, die in der früheren DDR 1992 und in zehn mittel- und osteuropäischen Ländern zwischen 1990 und 1991, also in der kritischen Periode direkt nach Beginn der Konsolidierungsphase, durchgeführt worden sind (Barnes/Simon 1998). Zu nennen ist hier ferner die amerikanische Times-Mirror-Studie „The Pulse of Europe“ aus dem Jahre 1991 in fünf westeuropäischen und acht mittel- und osteuropäischen Ländern, bei der sowohl quantitative als auch qualitative Erhebungsmethoden eingesetzt wurden.

Bei einer Konzentration auf den deutschen Vereinigungsprozeß kann bezüglich der mikroanalytischen Interessen der pKf sogar von einem Datenreichtum ausgegangen werden. Verantwortlich hierfür sind vor allem zwei Faktoren, die im folgenden kurz angesprochen werden sollen. Während in der früheren DDR sehr wohl empirische Sozialforschung betrieben wurde, gehörten repräsentative Bevölkerungsfragen nicht zum Repertoire; es gibt gute Gründe für die Annahme, daß die politische Führung der DDR auf dieses Informationsinstrument verzichtet hat, weil es die von der Erzeugung solcher Daten ausgehende kommunikative Diffusionsdynamik verhindern wollte. Schon um die Jahreswende 1989/90, als sich die Möglichkeit der Vereinigung der beiden deutschen Staaten abzuzeichnen begann und die Grenze zwischen ihnen bereits faktisch nicht mehr existierte, begannen daher westdeutsche Marktforschungsinstitute, in der DDR die methodischen und technischen Voraussetzungen für Repräsentativbefragungen zu schaffen. Von diesem Zeitpunkt an sind die Ostdeutschen, die anfänglich mit großem Enthusiasmus an den für sie neuen Befragungen mitwirkten, kontinuierlich und auf allen denkbaren Dimensionen „vermessen“ worden.

Daß auch die pKf von dieser Situation Gebrauch gemacht und profitiert hat, ist vor allem darauf zurückzuführen, daß die deutsche Sozialwissenschaft und die sie fördernden Einrichtungen, darunter insbesondere die Deutsche Forschungsgemeinschaft, die Volkswagen-Stiftung, der Wissenschaftsrat (über die von ihm empfohlene Gründung der Kommission zur Erforschung des sozialen und politischen Wandels in den neuen Bundesländern - KSPW) sowie die Max-Planck-Gesellschaft, die Transitionsforschung umfassend unterstützt hat (Eisen/Kaase 1996; Reißig 1998). Entsprechend kann es nicht überraschen, daß inzwischen zu zahlreichen Aspekten der pKf Entwicklungsanalysen vorgelegt worden sind. Angesichts der Vielzahl der Publikationen zur pK der Ostdeutschen kann hier nur kursorisch auf einige Hauptbefunde eingegangen werden. Grundsätzlich ist dem vorauszuschicken, daß das theoretische und empirische Handwerkszeug der pKf ohne erkennbare Schwierigkeiten auch auf die Analyse der politischen Orientierungen der neuen Bundesbürger Anwendung finden konnte und gefunden hat. Dies gilt für die Wahlforschung ebenso (Kaase/Klingemann 1998) wie für die pKf im engeren Sinne. Allerdings hat sich gezeigt, daß sich insbesondere die zunächst - und durchaus überraschend - durchgängig konstatierten Ähnlichkeiten zwischen West- und Ostdeutschen hinsichtlich des Demokratieverständnisses bei näherer Betrachtung zu einem differenzierteren Bild wandelten.

Insbesondere die stärkere Betonung von sozialstaatlichen und plebiszitären Komponenten unterscheidet die Ost- von den Westdeutschen, und auch die deutlich stärkere Betonung des Wertes „Gleichheit" gegenüber „Freiheit" läßt erkennen, daß die politischen Überzeugungssysteme der Ostdeutschen noch durch Inhalte der DDR-Sozialisation mitgeprägt sind. Diese drückt sich auch in einer ambivalenten staatlichen Identität und in einer tendenziell zunehmenden rückwirkenden Verklärung des DDR-Sozialismus aus. Es kann allerdings kaum bezweifelt werde, daß die geringere Akzeptanz der und Zufriedenheit mit der Demokratie in den neuen Ländern in engem Zusammenhang zu den dort alles überragenden Problemen von → Arbeitslosigkeit und unbefriedigender Entwicklung der Wirtschaftsstruktur steht. Hier wiederholen sich, wie schon gesagt, Ergebnisse der frühen pKf für die „alte" Bundesrepublik (siehe zu den Befunden der pKf für die → neuen Bundesländer im Einzelnen zusammenfassend Gabriel 1997). Auch Untersuchungen zum → Wertewandel in Ost- und Westdeutschland und zu gegenseitigen Wahrnehmungen und Beurteilungen der beiden Bevölkerungsteile belegen, daß diese zehn Jahre nach der Vereinigung in ihren Orientierungen und Überzeugungen keinesfalls durchgängig näher aneinander gerückt sind; das Gegenteil trifft vielmehr zu (Meulemann 1996, 1998, Kaase 2001). Der Weg zur „inneren Einheit" ist also noch weit, und es wird eine interessante Frage für die T.-Forschung sein, inwieweit hier angesichts der außerordentlichen finanziellen Leistungen, welche die Bundesrepublik nach der Vereinigung für die neuen Länder aufgebracht hat, eine Konsolidierungsproblematik besteht, die mehr dem deutschen „Sonderfall" als allgemeinen T.-Problemen geschuldet ist.

Ausblick/offene Fragen:
Die T.-Forschung hat durch den politischen und wirtschaftlichen Systemwandel in Mittel- und Osteuropa einen großen Aufschwung genommen. Inwieweit sich auch die Hoffnungen in den Sozialwissenschaften, durch dieses Quasi-Laboratoriumsexperiment massiven und schnellen Makrowandels neue theoretische Impulse zu erhalten, erfüllt hat, läßt sich am Ende des 20. Jhdts. noch nicht zuverlässig beurteilen. Hier ist die T.-Forschung weiter gefordert. Gesagt werden kann aber schon jetzt, daß die Sozialwissenschaften die Chance nicht vergeben haben, die T. vielfältig forschend zu begleiten und in Daten zu dokumentieren.

Max Kaase

Literatur:

Barnes, Samuel H./Simon, Janos (Hrsg.) 1998: The Postcommunist Citizen, Budapest.

Eisen, Andreas/Kaase, Max 1996: Transformation und Transition: Zur politikwissenschaftlichen Analyse des Prozesses der deutschen Vereinigung, in: Kaase, Max/Eisen, Andreas/Gabriel, Oscar W./Niedermayer, Oskar/Wollmann, Hellmut 1996: Politisches System. Berichte zum sozialen und politischen Wandel in Ostdeutschland (Bd. 3), Opladen.

Gabriel, Oscar W. (Hrsg.) 1997: Politische Orientierungen und Verhaltensweisen im vereinigten Deutschland, Opladen.

Huntington, Samuel P. 1991: The Third Wave. Democratization in the Late Twentieth Century, Norman/London.

Kaase, Max 1994: Political Culture and Political Consolidation in Central and Eastern Europe, in: Weil, Frederick D./Gautier, Mary (Hrsg.): Research on Democracy and Society 2, S. 233-274.

Kaase, Max 2001: Zur Entwicklung der Lebensverhältnisse und der Politischen Kultur im vereinigten Deutschland 1990-2000, in: Bayrische Landeszentrale für Politische Bildung (Hrsg.): Die zweite gesamtdeutsche Demokratie. Ereignisse und Entwicklungslinien - Bilanzierungen und Perspektiven, München (im Erscheinen).

Kaase, Max/Lepsius, Rainer M. 1997: Transformationsforschung, in: Deutsche Forschungsgemeinschaft (Hrsg.): Perspektiven der Forschung und ihrer Förderung. Aufgaben und Finanzierung 1997-2001, Weinheim/New York, S. 121-140.

Kaase, Max/Klingemann, Hans-Dieter (Hrsg.) 1998: Wahlen und Wähler. Analysen aus Anlaß der Bundestagswahl 1998, Opladen/Wiesbaden.

Linz, Juan 1978: Crisis, Breakdown and Reequilibration, Baltimore, MD.

Linz, Juan J./Stepan, Alfred 1996: Problems of Democratic Transition and Consolidation. Southern Europe, South America, and Post-Communist Europe, Baltimore.

Meulemann, Heiner 1996: Werte und Wertewandel. Zur Identität einer geteilten und wieder vereinten Nation, Weinheim/München.

Meulemann, Heiner (Hrsg) 1998: Werte und nationale Identität im vereinten Deutschland, Opladen.

O'Donnell, Guillermo/Schmitter, Phillippe C./Whitehead, Lawrence (Hrsg.) 1986: Transitions from Authoritarian Rule. Comparative Perspectives, Baltimore/London.

Przeworski, Adam (Hrsg.) 1987: Sustainable Democracy, Cambridge.

Reissig, Rolf 1998: Transformationsforschung: Gewinne, Desiderate und Perspektiven, in: PVS 39, S. 301-328.
Rose, Richard/Mishler, William/Haerpfer, Christian 1998: Democracy and its Alternatives. Understanding Post-Communist Societies, Cambridge.

Verbände

→ *Bündnis 90/Die Grünen, CDU/CSU, Eliten, Endogenität/Exogenität, FDP, Föderalismus, Freizeit, Generationen, Gewerkschaften, Innere Sicherheit, Konflikt/Konsens, Massenmedien, Neue Soziale Bewegungen, Öffentlicher Dienst/Sektor, Parlamentarismus, Parteiidentifikation, Politikberatung, Politische Beteiligung, Politische Bildung, Politische Inszenierung/Symbolische Politik, Politische Steuerung, Politisches Bewußtsein, Responsivität, Soziale Sicherheit, Sozialkapital/Soziales Vertrauen, SPD, Vereine.*

Organisationsbereitschaft der Bürger:
Ganz allgemein läßt sich feststellen, daß die Deutschen organisationsfreudig sind. Jeder zweite Erwachsene (57 % d. Bevölkerung ab 18 Jahren) ist Mitglied in einem → Verein bzw. Verband (V.), wobei die → Freizeit-Interessen an erster Stelle stehen, während die politisch relevanten V. deutlich weniger Mitglieder zählen (Gewerkschaften: 16 %; Berufs-V., Wirtschafts-V., Wohlfahrts-V. u. Geschädigten-V.: je 3 %; Flüchtlings-V., Bürgerintitiativen: je 1 %; zum Vergleich: 3 % sind Mitglieder einer politischen Partei). Für Gesamtdeutschland wird die Zahl der Vereinsmitglieder (ohne Doppelmitgliedschaften) auf 38 Millionen geschätzt. Ein wesentlicher Einfluß der → Parteiidentifikation auf die Organisationsbereitschaft ist nicht zu erkennen, wenn gleich → FDP-Wähler und die Wähler der „Grünen" weniger Personen in ihren Reihen haben, die keinerlei Mitgliedschaft aufweisen (38 % bzw. 39 %) als Wähler der → SPD (41 %) und der → CDU/CSU (43 %). Der Anteil der → Frauen an den Nichtorganisierten ist mit 70 % auffällig hoch, und wer keinen Beruf ausübt, ist auch überdurchschnittlich häufig (54 %) nirgends organisiert (Nationaler Sozialer Survey 1980). Daß die für die Bundesbürger nachgewiesene Organisationsfreudigkeit nicht ohne weiteres mit Bereitschaft zu → politischer Beteiligung gleichgesetzt werden darf oder als Ausdruck eines reflektierten Staatsbürgerbewußtseins (→ Politisches Bewußtsein) gelten kann, zeigt auch die Analyse der Vereinsstruktur in Frankfurt a.M. (Raschke 1978), derzufolge 31 % der insgesamt 2634 Vereinigungen Freizeitvereine sind, gegenüber 18 % Wirtschafts-V., 17 % Sozialleistungs-V. und 10 % Berufs-V., um die größten Gruppen zu nennen. Allerdings verändert sich der Befund wiederum, wenn man den Organisationsgrad der einzelnen V. als Indikator für ihre politische Relevanz interpretiert. Dann schneidet der Deutsche Sportbund mit einem Organisationsgrad von 21 % wesentlich schlechter ab als die V. der Unternehmer und Arbeitgeber, deren

Organisationsgrad zwischen 80 % und 90 % beträgt. Dazwischen liegen die V. der Arbeitnehmer. Von ihnen ist nur etwa jeder Dritte gewerkschaftlich organisiert (ca. 73 % der Beamten, 51 % der Arbeiter, 24 % der Angestellten), wobei der reale Organisationsgrad noch niedriger ist, weil die → Gewerkschaften auch erwerbslose Mitglieder und Rentner mitzählen. Dennoch repräsentieren ihre V. rund 10 Mio. Mitglieder, was ihr politisches Gewicht als legitime Sprecher ihrer Gruppe außer Zweifel stellt, trotz eines seit Jahren augenfälligen Mitgliederschwundes.

Größe des Verbandssystems:
Der Differenziertheit gesellschaftlicher Interessen und Belange in der BRD entspricht ein weitgefächertes System von V. Aus der Masse von Vereinigungen aller Art ragen die politisch relevanten V. heraus, die organisatorisch selbständig und dauerhaft bundesweit tätig sind. Nachgewiesen wurden mindestens 2560 solcher Bundes-V. Zählt man noch ihre Landesorganisationen - im → Föderalismus in aller Regel eigenständige Organisationen - sowie jene V. hinzu, die nur auf Landesebene tätig sind, kommt man auf über 10.000 politisch relevante V. in der Bundesrepublik. Genauere Zahlen liegen nicht vor. Ihre Aktivitäten in der politischen Arena sind von unterschiedlicher Intensität. In vielen Fällen dominiert die Dienstleistungstätigkeit für ihre Mitglieder. Zu den dauerhaften politisch aktiven V. in Berlin sind jene 1691 registrierten Bundes-V. zu zählen, die sich bis 2000 in die Lobby-Liste des Bundestages eingetragen haben und deren Zahl seit 1974 (635) ständig zunimmt. Besonders zahlreich sind unter ihnen die Wirtschafts-, Berufs- und Sozial-V. vertreten, was die Bedeutung der staatlichen Wirtschafts- und Sozialpolitik für den einzelnen Bürger und sein gesellschaftliches Umfeld unterstreicht.

Einstellungen zu den Verbänden:
Ungeachtet dieses empirischen Befundes scheinen die V. in der BRD noch nicht jene grundsätzliche Anerkennung gefunden zu haben, die ihrer Rolle im politischen Prozeß entspricht. Das Verhältnis der Bürger zum V.-Wesen ist ambivalent. Die weitverbreitete Bereitschaft, Mitglied in einem oder gar mehreren V. zu werden, geht einher mit kritischen Vorbehalten gegenüber den interessenpolitischen Aktivitäten der V. Das zeigen zumindest Untersuchungen aus den 70er Jahren, die bislang nicht korrigiert werden mußten und durch die wenigen später vorgenommenen Befragungen weitgehend bestätigt wurden. Zwar sind sich die Bürger durchaus bewußt, daß es Interessenkonflikte zwischen sozialen Gruppen gibt: Die → Konflikte zwischen Arbeitgeber und Arbeitnehmer halten z.B. 24 % für sehr stark, 46 % für ziemlich stark, aber nur 24 % für eher schwach; zwischen arm und reich sehen 34 % sehr starke, 39 % ziemlich starke, aber nur 18 % eher schwache Konflikte; zwischen Kapitalisten und Arbeiterklasse vermuten sogar 39 % sehr starke, 37 % ziemlich starke und nur 15 % eher schwache Konflikte (Nationaler Sozialer Survey 1980). Aus dieser Einschätzung folgt jedoch keineswegs die Anerkennung des Konfliktaustrags durch V. als einer systemadäquaten Regelung gesell-

schaftlicher Gegensätze. Einer anderen Umfrage zufolge sehen 67 % der Bevölkerung (58 % der Jugendlichen, 34 % der Studenten) das Allgemeinwohl durch die Auseinandersetzung zwischen den V. und durch ihre Forderungen an die Regierung gefährdet (Kaase 1971). Eine wesentlich positivere Einschätzung erbrachte allerdings die Befragung von Ministerialbeamten in der BRD (→ Öffentlicher Dienst/Sektor), von denen nur 19 % einer entsprechenden Aussage zustimmen (Putnam 1976), was wohl auf ihre positiveren Kooperationserfahrungen hindeutet. Ähnliches gilt für die Bundestagsabgeordneten (Patzelt 1996).

Eine gewisse Bestätigung dieses in der Bevölkerung verbreiteten Einstellungsmusters liefert eine Mitte der 70er Jahre durchgeführte Umfrage, derzufolge 8 % der Bürger den V. vorwarfen, ohne Rücksicht auf das Allgemeinwohl ihre Ziele zu verfolgen, weitere 41 % meinten, dies geschehe jedenfalls teilweise, während nur 36 % die Ansicht vertraten, daß die V. die Interessen ihrer Mitglieder maßvoll vertreten und dabei auch das Allgemeinwohl im Auge hätten. Als rücksichtslos in diesem Sinn wurden besonders häufig die IG Metall (42 %), die ÖTV (39 %), die Unternehmer- und Arbeitgeber-V. (30 %) genannt, es folgten → Bauern-V. (28 %), IG Bau-Steine-Erden (27 %), Beamtenbund (21 %), Deutsche Angestellten-Gewerkschaft (19 %). Die Parteipräferenz differenziert diese Einschätzung insofern, als → SPD-Wähler weniger Anstoß an den genannten Gewerkschaften nehmen, als die Wähler der → CDU/CSU und → FDP und statt dessen den Unternehmer-V. und Bauern-V. (44 % bzw. 38 %) kritisch gegenüberstehen (Allensbach-Umfrage 1975). Aus Umfragen wird deutlich, daß ein beachtlicher Teil der Bundesbürger die V. und Gewerkschaften eher als Dienstleistungseinrichtungen verstehen, die sich aus der Politik heraushalten sollen (DGB-Gewerkschaftsbarometer 1979). Im übrigen stimmen hinsichtlich ihres Vertrauens in die Gewerkschaften die Ost- und Westdeutschen weitgehend überein; auch in der Beurteilung ihrer Bedeutung für den einzelnen Arbeitnehmer unterscheiden sich die Bürger im wiedervereinigten Deutschland nicht: Mitglieder stehen den Gewerkschaften wesentlich positiver gegenüber als Nichtmitglieder (Wessels 1997).

Bei der Frage nach der Einschätzung des Einflusses bestimmter V. in der BRD überwiegen die kritischen Stimmen gegenüber den Bankiers und Großindustriellen (66 %), den Gewerkschaften und Arbeitgebern (jeweils 52 %), während nur eine geringere Anzahl von Bürgern mit dem vermuteten Einfluß dieser Gruppen zufrieden ist. Wesentlich günstiger schneiden die Bauern-V. und die Vertriebenen-V. ab, bei denen nur 32 % bzw. 24 % der Befragten zuviel Einfluß in der Politik vermuten, während 44 % bzw. 46 % nichts auszusetzen haben. Leichte Differenzierungen ergeben sich wiederum aus der Parteienpräferenz: zuviel Einfluß schreiben 70 % der SPD-Wähler den Bankiers und Großindustriellen zu; ähnlich beurteilen sie die Arbeitgeber-V., während die Gewerkschaften wieder stärker bei FDP- und Unions-Wählern auf Kritik stoßen. Das Urteil über die Vertriebenen-V. und die Bauern-V. zeigt dagegen weniger parteipolitisch motivierte Abweichungen (Emnid-Information Nr. 1, 1979).

Den Umfragen läßt sich entnehmen, daß V.-Mitglieder den politischen Einfluß konkurrierender V. stets höher einschätzen und entsprechend negativer bewerten als die Bevölkerung im Durchschnitt. Die Bereitschaft, den gegnerischen V. zuzugestehen, daß auch ihre Forderungen und Aktivitäten gerechtfertigt sind, scheint nicht besonders ausgeprägt zu sein. Jede Gruppe sieht das Gemeinwohl auf ihrer Seite - zumindest wenn diese Frage weniger abstrakt als in der konkreten politischen Auseinandersetzung zu beurteilen ist. Als durchgängige Tendenz zeigt sich eine kritische Distanz gegenüber den Aktivitäten der Groß-V. im Arbeits- und Wirtschaftsbereich. Die Mehrheit der Bevölkerung traut ihnen nicht so recht und sähe ihren Einfluß lieber verringert als vermehrt. Obgleich die Bürger ein hohes Maß an Organisationsbereitschaft unter Beweis stellen - sicherlich doch auch, weil sie ihre Interessen verteidigt und durchgesetzt sehen wollen-, hegen sie Zweifel, ob die Politik auf diesem Weg zu gerechten Ergebnissen führt. V.-Prüderie und Gruppenegoismus verbinden sich in seltsamer Mischung. Auf dem Boden der abstrakten Bejahung des Pluralismus keimt die Skepsis gegenüber den Aktivitäten der V. in der Tagespolitik, paart sich die Einsicht in gesellschaftliche Konfliktzonen mit abstrakter Gemeinwohlerwartung. Aber auch die Sprach- und Machtlosigkeit des Bürgers und einfachen Mitglieds gegenüber den bürokratischen Organisationen könnte in der Kritik am Einfluß der Groß-V. zum Ausdruck kommen. Auf jeden Fall ist das Bild der V. im Bewußtsein der Bürger schillernd, spannungsvoll und widersprüchlich.

Jürgen Weber

Literatur:

Alemann, Ulrich von/Weßels, Bernhard (Hrsg.) 1997: Verbände in vergleichender Perspektive, Berlin.

Kleinfeld, Ralf/Luthardt, Wolfgang (Hrsg.) 1993: Westliche Demokratien und Interessenvermittlung, Marburg.

Kropp, Sabine 1997: Interessenpolitik, in: Gabriel, Oscar W./Holtmann, Everhard (Hrsg.): Handbuch Politisches System der Bundesrepublik Deutschland, München/Wien, S. 525-555.

Mayntz, Renate (Hrsg.) 1992: Verbände zwischen Mitgliederinteressen und Gemeinwohl, Gütersloh.

Niedermayer, Oskar (Hrsg.) 1996: Intermediäre Strukturen in Ostdeutschland, Opladen.

Patzelt, Werner 1996: Deutschlands Abgeordnete: Profil eines Berufsstandes, der weit besser ist als sein Ruf, in: Zparl 27, S. 462-502.

Reutter, Werner/Rütters, Peter 2001 (Hrsg.): Verbände und Verbandssystem in Westeuropa, Stuttgart.

Schmid, Josef 1998: Verbände. Interessenvermittlung und Interessenorganisationen, München.

Streeck, Wolfgang (Hrsg.) 1994: Staat und Verbände, Opladen.

Weber, Jürgen 1981: Die Interessengruppen im politischen System der Bundesrepublik Deutschland, 2. Aufl., Stuttgart/München.

Weber, Jürgen 1998: Dimension und Bedeutung der Verbände in Deutschland, in: Drüppel, Christoph J./Rödel, Volker (Hrsg.): Überlieferungssicherung in der pluralen Gesellschaft, Stuttgart, S. 27-37.
Weßels, Bernhard 1997: Einstellungen zu den Institutionen der Interessenvermittlung, in: Gabriel, Oscar W. (Hrsg.): Politische Orientierungen und Verhaltensweisen im vereinigten Deutschland, Opladen, S. 189-210.

Vereine

→ DDR, Demokratie, Freizeit, Kommunen, Neue Soziale Bewegungen, Politikverdrossenheit, Politische Beteiligung, Politische Traditionen, Politische Unterstützung, Soziale Sicherheit, Sozialkapital/Soziales Vertrauen, Verbände, Wertewandel, Wohlfahrtsstaat.

Begriff/Definition:

Laut deutschem GG ist die Vereinigungsfreiheit verbrieftes Grundrecht (GG Art 9, Abs.1). Aus juristischer Sicht umfasst das deutsche Vereinswesen wirtschaftliche, ideelle, nichtrechtsfähige und rechtsfähige (oder eingetragene) Vereine (V.). Der wirtschaftliche V. - zahlenmäßig allerdings eher zu vernachlässigen - richtet seinen „Zweck auf einen wirtschaftlichen Geschäftsbetrieb" (BGB §§ 22). Wirtschaftliche V. sind unternehmerisch am Markt aktiv, um für sich und ihre Mitglieder finanzielle Vorteile zu erlangen. Die große Masse der V., vom Kegelclub, Männergesangs-V., Fußball-V. bis hin zur Bürgerinitiative und dem Wohltätigkeits-V. sind ideelle V., „deren Zweck nicht auf einen wirtschaftlichen Geschäftsbetrieb gerichtet ist" (BGB §§ 21). Als ideell gilt eine große Auswahl unterschiedlichster Anliegen: Sport, Kultur, Wissenschaft, Kunst, Soziales, Wohlfahrt, Religion, Kirche und Politik. Ideelle V. als sogenannte Nonprofit-Organisationen können rechtsfähig oder nichtrechtsfähig sein. Mit dem Eintrag ins V.-Register (durch mindestens sieben Gründungsmitglieder) wird der V. zur „juristischen Person". Der e.V. ist befugt, Verträge abzuschließen, Mitarbeiter anzustellen, Räumlichkeiten zu mieten oder zu kaufen. Es haftet der V. und nicht das einzelne Mitglied. V. sind prinzipiell steuerpflichtig. Ausgenommen sind nur V., die vom zuständigen Finanzamt als gemeinnützig anerkannt sind, da sie laut Satzung gemeinnützige, mildtätige oder kirchliche Zwecke verfolgen (Abgabenordnung §§ 52, 53; Zimmer 1996). Ähnliche Regelungen und Schutzbestimmungen sind in allen demokratischen Verfassungen zu finden.

Theorien/Konzepte/Modelle:

Spätestens seit de Tocquevilles Ausführungen über die Demokratie in Amerika ([1835] 1990), die freiwillige Vereinigungen als „Schule der Demokratie" zelebrieren, ist es völlig unumstritten, daß V. ein wichtiger Baustein wahrhaft demokratischer Systeme sind. Allerdings hat die Gewissheit über die demokratische Rolle des V. in jüngster Zeit einen fast missionarischen Zug angenommen. V. sind in aller Munde. Die „völlig unerwartete Renaissance des Vereins" (Zimmer 1996: 11) steht in unmittelbarem Zusammenhang mit der viel beschworenen Malaise der Demokratie: Politikverdrossene Bürger stünden der Politik und hier vor allem den politischen Parteien mit zunehmender Distanz gegenüber, der unberechenbare Wechselwähler werde zum Massenphänomen, und die Wahlbeteiligung sinke auf allen Ebenen des politischen Systems. Gleichzeitig stehe ein überlasteter Wohlfahrtsstaat, der mit immer größeren Ansprüchen seitens der Bürger konfrontiert wird, kurz vor dem Ruin (→ Politikverdrossenheit, Politische Unterstützung). In diese Zeitdiagnose hinein platzten US-amerikanische Veröffentlichungen, die den V. als zentrales Heilmittel gegen die demokratische Malaise verschreiben. Vor allem Putnams einflussreiche Thesen zum → *Sozialkapital* (z.B. Putnam 2000), die einen klaren Zusammenhang zwischen dem Niedergang des V.-Wesens, sinkendem sozialen Vertrauen, abnehmendem politischen Engagement, ja der Überlebensfähigkeit der Demokratie selbst postulieren, sind auch in Deutschland auf große Resonanz gestoßen.

Die Debatte um Sozialkapital und die Rolle von V. in der → Demokratie hat der V.-Forschung enormen Auftrieb verliehen. Die demokratische Funktion des V. wird allerdings nicht nur von Protagonisten der Sozialkapital-Debatte betont. Bereits zuvor kritisierten Vertreter des *Kommunitarismus* die Selbstzerstörungskräfte des Liberalismus und eines verrechtlichten individualistischen Anspruchsdenkens: In seiner Suche nach einem neuen Gefühl von Gemeinschaft und verbindenden Werten räumt der Kommunitarismus der Familie, der Nachbarschaft und allen intermediären, nicht-staatlichen Organisationen sozialer Partizipation einen hohen Stellenwert ein. Auch das aus der Osteuropa-Forschung übernommene und nun auch auf westliche und demokratische Gesellschaften angewandte Konzept der „*civil society*" verkündet die demokratische Notwendigkeit eines starken Netzes intermediärer Organisationen, die zwischen der Makro-Ebene des Staates und der Wirtschaftsstruktur auf der einen Seite und der Mikro-Ebene des Individuums auf der anderen Seite vermitteln. Den institutionell weitreichendsten Schritt unternehmen Verfechter der „*assoziativen Demokratie*", die - mit unterschiedlichen Schwerpunkten - glauben, eine schlüssige Antwort auf die Malaise von Sozialstaat und traditioneller, repräsentativer Parteienpolitik zu besitzen. Demokratisches Handeln solle demnach vermehrt und primär in die Hände intermediärer, lokal aktiver Gruppen, V. und → Verbände gelegt werden (Hirst/Bader 2001). In Deutschland wird die Diskussion um den V. vor allem im Namen des bürgerschaftlichen Engagements geführt. Diese Diskussion um Ehrenamtlichkeit und Freiwilligenarbeit versucht, die unterschiedlichen Stränge der V.-Diskussion zusammenzuführen und die Rolle ehrenamtlicher Tätigkeiten und *Nonprofit*-Organisationen im Zuge einer Reform von Sozialstaat und Verwaltung zu beleuchten (Heinze/Olk 2001).

All diese Ansätze zusammengenommen, ergibt sich eine ansehnliche Liste unterschiedlichster demokratierelevanter und sozialstaatlicher Segnungen, welche die Renaissance des V. erklären : Assoziative Institutionen - V., Clubs, Verbände, intermediäre Organisationen jeglicher Art - können und sollen den Staat entlasten, dem Hedonismus Gefühle des Gemeinwohls und der Eigenverantwortlichkeit entgegensetzen, die zunehmende Kluft zwischen arbeitsteiliger, hochdifferenzierter Gesellschaft und emotional integrierter Gemeinschaft überbrücken, das abstrakte Staatswesen mit dem isolierten Individuum verbinden und als eine Schule demokratischen Verhaltens dienen. Diese Vielfalt an demokratierelevanten Funktionen (von der sozialen Integration bis zum Einüben demokratischer Tugenden), die organisatorische Bandbreite des V.-Wesens (vom losen Netzwerk bis zum klassischen e.V.) sowie die unterschiedlichen Ziele und Zwecke, denen sich V. widmen (vom Fußballspielen bis zur sozialen Dienstleistung), machen eine Typologisierung oder Klassifizierung der V.-Welt zu einem äußerst schwierigen Unterfangen. Tatsächlich gibt es „keine verbindliche und allgemein anerkannte Klassifikation der Vereinstätigkeiten" (Zimmer 1996: 97). Der wohl ehrgeizigste und komplexeste Klassifikationsversuch ist Warrens (2001) Ansatz einer Ökologie der Assoziationen, die den Anspruch erhebt, allen Formen sozialer Assoziation - von der Familie über den V. bis zur Nation - gerecht zu werden. Warrens Typologie basiert auf drei Hauptdimensionen - Grad der Freiwilligkeit bzw. Einfachheit des Austritts, Medium der sozialen Reproduktion (sozial, politisch, ökonomisch) und Art der produzierten Güter (Identität, materielle Vorteile, Status, etc.) - die er mit unterschiedlichen demokratischen, individuellen und öffentlichen Funktionen verknüpft: politische Fähigkeiten, bürgerschaftliche Tugenden, Kritikfähigkeit, Öffentlichkeit und Deliberation, Repräsentation, Subsidiarität, Koordination und Kooperation sowie demokratischer Legitimität. Wie zu erwarten, kommt Warren zu der Schlußfolgerung, daß Typen von V., die eine der demokratischen Funktionen sehr gut erfüllen, in anderer Hinsicht kaum zur Demokratie beitragen. Warrens theoretisch abgeleitete Idealtypologie harrt allerdings noch der empirischen Prüfung.

Ergebnisse:
Wie also ist es um den deutschen V. tatsächlich bestellt? Entgegen Putnams Beobachtungen zum Verschwinden des Sozialkapitals hat das deutsche V.-Wesen in jüngerer Zeit eher Zuwachs zu verzeichnen. Die deutschen Generationen des Zweiten Weltkrieges und der Nachkriegszeit reagierten auf die Politisierung und ideologische Vereinnahmung durch den Nationalsozialismus mit politischer und sozialer Passivität, einer generationstypischen „Ohne mich"-Haltung (Scheuch 1993: 143), die sich auch in einer generellen V.-Abstinenz niederschlug. Tatsächlich hat sich in Deutschland erst im Zuge des → Wertewandels seit den 60ern das Potential bürgerschaftlichen Engagements stark vergrößert. Die Deutsche Gesellschaft für Freizeit e.V. errechnete, daß sich die Zahl der ehrenamtlich Tätigen seit den 60er Jahren fast verfünffacht habe. Anfang der 90er haben sich, je nach Erhe-

bung, zwischen 17 und 25 % der Bevölkerung über 11 Jahren in irgendeiner Weise freiwillig engagiert (Offe/Fuchs 2001). Der jüngst bei 15.000 Befragten durchgeführte „Freiwilligensurvey 1999" erbrachte sogar das erstaunliche Resultat, daß 34 % der deutschen Bevölkerung ab 14 Jahren ehrenamtlich tätig sind. Auch die Anzahl der existierenden V. ist gewachsen. Selbst wenn über die genaue Anzahl der V. in Deutschland noch immer keine klaren Angaben vorliegen, so wird mit zunehmender Forschung deutlich, daß die bisher angenommenen Zahlen von circa 300.000 für das Gebiet der alten Bundesländer bzw. ein V. pro 200-300 Einwohner (Zimmer 1996) das bürgerschaftliche Engagement eher unterschätzen. Erstmals wurden 2001 alle etwa 600 örtlichen V.-Register ausgewertet. Das Ergebnis ist beeindruckend: 544.701 eingetragene V. bzw. 6,6 V. pro 1.000 Einwohner (www.nonprofit.de). Mehr als ein Drittel (39,6 %) aller eingetragenen V. sind Sport-V. → Freizeit-V. - vom Schützen-V. bis zum Hobbyclub - nehmen mit 17,4 % den zweiten Rang ein. Auf den Plätzen folgen sozial-karitative Vereinigungen (13,3 %) und kulturelle V. (11,4 %). Dies gilt allerdings nur für den klassischen „e.V.". Eine Untersuchung zum bürgerschaftlichen Engagement in der Stadt Mannheim, die zum Ziel hatte, jegliche Form freiwilliger Vereinigungen vom e.V. bis zur kirchlich organisierten Krabbelgruppe zu erfassen, fand 5.002 aktive V. und Gruppen. Dies entspricht einer V.-Dichte von einer freiwilligen Organisation pro 64 Einwohner (www.mzes.uni-mannheim.de/projekte/cid).

Hinter gesamtdeutschen Zahlen zu V.-Dichte und Bürgerengagement verbergen sich allerdings deutliche Ost-West Unterschiede. Zu Zeiten der → DDR waren ehrenamtliche Tätigkeiten weit verbreitet. In ihrer Mehrheit wurden sie im Zusammenhang mit der Erwerbstätigkeit ausgeführt und vom SED-Regime ausdrücklich gefördert, aber nicht wirklich erzwungen (nur 12 % der Freiwilligen erklärten später, daß sie zur ehrenamtlichen Tätigkeit vom Betrieb oder politischen Funktionären verpflichtet wurden). Freiwilliges Engagement, das über sozialistische Betriebe, die politischen Strukturen der DDR, aber auch die vielfältigen Oppositionsgruppen organisiert wurde, brach 1989/1990 zwangsläufig zusammen. Seit Mitte der 90er Jahre liegt das Niveau des Engagements beträchtlich unter dem der Bürger der alten Bundesländer. Beinahe 50 % der westdeutschen Bevölkerung sind Mitglied in mindestens einem V., in Ostdeutschland sind dagegen nur 21 % organisiert (Offe/Fuchs 2001). Die Ursache für das Ost-West-Gefälle liegt einerseits im Zusammenbruch der staatssozialistischen Strukturen der Ehrenamtlichkeit, die entweder noch nicht durch neue Strukturen ersetzt werden konnten oder als westdeutsche Importe nicht wirklich angenommen werden. Andererseits sind die Gründe aber auch in der prekären wirtschaftlichen Situation zu sehen, in der sich viele ostdeutsche Gemeinden und Regionen befinden. In den von Arbeitslosigkeit im besonderen Maße betroffenen Regionen mit vielen Pendlern ging der für ein blühendes V.-Leben so wichtige räumliche Zusammenhang zwischen Beruf, Familie und Freizeit verloren (Zimmer 1996, Offe/Fuchs 2001). Dieses Ergebnis zur V.-Dichte in Ostdeutschland verweist auf die sozialstrukturellen Charakteristika des typischen V.-Mitglieds: Mitglieder und Ehrenamtliche sind eher männlich, sind Vollzeit erwerbstätig, besitzen überdurchschnittliche Bildung und erfreuen sich eines gehobenen sozialen Status (Zimmer 1996). Diese Dominanz der Mittelschicht ist jedoch kein deutsches Phänomen, sondern in allen westlichen Industrienationen in ähnlicher Form zu beobachten (Gabriel/Kunz/Roßteutscher/van Deth 2002).

Im internationalen Vergleich landet Deutschland bezüglich V.-Dichte, Mitgliedschaft und ehrenamtlichem Engagement übrigens trotz der hierzulande üblichen Selbsteinschätzung als Mutterland der „Vereinsmeier" in schöner Regelmäßigkeit auf mittleren Plätzen - hinter den USA, Skandinavien und den Niederlanden und vor den süd- und osteuropäischen Ländern (Gaskin/Smith 1995; Gabriel/Kunz/Roßteutscher/van Deth 2002). Allerdings zeigen jüngere Untersuchungen, daß diese Position zumindest teilweise ein Artefakt von Erhebungsmethode und Messung ist, und Deutschland in der Tat im Vergleich zu anderen westlichen Industrienationen eher zu den Spitzenreitern zählt (www.mzes.uni-mannheim.de/projekte/cid). Auch dokumentieren Untersuchungen, daß es hierzulande ein großes brachliegendes Potential bürgerschaftlichen Engagements gibt, aus dem V. und Organisationen schöpfen können (Klages 1998).

Ausblick/ offene Fragen:
Vor 20 Jahren, im Vorgängerband dieses Handwörterbuch, konnte der V. zu Recht als „Stiefkind der Sozialforschung" bezeichnet werden. Dies stimmt heute so nicht mehr. Die einflußreichen Diskussionen um Sozialkapital, Zivilgesellschaft und Krise der Demokratie haben den V. ins Zentrum sozialwissenschaftlichen Interesses gerückt. Allerdings sind zahlreiche Fragen noch immer unbeantwortet. Dies gilt insbesondere für die vielen Annahmen, die sich im Zuge der momentanen V.-Euphorie beinahe unwidersprochen in vielen Köpfen, auch und gerade Politikerköpfen, festgesetzt haben: sind V.-Mitglieder tatsächlich bessere Demokraten? Falls ja, welche V. und welche Typen von Organisationen sind besonders effiziente Schulen der Demokratie? Werden soziales Vertrauen und gemeinschaftliche Werte tatsächlich im V. erworben, oder sind sie nicht eher Vorbedingung für bürgerschaftliches Engagement? Kann soziales Engagement den → Wohlfahrtsstaat tatsächlich vor dem Kostenkollaps bewahren? Lassen sich V. wirklich als zentrale Akteure ins politische System integrieren, ohne die repräsentative parteienzentrierte Demokratie aus den Angeln zu heben? Es ist zu hoffen, daß die vielfältigen Forschungen zu V. und Bürgerengagement, die zur Zeit in Deutschland und international vergleichend durchgeführt werden, so manchen „weißen Fleck" auf der Landkarte der V. mit Inhalt füllen werden.

Sigrid Roßteutscher

Literatur:

Gabriel, Oskar/Kunz, Volker/Roßteutscher, Sigrid/van Deth, Jan 2002: Sozialkapital in westlichen Demokratien. Zivilgesellschaftliche Ressourcen im Vergleich, Wien.

Gaskin, Katharine/Smith, Justin Davis 1995: A New Civic Europe? A Study of the Extent and Role of Volunteering, London.

Heinze, Rolf G./Olk, Thomas (Hrsg.) 2001: Bürgerengagement in Deutschland. Bestandsaufnahmen und Perspektiven, Opladen.

Hirst, Paul/Bader, Veit (Hrsg.) 2001: Associative Democracy. The Real Third Way, London.

Klages, Helmut 1998: Engagement und Engagementpotential in Deutschland. Erkenntnisse der empirischen Forschung, in: APuZ, B38, S. 29-38.

Offe, Claus/Fuchs, Susanne 2001: Schwund des Sozialkapitals? Der Fall Deutschland, in: Putnam, Robert D. (Hrsg.): Gesellschaft und Gemeinsinn, Gütersloh, S. 417-511.

Putnam, Robert D. 2000: Bowling Alone. The Collapse and Revival of American Community, New York.

Scheuch, Erwin K. 1993: Vereine als Teil der Privatgesellschaft, in: Best, Heinrich (Hrsg.): Vereine in Deutschland. Vom Geheimbund zur freien gesellschaftlichen Organisation, Bonn: Informationszentrum Sozialwissenschaften, S. 143-207.

Warren, Mark E. 2001: Democracy and Association, Princeton/Oxford.

Zimmer, Annette 1996: Vereine - Basiselement der Demokratie. Eine Analyse aus der Dritte-Sektor-Perspektive, Opladen.

Verfassungsgerichtsbarkeit

→ Bürokratie, Demokratie, Eliten, Föderalismus, Grundgesetz, Ideologie, Innere Sicherheit, Kommunen, Konflikt/Konsens, Nation, Neue Bundesländer, Parlamentarismus, Politische Steuerung, Politische Traditionen, Politisches Vertrauen, Professionen, Rechtskultur, Rechtsstaat, Soziale Sicherheit.

Zuständigkeiten/Kompetenzen/Funktionen:

Eine der historisch und strukturell folgenreichsten Ausdifferenzierungen des nach 1945 formell entnazifizierten, seither rechtsstaatlich-demokratisch legitimierten Rechtssystems der BRD stellt ohne Zweifel die Verfassungsgerichtsbarkeit (V.) (im Bund und in den Ländern) dar. Gemeinhin gilt sie sogar als die Vollendung des entwickelten, demokratisierten Verfassungsstaates (→ Rechtsstaat), der wesentlich darin zur Entfaltung kommt, daß in ihm der „gerichtliche Schutz" der Verfassung materiell gewährleistet und - infolge der dieser zugeschriebenen prinzipiellen Vor- und Überordnung - auch kompetenz- und verfahrensmäßig garantiert, d.h. auf Dauer gestellt ist. Insoweit hat die V. das der Verfassung gemäße Funktionieren staatlichen Handelns im Verfassungsrechtskreis, d.h. im konfliktträchtigen öffentlich-rechtlichen Beziehungsgeflecht zwischen politischen Akteuren und Machtadressaten, sicherzustellen (→ Demokratie, GG).

Indem die Verfassungsgerichte über die Einhaltung der von der Verfassung gezogenen organisations- und funktionell-rechtlichen Schranken wachen und verfassungswidriges Handeln durch höchstrichterlichen Spruch verbindlich korrigieren, darüber hinaus auf die Erzeugung eines verfassungspolitisch plausiblen Grundkonsenses bzw. auf die Wiederherstellung des durch innerstaatliche, neuerdings zunehmend auch europa- bzw. integrationspolitisch bedingte Verfassungsstreitigkeiten bedrohten Rechtsfriedens hinarbeiten, nehmen sie Kontroll- und Befriedungsfunktionen wahr, die über die intentional gleichgerichtete Tätigkeit politischer Instanzen weit hinausreichen. Schutz- und Integrationsfunktionen erfüllen sie, wenn sie im Wege geregelter Verfahren des Streitentscheides „jedermann" gegenüber staatlichen Verletzungen seines Grundrechtsbereiches oder anderen Akteuren des Verfassungsrechtskreises zu ihrem Recht verhelfen bzw. als „Legitimitätsreserve" des politischen Systems dieses im Wege vorbeugender juristischer Konfliktverarbeitung und -minimierung vor bestandsbedrohenden, krisenhaften Erschütterungen zu bewahren trachten (= kondominiale Herrschaftsstruktur). So wird der materiale Gehalt der Verfassung vor substanzverzehrender Instrumentalisierung durch die aktiven politischen Kräfte ebenso bewahrt wie in vorsichtig aktualisierender, „punktueller Rechtsfortbildung" via Verfassungsinterpretation den Erfordernissen eines kontrollierten sozio-kulturellen Wandels offengehalten, erschlossen und angepaßt.

Handlungschancen, Durchsetzungsmöglichkeiten und Autorität, kurz: die „politische" Macht des BVerfG - bezieht man diese Frage auf seine Rolle und Funktion im gewaltenteilenden System der BRD - hängen nun im wesentlichen von den ihm zugewiesenen Kompetenzen ab (enumeriert in § 13 BVerfGG), d.h. primär von der verfassungsrechtlichen Bedeutung der Fälle, die von ihm entschieden bzw. gelegentlich gar nicht erst zur Entscheidung angenommen werden, erst recht dann, wenn damit gleichzeitig verfassungs*politische* Weichen gestellt werden.

Da seine wesentlichen Zuständigkeiten inzwischen ausnahmslos verfassungsrechtlich normiert worden sind, könnten sie nur im Wege einer mit qualifizierter Mehrheit durchzusetzenden Verfassungsänderung abgeändert, beschnitten oder erweitert werden. Ohnehin wäre dies die einzig mögliche „legale", den aktiven, demokratisch legitimierten Verfassungsorganen übriggebliebene Kurskorrekturmöglichkeit gegenüber dem BVerfG, insbesondere dann, wenn infolge einer drohenden verfassungsgerichtlichen Exzeß-Judikatur die Sicherungen der ihm normativ abverlangten richterlichen Selbstbeschränkung durchbrennen sollten. Sie ist allerdings durch Art. 79 Abs. 3 GG gegenständlich begrenzt und - soweit zulässig - durch das qualifizierte Mehrheitserfordernis (Art. 79 Abs. 2 GG), zumal in Zeiten starker politischer Polarisierung zwischen den parlamentarischen Kräften, faktisch äußerst unwahrscheinlich. Andere Einflußmöglichkeiten der parlamentarisch-politischen Körperschaften auf das „politische" Gericht BVerfG, beispielsweise auf die Zusammensetzung der Spruchkörper seiner beiden Senate (Richterwahl), über die Etatisierung der ihm zuzuweisenden Personal- und Sachmittel, über eine Umschichtung des Geschäftsanfalls der beiden Senate etc., sind demgegenüber relativ belanglos (→ Rechtskultur).

Funktionale Erfordernisse, erworbene Autorität und die unterschiedlichsten „vested interests" - nicht zuletzt der interessierten Funktionseliten des Justizsystems selber - lassen es als äußerst unwahrscheinlich erscheinen, daß sich die demokratisch legitimierten Körperschaften dieses Zauberlehrlings, der sich im Wege einer Verfestigung der Justizherrschaft im politischen System der BRD zwischenzeitlich unentbehrlich gemacht hat, je wieder sollten entledigen können. Im Gegenteil, trotz seiner einzigartigen Kompetenzfülle und trotz gelegentlicher Kritik im Detail wird das BVerfG von der „offiziellen Politik", dessen Selbstrechtfertigungs- und Legitimationsmuster es mit dem alles integrierenden normativen Grundkonsens seinerseits am authentischsten ausstaffiert hat, in einer Weise akzeptiert, daß nicht einmal die Enquête-Kommission Verfassungsreform des Bundestages sich veranlaßt sah, ernsthafte, geschweige denn systemverändernde Verbesserungsvorschläge zu machen. Um so wichtiger wird es für das BVerfG sein, ob und in welcher Weise es sich an die Bindungswirkung von Gesetz und Recht (Art. 20 Abs. 3 und Art. 1 Abs. 3 GG) in verfassungsrechtlich akzeptabler Nutzung seiner Handlungsmargen halten wird. Davon dürfte es abhängen, ob es auch in Zukunft seine gesellschaftliche Akzeptanz wird sicherstellen können, die anläßlich von zuletzt höchst kontrovers diskutierten BVerfG-Entscheidungen (so sein „Soldaten sind Mörder"-Beschluß oder das Kruzifix-Urteil etc.), die auf ein Mißverhältnis zwischen dem Rechtsbewußtsein einer höchstrichterlichen Judikativ-Elite und dem eines allgemeineren Bürgerpublikums verweist, nicht geringen Schaden genommen haben dürfte (→ Konflikt/Konsens, Politisches Vertrauen).

Immerhin, seit seiner ersten Entscheidung im September 1951 bis Ende 2000 sind beim BVerfG insgesamt 132.002 Verfahren anhängig gewesen (davon allein 126.962 Verfassungsbeschwerdeverfahren), 3.288 Normenkontrollverfahren (abstrakte und konkrete Normenkontrolle), 5 Parteiverbotsverfahren und 1.747 andere Verfahren, als da sind: Bund-Länder-Streitigkeiten sowie Organ- und andere Verfassungsstreitigkeiten in Bund und Ländern. Gleichwohl sind davon noch immer 2.460 Verfahren nicht entschieden (Stichtag: 31. Dezember 2000), darunter 2.342 Verfassungsbeschwerden sowie (u.a.) 88 Normenkontrollverfahren. Der entscheidungsrelevante Rechtsprechungsrückstand des höchsten deutschen Gerichts ist also alles andere als unerheblich. Im übrigen weisen Verfassungsbeschwerden gerade mal eine Erfolgsquote von 2,6 % auf, wobei auf Anträge der Verfassungsbeschwerdeführer i.d.R. eine formelle Entscheidung eines der beiden Senate oder einer Kammer des BVerfG ergeht. Diese Besonderheit, daß eine Art Entscheidungsfilter in Form sog. Kammern (§ 15a BVerfGG) zur Vorklärung der Relevanz von Verfassungsbeschwerden bzw. zu ihrer Erledigung vorgeschaltet worden ist, die mit drei (statt mit acht) Richtern besetzt sind, ist nicht zuletzt Ausdruck jenes Rationalisierungsdrucks, den die Arbeitsüberlastung des Gerichts infolge der hohen Zahl von Verfassungsbeschwerden mit sich gebracht hat - sie machen etwa 95-

98 % aller beim BVerfG jährlich eingehenden Verfahren aus (vgl. dazu die Vorschläge der Kommission des Bundesjustizministers zur „Entlastung des Bundesverfassungsgerichts" 1998).

Auf diese ständig steigende Überlastung des höchsten Gerichts - zuletzt besonders ins Auge fallend auf Grund der zahllosen Transformationskalamitäten, die die „Abwicklung" der ehemaligen DDR zusammen mit der Erstreckung des GG auf das Gebiet der ehemaligen DDR mit sich brachten, deutsche Wiedervereinigung genannt - geht schließlich auch die Einrichtung des sog. „dritten Senats" zurück, worunter jener personelle Unterbau des Gerichts zu verstehen ist, der von den „wissenschaftlichen Mitarbeitern" (§ 13 GOBVerfFG) gebildet wird, die die Verfassungsrichter, denen sie zugewiesen sind, bei ihrer dienstlichen Tätigkeit unterstützen. Derzeit kann jeder Verfassungsrichter und jede Verfassungsrichterin, einschließlich Präsidentin und Vizepräsident, auf drei wissenschaftliche Mitarbeiter zurückgreifen. Daß sie in der Geschäftsordnung des BVerfG gerade mal beiläufig erwähnt werden, verschleiert freilich die reale Bedeutung der von ihnen erbrachten „hilfsrichterlichen" Tätigkeit. Zweifellos kann diese als eine Art „Rechtsprechung zur linken Hand" charakterisiert werden, weil und insofern sie zwar nicht unbedingt als entscheidungsbedingend (decision-conditioning) eingestuft werden muß, sehr wohl aber als entscheidungsvorbereitend (decision-making); auf jeden Fall aber dürfte sie als entscheidungsrechtfertigende Tätigkeit beim höchsten deutschen Gericht zu qualifizieren sein (decision-justifying), wie sie im kondominialen Herrschaftsverbund des politischen Krisenmanagements in der BRD dem BVerfG als symbolischer Ausdruck wie infolge faktischer Inanspruchnahme der ihm zukommenden, spezifisch *politischen* Prärogative obliegt. Dies alles ist freilich auch Ausdruck jener Art von Bürokratisierung der verfassungsgerichtlichen Judikatur, was sich nicht zuletzt daran festmachen läßt, daß 1962 eine Mißbrauchsgebührenregelung eingeführt werden mußte (§ 34 Abs. 2 BVerfG). Darüber hinaus ist diese Tendenz vor allem daran ablesbar, daß das BVerfG, wenn es seinen Aufgaben einigermaßen zeit- und sachgerecht nachkommen will, in seiner Rechtsprechung mehr und mehr auf Arbeitsformen zurückgreifen muß, die sich offensichtlich nur noch *elitistisch* „handeln" lassen, was die Frage nach seiner deliberativen Rechtsprechungskompetenz bzw. nach der politischen Legitimation seiner Entscheidungsorgane als Urteilsproduzenten sogar bis zur Unterstellung, es stecke in einer kaum noch zu behebenden Akzeptanzkrise etc., zugespitzt hat (→ Elite, Rechtskultur).

Neben den Zuständigkeiten, die ihm durch das Bundesverfassungsgerichtsgesetz (BVerfGG) vom 12.3.1951 i.d.F. der Bekanntmachung vom 16. Juli 1998 übertragen worden sind, lassen sich seine wesentlichen Kompetenzen, die mittels des ihm eigentümlichen Zirkulationsmittels „Verfassungsrechtsprechung" den politischen Prozeß entscheidend strukturieren, nach Verfahrensarten typisierend auflisten:

1. Kontradiktorische Streitverfahren, die aus Konfliktlagen entstehen, die auf der bundesstaatlichen Ebene bzw. auf der des Bundes selber anfallen.

2. Institutionell verselbständigte Kontrollverfahren zur Überprüfung von Bundes- und Landesrecht auf ihre Vereinbarkeit mit der Verfassung, von Landesrecht auf seine Vereinbarkeit mit sonstigem Bundesrecht und von Regeln des Völkerrechts sowie von vorkonstitutionellen Normen auf ihre Qualität als Bundesrecht (→ Kommunen, Föderalismus).

3. Anfechtungsverfahren zur Sicherstellung und Schutzgewährung der verfassungsmäßigen Rechte einzelner Individuen (auch juristischer Personen), aber auch der Gemeinden und Gemeindeverbände zur Sicherstellung des ihnen garantierten Rechts auf Selbstverwaltung gegenüber staatlichen Hoheitsakten jedweder Art. Das Instrument, womit „jedermann" (in der Regel nach Ausschöpfung des sonstigen Rechtswegs) begründete Beschwerde gegen Verletzungen seiner Grundrechte erheben kann, die Verfassungsbeschwerde, ist das eigentliche Novum in der zum „Rechtswege-Staat" entwickelten Verfassungsordnung der BRD. Es ist daher kein Zufall, wenn mit mehr als 90 % aller Verfahrenseingänge die Verfassungsbeschwerde den Hauptanteil an der Geschäftslast des BVerfG stellt. Selbst wenn lediglich etwa 2-3 % aller erledigten Verfassungsbeschwerden bisher überhaupt Erfolg hatten, läßt sich doch an ihrer Einschätzung durch die betroffenen Bürger ablesen, welche qualitative Bedeutung dem BVerfG als einer Art Superrevisionsinstanz gegenüber allen Akten staatlichen Handelns im Bewußtsein der bundesrepublikanischen „politischen" Öffentlichkeit zugefallen ist.

4. Verfahren zum präventiven und repressiven Schutz der Verfassung gegen Angriffe, Verletzungen und Gefährdungen durch einzelne oder Gruppen. Unter diese Kategorie fallen das (bisher noch nie zur Anwendung gekommene) Institut der Präsidenten- und Richteranklage, das Verbot verfassungswidriger Parteien sowie die Entscheidung über eine Verwirkung von Grundrechten, wenn diese zum Kampf gegen die freiheitlich-demokratische Grundordnung mißbraucht wurden. Weil der Verfassungsgesetzgeber eine „wehrhafte Demokratie" gesichert wissen wollte, sollte die Verfassung erklärten Verfassungsfeinden nicht schutz- und hilflos ausgeliefert sein. In den beiden letztgenannten Fällen war dem BVerfG eine monopolisierte Entscheidungskompetenz als besonderes Verfahrensprivileg zugedacht worden, dessen strikte Einhaltung einmal die letzte rechtsstaatliche Bastion gegenüber jeder Versuchung zur „innerstaatlichen Feinderklärung" durch verselbständigte Staatsgewalt ausmachen sollte (→ Innere Sicherheit).

Nicht nur das ihm verfassungsmäßig zustehende Monopol, das GG letztinstanzlich verbindlich auszulegen, sondern auch die Verstrickungen in den von ihm selbst mitbegründeten Systemzirkel jener schon erwähnten „wehrhaften Demokratie" bzw. seiner Vorstellung vom GG als einer „objektiven Wertordnung" haben das BVerfG - kaum wider Erwarten - auf „politische" Zweckmäßigkeitskalküle verpflichtet, die es angebracht erscheinen lassen, die von ihm propagierte dichotomische Trennung von Recht und Politik als Argumentationsstrategie zu interpretieren, vermittels deren seine tatsächliche Steuerungsleistung (→ Politische Steuerung) zugunsten des politischen Systemganzen ideologisch verschleiert werden kann. Die faktische Funktion des BVerfG - daß 1. Verfassungsgerichte die Entscheidungsstruktur von Regierungssystemen verändern, 2. die sozialkommunikativen Verhaltensweisen normativ beeinflussen und 3. die gesellschaftlich relevanten Wertorientierungen durch Zufuhr bzw. Entzug von rechtsförmlicher Legitimität gesellschaftspolitisch funktional ausstaffieren - wird vom Selbstverständnis des BVerfG und seiner Repräsentanten, die auf der Prämisse normativer Bindung der Rechtsprechung bestehen, nur zu einem geringen Teil gedeckt.

Wirkungen der Entscheidungen der Verfassungsgerichtsbarkeit:
Tatsächlich läßt sich im Verfassungsrechtskreis, innerhalb dessen die Aufgabe des BVerfG unstreitig darin besteht, als zentrales Rechtsschutzinstrument der Verfassung das letzte Wort zu führen, die Trennung nach legislatorisch-programmierender „politischer" Entscheidung und richterlich-programmierter Rechtserzeugung weder begründen noch durchhalten, weder systematisch noch tatsächlich. Rückwirkende Vernichtung einzelner Normvorschriften, staatlicher Maßnahmen und dgl. haben gleichzeitig in die Zukunft ausgreifende, das Verhalten aller Beteiligten im Verfassungsrechtskreis „anleitende" Auswirkungen (= kondominiale Herrschaftsstruktur). Über die Bindungswirkung seiner Entscheidungen, die in bestimmten Fällen sogar mit Gesetzeskraft (§ 31 BVerfGG) ausgestattet sind, über die Auslegung unbestimmter Verfassungsnormen, Staatsziel- und Staatszweckbestimmungen sowie durch die einfachgesetzliche Vorschrift, „den zur Erforschung der Wahrheit erforderlichen Beweis" (§ 26 Abs. 1, S. 1 BVerfGG) zu erheben, was bedeutet, daß die verfassungsgerichtliche Aufklärung des Sachverhaltes unter Gesichtspunkten der Wahrheitsermittlung unverkürzte, Rechts- *und* Tatsachenfragen gleichermaßen einbeziehende und als gleichrangig einzustufende Tatbestandsaufklärung impliziert, wird das BVerfG als Tatsacheninstanz *und* Interpretationsmonopolist in doppelter Hinsicht politisch tätig (→ Konflikt/Konsens; Demokratie).

Auf der Ebene *intergerichtlicher* Auseinandersetzung zwischen den Instanzgerichten einerseits, dem BVerfG andererseits, was weniger als ritualisiertes Machtspiel unter gleichberechtigten, gleichwohl miteinander rivalisierenden Vertretern einer als „unabhängig" verbürgten Dritten Gewalt einzustufen ist (Art. 97 GG), denn als Gerangel um Kompetenzen und Kompetenzfülle, schwelt sozus. ein Fundamentalkonflikt um berechtigte oder nicht berechtigte Usurpation jener ziviltheologischen Infallibilität, die mit der Schaffung eines Judikativsouveräns, wie ihn das BVerfG repräsentiert, notwendigerweise zusammenhängt, der, mit höchstrichterlicher Interpretationsgewalt ausgestattet, die Verfassung authentisch auszulegen hat und damit alle staatlichen Gewalten ex cathedra zu verbindlichem Gehorsam seinen „Weisungen" gegenüber verpflichtet - Nachhall altdeutscher, obrigkeitsstaatlicher Observanz, obwohl vom Verfassungsgesetzgeber gerade so und nicht anders gewollt (→Demokratie, Eliten, Politische Traditionen).

Tatsächlich hat das BVerfG nicht nur die von der Verfassung her gesetzten wie die vom politischen Prozeß ihm vorgegebenen Strukturdaten einzukalkulieren, vielmehr setzt es seinerseits Strukturdaten, so daß bestimmte Gestaltungsvarianten dem zunächst offenen politischen Prozeß auf Dauer entzogen werden, anderen die Durchsetzung erschwert bzw. infolge repressiver Selektion und Kontrolle unmöglich gemacht wird. Die Entscheidungsprozesse des parlamentarischen Regierungssystems (→ Parlamentarismus) strukturiert es ebenso wie die sachlichen und normativen Gegebenheiten der verschiedenen sozio-kulturellen Lebenswelten; es erlaubt die Nutzung verfahrens- und organisationsrechtlicher Kompetenzregelungen und stattet die Handlungswelten von Individuen und gesellschaftlichen Gruppen mit normativem „Sinn" aus; allen am Verfassungsleben beteiligten Akteuren supponiert es sein professionell verbürgtes Verfassungsverständnis im Wege repressiver Demokratisierung als offiziell verbindliches, und schließlich besorgt es die friedlich-schiedliche Machtbalancierung der gesellschaftlichen Kräfte auf der Basis jenes verfassungsrechtlich normierten Waffenstillstandsabkommens, das sich im „historischen Kompromiß" des GG rechtsförmlich „materialisiert" hat - dies alles freilich zu Bedingungen einer höchst indirekt vermittelten demokratischen Legitimation.

Insofern integriert das BVerfG im Wege von Ritualisierung und Symbolisierung verfassungsrechtlicher Konfliktentscheidungen die politische Gesellschaft der BRD zur Verfassungskonformität seines fdGO-Weltbildes. Die angeblich „offene Gesellschaft der Verfassungsinterpreten" (Häberle) wird faktisch von der exklusiven Funktionselite des BVerfG in Kuratel genommen. Auf diese Weise wird die in der Tendenz zur Verrechtlichung aller Lebensbereiche und gesellschaftlichen Beziehungen angelegte Ambivalenz durch verfassungsgerichtliche Rechtsprechung nur noch verstärkt.

Otwin Massing

Literatur:

Bundesministerium der Justiz (Hrsg.) 1998: Entlastung des Bundesverfassungsgerichts. Bericht der Kommission, Bonn.

Folz, Hans-Peter 1999: Demokratie und Integration. Der Konflikt zwischen Bundesverfassungsgericht und Europäischem Gerichtshof über die Kontrolle der Gemeinschaftskompetenzen, Berlin.

Häberle, Peter (Hrsg.) 1976: Verfassungsgerichtsbarkeit, Darmstadt.

Mackert, Josef/Schneider, Franz 1982 (1971, 1976): Bibliographie zur Verfassungsgerichtsbarkeit des Bundes und der Länder (Bd. 3), Tübingen.

Noll, Alfred J. 1991: Bibliographie zur Verfassungsgerichtsbarkeit, Wien.

Pestalozza, Christian 1991: Verfassungsprozeßrecht. Die Verfassungsgerichtsbarkeit des Bundes und der Länder mit einem Anhang zum internationalen Rechtsschutz, 3. Aufl., München.

Schlaich, Klaus/Korioth, Stefan 2001: Das Bundesverfassungsgericht. Stellung, Verfahren, Entscheidungen, 5., neubearb. Aufl., München.

Tohidipur, Mehdi (Hrsg.) 1976: Verfassung, Verfassungsgerichtsbarkeit, Politik. Zur verfassungsrechtlichen und politischen Stellung und Funktion des Bundesverfassungsgerichts, Frankfurt a.M.

Verwaltungskultur

→ *Eliten, Exogenität/Enogenität, Föderalismus, Innere Sicherheit, Kommunen, Öffentlicher Dienst/Sektor, Politische Inszenierung/Symblische Politik, Politische Korruption, Politische Traditionen, Professionen, Rechtskultur.*

Theorien/Konzepte/Modelle:
Verwaltungskultur (Vk) wird sozialwissenschaftlich in mindestens drei unterschiedlichen Perspektiven erforscht; diese können allerdings durchaus identische Gegenstände von verschiedenen Seiten beleuchten.

1. Vk gilt als institutionenspezifischer Ausschnitt der pK, thematisiert also die Perzeption, Attitüden und Erwartungen, welche die Gesamtbevölkerung auf den Gegenstandsbereich Verwaltung (V.) richtet. Dieser Sicht widerspricht es nicht, wenn zugleich die Teilpopulation der in der V. Beschäftigten auf ihren Anteil an der pK eines Landes hin untersucht wird; damit wird nur eine ergänzende Binnenperspektive geliefert.

2. Vk kann - ähnlich wie „policy style" - besonders in der vergleichenden Forschung zur Identifikation unterschiedlicher Politikverläufe in gleichen Politikfeldern verwendet werden. Hier wirkt die Unterstellung, daß unterschiedliche institutionelle Tradition (z.B. Verrechtlichung, aber auch Leitbilder des → öffentlichen Dienstes, Routinen der Problemlösung usw.) vorherbestimmen, wie in verschiedenen politischen Systemen mit vergleichbaren Aufgaben unterschiedlich verfahren wird. Die vergleichende Erforschung von → Rechtskultur ist eine verwandte Fragestellung.

3. In Abwendung von den beiden anderen Varianten kann das Thema von einer gesamtsystemischen Betrachtung auf eine soziologische Meso-Ebene verlagert werden. Vk erscheint dann als Organisationskultur, genauer: einzelne V.-Organisationen werden als Kulturen gefaßt. Die Organisation ist dann das Ensemble der Deutungen und Perzeptionen der Mitglieder oder die Manifestation von kulturellen Praktiken, Symbolismen, Mythen usw. Diese Ansätze werden mit vielfältigen soziologischen Theorien unterlegt, die i.d.R. eine Präferenz für qualitative Forschungsmethoden eint (zu weiteren Differenzierungen: Römer-Hillebrecht 1998). Der letzte Ansatz eignet sich vor allem dafür, allzu schwungvollen Generalisierungen ein Gegengewicht durch Fallstudien zu setzen. Die beiden anderen Varianten können sich auf derselben Analyseebene ergänzen.

Ergebnisse:
Die deutsche Vk ist im ersten Sinne durch einige Dissonanzen in Außen- und Innenperzeption geprägt. Bevölkerungserwartungen auf die V. sind in starkem Maße durch „output"-Orientierungen eingefärbt: Akzeptanz staatlichen Handelns hängt stark von dem wahrgenommenen Beitrag zum gesellschaftlichen und per-

sönlichen Wohlergehen ab; Expertise wird im Sinne einer überparteilichen, sachkonzentrierten Leistungserbringung erwartet. Die Angehörigen des öffentlichen Dienstes können nur in eingeschränktem Maße diesen Erwartungen entsprechen, da sie durch Binnentraditionen geprägt sind, die Expertise und Allgemeinwohlorientierung eher als Normvollzug und Verfahrenskorrektheit betonen (→ Politische Traditionen). Aber auch auf diesem Feld wird Akzeptanz angefochten, da inzwischen medial hinreichend vermittelt wird, daß Deutschland in Sachen Korruption (→ Politische Korruption) zur europäischen Normalität „aufgeschlossen" hat und da unabhängig von empirischer Evidenz die parteipolitische Instrumentalisierung der V. ein dauerhaftes Imageproblem für diese ist. Gerade dort, wo die Erwartung auf staatlichen „output" relativ hoch ist und Erfahrungen mit „Parteipolitisierung" besonders belastet, stellen sich darum negativere Perzeptionen der V. ein - nämlich in den neuen Bundesländern (→ Politisches Vertrauen).

Die erwünschte Distanz zum Politischen ist auch in der deutschen V.-Struktur angelegt und diese wiederum beeinflußt Vk im zweiten Sinne. Programmierende und ausführende Ebenen des politischen Systems sind deutlich voneinander abgesetzt. Der Bund als wichtigste Gesetzgebungsebene greift für die Ausführung hauptsächlich auf die V. von Ländern und Gemeinden zu (→ Föderalismus, Kommunen); die Länder programmieren zwar eifrig verwaltungspolitisch mit, bedienen sich dabei aber primär eines Bundesorgans (Bundesrat). Die gemeindliche Selbstverwaltung mischt Programmierung und Ausführung, wird aber zunehmend als von höheren Ebenen determiniert erfahren; auch ist sie in der Bevölkerungsperzeption nicht vollständig in das normale politische System integriert.

Die Distanz zwischen Programmierung und Ausführung kann Entfremdung, aber auch Flexibilität implizieren. Das erste trifft z.B. ein, wenn auf Bundesebene symbolische Politik (→ Politische Inszenierung/Symbolische Politik) mit verschärften Sicherheitsgesetzen gemacht wird, die wenig mit den Erfahrungen lokaler Polizeipraxis zu tun haben. Das zweite kennzeichnet eine Erfahrung, die frühere Befunde einer stark legalistischen Vk (z.B. bei Jann 1983) relativieren helfen. Der Gegensatz wird deutlich im Vergleich zu regulativen Behörden in den USA, die allgemeine Richtlinien und Normen in partizipativen Verfahren z.T. selbst erstellen, dann diese aber sehr strikt und einseitig-eingreifend am Einzelfall exekutieren (van Waarden 1993).

Demgegenüber beziehen die deutschen Vollzugsinstanzen die Normen häufig als Datum „von oben", sehen diese aber als interpretationsbedürftig an. Gerade gegenüber wirtschaftlich bedeutsamen Adressaten werden dadurch überraschend viel Materien verhandelbar. Dennoch bleibt der strikte Legalismus als Rückzugsposition im Konfliktfall präsent; außerdem wird er inneradministrativ mit fortdauernder Macht ausgestattet: durch Kontrolle, die selbst in der Finanzkontrolle vor allem Rechtmäßigkeitsprüfung ist, durch Rechtsaufsicht vor allem gegen selbstverwaltete Körperschaften sowie durch das Juristenmonopol auf Führungspositionen. Insofern setzt sich Vk auch in innerorganisatorischen Teilkulturen fort und kann so auch im Sinne der dritten Variante weiter studiert werden.

Rainer Prätorius

Literatur:

Auf dem Höfel, Jörg 1996: Politisierung der öffentlichen Verwaltung durch Parteien? Ursachenforschung und normative Debatte, in: Zparl 27, S. 82-95.

Jann, Werner 1983: Staatliche Programme und „Verwaltungskultur". Bekämpfung des Drogenmißbrauchs und der Jugendarbeitslosigkeit in Schweden, Großbritannien und der Bundesrepublik Deutschland im Vergleich, Opladen.

Keraudren, Philippe 1996: In Search of Culture: Lessons From the Past to Find a Role for the Study of Administrative Culture, in: Governance: An International Journal of Policy and Administration 9, S. 71-98.

Römer-Hillebrecht, Sven 1998: Verwaltungskultur. Ein holistischer Modellentwurf administrativer Lebensstile, Baden-Baden.

van Waarden, Frans 1993: Verwaltungskultur. Wie lassen sich unterschiedliche Verwaltungsstile und Verwaltungskulturen erklären?, in: Der Bürger im Staat 43, S. 70-80.

Wahlen/Wähler

→ Arbeitslosigkeit, Bildung, Bündnis 90/Die Grünen, CDU/CSU, DDR, Demokratie, Demoskopie, Endogenität/Exogenität, Externe politische Effektivität, Generationen, Ideologie, Intellektuelle, Kirchen, Kommunen, Konfliktlinien, Neue Bundesländer, Neue Soziale Bewegungen, Parlamentarismus, Parteiensystem, Parteiidentifikation, PDS, Politiker/Politische Klasse, Politische Beteiligung, Politische Inszenierung/Symbolische Politik, Politische Kompetenz, Politische Informiertheit, Politische Traditionen, Politisches Interesse, Responsivität, Regionale/Lokale politische Kulur, Religiosität, Republikaner/DVU, Sozialstruktur, SPD, Transition/Transformation.

Begriffe/Definitionen:

Eine Wahl (W.) ist ein Verfahren zur Ermittlung eines Amtsinhabers aus den Stimmabgaben mehrerer W.-Berechtigter. Die an der W. teilnehmenden W.-Berechtigten sind die Wähler. In Demokratien werden politische Amtsinhaber dadurch zur Ausübung von Herrschaft legitimiert, daß sie ihr Amt direkt oder indirekt auf eine W. durch das Volk zurückführen können. So wird in der Bundesrepublik der Bundespräsident durch die Bundesversammlung gewählt, deren Mitglieder entweder direkt durch das Volk gewählt wurden (dies sind die Bundestagsabgeordneten) oder indirekt (dies sind die Mitglieder der Bundesversammlung, die von den Landtagen gewählt wurden). In parlamentarischen Systemen (→ Parlamentarismus) ist die wichtigste W. diejenige zur Bestimmung der Mitglieder des Parlaments, in präsidentiellen und semipräsidentiellen Systemen tritt dazu die Volks-W. des Präsidenten als weitere, je nach Verfassung eventuell sogar wichtigere W.

Demokratische W. müssen bestimmten Kriterien genügen, die sie von nichtkompetitiven W. in autoritären oder totalitären Systemen unterscheiden. Darunter ist das wichtigste Kriterium die Möglichkeit der Abwahl der Amtsinhaber nach einer bestimmten, nicht zu langen Periode, wobei die konkrete Zeitspanne für die Amtsinhaber in nationalen Systemen etwa zwischen zwei und sieben Jahren schwankt. Nach Nohlen (2000) werden kompetitive W. durch die zwei Merkmale der Auswahlmöglichkeit und der W.-Freiheit bestimmt. Jesse verwendet als Hauptkriterium für demokratische W. nur die Freiheit der W., die er untergliedert in die Freiheit der Auswahl, Freiheit im Angebot, worunter er eine funktionierende Parteienkonkurrenz versteht, und die Freiheit zur möglichen Revision des Wählervotums (1998). Diese Oberprinzipien nach Nohlen oder Jesse sind den konkreteren W.-Rechtsgrundsätzen vorgeordnet, wie sie z.B. auch in Artikel 38 des GG für die Bundestags-W. aufgeführt sind: die Forderung nach allgemeiner, unmittelbarer, gleicher und geheimer W. Die nächste Konkretheitsstufe wird bei der Entscheidung des W.-Rechts für ein Mehrheits- oder ein Verhältniswahlrecht erreicht, wobei das GG hier keine Festlegung trifft. Für Deutschland findet sich die weitere Konkretisierung erst im Bundeswahlgesetz, das eine personalisierte Verhältnis-W. mit Sperrklausel vorsieht. Zum W.-Recht gehört daneben auch die Regelung der W.-Bewerbung, die Einteilung in W.-Kreise, die Festlegung der Zahl der zu wählenden Abgeordneten in den W.-Kreisen oder die Festlegung des Stimmverrechnungsverfahrens wie einfache Mehrheit für einen zu wählenden W.-Kreisabgeordneten (im Englischen: First past the post oder Plurality System) oder die Verrechnungsformeln für W.-Kreise mit mehreren Abgeordneten, nach dem Bundestagswahlrecht z.B. die Bestimmung der Parteianteile auf Bundesebene nach dem System der mathematischen Proportionen (Hare/Niemeyer). Wichtig ist darüber hinaus die Stimmgebung, in Deutschland z.B. die Einräumung der Abgabemöglichkeit von zwei Stimmen.

Entwicklungslinien:

Seit es demokratische W. gibt oder zumindest die Parlamentszusammensetzung von den Stimmbürgern abhängt, gibt es auch W.-Forschung. Dabei stand zunächst die Analyse der aggregierten W.-Ergebnisse nach W.-Kreisen im Vordergrund, die z.B. in Frankreich zu einer eigenen Schule der „Géographie Electorale" führte. Mit diesen Analysen kann man die Stabilität des W.-Verhaltens in den W.-Kreisen oder anders abgegrenzten räumlichen Gebieten über längere historische Zeiträume untersuchen; es ist möglich, kritische W. zu identifizieren, die die langfristige Stabilität unterbrechen und zu einem neuen → Parteiensystem führen können, und weiterhin können im Zusammenhang mit Volkszählungsergebnissen für dieselben lokalen oder regionalen Einheiten Aussagen über die Wählerschwerpunkte der Parteien nach sozialen Klassen oder Religionsgruppen gemacht werden. Ein einwandfreier Rückschluß auf das Verhalten der Individuen läßt sich aus Aggregatsergebnissen aber nur mit zusätzlichen Annahmen ableiten, zu einfache Schlußfolgerungen sind der Gefahr des ökologischen Fehlschlusses ausgesetzt. Wegen dieser Gefahr ist es nicht verwunderlich, daß der eigentliche Durchbruch der modernen W.-Forschung erst erreicht wurde, als repräsentative Umfragen für die Wählerschaft eines Landes zur Verfügung standen. Diese Entwicklung setzte verstärkt erst nach dem 2. Weltkrieg ein und zwar zunächst in den USA, in Deutschland, gefördert durch die Umfragen der amerikanischen Militärregierung, praktisch mit Gründung der Bundesrepublik 1949. Die akademische W.-Forschung auf der Basis von Individualdaten begann in Deutschland, in enger Zusammenarbeit mit den privatwirtschaftlichen Instituten, erst in den 60er Jahren.

Mikrotheorien des Wählerverhaltens:
Die Theorien zur Erklärung des individuellen Wählerverhaltens lassen sich zwei großen Paradigmen zuordnen, dem sozialpsychologischen und dem Rational-Choice-Modell. Der Beitrag des ersteren war für die Entwicklung von Meßinstrumenten und die Kausalanalyse von Determinanten der W.-Entscheidung zentral, die größere Erklärungsleistung des Rational-choice-Modells liegt in der Verbindung von Mikro- und Makrobetrachtungsweise zur Erklärung des Parteienwettbewerbs, weniger im Bereich der Mikrotheorien.

Die Verfügbarkeit von Umfragedaten als Hauptquelle der W.-Forschung ging einher mit der verhaltenswissenschaftlichen Wende in der Politikwissenschaft und Politischen Soziologie. Ein Zentrum dieses neuen Paradigmas war das Institute for Social Research der Universität von Michigan in Ann Arbor, wo eine interdisziplinär zusammengesetzte Forschergruppe die Grundlagen für das *sozialpsychologische Modell des Wählerverhaltens* legte: die Autorengruppe Campbell, Miller, Stokes und Converse mit ihren Verbindungen als Politikwissenschaftler zur Psychologie, Soziologie und Sozialpsychologie. In ihrem Hauptwerk „The American Voter" ordnen sie die verschiedenen Determinanten des Wählerverhaltens in einem Kausalitätstrichter nach dem Kriterium der Nähe zur W.-Entscheidung des einzelnen Wählers. Zu den unmittelbaren Einflüssen gehören Einstellungen zu politischen Objekten, den Parteien, den W.-Kampfthemen und, bei Präsidentschaftsw. von größerer Bedeutung als in Parlamentsw., den Kandidaten. Zu den die W.-Entscheidung nur mittelbar beeinflussenden Faktoren gehört die soziale Lage des Wählers genauso wie bestimmte politikrelevante Wertorientierungen.

Die verschiedenen Typen von Determinanten der individuellen W.-Entscheidung und ihre kausalen Beziehungen sind in der Folgezeit klarer herausgearbeitet worden, wobei Operationalisierung und Hypothesenprüfung in der Nachfolge der frühen Michigan-Studien mit den National Election Studies erfolgte, deren Initiator und spiritus rector Miller über Jahrzehnte war. In seinem programmatisch „The New American Voter" (mit Shanks, 1996) genannten Werk wird der Kausalitätstrichter in sechs Stufen zerlegt, die die zeitliche und kausale Sequenz abbilden, in der die Wähler zu ihren wahlrelevanten Einstellungen kommen. Den sechs Stufen werden auch Typen von Determinanten zugeordnet mit dem Verständnis, daß der Einflußprozeß der demselben Typ zugeordneten Determinanten gleich abläuft, beeinflußt von den vorausgehenden Determinanten und die zeitlich nachfolgenden ihrerseits beeinflussend. Der ersten Stufe werden stabile soziale und wirtschaftliche Gegebenheiten des Wählers zugerechnet, direkt auf der zweiten Stufe gefolgt von der → Parteiidentifikation, ganz in Übereinstimmung mit dem ursprünglichen Michigan-Modell, als der stabilsten politischen Einstellung, die die später folgenden politischen Einstellungen beeinflußt. Das Konzept selbst stammt aus der frühen Bezugsgruppentheorie, „positing that one's sense of self may include a feeling of personal identity with a secondary group such as a political party" (Miller/Shanks 1996: 120). Auf Deutsch kann man von der psychischen Mitgliedschaft einer Person in einer Partei sprechen. Neu an der Stufenfolge ist die Aufnahme von politikrelevanten Wertorientierungen (policy-related predispositions) in dieselbe zeitliche Stufe wie die Parteiidentifikation. Dazu zählen oft in W.-Kämpfen aktivierte Wertorientierungen wie Egalitarismus, Vorstellungen über die Rolle und Zuständigkeiten des Staates oder Toleranz, aber auch die ideologische Selbsteinordnung der Wähler als liberal/konservativ bzw. links/rechts. Auf der Stufe 3 werden die Weichen für die aktuelle W.-Kampfbeurteilung gestellt, zum einen mit den Policy-Präferenzen der Wähler und zum anderen mit der Beurteilung der gegenwärtigen Situation z.B. in wirtschaftlicher Hinsicht. Der erste Begriff bezieht sich auf das, was ursprünglich Positionsissues genannt wurde, und der zweite stellt die Basis dar für die retrospektive Leistungsbeurteilung der Regierung auf der 4. Stufe. Die Leistungsbeurteilung der Regierung beruht genauso wie die Eindrücke von den persönlichen Eigenschaften der Kandidaten (Stufe 5) auf Kriterien, über die Konsens in der Bevölkerung herrscht. Eine florierende Wirtschaft ist besser als eine Depression und ein kompetenter Kandidat ist besser als ein inkompetenter. Weil → Politiker und Parteien gerne mit positiv bewerteten Zuständen und Eigenschaften in Zusammenhang gebracht werden und negative Besetzungen vermeiden, hat Stokes für derartige W.-Kampf-Themen ursprünglich den Begriff Valenz-Issues vorgeschlagen. Auf der 6. Stufe folgt schließlich die Bilanzierung für die Zukunft; hier werden Kandidaten und Parteien prospektiv im Hinblick auf die von ihnen zu erwartenden „Leistungen" beurteilt. In der prospektiven und retrospektiven Beurteilung einer Partei können dabei sowohl Leistungen im Hinblick auf ein konsensuelles Kriterium wie eine gute Wirtschaftslage enthalten sein, als auch Präferenzen bezüglich der „richtigen" Politik, über die die Gesellschaft uneins ist. Insofern greift der enge Begriff der Leistungsbeurteilung zu kurz.

Etwa zur gleichen Zeit mit dem „American Voter" erschien ein Buch, das die Grundlegung eines Alternativmodells zum sozialpsychologischen Michigan-Modell enthielt: Downs „Ökonomische Theorie der Demokratie" (auf Deutsch 1968, zuerst 1957). Die Mikrotheorie zur Erklärung individuellen Wählerverhaltens beruht hier auf den Verhaltensannahmen des homo oeconomicus, also des zweckrationalen Handelns *(Rational-choice-Modell)*. Hier wird man mit dem Wählerparadoxon konfrontiert: Warum soll ich mich an der W. beteiligen, wenn meine Stimme unter tausenden anderen eigentlich gar keinen entscheidenden Einfluß auf das W.-Ergebnis haben kann? Riker und Ordeshook haben den Nutzenkalkül des Wählers als Entscheidung unter Risiko formuliert mit der inzwischen berühmt gewordenen Formel: Wert der W.-Beteiligung = pB - C + D. Wenn dieser Wert größer als 0 ist, beteiligt sich der einzelne an der W., wenn er kleiner ist, beteiligt er sich nicht. Abhängig ist der Nutzen von dem erwarteten knappen Ausgang p als der Wahrscheinlichkeit, daß ein einzelner Wähler für das Ergebnis einer W. den Ausschlag gibt. B mißt die Nutzendifferenz, die ein Wähler im Zweiparteiensystem von der Regierung seiner Partei im Vergleich zur zweiten Partei erwartet. Dieser auch als Parteiendifferential bezeichnete Wert gibt an, welchen großen Nutzenunterschied der einzelne Wähler überhaupt von der Regierungstätigkeit der einen im Vergleich zur anderen Partei erwartet. C sind die Kosten der W.-Beteiligung selbst. Bis hierher würde eindeutig folgen, daß der Wähler sich nicht an der W. beteiligt, weil das Parteiendifferential mit der äußerst geringen Wahrscheinlichkeit abdiskontiert wird, daß der einzelne Wähler das Gesamtergebnis beeinflussen kann. Der unmittelbare Nutzen aus der W.-Beteiligung ist daher im Regelfall geringer als die zwar auch geringen, aber doch den einzelnen Wähler mit Sicherheit treffenden Kosten der W.-Beteiligung, besonders wenn man die Informationskosten über die W. mit hinzuzählt. Daß in Demokratien dann überhaupt so hohe W.-Beteiligungs-raten erreicht werden, hängt im wesentlichen von dem Faktor D ab, der den Wert der W.-Beteiligung an sich erfaßt, z.B. als gutes Gewissen wegen der Erfüllung einer demokratischen Bürgerpflicht. Ohne diesen Faktor würde man die W.-Beteili-gung und W.-Entscheidung analog der Investitionsentscheidung eines Unterneh-mers modellieren, mit diesem kommt ein konsumptives Element in die W.-Beteili-gung hinein, weil die Belohnung bereits in der Ausführung der Handlung selbst liegt.

Der Faktor D war von Downs ursprünglich als der langfristige Wert der Demokratie als eines Systems begriffen worden, das nur erhalten bleiben kann, wenn sich die Bürger an W. beteiligen. Dieser Faktor wurde später in verschiedener Weise konkretisiert und modifiziert, z.B. als W.-Norm, bei deren Verletzung man mit Mißachtung aus der persönlichen Umgebung rechnen muß (oder soziale Billigung als „weicher" Anreiz zum Wählen). Dabei sollte man für W.-Beteiligung und -entscheidung nicht auf verschiedene Ansätze zurückgreifen. Konsistent kann sich expressives Wählen z.B. in beidem ausdrücken. So kann man den D-Term um eine expressive B-Variante erweitern: Man wählt um so eher, je mehr man als Anhänger einer Partei diese den anderen Parteien vorzieht, und man drückt mit der W.-Entscheidung dann auch seine Parteipräferenz aus. Dann bleibt auch beim expressiven Wählen der Bezug zu den politischen Bedingungen einer W. erhalten, wie z.B. die Politikdistanz zu einem Kandidaten oder einer Partei als W.-Anreiz. Ist die Politikdistanz zu den Parteien gleich, führt das zu W.-Enthaltung wegen Indifferenz, befindet sich die nächste Partei in sehr großer Distanz zum eigenen Idealpunkt, enthält man sich wegen politischer Entfremdung.

Theorien des Parteienwettbewerbs:
Aufbauend auf den Mikrotheorien kann der Stimmenwettbewerb der Parteien nur mit zusätzlicher Berücksichtigung von deren Verhalten analysiert werden. Je nach W.-System wird den Parteien die Motivation zugeschrieben, ihren Stimmenanteil zu maximieren (Mehrheits-W. im Zweiparteiensystem), die Mehrheit einer bestimmten Regierungskoalition zu erreichen oder überhaupt im Parlament vertreten zu sein. Von der Ämter- oder Machtorientierung wird die Policymotivation unterschieden: das inhaltliche Interesse an der Durchsetzung einer bestimmten Politik. Sie wird mit Policyskalen gemessen: eindimensionalen Anordnungen der zur Lösung eines Problems vorgeschlagenen Politiken, wobei eine Partei eine Position als ihre Idealposition auf dieser Skala vertritt, die sie den Wählern als Lösungsvorschlag anbietet. Den Parteien als Politikanbietern stehen die W.-Berechtigten als Politiknachfrager gegenüber mit ihren jeweiligen Idealpunkten auf derselben Policyskala. Je mehr eine Partei der Idealposition eines Wählers nahekommt, desto geringer ist der Nutzenverlust für den Wähler bei einer Regierungstätigkeit dieser Partei. Diese zuerst von Downs entwickelte Modellvorstellung wird als räumliches Modell bezeichnet wegen der Entsprechung der Distanz einer Partei vom Wähleridealpunkt zu einem entsprechenden Nutzenverlust. Funktionieren kann diese Entsprechung nur, wenn der Wähler auf der Policyskala bei seinem Idealpunkt den höchsten Nutzen hat, der mit der Entfernung vom Idealpunkt nach links und rechts monoton und symmetrisch abnimmt. In der Literatur wird diese Annahme als eingipfelige Nutzenfunktion bzw. als euklidische Präferenz bezeichnet. Bei ihrem Vorliegen gilt das Medianwählertheorem: Im Zweiparteiensystem gewinnt die Partei die W., die dem Median der Wählerverteilung am nächsten ist (Downs 1968). Auf der Mikroebene der Wählerschaft wird rationales Handeln angenommen: Der Wähler kann die angebotenen Parteialternativen konsistent nach seinen Präferenzen ordnen und entscheidet sich für die Partei, deren Politik ihm den geringsten Nutzenverlust bringt.

Dieses räumliche Modell eignet sich sowohl für die Analyse von Massen-W. als auch für die Analyse des Abstimmungsverhaltens in Gremien. In Massen-W. sind aber wegen der hohen Informationskosten der Wähler, die über die Position der Parteien bei vielen Themen Bescheid wissen müßten, Vereinfachungen zur Einordnung der Parteien (nicht → Ideologie als konsistentes Überzeugungssystem des Wählers) angesagt. Hier sah Downs die Rolle der Ideologie als Orientierungshilfe: Der Wähler braucht sich nicht mehr über jede einzelne Politik zu informieren, sondern es reicht ihm das Wissen um die ideologische Position der Partei, aus der sich Rückschlüsse auf die Parteipolitik in konkreten Fragen ergeben. Hinich und Munger (1994) haben diese Vorstellung zu einer Theorie weiterentwickelt, die den Parteien nicht nur strategische Möglichkeiten der Ideologieänderung einräumt - ein

Mittel der Wählerbeeinflussung, das wegen des drohenden Verlusts an Glaubwürdigkeit nicht beliebig einsetzbar ist - sondern auch die Möglichkeit, die Wählerwahrnehmung der Parteiunterschiede auf einer Policyskala zu beeinflussen. Wenn z.B. eine linke Partei (dies sei die Wahrnehmung des ideologischen Standpunkts der Partei) durch die Wähler vom Status quo und gleichzeitig vom Median der Wählerverteilung auf der Policyskala relativ weit entfernt ist, kann sie möglichen Stimmenverlusten dadurch entgegenwirken, daß sie den Eindruck erweckt, die Policyunterschiede zwischen linken und rechten Parteien in dieser Frage seien relativ gering. W.-Kampf heißt hier nicht Beeinflussung der Wähleridealpunkte in den konkreten Policyfragen, sondern Beeinflussung der Bedeutung der Ideologie zur Beurteilung der Parteiunterschiede in diesen Fragen. Dadurch kann die Verteilung der abgeleiteten ideologischen Standpunkte der Wähler beeinflußt werden.

Die zweite für die Forschung folgenreiche Theorie des Parteienwettbewerbs wurde als Kritik der ursprünglichen Downsschen Fassung des räumlichen Modells entwickelt. Der empirische Einwand gegen Downs war, daß W.-Kämpfe erst in zweiter Linie eine Konfrontation von gegensätzlichen Politiken seien, in erster Linie versuchten die Parteien, die Aufmerksamkeit der Wähler auf die Bereiche zu lenken, für die ihnen Kompetenz zugeschrieben wird. Dieser als Salienztheorie bezeichnete Ansatz liegt dem international vergleichenden Manifesto-Projekt zugrunde, in dem die W.-Programme der Parteien für die W.-Kämpfe der Nachkriegszeit nach den angesprochenen politischen Themen verschlüsselt wurden. Die Häufigkeit der Erwähnung eines Themas ist ein Indikator seiner (angestrebten) Salienz in der Wählerschaft bzw. direkt der selektiven Hervorhebung im jeweiligen Programm (Klingemann u. a. 1994). Je nach Fassung des Themas ist dieser Ansatz mit zwei verschiedenen Mikrotheorien vereinbar. Wird ein Thema einfach als solches genannt mit einer impliziten positiven oder negativen Wertung wie z.B. Freiheitsrechte, Demokratie oder auch Umweltschutz, findet das auf der Mikroebene seine Entsprechung in den Valenzissues. In einem W.-Kampf hat eine Partei umso mehr Erfolg, je mehr die von ihr hervorgehobenen Themen zu einem Kompetenzvorsprung für sie führen. Was im Hinblick auf Medien als „priming" bezeichnet wurde, findet sich hier als W.-Kampfstrategie der Parteien. Wird bei einem Thema aber die Richtung unterschieden wie z.B. „für handelspolitischen Protektionismus" und „gegen handelspolitischen Protektionismus", ergibt sich eine Annäherung, wenn auch keine Identität mit den in den räumlichen Modellen üblichen Policyskalen. Die Annäherung besteht darin, daß man die Policyrichtung eines Sachthemas kennt, die dann durch einen Intensitätsindikator und nicht durch weitere inhaltliche Aufgliederung einer mehr oder weniger extremen Position auf der Issueskala ergänzt wird. Das entsprechende Richtungsmodell wurde von Rabinowitz und verschiedenen Ko-Autoren (z.B. Rabinowitz/Macdonald 1989) als Alternative zum Distanzmodell klassischer Art entwickelt.

Ergebnisse:
Bei einer über 30-jährigen aktiven deutschen W.-Forschung lassen sich nur einige Hauptergebnisse hervorheben. Bei der Anwendung der Wählertheorien auf ein Land sind zwei Randbedingungen zu berücksichtigen: die historische und die institutionelle Komponente. Erstere drückt sich in den langfristig stabilen Koalitionen zwischen sozialen Gruppen und politischen Parteien aus (→ Politische Traditionen, Konfliktlinien), letztere betrifft die Art der W. und das W.-Recht.

1. Stabilität der Konfliktstrukturen: Im Kaiserreich konnte sich die → SPD als politische Vertretung der Arbeiterklasse und das Zentrum als die der Katholiken etablieren. Die → CDU und die CSU konnten nach dem Zweiten Weltkrieg an letztere Tradition anknüpfen. Diese Koalitionen drücken sich bis heute im Wählerverhalten aus, wobei die SPD ihre Klassenbasis auf die Arbeitnehmer und die CDU/CSU ihre Gruppenbasis auf religiöse Traditionalisten in den beiden christlichen → Kirchen ausdehnen konnte. Ein Abbau dieser Konfliktstruktur vollzieht sich langsam in der Generationenfolge. Die später geborenen Kohorten gehören mit geringerer Wahrscheinlichkeit als frühere Geburtsjahrgänge den Kerngruppen der beiden Parteien an, den gewerkschaftlich gebundenen Arbeitnehmern und den katholischen Kirchgängern, und selbst wenn sie zu diesen Kerngruppen gehören, nimmt die Bindung an die jeweilige „Milieupartei" ab (Pappi/Mnich 1992).

2. Wertewandel: Mit zunehmendem Wohlstand treten zu den Konflikten der alten Politik (vornehmlich um die Verteilung des wirtschaftlichen Reichtums) Konflikte um die Einräumung neuer Beteiligungschancen oder die Nichteinmischung des Staates in persönlich-moralische Belange seiner Bürger hinzu. Für die „policy-related predispositions" ist vor allem die These vom → Wertewandel von der Priorität der Versorgungs- und Sicherheitsbedürfnisse zu postmateriellen Werten sozialer, intellektueller und ästhetischer Natur aufgestellt worden. Nach Inglehart (1989) rekrutieren sich die Anhänger der → neuen sozialen Bewegungen und die Anhänger grüner Parteien (→ Bündnis 90/Die Grünen) schwerpunktmäßig aus den Angehörigen der Nachkriegsgeneration mit postmateriellen Werten. Kitschelt (1994) spannt einen ähnlichen politischen Werteraum auf zwischen sozialistischer und kapitalistischer Politik auf der einen Achse und autoritärer vs. libertärer Politik auf einer neuen Achse; er sucht empirisch für die europäischen Länder zu belegen, daß die Hauptachse der politischen Auseinandersetzung aber diagonal verläuft, zwischen linker libertärer Politik und rechter autoritärer Politik. Die sozialdemokratischen Parteien werden damit vor die Entscheidung gestellt, inwieweit sie den Ansprüchen von linkslibertären Wählern auf Kosten ihrer linken Stammwählerschaft auf der alten Hauptachse entgegenkommen sollen.

3. Parteiidentifikation: Dieses Konzept der amerikanischen W.-Forschung ist in europäischen Ländern nicht völlig äquivalent einsetzbar, weil die in den USA gegebene größere Stabilität der → Parteiidentifikation selbst bei Parteiwechsel im Wählerverhalten nicht gegeben ist. Trotzdem hat sich in Deutschland eine Operationalisierung durchgesetzt, die sich für die Übertragung wenigstens einiger Konzepte des sozialpsychologischen Michigan-Modells auf die Bundesrepublik eignet wie z.B. das Konzept der Normal-W. Unter Normal-W. versteht man eine W., in der die kurzfristigen Einflüsse zwischen den Parteien ausgeglichen sind, der Wind sozusagen nicht vornehmlich den linken oder rechten Parteien ins Gesicht bläst, sondern aus wechselnden Richtungen auf die Wähler einwirkt. Dann setzt sich die Parteiidentifikation geradlinig in Wählerverhalten um. Die Identifikation mit den deutschen Parteien hat in den letzten 20 Jahren abgenommen, ein Vorgang, der in dem Nachlassen der traditionellen sozialstrukturellen Bindungen (→ Sozialstruktur) ein Analogon findet (Falter/Rattinger in Gabriel u. a. 1997).

4. Kurzfristige Einflüsse und Popularitätsfunktionen: In der deutschen W.-Forschung hat sich eindeutig das sozialpsychologische Modell als das dominante durchgesetzt. Es finden sich zahlreiche Untersuchungen für einzelne W. über den Einfluß der kurzfristigen Sachfragen und Kandidatenorientierungen im Vergleich zu der als mittel- und langfristig wirkend angenommenen Parteiidentifikation (Gabriel u. a. 1997). Bei den Sachthemen steht eindeutig die Kompetenz der Parteien in einzelnen politischen Bereichen im Vordergrund, die von Roller (in Klingemann/Kaase 1998) als performanzbasierte Sachfragenorientierung bezeichnet wird. Werden diese Einflüsse auf die W.-Entscheidung gleichzeitig mit dem Einfluß positionsbasierter Sachfragenorientierungen untersucht, läßt sich ihre stärkere Prognosekraft für die W.-Entscheidung nachweisen. Daraus kann man im Umkehrschluß nicht ableiten, daß Positionsissues unwichtig seien. So konnte Thurner (1998) in einer konsequenten Anwendung des Rational-choice-Modells für die erste gesamtdeutsche Bundestagsw. von 1990 zeigen, daß trotz der im Vordergrund der Aufmerksamkeit stehenden Wiedervereinigungsfrage die Einstellungen der Wähler zur Asylfrage ihre Entscheidung zur W. der einzelnen Parteien beeinflußten. Die Bedeutung der Kompetenzeinstufungen findet ihre Entsprechung auf der Aggregatebene in dem Nachweis, daß die Popularität der Regierungsparteien im Zeitverlauf wesentlich von den Regierungsleistungen vor allem bei der Bekämpfung der → Arbeitslosigkeit und der Inflation abhängt (Feld/Kirchgäßner in Kaase/Klingemann 1998).

5. Wahlsysteme und Wählerverhalten: In Querschnittstudien des Wählerverhaltens bei einzelnen nationalen W. wird das W.-System als Konstante behandelt. Inzwischen liegt aber eine historische Zeitreihe von W.-Studien für die Bundesrepublik bis in die 50er Jahre zurück vor, so daß Phänomene wie z.B. die Zunahme der W. unterschiedlicher Parteien mit der Erst- und Zweitstimme (Stimmensplitting) erklärungsbedürftig werden. Wichtig ist in diesem Zusammenhang auch die Erklärung des strategischen oder taktischen Wählens, nämlich die Entscheidung für eine Partei, die man nicht am meisten präferiert, sondern vielleicht am zweitmeisten, um einen Sieg einer abgelehnten Partei zu verhindern. Dieser von Duverger als psychologischer Effekt eines W.-Systems bezeichnete Einfluß tritt in der Bundesrepublik in zweierlei Weise auf. Zum einen haben die beiden großen Parteien den Vorteil, daß von einigen Ausnahmen in ostdeutschen W.-Kreisen abgesehen praktisch nur sie Aussicht auf den Gewinn des W.-Kreismandats mit der Erststimme haben. Je knapper das Rennen zwischen den Kandidaten der CDU und der SPD ist, desto mehr weichen in den W.-Kreisen die Erst- und Zweitstimmenergebnisse voneinander ab. Der zweite Zusammenhang ist als Leihstimmenphänomen bekannt. Wenn die Wähler der größeren Partei fürchten müssen, daß der Koalitionsregierung ihre Mehrheit wegen des Scheiterns des kleineren Koalitionspartners an der Fünf-Prozent-Hürde verlorengeht, besteht eine starke Tendenz zur W. des kleineren Koalitionspartners, obwohl man die große Koalitionspartei der kleineren eigentlich vorzieht. Wesentlich für diese Untersuchungen ist, daß man konsequent die Parteipräferenz, möglichst als Rangordnung der Parteien, von der W.-Absicht bzw. der W.-Entscheidung trennen kann.

6. Wählerverhalten in Ostdeutschland: Im Unterschied zu Westdeutschland können im Osten Deutschlands (→ Neue Bundesländer) naturgemäß die längerfristig wirksamen Determinanten der W.-Entscheidung nicht dieselbe Erklärungskraft haben. Parteibindungen haben sich zwar schon zu Zeiten der → DDR unter dem Einfluß der Nachrichten über Westdeutschland herausgebildet, sie sind trotzdem aber bis heute nicht im selben Umfang vorhanden und wenn, dann auch instabiler als im Westen. Die politischen Einstellungen der Ostdeutschen sind mehr als im Westen dem linken Spektrum der klassischen Links-Rechts-Achse mit Forderungen nach mehr sozialer Gleichheit und größeren Ansprüchen an den Staat zuzurechnen. Die großen Erfolge der CDU unmittelbar nach der Vereinigung kamen deswegen nicht aus inhaltlicher Policy-Übereinstimmung zustande, sondern wegen des größeren Vertrauens in die Wirtschaftskompetenz dieser Partei (Bürklin/Klein 1998).

Franz Urban Pappi

Literatur:

Bürklin, Wilhelm/Klein, Markus 1998: Wahlen und Wählerverhalten. Eine Einführung, 2. Aufl., Opladen.

Gabriel, Oscar W./Niedermayer, Oskar/Stöss, Richard (Hrsg.) 1997: Parteiendemokratie in Deutschland, Opladen.

Hinich, Melvin J./Munger, Michael C. 1994: Ideology and the Theory of Political Choice, Ann Arbor.

Inglehart, Ronald 1989: Kultureller Umbruch. Wertwandel in der westlichen Welt, Frankfurt a.M./New York.

Jesse, Eckhard 1998: Maßstäbe zu Bestimmung demokratischer Wahlen, in: Jesse, Eckhard/Löw, Konrad (Hrsg.): Wahlen in Deutschland, Berlin, S. 11-36.

Kaase, Max/Klingemann, Hans-Dieter (Hrsg.) 1998: Wahlen und Wähler. Analysen aus Anlaß der Bundestagswahl 1994, Opladen/Wiesbaden.

Kitschelt, Herbert 1994: The Transformation of European Social Democracy, Cambridge.

Klingemann, Hans-Dieter/Hofferbert, Richard I./Budge, Ian 1994: Parties, Policies and Democracy, San Fransisco/Oxford.

Miller, Warren E./Shanks, J. Merrill 1996: The New American Voter, Cambridge.

Nohlen, Dieter 2000: Wahlrecht und Parteiensystem, 3. Aufl., Opladen.

Pappi, Franz Urban/Mnich, Peter 1992: Federal Republic of Germany, in: Franklin, Mark N./Mackie, Thomas T. /Valen, Henry: Electoral Change: Responses to Evolving Social and Attitudinal Structures in Western Countries, Cambridge, S. 179-204.

Rabinowitz, George/Macdonald, Stuart Elaine 1989: A Directional Theory of Issue Voting, in: American Political Science Review 83, S. 93-122.

Riker, William H./Ordeshook, Peter C. 1973: An Introduction to Positive Political Theory, Englewood Cliffs, N.J.

Thurner, Paul W. 1998: Wählen als rationale Entscheidung. Die Modellierung von Politikreaktionen im Mehrparteiensystem, München.

Wertewandel

→ *Anomie/Entfremdung, Arbeit, Autoritarismus, Bildung, Bündnis 90/Die Grünen, DDR, Demokratische Persönlichkeit, Eliten, Extremismus, Familie, Gewalt/Politische Gewalt, Gewerkschaften, Globalisierung, Ideologie, Individualisierung, Innere Sicherheit, Kirchen, Kommunen, Konfliktlinien, Massenmedien, Multikulturelle Gesellschaft, Neue Bundesländer, Neue Soziale Bewegungen, Öffentlicher Dienst/Sektor, Politische Beteiligung, Politische Bildung, Politische Inszenierung/Symbolische Politik, Politische Sozialisation, Politische Sozialisation: Gleichaltrigengruppe/Ost-/Westdeutschland/Soziale Schicht, Politische Toleranz, Politische Traditionen, Politisches Bewußtsein, Soziale Sicherheit, Sozialer Wandel/Modernisierung, Vereine, Verbände.*

Begriff/Definition:

Von einem „Wandel" der Werte (Wertewandel, Ww) zu sprechen, fiel angesichts der philosophischen Tradition, in welcher der Begriff „Wert" (Wert/Werte = W.) über Jahrtausende verortet war, nicht leicht. Von Plato („Höhlengleichnis") bis zu Scheler wurde davon ausgegangen, daß W. etwas Feststehendes, ontologisch Überdauerndes seien und daß es möglich sei, mit philosophischen Mitteln den Durchbruch zu ihrer Erkenntnis zu vollziehen. Die Aufgabe, den Zugang zu den „ewigen W." zu vermitteln, wurde verschiedentlich geradezu als eine Hauptaufgabe der Philosophie verstanden. Es war demgegenüber eine Revolution von großer Tragweite, als sich die Kulturanthropologie des 20.Jhdts. dazu entschloß, den W.-Begriff dem „Kultur"-Begriff zuzuordnen und davon auszugehen, daß W. normative Grundelemente von Kulturen seien, die nach vorliegenden Forschungsergebnissen ganz offensichtlich grundsätzlich im Plural zu denken seien, weil sie sich typischerweise von Gesellschaft zu Gesellschaft unterscheiden. In diesem Sinne sprach z.B. Benedict von „Patterns of Culture", wobei sie auf ethnologischen Erkenntnissen über Stammesgesellschaften aufbaute. Die in diesen Gesellschaften vorhandenen W.-Strukturen unterschieden sich, ihren Beobachtungen zufolge, dermaßen radikal, daß sich kein einziger W. auffinden ließ, der nicht in einer anderen Gesellschaft als Un-W. angesehen wurde.

Der weitere sehr entscheidende Unterschied, der hier gegenüber der philosophischen Tradition in Erscheinung trat, bestand darin, daß W. nunmehr nicht mehr als etwas individuell Anzustrebendes, sondern als etwas mit kollektiver Verbindlichkeit Geltendes angesehen wurden. Die Geltung etablierter W. wurde in den untersuchten Gesellschaften durch Traditionen, Tabus und religiöse Glaubensvorstellungen, wie auch durch rigorose Sanktionsmechanismen gegenüber Veränderungen geschützt, die gewöhnlich als ein Verfall angesehen wurden, der mit dem Untergang der Gemeinschaft gleichgesetzt wurde. Nach der Auffassung der Kulturanthropologie waren die W. somit - innerhalb ihrer jeweiligen gesellschaftlichen Kontexte - ganz ebenso normative Konstanten, wie die Kulturen selbst. Gewissermaßen wurde in dieser Auffassung das philosophische Insistieren auf der „Ewigkeit" der W. reflexiv, indem es als Nachhall älterer sozialer Konstanzforderungen und Veränderungsängste interpretierbar wurde.

Die Soziologie baute auf dieser kulturanthropologischen Umdeutung des W.-Begriffs auf, indem sie den Kulturbezug individueller W., wie auch den Aspekt der empirischen Geltung übernahm. W. wurden nach einem um die Mitte des 20. Jhdt. vorherrschenden Verständnis als Orientierungsgrößen des individuellen Handelns angesehen, denen innerhalb von Kulturzusammenhängen eine Verbindlichkeit zukam, die durch informale und formale Vorgehensweisen sozialer Kontrolle abgesichert wurde. Es entwickelte sich in der soziologischen Rezeption des W.-Begriffs aber noch etwas weiteres, das der Kulturanthropologie fremd war, nämlich die Vorstellung einer Wandelbarkeit der W. innerhalb ein und derselben Gesellschaft. Der W.-Begriff wurde damit in eine Traditionslinie dieser Wissenschaft eingeschmolzen, die sich schon im 19. Jhdt. deutlich abzeichnete. Die „Gesellschaft" wurde bereits in dieser Zeit - unter Verwendung geschichtsphilosophischer Vorgriffe des 18. Jhdts. - als eine in Entwicklung befindliche Formation angesehen, wobei man teilweise der Vorstellung anhing, daß es sich um eine Höherentwicklung handele, der ein bestimmtes Ziel zuzuschreiben sei. In Verbindung mit dem Wandel der Gesellschaft legte es sich - zunächst auf spekulativer Basis - nahe, auch einen Ww ins Auge zu fassen. Hierbei entwickelte sich aber gleichzeitig auch eine zunehmende Aufmerksamkeit für Unterschiede gesellschaftlicher W.-Orientierungen im selben Zeitpunkt. Wenn die Gesellschaft - aufgrund der neuen Sichtweise - mitsamt ihren W. im Wandel begriffen war, dann lag es ja nahe, von der Koexistenz noch vorhandener „älterer" und vordringender „neuer" W. auszugehen, die sich in einer Oppositionsstellung zu den älteren W. befanden und die ggf. als „fortschrittlich" verstanden werden konnten.

Allerdings fand man bald heraus, daß sich W.-Unterschiede ggf. auch auf „funktionale" Bedeutungsfelder in gesellschaftlichen Subsystemen beziehen ließen. In der → Familie z.B. haben, so entdeckte man, notwendigerweise andere W. zu gelten als in der Wirtschaft. Da man überwiegend davon ausging, daß sich der historische gesellschaftliche Wandel von kleinen, auf der Großfamilie aufbauenden, emotional verbundenen Gemeinschaften in Richtung von Großgesellschaften vollzogen hatte, die eher durch rationale, wirtschaftlich organisierte Tauschbeziehungen verknüpft waren, hatte man damit aber auch die Grundlagen in der Hand, um eine funktionale (oder „strukturell-funktionale") Theorie des Ww zu entwerfen. In einer sehr hoch entwickelten und stark ausdifferenzierten Form findet sich diese Ausprägung einer Ww-Theorie insbesondere bei Parsons, der in seinem „Social System" von 1951 verschiedene „pattern-alternatives of value-orientation" unterscheidet, die er einerseits bestimmten „cultures" im Sinne des nachwirkenden kulturanthropologischen Verständnisses, gleichzeitig aber auch unterschiedlichen Stadien gesellschaftlicher Evolution zuordnet, deren Aufeinanderfolge seiner Auffassung zufolge im Sinne der Verschiebung des gesamtgesellschaftlichen Stellenwerts der funktional begründeten W.-Systeme verschiedener gesellschaftlicher Subsysteme interpretierbar ist.

Entwicklungslinien der Wertewandelstheorie:
Die Annahme, daß sich von einem Ww in erster Linie in Verbindung mit einer „Evolution" der Gesellschaft sprechen läßt, blieb nicht unbestritten. Es war in erster Linie der Soziologe Sorokin, der die Alternative einer „zyklischen" Ww-Theorie anbot. Diese geht von der Grundvorstellung einer „kulturellen Dynamik" aus, die einem regelmäßigen Ablaufmuster folgt, das sich innerhalb langer Zeiträume in allen Kulturen wiederholt. Kulturelle „Systeme" weisen Sorokins Vorstellungen zufolge eine Entwicklung auf, in welcher sich „ideationale", „idealistische" und „sensualistisch-materialistische" Phasen abwechseln. In jeder dieser Phasen finden Ausbreitungsvorgänge neuer kultureller Muster statt, die von deren Konzipierung und Geburt in elitären Zirkeln über ihre Objektivierung in Gestalt ideologischer Systeme (→ Ideologie) bis hin zu einer die gesamte Breite der Gesellschaft erfassenden wertkonformen Sozialisierung (→ pS) der Gesellschaftsmitglieder verlaufen. Die Ausmaße der Zeiträume, in denen Sorokin denkt, werden daran erkennbar, daß er den Beginn der Sozialisationsphase der im 20. Jhdt. einen Höhepunkt erreichenden sensualistisch-materialistischen Kultur der westlichen Gesellschaften im 10./11. Jhdt. lokalisiert. Ansätze zur Konzipierung einer „zyklischen" Ww-Theorie haben sich bis in die letzten Jahre erhalten. Allerdings hat sich die Weiterentwicklung der Ww-Theorie inzwischen auf kürzere Zeiträume konzentriert, wobei die langen Zyklen Sorokin'scher Provenienz weitgehend aus dem Blick geraten sind. Dies gilt z.B. auch für Bürklin, der sich zwar als Vertreter einer zyklischen Ww-Theorie bezeichnet, das Zyklizitätsschema jedoch als heuristisches Prinzip verwendet, um bestimmte kurzfristigere Veränderungen von W. zu erklären. Auch die strukturell-funktionale Ww-Theorie hat nur eine begrenzte Fortsetzung erlebt. Ausnahmen finden sich z.B. bei Namenwirth und Mohler, die die Ergebnisse inhaltsanalytischer Untersuchungen zum W. unter direktem Rückgriff auf Parsons zu interpretieren versuchen.

Fragt man nach einem gegenwärtig vorherrschenden Theoriekonzept, dann findet man es ohne Zweifel bei der „Modernisierungstheorie", die zwar einen funktionalen Kern aufweist, die sich jedoch von verschiedenen Einzelansätzen der Parsons'schen Theorie gelöst hat. Der modernisierungstheoretisch gelagerte Ansatz zur kausalen Interpretation des Ww in modernen Gesellschaften baut überwiegend auf der Annahme auf, daß dieser ein Phänomen der sozio-kulturellen Anpassung an die Herausforderungs- und Chancenstrukturen darstellt, die durch vorgelagerte sozio-ökonomische Wandlungen geschaffen werden (→ Sozialer Wandel/Modernisierung). Kennzeichnend ist, daß sich bezüglich der im Spiele befindlichen prozessualen Vermittlungen zwischen den beiden Wandlungsebenen bisher kein eindeutiger Konsens herauskristallisiert hat. Allenfalls besteht eine tendenzielle Übereinstimmung darüber, daß der Ww in modernen Gesellschaften ein „spontanes" Phänomen ist, das zwar z.B. durch die Einwirkung von Bildungsinstitutionen, -inhalten und -medien gefördert wird, das aber in einem starkem Maße auch den veränderten Alltagserfahrungen der Menschen geschuldet wird. Die W. (oder, genauer, die W.-Orientierungen) der Menschen können unter diesen Umständen erstens von den „kulturellen" Institutionen mit ihren Verbindlichkeit beanspruchenden W.-Gehalten abweichen. Sie können aber zweitens auch - je nach der Lebenslage und dem Sozialisationsverlauf der Menschen - individuell variieren, so daß die ältere Annahme, W. seien mit hoher Allgemeingültigkeit kulturtypisch, ihre Plausibilität verliert.

Die W.-Orientierungen der Menschen werden damit mit einer unausweichlichen Zwangsläufigkeit zum Gegenstand einer empirischen Erfassung, die um so treffsicherer wird, je mehr sie in der Lage ist, mit Differenzierungen umzugehen. Sie verlieren unter solchen Verhältnissen aber auch gleichzeitig ihre ehemalige Dignität als Repräsentanten kulturtypischer Verbindlichkeiten und können zum Gegenstand einer Gesellschaftskritik werden, die sich entweder auf den Standpunkt der offiziell „gültigen" W., oder aber auf den Standpunkt „bewährter herkömmlicher" bzw. „fortschrittlicher" W. stellt, welche u.U. durch die faktischen W.-Orientierungen nach der einen oder anderen Seite hin relativiert werden.

Ergebnisse - Wertewandel in Deutschland:
Der Ww setzte verhältnismäßig plötzlich, als ein „Ww-Schub", um die Mitte der 60er Jahre im Anschluß an eine Zeitspanne ein, in der nur geringfügige W.-Veränderungen stattfanden. Es ist eine dramatische Scherenbewegung im Verhältnis zwischen der tendenziell an Boden verlierenden W.-Gruppe „Gehorsam und Unterordnung" (→ Autoritarismus) und der tendenziell drastisch an Boden gewinnenden W.-Gruppe „Selbständigkeit und freier Wille" erkennbar, die den aktuellen Ww - auch hinsichtlich seiner vorherrschenden Trendrichtung von Pflicht- und Akzeptanz- zu Selbstentfaltungsw. - von zentralen Indikatoren her abbildet. Man kann angesichts dieser vorherrschenden Trendrichtung auch von einem „individualistischen" Trend des aktuellen Ww in Deutschland sprechen. Wie sich aus internationalen Vergleichsuntersuchungen (u.a. Inglehart 1989, 1998) ablesen läßt, handelt es sich hierbei keinesfalls um ein auf kulturelle, historische, oder systembe-

dingte Besonderheiten zurückführbares spezifisch deutsches Phänomen. Vielmehr führte eine 40-Nationenstudie von Hofstede zu dem Ergebnis, daß zwischen dem Pro-Kopf-Einkommen der Länder und der Stärke der in ihnen auffindbaren Ausprägung eines „Individualismus-Index" eine selten hohe Korrelation von .82 bestand, die auf einen äußerst engen Zusammenhang schließen läßt. Man kann dementsprechend davon ausgehen, daß es sich bei der individualistischen Trendrichtung des Ww (→ Individualisierung) um eine fast schon gesetzmäßig zu nennende Mentalitätsveränderung auf dem Hintergrund der Herausforderungs- und Chancenstruktur des mit dem Indikator des Pro-Kopf-Einkommen recht gut abbildbaren Modernisierungsprozesses (→ Sozialer Wandel/Modernisierung) in den entwickelteren Gesellschaften der Gegenwart handelt. Eine den Pflicht- und Akzeptanzw. zuzurechnende W.-Gruppe „Ordnungsliebe und Fleiß", welche die viel diskutierten „Sekundärtugenden" repräsentiert, konnte ihr Ausprägungsniveau ungeachtet zeitweiliger Einbrüche im wesentlichen erhalten.

Es erweist sich hierin, daß der Ww keineswegs pauschal und radikal zuungunsten „älterer" W. verlief, wie manchmal unrichtigerweise behauptet wird. Vielmehr vollziehen sich im Ww auf eine sehr selektive und „plausibel" anmutende Weise Umgewichtungen von W. in deutlicher Entsprechung zu der Veränderung der alltäglichen Handlungsbedingungen der Menschen im Prozeß des sozialen Wandels und der in diesem Zusammenhang an ihre Kompetenzen und psychischen Dispositionen gerichteten Anforderungen. Die vorliegenden empirischen Daten stützen somit - vor dem Hintergrund der Modernisierungstheorie - eine „funktionale" Interpretation des aktuellen Ww in Deutschland. Der Ww-Trend weist zwar über die erfaßten 47 Jahre hinweg deutliche Unregelmäßigkeiten auf, die sich auf bestimmte sozialökonomische und politische Krisensituationen konzentrieren, blieb aber im ganzen bis in die letzten Jahre hinein stabil. Man kann daraus die These ableiten, daß dem Ww-Trend eine Kapazität der flexiblen Anpassung an situationsbedingte Änderungen der jeweils an die Menschen gerichteten Einstellungs- und Verhaltensherausforderungen, gleichzeitig aber auch eine eindeutig interpretierbare Gesamtrichtung innewohnt. Natürlich würde es einen empirisch nicht zu rechtfertigenden spekulativen Ausgriff bedeuten, wenn man den erkennbaren Trend unbesehen in die Zukunft verlängern würde. Aus den verschiedensten Gründen wird dennoch - in Übereinstimmung mit Tacke - die Prognose aufgestellt, daß die im Jahr 1998 erkennbaren neuerlichen Trendeinbrüche nicht als „Trendwende", sondern nur als eine „Trendabschwächung" interpretierbar sind. Es kann hinzugefügt werden, daß es sich um eine Trendabschwächung handelt, die voraussichtlich nur temporären Charakter besitzen wird.

Wertewandel in der DDR?

Die Frage, ob es auch in der → DDR einen Ww gegeben hat, ist heftig umstritten. Sie wird z.B. von Meulemann verneint, während sie insbesondere von Gensicke auf dem Hintergrund eindrucksvoller Daten bejaht wird. Gensicke geht davon aus, daß sich die sozialökonomische Modernisierung als W.-Determinante in dem Industriestaat DDR gegenüber der sozialistischen Ideologie weitgehend durchsetzen konnte, wobei Möglichkeiten des Aufbaus von abgeschirmten Freiräumen in der Arbeitswelt (→ Arbeit) und im privaten Alltag eine wichtige Rolle spielten. Gensicke zufolge setzte in der DDR etwa zehn Jahre später als in der Bundesrepublik ein Ww-Schub ein, der grundsätzlich dieselbe Trendrichtung aufwies, wenngleich in ihm idealistische Komponenten schwächer und hedonistische Komponenten stärker ausgeprägt waren. Dieser Deutung zufolge kann man den Ww in der DDR, dem das Regime nicht gerecht zu werden vermochte, als die letztliche Ursache der friedlichen Revolution von 1989 ansehen. Folgt man den Dateninterpretationen von Gensicke, dann gibt es nach der Wiedervereinigung zwischen West- und Ostdeutschland keine großen W.-Unterschiede. Man findet, Gensicke zufolge, in Ost und West in ähnlicher Weise Kreativität, Lebensgenuß und die Durchsetzung der eigenen Bedürfnisse wichtig, also W., die dem Pol der Selbstentfaltung zuzurechnen sind. Die persönlichen Lebens-W. der Ostdeutschen sind im Durchschnitt allerdings etwas konventioneller (mehr Fleiß und Sicherheit) und etwas materieller (mehr Lebensstandard) als die der Westdeutschen (→ Neue Bundesländer).

Wertetypen als Gegenstand der Forschung:
Die empirisch-sozialwissenschaftlichen Erkenntnisse über eine grundsätzliche „Funktionalität" des Ww im Hinblick auf Herausforderungen und Chancen des Modernisierungsprozesses, wie auch über seine Fähigkeit zur flexiblen Anpassung an kurzfristig wechselnde Situationserfordernisse, rechtfertigen einen positiven Befund. Dieser hebt sich unmißverständlich von landläufigen Denunzierungen des Ww als „W.-Verfall" und Weg in die „Ego-Gesellschaft" ab. Zur Unterbauung des Befunds steht eine Fülle von Einzeldaten zur Verfügung, auf deren Darstellung hier verzichtet wird. Dessen ungeachtet erübrigt es sich nicht, die Frage nach problematischen Folgen des Ww zu stellen. Insbesondere angesichts der sehr schnellen, umsturzartigen Wandlungen der Chancen und Herausforderungen, denen sich die Menschen im Zeichen der → Globalisierung gegenübersehen, muß an den „spontanen" Ww, den wir bisher haben, die Frage gerichtet werden, ob er dem, was objektiv „anliegt", wirklich gerecht werden kann, oder ob er nicht vielmehr auch Fehlorientierungen mit sich bringt, die auf „Disfunktionen" im soziokulturellen Orientierungsbereich schließen lassen. Will man sich dem damit abgesteckten Problemfeld mit wissenschaftlichen Mitteln annähern, dann muß man die Analyse des Gesamttrends des Ww verlassen und sich einer eingehenderen Analyse zuwenden, die sich u.a. auch auf die in Teilgruppen der Bevölkerung auffindbaren konkreten Konstellationen von Wertorientierungen einläßt. Die Speyerer Ww-Forschung hat dies frühzeitig getan, indem sie danach fragte, welche typischen Kombinationen der empirisch feststellbaren Dimensionen des Ww in der Bevölkerung der BRD vorhanden sind. Legt man die aktuell feststellbaren Dimensionen (Pflicht- und Akzeptanz; hedonistisch-materialistische Selbstentfaltung; idealisti-

sche Selbstentfaltung) zugrunde, dann gelangt man zur Feststellung von fünf besonders hervorstechenden „W.-Typen", welchen sich die Gesamtbevölkerung fast vollständig zurechnen läßt.

Die aus den verfügbaren Daten ablesbaren, nachfolgend in geraffter Form dargestellten Eigenschaftsprofile der W.-Typen lassen erkennen, daß die für den Gesamttrend feststellbare modernisierungsdienliche „Funktionalität" des Ww in Deutschland erheblich modifiziert und differenziert werden muß, sobald man näher an die mit den Mitteln der Typenanalyse identifizierbaren Personengruppen herantritt. Man erhält dann das nachfolgende pluralistisch ausgefächerte Bild, in das u.a. auch Aspekte mangelnder oder in problematischer Richtung verlaufender Anpassung an die Herausforderungen und Chancen der Modernisierungsentwicklung eingelagert sind:

Typ 1: Konventionalisten (Pflicht und Akzeptanzw. hoch, die beiden übrigen W.-Bereiche niedrig ausgeprägt). Bei der insgesamt stark rückläufigen Gruppe der überwiegend älteren Menschen, die diesem Typus angehören (1997 in Westdeutschland 16 %, in Ostdeutschland 21 % der Gesamtbevölkerung über 18 Jahre), hat der Ww nicht oder noch nicht gegriffen. Es liegt bei ihnen also eine „W.-Konstanz" vor. Ihr entscheidendes Kennzeichen ist die Neigung zur Modernisierungsabwehr und zur Suche nach Situationen, in denen sie sich an möglichst eindeutigen und veränderungsfesten Sinngehalten und Aufgabenstellungen orientieren und Belohnungen für ein erwartungsentsprechendes Verhalten empfangen können.

Typ 2: Perspektivenlose Resignierte (alle drei W.-Bereiche relativ niedrig ausgeprägt): Bei dieser z. Zt. verhältnismäßig gleichbleibend großen Bevölkerungsgruppe (1997 16 %, in Ostdeutschland 19 % der Gesamtbevölkerung über 18) liegt ein „W.-Verlust" vor, den man - unter Rückgriff auf die Motivationspsychologie - auf eine durch mangelnde Lebenserfolge bedingte „Mißerfolgsorientierung" deuten kann. Es kann sich hier um frustrierte Konventionalisten oder auch um ehemalige Angehörige der nachfolgenden Typen 4 und 5 handeln, die in den ihnen zugänglichen Handlungsfeldern keine ausreichenden Möglichkeiten für die Verwirklichung ihrer Selbstentfaltungsw. finden konnten. Ihr entscheidendes Kennzeichen ist die Neigung zur Suche nach Nischen, in denen sie - bei unauffälligem Verhalten - möglichst unbehelligt von Herausforderungen zur risikohaltigen Eigenaktivität und -verantwortung den Sturm der Veränderung überleben können.

Typ 3: Aktive Realisten (alle drei W.-Bereiche verhältnismäßig hoch ausgeprägt): Bei dieser insgesamt leicht anwachsenden, in etwa gleichmäßig über die Altersklassen verteilten Teilgruppe, die 1997 in Westdeutschland 31 %, in Ostdeutschland 34 % der Bevölkerung umfaßte, hat im Zuge des Ww eine „W.-Synthese" stattgefunden. Die Menschen, die dieser Gruppe angehören, sind dazu in der Lage, auf die verschiedenartigsten Herausforderungen „pragmatisch" zu reagieren, gleichzeitig aber auch - mit starker Erfolgsorientierung - ein hohes Niveau von „rationaler" Eigenaktivität und -verantwortung anzustreben und ggf. auch auszufüllen. Sie sind auf eine konstruktiv kritikfähige und flexible Weise institutionenorientiert und haben verhältnismäßig wenig Schwierigkeiten, sich in einer vom schnellen Wandel geprägten Gesellschaft zu bewegen. Mit allen diesen Eigenschaften nähern sie sich dem Sollprofil menschlicher Handlungsfähigkeiten unter den Bedingungen moderner Gesellschaften an. Ihre „Schwachstelle" ist ihre Neigung zu einem Aufstiegsstreben, das sich an langfristig berechenbaren Maßstäben und Leiterbildern orientiert.

Typ 4: Hedonistische Materialisten (Hedonistisch-materialistische Selbstentfaltung hoch, die beiden übrigen W.-Bereiche niedrig ausgeprägt): Diese Bevölkerungsgruppe, der 1997 bei einer insb. bei den jüngeren Menschen anwachsenden Tendenz in Westdeutschland 18 %, in Ostdeutschland 15 % der Gesamtbevölkerung über 18 zuzurechnen waren, weist verschiedenartige Ausprägungsvarianten auf. Gemeinsam ist allen „Hedomats" die Fähigkeit zu einer mobilen Anpassung an die jeweiligen Umstände. Insoweit nähern sie sich ebenfalls - jedenfalls an einem bestimmten Punkt - dem Sollprofil menschlicher Handlungsfähigkeiten unter modernen Lebensbedingungen an. Sie unterscheiden sich von den aktiven Realisten aber dadurch, daß sie sich in der Praktizierung ihrer Beweglichkeit viel stärker vom „Lustprinzip" leiten lassen. Sie lieben eher das Spielerische und Unverbindliche, wie auch den schnellen und nach Möglichkeit anstrengungslosen Zugriff auf Chancen, die sie leicht zugunsten anderer wieder verlassen, wenn sie von ihnen mehr erwarten können. In ihren höherwertigen Ausprägungen sind sie kreative Wellenreiter im bewegten Meer der Unstetigkeiten, mit denen in der Ära der Globalisierung zu rechnen ist; in ihren Niederungen sind sie verantwortungsscheue Gelegenheitssucher, die im Grenzfall auch nicht die Übertretung gesellschaftlicher Spielregeln und Normen und die Verletzung der Interessen anderer scheuen, um zum Ziel zu gelangen.

Typ 5: Nonkonforme Idealisten (Idealistische Selbstentfaltung hoch, die beiden anderen W.-Bereiche niedrig ausgeprägt): Dieser Gruppe waren 1997 in Westdeutschland 19 %, in Ostdeutschland dagegen nur 11 % der Bevölkerung zuzurechnen. Das entscheidende Kennzeichen dieser Gruppe ist, daß sie auf der Bewußtseinsebene starke Modernisierungsbejaher sind, wobei sie sich aber an hochgespannten Idealen - oder auch Ideologien - individualmenschlicher Emanzipation und gesellschaftlicher Egalität orientieren. Der alltäglich erlebbaren, von belastungsreichen Anpassungsherausforderungen und -zwängen geprägten Wirklichkeit der Modernisierung stehen sie von daher eher kritisch und hilflos gegenüber. Bei ihren eigenen Versuchen, mit dieser Wirklichkeit zurecht zu kommen, sind sie wenig enttäuschungsfest und hochgradig frustrationsanfällig. Sie neigen von daher dazu, sich in berufliche Nischen - wie z.B. die des Journalisten oder Lehrers - zu retten, die ihnen bei relativer Sicherheit und Abgeschirmtheit ein Ausleben ihrer Reflexionsneigungen gestatten.

Die Notwendigkeit einer institutionellen Stützung des „spontanen" Wertewandels:
Aus der vorstehenden Typenschilderung läßt sich die Folgerung ziehen, daß der „spontan" vor sich gehende Ww den aktuellen Herausforderungen und Chancen der Modernisierung keineswegs in einer „optimalen" Weise gerecht zu werden vermag. Unter den fünf W.-Typen ist nur dem „aktiven Realisten", der eine breit angelegte Synthese zwischen den Pflicht- und Akzeptanzw. und den Selbstentfaltungsw. realisiert, eine ausreichend tragfähige mentale Basis für die Entwicklung der wünschenswerten menschlichen Eigenschaften und Fähigkeiten zuzuschreiben. Zwar deuten neueste Datenbefunde darauf hin, daß - in Reaktion auf die sich verändernden und verschärfenden Modernisierungsbedingungen - der Typus des aktiven Realisten gegenwärtig ein beschleunigtes Wachstum erlebt, so daß, wie Veen und Graf ausführen, eine Politik, die sich auf die Lösung der harten Fragen der ökonomischen Zukunftssicherung konzentriert, stärker als bisher auf entsprechende gesellschaftliche Wertorientierungen der Pflicht- und Leistungsbereitschaft setzen kann. Ob das Veränderungspotential, das dem „spontanen" Ww innewohnt, ausreicht, um die Menschen in einer auch politisch vertretbaren Weise auf die neuen Herausforderungen vorzubereiten, steht aber dahin.

Bei der Weiterverfolgung dieses Gedankens wird von der Annahme ausgegangen, daß zur Herbeiführung einer ausreichenden Modernisierungstüchtigkeit der Bevölkerung von großer Bedeutung sein wird, dem spontanen gesellschaftlichen Ww eine institutionelle Stützung zu vermitteln, welche seine „Funktionalität" ungehindert und richtungssicher zur Geltung bringen kann. Die Fortführung und „Optimierung" des Ww wird als eine Grundbedingung der Zukunftsfähigkeit unter den Bedingungen der Globalisierung angesehen. Es wird hiermit die Tatsache angesprochen, daß es im Hintergrund der gegenwärtig noch allenthalben feststellbaren Neigung zu einer ideologischen Denunzierung des Ww und zu seiner Fehldeutung als „W.-Verfall" eine Fülle von alltäglichen W.-Verwirklichungsversagungen gibt, von denen vor allem die Selbstentfaltungsw. betroffen sind und die sich paradoxerweise auch gegen den „aktiven Realisten" als denjenigen W.-Typus richten, der eine maximale Zukunftsfähigkeit verkörpert.

Es kann in diesem Zusammenhang z.B. auf die Ergebnisse von Mitarbeiterbefragungen verwiesen werden, aus denen sich ablesen läßt, daß im → öffentlichen Dienst der BRD „aktive Realisten" nur sehr begrenzte Aufstiegschancen haben. Von allgemeinerer Bedeutung ist jedoch, daß in der gesamten Welt der Großorganisationen gegenwärtig noch ein auffälliger Angebotsmangel im Bereich derjenigen „Verantwortungsrollen" besteht, die als ein entscheidendes institutionelles Erfordernis für die Förderung einer realistisch auf die gesellschaftlichen Chancen und Herausforderung bezogenen W.-Entwicklung betrachtet werden müssen. Im Hintergrund dieses fast durchgängigen Strukturdefizits steht die Tatsache, daß „Verantwortung" in gängigen Stellen- und Funktionsbeschreibungen heute allenthalben noch - von „unten" nach „oben" ansteigend - für „gehobenere Positionen" reserviert, d.h. den breiteren „Mitarbeiter"- und „Mitglieder"-Schichten vorenthalten wird. Es handelt sich hier um den Ausfluß eines veralteten Fehlverständnisses des hierarchischen Prinzips, das unbedingt einer Revision bedarf, wenn es zu einer Auflösung gegenwärtiger Spannungen zwischen individuellen W.-Orientierungen und Institutionen kommen soll. Welche Fülle von individuellen Handlungspotentialen brachliegen, die durch intelligente Rollengestaltung einer produktiven Entwicklung zugeführt werden könnten, erweist jede einzelne Mitarbeiter- und Mitgliederbefragung, sofern sie an diesem Punkt sensibel ist. Eine entsprechende Reformaufforderung ist sowohl an die Arbeitgeber und Dienstherren, wie auch z.B. an → Gewerkschaften und sonstige → Verbände, wie auch an die → Kirchen und an die Verantwortlichen des Bildungssystems (→ Bildung, Politische Bildung) zu richten, welche die „W.-Erziehung" zwar als Vokabel im Munde führen, ohne hierfür aber bisher erfolgversprechende Konzepte zu besitzen.

Helmut Klages

Literatur:

Breit, Gotthard/Behrmann, Gisela/Schiele, Siegfried (Hrsg.) 2000: Werte in der politischen Bildung, Schalbach/Ts.

Bürklin, Wilhelm/Klein, Markus/Ruß, Achim 1994: Dimensionen des Wertewandels, in: PVS 35, S. 579-606.

Gensicke, Thomas 1989: Deutschland im Wandel. Sozialer Wandel und Wertewandel in Deutschland vor und nach der Wiedervereinigung, Speyerer Forschungsberichte Nr. 154, Speyer.

Inglehart, Ronald 1989: Kultureller Umbruch. Wertewandel in der westlichen Welt, Frankfurt a.M./New York.

Inglehart, Ronald 1998: Modernisierung und Postmodernisierung. Kultureller, wirtschaftlicher und politischer Wandel in 43 Gesellschaften, Frankfurt a.M./New York.

Klages, Helmut 1988: Wertedynamik. Über die Wandelbarkeit des Selbstverständlichen, Zürich.

Klages, Helmut 1998: Werte und Wertewandel, in: Schäfers, Bernhard/Zapf, Wolfgang (Hrsg.): Handwörterbuch zur Gesellschaft Deutschlands, Opladen, S. 698-709.

Meulemann, Heiner 1996: Werte und Wertewandel. Zur Identität einer geteilten und wiedervereinigten Nation, Weinheim/München.

Veen, Hans Joachim/Graf, Jutta 1997: Rückkehr zu traditionellen Werten?, Konrad Adenauer-Stiftung, Interne Studien 131.

Wohlfahrtsstaat

→ Arbeitslosigkeit, Armut, Bildung, Demokratie, Gewerkschaften, Globalisierung, Ideologie, Konfliktlinien, Lebenszufriedeheit/Lebensqualität, Neue Bundesländer, PDS, Politikverdrossenheit, Politische Moral, Politische Sozialisation: Ost-/Westdeutschland, Politische Traditionen, Politische Unterstützung, Politisches Bewußtsein, Responsivität, Regierung/Oppostion, Responsi-

vität, Soziale Gerechtigkeit, Soziale Marktwirtschaft, Soziale Sicherheit, Soziale Ungleichheit/ Lebenslagen, Sozialer Wandel/Modernisierung, Vereine.

Begriff/Definition:
Der Wohlfahrtsstaat (W.) kann funktional definiert werden als diejenigen staatlichen Interventionen und Maßnahmen, die die Realisierung von sozio-ökonomischer Sicherheit und sozio-ökonomischer Gleichheit (→ Soziale Sicherheit, Soziale Ungleichheit/Lebenslagen) zum Ziel haben. Dabei lassen sich drei Komplexe unterscheiden: die Absicherung des Einkommens in Risikofällen wie Krankheit, Alter, Invalidität und → Arbeitslosigkeit; die Gewährleistung personenbezogener Dienstleistungen vor allem in den Bereichen Gesundheit, → Bildung und Sozialwesen sowie die Regulierung des Arbeitsmarktes über Schutzgesetze (z.B. Mindestlohn) und über wirtschafts- und finanzpolitische Maßnahmen (z.B. Arbeitsbeschaffungsprogramme). Der W. ist ein gemeinsames Strukturmerkmal aller entwickelten demokratischen Industriegesellschaften. In Abhängigkeit von nationalen → Ideologien, kollektiven Akteuren und Institutionen haben sich in diesen Ländern aber verschiedene wohlfahrtsstaatliche Regime herausgebildet. Drei wohlfahrtsstaatliche Regime-Typen können unterschieden werden (Esping-Andersen 1990): der liberale Typus (z.B. USA), der konservative Typus (z.B. Deutschland) und der sozialdemokratische Typus (z.B. Schweden). Der Begriff des W. (als Übersetzung des international gebräuchlichen angelsächsischen Begriffs „welfare state") wird in der deutschen sozialwissenschaftlichen Literatur mehrheitlich synonym mit dem Begriff des Sozialstaats verwendet. Dagegen steht im Alltagsverständnis der Begriff des Sozialstaats eher für einen limitierten und der des W. eher für einen extensiven Umfang sozialpolitischer Interventionen und Maßnahmen.

Forschungsgeschichte:
Bis Mitte der 70er Jahre liegen nur vereinzelte Studien über die Einstellungen der Bürger zum W. vor (für Deutschland: Kaufmann 1973). Dies wurde als Indiz für den mangelnden Konfliktcharakter des W. interpretiert. Die Situation änderte sich mit der durch die Ölkrise hervorgerufenen wirtschaftlichen Rezession 1973/74, die die langanhaltende Phase der Expansion der W. beendete. Unter den Stichworten „Krise des W.", „Legitimationskrise" und „Unregierbarkeit" wurden mögliche Reaktionen der Bürger auf einen Abbau des W. diskutiert. Im Anschluß daran wurden in der zweiten Hälfte der 70er Jahre im Auftrag des Bundesministeriums für Arbeit und Sozialordnung in Deutschland die ersten „Sozialstaatsumfragen" durchgeführt. Mitte der 80er Jahre starteten nationale und international vergleichende repräsentative Bevölkerungsumfragen zum W., die kontinuierlich repliziert worden sind. Vor allem auf der Grundlage dieser Daten sind dann systematische und umfassende nationale (Roller 1992) und international vergleichende Studien (Borre/Scarbrough 1995) vorgelegt worden. In den 90er Jahren hat diese Forschung neuen Auftrieb erhalten. Einerseits erlaubt die Datenlage inzwischen die Beantwortung einer Viel-

zahl grundlegender Fragen zur Struktur und Entwicklung der Einstellungen der Bürger zum W. in Deutschland und im internationalen Vergleich. Andererseits ist im Zuge der durch die → Globalisierung und Internationalisierung hervorgerufenen Konkurrenz zwischen den Nationalstaaten das praktisch-politische Interesse an den Ergebnissen dieser Forschung erneut angestiegen. Ein wichtiger Aspekt dieser Konkurrenz wird in der Reformfähigkeit nationaler W. gesehen, und diese ist maßgeblich auch von den Einstellungen der Bürger abhängig.

Erkenntnisziele:
Die Forschungen über Einstellungen der Bürger zum W. konzentrieren sich auf die Frage der Unterstützung dieser Institution durch die Bürger. Ausgangspunkt ist die Prämisse der pKf, wonach die Funktionsfähigkeit und Stabilität einer Institution maßgeblich davon abhängen, daß die Kultur der jeweiligen Struktur entspricht. Das wichtigste Erkenntnisinteresse liegt deshalb in der Beschreibung und Erklärung nationaler W.-Kulturen und ihrer Entwicklung über die Zeit. Vier Merkmale der W.-Kulturen stehen dabei im Mittelpunkt: 1. Der Grad der Komplementarität zwischen Struktur und Kultur, der vor allem über das Ausmaß bestimmt wird, in dem die sozio-ökonomischen Ansprüche der Bürger an den Staat dem in einem Land implementierten W.-Modell entsprechen. 2. Die Homogenität der W.-Kultur, die sich auf den Konsens zwischen verschiedenen Bevölkerungsgruppen bezieht. 3. Die Motive für die Unterstützung des W., ob dieser aus Eigeninteresse oder aus moralischen Gründen befürwortet wird. 4. Der Stellenwert der Einstellungen zum W. für die grundlegende Unterstützung der → Demokratie in einem Land. Dabei interessiert, in welchem Ausmaß die Zustimmung zur Demokratie von der Bewertung des W.-Modells und seiner Leistungen abhängig ist (→ Politische Unterstützung, Politikverdrossenheit).

Theorien/Konzepte/Modelle:
Zur Analyse der W.-Kultur wurde ein Konzept entwickelt, das zwischen drei Objekten und zwei Typen der Einstellungen unterscheidet (Roller 1992). Die drei Objekte sind Ziele, Mittel und Folgen wohlfahrtsstaatlicher Politik. Von zentraler Bedeutung ist die Zielebene, die weiter in die Dimensionen Extensität und Intensität unterschieden wird. Die Extensität bezieht sich auf den Umfang wohlfahrtsstaatlichen Handelns. Einstellungen gegenüber der Extensität werden mit Fragen danach erhoben, für welche Sicherheits- und Gleichheitsaufgaben (z.B. Altersversorgung) der Staat zuständig sein soll oder nicht. Im Unterschied dazu bezieht sich die Intensität auf das Ausmaß wohlfahrtsstaatlichen Handelns bei gegebener Zuständigkeit. Entsprechende Einstellungen können u.a. daran festgemacht werden, ob staatliche Ausgaben für einzelne Aufgabenbereiche (z.B. Rentenversicherung) gekürzt oder erhöht werden sollen, oder ob der Status quo beibehalten werden soll. Die grundsätzliche Akzeptanz des W. drückt sich in der Dimension der Extensität aus, die sich auf die Befürwortung oder Ablehnung der staatlichen Zuständigkeit

für einzelne sozio-ökonomische Belange bezieht. Auf der Grundlage dieses analytischen Rasters und unter Berücksichtigung der Charakteristika nationaler wohlfahrtsstaatlicher Regime lassen sich jeweils die zu diesen Regimen kongruenten W.-Kulturen spezifizieren. Bei den beiden Typen oder Modi der Einstellungen handelt es sich um instrumentelle und moralische Orientierungen. Instrumentelle Orientierungen liegen dann vor, wenn die Unterstützung des W. auf persönlichem materiellen Nutzen wie soziale Absicherung beruht. Bei moralischen Orientierungen gründet die Unterstützung dagegen auf Gerechtigkeitsvorstellungen (→ Soziale Gerechtigkeit).

Methoden:
Die Untersuchung von W.-Kulturen basiert hauptsächlich auf nationalen und international vergleichenden repräsentativen Bevölkerungsumfragen. Den Kern bilden dabei die Allgemeine Bevölkerungsumfrage der Sozialwissenschaften (Allbus) und das International Social Survey Programme (ISSP), die seit Mitte der 80er Jahre regelmäßig Einstellungen zum W. erheben. Daneben werden insbesondere zur Analyse des Verständnisses von Begriffen sowie Motiven der Unterstützung auch qualitative Umfragen eingesetzt. In den meisten Fällen sind die Ergebnisse der qualitativen Studien aber nicht verallgemeinerbar, weil den Erhebungen keine repräsentativen Stichproben zugrunde liegen.

Ergebnisse:
Für die vier Merkmale einer W.-Kultur werden im folgenden die wichtigsten Ergebnisse für Deutschland zusammengetragen:

1. Die Einstellungen der Bürger der alten Länder entsprechen im großen und ganzen dem in der Bundesrepublik implementierten W.-Modell. Eine solche Komplementarität von Struktur und Kultur konnte auch für andere westliche Länder festgestellt werden (Svallfors 1997). Auf die restriktivere Sozialpolitik, die Mitte der 70er Jahre nach der Wirtschaftskrise einsetzte, haben die Bundesbürger entgegen vieler anders lautender Erwartungen mit einer Reduktion ihrer wohlfahrtsstaatlichen Ansprüche reagiert. Die Anpassung war aber auf die Dimension der Intensität wohlfahrtsstaatlichen Handelns beschränkt und schloß die Dimension der Extensität nicht mit ein. Das heißt, die Bürger haben Kürzungen von Sozialleistungen akzeptiert oder zumindest hingenommen, sie hielten aber weiterhin an einer staatlichen Zuständigkeit für sozio-ökonomische Sicherheit und sozio-ökonomische Gleichheit fest (Roller 1992). In ähnlicher Weise haben die Bürger der alten Länder auf die restriktive Sozialpolitik der 90er Jahre reagiert. Die Bürger der neuen Bundesländer, die in einem sozialistischen W. aufgewachsen und nach der deutschen Einheit in besonderem Maße von wohlfahrtsstaatlichen Leistungen abhängig sind, präferieren weniger das W.-Modell des vereinigten Deutschland, sondern eher ein sozialistisches W.-Modell. In diesem Fall liegt also eine Inkongruenz zwischen Kultur und Struktur vor (Roller 1997).

2. Für die Bundesrepublik kann ein großer wohlfahrtsstaatlicher Konsens zwischen verschiedenen Bevölkerungsgruppen, insbesondere auch für die sozialen Träger der alten → Konfliktlinie zwischen Kapital und Arbeit, konstatiert werden (Roller 1992). Der W. hat bislang auch noch keine neuen Konfliktlinien zwischen den Finanziers und den Empfängern von Sozialleistungen oder zwischen verschiedenen Gruppen von Sozialleistungsempfängern geschaffen. Im Zuge der Krisendiskussion ist in den alten Bundesländern der wohlfahrtsstaatliche Konsens zwar etwas aufgebrochen, insgesamt stimmen in den 90er Jahren aber alle Bevölkerungsgruppen - auch die Selbständigen als klassische Gegner des W. - mehrheitlich einer staatlichen Zuständigkeit für sozio-ökonomische Sicherheit zu. In den neuen Bundesländer ist der wohlfahrtsstaatliche Konsens noch stärker ausgeprägt als in den alten Bundesländern. Fast alle Ostdeutschen präferieren eine umfassende Staatsverantwortung.

3. Der W. wird sowohl aus Eigeninteresse als auch aus moralischen Gründen unterstützt. Eigeninteresse manifestiert sich insbesondere bei Kürzungen, die Bundesbürger befürworten in erster Linie Kürzungen bei Sozialleistungen für andere. Moralische Motive dokumentieren sich vor allem bei der Befürwortung einer staatlichen Sicherung eines Existenzminimums.

4. In der Bundesrepublik erweist sich der W. als eine Quelle der Unterstützung der Demokratie. Unzufriedenheit mit dem W.-Modell der Bundesrepublik oder dessen Leistungen wirken sich negativ auf die Unterstützung der Demokratie aus und umgekehrt wirkt sich eine Zufriedenheit positiv aus. Dieser Zusammenhang läßt sich nicht nur in den alten, sondern auch in den neuen Bundesländern auffinden. Da die Ostdeutschen aber mit dem W. des vereinigten Deutschland und seinen Leistungen deutlich unzufriedener sind als die Westdeutschen, ist davon auszugehen, daß diese wohlfahrtsstaatlichen Einstellungen die Konsolidierung der Demokratie des vereinigten Deutschland eher behindern (Roller 1999). Im Unterschied zu vielen Theorien, die dem W. eine besondere legitimatorische Bedeutung zuschreiben, erweisen sich wohlfahrtsstaatliche Leistungen aber weder in den alten noch in den neuen Bundesländern als die wichtigste Quelle der Unterstützung der Demokratie, sie stellen nur eine Quelle neben anderen (z.B. ökonomische Leistungsfähigkeit) dar.

Ausblick/ offene Fragen:
Trotz der enormen Fortschritte, die die Einstellungsforschung zum W. in den 90er Jahren vorweisen kann, sind einige grundlegende Fragen weiterhin ungeklärt. Erstens konzentriert sich die Forschung vor allem auf Einstellungen zur Extensität und Intensität staatlichen Handelns, weil die beiden wichtigsten Datenquellen (Allbus, ISSP) vor allem Indikatoren zu diesen beiden Dimensionen enthalten. Nur wenige Studien widmen sich einzelnen Aspekten verschiedener Sozialleistungssysteme wie Organisation, Finanzierung, Leistungshöhe und die diesen Merkmalen jeweils zugrundeliegenden Gerechtigkeitsprinzipien. Solche Informationen sind

nicht nur von praktisch-politischer Bedeutung im Zusammenhang mit Reformen des W., sie sind auch für eine umfassende Beschreibung und Erklärung von W.-Kulturen notwendig. Zweitens kann zwar als gesicherte Erkenntnis gelten, daß der W. sowohl aus instrumentellen als auch aus moralischen Motiven unterstützt wird. Informationen zur relativen Dominanz beider Motive, insbesondere in Hinblick auf die Unterstützung einzelner Sozialleistungssysteme und die Verteilung dieser Motive in unterschiedlichen Bevölkerungsgruppen, liegen nicht vor. Erst auf der Grundlage solcher Ergebnisse kann aber geklärt werden, worauf die Legitimationsbasis des W. letztlich beruht und welche Möglichkeiten des Abbaus oder Umbaus des W. aus dieser Perspektive seitens der Bürger bestehen. Drittens beschränkt sich die Mehrzahl der Studien auf eine Analyse der Einstellungen der Bürger, eine Verschränkung dieser Ebene mit Einstellungen und Handlungen politischer Entscheidungsträger erfolgt - wenn überhaupt - nur für jeweils einen Zeitpunkt. Längsschnittlich angelegte Mehrebenendesigns sind aber eine Voraussetzung dafür, daß die für die → Responsivität demokratischer Systeme zentrale Frage untersucht werden kann, ob die wohlfahrtsstaatliche Politik vom Bürgerwillen gesteuert oder ob umgekehrt der Bürgerwille von der Politik geprägt wird.

Edeltraud Roller

Literatur:

Borre, Ole/Scarbrough, Elinor 1995 (Hrsg.): The Scope of Government, Oxford.

Esping-Andersen, Gøsta 1990: The Three Worlds of Welfare Capitalism, Cambridge.

Kaufmann, Franz-Xaver 1973[2] (1970): Sicherheit als soziologisches und sozialpolitisches Problem, Stuttgart.

Roller, Edeltraud 1992: Einstellungen der Bürger zum Wohlfahrtsstaat der Bundesrepublik Deutschland, Opladen.

Roller, Edeltraud 1997: Sozialpolitische Orientierungen nach der deutschen Vereinigung, in: Gabriel, Oscar W. (Hrsg.): Politische Orientierungen und Verhaltensweisen im vereinigten Deutschland, Opladen, S. 115-146.

Roller, Edeltraud 1999: Sozialpolitik und demokratische Konsolidierung, in: Plasser, Fritz/Falter, Jürgen W./Ulram, Peter (Hrsg.): Wahlen und politische Einstellungen in Deutschland und Österreich, Frankfurt a.M., S. 313-346.

Svallfors, Stefan 1997: Worlds of Welfare and Attitudes to Redistribution, in: European Sociological Review 91, S. 283-304.

Register